中共北京市委社会工作委员会
北京市社会建设工作办公室 编

北京社会建设年鉴 2017

北京出版集团公司
北 京 出 版 社

图书在版编目(CIP)数据

北京社会建设年鉴. 2017 / 中共北京市委社会工作委员会，北京市社会建设工作办公室编. — 北京 ：北京出版社，2017. 12

ISBN 978-7-200-13765-1

Ⅰ. ①北… Ⅱ. ①中… ②北… Ⅲ. ①社会发展—北京—2017—年鉴 Ⅳ. ①D671-54

中国版本图书馆 CIP 数据核字(2017)第 323401 号

北京社会建设年鉴2017

BEIJING SHEHUI JIANSHE NIANJIAN2017

中共北京市委社会工作委员会
北京市社会建设工作办公室 编

*

北京出版集团公司
北京出版社 出版

(北京北三环中路6号)

邮政编码:100120

网　址：www.bph.com.cn

北京出版集团公司总发行

北京京华虎彩印刷公司印刷

*

787 毫米×1092 毫米　16 开本　38.75 印张　60 页彩插　970 千字

2017 年 12 月第 1 版　2017 年 12 月第 1 次印刷

ISBN 978-7-200-13765-1

定价:100.00 元

加强社会建设　创新社会治理

北京市
社会建设工作巡礼

BEIJING SHI
SHEHUI JIANSHE GONGZUO XUNLI

加强社会建设
创新社会治理

★ 2月17日，2016年北京市社会建设工作会议召开

000021

000020

中共北京市委办公厅文件

京办发〔2016〕43号

中共北京市委办公厅　北京市人民政府办公厅
关于印发《北京市“十三五”时期
社会治理规划》的通知

各区委、区政府，市委、市政府各部委办局，各总公司，各人民团体，各高等院校：

《北京市“十三五”时期社会治理规划》已经市委、市政府同意，现印发给你们，请认真贯彻实施。

中共北京市委办公厅
北京市人民政府办公厅
2016年11月11日

（此件公开发布）

— 1 —

★ 11月1日，市委办公厅、市政府办公厅印发《北京市“十三五”时期社会治理规划》

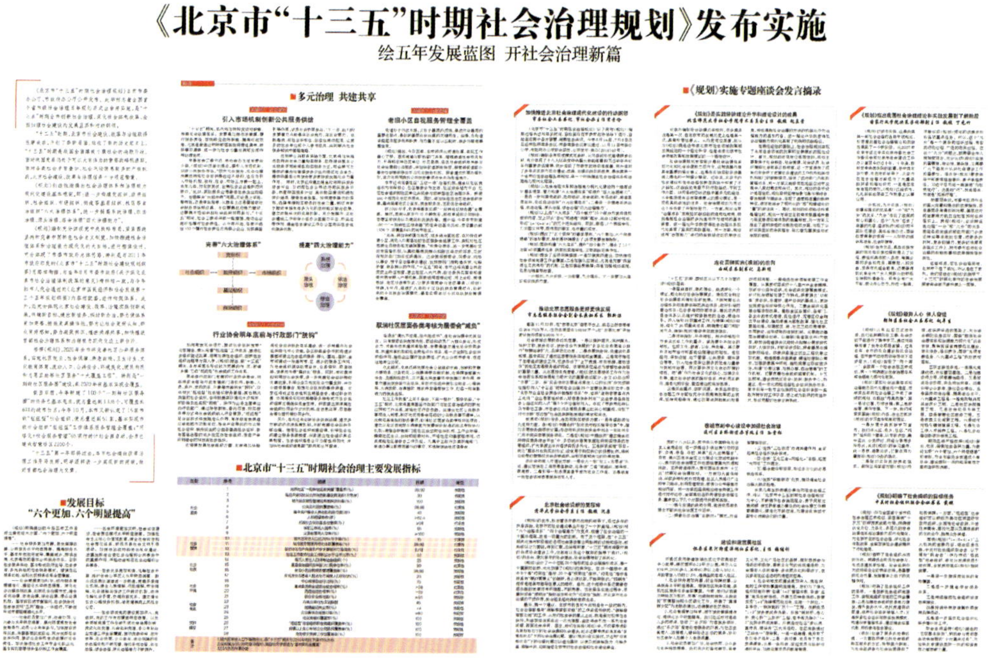
《北京市“十三五”时期社会治理规划》发布实施

绘五年发展蓝图　开社会治理新篇

■多元治理　共建共享

■发展目标
“六个更加、六个明显提高”

■北京市“十三五”时期社会治理主要发展指标

■《规划》实施专题座谈会发言摘录

★ 12月5日，《北京日报》刊发专版对《北京市“十三五”时期社会治理规划》进行解读

★ 7月6日，北京市社会领域学习习近平总书记“七一”重要讲话精神座谈会举办

★ 7月17日，第六届中国社会治理论坛举办

★ 8月24日，市委社会工委、市社会办在东城区龙潭街道左安漪园社区开展“以案释法”普法宣讲活动

★ 9月27–28日，第七届全国部分省市社会建设（上海）年会举行

★ 10月9–14日，北京市社会工作部门依法行政能力培训班在中国政法大学举办

★ 11月16日，市委社会工委、市社会办召开理论中心组扩大会召开

★ 12 月 10 日，第四届“首都社会建设和社会诚信论坛”举行

★ 12 月 16 日，市委社会工委、市社会办邀请委办法律顾问为委办班子成员及处级干部做专题法治讲座

★ 11 月 26 日，市委社会工委、市社会办与首都师范大学共建的北京社会建设研究基地——北京青少年社会工作研究院成立

★ 5 月 6 日，2015 年度市级社会建设专项资金购买决策咨询服务项目中期汇报会召开

★ 6 月 15 日，市委社会工委、市社会办机关干部到“北京市依法行政法制宣传教育基地”北京市四中院旁听行政诉讼案件庭审

加强社会建设 创新社会治理

★ 2 月 23 日，2016 年全市社区建设工作会召开

★ 5 月 10 日，北京市西城区京台社区交流座谈会举办

★ 8 月 10 日，全市社区治理工作交流座谈会召开

★ 10 月 22 日，北京市第十届“和谐杯”乒乓球总决赛暨总结表彰大会举办

★ 11 月 21—22 日，2016 年全市社区建设工作培训交流会举办

★ 12 月 13 日，全市老旧小区自我服务管理试点和“一刻钟社区服务圈”建设工作专题会召开

★ 2月16日，新京报第十届“十大感动社区人物”评选颁奖典礼举办

★ 海淀区中关村街道黄庄社区老年课堂开展活动

★ 石景山区八角街道八角北路特钢社区金色亲情服务队开展志愿服务活动

★ 社区组织乐理知识讲座

★ 农村百姓俱乐部设施完善

★ 居民在社区活动室开展书画活动

★ 10 月 21—23 日，第二届“北京社会公益汇”举办

★ 4 月 9 日，2016“北京国际友好林”植树活动在京举行

★ 4 月 30 日—10 月 31 日，森林大篷车系列活动在今日美术馆、望和公园、陶然亭公园等地举办森林文化宣传活动

★ 5 月 14 日，2016 年北京 56 民族团结公益行系列活动启动仪式在清华大学举行

★ 5 月 15 日，“快乐融合、盲健同行”健身跑活动在“鸟巢”举行

★ 7 月 5 日，建国门街道外交部街社区第四届公益编织节正式启动

★ 7月23日，“友善用脑公益夏令营”开营

★ 9月24—25日，首次“二十四集市”在亦庄隆重举办

★ “和谐交通·绿色出行——3510在行动”绿色出行月活动启动

★ 一维课堂在首都博物馆举办“爱融合爱艺术”大型绘画创作活动

★ “雨人烘焙”公益服务开展活动

★ 北京市自行车电动车行业协会举办“绿色骑行——快乐健身公益推广活动”

★ 2016年“国际社工日”暨第四届“首都最美社工”表彰活动举办

★ 2016年北京市高级社会管理服务人才培训班举办

★ 2016年北京市新入职社区工作者培训班举办

★ 2016年全市社会工作队伍建设重点工作任务部署会召开

★ 专业社会工作岗位评估组走访门头沟区康馨社工工作事务所

★ 2016年北京市专业社工机构委员会第一次工作例会召开

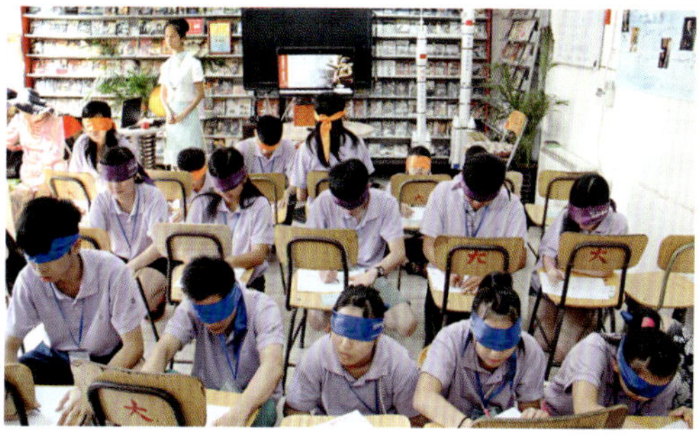

★ “假如给我三年黑暗”活动开展

★ 4月8日，“节水大讲堂”走进幼儿园，军事医学科学院幼儿园小朋友积极回答节水问题

★ 石景山区鲁谷社区五芳园志愿者“护花服务队”十年如一日守护学生出行安全

★ 西城区开展“邻里互助 笑脸相约”志愿服务主题活动

★ “4·18”文物安全保护志愿服务活动举办

★ 5月16日，节水志愿者走进八角社区举办“节水大讲堂”活动

★ 6月28日，北京市社会领域纪念建党95周年大会召开

★ 4月6日，2016年全市商务楼宇党员志愿服务示范培训班召开

★ 5月25日，平谷区滨河街道建西社区联合党委成立

★ 6月14日，红星美凯龙举行党建观摩会

★ 6月28日，市侨联社团“两学一做”暨庆祝建党95周年活动举办

★ 7月1日，市女企业家协会在河北唐县开展捐资助学主题党日活动

★ 7月26日，绿地社区党组组织开展活动，教小朋友制作手工皂

★ 11月10日，房山区2016年非公企业党建工作者培训班举办

★ 11月22日，青海省非公经济组织党工委率考察组在朝阳通惠河畔文化创意产业园区听取园区党建工作汇报

★ 12月15日，全市非公有制企业、社会组织党组织和党的工作覆盖“百日推进工程”督导座谈会召开

★ 非公有制企业和社会组织党组织书记党建述职考核工作会召开

★ 中关村街道“红色 e 阵营”楼宇党员志愿者开展“为爱徒步 爱心助学”活动

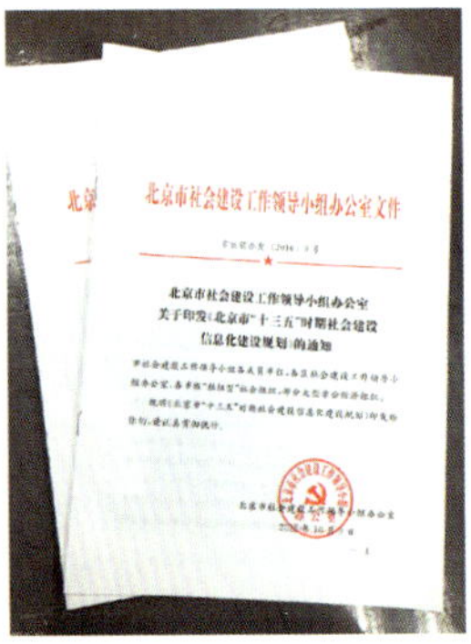

★ 9月22日，《北京市"十三五"时期社会建设信息化建设规划》编制印发

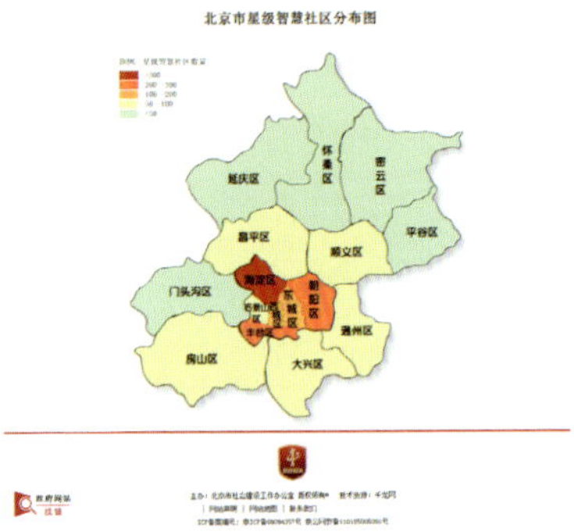

★ 3月2日，《北京市星级智慧社区分布图》发布

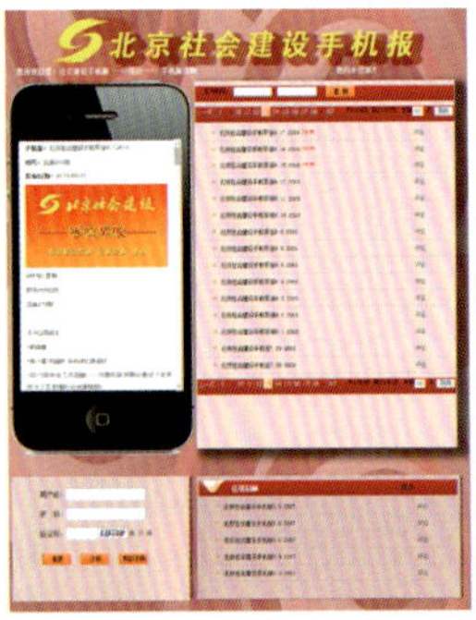

★ 8月1日，北京社会建设手机报全面改版

★ 8月—9月，2016年北京市网格化暨社会建设信息化培训班举办

★ 9月21日，《网格化社会服务管理信息系统技术规范》地方标准审查会召开

★ 12月27日，北京网格化服务管理体系市级客户端开发项目验收会召开

★ 石景山区城市服务管理网格化融合平台

★ “通州 E 政通”微信公众号

★ 顺义区高丽营镇网格化指挥中心

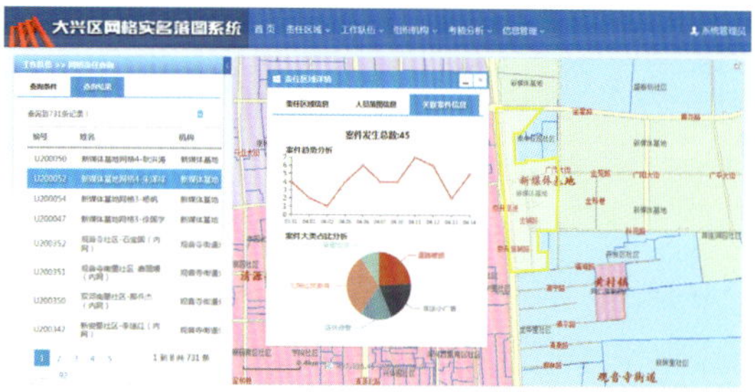

★ 大兴区网格实名落图系统

★ 平谷区兴谷街道网格化指挥分中心

★ 密云区网格化社会服务管理系统

★ 1 月 8 日，市社会心理工作联合会第一届三次年会召开

★ 4 月 10 日，心理社工强化提升培训班举办

★ 4 月 28—29 日，社区工作者心理服务能力提升培训班举办

★ 5 月 17 日，社区心理服务标准化试点建设研讨会召开

★ 5 月 24 日，2016 年心理咨询师服务能力提升培训班举办

★ 6 月 22 日，北京社会心理服务志愿者开展拓展培训

★ 6 月 25 日，北京市社会心理工作联合会心理健康讲座举办

★ 10 月 12 日，社区心理服务标准化试点建设经验交流座谈会召开

★ 10 月 29 日，“由心而治”社会心理与社会治理论坛举办

★ 11 月 17 日，2016 年度市级社会建设专项资金购买服务项目启动暨部署会召开

★ 11 月 24—27 日，北京市社会心理工作联合会召开第一届十次理事会

★ 11 月 24 日，市社会心理工作联合会学习贯彻十八届六中全会精神

《北京社会建设年鉴2017》编纂委员会

《北京社会建设年鉴 2017》编辑部

编 辑 说 明

一、《北京社会建设年鉴》（以下简称《年鉴》），是一部反映北京社会建设领域工作的大型资料工具书和史料文献。在《年鉴》编纂委员会领导下，由《年鉴》编辑部组织编辑。

二、本《年鉴》以马克思列宁主义、毛泽东思想、邓小平理论、“三个代表”重要思想、科学发展观、习近平新时代中国特色社会主义思想为指导，按照中国特色社会主义事业“五位一体”总体布局和“四个全面”战略布局及推动京津冀协同发展要求，坚持实事求是的原则，在编纂中力求科学性、客观性。

三、本《年鉴》从2008年开始逐年编纂出版。当年出版的年鉴，力求全面记载上一年度北京社会建设发展的基本情况，真实记录北京在社会建设领域改革创新的历史进程，系统反映北京市社会各界参与社会建设事业的新情况、新特点、新进展、新成就，以服务社会、存史资政。

四、本《年鉴》采用文章和条目两种体裁。设有特载、文件、专文、综述、大事记、理论文章与调研考察报告6个基本栏目及附录。

五、本《年鉴》收录的文章和条目，均通过各相关单位确定专人负责撰写或提供，并经单位主要负责人审核。

六、本《年鉴》收录的材料，以材料文体分别归属一级目录。

七、本《年鉴》反映2016年1月1日至12月31日期间情况（部分内容依据实际情况时限略有前后延伸），凡2016年事项，均直书月、日，不再写年份。

本《年鉴》在资料收集、整理过程中，得到了相关单位、部门的大力支持和配合，在此一并表示衷心感谢！

《北京社会建设年鉴》编辑部

2017年11月

目　　录

·特　　载·

·文　　件·

·专　　文·

·综　　述·

·大 事 记·

·理论文章与调研考察报告·

·附　　录·

·特　　　载·

政府工作报告（摘录）

——在十二届全国人民代表大会四次会议上

李克强

（2016年3月6日）

切实保障改善民生，加强社会建设

为政之道，民生为本。我们要念之再三、铭之肺腑，多谋民生之利，多解民生之忧。财政收入增长虽放缓，但该给群众办的实事一件也不能少。

着力扩大就业创业。实施更加积极的就业政策，鼓励以创业带动就业。今年高校毕业生将高达765万人，要落实好就业促进计划和创业引领计划，促进多渠道就业创业。用好失业保险基金结余，增加稳就业资金规模，做好企业下岗职工再就业工作，对城镇就业困难人员提供托底帮扶。完成2100万人次以上农民工职业技能提升培训任务。加强对灵活就业、新就业形态的扶持。切实做好退役军人安置和就业创业服务工作。

发展更高质量更加公平的教育。教育承载着国家的未来、人民的期盼。公共教育投入要加大向中西部和边远、贫困地区倾斜力度。统一城乡义务教育经费保障机制，改善薄弱学校和寄宿制学校办学条件。鼓励普惠性幼儿园发展。办好特殊教育。大力发展现代职业教育，分类推进中等职业教育免除学杂费。对贫困家庭学生率先免除普通高中学杂费。落实提高乡村教师待遇政策。加快推进远程教育，扩大优质教育资源覆盖面。提升高校教学水平和创新能力，推动具备条件的普通本科高校向应用型转变。继续扩大重点高校面向贫困地区农村招生规模，落实和完善农民工随迁子女在当地就学和升学考试政策。支持和规范民办教育发展。从家庭到学校、从政府到社会，都要为孩子们的安全健康、成长成才担起责任，共同托起明天的希望。

协调推进医疗、医保、医药联动改革。健康是幸福之基。今年要实现大病保险全覆盖，政府加大投入，让更多大病患者减轻负担。中央财政安排城乡医疗救助补助资金160亿元，增长9.6%。整合城乡居民基本医保制度，财政补助由每人每年380元提高到420元。改革医保支付方式，加快推进基本医保全国联网和异地就医结算。扩大公立医院综合改革试点城市范围，协同推进医疗服务价格、药品流通等改革。深化药品医疗器械审评审批制度改革。加快培养全科医生、儿科医生。在70%左右的地市开展分级诊疗试点。基本公共卫生服务经费财政补助从人均40元提高到45元，促进医疗资源向基层和农村流动。鼓励社会办医。发展中医药、民族医药事业。建立健全符合医疗行业特点的人事薪酬制度，保护和调动医务人员积极性。完善一对夫妇可生育两个孩子的配套政策。为了人民的健康，要加快健全统一权威的食品药品安全监管体制，严守从农田到餐桌、从实验室到医院的每一道防线，让人民群众吃得安全、吃得放心。

织密织牢社会保障安全网。继续提高退休人员基本养老金标准。各地要切实负起责任，确保养老金按时足额发放。制定划转部分国有资本充实社保基金办法。开展养老服务业综合改革试点，推进多种形式的医养结合。落实临时救助、特困人员救助供养等制度。城乡低保人均补助标准分别提高5%和8%。加快健全城乡社会救助体系，使困难群众遇急有助、遇困有帮，让社会充满关爱和温暖。

推进文化改革发展。用中国梦和中国特色社会主义凝聚共识、汇聚力量，培育和践行社会主义核心价值观，加强爱国主义教育。实施哲学社会科学创新工程，发展文学艺术、新闻出版、广播影视、档案等事业。建设中国特色新型智库。加强文化遗产保护利用。深化群众性精神文明创建活动，倡导全民阅读，普及科学知识，提高国民素质和社会文明程度。促进传统媒体与新兴媒体融合发展。培育健康网络文化。深化中外人文交流，加强国际传播能力建设。引导公共文化资源向城乡基层倾斜，推动文化产业创新发展。推进数字广播电视户户通。做好北京冬奥会和冬残奥会筹办工作，形成全民健身新时尚。

加强和创新社会治理。推进城乡社区建设，促进基层民主协商。支持工会、共青团、妇联等群团组织参与社会治理。加快行业协会商会与行政机关脱钩改革，依法规范发展社会组织，支持专业社会工作、志愿服务和慈善事业发展。完善社会信用体系。切实保障妇女、儿童、残疾人权益，加强对农村留守儿童和妇女、老人的关爱服务。开展法治宣传教育，做好法律援助和社区矫正工作。完善国家网络安全保障体系。创新社会治安综合治理机制，以信息化为支撑推进社会治安防控体系建设，依法惩治违法犯罪行为，严厉打击暴力恐怖活动，增强人民群众的安全感。改进信访、人民调解工作，有效化解矛盾纠纷，促进社会平安祥和。

生命高于一切，安全重于泰山。必须坚持不懈抓好安全生产和公共安全，加强安全基础设施和防灾减灾能力建设，健全监测预警应急机制，提高气象服务水平，做好地震、测绘、地质等工作。完善和落实安全生产责任、管理制度和考核机制，实行党政同责、一岗双责、失职追责，严格监管执法，坚决遏制重特大安全事故发生，切实保障人民生命财产安全。

（原载《人民日报》2016年3月6日）

郭金龙在北京市委十一届十次全会上讲话（摘录）

（2016年5月）

5月24日至25日，中共北京市委十一届十次全会召开。全会深入学习贯彻中央城市工作会议精神，研究做好新形势下的北京城市工作。市委书记郭金龙主持会议并讲话。市委副书记、市长王安顺就《中共北京市委北京市人民政府关于全面深化改革提升城市规划建设管理水平的意见（审议稿）》做说明。市人大常委会主任杜德印、市政协主席吉林、市委副书记苟仲文出席。

郭金龙在第一次全体会议上讲话说，在决胜全面小康的历史关口，中央准确把握我国城市发展形势，时隔37年再次召开城市工作会议，对统筹做好城市工作、提高城市工作水平做出战略部署，意义重大而深远。我们要深入学习中央城市工作会议精神，切实把思想和行动统一到中央决策部署上来。学习贯彻中央城市工作会议精神，要与深入贯彻习近平总书记视察北京重要讲话精神和《京津冀协同发展规划纲要》统一起来，准确把握首都城市发展的历史方位和阶段性特征，把握落实战略定位、增强核心功能的目标要求，把握有序疏解非首都功能、治理北京“大城市病”的正确方向，坚持问题导向，发扬担当精神，以改革的思路、创新的办法，着力解决制约城市科学发展的突出矛盾和深层次问题，加快转变城市发展方式，完善城市治理体系，提高城市治理能力，不断提升可持续发展水平、生态环境质量、人民生活质量和城市竞争力，努力走出一条内涵集约发展的新路子，加快建设国际一流的和谐宜居之都。

郭金龙指出，北京作为首都，是全国政治中心、文化中心、国际交往中心、科技创新中心。这四大核心功能是首都的本质特征，也是这座城市发展的核心价值所在。要自觉把落实城市战略定位作为全市发展的主题，紧紧围绕增强首都核心功能谋划和推动全市发展。一是以城市更高水平、更可持续的发展带动全市经济社会发展。自觉从国家和人民需要的高度来思考和谋划城市发展，更好地落实城市战略定位，增强首都核心功能，努力实现发展可持续、环境高质量、文化有魅力、社会更和谐，把北京建设成为服务保障功能完善、人民群众安居乐业的和谐宜居之都。北京城市发展面临的主要问题是功能聚集过多，人口资源环境矛盾比较突出，必须充分认识、尊重、顺应城市发展规律，坚持城市与经济社会发展相辅相成、相互促进，坚持城市规模同资源环境承载力相适应，切实转变发展理念、发展内容、发展方式，坚定不移地疏解非首都功能，推进城市功能重组和空间布局优化调整，在增强服务保障首都核心功能中构建“高精尖”经济结构。二是各区都要主动融入增强首都核心功能的大局。中心城区要严格落实产业“负面清单”，加大转方式、疏功能、控人口、治环境力度，腾出更多空间保障首都核心功能，更好地改善环境、改善民生；着力推进城市修补和有机更新，着力治理发展难题，完善城市公共服务，不断提升城市品质，增强服务保障能力。各区都要坚决破除“一亩三分地”、各自为战的思维定式，更加主动对接疏解非首都功能的需求，变同质竞争为协调配合，形成“众星拱月”的生动局面。同时要把各区的城区规划好、建设好、管理好，深入推进新型城镇化，努力形成对中心城区的“反磁力”。三是高水平规划建设城市副中心。用大历史观看待这件大事，树立雄心壮志，以最先进的理念和国际一流的水准，打造无愧于时代、无愧于历史的现代化新城，使之成为新时期首都建设的精品力作。要做好副中心155平方公里范围的规划，坚持基础设施先行和生态环境建设优先，扎实推进市级行政机关搬迁，带动公共服务资源转移，注重创业就业与居住功能均衡，增强对中心城区疏解功能的吸引力。四是更加自觉地推动京津冀协同发展。推动京津冀协同发展是重大国家战略，目标是加快建设现代化新型首都圈，打造具有较强影响力的世界级城市群，推动形成我国经济发展新的支撑带，也是北京实现可持续发展的必由之路。各级各部门要积极探索实践，努力形成可复制、可推广的经验，进一步克服“舍不得”的思想，着眼于更大范围的资源优化布局，发挥好北京优质资源特别是创新资源的辐射带动作用，推动形成京津冀协同创新共同体，提升发展的质量和效益，探索人口经济密集地区优化开发模式，为服务全国转型发展和全方位对外开放做出贡献。

郭金龙强调，要坚持以人民为中心的思想，紧紧围绕关系人民群众切身利益的衣食住行、生老病死、安居乐业，以加强城市治理推进和谐宜居之都建设。一要坚持不懈治理生态环境。以顽强的意志扛起生态环境建设的责任，以大气和污水治理为重点，以改善环境质量为主攻方向，打好环境治理的攻坚战、持久战，不折不扣地完成好到明年年底PM2.5浓度降至60微克/立方米左右的标志性指标，多出群众看得见、摸得着、能受益的治理成果，增强全社会的信心。解决生态环境问题，关键是守住底线。要树立“紧凑城市”“精明增长”的理念，坚持以水定城、以水定地、以水定人、以水定产，将环境容量和综合承载能力作为发展的基本依据。

要坚决守住2300万的人口“天花板”，今年力争实现城六区常住人口由增到减的拐点。要严格控制城市开发强度，强化系统思维，科学布局生产、生态、生活空间。二要着力提升市容环境质量。对违法违规建设、乱停乱放车辆、“开墙打洞”经营、背街小巷脏乱等方面的问题不能视而不见，必须下定决心，切实加大治理力度，跟居家过日子一样精心打理城市环境。要重点关注城区的平房区、老旧小区和城乡接合部。以直管公房改革为突破口，探索就地改善、适当疏解、保护风貌、投入可持续的改造模式，推进小区物业管理全覆盖。坚持乡镇统筹、集体持有、农民长期受益，深化农村集体建设用地改革，落实规划，提升产业层次，实现农民集体土地产权收益。三要完善城市公共服务。坚持不懈地解决社会关注的住房、教育、医疗、养老等热点难点问题，深入研究城市化、老龄化不断带来的新情况、新需求，全力推进供给侧结构性改革，提高供给结构对需求变化的适应性和灵活性。坚持统筹城乡发展，促进基础设施和公共服务均衡配置，深入推进基本公共服务人群全覆盖。推动共建共享，努力让农民工、新市民融入城市。要居安思危，形成全天候、系统性、现代化的城市运行安全保障体系。贯彻落实“实用、经济、绿色、美观”的建筑方针，切实提高建筑标准和工程质量。统筹谋划交通治理和发展，坚持建、管、限并举，降低机动车使用强度，提高交通服务的整体水平。四要抓好街道社区建设。把打造一批有特色、有活力、有韵味的街道作为一种价值、一种境界来追求。推进“一刻钟社区服务圈”全覆盖，弘扬与邻为善、以邻为伴的良好风尚，积极推广开放式小区、大院建设，大力发展开放便捷、尺度适宜、配套完善、邻里和谐的生活社区。各区要担负起城市管理的主体责任，街道办事处要在加强城市治理上投入更多精力，切实加强环境整治、街区改造、城管执法等工作。

郭金龙指出，城市发展特别是城市管理中的一些问题，必须通过深化体制机制改革来解决。我们围绕创新城市工作体制机制，研究提出涉及规划、国土、城市管理和执法的机构改革意见，有利于进一步整合职能，解决部门职能交叉、管理分散等问题，构建科学合理、精干高效的城市管理体系，也是以往改革的进一步深化。一要充分发挥规划引领控制作用。把握首都城市发展大趋势、大方向，注重提高规划的前瞻性、预见性、科学性，高水平完成城市总体规划编制工作。推进规划、国土机构合并，从管理职能上实现“两规合一”，将促进城市规划转型与土地利用方式转变相互融合，使空间规划与土地利用规划更一致。要创新规划实施机制，将规划管理纳入法治化轨道，守住红线、把住底线，保证规划意图有效实现。二要形成城市管理合力。这次调整城市管理的部门职责，组建市城市管理委员会，并明确为城市管理主管部门，进一步完善综合管理与专业管理相结合、多部门共同履行城市管理职责的格局。各有关部门要深化认识、统一思想，把有利于城管委履行职责的职能拿出来、归并好，形成和强化城市管理的合力，实现管理全覆盖。各区都要牢固树立抓管理就是抓发展的思想，更加注重管理服务，更加注重解决具体问题，更加注重精细化管理，让人民群众生活得更方便、更舒心、更美好。三要加强和改进城市管理执法。进一步加强队伍建设，确保执法公信力，维护公共利益、人民群众权益和社会秩序，从源头上预防和减少违法违规问题。对市政公用事业领域的市属国有企业，也要通过改革考评机制，推动企业与城市综合管理部门形成工作合力。深化城市管理体制改革，要夯实城市管理的基层基础，关键是把街道做实，真正实现权随事走、人随事调、费随事转，让属地管理的权与责有机统一起来，增强街道在城市治理中的基础地位和统筹职能。要加强社区服务型党组织建设，增强社区自治功能。现阶段，城市建设任务很重，亟待吸引社会资金进入。要让各类市场主体有序参与、公平竞争。在充分发挥市场作用的同时，政府要注重发挥财政资金“四两拨千斤”的作用，确保城市建设思路和规划得到有效实现。

郭金龙强调，各级各部门都要充分认识做好首都城市工作的极端重要性，自觉把本地区本部门工作摆进去研究，认清发展形势，把握发展大局，提升发展境界，卓有成效地推进城市规划建设管理，形成全市一盘棋、各方齐抓共管的城市工作格局。一要坚持用新发展理念引领城市发展。自觉把新发展理念当作引领城市发展的“指挥棒”，自觉用新发展理念检视各项工作，在认识上、行动上不断“对表”，努力推动新发展理念成为普遍实践，不断补齐发展短板，增强城市核心功能，激发城市发展活力，提升城市和谐宜居水平。二要遵循城市发展规律。既要深刻认识城市发展的一般规律，努力推动遵循经济规律的科学发展、遵循自然规律的可持续发展、遵循社会规律的包容性发展；又要更好把握北京作为首都和超大型城市发展的特殊规律，探索符合首都实际的城市发展新路。要深刻认识国家战略要求与北京自身发展、城市功能与城市发展、城市发展与经济发展、北京发展与区域发展以及城市建设与城市管理等重大关系，不断提高运用辩证唯物主义和历史唯物主义分析解决问题的本领，在顺应规律过程中体现创造性，提高城市工作的质量与效益。三要增强城市工作能力。各级领导干部要加强学习，解决好不会为、不善为的问题，激发敢于担当、敢于碰硬的勇气。要深入持久地学习习近平总书记系列重要讲话精神，坚持用马克思主义中国化的最新成果武装头脑、指导实践、推动工作。要学懂弄懂城市这门科学，努力成为推动城市发展的“行家里手”。要进一步开阔视野，坚持在干中学、学中干，坚持理论联系实际，在处理城市发展的各种复杂问题中积累经验、增长才干。要研究把握城市工作的宣传规律和特点，加强城市规划建设管理部门同宣传部门的工作联动，创新与社会各界和市民互动交流的平台，提升舆论引导水平，营造良好社会环境。四要创新城市治理方式。政府要从宏观层次和全局发展上配置资源，以保障基本公共服务为重点，组织提供社会和市民需要的公共产品和公共服务。要自觉运用法治思维、法治方式治理城市，加强城市管理和服务体系智能化建设，不断提高城市运行效率。市民是城市建设与管理的主体。要坚持走好群众路线，形成多元共治、良性互动的城市治理体制机制。

（此文为中共中央政治局委员、北京市委书记郭金龙在市委十一届十次全会上的讲话报道摘录，标题为编者所加，原载《北京日报》2016 年 5 月 26 日）

政府工作报告（摘录）

——在北京市十四届人民代表大会第五次会议上

蔡　奇

（2017 年 1 月 14 日）

培育和践行社会主义核心价值观。拓展百姓宣讲、中国梦 365 个故事等宣传品牌影响力，用中国梦和社会主义核心价值观凝聚共识，坚定文化自信，推动全社会形成共同的理想信念和价值追求。加强爱国主义教育，办好纪念全民族抗战爆发 80 周年相关活动。

开展“2017北京榜样”大型主题活动，评选表彰第六届首都道德模范，做好先进典型、时代楷模、最美人物、身边好人和优秀志愿者的选树宣传。统筹推进文明城区、文明村镇、文明单位、文明家庭和文明校园创建工作，进一步提升市民素质和城市文明程度。

完善公共文化服务。推动首都公共文化服务示范区创建，提高文化综合服务效能。加强乡镇、街道综合文化中心建设，推进数字化图书馆、公共电子阅览室建设，提高基层公共文化设施水平。健全公共图书、文化活动、公益演出三大配送体系，把更多公共文化产品送到基层，倡导全民阅读。创新百姓周末大舞台等演出形式和内容，举办2万场次首都市民系列文化活动。落实繁荣发展社会主义文艺的意见，充分发挥文化艺术基金引导作用，扶持创作重大革命历史题材、京味文化、传统文化等主题作品，争取产出更多文艺精品。推动戏曲传承创新，举办中国戏曲文化周系列活动。深化市属国有文化企业改革，完善国有文化企业分类监管。推动文化创意产业功能区转型升级，抓好国家文化产业创新实验区等一批重大项目建设，促进文化创意和设计服务与相关产业融合发展，办好北京国际设计周。

保护好历史文化名城“金名片”。做好中轴线申遗前期准备工作，推进景山公园寿皇殿建筑群修缮，推动恢复“一轴一线”魅力景观。加强旧城整体保护，推进文保区腾退疏解和有机更新，保护南锣鼓巷等历史文化街区特色，延续古都历史文脉。传承弘扬优秀民族文化和民俗文化，扶持非物质文化遗产代表性项目和传承人，支持老字号品牌传承发展。统筹推进长城、运河、西山文化带建设，加强历史文化景区整体保护和环境整治。积极保护名镇、名村和传统村落。

积极回应群众关切，扎实办好重要民生实事。实施提高生活性服务业品质行动计划，建设提升1000个便民商业网点，推动规范化、连锁化、品牌化发展。加强高校毕业生、就业困难群体和农村转移劳动力就业帮扶，做好相关企业职工分流安置，实现城镇新增就业36万人。全面整合城乡居民基本医疗保险制度。实施精准救助，加大“救急难”力度，保障困难群众基本生活。积极做好困境儿童和留守儿童保障工作。深化残疾人社会保障和公共服务体系建设，加强残疾人融合教育，加快残疾人小康进程。完善社会化养老服务体系，大力发展居家养老，建设200家社区养老服务驿站，发展农村互助养老和志愿服务，深入推进医养结合。把握住房的居住属性，以建立购租并举的住房制度为主要方向，以政府为主提供基本保障，以市场为主满足多层次需求，金融、财税、土地、市场监管等多措并举，探索建立符合国情市情、适应市场规律的基础性制度和长效机制，促进房地产市场平稳健康发展。加大中低价位、中小套型普通商品住房供应比例，保障房建设筹集5万套、竣工6万套。棚户区改造3.6万户。完成1.5万套自住型商品住房供地。培育和规范发展住房租赁市场。加快发展装配式建筑。以城六区为重点，继续推进老旧小区综合整治，切实改善群众居住条件。

发展更高质量更加公平的教育。坚持把立德树人作为中心环节，把思想政治工作贯穿教育教学全过程。持续推进素质教育，完善实践育人体系。加快城乡义务教育学校标准化建设，实施乡村教师支持计划和特岗计划，深化学区制改革，支持集团化发展和九年一贯制办学，扩大优质教育资源覆盖面。大力发展学前教育，新建、改扩建一批公办幼儿园，扶持发展普惠性民办幼儿园。继续实施中招市级统筹各项举措，推动优质高中招生名额分配向一般初中校倾斜。实施特殊教育学校办学条件达标工程。开展中高职与本科教育贯通培养改革试点。深化高等学校高水平人才交叉培养，引导部分高校向应用型转变，办出特色、争创一流。

深入推进健康北京建设。制定实施《“健康北京2030”规划纲要》，促进卫生与健康事业改革发展。协调推进医疗、医保、医药联动改革，全面实施医药分开，调整医疗服务价格，推进复合型医保支付方式改革。大力推行药品阳光采购，完善基本药物制度，促进大医院与社区用药衔接。推进分级诊疗，加快紧密型医联体建设，引导部分二级医院向康复护理医院转型。完善基层医疗绩效考核制度，推广家庭医生签约服务，提高基层医疗服务能力。实施中医药治未病健康工程，支持中医药振兴发展。落实院前医疗急救服务条例，加强重点传染病和慢病防控。优化妇幼保健和计划生育服务，增加助产服务资源，提高儿科救治能力。认真执行新修订的北京市全民健身条例，新建专项活动场地509片，开展丰富多彩的全民健身活动。大力开展群众性赛事活动，提高竞技体育发展水平。

确保首都和谐稳定。开展全民国家安全教育，牢固树立总体国家安全观，切实做好维护安全稳定、促进社会和谐各项工作。加强和创新社会治理，深化社会组织管理制度改革，健全枢纽型社会组织工作体系，培育发展社区社会组织。深化街道社区管理体制改革，推进社区减负增效、社区协商，建设100个一刻钟社区服务圈。支持国防和军队建设改革，抓好全民国防教育，加强双拥共建，推动军民深度融合发展，巩固发展军政军民团结。做好人民防空工作。认真贯彻民族工作方针政策，推进民族团结进步事业发展。依法管理宗教事务，构建积极健康的宗教关系。制订安全生产领域改革发展实施方案，狠抓安全生产责任制落实，启动全市安全生产重大风险源普查，开展危险化学品正面清单编制工作和集中管理体系建设，完善隐患排查治理和安全预防控制体系，坚决遏制重特大事故发生。大力推进消防基础设施建设，提升消防综合应急救援能力。推进国家食品安全城市创建工作，强化食品药品全过程监管，让群众饮食用药安全放心。加强重大决策社会稳定风险评估，落实信访工作责任制，完善人民调解、行政调解和司法调解相融合的多元调解体系，有效排查化解社会矛盾纠纷，解决群众合理合法的利益诉求。严格落实反恐防恐各项措施，加强监测预警预防，坚决打击暴力恐怖活动。完善立体化、信息化社会治安防控体系，依法治理网络空间，防范打击电信网络诈骗犯罪，深化公安执法规范化建设，严厉打击违法犯罪行为，增强人民群众的安全感。

（原载《北京日报》2017年1月23日）

围绕中心　服务大局
做好全市社会建设工作

王　宁

（2017年2月7日）

春节刚过，今天我们就召开全市社会建设工作会议，体现了市委市政府对社会建设工作的高度重视。因为市政府一会儿临时有个会议，所以做一些调整，我先讲点意见。贵伦同志的工作报告我事先已经看过，总结得很全面，今年的工作重点很明确，任务也很具体，我完全赞成。希望大家认真抓好落实。

2016年是“十三五”开局之年。在市委市政府领导下，全市社会建设工作不断创新实践，取得了新的成绩，有很多亮点，也积累了很多经验。以市委办公厅、市政府办公厅正式印发《北京市“十三五”时期社会治理规划》为标志，本市社会建设和社会治理的顶层设计进一步完善，目标任务进一步明确。过去的一年，全市社会领域党组织和党的工作覆盖面明显扩大，社会治理体制机制不断创新，“一刻钟社区服务圈”广泛覆盖，服务管理体系进一步健全，市、区、街三级“枢纽型”社会组织工作体系基本形成，社会建设综合协调机制进一步加强，城市管理网、社会服务网、社会治安网“三网”融合在区级层面基本实现，社区工作者待遇动态提高，社会志愿服务的良好格局逐步形成，“十大魅力社区”“十大社会组织公益品牌”“十大最美社工”“百家非公企业社会责任上榜单位”和“社会好人、身边好事”评选活动，大大地推动了社会文明建设。

过去一年成绩的取得，是在市委市政府领导下，全市社会建设工作部门协调配合和全体社会建设工作者共同努力的结果，在此，我代表市委市政府向各部门、各单位特别是基层广大社会工作者表示衷心的感谢！

今年是北京市落实《京津冀协同发展规划纲要》和城市功能定位的重要一年，围绕中心、服务大局，做好全市社会建设工作，任务艰巨、意义重大，需要我们继续不断努力和创新实践。借此机会，我想就今年的社会建设工作谈四点意见，供大家参考。

一、把握大局，提高“四个意识”

成大事者，必谋全局。社会建设是颇具综合性、广泛性的工作。我们要牢固树立政治意识、大局意识、核心意识、看齐意识，要站在“五位一体”总体布局和“四个全面”战略布局的新高度，按照“五大发展理念”的要求，不断提升社会建设、改革、治理在服务大局中的地位和水平。

一要深入学习习近平总书记系列重要讲话精神。习近平总书记围绕改革发展稳定、内政外交国防、治党治国治军发表一系列重要讲话，形成一系列治国理政新理念新思想新战略，进一步丰富和发展了中国特色社会主义理论。社会建设是中国特色社会主义事业的基础性工程，关于社会治理的思想，是总书记系列重要讲话和治国理政新理念新思想的重要内容，是我们从事社会建设工作的重要指引。广大社会建设工作者学习习近平总书记系列重要讲话，要在整体把握的前提下，结合工作实际，认真学习好、领会好关于社会治理的重要讲话精神。三年前的2月26日，习近平总书记来北京视察，对北京工作做出了重要指示。三年来，按照总书记的要求，北京的发展取得了很大的进展。学习总书记系列重要讲话，要学习总书记关于北京工作的总要求。

二要牢牢把握稳中求进工作总基调。去年底召开的中央经济工作会议将“稳中求进工作总基调”从经济领域提升到治国理政重要原则的新高度。这是以习近平同志核心的党中央在对经济、政治、文化、社会、生态等各方面发展特点深刻认识基础上提出来的。社会建设，特别是首都社会建设，在经历了近十年的快速发展后，目前也进入了一个稳中求进的阶段。所谓“稳”，就是要巩固我们业已形成的体制机制、政策体系、工作体系，巩固业已形成的良好工作格局，巩固日渐成熟的一系列工作模式；所谓“进”，就是要按照市委市政府《关于深化社会治理体制改革的意见》和《北京市“十三五”时期社会治理规划》要求，勇于创新实践，不断取得新的工作进展和实践成果。

三要紧紧抓住供给侧结构性改革这个关键。北京城市发展遇到的各种问题背后，都有供给侧结构性问题，破解难题的根本选择，是在深化供给侧结构性改革上下功夫。总书记要求我们落实城市战略定位、疏解非首都功能，很多都是从供给侧结构性改革方面提出的要求。社会建设特别是社会服务、社会治理，强调需求导向、问题导向，很重要的就是要解决经济和社会发展不平衡、服务和管理不平衡的问题，就是要加大社会服务供给的力度、完善社会服务的结构、改革社会服务的提供方式、提高社会服务的水平和质量。

四要全力推动京津冀协同发展。京津冀协同发展是国家战略，落实《京津冀协同发展规划纲要》是北京市的重要政治任务。市委全会和市“两会”明确指出，当前和今后一个时期，北京市的工作要紧紧围绕以疏解非首都功能为重点的京津冀协同发展战略来发力。社会建设要主动围绕京津冀协同发展大目标，主动研究京津冀协同发展大格局，主动融入京津冀协同发展大事业。为此，要加强与天津、河北相关部门、相关地区的交流，在社会建设的规划、标准、方法上加强对接、合作。要服务疏解非首都功能，在产业、人员的疏解过程和后续发展中做好相关服务保障工作。在这方面，我们有很多文章可做。特别是在疏解非首都功能时，一些产业疏解出去以后，要通过京津冀协同发展融合，相互之间合作，把社会服务跟上，防止由于保障不力、服务不力，疏解出去的功能将来出现回流。

二、把握趋势，研究分析问题

我国自20世纪80年代初的“六五”计划开始，就提出社会发展的概念；在本世纪初的十六届四中全会，明确提出了加强社会建设的思路；十七大报告对“社会建设”独立成章进行重要阐述；党的十八大把社会建设作为“五位一体”总体布局的重要组成部分加以部署，社会建设成为“五位一体”的重要内容。当前，我国仍处于经济转轨、社会转型、利益格局调整期，社会各方面正在发生广泛而深刻的变化。做好社会建设，要把握五个方面的趋势：

一是社会结构正在发生深刻变化，基层社会治理面临新挑战。随着改革开放的不断深入和社会主义市场经济体制的逐步形成，社会流动不断加快，大量的新经济组织、新社会组织不断涌现，自由择业和自由职业的人数不断增加，原有的社会结构发生了解体，越来越多的社会成员由原来的“单位人”变成了“社会人”。过去，我们国家的结构是“国家——单位——个人”，国家通过单位来管理个人，通过单位来磨合与个人的关系，化解各种矛盾与问题。新形势下，单位制解体后，中间层次变成了“社会”，社区、社会组织等要担负起原来“单位”的职能。如果社会这个中间层次不完善，社区、社会组织不完善，中间没有磨合器，就会产生重大的社会问题。这就是我们加强社会建设的意义所在。大量的社会管理、社会服务、社会保障功能从单位中剥离出来，很多最终落脚到社区。社区成为“单位人”变“社会人”后的一个归依、一个归宿，是社会整合的主要载体之一，是城市基层的社会共同体，同时也是各种社会矛盾的交汇点。新形势下，基层社会治理面临重大挑战。社会结构的变化，也使党的基层组织所处环境、担负任务、工作条件和自身状况发生深刻变化。传统党建领域和党建模式面临多重挑战和重大冲击，迫切需要进一步加强和改进基层党的建设工作，特别是扩大新的社会阶层、网络空间、流动人口中党的组织和工作覆盖面。新形势下，加强城市基层党的建设工作，是党的建设新的伟大工程的基础环节之一，事关党的事业、国家治理与人民福祉，是社会建设和治理的龙头性工程。

二是社会治理主体更加趋于多元，整合协调难度加大。随着社会结构的深刻变化，单向的社会管理越来越不适应社会的需求，迫切需要形成政府、市场、社会甚至公民个人等各类主体共同参与的社会治理格局。社会治理的核心是共商共治、共建共享。社会治理需要越来越多的社会力量和资源参与，越来越依赖于政府、市场、社会之间的协作协调、共建共享，形成相互依赖、优势互补的关系。但目前社会组织和志愿服务发展仍然滞后，仍处于初步发展阶段，还面临着发展速度缓慢、发展不平衡、缺乏财力支撑、社会资源保障不足、服务能力较弱、社会信用度不高等问题，特别是承接社会服务管理的能力还比较低。社会力量、居民参与社区事务的积极性仍然不高，多元参与的格局和社会合力尚未完全形成。

三是利益关系需要持续深入调整，社会矛盾化解任务繁重。改革必然带来利益的调整，利益的调整就会引发社会矛盾和社会问题。社会建设长期滞后于经济发展，切实保障和改善民生、维护社会公平正义的问题日益突出。经济的发展、人民生活水平的提高，人们对自然和社会环境的需求不断变化，呈现多样的特点，会带来一些冲突和矛盾。特别是伴随着城市化快速发展，人口、资源、环境的矛盾越来越突出，加快疏解非首都功能、治理“大城市病”，也会形成一定的利益冲突和社会矛盾。做好以保障和改善民生、维护社会公平正义为重点的社会建设工作，加强系统治理、依法治理、综合治理、源头治理，按照协商民主的思路和社会治理的理念，形成社会矛盾调处、化解的平台和机制，对维护社会和谐稳定和实现可持续发展意义重大。目前我们缓解、调节社会矛盾的平台机制还不完善，还有欠缺，要通过创新社会治理，不断加以健全完善。

四是“互联网＋”迅猛发展，虚拟社会治理日益复杂。在信息化环境中，人的社会交往已经不仅仅是面对面的交往，网络的交往与沟通更为广泛，互联网已深刻影响着人们的社会生活。“互联网＋”时代，社会成员可以随时随地表达利益诉求，组织形成集体行动。据中国互联网络信息中心发布的数据，去年底，我国网民规模达到7.31亿，其中手机网民规模达6.95亿。新华网发布的《2016年度社会热点事件网络舆情报告》指出，自媒体成为社会热点话题主要发酵平台之一，网民实现了“指尖发声”，舆论进入“围观新常态”。2016年社会领域多个热点事件通过网络引发舆论深度发酵，深刻影响着现实的社会秩序。我也分管教育，去年从年初到年底，教育领域网络事件不断，一个小事可以炒出一个社会热点，从学生的事可能炒到一个全民参与的讨论热点。所谓的校园欺凌事件，两个孩子之间的摩擦，引发了社会的讨论。以后这样的事情可能会经常发生，给我们的社会治理能力、治理水平提出了严峻的挑战。提高对虚拟社会的管理水平，是社会治理创新的重要任务。

五是全社会法治意识不断增强，法治社会建设更加紧迫。当前，改革发展稳定任务繁重艰巨，新情况新问题层出不穷，各种矛盾日益凸显，利益诉求的渠道和方式多样化，公民的权利意识、法治意识日益增强。越是复杂的社会环境，越需要依靠法治化方式治理，社会主体行使权力、参与社会治理必须符合法定程序。坚持依法治理，将社会治理纳入法治化轨道，对政策法律体系建设提出了更高要求。

在座的不管是长期从事社会建设工作的同志，还是新介入、新参与到社会建设管理工作的同志，都必须很好地把握这些发展趋势，必须把这些发展趋势和新特点作为工作的着力点，给予高度关注。要研究、分析新情况、新问题，这样才能有针对性地发力，有针对性地改革，做好各项工作。

三、把握规律，持续推动发展

社会发展有其必然性和规律性，社会建设工作要讲求科学性，尊重规律、探寻规律、顺应规律，不能想当然，不能东一榔头西一棒子，不能盲目行事。在多年的社会建设实践中，我们已经探索出了一些社会建设的规律性特点，概括起来主要有以下几个方面：

一是社会建设要注重顶层设计。凡事不谋不立，社会建设、社会治理是一项系统工程，涉及方方面面，要处理各种关系，如果没有一个整体方案，就不能取得好的效果。市委市政府决定成立市、区两级社会建设工作领导小组和社会工委、社会办，首先考虑的就是要加强顶层设计。九年多来，从市委市政府社会建设“1＋4”文件到“全面深化社会治理体制改革的意见”，从“十二五”社会建设规划到“十三五”社会治理规划，都是抓顶层设计、而且是不断深化和完善的成果。

二是社会建设要夯实基层基础。社会建设是做群众工作的，要做深做实，离不开扎实有效的基层工作。多年来，我们通过社会服务、基层自治、共建共享等方式，着力推动街道社区建设、新经济组织和社会组织服务管理、社会工作者和志愿者队伍建设、商务楼宇服务管理等工作，既抓组织又抓队伍，实现了“纵向到底、横向到边”的工作网络覆盖，形成了社会建设的抓手，打牢了社会建设的基础。

三是社会建设要加强综合协调。社会建设点多、线长、面广，很多工作都是综合性的，涉及众多部门、单位，涉及职能整合、政策整合、资源整合、人员整合，甚至涉及利益的调整，各部门都要参与，综合协调是做好社会建设工作的关键所在。2008 年成立的市社会建设工作领导小组，主要职责就是总体规划、统筹协调全市社会建设和管理工作，成员单位多达 48 个。在这个机制下，我们抓社会服务管理创新、抓街道社区管理体制改革、抓社会组织工作体系建设、抓社会工作人才队伍培养，形成了工作的合力。

四是社会建设要创设平台载体。社会工作对象大多在体制外，“散”是其特点，需要创新联系服务管理的方式和渠道，需要社会的再组织。加强综合协调，也需要一定的平台和机制。这些年我们加强社会建设工作，很重要的是搭建平台、完善平台的运行机制。社会建设工作领导小组及其办公室是平台，街道社会工作党委是平台，社区是平台，“枢纽型”社会组织是平台，商务楼宇工作站是平台，网格化工作体系也是平台，等等。通过这些平台，我们把社会组织、服务对象整合起来开展工作，把散在社会的力量整合在一起。有了这些平台，我们就能做好沟通协调工作，做好聚拢社会力量的工作，做好服务居民的工作。

五是社会建设要强化社会动员。社会建设是党的群众工作的重要组成部分，是群众工作的拓展延伸，必须秉持以人民为中心的思想。社会急剧转型时期，社会治理领域要坚持党委领导、政府主导，更要动员社会力量广泛参与，在人民中寻找发展动力、依靠人民推动发展。要把社会力量凝聚到党和政府周围，聚焦到保障和改善民生上来，聚集到社会服务与城市管理工作中去，推进公益服务和志愿服务工作，构建多元参与、共建共享格局。

六是社会建设要鼓励探索创新。社会建设、改革、治理没有现成的模式，既有许多空白点，也留下了很大的创新空间。要鼓励改革，推动创新实践。如果说这些年北京社会建设对全国有些影响的话，都源于我们在社会领域各方面的创新、创造。这几年，全市，包括各区、各部门、各街道、社区都有一些社会建设、社会治理的新鲜经验，也创造了很多新的模式，要固化下来，要推广，相互借鉴。改革创新要科学谋划，确保不出大问题，既不走封闭僵化的老路旧路，也不走偏离方向的歪路邪路；与此同时，也要允许试错，有容错机制，允许走弯路并不断纠正。在文化工作上，我原来肯定过一个以文化为载体推动社会建设的典型，就是朝阳区垡头街道搞的文化居委会，以文化为媒，把文化站作为社会治理、协商共治、发挥社区民主的好载体。探索创新没有固定模式，可以结合地域情况，大胆去想、大胆去试，这有助于进一步发挥社会建设优势，丰富社会治理手段。

四、把握重点，努力取得实效

社会建设工作千头万绪、纷繁复杂，各区、各部门要善于抓住工作重点。一会儿贵伦同志还要对今年全市社会建设工作做详细部署，工作要点也已经下发。在这儿，我想强调几项重点工作，希望在抓好全面工作的同时，抓住重点。

一是要在服务疏解非首都功能上有所作为。前面已经提到，以疏解非首都功能为重点的京津冀协同发展是今年乃至相当长一个时期全市工作的重中之重。要发挥社区、商务楼宇、“两新”组织的基层工作优势，发挥网格化体系的工作效能，做好人口疏解、环境整治、大气治理、交通疏堵等政策措施的宣传解释，提供工作的渠道，配合做好相关工作。要充分发挥“一刻钟社区服务圈”功能，在很多摊点被清理的情况下，做好服务保障工作，保证居民生活不受大的影响。最近市政府特别强调，在疏解非首都功能的时候，不要一下子把居民必要的生活服务业疏解掉。要加强通州城市副中心的社会建设工作，高标准进行规划，实现跨越式发展。全市社会建设各项改革创新措施，原则上要在城市副中心先行先试。服务疏解非首都功能是一个综合的概念，不光是疏解，还有首都功能的提升，都要充分发挥社会建设的作用。最近经历的两件事，我们还需要深入研究。一个是今年春节动员市民少放减放鞭炮，缓解大气污染。在市民的广泛参与下，我们取得了非常好的成绩，社区发挥了很大作用。怎么巩固这个成果？来年怎么发挥更强的社会优势，让每个人都参与到治理大气污染的工作中来，需要深入研究。还有一个是去年底今年初的“跨年霾”应对，不光政府发力，而且动员全民参与。治理大气环境需要人人参与，从“我”做起。在这方面，社会建设要发挥主力军、生力军作用。社会动员机制怎么覆盖到每个人、每个群体？要深入研究工作方式，其中大有文章可做。

二是要在整合社会资源方面下功夫。对社会建设工作，党和政府部门要更加重视，要加大投入，但同时要充分利用社会资源，特别是属地资源。社会性既是社会建设的特点，又是社会建设工作的优势。社会建设部门要做资金、场地、服务、智力等各种资源整合的工作，把社会主体履行社会责任作为工作的切入点，做好驻区单位资源共享、企业履行社会责任和社会企业培育发展等工作。

三是要打牢人才队伍建设这个基础。人才队伍的素质和数量对社会建设工作有着决定性的影响。就当前来说，无论是社会建设工作部门的干部队伍，还是社区工作者、社会组织工作者、专业社会工作者、志愿者队伍，都还不完全适应社会建设工作的要求。通过多年的努力，我们已经有了一支过得硬、专业水平相对较高的社会工作者队伍，但距离建设适应社会治理现代化的高水平专业社会工作者队伍还有一定的差距。社会建设光靠热情不行，光靠热心也不够，需要高素质的专业队伍。队伍有了，提升能力水平是关键。要把社会工作理念作为人才培养的关键，使广大社会工作者了解社会、懂得社会建设工作。要把人才的使用、岗位的开发作为队伍建设的重要环节，体现社会工作者的社会价值。要把解决待遇作为人才队伍建设的重要任务，创造留得住、安于工作的人才环境和流得动、有发展空间的体制机制。要力争在政策层面上有所突破，特别是对优秀社会工作者，要解决出路问题。

四是要注重解决实际问题。经过近十年的发展，我们已经建立起了一套体制机制。建设起来是手段，用起来是目标。为了让广大人民群众有很多的获得感，今后要把“用”作为重点，要利用体制机制解决我们社会建设和社会治理中存在的诸多实际问题。比如社区建设，怎么解决物业服务不到位问题、一老一小照顾问题、停车难问题？解决这些问题，光靠政府肯定不行，要动员社会力量，动员基层力量，特别是要挖掘社会建设的潜力，从社会治理角度加以解决，把社会建设的资源整合起来，发挥社会建设的优势。特别是在疏解功能当中，一方面抓疏解，一方面抓建设，把非首都功能疏解出去，把为市民服务的功能建立起来。要通过解决这些问题，增强社区凝聚力，打造居民生活共同体。又比如，社会组织服务管理，怎么使“枢纽型”社会组织增强服务社会组织的能力，切实发挥“枢纽”作用？怎么解决社会组织找不到服务对象、缺少资金、有劲使不上的问题？社会建设要把解决社会问题作为重要职责和目标任务。

五是要切实发挥党建龙头引领作用。按照中央和市委部署，提高党组织和党的工作在非公有制经济组织和社会组织的覆盖率是当前社会领域党建工作的重要任务。要按照社会领域的特点采取灵活多样的方式提高覆盖率，要创新体制机制，理顺社会领域党的关系。在推动覆盖的同时，也应该高度重视社会领域党组织作用发挥问题。作用发挥不好，形不成对非公企业、社会组织及其从业人员的影响力，也不能说完成了党建任务。社会领域党组织发挥作用要找准定位、实事求是、因地制宜，更多地发挥政治核心和服务引领的作用。

同志们，新的时代赋予我们新的使命，社会建设正处于大有可为的时期，我们要加倍努力。在座的各位是全市社会建设战线最重要的组织者、领导者，有一些是近期各区换届新分管社会建设工作的领导同志。希望大家认真学习领会党和国家关于社会建设工作的方针政策，与本地区、本部门实际相结合，加强贯彻落实工作的研究；要协调解决社会建设工作必要的投入，确保各项措施落到实处、取得实效；要主动协调解决涉及多个部门的重点难点工作问题；要关心关爱从事社会建设工作的干部和广大社会工作者，解决他们的实际困难和问题，为他们创造干事创业的良好环境。希望同志们以高度的责任感和使命感，以改革创新精神努力完成好今年社会建设各项任务，以优异成绩迎接党的十九大胜利召开。

（此文为北京市副市长王宁在2017年全市社会建设工作会议上的讲话，标题为编者所加，原载2017年2月21日印发的《京社办通报》〔2017〕第3期）

·文　件·

关于全面深化改革
提升城市规划建设管理水平的意见

北京作为首都，是我们伟大祖国的象征和形象，已从中华人民共和国成立初期一个陈旧的古都发展成现代化国际大都市，发生了沧桑巨变。在北京改革发展的关键时刻，习近平总书记视察北京并发表重要讲话，明确了首都城市战略定位和战略目标，指明了新时期首都工作方向，在首都发展史上具有里程碑意义。两年多来，全市上下坚决贯彻习近平总书记重要讲话精神，不断深入学习、不断提高认识，深入落实首都城市战略定位，全力推动京津冀协同发展，加快疏解非首都功能，优化提升首都核心功能，着力构建“高精尖”经济结构，下大力气治理人口过多、交通拥堵、房价高涨、环境污染等令人揪心的问题，努力补齐城市发展短板，在建设国际一流和谐宜居之都的道路上迈出了坚实步伐。

按照中央城镇化工作会议、中央城市工作会议的明确要求和工作部署，为进一步做好新时期全市城市工作，努力走出一条城乡一体、内涵集约的发展新路子，建设一个让国家和人民更加满意的首都，现就全面深化改革，不断提升首都城市规划建设管理水平提出以下意见。

一、总体要求

全面贯彻落实党的十八大和十八届三中、四中、五中全会精神，深入学习贯彻习近平总书记系列重要讲话和对北京工作重要指示精神，认真贯彻落实中央城镇化工作会议、中央城市工作会议精神，按照“五位一体”总体布局和“四个全面”战略布局，牢固树立创新、协调、绿色、开放、共享的发展理念，认识、尊重、顺应城市发展规律，坚持城市工作“五个统筹”，牢牢把握首都城市战略定位，深入实施京津冀协同发展战略，以全面深化改革为动力，加快疏解非首都功能，优化提升首都核心功能，着力提高首都城市治理体系和治理能力现代化水平，率先全面建成小康社会，加快建设国际一流的和谐宜居之都。

做好新时期首都城市工作要突出聚焦，在加快疏解非首都功能、治理“大城市病”、集中力量打造北京城市副中心、建设以首都为核心的世界级城市群等重大任务上取得新进展，全面做好2022年冬奥会筹备工作；突出改革，坚定不移地推进供给侧结构性改革，在强化依法科学高效的规划管控体系、构筑国际一流水平的城乡建设格局、建立精细智能的城市管理体制等重大改革上取得新突破；突出获得感，坚持以人民为中心的发展思想，围绕人民关心的问题、身边的问题、感受深切的问题，推出一批叫得响、立得住、群众认可的硬招实招。推动城市工作向更加突出管理服务转变，加强城市规划建设管理统筹，以服务促管理，保障城市协调、有序、高效运行；推动城市规划建设向更加注重减量提质转变，划定城市生态红线和城市开发边界，坚持“精明增长”，建设“紧凑城市”；推动城市治理方式向更加强调共治共管转变，调动各方面的积极性、主动性、创造性，使政府有形之手、市场无形之手、市民勤劳之手同向发力。

二、强化依法科学高效的规划管控体系

（一）高水平完成城市总体规划编制工作

从首都城市战略定位和战略目标出发，

突出国际一流、文化传承、破解难题、改革创新等重点问题，强化资源环境承载力的刚性约束，坚持“以水定城、以水定地、以水定人、以水定产”，框定总量、限定容量、盘活存量、做优增量、提高质量，明确到2030年城市发展的基本框架，并远景展望到2050年。主动融入京津冀协同发展，加快建设现代化新型首都圈，打造具有较强影响力的世界级城市群，推动形成中国经济发展新的支撑带。严格执行城市总体规划编制和审批的法定程序，坚持开门编制规划，提高规划编制的科学性。2016年完成城市总体规划编制工作。

（二）推动两个层面的“多规合一”

实现总体规划层面的“多规合一”。以城市总体规划编制为契机，推动城市规划管理和国土资源管理部门合一，推动城市总体规划与土地利用总体规划相统一、与国民经济和社会发展规划相协调，实现多规划底图叠合、数据融合、政策整合，描绘城市规划建设管理的“法定蓝图”。2016年完成城市总体规划与土地利用总体规划两图合一，实现城市规划向城乡规划转变。

推进控制性详细规划层面的“多规合一”。将街区作为控制性详细规划编制的基本单元，逐步推动生态环境、基础设施、公共服务、公共空间等专项规划与控制性详细规划相融合，实现多规划在街区层面要求衔接、内容统一、管理协调，构建城市规划建设管理的“统一坐标系”。坚持地上地下立体规划、公共交通支撑和引导城市发展、主体功能混合用地和开放街区等规划理念，落实城市设计的控制引导要求，基本实现街区控制性详细规划全覆盖。未编制控制性详细规划的区域，不得进行建设。

（三）空间管控促进非首都功能疏解

强化“两线三区”全域空间管控。划定生态红线和城市开发边界，将市域空间划分为生态红线区、集中建设区和限制建设区，确定城市可持续发展的长久框架。制定差异化的“三区”管控政策，生态红线区强化生态底线管理，探索建立生态用地储备制度；集中建设区严格落实建设边界，优化功能结构，集约高效发展；限制建设区实现“减地增绿”，推动集体建设用地腾退集中。加强全市空间管控目标任务分解，区政府落实属地空间管控责任，编制年度实施方案。加快疏解非首都功能。严格控制增量，坚守产业禁止和限制底线，五环路内严禁新增建设用地，严格控制建设规模。有序疏解存量，与京津冀“一核、双城、三轴、四区、多节点”的区域空间格局相衔接，完善支持和激励疏解的政策措施，到2017年存量疏解取得突破性进展，到2020年疏解非首都功能取得明显成效。统筹利用腾退空间，服务保障首都核心功能，补充完善公共服务设施和便民生活服务设施，改善交通出行环境，增加绿色生态空间，不断促进生产、生活、生态空间结构的优化调整。

（四）推动城乡建设用地减量

创新减量规划实施机制。编制实施城乡建设用地减量五年规划和年度计划，到2020年全市建设用地规模缩减到2800平方公里以内，平原区开发强度控制在45%以内。建立新增建设用地供应与减量腾退用地挂钩机制，按照减量化的拆建比科学编制土地供应计划，允许集中建设区与周边地区跨区域统筹实施。采取便捷实用的供地政策，鼓励原土地使用者自主或合作减量开发自有存量用地。完善“先供先摊”工作机制，推进有条件的土地储备在施项目剩余用地减量供应。坚决遏制新增违法建设，将违法建设清理整治成效与土地收益管理、土地供应指标相挂钩，用5年左右时间全面清查并处理建成区违法建设。

深入推进集体建设用地集约利用。总结大兴区西红门镇集体经营性建设用地入市试点经验，完善可复制、可推广的政策措施，积极争取扩大试点范围。坚持以乡镇为基本单元的区域统筹土地开发模式，将零星建设用地指标归集使用。鼓励集体经济组织以自主开发、联营联建等方式，对农村低效用地进行集约利用和腾退改造。推进农村宅基地管理制度创新和村庄整理，探索农民依法自愿有偿退出宅基地的实现路径。稳步推进农村闲置房屋发展健康养老、乡村旅游等试点，在农村集体建设用地减量上不断探索新路径、取得新进展。

（五）健全责权统一的规划实施体系

优化调整规划事权。强化市级对规划的刚性控制和实施监督作用，市政府作为规划管控主体，强化街区发展方向、总量规模、开发强度和空间布局等方面要求，增强街区控制性详细规划的指导性。合理配置区级规划实施的自主权，区政府作为规划实施主体，在严格落实街区控制性详细规划的基础上，负责将街区科学划分为若干实施单元，推行同一主体跨实施单元、跨街区平衡的组织实施模式，由区级规划部门确定建设项目规划条件，充分发挥区政府的主动性和积极性。完善专家和公众咨询制度，建立城市发展重大问题和重大项目规划咨询机制，积极引导各领域专家和公众在规划编制和决策中发挥作用，增强规划的科学性、指导性。

强化规划监督考核。经依法批准的城乡规划，必须严格执行，不得随意修改；确需修改的，应坚持增减挂钩原则，依照法定程序报原审批机关批准。市、区两级政府每年向同级人民代表大会常务委员会报告城乡规划实施情况。定期开展第三方评估，将规划实施纳入对区政府的绩效考核和领导干部的责任审计。建立市级城乡规划督察员制度，完善全市统一的规划监管信息平台，严格城乡规划公开公示制度，强化对规划的全过程信息化监管，促进行政机关和有关主体主动接受社会监督。

深入推进简政放权、放管结合、优化服务改革（以下简称“‘放管服’改革”）。在街区控制性详细规划层面“多规合一”的基础上，逐步合并、下放、取消一批审批事项。推动规划意见书与用地预审意见等合并审批。稳妥推进建设项目规划手续办理权限进一步下放，除涉及全市性、系统性、跨区域的项目及其他重大工程外，逐步实现项目规划手续由区级办理。除涉及安全和环保事项外，投资项目强制性评估评审一律取消。

（六）塑造首都城市特色风貌

全面加强城市设计。编制城市设计导则，强化自然山水特征，突出首都历史文化特色，延续城市历史文脉，对重点区域的城市空间形态、景观视廊、公共空间、建筑高度和风貌等进行全面控制和引导。建立城市设计和城市规划全挂钩的工作体制，将城市设计纳入城市总体规划和控制性详细规划管理，实现城市设计全覆盖。

加强建筑设计管理。全面贯彻“适用、经济、绿色、美观”的建筑方针，建筑设计必须符合城市设计要求。完善建筑设计决策评估机制，倡导开展建筑评论，强化公共建筑和超限高层建筑设计管理，开展大型公共建筑工程后评估。进一步培育和规范建筑设计市场，着力培养既有国际视野又有民族自信的一流建筑师队伍，建立责任规划师和责任建筑师制度。

打造高品质城市公共空间。加强规划布局和设计引导，丰富首都文化元素，全面提升公共空间的人性化水平和艺术特性。新建住宅要推广街区制，原则上不再建设封闭住宅小区，依法逐步打开有条件的住宅小区和单位大院。充分挖掘城市边角地、畸零地及闲置空间，不断提高公共空间覆盖度。通过衔接大型设施、建设城市绿道、优化滨水空间、打通步行道、“拆墙见绿”等多种有效手段，构建便捷可达、多层级、成网络的公共空间体系。建立公共空间从规划设计到建设施工、从管理维护到共建共享的有效衔接机制。

（七）保护好历史文化名城金名片

构建全面保护格局。恢复“一轴一线”魅力景观，加强老城整体保护，加快实施故宫、天坛、钟鼓楼等地区传统风貌保护，推进玉河南段、前门月亮湾地区护城河等历史河湖景观恢复，推动文物和保护院落腾退、修缮与合理利用，加快基础设施建设和环境改造提升，保护好历史文化街区特色、四合院及胡同肌理。推进区域文化遗产连片成线保护利用，加强“三山五园”历史文化景区保护利用，编制实施长城文化带、西山文化带和运河文化带保护利用规划。开展古文化遗址、传统村落、工业遗产及优秀近现代建筑等保护利用工作。

完善全面保护机制。划定历史文化街区和历史建筑保护范围界限，完善传统风貌保护技术准则，严控保护范围内开发建设。完善城市修补和有机更新标准规范，促进建筑物、街道立面、天际线、色彩和环境更加协调优美。统筹功能调整、人口疏解、风貌保护与民生改善，探索多方参与、多方负责、多方受益的老城保护利用模式。创新保护利用政策，用好历史文化名城保护专项资金，分类推进不合理占用不可移动文物的腾退、修缮等工作。建设历史文化名城保护智能化平台。

三、构筑国际一流水平的城乡建设格局

（八）扩大绿色生态空间

大力建设森林城市。构建“一屏、三环、五河、九楔”的生态格局，形成连接城乡、覆盖全域的绿色生态网络。巩固西北山区绿色生态屏障，实施20万亩宜林荒山绿化。扩大平原地区森林空间，加快绿化隔离地区建设，继续完善重点绿色生态廊道，完成38万亩造林绿化任务。全面实施城市生态修复工程，到2020年全市森林覆盖率达到44%。

增加市民绿色休闲空间。完善一道绿隔公园休闲功能，推进“一道绿隔城市公园环、二道绿隔郊野公园环、环首都森林湿地公园环”建设，打造“十分钟、半小时、一小时”绿色休闲圈，到2020年全市公园绿地500米服务半径覆盖率达到85%。大力实施“增彩延绿”工程，提高公园、绿地、林地、湿地建设标准，提升改造一批现有公园，加快治理“杨柳飞絮”，形成“三季有彩、四季常绿”的城市景观环境。

健全建设运营管护制度。鼓励社会主体以认建、认养林木绿地或捆绑经营性项目等方式参与绿化造林工程，对参与平原地区绿化造林、湿地恢复以及绿化隔离地区公园建设养护管理的社会主体，适度给予一定比例的用地发展绿色产业。全面推行城市公园绿地分级分类管理，统筹各类林地流转养护标准，实现绿色生态空间管护政策全覆盖。完善山区公益林发展和管护机制，合理提高生态补偿标准。

（九）着力恢复自然友好的水环境

落实最严格的水资源管理制度。严格用水总量控制，2020年全市用水总量控制在43亿立方米以内。强化区政府管理主体责任，细化水资源开发利用控制、用水效率控制和水功能区限制纳污“三条红线”指标，完善差异化考核机制。制定最严格的水源地保护政策，加大生态清洁小流域建设，完成水库库滨带生态修复，从源头保护水资源。坚持外调水、本地水等多种水源联合调度，充分利用好南水北调来水。严格控制地下水开采强度，逐步置换城区自备井，到2020年平水年地下水开采规模控制在17亿立方米以内，基本实现采补平衡。全面建设节水型社会，不断提高重点领域节水水平，逐步推动供水单元独立计量，建设水量监控系统，城市公共供水管网漏损率控制在10%以内。

恢复城市河湖水系。编制再生水补给主要河湖水系管网建设规划，加大再生水使用力度，到2020年再生水利用量提高到12亿立方米。加快重要水系生态修复，推进永定河、北运河、潮白河绿色生态廊道治理，完成清河、凉水河、萧太后河、通惠河等河流水环境治理，到2020年水功能区水质达标率控制目标达到国家要求。完善流域行政区域跨界断面考核，推进全流域共建共管共享。

完善污水治理系统。实施第二个污水处理三年行动方案，重点推进城乡接合部、重要水源地村庄等地区污水收集和治理，到2017年中心城区、新城的建成区基本消除黑臭水体，到2020年新建、改造污水管线1000

公里，全市污水处理率达到95%。创新污水处理模式和技术，加快解决中心城区雨污合流问题，减轻农村地区污水处理设施运行维护压力。按照分区授权、政府建网、企业建厂的方式，加快污水处理设施投资建设运营体制市场化改革。

（十）努力建设绿色建筑示范城市

大力发展绿色建筑。不断提高设计标准，居住建筑启动实施第五步80%节能设计标准，新建政府投资公益性建筑和大型公共建筑全面执行绿色建筑二星级及以上标准。定期制定发布绿色建筑适用技术推广目录，鼓励发展超低能耗建筑技术，建设近零碳排放区示范工程。大力实施建筑节能改造工程，推进既有建筑绿色化改造，全面完成城镇非节能居住建筑节能改造。加强公共建筑能耗限额管理，优化调整供热计量收费政策，对超限额的单位实行差别化电价并限期实施节能改造。引导更多主体自主节能，完善碳排放权交易、合同节能、用能托管等机制，推广建筑能效标识认证。到2020年本市建筑节能水平达到国际同纬度地区的先进水平。

推广新型建造方式。大力推动新建建筑装配式建造，保障性住房和政府投资的民用建筑全部采用装配式建造，不断提高商品房开发项目装配式建造比例，积极发展钢结构建筑，推行结构装修一体化成品交房，到2020年实现装配式建筑占新建建筑的比例达到30%以上。完善装配式建筑建设管理体系，完善标准和技术规范，完善生产、造价、设计、招标、施工、验收等管理制度，推行设计、采购和施工一体化总承包建造方式。

（十一）全面推进海绵城市建设

加强技术规范引导。编制本市海绵城市建设专项规划和技术导则，配套制定规划、建筑、园林、水务、交通等相关行业标准规范。严格按照海绵城市控制要求，最大限度减少城市开发建设对生态环境的影响。

提高城市雨水就地消纳水平。大力减少城市硬覆盖地面，严格控制各类新建项目硬质铺装比重，非机动车道、人行道、停车场、广场等加大透水建材铺装力度。结合老旧小区和公共绿地改造，建设一批雨水花园和下沉式绿地。通过道路和绿地的协同设计，加强超标准降雨的疏导和滞蓄。增强山前冲洪积扇地区雨水对地下水的补给。到2020年城市建成区20%以上的面积实现70%的降雨就地消纳和利用。

（十二）统筹建设城市地下综合管廊

完善建设管理体系。城市管理主管部门是地下综合管廊的行政主管部门。按照有偿使用原则，建立健全地下综合管廊规划建设与运营管理制度，采用特许经营方式引入社会主体。各类管线原则上必须入廊；如受管廊空间限制，电力、电信管线必须入廊，给水、再生水、燃气和供热管线优先入廊，雨水、污水管线结合建设路段地形及管道衔接关系选择性入廊。规划建设地下综合管廊的区域且已在管廊中预留管线位置的，不再另行安排管线选址。

分类推进管廊建设。编制中心城区地下综合管廊骨干网络规划实施方案，逐步构建中心城区地下综合管廊骨干网络。加强重点新建区域地下综合管廊建设，近期重点开展北京城市副中心、新机场及临空经济区、2019中国北京世界园艺博览会、首钢老工业区等区域建设试点。因地制宜稳妥推进城市核心区管线改造，着重开展缆线型管廊建设试点。搭建管廊信息管理平台，实施管网智能监测。

（十三）构建购租并举的住房供应体系

优化住房供应结构。大力培育住房租赁市场，围绕重点功能区及周边合理布局一批租赁住房，支持住房租赁连锁经营机构发展，引导房地产开发企业将其持有房源向社会出租。大力促进二手房市场发展，规范交易环节，简化手续办理，逐步增加存量住宅市场交易比重。优化新增住房供应，细化公共租赁住房、自住型商品住房、商品住房的供应政策与结构，实现基本住房有保障、中端需求有支持、高端市场有调控的目标。

加大政策性住房保障。推进公共租赁住

房货币化，通过向符合条件家庭发放货币补贴等方式，鼓励保障家庭承租市场房源解决住房困难。优化政策性住房布局，轨道交通沿线、站点周边及上盖开发原则上要优先满足政策性住房用地需求，鼓励国有企业利用自有用地开发自住型商品住房和公共租赁住房，力争到2020年再筹集政策性住房20万套。

（十四）加快建设环绕京城的特色小城镇

统筹编制规划实施方案。统筹建设任务与用地资源，综合土地利用、生态环境、基础设施、公共服务、公共空间等专项规划，实现一张蓝图对镇域的全覆盖。依托传统村落的村庄肌理，结合山水林田湖的自然风光，融合村落文化和现代元素，塑造差异化的特色风貌。落实开放街区理念，将小城镇建设成区域居住、就业、综合管理和社会服务的中心，发挥小城镇带动当地农民就地就近城镇化的节点性作用。

推行镇域整体开发。集成创新集体建设用地试点政策，建立小城镇镇域整体平衡的统筹发展机制。推行重点小城镇建设带方案整体招标模式，引导功能性项目、特色文化活动、品牌企业落户，积极开展一批整体规划建设试点。

（十五）加强建筑质量安全管理

健全终身责任追究体系。强化政府对工程建设全过程的质量监管，完善《北京市建设工程质量条例》配套管理规定，推行银行工程保函和工程质量责任保险制度。强化建设单位在工程质量方面的主体责任，严格落实工程质量终身责任制度，加大对个人违法违规行为的追责力度。

进一步规范建筑市场秩序。细化明确工程承发包违法行为的认定标准，坚决查处肢解发包、转包、违法分包等行为，严格执行相关处罚规定。加强建筑市场日常监督检查，畅通违法违规行为举报投诉渠道。推进建筑市场诚信体系建设，推动部门间信息共享和协同利用，及时向社会公开严重违法违规企业和人员名单，提高工程招标评标制度中信用评价的权重。

全面排查老旧建筑安全隐患。健全存量建筑安全排查鉴定与危房治理机制，明确业主、物业、属地、部门各自职责，按主体责任确定资金投入方案。完善电梯安全监管、更新改造、隐患排查等管理制度，形成共治共管的电梯安全防控机制。加快实施危旧房屋更新改造，到2020年基本完成城镇危房改造。

（十六）建立联合验收机制

制定联合验收管理办法。建立全面联合验收机制，实现城市规划建设管理的全程有效衔接。市住房城乡建设部门牵头制定联合验收具体管理办法，研究建立与各专项验收及主管部门间的协调衔接机制，推动竣工验收环节“放管服”改革。自2017年起，对建筑规模5万平方米以上的居住小区推行联合验收。

强化验收管理的综合协同。由区住房城乡建设部门牵头组织实施联合验收，相对集中开展专项验收、质量验收和综合开发验收，综合审查建设项目整体交付使用条件。对未通过联合验收的，不予办理不动产登记，不予办理剩余房屋的销售许可。对通过联合验收的，由区住房城乡建设部门负责组织开展配套设施、代征道路和绿地等移交工作。

四、建立精细智能的城市管理体制

（十七）构建城市综合管理体制

健全统筹协调机制。巩固和借鉴2008年奥运会环境建设成果和经验，强化城市管理统筹，将首都城市环境建设委员会调整为首都城市环境建设管理委员会，充实领导力量，健全工作机制，搭建集重大决策、统筹协调、监督考核于一体的强有力工作平台。将供热、供水、排水、燃气、环卫、绿化、道路等领域市属国有企业纳入成员单位。办公室设在市城市管理主管部门。

确定城市管理主管部门职责。增强城市

管理工作的综合性、整体性和协调性，整合市政市容、煤电油气等能源日常运行、再生资源回收、城市建成区市管道路两侧绿化带的环境卫生、城市河湖管理范围内（不含水域）的环境卫生，以及地下综合管廊等管理职责，组建市城市管理委员会，作为本市城市管理主管部门，列入市政府组成部门，负责对城市管理工作的业务指导、组织协调、指挥调度、专项整治和检查评价等工作；加强财政预算运维资金和市政设施建设的统筹管理，加强对供热、燃气、环卫、路灯等领域国有企事业单位管理任务的监督指导和考核评价，加强对各区城市管理主体责任的考核。

理顺城市管理职责关系。科学划分城市管理主管部门与相关行政主管部门的工作职责，完善部门职责体系。区政府在城市管理中负主体责任，参照市级城市管理协调机制和机构职能设置，结合各自的功能定位和工作实际，建立城市综合管理体制。深化街道体制改革，强化城市管理、社会管理与公共服务职能，改革完善街道对部门的评价机制，优化调整重点区域街道区划。

（十八）做实城市管理综合执法体系

完善综合执法体系。构建综合执法与专业执法相协调，部门执法与联合执法相结合，市、区、街道（乡镇）职责分工明晰的执法工作格局。调整优化城市管理综合执法范围，重点在与群众生产生活密切相关、执法频率高、多头执法扰民问题突出、专业技术要求适宜、与城市管理密切相关且需要集中行使行政处罚权的领域推行综合执法。健全完善规划、住房城乡建设、水务、交通等领域专业执法与综合执法衔接配合的体制机制。由城市管理执法部门牵头，搭建城市管理联合执法平台，建立城市管理综合执法与公安消防、市场监管、安全生产、环境保护等的联合执法机制。推进城市管理综合执法体系向农村地区延伸。

推进执法重心下移。市级层面主要负责制定政策法规和标准规范，指导、监督、考核区级城市管理执法工作，以及查处跨区域和重大复杂违法违规案件。区级层面主要负责组织落实本辖区内的执法工作，负责街道（乡镇）城管执法队人员的招录培训和重大执法活动的指挥调度、指导监督。街道城管执法队仍作为区城管执法局的派出机构，管理体制调整为以街道管理为主，主要负责本区域的日常执法工作。充实基层执法力量，减少行政执法层级，稳定基层执法队伍。

协同治理城市痼疾顽症。明确街道（乡镇）属地责任，发挥联合执法优势，开展市、区两级系列专项整治活动，加大对居住小区私搭乱建、开墙打洞、无照经营、非法小广告等城市管理痼疾顽症的治理力度，到2018年全市专项治理取得明显成效。

（十九）提升城市网格化管理服务水平

完善网格化工作体系。将网格作为城市管理服务的基础，加强网格化工作体系规范化建设和统一管理，进一步规范网格划分、工作内容、业务标准、运行机制，将城市管理、社会管理、公共服务、环境保护及可拓展功能纳入网格化管理。到2017年建成覆盖城乡、功能齐全、三级联动的工作体系，实现全市城市管理服务一体化运行。

提高网格化运行效率。整合基层各类协管员资源，建立专兼结合、分工协作的网格员队伍。充分利用物联网技术，整合各部门图像信息采集资源，到2018年完成重点监控区域信息采集全覆盖。完善网格化调度指挥平台建设，实现网格常态化、精细化、制度化管理。

（二十）持续推进智慧城市建设

建成国际一流的新一代信息基础设施。全面建成城乡一体的光网城市，政企用户宽带接入能力达到千兆，逐步普及家庭百兆宽带，到2020年网络接入能力达到世界先进水平。加快建设无线城市，推进4G网络有效面积全覆盖，在全国率先开展5G建设示范，重点公共场所实现无线宽带免费上网。加快推进下一代互联网发展，完善物联网、云计算、大数据基础设施建设，打造物联感知、高速泛在、融合智能的信息基础环境。

加快数据资源共享开放。建设全市统一的电子政务云平台，推动各部门应用系统迁移上云，积极推动政务数据资源互联互通和共享。完善人口、法人、空间地理、宏观经济等基础信息库，推进信用、城管、环保等政务数据整合，建设统一的大数据汇聚融合平台。明确数据资源共享、开放范围和方式，加快市级政务数据资源有序向社会开放，引导政务数据和社会数据融合利用。

推进城市智慧管理服务。加强城市管理物联网、云计算、大数据等信息技术应用，制定相关技术标准和应用规范，整合建设城市保障、城市运行、公共安全等综合型平台，提升城市动态管理的精细化水平。推广“互联网+政务服务”，进一步完善政务服务联动机制，打通群众办事“最后一公里”，加快建设服务型政府。

着力提升智慧惠民水平。构建普惠化智慧惠民服务体系，提升“北京服务您”和“北京网”服务市民功能，拓展“北京通”应用领域，到2020年实现“北京通”和“一证通”全覆盖。实施停车电子收费、电子站牌、智慧社区、智慧景区、智慧医疗、智慧教育、生活用品智能配送等一批智慧惠民工程，不断提升市民对智慧城市建设的获得感。

（二十一）保障城市运行安全

提升能源运行安全水平。完善多源多向的受电格局和燃气供应体系，建立健全热电气常态化联调联供机制，加强需求侧管理，完善智能监控网络，强化能源运行保障。加快能源结构清洁转型，健全能源储备体系，建立能源安全预警机制与应急预案，有效防范各类风险。

保障市政交通设施运行安全。完善水电气热、道路桥梁等设施运行安全责任监督和责任追究体系。建设地下管线综合管理信息系统，实现水气热表智能化和地下设施可视化。推动地下管线工程与道路工程同步实施，逐步解决“马路拉链”问题。加强五环路以内城市道路、规划新城范围内城市道路以及其他重点道路和地区架空线入地和规范梳理整治力度，逐步扫清“空中蜘蛛网”。

（二十二）确保首都公共安全

深化“平安北京”建设。健全维护国家安全工作体制机制，加强信息网络安全保障。完善首都立体化社会治安防控体系，推进社会治安防控网络建设，提升社会治安防控信息化、法治化、社会化水平。大力加强反恐防恐工作，全面提升发现、打击、防范和处置恐怖活动的能力。

加强重点领域安全监管。强化安全生产红线意识，严格落实党政同责、一岗双责、失职追责的安全生产责任制。加强公交、地铁等安全隐患排查整治，切实维护首都公共交通安全。实施食品安全战略，加快建立严格高效、社会共治的食品药品质量安全治理体系。完善消防基础设施建设，加强火灾隐患排查整治和防火安全宣传教育培训。加强寄递物流业清理整顿，健全协调会商、区域联动等安全监管机制。完善危险化学品集中管理体系，实现专门储存、统一配送、集中销售的全过程动态监管。

提高应急管理水平。完善综合应急指挥和现场指挥体制，建设综合应急指挥中心，提升统筹协调和应急处置水平。加强风险管理和预警发布机制建设，加大应急管理科普宣传和培训，提高市民防灾减灾能力。健全基层应急管理体系，加快全市防灾救灾物资储备库建设，提升社会动员能力。

（二十三）提升社区治理水平

完善社区治理机制。建立社区公共事务准入制度，推进社区减负增效，发挥社区居委会的主体作用，强化社区自治功能。推广“参与型”社区协商模式，逐步将公共服务、公益事业等事项纳入民主议事范畴。发挥街道管理委员会的职能作用，鼓励驻地单位有序参与社区治理。

提高社区服务品质。完善居住区公共服务设施配套建设机制，确保幼儿园、中小学、医疗卫生、社区养老、助残、文化服务等设施同步规划、同步建设，到2020年完成社区养老服务驿站建设任务。制定新建住宅小区商业配套设施使用管理办法，确保蔬菜零售、超市、早餐、洗染等基本商业便民服务功能需求，完善微利经营、服务民生的运营保障制度。加快实施提高生活性服务业品质行动计划，推动生活性服务业规范化、连锁化、便利化、品牌化、特色化发展。鼓励驻地单位向社区开放体育文化设施和餐厅等服务资源。到2020年基本实现“一刻钟社区服务圈”全覆盖。

加强社区综合管理。推进平房区、老旧小区准物业管理，为居民提供房屋维修、公共保洁、保安等服务。明确街道属地责任，完善“门前三包”制度，健全常态化管理机制，到2020年全面完成背街小巷整治。加强超大型社区治理，加快完善配套设施和管理体系。推进城市社区服务管理体系向农村社区延伸，完善农村社区公共服务设施建设。

（二十四）创新多元治理方式

加强首都公共文明建设。大力开展社会主义核心价值观学习教育实践，完善首都市民文明公约，推动公共文明规范向法制化转变。从娃娃抓起，从基础教育抓起，“小手拉大手”，开展市民意识专题活动，着力提升市民的首都意识、守法意识、家园意识、环保意识、节水意识、节电意识、绿色出行意识、公共秩序意识和安全避险意识。

提高公众参与水平。鼓励市民志愿参与城市管理服务，发挥社会工作者专业服务作用，支持和规范服务性、公益性、互助性社会组织发展，推动企业积极主动履行社会责任，鼓励新闻媒体开展舆论监督，形成多元共治、良性互动的治理格局。畅通公众参与城市治理的渠道，围绕城市治理突出问题和重大事项，开展社会公众共商共议活动，建立城市管理公众评价机制，完善公众意见采纳情况反馈机制，广泛凝聚社会共识。建立信用评级挂钩机制，依法通过媒体曝光、黑名单公开查询等多种方式，加强对违法行为、失信行为以及不文明行为的社会监督。

积极引入市场化机制。鼓励通过政府与社会资本合作（PPP）方式，推进基础设施、市政公用、公共服务等领域的市场化运营，开展环境污染第三方治理，在环卫保洁、绿化养护、公共交通、河道管护等领域推行政府购买服务。深化市政公用领域国有企业市场化改革，坚持社会效益优先，提高服务质量和水平。

五、着力治理城市发展中的突出问题

（二十五）严格调控人口规模

完善人口规模调控体制机制。综合运用经济、法律和行政等手段，发挥疏解非首都功能的带动作用，到2020年将全市常住人口控制在2300万人以内，城六区常住人口总量比2014年降低15%左右。建立落户渠道和政策统筹机制，完善户籍人口管理政策。科学确定各区人口规模控制边界，建立人口规模调控综合考评激励机制。发挥基层首创精神，强化属地调控责任。全面加强城市综合治理，持续开展地下空间、违法建设、违法生产、违法经营整治专项行动。

夯实人口管理基础。统筹整合多部门人口数据，运用大数据等手段建立全市统一的人口动态监测信息平台。全面实施居住证制度，完善与居住证相挂钩的基本公共服务提供机制，稳步推进积分落户，促进人口有序流动。

（二十六）坚决治理大气污染

聚焦重点领域治理。加快削减燃煤污染，全力推进全市煤改清洁能源工作，到2017年城六区、通州区、大兴区和房山区平原地区基本实现无煤化，到2020年实现全市平原地区农村无煤化。严格控制机动车污染，实施第六阶段机动车新车排放标准和油品标准，基本淘汰国Ⅰ、国Ⅱ标准轻型客车，加大国Ⅲ标准重型柴油车淘汰力度，推动公交、出租、环卫、邮政等行业提高新能源车、低排放车辆使用比例。坚决降低生产污染，适时修订污染行业、生产工艺调整退出目录，实行差别化的资源能源价格和排污收费政策，2017年年底前完成5000余家涉及违法违规、存在污染和安全隐患企业的清理整治。全面治理扬尘污染，重点开展施工扬尘、城市道路扬尘和郊区公路扬尘“三尘”以及露天烧烤、露天焚烧和秸秆焚烧“三烧”治理行动。加快推动京津冀区域大气污染联防联治，到2020年本市空气中细颗粒物（PM2.5）浓度达到国家要求。

强化大气污染治理监管。制定实施各级党委、政府及其有关部门大气污染治理责任清单，健全以改善空气质量为核心目标的考核评价和督查问责机制。加大执法力度，大幅提高违法排污成本，对违法排污实行“按日计罚，上不封顶”。实现重点污染源实时在线监测，推进环保监测监察执法垂直管理，建立环保督查巡视制度，将违规行为纳入诚信管理体系。

优化空气重污染应急管理。完善大气环境质量监测网络，准确及时发布空气污染预报预警信息，引导公众科学做好健康防护。修订空气重污染应急预案，更加人性化、差别化地启动应急响应措施，引导公众积极参与应急减排，尽量减少对市民生产生活的影响。

（二十七）加快治理交通拥堵

坚持公共交通优先。完善轨道交通投资建设运营体制，细化轨道交通沿线及上盖一体化综合利用政策，加快完善轨道交通线网，实现区区通轨道，到2020年运营总里程达到900公里以上。利用大数据优化公交线网布局，到2020年中心城区公交专用道达到1000公里，中心城区公交站点500米内全覆盖。着重加快五环路以外驻车换乘（P+R）停车场建设，建成北苑北、苹果园等综合交通枢纽，提高接驳换乘效率。高标准建设“公交都市”，到2020年中心城区绿色出行比例达到75%。

完善级配合理的城市路网系统。加快城市骨干路网建设，基本实现中心城区快速路网规划，建成三环路和四环路间主干环路系统以及四环路内主干路网，到2020年中心城区主干路规划实现率达到70%。优化中心城区城市道路规划，到2020年完成城六区微循环道路建设，中心城区平均路网密度提高到8公里/平方公里、道路面积率达到15%。

提升交通精细化组织水平。严格控制机动车总量，降低机动车使用强度。重点对非法运营车辆、私挖乱掘道路、交通陋习等进行综合治理，使中心城区交通秩序和环境有明显改善。进一步优化道路进出口，推行道路单行、潮汐车道等组织方式，提升道路通行效率。实施城市道路自行车道、步道建设和环境整治三年计划，推动慢行交通回归城市，到2020年五环路内形成3200公里连续成网的自行车道路系统。加快交通大数据建设，不断提高交通组织管理智能化水平。

加强停车疏导和治理。完善停车设施建设运营市场化机制，积极吸引社会资本加大停车设施投入力度。搭建一体化的停车设施投资建设平台，应用先进设计理念和适宜技术，因地制宜缓解核心区停车难题。完善市级统筹、区街共治、社区自治的停车治理体系，建设城市智能停车管理系统，科学合理制订临时性疏导方案，推动居住区和邻近单位停车资源共享，推行有条件的道路单停单行，允许合理利用道路资源分时段错时停车。完善差别化停车收费政策，加大对违章停车的执法和处罚力度。

（二十八）加强垃圾综合治理

促进生活垃圾源头减量。探索建立生产者责任延伸制度，定向回收快递等包装物。健全限制和减少一次性物品使用的激励约束机制，推进净菜进城和废旧物品交换再利用，推广厨余垃圾家庭粉碎处理和社区分散资源化处置，到2020年基本实现人均垃圾产生量零增长。

加强生活垃圾分类与再生资源回收管理。按照“末端决定前端，资源分级分类回收利用”的原则，干湿分开，分类收运，统一垃圾分类器具和运输工具标志标识，促进垃圾分类与再生资源回收体系对接。完善扶持政策和激励机制，落实小区物业公司垃圾分类主体责任，发挥社区居委会在垃圾分类中的积极作用。加大垃圾收集运输车辆更新改造力度，对所有垃圾转运站实施密闭化改造。按照“疏堵结合、城管牵头、部门协作”的原则，加强垃圾监管执法，规范垃圾排放、收运、处置行为。

完善各类垃圾处理体系。统筹城乡生活垃圾、建筑垃圾、危险废弃物等处理处置，先行规划、先行建设各类设施。加快推进垃圾收运处理市场化改革，引入国际先进技术工艺和管理理念，提高垃圾处理水平。建立完善信息和利益共享机制，加强与天津市、河北省再生资源利用合作。到2020年基本实现原生垃圾零填埋，生活垃圾资源化率达到60%以上。

（二十九）加强城乡接合部综合整治

以减量发展提升环境质量。全面落实人口规模调控方案，加大对人口无序聚集的治理力度，有序推动人口疏解。深入开展打击违法建设专项行动，确保违法建设零增长，加快低端、低效用地腾退。明显改善区域生态环境，基本完成第一道绿化隔离地区规划绿地建设，加快实施第二道绿化隔离地区绿化建设。

以城乡统筹提升治理水平。大力改善居住条件，第一道绿化隔离地区加快农民安置房建设，第二道绿化隔离地区加快建成美丽乡村。加快基础设施和公共服务设施建设，全面提升区域配套水平。稳妥推进第一道绿化隔离地区农民整建制转为居民，并纳入城镇职工社保体系。推动城市管理体制向绿化隔离地区延伸，第一道绿化隔离地区分期分批实现城市化，加快推进第二道绿化隔离地区城乡一体化。

（三十）基本完成城镇棚户区改造

创新统筹开发模式。完善跨项目跨区域资金平衡政策，属于企业自有的平衡资金用地，可按市场地价水平定向出让，开发收益回哺征收腾退和安置房建设；其他平衡资金用地，可将棚户区改造项目亏损纳入开发成本，公开入市交易。加大政府投入力度，采取政府购买服务、政府投资注入资本金等方式提升棚户区改造资金平衡能力。到2020年基本完成现有城镇棚户区改造。

统一房屋征收政策。积极推行货币化安置，统一征收补偿政策和标准，采取市场化评估原则确定补偿价值，规范各类征收补助和奖励，加强征收补偿公开、公平、公正。创新定向安置房产权性质，结合被征收房屋补偿总额，探索采取共有产权商品住房方式对接安置需求。

高标准建设安置房。优先在顺义区、大兴区、昌平区、房山区等选取若干交通便利、功能完善的成规模土地，集中规划建设疏解人口的安置房小区。鼓励核心区输出优质公共服务资源到安置房建设区，市政府固定资产投资全额支持核心区安置房周边配套基础设施和公共服务设施建设。

创新直管公房管理政策。加快腾退直管公房性质的不可移动文物，可由管理单位解除租赁合同并妥善安置。推进有条件的直管公房入市交易，可将腾退并按规划保留的区属直管公房划转给旧城改造主体。加强直管公房经营行为管理，严控房屋资源低成本无序使用和利用房屋资源不当牟利。

六、集中力量建设北京城市副中心

（三十一）建设现代城市典范

高起点规划发展蓝图。落实千年大计、国家大事的要求，以最先进的理念、最高的标准、最好的质量，将绿色生态原则作为最突出的特点，加快完成北京城市副中心各类规划编制工作。统筹好北京城市副中心155平方公里范围与通州全区域的规划建设，统筹好北京城市副中心与中心城区、北京东部地区以及河北省廊坊市北三县的协调发展，2016年年底完成北京城市副中心总体城市设计和重点地区详细城市设计，以及通州区总体规划和相关专项规划。在建设北京城市副中心的同时，加强全市新城统筹发展，以更加完善的基础设施、更高效率的城市管理系统、更高水平的公共服务，大力提升新城综合承载和服务能力。

高标准提升水环境。构建“三网、四带、多水面、多湿地”的水环境格局，到2020年通州区范围内主要河道水质高标准达到国家要求。积极开展海绵城市建设试点，抓紧实施防洪骨干河道整治工程，到2020年下沉式绿地率达到50%，透水铺装率达到70%以上，新建区域年径流总量控制率不低于85%。

率先建成生态园林城市。按照“一区、一城、三环、三网、四片、五镇、多园”的总体布局，加快推进重点廊道、生态景观带和森林湿地公园建设，到2020年通州区森林覆盖率达到33%，绿化覆盖率达到51%，北京城市副中心人均公园绿地面积达到18平方米，公园绿地500米服务半径覆盖率达到90%。

构建一流的现代化城市交通网络。加快外部联络骨干工程建设，完善与中心城区及周边地区的交通联系。到2020年城市平均路网密度达到9公里/平方公里。提高公共交通的便利性和舒适性，实现轨道交通与各类交通方式的换乘距离在500米以内，到2020年绿色出行比例达到80%。

全面提升公共服务承载能力。引导优质教育资源落户，采用集团化办学、一体化办学等方式提升基础教育办学水平，引进高等教育资源，推进教育教学水平跨入全市前列。加快引进三甲医院，完成区域医疗中心建设，提升基层医疗服务水平，加快文化体育设施建设，推动综合文化体育设施向社会开放，打造符合城市副中心定位的医疗卫生、文化体育服务体系。

打造全面深化改革示范区。以北京城市副中心建设为契机，优化整合机构和层级，构建政务公开的综合平台，加快行政体制改革。率先建立城市综合管理体制，推进城市管理综合执法，全面开展智慧城市建设，显著提升城市现代化治理水平。率先开展公共服务类项目投资审批制度改革试点，全面落实重点领域投融资创新意见，引导社会资本成为北京城市副中心建设的主力军。加快集体土地集约利用，推动城乡建设用地增减挂钩。

（三十二）加快市级行政办公区建设

集约节约建设行政办公区。严格执行党政机关办公用房标准，合理确定行政办公用房的建设内容与建设规模。建立日常化、长效化的监督机制，打造阳光示范工程，全面推进行政办公区各项建设。

打造绿色人文办公空间。提炼中国传统建筑元素，营造行政办公群的空间氛围。提高绿色建筑比例，率先创建近零碳排放示范区，全部建筑达到绿色建筑二星级水平，其中重要建筑达到绿色建筑三星级的比例超过50%。加快实施绿色智慧能源系统工程，实现可再生能源利用率达到30%以上。构建开放友好生态空间，打造水城相融的自然环境，营造和谐亲民的公共空间。

七、保障措施

（三十三）加强组织领导

加强党对城市工作的领导，定期召开城市工作会议，研究解决首都城市发展中的重大问题。各级党委和政府要充分认识加强城市工作的重要性、紧迫性，充分发挥人大依法监督、政协民主监督的作用，自觉围绕增强服务保障首都核心功能谋划发展、推进工作，不断提高对城市工作的领导能力和水平，形成党委统一领导、党政齐抓共管的工作格局。

（三十四）加强法治建设

依据重大改革部署，推进重点领域法规的立改废释，形成覆盖城市规划建设管理全过程的法律法规制度。加大行政执法力度，提高违法成本，推进行政执法与刑事司法衔接。完善行政决策的法定程序，健全行政问责机制。

（三十五）加强资源配置

细化完善配套落实政策，加强各项政策

的协调配合。统筹优化政府财政支出结构和投资结构，发挥财政资金“四两拨千斤”的作用，引导好社会资金投向。加强教育培训，结合“两学一做”学习教育，打造一支业务技术能力强、服务管理水平高、敢于碰硬的规划建设管理人才队伍。

（三十六）加强督导落实

制订任务分工落实方案，加强实施情况的督导。建立城市工作考核指标体系，将考核结果作为各区党政领导干部政绩考核和各区、各部门绩效考核的重要依据。各区、各部门、各单位要认真贯彻落实本意见精神，确保各项政策措施落到实处。

（此文件经2016年5月中共北京市委十一届十次全会表决通过）

北京市“十三五”时期社会治理规划

“十二五”时期，北京市社会建设、改革与治理取得显著成效，开创了崭新局面，站在了新的历史起点上。“十三五”时期，全面加强社会建设，深化社会体制改革，加快社会治理创新，是深入贯彻落实“五位一体”总体布局、“四个全面”战略布局和“五大发展理念”的必然要求，是加快推进国家治理体系和治理能力现代化的应有之义，是进一步贯彻落实习近平总书记系列重要讲话和对北京工作的重要指示精神，加快疏解北京非首都功能、推动京津冀协同发展、率先全面建成小康社会、加快建设国际一流的和谐宜居之都的重要任务。

本规划根据《北京市国民经济和社会发展第十三个五年规划纲要》《中共北京市委、北京市人民政府关于深化北京市社会治理体制改革的意见》等有关文件要求制定，主要阐明“十三五”时期全市社会治理总体目标、基本思路、重点任务和保障措施，是“十三五”时期全市创新社会治理、深化社会体制改革、全面加强社会建设的发展蓝图和行动纲领。

一、明确奋斗目标，建设和谐宜居之都

（一）当前面临的形势任务

“十三五”期间，是我国实现全面建成小康社会目标的决胜阶段。面对我国发展仍处于可以大有作为的重要战略机遇期，面对各类社会矛盾叠加、社会风险隐患增多的严峻挑战，北京社会建设、改革与治理任务十分艰巨繁重。经济发展进入新常态，经济体制持续深刻变革、社会结构持续深刻变动、利益格局持续深刻调整、思想观念持续深刻变化，适应新常态、把握新常态、引领新常态，使推进社会治理创新任务越来越艰巨繁重、标准要求越来越高。紧紧围绕率先全面建成小康社会和建设国际一流的和谐宜居之都的目标，始终坚持创新、协调、绿色、开放、共享的发展理念，加快推进社会治理创新事关首都发展全局。特别是围绕疏解北京非首都功能、加快推进京津冀协同发展，在社会治理体制机制改革创新、社会服务体系完善、“大城市病”治理、社会协同参与、矛盾纠纷预防化解、虚拟社会治理、基层治理创新等方面的任务还十分艰巨繁重。这既是北京经济社会发展水平和阶段性特征的集中反映，也是发展过程中迫切需要解决的重点难点问题，更是今后五年社会治理创新的重大现实课题。

为此，必须始终坚持以现实问题为导向、以群众需求为导向、以发展目标为导向，加快推进政府职能转变，促进社会治理体制创新；加快推进社会服务方式转变，引入市场机制；加快推进社会组织改革，激发社会发展活力；加快推进街道社区管理体制改革，

实现党和政府社会服务与城市管理工作重心下移；加快推进社会协同，动员社会公众有序参与；加快推进社会工作队伍建设，形成社会工作专业化职业化和志愿服务常态化规范化。面对历史机遇和严峻挑战，必须敢于担当、攻坚克难，坚持不懈补齐短板、夯实基础，坚定不移改革创新、健全体系，完善党委领导、政府主导、社会协同、公众参与、法治保障的社会治理体制，加快推进社会服务精准化、社会治理精细化，构建多元共治共赢、全民共建共享的社会治理格局。

（二）今后五年的总体思路

1. 指导思想

高举中国特色社会主义伟大旗帜，全面贯彻党的十八大和十八届三中、四中、五中全会精神，以马克思列宁主义、毛泽东思想、邓小平理论、“三个代表”重要思想、科学发展观为指导，深入学习贯彻习近平总书记系列重要讲话和对北京工作的重要指示精神，坚持“五位一体”总体布局、“四个全面”战略布局，牢固树立创新、协调、绿色、开放、共享的发展理念，坚持发展是第一要务、改革是根本动力，进一步坚定信心、凝聚共识，统筹协调、求实创新，更好地保障改善民生、促进社会公平正义，最大限度增加和谐因素、增强社会活力，完善具有时代特征、中国特色、首都特点的社会治理体制，提高系统治理、依法治理、综合治理、源头治理能力，加快推进社会治理体系和治理能力现代化，为疏解北京非首都功能、推动京津冀协同发展，率先全面建成小康社会、加快建设国际一流的和谐宜居之都做出新的更大贡献。

2. 基本原则

坚持党委领导、政府主导。始终把坚持党的领导、发挥政府主导作用作为社会治理的首要原则。围绕加强和改进党的建设，着力把党的领导、人民当家做主、依法治国有机统一落实到社会治理具体实践之中。充分发挥政府在社会治理中的主导作用，加快政府简政放权和职能转变，建设服务型法治政府，不断提升政府社会管理、公共服务水平。

坚持以人为本、服务为先。始终把保障改善民生、提高社会服务水平作为社会治理的根本出发点和落脚点。围绕促进人的全面发展，坚持把社会治理与社会服务相结合，大力提升社会保障和公共服务水平，进一步完善基本公共服务体系，加快推进城乡基本公共服务一体化和均等化，在不断完善服务中增进人民福祉、创新社会治理。

坚持问题导向、改革创新。始终把全面深化改革、解决突出问题作为社会治理的基本方法。坚持问题导向和需求导向，更加注重解决广大人民群众普遍关心的突出问题，顺应广大人民群众过上更加美好生活的新期待。坚持分类指导、分层推进、创新实践，充分调动广大人民群众的积极性、主动性和创造性，为基层探索创新留下充分空间。

坚持依法治理、公平正义。始终把坚持依法治理、促进社会公平正义作为社会治理的根本目标。坚持法治国家、法治政府、法治社会一体建设，增强全社会尊法学法守法用法意识，依法调整社会关系、管理社会事务、规范社会行为、破解社会难题。坚持人民主体地位，实现好、维护好、发展好广大人民群众的根本利益，维护社会公平正义。

坚持多元共治、共建共享。始终把各方协同参与、全民共建共享作为社会治理的着力点。调动一切积极因素，引导和支持社会力量参与社会治理和社会服务，动员和引导公众有序参与社会事务和社会治理，充分发挥多元主体在社会治理中的协同、自治、自律、互律作用，实现政府治理和社会调节、居民自治良性互动，形成全民共建共享的治理格局。

3. 主要目标

社会服务更加完善，民生保障改善、公共服务水平明显提高。提高服务水平，基本形成政府主导、覆盖城乡、持续发展、优质高效的基本公共服务体系。创新社会服务供给，基本形成政府主导、社会参与、多元供给的社会服务模式。增强社区服务功能，实现社区服务体系全面覆盖。

社会管理更加科学，城市服务管理精准化、精细化水平明显提高。深化社会治理体制改革，创新社会治理方式，健全系统治理、依法治理、综合治理、源头治理机制。基本实现城市管理网、社会服务网、社会治安网“三网”融合、一体运行，不断提升城市管理精细化水平。

社会动员更加广泛，社会协同、公众参与水平明显提高。最大限度激发社会发展活力，动员公众有序参与，加快推进协商民主，完善基层民主自治，充分发挥社会组织作用，推动企业积极主动地履行社会责任。加快推进社会工作专业化职业化，基本实现志愿服务组织和工作全覆盖。

社会环境更加文明，社会诚信建设、社会责任履行水平明显提高。加强社会主义核心价值观教育，健全社会诚信和社会责任体系，积极开展社会文明引导活动。加强法治政府和法治社会建设，注重发挥法治在社会治理和公共事务中的重要作用，严格依法规范社会治理和公共事务。

社会关系更加和谐，化解社会矛盾、维护社会公平正义水平明显提高。群众诉求表达渠道进一步畅通，完善矛盾调处机制，健全人民调解、行政调解、司法调解、社会调解与信访工作联动机制，依法化解社会矛盾、协调利益关系。建立健全社会心理服务机制，培育健康向上的社会心态。

社会领域党的建设更加深入，党组织、党的工作有效覆盖明显提高。以社会领域党建工作创新引领社会治理创新，推动社区党建、社会组织党建、非公有制企业党建工作全面覆盖，推动党委领导、政府主导、社会协同、公众参与、法治保障的社会治理体制不断完善，推动系统治理、依法治理、综合治理、源头治理能力不断提升。

4. 主要指标

详见专栏1北京市“十三五”时期社会治理主要发展指标。

专栏1　北京市“十三五”时期社会治理主要发展指标

类别	序号	指标	目标	属性
社会服务	1	城市社区“一刻钟社区服务圈”覆盖率（%）	99.99	预期性
	2	每百户居民社区公共服务配套设施面积（平方米）	30	预期性
	3	城市社区服务管理用房面积达标率（%）	100	预期性
	4	公共文化设施覆盖率（%）	99.99	约束性
	5	每千名户籍老人养老机构床位数（张）	40	预期性
	6	人均期望寿命（岁）	>82.4	预期性
	7	五项社会保险基金收缴率（%）	≥98	约束性
	8	学前三年毛入园率（%）	95	预期性
	9	义务教育毛入学率（%）	≥100	预期性
社会管理	10	城六区常住人口比2014年下降（%）	15	约束性
	11	城市服务管理网格化体系覆盖率（%）	99.99	约束性
	12	单位地区生产总值生产安全事故死亡率降低（%）	【20】	约束性
	13	社区工作者持社会工作职业水平证书比率（%）	50	预期性
社会动员	14	每万人常住人口拥有社会组织（个）	25	预期性
	15	基层自治组织选举居（村）民参与率（%）	90	约束性
	16	老旧小区自我服务管理覆盖率（%）	99.99	预期性
	17	实名注册志愿者人数占全市常住人口的比例（%）	20	预期性

续表

类别	序号	指标	目标	属性
社会环境	18	中心城市绿色出行比例（%）	75	预期性
	19	重点食品安全监测抽检合格率（%）	>98	约束性
	20	药品抽验合格率（%）	>99	约束性
	21	群众安全感指数（%）	≥90	预期性
社会关系	22	市民公共行为文明指数	85	预期性
	23	城镇登记失业率（%）	< 4	预期性
	24	企业集体合同签订率（%）	≥80	预期性
党的建设	25	社区党组织覆盖率（%）	100	预期性
	26	“枢纽型”社会组织联合党组织覆盖率（%）	100	预期性
	27	规模以上非公有制企业党组织覆盖率（%）	100	预期性
	28	商务楼宇党群工作站覆盖率（%）	100	预期性
备注	1. 城六区常住人口下降百分比，是“十三五”期末与2014年相比下降15%左右 2. 目标值为99. 99的各项指标，其目标文字表述为“基本实现全覆盖” 3. 【】内为五年累计数			

二、转变政府职能，创新社会治理体系

（一）加强依法管理

加快建立权责统一、权威高效、依法行政的政府管理体制，到2020年基本建成职能科学、权责法定、执法严明、公开公正、廉洁高效、守法诚信的法治政府。依法全面履行行政管理职能，各级政府依法行政能力普遍提高。推进权力清单、责任清单和负面清单制度并实施动态管理，推进各级政府依法创新社会治理。深化执法体制改革，合理配置执法力量，加快推进综合执法。充分发挥法治引领和规范作用，善于运用法治思维和法治方式管理和服务社会。积极推行政府法律顾问制度，充分发挥法律顾问作用。深入开展依法行政培训，加大政府依法行政考核力度，积极推动法治国家、法治政府、法治社会一体建设。

（二）履行服务责任

进一步转变政府职能，大力推进服务型政府建设。强化政府公共服务职能，构建与首都经济社会发展相适应的政府公共服务职能体系。完善政府公共服务制度，形成高效合理的公共服务资源配置和供给体系。履行政府公共服务职能，发挥政府主导作用，为人民群众提供良好的公共服务。提升政府公共服务水平，公开政府公共服务事项，大力推进办事流程简化优化和服务方式创新，为广大市民提供优质高效便捷的公共服务。

（三）加快转变职能

加快推进政府职能转变，进一步向社会转移事务性的管理职能和公共服务供给职能，充分发挥社会主体在社会治理和公共服务中的作用。制定政府向社会组织转移职能的指导意见和转移事项清单，分期分批向社会组织转移部分社会服务和管理职能。对政府相关部门承担的职能进行梳理，将社会力量能够自主解决、市场机制能够自行调节、行业组织能够自律解决的事项，通过政府购买服务等形式委托社会力量办理。加快事业单位改革创新，社会组织能够提供有效服务的领域不再设立新的事业单位，支持公益二类事业单位参与政府购买服务，鼓励企业在社会服务中发挥积极作用、在社会治理中履行社会责任。

专栏2　公益二类事业单位

公益二类事业单位，是指面向社会提供涉及人民群众普遍需求和经济社会发展需要的公益服务，政府予以支持，包括可部分实现由市场配置资源的事业单位以及主要为政府履行职能提供支持保障的事业单位。这类公益事业单位按照国家确定的公益目标和相关标准开展活动，在确保实现公益目标的前提下，可依法开展相关的经营活动，依法取得的经营性收入主要用于公益事业发展。

（四）提高行政效能

深化行政管理体制改革，完善决策权、执行权、监督权既相互制约又相互协调的运行机制。优化政府机构设置、职能配置、工作流程，健全政策法规制度，加快推进社会治理规范化、制度化、科学化建设。完善责任体系，加强社会治理绩效考核，确保目标任务圆满完成。建立健全市级社会建设、城市管理、社会治安综合治理、精神文明建设、信访工作、互联网信息管理等部门联席会议机制，协调联动解决社会治理重点难点问题，不断提高社会治理统筹协调、部门联动的能力和水平。

三、引入市场机制，创新公共服务供给

（一）健全服务体系

坚持普惠性、保基本、可持续方向，围绕保障基本民生，优化服务资源布局，增强公共服务能力，让市民共享更多更好的民生福祉。从解决人民群众最关心最直接最现实的利益问题入手，继续把重点民生项目纳入政府为民办实事工程。进一步加强和改进义务教育、就业服务、社会保障、基本医疗和公共卫生、公共文化和体育、养老助残、环境保护等工作，加快形成政府主导、覆盖城乡、可持续的基本公共服务体系。进一步引入市场机制，加快推进经营性社会服务产业化，完善便民服务体系。进一步引导社会力量参与，建立政府主导、社会参与、多元供给的社会服务模式，完善社会公益服务体系。加强统筹协调，促进资源整合及合理配置，引导优质公共服务资源向城乡接合部和农村地区拓展延伸，推进优质公共服务资源设施向社会开放。

专栏3　基本公共服务

基本公共服务，是指建立在一定社会共识基础上，由政府主导提供的，与经济社会发展水平和阶段相适应，旨在保障全体公民生存和发展基本需求的公共服务。基本公共服务范围，一般包括保障基本民生需求的教育、就业、社会保障、医疗卫生、计划生育、住房保障、文化体育等领域的公共服务，广义上还包括与人民生活环境紧密关联的交通、通信、公用设施、环境保护等领域的公共服务，以及保障安全需要的公共安全、消费安全和国防安全等领域的公共服务。

（二）创新服务方式

创新公共服务提供方式，能由政府购买服务提供的，政府不再直接承办；能由政府和社会力量合作提供的，广泛吸收社会力量参与。充分发挥市场机制作用，创新政府基本公共服务投资体制，放开公共服务市场，推动基本公共服务供给主体和方式多元化。探索政府购买、特许经营、合同委托、服务外包等方式，引进社会资本参与基本公共服务设施建设和运营管理。利用市场和社会机制完善资源配置，构建政府主导、社会参与、公办民办并举的多元化、社会化公共服务供

专栏4　非基本公共服务

非基本公共服务，是指混合公共服务或政府为满足更高层次的社会公共需求而提供的公共服务和产品，一般包括准基本公共服务和经营性公共服务。准基本公共服务是为保障社会整体福利水平所必需的、同时又可以引入市场机制提供或运营的，但由于政府定价等原因而没有盈利空间或盈利空间较小，尚需政府采取多种措施给予支持的公共服务。经营性公共服务是完全可以通过市场配置资源、满足居民多样化需求的公共服务。政府不再直接提供这类服务，而是通过开放市场并加强监管，鼓励和引导社会力量举办和经营。

给体系，提高公共服务效率和质量。强化政府监管、机构自律、社会监督的作用，完善基本公共服务准入机制，保障社会资本参与基本公共服务的公平竞争环境。大力发展公益服务，推动公益服务与政府服务优势互补、有机融合。大力发展慈善事业，积极培育慈善组织，充分发挥其在基本公共服务提供方面的作用。

（三）引入社会力量

加快推进政府向社会力量购买服务，政府提供基本公共服务尽可能采取购买服务方式，可由第三方提供的事务性管理服务交给市场或社会承办；提供非基本公共服务更多更好地发挥社会力量作用。按照政府统一领导、财政部门牵头、业务部门分工配合的原则，建立健全政府向社会力量购买服务的统筹协调机制。制定政府购买服务指导目录，出台政府购买服务标准化流程和合同范本，进一步规范政府购买服务范围和程序，有序引导社会力量参与服务供给。建立健全政府购买服务综合平台，及时向社会公布政府购买服务目录、年度购买服务计划、具体购买情况和绩效评价结果，接受社会监督。按照竞争择优的原则，选择承接购买服务的社会力量，制定有利于推动承接主体多元化的政府购买服务政策，建立优胜劣汰的奖惩机制。充分发挥市、区社会建设工作领导小组办公室窗口平台、桥梁纽带作用，健全社会建设工作办公室购买社会组织服务机制。

（四）发展社会企业

开展专题调研，研究扶持政策，分类开展试点，大力推动以服务民生和开展公益为重点的社会企业发展。按照政企分开、分类改革、试点先行、鼓励创新的原则，推动政府直接主办的公益类、经营性事业单位转变为社会企业，引导具有公益性质的养老、助残、教育培训等机构转变为社会企业。制定配套政策，加大政府购买社会企业服务力度，探索慈善、福彩、体彩等公益资源进入社会企业，鼓励基金会和社会企业合作。加大培育扶持力度，开展社会企业家继续教育和专业培训，提高社会企业家能力素质。推动建立北京市社会企业联盟，建立社会企业绩效评估体系，发挥市场激励与社会监督作用，提升社会企业服务水平和公信力，促进社会企业可持续发展。建立激励机制，每年培养树立一批贡献突出的社会企业家。

专栏5　社会企业

目前，国内对社会企业的概念并没有清晰的界定，一般认为社会企业是通过商业手法运作，赚取利润用以贡献社会的机构，其所得盈余用于扶助弱势群体、促进社区发展及社会企业本身的投资。英国社会企业联盟（The Social Enterprise Coalition）为社会企业的定义是运用商业手段，实现社会目的，并具有如下共同特征。①企业导向：直接参与为市场生产产品或提供服务。②社会目标：有明确的社会或环境目标，如创造就业机会，培训或提供本地服务。其伦理价值包括对本地社会技能建设的承诺，为实现其社会目标，其收益主要用于再投资。③社会所有制：治理结构和所有制结构通常建立在利益相关者团体（包括员工、用户、客户、地方社区团体和社会投资者等）或代表更广泛的利益相关者对企业实施控制的托管人或董事参与基础之上的自治组织。

四、激发社会活力，推动社会组织发展

（一）完善“枢纽型”工作体系

加强“枢纽型”社会组织体系建设，到“十三五”期末，基本形成较为完善的市、区、街道（乡镇）三级“枢纽型”社会组织工作体系。加强“枢纽型”社会组织规范化建设，更好地发挥其政治上的桥梁纽带、业务上的引领聚合、日常服务管理的平台窗口作用。加快推进政社分开、管办分离，行政部门原来主管的行业协会商会，2017年年底前全部与行政主管部门在机构、职能、人员、资产、党的关系、外事等方面完全“脱钩”，交由相关“枢纽型”社会组织服务管理；其他相关类型的社会组织，根据实际情况分步有序、积极稳妥地实现“脱钩”。原作为业务主管单位的行政部门，通过转移职能、委

托项目、购买服务等方式将社会组织纳入行业管理。充分发挥“枢纽型”社会组织的发展龙头作用，有序培育发展适应首都城市功能定位、符合产业导向的行业性社会组织、服务民生的公益慈善类社会组织、参与基层治理的城乡社区类社会组织、促进产学研相结合的科技类社会组织。加强“枢纽型”社会组织与在京国际非政府组织、全国性社会组织、外地驻京商会、高校学生社团以及“草根”公益组织的联系、交流与合作，在党和政府领导下，共同为首都经济社会发展贡献力量。

专栏6　“枢纽型”社会组织

“枢纽型”社会组织，是指对同类别、同性质、同领域社会组织进行联系、服务和管理的大型联合性组织，是社会组织之间联系、互动、聚合的核心推动者和组织协调者。其主要职能包括：①政治上发挥“桥梁纽带”作用，负责本领域社会组织贯彻执行党的路线方针政策，开展党的建设工作；②业务上发挥引领聚合作用，动员、协调、带领本领域社会组织共同发展业务、参与首都现代化建设；③日常服务管理上发挥平台作用，负责本领域社会组织日常业务联系，提供日常服务管理，促进本领域社会组织健康有序发展。

（二）推进社会组织登记改革

认真落实中央有关要求，紧密结合北京实际，有序推进社会组织直接登记改革，实行行业协会商会类、科技类、公益慈善类、城乡社区服务类社会组织由民政部门直接登记。调整登记审批流程及权限，取消社会团体筹备审批环节，将筹备成立和正式成立合并实施；研究制定社会团体分支（代表）机构设立及管理办法。探索一业多会，允许一个行业按照产业链各个环节、产品分类、经营方式等设立行业协会。健全境外非政府组织依法服务管理制度，制定本市境外非政府组织登记管理细则，引导境外非政府组织依法开展活动。健全社会组织备案管理制度，对不具备登记条件的社会组织实行备案，逐步建立健全“枢纽型”社会组织对本领域相关社会组织备案、引导和管理制度。推进城乡社区社会组织备案管理。探索建立网络社团备案管理制度。

专栏7　已认定市级“枢纽型”社会组织目录

批次	组织名称
第一批（10家）	北京市总工会、中国共产主义青年团北京市委员会、北京市妇女联合会、北京市科学技术协会、北京市残疾人联合会、北京市归国华侨联合会、北京市文学艺术界联合会、北京市社会科学届联合会、北京市红十字会、北京市法学会
第二批（12家）	北京市工商业联合会、中国国际贸易促进委员会北京市分会（北京市贸促会）、北京市志愿服务联合会、北京市私营个体经济协会、北京市体育总会、首都公益慈善联合会、北京注册会计师协会、北京市律师协会、北京工业经济联合会、北京市商业联合会、北京市建筑业联合会、北京民办教育协会
第三批（5家）	北京市人民对外友好协会、北京市民间组织国际交流协会、首都民间组织发展促进会、北京市民族联谊会、北京企业联合会
第四批（9家）	中关村社会组织联合会、北京市农民专业合作社联合会、北京人民调解员协会、北京社会工作者协会、北京外商投资企业协会、北京市社会心理工作联合会、北京市社会领域党的建设研究会、北京市慈善义工协会、北京人力资源服务行业协会

（三）培育发展社会组织

加快推进社会组织服务体系建设，进一步完善市社会组织孵化中心功能，各区和具备条件的街道（乡镇）建立社会组织服务（孵化）基地，加快形成全市社会组织服务（孵化）“一中心、多基地”工作网络，为社会组织提供政策咨询、业务培训、项目指导、信息发布等“集约化”服务。有效盘活和利用好社会资源，进一步完善社会组织税收优惠政策，引导企业及相关社会力量支持、兴办公益慈善事业，拓宽社会组织的筹资渠道。推动成立北京市社会组织发展基金会，通过联合劝募、协同筹资和吸收捐赠等多种形式，为社会组织培育发展提供资金支持。深入开展“北京社会公益汇”活动，搭建社会组织公益服务宣传、展示、合作、交流、推介平台。持续开展社会组织公益服务品牌创建活动，培育打造一批优秀特色公益服务品牌。探索建立京津冀社会组织协同合作交流机制，在信息共享、项目融合等方面开展协同合作。支持京津冀行业协会商会在制订产业规划、规范市场秩序、促进资源整合等方面发挥作用，鼓励有实力的专业性社会组织建立跨区域发展联盟。

（四）创新社会组织治理

充分发挥党建政治引领、政府依法监管、“枢纽型”社会组织日常服务管理作用，建立多方联动的依法监管机制，不断完善社会组织外部治理。加快建立现代社会组织体制，增强社会组织法人主体意识，引导其建立健全以章程为核心的内部治理结构；以法人地位明确、治理结构完善、筹资渠道稳定、监督机制健全、管理运行规范、信息公开透明为标准，制定现代社会组织制度指标体系，提升社会组织自身能力和服务水平。推进社会组织诚信自律，引导社会组织建立服务承诺制度，探索建立社会组织黑名单制度。加大社会组织信息公开力度，制定信息公开及管理办法，加快社会组织信息部门联网和公开查询。

五、深化街道改革，实现工作重心下移

（一）推动服务管理重心下沉

深化街道体制改革，夯实社会服务与城市管理基础，实现党和政府工作重心下移。围绕“加强区域党建、开展公共服务、统筹辖区治理、组织综合执法、指导社区建设”的职能定位，进一步发挥街道党工委在街道各类组织和各项工作中的领导核心作用、街道办事处在辖区社会服务与城市管理中的综合协调作用，使街道更好地统筹辖区城市治理、维护地区和谐稳定。增强街道社会动员能力，引导和支持驻区单位、社区居民、各类社会组织有序参与社会治理和公共服务。加快街道职能转变，充分运用市场机制，探索将街道部分事务性职能转移给专业社会服务机构。加强街道政务服务中心标准化建设，探索建立协同办理机制，逐步实现同类别公共服务事项在全市各街道通办。修订街道人员编制、财政保障标准，切实提升街道服务管理能力。

（二）理顺街道与职能部门关系

按照权责一致、属地为主的原则，进一步规范街道与区政府职能部门派出机构的关系。市、区有关部门加强对街道工作的宏观指导和支持帮助。区政府职能部门派出机构党的建设，原则上由街道党工委管理，行政管理视情况实施街道属地或双重管理。街道办事处工作由区政府统一组织考核，除法律法规另有规定外，区政府职能部门不再组织对街道的专项工作考评。街道办事处定期组织驻区单位和居民代表对政府职能部门派出机构的工作进行考核评价和民主评议，并将考评结果和居民意见反馈给区政府绩效管理部门。

（三）健全街道管理委员会制度

进一步完善街道管理委员会制度，将街道原有的议事协调机构并入街道管理委员会，作为街道统一的议事协调机构，建立健全责任分工、工作会商、督促检查、考评奖惩等工作机制。按照集约、高效原则的思路，探索将街道科室、所属事业单位、政府职能部门派出机构及驻区单位等相关力量进行分类整合，与街道“一站式”服务大厅、街道网格化指挥中心工作有效衔接。

专栏8　街道管理委员会

街道管理委员会，是由街道党工委、街道办事处、区政府职能部门派出机构、社区居民委员会的负责人以及部分辖区人大代表和政协委员、相关驻区单位负责人组成，作为街道的议事协调机构，下设若干专门委员会。其主要职责是统筹协调辖区的城市管理和公共服务事务以及社区民主协商反映的重大问题等。

（四）加强协管员队伍建设管理

建立健全协管员队伍总量控制、准入与退出、待遇保障等机制，逐步建成一支结构合理、素质较高、管理规范、工作高效的协管员队伍。优化协管员队伍使用管理机制，协管员队伍由街道办事处负责具体管理，统筹调配使用，区政府职能部门不再负责具体管理工作。健全协管员招录机制，街道办事处根据实际需要，研究提出协管员岗位需求，报区政府职能部门核定，区政府职能部门负责协管员招录工作。鼓励通过购买社会工作岗位等方式，引导社会组织、专业社工机构承接政府辅助类工作，逐步实现专业化、社会化、市场化运作。

专栏9　社区“三位一体”治理机制

社区“三位一体”治理机制，是以社区党组织为核心、以社区自治组织为基础、社区服务站为依托、以社区社会组织为补充、驻区单位密切配合、社区居民广泛参与，通过区域化党建、多元性自治、开放式服务，实现社区党建、社区自治、社区服务三者有机统一、共建共享的社区治理机制。

六、完善社区治理，夯实基层工作基础

（一）完善社区治理体系

推进社区治理创新，完善社区服务管理规范，健全社区服务管理标准。完善社区“三位一体”治理机制，健全以社区党组织为领导核心、社区居委会为主体、社区服务站为平台、社区社会组织和驻区单位共同参与的新型社区治理体系。深化社区规范化建设，新建500个示范点。扩大社区区域化党建、多元性自治、开放式服务试点。创新社区多方协商共议机制，进一步发挥社区党组织、居委会、业委会、物业企业的职能作用，增强驻地单位参与社区治理责任，形成共驻共治、共建共享的社区治理格局。加快推进社区社会组织发展，重点培育社区公益类、民生服务类、互助类社会组织。加强城乡社区分类治理，着力解决老旧小区、保障性住房小区、城乡接合部社区、农村社区存在的突出问题，不断提升城乡社区治理整体水平。实施“十百千工程”，推进京台社区发展合作交流。

专栏10　京台社区发展合作交流“十百千工程”

为促进京台两地社区发展合作交流，通过开展社区发展论坛、社区民俗文化（文化创意）交流、社区养老服务、社区科技发展（智慧社区）、社区环境保护、社区教育、社区志愿服务、社区安全促进、乡村建设（产业发展）、社区社会组织促进等10个方面项目，有序实现全市100个街道（乡镇）、1000个社区（村）与台湾地区乡里间的交流与合作。

（二）健全社区服务体系

完善社区公共服务体系，实施社区就业、社会保障、养老助残、卫生计生、文化教育体育、流动人口、公共安全、环境美化、便民利民和志愿互助等社区服务“十大覆盖工程”，到“十三五”期末基本实现“一刻钟社区服务圈”建设全覆盖。提升社区综合服务水平，进一步加强街道社区服务中心建设，加快构建开放式社区服务站网络体系。创新社区服务方式，探索将面向社区的事务性、服务性工作委托专业社会服务机构承接，建立健全以社区为平台、社会组织为载体、社会工作专业人才为支撑的社区服务机制。

（三）深化社区居民自治

强化社区居委会引领居民自治职能，发挥社区居委会在动员居民参与、服务居民群众、协调利益关系和维护基层稳定等方面的主导作用。加快新建住宅区、城乡接合部地区、农村拆迁新建小区、流动人口聚居地的社区居委会组建工作，实现对社区居民全员服务和无缝隙覆盖。进一步完善社区民主监督机制，认真收集居民群众和驻区单位的诉求，及时向相关部门如实反映情况。推进社区居民会议制度常态化建设，推广居民会议

常务会等模式。指导和监督社区社会组织、业委会、物业企业开展工作，切实维护社区居民合法权益。完善公共政策民主听证制度，建立社区人大代表、政协委员见面日和居民代表定期入户等机制，探索运用居民论坛、网上论坛、民情恳谈、社区对话等形式，让更多居民参与社区事务。加强楼委会、院委会、网格议事会、楼宇自治理事会建设，充分发挥楼院门栋畅通诉求、化解矛盾、联系群众的作用。继续扩大老旧小区自我服务管理试点，创新老旧小区服务治理模式，基本实现老旧小区自我服务管理全覆盖。

专栏11　“一刻钟社区服务圈”

“一刻钟社区服务圈”，是指社区居民从家庭居住地出发，在步行15分钟范围内，享受到方便、快捷、舒适的社区服务，主要包括由政府提供的基本公共服务，社会力量和居民个人提供的志愿互助服务，市场机制提供的便民利民服务以及特色服务等。

（四）推进城乡社区协调发展

推进城市社区服务管理向农村延伸，推动新型农村社区建设。加强农村基层民主自治建设，推广村级重大事项决策“票决制”模式，推行党务、村务、财务“三公开”制度。培育和发展农村各类行业协会、专业经济组织，探索建立社区共建理事会，鼓励驻村机关、团体、企事业单位支持、参与农村社区建设。推进公共服务向农村社区延伸，探索建立公共服务事项全程委托代理机制，促进城乡基本公共服务一体化。推进农村基层综合性公共服务设施建设，每个乡镇建立一个集管理、服务、教育、活动等功能于一体的1000平方米以上的社区服务中心，每个行政村服务管理用房面积不少于350平方米。充分发挥乡镇社区服务中心、村级社区服务站的平台作用，推动农村社区公益性服务和市场化服务创新发展。鼓励企业和供销合作社完善农村社区商业网点和物流布局，引导经营性服务组织在农村社区开展连锁经营。

七、动员社会参与，形成共建共享格局

（一）发挥社会组织积极作用

发挥群团组织优势，团结和动员广大群众服从服务大局，进一步凝聚共识、形成合力、发挥作用。推动群团组织结合实际，深入开展群众性劳动竞赛、技能比武、科技创新、科学普及等活动，动员群众立足岗位创新创业创优。发挥社会公益组织优势，创新和完善志愿服务、应急动员、公益募捐等体制机制，在保障首都重大任务、支援抢险救灾、应对重大突发事件中发挥应有作用。支持行业组织做好服务群众和维护合法权益工作，着力建设服务型行业组织，有针对性地开展创业就业、心理疏导、大病救助、法律援助、居家养老等帮扶工作，打造一批有影响力的服务品牌。创新和完善社会组织参与协商民主机制，拓宽参与协商民主渠道，规范参与协商民主的内容、程序和形式，使其更好地维护群众合法利益、反映合理诉求。在巩固传统领域的社会组织体系基础上，注重在新兴产业、新兴领域和新阶层、新群体中培育发展社会组织，构建起纵横交织、广泛覆盖的网格化组织体系，实现在党的领导下、以群团组织为骨干的社会组织工作有效覆盖、作用有效发挥。

专栏12　群团组织

群团组织，是群众性团体组织的简称，是在党直接领导下开展群众工作并纳入机构编制管理的群众性组织。北京市群团组织目前主要包括北京市总工会、中国共产主义青年团北京市委员会、北京市妇女联合会、北京市科学技术协会、北京市残疾人联合会、北京市归国华侨联合会、北京市文学艺术界联合会、北京市社会科学界联合会、北京市工商业联合会、北京市红十字会、北京市法学会、中国国际贸易促进委员会北京市分会（北京市贸促会）、北京市人民对外友好协会、北京市台湾同胞联谊会、北京市黄埔同学会、市思想政治工作研究会等16家。

（二）推动企业履行社会责任

建立健全促进企业履行社会责任的体制机制，推动建立企业社会责任联盟，完善企业社会责任评估指标体系，明确各类企业履行社会责任的指导标准。加强对企业履行社会责任的舆论引导，充分发挥新闻媒体作用，营造企业履行社会责任的浓厚氛围。建立健全企业参与驻地社会建设长效机制，完善企业动员员工参与社区公益和志愿服务机制，鼓励和引导企业向社区居民开放内部服务设施和文体活动场地，支持公益设施建设。健全和完善企业履行社会责任激励机制，定期评选宣传履行社会责任先进企业，推荐其经营者参加劳动模范、优秀企业家等评选表彰。充分发挥行业协会商会推进企业履行社会责任的作用，采取制定行业企业社会责任公约、发布倡议书等形式，加快推进行业诚信自律、社会责任履行。积极开展企业文化建设，引导企业经营管理者和员工自觉树立企业精神、塑造企业形象、履行社会责任。

专栏13　北京市企业社会责任评估指标体系

评估维度	序号	评估指标	填报（或相关部门提供）数据
保障员工权益	1	各类社会保险参保率（%）	前2年“五险”缴付金额
	2	工资支付率（%）	前2年已付工资总额，应付工资总额
	3	员工收入增长率（%）	前2年员工平均工资、岗位津贴等
	4	劳务派遣员工占员工总数的比例（%）	前2年劳动派遣员工数和职工数
	5	员工人均年教育、培训经费（元）	前2年职工教育总经费
	6	企业组织员工年体检率（%）	前2年员工体检统计表
	7	员工享受法定带薪年休假率（%）	前2年应享受带薪休假和实际享受人数
	8	加入工会员工比例（%）	前2年参与工会员工数
	9	企业劳动合同签订率（%）	前2年企业劳动合同签订率
	10	劳保用品人均经费年增长率（%）	前2年劳动保护用品人均经费数
	11	员工安全事故伤亡率（%）	前2年员工伤亡总人数和职工数
	12	保障员工权益的满意度（%）	向申报企业发放问卷采集数据
诚信生产（服务）经营	13	企业和解消费纠纷率（%）	前2年数据、相关部门核实
	14	法定代表人信用情况	前2年情况、相关部门核实
	15	信用评估等级	前2年情况、相关部门核实
	16	各类业务合同履约率（%）	前2年数据、相关部门核实
	17	已缴纳税款数	前2年数据、相关部门核实
维护国家利益	18	就业贡献率（%）	前2年数据、相关部门核实
	19	年纳税增长率（%）	前2年数据、相关部门核实
	20	残疾员工占员工总数的比例（%）	前2年数据、相关部门核实
	21	环保重点任务完成情况	前2年情况、相关部门核实
	22	人均水消费量	前2年水消费量和年平均人口数
	23	人均能源消耗量	前2年能源消耗量和年平均人口数
	24	慈善捐助占企业利润的比例（%）	前2年企业慈善捐助额与企业的利润

续表

评估维度	序号	评估指标	填报（或相关部门提供）数据
参与社会公益	25	注册志愿者占员工比例（%）	前2年注册志愿者人数和名单统计表
	26	企业志愿组织年人均志愿服务时间	前2年企业志愿组织开展服务活动统计
	27	企业参与各类社会公益活动的人次	近2年参与社会公益活动的统计
	28	社区对企业参与其建设的满意度（%）	向所在社区发放问卷采集数据
备注	首次评选时使用前2年相关数据，再次评选时使用两次评选间隔年限期间的各年数据		

（三）扩大公众有序参与

开展形式多样的宣传教育，不断增强公众依法有序参与社会治理的自觉性和责任感。完善党政群共商共治机制，不断拓宽公众有序参与渠道。建立健全各级党代表、人大代表和政协委员联系社区、联系群众制度，充分发挥新的社会阶层人士作用，搭建流动人口参与社会公共事务的平台，广泛动员社会力量参与社会治理。创新社会动员方式，完善重大事项、重大活动、重大任务社会动员机制，有效组织社会公众积极参与各种重大活动，圆满完成各种重大任务，及时处置各类突发事件，不断提高应急动员能力和公众参与水平。

专栏14　党政群共商共治

党政群共商共治，是指在党的领导下，由政府主导构建，由社会多元治理主体协同参与，通过建立问政、问需、问计于民的常态化议事平台，针对社区治理问题和居民需求，共同协商、共同参与、共同治理、共同解决问题的工作机制。最早是由朝阳区提出和推广的多方协商、多元共治、共建共享的社会服务治理模式。

（四）促进驻地单位协同

引导驻地单位积极参与地区建设，自觉履行社会责任。通过共商共治、议事协商等形式，为地区发展提供决策建议。通过参与志愿服务、社会公益等活动，为居民群众提供专业服务。鼓励和支持驻地党政机关、企事业单位面向社区居民开放共享内部服务设施和场地资源，服务社区居民群众。发挥街道管理委员会职能作用，为驻地单位有序参与地区治理和社会服务搭建平台。建立健全驻地单位共商共治、共建共享长效机制，培育树立先进典型，总结推广先进经验，不断推动社会协同、公众参与。

八、加强系统治理，着力完善体制机制

（一）加强统筹协调

在市委市政府领导下，充分发挥市、区社会建设工作领导小组及其办公室作用，完善纵向到社区（村）、横向到“两新”组织的工作网络，搭建政府市场社会共商共治、共建共享平台，推动社会建设改革治理任务全面落实。完善社会治理体制改革统筹协调机制，全面落实市委全面深化改革领导小组部署的各项重大任务，协调推进重大问题调研和重点改革任务落实。进一步明确社会治理成员单位主体责任，形成齐抓共管合力。进一步调动基层工作积极性，为基层改革创新提供广阔空间。

（二）深化多元共治

坚持在党的领导下，加强社会协同、公众参与，推动政府、市场、社会“三维”互动，推进社区、社会组织、社会企业“三社”组织联动，动员社会工作者、志愿者、社会公众“三者”参与，实现政府治理和社会调节、居民自治良性互动。提高协商民主建设的能力和水平，建立健全党委统一领导、政府市场社会各尽其责、公众积极参与的社会治理机制。提高社会协同的能力和水平，通过推动社区自治、社会组织协同、驻区单

位履行社会责任，完善多元参与、共商共治的基层自治机制。提高动员社会公众参与的能力和水平，发挥社会工作者专业优势，完善志愿服务长效机制，扩大公众有序参与，进一步形成多元治理、共建共享的工作格局。

（三）减轻社区负担

厘清基层行政部门与社区自治组织的职能边界和工作关系，积极推进基层行政职能转变，努力减轻社区行政负担。开展社区减负增效，健全社区公共服务事项准入制度，制定社区居委会公共服务事项清单，进一步规范社区居委会承担的公共服务事项。取消社区层面各类考核评比项目，建立以社区居民群众满意度为主要评价标准的社区考核评价机制。清理各职能部门在社区设立的组织机构、工作台账等，精简社区会议、台账和报表材料，严格社区印章管理使用，切实减轻社区居委会工作负担。凡属于区政府及其职能部门、街道办事处职责范围内的事项，不得转嫁给社区居委会。对确需社区居委会协助的事项，实行权随责走、费随事转，明确社区居委会权责和经费保障。

（四）推进基层协商

按照协商于民、协商为民的要求，建立健全基层协商民主建设协调联动机制，稳步开展多领域、多方面、多渠道的基层协商，切实解决群众关心问题。加强街道（乡镇）对辖区协商民主的统筹协调，围绕本地区城乡规划、工程项目、征地拆迁、重大公益事项及群众反映强烈的民生问题等组织有关方面开展协商。加强城乡社区协商，制定加强社区协商的指导意见，推广“参与型”社区协商等模式，对涉及居民切身利益的公共事务和公益事业进行协商。推进企事业单位协商，通过职工议事会、民主协商会、民主恳谈会等形式，协商共议涉及企事业发展和员工权益方面的重要事项。开展社会组织协商，建立与社会组织联系机制和沟通渠道，采取会议协商、听证协商、书面协商、网络协商等形式，鼓励社会组织有序参与社会服务和城市治理。

专栏15　“参与型”社区协商

“参与型”社区协商，是指由社区党组织和社区居民委员会牵头，组织协调相关方就社区公共服务、公益事业、便民服务等涉及居民切身利益的事项，通过居民议事会、小区协商、业主协商、居民决策听证、民主评议等，开展基层群众民主自治的社区协商形式。

九、加强依法治理，推进法治社会建设

（一）加快社会领域立法

加快推进以保障改善民生、维护社会公平正义为重点的法规制度建设，加大社会治理法治保障力度。依法加强和规范公共服务，完善教育、就业、社会保障、食品安全等方面的政策法规。加强社会组织政策法规建设，逐步建立完善现代社会组织制度，规范和引导各类社会组织健康发展。完善社区治理政策法规，制定社区治理评价指标体系，提升社区治理效能。加快出台地方性法规和政府规章，着力解决人口无序增长、出租房屋管理、地下空间使用、违法建设等突出问题。健全网格化服务管理政策法规，依法推进城市服务管理网格化体系建设。

（二）加强法治社会宣传

把法治宣传教育作为法治社会建设的基础工程，落实“七五”普法规划，加大社会领域普法宣传力度，形成自觉守法、遇事找法、解决问题靠法的良好社会氛围。坚持把领导干部和公职人员作为法治宣传教育重点，落实学法制度，加强法治培训，不断提高运用法治思维和法治方式深化改革、推动发展、化解矛盾、维护稳定的能力。开展普法宣传进机关、进社区、进学校、进商务楼宇、进非公有制企业、进社会组织活动。创新法治宣传教育方式，开展法官、检察官、律师等“以案释法”普法活动，加强普法讲师团、普法志愿者队伍建设，建立媒体公益普法制度，加强新媒体在普法中运用，开展群众性

法治文化活动。开展法律服务进基层活动，实现社区（村）法律顾问全覆盖。加快推进政务诚信、商务诚信、社会诚信和司法公信建设，建立健全守信联合激励和失信联合惩戒制度，努力推动个人诚信体系建设，在全社会形成良好法治环境和诚信氛围。

（三）发挥社会规范作用

加强公民道德建设，弘扬中华优秀传统文化，增强道德底蕴，强化规则意识，倡导契约精神，弘扬公序良俗，引导人们自觉履行法定义务、社会责任、家庭责任。开展多种形式法治创建活动，深化基层组织和部门、行业依法治理，支持各类社会主体自我约束、自我管理。注重发挥社会组织在法治社会建设中的积极作用，建立健全社会组织参与社会事务、维护公共利益机制和制度化渠道，支持行业协会商会发挥行业自律和专业服务功能，发挥“枢纽型”社会组织对其成员的行为导引、规范约束、权益维护作用。发挥市民公约、乡规民约、行业规章、团体章程等社会规范在社会治理中的积极作用。

（四）维护社会公共安全

全面深化平安北京建设，健全党委领导、政府主导、综治协调、各部门齐抓共管、社会力量积极参与的社会治安防控体系和工作格局，依法防范和打击各类违法犯罪活动，坚决维护首都和谐稳定。建立统一、权威、高效的食品药品安全监管体制，健全更加严格的覆盖全过程的监管机制，确保食品药品安全。深化安全生产管理体制改革，完善和落实安全生产责任和管理制度，实行党政同责、一岗双责、失职追责，强化预防治本，加大监管执法力度，及时排查化解安全隐患，坚决防止重特大安全事故发生。健全科学完善的公共突发事件处置和灾害应急管理体制，完善政府部门、基层组织、企事业单位、社会团体和志愿者应急联动机制，提高全社会应急管理能力、处置突发事件能力和防灾减灾救灾能力。加强公共空间安全管理，着力提升地铁、火车站、公交车站、步行街、公园、商场、饭店等人流密集场所安全防范水平。

十、加强综合治理，有效破解难点问题

（一）有效治理“大城市病”

突出工作重点，聚焦社会难题，动员社会力量参与治理“大城市病”。加强流动人口服务管理，完善以业调控措施，坚决淘汰劳动力密集型的低端产业；完善以房管理措施，加强出租房屋规范化管理长效机制建设；完善以证规范措施，加快推行居住证制度；完善社会责任体系，把流动人口纳入社区、社会组织、企业和商务楼宇服务管理体系，推动流动人口加快融入城市和社区。全面推进安全、便捷、高效、绿色的现代化综合交通运输体系建设，加快交通拥堵综合治理，完善市级统筹、区街共治、社区自治的停车治理体系，倡导市民绿色出行、生态驾驶，引导市民文明行车、停车、乘车、行路，形成全社会共同参与、共同治理的和谐交通环境。加快推进生态文明建设，优化产业结构和布局，严格排放标准；完善环境治理与生态建设机制，建立健全生态环境指标体系、监测体系和评价体系；加大城乡接合部燃煤清洁化力度，提高污水治理、垃圾处理能力；倡导低碳简约环保的生活方式，促进环境友好型社会建设。

（二）不断完善网格化体系

专栏16　网格化

网格化一词最早来源于信息处理，主要是指图形编辑软件中的一种功能，能使图形原件或电子元器件的位置摆放整齐、美观，作为一个参考线而存在。将网格化理念运用于社会服务和城市管理则是一次革命性的创新，其实质是运用地理信息系统，以信息技术为支撑，以行政区域划分网格为基础，以落实责任为核心，以整合资源、优化流程为重点，将区域内人、地、物、事、组织等社会服务和城市管理内容全部纳入网格系统，通过互联互通、资源共享和协调联动，及时发现和有效解决社会服务和城市管理各类问题，形成信息化、智能化、精准化社会服务体系和集约化、精细化、科学化城市管理运行机制。这种以人为本、服务为先的新模式，有效解决社会服务和城市管理粗放、责权倒置、条块分割、职能交叉、监督匮乏等一系列问题。

制订并实施网格化体系建设专项规划，加快推进城市服务管理网格化工作创新，有效提升社会服务精准化与社会治理精细化水平。充分运用大数据与“互联网＋”技术，加快推进社会治理创新，建立健全信息资源共享机制，扎实推进“网格化＋”行动计划，实现社会服务更加精准、城市管理更加精细、社会治安防控更加精确。加快推进城市管理网、社会服务网、社会治安网“三网”融合，在基本建成覆盖全市各区、街道（乡镇）、社区（村）的网格化体系基础上，2016年年底基本实现“三网”融合发展，2017年年底基本实现“三网”一体化运行。加快推进智慧社区建设，完善社会服务管理精细化测评指标体系，鼓励和引导基层实践创新，树立和推广先进典型，推动社会服务与城市管理水平不断提高。

专栏17　“网格化＋”行动计划

“网格化＋”，是“互联网＋”在城市服务管理领域的具体运用和集成创新。北京市“网格化＋”行动计划，主要包括“网格化＋基本公共服务”“网格化＋便民服务”“网格化＋公益服务”“网格化＋智慧服务”“网格化＋社会组织服务”“网格化＋社会领域党建服务”“网格化＋大城市病治理”“网格化＋城市服务管理”“网格化＋治安维稳”“网格化＋京津新冀协同发展”等，其目的是按照“共建、共治、共享、共赢”的理念，实施行动计划，全面实现网格化服务管理精准化、精细化、社会化、信息化和现代化。

（三）加强社会文明建设

深入开展社会主义核心价值观宣传教育实践活动，营造文明有礼的社会风尚，形成民主法治的社会氛围，倡导绿色简约的生活方式，培育健康向上的社会心态，努力创建社会文明环境。加强理想信念教育，增强广大干部群众走中国特色社会主义道路、为党和人民事业不懈奋斗的自觉性和坚定性，做共产主义远大理想和中国特色社会主义共同理想的坚定信仰者。广泛开展社会公德、职业道德、家庭美德、个人品德教育实践活动，形成修身律己、崇德向善、礼让宽容、诚实守信的道德风尚。深入开展“北京榜样”“道德模范”“北京社会好人榜”“首都最美社工”等宣传教育活动，大力宣扬社会领域的先进个人和群体。广泛开展群众性精神文明创建活动，持续推进“首都社会文明行”系列宣传活动，动员社会力量参与社会治理和城市管理。进一步推进文明城区、文明社区、文明村镇、文明单位、文明校园、文明家庭创建活动，深化学习型城市、学习型组织创建活动，不断提升公民文明素质和城市文明程度。

（四）创新虚拟社会治理

加快完善法律规范、行政监管、行业自律、技术保障、公众监督、社会教育相结合的互联网管理体系，提高互联网服务管理水平，确保网络和信息安全。完善网络媒体监管机制，引导网络媒体健康有序发展。善于运用先进技术传播先进文化，提高运用网络、应对网络、驾驭网络、引领网络的能力。加强网络舆情监测，基本实现社会稳定风险评估和预警。充分运用领导信箱、在线咨询、微博、微信、App客户端等手段，完善群众诉求表达渠道。利用大数据技术和人工智能，挖掘分析互联网海量信息，及时了解社会公众需求和思想动态，提高政府预测预警能力和应急响应能力。依托“互联网＋”助力社会治理创新，运用“两微一网一端”（微博、微信、官方网站、官方App客户端），探索“社会微治理”模式。加强北京社会建设网站群建设，充分发挥社会建设网络平台作用，做好社会治理网上宣传、教育、引导、动员工作。

十一、加强源头治理，努力构建社会和谐

（一）维护群众合法权益

健全党和政府主导的维护群众权益机制，维护社会公平正义，促进社会和谐稳

定。健全民主权利保障制度，充分发挥人大代表、政协委员反映民情的作用，扩大基层民主，保障人民群众依法直接行使民主权利。畅通群众诉求表达渠道，完善诉讼、仲裁、行政复议等法定诉求表达机制，引导和支持群众理性表达诉求、依法维护权益。健全法律援助制度，加强和拓宽民生领域法律援助，加强对困难群众法律服务。健全群众利益保障机制，完善公共决策社会公示、公众听证、专家咨询论证及民意调查制度，统筹协调各方利益。加强特殊人群服务管理，着力解决其就业、就学、就医、救助、社保等问题。推进政务公开、居（村）务公开，落实群众在重大问题上的知情权、参与权、表达权、监督权。完善利益保障政策，健全收入分配、就业、劳动者合法权益保障、征地拆迁、食品药品安全等相关制度和问责机制。

（二）预防化解矛盾纠纷

把信访纳入法治化轨道，依照法律规定和程序，保障合理合法诉求得到合理合法解决。深化涉法涉诉信访改革，进一步落实终审和诉讼终结制度。完善矛盾调处机制，健全人民调解、行政调解、司法调解、行业调解联动工作机制。扶持和打造一批专业化、规范化、品牌化的社会组织，开展矛盾纠纷调解社会化公益服务，拓宽矛盾纠纷化解渠道。加强社会舆情监测分析和矛盾纠纷预警，及时把矛盾纠纷解决在基层和萌芽状态。完善重大决策社会稳定风险评估机制，建立分级分类评估制度，健全督办、考核、追责等措施，探索建立第三方评估机制。健全行政复议案件审理机制，发挥行政复议监督纠错功能。强化社会建设骨干队伍运用法治思维和法治方式化解矛盾、维护稳定的能力，提高行政人员依法行政和做好群众工作的能力，充分用法治、协商等方式疏导和化解矛盾纠纷。

（三）完善社会舆论监督

建立违法行政行为投诉举报登记制度，畅通举报箱、电子信箱、热线电话等监督渠道，方便群众投诉举报、反映问题。发挥报刊、广播、电视等传统媒体监督作用，注重运用和规范网络监督，建立健全网络舆情监测、收集、研判、处置机制。增强公民意识，切实保护公民监督权。探索人大代表、政协委员与公众直接联系机制，畅通公众监督表达渠道。落实政府信息公开制度，推行公开、透明的办事程序，提高公众监督效率。完善社区民主监督，鼓励和支持居民监督社区居民会议、社区居委会以及社区其他自治组织的工作和活动，参与社区议事协商、监督评议，增强民主监督实效。充分发挥社区居民常务会议作用，代表社区居民对社区重要事项进行民主决策和民主监督，对社区居委会工作进行全面监督和民主评议，促进社区居民监督常态化。鼓励和引导社会组织有序参与政府公共决策，监督政府依法履行公共服务和行政管理职能。

（四）培育健康社会心态

加强社会舆论引导，培育奋发进取、理性平和、开放包容的社会心态。持续开展社会心态调研，制定社会心态预警指标体系。面向基层、面向大众、面向社会普及心理健康知识，引导社会单位、社会组织、社会公众、社会资本参与社会心态培育，推动党政机关、企事业单位做好本单位、本系统的心理健康促进工作。开展特殊群体心理干预工作，疏导调适不健康社会心态。加强社会心理服务体系建设，建立市级心理健康指导中心，健全市、区、街道（乡镇）、社区（村）四级心理服务体系。将心理健康服务纳入社区基本公共服务体系，在符合条件、有辐射能力的街道（乡镇）、社区（村）设立标准化心理健康服务中心（站），力争“十三五”期末覆盖15%以上。加强专业队伍建设，开展社区工作者心理服务能力培训，建立心理干预应急专家团队和专业服务队伍，建立健全心理咨询师和相关从业人员资质认证、注册审核、专业督导、继续教育等制度。

十二、加强组织领导，提供坚强有力保障

（一）加强党的建设

坚持以社会领域党建工作创新引领社会治理创新，实施社会领域党建“点、线、面”推进工程，在“点”上做足文章，由点到面，逐步实现非公有制企业（商务楼宇）党建工作全覆盖；在“线”上狠下功夫，分类推进，逐步实现社会组织党建工作全覆盖；在“面”上务求实效，属地为主，逐步实现社区区域化党建工作全覆盖。完善区、街道（乡镇）、社区（村）三级党建工作平台，落实队伍、经费、场地等基础保障，形成条块结合、资源共享、优势互补、共驻共建的区域化党建工作格局和一体化党员动态服务管理机制。创新社会组织党建工作，进一步完善“枢纽型”社会组织党建工作委员会机制。创新非公有制企业党建推进工程，完善商务楼宇党建工作机制。坚持以党建带动群团建设，认真开展社会领域统战工作，全面加强社会领域党的思想建设、组织建设、作风建设和反腐倡廉建设，为首都社会建设改革治理创造有利条件。

（二）加强队伍建设

加强社会工作人才队伍建设，培养造就一大批专家型社会治理干部队伍和专业化社会工作者队伍。修订《北京市社区工作者管理办法》，完善社会工作人才培养、评价、使用、管理、激励机制，加快推进社会工作者专业化、职业化。进一步规范社区工作者工资待遇，按照不低于上一年度全市社会平均工资70%的标准，每年动态调整社区工作者整体待遇水平。进一步拓宽社区工作者选任渠道和发展空间，鼓励党政机关、事业单位干部到社区挂职、任职，鼓励党政机关、事业单位通过公开招聘、直接调任等方式吸纳优秀社区工作者。在试点基础上，探索将社区党组织书记纳入事业编管理机制。加强社会工作专业培训和继续教育，继续实施社会工作专业硕士培养计划、社区工作者岗位轮训、社区工作骨干实务能力培训计划。成立专业社工机构联盟，扶持专业社工机构发展，加强专业社工机构规范化建设。加快培养一批高层次社会工作专业督导人才，健全专业社会工作督导机制。完善社会组织人事管理、薪酬待遇、职称评定等政策，培养社会组织领军人物和专业人才。

加强志愿服务队伍建设，修订《北京市志愿者管理办法》，普及志愿理念，弘扬志愿精神，完善志愿服务体系。发展壮大志愿者队伍，力争到“十三五”期末，实名注册志愿者占常住人口的20%。健全志愿服务培训体系，推进志愿者队伍专业化建设，培育和发展专业化、应急性志愿者队伍。推广志愿服务记录制度，完善志愿服务嘉许回馈机制，开展星级志愿者认定工作，完善志愿者意外伤害保险制度。加强社会领域志愿服务工作，推进社区、商务楼宇、“枢纽型”社会组织、专业社会工作机构、非公有制企业建立志愿服务组织。大力开展以保护蓝天、保护碧水、保护文物、服务社区、服务社会为主题的“社会领域志愿服务行”活动，打造系列志愿服务品牌。推进社区志愿服务项目化、岗位制，促进志愿服务项目、服务需求、服务组织有效对接。实施“志愿家庭”计划，推动市民以家庭为单位参与志愿服务。加强志愿服务阵地建设，为市民参与志愿服务搭建便捷平台。

（三）加强经费保障

优化整合存量资金，逐步加大财政投入力度，将社会建设资金纳入各级财政预算予以保障，为实施规划和完成目标任务提供有力的财政资金保障。综合考虑经济社会发展和财力状况，不断推进社会建设重点项目投入。发挥财政资金引导和推动作用，不断挖掘社会资源，大力拓宽参与渠道，积极引导和支持民间资金和力量参与社会建设、改革与治理。

（四）加强规划实施

综合运用法律、政策、经济、行政等手

段和宣传、动员、协商、引导等办法，围绕规划确定的目标和重点任务，推进规划有效实施。结合规划重点任务需要，出台相关配套政策，为规划实施提供政策保障。把年度工作安排作为规划实施的支撑，科学制订并落实好各年度社会治理工作计划。坚持以规划确定重点项目、以重点项目推动规划落实，发挥重点项目对规划实施的保障作用。

（五）加强督导检查

研究制订年度实施方案，逐年逐项细化分解规划目标和重点任务，明确责任分工，抓好工作落实，确保规划目标任务全面完成。完善检查督导和监测评估机制，跟踪检查指导、分析掌握规划实施进展情况，适时对重点领域和重点任务开展专题评估，每年形成工作督查报告。开展规划实施中期评估，并根据评估情况和形势任务变化及时调整规划目标任务。

（此文件2016年11月15日由市委办公厅、市政府办公厅印发）

关于认定新一批市级“枢纽型”社会组织的通知

北京市社会建设工作领导小组成员单位，各区社会建设工作领导小组，各市级“枢纽型”社会组织：

从2009年起，按照以人民团体为骨干和“成熟一批认定一批”的原则，北京市社会建设工作领导小组已先后认定了四批共36家市级“枢纽型”社会组织，对社会组织联系、服务和管理的覆盖面，由原来的不到15%扩大到近85%。为进一步健全“枢纽型”社会组织工作体系，实现工作全覆盖，按照市委、市政府部署，经研究并报经市社会建设工作领导小组领导成员批准，决定认定新一批市级“枢纽型”社会组织。从而，基本实现市级“枢纽型”社会组织工作体系全覆盖。现就有关事宜通知如下。

一、新一批市级“枢纽型”社会组织名单

新一批市级“枢纽型”社会组织以行业联合组织为主，共15家，分别是（排名不分先后）：

北京医学会、北京市教育学会、北京市环保联合会、北京养老行业协会、首都金融服务商会、北京市社区服务协会、北京市市容环境卫生协会、北京市旅游行业协会、中关村产业技术联盟促进会、北京农业产业化龙头企业协会、北京市安全生产联合会、首都互联网协会、北京市计划生育协会、北京多元调解发展促进会、北京市公益法律服务促进会。

二、新一批市级“枢纽型”社会组织的主要工作职责

作为市级“枢纽型”社会组织，结合自身业务范围，其主要工作领域和职责分别为：

北京医学会主要负责本市医学研究、医疗服务领域相关社会组织以及本系统专科社团的联系、服务和管理；北京市教育学会主要负责本市公办教育领域相关社会组织及本系统专业研究团体的联系、服务和管理；北京市环保联合会主要负责本市环保领域社会组织、志愿团体及相关公益机构的联系、服务和管理；北京养老行业协会主要负责本市社会养老机构的联系、服务和管理；首都金融服务商会主要负责本市金融领域相关社会组织及专业机构的联系、服务和指导；北京市社区服务协会主要负责本市社区服务领域相关社会组织的联系、服务和指导；北京市

市容环境卫生协会主要负责本市市容市政及环境卫生领域相关社会组织的联系、服务和指导；北京市旅游行业协会主要负责本市旅游行业相关社会组织的联系、服务和管理；中关村产业技术联盟促进会主要负责中关村国家自主创新示范区产业技术联盟组织的联系、服务和管理；北京农业产业化龙头企业协会主要负责本市涉农领域相关社会组织的联系、服务和引导；北京市安全生产联合会主要负责本市安全生产领域相关社会组织的联系、服务和管理；首都互联网协会主要负责探索对网络组织进行引导和规范，促进建立“互联网+公益”发展平台；北京市计划生育协会主要负责本市各级计划生育协会及相关社会组织的联系、服务和管理；北京多元调解发展促进会主要负责本市相关调解组织的联系、服务和管理；北京市公益法律服务促进会主要负责本市公益法律服务领域相关社会组织的联系、服务和管理。

三、市级“枢纽型”社会组织要紧密结合实际充分发挥作用

新一批市级“枢纽型”社会组织认定后，总计51家，基本形成市级“枢纽型”社会组织工作整体体系框架。在今后工作中，新认定的15家单位要按照新的功能定位和职责要求，着力加强自身建设，夯实基础、发挥作用、完善制度、健全机制，有效推进工作开展。所有市级“枢纽型”社会组织要按照市委市政府的工作部署，认真落实《市级“枢纽型”社会组织业务工作规范》（京社领办发〔2016〕8号）及有关规定，进一步探索创新、完善机制，切实发挥好政治上的桥梁纽带、业务上的引领聚合和日常服务管理的平台作用。

在市级“枢纽型”社会组织工作体系基本形成后，一方面，要将该工作体系向区、街（乡镇）进一步扩展延伸，形成完整的市、区、街（乡镇）三级“枢纽型”社会组织工作体系；另一方面，将建立健全工作考核机制，对作用发挥不明显的市级“枢纽型”社会组织进行必要处理甚至摘牌取消资格。

四、各有关单位要积极支持“枢纽型”社会组织开展工作

构建“枢纽型”社会组织工作体系，是本市加强社会建设、创新社会治理的一项重要举措，是深化社会组织体制改革的核心内容之一。市社会建设工作领导小组各成员单位及相关部门、各区要充分认识这项工作的重要意义，通过转移职能、委托事项、购买服务等方式，积极支持“枢纽型”社会组织开展工作、发挥作用。市社会建设工作领导小组办公室要进一步加强协调、完善配套政策，为“枢纽型”社会组织更好地履行职责提供服务和支持，加强监督和考核。

（此文件2016年10月19日由市社会建设工作领导小组印发）

2015年北京市社会建设工作总结

2015年，是“十二五”收官之年。在市委市政府领导下，全市社会建设领域认真学习贯彻党的十八大，十八届三中、四中、五中全会和习近平总书记系列重要讲话精神，按照协调推进“四个全面”战略布局的要求，围绕中心，服务大局，抓改革，促发展，转作风，求实效，圆满完成了全年各项任务，较好实现了《北京市“十二五”时期社会建

设规划纲要》（以下简称《规划纲要》）确定的目标，并在许多方面取得了突破性进展，使北京社会建设继续走在全国前列，站在了新的更高的历史起点上。

一、坚持创新驱动，社会体制改革全面深化

（一）社会治理体制改革站上新起点

市委市政府印发《关于深化北京市社会治理体制改革的意见》（以下简称《意见》），明确了当前和今后一个时期全市社会治理体制改革的总体思路、基本要求，提出了深化社会服务体制改革、深化社会组织体制改革、深化街道管理体制改革、创新社区治理机制、创新社会治理方式、加强和改进党对社会治理体制改革的领导等六个方面重点改革任务，并制订“任务分解方案”，明确了任务书、路线图、时间表，积极推进社会治理体制改革向纵深方向发展。以《意见》为指导，研究制订《北京市“十三五”时期社会治理规划》，并征求意见。市委办公厅、市政府办公厅印发《关于深化街道社区管理体制改革的意见》，并在石景山区开展城市管理体制改革试点，努力实现重点工作突破。

（二）社会事业与社会治理专项改革推出新举措

按照市委市政府要求，牵头协调推进社会事业与社会治理体制改革专项小组工作，研究制订《社会事业与社会治理体制改革实施规划（2014—2020年）》，提出28大项、185项具体改革举措。市医改办、市卫生计生委积极推进公立医院综合改革，印发《北京市城市公立医院综合改革试点重点任务安排（2015—2017年）》，启动实施药品阳光采购，落实医师多点执业政策，社会办医疗机构床位比重超过20%，累计建成43个区域医联体。市委组织部、市发展改革委、市财政局、市人力社保局、市民政局等主要成员单位，也从部门职能出发，提出了一系列扎实推进社会服务保障与社会治理体制改革的重要举措。各区也密切结合实际，通过制定贯彻落实意见、建立协调机制等，采取有力措施，大力推进社会治理改革创新。

（三）学习调研与合作交流取得新成果

举办一系列培训班、研讨班、座谈会，深入学习十八大以来党中央重要论述，特别是习近平总书记系列重要讲话精神，深入研究探讨社会建设、改革、治理的重大理论和现实问题。以“学习贯彻十八届五中全会精神、全面深化社会治理体制改革”为主题，主办第六届全国部分省市社会建设（北京）年会，参与主办中国社会治理创新调研成果交流会、第五届中国社会治理论坛，协办第二届“读懂中国”国际会议，形成《中外社会治理研究报告》等一系列实践调研与理论研究成果。与首都经济贸易大学和五个“两新”组织共建北京新经济组织发展研究院，与美国二十一世纪学会共建北京·芝加哥社会发展比较研究中心，与市台办、北京国际城市发展研究院、台湾金马台澎两岸交流协会共建北京海峡两岸社区发展研究中心，并举办一系列研讨交流活动，使北京社会建设研究基地总数达到17个，合作渠道和研究领域不断扩展。各研究基地都深入开展研究，汇集形成《中国社会建设报告2015》《北京社会治理改革实践探索》《北京社会治理创新研究》等系列成果。组织编写《当代中国社会建设大事典·北京卷》《中国社会改革评论》《北京社会建设年鉴》等书刊。这些都有力地推动了社会建设理论和实践创新。

二、坚持以人为本，社会服务更加完善

（一）社会公共服务明显加强

坚持把保障和改善民生作为公共财政投入的优先方向，市财政全年安排政府为民办实事资金近500亿元，着力解决了一批教育、医疗、养老、住房、出行等直接关系百姓利益的问题。有关部门积极改善群众住房条件，

完善就业政策体系，推进机关事业单位和企业养老保险制度并轨，上调社会救助标准，大力加强养老助残服务体系建设，积极推行教育体制改革，认真落实“1＋3”公共文化政策，切实加强社区卫生服务体系建设，不断完善市民体育健身设施。经过五年持续努力，《规划纲要》确定的“十二五”社会服务12项主要指标全部完成。

（二）社区服务体系更加完善

在基本实现社区基本公共服务体系（“1060工程”）全面覆盖的基础上，与市商务委等部门加快推进“一刻钟社区服务圈”示范点建设。2015年新建207个示范点，累计建成1236个，覆盖2341个城市社区，惠及居民1454万人，覆盖率达80%，超额完成“十二五”规划确定的60%的目标。全市新建102个老旧小区自我服务管理试点，累计达到332个。新建105个农村社会服务试点，累计达到452个，城市社区服务体系不断向城乡接合部和广大农村地区扩展延伸。朝阳区181个老旧小区实现准物业管理全覆盖。

（三）政府购买社会力量服务力度加大

修订完善《北京市市级政府向社会力量购买服务预算管理办法》《北京市承接政府购买服务社会组织资质管理办法》《北京市2016—2017年市级政府向社会力量购买服务指导性目录》等一系列政策文件。市级社会建设专项资金全年投入6808.9万元，购买476个社会组织服务项目。各个区也都有配套资金和措施。市总工会、市科协、市残联、市社科联、市红十字会、市体育总会、中关村社会组织联合会等共协调投入7000余万元经费，通过购买项目、购买岗位、活动资助等形式支持本领域社会组织发展。其他市级“枢纽型”社会组织也都将项目的实施、品牌的创建和公益活动的开展一体建设、同步推进。“十二五”期间，市级社会建设专项资金累计投入3.8亿元，购买社会组织服务项目2432个，撬动配套资金3.08亿元，开展活动35万场次。

（四）社会公益服务持续广泛开展

持续开展“北京社会组织公益行”系列活动，全市36家市级“枢纽型”社会组织、16个区动员1.2万多个社会组织参加，积极开展养老助残、环境保护、应急救助等公益活动2936项，比上年增加70%，服务群众200多万人次。市志愿服务联合会、首都公益慈善联合会、市慈善义工协会等积极组织开展募捐救助、应急救灾、志愿服务等活动，凝聚了强大的社会正能量。在全市组织开展“社会组织公益服务品牌创建”活动，评选出100个优秀公益服务品牌，其中包括10个金奖、30个银奖、60个铜奖。成功举办首届“北京社会公益汇”，进一步搭建了社会公益服务品牌展示与资源对接平台，扩大了合作交流渠道，达成合作意向金额3500余万元，推动了成果转化，促进了公益服务开展，产生广泛而深刻的社会反响。团市委举办“青年社会组织公益服务项目竞赛”，市妇联举办“妇女儿童公益服务博览会”，市民族联谊会开展“5·6民族团结公益行”活动，市文联、市科协、市社科联、市法学会、市律协等组织专家深入基层，广泛开展文艺家下基层、科学普及、社科普及、法律知识普及等活动，都产生了良好效果。

三、坚持问题导向，社会管理更加科学

（一）社区建设基本实现规范化

完成第二批、启动第三批社区服务管理用房建设项目。截至2015年年底，全市仅有45个社区用房未达标。昌平区2015年集中解决了89个社区用房达标问题，使全区社区用房全部达标。全年新建110个社区规范化建设示范点，累计建成示范点563个。举办京台社区发展论坛、培训、交流等系列活动。经过多年特别是“十二五”时期全市共同努力，全市社区党建、社区自治、社区服务“三位一体”治理体系日趋完善，有专职人员、有专项经费、有专门用房、工作规范化

等“三有一化”目标基本实现。

（二）社会组织“枢纽型”工作体系基本形成

截至2015年年底，全市累计认定“枢纽型”社会组织市级36家、区级218家、街道（乡镇）级461家，三级“枢纽型”社会组织工作格局初步形成，联系各级各类社会组织由“十二五”初期的4700多家增加到3万多家，覆盖率由15%扩大到87%，五年扩大了五倍多。加快推进社会组织服务（孵化）体系建设，市级社会组织孵化中心共孵化公益组织150余家，5家市级“枢纽型”社会组织、14个区、56个街道、47个社区建立多种形式的社会组织服务基地，全市初步形成“一中心、多基地”社会组织服务网络。大多数区通过购买服务、配备专职社工岗位、集约规范管理等方式，推动区、街两级“枢纽型”社会组织明确功能、发挥作用。市工商联、市侨联、市贸促会、北京民办教育协会、北京社会工作者协会等结合各自职责和资源优势，采取多种方式，积极联系和服务本领域社会组织。

（三）网格化体系建设基本实现全覆盖

印发《关于全面加强北京市城市服务管理网格化体系建设的意见》等“1+3”文件，加快推进网格化体系全面覆盖、“三网”融合、规范运行。市级建立统筹协调机制，各区、街道（乡镇）、社区（村）基本实现三级网格化体系建设全面覆盖，社会服务网、城市管理网、社会治安网“三网”融合全面推进。全年各区网格化信息系统共立案410万件，结案率92%。新建智慧社区640个，累计达到1672个，覆盖率达到58%，惠民利民取得良好成效。网格化和社区信息化参加全国智慧城市建设成果展览，产生良好反响。社会服务信息化、城市管理精细化水平大幅度提高，城市服务管理网格化体系初步形成。

（四）社会建设科学评价体系框架初步建立

会同有关部门及有关研究机构进一步完善“社会建设综合评价指标体系”，并据此进行比较研究，形成《中国社会建设报告2015》（蓝皮书）。报告显示，北京市社会建设水平继续保持国内各省、市、自治区、特大型城市之首，已连续三年是唯一一个总分超90分的省市。全市各区综合指数得分均在80分以上，比上年度都有明显增长，其中房山、延庆两区增幅超过10%。

四、坚持共建共享，社会动员更加广泛

（一）积极推动社会工作者充分发挥骨干作用

一是积极推动社区工作者队伍建设。圆满完成全市社区党组织和第九届社区居委会换届选举工作，分别有2767个、2828个社区参加，社区党组织全部实现“公推直选”。新一届社区工作者共计3.5万多人，平均年龄39.1岁，大专以上学历占80%。此次换届，有94.4%的社区配备了党组织专职副书记；打破年龄界限，一批德高望重的老同志进入或留在社区“两委”班子；850多名“大学生社工”进入党组织班子，其中，380多人担任书记或副书记。社区“两委”班子年龄结构、知识结构得到进一步优化。印发《关于进一步规范社区工作者待遇有关事项的补充通知》，制定《关于进一步规范社区工作者工资待遇的实施办法（试行）》，明确从2016年开始，社区工作者总体待遇水平原则上按照不低于上一年度本市职工平均工资的70%确定，每年进行动态调整。二是积极推进社会工作专业化建设。新成立社工事务所18家，全市社工机构总数达155家。在街道层面实施“一街一社工”计划购买145个专业社工岗位，为市级社会组织购买了368个管理岗位，为商务楼宇和非公有制经济组织购买了3600个党建指导员岗位。在90个试点社区启动了专业社工社区服务督导项目。三是大力实施社会工作者培训计划。社区换届后及时启动全市新入职社区工作者培训，

共培训新入职社区工作者2948人。与北京城市学院合作，继续实施“社区工作者硕士研究生培养计划”，新录取32名社区工作者攻读社会工作硕士研究生，三年共计培养86人。与北京大学合作，举办社会组织治理创新暨能力提升研修班，培训社会组织骨干1200多人。与市人力社保局、市外专局举办全市高级社会管理服务人才培训班，三年共计培养375人。到目前为止，全市社会工作专业人才总量已达到5.2万人，获得国家社会工作职业水平证书者20722人，占全国总数10%。“十二五”时期，我市社会工作队伍专业化职业化水平实现质的飞跃，在社会治理中已经成为重要的骨干力量。

（二）积极推动志愿者组织发挥生力军作用

一是着力加强志愿服务组织体系建设。在10家市级“枢纽型”社会组织中成立志愿服务联盟，全市新增规范提升社区志愿服务站567个，实现了城市社区志愿服务站全覆盖，建成商务楼宇志愿服务站273个，75家专业社工机构成立了志愿服务组织。全市实名注册志愿者突破327万人，志愿服务组织5万多个，注册应急志愿服务队伍518支，市民劝导队2393支、队员10万人。二是着力加强志愿服务长效机制建设。首次推出“北京社会志愿服务行”系列活动，深入开展保护蓝天、保护碧水、保护文物、服务社区、服务社会五大志愿服务行动，全市开展活动2048项、49418场次，动员志愿者61万余人参加，208万余人受益。活动贯穿全年、全市广泛参与，产生良好效果。

（三）积极动员社会公众服务中心工作

一是积极动员全社会服务重大活动。围绕纪念中国人民抗日战争暨世界反法西斯战争胜利70周年活动和北京田径世锦赛，动员社会力量积极参与志愿服务、社会矛盾纠纷排查化解、社会治安维稳等工作，全市社会领域共动员社区、社会组织、商务楼宇、社工机构等各类力量达到100多万人。85万名志愿者、40万名协管员参与了“两大活动”的维稳和服务保障工作。二是积极动员全社会广泛参与治理“大城市病”、疏解非首都功能、推动京津冀协同发展等重点工作。开展第三批31个街道社会动员试点建设，累计覆盖80个街道1280个社区。积极动员社会力量参与大气污染防治、拆除违章建筑、停车管理等专项整治行动。市贸促会、北京工经联、市商联会、北京企业联合会等举办经贸交流或项目对接活动，服务京津冀协调发展。与首都媒体合作，在全市组织开展了“北京社会文明行”之文明行车、文明停车宣传教育活动，一个季度一个主题，报纸刊物、广播电视网站微信及公益广告等立体运行，产生广泛深刻影响。三是积极动员全社会参加应急性志愿服务行动。认真完成重要会议、重大节日、主要敏感期社会领域维稳工作任务，累计动员社区工作者和志愿者约27万人，参与化解社会矛盾1500多起，服务特殊人群1.9万人次。全市动员社会力量37万余人参与扫雪铲冰工作，为城市安全运行做出了积极贡献。

（四）积极推动基层自治与协商民主

认真落实市委《关于加强社会主义协商民主建设的实施意见》等文件精神，积极推动社区、社会组织等依照法律法规和各自章程开展民主协商。在市人大督促指导下，市级社会建设专项资金使用越来越规范，居家养老服务等重点工作取得明显进展。在市政协指导推动下，网格化体系建设等提案办理获得表彰。全面推广“参与式协商”社区治理模式，全市涌现出社区居民会议常务会、社区议事厅、社区资源共享、社区“四方共议”机制、党政群共商共治工程、民情图、楼门文化等深受居民欢迎的基层自治品牌。在东城、西城、朝阳、海淀四个区深入推进社区治理与服务创新实验区建设，顺义区在76个城市社区完成新一轮的居规民约修订工作。以老旧小区为切入点，切实加强社区自治建设，通过成立小区自管会、实行准物业管理等，积极探索社区服务与治理方式，有效缓解了老旧小区治安差、管理乱、停车难等问题。

五、坚持重在建设，社会环境更加文明

（一）大力加强社会文明建设

坚持有计划、有步骤地举办一系列培训班，对社会领域局处级领导干部、街道党政主要领导和专职副书记、社区“两委”负责人、社会组织负责人、非公有制企业党组织负责人、商务楼宇党建指导员等进行一年一度的系统培训，深入学习党的十八大，十八届三中、四中、五中全会和习近平总书记系列重要讲话精神，密切结合实际，深入研讨问题，总结“十二五”、展望“十三五”，不断增强中国特色社会主义道路自信、理论自信、制度自信。加强社会宣传环境布置，积极开展百姓宣讲、周末社区大讲堂等活动。充分利用大型纪录片《社会时代》等教材，讲述中国故事、畅谈中国梦，教育广大干部群众牢固树立社会主义核心价值观。深入开展学雷锋志愿服务活动、文明城区（村镇）创建活动，开展社区“和谐杯”乒乓球比赛、社区邻里节等活动，引导广大群众参与创建社会文明。

（二）大力宣传树立社会领域先进典型

深入开展“身边好人、社会好事”宣传教育活动，评选出“北京社会好人榜”上榜个人 107 名、上榜群体 105 个。积极参与“北京榜样”宣传教育活动，社会领域全年推荐 72 位候选人，其中，9 名入选周榜样、4 名入选月榜样和年度榜样候选人，2 名获年度提名奖。举办第四届“寻找首都最美社工”活动，产生 10 名“首都最美社工”和 40 名“首都优秀社工”，四年累计产生 43 名最美社工和 157 名优秀社工。培育壮大“首都最美社工宣讲团”，组织宣讲团深入社区、院校、机关进行宣讲。举办第九届“十大感动社区人物”评选活动，宣传报道先进人物（团队）32 个。出台《“北京魅力社区”评选表彰办法》，筹备启动第七届“北京魅力社区”评选活动，发动全市各社区积极参与。参与第七届“北京影响力”评选活动，慈铭体检中心等一批非公有制企业上榜。

（三）大力推进社会责任和社会诚信体系建设

加强社会责任评价体系建设，举办“十三五”经济发展与企业社会责任高峰论坛，组织研究制定“北京市企业社会责任评价指导标准”，积极推动企业履行社会责任。市经济信息化委等部门有效开展社会诚信监督，印发《关于加快社会信用体系建设的实施意见》等系列政策文件，“信用北京”网开通上线，全市统一的公共信用信息服务平台建设日趋完善。市工商局不断完善企业信用信息公示系统，实施市场主体经营异常名录制度，将 8.2 万户企业列入名录，并向社会公示。市工商联大力倡导“守法为纲、诚信至上”的理念，向社会发布由首都民营企业家总结提炼、形成共识的《诚信宣言》和《商会宣言》，广泛开展“诚信经营”主题教育活动，推动各行业商会订立自律诚信公约，制定各行业、各领域自律公约，引导广大会员加强职业道德建设。探索在有条件的商会建立人才评价、信誉等级库、失信惩戒等人才信用管理制度，建立商会会员自律诚信“荣誉榜”、违规失信“黑名单”等长效机制。在首都文明办、市经济信息化委、市工商局等部门的指导下，18 个行业协会、商会共同组织开展了第三批企业诚信创建活动，评选出 508 家企业为 2015 年北京市诚信创建企业。中关村社会组织联合会加强社会组织诚信自律建设，编制诚信报告，公示诚信信息。

六、坚持维护稳定，社会关系更加和谐

（一）完善社会安全立体网络建设

配合政法部门制定加强首都立体化社会治安防控体系建设的实施意见，推进以“七

张网”为框架的社会治安防控体系建设，更加注重一体化运行、精细化操作、法治化治理和社会化运作。积极参与“并肩治乱”专项行动，全力维护首都社会面安全稳定。积极参与集中清查、联合执法、网格化排查，全市火灾事故、死亡人数、直接经济损失同比分别下降13.4%、23.3%和33.1%。积极参加大型活动安全管理，确保800多项4100多场次大型活动安全顺利进行。坚持专群结合，“朝阳群众”“西城大妈”“丰台劝导队”“海淀网友”等群防群治力量发挥越来越重要的作用，形成越来越广泛的共识。

（二）完善社会矛盾预防化解机制

扎实推进社会稳定风险评估工作，深入推进社会矛盾多元调解创新发展，继续完善人民调解、行政调解、司法调解“三调联动”工作体系，加强对行业调解组织的整体规划和自我监管，密切诉讼与调解的有效对接。大力推进社会调解，引入律师、心理咨询师、人民调解员等第三方社会力量参与涉法涉诉信访工作，会同有关部门研究制定《第三方社会力量参与涉法涉诉信访工作规范》和工作流程，设立专门接待窗口，开通公益法律服务平台系统。成立“市高院信访接待律师团”，为400余人次提供了法律咨询服务，促成96人次息诉罢访。北京人民调解协会依托各级各类人民调解组织，全年成功调解纠纷177963件，防止纠纷激化1251件，涉及相关当事人9970人。市医疗纠纷人民调解委员会累计在1万余家医疗机构开展医疗纠纷调解工作，成功调解了7240起，调解成功率达到95.98%。进一步健全完善依法处置机制，推动实现非正常上访“稳中有降”，有效防范和化解了重大社会矛盾。推动严重精神障碍患者、社区矫正人员和刑满释放人员、吸毒人员和艾滋病危险行为人群等特殊人群服务管理规范化、精细化，各区均建成“阳光中途之家”。加强外籍居民服务管理，累计建成18个国际化社区试点。积极推进非紧急救助综合服务平台建设，全年共受理电话312.7837万件，同比增加13.15%。在全市先后开展2次矛盾纠纷大排查、6次动态专项排查，排查各类矛盾8771件。社会力量参与程度和作用发挥明显增强。

（三）完善社会心理服务体系

结合社会治理重点任务和社会心理热点问题，在全市100个社区进行社会心态抽样调查，编写发布《2015北京社会心态蓝皮书》。发挥体系和专业优势，面向社会公众、重点人群和养老机构，组织开展“润心工程”“暖心行动”和“爱心陪伴”等系列公益活动，累计举办活动4000多场次，直接服务群众近10万人次。调动专业机构力量，在16个区进行社工心理工作骨干培训和专业指导，培养社区心理服务骨干1600名。在八个区开展标准化心理服务站（室）试点工作，直接对接需求和资源，让百姓在家门口享受专业的心理咨询服务。

七、坚持党建引领，社会领域党建工作体系基本实现全覆盖

（一）社会组织党建工作体系基本实现全覆盖

以贯彻落实中央和市委党的群团工作会议精神为契机，认真总结经验、探讨思路，组织撰写一系列工作综述和评论文章，在中央和市属媒体刊载，组织全市各人民团体主要负责人撰写学习体会文章，在《北京日报》刊发专版，产生良好的宣传效果。加快推进“枢纽型”社会组织党建工作体系建设，全面推行党建“3+1”机制，即建立社会组织党建工作委员会、成立社会组织联合党组织、设立社会组织党建工作部门，建立社会组织党建工作例会制度。截至2015年年底，全市36家市级“枢纽型”社会组织已基本实现党建工作体系全覆盖，在所属分支机构及所联系社会组织中建立基层党组织2008个、党建工作小组416个，比五年前扩大了三倍多，并在区、街（乡）进行推广。市民办教育协会举办民办非企业单位党建工作专

题研讨会，市私个协组织开展党建巡讲活动，在广大会员中引起良好反响。推动指导民办学校建立党组织93个、民办医院建立党组织89个，参与指导广西、甘肃等地在京商会建立党组织。社会组织党组织和党的工作覆盖面不断扩大。

（二）社区区域化党建工作体系基本实现全覆盖

与市委组织部、市委农工委等部门联合印发《关于进一步加强区域化党建工作的意见》，推进街道党建工作委员会和社区区域化党建工作平台建设。探索社区党组织领导下的社区治理模式创新，在6个城区39个社区启动“区域化党建、多元性自治、开放式服务”试点工作。对社区党建细化分类研究，将全市社区划分为商品房社区、老旧小区、保障房社区等九类，结合不同的社区类型提出针对性的党建工作思路。建立社区党组织书记“一人一表”台账，完善社区党组织基础数据。

（三）非公有制企业党建工作覆盖面不断扩大

着力抓大聚小、抓旧促新，加强非公有制企业党建工作。全市1297座商务楼宇基本实现党建工作站、社会工作站及工、青、妇工作站“五站合一”全覆盖；新成立党组织（含商务楼宇联合党组织）524个，达到2370个，覆盖4.9万余名党员、7.7万余家“两新”组织、93万余名从业人员；实施全市基层党建创新项目孵化工程——商务楼宇党员志愿服务聚合力V+项目，建成50个党员志愿服务示范站，党员群众参与社会治理覆盖面不断扩大。在全市25个社区开展“门店党建社区联建”试点，积极推动规模以下非公有制企业党建工作。充分发挥中关村科技园、天竺综合保税区等工业园区和汉能控股集团、小米公司集团等重点企业的示范带动效应，积极推进高新企业党建工作。在文化创意产业园区成立党建工作站，在互联网企业加强党建工作创新，探索流动党员服务管理模式。成立北京新经济组织党建研究会，为非公有制企业党建提供决策咨询、搭建研究交流平台。到目前为止，全市非公有制企业建立党组织9512个，覆盖企业84506家，覆盖率达到79.9%。

八、坚持边整边改，“三严三实”专题教育成效显著

（一）扎实开展学习教育

社会领域各级党组织以“三严三实”为主题，深入扎实开展专题教育活动。市委社会工委机关开展集中学习6次、交流研讨9次、会前学习15次、领导班子成员深入基层调研100余人次。通过深入学习党章和党的纪律规定，学习习近平总书记系列重要讲话精神，重点研读《习近平谈治国理政》《习近平关于党风廉政建设和反腐败斗争论述摘编》，深化思想认识，增强行动自觉。

（二）扎实推动问题整改

通过自己找、集体议、基层提等形式，市委社会工委共梳理出领导班子“不严不实”问题16条具体表现，领导干部“不严不实”问题86条具体表现，领导班子及其成员积极整改。同时，编制领导班子成员“三严三实”专题教育基层反映问题清单和整改任务清单，明确牵头领导、责任处室和责任人以及完成时限。市、区、街三级上下联动抓整改、促落实，已完成整改12项，列入长期整改的提高服务基层群众的能力、提高以法治思想和法治方式解决问题的能力等4项内容正在积极整改。

（三）扎实推进成果转化

社会领域党员领导干部自觉践行“三严三实”，用深化社会体制改革的实际成效检验专题教育成果，围绕解决与深化社会体制改革不相适应的思想观念、体制机制等问题，引导领导干部看大局、明大势，把具体要求转化为促进工作的自觉行动，把交流研讨形成的共识转化为具体工作措施，推动工作上水平、上台阶。按照从严从实的要求，在社会体制改革研究成果转化、加快推进网格化

体系建设全覆盖、加强社会建设专项资金管理使用、提高社区工作者待遇、扩大“枢纽型”社会组织体系覆盖面、扩大社会领域党建覆盖面等方面均有明显加强和改进。

总之，2015年全市社会建设工作取得了很大成效，使“十二五”时期工作在高潮中圆满收官。经过多年特别是“十二五”时期全市共同努力，具有时代特征、中国特色、首都特点的社会治理体系基本形成，基础工作基本到位，跨上了一个新的大台阶。与此同时，我们也清醒地认识到，距离“建首善、创一流”的目标，全市社会建设、改革、治理工作还有不少差距、不少短板、不少难啃的“硬骨头”、不少严峻的挑战。纵向发展不整齐、横向发展不平衡的问题始终存在，改革虽然有整体设计但重点突破还不快，社会服务水平虽然明显提高但还不精准，社会管理虽然日趋完善但还不精细，社会动员虽然更加广泛但还有很多盲点，社会文明程度虽然不断提高但不文明现象还不少，社会关系虽然总体和谐但潜在社会矛盾还大量存在，社会领域党建虽然大大加强但还有不少薄弱环节，等等。这些问题的存在，固然有一些客观因素和实际困难，但也有主观上努力不够和工作不严、作风不实的问题。特别是市委社会工委、市社会办作为市社会建设工作领导小组办公室、社会事业与社会治理体制改革专项小组牵头部门，在抓大事、抓协调、抓落实工作中还有许多不到位的地方，说到底，是在落实“三严三实”方面还有明显差距。我们的工作应该做得更好。我们的工作要做得更好。

在新的一年里，我们要在市委市政府领导下，更加紧密地团结在以习近平同志为总书记的党中央周围，以制订和实施《北京市“十三五”时期社会治理规划》为契机，以更加良好的精神状态和工作状态，加快推进社会治理体系和治理能力现代化，为建设国际一流的和谐宜居之都做出新的更大贡献！

（此文件2016年3月2日由市社会建设工作领导小组办公室印发）

2016年北京市社会建设工作要点

2016年，是“十三五”开局之年，站在新的历史起点上，进一步扎实推进我市社会建设，深化改革，创新发展，开好局、起好步，意义重大而深远。

2016年全市社会建设工作的总体思路是：高举中国特色社会主义伟大旗帜，认真贯彻党的十八大，十八届三中、四中、五中全会和习近平总书记系列重要讲话精神，站在“五位一体”和“四个全面”新高度，立足“十三五”和全面贯彻“五大发展理念”新起点，围绕中心、服务大局，坚持问题导向、需求导向、目标导向，坚持抓改革、补短板、上台阶，进一步在完善顶层设计、加强综合协调、夯实基层基础上下功夫、求实效，在巩固发展已有成果基础上，努力做足社会领域文章，努力在治理“大城市病”、疏解非首都功能、推动京津冀协同发展等方面有更多更大作为，为北京率先全面建成小康社会、建设国际一流和谐宜居之都做出新的更大贡献。

2016年全市社会建设工作的主要任务有以下六个方面。

一、以制订和实施“十三五”规划为契机，全面深化社会治理体制改革，进一步完善社会治理体系

（一）进一步加强统筹规划

进一步贯彻市委市政府《关于深化北京市社会治理体制改革的意见》，落实各项任务，今年上半年，对全市各区贯彻落实情况

进行专项督查。按照市委市政府要求，印发和实施《北京市“十三五”时期社会治理规划》，进一步完善顶层设计，健全统筹协调机制，全面深化社会治理体制改革，抓好重点工作落实，加快推进社会治理体系和治理能力现代化建设。

（二）加快推进改革重点突破

进一步完善市社会建设工作领导小组及其办公室和社会事业与社会治理体制改革专项小组工作机制，调整成员名单，充分发挥综合协调作用，加快推进社会事业与社会治理专项改革，着力在深化医疗卫生、养老服务等民生领域供给侧改革和社会治理体制改革方面进一步取得新突破。

（三）着力创新基层治理机制

深化街道体制改革，紧紧围绕街道“加强区域党建、开展公共服务、统筹辖区治理、组织综合执法、指导社区建设”的新职能，开展综合试点和专项试点，加快推进社会服务与城市管理重心下移、职能下沉、资源下放，使街道在社会服务与城市管理中充分发挥主体地位和统筹协调作用。

（四）扎实推进法治社会建设

完善北京社会建设“1＋4＋x”系列文件，深入开展社会领域法治建设调研，研究制订“十三五”时期加快推进重点领域立法计划，适时将具备条件的政策上升为地方性法规和政府规章。加强法治宣传教育，通过“以案释法”等形式，深入开展普法进社区、进社会组织、进新经济组织、进商务楼宇活动。选择典型案例，推广先进经验，鼓励基层创新实践，倡导发挥市民公约、乡规民约、行业规章、团体章程等社会规范在社会治理中的积极作用。

二、以“一刻钟社区服务圈”建设为载体，全面加强社区建设，进一步完善社会服务体系

（五）完善社区服务体系

制定发布社区服务与管理工作规范，建立社区服务管理标准。新建100个“一刻钟社区服务圈”，进一步健全社区基本公共服务、便民利民服务和志愿服务为一体的社区服务体系。研究制定量化指标体系，以“一刻钟社区服务圈”为载体，逐步搭载和丰富服务项目，完善服务设施，实施社区就业、社会保障、养老助残、卫生计生、文化教育体育、流动人口、安全、环境美化、便民利民和志愿互助等社区服务“十大覆盖工程”。在有条件的街道及社区探索建设社区邻里中心，为居民提供商业、文化、体育、卫生、教育等一站式服务。完善社区服务站功能，加快推进开放式社区服务站体系建设，逐步实现社区公共服务事项网点式区域通办。将心理服务纳入社区基本公共服务体系，扩大社区心理服务试点，支持专业心理社会工作机构进入社区服务。

（六）创新公共服务提供方式

充分发挥多元主体在公共服务中的作用，加大政府向社会力量购买服务力度，加大社会建设专项资金支持社区服务管理的力度。拓展社会力量发挥作用空间，在试点工作基础上，逐步将街道（乡镇）面向社区的事务性、服务性工作，通过政府购买服务方式委托有专业能力的社会组织、社会企业及社区组织承接。

（七）提升社区服务管理水平

研究制定全市社区治理综合评价指标体系，进一步完善社区党建、社区自治、社区服务“三位一体”治理结构。继续扩大社区“区域化党建、多元性自治、开放式服务”试点，推进社区民主协商、多方共议，进一步健全社区党组织领导下的居委会、业委会、物业服务企业、驻区单位共建共享的多元共治机制。继续推进社区公共服务设施达标、社区服务管理用房项目建设，新建100个社区规范化示范点、150个老旧小区自我服务管理试点，进一步提升社区规范化建设水平，切实解决社区服务管理“最后一公里”问题。组织开展第七届“北京魅力社区”评选表彰活动，继续实施京台社区合作交流项目。

（八）推进城乡社区服务管理一体化

新建100个农村社会服务试点，继续推进城市社区服务体系向城乡接合部和农村社区扩展延伸，促进城乡社区基本公共服务一体化和服务管理创新。开展城乡接合部社会治理试点，探索“1+3”治理模式，即：在一个大党组织统一领导下，村民组织、社区组织、经济组织共商共建共治，切实提升城乡接合部社会治理水平。

三、以完善“枢纽型”社会组织工作体系为基础，全面加强社会组织建设，进一步激发社会创造活力

（九）完善“枢纽型”社会组织工作体系

再认定10家左右的市级“枢纽型”社会组织，基本实现市级社会组织“枢纽”全覆盖。加快推进区、街“枢纽型”社会组织能力建设，努力将80%以上的区级社会组织、90%以上的社区社会组织纳入工作体系。研究制定市、区、街三级“枢纽型”社会组织工作规范，进一步推进规范化建设。加强对“枢纽型”社会组织的分类指导、常态化联系，探索建立综合评价机制，进一步激发创造活力。细化工作方案，分期分批推进行业协会商会及相关类型社会组织与行政主管部门“脱钩”。

（十）加大社会组织培育发展力度

进一步完善全市社会组织服务“一中心、多基地”立体化工作网络，进一步完善市社会组织孵化中心服务功能，努力实现区级社会组织服务（孵化）基地建设全覆盖；在10家市级“枢纽型”社会组织、60个街道（乡镇）和50个社区开展社会组织服务（孵化）基地建设试点工作。进一步完善社会组织培育机制，大力培育发展服务民生类、社会矛盾纠纷调解类、参与基层治理的城乡社区类社会组织以及高精尖产业联盟组织、促进产学研相结合的科技类社会组织等。创新社会组织服务方式和载体，探索建立社会组织人才交流服务平台。继续与高校合作举办社会组织研修班，探索社会化资质认证方式。协同朝阳区建设“社会众创空间”，为社会领域“大众创业、万众创新”提供新平台。

（十一）完善社会组织治理体系

研究制定社会组织综合评价指标体系，深入开展社会组织标准化建设试点工作。以法人地位明确、治理结构完善、筹资渠道稳定、监督机制健全、管理运行规范、信息公开透明为目标，不断推进现代社会组织体制建设。建立健全多方联动的综合服务监管机制，充分发挥党建政治引领、政府依法监管、“枢纽型”社会组织日常服务管理作用。逐步实施全市社会组织统一社会信用代码。引导社会组织诚信自律，建立服务承诺制度。加强社会组织信息公开，推动社会组织信息部门联网和社会公开查询，探索建立社会组织黑名单制度，制定信息公开及管理办法。

（十二）充分发挥社会组织作用

加强“枢纽型”社会组织建设，更好地发挥其政治上的桥梁纽带、业务上的引领聚合、日常服务管理的平台窗口作用。积极搭建平台、创新载体，充分发挥各级各类社会组织在提供公共服务、增强社会自治、参与城市管理、推进法治建设、服务京津冀协同发展等方面的积极作用。继续开展“社会组织公益行”系列活动，举办第二届“北京社会公益汇”，搭建社会组织公益服务宣传、展示、合作、交流、推介平台。持续开展社会组织公益服务品牌创建活动，培育打造一批优秀特色公益服务品牌。

四、以实施“网格化+”行动计划为突破口，全面加强城市服务管理，进一步提高精细化水平

（十三）加快推进“三网”融合

贯彻落实市委市政府网格化体系建设“1+3”文件，在基本实现区、街道（乡镇）、社区（村）三级网格化体系全覆盖的基础上，今年年底前，基本实现各区社会服务网、城市管

理网、社会治安网“三网”融合，在全市建设50个街道（乡镇）“三网”融合示范点，在信息系统、网格划分、基础数据、热线系统、指挥体系、网格员队伍、办理事项、办理流程、考评机制的融合发展、一体运行方面实现突破性进展。

（十四）实施“网格化+”行动计划

将“互联网+城市服务管理”落到实处，制订实施“网格化+”行动计划，有计划、有步骤地将社会服务、城市管理、治安维稳等各项经常性工作纳入网格化体系，将养老服务、流动人口服务管理、拆违打非、治理“大城市病”、疏解非首都功能、推进京津冀协同发展等重点难点工作及时纳入网格化体系。

（十五）提高智慧社区建设覆盖率

继续贯彻落实《关于在全市推进智慧社区建设的实施意见》和《北京市智慧社区建设指导标准》，与网格化体系建设有机结合，再新建532个智慧社区，推进412个星级智慧社区升星工作，全面提高智慧社区覆盖率和工作效能。统筹建设便民服务终端网络，加强社区服务信息资源的集成利用，支持建立便捷高效的生活服务智能配送体系，促进社会服务管理数据一次采集、资源多方共享、问题联动解决，让智慧社区建设更多更好地惠及民生、服务社区。

五、以推动“三社”联动为着力点，全面动员社会协同参与，进一步形成社会治理共建共享格局

（十六）着力推动“三维”体制互动

健全市社会建设工作领导小组办公室协调机制、例会制度、督查制度以及与相关机构联席会议制度，进一步健全“党委领导、政府主导、社会协同、公众参与、法治保障”的社会治理体制，在党的领导下，着力推动政府、市场、社会“三维”互动，不断提升系统治理能力；健全重大决策社会稳定风险评估机制和诉求表达、心理干预、矛盾调处、权益保护机制，创新预防和化解社会矛盾体制，不断提升源头治理能力；加大法治保障力度，推动运用法治思维和法治方式创新治理，不断提升依法治理能力；推动综合运用法律法规、经济调节、行政管理、公共服务、居民自治、道德约束、舆论引导、协商民主等方法手段，不断提升综合治理能力。

（十七）着力推动“三社”组织联动

在巩固发展社区建设、社会组织建设成果基础上，深入开展专项调研，研究制定相关扶持政策，宣传推广先进典型经验，加快推进社会企业发展，着力推进社区、社会组织、社会企业“三社”组织联动。推动成立全市社会企业联盟，引导以民生服务类为重点的社会企业健康快速发展。结合事业单位改革，试点推动政府直接主办的公益类、经营性事业单位转变为社会企业，引导具有公益性质的养老、助残、教育等机构转变为社会企业。加大政府购买社会企业服务力度，鼓励慈善、教育、福彩、体彩等公益资源进入社会企业。研究社会企业绩效评估体系，发挥市场激励与社会监督作用，提升社会企业公益服务质量，促进社会企业可持续发展。

（十八）着力加强“三支队伍”建设

加强干部队伍建设，通过组织系统培训、专题研讨、专项调研、考察交流等形式，进一步提高各级领导干部的专业思维、专业素养，使更多的领导干部成为社会治理的行家里手。加强社会工作者队伍建设，坚持开展系列专业培训，继续实施社区工作者硕士研究生培养计划，抓好社区工作者工资待遇规范调整，完善社区工作者培养、使用、管理、激励机制。再培育扶持15家社会工作事务所，推进专业社工机构规范化建设，制定社会工作督导规范文件。继续举办“寻找首都最美社工”及“最美社工宣讲团”巡回宣讲活动。加强志愿者队伍建设，扩大社区、社会组织、非公经济组织、商务楼宇、专业社工机构等社会领域志愿服务组织覆盖面。继续扶持一批社会领域志愿服务示范项目，建立社会领域志愿者激励回馈机制，推进社会

领域志愿服务长效化、制度化。

（十九）着力创建社会文明

结合社会领域实际，深入贯彻落实《培育和践行社会主义核心价值观行动方案》，广泛开展“中国梦·我的梦”主题实践活动。围绕社会热点、难点问题深入开展基层思想工作，做好群众工作。继续开展社会动员试点工作，不断完善社会动员机制。深入开展“北京社会公益行系列活动”，广泛动员社区、社会组织、社会企业和社会工作者、志愿者，积极参加社会公益行动，积极开展保护蓝天、保护碧水、保护文物及服务社区、服务社会行动，积极参与“大城市病”治理、疏解非首都功能、推进京津冀协同发展行动。继续开展“首都社会文明行”活动，营造良好的社会文明环境。继续开展“身边好人、社会好事”宣传教育活动，大力宣传表彰社会领域好人好事。

（二十）着力推动社会责任体系建设

成立企业社会责任联盟，出台“企业社会责任评价指导标准”，开展履行社会责任百优企业评选表彰活动，培育打造一批履行社会责任的“北京企业榜样”。开展社会治理共建共享先进单位创建活动，宣传树立一批先进典型。加强舆论引导，健全激励机制，鼓励支持驻区单位和企业向社区居民开放内部服务设施和文体活动场地。注重发挥行业协会商会等在推进企业履行社会责任方面的引领作用，不断加强行业自律。

六、实施“点、线、面系统推进工程”，全面加强社会领域党的建设，进一步引领社会治理创新发展

（二十一）“点”上推进，努力扩大非公企业党建工作覆盖面

坚持精准发力，逐一推进规模以上非公有制企业党建工作，力争年内使党组织和党的工作覆盖率达100%。逐一推进科技园区、外商投资企业、互联网行业企业和高新技术企业党建工作，创新联合党组织设置，提升非公有制企业党组织单独组建率，力争年内使党组织和党的工作覆盖率达90%以上。逐一推进商务楼宇党建工作，在基本实现党建工作站全覆盖基础上，力争年内使楼宇联合党组织及群团组织覆盖率达60%以上。完善非公有制企业党建工作联席会议制度，建立健全市新经济组织党建研究会工作机制。探索非公有制企业党组织负责人党建述职工作机制，提升非公企业党组织负责人素质能力。

（二十二）“线”上推进，努力扩大社会组织党建工作覆盖面

坚持分类管理，以市、区、街道（乡镇）三级“枢纽型”社会组织体系为依托，加快推进社会组织党组织和党的工作建设，年内基本实现市、区、街“枢纽型”社会组织党建工作全覆盖。加大民办学校、医院、科研机构和基金会、中介组织等社会组织党组织组建力度，有效扩大社会组织党的组织和工作覆盖面。探索在较大规模社会组织中派驻党建工作指导员，研究制定较大规模社会组织党建工作指导员派驻管理办法。加强行业组织党建工作，研究解决行业协会商会与行政主管部门脱钩后党组织隶属关系归属问题。

（二十三）“面”上推进，基本实现社区区域化党建工作全覆盖

坚持以块为主，不断加强社区区域化党建工作，深入开展“区域化党建、多元性自治、开放式服务”试点，加快推进区域化“街道大工委”“社区大党委”机制建设，强化街道（乡镇）党（工）委在区域化党建工作中的统筹协调作用、社区党组织的基础作用。坚持以区域化党建带动群团组织建设。深化在职党员进社区活动，开展党代表工作室试点，探索建立区域化党建服务基层、联系群众新机制。继续举办全市社会领域党建工作系列培训班，全面提升基层党组织凝聚力、创新力和党务干部专业化、职业化。

（二十四）认真开展“两学一做”活动，发挥引领和服务保障作用

按照中央部署和市委安排，认真开展

"学党章党规、学系列讲话、做合格党员"专题教育活动，以社会领域党建工作创新发展引领社会治理创新发展，以共产党员先锋模范作用引领社会文明程度提高和社会风气好转。认真落实"三严三实"教育整改任务。认真开展纪念建党95周年活动、纪念红军长征胜利80周年活动。树立和表彰一批社会领域先进党组织和优秀党员典型，推动社会领域党组织和党员在履职尽责、服务群众、基层治理中发挥引领和表率作用。进一步增强政治意识、大局意识、核心意识、看齐意识、首善意识，讲规矩、守纪律、转作风、求实效，勤政廉政，改革创新，在市委市政府正确领导下，更加紧密地团结在以习近平同志为总书记的党中央周围，继续保持全市社会建设工作者的良好精神状态和工作状态，继续保持全市社会建设工作的良好局面和发展态势，为北京率先全面建成小康社会、建设国际一流和谐宜居之都做出新的更大贡献。

（此文件2016年3月2日由市社会建设工作领导小组办公室印发）

关于开展2016年"北京社会组织公益行"系列活动的通知

各市级"枢纽型"社会组织、各区社会建设工作领导小组办公室：

按照2016年全市社会建设工作会议的安排部署，为深入贯彻落实党的十八大及十八届三中、四中、五中全会精神，进一步激发社会组织活力，推动广大社会组织参与社会公益事业并展示良好风貌，今年继续开展"北京社会组织公益行"系列活动。现将有关事项通知如下：

一、活动主题及基本要求

以"践行公益、服务社会"为主题，充分发挥全市各级各类社会组织优势，广泛开展扶老助残、便民利民、法律援助、生态环保、安全教育、社会救助、特殊群体帮扶等社会公益活动，并着重体现以下要求。

（一）突出实际效果

形式上力求简朴务实、不走过场、不搞排场；内容上坚持需求导向、服务大局、贴近民生，关注个性化需求。鼓励有条件的社会组织发挥专业优势，围绕治理"大城市病"以及京津冀协同发展、"大众创业、万众创新"等主题，开展特色活动。

（二）突出常态化

把"公益行"作为社会组织进行社会服务的常态化举措，合理把握好全年活动的"节奏"和"节点"，力争使更多的相关主体参与进来，争取在广度和深度上有新的突破。

（三）突出品牌化

注重挖掘、创建、提升活动品牌，以品牌化建设进一步丰富活动内涵、提升组织形象，扩大影响力和知名度。每个系统、地区均应形成一批"叫得响"的综合性或专业性服务品牌，并通过多种形式予以宣传和推广。

（四）突出能力建设

将"公益行"活动的开展同社会组织能力建设有机结合，注重锻炼队伍、整合资源、总结规律，提高工作水平。支持有条件的单位综合举办"风采展示""公益创投""项目对接""品牌评选"等活动，帮助社会组织匹配资源、展示特色，激发创造活力。

二、活动的步骤安排

活动贯穿全年、持续开展。按照全市统一部署，总体实施步骤如下。

3月上旬，市社会建设工作领导小组办

公室结合相关活动安排，统一举办启动式、进行媒体宣传，并集中发布本年度拟开展的公益活动项目。

启动式之后，市级“枢纽型”社会组织和各区按照既定方案，有序推动活动开展。其间，市社会建设工作领导小组办公室将加大宣传力度，及时对各单位活动亮点及有关情况，全方位、多角度进行宣传报道。

第四季度，举办第二届“北京社会公益汇”，重点对“公益行”活动成果及有关工作成效进行展示、交流和资源对接，同步开展一定形式的评比表彰活动。

年底至2017年年初，市社会建设工作领导小组办公室牵头，推选若干社会组织公益服务优秀品牌及公益服务优秀活动，并给予一定形式的表彰奖励。

三、活动的组织实施

市级“枢纽型”社会组织和各区社会建设工作领导小组办公室负责活动的牵头组织、推动落实，并积极搭建工作平台。

（一）认真搞好动员部署

按照本《通知》要求并结合工作实际，在往年工作基础上，进一步找准活动“定位”和“契入点”，认真研究拟订工作方案，采取灵活有效的方式做好动员部署。

（二）汇总报送活动内容

在广泛动员基础上，请各单位对本领域、本地区全年拟开展活动情况进行汇总，并于3月3日（周四）前报送市社会建设工作领导小组办公室（见附件1）。

（三）有序推动工作开展

及时跟踪了解本领域、本地区“公益行”活动开展情况，积极做好引导服务，及时报送有关信息。为推进活动有序开展，请各单位于每月月初将上个月份举办活动的内容、场次、活动效果等情况（见附件2）以及本月拟举办的活动清单报送市社会建设工作领导小组办公室。

请各单位高度重视、精心组织、抓好落实，推进2016年“北京社会组织公益行”系列活动在历年工作基础上再上新台阶。

特此通知。

附件：

1. 2016年“北京社会组织公益行”拟开展活动统计表

2. 2016年______月“北京社会组织公益行”已开展活动统计表

（此文件2016年3月2日由市社会建设工作领导小组办公室印发）

附件1：

2016年“北京社会组织公益行”拟开展活动统计表

填表单位：

序号	活动名称	活动时间	活动地点	活动内容简介 （150字以内）	主办单位	联系人和 联系电话

附件2：

2016年______月“北京社会组织公益行”已开展活动统计表

填表单位：

序号	活动名称	举办时间、 地点	主办单位	参与主体及 服务人数	取得实效	备注

关于表彰2015年“北京社会志愿服务行”十大志愿服务活动（项目）和优秀志愿服务活动（项目）的决定

市社会建设工作领导小组各成员单位，各有关部门，各市级“枢纽型”社会组织，各区社会建设工作领导小组办公室：

2015年在市委、市政府的正确领导和社会各界的积极参与下，全市社会建设工作取得了新的成绩，“北京社会志愿服务行”系列活动蓬勃开展，社会志愿服务得到长足发展，全市涌现出一大批热心志愿服务的组织、单位和个人，也产生了一系列有影响力的志愿服务活动品牌。为激励和动员首都社会各界进一步重视、关心、支持社会志愿服务事业，市社会建设工作领导小组办公室研究决定，授予市环保局“北京环境文化周活动”等10个活动（项目）为2015年“北京社会志愿服务行”十大志愿服务活动（项目），授予海淀区“服务社区志愿行动”等11个活动（项目）为2015年“北京社会志愿服务行”优秀志愿服务活动（项目）。

希望受到表彰的组织和单位珍惜荣誉，再接再厉，希望各成员单位、各有关部门、各级各类社会组织以及广大首都社会志愿者向受到表彰的组织和单位学习，进一步弘扬志愿精神，热心社会志愿服务事业，为首都社会和谐、人民幸福做出新的更大贡献！

附件：

1. 2015年“北京社会志愿服务行”十大志愿服务活动（项目）名单

2. 2015年“北京社会志愿服务行”优秀志愿服务活动（项目）名单

（此文件2016年3月15日由市社会建设工作领导小组办公室印发）

附件1：

2015年“北京社会志愿服务行”十大志愿服务活动（项目）名单（10个）

1. 北京市环保局“北京环境文化周活动”

2. 北京市水务局“节水讲堂进社区志愿活动”

3. 北京市文物局“4·18文物安全保护志愿服务活动”

4. 北京市志愿服务联合会“志愿家庭行动计划”

5. 北京市慈善义工协会“首都义站”

6. 东城区“社区心理健康与慰藉志愿服务项目”

7. 西城区“邻里互助　笑脸相约”志愿服务主题活动

8. 朝阳区“万星万家　公益家庭”活动

9. 石景山区“清洁空气蓝天行动——莲石湖环保志愿行”活动

10. 密云区“饮水思源、保护水源”活动

附件2：

2015年“北京社会志愿服务行”优秀志愿服务活动（项目）名单（11个）

1. 海淀区“服务社区志愿行动”
2. 丰台区“指南针”志愿服务行动
3. 门头沟区“奉献社区 心连民心”便民志愿服务
4. 房山区“鼎天鬲地 受命北疆”3060进社区活动
5. 通州区“社区为老志愿服务”
6. 顺义区“保护潮白河志愿服务活动”
7. 大兴区“防霾增绿，低碳文明生活引领活动”
8. 昌平区“国际环保日”宣传活动
9. 平谷区“爱暖夕阳红”服务社区志愿行动
10. 怀柔区“践行公益 服务社会”志愿行动
11. 延庆区“保护菜食河流域 还一片碧水蓝天”

2016年“北京社会志愿者公益行”实施方案

为落实2016年北京市社会建设工作会议精神，推进社会领域志愿服务制度化常态化，根据《2016年北京市社会建设工作要点》（京社领办发〔2016〕2号），制订本实施方案。

一、指导思想

围绕首都工作大局，以保护蓝天、保护碧水、保护文物、服务社区、服务社会为重点，大力弘扬志愿服务精神，广泛动员社会力量参与首都社会治理，创新志愿服务工作载体，打造社会领域志愿服务新品牌，做到月月有活动，季季有高潮，让北京天更蓝、水更绿、环境更宜居、社会更和谐，更好地传承优秀历史文化载体，为建设国际一流的和谐宜居之都做出积极贡献。

二、组织实施

“北京社会志愿者公益行”活动由市委社会工委、市社会办、市环保局、市水务局、市文物局、市志愿服务联合会联合主办；市慈善义工协会承办；市社会建设工作领导小组办公室负责统筹协调；区社会建设工作领导小组办公室负责具体实施。

三、活动内容

“北京社会志愿者公益行”活动包括保护蓝天、保护碧水、保护文物、服务社区、服务社会五大志愿行动。全年重点活动安排如下。

（一）*第一季度活动*

1. 季度重点活动

（1）北京社会公益行系列活动启动式

实施单位：市委社会工委、市社会办、市环保局、市水务局、市文物局、市志愿服务联合会、市慈善义工协会、首都博物馆

活动内容：启动“北京社会志愿者公益行”，发布2016北京社会公益行系列活动报告，优秀志愿服务组织代表和优秀志愿者代表向社会领域广大志愿者发出活动倡议，开

展社会领域志愿服务需求项目对接，表彰2015年“北京社会志愿服务行”十大志愿服务活动（项目）和优秀志愿服务活动（项目）。

2. 其他重点活动

（2）节水主题宣传活动

实施单位：市水务局

活动内容：宣传栏张贴节水宣传海报、标牌，在楼宇电视、LED屏播放节水宣传片或宣传口号。

（3）“学雷锋·公益行”志愿服务活动

实施单位：石景山区

活动内容：石景山区公益组织与志愿服务发展中心揭牌、志愿服务展示等。

（4）送教上门

实施单位：房山区

活动内容：以房山区老教育工作者协会退休教师为主、特教专家和心理专家共同参与的志愿服务队伍走进60名重度残疾儿童家庭开展送文化、送康复、送政策、送支持、送温暖志愿服务。

（二）第二季度活动

1. 季度重点活动

（5）第三届北京环境文化周

实施单位：市环保局

活动内容：围绕“六五”环境日开展活动，包含线上网络答题、环保游戏，线下组织绿色驾驶、徒步活动等。

2. 其他重点活动

（6）保护文物　人人有责

实施单位：市文物局

活动内容：在各区的代表性文物景点开展文物安全保护宣传活动，包括发放北京文物安全保护宣传手册、开展保护文物人人有责群众签名活动等。

（7）“三关爱”服务项目（专业社工领域）

实施单位：西城区

活动内容：培育社区公益志愿服务类组织，以社区老年人需求为重点，开展社区文体、志愿服务。

（8）学雷锋志愿服务推广日暨首届社会组织高峰论坛

实施单位：门头沟区

活动内容：社会组织孵化基地揭牌，协力社会组织服务发展中心成立，社会组织培育发展高峰论坛，社会组织公益项目展示。

（9）“八个让”主题志愿服务活动

实施单位：通州区

活动内容：以“让我们的家园更美丽、让我们的生活更便利、让我们的城市更有序、让我们的孩子更健康、让我们的老人更幸福、让我们的环境更低碳、让我们的举止更文明、让我们的社会更和谐”等“八个让”为主题开展系列志愿服务活动。

（三）第三季度活动

1. 季度重点活动

（10）“呵护绿谷碧水蓝天”环保志愿者在行动

实施单位：平谷区

活动内容：宣传绿色环保节能减排，进社区铲除小广告，捡拾垃圾；保护母亲河·泃河水岸徒步，围绕泃河进行大规模调查；三界碑文保、环保、户外登山活动，结合登古长城活动宣传文物保护知识和环保理念。

2. 其他重点活动

（11）“饮水思源、携手护源”密云水库水源地环保项目

实施单位：密云区

活动内容：以徒步环保形式为主，保护密云水库上游流域环境，其间辅以公益宣讲进景区进村庄、儿童环保绘画大赛、水库百里环保骑行和密云水库周边居民生产生活情况调研等活动。

（四）第四季度活动

1. 季度重点活动

（12）公益街——文明出行我能行

实施单位：市慈善义工协会

活动内容：在多个重点路口，开展行人过马路、交通知识宣讲、义务指路问询、应急救援等志愿帮扶活动；并与市交管局共同开展进高校、进社区、进企业的交通安全知

识宣讲活动。

2. 其他重点活动

（13）“一帮一”与80岁老人结对项目

实施单位：东城区

活动内容：提供代买代购、做饭、陪同就医、读书读报、精神慰藉等活动。

（14）“万星万家　公益家庭”

实施单位：朝阳区

活动内容：组织志愿者以家庭为单位参与特色公益服务项目和公益家庭激励回馈活动。

四、工作要求

（一）高度重视

各区社会建设工作领导小组办公室和有关单位要切实加强组织领导，把“北京社会志愿者公益行”活动作为重点工作，贯穿全年，研究制订活动方案，确保落实到位。

（二）精心组织

要设计好活动项目，注重挖掘、创建、提升活动品牌，广泛动员街道社区、社会组织、商务楼宇、非公有制经济组织、专业社工机构的志愿服务组织积极参与，力争在广度和深度上有新的突破。

（三）加大宣传

要充分利用广播电视、报纸、网站等媒体以及手机报、微信群、工作简报等形式，全方位、多角度宣传“北京社会志愿者公益行”活动，大力宣传先进典型和工作亮点，营造良好社会舆论氛围。

（四）务求实效

活动要立足实际，贴近居民需求，形式多样，形成常态化、制度化的长效机制，确保取得实效。注重收集、整理活动图片、音像等资料，并及时上报活动信息。

附件：

1. 2016年“北京社会志愿者公益行”各主办单位活动一览表

2. 2016年“北京社会志愿者公益行”各区活动一览表

（此文件2016年3月29日由市社会建设工作领导小组办公室印发）

附件 1：

2016 年“北京社会志愿者公益行”各主办单位活动一览表

序号	单位	活动名称	活动时间	活动地点	活动内容	联系人及联系电话
1	市环保局	第三届北京环境文化周	5—6 月	全市范围	围绕“六五”环境日，线上网络答题、环保游戏，线下绿色驾驶、徒步活动等	龙艳 82636218
2		第十三届“牵手蓝天”环保摄影比赛	2016 年 6 月—2017 年 3 月	全市范围	面向全社会征集反映北京环境建设的优秀摄影作品	
3		第十二届首都高校环境文化季	10—11 月	北京高校	组织高校学子参加环保主题辩论赛、环保涂鸦、绿色支教等环保实践活动	
4		“绿色北京”宣讲团宣讲	全年	全市范围	环保专家和环保志愿者走进社区、学校、企业开展环保科普宣传	
5	市水务局	节水大讲堂进社区	全年 5 次，两个月一期	城六区部分社区	普及节水常识，发放节水宣传材料，培育节水文化	张绍洁 88159398
6		节水主题宣传活动	3 月世界水日、中国水周，5 月城市节约用水宣传周	全市部分社区、商务楼宇	宣传栏张贴节水宣传海报、标牌，在楼宇电视、LED 屏播放节水宣传片或宣传口号	
7	市水务局	节水教育参观活动	全年	北京节水展馆	请社区居民走进北京节水展馆参观，了解北京水资源现状，普及节水知识，掌握节水窍门	张绍洁 88159398
8		防汛主题宣传活动	汛期	全市部分社区、商务楼宇	组织防汛宣传广场活动，宣传栏张贴防汛公益海报、标牌，在楼宇电视、LED 屏播放防汛公益宣传片	刘燕宁 68556112

续表

序号	单位	活动名称	活动时间	活动地点	活动内容	联系人及联系电话
9	市文物局	保护文物　人人有责	4月	全市范围	在各区的代表性文物景点开展文物安全保护宣传活动，包括发放北京文物安全保护宣传手册、开展保护文物人人有责群众签名活动等	马洪宝 64041975
10		保护文物　印象北京	6月	全市范围	结合“世界文化遗产日”，开展文物交流研讨、文物安全宣讲、摄影大赛、微信征稿、文物竞技等活动	
11		承祖先文明续华夏史篇	10月	全市范围	组织长城保护巡视员、志愿者、文保义工队等开展长城安全保护志愿服务行动，包括长城安全保护知识大比拼、有奖竞猜、文艺表演等	
12	市慈善义工协会	“英雄光辉”	4月	北京市抗日英雄纪念点	参观抗日英雄纪念点，清扫抗日英雄陵园	张慕洁 87698581 转 810
13	市慈善义工协会	“义起劳动”	5月	全市范围	慰问基层劳动工作者，开展基层劳动者交流行活动，组织带动本市劳模开展各类公益活动	张慕洁 87698581 转 810
14		“童馨计划”	6月	全市范围	慰问在校儿童特别是盲童、脑瘫儿等弱势儿童；开展京津冀联动的关注弱势群体特别是罕见病群体的交流和关爱帮扶活动	
15		“清凉义夏”	8月	全市范围	开展暑运帮扶活动，慰问户外工作者以及面向贫困弱势群体的户外拓展活动	
16		“全民环保”	9月	全市范围	社区环保宣讲、生活环保竞赛、无车日骑行、社区旧电池回收、捡拾景区垃圾、环河清道夫活动	
17		“印象北京”	10月	全市范围	“十一”黄金周景区、交通枢纽文明出游、文明礼仪、秩序维护、义务讲解、应急救援系列帮扶活动	
18		“温暖岁末”	12月	剧场（待定）	总结全年活动，慰问表彰优秀组织及个人，各级各界慈善义工组织和个人风采展示活动	

续表

序号	单位	活动名称	活动时间	活动地点	活动内容	联系人及联系电话
19	市慈善义工协会	公益街——文明出行我能行	全年	全市范围（以东城区、西城区、丰台区为重点）	在多个重点路口开展交通知识宣讲、义务指路问询、应急救援等帮扶活动；与市交管局共同开展进高校、进社区、进企业的交通安全知识宣讲活动	张慕洁 87698581 转 810
20		控烟行动	全年	全市范围	在商业区、旅游景区、交通枢纽等地区，发放宣传单页、张贴控烟海报、劝阻公共场所吸烟行为	

附件 2：

2016 年“北京社会志愿者公益行”各区活动一览表

序号	区	活动名称	活动时间	活动地点	活动内容	主办单位	联系人及联系电话
1	东城区	志愿服务能力建设项目	全年	全区范围	队伍建设、项目实施等	东城区社区志愿者协会	王佳雯
2		“一帮一”与 80 岁老人结对项目	全年	全区范围	代买代购、做饭、陪同就医、读书读报、精神慰藉等		
3	西城区	志愿家庭“童心暖夕阳”	每月一次	全区各社区和敬老院	家长和孩子一起为社区老年人送去文艺表演和慰问	西城区志愿者联合会	李彬彬 88391814 贾　鹏 82141162
4		“三关爱”服务项目（专业社工领域）	全年	全区各社区	培育社区公益志愿服务类组织，以社区老年人需求为重点，开展社区文体、志愿服务	西城区社会工作者联合会	张宁 82141144

续表

序号	区	活动名称	活动时间	活动地点	活动内容	主办单位	联系人及联系电话
5	西城区	西城区十大志愿者、优秀志愿服务团队和项目评比	12月5日前后	西城区综合行政服务中心（拟定）	评比表彰西城区优秀志愿者、志愿服务团队及项目	西城区志愿者联合会	李彬彬 88391814 贾　鹏 82141162
6	朝阳区	新春送温暖活动	1—2月	全区各街道	动员社会单位和社会志愿者慰问社区弱势群体	朝阳区社会志愿者公益储蓄中心	王小会
7	朝阳区	万星万家 公益家庭	3—12月	全区各街道	组织志愿者以家庭为单位参与特色公益服务项目和公益家庭激励回馈活动	朝阳区社会志愿者公益储蓄中心	杜玺铭
8	朝阳区	社区公益经纪人	3—12月	三里屯、团结湖等	培育以公益经纪人为核心的社区公益组织和团队，帮助社区打造品牌志愿服务项目，精准服务社区居民	朝阳区社会志愿者公益储蓄中心	张艺馨
9	朝阳区	公益服务博览会	8月	全区范围	展览展示、沙龙、交流、论坛等	朝阳区社会志愿者公益储蓄中心	郭艳东
10	海淀区	“3·22”世界水日、中国水周法制宣传	3月22日	全区各街镇	开展水法律法规宣传	海淀区水务局	刘蕊 88405809
11	海淀区	海淀区文化遗产日宣传活动	6月	待定	宣传文化遗产保护	海淀区文化委	朱玉京 82619203
12	海淀区	环境日主题宣传活动	6月	待定	普及环保法律法规，宣传绿色生活理念	海淀区环保局	姜阳 82571521
13	丰台区	志愿服务进社区	全年	全区各社区	组织社区社会组织开展各类社区志愿服务活动	丰台区社会办	邢庆意 83656264

续表

序号	区	活动名称	活动时间	活动地点	活动内容	主办单位	联系人及联系电话
14	石景山区	石景山区公益组织与志愿服务发展中心揭牌仪式暨2016年“学雷锋·公益行”志愿服务活动	3月2日	石景山区公益组织与志愿服务发展中心	公益组织与志愿服务发展中心揭牌、志愿服务展示	石景山区社会办	李明轩 88699875
15		“花香”北路社区居民自助绿化志愿服务活动	4—8月	八角街道 八角北路社区	以自助绿化和楼门文化为重点，在楼栋花园绿地安装绿篱、铁蓖，种植植物、花卉等	石景山区八角街道八角北路社区	刘微 68872161
16		红丝带爱心行动	全年	全区各街道、社区、高校、娱乐场所	防治艾滋病宣传义诊	石景山区防治艾滋病协会	王秀敏
17		超越户外公益行——把白色垃圾带出大山	全年	北京周边大山	进社区、进学校，捡拾北京周边山区的白色垃圾	超越户外俱乐部	高如钢
18		八角北路特钢社区金色亲情服务	每月15日	八角北路特钢社区广场	开展社区便民服务、临终关怀服务、弱势群体微服务、呼叫小扁担应急服务	石景山区八角北路特钢社区	孙博 88915047
19	门头沟区	2016年学雷锋志愿服务推广日暨首届社会组织高峰论坛	4月上旬	城子街道	社会组织孵化基地揭牌，协力社会组织服务发展中心成立，社会组织培育发展高峰论坛，社会组织公益项目展示	门头沟区社会建设工作领导小组办公室	曹宇 69823514
20		保护水源　还民健康	4月中旬、8月中旬	社区周边、永定河沿岸、王平湿地	捡拾白色垃圾及污染物	门头沟区王平镇	马英杰 61859137
21		水是生命源泉，节约用水从我做起	6月	陇驾庄村	节水、用水宣传	门头沟区妙峰山镇农发中心	刘岩

续表

序号	区	活动名称	活动时间	活动地点	活动内容	主办单位	联系人及联系电话
22	门头沟区	“欢乐重阳”为老服务活动	10月上旬	大峪街道辖区	面向老年群体，开展社区文化活动和便民利民活动	门头沟区大峪街道社区服务中心	肖长英 69866591
23	门头沟区	“美丽家园你我共建”劝导活动	全年	大台街道所辖9个社区	劝导社区不文明行为	门头沟区大台街道	刘庆霞 61870741
24	房山区	绿色家居	1—7月	房山区良乡	建筑环保材料公益宣传，普及建筑材料和装修知识，倡导绿色家居生活	房山区建筑行业协会	石晓飞 89367238
25	房山区	雾霾防控，我们在行动	全年	全区范围	做责任新市民，坚定环保新理念；做低碳新市民，倡导控霾新生活；做健康新市民，培养防霾新习惯	房山区市民文明学校、房山区成人教育协会	魏永刚 61351871
26	房山区	墨香家园志愿服务	全年	北里社区书画活动室	为书画爱好者提供书法绘画培训服务和书画艺术交流研讨，组织他们参加迎春送福写春联、社区书画展等社区公益服务活动	房山区城关街道北里社区	张成
27	房山区	城关街道聆听志愿服务	全年	城关街道各社区	由社区组织辖区内中小学生或志愿者参与为老敬老志愿服务，定期陪“空巢”老人唱歌、聊天、读报纸，丰富老人晚年精神生活	房山区城关街道社区服务中心	马红岩 81307165

续表

序号	区	活动名称	活动时间	活动地点	活动内容	主办单位	联系人及联系电话
28	房山区	送教上门	2—12月	全区范围	以老教协退休教师为主、特教专家和心理专家共同参与的志愿服务队伍走进60名重度残疾儿童家庭开展送文化、送康复、送政策、送支持、送温暖志愿服务	房山区老教育工作者协会	王雪琴
29		情暖夕阳之DIY——关爱空巢老人社区	3—12月	良乡昊天小区	空巢老人帮扶专线、“心灵氧吧”心理健康系列讲座、DIY趣味课堂、专业社工社区服务督导	房山区睿诚社工事务所	王蕊 60354541
30		心灵环保，还我阳光心情	3—12月	西潞街道西潞园社区、太平庄社区、海逸半岛社区、月华社区	心理健康宣传、社区心理门诊服务、上门心理服务、社区心理大讲堂	房山区春燕社工事务所	闫凤姣
31		随迁老人社区融合	3—12月	西潞街道夏庄社区、长阳镇加州南区社区、加州北区社区	发放宣传手册、设置展板展示，倡导关心随迁老人，开展老年健康知识讲座、手工艺品制作课堂、面点制作课堂和亲子联欢活动	房山区社工联合会	刘新菊 69389151
32		社工文艺推广	3—12月	窦店镇金鑫苑社区、西潞街道太平庄西里社区、西潞大街社区、拱辰街道北关东路社区、阎村镇绿城社区	宣传志愿服务和社工理念，招募志愿者；走进社区公益演出；培训社区文艺宣传骨干	房山区社工艺术团	刘影 69389721

续表

序号	区	活动名称	活动时间	活动地点	活动内容	主办单位	联系人及联系电话
33	房山区	为“雷锋们”撑起权益保护伞，做好“志愿者的志愿者”	4—10月	房山法院司法公益教育服务中心	为相关志愿团体开展法律讲座和法律咨询	房山法院厉莉爱心团队及相关志愿团体	郭晓欣
34	通州区	“八个让”主题志愿服务活动	3—11月	全区范围	“让我们的家园更美丽、让我们的生活更便利、让我们的城市更有序、让我们的孩子更健康、让我们的老人更幸福、让我们的环境更低碳、让我们的举止更文明、让我们的社会更和谐”系列志愿服务活动	通州区委社会工委	石锐 80880882
35		心理服务进社区公益活动	3—12月	全区范围	定期为有需求的社区居民开展社区康复、心理辅导、心理咨询等服务	北京心联通州分会	刘文涛 80880882
36		志愿服务组织伙伴计划	4—12月	全区范围	服务志愿者组织，定期开展志愿服务培训和沙龙等交流分享活动，鼓励帮助志愿服务机构发展	通州区社工联合会	马阳 51666366
37		邻里守望——社区关爱计划	4—12月	全区范围	鼓励社区居民参与志愿服务活动，形成“社工＋志愿者＋社区居民”服务模式，重点服务社区老人、儿童等	北京市众合社会工作事务所	马阳 51666366

续表

序号	区	活动名称	活动时间	活动地点	活动内容	主办单位	联系人及联系电话
38	顺义区	保护潮白河志愿服务活动	每季度一次	顺义区潮白河沿岸	以步行或骑行方式，捡拾河道沿岸白色垃圾；进校园开展宣讲活动	顺义区水务局	王伟 89442487
39		构建和谐社区　我们在行动	全年	顺义区光明文化广场及 76 个城市社区	围绕“绿色、春雨、春蕾、霞光、蓝盾、乐农”6 大主题，开展义诊、便民服务等志愿活动	顺义区义工联合会	
40	昌平区	第四届北京农业嘉年华	3 月 12 日—5 月 8 日	昌平区兴寿镇农业嘉年华博览园	为游客提供信息咨询、语言服务、应急救助等服务	昌平区人民政府	耿宇
41	大兴区	防霾增绿，低碳文明生活引领	全年	全区范围	会同大兴区环保局共同开展环保宣传活动，普及环保知识，发放宣传单页，倡议绿色出行，低碳环保	大兴区青年志愿者协会	李维 69258526
42		废旧物品再利用	每月一次	清源街道社会组织发展服务基地	改造废旧物品，如使用旧布缝制坐垫、使用打包带编容器等	大兴区星光社会工作事务所	颜炳东 69237766
43		“3·5”学雷锋进社区志愿服务活动	3 月 5 日前后	街心公园	为老人讲解锁知识，提供医疗义诊、免费修脚等服务	大兴区青年志愿者协会	李维 69258526
44		环保袋绘制	7 月	清源街道滨河北里社区	面向社区青少年讲解使用垃圾袋的危害，倡导使用并教授绘制环保袋	大兴区星光社会工作事务所	颜炳东 69237766

续表

序号	区	活动名称	活动时间	活动地点	活动内容	主办单位	联系人及联系电话
45	大兴区	亲子骑行	10月	大兴周边	带领孩子们远离三屏，亲近大自然，发现户外运动的乐趣，增强低碳环保、绿色出行意识	大兴区星光社会工作事务所	颜炳东 69237766
46	大兴区	2016年大兴区全民终身学习周公益活动	10月（拟定）	全区各街（乡）、社区（村）、学校等场所	根据社区居民需求，开展培训、读书活动、知识竞赛、艺术作品展、学习评比活动，举办学习研讨会、座谈会、专题报告，发放书籍和宣传材料等	大兴区社区教育协会	何平
47	平谷区	“享受阳光·自由呼吸”环保正能量传递项目	2—12月	全区范围	清洁城区活动，“绿色出行·文明交通”第五届青年绿色骑行节活动，环保公益行活动	平谷区志愿者联合会	刘佳音 69961363
48	平谷区	“京津冀共享一片蓝天”环保公益宣传倡导志愿服务行	3月1日—10月31日	京津冀地区（以平谷区、蓟县、三河县为主）	宣传自行车低碳出行，捡拾路边垃圾行动，发放环保材料	平谷区自行车运动协会	赵艳征
49	平谷区	平谷区“呵护绿谷碧水蓝天”环保志愿者在行动	3—12月	全区范围	3—5月：宣传绿色环保节能减排，进社区铲除小广告，捡拾垃圾；6—9月：保护母亲河·泃河水岸徒步，围绕泃河进行大规模调查；9—12月：三界碑文保、环保、户外登山活动，结合登古长城活动宣传文物保护知识和环保理念	平谷区苦雨益行青年志愿服务中心	艾学增

续表

序号	区	活动名称	活动时间	活动地点	活动内容	主办单位	联系人及联系电话
50	怀柔区	怀柔区社会组织公益志愿服务行活动	全年	全区城乡	宣传绿色健康生活理念、宣传文明养犬、心理健康疏导和宣传、特殊人群帮扶等	怀柔区社会办	郓琪 69695209
51		慈孝文化节	9月	泉河街道各社区	以“培育慈孝家风建设和睦家庭”为主题，开展送健康、送文化、送服务等志愿服务活动	怀柔区泉河街道	吴红媛 69693728
52		“邻里情俱乐部”志愿服务行	全年	龙山街道各社区	依托邻里情俱乐部，在社区开展便民利民、敬老助残、邻里守望等志愿服务活动，具体包括理发、按摩、磨刀、磨剪子、健康咨询、测血压、测血糖、治安巡逻等	怀柔区龙山街道	王亚利 69656989
53	密云区	“饮水思源、携手护源”密云水库水源地环保项目	5—10月	密云区水库上游水源地	以徒步环保形式为主，保护密云水库上游流域环境，其间辅以公益宣讲进景区进村庄、儿童环保绘画大赛、水库百里环保骑行和密云水库周边居民生产生活情况调研等活动	密云红十字爱心志愿服务队	张子博

续表

序号	区	活动名称	活动时间	活动地点	活动内容	主办单位	联系人及联系电话
54	密云区	“爱心向日葵”库北山区儿童关爱项目	全年	冯家峪山区部分村	通过入户走访、集体活动、定向结对等方式对受助儿童文化观念、生活方式和心理层面进行辅导，陪伴其健康成长	密云红十字爱心志愿服务队	张子博
55		手工编织培训志愿者服务队	全年	密云手工编织协会	通过开展科技知识讲座、下乡授课等形式向城乡妇女传播手工编织技术，提供致富技能，搭建展售平台	密云区妇联	李艳 69087102
56		蓝天应急志愿服务	全年	石城镇	组织应急救援专业人员参与深山走失游客的应急救援工作，并开展自救互救宣传	石城镇团委	谭策
57		旅游引导志愿服务	全年	石城镇	在黑龙潭、京都第一瀑、桃园仙谷、清凉谷等自然风景区提供引导服务，开展保水护水宣传	石城镇团委	
58		密云鼓楼街道社会福利中心老人长期陪伴项目	寒暑假	鼓楼街道社会福利中心	组织当地大、中学生团体，利用寒、暑假前往福利院为老人提供“一对一”的陪伴服务	密云红十字爱心志愿服务队	张子博
59		居家养老服务	每月一次	檀营地区部分老年人家庭	精神慰藉、家务助理、医疗建档、理发上门	惠泽华龄社会工作事务所	王新童
60		文物保护法律法规宣传	12 月 16 日	新城子镇	宣传文物法律和法规，提高群众意识	密云区文物所	于小慧 81022448

续表

序号	区	活动名称	活动时间	活动地点	活动内容	主办单位	联系人及联系电话
61	延庆区	“有爱相随，以手相牵”社区志愿服务	全年	百泉街道所辖9个社区	定期为居民提供理发、磨刀、磨剪子、缝纫、车打气、义诊、矛盾调解、政策宣传、环境维护等服务，为患有大病、行动不便、孤寡、残疾人实行“一对一”上门服务，提供生活服务和精神抚慰	延庆区社会工委、百泉街道爱相随志愿者协会	李林 69175689
62		“拥抱绿色生活　共享碧水蓝天”志愿环保系列活动	全年	儒林街道所辖9个社区	征集并举办美丽延庆照片展览，开展社区环境清洁、捡拾垃圾等公益环保活动，倡导绿色出行、低碳生活的环保理念	延庆区社会工委、儒林街道办事处	李林 69175689
63		志愿服务行	全年	香水园街道所辖12个社区	保护环境、环境整治、文明劝导、保护文物、文明出行、保护水资源等	延庆区社会工委、香水园街道	

关于印发《2016年北京市“网格化+”行动计划》的通知

各区、各有关单位：

为贯彻落实2016年北京市社会建设工作会议精神，按照《2016年北京市社会建设工作要点》要求，特制订《2016年北京市“网格化+”行动计划》。重点实施十个方面三十二个行动。

一、主要目标

“网格化+”行动计划是一项长期任务，是一个渐进的过程，不同阶段有不同的目标，今年行动计划主要实现“三个深化提升”的目标。

1. 深化提升网格化体系的服务功能。围绕深化提升网格化体系精准化和多元化服务水平，行动计划提出了“网格化+”基本公共服务、便民服务、公益服务、智慧服务、社会组织服务和社会领域党建服务六大服务提升计划。

2. 深化提升网格化体系的管理水平。围绕深化提升网格化体系精细化管理水平和治理能力现代化水平，行动计划将人防工程管理、特种设备安全监管、公共安全管理、消防安全管理、矛盾纠纷排查调处、实有人口、特殊人群管理等内容作为重点行动。

3. 深化提升网格化体系在围绕中心、服务大局中的服务效能。围绕深化提升服务效能，将治理大城市病、极端天气预警、加强大气污染治理、水污染治理、京津冀协同发展等作为重点行动。

二、主要任务

（一）“网格化+”基本公共服务

1. “网格化+”区行政服务大厅服务。将通过各区行政服务大厅办理的各类服务事项名称、办事指南、办理程序、时间、需要准备材料、证件、咨询电话等信息纳入网格化信息系统，实现数字化、信息化，并在网格化服务平台、北京社会服务之窗、“微网格”、LED大屏等服务终端上发布区行政服务大厅办事指南，让老百姓办事更加快捷高效。

责任单位：各区委社会工委、区社会办及有关部门

指导单位：市委社会工委、市社会办

2. “网格化+”街道（乡镇）“一站式”办公大厅服务。将通过街道（乡镇）“一站式”办公大厅办理的各类服务事项名称、办事指南、办理程序、时间、需要准备材料、证件、咨询电话等信息纳入网格化信息系统，实现数字化、信息化，并在网格化服务平台、北京社会服务之窗、“微网格”、LED大屏等服务终端上发布街道（乡镇）办事指南，让老百姓办事更加快捷高效。

责任单位：各街道（乡镇）

指导单位：各区委社会工委、区社会办及有关部门

3. “网格化+”科站队所服务。将司法所、社保所等科站队所的各类服务事项名称、办事指南、办理程序、时间、需要准备材料、证件、咨询电话等信息纳入网格化信息系统，实现数字化、信息化，并在网格化服务平台、北京社会服务之窗、“微网格”、LED大屏等服务终端上发布科站队所办事指南，让老百姓办事更加快捷高效。

责任单位：各街道（乡镇）

指导单位：各区委社会工委、区社会办及有关部门

4. “网格化+”社区基本公共服务。将通过社区（村）服务站办理的各类服务事项名称、办事指南、办理程序、时间、需要准

备材料、证件、咨询电话等信息纳入网格化信息系统，实现数字化、信息化，并在网格化服务平台、北京社会服务之窗、“微网格”、LED大屏等服务终端上发布社区服务指南，让老百姓办事更加快捷高效。

责任单位：各社区（村）

指导单位：各区委社会工委、区社会办及各街道（乡镇）

（二）“网格化+”便民服务

5. “网格化+”一刻钟社区服务圈。依托网格化信息平台建设“一刻钟社区服务圈”基础信息库。将圈内各类服务资源名称、地址、服务内容、服务时间、服务方式、联系方式、特色服务、价格、用户评价、优惠信息、乘车路线等服务信息纳入网格化信息系统，实现数字化、信息化、动态化。在网格化服务平台、北京社会服务之窗、“微网格”、LED大屏等服务终端上开设“一刻钟社区服务圈”信息集成服务之窗，为百姓提供更加及时便捷动态易用好用愿用的信息服务。

责任单位：各区委社会工委、区社会办及有关部门

指导单位：市委社会工委、市社会办

6. “网格化+”心理服务。各区建立专业心理服务机构和心理咨询师数据库，并纳入网格化服务管理大数据体系建设。各区、街道（乡镇）、社区（村）依托网格开展调查，掌握居民对心理服务的需求，以试点社区心理服务站为基础，整合网格内专业心理服务机构和心理咨询师资源，通过政府购买和公益志愿的形式提供心理服务，以及突发事件和重大灾害后的心理危机干预。

责任单位：各区委社会工委、区社会办及有关部门

指导单位：市委社会工委、市社会办

（三）“网格化+”公益服务

7. “网格化+”社会志愿服务行。利用网格化综合信息平台，构建网格化志愿服务体系，及时发布供需信息，将今年社会志愿服务行83项大型活动，160个市级重点志愿服务示范项目落实到社区网格，服务居民。建立志愿服务工作日志、志愿者和志愿服务项目数据库，推动社会领域志愿服务组织建设，扶持一批社会领域志愿服务示范项目，建立社会领域志愿者激励回馈机制，推进社会领域志愿服务长效化、制度化。

责任单位：各区委社会工委、区社会办及有关部门

指导单位：市委社会工委、市社会办

8. “网格化+”社工队伍公益行。建立专业社工组织进网格服务机制。结合社工队伍公益行活动，动员全市155家专业社工机构、5.2万社会工作专业人才，深入网格开展特殊群体服务、家庭关系调解、扶老助残、司法救助等20类社会服务。建立专业社工队伍数据库，数据库信息包括姓名、联系方式、专业领域、资质、成立时间等基本情况，并纳入网格化大数据体系建设。

责任单位：各区委社会工委、区社会办及有关部门

指导单位：市委社会工委、市社会办

9. “网格化+”社会组织公益行。依托网格化信息平台建设公益行活动信息库。将每年开展的“社会组织公益行”活动中每个社会组织的活动项目名称、内容、时间、地点、形式、服务对象、社会效果等全面纳入网格化服务管理信息系统，进行全过程记录，建立全周期数据库。建立公益服务品牌数据库，被评为全市社会组织公益服务品牌的应分年度建立数据库，实行动态管理。

责任单位：各区委社会工委、区社会办及有关部门、各有关社会组织

指导单位：市委社会工委、市社会办

10. “网格化+”社会文明行。依托网格化体系，发挥网格员和网格志愿力量作用，弘扬社会主义核心价值观，加强法治教育，教育引导群众提高文明素质，倡导社会文明风尚，提高社会文明程度。将“首都社会文明行”系列活动部署到网格、动员到网格、落实到网格，将社会文明新风尚零距离服务百姓。

责任单位：各区委社会工委、区社会办及有关部门

指导单位：市委社会工委、市社会办

（四）“网格化＋”智慧服务

11. “网格化＋”为老关爱服务。充分整合利用社会化服务资源，在网格化集成服务平台“网格化E点通”上开设为老关爱一键拨号功能，将爱心传递热线、心理援助热线、便民餐饮居家行、关爱老人一元理发、侨界空巢老人关爱行动、“玖九缘”文化养老、“温馨夕阳红”失独老人关爱行动、“电子保姆”助老行动、“六助老人”居家养老服务、送医上门服务、“默默祝福”爱心行动、“不倒翁”助老服务等整合到“网格化E点通”上，全面推进为老关爱服务进网格。

责任单位：各区委社会工委、区社会办及有关部门、各有关社会组织

指导单位：市委社会工委、市社会办

12. “网格化＋”青少年关爱服务。在“网格化E点通”上开设儿童青少年成长关爱服务一键拨号功能，将青少年服务热线、星光青春保护行动、“咿呀”总动员、润心工程、“快乐3点半”爱童行动、成长接力——流浪儿童子女关怀、“爱洒无声”社区融合教育、京剧启蒙国粹传承工程、青春暖心行动、蔚蓝图书馆、七彩阳光·魔法课堂、青少年网瘾防止行动、“新芽计划”大学生人才发展工程、新青年城市学堂、外来打工子弟科学素养提升计划等整合到“网格化E点通”上，全面推进儿童青少年成长关爱服务进网格。

责任单位：各区委社会工委、区社会办及有关部门、各有关社会组织

指导单位：市委社会工委、市社会办

13. “网格化＋”全民健身服务。利用“网格化E点通”平台，将首都职工健步走活动“健步121”客户端、“北京体育总会”客户端、6360个全民健身团队的团队名称、负责人、联系电话、团队人数、主要活动地点、活动项目、活动时间等信息在网格化E点通平台上发布，居民可随时随地查阅、联系和参与各类健身活动，全面推进健身服务进网格。

责任单位：各区委社会工委、区社会办及有关部门、各有关社会组织

指导单位：市委社会工委、市社会办

14. “网格化＋”法律咨询服务。通过在网格化E点通上开设法律咨询服务一键通，将市司法局7家法援类民办非企业和17家市、区两级法律援助中心的法律援助电话、公益法律援助行动、“普法温暖回家路”法律宣传活动、超越迷途社工公益行、法律进行时免费法律咨询、“第三调解室”电视化解矛盾纠纷、义＋益立体化劳动法律援助、法律法学专家基层公益行、仁合公益法律援助等整合到“网格化E点通”上，全面推进法律咨询服务进网格行动。

责任单位：各区委社会工委、区社会办及有关部门、各有关社会组织

指导单位：市委社会工委、市社会办

15. “网格化＋”妇女儿童关爱服务。充分整合利用社会化服务资源，通过在“网格化E点通”上开设妇女儿童服务一键通，将“心系妇儿——家庭教育空中课堂”、《中国妇幼》手机报、《心系·伊人》手机杂志、心系宣教手册心系系列活动、巧娘进社区、巧娘工作室、巾帼亲情服务、金玫瑰巾帼志愿服务、女性素质综合提升工程、“守望幸福”自闭儿童关爱行动、逐梦未来儿童成长计划、“一千零一个愿望”助童行动、“优乐奇”儿童公益书屋、“云呵护”未成年人自护教育、“九万里”儿童安全训练营、五彩鹿儿童行为矫正活动等整合到“网格化E点通”上，全面推进妇女儿童服务进网格行动。

责任单位：各区委社会工委、区社会办及有关部门、各有关社会组织

指导单位：市委社会工委、市社会办

16. “网格化＋”应急科普急救知识服务。充分整合利用社会化服务资源，通过在“网格化E点通”上开设应急急救服务一键通，将999一键通、应急救援在身边、“黄金

四分钟”急救知识普及行、科普益民进社区等知识整合到“网格化E点通”上，为居民提供集急救求助手段和急救知识培训于一体的急救服务，全面推进应急科普急救知识服务进网格。

责任单位：各区委社会工委、区社会办及有关部门、各有关社会组织

指导单位：市委社会工委、市社会办

（五）“网格化+”社会组织服务

17. “网格化+”枢纽型社会组织体系建设。依托“枢纽型”社会组织体系，建设社会组织数据库。每个社会组织的数据项应包括名称、组织机构代码、主要负责人姓名、成立时间、联系方式、业务范围等基本情况，并全部纳入网格化服务管理大数据体系进行动态维护。构建社会组织服务项目供求对接机制，充分利用“网格化E点通”平台，开设社会服务供需对接发布之窗，及时发布社会组织公益服务项目和居民服务需求信息。

责任单位：各区委社会工委、区社会办及有关部门、各有关社会组织

指导单位：市委社会工委、市社会办

18. “网格化+”政府购买社会力量服务。健全政府购买社会力量服务制度。各区、街道（乡镇）、社区（村）可将一些可以通过购买社会组织服务提供的服务项目，交由社会组织承担，纳入政府购买社会组织力量的范畴。并建立购买社会力量服务项目库。年度政府购买社会组织服务指导目录、申请、评审、立项、批复、实施、监管、结项等情况，全部纳入网格化服务管理信息系统进行全过程管理。

责任单位：各区委社会工委、区社会办及有关部门、各有关社会组织

指导单位：市委社会工委、市社会办

19. “网格化+”社会企业服务。探索社会企业进网格服务机制，重点引导以民生服务类为重点的社会企业深入社区网格对接居民需求，服务百姓生活。建立社会企业数据库，将社会企业的名称、法人代表、服务范围、服务项目、联系方式等采集到社会企业数据库，并纳入网格化体系动态管理，并为社会企业绩效评估提供科学依据。

责任单位：各区委社会工委、区社会办及有关部门

指导单位：市委社会工委、市社会办

（六）“网格化+”社会领域党建服务

20. “网格化+”商务楼宇社会工作站服务。构建商务楼宇社会工作站工作日志服务体系。将商务楼宇社会工作站工作情况纳入网格化体系，将本辖区商务楼宇社会工作站每天开展的各项工作情况在信息系统中进行全过程记录，建立全周期数据库，定期对全数据进行全面统计分析，为科学决策、完善服务等提供依据。

责任单位：各区委社会工委、区社会办及有关部门

指导单位：市委社会工委、市社会办

21. “网格化+”区域化党建服务。构建社会领域党建网格化服务体系。依托网格加强对党员的服务管理，打造社会领域流动党员“新家园”，帮助流动党员找组织、亮身份、做承诺，开展流动党员跟踪式服务。建立街道（乡镇）社会工作党委、街道大工委、社区大党委、社会组织联合党总支、商务楼宇社会工作站、党建指导员等党组织建设数据库，并纳入网格化信息系统实行动态管理。

责任单位：各区委社会工委、区社会办及有关部门

指导单位：市委社会工委、市社会办

（七）“网格化+”大城市病治理

22. “网格化+”大气污染治理。明确网格员大气污染治理职责，网格员配合执法人员对加强检查排放废气的污染源三维，检查环评审批和验收手续情况、治理设施的建设及运行情况、污染物达标排放等开展检查；对禁燃区内原煤散烧，违法使用经营性燃煤，废气、恶臭气体、粉尘的排放，烟囱冒黑烟，露天烧烤，露天焚烧等行为进行监督管理。加强网格内大气污染治理综合执法。下沉到网格的执法人员及时对违法行为进行查处，

快速反应、快速处置。加强大气污染治理信息化管理，将巡查巡防工作和日常工作流程纳入网格化信息系统，实施动态监管。

责任单位：各区环保局及有关部门

指导单位：市环保局

23.“网格化+”水污染治理。按照分级负责、全面覆盖、责任到人的原则，明确水污染治理监管职责。依托网格化体系，网格员配合执法人员对废水排放企业及污水处理厂的环评审批和验收、治理设施的建设及运行、污染物达标排放、自动监控设施及其他相关内容等开展检查；对生产污水横流，工业废水、医疗污水等突出问题加强监督管理；辖区执法人员对违法行为进行查处。加强水污染治理信息化管理，将巡查巡防工作纳入网格化信息系统，实施动态监管。

责任单位：各区环保局及有关部门

指导单位：市环保局

24.“网格化+”极端天气预警。明确条块各方职责，推进将极端天气预警信息接收传播、灾情上报、气象科普宣传等纳入网格员职能。当遇到重度雾霾、特大暴雨、雪灾等极端天气时，依托网格化体系及时做好信息发布、传播工作，提醒广大居民采取防护措施。

责任单位：各区气象局及有关部门

指导单位：市气象局

（八）“网格化+”城市服务管理

25.“网格化+”人防工程管理。建立人防工程进网格的相关制度规章，将人防工程管理纳入属地网格化体系，明确进网格的具体范围、职能部门力量下沉的方式方法，科学划分好职能部门和网格化工作部门及网格员等多方职责、责任，建立协调高效的运行机制和科学规范的工作流程，做到地上地下统一管理，确保人防工程安全。加强人防工程信息化管理，将人防工程的基本信息、管理流程、巡查记录等纳入网格化信息系统。

责任单位：各区民防局及有关部门

指导单位：市民防局

26.“网格化+”特种设备安全监管。建立特种设备基础数据库，逐步纳入网格化信息系统，实现特种设备动态监管。推进电梯安全网格化管理，动员街道（乡镇）积极配合相关部门开展老旧住宅电梯安全隐患治理工作，预防事故发生。

责任单位：各区质监局及有关部门

指导单位：市质监局

（九）“网格化+”治安维稳

27.“网格化+”实有人口管理。加快实有人口服务管理信息系统建设。依托国家人口基础信息库，建立信息共享和校核机制，建立全市人口基础信息库，建立覆盖全部实有人口的动态管理体系。重点加强流动人口网格化管理。依托网格化体系，下沉流管站和流管员力量，着重加强对流动人口、境外人员、出租房屋、地下空间、写字楼宇等基础情况的采集更新，切实掌握流动人口在子女入学、技能培训、卫生计生、社会保障等享受基本公共服务方面的情况。

责任单位：各区综治办及有关部门

指导单位：首都综治办

28.“网格化+”特殊人群管理。加强特殊人群动态监控。利用网格化大数据平台，着重加强对刑满释放人员、社区矫正人员在教育矫治、安置帮教、社区矫正、电子监管等方面基础信息的动态掌控，强化监测预警和分析研判，协调有关部门完善业务协同机制。加强社区网格建设，着重完善肇事肇祸严重精神障碍患者、吸毒人员、有易感染艾滋病病毒危险行为人群的动态监控网络，实时掌握免费服药、康复治疗、日常监管等方面的情况，促进服务管理措施的落实。建立健全对特殊人群的心理服务和社会关怀帮扶体系。

责任单位：各区综治办及有关部门

指导单位：首都综治办

29.“网格化+”矛盾纠纷排查调处。建立应急预案和重大社会矛盾报告机制。各社区（村）网格化服务管理工作站针对本辖区每个网格实际情况，制订应对社会突发重大矛盾的应对预案和建立重大社会矛盾立即报告机制。建立及时有效处理机制。各社区（村）和网格员对发生在本社区（村）和网格各类社会问题的处理应做到及时有效，确保小问题不出网格、不出社区。建立完善信息采集更新机制。及时掌握全市人民调解组织、行业调解组织、专业调解组织建设发展情况和发挥作用情况，各类社会矛盾纠纷排查调处情况，人民群众来信来访、进京非正常上访等情况，纳入网格化信息系统动态管理。

责任单位：各区综治办及有关部门

指导单位：首都综治办

30. “网格化＋”消防安全管理。健全完善消防安全网格化管理工作制度及政策、资金保障，将消防安全纳入网格化信息系统，明确网格管理人员，细化网格人员职责、工作流程和规范，落实网格火灾防控机制。因地制宜推进社区“微型消防站”等义务消防组织建设，配备消防器材，组织开展基础摸排、防火巡查检查、宣传教育培训、初期火灾扑救等工作，确保每个街道、乡镇和社区、村至少有1名网格巡查骨干，年内50%的乡镇（街道）实现一村一警、一格一员（消防管理员）。

责任单位：各区消防支队及有关部门

指导单位：市消防局

31. “网格化＋”公共安全管理。完善网格化信息系统，建立公共安全大数据库，实现对消防、生产、食品药品、公共交通、校园及周边、物流寄递等行业及场所实时动态掌控，加强对可能产生重大案事件的风险防控和预警分析。依托网格工作力量和职能部门下沉力量，重点加强对全市校园情况、周边治安状况、涉师生案事件、周边重点人等情况的多角度分析研判。重点加强对全市铁路线、管线及其关键设施、重点场所等基本情况巡查巡防，及时掌握全市铁路线、管线周边治安状况，为涉路、涉线各类隐患处理、突发案事件处置和护路护线日常管理提供信息化支撑。

责任单位：各区综治办及有关部门

指导单位：首都综治办

（十）“网格化＋”京津冀协同发展

32. “网格化＋”京津冀协同发展。加强京津冀三地在网格化工作中的协同合作，重点加强在大气污染治理、水污染治理、智慧城市建设、社区服务、社会组织服务管理、社会治安等领域网格化工作的合作共治和联通对接。

责任单位：各区社会工委、社会办及有关部门

指导单位：市委社会工委、市社会办

（此文件2016年4月15日由市社会建设工作领导小组办公室印发）

第三届北京市社会组织公益服务品牌评选工作方案

根据年度工作安排，为了进一步促进社会组织公益成果转化，激发新的创造活力和发展动力，现就开展“第三届北京市社会组织公益服务品牌”评选活动制订方案如下。

一、参选范围

（一）由社会组织主体开展、在公益服务领域具有一定品牌影响力的产品和服务。

（二）曾获评的“北京市社会组织公益

服务十大品牌（金奖）”，不参与本届评选。

（三）曾获评的“北京市社会组织公益服务”银奖、铜奖品牌，原则上只参与本届更高等次奖项的评选。

二、评选标准

（一）“品牌”效应突出

在相关社会服务领域有较大的社会影响力和较高的知名度、美誉度；品牌名称明确、能标志化地凝练概括产品或服务的内涵及本质特征，具有相应的标识系统，易于识别宣传推广。

（二）彰显公益特征

着力于提供社会所需、实效明显的公益产品和服务，能够补充、完善社会服务领域的缺失和不足，服务对象评价良好。

（三）体现核心业务

能够集中反映该社会组织的核心工作内容，突出体现该组织的业务领域、服务事项、工作理念、文化内涵等要素，对本组织的整体工作有较强的引领和带动作用。

（四）发展基础牢靠

参评的服务品牌要经过一定时期的运营和积累，具有专业性、公益性、稳定性等特征，已形成比较广泛的群众基础和稳定的服务对象，且具有良好的发展前景和预期。

三、奖项设置

拟评选产生“第三届北京市社会组织公益服务品牌”金奖10个、银奖30个、铜奖60个。

四、时间安排

（一）申报阶段（8月30日前）

市社会建设工作领导小组办公室印发《通知》，市级“枢纽型”社会组织和各区社会工委、社会办进行推荐，相关社会组织也可自荐。申报单位要填写“申报表”（见附件），同时提供品牌内容介绍、活动图片、有关获奖及媒体宣传报道情况等材料。

（二）初审阶段（9月25日前）

市社会建设工作领导小组办公室按评选标准对申报材料初审，确定入围候选对象。

（三）评审阶段（10月10日前）

市社会建设工作领导小组办公室组织专家、协调有关方面，对申报材料进行评审，同时采取适当形式征求所涉及的服务对象意见，综合确定获奖品牌。

（四）公布及宣传推广阶段（10月21日）

结合举办“第二届北京社会公益汇”活动，在启动仪式现场对获评品牌进行表彰，颁发证书、奖牌，统一进行媒体宣传报道，并给予一定奖励。

五、工作要求

（一）提高工作认识

培育和塑造品牌是社会组织展示综合实力、树立良好形象、吸引外部资源的重要措施。全市各级各类社会组织要高度重视、积极参与，把品牌的创建、维护、继承、发展融入日常工作，不断激发创新和创造活力。

（二）加强组织领导

各市级“枢纽型”社会组织和区社会工委、社会办要专题研究部署，采取有力措施，做好组织、协调、引导和服务工作，切实把本领域、本区域优秀公益服务成果推荐上来、展示出来，促进整体工作不断发展。

（三）营造良好氛围

工作过程中要积极营造做公益、创品牌的良好氛围，加大宣传力度，以多种形式对公益服务品牌进行宣传和推介。除组织参加全市评审外，鼓励各领域、各区域结合实际，自行开展相关评选及表彰工作。

附件：第三届北京市社会组织公益服务品牌申报表

（此文件2016年8月1日由市社会建设工作领导小组办公室印发）

附件：

第三届北京市社会组织公益服务品牌申报表

品牌名称			
实施主体			
负责人		联系方式	
服务对象		受益人数	
曾获奖励情况			
获得政府资金支持情况			
简要情况	（200字左右）		
推荐意见	（推荐单位盖章） 2016年　月　日		

备注：除本“申报表”（纸质和电子版）外，还需同时提供品牌内容介绍（电子版）、活动电子图片（JPG格式，3MB以上）、有关获奖及媒体宣传报道情况（电子版或复印件）等材料。

（联系人：李立更；电话63087636；电子邮箱：shzzgypp@163.com）

市级“枢纽型”社会组织业务工作规范

第一章 总 则

第一条 为建立更加成熟定型的“枢纽型”社会组织制度体系和运行机制，提高整体工作的系统性和完整性，根据中央和本市关于加强和改进群团工作、推动社会组织改革发展的有关规定，制定本规范。

第二条 规范的“枢纽型”社会组织，在业务工作上具备6个要素，即开放式体系、支持型平台、常态化机制、创新型载体、引导性规范、品牌化特征。

第三条 市社会建设工作领导小组及其办公室在加强综合协调、提供相应支持的同时，逐步建立健全考核评价机制，引导和促进“枢纽型”社会组织进一步提质增效，全面提升整体效能。

第二章 构建开放式体系

第四条 “枢纽型”社会组织工作的核心要求和根本目的，是广泛吸纳同性质、同类别、同领域社会组织，形成有规模、有质量、有向心力的社会组织集群；实现这一要求和目的的根本理念，是坚持“开放、包容、共享”，克服认识不深、动力不够、担当不足，以及在固有体系内封闭运行等问题。

第五条 构建开放式体系的方法和形式包括：

（一）以会员制等形式广泛吸纳有意愿的社会组织加入体系；

（二）以政策解读、业务培训、项目实施、资源共享、举办活动、开展公益等多种形式为纽带，同非主管、非会员、非挂靠的社会组织建立工作联系；

（三）以形成价值认同和建立统一的利益诉求表达机制等为基础，达成合作意向；

（四）以群众需求和行业发展为导向，主动培育、孵化有发展潜力的社会组织；

（五）具有业务主管单位资格的群团组织，切实主动作为，将符合条件的申报机构纳入进来。

第六条 有垂直指导关系的“枢纽型”社会组织应采取有效形式，加强对区、街（乡镇）相应机构的工作对接、指导，形成上下联动、协调配合的工作体系。

第三章 搭建支持型平台

第七条 坚持服务导向，打造具有自身特色的支持平台，为社会组织提供专业性、多样化服务，是“枢纽型”社会组织的重要工作职责。

第八条 树立“跨界合作”的理念，借势、借力、借智，多渠道筹措资源：

（一）同党政部门保持良性互动，在政策、资金、项目等方面积极争取支持；

（二）充分挖掘自身资源，发挥内部各业务系统的综合优势，为社会组织开展工作创造条件；

（三）同相关基金会、“支持型”组织、志愿服务团体、专业社工机构等建立伙伴关系，为本领域社会组织争取资金、项目、策划、咨询、人力资源等要素支持；

（四）积极利用企业、媒体、信息、公共关系等资源，帮助社会组织扩大“朋友圈”、获得多样化支持。

第九条 采取适当形式，搭建为本领域社会组织提供专业化、集约式服务的“一站式”平台，主要包括：

（一）设立“孵化中心”（“服务基地”

"服务指导中心""创客空间"等），提供孵化、指导、互动等服务；

（二）引入"支持型"组织，委托其为有需求的社会组织提供"托管式""陪伴式"等能力建设服务；

（三）在内部成立"社会组织服务专委会"并吸收有关专家加入，提供咨询、顾问、指导、评估等服务；

（四）依托本领域相关综合性社会组织，在集成资源、辐射带动、服务指导等方面发挥平台作用。

第十条　除争取财政资金支持外，积极为社会组织搭建社会资源利用平台，可采取的方式包括：

（一）集中举办大型展会（如"公益博览会""资源对接会"等），帮助本领域社会组织推介项目、匹配资源；

（二）整合政府、市场及社会资源，探索举办"公益众筹""公益创投""服务项目大赛"等活动，支持公益创业、发展有价值的社会创新项目；

（三）帮助本领域社会组织对接街道、社区等基层单位，促进优秀服务项目在基层落地；

（四）利用"互联网+"、云计算、大数据等技术手段，搭建网络众筹、网上资源对接、网上展览展示等大容量、开放式互动平台；

（五）引导和促进社会组织之间"组团式"发展，通过项目合作、设施共享、经验借鉴、互动交流等方式，实现优势互补、规模发展。

第十一条　鼓励"枢纽型"社会组织结合本领域实际，主动研究和关注社会企业模式，支持有条件的社会组织向社会企业转型。

第十二条　"枢纽型"社会组织在实际工作中，应综合考虑本领域社会组织发展需要，本着公平、公开、透明等原则，提高资源配置效率，最大限度地惠及本领域广大社会组织。

第四章　提升常态化机制

第十三条　"枢纽型"社会组织日常工作中的一个重要遵循，是着力固化、提升业已形成的常规性、基础性工作机制和服务模式，奠定更加稳固的发展基础。

第十四条　健全完善社会组织秘书长工作例会制度。基本要求是：

（一）原则上至少每个季度召开一次；

（二）可以"联席会议""工作沙龙""专题研讨"等多种形式体现；

（三）会议内容以解读政策、通报情况、交流经验、研究问题等为主，或在征求社会组织意见基础上确定适当主题；

（四）及时将每次工作例会情况（包括议题、规模、决议、成效等）报送市社会建设工作领导小组办公室。

第十五条　制定、完善本领域社会组织建设的政策制度等。重点是：

（一）发展规划、促进意见或相关专业性、综合性文件；

（二）总结提炼工作中的成熟经验和做法，通过文件、通报等形式予以推广；

（三）根据市社会建设专项资金、本系统有关支持经费的使用要求等，制定项目申报、资金使用、绩效评估等操作办法。

第十六条　高标准、常态化加强社会组织信息平台建设。主要包括：

（一）完善基础数据库，及时、动态掌握所联系的社会组织数量规模、组织类型、人员状况、业务开展等基本信息；

（二）建立信息联络员制度，及时收集、掌握本领域社会组织工作动态；

（三）按要求建立本领域社会组织新闻发言人制度；

（四）分类整理、汇编本领域社会组织的服务项目、产品等，向社会推介；

（五）利用网站、刊物以及微信群、QQ群、App软件等信息载体，展示、交流社会组织工作动态；

（六）加强同社会建设等部门的信息联动，及时报送本领域社会组织相关信息。

第十七条 鼓励“枢纽型”社会组织在开展常规性业务培训基础上，探索具有本领域特色的社会组织培训模式、课程体系及人才认定标准，切实提高社会组织人才队伍建设的整体水平。

第五章 建立创新型载体

第十八条 “枢纽型”社会组织激发活力、增强动力的根本所在，是贯彻落实创新发展理念，建立符合社会组织需要、符合社会工作特点、符合时代发展要求的新的工作载体。

第十九条 群团组织可根据实际需求在本领域探索成立社会组织“联合会”或“促进会”等，协助做好日常联系、服务和管理工作，用章程认同、组织结盟、同业自律等方式进一步增强联合效果和社会化属性。

第二十条 非财政拨款单位的“枢纽型”社会组织要集约利用政府购买管理岗位、管理服务等支持措施，单独成立“社会工作部”（加挂“党建工作办公室”牌子），进一步聚焦和加强对社会组织的服务管理工作，实现“党建和业务一起抓”。

第二十一条 工作覆盖面已达到相当规模的“枢纽型”社会组织，应积极探索“二级枢纽”的有效实现形式，主要包括：

（一）以行业、专业、工作对象、机构类型等为依据，对社会组织进行适当分类，引导其成立相应“工作联盟”；

（二）根据实际组建本领域“社会志愿服务联盟”，积极推动志愿服务工作开展；

（三）将社会组织划分为若干群组，尝试采取轮值制等形式，在每个组别中明确牵头单位；

（四）把本领域一些具有聚合功能的社会组织认定为“二级枢纽”，发挥其引领带动作用；

（五）发挥本领域有关基金会、“支持型”组织的支持、辐射作用，探索建立资源型、平台型工作“枢纽”。

第二十二条 通过多种形式推动社会组织协商民主工作。主要包括：

（一）用“协商民主”的理念和要求改造、提升现有的秘书长工作例会制度，在讨论一般事务性工作基础上，尝试围绕业内相关重要议题，进行更高水平的协商、讨论；

（二）发挥同党政部门之间的桥梁纽带作用，探索同党政部门进行“组团式”协商民主的有效工作机制；

（三）物色、培养本领域社会组织代表人士，在推荐先进、遴选代表、资政问询等方面做好人才储备；

（四）培育一批具有协商意识、懂得协商规则、掌握协商能力的社会组织，引导、支持其探索开展具有明确主题的“协商民主”活动并努力形成品牌。

第二十三条 鼓励功能型特征突出的“枢纽型”社会组织积极整合行业资源，建立为全市社会组织提供专业化、社会化服务的新载体。

第二十四条 探索建立“社会矛盾纠纷调解专委会”，协调、整合本领域矛盾纠纷调解资源，指导、培育和推动成立社会化、专业化调解机构，积极参与社会矛盾纠纷多元调解工作。

第六章 加强规范化引导

第二十五条 “枢纽型”社会组织对本领域社会组织进行规范化引导是政府依法监管的有效补充，主要通过倡导核心价值、形成共同理念、进行章程约束、推动诚信自律、履行社会责任等社会化方式进行。

第二十六条 结合工作实际，通过以下方式引导社会组织规范发展。

（一）推动成立本领域社会组织诚信自律联盟，发布“自律公约”、制定行为准则等，强化规则意识；

（二）探索建立社会组织“推优档案”，

通过声誉评价、表彰先进等方式进行引导和约束；

（三）编辑发布本领域社会组织“工作指南”“实务手册”等，提供法律法规、行业政策、典型案例等工作指引；

（四）积极研究、了解、掌握本领域、本行业的工作动态、最新政策、法律法规、发展状态、改革趋势等整体情况，切实做好对社会组织的业务指导；

（五）探索建立对本领域“草根”组织的引导机制。

第二十七条　鼓励“枢纽型”社会组织结合实际，在本领域开展现代社会组织建设试点工作，通过制定考核评价办法、发布业务规范标准等方式，引导和推动社会组织加强能力建设。

第二十八条　积极配合登记管理机关、行业主管部门以及相关职能部门，在开展行业协调、日常服务、外事管理以及登记、年报、执法等方面发挥好协同配合作用。

第七章　打造特色化品牌

第二十九条　高度重视自身及本领域社会组织服务品牌的创建、传播与推广，增强竞争力、提高美誉度，更好地吸引合作伙伴、争取外部资源。

第三十条　社会组织公益服务品牌应达到以下标准：

（一）品牌效应突出。在相关社会服务领域具有较高的知名度、美誉度；品牌名称明确，能标志化地凝练概括公益服务的内涵及本质特征，具有相应的标识系统，易于识别、宣传和推广。

（二）彰显公益特征。着力于提供社会所需、实效明显的公益产品和服务，能够补充、完善社会服务领域的缺失和不足，服务对象评价良好。

（三）体现核心业务。能够集中反映该社会组织的核心业务，突出体现该组织的工作理念、文化内涵、服务领域等要素，对本组织的整体工作有较强的引领和带动作用。

（四）发展基础牢靠。经过较长时间的运营和积累，具有专业性、公益性、稳定性等特征，已形成比较广泛的群众基础和稳定的服务对象，具有良好的发展前景和预期。

第三十一条　品牌创建应紧密围绕首都经济社会发展实际，重点突出以下方面：

（一）为老年人、妇女、儿童、残疾人、失业人员、农民工、不良行为青少年、社区矫正人员等特定群体服务；

（二）在生态环保、矛盾调解、法律援助、心理疏导、应急救助、交通治理、城市安全、社区治理等方面提供专业服务；

（三）为“京津冀”协同发展、非首都核心功能疏解、“大城市病”治理等提供助力；

（四）在服务“一带一路”倡议、促进国际交往等方面，培育一批能够“走出去”的社会组织及其工作品牌。

第三十二条　建立健全与品牌创建相配套的工作体系，主要包括：

（一）以“社会组织公益行”及本领域相关特色活动为载体，广泛动员社会组织参与公共服务和社会治理，在公益活动中发现亮点、锻造能力、凝聚共识；

（二）结合本领域工作实际，制定、公布社会组织服务品牌的评价、遴选、认定流程及标准；

（三）制定激励措施和办法，对评选产生的社会组织品牌予以适当表彰、奖励，营造良好氛围；

（四）搭建、参与综合展示平台或借助广播、电视、网络等媒体，对表现突出的品牌项目、品牌组织等进行宣传、推广，扩大社会影响力。

第三十三条　鼓励“枢纽型”社会组织积极采取措施，指导和帮助本领域社会组织掌握必要的“品牌管理”“品牌营销”等专业理念及知识，进一步增强品牌意识，提高品牌创建水平。

第三十四条　市社会建设工作领导小组

办公室适时组织全市性的社会组织服务品牌评选、表彰工作。

第八章　附　则

第三十五条　各区可结合工作实际，参照本规范研究制定本区“枢纽型”社会组织工作的相关规范和标准。

第三十六条　本规范由市社会建设工作领导小组办公室负责解释。

（此文件2016年8月18日由市社会建设工作领导小组办公室印发）

北京市“十三五”时期社会建设信息化建设规划

本规划根据国务院《促进大数据发展行动纲要》、《关于积极推进“互联网+”行动的指导意见》、北京市政府《关于推进“互联网+”行动计划的实施意见》和《北京市“十三五”时期社会治理规划》等文件精神编制，是指导全市未来五年社会建设信息化建设的指导性文件。

一、指导思想、基本原则和发展目标

（一）指导思想

以党的十八大，十八届三中、四中、五中全会和习近平总书记系列重要讲话精神为指导，贯彻落实“创新、协调、绿色、开放、共享”发展理念，按照“服务全局、融合创新、深化应用、完善机制”的原则，坚持以需求为导向，以应用促发展，以先进信息技术为支撑，加快推进互联网、移动互联网、物联网、大数据和云计算在全市社会建设领域的全面融合与广泛应用，全面构建起“先进、高效、集约、开放、共享”的社会建设信息化支撑服务体系，为深化社会治理体制改革、构建全民共建共享社会治理格局、推进社会治理体系和社会治理能力现代化提供信息化支撑和服务。

（二）基本原则

1. 坚持需求导向，增强服务精准性

全市社会建设信息化要紧紧围绕全市社会建设、改革、治理和社会领域党建等各方面工作需求，坚持“高起点规划、高标准建设、高水平管理、高效率服务”的工作方针，全面提升全市社会治理信息化“服务大局、服务社会、服务民生”的水平。

2. 坚持应用导向，增强业务融合性

加快推进互联网、移动互联网、物联网、大数据和云计算等先进信息技术在全市社会建设领域的广泛应用，稳步推进全市社会建设信息化与全市社会建设领域各项业务的深度融合，以信息化助力全市社会治理现代化。

3. 坚持集约导向，增强资源共享性

全市社会建设信息化要坚持按照“大集成、大整合、大共享”的发展思路，积极推进全市社会建设领域信息系统互通、资源整合、数据共享，加快构建起集约化、专业化、社会化相结合的全市社会建设大数据体系，为提高科学决策水平提供大数据支撑。

4. 坚持创新导向，增强发展持续性

全市社会建设信息化要紧跟信息化发展潮流，坚持创新驱动、强化科技引领、激发社会活力、增强发展动力，以加快构建起“先进、高效、集约、开放、共享”的社会建设信息化服务体系支撑全市社会建设更好更快发展。

（三）发展目标

到“十三五”期末，实现“十个加强十个全面提升”的目标：加强平台建设，全面提升社会建设“五大平台”服务应用水平；

加强大数据建设，全面提升社会建设信息枢纽数据资源集成共享开放服务水平；加强智慧社区建设，全面提升智慧社区智能化服务水平；加强社会组织信息化，全面提升社会组织现代化水平；加强社会服务信息化，全面提升社会服务集约化服务水平；加强社会动员信息化，全面提升社会动员快速反应水平；加强社会治理信息化，全面提升基层社会治理精细化水平；加强社会领域党建信息化，全面提升社会领域党建科学化水平；加强社会工作人才队伍建设信息化，全面提升社工人才队伍专业化、职业化水平；加强网络和信息安全建设，全面提升社会建设网络与信息安全管理水平。

二、主要任务

（一）加强平台建设，全面提升社会建设“五大平台”服务应用水平

北京社会建设手机报、北京社会建设网站群、北京社会服务之窗、北京社会建设地图网、北京网格化E通车“五大平台”是全市社会建设信息化的主要载体，要进一步丰富“五大平台”内容，完善“五大平台”功能，发挥“五大平台”作用，把“五大平台”做优做特做强，充分发挥好“五大平台”服务宣传展示交流全市社会建设工作的主阵地和主渠道作用，全面提高“五大平台”服务大局、服务决策、服务民生、服务机关、服务基层的服务应用水平。

（二）加强大数据建设，全面提升社会建设信息枢纽数据资源集成共享开放服务水平

一是加强全市社会建设数据资源的集成共享。通过对“四网六库”应用系统的升级改造，对已有数据库进行标准化改造，进一步加强对全市社会建设数据资源的集成共享力度，加快推进市、区、街、居、商务楼宇、社会组织、社会动员、社会领域党建等各项业务工作的全面信息化和全部数字化。二是将全市各区网格化体系人、地、事、物、组织等大数据纳入全市社会建设信息枢纽。建立全市各区网格化体系人、地、事、物、组织等大数据定期统计分析机制，通过定期统计分析，全面、动态、及时掌握全市网格化体系大数据建设、应用以及提升城市管理、社会治理精细化水平的情况。三是构建全市社会建设大数据决策分析服务体系。盘活“四网六库”中现有数据的应用价值，建立全市社会建设大数据季度统计报告服务机制，根据各有关部门需要，定期将“四网六库”中市、区、街、居、商务楼宇、社会组织、社工队伍、社会动员、社会领域党建等各项业务数据提供给社会建设各相关部门，全面实现对上为领导决策提供依据，对下为百姓提供服务，横向为各部门提供业务协同和资源共享，以全面、准确、动态、及时的大数据推动全市社会建设各项工作科学发展、持续发展、协调发展，全面实现社会治理难点热点问题的预测预判、各类矛盾隐患问题的发现预警，为宏观决策及风险防控提供信息化支撑。

（三）加强智慧社区建设，全面提升智慧社区智能化服务水平

一是加快推进智慧社区全覆盖步伐。“十三五”期末，全市智慧社区建设覆盖率达到100%，使智慧社区建设成果惠及全市人民。二是加快推进智慧社区规范化建设。在认真总结16个智慧社区示范点建设经验基础上，力争打造100个智慧社区示范点，让居民在智慧社区示范点体验到更好更强的智慧服务。三是全面提升智慧社区智慧度。以百姓需求为导向，以统筹各类服务资源为着力点，以信息化手段为支撑，将成熟先进安全可靠的信息化成果与提高智慧社区智慧度相结合，与满足居民日益增长的信息化服务需求相结合，全面提高智慧社区智能化服务水平，使居民享受到更多更优的智慧生活。

（四）加强社会组织信息化，全面提升社会组织现代化水平

一是建立社会组织管理工作信息即时

传达体系，即短信通知系统。通过此系统，把有关管理工作的政策要求、相关信息通过手机短信、电子邮件、传真等方式在第一时间转送到社会组织。二是建立社会组织微信群。开辟社会组织业务在线交流渠道，各社会组织负责人、专职工作人员可以对社会组织管理工作进行在线探讨，实现信息的高效交流、动态共享。三是开通社会组织信息服务体系。搭建社会组织相互间的网络链接平台，通过相互学习、借鉴，提高社会组织网络宣传服务水平；加强信息沟通与交流，促进社会组织合作发展；扩展网络宣传服务渠道，增强社会组织的社会影响力。

（五）加强社会服务信息化，全面提升社会服务集约化服务水平

一是构建网上参与社会服务体系。进一步拓展门户网站领导信箱或网上留言功能，使其成为全社会参与社会服务管理、解决热点难点问题、理顺社会关系、构建和谐社会的重要载体。二是构建移动社会服务体系。开发建设社会服务移动智能客户端，搭建为民服务“直通车”，为老百姓提供快捷、方便、准确的信息服务，让百姓足不出户就能知晓辖区的大事小情，了解办事的相关程序，更加方便快捷地办理相关事务，享受更加便捷安全高效的社会服务。

（六）加强社会治理信息化，全面提升基层社会治理精细化水平

加快推进“微治理”平台建设。充分利用微信覆盖广，操作灵活、方便、智能的特点，在认真总结全市首批支持258个社区（村）试点建设网格化服务管理微信公众平台经验的基础上，加快推进“微治理”平台建设步伐，力争到“十三五”期末，全市50%的社区（村）建立“微治理”平台，通过在“微治理”平台上开设随手拍、在线服务和便民信息发布等基本功能，实现公众、社会等利用智能手机直接参与基层社会治理，享受精准化服务，积极推进全民共建共享社会治理格局的形成。

（七）加强社会动员信息化，全面提升社会动员快速反应水平

一是构建社会协同公众参与社会动员信息化体系。充分利用互联网和移动通信等现代化信息技术，在全市建立起“纵向到底、横向到边、覆盖广泛、反应迅速”立体社会动员网络，提高社会动员效率和覆盖范围，使社会动员工作延伸到每一个家庭，社会的每一个角落，使社会动员迅速实现快速传达到全市每个角落。二是要构建志愿服务供需对接信息化体系。利用“志愿北京”平台及各级志愿服务平台，构建一个能够满足多方需求、功能多样、载体多元化的首都志愿服务对接信息化体系，及时发布供需信息，广泛吸纳志愿服务资源，实现首都志愿服务线上线下统筹，满足服务对象日益多样化、多层次的需求。

（八）加强社会领域党建信息化，全面提升社会领域党建科学化水平

社会领域党建工作线长、面广，党员的自主性、流动性、分散性明显增强，面对新情况新问题，要主动探寻发展规律，充分运用现代网络技术，加强社会领域党建信息化平台建设。根据党员流动性强、分布较广、年龄差距大等呈现出来的新特点，加强基层社会领域党建信息化平台建设，构建党建宣传、党务工作、党员管理三大平台，使党组织与党员、党员与党员之间联系更加紧密。要创新基层社会领域党建工作方式方法，探索将“支部建在网上”，为广大党员搭建“网上家园”。要创新组织生活的吸引力和实效性。要开办“网上课堂”，为党员学习提供便捷方式，提高学习实效。要借助“大数据”和“云计算”进行分析，有针对性地开展党员教育、党员管理和党员服务工作，以满足不同层次、不同行业党员的个性化需求。

（九）加强社会工作人才信息化建设，全面提升社工队伍专业化职业化水平

一是建立完善社会工作人才数据平台，开发专门的数据采集系统，形成数据采集、

更新和分析制度，准确掌握全市社会工作人才数质量和变化情况，为各级决策提供可靠依据。二是建设社工在线教育系统，充分运用现代信息技术和平台，建立在线学习制度、开发网络课程体系、丰富网络教育资源，方便社工以更加灵活高效的方法学习新政策、新知识、新技能，不断提高专业化职业化素养。三是提高社工队伍信息化素质，将现代信息技术及应用培训纳入社工培训体系，结合社工实际工作，不断提高社工运用信息化手段服务居民、开展服务的能力水平。

（十）加强网络和信息安全建设，全面提升社会建设网络与信息安全管理水平

一是落实保密管理规定。认真贯彻公安部、工信部、保密局等各部委有关信息安全、网络保密的规定。要认真开展信息安全等级保护的测评工作。要认真按照政府信息系统安全检查办法和年度安全检查指南的要求，建立信息安全检查的长效机制。二是确保核心系统安全。坚持系统建设与安全防护同步规划、同步建设、同步检测、同步验收，确保可管可控。三是提高应急处置能力。信息安全不仅是技术层面的要求，还牵涉到管理和制度建设。要建立信息安全风险分析和预警机制，做到未雨绸缪、防范在前。要建立信息安全通报和应急响应机制，建立健全应急处置预案，定期开展应急演练，强化技术防范措施，有效应对突发事件。

三、保障措施

（一）加强组织领导

全市各级社会建设工作部门及各有关方面要高度重视社会建设信息化工作，切实加强组织领导，明确本单位负责社会建设信息化工作主管领导、主管部门和主管人员，确保全市社会建设信息化健康、有序发展。

（二）健全工作机制

市社会建设信息中心负责全市社会建设信息化工作规划、建设和管理，对各区委社会工委、社会办负责的社会建设信息化建设工作进行业务指导和督促检查。加强与相关部门之间的沟通交流，强化与社会信息化专业机构合作，推进全市社会建设信息化工作更好更快发展。

（三）注重队伍建设

加强信息化知识普及培训工作。要把信息化知识普及技能培训作为一项经常性工作，使干部及时掌握新理念、新技术，成为信息化应用的行家里手，努力培养一支既熟悉社会建设工作，又懂技术、懂业务的复合型社会建设信息化工作队伍，提高全市社会建设信息化建设与管理水平。

（此文件2016年10月9日由市社会建设工作领导小组办公室印发）

关于第三届北京市社会组织公益服务品牌的通报

北京市社会建设工作领导小组各成员单位、各市级“枢纽型”社会组织、各区社会建设工作领导小组办公室：

近年来，在市委市政府领导下，我市社会组织蓬勃发展，每年在扶老助残、生态环保、法律援助、社区治理、应急救援、便民服务等方面开展了大量富有成效的公益服务活动，很多活动已经深入人心、成为品牌。为进一步促进社会组织公益成果转化，激发新的社会创造活力，引导和推动社会组织健康发展，市社会建设工作领导小组办公室组织开展了第三届“北京市社会组织公益服务品牌”评选活动。经过申报、推荐、初审、评委投票、综合评审、网上公示等环节，评

选产生了“第三届北京市社会组织公益服务”十大品牌（金奖）、银奖30个、铜奖60个，现予通报表彰。（获奖名单附后）

希望获得奖项的品牌实施单位珍惜荣誉、再接再厉，进一步巩固提升成果，创造新的经验、取得更大成绩。希望全市各级各类社会组织在开展社会公益活动中，进一步增强“品牌”塑造意识，注重“品牌”的引领和带动作用，努力以“品牌”建设促进本机构全面提升，为首都经济社会发展做出新的更大贡献。

附件：第三届北京市社会组织公益服务获奖品牌名单

（此文件2016年10月19日由市社会建设工作领导小组办公室印发）

附件：

第三届北京市社会组织公益服务获奖品牌名单

十大品牌（金奖）

品牌名称	实施主体
逐梦未来——伴随乡村儿童成长计划	北京乡村儿童文化艺术发展促进会
3510在行动	北京青少年社团发展促进中心
新芽计划——大学生人才发展工程	北京人力资源服务行业协会
社区创享计划	北京市恩派非营利组织发展中心
“快乐融合”盲健同行	北京市红丹丹视障文化服务中心
第三调解室	北京人民调解协会
法治建设公益讲堂	北京市法学会
北京市文物安全保护志愿服务行动	北京市慈善义工联合会、北京市文物局
“青春暖心”行动	顺义区志愿者联合会
“玖久缘”社区文化养老	西城区玖久缘文化养老中心

银奖（30个）

品牌名称	实施主体
环卫工人爱心驿站	朝阳区智耘弘善社会工作事务所
红枫妇女热线	红枫妇女热线咨询团队
“帮帮盲”行动	北京市丰台区一加一残疾人文化服务中心
侨界空巢老人关爱行动	北京市侨联
“六·一”彩虹计划	北京市造血干细胞捐献志愿者协会
公益话剧《愿望树》	西城区公益文化传播中心
雨人烘焙	康纳洲孤独症家庭支援中心

关爱老人、一元理发	北京市美发美容行业协会
法律服务村居行	北京市律师协会
社区安全用药服务	北京医药行业协会
耆智乐颐年——老年痴呆症多维服务	西城区睦友社会工作事务所
森林大篷车	北京林学会
“伴随成长”公益行动	北京市教育学会
“夕阳港湾”居家养老服务	大兴区颐乐养老院
圆梦新主张——残疾人参与式社会融合公益行动	石景山区小飞象训练发展中心
启邻阳光志愿服务	通州区启星孤独症康复中心
“保护母亲河”节水行动	延庆区自行车协会
“京剧启蒙·国粹传承”工程	北京少儿京昆艺术教育学会
冰球进校园	北京市冰球运动协会
“暖心工程”公益服务活动	密云区文化志愿者协会
金色夕阳社区法律服务	北京市法学会
“爱心树”为老服务	东城区耆乐融长者关爱中心
红箭社区安全行	丰台区红箭救援队
偏远山区居家互助养老	立德社会工作事务所
护航天使	北京市电梯商会
与爱同行·魔法课堂	房山区大学生社工艺术团
“北京国际友好林”植树活动	北京市人民对外友好协会
创建美好家园公益服务活动	怀柔区龙山社区建设协会、怀柔区泉河街道老年协会
知诚创业服务平台	北京知诚中小企业财税与金融服务促进会
真水工程	北京包装饮用水行业协会

铜奖（60个）

品牌名称	实施主体
“守护青春，超越迷途”司法社工公益行	北京超越青少年社工事务所
楼宇服务计划	共青团北京市委员会
心理健康文化走进监狱大墙	北京心理卫生协会
惠农公益法律服务	北京市法律援助基金会
“情暖霜心”失独老人关爱计划	朝阳区七彩昀社工事务所
北京市医疗纠纷调解	北京市医疗纠纷人民调解委员会
寻找快乐——为残疾人艺术服务	西城区生命阳光心理健康指导中心
“蕴育爱·为明天”母婴公益大讲堂	北京母婴服务协会
文明出行——我能行	北京市慈善义工联合会
幸福维修进社区	房山建设培训学校
“三好学堂”助力流动儿童课后公益服务	朝阳区亚运村立德社会工作事务所
志愿集结号	海淀区志愿服务联合会及地区分会

“家之味”养老助餐行动	石景山区益民爱心服务中心
红细胞在行动	北京京通医院红细胞（党员）志愿服务队
“雨润星空”关爱孤独症儿童公益活动	平谷区小雨滴儿童行为矫正中心
“实事惠民”应急培训	密云区红十字会应急工作部
“阳光爱乐”舞台筑梦计划	海淀区阳光友谊儿童康复训练中心
太阳村	北京市慈善义工联合会太阳村分会
幸福留言遗嘱库	北京阳光老年健康基金会
“窦珍”志愿服务	丰台区右安门窦珍志愿服务联合会
“乐助力”老年组织阶梯发展行动	石景山区乐龄老年社会工作服务中心
“走进崇高”公益行动	北京走进崇高研究院
绿色骑行——快乐健身公益推广活动	北京市自行车电动车行业协会
“益和爱”公益编织	东城区建国门街道外交部街社区“益和爱”编织组
“我要上学”公益行动	海淀区雨露嘉禾儿童康复训练中心
急救（健康）知识进社区、进农村	通州区红十字会
“一键通”社会服务平台	大兴区金锐社区服务中心
安全文明行车公益服务行动	怀柔区道路运输协会、怀柔区龙山社区建设协会、怀柔区泉河街道老年协会
公益交友联谊活动	北京市友联婚姻家庭咨询服务中心
聋儿“梦想体验馆”	朝阳区澳美听力语言康复中心
消费纠纷快速调解“绿色通道”	北京市消费者权益保护法学会
“让动漫文化带给残障儿童欢乐”活动	北京动漫游戏产业联盟
“心医‘城市病’”公益活动	沁园心理社会工作事务所
一维一梦公益计划	北京心力量公益文化传播中心
“四点半课堂”职工子女艺术课堂	北京市城市再生资源服务中心
“友善用脑”科学学习普及行动	北京市学习科学学会
疑难纠纷评理团	平谷区人民调解协会
智天使	北京智天使青少年成长促进中心
“救在身边”应急救助公益培训	怀柔区应急救援协会
女大学生就业创业服务	北京市女企业家协会
流动人口社会融合服务	北京市协作者社会工作发展中心
“一刻公益”志愿反哺综合服务	北京市一刻公益社区发展服务中心
爱科技·i创新	顺义区京北科技创新推进中心
涉法涉诉信访“三百”服务	北京市公益法律服务与研究中心
24集市	北京市农民专业合作社联合会
“社区乐易行”心智障碍儿童社区融合模式	昌平区昌雨春童康复中心
“心灵阳光灿烂”儿童关爱计划	平谷区新青年培训学校
“燕京八绝”承恩文化传习大讲堂	北京燕京八绝协会
“新引擎”助力行动	丰台区恩瑞社会组织发展咨询研究中心、丰台区社工协会
特殊群体关爱行动	门头沟区风格与爱社会工作事务所

免费书包微公益	北京中金浩资产评估有限责任公司
“华医在线”移动医疗服务	中关村华医移动医疗技术创新研究院
亲情速递　最美夕阳	顺义区80后义工社
送艺下乡	北京玩具协会
“康龄轩”中老年健康课堂	北京康龄轩文化交流服务中心
企业党建诊断交流推广活动	北京企业评价协会
家庭成长乐园	北京芳华社会工作服务发展中心
运河风采公益大讲堂	通州区文联
手工技能公益培训	东城区巧娘工作室发展协会
多元调解人才服务行动	北京多元调解发展促进会

北京市“十三五”时期网格化体系建设规划

本规划根据《关于加强北京市城市服务管理网格化体系建设的意见》和《北京市“十三五”时期社会治理规划》编制，是指导北京市未来五年网格化体系建设的行动纲要，对推进城市治理体系和治理能力现代化具有重大意义。

一、指导思想、基本原则和发展目标

（一）指导思想

以党的十八大和十八届三中、四中、五中、六中全会精神及习近平总书记系列重要讲话精神为指导，紧紧围绕建设国际一流的和谐宜居之都总目标，以“共建、共治、共享、共赢”为理念，以构建全民共建共享的社会治理格局为方向，以“互联网+”和大数据等新技术为引领，以体制机制、方法手段创新为动力，以基层基础建设为支撑，构建“市统筹协调、区指挥调度、街道（乡镇）组织实施、部门各负其责、社会协同配合、公众主动参与”的新型网格化服务治理格局。

（二）基本原则

1. 坚持以人为本、强化服务为先

把以人为本、民生为先、促进社会公平正义、增进人民福祉作为推进网格化体系建设工作的出发点和落脚点，把服务渗透到一切服务管理工作中，以网格为单位、以网格员为主体，及时发现和解决发生在区域内的小纠纷、小隐患、小问题和小需求，实现小事不出社区（村）、中事不出街道（乡镇）、大事不出区，使问题和矛盾在源头得到解决。

2. 坚持问题导向、强化需求驱动

把围绕治理“大城市病”、“治污减霾”、服务保障好首都核心功能，把顺应群众意愿、把握社会关切、满足百姓需求、解决群众反映强烈、影响社会和谐稳定的突出问题等，作为网格化体系建设新一轮发展的重点任务，服务事项贴近群众的切身利益和迫切需求，管理工作针对当前治理“大城市病”中存在的突出问题和暴露的复杂矛盾，做到标本兼治、重在治本，进一步增强城市的宜居度和安全度。

3. 坚持整合资源、强化数据应用

通过运用大数据、云计算等先进信息技术，最大限度整合和利用行政、公共服务、社会、市场等服务管理资源，全面建立起人地、事、物、组织基础信息数据库和城市管理、社会服务管理、社会治安、城管综合执法四大服务管理大数据信息资源库，“让数据多跑路，让群众少跑腿”，为群众提供便捷高效的服务。

4. 坚持科技引领、强化治理能力

充分发挥互联网、物联网、云计算、大

数据等新一代信息技术，大力推进网格化与互联网的深度融合，把网格化体系服务管理从“线下”拓展到“线上”，实现服务更精准、管理更精细，不断提升网格化体系的现代化水平。

（三）总体目标

“十三五”期间，全市网格化体系建设的目标是，着力推进一体化，实现网格化服务管理效能更高效；着力推进精细化，实现网格化服务管理过程更精准；着力推进信息化，实现网格化服务管理平台更先进；着力推进法治化，实现网格化服务管理体系更规范；着力推进专业化，实现网格化服务管理队伍更有力；着力推进数据化，实现网格化服务管理方式更科学；着力推进社会化，实现网格化服务管理主体更多元的“七着力”目标，实现城市管理精细化水平明显提高，社会服务管理精准化水平明显提升，社会治安状况明显持续稳定，城市管理综合执法服务管理水平明显提高，经济社会发展环境明显优化，人民群众幸福感、安全感和满意率明显上升，全面实现网格化让城市更宜居、让社会更和谐、让人民更幸福。

二、主要任务

通过“七着力”，实现社会服务更加精准、城市管理更加精细、治安防控更加精密、治理主体更加多元、社会关系更加和谐。

1. 着力推进一体化，实现网格化服务管理效能更高效

一是全面推进城市管理网、社会服务管理网、社会治安网、城管综合执法网“多网”融合发展，通过信息系统、网格划分、基础数据、热线系统、指挥体系、网格队伍、办理事项、办理流程、考评机制的全面融合，到2017年年底建成覆盖城乡、功能齐全、三级联动的工作体系，实现全市城市服务管理一体化运行。二是整合基层各类协管员资源，建立专兼结合、分工协作的网格员队伍。三是充分利用物联网技术，整合各部门图像采集系统，到2018年年底完成重点监控区域信息采集全覆盖。四是完善网格化调度指挥平台建设，实现网格常态化、精细化、制度化管理。

2. 着力推进精细化，实现网格化服务管理过程更精准

一是加快推进服务管理对象精细化。要根据实际需求，加强对人、地、事、物、组织和纳入网格化服务管理对象各类基础信息和动态信息的实时采集、即时录入。建立各种实用性数据分析模型，从海量的各类真实数据中，预测社会形势的变化，对可能发生的社会问题和重大矛盾提出预警信号，为社会治理提供决策依据，充分发挥大数据预知未来的核心作用。二是加快推进服务管理机制精细化。建立网上网下联动常态化、立体化工作运行体系，对各项服务管理内容进行细化、量化。三是加快推进服务管理流程精细化。对网格员日常巡查，网格内事项发现、立项、派遣、处置、反馈、结项、评价、考核等进行全过程痕迹化服务管理，实现发现问题、解决问题全过程留痕、服务管理可追溯。四是加快推进服务管理职责精细化。通过实施网格化、扁平化、精细化、高效化管理，变过去“上面千条线、基层一根针”为“上面千条线、基层一张网”，使每一寸土地都有人精细管理，让每一户人家都有人贴心服务，把党委政府的服务延伸至城市最前沿，社会最末端，实现服务管理区域清、服务管理职责清、服务管理主体清“三清”目标。五是加快推进考核评价精细化。依托网格化信息系统实时生成的基础数据，全面建立起科学完善的网格化绩效考核、监督评价体系，使服务更加优质便捷、使管理更加科学民主，为科学评价网格化服务管理绩效提供依据。

3. 着力推进信息化，实现网格化服务管理平台更先进

一是全面推进网格化信息系统与各有关部门信息系统的对接或延伸。全面推进技术融合、业务融合、数据融合，实现网格事件

联处、矛盾纠纷联调、重点工作联动、突出问题联治、平安建设联创、社会治安联防、社会治理联抓、突发情况联享的“八联”目标，实现跨层级、跨地域、跨系统、跨部门、跨业务协同管理和服务。二是全面整合视频监控系统。整合城管执法、民防、交通、公安、消防、环保和社区物业、单位视频监控系统，实现网格化管理区间、管理对象、管理环节和管理时限四个全覆盖。三是全面推进智能终端建设。依托网格化E通车决策服务系统，对接城市管理网、社会治安网、城管综合执法网和各区网格化信息系统、实时掌握动态、服务领导决策、实时在线指挥调度。在社区（村）开发网格化微信公众平台或推出群众可随时随地反映诉求和问题的开放式手机App，构建全民共建共享社会治理格局。

4. 着力推进法治化，实现网格化服务管理体系更规范

一是全面推进制度建设规范化。按照《北京市城市服务管理网格化体系建设基本规范（试行）》《北京市城市服务管理网格化体系建设指导目录（试行）》和城市管理网、社会治安网、城管综合执法网等系列规范性文件，全面推进社会治理网格化，网格管理清单化，清单管理制度化。二是全面推进服务管理事项标准化。制定出台《北京市网格化服务管理事项分类标准（试行）》，全面提升网格化体系建设、管理和运行的规范化水平。三是全面推进法治化。研究制定《北京市网格化服务管理办法》，全面提升网格化体系建设法治化水平。四是发挥市民公约、乡规民约、行业规章、团体章程等社会规范在网格化服务管理中的积极作用。

5. 着力推进专业化，实现网格化服务管理队伍更有力

一是优化队伍配置。按照“专职力量一格一员、专业力量一员多格和兼职力量一格多员”的原则，构建起一支“多网一体”的网格员队伍，实现定人、定格、定责。积极探索以网格员为主体、以志愿服务为补充、社会各方广泛参与的新型网格化服务管理队伍。推行城管执法人员、城管执法协管员进网格，及时发现和快速处置网格内城市执法事项。二是规范职责任务。网格员要按照“一岗多责”的原则，履行网格事务综合管理员的职责，全面发挥网格员在网格日常巡查走访、掌握基础信息、反映百姓诉求、发现报告问题、排查化解矛盾、动员社会参与、协助解决问题、提供便民服务等方面的重要作用，确保服务管理区间、服务管理对象、服务管理时限和服务管理环节的全覆盖，努力实现地无缝隙、人无遗漏、时无盲点、事无失控的服务管理效果。三是加强专业培训。各区应建立网格员队伍培训长效机制，每年至少要对网格员进行一次集中培训。在培训课程设计上，要根据网格化体系建设不同阶段的目标任务进行精心设计和周密安排，针对不同层次、不同需求，加强业务培训，强化政策法规培训，强化岗位职责培训，强化服务能力培训，强化方法技能培训，培养一岗多责、一专多能、人熟地熟情况熟、群众工作业务工作两手硬的网格员队伍。四是全面推行“网格化”党建，按照“党组织建在格上”的原则，将社区党组织和网格同步设置，确保每个网格都有党组织，每位党员都在网格中，将心系群众、服务群众的触角延伸至整个社会肌体的“神经末梢”，充分发挥基层党组织的战斗堡垒作用。

6. 着力推进数据化，实现网格化服务管理方式更科学

一是全面建立综合、集成、立体、共享式网格化大数据云。将城市管理主要对象按“部件”和“事件”，社会服务管理的主要对象按照“人、地、事、物、组织”，特殊行业管理主要对象按照“大气污染治理、气象灾害预防、水污染治理、危险废物防治、安全生产、特种设备安全”，社会治安主要对象按照“机构队伍、实有人口、特殊人群、重点青少年、两新组织、社会治安、矛盾纠纷排查调处、校园安全、护路护线、非正常上

访、消防安全”，进行全面采集、详细分类，建立数据全面、互联共享，涵盖城市管理、社会服务管理、社会治安管理、城管综合执法的大数据云。二是建立网格化数据资源共享体系。建立定期采集、审核、录入、更新制度，确保信息“完整、准确、鲜活”。提升数据标准化程度，促进多部门公共数据资源互联互通和开放共享，逐步实现信息联动采集、部门信息关联比对和综合集成，实现基础信息一网采集录入、公共资源一网整合共享、关联数据一网查询比对、社会事件一网分流督办、领导决策一网部署落实、日常工作一网监督考核。建立用数据说话、用数据决策、用数据服务、用数据管理、用数据创新的新机制。同时，建立信息保密和硬件设备维护制度，确保信息系统安全稳定。三是建立大数据云应用体系。注重数据挖掘，努力做到预测预警、辅助决策，扩大数据整合共享，打破部门、地域限制，在安全保密前提下，开展更大范围内的信息共享。充分利用网格化大数据云，建立政府、社会、市场在民生政策、民生服务等方面的信息对接、集成和发布机制。各区、各相关部门、各相关公共服务单位，应将本区、本行业、本单位涉及民生政策、民生服务项目定期编制成民生信息服务清单目录，定期在网格化服务管理信息系统上发布，提供特色化、专业化、个性化和多元化服务。

7. 着力推进社会化，实现网格化服务管理主体更多元

一是发挥好企事业单位作用。企事业单位不仅承担着防控安全生产风险的重要责任，而且是维护社会公共安全的重要力量。要充分发挥企事业单位在资源、技术、人才等方面优势，调动企事业单位参与社会治理的积极性，为维护公共安全发挥积极作用。二是发挥好社会组织作用。进一步激发社会组织活力，发挥好社会组织在引导社会成员参与风险评估、矛盾调解、社区矫正、青少年教育管理等方面的积极作用。三是发挥好公众参与作用。健全基层群众自治工作机制，充分调动人民群众参与网格化服务管理体系建设的积极性、主动性和创造性，充分发挥人民群众在依法解决自身问题和参与公共事务中的主体作用。

三、保障措施

（一）加强组织领导，确保高位推进

网格化服务管理体系建设工作是推进社会治理体系和治理能力现代化的基础性、长远性任务。各区、各部门要高度重视，切实加强对网格化服务管理体系建设工作的领导，建立健全统筹协调和推进机制，把网格化服务管理体系建设工作纳入重要议事日程，与全局工作同安排、同部署、同落实，主要领导要定期听取、研究、协调和解决网格化服务管理体系建设工作中的情况、困难和问题。

（二）加强协同配合，确保高效推进

各区、各部门和各单位要认真按照“十三五”规划提出的目标任务、时间进度，结合实际，研究制订具有本区域、本行业特点的网格化专业发展规划和实施方案，对信息系统对接、数据共享、信息交互等内容进一步明确细化。建立目标责任制，倒排工期，明确每个阶段的目标要求，加强协同配合，形成工作合力，确保“十三五”规划提出的各项目标任务落到实处、取得实效。

（三）加强支撑保障，确保高标推进

各区、各部门和各单位要根据“十三五”规划提出的目标任务和要求，从人、财、物上给予充分保障，建立起规范化支撑保障体系，确保高标准、高质量、高水平推进“十三五”规划各项目标任务的顺利实施。

（此文件2016年11月28日由市社会建设工作领导小组办公室印发）

2016年全市街道社会动员试点工作方案

为贯彻党的十八届三中、四中、五中全会和市委十一届八次、九次全会精神，落实深化全市社会治理体制改革任务，广泛动员社会力量参与社会治理，探索新形势下社会动员的特点和规律，2016年继续在街道开展社会动员试点工作。具体方案如下。

一、主要思路

按照党委领导、政府主导、社会协同、公众参与、法治保障的工作要求，围绕“四个中心”、国际一流的和谐宜居之都建设、依法治国首善之区建设，以社会力量广泛参与为目标，继续开展社会动员试点工作，进一步完善社会动员体系，探索新形势下社会动员的特点和规律，不断提高社会动员能力。

二、试点范围

在前三批社会动员试点工作基础上，通过自下而上推荐，确定23个街道为第四批开展社会动员试点单位。

三、重点任务

1. 参与治理“大城市病”工作

内容：动员各类社会力量积极参与治理“大城市病”，搞好人口调控、雾霾治理、交通管理、环境整治等工作。广泛动员社区居民、志愿者、市民劝导队等群众力量参与城市治理，针对违章停车、乱摆摊点、店外经营、非法烧烤、扬尘污染、环境脏乱等严重影响居民正常生活的行为，进行劝导、监督和举报。广泛动员社区居民、志愿者、市民劝导队、驻区单位做好节水节电节能宣传，推进垃圾减量分类，倡导绿色出行。广泛动员全市社会领域社会力量参与“首都社会文明行”系列活动。

工作目标：驻区各类社会力量广泛行动起来，本地区内无露天烧烤、扬尘污染等违反大气污染治理的现象，形成保护环境人人有责的社会风气。居民群众积极响应政府的倡议，环保意识进一步提高，自觉践行节能、绿色、低碳的生活方式。努力形成社会领域文明行车的良好氛围。

2. 加强社区民主自治

内容：健全完善社区居民会议、议事协商、民主听证、居务公开、民主评议等社区自治制度。动员居民依法有序参与社区治理、社区服务，重点围绕社区物业、停车、养犬、流动人口服务管理、卫生、治安、文化活动等居民关心的热点难点问题，自主解决关系自身利益的公共事务。

工作目标：拓宽居民参与社区治理的范围和途径，搭建社区居民参与平台，社区居民的参与意识和实际参与率不断提高，一批居民关心的热点难点问题得到有效解决，经验做法可推广。

3. 探索共驻共建有效途径

内容：引导社会单位履行社会责任，广泛开展结对共建、志愿服务、公益服务等活动；充分发挥社会单位的优势，通过共商共治、议事协商等形式积极参与驻区建设，为地区发展提供决策咨询，为居民群众提供专业服务，以低偿或无偿方式向周边居民或其他单位开放内部文体设施、停车场、食堂、医务室等资源，推进社会资源共享。积极参与履行社会责任创建活动。

工作目标：建立健全社会单位履行社会责任、参与驻区建设的长效机制，实现资源设施联用、社会治安联防、优美环境联创、文体活动联办、公益事业联做的目标，宣传树立一批社会责任感强的社会单位。

4. 完善志愿服务体系

内容：社区志愿服务站在全覆盖的基础上抓规范提升，重点是加强制度等规范化建设；在商务楼宇工作站建立志愿服务站，成为统筹整合社区和商务楼宇内志愿服务工作平台；通过非公有制经济组织党组织积极动员企业员工参与志愿服务，建立体现自身特点的志愿服务组织，培育一批非公企业志愿服务典型；发挥专业社会工作机构优势，建立志愿服务站或志愿服务组织，完善“社工 + 义工”志愿服务联动工作机制；建立街道志愿服务“枢纽型”组织。深入开展“社会志愿服务行”活动。

工作目标：广泛动员社会领域参与社会志愿服务，弘扬“奉献、友爱、互助、进步”的志愿精神，营造“我为人人、人人为我”的良好社会风尚，基本形成组织健全、覆盖全面、形式多样、制度完善的社会领域志愿服务体系，努力实现社会领域志愿服务组织与工作全覆盖。

5. 完善应急维稳动员机制

内容：组织动员社区、社会组织、非公有制经济组织及社会公众积极参与突发事件预防与处置工作，提高社会参与水平。以群体性事件、反恐防暴、防灾减灾、防汛抗旱、扫雪铲冰等为重点，大力开展宣传、培训和演练等工作，强化公众安全意识，提升公众避险自救互救能力。广泛发动群众力量参与社会治理，发现城市安全隐患，积极拓宽群众参与城市治理的渠道，提倡和鼓励群众举报和反映身边的安全隐患和监管盲区，共同维护城市安全。组织动员社会领域的各方力量积极参与群防群治，做好重大节日、重要会议、重大活动的维护稳定工作，确保首都社会和谐稳定。

工作目标：有科学的应急动员预案，有稳定的应急志愿者队伍，有畅通的应急动员信息发布渠道，有明确的应急避险场所，能够有效动员各类社会力量参与应急处置和维护稳定工作，确保社会领域安全稳定，保障城市安全平稳运行。

6. 创新社会动员方式

内容：充分利用网络、手机、微博、微信等新技术、新媒介开展社会动员工作；以网格化为载体，整合各类社会力量和资源，探索新形势下社会动员的有效方式方法。

工作目标：社会单位、社区居民能够通过 QQ 群、微信群、社区网站等媒介，及时了解和参与街道社区公共事务；各类社会力量、资源、信息能及时汇集到网格，形成覆盖广泛、反应迅速的社会动员网络，不断提高社会动员信息化水平。

四、实施步骤

1. 确定试点（2016 年 1—2 月）

区委社会工委、区社会办根据试点工作要求，推荐本区试点街道，报市委社会工委、市社会办。市委社会工委、市社会办确定试点街道名单（附件 2）。

2. 组织实施（2016 年 2—11 月）

市委社会工委、市社会办召开全市会议部署社会动员试点工作。区委社会工委、区社会办根据会议要求，指导试点街道结合实际填报《2016 年街道社会动员试点项目书》（附件 3），于 3 月 10 日前报市委社会工委、市社会办；按照街道社会动员试点工作指导标准（附件 1），加强对试点工作的督导，帮助解决实际问题，按方案完成试点任务。

3. 总结推广（2016 年 11—12 月）

区委社会工委、区社会办督促指导试点街道做好项目结项工作，12 月 10 日前上报结项报告，对项目实施情况、创新亮点、项目成效、存在问题、改进措施等方面进行总结评估。加大试点工作宣传，适时以现场会、交流会等形式总结推广。

五、工作要求

1. 加强组织领导

区委社会工委、区社会办要加强对社会

动员试点工作的组织领导，建立相应的工作机制，明确专人负责。试点街道要将工作列入全年工作计划，明确专门工作机构，定期研究相关工作，做到试点方向明确、重点任务突出、进度安排合理，确保试点工作出成效、出特色。

2. 加强分类指导

区委社会工委、区社会办要深入试点街道，及时跟进了解试点工作进展情况，做好分类指导，及时解决有关问题。采取以会代训、交流研讨、专家辅导、实地参观等形式加强工作指导。继续深化前三批社会动员试点工作，在完善体制机制、创新方式方法方面取得新成效。

3. 加强工作保障

区委社会工委、区社会办，各试点街道要勇于创新，积极创造条件，对试点工作在政策、经费、人员等方面给予保障，确保社会动员试点工作取得预期效果。

附件：

1. 街道社会动员试点工作指导标准
2. 2016 年街道社会动员试点街道名单
3. 2016 年街道社会动员试点项目书

（此文件由市委社会工委、市社会办 2016 年 2 月 19 日印发）

附件 1：

街道社会动员试点工作指导标准

项目标准	具体内容	
组织有力	1	有主责领导、有主责科室、有工作人员、有协调机制、有动员力量、有经费保障
	2	将试点工作列入街道年度重点工作，定期进行研究，有会议记录，定期指导社区社会动员工作，帮助研究解决问题
	3	有社会动员试点工作实施方案，方向明确、重点突出、特色鲜明、措施具体
制度完善	4	有社区协商民主议事等社区自治制度
	5	有辖区资源共建共享等社会参与制度
	6	有社区、商务楼宇、非公经济组织、专业社工机构等社会领域志愿者招募注册、服务计时、表彰奖励等相关制度
	7	有应急社会动员工作预案等相关制度
动员广泛	8	动员驻区单位参与驻区建设，单位服务设施向居民开放
	9	动员社区居民参与社区自治，自主解决关系居民自身利益的公共事务
	10	动员社区、商务楼宇、非公经济组织、专业社工机构志愿者开展志愿服务。注册社区志愿者达到本地区常住居民总数的 13% 以上
	11	动员非公经济组织、社会组织参与地区建设，参与率不低于地区非公经济组织、社会组织总数的 1/3
方法多样	12	有效利用会议、通知、板报、标语、报纸等形式开展社会动员
	13	有效利用网站、论坛、QQ 群、微博、微信等互联网传媒开展社会动员
	14	有效利用网格化社会服务管理体系开展社会动员

续表

项目标准	具体内容	
成效显著	15	街道统筹、各部门分工负责、驻区单位和公众广泛参与的基层社会动员体系进一步完善，社会动员网络健全
	16	树立一批驻区单位参与地区建设的典型，驻区单位参与率不低于总数的1/3
	17	培育一批社区领袖人物，社区居民参与社区事务的积极性明显提高，参与率提高10%以上
	18	形成一批社区居民自治公约等规范制度，居民自治程度明显提高
	19	解决一批社区物业、停车、卫生、治安、文化活动等居民关心的热点难点问题
	20	建立一批以社区工作者、志愿者、社区积极分子等为主要力量的社会动员骨干队伍，突发性事件得到及时有效处置

附件2：

2016年街道社会动员试点街道名单（共23个）

东城区崇文门外街道
东城区北新桥街道
西城区新街口街道
西城区天桥街道
朝阳区三里屯街道
朝阳区劲松街道
朝阳区小关街道
朝阳区垡头街道
朝阳区香河园街道
海淀区北太平庄街道
海淀区北下关街道
海淀区田村路街道
海淀区学院路街道
海淀区清华园街道
丰台区太平桥街道
丰台区东铁匠营街道
石景山区五里坨街道
门头沟区大台街道
房山区东风街道
顺义区双丰街道
顺义区空港街道
昌平区城南街道
大兴区观音寺街道

附件3：

2016年街道社会动员试点项目书

试点街道名称	
试点重点任务（试点方向）	
试点主要内容（工作现状、推进思路、具体措施及所需资金）	
每季度进度安排	
工作成效	

关于开展社会工作事务所规范化建设试点工作的意见

为进一步加快推进全市社会工作事务所规范化建设，充分发挥其在创新社会治理、提供专业社会工作服务、培养社会工作专业人才等方面的重要载体和阵地作用，根据国家有关政策法规和《首都中长期社会工作专业人才发展规划纲要（2011—2020年）》（京组发〔2012〕5号）等文件精神，现就开展社会工作事务所规范化建设试点工作提出如下意见。

一、指导思想

以党中央和市委、市政府关于社会建设、治理和改革的文件精神为指导，以满足人民群众专业社会工作服务需求为导向，以加强能力建设为重点，指导社会工作事务所在基础建设、内部治理、队伍建设、服务能力和持续发展等方面加强规范化建设，着力培育一批管理规范、服务专业、作用明显的社会工作事务所，促进全市社会工作事务所建设健康发展。

二、建设标准

本意见所指社会工作事务所，是指由各区委社会工委、区社会办或相关市级“枢纽型”社会组织作为业务主管单位的民办社会工作服务机构。社会工作事务所应按照以下标准，开展规范化建设。

（一）基础建设

1. 具有固定的办公场所或专业工作室，办公设备配备齐全且能够保障机构正常运行和服务顺利开展。

2. 办公场所内应有体现服务领域、服务特色的展示内容。

3. 机构建设发展、服务动态资讯等信息发布及时，宣传途径多样，宣传渠道顺畅，宣传效果良好。

4. 加强党建工作，党建引领作用发挥明显。

（二）内部治理

1. 机构宗旨、职责明确，主要服务领域与社会工作服务需求相契合，服务对象、人群重点突出。

2. 有长期建设发展规划和年度重点工作计划，任务目标明确，实现路径、方法可行。

3. 理事会、监事会依据章程定期开展活动，内部治理结构功能完善，岗位职责清晰，规章制度和运行机制完备并得到有效执行。

（三）队伍建设

1. 专职社工配备合理，其中至少50%以上取得全国社会工作者职业水平证书或全国心理咨询师资格证书，或者至少70%以上具有社会工作、社会学、法律、心理学等社会工作相关专业本科以上学历。

2. 督导制度健全，专职、兼职督导人员配备合理，督导权利义务明确，督导工作持续有效。

3. 结合岗位要求，有计划、分层次对机构人员开展业务培训。

4. 有员工职业发展和待遇增长机制，以岗位职责、工作业绩和服务对象满意度为重点开展员工综合性评价并实施奖惩。

（四）服务能力

1. 有科学合理的服务质量管理制度或指引，服务流程符合专业规范。

2. 专职社工在提供专业社会工作服务过程中能够有效运用社会工作专业理论、方法、技能，体现专业服务水平。

3. 积极承接政府购买社会工作服务项目，项目实施效果良好。

4. 在管理模式、服务模式和服务方法手段等方面有创新举措，有效提升服务对象满意度。

（五）持续发展

1. 与企事业单位、教学研究机构、社会组织建立良好合作关系，促进服务能力提升。

2. 有多元化筹资渠道，链接资源能力强，有效拓展机构发展空间。

3. 有服务特点突出、社会影响力大、带动作用强的社会工作服务品牌项目。

4. 能够动员社会力量参与社会工作服务，机构专、兼职人员和联系志愿者规模逐年扩大。

三、实施步骤

（一）确定试点

试点社会工作事务所应取得民办非企业单位登记证书满两年且上一年度年检合格。各区委社会工委、区社会办和相关市级“枢纽型”社会组织从符合条件的社会工作事务所中择优挑选1～2家作为试点机构，于2016年7月底前上报市委社会工委、市社会办。

（二）试点建设

2016年8月至2017年8月，各区委社会工委、区社会办和相关市级“枢纽型”社会组织参照《北京市社会工作事务所规范化建设指导标准（试行）》（见附件），指导试点社会工作事务所开展规范化建设。

（三）总结验收

2017年8月底前，各区委社会工委、区社会办和相关市级“枢纽型”社会组织总结上报试点工作情况。2017年年底前，市委社会工委、市社会办组织开展试点工作验收评估，并推动试点成果向长效机制转化。

（四）深化推广

从2018年开始，固化制度机制成果，面向全市社会工作事务所全面推行规范化建设工作。

四、工作要求

（一）加强领导，形成合力

市委社会工委、市社会办负责试点工作的统筹指导，着力建立健全工作协调机制，完善配套政策，加强工作保障。各区委社会工委、区社会办和相关市级“枢纽型”社会组织对试点工作进行具体指导并组织实施，把握建设标准，突出重点特色，落实工作措施，加大工作投入，确保试点工作扎实有效。

（二）强化督查，跟踪问效

把试点工作与年度社会建设重点工作任务结合起来，加强经常性检查指导，跟进研究解决问题，科学评价建设水平，系统总结经验做法。市委社会工委、市社会办将定期对试点工作情况进行检查验收和通报，并采取以奖代补方式对规范化建设成效明显的试点机构进行奖励。在深化推广过程中，对于全市经过评估达到规范化建设标准的社会工作事务所，在申报政府购买社会组织服务项目、承接购买专业社工岗位时给予重点倾斜。

（三）营造氛围，固化成果

充分调动试点机构的积极性、主动性和创造性，多出规范化建设的好经验、好做法和优质专业社会工作服务成果。充分发挥试点机构的引领带动作用，以点带面，形成全市社会工作事务所加强规范化建设的良好发展格局。

附件：北京市社会工作事务所规范化建设指导标准（试行）

（此文件由市委社会工委、市社会办2016年6月23日印发）

附件：

北京市社会工作事务所规范化建设指导标准（试行）

一级指标	二级指标	三级指标	内容标准
基础建设	办公条件	办公场所	具有固定的办公场所或专业工作室，能够满足服务开展要求
		办公设备	办公设备齐全完备，能够保障机构正常运行
	宣传推广	环境营造	具有特色鲜明的机构标识，有体现服务领域、方向的宣传展示内容
		宣传效果	利用传统渠道或新兴媒体及时发布机构建设、服务活动开展等信息，宣传渠道顺畅，宣传效果良好
	党建工作	党建工作	加强党建工作，党建引领作用发挥明显
内部治理	宗旨职责	宗旨职责	机构宗旨、职责明确，能够体现社会工作专业价值和理念，能够体现公益性、服务性特点
		服务领域和对象	主要服务领域与社会工作服务需求相契合，服务对象、人群重点突出

续表

一级指标	二级指标	三级指标	内容标准
内部治理	目标计划	发展目标和方向	有清晰的发展目标和方向，机构目标与定位符合社会服务需求
		发展规划与年度计划	有长期建设发展规划和年度重点工作计划，规划制订合理，任务目标明确，实现方法可行
	组织架构	理（监）事会	依据机构章程定期开展理事会、监事会活动
		机构设置与岗位职责	内部治理结构功能完善，机构各部门设置科学合理，岗位职责具体明确
	规章制度	制度制定执行	机构章程，行政管理、财务管理、人事管理等制度制定完备，在机构有序运行上发挥重要作用
队伍建设	服务力量	人员配备	各类人员配备合理，能够满足机构发展和提供服务需要
		执业资质	至少50%以上专职社工持有国家社会工作者职业水平证书或全国心理咨询师等资格证书，或70%以上具有社会工作、社会学、法律、心理学等相关专业本科以上学历
	培养使用	专业督导	督导制度健全，专职、兼职督导人员配备合理，督导权利义务明确，督导活动持续有效
		专业培训	建立专职人员培养机制，结合岗位要求，有计划、分层次对机构各类人员进行多种形式业务培训。每名专职社工每年参加业务培训累计时长不低于80课时，其中参加市级社会建设主管部门组织的培训时长不低于40课时
	评价激励	岗位锻炼	能够依托专业社工岗位、社会工作服务项目强化对专业社工的使用锻炼，提升实务工作能力
		职业发展和薪酬制度	建立以岗定薪、以绩定奖的薪酬制度，制订机构员工职业发展规划并有效实施
		考核评价	建立以岗位职责、工作业绩和服务对象满意度为重点的绩效考核办法，定期开展员工绩效考评并实施奖惩
服务能力	服务规范化	项目策划	项目需求调研充分，团队组建和项目内容科学可行，有完整的项目策划书
		项目执行	有具体的项目实施方案，项目人员、进度、档案、财务等日常管理规范
		质量监控	建立服务质量管理制度和指引，服务质量监督检查和跟踪问效机制有效落实
		服务评估	项目中期评估、结项评估达到相关标准，项目实施成效良好

续表

一级指标	二级指标	三级指标	内容标准
服务能力	服务专业化	专业理念秉持	能够秉持专业社会工作价值理念和职业操守，支撑和指引专业社会工作功能发挥
		专业理论实践	能够掌握运用专业社会工作理论，用以指导机构建设和专业社会工作服务发展实践
		专业方法和技巧运用	能够掌握运用专业社会工作方法和技巧，为服务对象提供契合需求的服务
		督导支持	服务中有相应的督导力量支持，在项目实施和社工成长等方面督导作用发挥明显
		总结反思	对服务项目及时进行总结和专业反思，形成相关理论和制度性成果
	服务效果	服务对象满意度	服务对象满意度达到90%以上
		项目相关方满意度	各方满意度达到90%以上
		重大事件参与	在重大事件中提供专业社会工作服务支持
持续发展	社会影响	荣誉表彰	获得市级以上表彰或奖励
		媒体报道	获得市级以上媒体正面报道
		行业影响	参与市级以上交流活动并发布成果，善于对成功的服务案例和有效服务技巧进行总结归纳，并在业内宣传推广
	创新能力	理念创新	能够适应创新社会治理要求和人民群众需求变化，及时调整机构发展重点和方向，在机构发展定位、思路等方面具有前瞻性、独创性
		服务创新	在服务模式、方法、流程和内容设计中有创新性思路办法，有业内认可的新经验并产生积极影响
		管理创新	在机构运作管理、项目管理、队伍建设等方面有开创性方法，应用于管理实践取得良好效果，推动机构良性发展
	资源整合	承接购买服务	积极参与和承接政府购买社会组织服务项目，协助政府开展社会建设领域重要活动
		多方合作支持	与企事业单位、教学研究机构、社会组织建立良好合作关系，促进服务能力提升
		链接社会资源	有多元化筹资渠道，链接资源能力强，能够积极争取政府部门、企事业单位等支持、资助，获得机构发展和服务开展所需要的场地、资金、设施等资源

续表

一级指标	二级指标	三级指标	内容标准
持续发展	空间拓展	服务力量发展	动员各种社会力量运用社会工作专业方法参与社会工作服务，机构专、兼职人员和联系志愿者规模逐年发展壮大
		服务品牌打造	创立体现服务特色、效益显著、示范性强的社会工作服务项目品牌，扩大社会工作影响力
		服务领域拓展	承接服务项目数量、服务领域持续拓展，面向城乡社区和社会工作相关领域建立基层专业社会工作服务站点，拓展专业社会工作服务覆盖面

关于全市社会领域在“两学一做”学习教育中学习宣传贯彻《习近平总书记在庆祝中国共产党成立95周年大会上的讲话》的通知

各区委社会工委，市级各“枢纽型”社会组织，部分大型非公有制经济组织党委及相关单位：

2016年7月1日，习近平总书记在庆祝中国共产党成立95周年大会上发表了重要讲话。近日，中共中央办公厅、市委办公厅分别印发通知，对学习贯彻习近平总书记“七一”重要讲话精神进行了安排部署。市委书记郭金龙同志也对此提出了明确要求。经市委社会工委研究，现就我市社会领域学习宣传贯彻习近平总书记“七一”重要讲话精神提出如下要求。

一、深刻认识学习贯彻习近平总书记“七一”重要讲话精神的重大意义

习近平总书记“七一”重要讲话，以马克思列宁主义、毛泽东思想、邓小平理论、“三个代表”重要思想、科学发展观为指导，全面回顾了我们党95年来团结带领全国各族人民不懈奋斗走过的光辉历程和做出的伟大历史贡献，深刻阐明了近代以来我国社会发展的规律性认识，深刻阐明了我们党的执政理念和执政方略，深刻阐明了我们党对重大国内外问题的原则立场，以不忘初心、继续前进为主题，明确提出了面向未来、面对挑战，做好改革发展稳定各项工作、加强和改善党的领导、加强自身建设的要求，科学展望了党和人民事业发展的光明前景，是全党在新的历史条件下进行具有许多新的历史特点的伟大斗争的政治宣言，是指引我们党奋力推进中国特色社会主义伟大事业和全面推进党的建设新的伟大工程的纲领性文献。认真学习贯彻习近平总书记“七一”重要讲话精神，对团结动员全党全国各族人民在以习近平同志为总书记的党中央领导下，满怀信心为实现“两个一百年”奋斗目标、实现中华民族伟大复兴的中国梦而奋斗具有重大理论意义和现实意义。

二、深刻领会习近平总书记“七一”重要讲话的科学内涵和精神实质

要学习领会习近平总书记“七一”重要讲话对我们党95年光辉历程、伟大历史贡献和宝贵经验的深刻总结。在波澜壮阔的历史

进程中，我们党为中华民族做出了伟大历史贡献，实现了中国从几千年封建专制政治向人民民主的伟大飞跃，实现了中华民族由不断衰落到根本扭转命运、持续走向繁荣富强的伟大飞跃，实现了中国人民从站起来到富起来、强起来的伟大飞跃。历史和人民选择中国共产党领导中华民族伟大复兴的事业是正确的，中国共产党领导中国人民开辟的中国特色社会主义道路是正确的，中国共产党和中国人民扎根中国大地、吸纳人类文明优秀成果、独立自主实现国家发展的战略是正确的，这些都必须长期坚持、永不动摇，从而不断增强理论自信、制度自信、道路自信和文化自信。

要深入领会讲话面向未来、面对挑战，对全党提出的坚持不忘初心、继续前进的8个方面要求，结合全市社会建设、改革、治理实际，不断把马克思主义中国化、为崇高理想奋斗的伟大实践、中国特色社会主义伟大事业、实现“两个一百年”奋斗目标、改革开放、为人民造福事业和人类和平与发展的崇高事业，以及党的建设新的伟大工程推向前进。

要深入领会“党和人民的事业发展到什么阶段，党的建设就要推进到什么阶段”这一党的建设的基本规律，不断增强做好社会领域党建工作的责任感和使命感。要永远保持“进京赶考”的初心，永远保持谦虚、谨慎、不骄、不躁的作风，永远保持艰苦奋斗的作风，勇于变革、勇于创新，永不僵化、永不停滞，继续在这场历史性考试中经受考验，努力向历史、向人民交出新的更加优异的答卷。

要深入领会讲话关于加强国防和军队建设、推进祖国和平统一进程、两岸关系和平发展和全党关注关心关爱青年的深刻论述，联系实际做好各项相关工作。

三、认真做好习近平总书记“七一”重要讲话精神的学习宣传

积极开展学习研讨。各级党委（党组）中心组要把学习习近平总书记“七一”重要讲话作为学习的重要内容，结合“两学一做”学习教育专题研讨，力求学深学透、融会贯通。全市社会领域各级党组织要把讲话作为党课教育、干部教育培训的重要内容，及时组织开展专题研讨、学习培训，搞好面向社会领域基层党员、干部、群众的宣讲活动，推动讲话精神进社区、进非公有制经济组织、进社会组织、进楼宇。

深化理论研究阐释。要充分利用北京市社会领域党建研究会、北京市新经济组织党建研究会和北京新经济组织发展研究院等平台，加强与社会建设研究基地的合作，列出重点研究课题，组织力量深入研究。要围绕讲话精神，及时推出一批重点理论文章，深入阐释讲话提出的重大论断和重要观点。对社会领域干部群众在学习中提出的思想认识问题和理论问题，要深入做好阐释引导工作，析事明理，解疑释惑，帮助干部群众全面准确理解和把握讲话精神。

精心组织宣传。社会领域各单位要充分利用内部刊物、简报、宣传橱窗、社会建设网站、信息网、微信公众号、手机App等载体平台，深入阐释解读讲话精神，宣传讲话在广大干部群众中引起的热烈反响，反映社会领域学习贯彻讲话精神、解决实际问题的具体实践和工作成效，营造社会领域学习贯彻讲话精神的浓厚氛围。

四、切实加强对学习贯彻习近平总书记“七一”重要讲话精神的筹划组织

深入学习宣传贯彻习近平总书记“七一”重要讲话精神，是我市当前和今后一个时期的重要政治任务。社会领域基层各党组织要把学习贯彻讲话精神摆上重要议事日程，加强组织领导，进行专门研究，做出专题部署，拿出翔实方案，提出具体要求。要坚持领导带头学习、带头辅导，要亲自抓学习、抓部署、抓指导，确保学习取得实实在在的成效。要把学习讲话同各单位的具体实际结合起来，

贯穿“两学一做”学习教育全过程，注重解决好工作中存在的突出问题和群众生产生活中遇到的突出困难，着力增强学习效果。要把学习讲话同学习宣传社会领域受表彰的先进典型结合起来，积极营造学先进、赶先进、做先进的浓厚氛围。要把学习讲话与实施北京市“十三五”社会治理规划、落实全年工作任务结合起来，推动社会治理能力和社会治理体系现代化建设。要注重信息报送。市委社会工委将在《北京社会建设信息》和北京社会建设网、手机报上开设学习贯彻专栏，及时反映社会领域学习贯彻重要讲话的好做法。

（此文件由市委社会工委2016年7月13日印发）

2016年上半年北京市社会建设主要工作情况

2016年是“十三五”开局之年。上半年，在市委市政府领导下，全市社会建设领域认真学习贯彻党的十八大，十八届三中、四中、五中全会和习近平总书记系列重要讲话精神，深入贯彻市委十一届九次、十次全会精神，深入开展“两学一做”学习教育，立足“十三五”、着眼新发展，改革创新、务求实效，全市社会建设、改革、治理工作取得了新进展，实现了“十三五”开门红。

一、圆满完成“十三五”社会治理规划编制，社会体制改革深入推进，社会治理顶层设计进一步完善

一是《规划》编制圆满完成。在多次广泛征求有关方面意见的基础上，通过合法性审查和衔接性审查，6月14日市政府常务会和7月6日市委常委会审议通过了《北京市“十三五”时期社会治理规划》。按照会议要求，《规划》即将由市委办公厅市政府办公厅印发。该《规划》是全国第一个社会治理五年规划，是当前和今后一个时期全市社会建设、改革、治理工作的重要遵循。

二是社会领域改革取得新成效。协调推动协商民主和社会体制改革专项小组工作，参与起草《关于全面深化改革提升城市规划建设管理水平的意见》，医疗卫生、养老服务、社会保障、街道社区、社会组织、社会动员等领域改革取得新突破。

三是社会领域法治建设扎实推进。进一步完善社会建设“三级塔形”政策体系，开展北京市法治社会建设等课题研究，制定社会领域法治宣传教育工作要点，深入开展社会领域“以案释法”等学习宣传活动，社会领域法治化进程不断推进。

二、“一刻钟社区服务圈”建设积极推进，社区服务管理水平不断提升，社会服务体系进一步完善

一是社区服务体系更加完善。新建67个“一刻钟社区服务圈”示范点，占全年任务的63%，使总量达到1303个，覆盖82%社区。推进社区服务“十大覆盖工程”，不断丰富服务项目，完善服务设施。扩大“区域化党建、多元性自治、开放式服务”试点范围。联合相关部门研究制定社区服务与管理工作规范。

二是社区服务管理水平不断提升。新建社区规范化示范点75个，占全年任务的63%。完成86个老旧小区自我服务管理试点建设，占全年任务的53%。出台《关于进一步开展社区减负工作的意见》。联合下发《关于全面推进以德治理城乡社区工作的指导意见》，推广“参与型”社区协商模式。开展第七届“北京魅力社区”评选表彰活动，

深入推进京台社区交流工作。深入开展社会心理服务进社区、进基层活动，推进社区心理服务标准化试点建设。

三是城乡社区服务管理一体化不断推进。新建63个村级社会服务试点，占全年任务的54%。开展“1+3”治理试点工作，探索在一个大党组织统一领导下，村民组织、社区组织、经济组织共商共建共治，进一步提升城乡接合部社会治理水平。四是购买社会服务工作稳步推进。使用市级社会建设专项资金购买社会组织服务项目491个，支持资金6770.61万元。重点支持了治理北京“大城市病”、疏解非首都核心功能、促进京津冀协同发展和服务社区的项目。

三、“枢纽型”社会组织工作体系巩固发展，社会组织作用不断增强，社会创造活力进一步激发

一是社会组织治理体系更加完善。研究修订《市级“枢纽型”社会组织运行规范》，拟订《关于推动市级“枢纽型”社会组织建立社会矛盾纠纷调解专委会的工作方案》。初步形成新一批市级“枢纽型”社会组织认定方案。区、街（乡镇）两级共认定“枢纽型”社会组织679家（其中区级228家，街道451家），覆盖面进一步扩大。逐步实施全市社会组织统一社会信用代码，促进社会组织诚信自律。

二是“枢纽型”社会组织作用进一步发挥。各市级“枢纽型”社会组织在落实“枢纽”责任、参与社会治理上进一步凝聚共识、创新举措，呈现出良好工作态势。

三是社会组织培育发展力度进一步加大。进一步完善全市社会组织服务“一中心、多基地”立体化工作网络，区级、街道级社会组织服务（孵化）基地已分别达到15家和54家。市、区、街三级社会组织孵化（服务）网络上半年累计培训、服务超过2500人次。举办“北京市社会组织治理创新暨能力提升高级研修班”。支持、引导相关社会组织举办“首届北京市社会组织知识大奖赛”、召开“首届北京市社会组织协商民主恳谈会”。

四是基层社会组织活力进一步迸发。“2016年北京社会组织公益行”系列活动全面展开，累计开展活动1680项，近8000场次，服务居民80余万人次。

四、“三网”融合务实推进，“网格化+”行动计划全面启动，城市服务管理精细化水平进一步提高

一是“三网”融合加快推进。东城、西城、海淀、大兴、通州、怀柔、密云7个区基本完成全部9项“三网”融合任务，另有4个区完成7项融合任务，5个区完成5项融合任务。其中，信息系统融合推进步伐最快，13个区信息系统在区级层面实现了全面融合。52个街道（乡镇）“三网”融合示范点建设全面启动、有序推进。

二是“网格化+”行动计划全面实施。印发了《2016年北京市“网格化+”行动计划》，重点实施“网格化+”基本公共服务、便民服务、公益服务等10个方面32项行动计划。初步统计，全市在区、街道（乡镇）、社区（村）三个层面启动“网格化+”65项行动计划。156个试点社区（村）开通“微网格”、微信公众号，实现随手拍、在线服务、信息发布等功能。

三是网格化体系标准化示范点建设顺利推进。按照《北京市城市服务管理网格化体系建设基本规范（试行）》提出的101项指标，首批在全市确定16个街道（乡镇）开展标准化示范点建设。

四是网格化服务管理能力持续提升。截至6月30日，各区网格化信息平台共受理各类事件276.1万件，解决249.7万件，解决率为90.44%。全市10个区网格化大数据库的数据累计超2千万条，全市16个区纳入网格化体系服务管理事项累计达15795项。

五是社会建设信息化水平不断提高。制

定《关于2016年推进全市智慧社区建设的意见》，推进智慧社区新建和升级工作，确定16个智慧社区建设示范点。充分利用手机报、社会建设网等信息平台宣传社会建设工作，上半年共编发手机报124期1852条，同比增长18%；社会建设网发布信息2776条，浏览量达108万人次，较上年同期提升24.1%。

五、“三社”组织联动工作逐步推进，社会协同参与程度不断加强，社会治理共建共享格局进一步形成

一是社会协同机制不断完善。市社会建设工作领导小组及其办公室各成员单位工作协调配合越来越紧密。社会组织参与社会治理的积极性不断增强。支持引导市场主体参与社会治理，启动鼓励社会企业发展的专题调研，制订推进企业社会责任工作方案，启动企业社会责任蓝皮书编写工作。

二是社会工作队伍建设实现新突破。推动建立社会工作专业人才队伍建设联席会议机制，构建“2+2+N”工作机制。联合举办社会工作队伍系列培训，累计培训近700人次。与北京城市学院合作，继续实施“社会工作硕士专业学位研究生培养计划”，新录取32名学员，社区工作者和专业社工能力培养工作有了新的发展。落实社区工作者工资待遇规范调整工作，西城、朝阳、海淀、门头沟、大兴、通州等区已分别出台实施细则。印发《关于开展社会工作事务所规范化建设试点工作的意见》。继续开展专业社会工作创新项目，面向全市148个街道购买专业社工岗位、选择90个试点社区实施专业社工社区服务督导项目、扶持15家新成立的社会工作事务所。举办2016年“国际社工日”暨第四届“首都最美社工”表彰活动。

三是社会领域志愿服务工作迈上新台阶。累计完成2461个社区志愿服务站的规范提升，城市社区志愿服务站实现全覆盖；新建商务楼宇志愿服务站21个，累计建成294个，覆盖459座商务楼宇；27家非公经济组织成立志愿服务组织，累计达到202个；24家专业社工机构成立志愿服务组织，累计达到99家，社会领域志愿服务组织覆盖面不断扩大。征集15595个志愿服务项目，社会组织、社工事务所、商务楼宇认领对接173个市级重点项目，涉及扶老助残、关爱儿童、治安巡逻、绿色环保、防灾减灾宣教等10大类志愿服务活动，覆盖173个社区（村），受益群众30余万人次。

四是社会文明行动广泛开展。印发全市街道社会动员试点工作方案、社会动员和志愿者工作重点任务分解书，开展第四批23个街道社会动员试点。印发《2016年“北京社会志愿者公益行”实施方案》，整合社会志愿者公益行、社会组织公益行、社工公益行三大系列活动，动员广大志愿者继续围绕“保护蓝天、保护碧水、保护文物、服务社区、服务社会”主题，开展志愿服务活动5593项、20461场，累计动员志愿者36万余人，服务受益人群312万余人。“首都社会文明行”之文明行车、文明停车宣传活动影响面进一步扩大，报纸、微博、微信等阅读量、点击量超过900万次。

六、“点、线、面系统推进工程”进展顺利，社会领域党的建设实现新发展，引领社会治理创新实践的作用进一步增强

一是非公有制经济组织党建工作取得新进步。开展园区非公有制企业党建工作调研。召开全市社会领域暨非公有制企业党建工作联席会。试点开展非公有制企业党组织书记抓基层党建述职评议考核。聘请1500名离退休党员干部担任商务楼宇非公党建指导员。举办商务楼宇党员志愿服务示范培训，商务楼宇党员志愿服务V+工程荣获全国志愿服务最佳项目奖。开展新的社会阶层人士统战工作专题调研。新经济组织党建研究会筹备就绪。

二是社会组织党建工作取得新提升。配合市委组织部组织召开社会团体、民办非企业单位、社会中介组织、基金会四个类别的党建工作座谈会，研究制定《关于加强和改进社会组织党的建设工作的实施意见》。为45家社会组织新建党组织拨付50万元工作经费。试点开展党组织书记抓基层党建工作述职评议考核工作。

三是街道社区区域化党建工作取得新成效。总结39个社区“区域化党建、多元性自治、开放式服务”试点中期工作开展情况，形成区域化党建“2+3+4+6”工作模式报告。会同市委组织部启动社区党建“零距离、面对面”活动前期调研，开展城乡社区党的建设“三级联创”考核工作。

七、深入开展纪念建党95周年活动，树立表彰了一批先进典型，社会领域“两学一做”学习教育扎实有效

一是动员部署及时。制订印发《关于在全市非公有制企业和社会组织党员中开展“两学一做”学习教育的指导方案》，及时部署。指导各区委社会工委、市级“枢纽型”社会组织和大型非公有制企业及时召开动员部署会。

二是学习研讨活动广泛深入。会同相关部门举办“学习习近平总书记党的建设思想研讨会”。举办全市社会领域学习习近平总书记“七一”重要讲话精神座谈会，社会领域各方面代表和专家学者畅谈学习体会，并安排部署社会领域学习讲话工作。

三是学习教育形式灵活多样。在全市规模较大、有一定影响力的非公经济组织和社会组织中选树5个学习教育点。深入部分社会组织、非公企业开展调研，跟踪指导“两新”组织学习教育工作。充分利用《北京社会建设信息》、手机报等信息平台及时宣传社会领域各单位学习教育情况。

四是纪念建党95周年系列活动隆重热烈。召开全市社会领域纪念建党95周年大会，表彰全市社会领域100个先进基层党组织、100名优秀共产党员、100名优秀党务工作者和100个优秀党建活动品牌项目，充分发挥典型示范引领作用。社会领域各基层党组织通过座谈交流、文艺汇演、学习表彰等方式开展建党95周年纪念活动。

市委社会工委、市社会办机关“两学一做”学习教育也按照市委要求及时扎实开展。工委会多次专题研究、听取进展情况汇报，制定了实施方案和十项具体推动措施。机关党委为每名党员配发了学习材料，举办了“展青年风采、做合格党员”社会领域青年论坛，组织集体参观了北京市反腐倡廉法制教育基地，组织收听收看习近平总书记在庆祝建党95周年大会的重要讲话并开展学习讨论交流。机关各党支部在组织督促党员自学的基础上，认真落实“三会一课”制度、开展专题学习交流，按照“月月有活动”的推进目标，开展了党课教育、党章党规党纪专题学习交流讨论、专题党日活动等，掀起了学习教育的小高潮。

（此文件2016年7月28日由市委社会工委、市社会办印发）

2016年下半年北京市社会建设重点工作安排

按照年初工作总体要求，下半年，全市社会建设领域要以学习贯彻习近平总书记“七一”重要讲话精神为指引，以实施《北京市“十三五”时期社会治理规划》为目标，创新实践、务实高效，努力完成全年社会建设、改革、治理各项任务，确保“十三

五”第一年工作开局良好。

一、印发实施“十三五”社会治理规划，进一步深化社会治理体制改革

坚持以《北京市“十三五”时期社会治理规划》为发展蓝图和重要遵循，全面推进社会建设、改革、治理工作。

一是进一步做好规划印发实施工作。按照市委常委会精神，进一步修改完善并印发实施《北京市“十三五”时期社会治理规划》。制订任务分解方案，做好系列解读和深度报道等宣传工作，推动《规划》落实。

二是进一步深化社会治理体制改革。协调督促协商民主和社会体制改革专项小组成员单位完成年度改革任务，着力在深化医疗卫生、养老服务等民生领域供给侧结构性改革和街道体制改革等社会治理体制改革方面进一步取得新突破。贯彻落实《关于全面深化改革提升城市规划建设管理水平的意见》及分工方案，推进各项任务落实。研究制定市级社会建设专项资金转为部门预算后支持全市社会建设工作的机制。

三是进一步加强社会领域法治建设。研究制订“十三五”时期重点领域立法计划。落实北京市“七五”普法规划，指导全市社会领域开展法治宣传教育。加强政策机制研究，不断推进法治社会建设。

二、继续推进“一刻钟社区服务圈”建设，进一步加强社区工作

坚持以“一刻钟社区服务圈”建设为龙头，全面实施社区服务“十大覆盖工程”，切实把社区建设各项任务落到实处。

一是进一步完善社区服务体系。抓好后续“一刻钟社区服务圈”示范点建设。研究制订“一刻钟社区服务圈”建设的量化指标体系，全面实施社区服务“十大覆盖工程”。支持“互联网+”新型社区服务模式发展，为居民提供方便、快捷的生活性服务。鼓励社会力量参与社区服务，发动驻区单位向社区开放服务资源，扶持社区服务企业发展，推动社区服务企业连锁化经营。指导新建一批社区心理服务标准化试点，扩大社区心理服务覆盖面。

二是进一步提升社区服务管理水平。进一步规范社区建设资金使用管理，提高资金使用效益。抓好后续社区规范化示范点建设任务，重点在坚持“七化”标准、规范社区治理、培育创新亮点等方面加强探索、创造经验，充分发挥示范、带动、辐射作用。着力推进第三批社区用房建设，确保年底前全市城市社区用房全部达到350平方米标准。深化老旧小区自我服务管理工作，抓好后续试点建设任务。

三是进一步推进城乡社区服务管理一体化。加强城乡接合部社会治理工作，选取部分典型农村社区进行“1+3”治理模式试点。抓好后续村级社会服务试点建设。

四是进一步加大典型社区培育和宣传力度。开展第七届“北京魅力社区”评选表彰。继续做好京台社区交流活动，加快交流成果转化，打造一批精品合作项目。继续办好全市“社区大讲堂”“十大感动社区人物”评选等活动。

三、进一步完善“枢纽型”社会组织工作体系，全面加强社会组织建设

坚持以“枢纽型”社会组织体系建设为依托，全面加强社会组织建设。

一是进一步完善“枢纽型”社会组织工作体系。再认定一批市级“枢纽型”社会组织，基本实现工作领域全覆盖。印发《市级“枢纽型”社会组织运行规范》。加快推进区、街“枢纽型”社会组织能力建设，努力将80%以上的区级社会组织、90%以上的社区社会组织纳入工作体系，推动区、街“枢纽型”社会组织规范运行。

二是进一步加大社会组织培育发展力度。完成2016年度购买市级“枢纽型”社会组织

管理服务和购买社会组织管理岗位工作。按照专项资金调整改革的要求，修订购买社会组织服务的制度，制定《实施细则》和《操作指南》。进一步完善市社会组织孵化中心服务功能，探索开展不同层级社会组织服务（孵化）基地建设试点工作。加大社区社会组织建设力度，指导、支持区、街道通过多种形式，重点发展为老年人、妇女、儿童、残疾人、农民工、困难家庭等特定群体服务的社区社会组织。继续举办“2016年北京市社会组织治理创新暨能力提升研修班”。推动建立“北京市社会组织人才交流服务平台”。协同朝阳区建设“社会创享空间”，为社会组织创新发展提供新平台。

三是进一步发挥社会组织作用。引导推动市级“枢纽型”社会组织进一步创新服务管理，在搭建服务平台、参与社会治理、服务“京津冀”协同发展等方面深入开展工作。印发《关于推动市级“枢纽型”社会组织建立社会矛盾纠纷调解专委会的工作方案》。持续深入推动社会组织“公益行”系列活动开展。在养老服务、生态环保、矛盾调解、心理疏导、交通治理、城市安全等领域整理推介一批特色社会组织。探索委托专业机构，开展社会组织优秀公益服务品牌评选工作。举办第二届“北京社会公益汇”，进一步搭建社会组织公益服务宣传、展示、合作、推介平台。

四、进一步实施“网格化+”行动计划，全面加强城市服务管理

坚持把网格化体系建设和运用当作大事抓，切实在补短板、抓品牌上下功夫，在提高社会认知度和群众获得感方面求实效。

一是进一步推进“三网”融合。力争年底前基本实现“三网”融合目标。同时，突出示范性和引领性，建成52个街道（乡镇）“三网”融合示范点。

二是进一步实施“网格化+”行动计划。按照《2016年北京市“网格化+”行动计划》，推动各区按计划、分步骤实施10个方面32个行动计划，加快7个“网格化+”电视云服务平台街道（乡镇）试点建设，切实发挥网格化体系在城市服务管理和基层社会治理等方面的作用。

三是进一步推进网格化体系标准化建设。年底前建成16个街道（乡镇）标准化示范点。

四是进一步提高智慧社区建设覆盖率。全面完成全年新建532个智慧社区建设工作及412个星级智慧社区升星建设工作，完成全市16个星级智慧社区示范点建设，总结一批智慧社区建设的先进经验和典型案例，加大智慧社区建设成果的宣传和推广力度，全面提升智慧社区覆盖率和智慧程度。

五、进一步推动“三社”组织联动，全面动员社会协同参与

坚持以推动“三维”互动、“三社”组织联动和加强“三支队伍”建设为抓手，全面动员社会协同参与。

一是进一步推动“三维”互动。进一步健全市社会建设工作领导小组办公室统筹协调机制，健全社会治理体制，在党的领导下，着力推动政府、市场、社会“三维”互动。促进社区、社会组织、社会企业“三社”组织联动，深入开展社会企业发展可行性调研。

二是进一步加强社会工作队伍建设。完善落实社会工作专业人才队伍建设联席会议机制。修订《北京市社区工作者管理办法》，切实落实社区工作者待遇。加快推进调任制试点。继续开展社会工作队伍系列培训，全面启动市民在线教育、社工专业学历和学位教育行动计划。落实《关于开展社会工作事务所规范化建设试点工作的意见》。对专业社会工作创新项目实施情况进行检查评估。举办第五届“寻找首都最美社工”活动。

三是进一步推动社会领域志愿服务工作。加强城市社区志愿服务站规范化建设，推进

有条件的农村建立社区志愿服务站和市级“枢纽型”社会组织建立专业志愿服务协会组织，推动50%以上商务楼宇建立志愿服务站，促进80%以上专业社工机构建立志愿服务组织，培育一批非公企业志愿服务典型，完善“社工+志工”志愿服务联动工作机制。

四是进一步创建社会文明。探索完善社会动员机制，继续推进第四批社会动员试点，开展防汛、扫雪铲冰等专项社会动员，积极协调有关部门和社会力量协同开展“大城市病”治理、绿色出行、非首都功能疏解、公共安全等常态社会动员。继续开展“北京社会志愿者公益行”系列活动，在“12·5”国际志愿者日前后，表彰和宣传一批社会领域优秀志愿者、志愿服务组织和志愿服务项目。继续开展“首都社会文明行”之文明行车、文明停车宣传活动。继续开展“身边好人、社会好事”宣传教育活动，启动2016年“北京社会好人榜”评选，做好“北京榜样”推荐工作。开展社会治理共建共享先进单位创建活动，宣传树立一批先进典型。

五是进一步探索建立企业社会责任体系。出台《北京市企业社会责任评价指导标准》，开展社会责任百优企业评选表彰活动，编制企业社会责任蓝皮书，培育打造一批履行社会责任的“北京企业榜样”。

六、进一步实施“点、线、面系统推进工程”，全面加强社会领域党的建设

坚持以推进非公有制企业党建、社会组织党建、区域化党建为着力点，扩大社会领域党的组织和党的工作覆盖面，切实发挥党建工作在社会建设工作中的龙头引领作用。

一是着力深化非公有制企业党建工作。拟订加强园区非公有制企业党建工作行动计划，加强科技园区、外商投资企业、互联网行业和高新企业等领域党建工作。筹办非公有制企业党组织书记培训班。推动建立商务楼宇工作站经费保障长效机制，推动商务楼宇联合党组织组建工作，年底前实现党组织覆盖率达到60%的目标。深入实施商务楼宇党员志愿服务聚合力V+工程。

二是着力加大社会组织党建力度。贯彻实施《中共北京市委关于加强和改进社会组织党建工作的实施意见》《关于进一步加强和改进社会组织党建工作的三年行动计划》。建立全市社会组织党建工作联席会议制度。研究制定《关于在全市较大规模社会组织中派驻党建指导员的管理办法》。重点抓好民营医院、民办教育培训机构、科技类等实体型社会组织的党组织覆盖工作。

三是着力推进区域化党建工作。总结“区域化党建、多元性自治、开放式服务”试点工作。推进街道（乡镇）党建工作协调委员会、社区（村）区域化党建工作平台建设。开展在职党员进社区调研。

四是着力形成社会领域党建工作合力。推进北京市社会领域党建研究会、新经济组织党建研究会和新经济组织发展研究院建设，整合资源，凝聚力量。

七、进一步贯彻落实习近平总书记“七一”讲话精神，扎实开展社会领域“两学一做”学习教育

坚持深入学习习近平总书记“七一”重要讲话，进一步开展“两学一做”学习教育，并结合市委政治巡视工作，认认真真抓整改。

一是加强工作统筹。以学习贯彻习近平总书记“七一”重要讲话精神为重点，结合下半年社会建设、改革、治理重点任务，加强统筹指导，推进融合贯通，做到学习教育与工作落实“两不误、两促进”。

二是切实融入日常。突出经常性教育特点，指导社会领域基层党组织进一步落实主体责任，推进示范支部建设，在专题党课、主题党日、争做合格党员方面形成一批创新成果，在明确合格支部标准、党员行为规范

方面形成一批实践成果，在调查研究、推动工作方面形成一批理论成果。

三是实现“学、做、改”有机衔接。坚持高标准、高质量、严要求，突出“学”有特色、注重“做”有成效、立足“改”有方向。加强分类指导，强化对整改落实的督促检查，切实解决突出问题，确保学习教育取得实效。

市委社会工委、市社会办机关“两学一做”学习教育，严格按照《实施方案》抓落实，以学习贯彻习近平总书记“七一”重要讲话为重点，在日常学习的基础上，组织好以“对党忠诚、严守纪律、务实担当”为主题的专题讨论，领导干部和支部书记在分管处室和支部范围内讲好党课，特别是筹划准备好年底前召开的支部专题组织生活会和民主评议党员活动。各支部进一步创新学习教育方式，使学习教育务实高效。按照“基础在学、关键在做”的要求，把立足岗位做贡献贯彻学习教育的始终，把学习教育与工作实际结合起来，努力完成好全年各项工作任务。

（此文件2016年7月28日由市委社会工委、市社会办印发）

关于推动市级“枢纽型”社会组织建立社会矛盾纠纷调解专委会的工作方案

为贯彻落实中央和市委市政府关于完善矛盾纠纷多元化解机制的安排部署，支持社会组织对内源头化解矛盾纠纷、对外协助党和政府开展相应工作，经研究决定在市级“枢纽型”社会组织中推动建立社会矛盾纠纷调解专委会。现制订方案如下。

一、目的意义

动员社会力量参与矛盾纠纷化解，是党中央和市委市政府的明确要求，是新时期加强社会建设、创新社会治理、促进社会和谐的重要内容。当前，我市市级“枢纽型”社会组织工作体系基本建立，已联系、聚集各级各类社会组织近3万家，群众性、行业性、专业性等优势明显，是参与社会矛盾纠纷化解的重要力量。在市级“枢纽型”社会组织中建立社会矛盾纠纷调解专委会，旨在强化源头治理，搞好本领域内矛盾纠纷调解；同时，充分发挥优势，积极配合党和政府相关部门开展工作，建立健全对内对外相结合的社会矛盾纠纷多元调解体系。开展这项工作，既是探索源头治理化解社会矛盾纠纷的具体措施，也是“枢纽型”社会组织进一步拓展功能、发挥作用的新探索。

二、成立方式

在市级“枢纽型”社会组织中建立社会矛盾纠纷调解专委会，要坚持从各单位实际出发，分类实施、注重实效。可采取的形式和渠道包括如下。

（一）依托已有的“劳动争议调解中心”“权益维护中心”“社会服务中心”等机构挂牌成立社会矛盾纠纷调解专委会，并赋予其相应工作职能。

（二）按照建立专业委员会等内设机构的一般规则成立社会矛盾纠纷调解专委会，专司此项工作。

（三）结合实际，依托本领域具有相应功能的社会组织成立社会矛盾纠纷调解专委会，并加挂牌子、明确功能。

（四）已成立“人民调解委员会”或类似机构的单位，可在原有组织机构基础上加挂牌子，进一步充实完善相关功能。

（五）鼓励有条件的单位探索成立有独立法人资格的专业调解组织，并承担本单位社会矛盾纠纷调解专委会相应职责。

（六）其他具有本单位特点的相应组织形式。

“社会矛盾纠纷调解专委会”成立后，一般应由各单位相关领导牵头负责，日常工作受社会工作或相关部门指导、管理，同时应根据具体情况，充实具有行业及专业背景的专兼职人员开展实际工作。

三、功能定位

“社会矛盾纠纷调解专委会”的主要职责包括如下。

（一）协调、整合本领域现有的各类调解组织等工作资源，抓好本领域、本行业内社会矛盾纠纷调解工作，加强源头治理。

（二）发挥行业及专业优势，积极配合相关党政部门、司法机关等调解矛盾纠纷事件，主动提供相关支持和服务。

（三）配合有关方面推动本领域社会组织及有关主体成立专业性、行业性人民调解组织，引导、支持相关社会力量成立具有法人资格的专业调解组织。

（四）按照全市统一部署和要求，在本领域、本行业开展矛盾纠纷排查、化解等工作，维护社会稳定。

（五）完成其他相关工作任务。

四、时间安排

坚持积极推进、分步实施、逐步推广的原则，力争到2016年年底前，具备条件的市级“枢纽型”社会组织均应建立社会矛盾纠纷调解专委会。

五、保障措施

（一）加强组织领导

各市级“枢纽型”社会组织要高度重视、加强领导，切实把成立社会矛盾纠纷调解专委会作为加强自身建设、参与社会治理、促进社会和谐的重要工作来抓，深入细致地推进工作开展。各区根据实际情况，抓好相应推进落实工作。

（二）建立健全机制

各领域社会矛盾纠纷调解专委会成立后，要注重协调联动、搭建平台，切实把本领域各类调解资源整合起来、凝聚起来；要突出专业性，着力在职能履行、机构运转、队伍建设等方面建立制度规范，提高工作实效。

（三）提供必要支持

各市级“枢纽型”社会组织应充分挖掘、整合内部资源，为社会矛盾纠纷调解专委会提供场所、人员、资源等支持。市委社会工委、市社会办通过购买管理岗位、购买服务项目等形式，为各单位参与矛盾纠纷调解提供必要的支持和服务。首都综治办在业务开展、能力提升等方面给予指导和支持。

（此文件2016年9月8日由市委社会工委、首都综治办、市社会办印发）

关于表彰第七届“北京魅力社区”的决定

各区委社会工委、区社会办、区人力社保局：

近年来，在市委、市政府的正确领导下，全市认真贯彻落实《北京市“十二五”时期社会建设规划纲要》《关于深化北京市社会治理体制改革的意见》，在巩固成果、扩大覆盖的基础上，着力深化提升、改革创新，社区建设工作不断迈上新台阶，涌现出一大批先进典型。

为表彰先进，树立榜样，发挥先进典型的示范引领作用，今年以来，中共北京市委社会工作委员会、北京市社会建设工作办公室、北京市人力资源和社会保障局组织开展了第七届“北京魅力社区”评选表彰活动，各区积极申报，在评议团评选的基础上，经第七届“北京魅力社区”评选表彰工作领导小组审定，决定授予西城区什刹海街道松树街社区等10个社区“北京魅力社区”荣誉称号，授予东城区东四街道豆瓣社区等10个社区“北京魅力社区单项奖”荣誉称号。希望受表彰的社区珍惜荣誉，戒骄戒躁，开拓创新，再创佳绩。

全市各社区要以受表彰的社区为榜样，全面落实党的十八大和三中、四中、五中、六中全会精神，深入贯彻习近平总书记系列重要讲话精神，按照市委、市政府部署，认真落实《北京市“十三五”时期社会治理规划》，全面深化社会体制改革，加快推进社会治理创新，以“一刻钟社区服务圈”建设为载体，进一步完善社区治理体系、健全社区服务体系、深化社区居民自治、广泛动员社会参与，为北京率先全面建成小康社会、建设国际一流的和谐宜居之都做出新的更大贡献。

附件：

1. 第七届“北京魅力社区”名单
2. 第七届“北京魅力社区单项奖”名单

（此文件2016年12月7日由市委社会工委、市社会办、市人力社保局印发）

附件1：

第七届“北京魅力社区”名单（共10个）

西城区什刹海街道松树街社区
昌平区小汤山镇行政区社区
密云区鼓楼街道向阳西社区
朝阳区潘家园街道松榆西里社区
东城区东直门街道香河园北里社区
通州区北苑街道锦园社区
石景山区八角街道八角北路特钢社区
延庆区百泉街道莲花苑社区
门头沟区东辛房街道石门营新区五区社区
海淀区中关村街道黄庄社区

附件2：

第七届“北京魅力社区单项奖”名单（共10个）

东城区东四街道豆瓣社区
朝阳区朝外街道吉祥里社区
丰台区马家堡街道嘉园三里社区
石景山区鲁谷社区重兴园社区
门头沟区大峪街道峪园社区
房山区长阳镇嘉州水郡北区社区
通州区玉桥街道新通国际社区
顺义区旺泉街道宏城花园社区
平谷区滨河街道建西社区
密云区果园街道上河湾社区

·专　　文·

全面不全面尤其看社建

——关于实现全面建成小康的社会建设目标

宋贵伦

党的十八大明确提出了到2020年实现全面建成小康社会的奋斗目标。在全面建成小康社会的目标任务中，在“五位一体”总体布局、“四个全面”战略布局中，社会建设是短板，存在问题很多，差距还很大。在谈到全面建成小康社会时，习近平总书记多次强调：小康不小康，关键看老乡。总书记从以人民为中心的角度指出了关键问题。实质上是讲，关键看以保障和改善民生为重点的社会建设成效如何。如果从“五位一体”总体布局角度可以说是：全面不全面，关键看社建。笔者认为，紧紧围绕全面建成小康社会目标，今后五年加快推进社会建设，关键是要从以下三个方面下功夫求实效。

一、要以问题为导向补短板

首先应当说，我国社会建设正处于大有可为的重要战略机遇期。一是社会全球化时代已经到来，加快推进我国社会建设的大环境已经形成。二是中国特色社会建设大思路已经明确，加快推进我国社会建设进入快车道正在变成现实。三是我国大城市社会建设走在全国前列，探索形成了许多好经验，正在发挥示范带动作用。

与此同时，也应清醒地认识到，我国社会建设面临许多问题和挑战，一是社会治理体系很不完善，二是社会治理基层基础薄弱。前两年，北京市委社会工委联合全国十几个省市社会建设工作部门，搞了一个全国性调研。调研发现：当前，我国社会建设和治理存在许多突出问题。这既有“人”“地”“事”“物”“组织”方面的经常性社会服务管理问题，也有“急”“难”“特”“新”“重”方面的特殊性社会服务管理问题。比如，在“人”的服务管理方面，流动人口服务管理还没有真正破题；在“地”的服务管理方面，区域化协同发展刚刚起步；在“事”的服务管理方面，还没形成一套打破身份、户籍、区域界限的、覆盖全国的基本公共服务体系；在“物”的服务管理方面，城市地上基本服务设施不健全、地下管网很混乱；在“组织”服务管理方面，基层组织软弱涣散的问题还很突出；在“急”事服务管理方面，突发事件重事后处置、轻事先预防的现象比较普遍；在“难”事服务管理方面，社会矛盾化解重堵不重疏比较习惯；在“特”事服务管理方面，民族宗教问题越来越复杂；在“新”事服务管理方面，虚拟社会服务管理是很大的难题；在“重大”任务方面，社会治理现代化建设任务非常艰巨繁重。

面对这些问题，尤其是面对各类社会矛盾叠加、社会风险隐患增多的严峻形势，必须从大处着眼、小处入手，尽快补上社会建设这些短板。否则，全面建成小康社会，就有许多缺口，就会大打折扣。

二、要以需求为导向促改革

广大人民群众在社会建设方面的主要需求，一是切实保障和改善民生，二是切实维护社会公平正义。这也正是社会建设的主要任务。而影响满足社会需求有效供给的体制性机制性障碍，一是社会治理体系不完善，现实生活中，各级各类组织缺位、错位、越位的问题突出，必须深化社会治理体制改革，使之既依法各就其位、各尽其职，又相互配合、协同共治。二是社会治理能力不强，系统治理、依法治理、综合治理、源头治理水平不高，必须推动社会治理实践创新，有效破解广大人民群众反映强烈的一系列突出问题。

在这方面，北京市做了一些积极探索。2015年8月，市委、市政府印发了《关于深化北京市社会治理体制改革的意见》，近日又印发了《北京市“十三五”时期社会治理规划》。明确指出，深化北京社会治理体制改革的主要任务是：构建“六大治理体系”、提高“四大治理能力”，即构建党的组织、政府组织、街道基层组织、社区自治组织、社会组织、市场组织共建共享的治理体系，提高系统治理、依法治理、综合治理、源头治理的能力，不断完善党委领导、政府主导、社会协同、公众参与、法治保障的社会治理体制，切实解决广大人民群众关心的实际问题，切实保障和改善民生、维护社会公平正义。具体来说：

（1）转变政府职能，最大限度地为社会力量发展和发挥作用让渡空间。这其中，关键是要建立健全政府权力清单、责任清单和负面清单制度。

（2）引入市场机制，加快推进社会服务供给侧改革。这其中，大力发展社会企业是新的突破口和着力点。

（3）激发社会活力，推进社会组织发展。这其中，进一步构建“枢纽型”社会组织体系、加大购买社会力量服务是中心环节。

（4）深化街道改革，实现工作重心下移。这其中，切实发挥街道办事处综合协调职能是关键所在。

（5）完善社区治理，夯实基层工作基础。这其中，推动社区居民依法有序参与是重中之重。

（6）动员社会参与，形成共建共享格局。这其中，关键是要形成政府、社会、市场“三维互动”和社区、社会组织、社会企业“三社联动”的机制。

（7）加强系统治理，着力完善体制机制。这其中，深化改革、完善顶层设计是关键环节。

（8）加强依法治理，推进法治社会建设。这其中，尽快把已经形成的政策体系转化为行政法规和人大立法，是当务之急。

（9）加强综合治理，有效破解难点问题。这其中，一定要把网格化当作社会服务与城市管理的“一场革命”。

（10）加强源头治理，努力构建社会和谐。这其中，一定要从解决服务群众的“最后一公里”问题入手。

（11）加强组织领导，提供坚强有力保障。这其中，一定要坚持以社会领域党建工作为龙头。

加强社会服务和城市管理，既要治标，也要治本。而治本之策就是加快推进社会治理改革创新，完善治理体系、消除体制性障碍，提高治理能力、破解发展难题。否则，社会建设就要拖全面建成小康社会的后腿。

三、要以目标为导向抓实效

社会建设也要有量化标准，不仅要有问题导向、需求导向，还要有目标导向。这样，可以防止片面化、走极端。既可以避免陷入问题主义、摁下葫芦瓢起来；也可以防止陷入“高福利主义”陷阱、绑架政府无限投入；更可以按时间表、路线图、任务书、标准仪抓落实。

坚持目标导向，首先要有一个明确的目标指向。早在2011年的国家“十二五”规划中，就将社会建设目标任务明确为两篇、12章。其中，“社会服务篇”7章、“社会管理篇”5章，实质上是划分为两大部类、12项目标任务。其中，社会服务类包括：提升基本公共服务水平、实施就业优先战略、合理调整收入分配关系、健全覆盖城乡居民的社会保障体系、完善基本医疗卫生制度、提高住房保障水平、全面做好人口工作；社会管理类包括：创新社会管理体制、强化城乡社区自治和服务功能、加强社会组织建设、完善维护群众权益机制、加强公共安全体系建设。当年北京市政府颁布的《北京市“十二五”时期社会建设规划纲要》，也提出了“五个更加、一个广泛覆盖”的目标，即社会服务更加完善、社会管理更加科学、社会动员更加广泛、社会环境更加文明、社会关系更加和谐、社会领域党的建设广泛覆盖，并明确了22方面、79项任务。在即将印发的《北京市“十三五”时期社会治理规划》中，又进一步明确提出了“六个更加、六个明显提高”的目标和“构建六大治理体系、提高四大治能力”的44项具体任务。

坚持目标导向，还要有一套科学的量化标准和评价指数。这既便于考核评价，又可以增强社会感知度、让百姓有更多获得感。2011年，北京市委社会工委、市社会办，在“十二五”规划基础上，与有关机构研究出了一套综合评价指标体系，从社会保障、社会服务、社会管理、社会环境四个方面，共选择44个指数。从2012年开始，每年对全国31个省、市、自治区，15个千万人口以上的超大型城市和北京市16个区进行测评，并与金砖五国和G20国家进行比较研究。每年发布一部蓝皮书。所有数据，都依据政府权威部门发布的统计数据。

今年即将发布的蓝皮书显示，2015年度全国31个省、市、自治区社会建设综合指数排名，80分以上的有六省市，依次为：北京（93.44）、上海（88.84）、浙江（86.34）、天津（86.06）、江苏（83.43）广东（81.33）；其他除西藏（66.70）外，均在70分至79分之间。

如果我们把全面建成小康的社会建设标准定在80分的话，表面看起来已相差无几，但具体看分类指标，问题就暴露出来了：在四类指数中，“社会保障”“社会环境”指数情况尚好，但“社会服务”“社会管理”指数差距还很大。在综合评价中，我们不仅要看平均值多高，还要看木桶短板有多短。先看“长板”：“社会保障”指数只有青海（79.06）、西藏（73.30）在80分以下，说明这些年各级政府在社会保障方面投入很大；“社会环境”指数，也只有西藏（69.75）在80分以下，说明改革开放以来我国精神文明建设成效明显。再看“短板”：“社会服务”指数只有上海（86.44）、北京（84.59）、浙江（83.78）3个省市在80分以上，另有3个省区70余分、18个省份刚及格，而7个省份不及格（占22.6%）！“社会管理”指数更令人堪忧：只有北京（89.50）、上海（81.35）2市在80分以上，另有3个省市在70分以上、4个省市在及格线以上，而22个省份不及格（占70%），其中，居然有13个省份在50分以下（占42%）！可见，我们的精准化社会服务、精细化社会管理差距还很大。

让人担忧的不仅如此。关键是，作为发展龙头的全国超大型城市在这方面的情况并没好多少，社会服务问题更集中，社会管理问题也很突出。这与我国当前高发的“大城市病”有关。目前，我国人口超过1000万的15个超大型城市是：上海、北京、深圳、广州、苏州、天津、成都、重庆、临沂、哈尔滨、石家庄、南阳市、保定、郑州、武汉。除郑州、武汉因刚刚加入此行列不掌握数据外，2014年度13个超大型城市社会建设总指数只有北京、上海2市在80分以上，另有5市70分以上、2市60分以上，其他4个城市不及格（占30.8%）。“社会服务”“社会治理”指数差距更大。“社会服务”2个80分以上、4个70分以上、3个刚及格、4个不及格（占30.8%）；“社会管理”指数，2个80分以上、1个70分以上、4个刚及格、6个不及格（占46%）。这两方面，也正是我们与世界发达城市的差距所在。这样的差距，在距2020年不到5年的时间内赶上来，任务十分繁重艰巨！我们必须增强危机感、紧迫感。

当年，邓小平同志强调指出：“现在虽说我们也在搞社会主义，但事实上不够格。只有到下世纪中叶，达到了中等发达国家的水平，才能说真的搞了社会主义，才能理直气壮地说社会主义优于资本主义。”正是在这个意义上，他提出要建设“小康社会”。当然，当时还更多是从经济建设角度说的。现在，我国已成为世界第二大经济体，人均收入已达到中等偏上国家水平。今天，我们在全面建成小康社会新的历史条件下，站在“五位一体”和“四个全面”的新高度，说社会主义“不够格”，更多的是指社会建设。我们讲我国社会主义仍处于初级阶段，主要是指“社会”发展仍处于初级阶段。因为，我们的“主义”（马克思主义）是高级的，我们的“制度”（坚持党的领导、人民当家做主、依法治国相统一）是优越的。当前，社会建设滞后尤为明显。我们讲，社会主义制度姓“社”、资本主义制度姓“资”，不仅是指有“主义”之分、“制度”之别，还包括基础不同。资本主义的基础是资本，靠金钱说话；社会主义的根基在社会，靠团结、服务社会大众立足。加强社会建设，是社会主义本质所在，是全面建成小康社会的应有之义。严格意义上讲，不把社会建设好，就不叫建成了社会主义；社会建设不合格，就不叫全面建成了小康社会。补社会建设短板，就像扶贫攻坚一样，是全面建成小康社会的一场硬仗。

总之，在全面建成小康社会的征途上，在“五位一体”的总体布局中，社会建设是基础性、长远性、根本性任务，但又是“木桶短板”，必须抓紧抓实抓好；在“四个全面”战略布局中，社会建设、改革、治理和社会领域党的建设至关重要，但又是薄弱环节，必须不断加强和改进。我们必须在以习近平同志为核心的党中央领导下，高举中国特色社会主义伟大旗帜，坚持“五大发展理念”，加快推进社会治理体系和治理能力现代化，为全面建成小康社会、实现“两个一百年”目标而努力奋斗。

（此文为北京市委社会工委书记、市社会办主任宋贵伦在2016年10月25日南京市举行的“2016·社会建设与发展”研讨会上的专题发言）

2016年北京居民社会认知状况调查

张　坚　王　惠

美国心理学家艾利斯（Albert Ellis）的“ABC情绪理论”告诉我们，如果人们有正确积极的认知，他的情绪和行为就是正常的，如果他的认知是消极错误的，则他的情绪和行为都可能是消极错误的。目前我国社会发展正处于全面深化改革的关键时期，不断面临新的机遇和挑战，各种社会矛盾和社会问题日益凸显，这些矛盾和社会问题会引发消极情绪和行为，对社会的和谐稳定造成负面影响。同时消极的认知、情绪和行为也不利于居民个人的身心健康。所以，对北京居民的社会认知现状进行调查研究，根据调查结果提出促进居民积极社会认知形成的建议，对引导北京居民个人身心健康发展、促进北京建设和谐稳定的“首善之都”具有重要意义。

一、社会认知的定义与研究方法

（一）社会认知定义

国外学者对社会认知概念有几个认可度比较高的定义，比如Fiske S T，Taylor S E. 认为社会认知主要研究的是人们理解自己和他人的方式（1991）①；David Shaffer认为社

① Fiske, S. T., Taylor, S. E., 1991. Social Cognition, 2nd ed. McGraw Hill Inc., San Francisco.

会认知是人们关于自我和他人的思维、情感动机和行为的认知加工（2005）①。国内学者对社会认知概念的界定基本是在国外学者界定的基础上加上自己的理解。比如王沛认为社会认知指个体编码和解析社会客体的所有认知进程，社会客体包括个体自我、他人、群体以及各种社会规范、规则等众多内容（2015）②。本研究认为社会认知是个体对社会性信息的感知和理解。社会性信息就是强调社会认知的对象是社会性客体，包括自我、他人、自我与他人关系、社会情境、社会事件等。

（二）研究方法

根据北京市社会心理服务促进中心拥有的社区调查资源优势，本研究编制问卷时主要利用量表法让被试进行自我报告。采取分层随机抽样方法选取城六区 52 个社区和十个郊区 26 个社区，共计 78 个社区，每个社区 30 个样本，两个楼宇白领居民 120 个样本，共计 2460 个样本。问卷发放 2460 份，回收样本 2446 本，回收率 99.43%，其中有效数据 2430 个，有效率 98.78%。

表 1　样本分布情况

单位：份，%

区名称	样本数量	百分比	区名称	样本数量	百分比
东城	169	7.0	通州	90	3.7
西城	242	10.0	大兴	121	5.0
朝阳	300	12.3	平谷	32	1.3
丰台	271	11.2	怀柔	29	1.2
石景山	89	3.7	密云	61	2.5
海淀	451	18.6	延庆	30	1.2
门头沟	90	3.7	楼宇 1	60	2.5
房山	120	4.9	楼宇 2	62	2.6
昌平	153	6.3	总计	2430	100
顺义	60	2.5			

二、北京居民社会认知特点

本次研究包括自我认知、家庭认知、群体认知和国家认知四个层面，《大学》有云：“心正而后身修，身修而后家齐，家齐而后国治，国治而后天下平。”个体是构成社会最基本的单位，个体生活于家庭之中，家庭是人类社会最基本的一种制度，也是一种特殊的群体形式，所以家庭也包含在群体之中，群体又生活在国家范围内，所以本研究对社会认知四个层面关系就用图 1 所示的一个层层包含的洋葱圈来表示。

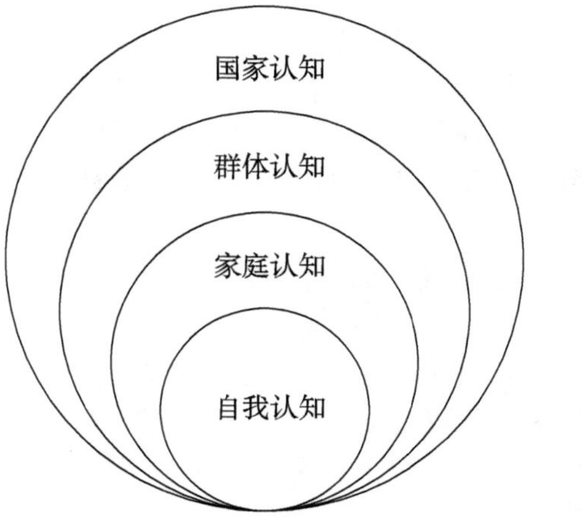

图 1　本研究中四个层面认知的关系图

① DavidR. Shaffer 著，邹泓等译. 发展心理学——儿童与青少年［M］. 中国轻工业出版社，2005. 437。

② 王沛，贺雯. 社会认知心理学［M］. 北京师范大学出版社，2015. 4。

（一）自我认知特点

1. 身体自我认知。有 56.2% 的居民认为自己健康状况良好；43.9% 的居民认为自己处于亚健康和不健康状态，其中 33.2% 的居民认为自己身体健康状况一般，9% 的居民认为自己身体不太健康，1.7% 的居民认为自己身体很不健康。从数据来看，北京居民对自身健康状态的感受和评价都不够理想，需要引起足够的重视。

2. 心理自我认知。从居民心理健康自评结果来看，68.7% 的居民认为自己心理健康状况良好，31.3% 的居民心理健康水平有待提高，其中有 27.1% 的居民认为自己心理健康状况一般，有 4.2% 的居民认为自己心理不健康。从核心自我评价来看，北京居民的核心自我评价平均分较高 35.41 分（中值 30 分）。72.37% 的居民核心自我评价处于高水平，只有 13.88% 的居民核心自我评价处于低水平，说明多数北京居民对自身能力和价值的评价比较高。从主观幸福感和生活意义感来看，居民的主观幸福感与生活意义感分别得 3.31 分和 3.49 分（均为 5 分制），处于中等偏上水平。4.1% 的北京居民觉得生活意义感很低或较低，70.7% 的北京居民觉得生活意义感较强或很强，另有 25.2% 的居民认为生活意义感一般。

3. 社会自我认知。59% 的居民对自己的人际交往状况表示满意，仍有 41% 的居民人际交往状况不尽如人意，良好的社会交往有助于个人的身心健康，尤其作为几千年来强调"集体我"的中国人。

（二）家庭认知特点

1. 婚姻质量认知。当要求"综合评价婚姻幸福程度"（满分 10 分）时，72.6% 的人给出 8 分及以上的分数，认为自己的婚姻非常幸福，仅有 1.2% 的人认为自己的婚姻非常不幸福。北京居民对婚姻质量的认知具体分析有三个特征：一是平等协商的现代家庭观念占主导，79.9% 的人同意"夫妻之间应该民主协商，共同承担家务"；二是超过半数居民整体上满意家务分工状态，62.3% 的人满意目前的家务分工；三是多数北京居民与配偶冲突频率较低，首要冲突点为子女教育。51.3% 的人"偶尔"与配偶发生冲突，35.4% 的人"有时"与配偶发生冲突。但仍需引起重视的是，9.6% 的人报告自己"经常"或"总是"与配偶发生冲突。冲突内容的提及率由高到低依次是子女教育（43.6%）、家务分配（26.6%）、生活开销（19.0%）、亲属问题（14.3%）、父母干涉（8.9%）、加班出差等工作问题（8.5%）、职业发展规划（7.3%）、父母赡养（4.7%）、生育问题（4.1%）。

2. 生育观。从统计数据来看，北京居民对现代生育观念认同度高于对传统生育观念认同度。传统生育观念主要包括"生育是为了传宗接代""不孝有三，无后为大"等包含传统文化的生育观念；现代生育观念主要包括"孩子是爱情的见证和结晶""生养孩子可以让生活更有情趣"等与现代生活相适应的生育观念。北京居民在传统生育观念维度的得分为 2.7 分，在现代生育观念维度的得分为 3.16 分。

（三）群体认知特点

1. 社会凝聚力认知。社会凝聚力是衡量社会稳定和团结的重要指标之一。本次调查居民评定的社会凝聚力指数为 3.48 分（满分 5 分，中值为 3 分），说明居民对北京社会凝聚力评分较高。本调查中构成社会凝聚力的四个基本要素为社会信任水平、核心价值观认可度、社会网络成熟度、地域归属感。上述四个要素调查结果如下：社会信任水平分为一般信任水平和特殊信任水平，北京居民的一般信任水平和特殊信任水平都较高（分别为 3.28 分和 3.25 分）；北京居民对核心价值观的认可度较高（3.28 分）；社会网络成熟度通过人际交往的活跃度和社会参与的活跃度两方面数据反映，北京居民的人际交往活跃度很高（4.16 分），但是社会参与活跃度相比之下低一些（3.09 分）。

2. 自我阶层认知。本年度北京居民自我社会阶层的认同呈现出"形势历年最好、但总体态势仍然不容乐观”的特点。“形势历年最好”主要体现在：居民自我认同中上与中等社会阶层的居民比例创历史新高，达到了34%（分别为4%与30%）；北京市民社会阶层自我评定的阶层指数为历年最高。“总体态势仍然不容乐观”体现在：全民弱势心态仍然突出，今年自我认为处于中下及最底阶层的居民比例仍然达到了63%，北京居民总体社会分层还是呈现出传统的金字塔形，而非理想的橄榄形；阶层向上流动的效能感与信心都表现为一般。

（四）国家认知特点

1. 国家治理方针认知。居民对国家治理方针认知度总体偏低，呈现“广度有余、深度不足”的特点。数据显示，北京居民对国家治理方针总体认知度得分2.86分，低于中值（3分）。在所有治理方针中，社会主义核心价值观（3.17分）、京津冀一体化（3.13分）、两学一做（3.12分）认知度较高，均高于中值；对疏解非首都功能（2.93分）、“四个全面”战略布局（2.53分）、五大发展理念（2.52分）、供给侧结构性改革（2.36分）认知度较低，均低于中值。“四个全面”战略布局作为我国当前治国理政的总方略居民认知度分数只有2.53分。从居民对各项治理方针具体的认知情况来看，认知广度有，但是深度不够，大多数居民都对各项治理方针有一定的认知，但是表示“比较了解”的居民却并不多（见图2），也有为数不低的居民“两耳不闻国家事”，对于供给侧结构性改革、五大发展理念、“四个全面”战略布局、疏解非首都功能这些“国家事”分别有25.6%、16.6%、15.3%、10.1%的居民表示“没听说过”。

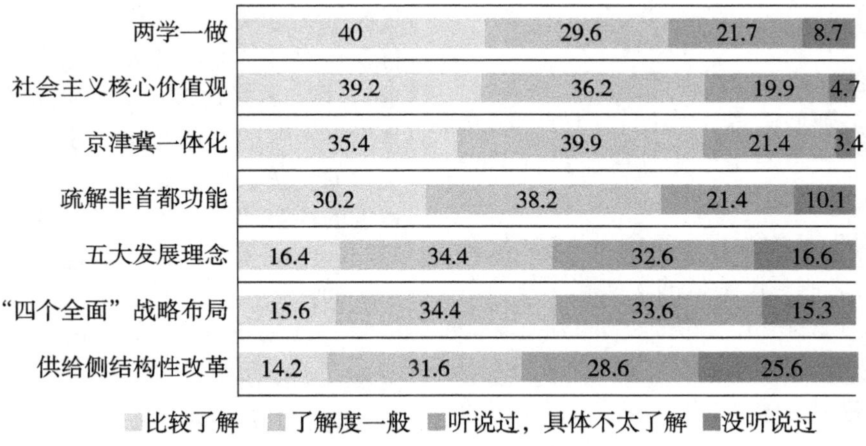

图2　居民对各项国家治理方针认知情况（%）

2. 国家治理能力认知。国家治理能力是运用国家制度管理社会各方面事务的能力①。本研究将居民对国家治理能力认知分为两方面，即对当前治理能力（日常治理能力和应急治理能力）的评价和对未来治理能力（对政府关乎政治、经济、文化、社会和生态方面的治理承诺实现的信心）的评价。本次调查中被访者对当前治理能力（3.27分）和未来治理能力（3.29分）的评分都高于中值（3分），说明居民对当前和未来的国家治理能力评价都比较高。虽然居民对国家治理能力总体评价较高，但是仍有57.5%的居民对政府的感觉是“高高在上”“陌生疏离”（见图3），也就是在居民的认知里，政府与民众的距离依然比较远。从中国古代政治理念中强调基层官员是“亲民之官”，到今天我党强调的群众路线都无一不强调了“亲民”的

① 中共中央宣传部，习近平总书记系列重要讲话读本，2016年版。

重要性，所以在缩小政府与民众间的距离上仍需下大功夫。

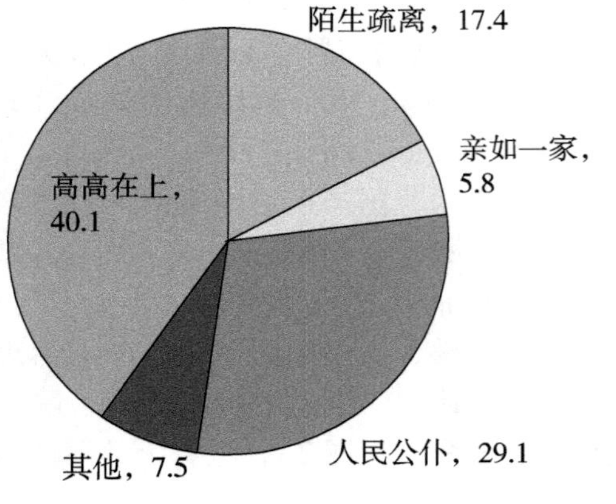

图 3　北京居民提到政府时候的感受（%）

3. 国家治理效果认知特点。本调查通过两个数据来反映北京居民国家治理效果认知，一是居民对与百姓切身利益比较紧密的政策和工作的评价，在居民对 28 项与百姓密切相关的政策和工作的评价中，满分为 5 分，满意度达到中值（3 分）以上的有 23 项，可见居民对绝大多数政策和工作比较满意，满意度最高的 5 项政策与工作为社区服务（3.61 分）、人口疏解（3.50 分）、全面二孩（3.48 分）、大众创业万众创新（3.41 分）、文化交流（3.38 分），满意度最低的 5 项政策与工作为教育改革（2.90 分）、房地产调控（2.80 分）、食品安全（2.57 分）、交通拥堵治理（2.49 分）、延迟退休（2.26 分）。二是居民的主观获得感现状，北京居民的获得感数据呈现“中间多，两头少”的比例分布特点，表示获得感一般的居民比例最高，达 64.1%，表示获得感高和表示获得感低的居民各占 16.9% 和 18.9%。从以上两方面数据总的来看，北京居民对国家治理效果评价较高。

三、研究启示和建议

（一）社会认知监测长效化，建立消极社会认知预警机制

对于政府来说，要想建立沟通领导与百姓之间的“连心桥”，畅通的政治传输渠道，使“听民声、察民意、知民情、得民心”落到实处，建立长效的社会认知监测机制是非常必要的。同时，对于一些问题的看法或评价分值低于中值或者低于一定数值（根据实际情况而定），我们认为就可以提出预警，居民对该问题的消极评价就需要引起政府关注。

（二）宣传教育立体化，避免居民社会认知偏差形成

宣传教育工作最重要的是将所宣传内容深入人心，就本次调查中国家认知部分来说，绝大多数居民对国家治理方针都是听说过的，但是“知其然”的居民比例就少多了，“知其所以然”的居民比例就更低了，这不利于居民对国家治理的客观全面的认知。对于宣传教育工作，首先要实现形式多样化、生活化，可以通过单位、学校、走进社区办讲座、发宣传册等传统的宣传教育方式，也可以通过网络、电视、地铁街头广告等新兴媒体进行宣传教育。然后还要注重宣传教育内容的丰富性与平民化，从老百姓日常生活常见、常想、常做的点滴小事入手，开展贴近百姓生活的宣传教育，让居民印象深刻，才能将积极的社会认知的种子播种到北京居民的内心深处，避免居民产生认知偏差，从而导致消极的社会认知。

（三）心理服务体系化，促进居民心理健康水平提高

党的十九大明确提出了“加强社会心理服务体系建设，培育自尊自信、理性平和、积极向上的社会心态”的要求，2016 年 12 月国家卫生计生委等 22 个部委联合发文出台《关于加强心理健康服务的指导意见》，国家政策面为社会心理服务体系的建立健全提供了肥沃的土壤。接下来我们要致力于建立健全符合首都特色的社会心理服务体系，按照“横向到边、纵向到底”的原则，构建横向链接公安、综治、民政、教育、卫生、劳动、司法、工会、共青团、妇联等各职能部门，纵向覆盖市、区、街道（乡镇）、社区（村）四级的社会心理服务网络，加快建立以政府

为主导、以非政府组织为补充、多层次立体式的社会心理服务体系，实现社会心理服务工作全覆盖、无死角、零距离。

（四）推动社会参全民化，引导居民积极社会认知建立

经过数据分析我们可以得出“社会属性”越突出的居民，社会认知越积极。所以健全居民的社会参与与社会支持机制对于引导居民积极认知的形成十分重要，本次调查中只有37.3%的居民表示能够经常积极参加团体组织的活动，只有8.1%的人在遇到困难时得到过单位、党团工会等官方半官方组织、宗教社会团体等非官方组织等熟人以外的社会力量的支持。所以从社区、街道、区、市和社会组织多个层面健全充分调动居民社会参与全民化，在居民有困难时能够提供及时雨般的帮助，举办居民发自内心喜爱的活动，调动居民社会参与的积极性，有助于引导居民形成积极的社会认知，促进社会和谐稳定发展。

（此文为时任市委社会工委副书记张坚与北京市社会心理服务促进中心助理研究员王惠2016年12月撰写的调研文章）

北京市民营医院党建工作调研报告

陈建领

随着改革开放的不断深入和社会主义市场经济的蓬勃发展，特别是在2012年北京出台《关于进一步鼓励和引导社会资本举办医疗机构若干政策》（以下简称“京18条”）的引导下，北京市民营医院呈现出数量由少到多、规模由小到大、质量由低到高、服务内涵由单一向多元化迈进的发展态势，既带来了医疗卫生资源格局的变化，也给民营组织党的建设工作带来了新的课题。为此，由市委社会工委党建工作处牵头，北京市非公有制医疗机构协会参与，组成课题组，对全市民营医院党建工作情况进行了专题调研；在充分走访调研、参观座谈的基础上，结合对部分民营医院党建工作问卷调查结果的统计分析（共发放问卷80份，有效问卷77份），抽调专人组成起草组，形成调研报告。

一、北京市民营医院基本情况

民营医院主要指公立医院以外的其他医院，包括联营、股份合作、私营和我国台港澳、外国等投资的医院。但基层医疗卫生机构，包括门诊部、诊所、医务室、社区卫生服务中心、体检中心等，由于规模相对较小，且多分散于楼宇内，不在此次调研统计之列。截至2015年8月，北京市共有民营医院409所（本次调研共选取信息较为完整有效的326所中的80所为对象）。在医院级别上，一级医院245所，占75.1%；三级医院16所，仅占4.9%。在区域分布上，城六区212所，占65%，其中朝阳区107所、丰台区45所、海淀区35所；城六区外，建院较多的有昌平区35所、大兴区30所。在医院类别上，以特色专科为主的综合、中医医院约占60%。在医院规模上，约90%的民营医院床位少于100张，且大部分总资产在1000万元以下。综合来看，绝大部分民营医院规模较小，以一级医院为主，且主要集中在城市人口密集的核心区域，建院和经营方式相对比较灵活，医院医护人员来源广泛，成分比较复杂。

与公立医院相比，北京市民营医院主要具有以下属性：一是实行法人治理结构。多

半规模较大的民营医院实行董（理）事会领导下的院长负责制，医院发展、人事安排、财务预算、基本建设等重大事项均由董（理）事会“拍板”。二是投资主体多元。主要有三种情况：（1）由经济实力较雄厚的企业特别是医药企业投资，如北京普祥医院由普祥医药公司投资建立；（2）由各类基金会投资，如北京恒兴医院由北京癌症基金会联合中国医学科学院肿瘤医院共同投资建立；（3）一些原公立医院管理者或业务专家利用自身资源优势，吸引若干社会资本投资民营医院，如北京陆道培血液肿瘤中心是由以著名血液病和造血干细胞移植专家、中国工程院院士陆道培的名字命名，并由其出资创立。三是办院机制灵活。多数民营医院实行“扁平化”的组织架构，管理层次少、管理成本小、工作效率较高；在人员使用上，实行聘用制，双向选择，灵活多样；在分配制度上，实行岗位工资，以岗定薪，以薪促岗，充分体现医护人员的专业价值。四是专科特色鲜明。避开了与公立医院全方位的竞争，根据市场医疗需求打造有特色的妇产、皮肤病、糖尿病、肛肠病、骨科、眼科、肿瘤等专科医院。五是市场风险较大。作为自负盈亏的经济实体，要面临各种经营风险以及社会风险，即便一个媒体负面报道也会使其进入“死亡快车道”。

与民营医院较多的福建、上海等地相比，北京市民营医院主要有以下特点。一是成立时间短，发展速度快。2000年以来，特别是2010年国家鼓励和引导社会资本举办医疗机构、2012年北京出台“京18条”以来，民营医院发展环境不断优化，短短几年时间民营医院数量快速增加。截至2015年8月，全市民营医院超过公立医院数量（263所），占全市医院总数（672所）的60.8%，成为公办医疗的有益补充。二是高端医疗多，就诊环境好。适应高端人群的诊疗需要，以妇产、美容、口腔等为代表的高端医疗增速较快，和睦家、美中宜和等妇儿高端医院凭借优良技术、贴心服务和优雅环境，为高端人群提供高品质、人性化、私密性、规范化的医疗服务。三是专科水平高，有一定辐射能力。北京区位独特，汇聚了全国最优质的医疗资源，以体制内优质医疗资源特别是相关专家为依托，发展起了京都儿童医院、三博脑科医院、北京朝阳糖尿病医院等在业内有较大影响的民营医院。比如，三博脑科医院以天坛医院专家为主要力量，凭借治疗神经系统疾病的高超技术吸引了国内外广大患者询诊就医。四是成立行业协会，开展医疗专业领域的服务指导和党建活动。朝阳、海淀、昌平等区相继成立了区级非公有制医疗机构协会，为民营医院发展提供业务培训、信息咨询、党建指导等服务。2014年11月，北京市成立了非公有制医疗机构协会，到2015年8月，市级层面行业协会进入筹备起步阶段，民营医院的党建工作也逐渐活跃起来。

二、北京市民营医院党建工作的做法和成效

近年来，北京市在加强民营医院党建工作中，主要进行了以下实践探索。

1. 注重加强组织建设

依靠各区卫计委组织科具体协调指导党建工作，同时发挥行业指导作用，在理顺管理体制、创新组织机制、发挥作用途径等方面进行探索和创新。据统计，信息较为完整有效的326所民营医院共有党员3369名，建立党组织89所，占27.3%，其中党委5所、党总支2所、党支部82所（占92.1%）。在组织隶属关系上，43所医院党组织隶属区卫计委（占48.3%），32所隶属所在街道、乡镇（占35.9%），1所隶属区委社会工委（平谷区岳协医院），其他13所分别隶属社区党委、朝阳非公工委、中建一局党组等（见图1、图2）。

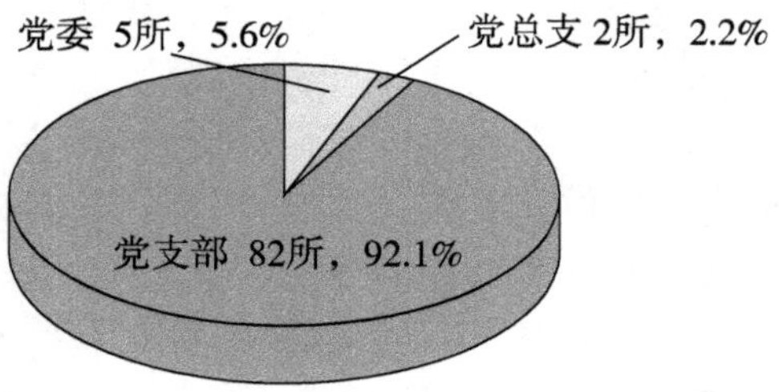

图 1　北京市民营医院已建党组织情况

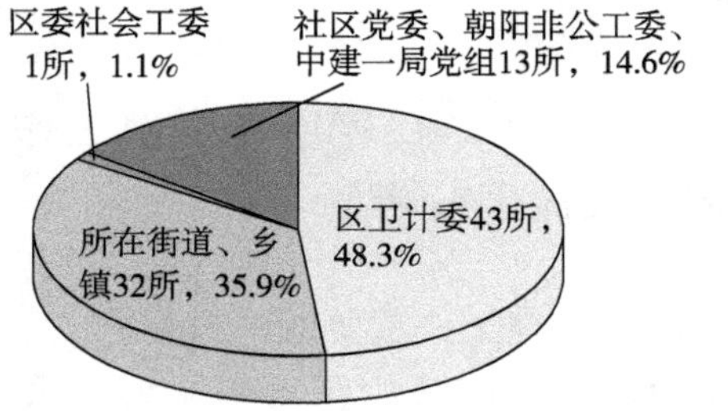

图2　北京市民营医院党组织隶属关系情况

我们还对全市莆田系民营医院党建情况做了调查统计，从北京非公有制医疗机构协会提供的数据来看，北京现有 17 家莆田系民营医院，分布在西城、朝阳、海淀、丰台、平谷等区，其中西城区 3 家（建有党支部 1 个、临时党支部 1 个），朝阳区 11 家（建有党支部 7 个），海淀区 1 家（建有党支部 1 个），丰台区 1 家（未建党组织），平谷区 1 家（建有党支部 1 个）（见图 3）。从调研情况看，建有党组织的莆田系民营医院总体上比未建党组织的在医德医风、就诊环境、诊疗质量、服务水平等方面都要好。

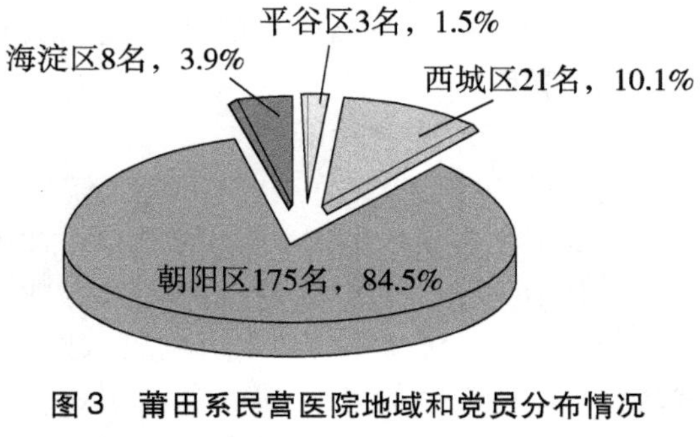

图 3　莆田系民营医院地域和党员分布情况

2. 注重发挥功能作用

从调查掌握情况看，有以下几个共性特点。一是突出党组织政治核心作用。普遍能够按照上级党组织要求，抓好政治理论学习，完善支部“三会一课”制度，贯彻落实党的路线方针政策，坚持社会主义核心价值观，保证民营医院发展正确方向。比如，北京三博脑科医院党支部，注重对所属党员的思想教育和日常管理，经常自主开展和举办诸如时事政策报告、长征精神宣讲、医德医风教育等活动，确保了全院职工思想稳定，助推了医院的全面发展。二是发挥党组织服务保障功能。绝大多数建有党组织的民营医院，能够注重发挥职代会和工青妇等群团组织作用，经常组织开展红色之旅、文体比赛、走访慰问、爱心捐助等活动，关心职工的工作、学习和生活，热心帮助职工解决各种实际困难，通过服务凝聚了职工的智慧和力量。比如，京通医院党支部启动的“红细胞在行动”活动，受到员工和患者的高度评价，今年 6 月被评为“全市社会领域先进基层党组织”。三是促进民营医院健康持续发展。不少民营医院党组织紧紧围绕医院中心任务开展党建工作，引导董（理）事会和院长遵守党和国家有关政策法规，坚持依法办医、诚信经营，认真履行社会责任，党组织在医院有较强的影响力、凝聚力和号召力。比如，北亚骨科医院建立了党组织与医院行政管理层无障碍沟通机制，非党员董事会领导列席党支部会议，党支部成员可以参与院长办公会决策，在确保医院持续健康发展中发挥了重要作用，成为全市民营医院党建工作的“老典型”和“领头羊”。

3. 注重创新活动方式

一是注重发挥党员的示范引领作用。70% 以上接受调查的民营医院党组织都开展了党员挂牌上岗、争创“党员先锋岗”、签订“党员承诺书”等活动，不少民营医院还将党员的姓名、照片、联系方式张贴在各科室门口和各楼层显眼位置，搭建了党员发挥作用的服务平台，患者只要找到党员就能解决问题，方便了患者就医。比如，北京五洲妇儿医院党总支通过开展“关键岗位有党员、技术创新有党员、困难面前有党员、员工维权有党员、党员身边无事故、党员身边无投诉、党员身边无违规、党员身边无困难”的“四有四无”活动，并与评优评奖、岗位变动、职级调整等挂钩，充分调动了党员的主动性和创造性。二是积极投身公益慈善事业。大部分民营医院党组织都把开展慈善公益活动作为医院回馈社会、履行社会责任的有力抓手，定期定点组织医疗专家免费为残疾人、老人、妇女、儿童等特殊群体进行诊疗，到机关、企业、学校、社区、偏远贫困山区举办义诊咨询和健康科普知识讲座，组织员工参加无偿献血、向灾区捐款捐物，通过各种活动树立了民营医院良好的社会形象。比如，北亚骨科医院建立了“中华慈善总会健行天下项目股骨头坏死援助中心”，截至目前，已援助全国患者151人，减免医药费72万余元，受到患者的一致好评。

4. 注重强化队伍建设

一方面，积极培养发展新党员。特别是加大在临床、科研一线青年骨干、学科带头人中发展党员力度。据不完全统计，近两年来全市民营医院新发展党员100余名，以中青年为主。另一方面，严格规范党员教育管理。部分民营医院设立了专职党委（支部）组织委员，负责党员发展预审、组织关系迁转、党费收交使用等工作，较好地解决了“影子党员”和“口袋党员”等问题。比如，北京五洲妇儿医院党总支坚持人才招聘优先录用党员、晋级升职优先选用党员、培训学习优先考虑党员、评优评奖优先选择党员、骨干培养优先选拔党员，加强了对党员的教育培养。北京仁和医院党支部注重医德医风教育，通过签订不收送“红包”协议，强化廉洁行医，收到较好效果。

5. 注重加大党建保障

市级层面采取购买党建服务项目等方式，持续加大对社会组织党建工作的投入力度，积极为民营医院开展建党和党建工作创造良好的制度环境；坚持沉入一线服务、主动牵线搭桥，帮助民营医院寻找“娘家”；加大对民营医院党建经费投入，严格执行全市党员年人均200元活动经费的财政补贴制度，通过鼓励购买党建指导员工作岗位，为民营医院党建工作“输血”。不少民营医院通过购买党建岗位、上级党委拨付、医院行政支持、党建经费实报实销等多种渠道加大经费投入，将会议室、阅览室等场所用于开展党建活动，并注重利用驻地党建资源，较好地解决了有人干事、有钱办事、有地活动的问题。

三、北京市民营医院党建工作存在的问题及原因分析

1. 对党建工作重要性认识不足

少数民营医院经营者和党组织负责人、部分党员站位不高，对加强民营医院党建工作的重要性认识不够充分，思想认识有偏差。主要原因：一方面，医院经营者对党建工作给医院发展产生的巨大效应认识不足，将企业发展、文化建设与党建工作割裂开来，对建立党组织和发挥党组织作用态度比较消极。也有少数经营者顾虑较多，怕党组织建设会与医院经营管理发生冲突，甚至害怕建立党组织给自己树立“对立面”，出现对建立党组织不积极、不支持的现象。另一方面，个别党员党性意识淡化，认为自己是被老板花钱雇用来的，干活拿钱，和政治关系不大；也有一些党员害怕参加党组织活动影响与老板的关系和个人在医院的发展，因此参加党组织活动的积极性不高，有的甚至连党员身份都不愿亮明。

2. 党组织覆盖率较低

从抽样调查情况看，全市民营医院党组织覆盖率不足30%，仅流动党员就占了70%以上，其中未纳入党组织管理的党员人数比例高达75%。主要原因：一是民营医院普遍规模较小，党员人数少，建立党组织难。二是民营医院人员分化组合频繁，巩固组建任务难。在激烈的市场竞争环境下，人员受经济效益影响频繁流动，单位状况及员工队伍始终处于动态之中，党员流动性大，党组织

即使建立也难以巩固和稳定。三是一些民营医院人员少、党员少，平时忙于业务，一定程度上忽略了建党和党建工作。四是部分党员存在“打工思想”，对医院党组织的归属感不强，不愿转接组织关系，致使达不到成立党组织的条件。

3. 体制机制存在诸多瓶颈

领导体制、管理体制和运行机制不够完善，整个行业层面的党建工作顶层设计尚未形成。主要原因：一是领导力量较弱。民营医院党组织骨干成员基本都是兼职，既存在党建专业能力不强的问题，又存在工作时间和精力得不到保证的问题，党建工作重形式轻内容、重过程轻结果，影响了党建工作的有效开展。二是职责定位不清。近年来，中办和市委相继出台了加强和改进社会组织党的建设工作的政策文件，顶层设计已经到位，但具体到各单位、各行业、各部门，还没有结合实际制定出相应的细化落实措施，没有对民营医院党建工作做出制度性安排，加之民营医院以业务为主的行业特性，使得党组织中的管理层把工作重心放在了业务上，对党建工作想起来就抓、想不起来就不抓；有时间就抓、没时间就不抓。三是隶属关系较乱。当前，全市包括民营医院在内的社会组织党建管理体制大多沿用党政机关、事业单位基层党组织管理体制，与其自身的定位相脱节，最直接的表现就是党组织隶属关系没有统一范式。全市89个民营医院党组织分别隶属区卫计委，街道、乡镇，区委社会工委，区党委、非公工委、中建一局党组等多个部门，未建立党组织的民营医院仍然存在找不到“娘家”、无人管的现象。四是管理体制不畅。由于组织隶属关系难理顺、责任主体不明确、体制机制不顺畅，导致多数民营医院至今没有成立党组织。目前全市民营医院党组织多头管理、分散管理、无人管理的现象仍然存在。

4. “两个作用”发挥不够明显

与其他领域相比，民营医院党组织战斗堡垒作用和党员先锋模范作用存在明显弱化现象，引领民营医院持续健康发展的功能作用也不够明显。主要原因：一是部分党组织重业务轻党建。一些民营医院党组织只按董（理）事会和管理者的安排开展工作，董（理）事长和出资人是党员或不是党员但支持党建的，党组织开展工作就比较顺畅，作用发挥就比较好；董（理）事长和出资人不是党员或不支持党建的，党建工作开展就不好，党组织作用发挥也不好。二是党员教育管理滞后。部分民营医院党组织发展党员缺乏计划性，工作流程不够严谨规范，导致党员发展比例低，有的多年没发展过一个党员，客观上党员发展指标有限，但少数党组织甚至不知道党员发展指标的获取渠道；不少在民营医院工作的党员不愿亮明党员身份、不愿接转组织关系，导致“流动党员”“口袋党员”在民营医院大量、隐蔽地存在，发挥党员作用无从谈起；一些民营医院党组织对党员教育管理制度落实没有计划、随意性大，且方法守旧，不能满足党员需求，导致党员学习教育和日常管理流于形式。

5. 传统党建模式与民营医院现状不相适应

民营医院较多地沿袭了机关、事业单位的党建工作思路和方法，没有结合自身特点与时俱进、更新理念、创新方法，导致党建工作不能有效适应新情况。主要原因：一是组织活动缺乏经常性。有组织无活动、有活动无质量的问题比较普遍。主观上有管理层不重视、不支持的问题，客观上有人员难集中、时间难保证的问题，同时也有经费、场所保障不到位的问题。目前，民营医院党组织组织党员活动大多集中在“七一”、春节和特殊纪念日，普遍缺乏经常性。二是活动内容缺乏针对性。贴近民营医院特点和员工实际，组织针对性学习活动不够。三是活动方式缺乏实效性。由于共建协调机制不够完善，区域化党建工作格局不够健全，区域党建资源没有得到有效整合，以及在册党员少、流动党员多等情况，加之组织活动形式单一，使得党建活动实效性不强；一些党组织在党员中没有号召力，导致部分党员党性观念不强、党员意识淡漠、带头作用不好、群众威信不高，党建工作存在被边缘化的倾向。

四、加强民营医院党建工作的对策建议

实践证明，坚持党建与业务发展双向融合，既是民营医院保持正确发展方向、实现科学发展的重要支撑，也是党建在民营医院生动实践、夯实执政根基的重要基础。有效推进民营医院党建工作必须着眼现实问题，大胆创新实践。

1. 提高思想认识，营造良好工作氛围

宣传力度不到位，对党建重要性认识不足，是民营医院党建工作氛围长期得不到改善的重要原因。当前主要应做好三个方面工作：一是加大宣传力度，扩大民营医院党建工作影响力。要采取多种灵活、生动形式，深入宣传中央、市委有关文件精神和民营医院党建工作的地位作用，让党员群众深刻认清党建关系每个群体和员工的切身利益；要善于发现并宣传民营医院党建中涌现出的先进事迹和成功典型，创新宣传手段方式和载体，增强宣传的生动性、实效性和感染力。二是统一思想认识，消除对民营医院党建工作的模糊认识。要站在巩固党的执政基础高度，确立“各个领域需党建、小处着手抓党建”的理念，从民营医院自身特点和发展状况出发，转变观念，探索民营医院党建规律和新的途径，重点加强对出资人的正确引导和对党员的宣传教育。三是明确功能定位，规范民营医院党建工作职责任务。党组织要在民营医院健康持续发展中发挥政治核心作用和服务、协调、监督功能，具体地，要宣传贯彻党的路线方针政策，引导和监督民营医院遵守国家法律法规和政策，自觉接受政府有关部门的管理和监督；要对医院经营管理中的重大问题提出意见和建议，支持出资人依法经营；要研究制订党建工作规划和年度工作计划，搞好党的思想、组织、作风、制度和反腐建设；要接受上级党组织的领导和指导，及时反映党建工作中出现的新情况新问题，并提出工作建议；要加强党组织自身建设，做好党员教育管理和发展党员工作，发挥党员先锋模范作用；要领导工青妇等群团组织，支持他们按照各自章程开展工作。

2. 扩大“两个覆盖”，合力攻坚、重点突破

一方面，把民营医院党建纳入全市基层组织建设工作整体格局，由市委组织部牵头，明确市委社会工委、市卫计委等相关部门工作职责，强调区、街属地责任，形成抓民营医院党建上下联动、齐抓共管、各司其职、协调配合的属业管理和属地管理相结合的工作格局。依托北京非公有制医疗机构协会成立党组织，统筹所属会员单位党建工作。按照“无组织抓组建、有组织抓规范、已规范抓创新”的工作思路，重点推动凡有 3 名以上正式中共党员的民营医院建立党组织。另一方面，开展“民营医院党建推进工程”专项活动，将党的组织建设与行业许可准入有机对接，在申请行业许可时，主管部门督促建立党组织，或者以医院“评级”工作为抓手，将党建工作纳入考核内容，对党建工作不符合要求的医院，不予评定级别或降低级别。在全市范围内对民营医院中先进基层党组织、优秀共产党员、优秀党务工作者和支持党组织工作的优秀出资人进行表彰，营造重视党建工作的良好氛围，让“党建是推动民营医院发展的引擎”成为办院的重要理念。

3. 注重融合发展，党建、业务互动双赢

民营医院党建工作既要服从政治需要，也要服务医院发展需求，才会拥有发挥作用的空间。要从实际出发，紧密结合民营医院经营特点，不断改进和创新党组织活动内容

和方式，为民营医院健康发展提供组织保障和精神动力。要遵循医疗行业的工作规律，按照“灵活机动、规范经常”原则，围绕医院发展目标来确定活动主题，坚持党建工作有效性、实用性和现实性相结合，党组织生活与医院发展成长相结合，党组织活动与党员工作生活相结合，把党组织活动渗透到医疗工作的每一个环节，在促进医院健康发展、加深经营者感情、赢得医护人员拥护等方面下功夫，提高民营医院党建工作的针对性，增强民营医院经营者和员工对党建工作的信任支持度。

4. 落实基本制度，强化“两个作用”发挥

民营医院党建工作重在落实基本制度，通过建立健全“三会一课”、民主评议党员、流动党员管理、党费收交、理论学习和党建工作例会等基本制度，搭建党建工作的基本框架。适时举办市、区县不同层次、不同类型的民营医院党员、党组织负责人培训，在加强党性修养的同时，结合医疗卫生行业热点难点问题，通过典型案例开展医德医风、廉洁从业教育。选派党建指导员入驻民营医院，加强对党建工作的指导。建立民营医院党组织、党员、入党积极分子信息数据库，加强对党员发展、教育培养、考核监督等各项工作的动态管理。民营医院党组织要教育引导党员定好位、当模范，引导经营者在优化医疗机构环境、争创医疗机构品牌、依法照章纳税、创建和谐劳资关系、热心社会公益活动等方面发挥带头作用。

5. 创新方法载体，提高党建工作实效

一是思想观念创新。积极探索党建与民营医院业务互相融合的有效路径，通过业务经营发展为党组织和党员提供发挥作用的舞台和彰显先进性的平台，并引导民营医院将自身发展作为检验党建工作成效的一条重要标准。二是工作方式创新。党的组织活动形式要充分利用网络媒体平台，运用App等先进信息传输手段开展党员教育，打破教育时间、地域和形式的限制。活动内容要扎根于民营医院建设发展平台，把宣传党的理论、坚持党的先进性与医院守法经营、端正医风医德、提升医疗服务水平有机结合，增强党组织活动的影响力和感染力。三是运行机制创新。把民营医院党务工作者纳入基层党务干部培训范围，依托市区各级组织开展培训。注重培植民营医院的党员新生力量，建立梯队建设规划，培养党员管理骨干和专业人才。在鼓励具备条件的民营医院建设党组织活动场所的前提下，主动提供区域性物资和场地保障，实现资源共享，为民营医院党建活动创造有利条件。重视民营医院的生存发展需要，协调全市各方面资源提供必要的支持和帮助，引导和促进民营医院在北京市经济社会生活中发挥更大作用。

（此文为市委社会工委副书记陈建领2016年12月1日撰写的调研报告）

关于发挥网格员主力军作用的思考

王丽竹

网格员在网格化体系建设工作中扮演的是主力军的重要角色，承担着提高城市治理精细化水平和加强基层社会治理的重要职责，肩负着改善和保障民生、促进社会公平、构建和谐社会的重要使命，任务很艰巨，责任很重大，使命很光荣，地位很重要，作用很突出。网格员走进的是小网格，登上的是大舞台，网格员工作的小网格处在城市和社会的最前沿、最基层，直接向百姓传递着党和政府的声音，在老百姓的心目中，网格员就代表党和政府，老百姓的大事小事疑难事都要找网格员，在老百姓的心目中小网格服务大民生。

一、认真履行“十大员”职责，充分发挥主力军作用

在网格化体系建设工作过程中，要想充分发挥好网格员的作用，就必须奉献“十颗心”，当好“十大员”。

1. 做人民群众的贴心人，当好政策法规宣传员

作为一名网格员，首先是要熟悉党和政府相关惠民政策法规，熟悉其内容和办理程序，新的惠民政策法规出台后，网格员应率先学习，及时准确了解和掌握惠民政策法规内容，并通过走家入户，深入了解居民生产生活情况，将党和政府的惠民政策、法律法规、上级精神及时传达到网格内每家每户，向居民详细讲解政策法规的内容和办理程序，使居民群众知政策法规、懂政策法规、信政策法规、用政策法规，使党和政府的政策法规深入人心，使百姓自觉遵守政策法规，善于用政策法规维护自己的合法权益，让居民及时享受到党和政府的惠民政策法规。

2. 做人民群众的知心人，当好社情民意的信息员

作为一名网格员，其中一项很重要的职责就是要发挥党和政府密切联系群众的桥梁纽带作用，做好反映社情民意的信息工作，使反映社情民意信息工作成为网格员履职的重要形式之一。如何做好社情民意信息工作，就是要真情关爱，心心相印，架起联心桥。发挥网格员贴近基层、贴近群众的优势，在每天深入网格的巡查巡访过程中，积极主动地深入群众中去，与群众面对面，倾听群众的真实声音，及时了解老百姓所思所想所盼，及时为群众排忧解难，及时了解社情民意，特别是要及时捕捉和反映带有苗头性、倾向性、全局性、战略性和普遍性的问题，及时向有关部门反映社情民意，让党委、政府及时了解到其他渠道不易得到的社会信息，获得其他形式不易反映上来的意见和建议，听到一般途径难以听到的批评建议。这样有利于推动党委、政府决策的科学化和民主化，有利于理顺各界群众的情绪，化解社会矛盾纠纷，促进社会和谐稳定，及时准确的社情民意是党政机关听取意见和建议，改进工作的有效途径。

3. 做人民群众的顺心人，当好网格和谐的促进员

当今社会，大家即使是住在同一栋楼里，甚至是同一个门栋内，互相也都不熟悉。因此，网格员应发挥贴近群众的独特优势，引导网格内的居民相识相知、互敬互爱、互帮互助，让陌生的邻居熟悉起来，建立起和谐的邻里关系。引导群众，在生活中，邻里之间应相互尊重、相互照应、相互理解，切莫

斤斤计较，在谁遇到困难时，邻里之间就应该积极主动帮忙。引导居民在关爱邻里中融洽亲情，在关爱社会中感知责任，在关爱自然中享受快乐，激发居民和家庭崇德向善的内在自觉。只有这样，才能让邻里之间熟悉起来，居民之间的关系密切、融洽、和谐起来，为维护网格稳定，构建和谐社会发挥积极作用。

4. 做人民群众的放心人，当好发现问题的情报员

北京市创新并持续不断地推进网格化管理模式，其中一个最重要的目的，就是要解决城市服务管理的全覆盖、无缝隙，及时发现问题、及时解决问题，实现精细化管理、提高精细化管理水平。实现这一目标，就需要网格员每天在网格内，及时发现网格内城市服务管理的各种问题，能解决的立即解决，不能解决的立即报社区或有关部门解决，为职能部门在第一时间发现和解决问题提供信息支撑，有效破解在城市管理中“看得见的管不了，管得了的看不见”的难题，真正使问题发现在基层，解决在网格。

5. 做人民群众的暖心人，当好社会风险隐患的排查员

网格员还有一项重要任务是负责网格内社会风险隐患的排查及网格内各类事件的报告，要通过网格员每天的巡查，及时发现、及时报告、及时排除网格内的社会风险隐患。大家知道，目前，全市主要大街和重点地区、重点部位和重点场所视频监控系统基本实现了全覆盖，但是在背街小巷、在老旧小区暂时还做不到全覆盖，这就要求网格员还应成为城市和社会最前沿的流动探头，这样通过全市安装的视频监控系统和网格员“流动探头”，就将全市的任何一个角落都能尽收眼底，实现社会风险隐患“早发现、早报告、早处置”，使问题得到及时处置解决，真正使问题消除在萌芽状态。

6. 做人民群众的称心人，当好服务居民的勤务员

网格员的工作和岗位虽然平凡，但地位十分重要，网格员的工作不仅连着党委政府，连着千家万户，而且还关系到百姓的幸福安康、基层社会的和谐稳定。这就要求网格员不仅要进一步增强自豪感、荣誉感和责任感，而且还要进一步增强服务居民的工作热情。在工作中，多与网格内的居民聊天、谈心、拉家常，多与居民开展“面对面、心贴心、零距离”服务，心里要时刻装着居民，把居民当亲人、当朋友，为居民办实事、做好事、解难事。在与百姓的真诚沟通和心贴心交流中，拉近距离，在化解矛盾中获得认可，在为居民服好务中取得信任、赢得好评，把服务送到群众家里，把党和政府的惠民政策和温暖送到群众心里，用优质的服务架起一座党和人民群众的“连心桥”，让网格内的每个居民生活得更幸福、更有尊严。

7. 做人民群众的有心人，当好反映诉求的联络员

随着经济结构、社会结构、城乡结构的重大变化，随着各种利益格局的深刻调整，随着社会流动的日益加快，随着人民群众的公平意识、民主意识、法治意识、权益意识和平安意识的不断增强，各种利益诉求不断增多，各种社会矛盾多发易发，特别是由征地拆迁、劳动社保、环境保护、执法司法、教育医疗等引发的关系人民群众切身利益的社会矛盾和社会问题多样多发、错综复杂，而且大多发生在基层。如果对这些多样性、关联性、组织性和易变性的问题和矛盾处理不好、化解不当，势必会严重影响社会和谐稳定。网格员是家庭和社会的融合剂和润滑油。这份工作，看似不起眼，可同样能够体现出人生价值。在工作中，网格员虽然解决的都是居民们生活中鸡毛蒜皮的小事，却与群众息息相关。居民遇事找网格员，这既是网格员的职责，更是居民群众对网格员的信任。群众的需求多问一句、群众的难题多想一点、群众的不知多说一次，群众的不快多管一管。一件小事的解决，也许就化解了一件信访矛盾、就解除了一起安全隐患、甚至还有可能是挽救了一个家庭或一个生命。网

格员办好了居民的小事杂事烦事，就是在平凡的岗位上，干出了不平凡的事。

8. 做人民群众的交心人，当好社会文明的引导员

随着社会改革的不断深入，以及各方面对网格化工作的高度重视，网格化服务管理工作面越来越广，网格员任务也会越来越重，对网格员的要求也越来越高，网格员做的都是最基层的群众工作。当听到网格里有人吵架，网格员应义不容辞地跑去劝架；在路上看到小广告、“牛皮癣”，网格员应顺手将其清除掉；网格里的空巢老人，网格员应多陪他们聊聊天，帮他们做一些力所能及的家务；在小区里发现有不文明现象，网格员应主动走向前去引导制止。这在生活中，看上去都是些微不足道的小事，但它产生的影响却是大事，影响的不仅是城市的形象，更是社会的文明。因此，网格员在工作中不仅要做爱心的使者，还要做社会文明的倡导者、引领者、践行者和示范者。

9. 做人民群众的悉心人，当好网格基础信息收集员

要想当好一名网格员，服务好网格居民，笔者认为，掌握网格基础信息，做到情况明、家底清是关键。基础信息采集工作从某种角度讲，它又是网格化体系建设的基础性、根本性和长远性的工作，这项工作如果做不细、不准、不全面，不仅会严重影响网格化体系建设工作，更会对网格化体系作用的发挥产生严重影响。网格化体系建设工作，顾名思义它应该是一个体系建设工作，在这个体系中重中之重的其中一项工作就是建立起人、地、事、物、组织大数据库。所以，网格员一定要把网格基础信息采集工作做好，这项工作不仅是网格化体系工作的重要基础，也是网格员履行好职责的一项重要支撑。

10. 做人民群众的热心人，当好网格治理的协调员

做人民群众的热心人，就是要深化对做好新形势下网格化工作重大意义的认识，提高做网格化工作的积极性、主动性和创造性。针对网格内人民群众各方面各层次的利益诉求，务必要热心走访、热心接待、热心研究、热心解决、热心反映、热心维护，坚决防止出现在人民群众利益上不维护、不作为的问题。对网格员或社区不能解决或难以解决的人民群众的个性化、多样化、复杂化的利益诉求，对网格内涉及多数人利益的共同问题，要积极协调上级政府、辖区企业、社区社会组织和居民共同参与治理，切实解决群众反映强烈的突出问题。

二、牢固树立“五种意识”，切实增强做好网格化工作使命感

1. 树立大局意识

网格员做的虽然是具体琐细的工作，但“基础不牢，地动山摇”，对全局影响不可小看，所以应该做到对全局形势有清醒的了解，提高支持全局的自觉性。网格员强化大局意识，就是要及时了解各级党委政府对网格化工作方针政策和决策部署，就是要把做好网格化体系建设工作放在经济社会发展大局和全局中去考虑、谋划和推进，找准工作的结合点和着力点，这样才能做好自己的本职工作。党和政府好不好，各级党委、政府做了什么事情，对老百姓而言，他们就看家门口的事情解决得怎么样，眼前的事情解决得怎么样。所以，网格这个基层的单元就是党和政府在老百姓心中的形象，老百姓的满意度、幸福感就来源于党和政府落实老百姓眼前和门前的事情。政府通过网格办好这些事情，能够面对面、零距离与老百姓接触，较好地解决“最后一公里”的问题。

2. 树立责任意识

每个网格员都有自己的工作区域，做好网格员工作，首先是要守好自己的责任田。有责任心就会把心思用在工作上，就会扑下身子真抓实干。自全市推进网格化体系建设工作以来，全市广大网格员始终保持了一种

“敢于亮剑、敢于负责”的精神，在推进网格化体系建设工作中发挥了不可替代的作用，做出了突出贡献。这就是责任心，一颗尽心尽力干事创业的责任心，一颗不折不扣爱岗敬业的责任心。只要拥有一颗想干事的责任心，就会想干事、会干事、干成事、不出事，就会把想大局、顾大局、谋大局，就会把如何做好网格化工作时刻放在心上，让网格员真正成为下情上达、上情下达的桥梁和纽带。

3. 树立法治意识

党的十八届四中全会提出了全面推进依法治国的总目标，把法治中国提高到前所未有的高度。网格员要积极适应全面深化改革、全面依法治国方略和公民法律意识不断增强的新形势，紧紧围绕改革发展大局和群众法律需求，在工作理念上，要增强法治意识，树立法治思维。在工作方式上，要善于运用法律手段和法治方式，努力提高依法履职、依法维权的水平。在工作机制上，要强调源头参与，进一步强化依法治理意识，着力提高基层社会治理法治化水平。要积极适应创新社会治理体制和改进社会治理方式的新要求，依法及时化解矛盾。要不断强化法治意识、树立法治思维，认真学习掌握政策法规，增强依法办事的能力，用公平、公正、公开的法治理念提升网格化治理工作水平，用规范、严谨、细致的服务态度，依法为群众办好每一件事情。同时，要教育引导群众依法表达诉求。

4. 树立沟通意识

网格员的工作是密切联系群众的工作，在工作中需要加强与群众的沟通交流，需要提高沟通技巧，学会如何与群众有效沟通。重视群众工作，是我们党的优良传统；善于做群众工作，是我们党的一个政治优势。但在工作中，基层工作者会遇到这样的情形：明明是在为群众办好事实事，结果没有得到群众的支持和认可，甚至招来埋怨、非议或对立，常常将基层工作者置于尴尬境地。工作没干，群众有意见，无可厚非；但工作干了，群众还不理解、闹意见、埋怨基层工作者，就有点让人费解了。仔细分析一下，其中一个很重要的原因就是没有做好群众沟通工作。沟通是人与人之间、人与群体之间思想与感情的传递和反馈的过程，以求思想达成一致和感情的畅通。中国有句俗话“灯不拨不亮，话不说不明”，说明了沟通的重要性。良好的沟通能够减少误解、获得更佳更多的合作，进而提高工作效率和质量。网格员主要是做群众工作，与群众建立良好的沟通是密切联系群众的重要方法，是营造良好的工作氛围、做好群众工作的重要前提，同时也是网格员必备的基本素质。

5. 树立奉献意识

网格员的任务繁重，所处位置非常重要。如果说网格化服务管理是一个生命体，网格员就是细胞，细胞没有活力，那么这个机体就缺乏生机；如果说在战场上，我们就是前沿阵地，既是指挥员，又是战斗员。网格员岗位是一个需要付出的岗位，没有吃苦耐劳的作风，没有无私奉献的精神，是难以做好网格员工作的。网格员要有强烈的事业心、责任感和自豪感，以只争朝夕的精神投入工作。要经受得住误解、委屈和挫折，包容得起酸甜苦辣咸。奉献从哪里来？首先要热爱这份工作。只有热爱本职工作，才会对本职工作产生无限热情，才会愿意为这份工作做出自己应有的奉献，在工作中才会做出优异的成绩。其次是要用心经营这份工作。在其位，一定要尽职尽责，不管有多大的理想，都要面对现实。既然我们在这个岗位，就要做好当前。远大理想非常好，每个年轻人需要有远大理想，需要仰望星空，但更要脚踏实地，一步一步来。要把网格员的经历，作为历练才能的一个平台，一种阅历，一种财富来看待，来增加社会阅历，增进与群众的感情，要从这个角度来当好网格员。立足网格，扎扎实实做好工作，当一个优秀的网格员。

三、着力提高“四个能力”，全面提升做好网格化工作业务素质

1. 要着力提高学习能力

重点要加强政策、理论和业务知识的学习。要学好政策、掌握政策、宣传政策，特别是加强对各级党委政府惠民政策的学习宣传，让群众了解明白，增强政策的执行力，并严格按政策办事。群众工作之所以难做，很多是与群众不了解或不完全了解党委、政府的政策、主张，以及不熟悉一些法律法规有关。网格员要把学好用好政策和法律法规作为基本素养、基本要求，对所在岗位的政策法规要了如指掌、烂熟于胸。在处理各种涉及群众切身利益的问题时，一定要把政策要求和具体内容向群众讲清楚，把有关法律规定向群众讲清楚，把与群众的切身利益相关的道理讲清楚，以求得群众的理解和支持。

2. 要着力提高沟通能力

能否具备较强的与群众沟通和交流的能力，是网格员做好本职工作、履行好岗位责任的一项基本功，也是网格员密切联系群众的重要表现。只有具备了这样一种能力，网格员才能更好地向群众宣传好党的路线、方针、政策，才能更清楚地了解群众的疾苦与实际需求，也才能真正实现好、维护好、发展好最广大人民群众的根本利益。如何有效沟通交流，是一门学问，也是一种艺术，方法也很多。笔者认为，有效的沟通交流技巧最关键的是，要相互尊重、要平等待人、要真情交心。人与人之间交朋友是共同的需要。首先是大家精神上的需要，这种精神的需要往往比物质上的需要更强烈，更能激发人的积极性和奉献精神。能不能解决群众这种需要，成为群众的知心朋友，是网格员是否掌握了有效沟通技巧的一个重要标志。网格员要提高与群众沟通和交流的能力，必须做到“四个必须”：一是必须善于运用群众听得懂的通俗语言进行交流。向群众进行宣传、发动、教育和引导，是网格员贯彻落实党的路线、方针、政策的一项很重要的工作。这就需要网格员善于运用群众听得懂的通俗语言，与群众进行有效的沟通和交流，让群众真正明白你说话的意思，真正了解党的主张和意图，化解心中疑虑，使群众知道自己应该做什么，怎么做，从而达到宣传、发动的目的。要善于运用群众的语言。群众的语言生动鲜活，网格员应该随时随地注意向群众学习，用群众熟悉的语言与群众沟通，善于把深刻的道理用浅显的语言表达出来。二是必须善于带着情感与群众加强交流。有效沟通与交流，必须带着情感进行。带着情感与群众进行沟通和交流，远远胜过无数华丽的辞藻、美妙的语言。三是必须尊重群众，善于倾听群众的意见和建议。实现有效沟通，必须尊重对方，善于与群众进行平等的沟通和交流。要与群众平等对话，特别是在与群众沟通交流时，面对不同于自己的想法和观点时，更需要有容人的雅量，心平静气地听取群众的不同意见和观点，通过摆事实讲道理，达到有效沟通的目的。四是必须善于掌握与群众进行沟通交流的新技能。随着现代科技和互联网的迅猛发展，网络的运用已经深入经济、政治、文化和社会等各个领域，网络日益成为网格员与群众进行沟通交流的不可或缺的有效平台和载体。善于掌握和运用先进的沟通交流的新技能，对提高与群众沟通和交流的能力至关重要。网格员要把充分运用好网络作为与群众进行有效的沟通和交流的新渠道，通过网上论坛、微博、电子邮件等形式与群众进行在线交流、沟通和讨论，及时了解与掌握群众所思、所想、所需、所盼和社会动态，有效化解社会矛盾和问题，以不断提高网格员与群众沟通和交流的能力。除此之外，在与群众沟通交流时还要注意三点：一要言之有据。在与群众说话时要根据实际情况，有针对性地讲，不能开口千言，空洞无物。二要言之有理。说话要符合客观规律，依据法律法规，不能背离政策和法规，尊重传统美德。三要言之有度。说话要注意场合，把握说话分寸，不能泛泛而谈，不该说的不说，注意说话的技巧。

3. 要着力提高凝聚力

要把“面对面”当作一种工作方法。做好网格化工作主要是做人的工作，而面对面则是要求网格员要深入基层走访群众，和他们面对面地零距离接触，真正了解他们的所思、所想和所求。网格员只有把“面对面”作为一种工作方法，带着问题、带着思考深入基层，以“面对面”的方式与居民拉家常、交朋友，倾听他们的意见和诉求，全面了解和掌握其生产生活情况，当好格内群众的第一联络人、第一知情人、第一报告人，方能做好群众工作。二是要把“心贴心”当作一个工作目标。网格员是群众利益的维护者。只有把群众当作亲人，真情倾听其呼声，真实反映其意愿，真诚解决其疾苦，并及时把党和政府的关怀以及温暖送到群众中去，他们也才会因此把网格员当作亲人，才会增进对网格化体系的认同感。这样，心贴心才不会成为一句空话。把“心贴心”当作一个工作目标，带着深厚的感情，积极地去协调沟通，不断畅通群众民主参与、民主管理的渠道，心贴心地做好群众的思想工作，从而让其快乐工作，幸福生活。三是要把“实打实”当作一种工作作风。实打实是指工作要明实情、讲实话、鼓实劲、办实事、求实效，要大力弘扬求真务实的工作作风，把群众是否满意，作为衡量网格化工作是否到位的标杆。为此，这就要求网格员要把“实打实”当作一种工作作风。要把群众的事当成自己的事，把涉及群众利益的小事，当作网格化工作的大事，以实际行动深入基层，深入职工群众。

4. 要着力提高服务能力

要以点对点、面对面联系服务群众为基础，不断拓展途径、提升水平。重点是着力提高群众工作能力，要通过熟悉群众、联系群众、服务群众、宣传群众、教育群众、引导群众，建立起党群干群之间的深厚感情。这就要求网格员要根据群众的生产生活习惯、实际利益诉求等情况，积极探索既能使群众普遍接受、又有利于网格化工作深入开展的有效途径和方式方法，特别是要坚持定期走访联系群众制度，深入了解民情，广泛倾听民意，切实增强群众工作的针对性。要积极拓宽网格员与居民直接面对面交流沟通的有效渠道，要在关注群众物质层面民生的同时，注重不断满足群众多层次、多元化的物质精神文化需求，使每个居民都觉得被重视、被认可，切实增强广大群众特别是弱势群体的社会归属感、认同感和成就感，充分调动群众共谋发展、共促和谐的积极性和主动性，切实保障和改善民生。要坚持从老百姓关心的小事做起、从身边的事情做起，千方百计为群众办实事、办最需要办的事，真正把事关群众切身利益的小事做细、实事做实、好事做好，在一点一滴中体现为民之心、爱民之情，通过一件件小事的办理、一件件实事的落实、一件件难事的解决，累积人民群众对我们的信任，赢得人民群众对我们的支持，增进人民群众同我们的感情。

（此文为时任市委社会工委委员、市社会办副主任王丽竹2016年9月撰写的调研文章）

关于全市推进“一刻钟社区服务圈”建设情况的调研报告

王智玲

社区是社会治理和民生保障的重要载体，社区服务体系建设是全面建成小康社会的重要任务。为了进一步完善社区服务体系，加强基层社会服务管理创新，全市自2010年开始，全面推进了“一刻钟社区服务圈”建设，进行了卓有成效的探索实践。本报告基于对近年来工作的认真梳理调研，进一步分析了存在的问题和难题，并提出了相应的意见建议。

一、基本情况

“一刻钟社区服务圈”是指社区居民从居住地出发，在步行15分钟范围内，能够享受到方便、快捷、舒适的社区服务，主要包括由政府提供的基本公共服务，社会力量和居民个人提供的志愿互助服务，市场机制提供的便民利民服务以及社区协调提供的特色服务等（见图1）。

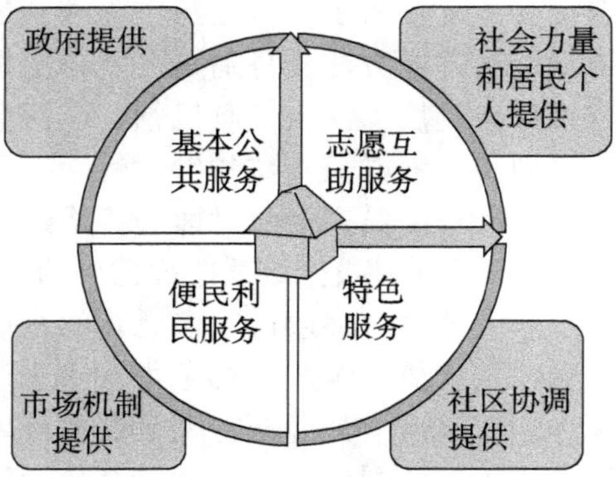

图1　“一刻钟社区服务圈”示意图

近年来，市委市政府高度重视社区服务体系建设，2009年年底召开的市委十届七次全会明确提出，要“充分发挥社区服务站的平台作用，搭载更多服务，推进‘一刻钟社区服务圈’建设”。并在《北京市“十二五”时期社会建设规划纲要》提出到2015年“一刻钟社区服务圈”建设基本实现覆盖全市60%以上城市社区。“一刻钟社区服务圈”建设作为惠民生的重要战略举措，主要是解决社区居民生活便利问题，使老百姓能够就近满足日常生活的基本服务需求，成为服务居民、造福居民的民心工程，连续七年列入市政府为群众办实事内容。截至2016年年底，全市累计建成1342个服务圈，覆盖2540个社区，覆盖率达到84%，惠及1569万社区居民（见表1）。

表1　“一刻钟社区服务圈”建设进度表

区名称	社区数（个）	2010年	2011年	2012年	2013年	2014年	2015年	2016年	2016年年底累计			
									服务圈数（个）	覆盖社区数（个）	覆盖居民数（万）	覆盖率
东城区	182	6	19	13	13	12	9	0	72	182	111	100%
西城区	261	6	10	18	14	10	9	0	67	257	157	98%
朝阳区	433	121	12	42	6	0	0	0	181	322	319	74%
海淀区	577	5	12	33	60	79	62	43	294	511	294	89%
丰台区	323	4	124	17	8	7	10	4	174	286	189	89%
石景山区	149	4	25	19	11	6	3	4	72	143	71	96%
门头沟区	124	2	4	6	6	6	2	2	28	75	26	60%
房山区	145	2	4	8	8	8	10	20	60	107	58	74%
通州区	117	2	4	6	8	15	16	0	51	97	54	83%
顺义区	123	2	4	15	22	2	0	7	52	88	42	72%
昌平区	220	2	4	6	6	23	15	10	66	130	68	59%
大兴区	191	2	4	6	10	20	59	1	102	190	93	99%
平谷区	32	2	4	6	9	2	0	0	23	29	20	91%

续表

区名称	社区数（个）	2010年	2011年	2012年	2013年	2014年	2015年	2016年	2016年年底累计			
									服务圈数（个）	覆盖社区数（个）	覆盖居民数（万）	覆盖率
怀柔区	35	2	4	6	6	0	0	8	26	35	18	100%
密云区	49	2	4	6	6	12	0	5	35	44	28	90%
延庆区	46	2	5	6	7	5	12	2	39	44	20	96%
总　计	3007	166	243	213	200	207	207	106	1342	2540	1569	84%

二、主要做法

（一）开展深入调查研究，着力解决社区“缺什么”的问题

为了解社区居民的实际需求，市社会建设工作领导小组办公室采取“自上而下”与“自下而上”双向互动的方式，扎实开展社区服务调查统计。通过部门走访、网上调查等方式重点了解各部门相关工作计划和社区居民的基本需求。各区县普遍采用社区工作者入户调查、委托专业组织、发放调查问卷和召开座谈会等方式，走访居民群众和辖区单位，进行资源摸底和需求调查，建立了辖区资源台账，对居民和辖区单位需求做到“心中有数”，为实现提供的公共服务与居民需求的有效对接提供了实践依据。

（二）出台政策文件，着力解决社区应该“有什么”的问题

研究制定了《北京市社区基本公共服务指导目录（试行）》（以下简称《指导目录》），梳理出居民群众最关心、最急需的社区就业服务、社区社会保障服务等10大类60项社区基本公共服务项目，形成了社区居民群众享受政府基本公共服务的“基本菜单”；研究制定了《关于推进“一刻钟社区服务圈”建设工作的意见》，进一步明确了推进工作的指导思想、工作目标、运行机制，明确提出推进社区公共服务、志愿互助服务、便民利民服务和特色服务等内容体系建设，推进“一校、二栏、三中心、四场、五室、六站、九网点”等服务设施建设，形成了全市社区基本公共服务框架体系（见表2）。

表2　“一刻钟社区服务圈”基本服务设施

名称	具体服务设施
一校	市民学校（或社区老年学校、社区党校）
二栏	社区综合宣传栏、事务公开栏
三中心	社区室内多功能活动中心（含文体活动室、党员活动室、会议室）、室外体育活动中心（含全民健身工程）、文化中心（广场）
四场	菜市场、公共停车场（含存自行车处和居民汽车场库）、垃圾分类投放场所、公共厕所
五室	社区党组织办公室、居委会办公室、图书阅览室（或社区书屋）、人民调解室、日间照料室［或托老（残）所］
六站	社区服务站、卫生服务站、警务工作室、巡防工作站、来京人员和出租房屋服务站（或新居民互助服务站）、再生资源回收站
九网点	餐饮店［含养老（助残）餐桌］、便利店（或小超市）、理发店、洗（收）衣店、药店、金融网点（含自助缴费点）、邮政网点、家政服务点、公用电话亭

（三）加强统筹协调，着力解决社区服务缺项“怎么补”的问题

针对前期梳理出来的缺项问题，全市上下积极创新工作机制和服务方式，主动查漏补缺，有针对性地推进“一刻钟社区服务圈”建设。一是建立统筹协调机制。由市社会建设工作领导小组及其办公室牵头，按照集成政策、集中资金、集聚资源、集合力量和“缺什么、补什么”的原则，统筹协调相关部门，加强督查指导，推动任务落实，实现社区服务的全覆盖。二是建立优先保障机制。各相关部门结合自身职能，将相关服务纳入年度工作计划，对服务缺项社区给予优先支持、帮扶和指导，做到服务设施优先建设，服务项目优先开展，服务人员优先配备，建设资金和工作经费优先投入。全市各部门共出台有关推进基本公共服务相关政策文件等20余件，加大了服务项目推进力度，细化了“一刻钟社区服务圈”建设工作措施。三是基层积极创新实践。各区县结合实际，通过制定政府文件、加大资金投入、整合资源等多种方式，形成了具有本地区特色的“一刻钟社区服务圈”建设模式，涌现出西城区资源共享“全响应”、朝阳区“一线一网一平台”服务模式、海淀区万寿路街道“幸福万寿路”、丰台区“幸福街乡、幸福居村”创建、石景山区古城街道“千百十”便捷服务、房山区区域性社区综合服务中心、大兴区商街便民平台、平谷区社区“微服务”机制等一批典型做法。

三、工作成效

（一）创造出协调联动的聚合效应，形成社区服务整体合力

政府相关部门充分发挥积极性和主动性，改变过去单打独斗的现象，集中优势兵力，集中解决基层问题，推动服务项目在社区“落地”。据统计，《指导目录》中列出的10大类60项服务项目，在城市社区基本实现全覆盖。与推进服务圈建设之前开展的调查摸底情况相比，社区居民急需的服务项目都取得重要进展，社区便民商业服务、社区居民转诊服务、社区托老（残）服务、社区早教服务、社区居民体质测试服务等项目的覆盖率都提高10%以上。

（二）创造出办事生活便捷的幸福效应，城乡居民得到更多实惠

通过绘制社区电子地图，开通社区服务网站、社区便民服务热线，公布服务目录，发放便民服务卡（手册）等方式，社区居民在步行15分钟的范围内，就能就近享受到“看单点菜”式的社区服务；社区服务站、社区菜店、社区家庭医生、循环小巴、便民缴费“三通”工程等一批亮点，较好地解决了居民办事难、买菜难、看病难、出行难、缴费难等问题，广大居民能在家门口享受到更加方便、快捷、高效的社区服务，对社区服务的满意度和幸福感明显提升。2013年、2014年连续两年对“一刻钟社区服务圈”示范点开展的满意度抽样调查结果显示，居民满意度分别为4.87分、4.7分（满分为5分），均超过90%（见图2）。

（三）创造出协同发展的带动效应，提升社区服务社会化水平

带动志愿者队伍和志愿服务项目的发展，推动志愿服务规范化管理、常态化服务、品牌化培育、项目化配置，不断壮大志愿者组织、优化队伍结构、丰富服务项目，志愿服务理念深入人心。截至2016年年底，全市社区志愿者实名登记注册人数达到164万人，社区志愿服务队伍1.5万支。2016年度开展社区志愿服务项目5340个，年度服务工时达1165万小时。以文明自律、邻里守望为宗旨的市民劝导队达到2393支，队员人数超过10万人。带动辖区单位、社会组织、居民个人参与社区服务，倡导和强化了社会责任意识，营造了共建共享的良好社会氛围，从整体上推进社区工作上水平。

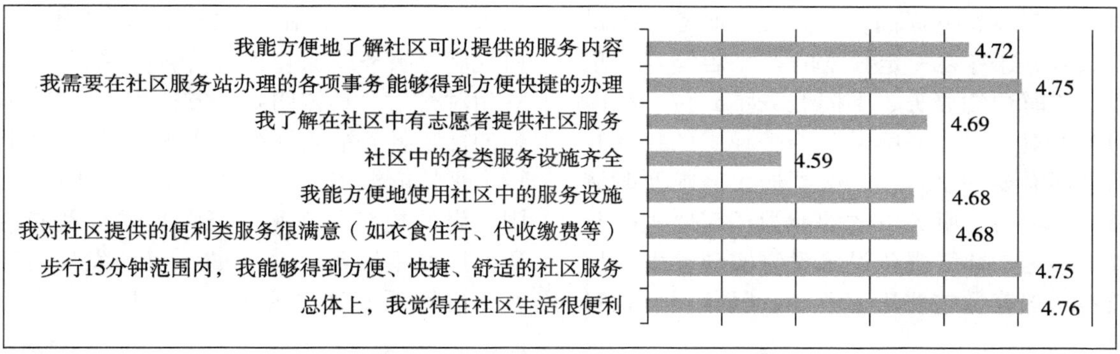

图2　2013年“一刻钟社区服务圈”满意度调查结果

（四）创造出引领各地的辐射效应，受到社会广泛关注和认可

《人民日报》、新华社、中央电视台，《北京日报》、北京电视台等媒体连年对服务圈建设工作进行专题报道，产生了良好反响。上海、天津、重庆、广东等多个省市来京学习借鉴加强社区服务体系建设的经验做法。目前，北京的建设经验已得到民政部等中央单位的认可，并已正式列入国家城乡社区服务体系建设“十三五”规划任务，要求完善城乡社区便民利民服务网络，推进“城市社区15分钟服务圈”规划建设，着力推进城乡社区便民利民服务便捷化。

四、问题探析

结合几年来的工作实践，我们对全市和基层推动服务圈建设过程中存在的不足，以及遇到的难点问题进行了分析研究。主要涉及以下几个方面。

（一）服务圈建设发展不平衡

通过全面的基层调研，以及部分媒体报道和居民反馈情况看，全市已建成服务圈现状和水平并不均衡。一是不同类型社区的服务圈发展不平衡。与新建社区相比，老旧小区公共服务基础设施“欠账”较多；与城市社区相比，城乡接合部和农村地区的社区服务体系建设相对滞后。基础条件决定了服务圈建设难度不同，发展水平不均衡。二是不同区县之间发展不平衡。各区资金实力、服务资源和设施配置情况不一，是造成区县之间差异的客观原因。但是各区县的工作理念、工作力度也存在差异。个别区县存在满足于落实规定动作、缺乏因地制宜探索和创新的现象，造成工作落实不到位、亮点不突出。

（二）居民的获得感有待提升

各区、街道在服务圈建设中投入资金、人力、物力，开展了大量工作，但是仍存在部分居民获得感不强、知晓率不高的现象。分析其原因主要包括：一是供需对接不紧密，一些服务项目是行政部门需要在社区落地的工作或服务项目，并不是社区居民普遍需要的；一些居民急需的服务项目受到一定条件制约，还存在完善和增补的难度。二是服务项目侧重于满足于老人、儿童、残疾人等弱势群体，对于在职人群的关注度不高，均等性不强。三是部分服务圈建设存在形式大于内容的问题，主要依赖现有服务资源进行简单的项目包装，对服务内容没有实质性的改善和提升。四是宣传力度有待提升，部分居民对服务水平的提升有感知，但是对服务圈的工作项目知晓度不高。

（三）服务质量和水平有待提高

从服务圈建设现状看，与和谐宜居之都的首善标准、与居民对于社区服务的期待还存在一定差距。一是服务商的品质和能力水平良莠不齐，部分社区特别是老旧小区存在服务商“小、散、乱”的现象，个别街道和社区为了弥补商业设施不足的问题，甚至采取占道摆摊的方式提供社区服务。二是服务方式创新性有待提高，部分社区服务站提供公共服务还存在一定程度的“坐店等客”现象，错时预约服务、上门服务不到位；社区服务商对于“互联网+”服务模式的接受和适应还需要一个过程，根据居民需求及时调整服务项目、服务方式的能力还需要进一步提升。三是社区服务设施没有实现最大使用效益，部分设施使用率不高，服务项目相对单一。

（四）社会力量参与有待加强

目前，以政府为提供主体的社区公共服务项目落实较好，而主要依靠市场机制、社会力量推动和居民参与的部分便民服务项目落实还存在差距。一是部分社会单位在参与社区建设、服务社区居民、履行社会责任方面的积极性不高，社区服务资源利用存在条块分割的现象，基层街道、社区在协调辖区服务资源等方面存在难度，成效不明显。二是社区公益组织和志愿服务队伍以治安巡逻和文体活动类居多，且参与人员以本社区老年人居多，缺乏专业人员、年轻人参与，社区居民参与社区服务的具体内容、方式和覆盖面都有待提升。三是专业社工和机构在承接服务项目、提供社区服务方面的作用发挥还很有限，仍有很大发展空间。

五、对策建议

新形势下，推进“一刻钟社区服务圈”建设需要站在加快建设京津冀城市圈、构建国际一流的和谐宜居之都的战略高度，进一步发挥平台优势，不断搭载丰富服务项目、提升服务水平，全面提升首都社区居民的获得感和满意度。

（一）加强顶层设计，完善服务圈建设政策体系

一是在2011年出台的《关于推进“一刻钟社区服务圈”建设工作的意见》基础上，总结提炼经验、解决突破难题，研究出台深入推进和提升服务圈建设的政策文件，指导已建成服务圈适应新形势、新需求，完善社区服务体系。二是在全面深入调研的基础上，研究制定服务圈综合评价指标体系，探索确立相对科学、具体明晰、方便操作、指导性强的社区服务绩效标准，作为衡量服务圈建设水平的依据和推动工作的标杆，提高服务圈建设的规范化水平。三是加强分类指导，研究把握不同类型社区的特点和发展规律，在基层亟须解决的重点难点问题上，突破瓶颈。

（二）加强供需对接，围绕居民需求精准发力

一是扎实开展社区服务需求调查调研，探索建立健全社区服务需求登记制度，准确把握社区居民特点，及时掌握居民服务需求变化，做好服务项目与服务需求的对接。二是以供给侧结构性改革为主线，坚持问题导向，把供给侧作为着力点，把需求侧作为落脚点，转变政府公共服务供给模式，提高供给决策的科学性，从服务供给者和需求回应者的角度，提高公共服务供给项目的针对性、灵活性和有效性。三是在充分尊重市场规律和服务主体自主性的前提下，为区域性社区服务平台建设提供良好政策环境。合理运用“有形之手”，促进供需对接，各类服务主体在同一平台上相互竞技、彼此促进，有利于扩大服务辐射范围、提高服务质量；社区居民可以更加轻松便捷地获取优质服务，实现供需精准对接。四是不断拓展丰富服务项目，在优先保障老人、儿童等弱势群体的同时，扩大服务人群覆盖面，各类服务都要契合不同层次、不同年龄段居民的特点，确保服务多元性和可持续发展，增强居民获得感。

（三）完善服务机制，提升服务质量和能力水平

一是大力提升社区服务商品质量，积极鼓励支持连锁企业、品牌企业进社区，配合疏解非首都核心功能，加快社区便民商业连锁化发展，替代社区低端商业业态。二是完善服务圈签约服务商的准入退出机制，根据居民需求，将有资质、服务质量好、信誉度高的商家纳入服务圈；加强对社区签约服务

商的监管考核，建立方便居民参与的动态评价和监管服务机制。三是创新服务方式，大力发展“互联网+社区服务”。鼓励电子商务企业、实体服务商开展合作，开展基于社区居民生活需求为导向的、线上线下相融合的社区综合便民服务体系，尤其是对商业配套不成熟的地区延伸社区服务，实现在线交易、线下配送等精准化服务。四是加强社区服务设施的综合利用，完善设施监管机制，通过加强社区居民民主协商和自我管理服务，不断丰富扩充适合不同类型居民、不同开放使用时间的服务项目，提高服务设施开放率和使用率。

（四）加大社会协同，提升社区服务社会化水平

一是研究出台扶持政策，鼓励社会力量参与社区服务，完善社会单位员工参与社区公益和志愿服务机制，积极推动社会单位向社区开放共享服务资源，扶持一批直接服务社区居民的社区养老、居家生活性服务的社区服务企业。二是大力培育发展服务民生类、参与基层治理的社区社会组织，加大政府购买服务力度，推动社会组织服务（孵化）基地建设，提升社区社会组织的数量质量和社区治理能力水平；重点培养社区领袖式人物、社会组织精英人物，发挥他们带领居民、团结组织、服务社区的作用。三是加强志愿者队伍建设，扩大社区志愿服务组织的覆盖面，特别是鼓励社区青年群体和在职人群除保障重大活动之外，积极参与社区志愿服务；扶持一批社区志愿服务示范项目，做好志愿服务项目供需对接，建立健全社区志愿者激励反馈机制。四是加大社区服务的宣传发动，结合楼门文化建设，建立健全社区服务项目内容的宣传公示制度；充分利用社区微信公众号、微博、网站等新媒体，建立“网上社区”，使不同类型的社区居民能够及时了解社区服务项目，参与提供社区服务。

（此文为时任市委社会工委委员、市社会办副主任王智玲2016年12月撰写的调研报告）

用好财政资金　保障首都社会治理工作

赵济贵

今天的务虚会很及时，很有必要，是筹划未来，厘清思路，改进工作的过程。2015年笔者参与了社会建设专项资金预算申请、拨付、追加、财政绩效考评、人大专题问询的全过程，对专项资金的管理使用有了更加深刻的认识，特别是对怎么用好、管好专项资金，始终是我们应该认真思考的一个问题。

2015年市财政局拨付社会建设专项资金2.5亿元，其中转移支付区县15221万元，本级9779万元，截至目前较好地完成了年度预算目标和年度支出任务。在2015年市财政局绩效考评中，社会建设专项资金再次得分在90分以上。为了用好管好这笔资金，2015年我们采取了四项创新举措：一是实现委内预算明细批复。在市财政局预算批复下达后，根据处室预算申报和财政批复情况，我们给各处室分别下达了处室预算批复表，要求处室严格按照预算批复执行预算。二是建立了办公室按照预算批复督促支出进度的制度。我们根据委办整体工作推进情况适时督促各处室支出，2015年专项资金支出进度显著提高。三是加强对基层单位的资金监管工作。我们聘请了专业机构对基层单位财务资料进行检查并将检查结果及时反馈基层单位，下

发了整改通知书限期整改。四是创新了转移支付区县资金分配方式。由项目法转变为因素法，体现在2016年预算工作中。并会同市财政局出台了《北京市市级社会建设专项资金对区县转移支付管理办法》，进行规范管理。

回顾一年来的工作，在肯定成绩的同时，也更加清醒地认识到社会建设专项资金目前还存在一些问题：一是项目重“管理”轻“治理”。专项资金现有项目多是自上而下的以政府为主导的“硬件建设项目”和“管理类项目”，缺乏自下而上的，能够精准把握群众所思所盼的，多元参与的“软件建设项目”和“治理类项目”。专项资金项目存在过度依赖固有经验、特别是惯例的情况，资金投入存在交叉、重复和碎片化的现象，老的“管理类”项目没有退出机制，资金固化严重，2016年作为“十三五”开局的第一年，预算还是延续“十二五”时期的项目，没有申报新项目。这也是明年我们预算中应解决的问题。二是资金重“拨付”轻“跟踪”。专项资金使用管理过程中重视了资金的申请、市级层面的转移支付拨付环节，对于市财政转移支付程序之后，资金的实际到位情况，使用情况跟踪关注不够。部分远郊区县不能及时从区财政取得资金，部分区县在取到资金后滞留在区县社会工委时间较长。截至2015年6月30日，2014年度专项资金拨付区县资金结余率为23%。三是考评重“成绩”轻“问题”。2015年专项资金已经连续5年在市财政绩效考评中得分90分以上，成绩在全市11项大额专项资金中名列前茅，成绩是骄人的，但是绩效考评专家提出的问题，比如资金拨付较晚，区县结余资金较多，基层会计核算不规范等问题屡次出现，整改落实还不到位。

2016年是“十三五”时期的开局之年，市财政局已经提出了专项资金的改革方案，提出按照大额专项资金的性质和使用方向分别采取市场化运作方式和部门预算方式进行管理。根据大额专项资金的设立期限，市里11项大额资金，将采用“两步走”的改革方案。第一步2015年先对到期的重大科技成果转化和产业、养老助残服务事业发展、文化创新发展大额专项资金以及与之相关的工业发展、旅游发展和中关村科技园区发展6项大额专项资金进行改革，并体现在2016年部门预算中。第二步，在2016年，在总结第一步经验的基础上，对社会建设、城市环境综合整治、节能减排及环境保护、商业流通发展和中小企业发展等5项大额专项资金进行改革，并体现在2017年预算中。这就意味着从2017年起将取消社会建设专项资金，在不突破原有资金规模的情况下即2.5亿元，进行改革，纳入我委办的部门预算，按照部门预算进行管理。可喜的是资金额度总体不变，但是管理模式即将发生改变。

为做好2016年度社会建设专项资金管理使用和2017年部门预算编报工作，应着力从调整工作理念、推进支出进度、强化项目监管、创新项目设计四个方面下功夫。

一、调整工作理念，主动适应财政改革

2016年既要用好管好专项资金，又要筹划好我委办2017年的2.5亿元部门预算。这就要求我们及时调整思路，配合市财政局做好改革工作。在做好2016年专项资金的执行和管理工作的同时，探索适合我委办工作特点的部门预算管理模式。总的考虑是，委办整体项目结构做出相应调整，各处室应认真梳理现有项目，属于区县事权范围内的如打基础类项目，建议由区县财力保障，并逐步退出一批旧项目，腾出一些资金，创新一批市级新项目。

二、同步同幅，推进工作与经费支出进度

2015年我委办专项资金整体支出进度，快于2014年同期支出，得益于两个因素：一

是2015年预算编制工作中的精细化程度大幅提高；二是进度督促制度发挥了作用。2016年将进一步完善督促进度制度，丰富手段，结合推进重点工作的督查，加大配套资金支出进度。

三、完善管理制度，丰富监管手段

2015年我们已经聘请了会计师事务所，对基层单位资金使用情况进行财务检查。2016年将与事务所进一步合作，丰富监管手段，逐步推行实地财务抽查、财务整改落实情况检查等监管手段。建立资金跟踪制度，市级转移支付程序结束后，及时了解区县资金到位情况，跟踪了解资金使用情况。同时，进一步加强对基层单位财务管理的培训。

四、创新思维，多途径设计专项资金项目

2015年专项资金支持创新项目解决得不够好，分析原因：一是预算编制与创新工作脱节，比如预算中涉及“十三五”规划和“京津冀一体化”中的新项目很少。二是项目设计是全年性的工作，不只是每年9月底至10月初那二十天的工作，需要贯穿在年度工作的始终，变成总结积累，提升工作的全过程。在今后的预算编制中，一是要坚持问题导向和需求导向，项目设计时要突出年度重点工作和改革热点。二是充分利用专家学者等外脑力量，深入调查研究，研讨建设性意见，协助开发创新项目。三是2017年各处室的部门预算项目建议，采取委办专题会议研究确定，从而提升预算资金决策的科学化水平。

（此文为市委社会工委委员、市社会办副主任赵济贵2015年12月24日在2016年工作务虚会上的发言）

创新服务管理机制　打造“枢纽型”社会组织“升级版”

卢　建

构建“枢纽型”社会组织工作体系，是北京市进行社会组织管理体制改革的一项重要举措。从2009年开始，经过多方努力，“枢纽型”社会组织从无到有，逐渐发展壮大。面对新形势、新任务，如何充分发挥“枢纽型”社会组织作用，使“枢纽型”社会组织不断“升级”，我们仍需进一步探索。

一、构建“枢纽型”社会组织工作体系的动因

（一）“枢纽型”社会组织基本内涵

“枢纽”，按字面意思理解，是指事物的关键部位以及事务之间联系的中心环节。引申开来，“枢纽型”社会组织是指在特定的社会组织群体中能够起到“中枢”作用，具有启、承、转、合功能的关键性、引领型组

织，是特定的社会组织“集群”中具有联系、推动、聚合、引领作用的核心推动者和组织者。通过几年来的实践，“枢纽型”社会组织主要发挥三个方面的职能：政治上的团结带动或者说桥梁纽带作用——加强党建工作，形成“3+1”机制，逐步在所联系的社会组织中扩大党的工作覆盖面；业务上的引领聚合作用——把大家聚合起来，逐步形成合力，开展相关业务工作；日常工作上的服务管理平台作用——搭建符合本领域社会组织特点的工作平台，互帮、互惠、共享。

（二）构建“枢纽型”社会组织工作体系的主要思路

一是要首先解决政社分开、“脱钩”以后社会组织的“再组织化”问题。政府对于“脱钩”后的社会组织还会依法履行相关管理职责，但环境和方式都相对会有较大变化。“枢纽型”社会组织是为了适应新形势、新变化、新要求，政府主导的管理体系“转轨”后的一种特定制度安排，可以在制度上解决政社分开、脱钩后，社会组织必然会面临的分散化问题，把它们通过社会化而非行政化的方式“再组织起来”。

二是弥补原有的双重管理体制之下，以党政部门作为业务主管单位进行管理的体制上的缺憾和不足。政府部门作为业务主管单位管理社会组织，很难形成管理和服务上的“规模优势”，疏于管理、分散管理的现象在较大程度上存在，还出现一管就“死”、一放就“乱”等问题，这种方式是否科学合理、如何管、怎样管……成为实际问题，需要做实践上的探索和突破。

三是要解决社会组织之间“物以类聚”、有内在结盟冲动的现实需要。个体组织为了积累资源、获取信息、扩大影响或获得合法性和被接受，一般都有加入联盟或走向联合的需要，这就需要有一种社会组织联合体的出现，“枢纽型”社会组织就是为了解决社会组织“各自为政”、缺乏沟通、管理和服务困难等问题，它实际上为社会组织提供了一种自我认同、自我服务和自我管理的工作平台，在参与多种形式的交流、互动和合作的过程中，也可以弥补自身的缺陷和不足，实现其“社会性”，扩大自身的社会影响力。

四是探索一种中国特色社会组织服务管理模式。此前的种种改革，主要是把社团管理这一事项在政府部门之间进行权利、责任的让渡交割，并没有跳出党政部门作为责任主体的体内循环，换言之，没有社会主体的有效参与。目前，国家层面提出现代社会组织体制的特征是20个字：“统一登记、各司其职、协调配合、分级负责、依法监管”。但还是没有体现社会化的色彩。如果就北京来讲，可以在20个字的基础上再加4个字，叫作“枢纽覆盖”，可能更为完整。

二、“枢纽型”体系建设的理论思考及其具体做法

（一）理论思考

一是从执政党的角度来看需要扩大联系覆盖面。构建外围的组织体系，“枢纽”体系可以助力解决这一问题。这是现代社会政治范畴的一个问题，对我们来讲是要形成一个同心圆，核心是我们党的组织，由此延伸出来要影响带动其他的组织，进而带动广大群众，形成同心圆的结构。二是从政府角度看，要转变观念，由社会管理向社会治理转变，需要构成一个新型的政社关系，主要是政府和社会组织的关系。构建这一关系，不能无序、散乱、无规则，要有凭依、有载体、有规则，“枢纽型”组织从中起到了很重要的作用。三是从人民团体的角度来看，需要延伸手臂、更广泛地动员组织群众。四是从社会组织自身的角度来看，要解决联合、结盟的问题，制度上需先有安排、未雨绸缪。

（二）主要做法

一是分类别认定市级“枢纽型”社会组织。近几年来，我们坚持不懈推动市—区—街三级枢纽体系建设，成效比较明显。目前，全市共认定“枢纽型”社会组织市级51家、区级231家、街道（乡镇）级467家。就市

级层面而言，认定的51个单位具体分类如下：首先以人民团体为骨干。如市总工会、团市委、市妇联、市残联等。这个“骨干”，类似于国有大中型企业在国民经济中发挥主体作用，主要起到一种主体的支撑作用。其次，以大型的联合型组织为重要载体，如工业经济联合会、商业联合会、建筑业联合会等，由它们联合本领域的其他社会组织，发挥“枢纽”作用。同时，以行业性、专业性的社团作为重要组成部分，包括志愿服务联合会、体育总会、律师协会等，支持它们在具有专业性、行业性优势的基础上，加快向联合性方向转变和发展。还有，以具有特定服务功能的社团作为“枢纽”体系的重要依托，这个相对特殊一点，比如民间组织对外交流协会、人民调解协会、人力资源服务协会等，都是从某一种特定功能的角度，为“枢纽型”组织提供服务、提供支持保障，就此而言，它们也可以称为支持型或功能型的“枢纽型”组织。

二是采取多种措施支持工作开展。在支持这51个单位开展工作、发挥“枢纽”作用的方式方法上，采取的措施主要包括：购买管理岗位，解决“有人办事”的问题；购买管理服务，解决“有日常经费办事”的问题；购买服务项目，解决“有资金开展活动”的问题，取得了明显效果。联系各级各类社会组织总量从认定之初的4700多家，到现在已超过3万家，市、区、街三级工作体系基本形成。

三、当前“枢纽型”社会体系建设中存在的问题

（一）“枢纽型”体系建设中需厘清的模糊认识

近年来，随着“枢纽型”社会组织不断发展、完善，学术界和一些方面对“枢纽型”组织有一些不完全一致的声音，主要存在以下两种倾向或认识。

一是认为“枢纽型”社会组织是“二政府”。有人认为社会组织作为一个主体，只要按照规则去运作，就不需要有什么“家长”，不需要有谁管。针对这个问题，关键是要准确认识“枢纽型”社会组织的定位，首先是联系—服务—管理，在充分联系同类别、同性质、同领域的社会组织的基础上，进行服务、管理的大型联创性社会组织。其次要准确认识“一政府”“二政府”和“无政府”的关系。社会的发展不可能允许无政府的状态存在；那么，在所谓的一政府和二政府之间，在社会领域，随着政府的管理方式由直接管理向宏观、间接管理转变，必然会有部分政府职能让渡出来，交由相关社会主体来承接，这是大势所趋，也是进一步理顺政府、市场、社会三者之间关系的必然要求。

二是认为“枢纽型”社会组织形成“垄断”或“权利寻租”。认为政府在支持市级层面“枢纽型”社会组织开展工作的过程当中，赋予了它某种色彩的审核、初审的相关责任，包括在报一些项目申报的时候。由此引申出来一些方面认为这是在形成一种垄断或者是权利寻租。针对这个问题，可以用一种逆向思考来加以说明，即任何一个政府部门，在购买社会组织服务项目时，总要委托第三方机构或者由专家组来完成。任何一个第三方机构或任何一个专家组，必须用制度、规则来进行约束，否则任何第三方都可能形成所谓的“垄断”或“寻租”。关键问题不是谁在做，而是制度、规则和约束！

（二）“枢纽型”体系建设中需解决的实际问题

一是市级层面存在“惰性”或“惯性”问题。主要表现是对于“枢纽型”社会组织建设、发展创造力不足、主动性不强、活力不够、办法不多。对此，“枢纽型”组织主观上要不断加压、要有干事创业的冲动，实现对自身的突破。

二是区级层面存在认识不到位的现象。整体上看，市级层面体系是明确的、职能是基本到位的，作用发挥相对较好；街道层面以社区社会组织联合会为代表的“枢纽”组

织作用发挥也是好的；区级层面区级“枢纽”现在是相对较弱、作用发挥相对不明显，属于“凹”进去的部分，主要是有的主管领导对这项工作认识不到位，造成整个体系“两头大、中间小”。

三是街道层面“枢纽”组织运作不规范。街道层面的“枢纽”组织主要以社区社会组织联合会的形式体现，也有基层群团组织和其他一些形式的组织在发挥“枢纽”作用，运作相对不够规范。今后工作中要明确各级、各类组织运作规范化问题，并形成长效机制。

四、打造“枢纽型”组织的“升级版”

“枢纽型”社会组织建设发展，要求我们必须探索建立更加透明、更加有效、更加规范的工作体系，从而使“枢纽”升级，发挥参与社会建设、社会治理的最大作用。2016 年 7 月，根据北京市社会组织工作实际，我们制定印发了《市级“枢纽型”社会组织的业务工作规范》，主要包含六大体系。

构建开放式体系。作为一个“枢纽型”组织首先要有一种海纳百川的工作意识和状态，也可以人格化一点叫“胸襟和气魄”，就是要主动进取，把同类别、同性质的社会组织吸纳进来，形成有规模、有质量、有向心力的社会组织集群；绝不能故步自封，在小范围内循环。实现这一要求和目标所秉持的根本理念，是坚持“开放、包容、共享”，要“不求所属、但求所联”，克服认识不深、动力不够、担当不足，以及在固有体系内封闭运行等问题。

搭建支持型的平台。树立“跨界合作”理念，借势、借力、借智，多渠道筹措资源，包括同党政部门保持良性互动、充分挖掘自身资源、争取社会力量支持等。很多市级层面的“枢纽型”组织已有很好的探索尝试，通过资源整合、资源对接、信息共享，包括建立一些实体性平台，为本领域社会组织提供服务。

提升常态化的机制。在日常的联系服务管理工作当中应该明确并提升一些基本的工作机制，如党建例会制度、秘书长例会制度、信息通道制度、基础数据库的建立及动态调整，等等。同时，完善制度体系，利用现代资讯手段，建立并完善信息平台，逐步掌握“大数据”理念和方法。

建立创新型载体。我们提出一个概念，建议非人民团体类的“枢纽型”组织，包括商业联合会、工业经济联合会、慈善义工协会等，要在原有的基础上整合内设机构，形成明确的社会工作部，其职责就是联系这个领域的社会组织，不要跟其他的会员部、组宣部、办公室等混淆在一起。同时我们还提倡达到一定规模的“枢纽型”组织应该建立所谓的“二级枢纽”，比如说建立专委会、专项联盟等。

加强规范化引导。要根据党和国家的法规政策，探索研究、制定本领域社会组织的工作规范、诚信自律守则等，编发工作指南、实务手册、典型案例；深刻了解业内发展动态，开展现代社会组织试点建设，争取做到“有规范、懂规范、守规范”。同时，要提高自身水平。

打造特色化品牌。树立公益服务品牌意识，探索以品牌凝聚、引领本领域社会组织发展。每一个市级“枢纽”都要有自己的品牌，下一步，我们也将重点支持品牌项目。基本要求是：品牌效应突出、彰显公益（互益）特征、体现核心业务、发展基础良好。

（此文为市委社会工委委员、市社会办副主任卢建 2016 年 10 月 22 日第二届北京社会公益汇论坛上的讲话）

培养社工心理专业人才　构建社会心理服务体系

张青之

加强社会心理服务体系建设，培育自尊自信、理性平和、积极向上的社会心态。这是我们党站到了新的历史起点上，对社会建设伟大事业的重要战略部署，是全党当前和今后一个时期的重要政治任务，各级组织正在高度重视、精心组织贯彻会议精神，加快社会心理工作理论、人才、机制建设。在前期开展社区心理服务站标准化建设试点取得经验的基础上，下一步需要开展社区心理指导师职业岗位培训，为构建社会心理服务体系提供人才支撑。

一、心理困境人群需要心理支持

从 2011 年开始，经过市、区社会工委（社会办）决定，在部分社区开展心理服务站试点工作。七年来，引进了一批心理专业咨询机构，到社区中建立服务场所，开办讲堂，开展个体心理服务等，帮助心理困境者增强新社区、新邻居认同感和归属感，取得了一系列成果，受到社区、街道肯定。与此同时，发现了社区中存在一批心理困境人员需要被帮助。

1. 边缘人群成为“社区黑洞”

边缘人群，主要是指被忽视或极少关注的群体。其中，有外地来京看病人员，因病返穷，陷入生存困境，甚至有家难回滞留在京。他们在社区中经常被主流人群所排斥、不包容。社区边缘人群并不包括被政府和社会公认的“弱势群体”，如残疾人、经济贫困户等规模化群体，而是“比弱势更特殊”，专指社区中无具体分管人员、无经费支持、无责任要求的极少数群体。如艾滋病患者、孤独症儿童、同性恋等。因为其极个别、不主动等因素，使服务者不重视、怕麻烦，甚至无能力应对，从而很少给予关注和善待，造成这一人群边缘化，成为社会治理“黑洞”。例如，北京市现存的艾滋病病毒感染者及病人共 15668 人；2016 年 1 月至 10 月，报告新发病例 3135 位。卫生部门认为，报告数字仅为存在数量的 8%。全国约有 65 万的艾滋病病毒感染者和病人，北京有大量潜在病人，各级政府和组织无法掌握他们的病情。

2. 困境人群“愈陷愈深”

心理困境人群躲避社交正常生活有其不得已的原因。北京五彩鹿儿童行为矫正中心每年都有全国各地自闭症儿童前来训练，一名孤独症患者边治疗边学习，每月护理费一万多元，一般家庭基本无力供给，许多人都存在经济困难。自闭少年雷文锋就是随父到广东打工，因无人照料从家中走失。若其父母送其入专业机构，恐无法承担高昂的费用。还有的人遭遇非常灾祸，难以面对现实，“大隐于市”。有艾滋病病毒感染者因爱面子、怕嫌弃等心理，离群索居、滞留在京，成为城乡接合部中最愿不见光的群体。还有“失独者”怕被人称为“断子绝孙户”，搬离熟人社区躲起来，在孤独无助中自卑生存。在对 266 个社区书记、主任访谈和问卷调查中，发现有 1915 名边缘人，平均每个社区 7.2 人，占社区居民总数的 0.08%，不足千分之一。但这些人不参加社区活动，没有邻里交流，甚至没有正常起居生活，成为城市生活中的“隐形人”。

3. 心理困境“极端演化”

心理健康状态决定生活质量，而心理健康恶化，容易导致社会安全隐患。根据北京市社会心理研究所 2013 年发布的调研报告，社区需要心理救助人员约占总人口的18.7%，即有400多万人需要心理健康方面的支持与帮助。其中包括三类人群：一是存在心理和精神疾病人员约占2.7%，如焦虑症、抑郁症等被确诊人员；二是存在心理健康问题困扰人员7.6%，如失眠、酒精等一般类药物依赖患者等；三是心理困境、人际障碍、社区校正人员等8.4%。调查数据表明，需要心理健康关怀人员总数将达到81.2%。还有很多“一过性”心理问题、人格缺陷等人群。其中“偶尔暴发者”造成社会伤害很大。在大多数人心理关怀同时，筛选出“心态极端失衡”人群，给予必要帮助是当前维稳必需。

二、居民心理服务需要社工参与

根据我国《精神卫生法》规定，心理咨询师不可以参与心理病症诊治，同时有“不求不助”职业规范，使他们不能进入社区、主动救助，使得专业心理服务机构无法深入社区开展工作。解决社工与心理咨询师分离的问题，需要建立一种新兴职业：“心理指导师”。即有社工身份，做心理救济工作，使其深入社区，对边缘人群开展身心动员，激发其自救动力，解决社区管理“黑洞”问题。

1. 心理健康是全民普惠性工程

心理健康是指人在成长和发展过程中，认知合理、情绪稳定、行为适当、人际和谐、适应变化的一种完好状态。心理健康服务是运用心理学及医学的理论和方法，预防或减少各类心理行为问题，促进心理健康，提高生活质量，主要包括心理健康宣传教育、心理状态评估、专业教育培训、个体咨询辅导等服务，传授情绪管理、压力管理等自我心理调适方法和抑郁、焦虑等常见心理行为问题的识别方法，对处于特定时期、特定岗位、经历特殊突发事件的人员，及时进行心理疏导和援助。心理健康是健康的重要组成部分，关系广大人民群众幸福安康，是实现国家长治久安的一项源头性普惠性工程，需要依靠政府和社会组织共同参与，协调建设。

2. 老年人、妇女、儿童和残疾人等需要心理关怀

空巢、丧偶、失能、失智、留守老年人，妇女、儿童、残疾人和计划生育特殊家庭等，都需要政府提供心理辅导、情绪疏解、悲伤抚慰、家庭关系调适等心理健康服务。通过培训社会工作者学习心理知识和技术使他们能够组织开展健康有益的老年文体活动，丰富广大老年人的精神文化生活，在老年人生病住院、家庭出现重大变故时及时关心看望。儿童遭受校园欺凌、家庭暴力、性侵犯等严重事件时，能够得到及时干预与帮助。尤其是针对一些存在心理困境家庭，必须从家长抓起，提升他们尊重和接纳的心理能量，让儿童感受到关怀，培养自尊、自信、自强、自立的心理品质和积极乐观、健康向上的良好行为习惯。

3. 特殊人群需要政府提供心理服务保障

如服刑人员、刑满释放人员、强制隔离戒毒人员、社区矫正人员、社会吸毒人员、易肇事肇祸严重精神障碍患者等特殊人群的心理健康。必须由政府组织力量，加强心理疏导和危机干预，提高其承受挫折、适应环境能力，预防和减少极端案（事）件的发生。加强严重精神障碍患者服务，在社区层面组织患者家属参与管理服务。建立健全精神障碍社区康复服务体系，实现“社会化、综合性、开放式”的社区精神障碍康复模式，使医疗康复和社区康复有效衔接，防止精神病肇事肇祸，维护社会稳定。

三、社工职业化与心理指导专业化

培养与成立心理社工队伍，构建社区心理服务体系，把心理服务拓展到社区领域，不仅强大了专业力量，也拓展了服务范围，突破社工发展“天花板”，使社工走上专业化、职业化道路。

1. 拓展社区心理服务内容

心理服务从临床治疗、专业心理咨询，

走入社区开展心理救助，这是一种全新的探索。从2011年开始，北京市社工委在丰台、石景山等八个区县，开展社区心理服务站试点。心理服务站以维护家庭心理健康为主，形成“规定性动作”。（1）体验式培训：在老师带领下通过参与讨论、分享交流、角色扮演、现场模拟、实地体验等方式，感受用心理学解决问题的过程，充分体现理论与实践的结合。（2）专题讲座：根据群众生活中常见的问题，设计不同的主题，深入讲解压力管理、人际冲突、邻里关系等理论和技巧。（3）小组活动：将培训人群编入不同小组，由辅导老师带领，对一些具体工作方法特别是有争议和理解不充分的部分更进一步实践和讨论。（4）团队辅导：主要是用于压力管理学习中，通过团队辅导让社区基层工作人员减轻身心压力，学习和体验自我调节的方法，使其在保持身心健康的良好状态中提升工作效能。（5）心理评估：对机关干部、社区居民的心理健康水平进行评估，建立社区心理健康档案；建设居民与心理专家之间、居民与居民之间、居民与社区工作人员之间互动交流的平台；使其成为了解社区动态、发现潜在危机的信息渠道。

2. 搭建社工创新平台

解决社工与心理咨询师分离的问题，需要建立一种新兴职业：“心理指导师”。即有社工身份，做心理救济工作，使其深入社区，对边缘人群开展身心动员，激发其自救动力，解决社区管理“黑洞”问题。对266个社区调研反映非常受欢迎。青原心理健康服务中心已经开始撰写《心理指导师培训教材》，通过专业培训与考核，分别给予“初级、中级、高级”三个级职称，按照专业化管理进行年度考核和在职督导。优秀的心理指导师可以开设“家庭心理服务中心”“儿童服务中心”等机构。在队伍建设和管理方面成立行业协会，建立管理、督导和团体活动平台，明确专人负责，规定服务内容、方式、方法、目标和要求，不断提高队伍素质，并在全市2600个社区中实行全覆盖，真正把边缘人群作为社区工作的重要内容管起来、帮得到，转变边缘人群由不稳定因素成为和谐力量。

3. 填补社区心理发展空白

近年来，无论是社区还是社会组织，在开展社区心理健康服务工作的过程中，经常发现心理咨询师由于没有社区工作经验，不了解如何与居民打交道，导致只凭借专业技能却无法在社区顺畅地开展心理咨询工作的窘境。同时，社区工作者在处理拆除违建、邻里纠纷、突发应急事件等工作时，由于没有从心理角度出发的沟通技巧与处理应急突发事件等的能力，面对类似情况时显得无所适从，不仅影响自身心理健康，而且还会打击工作积极性。社工有丰富的一线工作经验，十分了解如何与居民互动，但没有心理学背景的他们，又缺乏专业心理学知识，当遇到突发事件、居民纠纷、自身压力等状况时，显得力不从心。于是，将心理咨询技术与社区工作方法完美结合，推动这一职业发展，成为了一个空白又紧迫的课题。

四、构建心理服务体系

随着“心理咨询师”取消国家级职业资格，“社区心理指导师”成为一匹黑马，将心理咨询技巧与社区工作方法完美结合，成为符合中国国情、有群众基础的一门新兴职业。因此，建立社会心理服务体系，必须有社工心理指导师参与。

基本原则包括如下。

1. 立足基层，预防为主

社区为心理指导师主阵地，全面普及和传播心理健康知识，强化心理健康自我管理意识，加强人文关怀和生命教育，消除对心理问题的偏见与歧视，预防和减少个人极端案（事）件发生。

2. 搭建平台，形成体系

培养社区心理指导师人才，建立党委政府领导下的心理指导师队伍，健全社会心理服务体系，促进单位、家庭、个人尽力尽责广泛参与。

3. 严格制度，完善规范

从我国基本国情和居民实际需要出发，将满足群众心理需求与心理指导师长远发展相结合，逐步建立健全社区心理健康服务制度，形成心理指导师职业管理规范，促进心理健康服务科学、规范、有序发展。

4. 坚定方向，明确目标

根据《关于加强心理健康服务的指导意见》，以“到2020年，全民心理健康意识明显提高”“2030年，全民心理健康素养普遍提升”为目标，坚持全民心理健康素养提高和个体心理疏导相结合，满足不同群体心理健康服务需求为方向，最大限度满足人民群众心理健康服务需求，形成自尊自信、理性平和、积极向上的社会心态。

（此文为市社会办副巡视员张青之2016年撰写的文章）

·综　　述·

北京市2016年社会建设综述

2016年，北京社会建设工作立足新实践、着眼新发展，抓重点、抓协调、抓落实，进一步完善顶层设计、夯实基层基础，着力推动全市社会建设、改革、治理工作取得新成效，全面实现了“十三五”开门红。

一、“十三五”《规划》印发实施，社会治理创新站在新起点

印发实施《北京市“十三五”时期社会治理规划》，是全国第一个社会治理“五年规划”，提出了构建“六大体系”、提高“四大能力”的社会治理现代化建设思路，开创了北京社会治理的新局面。深化社会体制改革，医疗卫生、养老服务、社会保障、街道社区、社会组织、社会动员等领域改革取得新突破。研究起草本市社会组织管理体制改革意见，出台《北京市行业协会商会与行政机关脱钩工作方案》，推进第一批73家行业协会商会脱钩试点。出台《关于进一步开展社区减负工作的意见》《关于加强城乡社区协商的实施意见》等文件，进一步推进街道社区管理体制创新。社会建设协调机制不断完善，市社会建设工作领导小组各成员单位协调配合更加紧密，领导小组办公室发挥统筹协调、宏观指导、议事协商、综合评价等职能，着力加强重点工作督查督办。制定《北京市社会工作专业人才队伍建设联席会议工作规则》。在市级层面建立非公有制经济组织和社会组织党建联席会议制度，协同推进全市非公有制经济组织和社会组织党建工作。市网格化工作联席会议强化统筹协调，推动重点课题调研和难点问题解决。

二、公共服务体系进一步完善，社会治理水平不断提升

社会服务水平不断提升，基本公共服务体系进一步健全，全市民生投入超过4000亿元，市政府28件重要民生实事项目全面落实。印发《关于推进社区服务社会化的指导意见》，推进社区服务中心转型发展，提升社区服务和民生保障水平。全市城市社区基本实现管理服务用房达标。新建106个“一刻钟社区服务圈”，累计达1342个，社区覆盖率达到84%。持续推进社区服务“十大覆盖工程”，新建、规范提升各类便民商业网点1700个，新增为民办实事便民商业网点550个。研究制定社区服务与管理工作规范，新建社区规范化示范点119个。扩大“区域化党建、多元性自治、开放式服务”试点。开展社区心理服务站标准化建设试点，建立社区心理服务站32个。完成老旧小区自我服务管理试点建设161个。城乡社区服务管理一体化不断推进，新建117个村级社会服务试点，开展“1+3”治理试点工作，探索在一个大党组织统一领导下，村民组织、社区组织、经济组织共商共建共治，进一步提升城乡接合部社会治理水平。深入推进京台社区交流工作。开展第七届“北京魅力社区”、第十届“感动社区人物”等评选活动。全市注册社区志愿者人数达161万。

三、社会组织工作体系巩固发展，社会发展活力不断增强

“枢纽型”社会组织工作体系更加完善，印发《市级“枢纽型”社会组织业务工作规范》和《街道“枢纽型”社会组织培育发展

社区公益服务项目指南》。新认定15家市级“枢纽型”社会组织，总数达到51家；认定区级“枢纽型”社会组织231家，街道、乡镇级465家，基本形成三级体系框架。落实社会组织税费优惠政策，简化社会组织办事程序，取消社会团体筹备登记申请，取消基金会分支机构、代表机构审批事项，改革社会组织验资制度，推行社会组织登记“三证合一、一证一码”，成立市级社会组织发展服务中心。在人力社保部门支持下，成立北京市社会组织人才交流服务平台。社会组织培育扶持力度进一步加大，市社会建设部门投入市级社会建设专项资金6770万元、市民政部门投入福利彩票公益金2000万元，共购买社会组织服务项目611个。社会组织服务（孵化）网络更加完善，市社会组织孵化中心共举办各类业务培训146期。团市委、市妇联、北京人力资源服务行业协会等9家市级“枢纽型”社会组织成立了服务（孵化）平台，16区已全部成立本级服务（孵化）平台，有81个街道成立了相应平台。使用市级社会建设专项资金购买社会组织管理岗位360个。举办社会组织治理创新暨能力提升高级研修班。开展社会组织“公益行”、“北京社会公益汇”、第三届社会组织公益服务品牌评选等活动，服务居民超过百万人次。

四、“三网”融合基本完成，社会服务与城市管理精细化水平明显提高

“三网”融合目标基本实现，16个区“三网”基础数据、指挥体系和信息系统等9项融合任务基本完成。在52个街道（乡镇）开展“三网”融合示范点建设。“网格化+”行动计划全面实施，印发《2016年北京市“网格化+”行动计划》，提出了32项行动计划。印发实施《北京市“十三五”时期网格化体系建设规划》。首批确定16个街道（乡镇）开展标准化示范点建设。全年16个区网格化管理信息系统共接到各类事件585万件，解决538.3万件，解决率为92.02%。16个区纳入网格化服务管理事项累计达到15795项。智慧社区建设水平不断提高，新建智慧社区549个，累计建成2221个。印发《北京市“十三五”时期社会建设信息化建设规划》。创建《网络舆情监测分析月报》。

五、“三社”组织联动工作加快推进，社会协同参与程度不断提高

推动市级“枢纽型”社会组织成立矛盾调解专门委员会，成立北京多元调解发展促进会、北京市公益法律服务促进会，推进社会矛盾多元调解协同联动。制定《行业性专业性人民调解组织指导规范》，全年各级各类人民调解组织共调解纠纷154433件，调解成功率为97.3%。印发街道社会动员试点工作指导标准，开展第四批23个街道社会动员试点，累计达103个。“首都社会文明行”宣传活动影响面进一步扩大。开展社会企业发展的专题调研，制定《北京市企业履行社会责任评价指导标准》。社会工作队伍建设实现新突破，落实社区工作者工资待遇规范调整工作，举办社会工作队伍系列培训，继续实施“社会工作硕士专业学位研究生培养计划”。印发《关于开展社会工作事务所规范化建设试点工作的意见》，面向全市148个街道购买专业社工岗位，扶持成立15家社会工作事务所。举办2016年“国际社工日”暨第四届“首都最美社工”表彰活动，开展第五届“寻找首都最美社工”活动。新建社区志愿服务站85个、商务楼宇志愿服务站262个、非公有制经济组织志愿服务组织82个、专业社工机构志愿服务组织28家。培育支持社会领域志愿服务示范项目504个。开展2016年“北京社会志愿者公益行”。截至2016年年底，全市实名注册志愿者人数达到372万人，志愿服务团队5.72万支。

六、“点、线、面系统推进工程”有效推进，社会领域党建工作广泛覆盖

推进非公有制企业党建工作广泛覆盖，对全市42个园区进行党建工作调查摸底，印发《关于加强全市园区非公企业党建工作的若干意见》。聘请1500名离退休党员干部担任非公党建指导员。实施“两新”组织党建覆盖“百日推进工程”，全市非公有制企业党组织覆盖率达83%。推动商务楼宇联合党组织建设，全市建立623个商务楼宇（联合）党组织。加强社会组织党建工作，健全市、区、街道（乡镇）三级“枢纽型”社会组织党建“3+1”工作机制。印发《关于加强和改进社会组织党的建设工作的实施意见》和《关于加强和改进社会组织党的建设工作的三年行动计划》，全市社会组织党的组织覆盖率由23%提高到67%。街道社区区域化党建工作取得新成效，推进“街道大工委”“社区大党委”机制建设，建立区域化党建工作体系。加强基层服务型党组织建设，开展“三级联创”考核，发挥社区党组织服务群众专项经费服务效益，深化在职党员进社区服务群众活动。加强社会领域党建调查研究，加强党建工作品牌培育，成立新经济组织党建研究会。召开全市社会领域纪念建党95周年大会，举办“学习习近平总书记党的建设思想研讨会”等。

（王小兵）

综合工作

【2016年市级社会建设专项资金购买491项社会组织服务项目】　1月5日，市委社会工委发布市级社会建设专项资金购买社会组织服务项目申报指南，1月11日启动网上申报程序。截至3月5日，共收到全市各级各类社会组织申报项目2162个。经过项目初审、专家评审、立项公示等环节，经市社会建设工作领导小组办公室副主任书面审议，2016年共立项项目491个，投入市级社会建设专项资金6770.61万元。

（刘　江）

【社会公益政产学研用一体化发展座谈会召开】　1月8日，市委社会工委书记、市社会办主任宋贵伦与北京师范大学、北京开放大学、首都慈善义工协会领导和专家座谈社会公益政产学研用一体化发展事宜。

（王小兵）

【社会治理与新经济组织发展座谈会召开】　1月9日，市委社会工委书记、市社会办主任宋贵伦与瑞士圣加仑马利克管理中心董事会主席、世界著名管理学家弗雷德蒙德·马利克教授座谈交流社会治理与新经济组织发展事宜。首都经济贸易大学党委书记柯文进、叶青大厦集团董事长叶青参加座谈交流。

（王小兵）

【北京市社会建设考察团赴上海、贵阳学习交流】　2月24日至27日，市委社会工委书记、市社会办主任宋贵伦带领各区社会工委负责人赴上海、贵阳学习交流。在沪期间，重点了解了上海市委创新社会治理加强基层建设大会等有关情况，深入考察了社区治理创新情况，上海市社会工作党委书记、市社建办主任孙甘霖等陪同交流考察。在贵阳期间，座谈交流了两地区县过去一年合作项目实施情况，签订了新一年度两市及区县合作协议，并系统考察了贵阳大数据建设情况，贵州省委常委、贵阳市委书记陈刚，市委副书记、群工委（社工委）书记张平等领导参

加。委办领导王智玲、卢建陪同学习考察。

（王小兵）

【市委常委、市委统战部部长戴均良主持召开协商民主与社会体制改革专项小组第一次会议】 3月9日上午，市委常委、统战部部长、专项小组组长戴均良主持，副市长、副组长王宁出席。会议审议通过了专项小组《工作规则》《2016年工作要点及任务分工》。王宁强调，要善于激发社会活力，发挥好社会力量在创新社会治理、引导社会舆论等方面的作用，积极参与社会建设。戴均良指出，各成员单位要高度重视改革工作，明确工作职责，加强协调配合，狠抓工作落实，完成好各项改革任务，为保障和改善民生、疏解非首都功能、建设国际一流和谐宜居之都营造更加和谐的社会氛围，做出更大的贡献。市委社会工委书记、市社会办主任宋贵伦做关于专项小组2016年工作要点及任务分工方案的说明。市委社会工委副书记、市社会办副主任张坚参会。

（王小兵）

【北京芝加哥社会治理比较研究课题座谈会召开】 3月24日，市委社会工委书记、市社会办主任宋贵伦与美国二十一世纪学会负责人座谈北京芝加哥社会治理比较研究课题工作。市委社会工委副书记、市社会办副主任张坚参加。

（王小兵）

【戴均良调研市医疗卫生体制改革情况】 3月31日，市委常委、市协商民主和社会体制改革专项小组组长戴均良一行先后到西城区陶然亭社区卫生服务中心、友谊医院门诊大厅进行实地调研，并在友谊医院召开座谈会。戴均良强调，推进医疗卫生体制改革，要加强顶层设计，整合医疗资源，运用好信息化手段，改善管理，提高能力，更好地服务居民，增进群众健康。

（王小兵）

【王宁主持召开社会建设与城市管理工作座谈会】 3月26日、31日，副市长王宁先后两次主持召开座谈会，研究加强社会建设推进城市管理问题。市有关部门负责人和区、街负责人代表、专家学者代表参加。王宁强调，要紧密结合北京社会建设实际，深入研究和推进城市服务管理工作，把中央城市工作会议精神落到实处。

（王小兵）

【2016年度使用市级社会建设专项资金购买社会组织服务项目现场评审会召开】 4月11日至15日，北京市社会建设工作领导小组办公室共组织召开10场现场评审会，每场邀请3名业务专家、2名管理专家和2名财务专家，通过项目陈述、专家提问、申报单位答辩、专家现场打分等环节，对85个申报资金超过100万元的重点项目进行现场评审。同期，共有1920个项目参加了网上专家评审。

（刘　江）

【《市社会办对外签订合同合法性审查办法（试行）》印发】 4月18日，《市社会办对外签订合同合法性审查办法（试行）》印发实施。《办法》共23条，依据有关法规，密切结合具体实际，主要围绕规范对外合同管理、防范法律风险、确保国有资产安全，就合同合法性审查的内容、方法、程序及应当把握的原则等相关事项做出了具体规定。全年共完成612份合同的合法性审查。

（王小兵）

【市委社会工委“两学一做”学习教育全面启动】 4月21日至22日，市委社会工委书记、市社会办主任宋贵伦先后主持召开领导班子和机关全体党员干部会议，认真传达学习了中央、市委“两学一做”学习教育工作会议精神，研究部署了本单位、本系统“两学一做”学习教育工作安排，全面启动了学习教育各项工作。

（郭　克）

【“展青年风采　做合格党员”北京社会领域青年论坛举办】　5月3日，委办机关党委、团委、青联联合举办“展青年风采　做合格党员”北京社会领域青年论坛。来自社区、专业社会工作机构、社会组织、非公有制经济组织、志愿者和委办机关的六名青年代表作交流发言。论坛结合“两学一做”学习教育开展，本委办机关、事业单位全体同志参加。

（郭　克）

【开展“健步走·随手拍·看通州”集体活动】　5月3日，市委社会工委机关党委、团委、青联赴通州大运河森林公园开展“健步走·随手拍·看通州”集体活动。活动中，机关、事业单位全体同志参观了“运河清风”廉政文化主题公园，用手机镜头记录下通州运河沿岸风景，“健走121”App统计人均健走距离达到5.5公里。

（郭　克）

【《北京改革蓝皮书（2016）》“社会事业与社会治理体制改革篇”完成】　5月5日，撰写完成《北京改革蓝皮书（2016）》“社会事业与社会治理体制改革篇”，从深化医疗卫生体制改革、加快推进养老事业改革、推进福利事业改革、深化社会治理体制改革、积极推进社会治理创新等方面总结了北京市社会事业与社会治理体制改革工作情况。

（王小兵）

【2015年度购买决策咨询项目中期汇报会召开】　5月6日，2015年度市级社会建设专项资金购买决策咨询服务项目中期汇报会召开。市委社会工委副书记、市社会办副主任张坚出席会议并讲话。会上，承接2015年度市级社会建设专项资金购买决策咨询服务项目的课题组负责人分别介绍了课题中期进展、阶段目标实现、开展实地调研、资金使用以及下一步研究计划等情况。总体上看，2015年度购买的决策咨询服务项目实施进展顺利，全部实现时间过半任务过半，各项课题研究更加密切关注北京社会建设、改革与治理的重点难点问题；更加注重解决基层社会治理面临的现实问题；更加突出对策建议的针对性和操作性。会议还就进一步提高课题研究质量、成果转化、资金使用等进行了座谈交流；部署了2015年度购买决策咨询项目绩效考评相关工作。

（王小兵）

【市委社会工委、市社会办学习贯彻市委十一届十次全会精神】　5月26日至27日，机关各党支部按照“两学一做”学习教育协调领导小组的统一安排，以党支部集体自学的形式，采取领读、集体网络自学、交流学习心得体会等方式，认真学习了郭金龙同志在市委十一届十次全会的讲话、王安顺同志就《中共北京市委北京市人民政府关于全面深化改革提升城市规划建设管理水平的意见（审议稿）》做的说明和《中国共产党北京市第十一届委员会第十次全体会议决议》。全体党员干部一致认为，全会明确了全市城市工作的任务和目标，为做好社会领域的各项工作提供了新的思考切入点和工作结合点，对做好当前的社会建设、社会治理与改革发展具有深远意义。全体党员表示，要以本次全会提出的新发展理念为指引，结合“两学一做”学习教育和当前重点工作任务，在加快建设国际一流和谐宜居之都的实践中发挥先锋模范作用，为推进首都和谐发展做出应有贡献。

（郭　克）

【市委第七巡视组巡视市委社会工委工作动员会召开】　6月1日，市委第七巡视组巡视市委社会工委工作动员会召开。市委第七巡视组组长周京生就即将开展的专项巡视工作做了讲话，市委社会工委书记、市社会办主任宋贵伦主持会议并代表领导班子，就积极支持、主动配合好巡视组的工作，做了表态发言。市委巡视办副主任陈启强、市委第七巡视组副组长周秀慧、孙仕柱、庄杰和巡视组成员参加会议。

（郭　克）

【戴均良赴西城区、海淀区调研医养结合工作开展情况】 6月2日，市委常委、市协商民主与社会体制改革专项小组组长戴均良赴西城区、海淀区调研医养结合工作开展情况。市委社会工委委员、市社会办副主任王智玲陪同。

（王小兵）

【《北京社会治理发展报告》发布】 6月，北京市社会科学院、社会科学文献出版社联合发布了《北京社会治理发展报告（2015—2016）》。报告指出，京津冀三地间人口流动频繁，在京河北籍人口总量大、占比高且呈持续上升趋势。2010年至2014年四年间，北京市户籍人口机械增长总量为455132人。其中，由河北省净迁入80032人，占四年来北京市户籍人口机械增长率的17.58%，四年间增长比率持续增加。在北京市户籍人口自然增长率基本稳定的情况下，北京市户籍人口年均增长率中近五分之一来自河北省，河北省长期以来是北京市常住人口增长的重要来源地。

（王小兵）

【市委常委会、市政府常务会讨论通过“十三五”社会治理规划】 6月14日，第119次市政府常务会议讨论通过《北京市“十三五”时期社会治理规划》，7月6日，第220次市委常委会议审议通过了《北京市“十三五”时期社会治理规划》。该《规划》从社会治理体系和治理能力现代化两个维度，确定六大体系、四大能力10项任务，并明确提出“五个更加、五个显著提高”的目标。这是全国第一个社会治理五年规划。

（王小兵）

【市委社会工委、市社会办机关工作人员旁听案件庭审】 6月15日，市委社会工委、市社会办组织机关干部到“北京市依法行政法制宣传教育基地”北京市四中院旁听行政诉讼案件庭审。作为委办推进“两学一做”学习教育活动的具体举措，机关干部通过旁听以区级人民政府为被告的行政案件的庭审，强化了领导干部和公务员依法行政的意识，增强了运用法治思维和法治方式深化改革、推动发展、化解矛盾、维护稳定的自觉性。委办领导陈建领、王丽竹、赵济贵出席旁听庭审。

（王小兵、郭　克）

【参观北京市反腐倡廉法制教育基地】 6月17日，市委社会工委、市社会办按照委办“两学一做”学习教育协调领导小组工作安排，组织机关党员干部近100人集体参观了北京市反腐倡廉法制教育基地。委办领导张坚、王丽竹、王智玲、赵济贵参加了活动。

（郭　克）

【2016年度购买决策研究类项目专家评审会召开】 6月18日至19日，2016年度市级社会建设专项资金购买决策咨询服务项目专家评审会在东城区和平里大酒店举行。各社会建设研究基地共申报33个研究项目，经过初审，28个项目进入现场评审程序，北京师范大学赵孟营、中国人民大学刘爽教授等7位专家学者进行现场答辩评审。

（王小兵）

【机关干部职工纪念建党95周年书画展举办】 市委社会工委、市社会办在中国共产党成立95周年来临之际，机关工会主办了“书情画意庆七一”主题书画展。此次展览共展出作品20余幅，通过硬笔书法、毛笔书法、国画、铅笔画等多种创作形式，充分展示了机关干部职工不忘初心、爱党明志、敬业奉献的赤诚情怀，凝聚力量、服务社会、圆梦中华的责任担当及丰富多彩的机关文化生活。

（郭　克）

【学习习近平总书记"七一"重要讲话精神座谈交流会举办】 7月6日，市委社会工委会同中国中共党史学会、《北京支部生活》杂志社联合举办学习座谈会，交流学习习近平总书记"七一"重要讲话精神。会议在传达学习市委书记郭金龙在"两学一做"集中学习时重要讲话及市委副书记苟仲文指示精神的基础上，与会者围绕学习习近平总书记"七一"重要讲话，结合本单位实际，畅谈了学习体会。郭克同志代表机关党员干部作会议交流发言。全市社会领域各方面代表和联合办会的单位有关同志以及机关各支部党员干部代表共约100人参加了会议。

（郭　克、王小兵）

【第六届中国社会治理论坛举行】 7月17日，第六届中国社会治理论坛在北京师范大学举办。本届论坛以"创新社会治理　决胜全面小康"为主题，由中国社会管理研究院、中共北京市委社会工委、中国社会工作联合会、清华－布鲁金斯公共政策研究中心联合举办。市委社会工委书记、市社会办主任宋贵伦出席并做了"坚持三个导向，创新大城市社会治理"的主题演讲。与会专家学者围绕"新发展理念与创新社会治理""新型城镇化建设与创新基层社会治理""全面建成小康社会与推进社会治理精细化""传承历史文化与中国现代社会治理""大数据与社会治理现代化"等五个方面进行了深入研讨交流。市委社会工委相关领导参加论坛。

（王小兵）

【2015年度使用市级社会建设专项资金购买社会组织服务项目结项验收工作完成】 7月18日至29日，由35位专家组成结项验收组，对2015年度项目进行实地检查和结项考评工作。据不完全统计，2015年购买社会组织服务项目429个，共撬动配套资金12480万元，参与社会组织7965家，覆盖参与人群188.8万人、744万人次，开展活动46830场次，累计提供专业服务小时数为308.4万小时，印发宣传材料169万份。

（刘　江）

【市委社会工委、市社会办传达部署市委"两学一做"学习教育工作推进精神】 8月19日，市委社会工委、市社会办召开工委扩大会暨"两学一做"学习教育联席会，传达学习了党中央部分地区和部门"两学一做"学习教育工作座谈会精神和市委常委会贯彻要求，传达学习市委"两学一做"学习教育工作推进精神，分析研究了当前委办开展学习教育的情况，安排部署了下一阶段"两学一做"学习教育工作。委办领导及各支部书记参加会议，宋贵伦主持会议。

（郭　克）

【组织机关各支部进行党费测算收缴工作培训】 8月22日，市委社会工委、市社会办机关党委按照"两学一做"学习教育党费收缴工作专项检查的有关工作要求，具体针对工作对象、党费收缴方式、党费收缴依据以及在党费测算收缴过程中注意事项逐项进行了讲解说明。通过培训，使各支部都能从党要管党、从严治党的高度来认识此次党费工作测算收缴的意义，使收缴党费的过程成为党员增强党性观念、严守组织纪律的过程，成为支部履行职责、规范组织制度的过程。

（郭　克）

【市委社会工委、市社会办开展"以案释法"普法宣讲】 8月24日，市委社会工委、市社会办在东城区龙潭街道左安漪园社区开展"以案释法"普法宣讲活动，执业律师围绕"家庭、婚姻、财产"主题，剖析实际案例，讲解法律知识，开展互动交流，现场气氛热烈。讲座紧贴需求、联系实际、生动活泼，深受社区居民欢迎。

（王小兵）

【《市委社会工委、市社会办法律顾问工作规定（试行）》印发】 8月31日，《市委社会工委、市社会办法律顾问工作规定（试行)》印发实施。《规定》共17条，主要围绕建立法律顾问队伍、健全法律顾问制度，就法律顾问工作的原则、法律顾问的职责、外聘法律顾问的权利义务及工作规则等相关事项做出了具体规定。这是市委社会工委、市社会办加强法治政府、法治机关建设，推进依法决策、依法行政、依法办事的实际举措。根据《规定》，聘任北京市惠诚律师事务所作为年度法律顾问。

（王小兵）

【《中国社会改革评论（第3辑)》出版发行】 9月，《中国社会改革评论（第3辑)》出版发行。《中国社会改革评论》是关于中国社会建设、改革、治理研究的专业出版物，采用以书代刊方式，每年不定期出版1~2辑，内设“主题探讨”“名家观点”“实践案例”“调查研究”等栏目。《中国社会改革评论（第1、2、3辑)》编印发行以来，取得了较好口碑及影响。该书刊成为全面总结、跟踪、展示了国内外社会建设、改革、治理理论前沿和实践探索最新成果的有效载体，成为加强国内外学术界、实务界对话、交流与成果转化以及加快社会建设、改革、治理工作理论、实践创新的重要桥梁，成为北京社会建设重要品牌和年度特色工作之一。

（王小兵）

【机关“两学一做”学习教育交流会举办】 9月23日,市委社会工委、市社会办机关党委举办机关“两学一做”学习教育交流会。市委社会工委书记、市社会办主任宋贵伦出席并现场回答了各支部提出的问题。10个支部在前一段“两学一做”学习教育交流活动基础上，各推选出1名代表进行了大会交流发言，分别从全面、整体角度或围绕自己负责的业务领域角度进行阐述交流，交流过程中，还分别提出了一些具体理论和实际问题，与宋贵伦进行现场互动交流。宋贵伦一一进行了解答，并要求进一步扎实开展“两学一做”专题教育，通过学总书记讲话明方向，通过学党章党纪懂规矩，通过贯彻“十三五”社会治理规划增干劲，做合格党员、称职干部。市委社会工委副书记兼机关党委书记陈建领主持，委办领导王丽竹、赵济贵、卢建及机关全体党员参加。

（郭　克）

【第七届全国部分省市社会建设（上海）年会举行】 9月27日至28日，第七届全国部分省市社会建设（上海）年会在上海举行，上海市社会工作党委、上海市社建办主办，北京、天津、广东等10个省市社会建设工作机构协办，主题为“社会协同公众参与推动基层治理创新”。北京、上海、天津、广东等16个省市社会建设工作机构的代表和京、沪社会建设知名专家学者参加，共同交流探讨新形势下加强社会建设、创新基层治理的新情况、新问题、新思路、新方法，着力推进理论与实践创新，为实现“十三五”良好开局、全面建成小康社会做出新贡献。上海市副市长时光辉出席年会并致辞，上海市委副秘书长诸葛宇杰做主旨报告，国家行政学院丁元竹、上海研究院李友梅、复旦大学刘建军、上海交大彭勃4位知名专家学者先后做了主旨演讲，北京市委社会工委书记、市社会办主任宋贵伦、上海市委社会工作党委书记孙甘霖及天津社会组织党委、广东政法委有关负责人做了主题发言，四川、南京、广州、深圳、贵阳等12个省市社会建设工作部门负责人做了交流发言。北京市各区社会工委、社会办负责人和部分市级“枢纽型”社会组织、非公企业党组织以及社区党组织、居委会负责人参加年会。与会代表还参观考察了上海杨浦区控江路街道社区睦邻中心、浦东新区上海中心大厦金领驿站。

（王小兵）

【全市社会工作部门依法行政能力培训班举办】 10月9日至14日，全市社会工作部门依法行政能力培训班举办。培训班由市委社会工委、市社会办与中国政法大学合作主办，以学习贯彻《北京市法治政府建设实施方案（2015—2020年）》和《北京市“十三五”时期社会治理规划》、强化依法行政能力为主题，采取领导授课、专家辅导、旁听庭审、研讨交流等多种形式，提升全市社会工作部门相关人员的法治思维及法治建设能力，为依法推进《规划》确定的各项建设、改革与治理任务有效落实奠定素质能力基础。市委社会工委、市社会办各处室相关人员及各区委社会工委、区社会办法制工作主管领导、科室负责人共50人参加培训。

（王小兵）

【协调研究基地专家为中国科学院大学“中特”理论社会建设专题授课】 10月17日至22日，市委社会工委、市社会办协调组织国家行政学院、北京师范大学、北京工业大学等研究基地专家学者，先后为中国科学院大学及中国科学院各研究所近8000名博士和硕士研究生开展中国特色社会主义理论与实践“社会建设”单元专题授课。市委社会工委书记、市社会办主任宋贵伦，北京师范大学赵孟营教授，国家行政学院张林江、马福云等知名专家学者积极承接授课任务，形成了一条实践部门、研究基地、相关院校合作开展高校思想政治公共课教学的新路子。

（王小兵）

【深圳市委政法委考察北京社会建设工作】 10月24日，深圳市委政法委（市社会工作委员会）委员熊瑛一行8人到京考察交流社会建设工作。市委社会工委书记、市社会办主任宋贵伦等参加座谈。

（王小兵）

【市委社会工委参加南京“2016·社会建设与发展”研讨会】 10月25日至26日，市委社会工委书记、市社会办主任宋贵伦带队参加南京“2016·社会建设与发展”研讨会。该研讨会以“共建融合·共享发展”为主题，中央党校、厦门大学、吉林大学、美国威斯康辛大学、英国伦敦大学学院等院校的专家学者、爱德基金会等社会组织、苏宁控股集团等企业代表参加研讨，北京市委社会工委书记、市社会办主任宋贵伦与上海市社会工作党委、深圳市委政法委、贵阳市委群工委、杭州市发展研究中心负责人应邀作专题发言。随后考察了睿城社区综合服务中心与石塘社区，前往无锡调研志愿服务与社会组织培育发展情况。

（王小兵）

【《北京市“十三五”时期社会治理规划》印发实施】 11月11日，中共北京市委办公厅、北京市人民政府办公厅印发了《北京市“十三五”时期社会治理规划》。这是全国第一个省级社会治理五年规划。《规划》主要阐明“十三五”时期全市社会治理总体目标、基本思路、重点任务和保障措施，是“十三五”时期全市创新社会治理、深化社会体制改革、全面加强社会建设的发展蓝图和行动纲领。《规划》围绕“六个更加、六个明显提高”的主要目标，从社会服务、社会管理、社会动员、社会环境、社会关系和党的建设六个方面，明确提出了“十三五”时期社会治理28项主要发展指标；围绕构建党组织、政府组织、社会组织、市场组织、街道基层组织、社区自治组织“六大治理体系”和系统治理、依法治理、源头治理、综合治理“四大能力”，提出了“十三五”时期全市社会治理的十个方面的重要任务。

（王小兵）

【首都师范大学北京青少年工作研究院成立暨共建北京社会建设研究基地揭牌】 11月26日，由北京市委社会工委、市社会办与首都师范大学共建的北京社会建设研究基地——北京青少年社会工作研究院在首都师范大学成立。市高级人民法院原院长慕平，首都师范大学党委书记郑萼，市委社会工委书记、市社会办主任宋贵伦等出席成立大会并致辞。

该研究院成立后，将从青少年社会工作基础理论研究、青少年社会工作政策研究、青少年社会工作人才培养、青少年社会工作实务研究、青少年社会工作国际交流与合作五个方面开展工作。

（王小兵）

【《北京市“十三五”时期社会治理规划》贯彻实施座谈会召开】 11 月 26 日，市委社会工委书记、市社会办主任宋贵伦出席《北京市“十三五”时期社会治理规划》贯彻实施座谈会。市委社会工委副书记张坚主持会议。

（王小兵）

【第四届“首都社会建设和社会诚信论坛”召开】 12 月 10 日，由北京市委社会工委与北京交通大学联合举办的第四届“首都社会建设和社会诚信论坛”在京召开，本届论坛主题为“诚信交通与法治社会建设”。市委社会工委副书记张坚出席论坛并致辞。与会的专家学者普遍认为加强诚信文化的培育和诚信体系的制度建设，强化诚信的法制保障已成为当下诚信建设的重中之重，法律制度建设、法治思维的形成对诚信社会的建成具有不可替代的意义，应该综合运用法律的手段推动诚信社会的形成。来自政府机关、企事业单位、高等院校、科研机构等几十家单位的 200 多位代表参加了本届论坛。

（王小兵）

【市委社会工委、市社会办处级干部“学习贯彻党的十八届六中全会精神”专题培训班举办】 12 月 12 日至 16 日，举办为期 5 天的机关处级干部“学习贯彻党的十八届六中全会精神”专题培训班。培训由集中辅导、集体自学、分组研讨、主题交流等模块组成。委办班子成员参加分组研讨。通过学习培训，对十八届六中全会精神有了深刻把握，对重大意义有了深刻理解，进一步统一了思想，坚定了信心，明确了方向，对维护以习近平同志为核心的党中央权威进一步坚定，“四个意识”进一步增强，推进全面从严治党，落实党内监督责任进一步加强。

（郭　克）

【2016 年（第二届）社会治理创新 · 西城论坛暨街道蓝皮书发布会举办】 12 月 13 日，市委社会工委书记、市社会办主任宋贵伦出席“2016 年（第二届）社会治理创新 · 西城论坛暨街道蓝皮书发布会”并致辞。

（王小兵）

【市委社会工委、市社会办举办法治讲座】 12 月 16 日，为加强法治机关、法治政府建设，市委社会工委、市社会办邀请委办法律顾问周勤华律师以“政府资金风险管理及社会成效案例解析”为题，通过“以案释法”形式，为班子成员及处级干部做专题法治讲座。

（王小兵）

【《当代中国社会建设大事典（1978—2013）· 北京卷》编纂工作启动】 年内，为全面、系统地反映改革开放以来北京社会建设的理论创新与实践探索，充分展示这一阶段社会领域改革发展的辉煌成就，以利于进一步加强社会建设、深化社会体制改革、推进社会治理体系和社会治理能力现代化，努力把首都建设为国际一流的和谐宜居之都，市委社会工委、市社会办着手编撰《当代中国社会建设大事典（1978—2013）· 北京卷》。预计 2017 年出版。

（王小兵）

【全市社会企业发展专题调研开展】 年内，制订全市社会企业发展专题调研工作方案，明确调研内容、方式及要求。由委办领导带队，两次组织召开社会企业发展座谈会，并赴家政、物业、残障、养老、慈善超市等多个行业进行调研，详细了解组织发展沿革、组织架构及社会责任等情况，广泛听取企业和社会组织对社会企业的态度、存在问题及建议等。

（冯 瓅）

【社会企业发展课题研究开展】 年内，结合《域外社会企业发展与政策研究》等三个购买决策咨询项目，协调有关研究机构和专家学者开展课题研究，从域外、国内和北京市三个角度开展分析论证，共整理编辑研究成果11篇。

（冯 瓅）

【《全市社会企业发展调研报告》撰写】 年内，在前期深入调研的基础上，形成了专项调研报告，分析当前存在的主要问题，进一步明确社会企业的概念界定、发展方向及分布领域，研究提出推动全市社会企业发展的对策建议。

（冯 瓅）

社区建设

【概况】 2016年，全市社区建设坚持“深化改革、扩大覆盖，多元参与、共建共享”的思路，扎实抓好各项工作落实。一是社区治理工作取得新进展。召开全市社区减负工作推进会，督导开展精简社区机构、会议和台账，扩大政府购买服务项目。推广“参与型”社区协商模式，出台《关于全面推进以德治理城乡社区的指导意见》。二是社区服务体系建设取得新成效。推动社区服务“十大覆盖工程”，不断丰富社区服务内容。全年新建成“一刻钟社区服务圈”106个，累计建成1342个，覆盖2540个社区，覆盖率达到84%，惠及1569万社区居民。基本实现城市社区管理服务用房达标任务，分三批对881个建设项目进行网上公示。三是社区建设重点任务取得新成果。全年新建成社区规范化建设示范点119个、老旧小区自我服务管理试点161个和村级社会服务试点117个；研究制定社区服务与管理工作规范，出台《北京市2016年既有多层住宅增设电梯试点工作实施方案》。四是社区凝聚力、影响力得到新增强。举办京台社区发展论坛、“感动社区人物”和“北京魅力社区”评选表彰等活动，签订京台两地社区合作协议104项，中央政治局常委、全国政协主席俞正声、市委书记郭金龙等领导对京台社区交流工作给予充分肯定。《中国社区报》、《北京日报》、北京人民广播电台等媒体对全市社区建设成果进行专题报道。

（尹长生）

【“一刻钟社区服务圈”示范点建设连续7年纳入市政府办实事项目】 2016年年初，市政府将“建成100个‘一刻钟社区服务圈’示范点，让群众在家门口就能享受到10大类60项基本公共服务”纳入拟办重要实事项目。此项工作由市社会办、市商务委、市民政局共同主责，已经连续7年纳入市政府办实事项目和市政府折子工程。

（尹长生）

【东城区龙潭街道左安漪园社区进行“培育和践行社会主义核心价值观文艺汇演”】 1月23日，市委社会工委委员、市社会办副主任陈建领参加东城区龙潭街道左安漪园社区“培育和践行社会主义核心价值观文艺汇演”。陈建领在致辞中，充分肯定龙潭街道及左安漪园社区工作，向社区广大居民致以节日的良好祝愿，同时感谢左安漪园社区对市委社会工委、市社会办机关党建工作的支持。社区居民、志愿者、社区社会组织和共建单位表演了精彩纷呈的节目。社区建设处党支部派人陪同参加活动。

（尹长生）

【2016年全市社区建设工作会召开】 2月23日，市委社会工委、市社会办召开2016年全市社区建设工作会。会议总结了2015年全市社区建设工作，部署了2016年社区建设重点任务，印发2016年全市社区建设工作要点和任务分解书，明确“一刻钟社区服务圈”、社区治理现代化等重点任务。2016年全市将重点建设“一刻钟社区服务圈”示范点100个、社区规范化示范点118个、老旧小区自我服务管理试点154个、村级社会服务试点110个。各区委社会工委、区社会办主管领导和科室负责人等60余人参加会议。

（尹长生）

【第九届“十大感动社区人物”评选揭晓】 2月29日，第九届“感动社区人物”评选结果揭晓，（增加人名）并举行简洁的颁奖典礼。活动以“发现公民榜样”为主题，由市委宣传部、市委社会工委、首都文明办指导，《新京报》主办。本次活动自2015年5月4日启动，到2015年12月31日结束，历时8个月。在各区、街道、社区及相关组织推荐的基础上，利用报纸、网络等媒体宣传报道了32位“感动”公众的普通人物，通过评委投票，评选出免费为居民提供法律服务的律师欧阳继华等“十大感动社区人物”。

（尹长生）

【第七届“北京魅力社区”评选表彰活动启动】 3月28日，举办第七届“北京魅力社区”评选表彰活动启动仪式，发布了评选表彰活动总体安排，往届获奖社区代表、区社会办代表、专家评委代表分别发言，市委社会工委书记、市社会办主任宋贵伦出席活动并讲话。本届“北京魅力社区”评选以“我居我管我快乐”为主题，设“北京魅力社区”和“北京魅力社区单项奖”各10个奖项。本次活动由市委社会工委、市社会办、市人力社保局主办，北京人民广播电台城市广播承办，来自全市各区委社会工委、区社会办主管领导、科室负责人，专家评委代表、社区代表、媒体记者等200余人参加了活动。

（尹长生）

【全市社区减负工作推进会视频会议召开】 4月28日，召开全市社区减负工作推进会视频会议。部署《关于进一步开展社区减负工作的意见》，全市社区减负工作将围绕依法确定社区工作事项；清理社区组织机构、挂牌、台账；规范考核评比项目；规范社区印章使用管理制度；提升自治功能和服务水平；整合社区综合信息网络等六个方面展开。通过开展社区减负工作，明确社区组织的主要职责，让社区回归服务自治本位，让社区居委会回归基层群众性自治组织的本位，有更多的精力和时间组织居民开展自我服务、自我管理、自我监督和自我教育。

（尹长生）

【京台社区治理论坛举行】 5月25日，京台社区治理论坛举行。邀请京台两地6位专家学者，分别围绕基层社区治理、社区妇儿工作、地方文化资源的保护、开发与社区参与等主题，探讨两岸社区发展的机遇与挑战，分享社区营造和社会建设的创新经验。台湾社区重建协会参访团和北京部分街道、社区代表等100余人参加论坛。

（尹长生）

【“2016京台社区发展论坛”举办】 6月6日至11日，为促进京台社区交流共融、合作发展，由北京市台办、市社会办、市农委、市旅游委、团市委、市民政局、市人力社保局、市科委、市经信委以及海淀区、延庆区政府指导和支持，北京海峡两岸社区发展研究中心、台湾原乡文化暨社区发展协会、大高雄里长主席联谊总会分别在台湾和北京共同举办“2016京台社区发展论坛”及“以粽凝情　共度端午”京台社区交流系列活动。

（论坛的内容和成果）

（尹长生）

【全市社区建设重点任务稳步推进】 截至6月底，全市新建成“一刻钟社区服务圈”示范点67个，占全年任务的63%；社区规范化示范点75个，占全年任务的63%；老旧小区自我服务管理试点86个，占全年任务的53%；村级社会服务试点63个，占全年任务的54%；全市2990个社区中有2933个社区服务用房达标，达标率98%，城市社区已基本实现用房全部达标任务。

（尹长生）

【全市街道办事处主任集中培训班举办】 7月5日至8日，市委组织部、市委社会工委、市委党校二分校联合举办2016年度全市街道办事处主任集中培训班。培训采取专题讲座、座谈讨论、学员论坛等形式，围绕学习贯彻党的十八届五中全会和市委十一届十次全会精神，立足“十三五”社会经济发展新常态，以加强党的建设、习近平总书记系列讲话精神、国际形势分析、创新城市管理体制改革、深化基层社会治理、供给侧结构性改革、首都社会治理体制改革等为主题进行专题讲座。全市街道办事处主任及相关部门共150余人参加了培训。

（尹长生）

【第七届“北京魅力社区”评选表彰首场落地宣传活动举行】 8月5日，第七届“北京魅力社区”评选表彰首场落地宣传活动举行。活动在朝阳区潘家园街道社区服务中心举行，采取上下联动的组织方式，通过多媒体演示、文艺演出、宣传海报等多种方式，集中展示了朝阳区16家入围社区的特色工作。北京人民广播电台及有关街道、社区居民代表150余人参加活动。

（尹长生）

【全市社区治理工作交流座谈会召开】 为贯彻全市社会建设半年工作座谈会精神，总结社区治理工作经验和典型做法，推动社区建设全年重点任务落实，8月10日，组织各区委社会工委、区社会办主管领导和科室负责人，实地观摩朝阳区安贞街道黄寺社区、海淀区田村路街道阜四小院、石景山区八角街道八角南路社区，社区建设专家进行现场点评。各区围绕实地观摩情况和半年社区建设工作进行了交流发言。会议总结了全市社区建设上半年工作，并对下半年工作进行了部署。

（尹长生）

【北京市第十届“和谐杯”乒乓球总决赛暨总结表彰大会举行】 10月22日下午，第十届“和谐杯”乒乓球决赛和表彰大会在昌平体育馆举行。北京市人大常委会主任杜德印、国家体育总局及北京市有关部门负责人、奥运冠军丁宁出席。本届活动在今年5月至10月开展，有京津冀各地的5858支代表队、719326人次参加了系列比赛。共评出中共北京市纪委市监察局等317个单位“优秀组织奖”和劳动午报社等20个单位“优秀报道奖”。

（尹长生）

【2016年全市社区建设工作培训交流会举办】 11月21日至22日，2016年全市社区建设工作培训交流会举办。会议采取专题讲座与学员交流相结合的方式召开，北京工业大学杨荣副教授就提升首都社区服务能力水平进行讲座，区、街道、社区的17位代表围绕“一刻钟社区服务圈”建设、老旧小区自我服务管理、社区规范化建设、村级社会服务及社区治理创新等方面交流发言，相关专家进行现场点评。全市各区委社会工委、区社会办主管领导、科室负责人，部分街道社区负责人共300余人参加培训交流。

（尹长生）

【2016年全市京台社区交流工作培训座谈会

举办】 11月22日，2016年全市京台社区交流工作培训座谈会举办。会上，8位街道、社区代表，围绕京台社区发展合作交流工作，畅谈心得体会、分享经验感受，相关专家进行了点评。全市各区委社会工委、区社会办主管领导、科室负责人，2015年、2016年京台社区交流试点街道、社区负责人，北京海峡两岸社区发展研究中心人员等共200余人参加会议。

（尹长生）

【全市老旧小区自我服务管理试点和“一刻钟社区服务圈”建设工作专题会召开】 12月13日，市委社会工委、市社会办召开全市老旧小区自我服务管理试点和“一刻钟社区服务圈”建设工作专题会，各区委社会工委、区社会办主管领导和科室负责人等参加会议。会议讨论了《北京市市级社区建设重点任务资金使用管理暂行办法（征求意见稿）》，部署了2016年社区公共服务设施建设情况统计调查工作，研究了下一步推进老旧小区自我服务管理试点和“一刻钟社区服务圈”建设的思路及打算，市委社会工委委员、市社会办副主任王智玲出席会议并讲话。

（尹长生）

【第七届“北京魅力社区”评选表彰颁奖活动举行】 12月18日，第七届“北京魅力社区”评选表彰颁奖活动在首都图书馆剧场举行，该项活动由市委社会工委、市社会办、市人力社保局主办，北京城市广播承办。按照申报、初选、投票、审定、公示等环节，最终产生了“北京魅力社区”和“北京魅力社区单项奖”各10名，并向获奖单位颁发了奖杯和证书。主办单位相关领导，各区委社会工委、区社会办、部分街道、获奖社区及居民代表等共500余人参加了活动。

（尹长生）

【全市“一刻钟社区服务圈”覆盖率不断扩大】 年内，全市新建成“一刻钟社区服务圈”106个，累计建成1342个，覆盖2540个社区，覆盖率达到84%，惠及1569万社区居民。各级共投入资金2578万元，新建、规范提升各类便民商业网点1700个，新增为民办实事便民商业网点550个，增设、完善服务设施608处，新增签约服务商1157家。

（尹长生）

【全市社区规范化示范点建设高标准推进】 年内，全市按照“七化”标准着力规范提升社区服务管理软、硬件建设，新建成119个示范点，累计建成682个示范点，共有2452个社区安装新标识系统。全市各级共筹集资金10624万元，完善各类设施1076处，培育发展社区社会组织732个，开展社区志愿服务21407人次。与市委组织部、市民政局、市质监局一起，研究制定了社区服务与管理工作规范。

（尹长生）

【全市老旧小区自我服务管理试点工作创造性开展】 年内，全市新完成161个试点建设，试点社区新增和规范停车位2.4万余个，召开驻区单位议事协商会议573次，驻区单位向居民开放服务设施278处。全市累计建成试点493个。联合市住建委等部门出台《北京市2016年既有多层住宅增设电梯试点工作实施方案》。东城区研究制定了《关于在平房区和老旧小区物业管理服务中加强居民自治管理的意见》。朝阳区探索老旧小区管理从“准物业”向专业物业转变。

（尹长生）

【全市城乡社区服务管理一体化建设积极推进】 年内，全市各级积极推进“一刻钟社区服务圈”建设成果向广大农村延伸，共筹集资金5262万元，完成118个村级社会服务试点建设任务，组织村民服务需求调查3065次，增设、完善服务项目668个、服务设施369处，开展村民公益活动996次。截至

2016年12月底，全市累计建成试点村569个。

（尹长生）

【全市社区服务项目不断丰富】　年内，全市上下推动社区服务“十大覆盖工程”，完善服务设施。深入开展社会心理进社区活动，举办278场心理服务公益活动，开展社区心理服务站标准化建设试点，建立社区心理服务站32个。大兴区出台“十三五”养老服务业发展的实施意见，选取试点建设社区日间照料中心，多方联动构建新型社区养老服务体系。密云区开发“密云生活一点通”App软件，为群众提供21类便利服务信息。

（尹长生）

【全市社区用房建设任务基本完成】　年内，全市城市社区已基本实现管理服务用房全部达标任务。分三批对881个已建成社区管理服务用房投入使用情况进行了网上公示，接受社会各界和社区居民的监督。丰台区进一步加强社区用房建设，租赁、新建、改扩建办公用房项目26个。石景山区在已经全部达标的基础上，进一步加大投入力度，改造提升社区办公服务条件，全区社区用房平均达到479平方米。大兴区圆满完成第三批23个社区用房购买工作。

（尹长生）

【全市每百户居民可使用社区公共服务设施面积已提前实现“十三五”预期目标】　统计显示，全市常住人口每百户居民可使用的社区公共服务设施面积为31.9平方米，超过“十三五”规划中提出的30平方米/百户的预期指标。参与有效调查的2911个社区中，社区公共服务设施总面积达到481.2万平方米，比2015年度增加了23万平方米，增长5%。其中社区层面设置的管理服务用房、托老所、老年活动场站、社区卫生服务站、助残服务中心等183.4万平方米；在街道（乡镇）层面设置的直接服务社区居民的公共服务设施为297.6万平方米。

（尹长生）

【全市社区治理创新成果不断丰富】　年内，全市认真落实《关于深化北京市社会治理体制改革的意见》和《关于深化街道、社区管理体制改革的意见》，加快推进社区治理体制改革。制定《关于2016年推进全市智慧社区建设的意见》，新建智慧社区549个，累计建成2221个，覆盖75%的城市社区。开展“区域化党建、多元性自治、开放式服务”试点专题调研，扩大试点范围，拓展社区服务站服务功能和服务范围。

（尹长生）

【全市社区民主自治进一步深化】　年内，在全市推广“参与型”社区协商模式，充分发挥市民公约、乡规民约等基层规范在社会治理中的积极作用。联合市委组织部、市民政局等部门，出台《关于全面推进以德治理城乡社区的指导意见》。西城区制订了社区居民公约建设工作的实施方案，以16个社区为试点，引导居民自治解决停车、胡同整治等问题。朝阳区把集中性协商与常态化协商相结合，在“拆墙打洞”治理、拆除地锁、拆迁区域系统治理等方面发挥了积极作用。石景山区制定了《石景山区社区协商工作规程》，门头沟区出台了《关于推进“参与式协商”自治模式建立社区多元参与机制的工作意见》。

（尹长生）

【全市京台社区发展交流项目影响不断扩大】年内，分别在北京、台湾高雄举办京台两岸社区治理论坛和京台社区发展论坛，完成20场“京台社区大讲堂”和10场京台社区大舞台活动。会同市台办组织5个调研团赴台围绕智慧社区、社区文化等方面进行专题考察调研。组织全市16个区4批次250余人赴台参访交流，接待台湾34批次750余人来京交流，京台两地社区签订合作协议104项，有力地促进了京台两岸社区文化融合和情感交流。政治局常委、全国政协主席俞正声、市委书记郭金龙等领导对京台社区交流工作分别批示，给予高度肯定。

（尹长生）

社会组织建设

【概况】 2016年，社会组织工作紧紧围绕完善“枢纽”体系这条主线，进一步抓基础、抓规范、抓创新，加强本领域社会组织建设，工作取得新成效。一是“枢纽型”社会组织三级工作体系进一步完善。新认定15家市级“枢纽型”社会组织，市级“枢纽型”社会组织51家、区级231家、街道（乡镇）级467家，基本实现对全市各级各类社会组织工作的全覆盖。制定了《市级“枢纽型”社会组织业务工作规范》《关于推动市级“枢纽型”社会组织建立社会矛盾纠纷调解专委会的工作方案》。二是市级“枢纽型”社会组织工作取得明显成效。通过市级社会建设专项资金，设立或协调专项资金，建立社会组织服务（孵化）平台，成立“诚信自律联盟”，签署“诚信自律公约”等支持社会组织发展。同时以签订框架协议、建立战略联盟、举办高峰论坛及产业对接会等形式服务“京津冀”协同发展。各单位全年累计举办各类业务培训600多场次、培训近10万人次。三是区、街社会组织工作稳步推进。区、街两级“枢纽型”社会组织达到698家，建成社区社会组织联合会50家，建立社会组织服务（孵化）基地区级16个、街道级81个。四是对社会组织的培育支持力度不断加大。向265个社会组织购买360个管理岗位。与北京大学合作，举办3期“北京市社会组织治理创新暨能力提升高级研修班”，培训社会组织骨干人员900人。成立“北京市社会组织人才服务交流平台”，举办各类业务培训146期，提供咨询服务290余场次，市、区、街三级社会组织孵化（服务）机构累计培训超过8000人次。五是社会组织公益活动全面开展。全年共推出公益活动3048项，累计服务城乡居民超过百万人次。开展了“第三届北京市社会组织公益服务品牌评选”，对100个优秀品牌进行表彰奖励。成功举办第二届“北京社会公益汇”，全市1600多家社会组织在现场开展了公益成果展示、资源对接、主题论坛等活动，各界群众15000多人现场观摩。六是社会组织专项调查研究和社会组织党建工作有序开展。起草北京市《关于创新服务管理体制机制促进社会组织健康有序发展的意见》文件、开展专题调研、配合民政部门研究制订有关方案；做好主管社会组织党建指导、协调工作，协调组织开展“两学一做”学习教育活动。

（王丽蕊）

【“走向2022　让北京走起来”新年徒步大会举办】 1月9日，团市委在奥林匹克森林公园举办“走向2022　让北京走起来”新年徒步大会，号召广大市民积极参与徒步运动，锻炼体魄、绿色出行，用实际行动助推大气污染治理、缓解交通拥堵，为2022年北京冬奥会贡献力量。奥运冠军、徒步达人等共3000余人参加此次活动。

（王丽蕊）

【北京工业经济联合会社会组织培训会召开】 1月10日，北京工业经济联合会社会组织培训会召开，邀请市改革办领导对《京津冀协同发展纲要》内容框架、京津冀三地职能分工、社会组织在京津冀工作中的作用等方面进行了全面讲解。北京工业经济领域行业协会及部分会员企业负责人共120余人参训。

（王丽蕊）

【中关村社会组织联合会年度工作会议召开】 1月28日，中关村社会组织联合会召开年度工作会议，总结2015年工作、部署2016年工作，对优秀社会组织及先进个人进行了奖励表彰，签订了《中关村社会组织自律公约》，印发了《中关村社会组织发展指南》《示范区社会组织工作手册》。市委社会工委、市民政局、中关村管委会等有关单位领导及示范区社会组织代表300余人参会。

（王丽蕊）

【2016年中关村社会组织诚信体系研讨会召开】 3月11日，中关村社会组织联合会举办2016年中关村社会组织诚信体系研讨会，会议对《2016版诚信报告》范本的基本内容进行了解读，就《2016年诚信体系建设工作方案》及《中关村社会组织诚信体系建设规划纲要（2016—2020）》（讨论稿）征求了会员代表的意见，40余名会员单位代表参加了研讨会。

（王丽蕊）

【市侨联2016年社团工作会议召开】 3月15日，市侨联2016年社团工作会议召开，会议围绕2016年重点工作进行了交流，提出侨界社团组织要发挥好政治引领作用，营造积极向上的良好氛围，自觉传递正能量；要充分发挥自身的人才优势，关注社会热点、难点问题，为国家的建设发展群策群力，贡献侨界智慧。23个社团的会长或相关负责人以及购买社会组织管理岗位人员参加了会议。

（王丽蕊）

【全国迎春征联活动颁奖暨联墨展启动】 3月17日，由北京市文联主办、北京楹联学会承办的“决胜‘十三五’，全面建小康”全国迎春征联活动颁奖暨联墨展启动仪式在西城区第一图书馆举行。此次活动历时一个月，共收到全国各地楹联作品3147副，作品用真挚的情感和生动的语言热情讴歌了京华春色、神州梦想、盛世宏图，赞颂了改革开放的丰硕成果和全国上下一心“决胜‘十三五’”的壮志豪情，活动评选出金、银、铜及优秀作品共计36副。

（王丽蕊）

【“北京市民办社会工作服务机构诚信联盟”成立】 3月25日，“北京市民办社会工作服务机构诚信联盟”成立大会召开，该联盟由北京社会工作者协会发起，旨在为进一步加强行业自律，推进诚信建设。会上，发布了《诚信联盟实施规则》《诚信自律公约》，号召各专业机构规范运营、诚信自律、提高服务水平。截至年底，全市专业社工机构已发展到204家。

（王丽蕊）

【市商联会第四届理事会第三次会议召开】 3月25日，市商联会召开第四届理事会第三次会议，主要审议2015年工作，布置2016年工作。明确指出2016年将要助力商业服务业企业转型升级和商业模式创新，积极发挥“枢纽型”社会组织作用、树立行业品牌、加强自身建设，全面提升服务品质。

（王丽蕊）

【市妇联2016年社会组织年会召开】 4月7日，市妇联2016年社会组织年会召开，会议明确了2016年工作目标，一是进一步完善社会组织日常联系制度。坚持社会组织秘书长工作例会、会长年度工作会议制度。二是着力搭建平台、提供服务。建立“妇女儿童公益服务资源平台”，搭建沟通交流、资源对接和联合服务平台。三是着力促进社会组织规范发展，印发《妇女儿童类社会组织规范管理办法》，进行规范化管理。四是探索“以社管社”模式。成立“妇女儿童社会组织发展联合会”，将100多家由市妇联联系的社会组织作为会员单位纳入其中。会上表彰了7个先进集体、13个先进个人和6个家庭，4家社会组织代表做交流发言。120个社会组织负责人参加了会议。

（王丽蕊）

【2016“北京国际友好林”植树活动举办】 4月9日,2016“北京国际友好林”植树活动在昌平举行，该项活动以“手牵手、共筑北京蓝天”为主题，由市对外友协、团市委、市民交协等共同主办，来自德国、意大利、韩国、日本等30多个国家和驻华使节、外国专家、驻京国际组织及留学生代表400余人参加活动。该活动已连续举办2届，是北京市民间对外交往领域的一个品牌公益项目。

（王丽蕊）

【市贸促会“走进天津自贸区”活动开展】 4月14日，“走进天津自贸区”活动启动，该项活动由市贸促会主办，以“搭平台、聚商机、促合作”为主题，对外经贸领域行业协会、商会及企业代表50余人参加。考察团先后考察了天津自贸区机场片区、中心商务片区以及天津港东疆片区，详细了解其产业布局、发展特色及优惠政策，与当地政府部门、企业及有关方面进行了深入交流。考察过程中，市贸促会发挥“枢纽”作用、主动牵线搭桥的工作思路受到外地同行的一致好评。

（王丽蕊）

【市级“枢纽型”社会组织工作片会召开】 4月20日、4月27日，市委社会工委、市社会办先后召开慈善公益类、工商经济类市级“枢纽型”社会组织“片会”。按照分类指导、突出实效的原则，以“专题沙龙”的形式，安排了《慈善法》辅导、经验分享、工作交流等，效果比较明显。

（王丽蕊）

【“北京诚信联盟”成立】 4月26日，“北京诚信联盟”成立。在联盟成立仪式上，通过了《北京诚信联盟章程》，签署了《北京诚信联盟诚信宣言》。该联盟由北京信用协会和北京企业评价协会牵头，68家社会组织和企业发起成立，旨在整合行业、企业等社会优质资源，通过建立诚信建设工作长效机制，打造多领域、一体化、开放式的诚信协同发展平台，推动我市行业、企业信用体系建设。

（王丽蕊）

【首届“北京社会组织知识大奖赛”启动】 4月26日，北京首届社会组织知识大奖赛启动仪式在朝阳区民政局举行。活动由市社会办、市社团办支持指导，北京煜博社会组织服务指导中心主办，旨在引导社会组织自我学习、自我教育、自我提高，更好地参与社会治理。主办方聘请专家编写题库、制定规则，分赛前培训、初赛、复赛、决赛4个阶段，比赛内容包括社会组织内部治理、项目管理、筹款募捐、财务制度等多个方面。活动自4月份启动至11月份结束，市级“枢纽型”社会组织、16个区将在市、区两级社会组织中分领域、分区域组队参赛。

（王丽蕊）

【“京津冀”（朝阳区、武清区、廊坊市）社会组织联盟成立】 4月26日“京津冀”（朝阳区、武清区、廊坊市）社会组织联盟举行签约仪式，由北京市朝阳区社会组织联合会发起，天津市武清区、河北省廊坊市相关社会组织加盟，旨在推动三地社会组织合作交流、协同发展。将在四个方面深化合作：一是推动社会组织服务管理政策对接、工作联动；二是推动三地行业协会商会在制订产业规划、建立行业标准、规范市场秩序等方面强化合作；三是探索建立三地社会组织展示交流和综合服务平台；四是在社会组织人才队伍建设上加强交流与合作。

（王丽蕊）

【“北京市社会组织治理创新暨能力提升研修班”举办】 5月9日至9月2日，同北京大学继续教育学院合作，连续举办3期“社会组织治理创新暨能力提升研修班”，来自“枢纽型”社会组织及行业协会商会、慈善公益组织等有关方面代表共900人参加培训。培训以深入贯彻落实习近平总书记“七一”

讲话精神、“十三五”规划等一系列中央精神以及市委市政府工作部署为主题，紧密结合我市社会组织工作实际，通过专题授课、案例分析、经验交流、座谈讨论等形式把理论与实践相结合，突出针对性与实效性，促进参训人员认清发展形势、掌握政策规定、提升业务能力。

（王丽蕊）

【“走进科博会看北京”公益活动开展】　5月10日，在北京第十九届科博会召开之际，市贸促会邀请外来务工家庭和子弟学生走进科博会，走进北京理工大学光电实验室、中国商用飞机有限责任公司、北京民用飞机技术研究中心和北京市轨道交通建设管理有限公司等单位进行实地参观、体验，使他们进一步拓宽视野、了解科技发展、感受生活改变，进而坚定“科技梦”助推“中国梦”的理想信念。100多个外来务工家庭和300余名外来务工子弟学生参加此次活动。

（王丽蕊）

【市残联组织开展多项“全国助残日”主题公益活动】　5月15日，第26次全国助残日，市残联持续开展了郊区盲人到中国盲文图书馆参观体验、残疾人“手摇中国团队”交流分享、帮扶孤残儿童公益项目发布、走进福利院关爱孤残儿童、无障碍服务能力培训、彩金助听器免费发放等系列公益活动，积极营造残健共融、平等共享的良好社会氛围。

（王丽蕊）

【2016北京国际农业·农产品采购对接会在京召开】　6月6日，“2016北京国际农业·农产品采购对接会”在京召开，对接会由北京农业产业化龙头企业协会主办，美国、俄罗斯、法国、意大利、澳大利亚、捷克、波兰、爱尔兰等国家驻华使馆、国际交流机构和跨国企业参会代表，与众多国内知名涉农企业负责人，围绕中外涉农市场贸易、科技金融服务等方面，积极探讨合作。本次对接会是将于10月21—23日在全国农业展览馆举办的“2016北京国际农业·农产品展览会”有机组成部分，旨在以对接服务贯穿国内外参展商及相关合作方参与展会的始终。展会将通过组织十场以上的高端行业论坛、二十场以上专业对接活动和一百场现场活动，充分展示农业工业化、大众创业万众创新和“互联网+农业”的最新成果。

（王丽蕊）

【京青年徒步挑战赛启动发布会仪式启动】　7月8日，由北京团市委、北京市徒步运动协会主办的“践行五大发展理念　共建共享美丽北京”北京青年徒步挑战赛启动发布会在青年宫召开。此次徒步挑战赛于7月11日开始报名，7月15日正式开赛，100天内完成5000公里的团队即算挑战成功，挑战赛结束后，将评选出完赛奖、优胜奖和最佳组织奖。除此之外，还增设了“最美印迹”随手拍、“最美徒步线路”推荐、“爱北京”主题诗歌、散文评选和最佳主题团日评选等辅助活动，旨在引导广大青年树立创新、协调、绿色、开放、共享的发展理念。

（王丽蕊）

【市慈善义工联合会第二届第一次代表大会召开】　7月24日，市慈善义工联合会在全国人大会议中心礼堂召开第二届第一次代表大会。会上做了《第一届理事会工作报告》《第一届监事会报告》，对主要工作进行了总结和回顾，表决通过了《联合会章程草案》修改情况、《会费管理办法》、《理事会选举办法》等，同时还选举产生了第二届理事会，对下一步工作进行了部署。市委社会工委书记、市社会办主任宋贵伦出席会议并讲话，希望联合会进一步“发挥市级‘枢纽型’社会组织三大作用、巩固发展五大品牌、完善内部组织结构，不断在继承基础上发展、在发展中创新和完善”。联合会所属100多个社会组织选举产生的180名会员代表出席大会。

（王丽蕊）

【京津冀文联携手推动社区文化协同发展】 7月28日,由北京市文联发起，天津市、河北省文联共同主办的“推进京津冀社区文化协同发展座谈交流活动”在北京西城金融街少年宫举行。此次活动紧密围绕“繁荣社会主义文艺与京津冀协同发展”主题，积极探讨如何借助京津冀协同发展机遇，加强三地资源共享、搭建文化共建平台、促进社区文化协同发展。会上，京津冀社区代表介绍了文化建设情况，交流了经验做法；著名艺术家万山红谈了“送文化进社区”的体会；社区建设专家、学者就社区文化建设制度机制、资源整合、沟通协调等方面进行了研讨和探索。京津冀三地各界代表60余人参会。

（王丽蕊）

【《市级“枢纽型”社会组织业务工作规范》印发实施】 8月17日，《市级“枢纽型”社会组织业务工作规范》正式印发。该文件共8章36条，提出了市级“枢纽型”社会组织在业务工作上应具备6个要素，即开放式体系、支持型平台、常态化机制、创新型载体、引导性规范、品牌化特征，并就实现这些要素的方法、渠道和工作标准等做出了相应规定。

（王丽蕊）

【北京市“枢纽型”社会组织负责人赴贵阳“筑城公益汇”学习交流】 8月6日，贵阳市首届社会组织“筑城公益汇”开幕。市委社会工委书记、市社会办主任宋贵伦应邀带领北京市“枢纽型”社会组织负责人到贵阳学习交流，并致辞。“公益汇”上，展示了北京社会组织公益服务“十大品牌”，同时团市委、市残联、中关村社会组织联合会、市志愿服务联合会、北京社会工作者协会等10家单位与贵阳市相应社会组织签订了合作协议。考察团一行还到贵阳市“呼叫中心与服务外包产业示范基地”“大数据应用展示中心”“众筹金融交易所”“货车帮”物流港等地考察学习，到遵义开展纪念长征胜利80周年党日活动。

（王丽蕊）

【市委社会工委、市社会办召开主管的社会组织“两学一做”学习教育推进会】 8月26日，市委社会工委、市社会办主管的社会组织“两学一做”学习教育推进会召开，会议传达了中央、市委关于“两学一做”学习教育的安排、部署和要求，总结了前一阶段学习教育开展情况，对下一阶段继续开展好学习教育以及建立健全社会组织党组织工作体系等进行了具体布置。同时，会议对落实《北京市行业协会商会与行政机关脱钩试点方案》和《关于改革社会组织管理制度促进社会组织健康有序发展的意见》等文件精神作了具体解读、提出明确要求。市委社会工委、市社会办主管的32家社会组织负责人及主要工作人员参加了会议。

（王丽蕊）

【《关于推动市级“枢纽型”社会组织建立社会矛盾纠纷调解专委会的工作方案》印发】 9月8日，《关于推动市级“枢纽型”社会组织建立社会矛盾纠纷调解专委会的工作方案》印发实施。文件由市委社会工委、首都综治办、市社会办联合印发，旨在贯彻落实中央和市委市政府关于完善矛盾纠纷多元化解机制的安排部署，引导和支持社会组织参与矛盾化解、促进社会和谐。着重明确了“专委会”的成立方式、功能职责、保障措施等，年内，具备条件的“枢纽型”社会组织均建立相应机构并逐步推动工作开展。

（王丽蕊）

【全市社会组织工作第三季度例会召开】 9月21日，全市社会组织工作第三季度例会召开，通报、布置了第二届“北京社会公益汇”等相关工作事宜，对《市级“枢纽型”社会组织业务工作规范》《关于推动市级“枢纽型”社会组织建立社会矛盾纠纷调解专委会的工作方案》等文件进行了解读。市级“枢纽型”社会组织部门负责人，各区社会工委、社会办主管领导或科室负责人60余人参会。

（王丽蕊）

【北京市公益法律服务促进会第一次会员代表大会召开】 9月29日，北京市公益法律服务促进会第一次会员代表大会在北京会议中心召开。会议审议表决通过了促进会《章程》，选举产生了以田玉玺为会长的理事会。促进会全体单位会员代表和个人会员以及市委政法委、市公检法司有关单位领导和部门负责人参加会议。

（王丽蕊）

【千名劳动者将获赠“最美微笑照”】 10月17日，“把微笑带回家，为最美劳动者点赞——2017年关爱外来务工人员”大型公益活动在中铁六局新建京张铁路二标项目部一分部工地启动。该项活动作为全市送温暖活动之一，劳动午报社将组织包括劳模摄影俱乐部成员、报社摄影记者在内的摄影志愿者，走进企业，走到劳动者身边，免费为1000名劳动者拍摄笑脸照，展示他们在工作、生活中的风采，同时制作成精美照片，让他们把“微笑”带回家。

（王丽蕊）

【第二届京津冀法学交流研讨会在京举行】 10月18日，第二届京津冀法学交流研讨会在北京举行，研讨会由北京、天津、河北三地法学会主办，北京市法学会承办。会议分三个专题分别对京津冀三地协同立法的理论、实践以及优先推动的立法领域进行交流，30多位法学专家和法律实务部门工作人员参会。

（王丽蕊）

【第二届“北京社会公益汇”举办】 10月21日至23日，第二届“北京社会公益汇”在全国农展馆举办。全市1600多家社会组织在现场开展了公益成果展示、公益产品义卖、公益服务咨询、公益资源对接、公益项目众筹、“互联网+公益”演示以及观摩、互动、交流等活动，同期还举办了“枢纽型”社会组织发展、京津冀社会公益协同、公益大数据应用等主题论坛以及“社会组织知识大奖赛”“社区社会组织项目大赛”等特色活动，场外同步开设了“创享空间”等5条公益参访路线。市社会建设工作领导小组办公室成员单位、市级“枢纽型”社会组织、区社会建设工作部门负责人现场指挥，贵阳市委群工委、新疆兵团农十四师及天津市、河北省有关单位组团来访，各界群众15000多人现场观摩，近20家主流媒体进行了宣传报道。本届公益汇全面展示了北京市近年来社会组织公益成果，发布公益项目180多项，达成120余个项目合作意向，涉及资金总额达800余万元，产生良好社会反响。

（王丽蕊）

【“北京市社会组织人才交流服务平台”成立】 10月，“北京市社会组织人才交流服务平台”揭牌成立，同时成立北京社会组织人才服务工作专委会，相对集约地为社会组织、毕业大学生等提供就业指导、人才交流、档案管理、招录聘用、政策咨询等系列人力资源服务，以更好地加强社会组织领域人才队伍建设。

（王丽蕊）

【北京市科协召开八届十一次常委会议】 11月3日，北京市科协召开八届十一次常委会议，审议了北京市科协第八届委员会工作报告（讨论稿）和北京市科协实施《中国科协章程》细则（讨论稿）等九大筹备工作文件，并形成共识。36名常委出席会议，市科协机关各部门、直属单位负责同志列席会议。

（王丽蕊）

【首届京津冀协同发展社会组织高峰论坛举办】 11月3日，首促会举办了首届京津冀协同发展社会组织高峰论坛，发布了《行业协会商会参与京津冀协同发展研究报告》，来自全国性行业协会、北京、天津、河北行业协会商会等社会组织负责人、政府代表等分别围绕“行业协会商会推动功能疏解产业转移、促进区域协同发展，政府、社会组织、会员企业合作，促进三地协同发展”等主题展开深入探讨。

（王丽蕊）

【“折翼天使·展翅飞翔”关爱服刑人员子女系列活动举办】 11月18日，“折翼天使·展翅飞翔”关爱服刑人员子女系列活动在太阳村举办，该活动由北京慈善义工联合会与千龙网共同举办，主要以关爱特殊儿童、给服刑人员子女送温暖为主题，通过捐赠生活、学习用品，同台演出节目，共同认领种植葡萄树等活动，使孩子们感受到社会的关爱，增强生活自信。西城区少年宫、联合会亿天使分会的小天使们参加了节目汇演，认领葡萄树124棵，社会各届人士400余人参加了此次活动。

（王丽蕊）

【北京市法学会“法治建设公益讲堂”走进通州法院】 12月2日，市法学会邀请中国人民大学法学院姚欢庆教授到通州法院以“买卖合同中的法律问题”为主题，进行了普法讲座、现场互动问答，同时还向通州法院赠送了法学法律书籍。近300位法官干警聆听了讲座。据悉，本次活动是市法学会“法治建设公益讲堂”系列活动之一，走进法院旨在为法官提供理论指导，夯实基层法院干警的理论基础，提升办案质量，促进裁判标准的统一。

（王丽蕊）

【市区街三级社会组织孵化机构负责人培训班举办】 12月15日至16日，市区街三级社会组织孵化机构负责人培训班成功举办。来自全市近70家社会组织服务（孵化）机构负责人约100人参加了培训。培训旨在加强全市社会组织孵化（服务）“一中心、多基地”工作体系建设，推动基层社会组织孵化（服务）基地规范化、专业化、标准化运营，增强实务工作能力。参训学员表示，培训内容设计科学，针对性、实用性、操作性强，对社会组织孵化（服务）基地建设和社会组织孵化培育起到积极推动作用。

（王丽蕊）

【中关村标准化协会成立】 12月16日，中关村标准化协会成立大会举办，副市长隋振江和国家经信委、国家标准化委员会及市委市政府有关方面负责人出席。会上发布了新能源与照明等首批7个“中关村标准”，北京银行中关村分行与协会签署了战略合作协议。协会成立立足中关村雄厚的标准化基础，顺应标准化改革和中关村的发展需要，是由中关村有关企事业单位、科研院所、学会、商会、协会、产业联盟组织和个人组成的，以中关村标准的研究、制定、发布和实施为主要工作目标的社会团体。该协会与中关村社会组织联合会、中关村高新技术产业联盟成为中关村三大龙头性社会组织。

（王丽蕊）

【感受冬季“斑马”公园半程马拉松圆满收官】 12月24日，跑向2022冬奥会·第十七届公园半程马拉松北京公开赛在北京奥林匹克森林公园成功举办，本次活动由北京市体育局、北京市体育总会主办。公园半程马拉松赛旨在延续“专业·跑，绿色·跑，纯净·跑，权威·跑”的办赛理念，着力塑造竞赛组织的专业性、有氧环境的绿色性、全民健身的纯净性、成绩标准及评定的权威性的赛事活动，更进一步地调动跑步者的积极性，让跑步者以坚忍不拔的毅力，弘扬奔跑的精神，诠释“斑马”的意义。

（王丽蕊）

【市级“枢纽型”社会组织工作体系进一步

完善】　年内，市委社会工委、市社会办印发《市级“枢纽型”社会组织业务工作规范》，从市级“枢纽型”社会组织在业务工作上应具备开放式体系、支持型平台、常态化机制、创新型载体、引导性规范、品牌化特征等6个方面进行进一步规范；制订《关于推动市级“枢纽型”社会组织建立社会矛盾纠纷调解专委会的工作方案》；新认定15家市级“枢纽型”社会组织，市级“枢纽型”社会组织总数达51家，在落实“枢纽”责任、参与社会治理上进一步凝聚共识、创新举措，呈现出良好工作态势。

（王丽蕊）

【基层社会组织工作稳步推进】　截至年底，全市共认定区、街（乡镇）两级“枢纽型”社会组织696家（其中区级231家，街道、乡镇级465家），覆盖面进一步扩大，并在工作体系基本成型的基础上，结合区域特点，通过完善制度规定、加强岗位和项目支持、配备专职社工、列入重点工作和考核指标等行之有效的模式和方法，积极推进“枢纽型”组织规范化建设，着力发挥引领聚合、带动作用。

（王丽蕊）

【2016年“北京社会组织公益行”系列活动举办】　年内，以“践行公益、服务社会”为主题，“北京社会组织公益行”活动共组织开展公益活动3048项、15000场次，内容涉及扶老助残、支教助学、就业帮扶、科普宣传、心理咨询、节能环保、法律维权、服务三农、城市病治理、京津冀协同发展等众多领域，服务居民超过百万人次。开展“北京市第三届社会组织公益服务品牌”评选，评选出金奖10个、银奖30个、铜奖60个，打造出“逐梦未来”“3510在行动”“新芽计划”等一批公益品牌。

（王丽蕊）

【社会组织培育扶持工作稳步推进】　年内，投入市级社会建设专项资金6715.6万元、市民政部门投入福利彩票公益金2000万元，共购买社会组织服务项目606个，进一步加大社会组织培育扶持力度。“一中心、多基地”服务（孵化）网络更加完善，团市委、市妇联、北京人力资源服务行业协会等9家市级“枢纽型”组织成立了服务（孵化）平台，16个区已全部成立服务（孵化）机构，81个街道成立了相应机构。使用市级社会建设专项资金购买社会组织管理岗位360个。市社会组织孵化中心培育孵化社会组织39家，举办社会组织孵化培育培训24期，培训2000余人次。

（王丽蕊）

【市总工会社会组织工作取得新成效】　年内，市总工会投入400万元，购买社会组织服务项目69个。制定《北京市总工会购买社会组织服务项目管理办法（试行）》及相关4个实施细则、3个指标体系、2个示范文本，形成“1+9”制度体系。职工类社会组织联系服务网络平台（“北京工社网”）正式上线运行，举办4期职工类社会组织能力建设培训班，100余家社会组织的300余名工作人员参加培训。

（王丽蕊）

【市社科联社会组织工作稳步开展】　年内，市社科联支持社会组织开展学术、科研、科普等多项活动，支持经费15万元；支持社会组织开展公益活动82项、100余场次。编印《北京市社科联业务主管学会换届指南》《2011至2015年北京市社科联社会组织大事记》，并规范档案管理。印发《市社科联所属社会组织党建工作指导意见》、举办“书香北京”阅读季、张北植树等党日活动。

（王丽蕊）

【市工商联积极推动社会组织工作取得新成效】　年内，市工商联深入开展以“守法诚信、坚定信心”为重点的理想信念教育实践活动。举办商协会管理人才创新发展研讨会、商协会负责人培训班以及年青一代企业家培训班，参加省级工商联直属商会秘书长和会长培训班。举办商协会秘书长联席会、在京异地商会会长联席会等，加强交流和自身建设。北京市石材行业协会、北京交通物流商会等先后挂牌成立人民调解委员会。

（王丽蕊）

【市志愿服务联合会采取多种形式推动社会组织发展】 年内，市志愿服务联合会打造志愿服务“终端平台”78507 个，推出“北京市志愿服务终端平台电子地图”，改进“志愿北京”信息平台功能，升级微信客户端。开设“志愿大学”、研发在线培训课程；出版“中国特色志愿服务理论体系丛书”《中国特色志愿服务概论》，编印《大型活动志愿服务管理规范》。开展“青春伴夕阳——敬老爱老，全民行动”“蓝天行动”“平安地铁志愿服务项目”等活动，服务人数超百万人次。参加国际志愿全球伙伴关系论坛，支持服务里约奥运会、残奥会，加强与“一带一路”沿线国家和地区交流合作；完成 G20 峰会协调人会议、亚洲基础设施投资银行理事会年会等近 20 项大型活动志愿服务任务。

（王丽蕊）

【市私个协推动社会组织工作开展】 年内，协调 24 家联席会议成员单位制定促进私个经济发展的政策措施，编写《成员单位 2016 年度促进私营个体经济发展工作目标责任制》及《关于对成员单位 2015 年度支持私个经济发展工作综合评价报告》。开展“公益行”系列活动 58 项，同时开展各种义务咨询、义务指路、扶贫济困、便民维修、环保志愿、公益演出等公益活动。组织会员参加山东（菏泽）招商引资洽谈会、“湖北京山”合作洽谈会。与银行、担保公司搭建融资平台，举办了“进入多层次资本市场及股权债权融资”专场培训会。

（王丽蕊）

【首都公益慈善联合会积极加强社会组织建设】 年内，举办《慈善法》专题座谈会、会员业务培训会，解读相关文件、讲授专业课程、对从业人员心理进行调试。参加“港澳慈善论坛”“第四届京台公益论坛”、第五届中国慈展会，宣传“慈善北京”理念。开通“首都慈善网”，涵盖慈善组织信息、慈善项目实施、慈善组织诚信建设、慈善救助等多项内容。组织开展“首都慈善奖”评选表彰活动，确定 23 个受表彰对象，包括爱心人士楷模奖 7 个、爱心企业捐赠奖 5 个、慈善组织贡献奖 5 个、慈善项目示范奖 6 个。

（王丽蕊）

【市农民专业合作社联合会稳步推动社会组织工作】 年内，建立北京农联服务中心，开展农联进社区活动，举办“北京农联 24 集市”，组织 40 余家合作社 300 余类特色农产品参加展示。在亦庄社区建立北京农联 24 集社区 O2O 模式提领店，为 15 个社区提供服务。依托农联网络平台，组织会员单位加强与相关农产品电商平台的对接。围绕农业技术、互联网应用、融资平台、品牌建设等方面，对合作社负责人进行业务培训。

（王丽蕊）

【市红十字会积极做好“对口扶贫支援”工作，彰显社会责任担当】 年内，市红十字会主动对接国家精准扶贫战略，积极推介河北省、贵州省等国家级贫困县助学项目。向河北饶阳县等调拨铜牛集团捐赠物资计 28.53 万元；“同心·共铸中国心”项目在河北康保县开展公益义诊活动，服务就诊咨询群众 1900 余人次、免费 B 超检查 200 余人次、捐赠 16.25 万元药品；向贵州省 5 个县 23 所学校资助 256 万余元，资助学生 236 名、代课教师 15 名。

（王丽蕊）

【市建筑业联合会社会组织工作稳步开展】 年内，举办港澳台商协会交流会、第十九届京台科技论坛第三届建筑科技创新发展论坛、“京津冀”建筑业协会研讨，参加部分省建筑业协会（联合会）交流、并签订友好协会协议书。开展“大型专项施工技术交流”品牌服务项目；开发建设“北京建筑职业培训”网络平台，进行9大类24项培训，累计3000余人参加。举办“暖心家居进社区”“党员献爱心”“捐资助学”等公益行活动。发布《北京市建筑业联合会2016—2020年建设发展规划纲要》。加强会刊建设，建立微信公众号，发送内容55期，受到千余人关注。

（王丽蕊）

【北京注册会计师协会着力加强社会组织工作开展力度】 年内，成立行业人力资源管理专家小组，举办人才形势供需报告会，在网络上设立“北京注册会计师行业社招专区”，加强人才服务。编写专业书籍4部，发布专家提示5项、上市公司年报4期、IPO审计报告信息5期；成立法律专家小组，举办法律风险防控专业论坛。印发《北京注册会计师行业发展规划（2016—2020年）》；成立协会改革治理工作领导小组，研究修订协会《章程》，完善行业收费机制等。

（王丽蕊）

【市社会心理工作联合会社会组织工作取得新突破】 年内，北京市社会心理工作联合会制定完善了《内部工作委员会设立标准及管理办法》《成立区域性分会条件及管理办法》等工作制度。召开社区心理服务站标准化试点工作座谈会，编制《社区心理服务站标准化建设手册》。以“润心工程”为引领，在全市16区共举办公益讲座120场，直接听众9600余人，为特殊群体进行辅导70场次，服务人数3000余人次。制作宣传片《微心理》，发布《北京社会心态蓝皮书》。举办“心理咨询师专项研修班”“社区工作者心理服务能力提升培训班”“项目负责人培训班”等，培训千余人次。

（王丽蕊）

【社会组织党建工作取得新进展】 年内，市社会领域党建研究会指导北京新华社会组织党建研究中心成立北京城乡基层党建创新智库联盟；启动社会组织党建创意设计大赛；开展党建工作信息化建设——“先锋e党建”试点工作。对民营医院党建工作进行调研，开展优秀自选课题成果评选，编辑《2016党建研究课题成果选编》，编印《凝聚——北京社会组织党建巡礼》。制定完善24项管理制度规定，形成了秘书处工作例会、专委会年度工作部署会、会员单位优秀自选课题评选和信息员培训机制。联系服务的社会组织已达157家。

（王丽蕊）

社会工作队伍建设和志愿者工作

【概况】 年内，全市社会工作队伍建设（志愿者）工作以市委、市政府关于社会建设、改革、治理的系列指示精神为指导，紧紧围绕社会工作人才培养、使用、评价、激励及社会领域志愿服务组织和工作全覆盖为主线，着力在完善工作机制、提升能力素质、加强载体建设、优化发展环境等方面抓落实、求实效。一是抓统筹协调，社工人才齐抓共管工作格局逐步形成。不断完善人才队伍建设联席会议机制，明确了“市委组织部、市委社会工委加强统筹协调，市民政局、市人力社保局加强业务政策指导，相关部门协力推进”的“2+2+N”工作机制。联合市民政局印发2016年落实《首都中长期社会工作专业人才发展规划纲要（2011—2020年）》任务分解方案。不断丰富社工人才培养载体，与北京开放大学合作开展社会工作专业人才学历学位教育和市民在线教育，联合北京城市学院开展社工专业7年贯通制培养试点，与国家行政学院、市委党校在联合培养社会工作硕士专业研究生方面深化合作，指导北京青少年社会工作协会建立“北京市社会工作专业督导人才实训基地”。二是抓骨干培养，社工人才整体素质有效提升。不断健全培训体系，举办社会工作管理人才示范培训、高级社会管理服务人才培训、社会工作专业督导人才培训、社区工作者骨干实务能力培训、志愿服务负责人培训等班次，累计培训各类人员3000余人次。继续实施“社会工作硕士专业学位研究生培养计划”，首次将市级社会组织专职社会工作者，市、区社会工作机关专职社会工作者纳入招生培养范围。三是抓待遇提升，社工人才职业发展环境不断改善。积极推进社区工作者待遇规范调整落实工作，社区工作者工资待遇调整在各区全部落实，稳步推进《北京市社区工作者管理办法（试行）》修订工作，完善社会工作人才培养、评价、使用、管理、激励机制，与有关部门进行工作对接，深入研究拓宽社区工作者发展空间的方法途径和政策措施。四是抓机构建设，专业社会工作服务能力明显增强。制定印发《关于开展社会工作事务所规范化建设试点工作的意见》，指导32家试点社会工作事务所开展规范化建设。面向全市148个街道购买专业社工岗位，选择90个试点社区实施专业社工社区服务督导项目，择优对15家新建社会工作事务所给予开办经费支持，委托第三方评估机构对专业社会工作创新项目进行评估。五是抓典型宣传，社会工作影响力不断扩大。编印出版《北京社工风采——北京市社会工作案例集》，举办2016年“国际社工日”暨第四届“首都最美社工”评选表彰活动，组织“最美社工宣讲团”进机关、进高校、进社区活动，开展第五届“寻找首都最美社工”评选活动，营造了全社会共同关注、支持社工的良好氛围。六是抓工作覆盖，社会领域志愿服务活动有效开展。开展“北京市社会公益行”系列活动启动式，印发《2016年“北京社会志愿者公益行”实施方案》，全市新建社区志愿服务站85个，商务楼宇志愿服务站262个，非公经济组织志愿服务组织82个，专业社工机构志愿服务组织28家。全市58家社会组织、43家社工事务所和29座商务楼宇认领对接173个志愿服务项目，涉及扶老助残、关爱儿童、绿色环保等10大类志愿服务活动，受益群众30余万人次。培育支持了社区、商务楼宇、非公经济组织、专业社工机构的504个“接地气、顺民意”“叫得响、立得住”的志愿服务示范项目。

（刘　玉）

【2016年“北京社会公益行”系列活动启动】 3月7日，“北京社会公益行”系列活动启动式举行，主题是“让公益走进生活”，广泛动员社会力量开展志愿服务活动，积极参与首都社会治理。启动式上，向2015年“北京社会志愿服务行”十大志愿服务活动项目、首届“北京社会公益汇”优秀组织单位、“社工+志工”志愿服务十佳项目颁奖，并发布2016北京社会公益行系列活动项目报告，社会公益组织和社工代表进行公益倡议，社会组织代表、专业社工机构代表、商务楼宇代表分别与服务对象签订志愿服务协议。

（刘　玉）

【2016年“国际社工日”暨第四届“首都最美社工”表彰活动举行】 3月14日，2016年“国际社工日”暨第四届“首都最美社工”表彰活动在国家会议中心举行，活动由市委社会工委、市社会办主办，中国社工联合会指导，表彰了第四届“首都最美社工”“首都优秀社工”及活动组织先进单位，并通过宣传片、文艺节目形式展现了首都社会

工作者风采和良好精神面貌。

（刘　玉）

【2016年全市专业社工机构第一次例会召开】 4月12日，2016年全市专业社工机构第一次例会召开，传达全市社会建设工作会议精神，总结2015年工作，部署2016年重点任务，并对专业社工机构规范化建设和社工督导人员资格认证有关工作进行说明；宣读通过了专业社工机构委员会界别组组长推选办法及界别组运行管理机制，选举产生界别组组长、副组长并组织了界别组座谈会。来自7个界别组的122家专业社工机构负责人参加会议。

（刘　玉）

【2016年社会动员与志愿服务工作培训班举办】 4月11日至12日，2016年社会动员与志愿服务工作培训班举办，市委社会工委领导和相关专家分别围绕动员各方力量创新社会治理，做好社会动员工作基本思路等进行专题培训；朝阳区双井街道社会动员中心、通州区玉桥街道社会组织孵化基地、"玉桥益家"志愿服务平台进行经验介绍；参会人员就社会动员工作实践创新与思考等内容进行分组研讨。各区委社会工委、区社会办主管领导和科室负责人，23个社会动员试点街道主管领导和科室负责人等近百人参加培训。

（刘　玉）

【"北京文物安全保护志愿服务行"活动启动】 4月17日，"北京文物安全保护志愿服务行"活动启动，作为"北京社会公益行"系列活动的重要内容，旨在宣传动员广大志愿者和社会公众积极参与文物遗产保护行动，营造"文物保护，人人有责"的良好社会氛围。

（刘　玉）

【全市社会工作事务所规范化建设试点工作启动】 6月，市委社会工委、市社会办印发《关于开展社会工作事务所规范化建设试点工作的意见》。《意见》以国家相关政策法规为遵循，明确社会工作事务所规范化建设标准，围绕基础建设、内部治理、队伍建设、服务能力、持续发展五个方面，按照确定试点、试点建设、总结验收和深化推广四个阶段，加强领导、形成合力，强化督察、跟踪问效，营造氛围、固化成果，协调各区和相关市级"枢纽型"社会组织，指导32家试点社会工作事务所开展规范化建设，年底对试点中期建设情况进行了检查评估，着力培育了一批管理规范、服务专业、作用明显的社会工作事务所。

（刘　玉）

【全市社会工作专业人才队伍建设联席会议召开】 7月8日，市人才工作领导小组办公室、市委社会工委、市社会办组织召开全市社会工作专业人才队伍建设联席会议。会议讨论通过《北京市社会工作专业人才队伍建设联席会议工作规则》，明确了联席会议组织形式、工作要求以及7项主要职责和4项工作制度；讨论通过了《2016年落实〈首都中长期社会工作专业人才发展规划纲要（2011—2020年）〉任务分解方案》，明确了人才培养、评价、使用、激励、管理以及重点工程和保障措施等7个方面16项年度重点任务，各成员单位抓建社会工作人才队伍的统筹协调机制进一步健全、任务目标进一步明确。

（刘　玉）

【第二届面向社区工作者MSW研究生毕业】 7月9日，市委社会工委委托北京城市学院培养的第二届面向社区工作者MSW研究生共17人顺利获得硕士学位、圆满毕业。本届学员全部来自我市基层社区，在两年的学习中，系统学习了社会工作专业理论知识，熟练掌握了社会工作的专业方法技能，为更好地服务居民群众打下坚实基础。我市"社会工作专业硕士研究生培养计划"自2013年实施以来，已累计招收四届、共119名学员，为我市基层社区建设和创新基层社会治理培养和储备了高端人才。

（刘　玉）

【全市社区工作者实务能力骨干培训工作全面启动】 7月25日至29日，市委社会工委、市社会办举办第一期社区工作者实务能力骨干培训班。培训采取小班教学和脱产培训方式，以提高社区工作者服务居民群众的实际能力为重点，区分党务、居务和服务站等不同岗位，模块化设置课程体系，将理论教学与技能传授相融合，院校师资与优秀社区工作者师资互为补充，突出理论与技能的实用性、针对性和可操作性，帮助社区工作骨干切实掌握实务工作核心理论与技能。全年分16期培训由各区推荐的社区工作者骨干共900余名，是全市社区工作者培训培养工作的一项新举措。

（刘　玉）

【2016年北京市专业社工机构第二次例会召开】 9月13日，2016年北京市专业社工机构第二次例会召开。会议传达全市社会建设半年工作座谈会精神，总结专业社工机构委员会阶段性工作，部署后期重点任务，邀请北京中廉会计师事务所审计专家就加强专业社工机构财务管理问题进行专题授课。在会议交流环节，各界别组组长围绕开展专业服务、加强机构建设和开展界别组活动进行介绍、分享经验。各区社会工委、社会办主管科室负责人和来自7个界别组的专业社工机构负责人共150人参加会议。

（刘　玉）

【“首都最美社工”宣讲团首场宣讲活动成功举办】 9月27日，市委社会工委、市社会办组织“首都最美社工”宣讲团成员赴北京青年政治学院开展宣讲活动，该院社工系100余名社工专业学员和教研人员聆听宣讲。此次宣讲是今年“首都最美社工”宣讲团“进院校、进机关、进社区”宣讲系列活动的首场宣讲。4名“首都最美社工”分别从社区工作实践、社会服务开展等角度分享工作经验体会。通过宣讲活动，促进了在场学员对一线社会工作的认识，了解了职业发展前景，从社会工作实务角度深化了对社工专业理论学习的思考。

（刘　玉）

【新疆兵团第十四师社区管理综合提高培训班举办】 10月10日至23日，北京市委社会工委、市社会办与北京市对口支援和经济合作工作领导小组办公室联合举办新疆兵团十四师社区管理综合提高培训班，来自新疆兵团十四师的28名基层干部参加培训。针对十四师城镇化建设需求，围绕社会治理创新、城市规划建设管理、专业社会工作等课题进行了授课，并组织实地考察。

（刘　玉）

【京粤南北社会工作交流研讨会在京召开搭建多地协同发展平台】 10月18日，北京、上海、天津、广东、河北等多地社会工作行业协会和相关专业社工机构在京召开研讨会，总结交流社会工作10年发展历程和经验，共同搭建“携手担当、多方融合、专业协同、创新共赢”的社会工作行业发展平台，促进各地社会组织交流与合作，推动社会组织和社会工作人才在解决社会问题、协调社会关系、激发社会活力、创新社会治理方面发挥重要作用。研讨会为期三天，由北京社会工作者协会和广东省社会工作师联合会共同举办，中国社会工作联合会、北京市委社会工委、北京市民政局相关领导以及与会省市行业协会负责人、社会工作领域相关专家学者、实务骨干出席开幕活动并进行了经验分享和交流。

（刘　玉）

【第五届“寻找首都最美社工”活动在京启动】 10月，由中国社会工作联合会、北京市委社会工委联合主办的第五届“寻找首都最美社工”活动正式启动。本次活动以“最美社工，筑梦同行”为主题，与往届相比，评选群体和推荐单位更加广泛，在各区、各市级“枢纽型”社会组织推荐的基础上，邀请市社工专业人才队伍建设联席会议成员单位参加，进一步扩大评选的参与度和覆盖面；在评选“最美社工”“优秀社工”基础上，增设“最美社工团队”奖；宣传内容更加丰富，评选期间将邀请新闻媒体到社会建设一线进行采访，并通过报刊、广播电视、网络访谈直播等多种媒介进行全方位宣传报道。

（刘　玉）

【2016年全市新入职社区工作者培训正式启动】　11月16日至18日，全市2016年新入职社区工作者培训第1期在大兴区举办，这是继“万名社区工作者培训”和2015年新入职社区工作者培训之后，全市新一轮社区工作者普训。本轮培训面向各区2016年新入职社区工作者共1446人，分7期班次，12月中旬完成。培训以提升新入职社区工作者专业素养和履职能力为重点，以党的十八届六中全会精神学习和“十三五”时期社会治理规划文件解读作为重要授课内容，在理论授课的基础上，邀请社区实务工作骨干与新入职学员进行工作交流，提高培训的针对性和实效性。

（刘　玉）

【市委社会工委、市社会办与市委党校签订在职研究生委托办学协议】　12月5日，市委社会工委、市社会办与市委党校签订在职研究生委托办学协议。双方明确，坚持依规办学、讲求质量、不断完善、做成品牌的总体思路和要求，从2017年起，面向全市社会领域专职工作人员招收社会心理与社会工作专业在职研究生。继国家行政学院、北京城市学院之后，市委党校成为北京市高学历、高层次社工人才成长的又一重要阵地，标志着市委党校教育培训党员领导干部的渠道进一步拓宽，全市社会工作人才培养工作迈出新步伐。

（刘　玉）

【2016年全市专业社工机构第三次工作例会召开】　12月8日，2016年全市专业社工机构第三次工作例会召开。会议传达学习十八届六中全会精神，重点对《北京市“十三五”时期社会治理规划》进行解读、学习，总结2016年全市社会工作队伍建设工作，并对京台社区交流社区养老服务相关内容、社会工作专业督导人才培训情况进行通报，各界别组组长结合年度界别组活动开展和特色项目实施情况做分享交流。

（刘　玉）

【全市第一家社会工作专业督导人才实践培训基地成立】　12月9日，市委社会工委、市社会办为北京青少年社会工作协会建立“北京市社会工作专业督导人才实训基地”授牌，标志着全市第一家社会工作专业督导人才实践培训基地成立。

（刘　玉）

【全市社会工作专业督导人才培训班举办】年内，市委社会工委、市社会办与北京青少年社工协会共同举办全市社会工作专业督导人才两期培训班，100名取得国家社会工作者职业水平证书、具有两年以上实务工作经验，已在机构督导岗位工作和即将从事督导工作的专业社工参加此次培训。培训围绕提升实务督导能力，科学设置理论知识技能学习、实务案例分析、专题研讨交流和团队拓展训练等内容，帮助学员全面加深了对督导知识体系建构、督导类型与方法、督导手法与视角等重点问题的理解掌握。来自相关研究机构、地方高校的专家学者和香港、深圳相关资深督导全程参与了培训授课辅导和咨询答疑活动，并在后续岗位实践中继续为学员提供线上指导。

（刘　玉）

【全市社区工作者工资待遇规范调整落实工作完成】 年内，市委社会工委、市社会办积极推动落实《关于进一步规范社区工作者待遇有关事项的补充通知》《关于进一步规范社区工作者工资待遇的实施办法（试行）》等文件要求，建立工作情况月报制度，督促各区按照不低于2015年社会平均工资标准的70%水平落实社区工作者待遇调整工作，全市16个区均出台了本区规范调整社区工作者工资待遇实施细则。

（刘 玉）

【“北京社会志愿者公益行”五大行动持续开展】 年内，市委社会工委、市社会办持续推动开展“保护蓝天、保护碧水、保护文物、服务社区、服务社会”五大公益行动，累计开展城市运行、社区服务、文化教育、绿色环保、关爱服务、赛会服务等志愿服务活动6386项、29005场，动员志愿者45万余人，服务群众400万余人，尤其在积极参与治理“大城市病”方面做出了突出贡献。《人民日报》《光明日报》《北京日报》、北京电视台等媒体广泛报道，产生良好社会影响。

（刘 玉）

【全市社会工作队伍系列培训任务圆满完成】 年内，市委社会工委、市社会办举办社会工作队伍系列培训，累计培训近3000人次。培训突出党的十八届六中全会和市委市政府《关于深化北京市社会治理体制改革的意见》精神的贯彻学习，着眼社会工作者的岗位需要，邀请社会工作相关领域理论和实务专家进行授课，并安排“首都最美社工宣讲团”成员进行事迹宣讲和实务经验交流，为提升社会工作者服务水平打下了坚实基础。

（刘 玉）

【第五届“寻找首都最美社工”活动举办】 年内，中国社会工作联合会、北京市委社会工委联合主办了以“最美社工，筑梦同行”为主题的第五届“寻找首都最美社工”活动。活动面向各区、各市级“枢纽型”社会组织和市社会工作专业人才队伍建设联席会议成员单位征集推荐社工先进典型，经评选产生10名“首都最美社工”、39名“首都优秀社工”和10个“最美社工团队”。活动进行过程中，新闻媒体到社会建设一线进行采访，并通过报刊、广播电视、网络访谈直播等多种媒介进行全方位宣传报道，促进了公众对社工工作的了解、对社工群体的认同、对社工工作的关注，在社会各界、广大群众中产生了积极影响。

（刘 玉）

【“首都最美社工”宣讲团走进基层开展宣讲活动】 2016年，市委社会工委、市社会办在历年“寻找首都最美社工”评选基础上，组织筹建了来自全市基层社区、社会组织和专业社工机构的“首都最美社工”宣讲团队伍，进社区、进机关、进院校开展“三进”宣讲活动20余场，受众上千人。宣讲团成员结合社区工作实践和专业社工服务开展情况，介绍感人事迹，讲授经验体会，宣扬专业助人理念，弘扬为民奉献情怀，生动诠释了新时期首都社会工作队伍的时代风采和良好精神风貌，受到基层社区广泛赞誉和欢迎。

（刘 玉）

【“社区工作者硕士研究生培养计划”继续实施】 年内，市委社会工委、市社会办继续实施“社区工作者硕士研究生培养计划”，委托北京城市学院面向全市社区工作者定向招收培养硕士研究生。首次将市级社会组织专职社会工作者，市、区社会工作机关专职社会工作者纳入招生培养范围。2016年全市共有31名社区工作者通过全国统考，获得攻读社会工作专业硕士学位资格。我市“社会工作专业硕士研究生培养计划”自2013年实施以来，已累计招收四届、共117名学员，为我市基层社区建设和创新基层社会治理培养和储备了高端人才。

（刘 玉）

【市委社会工委与北京城市学院开展社工专业7年贯通制培养试点】 为进一步创新社会工作专业人才培养方式、探索人才培养路径，市委社会工委、市社会办与北京城市学院合作，从2016年启动“高中起点七年贯通制”培养项目。年内共招收高中学生133名，学生三年后经转段考试进入本科学习，毕业授予本科学历学位。培养项目注重塑造学生社会工作职业道德、专业价值观和核心专业技能，注重构建整体设计、系统培养、贯通实施、协同育人的培养机制，优先保障学生实习就业，受到广泛欢迎。

（刘　玉）

【实施专业社会工作创新项目】 年内，市委社会工委、市社会办按照“一街一社工”的标准，为全市16区的148个街道共购买148个专业社工岗位，对每个岗位补贴3万元。在全市选取90个试点社区开展专业社工社区服务督导项目，对每个项目支持3万元。支持新成立社会工作事务所建设，为2015年新成立的15家事务所各拨付5万元经费支持。专业社会工作创新项目主要分布在特殊群体服务、社区及社会组织发展、家庭关系调解、专业援助及服务共4大类、20个服务领域中，扩展了为民服务的范围，提高了为民服务的专业化水平。

（刘　玉）

【全市社会领域志愿服务组织和工作全覆盖扎实推进】 年内，市委社会工委、市社会办扎实推进社会领域志愿服务组织和工作全覆盖，全市新建社区志愿服务站85个，城市社区基本实现志愿服务站全覆盖和规范提升工作；新建商务楼宇志愿服务站262个，累计建成626个，覆盖960座商务楼宇；新建非公经济组织志愿服务组织82个，累计建立257个；新建专业社工机构志愿服务组织28家，累计建立103家。

（刘　玉）

【全市社会领域志愿服务项目有效对接】 年内，市委社会工委、市社会办面向全市街道、社区广泛征集志愿服务项目，58家社会组织、43家社工事务所和29座商务楼宇认领对接173个项目，涉及扶老助残、关爱儿童、绿色环保等10大类志愿服务活动，覆盖173个社区（村），受益群众30余万人次。

（刘　玉）

【第四届（2015）“寻找首都最美社工”评选结果揭晓】 活动自2015年10月份启动以来，前后历时3个月，经过申报初审、网络票选和专家评审等环节，最终，高兵、张怡、马浩、王玉华、康晓敏、王蓓蓓、张云莲、白安琪、代金英、韩秀花等10人被评为第四届“首都最美社工”，郝宏婷、刘元清、邹晓昕等40人被评为第四届“首都优秀社工”。活动期间，全市各级、各界广泛参与，20多家新闻媒体对评选活动和参评人员事迹进行深入报道，并通过北京卫视、《新京报》、北京交通广播电台（103.9）、社工中国网、千龙网等平台以及主题宣传海报、公交广告、微信、微博等形式进行广泛宣传，得到社会各界的广泛关注，产生良好社会反响。

（刘　玉）

社会领域宣传和动员工作

【概况】 全年，深入贯彻市委十一届十次全会决策部署，把握态势、抓住大事、破解难事、讲好故事、当好战士，为实现“十三五”良好开局提供了有力有效的思想保证和精神动力。社会领域宣传工作方面，一是思想理论建设深入发展。以中心组学习为龙头，通过系列培训、报告会等形式，学原文、读原著、悟原理，加大学习宣传和研究阐释力度。特别是深入学习了总书记分别在建党95周年大会、纪念红军长征胜利80周年大会、党的十八届六中全会上的重要讲话精神，引导广大基层党员干部不忘初心，继续前进。贯彻落实意识形态工作责任制，健全制度，明确责任，抓好落实。二是重大政治任务顺利完成。组织开展纪念红军长征胜利80周年、建党95周年等重大活动，全力完成中央和市委交办的各项任务，观众组织有序，服务保障有力。共组织协调30名基层党员群众代表参加庆祝建党95周年音乐会。组织1000名社工及社会组织党员参观主题展览，组织110名基层干部群众参加文艺晚会和纪念大会，组织260名2015年度社会领域先进人物观看歌剧《长征》，鼓舞和激励广大基层党员干部弘扬伟大的长征精神，走好新的长征路。三是新闻宣传成效显著。围绕中央精神宣传、市委中心工作，以及全市社会建设的重点任务和创新亮点，千方百计、积极作为，协调中央和市属新闻媒体加大宣传力度。开展“回顾‘十二五’”系列宣传和北京市“十三五”时期社会治理规划新闻宣传工作，对相关内容进行介绍和解读。全年在中央、市属媒体共刊发专版20个、专栏22个、专刊1个、新闻消息156篇。四是社会文明不断提升。联合《法制晚报》，借助微博微信、报纸版面等平台开展“首都社会文明行”宣传活动，发布微博193条、微信67篇、报纸专栏12个、报纸半版4个，开展实地活动12次。开展2016年“身边好人、社会好事”宣传教育活动，评选出“北京社会好人榜”上榜个人100名，上榜群体101个。开展“2016北京榜样”社会领域候选人推荐工作，累计推出和报送30名社会领域候选人，其中5人入选周榜样人物、1人当选月榜样人物、1人荣获年度榜样提名奖。社会动员工作方面，以社会动员试点工作为重点，坚持问题导向、需求导向，不断完善社会动员体系，探索社会动员机制，提升社会动员能力，推动社会协同、公众参与。一是继续推动社会动员试点工作。印发《2016年全市街道社会动员试点工作方案》，确定23个街道作为第四批社会动员试点，培育宣传了西城区新街口街道、海淀区田村路街道等一批新典型，在社会动员体系构建、阵地建设、居民自治、方式创新等方面创造了新经验，在街道层面逐步探索形成“社区＋社会组织＋驻区单位”的社会协同机制，在社区层面逐步探索形成“社工＋志工＋居民”的公众参与机制。各试点街道积极探索创新，试点工作特色鲜明，亮点纷呈，成效明显。二是开展专项社会动员工作。紧密结合人口疏解、拆墙打洞、环境整治、社会治理等中心工作，广泛动员社会力量参与“大城市病”治理，助推中心工作的顺利开展。三是加强社会动员工作机制研究。印发街道社会动员试点工作指导标准，从组织建设、制度建设、动员对象、动员方法、工作成效5个方面提出20项具体标准，使街道开展社会动员工作有据可依、有章可循。在总结基层试点工作经验基础上，会同有关专业研究机构，开展北京市街道社会动员工作研究、北京市社会动员机制及法制化前景等课题研究，为社会动员工作提供理论支持。四是加强社会动员骨干队伍能力建设。以会代训，开展全市社会动员工作培训，邀请高校院所和一线实务专家，以各区社会建设部门、社会动员试点街道工作者等为主要对象，加强社会动员理论、实务方面的培训，切实提高社会动员工作能力。

（欧阳胜男）

【全市社会领域扎实做好春节期间安全稳定工作】 2月，市委社会工委指导各区委社会工委严格落实安全责任，督促指导街道社区开展防火、防爆、防煤气中毒等安全事故预防工作，落实反恐、防爆、防范邪教渗透等安保维稳工作。东城区、西城区着眼核心区的安全稳定，动员3000余名社区工作者值班值守，参与矛盾化解117起。朝阳、丰台、石景山等区动员社区志愿者、市民劝导队员等1.8万人次，加强庙会活动、繁华街区、大型商市场的安保巡逻。门头沟、顺义、昌平、密云、平谷等区也积极行动。十六区委社会工委累计动员社区工作者和各类志愿者约80余万人次，参与社区值班、安保巡逻、劝导违规燃放烟花爆竹等多项志愿服务行动。

（欧阳胜男）

【全市社会领域扎实做好“两会”期间安全稳定工作】　年内，市区社会工委严格落实市委市政府系列文件精神，督促指导街道社区加强值班值守、应急预案落实和隐患排查整治工作。东城、西城、朝阳、海淀等城区，围绕代表驻地等重点部位，积极投入社会力量参与矛盾化解、街区巡逻等安保工作。丰台、石景山、怀柔等区也都积极行动。十六区累计动员社区工作者和治安志愿者约30余万人次，助力全国“两会”期间社会面的维稳安保工作。

（欧阳胜男）

【全市社会动员工作会召开】　2月23日，市委社会工委、市社会办召开2016年全市社会动员与志愿服务工作会。会议对2015年全市社会动员工作进行总结，对2016年社会动员工作任务进行部署，印发《2016年全市街道社会动员试点工作方案》等文件。会议要求以社会动员试点推进为主线，在进一步完善社会动员体制机制上下功夫，并扎实做好社会领域维稳工作。

（欧阳胜男）

【全市社会动员工作培训班举办】　4月11日至12日，2016年社会动员工作培训班举办，16个区社会工委、社会办主管领导、科长和23个试点街道主管领导、科长等近百人参加培训。王智玲、丁元竹、王忠平三位领导和专家分别围绕“动员各方力量、参与社会治理”“做好社会动员工作的基本思路”“志愿服务项目管理、开发和实施”等内容进行专题培训。朝阳区双井街道社会动员中心、通州区玉桥街道社会组织孵化基地、“玉桥益家”志愿服务平台现场经验介绍。

（欧阳胜男）

【全市社会动员半年工作交流座谈会召开】　8月4日，全市社会动员半年工作交流座谈会召开，会议认真贯彻全市社会建设半年工作座谈会精神，总结部署半年社会动员工作，各区和部分社会动员试点街道做了交流。

（欧阳胜男）

【《北京市企业社会责任评估指标体系》对外发布】　11月，《北京市企业社会责任评估指标体系》作为《北京市“十三五”时期社会治理规划》的专栏13对外发布，包括“保障员工权益”“诚信生产（服务）经营”“保护国家利益”“参与社会公益”四个维度、28项指标，首次评估使用前两年相关数据，今后评估根据前一年数据进行评估。该指标体系2015年委托上海华夏社会发展研究院制定后，在召开专家论证会的基础上，向15家相关委办局、11家市级“枢纽型”社会组织和北京市新经济组织发展研究院征求了意见和建议。

（欧阳胜男）

【全市社会动员试点工作交流会召开】　12月1日，全市社会动员试点工作交流会召开，东城区崇文门外街道、西城区天桥街道、朝阳区小关街道、海淀区学院路街道、顺义区空港街道、大兴区观音寺街道进行了交流发言，相关专家对社会动员试点工作进行了点评，市委社会工委委员、市社会办副主任王智玲出席会议并讲话。各区社会工委、社会办、23个试点街道的主管领导和科室负责人共80余人参加会议。

（欧阳胜男）

【“一带一路”国际商事调解中心成为市级

“枢纽型”社会组织新会员】 12月9日，由市委政法委和市委社会工委共同支持的北京高院“一带一路”国际商事调解中心成为北京多元调解发展促进会新成员。作为第三方社会力量参与多元化解社会矛盾纠纷，为拓展“枢纽型”社会组织发展渠道搭建了新平台，有利于资源的整合、队伍的壮大、专业作用的发挥，有利于促进社会关系更加和谐，加快推进社会治理体系和治理能力现代化。市委社会工委委员、市社会办副主任王智玲为“一带一路”国际商事调解中心授牌。

（欧阳胜男）

【接待巴基斯坦记者团到东城区采访】 10月12日，市委社会工委、市社会办协助市政府新闻办公室，组织中国记协所邀请的巴基斯坦旁遮普省媒体代表团，围绕“中国道路和中国梦”主题，采访东城区史家社区，取得良好效果。

（欧阳胜男）

【全市社会领域新闻宣传工作会召开】 年内，全市社会领域新闻宣传工作会召开，16个区、51家市级“枢纽型”社会组织相关工作人员参加了会议。会上，对今年全市社会领域新闻宣传工作进行了总结，对明年度工作进行了座谈研讨。朝阳区、市法学会等6家单位做了经验交流。《光明日报》《中国社区报》《法制晚报》、千龙网等媒体介绍了各自的新闻宣传需求要点，并进行了专业指导和工作对接。

（欧阳胜男）

【“社工＋志愿者”助力“五一”节日期间社会和谐稳定】 年内，着眼营造整洁优美、文明有序、欢乐祥和的节日环境，市区社会工委指导社区、社会组织、非公经济组织、商务楼宇等社会领域积极开展维护稳定工作，累计动员近万人次社区工作者参与值班值守，10万余人次志愿者参与防非法集资宣传教育、矛盾排查化解、旅游热点景区秩序疏导、街区巡逻等工作，为“五一”节日和谐稳定做出贡献。

（欧阳胜男）

【《2016—2022年冬奥会和冬残奥会社会文化活动计划》编制】 年内，市委社会工委、市社会办会同首都文明办研究编制了《2016—2022年冬奥会和冬残奥会社会文化活动计划》，为组织开展冬奥会社会文化活动打下了坚实基础，使落实京津冀协同发展战略、治理“大城市病”营造良好舆论环境，疏解非首都功能的社会共识不断凝聚。

（欧阳胜男）

【全市社会领域纪念长征胜利80周年系列教育活动开展】 年内，落实中央、市委纪念红军长征胜利80周年总体安排，市委社会工委、市社会办研究制订《在全市社会领域组织开展群众性教育活动方案》，组织1000名社工及社会组织党员参观主题展览，组织110名基层干部群众参加文艺晚会和纪念大会，组织260名2015年度社会领域先进人物观看歌剧《长征》，鼓舞和激励广大基层党员干部弘扬伟大的长征精神，走好新的长征路。

（欧阳胜男）

【2016年全市社会领域综治维稳应急工作成效显著】 年内，市委社会工委、市社会办全年累计动员社区工作者、志愿者及社会公众等社会力量150万人次，圆满完成十八届六中全会、全国“两会”、G20杭州峰会等重要会议和重大活动期间社会领域维稳工作。推动北京高院“一带一路”国际商事调解中心成为市级“枢纽型”社会组织新成员，参与多元化解社会矛盾纠纷。完成社会力量参与社会矛盾调解、参与社会心理服务两项调研。荣获2016年度首都社会治安综合治理优秀单位。

（欧阳胜男）

【“首都社会文明行”宣传活动开展】 年内，联合《法制晚报》，借助微博微信、报纸版面等平台开展主题宣传。线上，发布安全出行提醒、发出文明行车倡议，引导网民积极参与；线下，每月开展一次实地活动，重点突出互动性和参与性。例如与北京西站管委会联合开展“文明出行我最美”志愿服务宣传活动，传播文明出行理念；招募多名志愿者，于早高峰期间在十字路口、地铁站等交通流量大和人员密集场所，引导乘客安全出行、文明有序进站乘车。截至年底，发布微博193条、微信67篇、报纸专栏12个、报纸半版4个，开展实地活动12次。其中，新浪微博的“文明行车”话题词累计阅读量超过1亿次，“文明停车”话题词阅读量达到1467万次。

（欧阳胜男）

【首次开展北京市非公有制企业履行社会责任综合评价活动】 年内，市委社会工委、市社会办依据《北京市“十三五”时期社会治理规划》之《北京市企业社会责任评估指标体系》，联合北京新经济组织发展研究院、千龙网共同开展北京非公有制企业履行社会责任综合评价活动。经过企业自愿报名、各区社会建设工作领导小组办公室及市级相关行业协会初评推荐、专家评审和网上公示，评选出100家“2016年度北京非公有制企业履行社会责任百家上榜单位”和50家“2016年度北京非公有制企业履行社会责任百家上榜入围单位”。

（欧阳胜男）

【2016年“身边好人、社会好事”宣传教育活动持续开展】 年内，市委社会工委、市社会办面向社区、社会组织、非公经济组织等征集优秀个人305名、优秀群体140个，评选出“北京社会好人榜”上榜个人100名，上榜群体101个。进一步营造了学身边好人、做社会好事、为社会文明添彩的良好氛围。

（欧阳胜男）

【“2016北京榜样”社会领域候选人推荐工作开展】 年内，市委社会工委、市社会办通过各区和市级“枢纽型”社会组织的推荐，共收集汇总168名候选人事迹材料，累计推出和报送30名社会领域候选人，其中5人入选周榜样人物，1人当选月榜样人物，1人荣获年度榜样提名奖。

（欧阳胜男）

【2016年全市社会领域宣传工作取得新突破】 年内，市委社会工委、市社会办围绕“回顾‘十二五’、展望‘十三五’”开展系列宣传，利用网络、电视、报纸等平台，全方位、多角度、深层次、立体化地展示“十二五”时期北京市社会建设成果和“十三五”开局之年社会治理创新实践，举办《北京市“十三五”时期社会治理规划》新闻发布会，对相关内容进行介绍和解读。全年在中央、市属媒体共刊发专版20个、专栏22个、专刊1个、新闻消息156篇。全年累计发布微博726条、阅读量超200万次；发布今日头条19篇、推荐量超9万次、阅读量达4425次。

（欧阳胜男）

【2016年全市社会动员工作取得新成效】 年内，市委社会工委、市社会办以社会动员试点工作为重点，坚持问题导向、需求导向，不断完善社会动员体系，探索社会动员机制，提升社会动员能力，推动社会协同、公众参与。印发《2016年全市街道社会动员试点工作方案》，确定23个街道作为第四批社会动员试点，培育宣传了西城区新街口街道、海淀区田村路街道等一批新典型，在社会动员体系构建、阵地建设、居民自治、方式创新等方面创造了新经验，在街道层面逐步探索形成“社区+社会组织+驻区单位”的社会协同机制，在社区层面逐步探索形成“社工+志工+居民”的公众参与机制。各试点街道积极探索创新，试点工作特色鲜明，亮点纷呈，成效明显。

（欧阳胜男）

【社会力量参与社会矛盾调解调研任务完成】 年内，根据首都综治办《关于通报 2016 年首都综治工作重点调研课题评选结果及确定 2017 年重点调研课题的通知》，市委社会工委开展社会力量参与社会矛盾调解工作的相关调研，撰写的《着力动员社会力量　积极参与社会矛盾调解》获 2016 年重点课题调研二等奖。

（欧阳胜男）

【《北京社会建设概论》获奖】 年内，根据北京市第十四届哲学社会科学优秀成果奖评选的相关要求，经自由申报和专家评审，市委社会工委、市社会办推荐的《北京社会建设概论》获北京市第十四届哲学社会科学优秀成果一等奖。

【2016 年意识形态责任制落实情况自查开展】 在市委的领导下和市委宣传部的具体指导下，按照中办《党委（党组）意识形态工作责任制实施办法》和市委办公厅《关于印发北京市党委（党组）意识形态工作责任制实施细则》的相关工作要求，对市委社会工委一年来贯彻落实意识形态责任制的情况进行全面自查，并形成《市委社会工委 2016 年意识形态工作进展情况报告》。

（欧阳胜男）

社会领域党建工作

【概况】 年内，社会领域党建认真贯彻党的十八大和十八届三中、四中、五中、六中全会精神，全面推进“点、线、面系统工程”，社会领域党的建设实现新发展。一是社会领域“两学一做”学习教育深入开展。召开全市社会领域“两学一做”学习教育部署会和工作推进会，制订印发在全市非公有制企业和社会组织党员中开展“两学一做”学习教育的指导方案。举办辅导报告会，组织各类培训班，加强督促指导，持续推进学习教育向纵深发展。召开全市社会领域纪念建党 95 周年大会，对全市社会领域的先进基层党组织、优秀共产党员、优秀党务工作者和优秀党建活动品牌项目进行表彰。二是街道社区区域化党建工作取得新成效。围绕加快推进区域化“街道大工委”“社区大党委”机制建设，构建了区党建工作领导小组、街道党建工作协调委员会、社区党建工作平台的区域化党建工作体系。总结全市社区党建经验案例，形成“2 + 3 + 4 + 5”区域化党建工作品牌。进一步加强基层服务型党组织建设，启动社区党建“零距离、面对面”活动，通过创新服务方式、拓展服务内容、丰富活动载体，不断深化在职党员进社区服务群众活动。开展城乡社区党的建设“三级联创”，对部分街道、社区进行调研考核。三是非公有制经济组织党建工作取得新进步。印发《关于加强全市园区非公企业党的建设的若干意见》。聘请 1500 名离退休党员干部担任非公党建指导员，在“点”上加快推进非公有制企业党建工作全覆盖。集中实施“两新”组织党建覆盖“百日推进工程”，全市非公有制企业党组织覆盖率达 83%，其中规模以上非公企业党组织覆盖率达 99.88%；全市商务楼宇党组织覆盖率逾 67%，其中远郊区实现了商务楼宇党组织 100% 覆盖。深入开展商务楼宇党员志愿服务，党员志愿服务“V +”工程荣获全国志愿服务最佳项目奖。四是社会组织党建工作取得新提升。印发《关于加强和改进社会组织党的建设工作的实施意见》和《关于加强和改进社会组织党的建设工作的三年行动计划》。组织召开社团、民非、中介组织、基金会等不同领域、不同层面座谈会和全市社会组织党的建设工作座谈会。坚持分类管理，以市、区、街道（乡镇）三级“枢纽型”社会组织体系为依托，指导各区、各市级“枢纽型”社会组织推进和完善党建“3+1”工作机制。

（孙清山）

【北京新经济组织发展研究院第一届理事会召开】 1月10日，北京新经济组织发展研究院第一届理事会在北京会议中心召开。会议要求研究院进一步明确党建、资政、研究、育人、交流五大定位，坚持更高、更宽、更新、更优四个标准，在抓重点、抓协调、抓落实三个方面下功夫，开好局、起好步，首先做好2016年工作。第一届领导机构成员及理事成员120多人参加会议。会议审议通过了研究院筹备工作报告、《北京新经济组织发展研究院章程（审议稿）》；表决通过了研究院第一届领导机构成员建议人选；宣布了研究院日常执行机构负责人聘用名单；研究确定了研究院2016重点工作任务。大会选举叶氏企业集团董事长叶青为理事长、市委社会工委委员、市社会办副主任陈建领为监事长，聘请宋贵伦同志为院务委员会主任、首都经济贸易大学党委书记柯文进为学术委员会主任、校长助理戚聿东为院长。北京新经济组织发展研究院，是由市委社会工委、市社会办与首都经济贸易大学及北京叶氏企业集团等“两新”组织共建的北京市社会建设第17个研究基地。

（孙清山）

【全市非公有制企业党建工作联席会召开】 1月28日，全市非公有制企业党建工作联席会在北京市人才服务中心召开。会议传达学习了全国组织部长工作会议精神，座谈交流了非公有制企业党建工作经验，明确了2016年度非公党建思路及重点工作任务，并参观了人才服务中心博士后工作站、行政服务大厅和流动党员摄影比赛展板等。市人才服务中心、市投资促进局、首都互联网协会等全市10个非公有制企业党建工作联席会成员单位的主管领导参加了会议。

（孙清山）

【社区党建“零距离、面对面”活动启动】 2月，会同市委组织部召开关于开展社区党建“零距离、面对面”活动工作部署会，启动社区党建“零距离、面对面”活动，通过创新服务方式、拓展服务内容、丰富活动载体，不断深化在职党员进社区服务群众活动。

（赵雪峰）

【“北京市商务楼宇党员志愿服务聚合力‘V+’”参加学雷锋志愿服务推动日系列活动】 3月4日，“爱满京城”——北京市2016年学雷锋志愿服务推动日系列活动在北京国际会议中心举行。城六区、7个街道、15个商务楼宇工作站以“一名党员一面旗，志愿服务在楼宇”为主题进行了成果展示、项目推介和资源对接。参展对下一步以党员志愿者为骨干，以志愿服务为抓手，进一步推动楼宇党建工作，打造楼宇党建品牌，具有积极推动作用。中央、市委有关领导、200余个组织、500余个志愿服务组织、1000余名志愿者代表及市民群众参与活动。

（孙清山、赵雪峰）

【部分商务楼宇现场签约志愿服务项目】 3月7日，全市50个商务楼宇工作站负责人参加首都博物馆举办的2016年“北京社会公益行”系列活动启动式，部分商务楼宇现场签约志愿服务项目，全市共有29座商务楼宇成功对接志愿服务项目。

（赵雪峰）

【市委常委、组织部部长姜志刚调研非公企业党建工作】 3月11日，市委常委、组织部部长姜志刚率调研组实地考察了奇虎360、洛娃集团、叶青大厦及驻厦企业北京地界投资有限公司，并主持召开了座谈会，市邮政管理局、渔阳集团、北京纳通科技集团、大业传媒集团有限公司、九一金融公司、威斯汀大酒店等6家企业党组织负责人在会上作了发言。姜志刚强调，要思想上高度重视，理直气壮、旗帜鲜明地抓非公企业党建；要解放思想，适应新的环境和要求，创新非公企业党建工作的方式方法；要积极探索，为非公企业党建工作提供基本保障。

（孙清山）

【全市社会领域党建工作例会召开】 3月15日，全市社会领域党建工作第一季度例会在民生金融中心召开，会议传达学习了全市组织部长会议和社会建设工作会议精神，重点围绕实施“点、线、面系统推进工程”，全面加强社会领域党的建设，部署了2016年社会领域党建工作重点任务。会议要求各区要抓住良好机遇，突出问题导向，把握工作重点，紧盯目标任务，改革创新，攻坚克难，推动年度各项工作再上新台阶，进一步引领社会治理创新发展。各区委社会工委主管领导和科室负责人共40余人参加了会议。

（孙清山、赵雪峰）

【“两新”组织党组织书记抓党建述职评议考核试点工作开展】 3月30日，作为全市社会组织首批试点单位，北京注册会计师协会党委组织召开了所属党组织书记抓基层党建工作述职评议考核会，瑞华、信永中和、永拓等三家会计师事务所党委书记分别进行现场述职、答疑并接受现场点评和考核。31日，作为全市非公经济组织试点单位，朝阳区委非公经济工委组织召开了所属党组织书记抓基层党建工作述职评议考核会，10位非公经济组织党组织书记，采取“一述、一问、一答、一评”的方式进行考核测评。

（孙清山）

【“两学一做”学习教育工作座谈会召开】 4月6日，“两学一做”学习教育工作座谈会在京召开，会议深入学习贯彻习近平总书记重要指示精神，对开展“两学一做”学习教育做出部署。习近平总书记强调，基层是党的执政之基、力量之源。只有基层党组织坚强有力，党员发挥应有作用，党的根基才能牢固，党才能有战斗力。开展“两学一做”学习教育，要把全面从严治党落实到每个支部、每名党员。要整顿不合格基层党组织，坚持和落实行之有效的制度。要针对新情况新问题严肃党内政治生活，以改革创新精神补齐制度短板，真正使党的组织生活、党员教育管理严起来、实起来。

（孙清山）

【全市商务楼宇党员志愿服务示范培训首举办】 4月6日至8日，市委社会工委、市志愿服务联合会、市委党校二分校联合举办全市商务楼宇党员志愿服务示范培训。作为积极推广“北京市商务楼宇党员志愿服务聚合力‘V+’”项目的重要内容，重点围绕开展商务楼宇党员志愿服务实操、推进志愿服务管理规范化、创新基层社会治理等开展专题辅导、经验交流和分组讨论。第一批市级商务楼宇党员志愿服务示范站负责人、城六区社会工委及示范站所在街道（乡镇、园区）主管领导共100余人参训。

（赵雪峰、孙清山）

【全市社区党组织书记示范培训班举办】 4月11日至14日，市委组织部、市委社会工委、市委党校二分校联合举办了全市社区党组织书记示范培训班。培训采取专题讲座、学员论坛、分组讨论、座谈交流等形式进行。中央党校、市委组织部、市委社会工委、市发展改革委、市民政局等单位的领导和专家分别围绕学党章、党规，做合格党员、加强区域化党建工作、深化社会治理体制改革、北京市“十三五”发展规划纲要、党员教育管理等专题进行了深入细致的讲解。全市部分社区党组织书记共140人参加培训。

（赵雪峰、孙清山）

【北京市党建研究会七届一次理事大会召开】 4月13日，北京市党建研究会七届一次理事大会在京召开。会议传达了全国党建研究会第六次会员代表大会主要精神，审议了市党建研究会2015年工作及财务报告，通报了有关人事事项的决定，部署了2016年度党建研究课题，表彰了2015年度获奖课题成果。市委社会工委课题组承担的《北京市商务楼宇党建工作研究报告》获2015年度立项重点课题一等奖。全国党建研究会会长李景田，市人大常委会主任、市党建研究会会长杜德印，市委常委、组织部部长姜志刚出席会议并讲话。

（孙清山）

【全市社会组织党建工作专项培训会举办】 4月25日，全市社会组织党建工作专项培训会在河南大厦举办。培训由市委社会工委指导，市社会领域党建研究会社会组织专委会承办，中组部有关部门负责人、国家行政学院专家围绕学习贯彻《关于加强社会组织党的建设工作的意见（试行）》以及社会组织改革发展问题进行专题辅导；会议学习传达了中央和市委关于开展“两学一做”学习教育工作会议精神，围绕全年重点工作进行了交流研讨。社会组织专委会成员、36家市级“枢纽型”社会组织党建委办公室负责人以及部分基层社会组织党务工作者约100人参训。

（孙清山）

【商务楼宇党员志愿服务聚合力“V＋”项目工作片会召开】 4月，市委社会工委组织召开商务楼宇党员志愿服务聚合力“V＋”项目工作片会，片会分别在石景山区、丰台区商务楼宇工作站现场举行，围绕商务楼宇党员志愿服务、联合党组织建设等经验做法、存在问题以及意见建议进行了研讨。市委社会工委、市志愿者联合会以及城六区社会工委、相关街道负责人和18个商务楼宇工作站站长参会。

（赵雪峰）

【学习习近平总书记党的建设思想研讨会举办】 5月10日，中国浦东干部学院中国特色社会主义研究院、党建先锋网编委会、全国基层党建研究中心主办，北京市委社会工委、北京先锋社区党建研究中心承办的学习习近平总书记党的建设思想研讨会举办。来自中央党史研究室、中央党校等部门的领导、专家学者做主旨发言。市委社会工委书记、市社会办主任宋贵伦致辞并为北京先锋社区党建研究中心授牌。来自中央、地方和基层相关单位的领导、专家学者共100余人参加会议。

（赵雪峰）

【全市社会领域党建工作例会暨非公党建联席会召开】 5月24日，2016年全市社会领域党建第二季度工作例会暨非公党建联席会在河南大厦召开。会议总结了全市社会领域近半年工作进展情况，并就社会领域“两学一做”学习教育、纪念建党95周年评选表彰、推动党建全覆盖、开展社会领域党建研究等工作做了说明和督导。各区社会工委、区社会办主管领导及党建科长，市级“枢纽型”社会组织党建工作委员会办公室主任，市非公企业党建工作联席会成员单位共90余人参会。

（孙清山、赵雪峰）

【全市互联网企业党组织负责人示范培训班举办】 5月25日至27日，市委社会工委会同市委组织部、市委宣传部、市网信办联合组织、首都互联网协会在市委党校二分校举办全市互联网企业党组织负责人示范培训班。培训采取专题讲座、现场教学、学员论坛、分组讨论、座谈交流等形式，重点围绕“两学一做”、国际形势与国家安全、北京市“十三五”发展规划纲要、服务型党组织建设、互联网企业党建工作实践等专题进行了深入细致的学习交流，进一步强化了参训人员的党性意识、党务能力和责任使命。北京地区建立党组织的全国百强互联网企业、规模较大互联网企业党组织负责人共80人参加培训。

（孙清山）

【北京市社会领域纪念建党95周年大会召开】 6月28日，北京市社会领域纪念建党95周年大会在北京工业大学召开。会上，表彰了全市社会领域100个先进基层党组织、100名优秀共产党员、100名优秀党务工作者和100个优秀党建活动品牌项目。市、区委相关部门，全市社会领域党员代表和受表彰的先进单位及个人约800余人参加会议。市委副书记苟仲文出席并讲话，强调要认真总结推广近年来党建工作典型经验，进一步把握社会领域党建工作特点规律，始终坚持把社会领域党建当作大事抓、当作基础工程抓、当作社会建设工作的龙头工程抓，始终坚持体系建设和机制建设两手抓、组织覆盖和工作覆盖双推进、队伍建设和能力建设双提高。

（孙清山、赵雪峰）

【社会领域先进党组织和优秀党员代表参加庆祝建党95周年大会】 7月1日上午，市委社会工委组织社区、社会组织、非公企业以及商务楼宇50名先进党组织和优秀党员代表到人民大会堂参加庆祝中国共产党成立95周年大会，亲自聆听习近平总书记重要讲话。市委社会工委机关和全市社会领域党组织也认真组织了收听收看和学习讨论。大家纷纷表示，要认真学习习近平总书记重要讲话精神，在本职岗位上做出突出业绩。

（赵雪峰）

【首家非公党建信息化平台上线】 7月5日，全市首家非公党建信息化平台“红云东城”正式上线。东城区6000余名非公企业党员，分布在近900个非公企业党组织中，参加党组织活动、转接党组织关系、缴纳党费、发展党员等这些原本受到时间、场地、工作环境影响的事情，通过“红云东城”党建信息化平台实现了一站式解决。

（赵雪峰、孙清山）

【学习习近平总书记“七一”重要讲话精神座谈会举办】 7月6日，市委社会工委会同中国中共党史学会、《北京支部生活》杂志社联合举办学习习近平总书记“七一”重要讲话精神座谈会，交流学习体会。全市16个区委社会工委、区社会办主要负责人，36家市级“枢纽型”社会组织党建工作委员会办公室负责人，部分街道、非公企业和委办机关党员干部，以及联合办会的中国中共党史学会社会建设及生态文明史研究专业委员会，《北京支部生活》杂志社有关同志约100人参加会议。

（赵雪峰、孙清山）

【全市“两学一做”学习教育督导暨基层党建“三级联创”调研工作开展】 7月6日至20日，按照市委组织部的要求，市委社会工委采取召开座谈会、实地查看、个别访谈和随机走访的形式，对全市“两学一做”学习教育情况和城乡党的建设“三级联创”工作开展调研，对全市25个街道、50个社区和16个调研点进行调研考核。组织全市社会领域参加市委组织部开展的“学党章党规、学系列讲话，做合格党员”学习教育网络直播月活动。

（赵雪峰）

【全市社会组织党的建设工作座谈会召开】 7月21日，全市社会组织党的建设工作座谈会在北京会议中心召开。会上印发了《关于加强和改进社会组织党的建设工作的实施意见》《关于加强和改进社会组织党的建设工作的三年行动计划》，西城区委社会工委、市科协等9个单位的党建经验材料，市科协党建委、瑞华会计师事务所党委等5个单位就贯彻落实加强和改进社会组织党建文件精神做了表态发言。市委组织部、市委社会工委、市民政局以及市相关部工委及职能局负责同志，各区组织部、社会工委、民政、卫生计生委等相关部门主要领导，36家市级“枢纽型”社会组织党建委负责人，部分大型社会组织党组织负责人200余人参加了会议。

（孙清山）

【京东集团选举产生新一届党委】 7月28日，京东集团党委召开了第三次党员代表大会，选举产生了新一届党委。自2011年党委成立以来，京东集团始终坚持把支持和服务业务发展、保障运营顺畅作为一切工作的着力点，创建了认识同步、目标同向、思想同心、组织同建、行动同力、价值同归的“六同”党建模式，引领企业创新发展，2015年实现收入达1813亿元，同比增长58%。新一届党委将围绕发展抓党建，抓好党建促发展，努力争当全国互联网企业党委排头兵。

（孙清山）

【全市非公企业和社会组织党建工作交流会召开】 8月9日，市委社会工委与市委组织部联合召开全市非公企业和社会组织党建工作交流会，传达中组部关于扩大“两新”组织党的组织和工作覆盖的相关要求，印发《关于集中推进非公有制企业和社会组织党的组织和工作覆盖的通知》，集中推进非公有制企业和社会组织党的组织和工作覆盖。同时，给103家市属部委办局和36家市级“枢纽型”社会组织下发关于建立社会组织党建台账的通知。

（孙清山）

【北京市商务楼宇工作站负责人示范培训班举办】 8月10日至12日，北京市商务楼宇工作站负责人示范培训班在市委党校二分校举办。培训班重点围绕社会全球化背景下的社会工作、“五大发展”理念、商务楼宇党员志愿服务、“两学一做”学习教育以及商务楼宇“五站合一”建设等开展专题辅导、分组讨论、经验介绍、现场教学等。全市部分商务楼宇工作站负责人、中关村科技园区各分园工委有关负责人，部分街道（乡镇）主管领导，各区委社会工委党建科长约200人参训。

（孙清山、赵雪峰）

【全市社会领域2400名党员干部群众观看藏歌乐舞《圆梦》】 8月19日至21日，由北京建藏援藏工作者协会出品的原创歌舞剧——藏歌乐舞《圆梦》2016中国巡演在北京世纪剧院开启全国10多个城市50场巡回演出。全市社会领域2400名党员干部群众现场观看，以此增强北京社会领域对建藏援藏工作和藏族文化的了解，加大对西藏精准扶贫工作的力度。该剧以青藏铁路建设和运营中的感人事迹为题材，反映建藏援藏工作者真实生活，讴歌青藏铁路建设者无私奉献精神，是“两学一做”学习教育的好教材。

（孙清山、赵雪峰）

【全市社会领域“两学一做”学习交流工作座谈会召开】 8月31日，全市社会领域“两学一做”学习交流工作座谈会在民生金融中心召开。会议总结交流了工作，部署了下一阶段学习教育工作。委办领导班子成员及处室负责人，16个区委社会工委、社会办主要负责人，36家市级“枢纽型”社会组织党建工作委员会办公室主任，部分代表非公有制企业党组织负责人约80余人参加会议。

（孙清山、赵雪峰）

【全市首家商务楼宇党委——叶青大厦党委成立10周年】 9月5日，叶青大厦党委成立10周年庆祝大会召开。会议表彰了本楼宇党建和统战工作先进集体和个人，举行了“我与叶青大厦党委共成长”演讲等。2006年9月5日，北京市第一家商务楼宇党委——叶青大厦党委成立，10年来，叶青大厦已发展成为全国先进典型。市委社会工委、市委统战部、朝阳区委主要负责人出席并讲话。

（孙清山、赵雪峰）

【全市新经济组织党组织负责人示范培训班举办】 9月12日至14日，全市新经济组织党组织负责人示范培训班在市委党校二分校举办。培训采取专题讲座与现场教学、分组讨论、学员论坛、座谈交流相结合的方式，紧紧围绕深化“两学一做”学习教育，结合新时期首都发展面临的新形势、新要求，重点研究交流非公有制企业党组织负责人发挥作用的方式和途径。来自全市16个区和10个系统的100名非公有制企业党组织负责人参加培训。

（孙清山）

【全市非公有制企业和社会组织党建工作联席会召开】 10月19日，全市非公有制企业和社会组织党建工作联席会在民生金融中心召开，会议由市委组织部、市委社会工委联合组织，27家联席会成员单位主管领导和相关处室负责人参加。会议讨论通过了《联席会议制度》，对推进全市非公有制经济组织和社会组织党的组织和工作覆盖做说明和部署。会议要求，要抓好基本运行、基本制度、基本队伍、基本保障建设，在完善体制机制、加强顶层设计上下功夫，在落实主体责任、夯实基层基础上求实效。根据《联席会议制度》规定，联席会在市委领导下开展工作，由市委组织部牵头抓总，市委社会工委具体负责日常工作，各成员单位结合本部门职责协同推进工作。联席会议办公室设在市委社会工委，具体承担联席会议的日常工作。

（孙清山）

【全市商务楼宇党建暨非公党建指导员示范培训班举办】 10月19日至23日，市委社会工委、市社会办在市委党校二分校，以学习贯彻党的十八届六中全会为主题，举办全市商务楼宇党建暨非公党建指导员示范培训班，全市部分楼宇工作站负责人，离退休党员非公党建指导员，区委社会工委党建科负责人，中关村科技园海淀园、丰台园、石景山园及北京文化创新工场园区组织部负责人等200人参加了培训。

（孙清山）

【全市社会领域党建工作第三季度例会召开】 10月25日，全市社会领域党建工作第三季度例会召开，会议学习传达了全市非公有制经济组织和社会组织党建工作联席会精神，部署了开展非公有制经济组织和社会组织党组织和工作覆盖“百日推进工程”等工作，西城区、海淀区、市残联等单位做工作交流发言。各区委社会工委主管领导、党建科科长和36家市级“枢纽型”社会组织党建工作委员会办公室主任参会。

（孙清山、赵雪峰）

【《关于加强全市园区非公企业党建工作的若干意见》印发】 11月9日，《关于加强全市园区非公企业党建工作的若干意见》印发实施。《意见》对园区非公企业党建工作的组织领导做出明确规定：组织部门发挥牵头抓总、统筹协调作用，确保各项工作落到实处；市委社会工委具体指导园区非公企业党建工作；统战、宣传、工商、财政、税务、商务、投促、科技、工商联等单位结合职能做好有关工作。

（孙清山）

【全市流动党员学习十八届六中全会精神报告会举办】 11月13日，北京市流动党员学习十八届六中全会精神报告会召开。市委社会工委会同市人才中心党委特邀请中央纪委驻中国科学院纪检组原组长、第十一届全国政协委员、全国党建研究会常务理事、特邀研究员王庭大同志为全体党员生动地解读了党的十八届六中全会精神。人才中心党委委员、领导班子成员以及人才中心全体在职党员、流动党员党支部书记及党员代表共400余人参加了此次报告会的学习。

（孙清山）

【北京市新经济组织党建研究会成立大会暨学习十八届六中全会精神座谈会召开】 11月17日，北京市新经济组织党建研究会成立大会暨学习十八届六中全会精神座谈会在北京会议中心召开，会议宣读了批准筹备成立北京市新经济组织党建研究会的批复和批准筹备北京市新经济组织党建研究会行政许可决定书，表决通过了北京市新经济组织党建研究会筹备工作报告、章程、会费管理办法和大会选举方式，选举产生了研究会第一届领导机构成员。市委社会工委委员、市社会办副主任王丽竹当选研究会会长。北京市新经济组织党建研究会，在市委社会工委领导下开展工作，首批会员单位90家，均为全市超大规模和跨区域非公有制企业。成立大会后，京东集团、91金融党组织负责人以及《北京支部生活》专家学者就学习贯彻党的十八届六中全会精神畅谈了心得体会。以此为标志，全市非公企业学习贯彻党的十八届六中全会工作全面展开。来自全市16个区、90家新经济组织党组织负责人出席会议。

（孙清山）

【全市非公有制企业和社会组织党的组织和党的工作覆盖“百日推进工程”督导座谈会召开】　12月15日，全市非公有制企业、社会组织党的组织和党的工作覆盖“百日推进工程”督导座谈会在朝阳区社会动员中心召开。城六区社会工委主要负责人、市社科联、市商业联合会、市私个协党建委负责人，市投资促进局、市经济技术开发区的主管领导等介绍了本系统、本单位“百日推进工程”实施情况。全市非公企业党组织、社会组织党组织覆盖率已提前实现分别覆盖80%、50%以上的目标。

（孙清山）

【北京市商务楼宇党建暨非公党建指导员示范培训班举办】　12月19日至23日，北京市商务楼宇党建暨非公党建指导员示范培训班在市委党校二分校举办。培训重点围绕国际形势与国家安全、我国经济形势与企业策略、十八届六中全会精神学习与从严治党、商务楼宇党建与社会治理创新、“走出去”与“请进来”的楼宇党员志愿服务以及基层党建实务等开展专题辅导、分组讨论、经验介绍，并赴中关村国家自主创新示范区与中关村智造大街等开展现场教学。全市部分商务楼宇工作站党建工作负责人与离退休干部非公党建指导员、中关村科技园区各分园工委有关负责人，各区委社会工委党建科长约200人参训。

（孙清山、赵雪峰）

【全市首家社区党风廉洁教育基地在西城区金融街街道正式挂牌】　12月22日，全市首家社区党风廉洁教育基地在西城区金融街街道受水河社区正式挂牌。社区党风廉洁教育基地位于头发胡同45号，约400平方米的“四室一厅”内设有主展厅、视频会议室、图书室、书画室、手工室。其中包括10块触摸屏、2台电视、12块灯箱、1部投影灯声光设备，可实现与观众的实时互动。主展厅以“颂廉洁　正民风”为主题向居民群众讲述了廉的足迹，包括追溯廉史、廉政制度、廉洁齐家、古代廉吏、先驱名仕、廉洁楷模、廉行民安等。西城区社区党风廉洁教育基地挂牌后，作为西城区社区居民的廉洁教育大课堂，不定期组织全区261个社区的干部群众前来参观，同时还将免费向社会公众开放参观，通过展览、观影、互动等形式开展丰富多彩的廉洁文化教育活动，使基地成为推动社会风气向善向上的主要载体。

（孙清山、赵雪峰）

【实施非公有制企业和社会组织党的组织和工作覆盖“百日推进工程”】　年内，贯彻落实中央组织部下发的《关于集中推进非公有制企业和社会组织党的组织和工作覆盖的通知》精神，北京市委社会工委、市社会办集中实施“两新”组织党建覆盖“百日推进工程”，不断扩大社会领域党建工作覆盖。全市10.3万家非公有制企业，单独建立党组织6612个，联合建立党组织3536个（覆盖非公有制企业78703家），全市非公有制企业党的组织覆盖率达83%，推荐各类非公企业党建工作先进典型30余个。全市建立623个商务楼宇（联合）党组织，覆盖率逾62.1%。指导16个区、102家市级部门、36家市级“枢纽型”社会组织党建工作委员会推进

"两个覆盖"，全市社会组织党的组织覆盖率达到67%。

（孙清山）

【全市区域化党建工作持续推进】 年内，指导全市街道社区落实《关于进一步加强区域化党建工作的意见》，加快推进区域化"街道大工委""社区大党委"机制建设，强化街道（乡镇）党（工）在区域化党建工作中的统筹协调作用、社区党组织基础作用，初步形成"2＋3＋4＋5＋6"经验。全市39个社区开展"区域化党建、多元性自治、开放式服务"试点。

（赵雪峰）

【商务楼宇党员志愿服务聚合力"V＋"获"最佳志愿服务项目"】 年内，由市委社会工委、市志愿服务联合会共同申报的北京市商务楼宇党员志愿服务聚合力"V＋"在全国志愿服务"四个100"评比中获"最佳志愿服务项目"。该项目以商务楼宇"五站合一"为工作基础和平台，引入"V＋"概念，坚持以党员志愿者为骨干，坚持"走出去"与"请进来"，形成党员志愿服务工作体系，为楼宇党建工作注入新内容、增添新动力。全市超过200个商务楼宇工作站成立了"志愿服务站"，建成了50个市级党员志愿服务示范站。

（赵雪峰、孙清山）

【基层党建工作基础保障持续改善】 截至年底，北京市区域性街道（乡镇）社会工作党委全部建立，全市85.7%的社区党组织书记达到大专以上学历，94.4%的社区党组织配备了专职副书记，1047名"大学生社工"进入党组织班子。全市投入60亿元改善社区办公条件，城市社区办公和服务场所基本全部达到350平方米以上的标准。

（赵雪峰）

社会建设信息化建设

【概况】 2016年全市社会建设信息化工作加快推进"互联网＋"、大数据和信息化与社会领域各项工作的全面融合与深化发展，各项工作取得明显成效。一是"十三五"时期全市社会建设信息化规划印发实施新目标更加明确。全市"十三五"时期社会建设信息化建设的主要目标、重点任务和保障措施的明确，将推进全市社会建设信息化工作跃上新水平。二是北京社会建设网站群主渠道作用更加突出。网站全年累计发布信息4756条，刊物84个，视频56个，接到并办理人民来信137封，全年访问量达2768余万次。三是手机报服务能力更加强劲。全新改版，将原手机报改版为《手机早报》，新创办了《手机午报》，《手机早报》累计编发252期，共3824条，系列专栏19个，《手机午报》累计编发106期，共972条，整体提高了手机报服务能力和时效性。四是"四网六库"应用系统使用更加便捷。启动了对四网六库中OA网和多媒体资料库的优化提升，将单点登录技术引入"四网六库"，优化了11个栏目流程，全面提高了工作效率，实现五种类型的入库资料标题检索和全库检索，市委社会工委、市社会办各种资源的搜索利用效率全面提高。五是智慧社区建设成果更加惠民。全年新建设智慧社区549个、升星社区412个，累计建成星级智慧社区2221个，全市星级智慧社区覆盖率占全市社区总数75%，全市共有76个街道实现智慧社区全覆盖。六是网络舆情监测工作更加精准。创办了《网络舆情监测分析月报》，网络舆情监测工作取得新成效。七是社会领域党建信息化推进步伐更加稳健。发挥信息化优势强化党建信息化向重点任务、重点工作、非公经济党组织延伸，信息化助力“两学一做”取得新突破。八是信息化工作队伍更加专业。成功举办3期全市社会建设信息化示范培训班，培训总人次近508人。

（李慧燕）

【市委社会工委、市社会办被评为中国智慧城市发展5周年贡献单位】 1月6日，2015年第五届中国智慧城市大会和中国首届智慧社区高峰论坛授予市委社会工委、市社会办，东城区信息办，朝阳区信息办和北京经济技术开发区信息中心等单位“2010—2014中国智慧城市发展5周年贡献单位”称号，授予王丽竹同志“2010—2014中国智慧城市发展5周年贡献人物”称号，授予北京通州区居民健康卡、东城区智慧城管为2014中国优秀案例奖。

（李慧燕）

【2015年北京市星级智慧社区认定工作完成】 1月18日，由市社会办、市经信委和市民政局共同研究制定的《关于认定2015年北京市星级智慧社区的通知》正式印发，2015年全市第三批智慧社区建设及星级智慧社区升星建设验收认定工作经过各区自评、审核抽查、网上公示等环节，共认定北京市星级智慧社区949个，其中，2015年新建星级智慧社区640个，升星建设星级智慧社区309个。认定132个社区为“北京市五星级智慧社区”，130个社区为“北京市四星级智慧社区”，429个社区为“北京市三星级智慧社区”，153个社区为“北京市二星级智慧社区”，105个社区为“北京市一星级智慧社区”。

（李慧燕）

【全面更新信息化服务保障基础台账】 1月，市委社会工委、市社会办对信息化服务保障基础台账进行了全面更新工作。一是对新增人员进行了IP地址重新更换、邮箱申请、软件正版化安装等工作。二是根据市经信委要求，电子邮箱系统密码安全级别提升，清理了北京社会建设网电子邮件系统中不经常使用邮箱，并更新了《北京社会建设网电子邮件台账》。三是根据网络处和队伍处要求，与市委信息中心配合，研究了新办公地点的网线部署，现场实施布线工作。四是更新了《局域网IP与人员对应台账》和《软件资产台账》。

（李慧燕）

【春节期间网络舆情监控与安全保障工作完成】 2月7日至13日，市委社会工委、市社会办为落实好春节安全稳定、服务保障工作相关要求，制定了春节期间轮流网络值班值守、定时反馈制度，确保春节期间社会建设网安全运行，实现零事故。建立了社会热点收集机制，每天安排专人负责关注网络舆情，收集广大居民关注的社会热点，春节期间共收集热点37条，并形成春节期间社会热点及分析情况简报，网络舆情监控工作有了新突破。

（李慧燕）

【《2014年北京市社会建设信息化工作电子年度发展报告》发布】 2月，《2014年北京市社会建设信息化工作电子年度发展报告》电子书编辑制作工作完成，2014年电子年度发展报告按照“（1+16）×10+142+智慧社区+商务楼宇”模式，全面系统地介绍了全市社会建设信息化工作，总字数149万余字，分上、中、下册。

（李慧燕）

【《北京市星级智慧社区分布图》发布】 3月2日，《北京市星级智慧社区分布图》在北京社会建设网上正式发布，以图表的形式，全面、直观地展示了全市各区智慧社区建成情况。

（李慧燕）

【2016年全市社会建设信息化会召开】 3月9日，市委社会工委委员、市社会办副主任王丽竹主持召开了2016年北京社会建设信息化工作会，会议总结了2015年全市社会建设信息化工作情况，部署了2016年社会建设信息化工作重点任务，印发了《“十二五”期间全市各区星级智慧社区建设概览》，2016年全市社会建设信息化工作要点、重点任务分解书等文件，同时明确了2016年全市智慧社区等重点工作推进计划，2016年全市将新建532个智慧社区，推进412个星级智慧社区的升星建设。会议要求各区要早起动、快推动、强促动、争主动，下先手棋、打主动仗，抓好各项工作落实。各区委社会工委、区社会办主管领导和科室负责人共40余人参加了会议。

（李慧燕）

【2015年北京市社会建设信息化工作电子年度发展报告编纂工作启动】 3月21日，市委社会工委、市社会办印发《关于报送2015年北京市社会建设信息化工作电子年度发展报告材料的通知》，2015年电子年度发展报告按照“（1+16）×10+142+智慧社区+商务楼宇”的模式，全面系统收集、编纂2015年全市社会建设信息化的工作。

（李慧燕）

【宋贵伦同志调研信息中心与网格化处工作】 3月22日，市委社会工委书记、市社会办主任宋贵伦同志与信息中心、网格化处全体同志集体座谈，调研指导社会建设信息化与社会服务管理网格化工作，市委社会工委委员、市社会办副主任王丽竹同志参加。宋贵伦同志在听取了两处负责人和王丽竹同志有关情况介绍后指出，几年来信息中心和网格化处工作取得了很大成绩，网格化体系实现了全覆盖，“四网六库”有了很好的基础，手机报已经成为市委社会工委、市社会办的一张名片，要认真总结成绩，并坚持继承发展。并强调，要深刻认识当前我市社会建设信息化和网格化工作面临的机遇与挑战，要求“围绕一个中心，抓住两个基本点，搞好六个有机结合”抓好下一步工作。

（李慧燕）

【软件正版化检查工作全面启动】 4月1日，按北京市使用正版软件工作联席会议《北京市2016年全市国家机关软件正版化工作方案》要求，市委社会工委、市社会办落实《北京市国家机关软件正版化工作责任落实表》的责任要求，启动2016年度软件正版化检查工作。

（李慧燕）

【全市推进智慧社区高清交互平台试点工作稳步推进】 4月7日、15日，市委社会工委委员、市社会办副主任王丽竹先后到歌华有线公司、朝阳区朝外街道调研智慧社区高清交互平台建设工作，并在调研的基础上研究在全市推进智慧社区高清交互平台试点建设工作的实施方案。

（李慧燕）

【2016年全市智慧社区新建和升星建设工作启动】 4月12日，为进一步加强对各区推进智慧社区建设工作的指导力度，市委社会工委、市社会办研究起草《关于2016年推进全市智慧社区建设的意见》并发至各区，指导各区制订智慧社区月度推进计划，建立智慧社区月度报告制度，扎实推进全年工作落实。

（李慧燕）

【开展社区LED信息屏调研工作】 4月，市委社会工委、市社会办为加快推进社区LED信息屏的整合利用，电话调研朝阳、海淀、房山、怀柔、密云等区社区LED信息屏整合利用情况，研究市有关部门利用社区LED信息显示屏进行信息直发的实施方案。

（李慧燕）

【《“互联网+”基层社会治理创新——北京市智慧社区建设研究与思考》被选为“我为改革献一策”活动重点扶持项目】 市委社会工委、市社会办积极参加由共青团市委、市委市直机关工委、市委全面深化改革领导小组办公室、市人力社保局共同组织的第二届机关事业单位青年“我为改革献一策”活动，报送的创新项目《“互联网+”基层社会治理创新——北京市智慧社区建设研究与思考》于4月底通过了项目立项终审会，被选为“我为改革献一策”A类重点扶持项目。

（李慧燕）

【互联网门户网站保密检查成效明显】 5月5日，落实市保密局相关要求，市委社会工委、市社会办互联网门户网站保密检查工作启动。要求专业技术人员每周对北京社会建设网进行全面扫描，并统计存在问题的外部链接，每周进行汇总排查、每周进行全面整改，全年总计完成修改或删除链接150余个、删除过期栏目3个，确保了首页链接问题控制在10个以下，外部链接问题控制在30个以下，北京社会建设网全年可用率达97.3%。

（李慧燕）

【“四网六库”2016—2017年度运维项目招标工作有序推进】 5月16日，市委社会工委、市社会办启动“四网六库”2016—2017年度运维招标活动，完成招标项目的立项，并选择汇诚金桥为招标的代理公司，6月6日，项目招标文件上网公示，7月5日，按照招标结果与首信工作签订合同，“四网六库”年度运维工作顺利开展。

（李慧燕）

【“网格化+”电视云服务平台建设工作稳步推进】 5月18日，为整合利用歌华电视云服务平台服务资源，推进全市社会建设工作，市委社会工委、市社会办与北京歌华有线数字媒体有限公司座谈研究推进“网格化+”电视云服务平台建设工作，随后研究起草了《关于在全市推进“网格化+”电视云服务平台建设的方案（征求意见稿）》《关于在全市推进“网格化+”电视云服务平台建设的通知》并发至各区。

（李慧燕）

【2016年北京市网格化暨社会建设信息化培训班举办】 5月30日，市委社会工委举办的2016年北京市网格化暨社会建设信息化培训班在北京邮电大学正式开班，其中信息化相关培训班3期，重点围绕《国家信息化发展战略纲要》解读、“互联网+”等内容，全市各区社会办、网格办主管领导和主管科室负责人、日常负责人参加了培训，累计培训人数达1767人，培训目标明确、内容丰富，理论紧扣信息化前沿和政策解读，实践紧扣基层改革创新和服务管理先进经验，同时创新对各区推进智慧社区建设工作的指导，与全市社会建设信息化培训班相结合，组织开展全市智慧社区建设经验交流会，从全市各区选取8个在智慧社区、社会建设信息化方面做得较好的街道做经验交流，以经验交流促工作推进。参训人员对培训班给予充分肯定和高度评价，达到了预期目的，全面提高了全市从事社会建设信息化工作同志们的综合素质和能力水平，进一步增强了做好全市社会建设信息化工作责任感和紧迫感。

（李慧燕）

【网络安全执法检查工作启动】 5月30日，落实市公安局相关要求，市委社会工委、市社会办网络安全执法检查工作启动，按照公安部《2016年公安机关网络安全执法检查工作方案》及市公安局组织召开的全市网络安全执法检查工作电视电话部署会相关要求，对北京社会建设网和“四网六库”系统进行了等级保护备案和信息安全自查工作，并按要求在公安局在线报送系统上填报《自查报告》《网站安全情况自查表》《网站管理基础信息》《信息系统运营使用单位基本情况》

等相关材料。

（李慧燕）

【智慧社区相关提案建议办理完毕】 年内，智慧社区建设工作得到市政协委员和市人大代表的高度关注，6月，完成了市政协十二届四次会议第0897号、第0030号2件提案的会办及市政协十二届四次会议第1004号主办提案的主办工作。

（李慧燕）

【北京社会建设手机报全面改版】 8月1日，为进一步提高手机报服务能力和时效性，北京社会建设手机报全新改版，原手机报改版为《手机早报》，新创办了《手机午报》，早报、午报定位各有侧重，早报内容发布侧重本市主管市领导调研、研究工作活动、重大决策出台、重要工作进展、全市社会建设动态等工作动态信息。午报内容发布侧重当天《人民日报》《北京日报》等各大纸质媒体和网站报道的关于社会建设新闻信息，通过早报、午报全面实现了第一时间为全市社会建设工作者送上集“集约、快速、权威、全面”于一体的全市社会建设工作动态和社会建设新闻资讯。

（李慧燕）

【《网络舆情分析月报》创办】 8月1日，《网络舆情分析月报》创刊，每月一期，舆情内容紧紧围绕全市社会建设大局和工作目标，社会热点和意识形态的事件，各省市社会建设最新动态和经验做法，为各级领导掌握社情民意、分析形势、推动工作提供了重要依据。同时为逐步实现网络舆情监测工作从以“监测收集”为主向以“分析服务”为主的转变，今年起，建立了时时监测收集社会舆情，及时分析研究定期报告社会舆情动态机制，进一步提高了网络舆情服务水平。

（李慧燕）

【北京社会建设网域名过户工作启动】 8月30日，按照市经信委《关于办理域名过户移交手续的函》的要求，经与市经信委、首信沟通，北京社会建设网域名过户工作正式启动。

（李慧燕）

【北京社会建设网迁移入云工作启动】 年内，按照关于利用政务云推进北京市子政务集约化发展的建议及《北京市市级政务云管理办法》等相关文件的要求，根据市里集中部署、集中管理、集约化建设的精神，市委社会工委、市社会办就北京社会建设网具体情况向市经信委信息化专家咨询委员会的专家进行咨询，征求专家对社会建设网入云问题的意见，随后与首都之窗、千龙网、金山、太极等多家单位反复沟通，认真论证，明确采用市级政务云进行社会建设网硬件和服务的统一托管，将网站整体迁移至市级政务云的建设方案，正式启动入云迁移工作。

（李慧燕）

【智慧社区专题座谈会召开】 9月20日，市委社会工委、市社会办信息中心与市经信委信用管理处进行座谈，就智慧社区推进情况和工作思路，以及面临的形势，就全市社会领域信用体系建设等问题进行了深入沟通，进一步明确了今后智慧社区、社会领域信用体系建设工作的推进思路。

（李慧燕）

【《北京市“十三五”时期社会建设信息化建设规划》印发】 9月22日，市委社会工委、市社会办在认真学习党和国家关于信息化工作所做出的一系列重大战略部署，认真总结“十二五”时期全市社会建设信息化规划实践经验，深入研究分析“十三五”时期全市社会建设信息化工作面临的形势任务的基础上，按照具有创新性、前瞻性、引领性和可操作性的原则，完成了《北京市“十三五”时期社会建设信息化规划》编制印发工作，明确了全市“十三五”时期社会建设信息化建设的主要目标、重点任务和保障措施，“十三五”规划各项目标任务的全面实施落地，必将推进全市社会建设信息化工作跃上新水平。

（李慧燕）

【全市社会建设信息化工作调研工作开展】 9月，为全面了解全市社会建设信息化工作开展情况，深入了解智慧社区建设、党建领域信息化建设工作等重点工作推进情况，进一步加大对各区推进社会建设信息化工作督促指导力度，市委社会工委、市社会办开展了全市社会建设信息化工作调研，到西城广外街道调研了解西城智慧社区示范点建设情况；通过电话调研的方式，就智慧社区生活体验馆的实际建设需求对全市十六个区县进行了调研；结合社会建设信息化工作在部分区人员调整多、变化大的情况，同步整理了各区社会建设信息化工作主管领导和具体工作人员名录；考察顺义区空港街道智慧社区顶层设计方案。

（李慧燕）

【四网六库OA网多模块同步上线】 10月，市委社会工委、市社会办四网六库OA网集成电子传真、公务员邮箱、短信平台、公务员门户等常用办公系统及单点登录客户端的设计与开发工作完成并同步上线，用户体验得到极大提升。

（李慧燕）

【《北京市社会建设信息化工作电子年度发展报告（2015年度）》发布】 11月22日，市委社会工委、市社会办正式发布《北京市社会建设信息化工作电子年度发展报告（2015年度）》。报告采取“（1+16）×10+142+智慧社区+商务楼宇”的模式，共计101万字，在内容、质量和展示形式等方面都有新的提升，全面系统地反映了全市社会建设信息化工作在2015年度的新进展、新成就、新亮点。

（李慧燕）

【北京社会建设网入云迁移工作全面完成】 12月，按照“集中部署、集中管理、集约化升级”部署要求，经过3个月的精心实施，按照市经信委分配的资源，通过对新页面、内容管理系统、留言系统以及基础操作系统、中间件等相关软件的部署、测试、试运行工作，完成了社会建设网的整体迁移和部署工作。网站入云时严格按照信息系统安全等级保护要求，全面加强了网站安全保障体系建设，网站的访问速度、后台系统功能和安全环境得到了显著提升，网站的安全稳定运行能力明显增强。

（李慧燕）

【北京社会建设网站群主渠道作用更加突出】 年内，北京社会建设网站群全年访问量达2768余万次。网站全年累计发布信息4756条，刊物84个，视频56个，接到并办理人民来信137封。创新服务模式。全年新推出“第七届‘北京魅力社区’评选表彰”“纪念建党95周年评选表彰”“架桥搭舞台　群团更出彩”等专题，上线“最美社工”“首都社会文明行”等视频，持续打造“北京榜样”“北京社会公益行”“北京市社会建设专家网上观点”等栏目，栏目品牌化、专题系列化、视频多元化的宣传新模式逐步形成。

（李慧燕）

【智慧社区建设成果更加惠民】 年内，新建设智慧社区549个、升星社区412个，全市累计建成星级智慧社区1672个，覆盖率占全市社区总数75%，共有76个街道实现智慧社区全覆盖。《“互联网+”基层社会治理创新——北京市智慧社区建设研究与思考》被第二届机关事业单位青年“我为改革献一策”活动选为活动重点扶持项目。第七届中国智慧城市大会授予市委社会工委、市社会办授予“2016中国智慧城市贡献单位”，王丽竹同志被授予“2016中国智慧城市杰出贡献人士”。

（李慧燕）

【“四网六库”应用系统使用更加便捷】 年内，市委社会工委、市社会办启动了对“四网六库”部分服务系统的二次改造，以增强社会建设网OA网易用性为着力点，一是创新推出单点登录客户端，优化OA网登录流程，将原来需要四步的操作简化为一步。二是将电子传真、社会建设邮箱、公务员门户、多媒体检索等常用办公工具和办公网站集成到OA网，方便日常办公使用。三是优化OA网栏目布局，将常用的栏目调整到醒目位置，在栏目布局方面，力求整体风格简洁、美观、大方，布局合理，导航清晰，栏目设置科学，相应子栏目层次分明。四是深入了解各业务处室需求，多次与人事处、办公室、研究室进行研讨，根据业务处室需求优化栏目设计。根据研究室的需求新增政策法规栏目；根据办公室的需求将原信息报送栏目更名为文稿报送栏目，优化信息报送的界面设计，使信息报送更为便捷；根据人事处的需求将公务员考核栏目更名为人事考核栏目，优化子栏目设计，使人事考核政策发布查找更为灵活，考核信息填报更为简洁易用，全面提升内部办公效率。

（李慧燕）

【手机报服务能力更加强劲】 年内，市委社会工委、市社会办不断拓展手机报信息内容的广度和深度，丰富服务形式和栏目，开设了“两学一做”“新词热词”“好书推荐”等专栏，按照市委市政府部署，围绕应对极端天气、应对雾霾，及时发布应对极端天气、应对雾霾信息，手机报成为动员社会主要手段之一。《手机早报》累计编发252期，共3824条，系列专栏19个。《手机午报》累计编发106期，共972条。

（李慧燕）

社会心理服务与研究

【概况】 年内，北京市社会心理服务促进中心全面贯彻落实市委市政府的决策部署，以“两学一做”学习教育、市委专项巡视整改工作和转变工作职能为契机，坚持稳中求进，围绕社会建设中心任务，积极开展社会心理理论研究、宣传培训、服务督导，圆满完成全年工作任务。一是抓科研、搞培训，着力提升核心竞争力。在科研方面，出版《2015—2016北京社会心态分析报告》（《北京社会心态蓝皮书》）；顺利完成年度社会心理基础理论研究16项课题结项；开展年度社情民意调查及发展对策研究、京津冀一体化背景下推进社会心理服务工作常态化问题研究；拓展合作平台，与中国科学院心理所合作，开展社会热点网络调查。在培训方面，面向社区工作者举办2期社工心理服务能力提升培训班、2期国家三级心理咨询师考级强化提升班；针对心理咨询师业务提升需求，举办心理咨询师专题培训；针对自然灾害心理援助需求，围绕组建志愿小组、灾难应激心理反应等内容举办2期全市心理服务志愿者心理素质拓展技能培训。二是铸品牌、创特色，充分发挥“枢纽型”社会组织职能作用。开展“润心进基层”活动，举办158场居民心理疏导公益讲座；开展“幸福老人港”项目，为托老（残）机构老人举办48场团体心理疏导和心理陪伴活动；开展“暖心公益行”活动，组织联合会成员单位为失独家庭、老年群体、社区矫正人员等特殊群体提供人文关怀志愿服务；举办学习十八届六中全会精神培训班，围绕社会组织改革发展、政府购买社会组织服务等专题对会员单位负责人进行培训；创建《北京社会心理工作》（季刊），为联合会会员单位搭建政策学习、工作交流、成果展示平台。三是打基础、抓党建，加强内部建设。以党建工作引领业务发展，扎实推进“两学一做”学习教育，组织集中学习10次，书记讲党课1次，研讨交流3次，主题党日活动4次。全面落实党风廉政建设责任制，落实支部书记主体责任、纪检委员监督责任、班子其他成员分管责任，推进班子成员“一岗双责”常态化、清单化、制度化。完善并汇编管理规章制度，加强保密工作落实，成立国家安全工作领导小组。

（靳仔図）

【开展品牌公益服务持续深入】 年内，北京市社会心理工作联合会为社工及广大居民开展“润心进基层”活动，举办居民心理疏导公益讲座158场，覆盖全市80%以上街道，听众达16000余人次。开展“暖心公益行”活动，组织联合会18家会员单位，为失独家庭、老年群体、社区矫正人员、残障人士、“农转居”等特殊群体提供人文关怀志愿服务，举办团体辅导活动72次，参与志愿者1200人次，服务3000余人次。开展“幸福老人港”项目，在海淀、东城、朝阳、顺义等区，为托老（残）机构400余名老人举办48场心理疏导和心理陪伴活动。开展孤独症儿童家长和特教人员心理服务，到特殊人群教辅中心、社区心理服务站调研，召开专家座谈会，举办孤独症儿童家长心理疏导讲座，传授家长在孤独症儿童康复过程中的负面情绪的管理及沟通交流能力技巧。

（靳仔図）

【开展多层次心理服务能力提升培训班】 年内，北京市社会心理服务促进中心面向社区工作者开展心理基本技能集中培训，普及与提升社区工作者心理学知识，全市160名社工骨干参加培训。面向专业心理咨询师开展专业心理技术培训，围绕精神分析心理咨询、绘画治疗、音乐治疗、沙盘技术等实务技能进行专题培训，全市社会领域160余名一线心理咨询师参加培训。面向心理服务志愿者开展专题培训，针对自然灾害心理援助需求，重点围绕组建志愿小组、团队文化建设、团队沟通协作、灾难应激心理反应等内容，举办2期全市心理服务志愿者心理素质拓展技能培训，来自全市各心理服务机构、社区心理服务站的160名心理服务志愿者参加培训。

（靳仔図）

【社区心理服务标准化试点建设持续推进】 年内，北京市社会心理工作联合会召开经验交流座谈会，总结第一批试点工作经验，研究制定“基本保障、基本力量、基本任务、基本制度”四项标准化规范；明确“心理健康宣传教育、培养社区心理服务骨干、开展个体咨询与疏导、心理困境人群救助、‘一老一小’心理关怀、心理危机与冲突干预”六项基本服务内容。推进标准化试点推广，深入社区调研，联系协调新一批试点场地和社会组织，召开新一批试点建设推进会，使心理服务试点扩展至30个社区。

（靳仔図）

【《2016北京社会心态蓝皮书》出版】 8月，《2016北京社会心态蓝皮书》正式出版。该书侧重研究社会心态中的“社会行为倾向”，考察居民在助人、交通、环保、旅游、网络、消费维权、婚姻等重要生活领域的行为，并从亲社会行为、法治行为、越轨行为三个方面总体上把握北京居民的行为倾向特点，提出相应的思考和建议。

（靳仔図）

【北京市社会心理服务促进中心转变职能】 9月29日，北京市机构编制委员会办公室同意北京社会心理研究所更名并调整职能。正式更名为北京市社会心理服务促进中心，主要职责调整为：承担推进本市社会心理服务体系和疏导机制、危机干预机制建设的相关辅助性、事务性工作；开展社会心理基础理论和实践应用研究工作。

（靳仔図）

【“由心而治——社会心理与社会治理”论坛举办】 10月29日，由市委社会工委、中央财经大学、北京市社会心理工作联合会共同举办“由心而治——社会心理与社会治理”论坛。会上发布《2016北京社会心态蓝皮书》。中国科学院、北京大学、北京师范大学、中央财经大学等国内知名大学社会心理专家学者做主旨演讲。各区社会工委、社会办主管领导及科室负责人，市社会心理工作联合会会员单位负责人，社区心理服务试点负责人，市社会心理服务促进中心及中央财经大学部分师生共400余人参加论坛。

（靳仔图）

【社会心理基础理论研究课题发布】 10月，北京市社会心理服务促进中心发布2017年社会心理基础理论研究课题。该项目由市级财政支持，研究主题为“居民心理健康与社会心理服务”，包括北京市民心理资本现状与养成路径研究、北京居民情绪预测及情绪预测偏差特点与其幸福感关系研究、北京青少年心理弹性及家庭抚养方式影响之研究、城市企业员工心理扭力与抑郁和自伤行为关系研究等16个研究课题，部分研究成果将收录于每年出版的《北京社会心态蓝皮书》中。

（靳仔图）

【《北京社会心理工作》（季刊）创办】 11月，由北京市社会心理工作联合会主办、北京市社会心理服务促进中心承办的《北京社会心理工作》（季刊），完成首期编辑印刷工作。《北京社会心理工作》（季刊）为顺应市社会心理工作联合会成员单位的需求而创办，为广泛交流社会心理工作动态信息、及时发布社会热点调查指数、充分展示首都社会心理基础理论和实践运用研究成果搭建宣传平台、交流园地、研究载体。

（靳仔图）

【北京居民社会认知调查总报告完成】 年内，北京市社会心理服务促进中心以“北京居民社会认知状况”为主题，在全市16个区进行抽样调查，获取有效数据2430个。研究将社会认知分为四个层面：（1）自我认知，即个体对自我的感知和理解。并从三个方面考察自我认知特点：一是身体自我认知，数据显示四成多居民认为自己身体健康状态不佳；二是心理自我认知，数据显示三成居民心理健康状况亟须关注，居民核心自我评价、主观幸福指数、生活意义感处于较高水平；三是社会自我认知，数据显示近六成居民对自我人际交往状况满意。（2）家庭认知，即个体对家庭及家庭成员关系的感知和理解。在婚姻质量认知方面，多数居民的婚姻幸福体验较高，婚姻中平等协商的现代家庭观念占主导；在生育观方面，居民生育意愿逐年降低，对现代生育观念认同度高于传统生育观念。（3）群体认知，即个体对结成群体的人们的心理现象、心理活动和群体间相互关系的感知和理解。在社会凝聚力认知方面，八成以上居民认为北京的社会凝聚力水平较高；在自我阶层认定方面，自我阶层认定水平逐年提高，全民弱势心态依然突出。（4）国家认知，即个体对国家治理等国家层面问题的感知和理解。在国家治理方针认知度方面，呈现“广度有余、深度不足”的特点，社会主义核心价值观最深入人心；在国家治理能力认知方面，居民对当前国家治理能力比较满意，对未来的国家治理能力较有信心；在国家治理效果认知方面，居民对当前政策和工作总体满意度处于中上水平，八成以上居民获得感体验处于中上水平。

（王　惠）

【北京居民自我社会阶层认同状况调查报告完成】 年内，北京市社会心理服务促进中心对北京居民社会阶层的认同状况进行问卷调查。经研究，北京居民社会阶层的认同特点具体表现在：（1）居民自我社会阶层认同情况正逐年好转。本年度北京市民社会阶层自我评定的阶层指数为历年最高，达到3.81。（2）居民自我认同中上与中等社会阶层的居民比例分别为4%与30%，为近十年来最高。（3）全民弱势心态仍然突出。尽管自2008年国际金融危机以后，北京居民社会阶层认同状况总体呈现出“中等阶层认同比例逐步提高、最底层自我归类的比例逐步减少”的趋势，但底层比重仍然过大，中间层规模过小，全民弱势心理仍然突出，北京居民总体社会分层还是呈现出传统的金字塔形，而非理想的橄榄形。（4）阶层向上流动的效能感与信心都表现为一般。调查显示，北京居民阶层向上流动的效能感与信心分别获3.00分与3.02分，均处于一般水平。（5）居民对影响阶层向上流动因素的认知中，更强调个体性因素。北京居民对影响阶层向上流动的个体与社会两因素评价分别为59.48分和40.12分，显示出更多的居民还是看重个体因素。（6）居民对自我收入高低、财产占有多少、政治权利多少、社会声望的主观评价高低显著影响其本人的自我社会阶层认同。

（张胸宽）

【北京居民心理服务需求及态度调查报告完成】 年内，北京市社会心理服务促进中心对北京居民心理服务需求及态度进行调查研究。经数据整理得知，北京居民社会心理服务需求及态度状况呈现出以下几个特点：（1）居民对社会心理服务的潜在需求量大。数据显示，本年度北京居民心理健康水平自测平均得分为7.29分，相对于2011年度北京社会心理研究所对全市居民心理健康水平的监测得分8.41分，下降不少，居民潜在的社会心理服务需求更大。（2）居民的表现需求也非常大。86%的居民近期内都遭遇过一类或多类心理问题。其中，现阶段居民所遇问题靠前的三类分别为体重控制、学业/工作压力和睡眠障碍，分别为35.8%、32.1%和29.4%。（3）表示自己会求助社会心理服务的居民比例仅为一成左右。（4）居民对心理问题、心理咨询及心理咨询机构的看法处于一般向较好发展的区间。北京居民对心理问题与心理咨询、心理咨询机构的态度平均得分分别为3.66分、3.72分与3.40分，都处于一般向较好发展的区间。

（张胸宽）

【北京居民主观幸福感调查报告完成】 年内，北京市社会心理服务促进中心着眼了解北京居民的主观幸福感状况，对全市16个区142个街道进行抽样调查，取得有效数据2430个。总体看，以5分制算，北京居民的主观幸福感指数为3.31，生活满意度平均分为2.92，积极情绪指数为2.95，消极情绪指数为1.93（消极情绪指数越低，说明消极情绪发生频率越低）。从群体看，“70后”“80后”居民的主观幸福感较低；较高学历居民的生活满意度和积极情绪指数较高，主观幸福感无显著差别；离异居民的主观幸福感较低；中上收入居民的主观幸福感最强；外地农业户籍居民幸福感指数最低；党员的主观幸福感最强；无稳定工作居民的幸福感最低。报告分析了北京居民主观幸福感的影响因素，并提出提高居民主观幸福感的社会工作建议：一是减轻居民生活压力；二是拓宽社会支持提供渠道；三是建设和谐、文明家庭；四是推动人格教育，帮助居民建立正确自我认知；五是引导居民形成理性社会认知。

（陈　珊）

【北京居民一般生活意义感调查报告完成】 年内，北京市社会心理服务促进中心着眼了解北京居民一般生活意义感状况，对全市16个区142个街道进行抽样调查，取得有效数据2430个。数据结果显示：从整体看，北京居民生活意义感平均分为3.49分。4.1%的北京居民觉得生活意义感很低或较低，70.7%的北京居民觉得生活意义感较强或很强；从群体看，“40后”及之前出生、“50后”居民的生活意义感最强，“80后”“90后”居民的生活意义感较低；本科及研究生以上居民的生活意义感较高；离异居民的生活意义感最低；外地城镇居民的生活意义感最强，北京农业居民的生活意义感最低；共产党员的生活意义感最强；无业、失业或下岗、临时工作居民的生活意义感最低。从生活意义感的具体内容看，北京居民觉得生活要有意义，最重要的是自己和家人身体健康、家族和睦、做自己喜欢做的事、教育好孩子和赚钱养家。报告分析了居民一般生活意义感的影响因素，年龄、婚姻状态、信仰、人格、自我认知，与社会认知对居民的生活意义感都有显著影响，居民的核心自我评价越高、人际交往满意度越高、人际信任度越高，其一般生活意义感越强。

（陈　珊）

【北京居民婚姻质量调查报告完成】　年内，北京市社会心理服务促进中心对北京居民婚姻质量状况进行调查。经分析，北京居民的婚姻质量总分是 36.88 ± 7.40 分。当要求对婚姻幸福程度进行综合的评价（满分 10 分）时，72.6% 的人的综合评价得分在 8 分及以上，仅有 1.2% 的人的综合评价得分在 2 分及以下，说明多数居民具有较高的婚姻幸福体验。另外，51.3% 的人报告自己“偶尔”与配偶发生冲突，35.4% 的人报告自己“有时”会发生冲突，9.6% 的人报告自己“经常”或“总是”发生冲突，3.7% 的人“从不”发生冲突，可见多数居民的婚姻冲突频率较低，反映出多数居民的婚姻质量处于较好的水平。具体分析，北京居民的婚姻状况具有以下几个突出特征：（1）平等协商的现代家庭观念占主导，男主外女主内的传统家庭观念仍有影响；（2）超过半数居民整体上满意家务分工状态，男性比女性更满意目前的家务分工；（3）多数家庭共同享有家庭重大决策权，选择共同决策的男性有更现代的性别观念；（4）多数北京居民不经常与配偶冲突，冲突的主要原因是子女教育。

（石孟磊）

【北京居民人际关系认知调查年度报告完成】年内，北京市社会心理服务促进中心就人际关系认知对北京 16 区居民进行调查，共取得有效样本 2163 个。调查结果显示：一是人际关系意义认知。八成居民认同好的人际关系是成功的开端，心情愉悦和交友是大众对人际关系获益的主要认知。二是人际关系满意度主观评价得分为 3.43 分（5 分制），处于中等偏上水平，但外地打工者、失业、临时工及“80 后”群体人际关系满意度低。三是人际交往认知。重亲友、同事交往，与领导关系重视有余交往不足，邻里交往泛泛，人际交往压力以工作领域为高。四是北京居民在判断是否进一步交往时更注重考察对方的内在品质，而对颜值、背景等外在品质不太看重。建议：一是加强道德与法制建设，营造社会和谐氛围；二是坚持诚信原则，善用幽默、赞许、不探传隐私等人际交往技巧化解冲突；三是秉承平等宽容理念，有效沟通以改善家庭、单位人际关系。

（张丽华）

【全面二胎政策背景下北京居民生育观研究报告】　年内，北京市社会心理服务促进中心对北京居民生育观现状进行问卷调查。调查结果显示，北京居民生育观总体有四个特点：一是近六成北京居民理想子女数为两个；二是北京居民生育意愿与生育行为有较大差距；三是北京居民没有明显的性别偏好；四是北京居民对现代生育观念认同度高于传统生育观念。北京居民生育观的时代变迁表现在三个方面：一是北京居民生育意愿逐步降低；二是北京居民男孩偏好逐步消失；三是北京居民认为生育的必要性逐步降低。影响北京居民生育观的个人因素包括：一是男性居民比女性居民存在更明显的性别偏好并对传统生育观念认同度更高；二是受教育水平越高，对传统生育观念的认同度越低；三是年龄越大，对传统生育观及现代生育观的认同度越高。子女教育的压力是影响北京居民生育观的最大的家庭影响因素。公共服务资源状况是影响父母二胎决策的重要的社会影响因素。根据这些结论，报告还提出相应的对策建议。

（崔淑贤）

【北京市居民自我意识状况调查报告完成】 年内，北京市社会心理服务促进中心对北京市居民自我意识状况进行调查。报告分析了自我意识三个维度（私我意识、公我意识、社交焦虑）的总体特征及各类人口学变量在不同维度上的差异。私我意识是指自我中的私密部分，这一部分只有个体本人能看到。公我意识是指自我中公开的部分，该部分是能够为他人所观察和评价的，包含自我反省和内部状态觉察。社交焦虑是个体由于感知到其他个体的存在，而产生的不安感。调查结果显示，北京市居民自我意识整体情况较好，私我意识得分处于中间水平，能很好地进行自我反省和内部状态察觉；公我意识得分处于中等偏上水平，较为注意他人对自己的评价和自我的公众形象；社交焦虑得分偏高，普遍担心自己在所处的社群关系中做出不良行为而产生不良后果。通过对自我意识的调查反映出，北京市居民整体心理健康水平较高。研究还发现，职业状态对自我意识三个维度均能产生影响，进一步加强民生保障，能够为居民积极自我意识的形成奠定基础；信仰对自我意识的影响也很显著，进一步发挥社会主义核心价值观的引领作用，能够引导居民塑造良好的自我意识和自我评价。

（屈建伟）

网格化体系建设工作

【概况】 2016年，全市网格化体系建设以“夯基础、强体系、促合力、增效能、提能力、惠民生”为目标，圆满完成了年度确定的各项工作任务，实现了网格化体系“十三五”良好开局，在推进城市精细化和社会治理精细化，治理“大城市病”，建设平安和谐首都和构建全民共建共享的社会治理格局方面发挥了重要作用。一是“三网”融合任务基本完成，实现网格化体系效能新聚合，建设52个街道（乡镇）“三网”融合示范点；二是《北京市“十三五”时期网格化体系建设规划》印发实施，明确新蓝图；三是“网格化＋”行动计划实现服务管理能力新突破，让百姓有更多获得感；四是标准化持续推进，实现网格化体系科学化水平新提升，建设16个街道（乡镇）标准化示范点；五是“微网格”微信公众号创新试点，实现全民共建共享参与渠道新拓展，277个社区（村）开通“微网格”微信公众号；六是气象、消防行业管理进网格，实现服务管理范围新延伸；七是业务培训城乡全覆盖，实现网格化队伍素质新提高；八是统筹协调推进机制不断健全，实现顶层推进力度新增强。截至年底，全市共划分基础网格3.36万个，配置各类网格员18.1万人，全年各区网格化信息系统共接到各类事件585万件，解决538.3万件，解决率为92.02%。16个区纳入网格化服务管理事项累计达到15795项，社会服务与城市管理精细化水平明显提高。

（张　婷）

【2016年全市网格化体系建设工作推进会召开】 3月4日，2016年全市网格化体系建设工作推进会召开。会议总结了2015年全市网格化体系建设工作情况，部署了2016年重点任务，印发了《2016年全市网格化服务管理体系建设工作要点》。市网格化工作联席会议成员单位处室负责人，各区委社会工委、区社会办主管领导和科室负责人，区城管指挥中心主管领导和科室负责人共70人参加了会议。

（张　婷）

【2016年北京市“网格化＋”行动计划实施】 4月15日，市社会建设工作领导小组办公室印发《2016年北京市“网格化＋”行动计

划》，围绕“网格化+”基本公共服务、智慧服务、社会组织服务、社会领域党建服务、“大城市病”治理、城市服务管理、治安维稳、京津冀协同发展等10个方面提出32项行动计划。各区按照计划内容细化措施、精心组织和扎实推进，并取得显著成效，全面实现“三个深化提升”的目标，让群众有更多获得感。例如，怀柔区在全市率先全面启动了“网格化+”10个方面32项行动计划的推进落地工作，32项行动计划全部纳入网格化信息系统，实现了精准化服务管理和痕迹化服务管理。房山区将极端天气预警纳入网格化体系，调动专业网格员力量加大对在用车辆尾气排放的抽查力度。大兴区积极与区残联、金融办等单位对接，将无障碍设施管理和打击非法集资工作与网格化管理相结合，进一步拓展服务管理内容。密云区将区法院、公安局、民政局等47个部门全面融入网格，极大地促进了城市管理顽疾和与百姓生活密切相关问题的解决。

（张　婷）

【气象进网格工作得到有效落实】　6月29日，市气象局和市社会办联合印发《关于实施气象服务网格化工作的意见（试行）》，明确了气象服务工作纳入网格化体系的目标任务、职责分工、工作流程和保障措施，确保气象进网格工作有序进入，务实推进。各区气象局都已纳入区网格化工作领导小组成员单位。丰台、石景山、门头沟、通州、昌平、怀柔等6个区将气象信息员职责纳入网格员考核。

（张　婷）

【网格化工作定期督导机制建立】　7月4日至14日，市委社会工委、市社会办会同其他网格化工作联席会议成员单位组成6个督导组，对各区网格化工作进行督导，重点督导网格化体系整体建设情况、“三网”融合推进情况、网格化体系标准化建设情况、“网格化+”行动计划推进情况和网格化体系作用发挥、取得成效情况，进一步加大督察力度，加快工作进度。建立了月度督导机制，明确12项月度督导任务，处室专人与定点联系区联系，以实地查看、电话沟通、书面汇报等多种形式及时准确了解各区网格化工作进展情况，开展“一对一”的联系指导，确保了工作落到实处。

（张　婷）

【全市网格化体系建设培训实现城乡全覆盖】8月至9月，市委社会工委、市社会办举办全市乡镇网格化工作主管领导、科室负责人、工作骨干的专题培训班，共培训501人。经过两年的集中培训，实现了网格化业务培训区、街道（乡镇）两级城乡全覆盖。此次培训以“学习贯彻落实‘1+3’系列文件精神、推进全市网格化体系建设新一轮发展”为主题，以全面提高全市网格化体系建设工作者们的综合素质和能力水平为根本目的。通过科学设置培训课程，多渠道组织培训实施，加强服务管理保障，培训取得良好成效，达到了学习理论、领会政策，明确目标、认清形势，总结工作、交流经验，凝聚共识，形成合力，增强素质，提升能力的目的，为网格化体系建设新一轮发展奠定了基础。

（张　婷）

【《北京市网格化社会服务管理信息系统技术规范》通过验收】　为加强网格化社会服务管理信息系统标准化建设，经市质量技术监督局正式立项并批准同意，由市科委所属的北京长风信息技术产业联盟承担，自2014年开始，经过深入调研，反复修改完善，数易其稿，历时近三年时间完成了《北京市网格化社会服务管理信息系统技术规范》的研究制定工作，于9月21日顺利通过验收。信息系统系列技术标准分总则、数据、通用数据接口三大部分，明确了区级网格化信息系统的整体框架、基础数据内容、业务数据内容和通用接口规范。该《规范》的印发实施，将进一步推进全市网格化信息系统互联互通和标准化、规范化建设。

（张　婷）

【消防进网格工作取得重要进展】 10月19日，市防火办、首都综治办、市社会办联合印发《关于进一步深化落实消防安全网格化管理的实施意见》，进一步明确消防安全网格化的工作目标、人员构成及工作职责、工作方法和措施、工作要求，深化落实消防安全网格化管理，切实提升城市消防安全服务管理的规范化、精细化水平。

（张　婷）

【《北京市“十三五”时期网格化体系建设规划》印发】 11月28日，《北京市“十三五”时期网格化体系建设规划》以市社会建设工作领导小组办公室名义印发实施。文件在认真学习贯彻党和国家关于加强和创新社会治理的一系列重大战略部署，认真总结全市网格化12年建设实践经验、认真分析研究未来五年网格化体系建设面临的形势任务的基础上，按照具有创新性、示范性、引领性和可操作性的原则，高起点、高标准完成了研究编制工作，规划明确了“十三五”时期网格化体系建设的指导思想、基本原则和发展目标，提出了“七着力”目标任务，在整体框架上更加突出体现对党和国家战略部署的贯彻落实，这既是全市推进网格化工作12年来的首个五年规划，也是指导北京未来五年网格化体系建设的行动纲要。

（张　婷）

【北京市社会服务之窗数据信息采集项目顺利通过验收】 该项目通过公开招标，由西安鼎蓝通信技术有限责任公司承担，聚焦网站、客户端和微信公众号三种主流信息化应用形式，对全市所有通过信息化渠道提供社会化服务的登记注册的7660个社会组织、9308个备案的社区社会组织、53640个非公经济组织、6360个全民健身团队、99个专业社工机构等所开发的信息化应用项目进行了抽样采集，经综合分析、筛选，首批集成可直接用于服务决策、服务业务工作开展、服务百姓需求的社会服务资源信息化应用1048项，内容涵盖了“吃、住、行、教、帮、医、洁、职、婚、家、葬、游、娱、商”14种与百姓生活息息相关的服务类别，覆盖了便民服务、便利服务、专业社工服务、志愿服务、慈善公益、心理服务、为老服务、助残服务、家政服务、商务楼宇工作站服务等相关应用领域。该项目于11月29日顺利通过专家验收。为充分发挥好1048项社会资源信息化应用成果的作用，使社会服务政策措施更有针对性、更加有效，编辑印发了《北京市社会服务信息化应用集锦》，印发到全市“枢纽型”社会组织、各区委社会工委、社会办，网格化指挥中心，各街道（乡镇）网格化指挥分中心等。

（张　婷）

【网格化体系市级客户端“网格化E通车”通过验收】 12月27日，“网格化E通车”专家验收评审会召开，项目顺利通过验收，实现了服务决策方式新跨越。该项目为充分发挥网格化体系“服务全市大局、服务领导决策、服务部门工作、服务市民需求、服务社会关注”的作用，经市财政的事前绩效评估同意，通过公开招标，由清华同方知网数字出版技术股份有限公司中标承担项目开发，市委社会工委、市社会办对项目开发进行了全过程监督指导，召开9次专题会议进行研究。首批功能包括“昨日动态”“月度运行情况”“落实与反馈”“社会热点”“年度报告”“网格化大数据”“概况”“视频之窗”“政策规划”“网格划分情况”和“服务管理事项”等栏目和功能。

（张　婷）

【北京市网格化体系建设发展报告（2015）发布】 12月30日，《北京市网格化体系建设发展报告（2015）》在北京社会建设网站上线发布，可供各有关方面随时查阅。该报告收集了全市16个区、109个街道（乡镇）、127个社区（村）网格化体系建设发展成果，报告分上、中、下三册，共计156万字。创新年度报告制作形式，将2015年网格化年度发展报告以电子报告的形式发布，节约了制作成本、扩大了服务范围、提高了使用便捷度。

（张　婷）

【“三网”融合任务基本完成】 年内，全市16个区按照《关于加强北京市城市服务管理网格化体系建设的意见》提出的2016年年底基本实现“三网”融合的工作部署，精心筹划、合力推进、狠抓落实，城市管理网、社会服务管理网、社会治安网“三网”基础数据、指挥体系和信息系统等9项融合任务基本完成，“三网”融合发展目标基本实现。

（张　婷）

【建设街道（乡镇）“三网”融合示范点】 年内，在全市选择确定了52个街道（乡镇）作为“三网”融合示范点。各示范点结合实际，在按照“三网”融合9项任务建设的基础上，突出特色、发挥优势，打造具有区域特点的示范点建设模式，发挥了良好示范和带动作用。如朝阳区团结湖街道以“智慧团结湖”建设为载体，搭建“一个界面、多个平台、集成应用”的网格化信息系统，开发了3类基础平台、10个专业应用、N个部门共享的“3+10+N”网格化工作模式，并荣获3项全国性大奖。平谷区按照“3+x”（城市管理网、社会服务管理网、社会治安网+气象服务网+……）的模式对“三网”融合试点街道网格化信息系统进行升级改造，推动了试点街道“三网”融合任务的高标准落实。

（张　婷）

【首批街道（乡镇）标准化示范点建设完成】 年内，首批在全市16个区确定了16个街道（乡镇）标准化示范点。各区按照《网格化体系建设基本规范》提出的工作内容、业务标准、运行机制和工作制度四个方面101项指标，与推进街道（乡镇）“三网”融合示范点建设相结合，与各街道（乡镇）区域特点相结合，与各街道（乡镇）网格化体系建设现状相结合，推进本区街道或乡镇标准化示范点建设，首批确定的16个街道（乡镇）标准化示范点建设全面完成。

（张　婷）

【“微网格”微信公众号试点全面启动】 年内，推动全市首批258个社区（村）开展“微网格”微信公众号试点，开发随手拍、在线服务、信息发布等基本功能以及邻里社交、互助服务和生活服务等特色功能。全市各区共在277个社区（村）开通“微网格”微信公众号，总关注人数达40579人，市民通过各“微网格”上报事件数达2156件，各试点社区（村）通过“微网格”微信公众号发布信息总数达9186条。通过推进“微网格”微信公众号建设，逐步实现了市民通过智能手机享受服务、直接参与网格化管理、报告服务管理事件等功能，拓展了全民参与、社会协同渠道，充分发挥了市民、社会、市场在网格化服务管理体系建设中的主体作用和基础作用，“微网格”使人人可成为网格员。

（张　婷）

【开展“网格化+”电视云服务平台建设试点】 年内，市委社会工委、市社会办与歌华有限公司在全市联合开展了“网格化+”电视云服务平台试点建设，首批朝阳、石景山、通州、大兴、昌平、密云5个区的25个街道（乡镇）完成“网格化+”电视云试点上线应用工作。其中，密云区20个街道（乡镇）“网格化+”电视云服务实现全覆盖。“网格化+”电视云平台首批功能主要包括网格之窗、街道（乡镇）之窗、社区之窗、便民服务之窗、社区卫生服务之窗、社会组织服务、资讯服务、通知公告服务等八个栏目。该平台上线，进一步提升了网格化服务管理智能化、社会化水平，能够为居民提供跨网络、跨终端的网格化全媒体服务，受到了百姓的广泛欢迎、普遍好评。

（张　婷）

【完善网格化工作月度报告机制】　年内，为加强顶层指导督促力度，市委社会工委、市社会办创办了《网格化工作简报》，将过去季度报告机制调整为月度报告机制，将每月全市网格化体系运行情况以《简报》形式报告市主管领导、网格化联席会议成员单位、各区等各有关方面。共编发《网格化工作简报》16 期，及时发布各区网格化工作动态，分析研判工作重点，成为全市各级统筹工作的“晴雨表”。

（张　婷）

北京市各区工作

东城区

【概况】　2016 年，围绕全区中心工作，凝心聚力、狠抓落实、强力推进，圆满完成了社会建设领域全年各项任务。一是社会治理改革取得新进展。牵头推进全区社会治理体制机制改革专项小组工作，组织 52 家相关单位全面完成以“两网”融合、居家养老服务和街道体制改革为重点的各项改革工作任务。东四街道社会治理支持中心的典型经验，被民政部《中国社区报》专版予以推广宣传。二是社区建设实现新突破。制订并实施《东城区“十三五”时期社区治理规划》。起草《关于在平房区和老旧小区物业管理服务中加强居民自治管理的意见》。成功创建市级社区规范化建设示范点 9 个，老旧小区自我服务管理试点 15 个，智慧社区试点 14 个，42 个试点社区完成“微网格”微信公众号平台建设。组织相关街道、社区积极开展京台社区交流活动，在全市“2016 年社区建设工作培训交流会”上做典型发言。香河园北里社区、豆瓣社区分别荣获第七届“北京魅力社区”称号和“北京魅力社区单项奖”。三是社工队伍、志愿服务迈上新水平。年内公开招考社区工作者 334 人，实现“3 + 1”工作目标。即制定“三个机制”，建立“一个体系”。制定了工资增长机制，出台《东城区关于规范社区工作者工资待遇的实施细则（试行）》和《东城区 2016 年规范社区工作者工资待遇方案》，大幅提高社区工作者待遇，调整后社区工作者平均应发工资达到4960 元，比 2008 年增长了 2. 54 倍。创新了激励奖及机制，出台《东城区优秀社区党组织书记及社区工作者激励奖励办法（试行）》，通过设置“五星级”社区党组织奖励、社区党建进步奖励、社区党建创新奖励和社区党组织书记补助等创新措施，激发他们的工作热情和创造活力。探索了社工管理机制，开展规范社区工作者违纪违规行为处理工作，在建国门和永外街道先行试点后，拟在全区各街道推广。建立“一个体系”，建立包含 949 个项目的社会领域志愿服务项目体系，在北新桥街道和崇外街道分别开展了以打造志愿服务联盟、搭建社区级社会组织平台为主题的社会动员工作试点。四是社会组织服务收获新成效。初步建立起区、街两级“枢纽型”社会组织体系，加大对本性质、本类别、本领域社会组织的凝聚引领和培育扶持。全区 2015 年度市级购买社会组织的 20 个项目顺利通过结项验收，其中 7 个项目获评市级优秀，在全市共 50 个优秀项目中占比 14%，全区市级优秀项目率达到35%。选送 12 项涉及扶老助残、环境保护宣传等方面的公益项目参加“第三届北京市社会组织公益服务品牌评选活动”，取得1银3铜的成绩。在第二届北京新经济组织发展高峰论坛上，推选的北京宏源南门涮肉城有限责任公司荣获“2016年度北京市新经济组织履行社会责任百优奖”，收到了良好的社会效果。五是社会领域党的建设开拓新阵地。深入开展直属党组织“两学一做”学习教育。举办全区社会领域党组织书记培训，启动2016年度社区党的建设“三级联创”创建活动。开展“红云东城”非公党建信息化平台建设。成立拜博集团党委。聘请140名离退休党员干部担任非公党建指导员。着力推进非公有制企业和社会组织“两个覆盖”工作，于年底前实现非公有制企业和社会组织党组织覆盖率达到80%的目标。

（彭喜乐）

【社会组织党建工作座谈会召开】 2月25日，东城区委常委汤钦飞召开社会组织党的建设和社会组织管理培育工作座谈会。会上分别听取了区委社会工委、区社会办和民政局相关工作的汇报，并对今后社会组织党的建设工作以及社会组织的管理和培育提出要求：一要加强调研，对社会组织和社会组织党建工作做到底数清、情况明，认真分析目前社会组织发展过程中存在的问题，研究制定相关措施和办法。二是进一步研究如何围绕全区中心工作和重点任务，发挥社会组织的积极作用，不断促进社会管理服务创新。

（彭喜乐）

【社会组织参与社会公益活动成果显著】 3月7日上午，北京社会公益行系列活动启动仪式在首都博物馆举行，东城区社会组织参与社会公益活动成果显著。在首届“北京社会公益汇”上，建国门街道外交部街社区“益和爱”编织组、东盛残疾人公益事业服务中心荣获“最佳展示奖”，东城区残疾人体育运动会、东城区仁合公益与法律研究中心荣获“优秀参展单位”，区委社会工委、区社会办荣获优秀组织奖。

（彭喜乐）

【购买社会组织服务项目圆桌辅导会召开】 3月23日,2015年度市级社会建设专项资金购买社会组织服务项目圆桌辅导会召开。共20个项目单位负责人参加。各项目单位简要介绍项目实施进展情况，重点分享项目实施以来最大的成效与遇到的问题；针对共性问题，各组织相互交流分享经验；北京市协作者社会工作发展中心的专家，结合各组织遇到的问题提供建议和指导。

（彭喜乐）

【“中华母亲节”推进工作十周年交流会】 3月28日至29日，“中华母亲节”推进工作十周年经验交流会开幕。活动由东城区助人社工事务所承办，主题为践行“爱母、孝亲、母爱、母教”，来自全国10余个省市的120余名代表参会，原第十一届全国人大常委汪纪戎，全国政协委员、中华孔子学会副会长凌孜，中华母亲节促进会会长李汉秋等出席并发表演讲。“中华母亲节”的提出源于民间自发，以孟子母亲仉氏为形象代表，将孟子生日农历四月初二定为“中华母亲节”。

（彭喜乐）

【社工职考考前辅导培训举办】 4月18日，东城区委社会工委、区社会办举办社会工作者职业水平考试考前辅导培训。此次培训将利用21天时间，举办两期助理社会工作师培训班和一期社会工作师培训班，参训学员达到660余人，基本涵盖了报名参加社会工作者职业水平考试的社区工作者。培训在去年的基础上，增设了共计7天的考前串讲答疑课程，以更好地提高学员的考前通过率。目前全区社区工作者中取得社会工作者职业水平证书的共862人，占总人数的29.5%，通过举办此类考前培训，力争用三年到五年时间将持证率提高至50%。

（彭喜乐）

【市委社会工委调研社会心理服务工作】 4月28日，市委社会工委副书记张坚到东城区调研社会心理服务工作。实地考察了建国门街道、东花市街道心理健康服务站，并与服务站工作人员进行了座谈。张坚指出，东城区近几年在社会心理服务工作方面做了很多工作，尤其在完善区、街、社区三级心理服务体系方面取得了初步成效，他表示：一是全市将进一步加大社区工作者心理服务技能培训力度，通过分层、分类的培训，在街道、社区培养更多一线的心理辅导员；二是鼓励街道、社区根据地区人口特征建立特色心理健康服务站，市里将在硬件设施、人员培训和督导、工作流程标准等方面提供大力支持；三是街道、社区要做好需求调查和分析，突出工作主动性，特别是要针对失独老人、自闭症儿童、精神病人家属等特殊群体做好专项心理服务。市社会办副巡视员张青之，市社会心理研究所，区委社会工委、区社会办，建国门街道办事处、东花市街道办事处相关负责人陪同调研。

（彭喜乐）

【调研社区党组织书记队伍建设工作】 5月10日，东城区委常委汤钦飞到区委社会工委（区社会办）调研社区党组织书记队伍建设工作。听取汇报后，汤钦飞指出：社区党组织书记是社区建设的带头人，抓好这支队伍对于加强社区工作者队伍建设和社区建设具有至关重要的意义。学习上海市将社区党组织书记纳入事业编制管理的经验，积极探索和研究符合东城区实际的指导意见，努力拓宽其职业发展空间，增强其留在社区工作和发展的信心。做实基础工作，尽快摸清全区社区正职尤其是社区党组织书记的工作年限、任职年限、专兼职等基本情况，为区委、区政府决策提供参考依据。

（彭喜乐）

【购买社会组织服务结项预评审会召开】 5月18日，2015年度市级购买社会组织服务结项预评审会召开，20个项目单位负责人参加。为做好迎接绩效考评和资金审查的准备，请经验丰富的专家进行现场答辩评审。本次评审会采取了一对一依次评审的形式，由1～2名项目负责人汇报项目进展，评审组对项目执行情况及项目成效进行评审，打分并出具结项意见。会议要求各相关项目单位，按照专家评审意见，加紧对项目进行完善。

（彭喜乐）

【市委社会工委调研社区居民自治工作】 5月19日，市委社会工委副书记张坚带队调研社区居民自治工作，与东外大街社区、二条社区、左安浦园社区、前东社区、新鲜社区的居委会主任进行座谈。

（彭喜乐）

【社区书记管理制度改革工作座谈会召开】 6月1日，东城区委常委汤钦飞主持召开社区党组织书记管理制度改革工作座谈会。充分听取了相关部门、街道的意见建议，并对改革工作的一些重点、难点问题进行了研讨。汤钦飞要求，要认真贯彻《东办通报》6号精神，充分认识抓好社区党组织书记管理制度改革的重要意义，确保区委决策部署落实到位。充分吸收各部门、各街道的意见建议，进一步细化工作方案，完善工作措施。把前期研究工作做深做透，认真分析改革利弊尤其是可能遇到的问题和困难，提出相应解决方案，为区委、区政府决策提供参考依据。

（彭喜乐）

【社会治理改革专项会议召开】 6月7日，2016年区委社会治理体制机制改革专项小组第一次全体会议召开，会议通报区委社会治理体制机制改革专项小组2015年工作情况及2016年工作安排，审议通过《东城区社会治理体制机制改革专项小组2016年工作方案》，听取相关单位代表就工作开展和下一步工作安排的汇报，区领导金晖、汤钦飞、暴剑、陈本宇参加。

（彭喜乐）

【社区党组织书记培训班举办】 6月13日至15日，区委社会工委举办2016年社区党组织书记培训班。全区181名社区党组织书记参加培训。东城区委常委汤钦飞做开班讲话，对参训学员提出三点要求：一是要认真学习贯彻习近平总书记系列讲话精神，从“四个全面”战略布局的高度，深刻认识进一步做好社区党建工作的极端重要性。二是要进一步强化社区党组织的政治属性和服务功能，发挥社区党组织在构建文明和谐社区建设中的领导核心作用。三是要以破解社区党组织建设中存在的突出问题为突破口，进一步提高社区党组织服务能力。本次培训为期三天，重点围绕“两学一做”学习教育，开设了习总书记系列讲话精神解读、《党章》解读、践行社会主义核心价值观、全面从严治党的制度建设等课程。

（彭喜乐）

【调研社区党组织书记管理制度改革工作】 6月15日，东城区委副书记、政法委书记金晖，东城区委常委汤钦飞专题调度社区党组织书记管理制度改革工作。听取了工作方案汇报，并对改革工作的一些重点、难点问题进行了研讨。汤钦飞要求：一要充分吸收各部门的意见建议，进一步研究细化工作方案，完善相关政策。二要转变工作思路，创新工作举措，主动破解改革中可能遇到的难题。三要加大协调力度，积极向市有关部门争取政策支持，力争在改革工作上取得突破。金晖充分肯定了相关部门前期所做工作，并强调：社区党组织书记管理制度改革工作至关重要，经过多轮研讨，目前改革思路已基本厘清，要按照区委的决策部署尽快落实，确保把好事办好办实。

（彭喜乐）

【党务工作者培训班举办】 6月20日至22日，东城区委社会工委举办2016年社会领域党务工作者培训班。全区150余名社会领域党组织负责人和党务工作者参加培训。汤钦飞做开班讲话，对参训学员提出三点要求：一是保持大事大抓的强劲态势，推动“两学一做”学习教育深入开展。二是认清形势，找准定位，充分发挥社会领域党组织的政治引领作用和党员群众中的政治核心作用。三是服务为本、贴近实际，切实推进基层服务型党组织建设。本次培训为期三天，力求通过培训，进一步增强社会领域党务工作者的党性修养、自身素质和业务能力，拓宽就如何发挥社会领域党建工作的龙头作用，团结带领党员在促进企业经营发展中贡献力量的工作思路。

（彭喜乐）

【建国门街道社区社会组织孵化基地揭牌】 6月23日，东城区建国门街道举行社区社会组织评比表彰大会、社区社会组织联合会第二次会员代表大会、社区社会组织孵化基地揭牌仪式。副区长暴剑，市委社会工委委员、市社会办副巡视员卢建出席，市、区社工委（社会办）、民政局相关领导，以及专业社会组织、社工机构和街道社区社会组织代表共100余人参加。卢建结合中央关于加强社会组织管理、促进社会组织健康有序发展的最新精神，充分肯定了建国门街道在社区社会组织孵化培育方面具有前瞻性和高端性，希望街道上下贯彻执行好中央、市、区相关要求，进一步探索新模式、取得新成果；要求社区社会组织联合会认真、努力、务实工作，团结、凝聚和引领社区社会组织练好内功、增强本领、发展事业。

（彭喜乐）

【市网格化体系建设督导组到东城督导】 7月4日，北京市网格化体系建设督导组到东城区就网格化工作开展情况进行督导。市委社会工委副书记张坚，东城区委常委汤钦飞参加。督导组在区网格化服务管理中心听取了东城区关于网格化体系建设的工作进展情况，实地考察了东花市街道服务管理分中心及东花市街道北里东区社区的网格化体系建设工作落实情况，张坚对东城区网格化体系建设工作给予充分肯定，并就下一步网格化体系建设工作提出：一要在城市管理上聚焦突出问题，围绕人口疏解、小广告治理、乱停车等城市管理难题，充分发挥网格化体系的功能作用，在提升城市运行质量，解决“大城市病”上有所作为。二要在社会服务上发挥更大作用，围绕人口老龄化、需求多元化等特点，充分发挥网格化平台的载体作用，整合各类社会服务资源，形成服务供给清单，调动社会力量积极参与，提升社会服务的质量和效果。三要进一步加强网格运行的标准化、规范化建设，科学分解指标标准，使指标标准更加易于掌握、易于推行、易于落实。

（彭喜乐）

【区领导调研社会组织培育发展情况】 7月19日，东城区委常委汤钦飞到东四街道调研社会组织培育发展情况。区委社会工委、区社会办、区民政局主要负责人参加调研。在听取街道关于社区多元参与实践、社会组织培育发展工作以及各社会组织开展项目、发挥作用等情况后，汤钦飞对东四街道的相关工作给予充分肯定，并指出：一要积极转变思路，调整工作模式。通过持之以恒的探索实践，实现由计划模式到市场模式、由管理思维到治理思维的转变，在促进政府职能转变的同时，充分发挥居民的主体作用，使之通过参与社区建设、社会治理等途径找到归属感、认同感，努力营造和谐的社会秩序。二要提升规范化、专业化运作水平。善于归纳总结工作成果，及时发现问题和不足，不断调整完善深化各类方式方法，促进实现更加专业、更有技术含量的社会参与运作。三要强化整体思维。进一步增强工作的统筹能力，摒弃单打独斗的工作方法，善于整合碎片化的工作资源，统领各方力量，以整体思维把区委区政府核心工作、各领域重点工作等融入具体实践，实现共赢。四要注重党建引领作用。强化党建带动意识，不忘初心，牢记党的宗旨，充分发挥新时期党员的模范带头作用，探索以更加亲民利民的方式融入居民多元参与的自治实践，实现示范引领。

（彭喜乐）

【市级购买社会组织服务项目顺利结项】 7月22日，东城区使用2015年度北京市社会建设专项资金购买社会组织服务工作顺利通过专家组绩效考评。总共投入205万元支持20个项目，吸纳了139位专家、1974位志愿者共同参与，开展服务2250场（次），服务人群涉及社区老人、青少年、残障人群，以及社区工作者、社区社会组织负责人等。

（彭喜乐）

【区领导调研社区建设工作】 7月26日，东城区委副书记、政法委书记金晖、东城区委常委汤钦飞调度完善优秀社区党组织书记激励机制工作。听取区委社会工委（区社会办）汇报后，汤钦飞指出：进一步修改细化激励机制办法，科学设计考评标准，使文件更具可操作性。金晖要求：要结合加强社区党建，进一步修订文件，建立具有东城特色的优秀社区党组织书记激励机制；要坚持问题导向，通过科学合理设置各项激励政策，解决当前社工队伍招不来、留不住的问题；要以激励、奖励为主要措施，不与工资待遇直接挂钩；要注重激励措施标准的合理性，既要突出业绩，又要适当考虑资历，既要突出书记作用，又要适当考虑团队。

（彭喜乐）

【新招录334名社区工作者正式上岗】 7月底，东城区新招录334名社区工作者正式上岗，新招录人员全部在45周岁以下且具有大专以上学历。上岗后，全区社区工作者总数达到3089人。从人员构成看，近五年新招录的社区工作者占到总人数的60.67%，已成为当前推进社区建设工作的主要力量。下一步，东城区将加大社区工作者尤其是年青一代社区工作者的教育培育力度，逐步建立社区工作人才梯队。

（彭喜乐）

【“北京魅力社区”评选宣传活动举办】 8月19日，第七届“北京魅力社区”评选第三场宣传活动在东直门街道综合文体服务中心成功举办。市委社会工委委员、市社会办副主任王智玲，东城区副区长陈本宇，区委社会工委、区社会办、东直门街道办事处、北京城市广播等相关人员出席活动。来自东城区、通州区、顺义区、怀柔区、平谷区的20个入围社区，现场展示了各自社区风采，表演了歌舞、京剧、书画、喜剧等精彩节目，近百名社区居民参与互动。东城区香河园北里、交通、左安浦园、苏州、豆瓣、枣苑等6个社区入围本届“魅力社区”评审阶段。

（彭喜乐）

【区领导调研律师事务所党建工作】 8月30日，东城区委常委汤钦飞到天同律师事务所调研律师行业党建工作。在听取了天同律师事务所关于通过开设“业务党校、党群之家”，建立“天同诉讼圈”微信公众号，设立“天同开放日”、搭建无讼“互联网 +”的网络平台等工作方法达到以党建促所建，以党建促业务等情况汇报后，汤钦飞对天同律师事务所的工作特别是党建工作给予充分肯定并指出，不仅要抓好日常党建工作，更要围绕新时期律师行业党建的特点，在增强党员律师党性，推进律师队伍建设，传播正能量，促进社会和谐稳定上做文章，使党建工作真正成为凝心聚力，引领示范，推进律师行业的健康持续发展的重要基础和保证。

（彭喜乐）

【“与先进基层党组织面对面”活动开展】 9月8日,东城区委社会工委、区直机关工委到北京市优秀基层党组织——天同律师事务所开展“与先进基层党组织面对面”活动，区委社会工委（区社会办）、区直机关工委党委领导班子成员与天同律师事务所党委就在律所发展中充分发挥党组织政治核心和政治引领作用，通过开设“业务党校、党建之家”，设立“天同开放日”等方法达到以党建促所建，以党建促业务的目的等相关内容开展学习交流，对各位律师秉承“开放、共享”，“精、专”等工作理念，引领行业文化，勇于承担社会责任的做法给予充分好评，并表示此次“与先进基层党组织面对面”活动拓展了区委社会工委、区直机关党工委以及基层党组织之间“两学一做”活动互评互学维度，取得了良好学习效果。

（彭喜乐）

【规范调整社区工作者工资待遇】 9月，东城区规范调整社区工作者工资待遇。从2008年开始，东城区已连续第5次规范调整社区工作者工资待遇。此次调资社区专职工作者人均月增资660元左右，并从2016年1月起开始补发。调整完成后，社区专职工作者人均月应发工资将达到4960元左右，比2008年人均每月1400元左右增长254.3%。与前4次规范调整工资待遇相比，此次调资实现了两个突破：一是建立了社区工作者工资待遇长效增长机制。从2016年1月1日起，社区工作者总体待遇水平，原则上按照不低于上一年度北京市职工平均工资的70%标准确定。每年在上一年度全市职工平均工资公布后，从当年1月1日起，按照新标准调整社区工作者工资。二是解决了社区工作者的加班费和取暖费问题。加班费方面，必须安排社区工作者加班又确实不能安排倒休的，按国家法律、法规及北京市有关规定发放超时工作补助；取暖费方面，每年10月底前一次性向社区工作者发放下一供暖季的冬季取暖补助，其中享受社区正职、副职待遇或享受高级社会工作师、社会工作师专业技术等级工资的社区工作者，冬季取暖补助标准是每人每年2100元；一般工作人员冬季取暖补助标准是每人每年1850元。

（彭喜乐）

【巴基斯坦新闻代表团访问史家社区】 10月12日，巴基斯坦新闻代表团访问东城区朝阳门街道史家社区。代表团一行8人围绕着“中国道路和中国梦”的访问主题，参观了史家胡同博物馆，听取了社区工作人员关于社区历史风貌、传统文化、社区服务等方面的情况介绍，走访了史家社区居委会和社区服务站，并与社区居民代表进行了互动交流。代表团表示，这次访问感受到了中国朋友的热情和社区文化氛围，加深了对于中国基层社会建设、民生和文化等方面的了解，进一步增进了双方的交流交往。全国记协国际部主任戎昌海，市委社会工委、市社会办、市政府新闻办，区委社会工委、区社会办，朝阳门街道办事处有关人员陪同访问。《人民日报（海外版）》、人民网、中国国际广播电台、《北京日报》、北京电视台、中青网、千龙网等中央、市属媒体随行采访。

（彭喜乐）

【朝阳门举办“红色讲坛·理论宣讲活动”】 11月1日，朝阳门街道举办“红色讲坛·理论宣讲活动”，由街道社会工作党委和宣传部、中国银行北京分行联合举办，东城区第十五届人大代表和地区非公企业负责人参加，就“党的领导、人民当家做主与依法治国三者有机统一”主题开展理论学习和交流讨论活动。

（彭喜乐）

【非公企业和社会组织“两个覆盖”工作推进会召开】 11月4日，东城区非公企业和社会组织“两个覆盖”工作推进会召开，先后制发《关于进一步加强全区非公有制企业和社会组织党建工作的任务分解方案》《关于集中推进非公有制企业和社会组织党的组织和工作覆盖的通知》《关于进一步加强非公有制企业党组织建设的工作方案》《关于进一步加强社会组织党组织组建的工作方案》等文件。

（彭喜乐）

【双玉南街社区便民服务中心挂牌】 11月8日，体育馆路街道双玉南街社区便民服务中心挂牌启用。市委社会工委副书记张坚，市社会办副巡视员张青之，东城区委社会工委、东城区社会办和体育馆路街道主要负责人参加了启动仪式。张坚听取了社区关于社区便民服务中心的功能介绍，参观了中心内设置的心理服务站、医务社工服务站和便民菜站，对基层整合服务资源、加强社会服务的做法表示肯定，并指出：要进一步关注居民需求，通过购买服务等方式，加强社会心理服务工作。双玉南街社区便民服务中心成立后，将依托心理服务站、医务社工服务站，引进专业心理咨询师和医务服务社工，为居民提供免费的心理咨询、老年慢病医疗咨询等专业社会服务。

（彭喜乐）

【“微网格”公众号试点工作培训会举办】 11月17日，区社会办在王府世纪大厦五层会议室，举办了“微网格”微信公众号试点建设工作培训会，全区42个试点社区的运营管理员参加了培训会议。培训会上，区社会办对“微网格”试点建设进展情况进行了通报，并对下一步重点工作进行了部署。负责平台开发的技术人员对微信平台功能、操作使用等内容进行了演示讲解，并现场办理了微信授权。通过培训，各试点社区的工作人员加深了对微信平台功能的了解，提高了操作使用水平。42个试点社区的微信公众号已全部纳入区级“微网格”微信管理平台进行统一管理。

（彭喜乐）

【开展规范社区工作者违纪违规处理工作】 11月，在全区范围内开展规范社区工作者违纪违规的处理工作，确定建国门街道和永外街道作为试点，率先制定街道社区工作者违纪违规处理办法。

（彭喜乐）

【东城区首家社区工作者联合工会成立】 12月15日，体育馆路街道成立了社区工作者联合工会，召开了联合工会第一次会员代表大会，选举产生了7名委员会委员及经费审查委员会委员、女职工委员会委员，区、街相关领导为联合工会揭牌。作为全区首家社区工作者的工会组织，联合工会将在社工维护合法权益、丰富文体活动、关心工作生活、扶助困难群体等方面充分发挥作用，推动社区工作人才专业化、职业发展，增强社会工作行业影响力。

（彭喜乐）

【两社区获“北京魅力社区”称号】 12月18日，第七届“北京魅力社区”评选表彰活动举行颁奖仪式，东直门街道香河园北里社区和东四街道豆瓣社区分别荣获“北京魅力社区”和“北京魅力社区单项奖”荣誉称号。

（彭喜乐）

【2016年度社区志愿服务表彰会召开】 12月29日，东城区2016年度社区志愿服务表彰会召开，区相关部门、各街道负责人以及部分优秀社区志愿者、优秀社区志愿服务组织、优秀社区志愿服务项目代表参加，与会领导为全区31名优秀社区志愿者之星及16个优秀社区志愿服务组织、16个优秀社区志愿服务项目负责人颁发了证书。

（彭喜乐）

【巧娘协会成立十年成绩显著】 12月29日，东城区巧娘工作室发展协会成立十周年庆祝活动举行。市妇联副局级巡视员、发展部部长刘玲，区领导宋铁健、汤钦飞出席。全区27个巧娘工作室的500余名巧娘已成为凝聚和带动失业、残疾、流动和居家妇女参与社会公益事业、服务东城和谐发展的一支独特力量，下一步将在形象塑造、产品研发、资源吸纳上积极探索更加专业化、规范化、市场化的发展方式，逐步实现发展的转型升级。

（彭喜乐）

【社区党组织考评体系不断完善】 年内，开展社区党的建设“三级联创”工作，修订完成“五星级”社区党组织考评体系和考评标准，在全区47个商务楼宇工作站主站全部成立志愿服务站，搭建楼宇志愿服务平台。

（彭喜乐）

【交道口街道打造民俗公益活动新特色】 年内，交道口街道“南锣鼓巷系列民俗活动”打造公益活动新特色。以“中国传统节日”活动为切入点，把中国传统节日民俗活动、文化以居民参与活动的形式进行重新设计，以公益活动的形式展现，围绕“四合院里闹花灯”元宵灯会、惊蛰锣鼓节、“追忆先祖寄哀思”清明节、端午节、七夕乞巧节、中秋节、重阳节、春节等传统节日开展，依托南锣鼓巷地区800年历史文化的深厚底蕴，自2012年举办至今已连续举办5年，在树立良好的品牌美誉度基础上参与到2016年“北京社会组织公益行”系列活动中。

（彭喜乐）

【“不间断的公益行”活动持续开展】 年内，打造“不间断的公益行”推进常态化。连续6年组织各级各类社会组织实施公益项目262个，内容涉及扶老助残、心理疏导、法律援助、生态环保等。抓好“两个结合”发挥导向性，与“枢纽型”社会组织体系建设相结合，引领带动所联系的社会组织开展公益活动；与购买服务相结合，为优秀社会组织适当增加权重，激励社会组织参与提供公益服务。充分利用街道、社区宣传栏等传统媒介张贴信息，积极运用博客、微博、微信公众号等自媒体加强活动宣传，扩大公众知晓率和社会参与度。

（彭喜乐）

【社区工作者激励奖励办法出台】 年内，出台《优秀社区党组织书记及社区工作者激励奖励办法（试行）》。五星级社区党组织奖励。每年按照不超过全区社区党组织总数30%的比例评出五星级社区党组织，给予社区党组织书记（居委会主任）3600元、其他社区工作者人均2400元的一次性奖励。社区党建进步奖励，按照不超过全区社区党组织总数10%的比例，除被评为五星级社区党组织的社区外，对在重点工作中做出较大贡献或工作业绩取得较大进步的社区，给予社区党组织书记（居委会主任）3600元、其他社区工作者人均2400元的一次性奖励。社区党建创新奖励，凡社区创新经验形成工作模式在全区、全市、全国发文推广的，评定为社区党建创新奖励，给予社区党组织书记（居委会主任）5000元至20000元、其他社区工作者人均2500元至10000元一次性奖励。社区党组织书记补助，满足一定条件的优秀社区党组织书记（居委会主任）享受每月300元的补助。通过加大对优秀社区党组织书记及社区工作者的激励奖励力度，激发他们的工作热情和创造活力，以加强社区党组织建设，提升基层社会服务管理水平。

（彭喜乐）

西城区

【概况】 年内，区委社会工委贯彻《关于深化北京市社会治理体制改革的意见》，围绕全区中心任务，以改进社会治理方式、加强民生工作统筹、深化改革创新为重点，推进全响应网格化社会治理体系建设不断完善。稳步推进“三网”融合一体化运行，深化融合发展。编制完成《西城区“十三五”时期社会治理规划》，规范社区工作者工资待遇的实施细则，制定《西城区志愿服务工作体制机制改革意见》。举办第二届社会治理创新·西城论坛，发布国内首套《街道蓝皮书》，推进基层管理体制改革。强化社区服务功能，持续推进社区规范化建设。92%的社区用房达到350平方米及以上的标准。持续推进社区参与型协商治理、社区居民代表常务委员会等模式，社区自治功能显著提升。社区工作者持证比例达到40%。健全多元参与机制，促进社会组织健康发展，人均社会组织数居全市前列。举办第五届“爱在西城”公益文化节暨社会服务展洽会、第一届社区社会组织公益项目大赛，促进社会组织参与社会治理。发挥社会建设专项资金撬动作用，共支持121个社会组织服务项目，460余家驻区单位开放内部资源服务民生。社会领域党建工作健全了以街道工委为核心，社区党组织为基础，其他党组织为节点的网络化组织体系；以统筹协调为重点推进党的组织和党建工作两覆盖，形成队伍强、活动多、参与广的良好氛围；以机制创新为驱动激发社会领域党建活力，打造了商务楼宇五彩志愿服务快车等15个创新党建项目；依托“党员驿家”微信平台创新了党员教育机制。

（赵培文）

【第五届“爱在西城”公益文化节】 1月18日至20日，第五届“爱在西城”公益文化节暨社会力量服务展洽会在区社会服务中心举办。集中展示全区社会组织发展成果，包括16家优秀社会组织图片故事、21个社会建设专项资金支持优秀项目、69个社会力量服务站点分布图和9个社会服务特色展区；区体育局、区园林局、区残联、12个街道办事处等15个单位发布了96个购买服务项目，涉及金额1767万元；演讲推介24个优秀社会服务项目。全市近200家社会组织负责人和公益带头人参加活动，并与街道社区建立联系。

（栾德廷）

【社会组织专家研讨会召开】 1月26日至27日，由区委社会工委主办，区社会组织联合会承办，组织部分社会组织代表和智库专家，围绕社会组织党建工作、社会建设人才“储水池”工程和社会组织参与推进“京津冀”一体化协同发展三个专题召开专题研讨会。与会的专家和代表一致建议，充分发挥联合会服务会员及搭建平台的作用，大力开展社会组织党建工作；结合京津冀一体化发展大的背景，联合会搭建好共建共享平台，发挥社会组织的专业特长，积极参与社会建设和社区治理。参会专家提到，目前相关政策与社会组织发展现状不匹配，希望联合会把问题集中起来向政府反映。社会组织得到专家把脉、诊断、个别化指导，研讨会取得预期效果。

（栾德廷）

【社区治理工作电视电话会召开】 4月15日，“2016年西城区社区治理工作电视电话会”召开，部署2016年社区建设要点、发挥网格化基础性作用、全国社区治理和服务创新实验区建设等三项重点工作。会议印发《关于印发〈进一步发挥网格基础性作用建立社会服务管理精细化长效机制〉的通知》等文件。区有关领导和区社会建设工作领导小组成员单位主管领导、15个街道的领导、社区工作者代表、社会组织代表150余人在主会场参加会议。各街道相关业务科室人员、各站队所及社区负责人在15个街道分会场参加会议。

（栾德廷）

【部署党风廉政和意识形态工作】 2月22日，西城区委社会工委召开党建工作部署会，专题部署党风廉政建设、意识形态工作等相关党建工作。工商联非公企业党委、人才中心党委、职介中心党委及非公经济组织党员服务中心负责人出席会议，并签订了党风廉政建设目标责任书。

（栾德廷）

【京津冀三地加强社会工作协同合作】 3月2日，区社会工作者联合会、天津市津南区社会工作者联合会、河北省保定市社会工作促进会就共同推动社会工作队伍专业化建设，培育社会工作专业机构，推动社区工作专业服务发展等事宜进行商谈研讨，签订三地协同发展框架协议。区社会工作者联合会派遣10余名专业社工对天津津南区39个社区社会组织公益服务项目进行专业指导，参与保定市社会工作专业机构的公益服务。

（栾德廷）

【社会领域党建工作现场会召开】 3月17日至18日，区委社会工委在海淀区稻香湖景酒店召开社会领域党建工作会，组织15个街道组织部长（社会工作党委办公室主任）学习优秀党建工作创新经验，继续深化“全响应”社会领域党建格局，推进社会领域基层服务型党组织建设。

（栾德廷）

【最美社工受表彰】 3月14日，以“最美社工，精彩人生”为主题的北京市第四届“寻找首都最美社工”表彰大会在国家会议中心举行。西城区牛街街道法源寺社区居委会副主任马浩、天桥街道留学路社区党委书记王玉华获“首都最美社工”称号，西长街街道府右街南社区党委书记李春玲、金融街街道京畿道社区党委书记姚宇琳获“优秀社工”称号。区委社会工委再次获得“寻找首都最美社工”优秀组织奖。

（栾德廷）

【社会组织骨干去广东深圳考察】 3月22日至24日，西城区社会组织联合会组织区红十字会、区社科联等9家理事单位一行10人，到广东省佛山市顺德区和深圳市福田区学习考察。主要学习考察顺德区社会组织创新中心、顺德社会服务联会、考察杏坛镇逢简发展促进会、考察华富街道青少年综合服务中心、考察深圳市福田区社会组织总部基地、考察福田区企业联合会。考察报告《聚焦社会问题，探索创新路径——顺德、福田社会组织建设考察报告》发表在《北京西城报》上。

（栾德廷）

【西城区社区工作者参加京台社区交流活动】 5月，在市委社会工委、市台办的带领下，区社会办、区台办和15个街道、社区组成的考察团一行22人，赴台中市、高雄市、台北市等地区，就社区社会组织建设、社区综合服务管理、社区文化建设等方面进行考察和学习交流。其间，参加在高雄市举办的“2016京台社区发展论坛”，与高雄市、屏东县的8个社区签订合作交流协议。

（栾德廷）

【西城区社会组织服务民生能力提升展示会举办】 6月20日，西城区社会组织服务民生能力提升展示会召开。区委社会工委相关领导、西城区社会组织联合会全体班子成员和会员单位代表等共150余人参加了能力提升展示活动。参加人员观看了《公益人·公益梦》联合会宣传片，5家社会组织进行服务民生能力展示并组织了颁奖活动。活动的开展提升了社会组织服务的专业水平，增强了社会组织之间学习交流，对社会组织参与社会治理起到积极的促进作用。

（栾德廷）

【社会工作人才发展交流会举行】 6月23日，“爱社区·筑和谐”西城区2016社会工作人才发展交流会在区综合行政服务中心举行。展示西城区自2007年开展“全国社会工作人才建设试点”工作以来社会工作人才队伍建设成果，研讨新时期社会工作人才队伍建设的思路和要点。全国社会工作人才队伍建设先进地区的代表和北京市其他区主管领导，市委社会工委、市民政局领导以及中国社会工作联合会、中国社会工作教育协会和北京市社会工作联合会的主要负责人参加活动。

（栾德廷）

【市督导组督导西城区网格化工作】 7月5日，北京市网格化体系建设督导组一行6人来区督导网格化工作，督导组在市委社会工委委员、市社会办副巡视员卢建的带领下先到区全响应网格化社会服务管理指挥中心会议室参加座谈会，区政府副区长杜黎彬及区委社会工委、区城管监督指挥中心、区综治办领导陪同。下午到西城区综合行政服务中心参观了行政服务大厅的标准化建设，重点考察了12341服务热线接听平台，随行听取了服务热线融合情况及服务情况；随后到德胜街道全响应社会服务管理指挥分中心考察了街道级平台的建设情况。

（栾德廷）

【社会组织党组织名书记工作室成立】 9月19日，区委组织部联合区委社会工委召开西城区社会组织党组织名书记工作室成立会议。会议内容为学习传达区组织部西组字〔2016〕12号文件等，区社会组织党组织名书记工作室揭牌，讨论通过名书记工作室工作制度等。

（栾德廷）

【《西城区“十三五”时期社会治理规划》完成】 10月14日，区委常委会审议通过《西城区“十三五”时期社会治理规划》（以下简称《规划》）。《规划》提出要牢固树立治理理念，加快完善多元治理机制，着力推进“两个转型”，努力提升居民群众获得感，依靠改革破解难题的基本要求。明确了党委领导下的共治格局逐步完善，政府社会治理能力和水平显著提升，社会协同公众参与水平明显提高，基层社区治理水平不断提升，依法开展社会治理能力不断增强，以德治区的社会氛围更加浓厚的发展目标。

（栾德廷）

【首届“社工知识进万家”知识竞赛举办】 11月23日，由区民政局主办、区社会工作者联合会承办的首届“社工知识进万家”知识竞赛在牛街西里二区15号楼军休活动中心举行，共有19支代表队参加竞赛。陶然亭1队、陶然亭2队、金融街街道、德胜街道、展览路街道、新街口街道等6支代表队入围决赛。

（冯晓辉）

【区领导调研大数据工作】 11月25日，西城区委副书记马新明到北京国际城市发展研究院调研，在北京国际城市发展研究院院长连玉明陪同下，马新明参观了研究院大数据重点实验室，详细了解了大数据实验室的运行、应用情况。在随后的座谈中，连玉明院长介绍了北京国际城市发展研究院基本情况及区院共建情况。马新明肯定了区院共建所取得的显著成果，对研究院为西城区发展提供智力支持表示感谢。希望研究院能够为西城区委区政府工作决策提供更多支持。

（栾德廷）

【社会治理创新·西城论坛暨《街道蓝皮书》发布会召开】 12月13日，第二届社会治理创新·西城论坛暨《街道蓝皮书》发布会举办。主题是“推进科学治理　提升发展品质”。来自中国社科院、中国人民大学的专家学者、贵阳市社会工委领导与西城区基层社会治理工作者，共同探讨首都核心区基层社会治理的新理论、新思路、新实践。会上发布了国内第一套《街道蓝皮书——北京街道发展报告NO. 1》，即北京市西城区15个街道发展报告。市委社工委书记、市社会办主任宋贵伦、西城区委书记卢映川、区长王少峰、区委副书记马新明等领导出席论坛。《街道蓝皮书》作为西城区与北京国际城市发展研究院、北京市社会发展研究中心共同推出的研究成果，由社会科学文献出版社出版，全书共15册。作为国内第一套全方位研究街道问题的系列丛书，从街道层面系统研究了城市基层治理的方方面面，把分散在各街道“碎片化”的创新经验放在城市治理体系的大框架中加以整合和完善，形成了15个总报告、45个理论报告、30个数据报告、75个调研报告和120个案例报告，是对西城区基层治理经验的一次系统梳理。围绕特大城市基层治理体系和治理能力现代化这一主题，从西城区15个街道的城市管理、社会治理、公共服务、社区建设、基层党建和街道运行状况方面着手，通过理论研究、数据分析、实证研究，把分散在各街道“碎片化”的创新经验放在城市治理体系的大框架中加以整合和完善，系统化、多视角地研究西城区各街道不同的发展历程、特征和现状，探索特大城市源头治理、系统治理、综合治理和依法治理的一般规律。

（栾德廷）

【督察街道疏解工作】 年内，整理汇总15个街道上报的城中村和边角地建设情况、“疏非控人”情况、街道绿地建设、街道博物馆建设等4项重点工作情况，报区主要领导及区发展改革委、区市政市容委、区园林绿化局、区文化委；结合“疏非控人”督促街道城中村、边角地的认领工作，发出《关于进一步巩固人口疏解工作成果，加强腾退空间综合利用的通知》，指导街道综合利用腾退空间结合群众需求用于补充街道公益设施不足、绿地面积不足、停车场较少等。

（栾德廷）

【推进社区居民公约建设试点】 年内，结合新街口北顺社区居民公约上墙工作及区委书记卢映川的批示，通过与相关部门、街道研讨，制订《西城区进一步完善与推进社区居民公约建设工作的实施方案》，与区民政局和城管执法局联合发文。按照先试点后全面推广的方式，在15个街道16个社区开展试点工作，各试点成效明显。

（栾德廷）

【西城区社区用房全部达标】 年内，西城区采用购买、租赁、资源共享等各种方式，重点推进社区用房达标率，通过区、街、社区三级的共同努力，辖区社区用房全部达标。同时，推进申请第三批北京市固定资产资金支持的新街口街道富国里社区、什刹海街道西海社区，西长安街街道北新华社区3个社区用房项目。

（栾德廷）

【社区规范化建设示范点建设持续推进】 年内，按照全市开展的“社区规范化建设示范点”活动要求，推进社区服务站标识系统建设，240个社区服务站完成标识安装。9个社区被北京市评为管理规范、服务完善、设施一流、成效显著、特色突出、群众公认的北京市社区规范化建设示范点。

（栾德廷）

【老旧小区自我服务管理试点通过验收】 年内，申报10个社区参加市老旧小区自我服务管理试点。各试点依据《关于开展老旧小区自我服务管理试点工作的意见》相关要求，结合自身情况，开展创建工作。区社会办与区房管局一起推进《关于加强老旧小区物业管理长效机制建设的指导意见》的相关工作，落实平房小区准物业管理工作，通过自我服务和物业管理相结合，提升老旧小区管理工作的规范化、精细化。10个老旧小区自我服务管理试点社区通过了北京市社会建设工作领导小组检查验收。

（栾德廷）

【智慧社区建设深入开展】 年内，按照《北京市智慧社区建设指导标准》，指导街道开展26个试点社区的升星、第四批30个试点社区和广外街道智慧社区示范点的争创工作，完成月报表上报市委社会工委。自2013年至2016年，全区共有212个社区被认定为北京市星级智慧社区，德胜、广内、金融街、白纸坊、牛街、西长安街、广外、新街口、陶然亭、椿树等10个街道实现了智慧社区全覆盖。

（栾德廷）

【参加“北京魅力社区”评选】 年内，西城区什刹海街道、天桥街道、陶然亭街道等8个街道的16个社区申报参加第七届“北京魅力社区”评选，什刹海街道松树街社区被评为“北京魅力社区”。

（栾德廷）

【胡同文化建设深入开展】 年内，在广外街道天北社区、什刹海街道鼓西社区等6个社区，分别成立以所在胡同为单位的“胡同议事会”，完善并试行居民公约；制作了西城胡同宣传片《根在胡同》，面向胡同爱好者发起了“西城胡同·最美光景”摄影作品征集，运营和维护“西城胡同故事汇”微信公众号及“胡同时光轴”主题网站。

（栾德廷）

【“全响应”网格化区街平台建设不断完善】 年内，区社会办与区城管监督指挥中心共同推进“全响应”网格化区街平台建设，打通区、街指挥调度系统流程，在区、街、社区形成一个管理闭环，将职能部门下属站、队、所纳入到街道指挥调度系统流程中，实现不同层级间网络互连互通、信息共享和业务协同，完成1个区级指挥中心、15个街道指挥分中心、261个社区之间系统对接，实现对社会服务管理事项的监控、预警、上报、处置、分析、监督评价的全程管理。

（栾德廷）

【网格基础性工作不断扎实】 年内，西城区区委社会工委起草《关于进一步发挥网格基础性作用，建立西城区社会服务管理精细化长效机制的通知》，与区城管监督指挥中心联合印发。推进公安、防火、工商等相关执法职能部门将工作力量下沉到网格内；构建“网格问事、协商议事、为民办事、自治管事”的工作机制，搭建“街道、社区、网格”三级议事平台。探索以项目引入专业社工，依托楼门院长队伍搭建网格体系，实现网格化管理、组团式服务，延伸网格化管理触角。按照“街巷定界、规模适度、无缝覆盖”的原则，对网格进行了适度调整，全区调整为1541个网格。

（栾德廷）

【“三网”融合工作不断深入】 年内，在德胜街道、金融街街道、广内街道整体推进“三网”融合（城市管理网格、社会服务网格、社会管理网格）示范点的工作任务，在信息系统、网格划分、基础数据、热线系统、指挥体系、网格员队伍等9个方面实现工作对接；在德胜、金融街、白纸坊等3个街道9个社区进行微网格试点，取得成效。在区级层面，开通“响网西城”微信公众号。

（栾德廷）

【“百岁老人口述史”项目继续推进】 年内，继续推进“百岁老人口述史”项目，采用“义工+社工”的运作模式，培育和建立主要由“50后+90后”组成的志愿者队伍，组织他们走入百岁老人家中，开展探望、陪伴、聊天等志愿服务，在聆听“人生课堂”的同时，记录老人的人生经历和体验。面向全区征集有意愿参与项目且符合条件的95岁以上的高龄老人31位，制订有针对性的访谈方案，最终为17位高龄老人撰写了自传、拍摄了影集和视频。通过“志愿北京”网络平台、《北京西城报》及其他方式报名的志愿者20余位，通过面试筛选，最终确定了19名志愿者。继续运营百岁老人博物馆至百岁苑，接待人数超过1万余人次。

（栾德廷）

【探索建立“互联网+社会领域”党建工作模式】 年内，区委社会工委探索建立了“互联网+社会领域”党建的全新工作模式，包含网站、微信、QQ群、手机App和《手机报》在内的各类信息化服务体系；研发商务楼宇党员之家App，建立了“党员驿家”微信平台和“社会领域党员在线学习系统”等新媒体信息平台，发布微信227条，更新商务楼宇App信息115条，推送《手机报》彩信55条。

（栾德廷）

【参与“366党组织负责人阶梯培养体系建设”】 年内，区委社会工委按照区委“366基层党组织负责人阶梯培养体系建设”要求，培养一批牢固树立“红墙意识”、始终坚持“首善”标准、能力强、业务硬的基层党组织负责人，储备一支年龄结构优化、综合素质全面、富有创新精神的后备骨干队伍，建立了名书记工作室2个，书记工作站1个，以及后备人才库1个。

（栾德廷）

【基层党组织换届工作完成】 年内，西城区委社会工委、区社会办指导区人才职介中心党委和区工商联非公有制企业党委完成28个基层党组织换届工作。

（栾德廷）

【非公党建指导员队伍力量不断充实】 年内，区委社会工委按照市委社会工委要求，改进非公有制企业党的建设工作，发挥离退休干部作用，扩大党组织和党的工作覆盖面；在全区新聘请非公有制企业党建指导员164名，非公党建指导员队伍不断壮大。

（栾德廷）

【“两个覆盖”工作深入推进】 年内，为实现党的组织和党的工作“两个覆盖”工作目标，区委社会工委采取5项措施推进工作任务精准落实到位。即：街道社区“兜底建”——每个街道和社区层面至少要建立一个非公有制企业和社会组织联合党组织。商务楼宇“集中建”——实现党建与企业双向“抱团发展”。园区企业“重点建”——牵头各街道开展园区党组织组建工作。行业领域“分类建”——重点抓好教育、卫生、司法、工商联等重点行业和领域的党组织，指导非公企业党委抓好会员企业党组织组建工作。无业务主管单位社会组织“归口建”——由区民政部门统一归口管理。现全区非公企业7398家的党组织覆盖率达到84.66%，在民政部门登记注册的社会组织675家的党组织覆盖率达到70.97%。

（栾德廷）

【社会领域党建创新项目申报工作完成】 年内，区委社会工委持续开展社会领域党建创新项目，各街道和直属党委围绕基层服务型党组织建设研究、党组织联系党员及党员联系群众常态化管理机制研究、建设“枢纽型”社会组织党组织创新机制研究和商务楼宇志愿服务研究等主题，申报党建创新项目23个。

（栾德廷）

【社会组织能力提升系列培训举办】 年内，西城区委社会工委举办社会组织能力提升培训21次，社会组织团队建设讲座12场，主要围绕社会创业与社会进步、社会创业方向、社会创业模式、项目管理、团队沟通与管理等主题。开展专题咨询9场，主要围绕新媒体运营与传播、项目落地与项目执行、公益项目设计等主题。

（栾德廷）

【区社会组织孵化中心孵化能力不断提升】 年内，区社会组织孵化中心招募24家初创期社会组织，为其提供一对一咨询15次，提供小组辅导30余次，组织沙龙分享活动2次。经一年的孵化培育，有10家社会组织成功出壳，其机构管理运行水平和承接项目能力均有明显提升。

（栾德廷）

【社会建设项目服务范围更加广泛】 年内，从征集立项、日常管理、中期检查、结题评审和成果总结等方面细化社会建设项目考核标准，完善评价体系，规范专项资金管理。经专家评审，确定支持64家社会组织的102个服务项目，服务方向涵盖提升城市品质、社区养老、社区安全与法制宣传、青少年教育成长、社会志愿服务、人文关怀与社会心理服务、特殊人群社会融合、公益文化传播、法律咨询与援助服务、家庭和谐促进、社会组织培育孵化、“三社联动”推进提升、资源共建共享、社会领域党建创新等，总资金2984.85万元。

（栾德廷）

【参加“北京社会组织公益行”系列活动】 年内，参加“北京社会组织公益行”系列活动，40余家社会组织开展各类公益服务活动60余项。在“北京社会公益汇”活动期间，推荐10家社会组织的18个品牌项目参加北京市社会组织公益服务品牌评选，现场提供专业服务体验，展示社会组织发展成果。由区社会组织带头人、从业人员和志愿者组成的百姓宣讲团，参加区委宣传部、区文明办组织的百姓宣讲活动。

（栾德廷）

【社区工作者工资待遇不断规范】 年内，西城区委社会工委制定《西城区贯彻落实进一步规范社区工作者工资待遇的实施办法的细则》，至8月底，完成全区3500多名社区工作者工资待遇的全面规范，确定专业职级工资制度，促进社区工作者队伍职业化、专业化发展。

（栾德廷）

【社区治理“三社联动”深入推进】 年内，推进社区、社会组织、社会工作“三社联动”，健全以社区居民为主体、社区党组织为核心、社区自治组织为主导、专业社工机构协助、社区社会组织和驻区单位共同参与的社区治理机制。区社会工作者联合会带领睦友、睦邻、悦群、仁助4家社会工作事务所深入社区，围绕助老扶弱、社区发展、残障儿童等方面开展专业社会工作服务。睦友、睦邻社会工作事务所协助15个街道80余支组织完成规范化建设，培育一批管理规范化、活动常态化、关注社区事务和公益事业的社区社会组织。

（栾德廷）

【社区服务“滨河模式”初步形成】 年内，区委社会工委、区民政局与区社会工作者联合会，在新建的展览路街道滨河社区开展“社会组织承接社区服务站试点”项目，形成“全科社工”和“社区动员”的社区服务“滨河模式”。睦邻社会工作事务所承接“滨河专业服务项目”被评为北京市2016年度社会建设优秀创新项目，确定为全市社区服务社会化典型模式。

（栾德廷）

【社会工作者水平考试考前辅导班举办】 5月23日，区委社会工委在西城经济科学大学举办2016年度国家社会工作者职业水平考试考前辅导。按照“西城区国家社会工作者水平考试促进计划”，本次辅导内容主要是参加国家社会工作者水平考试的应试能力和专业知识，培训分中级和初级两个班次的培训，每班5天。全区党政事业单位和街道社区共有近1200人参加辅导培训。

（冯晓辉）

【社区工作者人民调解专项能力培训举办】 年内，区委社会工委联合区司法局在西城区社区学院举办社区工作者人民调解专项能力培训，主要内容为社区普法宣传、民间纠纷调解、矛盾预防等实务能力，培训时间为10天，50名社区工作者参加培训。

（冯晓辉）

【西城区推动社会单位开放资源服务百姓】 年内，西城区推动驻区单位对社区居民开放资源。共享资源涉及文体教育、活动场地、为老就餐、便民服务、医疗服务等方面。驻区65家社会单位（其中国家市属单位21家）利用自身的优势资源积极参与社区共建，满足居民的部分需求，便捷居民生活，同时影响着更多驻区单位服务社区、履行社会责任。开展资源共享工作6年来，参与资源共享的单位达到476家，区政府投入奖励资金累计1705万元，有效地将社会资源转化为社区服务资源。

（朱永明）

【《西城区枢纽型社会组织发展研究报告》完成】 年内，区委社会工委开展区、街“枢纽型”社会组织走访调研，了解区、街两级枢纽型社会组织的现状及需求，形成了《西城区枢纽型社会组织发展研究报告》。依据调研报告着手制定《关于深入推进街道级“枢纽型”社会组织建设指导意见》，为构建完善的区、街两级“枢纽型”社会组织工作体系提供政策支持。

（栾德廷）

【“一中心、多基地”建设持续推进】 年内，区委社会工委依托区社会服务中心，以服务社会组织建设发展为主，针对社会组织开展孵化培育、能力提升培训、社会工作人才队伍培养、优秀社会组织和示范项目展示交流等，孵化了10家初创期的社会组织，以陪伴成长的方式，为孵化机构提供个性化辅导和培训，提升机构运行能力和服务能力，使之能够独立运营和承接项目。在街道层面，通过建立社会组织孵化基地，孵化、培育以居民为主体的社区社会组织，经过长期、持续的培育、辅导，逐渐提高社区社会组织的自我管理能力，最终实现自造血、自运转、自治理的目标。已有12个街道的社会组织促进中心建成并投入使用。同时，在有条件的社区打造社区社会组织专属活动空间，如新街口街道书香驿站、大栅栏街道老街坊乐园等。都为西城区各级各类社会组织的培育发展提供了服务平台。

（栾德廷）

【社会组织诚信评估工作完成】 年内，西城区委社会工委完成了30家社会组织和50家社区社会组织的评估工作。将社会评价等诚信指标纳入到社会组织规范化建设评估指标体系中，有效促进社会组织自觉加强诚信建设。对年检、评估中发现失信问题的社会组织采取财务专项审计、实地取证、行政约谈等监管措施。

（栾德廷）

【第一届社区社会组织公益项目大赛举办】 年内，第一届社区社会组织公益项目大赛举办，大赛围绕提升城市品质，建设美好西城，确定“社区发展”“社区邻里互助”“社区环境治理”“社区为老服务”“社区文化建设”“社区安全维护”六个支持方向。对于符合支持方向的项目，提供小额项目支持资金、“一对一”项目专业辅导、优质项目管理及组织机构发展培训等，吸引和指导有公益心的居民参与社区治理。通过社区公益项目大赛挖掘和培育社区社会组织，引入专业社会组织开展能力建立建设培训，整合多方资源，为社会组织发展对接资源，从而促进社区社会组织参与社区治理程度。

（栾德廷）

【西城区打造“公益人　公益心”文化品牌】 年内，区委社会工委着力打造“公益人　公益心”公益文化品牌。一是邀请新华社专业摄影记者定制摄影社会组织公益作品，在区“两会”期间于全国政协礼堂进行展览，并在区域公共文化场所进行巡展。二是制作社会组织宣传动画片和优秀社会组织公益宣传片，以生动形象的卡通形象宣传社会组织理念，并在西单等公共场所电子屏循环播放。三是组建由社会组织带头人、一线从业人员和志愿者为主要成员的社会组织宣讲团，以践行社会主义核心价值观为主题，紧密结合西城区区情和区域社会组织特色，以朴实的语言和真挚的故事展示西城区社会组织人热情开朗、大气开放、积极向上、乐于助人的精神风貌，提升社会组织的认知度和美誉度。四是举办西城区社会组织“服务民生晒高招”活动。由社会组织成员利用小品、情景剧、演讲等形式，向社会公众展示西城区社会组织承接社会建设项目和服务民生的成效。

（栾德廷）

朝阳区

【概况】 2016年，朝阳区紧抓全国社区治理和服务创新实验区验收契机，围绕首都城市战略定位，在抓大事、抓重点、抓落实上下功夫，在全市率先开展“开墙打洞”整治，圆满完成全国社区治理和服务创新实验区各项任务，“居民提案”项目荣获“2015年中国社区治理十大创新成果”，圆满完成全国“两会”、G20峰会等重大活动各项服务保障任务，高标准完成人大代表换届、党代表换届选举任务，在迎接中央环保督察和应对空气重污染工作中，迅速响应、主动作为，为全市的环保事业做出积极贡献。社会治理能力和水平再上新台阶，全区社会建设各项事业取得了新发展。

（杨　旭）

【朝阳区第二届爱岗敬业模范社工“金蜜蜂奖”颁奖暨社区工作者才艺展示活动举行】 1月25日,朝阳区第二届爱岗敬业模范社工“金蜜蜂奖”颁奖暨社区工作者才艺展示活动在北京青年政治学院举行，中国社会工作联合会副会长王国英，北京市委社会工委委员、市社会办副主任陈建领，朝阳区副区长黄晓伟，区政协副主席、区委社会工委书记张永新，市民政局基层政权和社区建设处处长赵森等出席，各街乡领导、全区社区工作者、社会组织代表600余人参加。

（杨　旭）

【社区建设工作会召开】 3月3日，区社会办召开2016年社区建设工作会。会议以“民主协商”为主题，奥运村、朝外、麦子店、潘家园等街道结合党政群共商共治向小区楼院延伸、开展楼院议事、五步工作法等内容进行了典型发言。会议印发了《2016年朝阳区社区建设工作会资料汇编》，并对深化全国社区治理和服务创新实验区建设、推进党政群共商共治工作、社区公共服务综合信息平台建设、社区管理体制改革、市级示范点建设等重点工作进行了部署和安排。朝阳区社会办主任赵年生强调要总结成绩，查找不足，进一步强化目标导向、需求导向、问题导向，强化顶层设计，强化统筹推进，强化方法指导，共同努力、狠下功夫，抓好2016年社区建设重点工作的落实。

（杨 旭）

【市领导调研城市精细化管理工作】 4月8日，北京市委书记郭金龙、市长王安顺，就朝阳区运用信息化技术、创新城市管理机制、提高城市治理能力、提升城市精细化管理水平等内容，到八里庄街道运动中心调研，朝阳区区委书记吴桂英、区长王灏陪同调研。

（杨 旭）

【社区工作者招考工作启动】 5月3日，2016年面向社会公开招考社区工作者工作启动，此次招考涉及42个街道（地区）办事处，招考的职位数共计774名（含50名随军家属和自主择业干部）

（杨 旭）

【朝阳区推进百个绿色智慧平安社区建设统筹城乡社区发展工作部署会召开】 5月5日，朝阳区推进百个绿色智慧平安社区建设统筹城乡社区发展工作部署会召开。会上部署安排了推进百个绿色智慧平安社区建设统筹城乡社区发展的相关工作，宣读了《关于推进绿色智慧平安社区建设城乡社区手拉手结对共建决定》，签订了城乡社区手拉手结对共建协议，相关委办局、社区代表进行了发言，有关区领导也做了重要指示。全会共有43个街乡、30多个委办局、100多个社区共计300余人参加。

（杨 旭）

【全国妇联到朝阳区调研】 5月10日，全国妇联副主席、书记处书记、党组成员焦扬，市委副秘书长刘宇辉，市妇联主席马兰霞等领导到呼家楼街道调研妇联工作。区委副书记、政法委书记陈涛，区妇联主席蒋东燕等陪同调研。

（杨 旭）

【全国人大调研养老服务业】 5月18日，全国人大内务司法委员会主任委员马馼，副主任委员秦光荣率全国人大内司委调研组到三里屯街道就养老服务业工作进行专题调研。市人大常委会主任杜德印，副主任刘伟，朝阳区委书记吴桂英，区人大常委会主任陈宏志，副区长孙其军等陪同调研。

（杨 旭）

【市领导到朝阳区调研】 6月16日，北京市委副书记苟仲文带队到八里庄街道红庙社区调研，苟仲文副书记一行就红庙社区“两学一做”、区域化党建、“拆墙打洞”等工作听取了红庙社区党委负责人的随行汇报。区委书记吴桂英、区委副书记陈涛、副区长甘靖中、区委常委张维刚等陪同调研。

（杨 旭）

【朝阳区社会领域纪念建党95周年暨基层服务型党组织建设成果交流会议】 6月29日，朝阳区召开社会领域纪念建党95周年暨基层服务型党组织建设成果交流会议。会议公布了2016年朝阳区社会领域基层服务型党组织“十百千万”示范工程，其中八里庄街道“一轴两轮驱动+”区域化党建模式、六里屯街道“走动联”工作法、潘家园街道“115”小区微治理、三里屯街道商务楼宇企业“关爱联盟”、大屯街道商品房小区“薇动员”、东坝地区“东坝e家人”、劲松街道“共产党员+”十大行动、平房地区“同舟共益”、安贞街道“你提需求 我服务”、亚运村街道“党员义工超市”获“十大优秀服务品牌”殊荣。区委常委、宣传部部长刘军胜，区政府副区长黄晓伟，市委社会工委党建处副处长龙斯钊出席了会议。

（杨 旭）

【全国人大、全国妇联调研妇联工作】 7月7日，全国人大常委会副委员长、全国妇联主席沈跃跃，北京市委常委、副书记苟仲文，市妇联党组书记、主席马兰霞等领导到呼家楼街道调研妇联工作。朝阳区委常委、副书记、政法委书记陈涛，朝阳区副区长黄晓伟，区妇联党组书记、妇联主席蒋东燕等陪同调研。

（杨　旭）

【朝阳区社区公共服务综合信息平台项目验收会召开】 8月26日，朝阳区召开社区公共服务综合信息平台项目验收会，区社会办、区信息办、区行政服务中心领导、团结湖街道用户代表及信息化专家参加验收会，经过评审，专家一致认为平台设计合理、运行平稳、文档资料规范，验收通过。

（杨　旭）

【团市委调研基层共青团工作】 8月31日，团市委副书记王洪涛到酒仙桥街道调研指导辖区共青团工作，为团青干部讲授主题团课。社区团干部、团员代表、青年干部20人全程参加此项讲课。

（杨　旭）

【市人大调研老旧小区管理工作】 9月6日上午，市人大城建环保委办公室主任郭普金、市人大副秘书长马曙光带队，到潘家园街道松榆西里东小院调研老旧小区管理和基础设施改造，朝阳区副区长黄晓伟、区社会工委书记赵年生、区住建委主任刘海涛、潘家园街道办事处主任张贵林陪同调研。

（杨　旭）

【朝阳区社区建设能力提升培训班举办】 9月12日，举办朝阳区社区建设能力提升培训班，各街道社区建设主管领导和社区科长参加。区社会办主任宝月凤进行了开班动员并给与会人员上了精彩一课。充分考虑街道系统班子调整幅度大的因素，采取专家授课、业务培训、经验分享等方式开展培训，促使与会人员尽快了解和掌握社区建设的业务知识和工作重点，提升履职、依法行政和资金管理等能力。

（杨　旭）

【2016年朝阳区社区工作者运动会举办】 9月25日，由朝阳区委社会工委、区委农工委、区社会办、区农委联合主办，朝阳体育中心协办的2016年朝阳区社区工作者运动会在朝体中心举办。中国社会工作联合会副会长王国英；北京市委社会工委委员、市社会办副主任王智玲；区委常委、宣传部长刘军胜；区政府副区长黄晓伟；区总工会主席王文军；区委社会工委书记赵年生；区委农工委书记张克斌；区社会办主任宝月凤；区体育局局长马海鹰；团区委书记孔钢城，43个街乡的主要领导、社区建设主管领导、社区科负责人出席，全区1075名社区工作者参加。

（杨　旭）

【市领导调研“一老一小”服务工作】 10月19日，北京市委常委、常务副市长李士祥、副市长王宁一行到双井调研乐成“一老一小”服务。朝阳区区长王灏、副区长孙其军等陪同调研。

（杨　旭）

【朝阳区公共服务综合信息平台二期建设部署会召开】 10月20日，朝阳区公共服务综合信息平台二期建设部署会召开，区农委、区行政服务中心、区信息办主管领导；朝外、建外、劲松、潘家园、垡头、八里庄、呼家楼、六里屯、三里屯、左家庄、和平街、安贞、亚运村、机场、小关、大屯、酒仙桥、望京、东湖、奥运村等街道办事处主管领导；三间房和南磨房地区办事处主管领导参加会议。区社会办副主任闫培文对公共服务综合信息平台二期推广工作的硬件建设、资金使用、沟通联动等问题进行了部署。

（杨　旭）

【国家卫计委调研参观基层服务大厅】 11月1日，由国家卫计委、市卫计委、区卫计委及各委办局组成的调研团队，到双井街道办事处调研参观服务大厅、向阳花坊并召开座谈会。

（杨　旭）

【社区创享计划展示会召开】 11月9日，2016年社区创享计划展示会召开，展示了2015—2016年度优秀社区创享计划提案项目。市社会办副巡视员卢建，朝阳区副区长黄晓伟及43个街乡领导和提案人代表，共400人参会。

（杨　旭）

【国家社区治理和服务创新实验区验收】 11月9日至10日，国家社区治理和服务创新实验区专家组到朝阳区进行检查验收。区委书记吴桂英、区长王灏会见实地验收专家组成员，区委常委、宣传部长刘军胜在汇报会上对实验区创建工作进行了翔实丰富的汇报，副区长黄晓伟陪同专家组到创享空间观看了实验区成果展。专家组先后到潘家园街道松西东小院、奥运村街道国奥村社区、八里庄街道华贸中心社区、团结湖公共服务综合信息平台等街道进行了实地考察，通过听取汇报、查看档案、互动交流以及实地调研等形式，验收组对基层协商民主、社区分类治理以及社区公共服务综合信息平台建设等方面取得的经验给予充分肯定。

（杨　旭）

【市委社会工委调研政府购买服务项目】 11月25日，北京市委社会工委副书记张坚一行到朝外街道雅宝里社区，就市级政府购买项目进展情况进行调研。区委社会工委书记赵年生，街道工委书记董会生参加调研。

（杨　旭）

【社会治理改革深入推进】 年内，全面深化社会治理体制改革，形成“1+8+X”的社会治理体制改革架构，制定出台《关于深化朝阳区社会治理体制改革的实施意见》《关于深化朝阳区社区管理体制改革的实施意见》等系列文件，社区服务站改革、社区减负、社区公共服务综合信息平台等改革事项取得阶段性成果。系统推进义务教育学区化综合改革，扎实开展教学变革、课程改革和人才培养模式改革，新增2520个优质学位，教育整体水平进入先进区行列。在全市率先实现医联体服务全覆盖，全国精神卫生综合管理、卫生计生综合监督执法规范化建设等试点工作取得初步成效。在全市率先开展医养结合与社区驿站式养老服务试点，实现养老照料中心全覆盖。科学编制全区“十三五”时期社会治理发展规划，描绘出未来五年社会治理“五项主要任务、八大重点工程”的宏伟蓝图，强化了统筹指导。

（杨　旭）

【“两学一做”学习教育持续开展】 年内，积极贯彻落实区委“五全五学五讲一行动”要求，结合“学党史、强党性、爱朝阳——庆祝建党95周年党史知识竞赛”，夯实“学”的基础，固本培元，补足精神之钙。创新开展“走清建树”主题实践，以思想自觉推动行动自觉，拉近党群、干群关系，解决服务群众“最后一米”难题。城区8万余党员走访居民家庭25.3万户，楼宇企业1466家，社会单位23342家，各类社会组织1225个，累计发动群众13.2万人次，收集相关问题和资源信息11000多条，建立完善工作台账5类6432项，为民解难950余件，形成商务楼宇“关爱联盟”、商品房小区“薇动员”等服务品牌1123个，把“做”落到了实处。

（杨　旭）

【区域化党建工作格局不断完善】 年内，深化“一轴四网”区域化党建工作体系，加强党建议事平台、党政群共商共治平台和街道区域化党建工作中心平台建设，构建起“三级网络全覆盖、党建主体全参与、民意诉求全收集、党建服务全享受”的区域化党建工作格局。通过单位组建、行业组建、区域组建、联合组建、临时组建等方式，将党组织与党的工作覆盖向社会组织和非公组织延伸，建立社会组织党组织306个，非公组织党组织3084个。大力推动基层服务型党组织“十百千万”示范工程，基层党组织、党员的影响力进一步增强。

（杨　旭）

【党风廉政建设取得初步成效】 年内，坚持严字当头、真管真严、敢管敢严、长管长严，以上率下，推动全程纪实，逐级签订党风廉政建设责任书，两级压力传导机制基本形成。积极践行“四种形态”，扩大谈话函询覆盖面。将“两个责任”向科队站所、社区和重大资金项目延伸，全面清理遗留暂存资金，对街道中小工程项目、政府购买社会组织服务项目、民生资金发放、惠民政策落实加大监管力度，有效消除薄弱环节，堵塞风险漏洞。深入开展“两个专项”治理工作，持续加大明察暗访力度，机关及社区工作效能、服务居民水平不断提升。加大纪律审查力度，对典型违纪不护短、不手软，共受理群众信访举报137件（次），立案35件，增强了惩治腐败的震慑力。

（杨　旭）

【全国社区治理和服务创新实验区建设任务通过结项验收】 年内，聚焦“加强共商共治、构建协作式社区”，创新理念、固化机制，党政群共商共治、社区分类治理、公共服务综合信息平台、社工队伍建设等各项实验任务高质量完成，取得了“5+1”实验成果，顺利通过民政部结项验收。全面深化党政群共商共治，完成236个社区议事厅和199个小区议事厅规范化建设，有力推动1430个共商共治工程落地，协商解决楼道卫生共管、老旧电梯更换等问题1904个，较好解决了服务群众“最后一米”的难题。在100个农村社区推广“三社一体化”社区专业治理模式，着力解决新农村建设过程中凸显出的主要矛盾。在31个街乡300个社区持续开展“社区创享计划”，引导居民开展自我服务，共征集居民金点子15882个，解决小区服务管理难题5类2100多个，辐射受益人群达260万人次。

（杨　旭）

【社区治理体系建设不断优化】 年内，在26个街乡263个社区，推进社区公共服务综合信息平台建设，规范优化公共服务事项150余项，推动卫计、残联等75个服务项目上线运行，基本建成区、街道（地区）、社区三级连通的“一站式”公共服务办理系统。新建181个智慧社区，试点建设“微网格”70个，运用“互联网+”推动便民便利服务智能化，起源于朝阳的“一刻钟社区服务圈”被列入北京市社会治理“十三五”规划，在全市起到示范带动作用。认真落实区委城乡建设“六个一百”要求，建成46个“绿色智慧平安社区”，实现了社区绿色颜值、智能服务、安全守护能力的全面提升。坚持居民自治、共建共享，在全区建设5016个楼门文化阵地，为楼院居民搭建参与交流平台，促进了相互融合，增强了家园意识。加强社区工作者管理，在全市率先建立动态调资机制，推进职业资格认证教育，全区持证社工达1555人，持证率达32%，同比提升5%，社区工作者队伍专业化、职业化水平进一步提升。

（杨　旭）

【社会动员能力不断提升】 年内，社会组织建设覆盖面不断拓宽。按照“一中心、多基地、广空间”的思路，建成面积7200平方米的区级创享空间，实现街乡社会组织服务平台全覆盖，建立社区公益空间135个，为全区社会组织提供党建支持、组织培育、项目管理、资源对接、人才培养等服务。市、区购买社会组织服务项目308个，资金支持达3532.45万元，同比增长16%，购买服务数量和金额连续五年居全市首位。广大社会组织主动参与基层治理，利用专业社会工作方法支持、引导、协助社区居民自我解决难题，社会反响良好。新认定区社会组织联合会、区慈善协会、区人民调解员协会等9家区级“枢纽型”社会组织，形成党委、政府与社会力量互联、互动、互补的社会治理与公共服务网络。动员36.83万人次参与“志愿同行　亲水朝阳”等大型主题志愿活动，服务居民120万人次。

（杨　旭）

【“疏减稳”重点任务取得阶段性成果】　年内，坚持目标引导，建立健全协调会商、督查考核、工作约谈等机制，“控”“疏”双管齐下，城区疏解转型雅宝红城、朝园文化收藏等区域性市场和无证照市场21家，拆除违法建设95处共计5.8万平方米，超额完成年度疏解任务。以“一廊、二环、两路”重点区域，掀起治理“开墙打洞”新高潮，全年整治1828户，超额完成年初542户挂账任务，实现了东大桥路、新东路、朝阳路、朝阳北路、金台路等5条大街无“开墙打洞”的治理目标。通过“走清建树”夯实人口数据底账，实现人口台账动态管理，紧密结合“开墙打洞”治理、地下空间整治、有形市场疏解等，全年调控城区人口近6.6万，任务完成率达109.99%。全力统筹“稳增长”，通过稳定存量、规范纳税、优化环境，全年城区完成区级税收343.5亿元，同比增长5.2%。

（杨　旭）

【基本公共服务不断完善】　年内，坚持以保障和改善民生为重点，着力解决直接关系百姓生活的现实问题。基础教育更加优质均衡，顺利通过“全国义务教育发展基本均衡区”评估认定，全区83.6%的学生在优质校就读，新增22所注册幼儿园，中考综合优秀率达到72.6%，同比提高8.53%，高考本科和一本上线率分别达到95.12%、56.88%，超出市均水平16.2和15.96个百分点。医疗设施建设加快推进，垂杨柳医院启动建设，疾控中心二期完成建设，南磨房社区卫生服务中心完成新址建设。分级诊疗工作深入推进，建成区级家庭医生签约服务平台，开展数字化中医分级诊疗平台（一期）建设。新建养老照料中心18家、养老服务驿站100家，基本实现街乡全覆盖、社区广覆盖，惠及20余万人次。完善社会救助体系，实现对1.31万低保、低收入对象的精准识别和救助。公共文化服务更加多元，全区街乡文化中心、社区和行政村文化活动室实现全覆盖，全年组织基层文化活动5800场，文化朝阳云平台线上公共文化服务系统及“文蕴朝阳”微信公众号正式上线。

（杨　旭）

【城市精细化管理进一步加强】　年内，顺利完成环境建设“双百”示范工程。深化“三网融合、二级闭环、一格统筹”的网格化体系建设，实现“三网”融合全区覆盖，“二级闭环”城市地区全覆盖。坚持“区域联动、综合治理”，实施边界环境提升工程，区与区、街与街、街与乡的边界管理秩序得到明显改善。试点推进“交通微循环”建设，针对城区重点区域、次支路、社区路和居民小区分类缓解交通拥堵，改善交通微循环道路115条，新增停车位6880个，设置交通装置7634个，拆除地桩地锁14170个。细致摸排、严格招标，为城区3538户居民实施“煤改电”，完成5100户“无煤化”任务，基本实现四环以内“无煤化”目标。以中央环保督察为契机，集中整治环境卫生、公共秩序、安全隐患、乱点难点区域，建立健全长效管控机制，城区环境秩序明显提升。

（杨　旭）

【保障地区社会和谐稳定】　年内，扎实推进以“一网两库三关”为核心内容的科技维稳体系建设，科技创安工程覆盖率达90%以上。构建起区、街乡、社区（村）三级应急队伍体系，强化矛盾纠纷化解体系建设和源头预防，重点矛盾化解率达到90.7%。为城区27915户空巢老人、独居老人和低保残疾人家庭安装燃气自闭阀、报警器和长寿命胶管，确保秋冬燃气安全。建立专群结合的群防群治一体化联防联控工作体系，发挥“朝阳群众”品牌效应，挖掘“小桔灯”等群防群治先进典型，确保了社会面平稳可控。2016 年，全区群众安全感达 91.4%，同比提高近 3.33 个百分点。

（杨　旭）

海淀区

【概况】 年内，区委社会工委、区社会办紧紧围绕海淀区全国科技创新中心核心区建设，坚持问题导向、需求导向、目标导向，稳步推进全区社会建设向前迈进。聚焦“减人、添称、服务”中心工作，开展社区治理能力提升、网格化社会服务管理、社会组织培育发展、全面推进社会领域党建等工作，做好对街道系统的统筹协调。全区社区建设工作坚持“深化改革、扩大覆盖、多元参与、共建共享”的工作思路，以提升社区治理能力为突破口，进一步夯实基层基础；以“一刻钟社区服务圈”建设为主要载体，进一步完善社区服务体系；以改革和创新为抓手，进一步打造先进典型亮点。坚持统筹推进社区规范化示范点、老旧小区自我服务管理、农村社会服务管理创新等重点项目建设，以及新建智慧社区和升星智慧社区建设。组织社区工作者以及社区居委会干部培训，不断提升基层工作者的理论水平和实践能力；规范调整社区工作者工资待遇，提高社区工作者专业化、职业化水平。持续推进“四个一批”工程，即完善一批长效工作机制，打造一批服务平台阵地，推进一批社会治理任务，形成一批党建服务品牌。全区社会工作紧紧围绕着加强和创新社会治理这个主题，从探索和创新社会组织工作体系入手，注重发挥社会组织在社会建设中的作用，加大培育扶持社会组织发展力度，以购买社会组织公共服务为抓手，通过树立典型、加大培育扶持力度来激发和调动社会组织参与社会建设的积极性，推动社会组织健康发展。充分发挥“枢纽型”社会组织和社会组织联合会桥梁纽带作用，健全社会组织培育孵化体系，鼓励和支持社会组织承接运营社区服务事项，积极构建“以政府出资购买、社会组织运营、全程跟踪评估”的社会组织运营模式。发展专业社会工作进驻社会组织领域，引导鼓励社会组织健康发展。强化街道社区党组织领导核心作用，统筹推进区域化党建工作，通过完善区域化党建工作模式。抓好社区党务工作者队伍建设，建立社区“两委一站”负责人后备库；抓好非公有制企业和社会组织党组织党建工作，重点指导规模以上非公企业建立党组织，完成规模以上企业党组织全覆盖工作目标；抓好商务楼宇“五站合一”工作站建设，建立对商务楼宇党群服务中心站动态管理和长效激励机制，推进商务楼宇工作项目化管理体制，打造楼宇特色服务品牌。

（王拓涵）

【第四批社会动员试点工作部署会召开】 3 月 4 日，第四批社会动员试点工作部署会召开。区社会办副主任吴希才主持会议，第一批（西三旗、紫竹院）、第二批（中关村、八里庄）、第三批（羊坊店、万寿路、甘家口、海淀、香山）及第四批（北下关、北太平庄、学院路、田村路、清华园）社会动员试点街道的街道主管领导及科室负责人近 30 人参加了会议。

（王拓涵）

【参加“2016 北京社会公益行”系列活动启动式】 3 月 7 日，海淀区社会办及社区志愿服务项目负责人代表 18 人参加了在首都博物馆举办的“‘2016 北京社会公益行’系列活动启动式”。会上，海淀区社区志愿服务行动荣获 2015 年“北京社会志愿服务行”优秀志愿服务活动。海淀区全年共征集志愿服务项目 2654 个，完成 2016 年社会领域志愿服务示范项目建设 79 个。

（王拓涵）

【第四届“寻找最美社工”评比揭晓结果】 3月14日,2016年“国际社工日”暨第四届“首都最美社工”评比揭晓结果。海淀区获得“寻找首都最美社工”活动优秀宣传片奖项，睿搏社工事务所一名优秀社工获得“北京市十佳最美社工”光荣称号，一名社工被评为“首都优秀社工”称号。在北京市举办的“社工+志工”志愿服务评选中，海淀区睿搏社会工作事务所：“一张白纸的彩色绘本故事”服务项目获得十佳项目称号。

（王拓涵）

【2016年社区建设工作会召开】 3月23日，社区建设工作会召开，全区各街道、镇社区建设工作的主管领导及科长参加了会议。会上总结了2015年全区社区建设工作并明确了2016年重点工作任务。同时，实地考察了西北旺镇六里屯社区和清河街道阳光社区。

（王拓涵）

【延庆区考察团调研海淀区网格化社会服务管理】 3月23日，延庆区社会办、街道办事处等相关一行12人调研海淀区网格化社会服务管理。调研参观了海淀区城市服务管理指挥中心及海淀区八里庄街道城市服务管理指挥分中心，海淀区委社会工委、区社会办主任曹宇明、区社会办副主任吴希才、区城市服务管理指挥中心副主任赵立华等陪同调研。

（王拓涵）

【“三网”融合试点街道工作推进会召开】 4月29日,海淀区“三网”融合试点街道工作推进会召开。会议明确了“三网”融合工作的重要性，解读了市委社会工委、市社会办“1+3”系列文件精神，明确了海淀区“三网”融合工作推进方案。在甘家口街道、八里庄街道开展城市网格精细化管理试点；在学院路街道、田村路街道开展“三网”融合试点，切实提升城市服务管理的精细化水平。

（王拓涵）

【《海淀区社区工作者区内调动管理办法（试行)》通知印发】 5月31日,《海淀区社区工作者区内调动管理办法（试行)》通知印发，允许符合条件的社区工作者在区内流动。通过建立个人申请、街镇研究、区里审批的人员调动机制，增强了队伍使用的灵活性和管理的规范化，从而推动社区工作者“本土化”的进程。

（王拓涵）

【街道系统“讲述身边好规矩”宣讲报告会举办】 6月15日上午，海淀区委社会工委举办街道系统“讲述身边好规矩”宣讲报告会。相关街道纪工委书记、纪检办主任、社区党组织负责人、纪检委员、非公党建指导员共300人参加了报告会。区纪委常委、宣传部长王文赞出席会议，区委社会工委副书记、纪工委书记孙玮薇同志出席会议并讲话。

（王拓涵）

【市网格化督导组督导海淀区网格化工作】 7月15日，市委社会工委、市社会办督导组对海淀区网格化体系建设整体情况、标准化建设情况、“网格化+”行动计划推进情况、“三网”融合推进情况以及网格化体系作用发挥和取得的成效进行督导，并实地考察八里庄街道城市服务管理指挥分中心。

（王拓涵）

【副区长调研街道无煤化工作】 10月12日，副区长高念东带队调研北下关街道无煤化工作，实地走访五塔寺锅炉房施工现场。区委社会工委、区社会办、区农委、北下关街道、海房投、海融达等相关领导陪同调研。2016年共解决4169户居民的无煤化改造。

（王拓涵）

【海淀区社区工作者骨干培训班举办】 11月22日，海淀区委社会工委、区社会办连续举办了两期“海淀区社区工作者骨干培训班”。全区社区居委会主任、社区服务站站长

680人分别参加了培训。培训内容包括管理技能、心理调适、基层社区治理、基层政权建设等内容。

（王拓涵）

【海淀区举办新入职社区工作者初任培训】 12月21日，区委社会工委配合市委社会工委完成7个街道154名新入职社区工作者的初任培训工作。通过专题授课、经验介绍、感受分享等方式，使为期3天的培训内容丰富、生动活泼、深受欢迎。

（王拓涵）

【海淀区社区建设专题培训班举办】 12月28日，海淀区社区建设专题培训班举办，全区各街道、镇负责社区建设的主管领导及科长参加了培训。培训班旨在总结交流全区社区建设的先进经验做法，学习社区治理的先进理念。

（王拓涵）

【街道系统人口疏解专项工作开展】 年内，制定了《区社会办2016年度非首都功能疏解与人口调控总体工作方案及专项实施方案》，对街道系统人口疏解工作进行指导、协调、监督和考核，完成多轮街道系统走访调研。充分发挥网格化社会服务功能和社区（村）自治功能，强化外来人口和出租房屋管理，实现2016年减人控人工作目标。

（王拓涵）

【海淀区“十三五”时期社会治理规划编制】 年内，坚持“开门编规划、问题导向、持续增强海淀居民的获得感”的思路，采取“请进来”和“走出去”的工作方法，编写《海淀区“十三五”时期社会治理规划（草案)》，为未来五年海淀区社会建设指明方向。

（王拓涵）

【社会领域党的建设持续推进】 年内，海淀区委社会工委起草《关于进一步加强海淀区街道（地区）和社区党的建设工作的意见》等文件，进一步健全和完善基层党建工作的运行机制。起草制订《海淀区关于进一步加强商务楼宇工作站建设的实施方案》，探索建立中心站辐射周边楼宇工作体系。深入开展“软弱涣散”基层党组织整顿，加强街道党群服务示范中心建设，规范指导服务群众专项经费使用，推动非公企业和社会组织党建工作，构建非公企业党建新格局。

（王拓涵）

【打造社区治理新路径】 年内，利用区级社会建设专项资金支持基层社会治理项目，先后打造了“清河实验”“乐活中关村”“文化小院”等一批基层社会治理创新模式。涌现出了一批先进社区典型，如北太平庄街道志强北园社区从老旧小区改造、居家养老服务等多方面探索新的工作模式，中关村街道推进华清园“I社区”建设，以国际视野，提供智慧化服务，创新打造数字时代的新社区。

（王拓涵）

【社会组织发展积极推动】 年内，对2015年度购买社会组织公共服务项目开展终期检查与项目评估。落实“一街一社工”派驻工作，以岗位购买和项目化运作等方式对专业社工事务所进行培育扶持。建立街道、镇社会组织“孵化器”，对中关村街道、学院路街道、西三旗街道以及上庄镇试点进行走访，推进“孵化器”建设工作。认真开展好第四届“寻找最美社工”活动，海淀区获得“寻找首都最美社工”活动优秀宣传片奖项。

（王拓涵）

【社区建设工作制度体系不断完善】 年内，《海淀区关于进一步规范社区工作者工资待遇的实施细则（试行)》制定并下发。先后推荐204名优秀社区工作者代表，参加社区工作者教育培训。配合做好社区减负增效工作，与区民政局共同拟订了《关于全面开展社区减负工作的实施方案（征求意见稿）》。

（王拓涵）

【社区服务用房不断改善】 海淀区委社会工委、区社会办利用区级社会建设专项资金1422.32万元，支持16个街镇37个社区服务用房项目，为社区增加用房面积9450.04平方米。

（王拓涵）

【扎实开展“两学一做”学习教育】 年内，印发《街道系统“两学一做”学习教育活动方案》；成立街道系统“两学一做”学习教育巡回督导组；配合区委组织部举办骨干培训班；制订机关学习教育计划，引导机关干部在真学、真懂、真信、真用上下功夫。

（王拓涵）

【开展基层党组织专项培训调研】 年内，开展街道系统基层党组织负责人培训，协助区委组织部组织7期培训班，对2000名社区党组织专职党务工作者和非公企业党建工作骨干开展轮训。组织基层党代表进行实地参观调研，提高党代表履职能力。

（王拓涵）

【推动非公企业和社会组织党建】 年内，建立街道系统非公企业和社会组织党建工作台账；努力着眼于“两个覆盖”工作目标，共建立非公党组织735个（其中，党委22个，党总支部10个，党支部713个）；运用“抓大联小”的工作模式，对社会组织进行分类管理，逐步推进社会组织党建工作。选聘非公党建指导员310人，积极协调区财政解决落实选聘人员待遇。

（王拓涵）

【探索海淀区专业社工的创新管理模式】 2016年度继续利用市社会建设专项购买专业社会工作岗位共计22个。召开了“一街一社工”工作部署会，与街道、事务所签订三方协议，明确社工到岗时间，正式启动“一街一社工”派驻工作。22名专业社工在街道、社区开展专业化的社会服务，进一步满足了社区居民多样化、个性化需求，为专业社工队伍建设与发展奠定工作基础。

（王拓涵）

【积极做好“无煤化”工作】 年内，组织街道系统完成劣质燃煤替换工作，共替换劣质燃煤38095吨；积极指导曙光、北下关、万寿路、羊坊店、紫竹院、甘家口、花园路、八里庄、中关村、北太平庄等10个街道开展无煤化工作，共解决4169户居民的无煤化改造。

（王拓涵）

【社区工作者待遇规范调整工作完成】 年内，制定并下发了《海淀区关于进一步规范社区工作者工资待遇的实施细则（试行）》，为全区4228名社区工作者进行了待遇调整。调整后，全区社区工作者人均应发工资提高至4568元，平均涨幅20.57%，达到北京市社会平均工资的71%，社区工作者切切实实得到了实惠。

（王拓涵）

【扎实推进社区重点项目建设】 年内，推进97个“一刻钟社区服务圈”、52个社区规范化示范点、19个老旧小区自我服务管理、6个农村社会服务管理创新等重点项目建设，以及132个新建智慧社区和79个升星智慧社区建设。其中，“一刻钟社区服务圈”建设被列入2016年区政府为民办实事折子工程、2016年社会建设专项资金支持项目。投入专项资金550万元对试点社区进行重点支持，全区所有社区“一刻钟社区服务圈”建设基本实现全覆盖。同时，开展《海淀区一刻钟社区服务圈全覆盖》专题调研，以及对全区一刻钟社区服务圈建设过程的全面督导。与区房管局联合下发了《海淀区老旧小区自我服务管理政府扶持及奖励资金管理办法》，重点支持老旧小区自我服务管理建设工作。

（王拓涵）

【做好京台社区交流活动】 年内，为推动京台基层工作者和基层民众的交流与合作，组织三批次共计150人分别于3月、6月和10月赴台湾地区进行专题交流和研讨。“以粽凝情，共度端午”为主题举办2016京台社区大舞台活动，中关村街道华清园社区与高雄市楠梓区大昌里通过视频互动的形式献上了一场精妙绝伦的文艺表演。

（王拓涵）

【积极推进党风廉政建设】 年内，海淀区按照“一岗双责”的要求，坚持廉洁自律的风险意识，将党风廉政建设要求贯穿于各项工作中。就社区重点项目建设、社区服务用房建设、社区公益金的使用等重点工作的专项资金使用和管理，增强街镇干部的责任意识和管理水平，确保专款专用、服务社区。同时，鼓励各街镇在日常管理中，加强对社区工作者队伍廉政风险意识的培养，及时关注可能出现的风险点，确保将问题化解在基层。

（王拓涵）

【社区减负增效工作开展】 年内，海淀区为落实《关于深化街道社区管理体制改革的意见》《关于依法确定社区居委会工作事项推进社区减负增效工作的意见》等文件精神，减轻社区行政负担，与区民政局联合下发了《关于全面开展社区减负工作的实施方案》。

（王拓涵）

【党风廉政建设深入开展】 年内，召开党风廉政建设工作会；逐级签订党风廉政建设责任书，制定任务分解，责任落实到人；强化岗位廉政教育、示范教育不断提高党风廉政教育的针对性；制定完善机关党风廉政建设责任制，进一步筑牢党员干部防腐拒变的思想防线。

（王拓涵）

【开展专项培训调研】 年内，制定街道系统基层党组织负责人培训计划，协助区委组织部组织7期培训班，对2000名社区党组织专职党务工作者和非公企业党建工作骨干开展轮训。组织基层党代表进行实地参观调研，提高党代表履职能力。

（王拓涵）

【基层党建工作的运行机制进一步完善】 年内，以“基层基础建设提升年”活动为载体，进一步夯实党执政的组织基础，参与调研并起草《关于进一步加强街道、社区党的建设的实施意见》及其8个配套文件（征求意见稿），进一步强化街道党工委和社区党组织的领导核心地位；深入开展“软弱涣散”基层党组织整顿；加强街道党群服务示范中心建设，规范街道系统党群活动服务中心标识和内容，开通新媒体公众服务平台，努力将其打造为区域性、开放性、综合性的党群活动服务阵地。

（王拓涵）

【开展党员志愿服务宣传展示】 年内，为营造纪念建党95周年良好氛围，制作社会领域基层党建工作巡礼专题片；在街道系统开展“百个”党员志愿服务典型推荐展示活动，努力在街道系统打造一批特色鲜明、成绩突出、影响广泛的党员志愿服务品牌。

（王拓涵）

【持续推进“四个一批”工程】 年内，持续推进“四个一批”工程，即完善一批长效工作机制，打造一批服务平台阵地，推进一批社会治理任务，形成一批党建服务品牌。学院路街道二里庄社区党委、万寿路街道今日家园社区党委书记徐海荣，羊坊店街道西木楼社区党委书记卞海虹，梦之城文化发展有限公司总经理于仁国，荣获市级“两优一先”荣誉称号。

（王拓涵）

【加强服务群众专项经费的使用规范化】 年内，海淀区委社会工委指导学院路街道、八里庄街道制定党组织服务群众专项经费管理办法，严格遵循“社区党组织立项，组织部门审核，街道工委审批，社区群众监督”的原则，层层落实、责任到人，经费使用率达到了100%。

（王拓涵）

【加强商务楼宇工作站建设】 年内，海淀区委社会工委起草制订《海淀区关于进一步加强商务楼宇工作站建设的实施方案》，探索建立中心站辐射周边楼宇工作体系。成立商务楼宇管理指导中心，进一步整合资源突出楼宇服务职能。投入2016年度社会建设专项资金1071.66万元，通过政府购买服务的形式，配备楼宇专职社工，解决工作站租金、匹配活动经费，引进品牌服务项目，积极打造一批海淀特色楼宇服务品牌。

（王拓涵）

【三网格融合工作积极推进】 年内，落实市委社会工委、市社会办“1+3”系列文件要求，海淀区委社会工委会同区城市服务管理指挥中心进一步推进“三网”融合。探索海淀区城市网格精细化管理试点，切实提升城市服务管理的精细化水平。迎接了市网格化体系建设工作督导组对海淀区网格化体系建设工作的督导。

（王拓涵）

【做好防汛工作落实】 年内，海淀区委社会工委、区社会办及时上报防汛工作方案、应急预案、责任追究制等措施。一是加强隐患排查，做到“一事一预案”；二是建立抢险队伍，加强物资准备；三是加强对重点地区的巡查，确保不出现问题；四是加强应急值守，认真落实汛期24小时值班制度和领导带班制度；五是会同职能部门在防汛期间对街道进行不定期巡查，督促落实防汛措施。

（王拓涵）

【开展高考考点周边环境综合整治】 6月高考期间，针对10个街道12个考场周边环境问题制订一对一的整改方案，并进行集中整治，确保消除安全隐患和噪声污染，为高考营造好的环境。

（王拓涵）

【志愿服务项目需求对接及示范项目支持培育工作开展】 年内，全区共征集了2654个志愿服务项目，市重点支援35个项目。海淀区委社会工委与区文明办、团区委、区志愿者联合会等8部门联合举办“海淀社区志愿日”系列活动，全面推进社区志愿服务工作常态化。完成2016年社会领域志愿服务示范项目建设79个（其中社区志愿服务示范项目50个，商务楼宇志愿服务示范项目19个，非公经济组织志愿服务示范项目9个，专业社工机构志愿服务示范项目1个）。开展志愿服务项目培训共8期，进一步增强志愿服务的社会影响力。

（王拓涵）

【加强和探索社会组织工作体系建设】 年内，海淀区委社会工委充分发挥“枢纽型”社会组织和海淀社会组织联合会在社会组织建设中的作用，指导社会组织联合会通过加强自身建设，做好对其会员单位的日常服务管理，积极发挥桥梁纽带和协调作用。2016年继续以协议的方式委托社会组织联合会开展对社会组织的管理与服务，协议资金105万元；以项目化的运作方式，以委托服务的模式，寓管理于服务之中，形成创新工作机制。

（王拓涵）

【培育扶持社会组织发展】 年内，按照市委社会工委、市社会办的工作安排，海淀区委社会工委、区社会办组织区各级各类社会组织开展了《2016年使用市级社会建设专项资金购买社会组织服务项目申报》工作，针对海淀区内所有社会组织广泛征集项目。逐一对上报主体的资质，上报项目的内容和资金申请情况进行了审核和把关。累计上报了19项社会组织服务购买项目，其中社会公共服务类4个，社会公益服务类11个，社会治理服务类4个。

（王拓涵）

【海淀区加强和创新社会管理专项资金购买社会组织服务项目终期检查工作完成】 年内，海淀区依托北城心悦社会工作事务所，组成专家团队，对2015年度购买社会组织公共服务项目开展终期检查与项目评估，采取社会组织自评与专项小组评审+实地抽查相结合的方式，对公共服务的实施情况、社会效益、资金使用等情况进行全方位的检查与评估。

（王拓涵）

【加强专业社工事务所建设】 年内，贯彻落实市社会建设工作领导小组工作要求，海淀区社会工委继续加大对专业社工事务所培育扶持力度，认真做好使用市级社会建设专项资金支持专业社工社区服务督导项目工作，对项目运行全过程进行持续跟踪，同时以岗位购买和项目化运作等方式对专业社工事务所进行培育扶持。

（王拓涵）

丰台区

【概况】 2016年，丰台区委社会工委紧紧围绕丰台区"十三五"时期发展方向，不断探索实践，扎实有序推进，进一步加强社区治理基层基础建设，进一步加强社会组织建设，进一步加强区域化党建工作和基层服务型党组织建设，全面提升丰台区社会治理水平。一是不断推进社会领域党建工作，全面深化"1+3+N"工作模式，提升商务楼宇党建的"三有一化"水平，充分利用"互联网+"创新理念，探索开发"智慧楼宇党建"手机App项目。二是不断提升社区治理规范化水平，加强社区办公和服务用房建设，新增4个"一刻钟服务圈"和11个社区规范化示范点，完成33个智慧社区试点建设及21个智慧社区升星工作，城市服务管理实现"三网"融合，完成21个社区综合服务平台和56个社区微信公众号建设，形成社区"微网格"工作机制。开展老旧小区服务管理试点建设工作，建成21个区级试点和8个市级试点。三是不断加强社会组织建设工作，完成2015年49项市级购买社会组织服务项目的评估，申报145个2016年市级购买社会组织服务项目，扶持100项志愿服务项目，购买41项社会组织服务项目。组织协调社会组织、商务楼宇、社工机构认领对接22个市级重点志愿服务项目，征集社会领域志愿服务项目1588个，发挥社区、商务楼宇、专业社工机构志愿服务站的作用，推进志愿服务全覆盖。

（赵　明）

【手机微党建项目工作协调会召开】 3月30日，区委社会工委在区政府党派楼召开"手机微党建项目"协调会，包括区委组织部等在内的17个单位共26人参加了会议。协调会主要介绍了"手机微党建项目"研发情况，由北大软件公司演示了"手机微党建项目"功能效果，有关部门围绕"政企服务""活动集市"两个栏目内容推送、信息维护进行了交流研讨，通过探索商务楼宇党建工作机制、创新商务楼宇党建工作模式、加强商务楼宇工作站自身建设三个方面总结了"手机微党建项目"的重要意义。

（侯　悦）

【商务楼宇手机微党建App上线】 4月21日，丰台商务楼宇手机微党建App正式上线运行，社会领域党建工作迈向"互联网+"新时代。针对社会领域党员分散、活动时间难统一等问题，积极探索“互联网+智慧楼宇”党建模式，抢占信息前沿，借助手机App，建立微型化党建阵地，破解党组织与党员互动交流难题。同时，依托传统和现有模式手段，探索“互联网+”时代下的党建方式方法，调研论证、立项推广手机微党建课题，通过开发推广手机App、电脑、触摸屏互动终端实现党建教育信息化的“微党建”平台，架起党企服务互动桥梁，拉近党组织、党员和企业员工间互动交流距离，保证党员“两学一做”学习教育活动和党的工作开展的时效性。

（侯　悦）

【社区工作者招录工作完成】　5月12日，全区启动2016年社区工作者公开招录工作。招录对象为具有本市城镇户口，长期居住在报考街道（地区）办事处、镇辖区内，年龄在18周岁以上、40周岁以下，具有大专及以上学历，有志于从事社区工作的居民。此次招录的410名社区工作者将全部进入基层社区服务站工作，在街道办事处、镇的领导和政府职能部门的业务指导下开展工作。

（侯　悦）

【新入职社区工作者培训班开班】　9月5日，2016年丰台区新入职社区工作者培训在区委党校举办，各街（乡镇）新入职的社区党委、居委会、服务站工作人员共计290人参加了此次培训。培训围绕社会建设、社会治理创新、社区服务与管理、社区党建等内容讲授理论知识，并解读相关政策。旨在提升新入职社区工作者的实务能力、专业素养和理论水平，同时尽快适应社区工作岗位要求，提高履职尽责能力。

（侯　悦）

【社区党组织书记培训班开班】　10月12日，区委组织部、区委社会工委、区委党校联合举办2016年社区党组织书记培训，各街道、相关乡镇副书记和专职委员、组织部长、社区书记共360余人参加了培训。培训围绕“丰台区‘十三五’期间社会治理能力水平提升”“运用创新思维开展社区党建工作”“城市社区党的建设科学化”“廉政警示教育”等主题开展专题授课，提高社区党务工作者服务社会和群众的能力。

（侯　悦）

【商务楼宇党建工作持续推进】　年内，落实区委2015年加强商务楼宇党建系列文件精神，全面深化“1+3+N”工作模式，同时不断提升商务楼宇党建的“三有一化”水平，持续打造和提升丰台“智慧楼宇党建”特色品牌。坚持把商务楼宇党建工作纳入区域化党建的范围内统筹考虑，强化楼宇相互之间，楼宇与社区（农村）等其他单位之间的资源交流共享，并建立横向联动的商务楼宇工作站资源共享机制。围绕商务楼宇党建工作，形成纵到底、横到边、上下联动、齐抓共管的管理机制。

（侯　悦）

【加强党建工作培训】　年内，采取区级示范、街道普训、社区实训的方式，指导各街道对社区党务工作者开展培训，组织全区基层党组织负责人培训、社会领域党务工作者暨商务楼宇手机微党建项目上线培训班、商务楼宇党务专职工作者和非公党建指导员培训等培训班，共培训720余人次。通过培训，增强了党务工作者的职业自觉，进一步准确把握了角色定位，提高了履职能力，为加强全区基层服务型党组织建设提供了组织保障。

（侯　悦）

【“两个覆盖”工作深入推进】　年内，出台《关于集中推进非公有制企业和社会组织党的组织和工作覆盖的通知》，制定可行的提升目标，查漏补缺，拟定并落实《丰台区非公有制经济组织和社会组织党建工作联席会议制度》，针对重难点问题，及时采取上门指导、电话沟通等方式，了解工作推进情况，有针对性地解决难点问题。全区党组织覆盖率达39%，较上年同期增长了18个百分点。

（侯　悦）

【人防工程管理纳入网格化社会服务体系】 年内，将人防工程管理纳入网格化社会服务管理，实现对重点场所的有效监管。在摸底调查辖区内人防工程的基础上，建立人防工程网格化管理台账，网格员每周进行一次例行检查，对工程内情况发生变化、存在各种隐患的问题通过系统进行上报，形成常态机制。对全区2254处人防工程进行地图标注，并在全区21个街（乡镇）建立2100个人防工程基础台账。

（侯　悦）

【社区首次试点购买社会项目服务居民】 年内，在首届社区服务需求项目对接会上，太平桥街道16个社区与13家专业社会机构进行了交流，初步就30余个社区服务项目表达了合作意向。服务项目涉及社区养老服务、心理咨询、青少年儿童教育、党课教育、公共文化体育服务等多个领域。

（侯　悦）

【创新基层社会治理模式】 年内，选取右安门街道、方庄地区、和义街道为试点，通过固化和规范基层协商民主网络畅通基层群众民生问题解决渠道。同时构建“三级”联动协商议事机制，以问题为导向，规范社区（村）、街（乡镇）、区“三级”民主协商的议题、人员构成、意见反馈、落实和监督流程，按照各级职责范围和权限逐级收集、提交、筛选、协商并反馈，解决协商意见的“入口”和“出口”问题。建立“四层”协商议事会，分级针对基层民生问题、地区中心工作、区域经济社会发展决策等开展重点协商，征求意见、研究解决。成立协商民主监督小组，将社会组织引入基层协商，发挥专业咨询、教育、培训、评估等功能，对协商决议形成的过程、执行、落实、反馈进行全程监督。

（侯　悦）

【社会组织参与社会治理培训班开班】 年内，由丰台区委社会工委主办，恩瑞社会组织发展咨询研究中心承办的“新引擎”计划——社会组织参与社会治理培训班开班。该培训班是丰台区社会组织参与社会治理能力实练提升项目内容之一，全区各民办非企业单位、社会团体、社区社会组织共80余人参与此次培训。培训以丰台区社会组织需求为导向，课程包括《2016年市社会建设专项资金购买社会组织服务项目申报工作指导》《社会组织核心能力提升》《公益项目的开发与设计》《社会组织参与社区治理实务经验分享》等内容。

（侯　悦）

【搭建志愿服务新平台】 年内，为拓展志愿组织，扩大志愿者队伍在居民中的影响力，云岗街道建立“志愿者俱乐部”，整合党员便民服务队、文明劝导队、民情速递队等志愿服务队伍13支，涉及服务内容19项，已注册志愿者300余人，其中党员志愿者236人。通过社区党委统筹协调、合理调配服务资源，结合居民实际需求，开展业务培训，提升多元化志愿服务能力，并制定志愿者俱乐部章程，明确各志愿服务队职责和服务内容，落实志愿者星级评定和积分换服务激励机制。

（侯　悦）

【推进社区办公和服务用房建设工作】 年内，区委社会工委统计街道社区办公和服务用房租赁需求，协调区财政给予资金支持，新增19个租赁项目，租赁总额1006万元。推动新建、改扩建项目落地，同时积极与财政、项目管理单位、相关街道协调，确定了7个新建、改扩建项目，重新启动4个项目的招标，3个项目的重新评审。通过源头介入参与规划联审，确保新建小区社区办公和服务用房面积和功能需求符合相关规定，并协调区房管中心、建委开展公共服务设施备案工作。

（侯 悦）

【社区工作者队伍建设不断提升】 年内，规范调整社区工作者待遇，人均月增长1796元，同时做好退离老积极分子医药费报销和养老金上调工作。通过修订社区工作者考勤管理及休假制度，加强考核管理。建立普训、尖子、骨干、示范培训相结合的培训体系，组织服务站入职培训、社会治理培训班、党居站入职培训等，共参训1200余人。依托区人才培养项目，培育首批社区规划师20名。

（侯 悦）

【挖掘社会治理创新工作典型】 年内，区委社会工委挖掘出新村街道三环二社区“层长制度”，右安门街道玉林东里一社区事务自管会解决老旧小区停车难问题，丰台街道依靠居民自治治理“开墙打洞”等好的做法，形成16篇社区工作实务案例集。同时，总结推广了社区自管会、社区协管会、市民劝导队、“新闻直播间”“十分钟恳谈会”“民情图全机制”“社区议事大巴车”等基层民主建设的经验做法，组织开展魅力社区评选表彰工作，共有13个街道16个社区入围全市百强社区。

（侯 悦）

【老旧小区整治工作不断完善】 年内，完成抗震节能综合改造200.7万平方米，环境整治56个小区，完成市下达改造任务指标。2012年以来，全区共完成老旧小区抗震节能综合改造672.4万平方米，对202个老旧小区进行了公共区域整治，惠及居民10.73万户。

（侯 悦）

【“一刻钟社区服务圈”建设深入推进】 年内，统筹推进“一刻钟服务圈”示范点建设工作，新建成4个市级“一刻钟服务圈”示范点，共建成174个“一刻钟社区服务圈”示范点，覆盖288个社区，社区覆盖率达92.3%。

（侯 悦）

【智慧社区建设不断推进】 年内，继续开展智慧社区创建和升星工作，新建成33个市级“智慧社区”试点，21个智慧社区完成升星，共建成250个“智慧社区”试点，社区覆盖率达82%。

（侯 悦）

【推动城市服务管理“三网”融合】 年内，区委社会工委、区社会办配合区城指中心起草《关于加强城市服务管理网格化体系建设的实施意见》，从九个方面推进，基本实现“三网”融合。街道层面，完成了卢沟桥街道、丰台街道、马家堡街道“三网”融合示范点建设，强化街道协调指挥能力。社区层面，突出社区服务作用，完成21个社区（村）综合服务平台和56个社区（村）微信公众号建设，逐步形成社区“微网格”的工作机制。

（侯 悦）

【加强老旧小区服务管理试点建设】 年内，区委社会工委委托社会组织邀请专家进行授课和座谈，讲授市区关于老旧小区服务管理的政策文件、如何组建自治组织等，并组织相关人员赴海淀区进行观摩学习，加大交流培训力度，为试点工作的开展打好基础。以召开现场会的形式，介绍依托瑞丰社会服务中心，培育社区社会组织参与老旧小区服务管理的做法和成效。同时，开展了21个区级试点和8个市级试点的建设工作，引进区委党校课题资源，并全程跟进试点建设。

（侯 悦）

【社会治理改革工作深入推进】 年内，区委社会工委配合区发展改革委完成《关于深化改革提升城市规划建设管理水平，全面打造和谐宜居人文环境的实施意见》起草工作，将全区深化街道管理体制改革、提升社区治理水平和创新多元治理方式写进实施意见。贯彻落实北京市《关于深化街道、社区管理体制改革的意见》精神，积极推进街道管理体制改革，通过调研多方听取意见建议，撰写了《关于推进街道管理体制改革做实做强街道办事处的思考》，就深化街道管理体制改革从调整街道规模、调整街道机构内部设置、明确街道办事处工作职能、改革完善考核评价机制、强化街道办事处统筹执法力度、加强社会动员能力等六个方面提出了建议。

（侯　悦）

【加强城乡接合部地区社区建设】　年内，区委社会工委、区社会办拟定《关于加强丰台区城乡接合部地区社区建设工作的意见》《关于完善居民公共服务体系、加快推进城乡一体化的报告》和《关于明确未纳入城乡社区管理的建成居住区和新建居住区管理归属的工作方案》，明确未纳入城乡社区管理的建成居住区管理归属原则，协调解决了长辛店地区园博府小区的管理归属，统筹推动长辛店地区平稳、有序开展社区建设，处理解决群众来信来访近20件。

（侯　悦）

【社会组织建设不断推进】　年内，区委社会工委、区社会办推进市区购买服务项目的实施，完成2015年49项市级购买社会组织服务项目的中期评估和结项评估。组织申报145个2016年市级购买社会组织服务项目，有62个项目获得市级专项资金支持，其中重大项目6个。利用区级资金购买了41项社会组织服务项目，扶持了100项志愿服务项目。

（侯　悦）

【推动志愿服务常态化建设】　年内，区委社会工委、区社会办发挥社区、商务楼宇、专业社工机构志愿服务站的作用，开展社会领域志愿服务项目征集活动，共征集项目1588个。利用区级资金扶持社区志愿服务项目100个，组织申报2016年社会领域志愿服务示范项目43个，组织协调社会组织、商务楼宇、社工机构认领对接市级重点志愿服务项目22个。在北京市第二批五星级志愿者评定活动中，共111名志愿者获得认定。全区“志愿北京”平台注册志愿者347965人，发布志愿服务项目6563个，有力地推动了志愿服务常态化建设。

（侯　悦）

【推进社会组织服务（指导）中心建设】　年内，在成立区社会组织服务中心的基础上，相继在丰台、和义、太平桥、东铁匠营街道建立了4家街道社会组织服务（指导）中心，并已进入正式运营，区、街两级先后投入近200万元，用于支持各街道社会组织服务（指导）中心的运营和各种服务项目的开展。并形成了街道级“枢纽性”社会组织的亮点，右安门窦珍志愿服务联合会和丰台街道建设和谐社区协会，以及街道社会组织指导中心的亮点，丰台街道社会组织指导中心和和义街道社会组织。

（侯　悦）

【推进减煤换煤工作】　年内，按照中央和北京市“五年任务两年完成，2017年总体实现无煤化”的总体要求，及时调整工作任务和工作目标，确定2016年城市地区四环路居民实施煤改电、其他非煤改电区域实现优质燃煤全覆盖的工作任务和指标，成立减煤换煤专项工作小组，深入街道、社区督促、指导煤改电工作。同时，加大宣传力度，发放“煤改电”宣传册45000本、《致市民一封信》45000份、宣传海报2000张，使广大市民了解和掌握政策。加强政策的研究和制定，配合区环保局、区发展改革委等部门，根据中央和北京市有关政策和工作就要求，结合区情，研究、制定、出台煤改电和优质燃煤替代相关政策，完成7717户居民的煤改电改造工作，为万余户居民配送优质燃煤22000吨，处理群众来电、来函80件。

（侯　悦）

【丰台街道构建“枢纽型”社会组织模式】 年内，丰台街道着力提升社区建设协会能力，大力开展业务培训，已有175人取得（助理）社工师证，占街道社区工作者的50.4%。建立社会组织信息库，按照文体、便民、志愿服务等类别进行分类，由科室按照职能具体对接，开展服务咨询和业务指导。增加试点社区信息化平台，推动智慧社区手机App上线，以新华街北、丰益花园社区为试点建立社区微服务平台，探索“互联网+”沟通和互动方式。同时，对社区工作者协会、社区治安协会、市民劝导队等品牌社会组织进行培养，激发居民参与社区建设的积极性，形成以点带面的良好发展局面。

（侯　悦）

【丰台街道推进环境提升社会治理工程】 年内，丰台街道持续推进“开墙打洞”治理。明确制订桥北中片6个社区14栋楼76户“开墙打洞”治理工作计划，通过调查摸底、宣传告知、自拆帮拆、后期维护等措施强化综合整治。坚持“专业队伍签到—社区检查—科室督查—群众评议”闭合式管理，切实保障背街小巷保洁作业服务质量。同时，引进专业设计加强规划工作，多部门联合调研，针对地面绿化、标识设立、商铺规整、交通规划等进行专业设计，推动环境提升工程落到实处。

（侯　悦）

【南苑街道夯实居村共建治理模式】 年内，南苑街道以区域化党建为纽带，搭建居委会、村委会、社会组织等共同参与的议事协商共治平台，建立联席会议制度，合力协调解决环境卫生、社会治安、疏解人口等方面群众关心及突出的难点问题。同时，建立居村信息网络系统，开通“居村一家”微信、短信平台，发送相关培训信息，定期召开沙龙交流会，研究讨论居村社会治理新模式。以楼道（组）为单位，划分责任区，采取“双报到”制度，形成居村三级服务走访网络，培育“一刻钟服务圈”共建结对项目，制定服务清单，共同开展环境整治、志愿巡逻、助残帮扶等志愿服务活动。

（侯　悦）

【南苑街道助推社区服务提档升级】 年内，南苑街道试行“三个一”项目，提升社区服务水平。一是建立一个“圈”。建立党群连心便民服务圈，打造“一社区一品牌”，为居民提供生活服务、科普知识等10类120余项服务。二是搭好一条“线”。细化责任片区，通过民情“议事厅”“恳谈会”“速递队”等形式，拓宽倾听群众心声的渠道，助推社区环境治理、文明创建等问题的改善和解决。三是做好每一“点”。根据群体类型、需求项目等进行分类，实行“一人一档、一事一档、一案一档”的规范管理制度，创新提供志愿式、融入式等五种服务模式，开展联合医院“上门送医”、发动社工结对帮扶、邀请律师定期开展普法等活动，确保做到精准施策，为居民提供“共性+个性”服务。

（侯　悦）

【卢沟桥街道探索自治新途径】 年内，卢沟桥街道积极探索自治新途径，以“谋利为民”为出发点，经社区党委推荐和党员大会讨论，推选出政治觉悟高、群众基础好的老党员和老同志，组成社区“智囊团”。发挥“银发工程”爱老助老作用，进一步挖掘阅历丰富、热心公益的“思想精英”，鼓励其发挥特长、参与社区建设。通过讲党课、走访谈心等形式，开展党员教育、政策宣传、矛盾排解等工作，拟制定社区三年工作意见，有效监督“两委一站”履职情况。

（侯　悦）

【卢沟桥乡推进“智慧卢沟”建设】 年内，卢沟桥乡搭建“智慧卢沟”运行体系。依托云计算、移动互联网等技术手段，面向“社会管理、民生服务、公共服务”三大领域，打造“智慧卢沟”运行体系。同时，建设“一个中心（数据资源中心）、四个子平台（应急指挥、业务管理、视频会议、全乡总监控）”，实现视频会议的上下联通及城市运行的应急处理。并以西局等村为试点，开发智慧社区管理服务App，为群众提供各类家居生活所需的智能化、便民化“一站式”服务。

（侯　悦）

【马家堡街道提升志愿服务水平】 年内，马家堡街道为提升志愿服务效能，搭建了“爱心大集”便民服务平台，组织120家单位提供理发、义诊、修车及法律咨询等各类便民服务2200余人次。建立街道戏曲文化中心和社区市民学校运行机制，定期为文体骨干进行规范培训。同时，针对高龄、残疾、孤寡等特殊群体，上门入户提供“一帮一”、劝解疏导、家政维修等专业服务，并跟进志愿服务反馈，提升居民满意度。

（侯　悦）

【马家堡街道多举措提升一刻钟服务效能】 年内，马家堡街道以政务平台、“幸福马家堡”手机App及智慧星河苑社区微信公众号等平台为支撑，推送“吃、住、行、游、购、娱、健”等信息，为居民实现“看单点菜”式服务。全面实现“一社区一圈”目标，将16个社区建成包含文体、心理疏导、应急等服务圈。并引入放心早餐车、“蔬果生鲜及时送”等便民服务，满足居民生活需求。同时健全多方参与服务机制，广泛动员商铺、社会组织等参与其中，已认证服务商117个，调动社会组织90余个。

（侯　悦）

【马家堡街道打造“互联网+”社区服务圈】 年内，马家堡街道以“阳光嘉三”“我家城南”“智慧星河苑”等一批四星级智慧社区微信平台建设为主导，联通17个微博平台，建立社区“微服务”平台，为居民提供更加便捷的生活配套服务、政务服务、综合服务。一是推动“互联网+”便民服务。线上加线下融合发展，精准对接，探索一站式便民服务网点，使居民用最少的时间得到最大的收获。二是推动“互联网+”志愿服务。通过平台，广泛招募、动员有意向的居民，参与社区特色志愿服务队，为社区建设做贡献的同时实现自身价值。三是推动“互联网+”沟通服务。开通意见反馈、问题咨询栏目，扩大与民沟通渠道，使好的建议得到及时采纳、使问题解决在萌芽状态。

（侯　悦）

【东高地街道成立首家人民调解工作室】 东高地街道人民调解工作室由右安门法庭和东高地司法所联合成立，调解的对象案件为右安门法庭指派的、涉及当事人至少一方为东高地地区居民的民事纠纷。工作室由3名调解员组成调解小组，实行每天坐班制，分别采取立案前分流及立案后委托调解两种方式开展工作。

（侯　悦）

【东高地街道建立社区新闻发声人工作室】 东高地街道新闻发声人队伍由23名社工新闻信息员和热爱新闻宣传的社区居民组成，履行政策宣传、新闻通讯、阅报评报、媒体应对、舆论引导、百姓宣讲的工作职责。街道制定新闻发声人培训和编报评报制度，每季度对社区新闻发声人进行培训。每月由2名发声人参与《东高地社区报》的编辑和评报工作。

（侯　悦）

【东高地街道完善社区基础设施建设】 年内，东高地街道积极通过新建、改扩建、租赁、共享等方式解决社区办公服务用房问题，推动社区办公服务用房建设，90%社区办公和服务用房已达标。同时，遵循“办公空间最小化、居民活动空间最大化、使用效益最优化”的原则，统筹规划、合理布局，将面积大的用房作为服务站和居民活动站，社区办公服务用房得到有效利用。服务设施实现“一室多用”，提高综合利用率。并为社区配备各类办公设备，改善居委会办公硬件条件，提升社区服务水平。

（侯　悦）

【东高地街道试点创新服务方法】 年内，东高地街道梅源社区服务站作为试点推行“八点服务法”，即微笑多一点，说话柔一点，待人诚一点，办事稳一点，政策熟一点，效率高一点，遇事忍一点，肚量大一点。加强对社区工作者的学习培训，在熟练掌握自身岗位职责的基础上，尽可能多地掌握其他各口的政策和法规，能够接待并办理服务站其他各项事务性工作，实现“一口多能、一岗多责”，提高办事效率和居民满意度。

（侯　悦）

【东高地街道“三步走”助力老旧小区管理】 年内，东高地街道实行“三步走”策略推进老旧小区管理工作。第一步，调查摸底、宣传动员。对老旧小区各项人、地、事、物、组织及资源情况进行全面摸底，通过问卷调查、召开居民会议等形式征求居民对实施老旧小区管理的意见和建议，获得居民群众的支持和理解。第二步，成立组织、自治自管。成立老旧小区自治管理委员会，建立了自治章程，推进居民自我管理、自我服务，充分发挥党员志愿服务队、一米阳光服务社、治安巡逻队、环境志愿者队、文艺团体等队伍作用，为地区居民提供综合方面的服务。第三步，多方努力、破解难题。完善小区管理公约，与居民签订承诺书，规范基础设施整治，对小区硬件设施进行改造和综合整治，通过购买服务、聘请专业人员、协商驻区单位共享共建、动员社区居民等方式，形成合力，破解老旧小区管理难题。

（侯　悦）

【太平桥街道多举措确保惠民政策落地】 年内，太平桥街道健全完善各类救助对象基础台账，确保实现应保尽保，为79户低保家庭发放低保金87万余元，救助金额11万余元，办理医疗救助42人。以养老餐桌和社区托老所为平台解决老年人就餐问题。通过整合志愿力量，举办系列活动，营造爱老敬老氛围，以政府购买服务方式，为124名90周岁以上老人购买每人每年20小时的家政服务。并通过“送政策、送岗位、送温暖、送服务”等举措，帮助155人进行创业，367人实现再就业。

（侯　悦）

【太平桥街道“三梳三简”推进社区减负】 年内，太平桥街道制定了“三梳三简”政策推进社区减负工作。一是“梳”职能，除36项社区须依法履行和协助政府的主要事项外，共梳理出18项各职能部门和街道延伸、转嫁的职能。二是“梳”系统，厘清现有信息系统和平台终端，估算系统维护、运行的时间成本。三是“梳”台账，对各级各类台账进行梳理，区分是否属于其职能范围内台账。四是“简”挂牌，规范社区办公场所挂牌。五是“简”档案，根据社区职能定位，保留必要的档案资料，清理各类迎检评比相关的纸质档案，减少文件堆积。六是“简”考核，改变靠考核、一票否决等约束社区的方式，探索街道职能改革，让社区回归自治和服务功能。

（侯　悦）

【太平桥街道三措并举推进社工队伍建设】 年内，太平桥街道施行三项举措推进社工队伍建设。一是创新组织设置抓育人。集中设立专门的社工党支部，由社区党委书记兼任支部书记，从组织设置上确保“班长”抓班子带队伍职责的落实，明确社工党支部专司社工党员教育管理职责，并建立培养考察在网格党支部、教育管理在社工党支部的衔接机制。二是明确价值理念抓引领。通过自下而上形成“包容、友爱，敬业、奉献，助人、创新”的社工核心价值理念。深化价值引领，设立街道社工“莲花奖”，发挥身边人、身边事的教育示范作用，引领良好局面。三是强化制度建设抓提升。按类明确层级责任和职责任务分工，以统一规范的责任清单，强化社工的全局意识和责任担当。完善社工日常考核讲评制度，增加加分事项等正向激励措施，坚持每月打分、自评、互评，形成反思、争先、创新的良好态势。

（侯　悦）

【西罗园街道探索居家养老服务新模式】 年内，西罗园街道逐步改建9个社区养老照料分中心，建立以点带面、一址多点的格局。统筹街道、社区、中心三级服务力量，部署为老服务工作，实施居家养老服务项目。对辖区90岁以上老人的养老情况进行摸底，建立定期志愿帮扶机制，实施一对一、多对一帮扶。以西罗园四区为试点，针对80岁以上老人进行入户调查，根据所得数据进行需求分析，掌握服务需求后开展精准服务。

（侯　悦）

【东铁匠营街道激发非公党组织活力】 年内，东铁匠营街道开展“双争双增双培”活动，以30家非公党组织作为试点，开展“争做优秀职工、争做优秀党员，为企业增效、为党组织增光”主题活动。并成立非公党员志愿者服务队，成员单位共有企业67家，志愿者160余名，涵盖24个社区，累计服务2450人次，成为连接党组织、企业和居民的新型纽带。

（侯　悦）

【宛平街道完善社区自治与服务体系】 年内，宛平街道夯实基层党建堡垒，加强“便民理发”“治安巡逻”“家电维修”等党员品牌服务队伍建设，优化服务内容，打破行政区划，扩大服务半径。注重培育推选社区领袖，成立居民自治管理委员会，发展“民情联络员”，及时反馈和服务群众需求。整合辖区家政、医疗、养老、教育等便民资源，开展电话回访、座谈会收集意见建议，更新“北京社会服务之窗——宛平城地区（商户版）”App，加快智慧社区建设。

（侯　悦）

【新村街道推进“全科式”社工人才培养】 年内，新村街道推出“全科式”社工概念，打造培养能够适应社区多个岗位的全能型社工。按照社区党委推荐、街道组织部和居民科把关、街道工委审核的程序，建立完善了动态“全科式”社工后备人才库。推进“导师”培训制，以包片社区处级领导及机关科室的科长为“导师”，对后备人才从社区党建、居务、安全、城建、信访、民政、财务等方面进行面对面指导，使后备人才全方位掌握社区各个岗位技能。注重基层锻炼和多岗位交流，并在社区发展党员和培养选拔社区主要负责人时，优先考虑“全科式”后备人才。

（侯　悦）

石景山区

【概况】 年内，石景山区社工委，按照区委、区政府“八个高端体系建设”的部署要求，以建设“民生家园”为目标，努力提高社会治理水平，各项工作取得明显成效。各街道、鲁谷社区建立党建工作协调委员会，141个社区搭建区域化党建工作平台，在3家商务楼宇试点成立“5＋”党员志愿服务平台；非公企业党组织覆盖率达到85.7%，社会组织党组织覆盖率达到74.3%，均高于北京市平均覆盖水平；完成9个老旧小区自我服务管理市级示范点创建工作任务；在全区开展“社区议事厅”建设；提高2000余名社区工作者工资待遇；完成7个市级社区规范化示范点和37个区级社区规范化示范点的创建工作；在社区服务用房100%达标的基础上投入650余万元，使全区社区用房平均面积达到479平方米，超过北京市350平方米的标准；完成4个市级“一刻钟社区服务圈”创建，建成72个区级“一刻钟社区服务圈”，社区覆盖率达到98%；完成27个智慧社区建立和18个智慧社区的升星工作；配备专职网格员473人、兼职人员18000余人；全区社会组织建设顺利发展，举办全区第一届公益创投大赛；组织全区购买服务项目举办活动1250场次；投入资金600万元，购买社会组织服务项目75个，推出独具特色的“五乐”服务品牌；举办“社会公益·你我同行”石景山区公益项目展示交流会；探索建立政府“种子资金”+社会组织“配套资金”+社会“爱心资金”的长效投入机制；组织优秀志愿服务项目参加北京市示范项目创建工作，获北京市志愿服务示范项目31个，位居全市前列。

（孙振宇）

【公益项目展示交流会举办】 2月25日，“社会公益·你我同行”石景山区公益项目展示交流会在北京万商花园酒店隆重举行。交流会邀请了29家企业、3家基金会的代表作为嘉宾，遴选了全区18家优秀公益组织参展，交流会得到人民网、新浪网、搜狐网、中国网、《京华时报》等十几家主流媒体的广泛报道。本次交流会作为石景山区公益发展的新探索，一是搭建公益组织推介平台，为公益组织拓展展示自身服务和能力的有效渠道，寻求到更多的发展机会，提升自我造血的能力；二是搭建公益理念传播平台，通过面对面的互动交流，让更多的企业和人群直接感知公益、了解公益，进一步激发参与公益的热情和社会责任感；三是搭建公益项目高效对接平台，为公益组织和有做公益需求的企业“牵线搭桥”，加快转变政府投入为主的传统模式，探索建立政府“种子资金”+社会组织“配套资金”+社会“爱心资金”的长效投入机制。

（高　炜）

【“学雷锋·公益行”志愿服务活动举行】 3月2日，石景山区公益组织与志愿服务发展中心揭牌仪式暨2016年“学雷锋·公益行”志愿服务活动启动仪式举行。来自全区20余家志愿服务组织的160余名志愿者分别在公益组织区、专业服务区、便民服务区、青年志愿者团队区和先进代表区开展扶老助残、便民服务、志愿招募、健康义诊、心理咨询、法律援助等方面的志愿服务活动。

（高　炜）

【党建工作体系不断完善】 年底，在苹果园街道先行试点成立街道党建工作协调委员会的基础上，全区所有街道全部建立党建工作协调委员会，149个社区全部完成区域化党建工作平台的建设工作。

（李　坤）

【社会领域“两学一做”协调督导工作加强】 5月，区委社会工委结合街道社区党组织工作实际，制定出学习书目单，为“两新”组织制定《石景山区非公企业、社会组织党员学党章党规学系列讲话，做合格党员学习教育实用手册》。6月，以纪念建党95周年为契机，举办社会领域主题党日活动。7月，成立“优秀党员”宣讲团到街道社区、非公企业和社会组织进行宣讲。9月，举办社会领域“两学一做”推进会，交流分享“两学一做”学习教育推进过程中取得的成效、遇到的问题及应对的举措。12月，组织10000余名社会领域党员进行了知识答题活动，举办了社会领域党员学习十八届六中全会精神暨“两学一做”学习教育知识决赛。同时充分运用社会领域微信公众平台、QQ群等信息化手段即时推送社会领域“两学一做”学习教育的信息，增强了“两学一做”的学习效果。

（李　坤）

【“两新”组织“两个覆盖”进一步提高】 10月，区委社会工委起草《关于集中推进非公有制企业和社会组织党的建设专项工作的实施方案》和《集中推进非公有制企业和社会组织“两个覆盖”任务清单》。指导各街道、园区成立了“两新”组织综合党委，在教工委、卫计委建立了社会组织行业联合党委，召开了44个委办局参加的“两新”组织党建工作会议，大力推进工作落实。非公企业党组织覆盖率达到85.7%，社会组织党组织覆盖率达到74.3%，超额完成了市委下达的指标任务。

（李　坤）

【首届公益创投大赛举办】 11月18日，首届公益创投大赛举办，大赛以“爱公益·爱社区”为主题，以创新性解决社会问题为重点，吸引更多有创业梦想的公益组织和热心公益人士投身公益，面向全国社会组织进行项目征集，北京市和上海、深圳等地50余家社会组织踊跃报名。经过评委会初评，综合考量项目的规范程度、社会需求、组织能力和发展潜力，最终入围15个项目，涉及社会公共服务、社会公益服务、青少年成长、健康生活四大板块，涵盖社工服务、特殊人群社会融合、志愿服务、环保、文明推广、疾病预防等13个领域。

（高　炜）

【国际志愿者日活动举办】 12月1日，石景山区公益组织与志愿服务发展中心举办“我的团队我的秀”——国际志愿者日团队风采展示益咖秀主题活动，迎接第31个国际志愿者日。通过团队风采展示和经验交流沙龙等方式，弘扬“奉献”“友爱”“互助”“进步”志愿精神，组织引导广大青年和社会公众积极参与到志愿服务活动中来，推动志愿服务事业深入发展。

（高　炜）

【加强商务楼宇工作站建设】 年内，坚持党建带工建、带团建、带妇建，党群共建，不断建立健全长效工作机制，不断扩大党组织和党的工作覆盖面，依托商务楼宇规范化建设，主动性、创造性地开展党建工作，通过开展组织找党员、党员找组织等活动，让口袋党员亮明身份，32个商务楼宇工作站年底前建立党组织。

（李　坤）

【着力打造党建精品项目】 年内，区委社会工委推出一批新的有聚集效应、有导向性、有影响力的党建工作品牌，加大党建精品项目的宣传力度。通过现场经验交流会，推广社区党校、组织生活路线图、打造区域化党建新模式、党建责任清单+即时管理等优秀党建品牌。

（李　坤）

【加强党务工作者队伍建设】 年内，建立健全了区级重点培训、街道覆盖培训机制。强化了分层、分级培训力度，确保培训达到预期目的。组织商务楼宇工作站的专、兼职工作人员及各街道、园区负责楼宇工作站的工作人员、新聘请的非公党建指导员及各单位负责非公经济组织党建工作的工作人员共计190余人参加了集中培训。

（李　坤）

【《关于深化石景山区社会治理体制改革的实施意见》等文件出台】 年内，区委社会工委、区社会办研究出台了《关于深化石景山区社会治理体制改革的实施意见》《石景山区关于深化街道、社区管理体制改革的工作方案》等文件政策，明确责任分工、工作举措，为全区社会治理体制改革奠定了基础。

（孙振宇）

【智慧社区建设任务完成】 年内，在全区新建成27个智慧社区，截至年底，石景山区共建成智慧社区120个，占全区总社区数的81%。推进已认定星级智慧社区的升星建设工作，深化提升全区智慧社区建设水平，完成18个智慧社区的升星工作，更好地发挥智慧社区建设成效，使全市智慧社区建设体现在服务民生、改善民生上。

（孙睿洁）

【街道管理委员会制度进一步完善】 石景山区社会建设工作领导小组印发了《石景山区街道地区管理委员会制度》，将街道办事处原有的议事协调机构并入了街道地区管理委员会，扩大了委员会成员范围。管委会成员组成主要有街道办事处负责人和辖区内的政府专业管理部门派出机构负责人、辖区内政府职能部门联系人、辖区水、电、气、暖等公共服务行业联系人等。管委会根据区政府的要求和授权，依法组织协调辖区城市管理、公共服务、综合执法和社区建设等事务。管委会的成立有力地推动了全区基层社会治理体系和治理能力现代化。

（王君语）

【开展“房前屋后”专项工作】 年内，区委社会工委、区社会办指导各街道用实、用好民生家园专项资金，加大“房前屋后”专项工作推进力度。全区已开展专项工作156项，共投入资金4889.39万元，着力改善小区居住环境，加强和谐社区建设，打造一个整洁舒适卫生的生活环境，进一步提升了居民生活品质；维护社区秩序，保持社区秩序井然，增强居民安全感。金顶街、广宁街道作为“房前屋后”专项工作试点街道，制订了方案，明确了工作推进时间表，理顺了工作步骤，完善工作流程，制定了项目管理制度，使“房前屋后”工程建设的立项、施工与管理更加科学化、规范化。八宝山街道投入资金百万余元，修建完善小区道路、居民活动室、CRD休闲广场，为7个社区小花园增添石桌石椅、搭凉棚等工程，对老旧小区楼房进行外立面粉刷、安装门禁、宣传栏及楼梯扶手。

（金　超）

【加强老旧小区服务管理】 年内，石景山区完成9个老旧小区自我服务管理市级示范点创建工作。探索运用“社区议事厅”、社会组织等多元化的服务载体，出台了《石景山区老旧小区“自管会”实施办法》。形成了“四个一点”服务经费征集模式，“产权单位自管模式”，“社会化物业管理模式”，“居民自治管理模式”等典型经验。

（金　超）

【推进社区减负增效】 年内，石景山区制订了《关于进一步开展社区减负工作的实施方案》，通过理职能、定事项、清机构、摘牌匾、减考评，确保社区实现减行政化、减各种机构、减不合规考核评比，充分发挥社区居委会的主体作用，强化社区自治功能，增强为民服务效能，提高为民服务水平。

（王君语）

【《石景山区社区协商工作规程》制定】 年内，制定了《石景山区社区协商工作规程》，确立以“社区议事厅”为平台，以党建联席会、社区社情恳谈会、民情日志、楼委会、社区名誉主任等方式方法为手段，以社区居委会下属的六大委员会及与其相对接的社区社会组织、社会单位为服务支撑的社区民主协商自治模式。全区149个社区均已开展了“社区议事厅”建设。

（董妍君）

【协管员队伍进一步规范】 年内，石景山区修订了《关于进一步规范街道协管员队伍的实施方案（试行）》，建立健全了协管员招聘、管理、奖惩、退出等制度。通过协管员队伍的统筹规范，切实推进“一岗多责，一人多能”，进一步理顺“条块”关系，理顺政府公共管理与社区自治关系，理顺街道与社区、网格关系。

（王君语）

【社区规范化建设持续推进】 年内，完成7

个市级社区规范化示范点创建工作，截至年底，全区共创建市级社区规范化示范点37个。在社区服务用房100%达标的基础上，投入650余万元，使全区社区用房平均面积达到479平方米，超过北京市社区用房350平方米标准。

（谢云改）

【“一刻钟社区服务圈”覆盖率进一步提升】 以居家养老为载体，打造了特色“一刻钟社区服务圈”；以信息技术为载体，打造了智能“一刻钟社区服务圈”；以文化、科普为载体，打造了精品“一刻钟社区服务圈”，完成4个市级“一刻钟服务圈”的创建，全区共建成市级“一刻钟社区服务圈”72个，覆盖社区146个，服务人口近61万人，社区覆盖率达到98%。

（谢云改）

【社区工作者公开招录工作完成】 年内，完善社区工作者招考系统，700余名报考人员通过网络报名，经审核、笔试、资格复审、面试、体检等系列程序，正式录用230余名社区工作者，签订社区工作者服务协议，为社区工作者队伍补充了新鲜血液。

（董妍君）

【社区工作者薪酬增长机制不断完善】 年内，出台了《石景山区关于进一步规范社区工作者工作待遇的实施细则（试行）》，提高2000余名社区工作者工资待遇，追加各项经费共计3860余万元，体现了区委区政府对广大社区工作者的关心关爱，更为稳定社工队伍、鼓舞基层士气、加强人员管理提供了有力支撑。

（董妍君）

【修订社区工作者考勤及休假制度】 年内，区委社会工委、区社会办及时修订了《石景山区社区工作者考勤管理及休假制度》，出台《社会工作者考核评议办法》，指导街道加强对社区工作者的规范管理。

（董妍君）

【社区工作者三级培训体系建立】 年内，通过开展“岗位初任培训”“街道全员培训”“青年社工骨干培训”“高校进修培训”“骨干专题培训”“市级培训”等市、区、街三级培训，形成全方位、多层次、宽角度的培训体系。同时积极引导社区工作者参加社会工作者职业水平考试，推进社区工作者队伍职业化发展。年底前，全区709人通过社会工作职业水平测试，持证率为31.2%，大专学历以上占96%。研究生学历48人（含1名博士研究生）。

（刘欢欢）

【社区工作者归属感荣誉感增强】 年内，区政府出资80余万元，为全区社区工作者进行全面的健康体检；组织110名社区青年骨干开展拓展培训；组织社区参加“北京魅力社区”评选，八角街道八角北路特钢社区被评为北京市十大“魅力社区”之一，鲁谷重兴园社区被评为“魅力社区单项奖”。组织社区工作者参加“最美社工”评选；老山东里北社区赵红被评为第五届“首都最美社工”，鲁谷重兴园社区刘欣、苹果园下庄社区陈雅文被评为“首都优秀社工”。

（周玉坤）

【加快推进三网“五融合”】 年内，区委社会工委、区社会办与区综治办、城市监督指挥中心联手，对全区1442个城市管理网格、289个社会面防控网格和149个社区网格进行“三网”融合，统一划分为404个城市服务管理网格，“三网”案件“统一受理、统一派发、统一监测、统一考评”，初步实现在信息系统、网格划分、指挥体系、网格队伍、办理流程上“五融合”，完善了社会服务管理网络体系。

（王君语）

【政府购买社会组织服务稳步推进】 年内，区政府购买社会组织服务投入资金600万元，购买服务项目75个，涵盖居家养老、残孤儿童、低收入家庭等弱势群体帮扶。继续实施第三方监管，重点加强项目跟踪指导、资金监管、中期检查、结项评估等工作。在服务方式上深入探索，对不同群体的个性化、打包式服务取得新成效，推出“乐巢·老有所依——最美夕阳红项目”“乐助·梦有所成——残疾人社会融合项目”“乐陶·美有心生——文化引领和谐项目”“乐享·居有所安——生活安全科普项目”“乐土·当有所为——社会组织培根计划”，形成了独具特色的“五乐”服务。累计开展宣传培训、讲座、义诊等服务活动2000余场次，参与的社会组织150多家，累计为居民群众提供服务2.5万余小时，服务达到30万余人次。

（高　炜）

【社会组织培育平台服务能力进一步提升】 年内，高标准打造区社会组织培育发展中心，着力完善运行机制，不断拓展服务功能，在统筹引领、服务指导、孵化培育等多方面积极发挥作用，实现平稳高效运行。圆满完成首批入壳13家社会组织的孵化工作，第二批15家社会组织正式入驻培育。成立“石景山区社会组织发展专家智库”，由台湾实务专家，北大、人大、中山大学等的12位公益领域的知名学者教授组成，传授国内外先进经验，为引领全区社会组织健康有序发展、探索多元共治的高端社会治理模式提供智力支持。中心已入驻心理教育、医疗金融等专业公益组织40余家，优秀代表性志愿队伍20余支，广泛开展青少年财商活动、社区居民义诊活动、心理疏导讲座等系列活动。

（高　炜）

【“枢纽型”社会组织工作体系不断完善】 年内，10家区级“枢纽型”社会组织充分发挥出政治上的桥梁纽带、业务上的引领聚合、日常工作中的服务管理平台作用。培育联合性社会团体，创建“石景山区乐巢养老服务联盟”，首批吸纳15家社会组织为成员单位，建立起融合老年餐桌、专业照料、情感陪护、医疗健康、生活安全、文化娱乐、志愿互助、困境帮扶等为一体的全方位服务居家老人的养老新模式，让社区老年人在老有所养中老有所为，在老有所为中实现老有所乐。

（高　炜）

【石景山区社会组织和社会工作事务所获奖】 年内，石景山区社会组织和社会工作事务所在参与“第三届北京市社会组织公益服务品牌”活动中，小飞象训练发展中心获得“银奖”及证书，益民爱心服务中心、乐龄老年社会工作服务中心获得“铜奖”及证书。五芳园姐妹护花服务队、太阳花听力言语康复中心吴潭获得“北京市社会好人”称号。

（高　炜）

【志愿服务获得市级荣誉表彰】 年内，石景山区“学雷锋·公益行”志愿服务活动荣获由北京市社会建设工作领导小组办公室颁发的2016年“北京社会志愿服务行”十大志愿服务活动荣誉证书。

（高　炜）

【第三批五星级志愿者认定】 年内，石景山区88名志愿者在“志愿北京”平台上记录志愿服务时间累计达到1500小时及以上，获得北京市第三批五星级志愿者认定。其中，16名志愿者的记录志愿服务时长累计超过一万小时。

（高　炜）

【信息化建设积极推进】 年内，结合各街道、社区实际情况，推进具有本区域特点的社会服务终端建设。指导街道、社区推出“爱八角生活圈”智慧社区电视云服务平台，提供“关爱老人，云聚爱心”的老年服务，开发乐龄智慧养老管理系统等。鼓励社区、商务楼宇工作站、专业社会工作机构、社会组织开设社会服务客户端或微信公众平台。通过建立微信平台，聘请第三方开发手机、电视 App，实现社区基础设施高端化、政府服务协同化、社区管理智能化、公共服务网络化、居民生活现代化、社区服务集成化的“六化”工程。

（孙睿洁）

【《石景山区“十三五”时期构建高端的社会治理体系建设规划》制订】 根据北京市相关精神，为实现高端社会治理体系、增进人民福祉、促进社会和谐稳定，制订了《石景山区“十三五”时期构建高端的社会治理体系建设规划》。提出“十三五”时期构建高端社会治理体系建设的发展思路、主要目标和实施路径，以推进民生家园建设为主线，建立党建统筹机制、街道统筹协调机制、社区治理机制、社会动员机制、社会组织参与机制。为推进社会治理体系和治理能力现代化、建设国家级绿色转型发展示范区提供重要支撑。

（安若冉）

门头沟区

【概况】 年内，区委社会工委、区社会办认真贯彻落实区委十一届八次全会精神，紧紧围绕区委、区政府的工作部署，以强化社会治理为导向，充分发挥党建引领的政治优势，加大社区自治和精细化服务管理水平，扎实完成各项工作任务。一是扎实推进街道改革工作。制订了《门头沟区街道、社区管理体制改革重点任务分工方案》，明确了改革任务。总结街道“大工委”和地区管理委员会在辖区发展中发挥统筹协调作用的经验。二是不断推进社会组织规范发展。确定了老年人社区发展、特殊人群社会关爱服务、社区志愿服务与绿色生活方式推广等 10 个项目，全面投入相关领域的公益服务工作。成立了门头沟区社会组织服务（孵化）中心和城子街道社会组织（孵化）园，在各镇街建立了镇街级“枢纽型”社会组织。依托北京尚德社会组织能力建设促进中心为全区培育、孵化社会组织。具有区域特色的社会组织孵化、培育、发展工作机制和体系正在逐步形成。三是不断提升社区治理能力现代化。制定了《关于推进“参与式协商”自治模式建立社区多元参与机制工作意见》和《门头沟区关于开展“参与式协商”社区治理论坛指导意见》，建立了社情民意表达和收集、协商议事、民主决策、办理、管理协商互动、评估反馈和公开评价六项机制。全区有 27 个社区开展了“社区自治 + 社区多元共治”治理模式，116 个辖区社会单位、50 余家社会组织参与协商，议事协商氛围日益深厚。“户分类、社区收集、区运输”垃圾分类模式持续推进，“四管”社区停车模式改善社区停车秩序。社工队伍向专业化职业化迈进。制定了区级《关于进一步规范社区工作者工资待遇的实施细则（试行）》，规范社工工资待遇。设立社区工作者继续教育专项资金，完善激励机制。开展社会人才住房租赁工作，研究制订了《门头沟区社会人才租赁住房配租分配方案》，为 4 名优秀社区工作者和 2 名社会组织人员配租了公租房。四是大力提升城市精细化管理水平。社区环境建设“三有”模式扎实推进。在门城各社区全面推行“治理有标准、过程有监督、结果有考核”环境综合整治“三有”工作模式，全年在大峪、城子、东辛房街道和龙泉、永定镇除全拆社区外的 97 个社区开展了环境整治。社区分类细化管理。实施社区环境提升工程，建设“一居一品”社区 12 个、“一居多品”社区 6 个。开展“一街一景”特色街巷创建活动，打造了一批养老服务、宜居家园、文化传承、生态型、双拥型等特色街巷。开展楼门文化创建，在 29 个社区建设四星级楼门 100 个，五星级楼门 218 个。网格化社会服务管理体系建设取得新进展。全力推动“三网”融合，完成了融合划分网格、融合指挥调度体系等九项工作任务。完成了大峪街道“三网”融合发展试点建设，建立了“七个一”标准体系。积极推进“网格化+”行动计划，涵盖社会领域党建、物业化管理、气象等多领域。以大峪街道、城子街道、东辛房街道、军庄镇为试点，完成了7个社区（村）的“微网格”推广应用。夯实社区服务管理基础。按标准配建社区用房，建立了“三步走”工作法（属地镇街进行新建小区配建社区用房方案初审，社会办进行方案复审，规划局进行方案终审），共有19个新建小区按标准配建了社区用房。推进社区规范化建设。在大峪街道月季园二区等5个社区开展示范点建设，完成12个社区服务站形象标识安装工作。在大峪街道惠民家园和王平镇色树坟社区开展“一刻钟社区服务圈”建设。五是构建社会领域全域党建新模式。抓实抓好社区党组织建设。编辑完成了《门头沟区社区党建工作指南》，完成了门头沟区社区党组织情况统计工作和街道系统党员组织关系登记排查，开展了街道系统评选表彰北京市优秀共产党员、优秀党务工作者和先进基层党组织的推荐工作，并汇编成基层党建品牌工作手册《领航》。加大“两新”组织党建工作力度。制订了《关于加强和改进社会组织党的建设工作的实施方案》，开展了非公企业和社会组织党建推进季活动。上报非公有制企业390个，超额上报2个；建立党组织133个，党组织组建率已达到85.1%。制订全区社会领域党务工作者三年集中培训发展规划。

（艾恒一）

【2016年社会组织购买服务工作会召开】 1月20日，为进一步做好2016年度政府购买社会组织服务专项工作，更好地满足本区人民的公共服务需求，促进全区社会组织发展，区社会建设工作领导小组办公室召开2016年度门头沟区政府购买社会组织公益服务项目需求征集和市级社会建设专项资金项目申报说明会。

（张文莲）

【2015—2016年度政府购买服务项目中期评估完成】 3月1日，召开政府购买社会组织公益服务项目中期评估会。10个项目的负责人分别将承接项目的进展情况、资金使用情况进行了汇报，并由第三方专家进行逐一点评、打分。最终10家承接单位全部通过中期评估。

（张文莲）

【2016年社会组织公益行启动仪式召开】 4月8日，“风尚公益，共建京西”主题公益活动召开。活动以展览推介形式发布了11项社会组织公益服务项目，涵盖了养老、助残、环保、维稳、妇女儿童服务等领域。活动首次以高峰论坛形式搭建交流平台，就如何促进、扶持、培育社会组织健康发展进行了深入探讨。本届论坛邀请了中国人民大学和北京师范大学专家教授、新媒体、社会组织代表，并以《国内社会组织发展状况及存在的问题》《国外成功社区建设案例剖析》《“枢纽型”社会组织的建设》《关于社会组织能力的提升》《关于强化对社会组织监管的若干意见》等主题做主旨演讲。

（张文莲）

【社区工作者工资待遇进一步规范】 5月9日，区委社会工委、区社会办制定了《关于进一步规范社区工作者工资待遇的实施细则（试行）》，社区工作者工资总体标准按照上一年度本市职工平均工资的70%确定，并建立社工工资逐年增长机制。规范社区工作者体检待遇，社区工作者每年进行一次健康体检。

（刘　迪）

【2016年社区干部培训班工作召开】 12月中旬，为进一步加强社区基层党组织建设、提升社区工作者的综合能力，按照区级培训工作要求，区委社会工委、区社会办在龙泉宾馆举办了为期三天的社区两委干部培训班，共有260余人参加了培训。

（张文莲）

【积极开展慰问活动】 1月，完成了退离居委会老积极分子、重大病社区工作者的慰问工作。其中普惠慰问276名退离居委会老积极分子，慰问金138000元。特殊慰问退离居委会老积极分子32人、重大病及特困在职社区工作者24人，慰问金44800元。区领导慰问重大病及特困退离居委会老积极分子6人，慰问金7800元。重阳节慰问退离居委会老积极分子301人，慰问金60200元。慰问金共计243780元。

（刘　迪）

【组织参加社区工作者实务能力骨干培训班】 8月、10月和11月，区社会办组织40名社区工作者骨干参加市社会办举办的2016年社区工作者实务能力骨干培训班3期培训，选派2名社区主任进行授课，传授经验、分享感受。通过培训提升了社区工作者事务能力、专业素养和理论水平。

（刘　迪）

【2016年门头沟区社区工作者（社会人才）素质能力提升培训召开】 9月27日至29日，为进一步推进社区工作者（社会人才）队伍专业化、职业化、规范化进程，区委社会工委、区社会办举办了为期三天的街道年轻后备干部、社区“两委”干部、社区专职副书记、社区党组织后备干部、非公经济党组织负责人共计400余人的培训班，着力培养和造就一支数量充足、素质优良、结构合理、作风过硬的社区（社会）人才队伍，夯实社区基层干部队伍和基层服务型党组织建设基础。

（张文莲）

【京台互访交流进一步加强】 4月9日至16日，区社会办、区台办、相关街镇和社区的8名人员参加市委社会工委、市台办组织的赴台湾考察社区治理活动。4月22日，台北市里长13人到泉务小学参访非物质文化遗产传承基地——童子大鼓老会、社区文化建设和北京花露蝴蝶园，就共融合作发展进行了深入座谈。10月15日至16日，邀请22名台湾里长前往大台街道千军台社区体验国家级非物质文化遗产——京西古幡会，到城子街道体验龙门新区三区社区文化。通过互访交流开阔了视野，深入了解了台湾社区营造的经验做法，增进了两岸居民的情感，通过取长补短努力促进本区社区建设更好发展。

（刘　迪）

【门头沟区2个社区荣获“北京魅力社区”荣誉称号】 年内，门头沟区组织社区参加第七届“北京魅力社区”评选表彰活动，经过申报、初审、评选、审定、公示等程序，东辛房街道石门营新区五区和大峪街道峪园社区荣获了“北京魅力社区”和“北京魅力社区单项奖”荣誉奖项。

（刘　迪）

【社区规范化建设进一步加强】 年内，创建“六型社区”示范单位7个、社区规范化示范点5个、市级“一刻钟社区服务圈”示范点2个、老旧小区自我服务管理试点9个，在12个社区安装了社区服务站标识。建立了新建小区配建社区用房“三步走”工作方法，属地街镇进行方案初审，区社会办进行方案复审，区规划局进行方案最终审定，三个层次确保用房满足要求，共有19个新建小区按标准配建社区用房。

（刘　迪）

【开展农村社会管理创新试点建设】 年内，门头沟区建立村级社区服务站，设立人口计生和社会保障等岗位，人员职责上墙，配置办公设施，实现一站式服务。安装社区服务站标识系统，对本村服务站基本情况、组织架构、人员情况等内容进行公示。东马各庄村实施险村搬迁改造，采用空气源热泵采暖方式，提高了村民生活治理，改善了农村环境。侯庄子村通过建立微型消防站和加强治安巡逻队伍建设，带给村民安全祥和的生活环境。累计建成农村社会管理创新试点 18 个。

（刘　迪）

【参与式协商社区自治工作积极推进】 年内，区委社会工委、区社会办在 4 个街道 6 个镇的 27 个社区开展“参与式协商”社区治理工作，以提高社区自治能力为目标，以社区议事厅为载体，通过组织居民、社会组织、物业、辖区单位共同参与社区事务，切实解决了一批影响居民生活的实际问题，社区居住环境得到了改善，服务设施得到了提升，居民参与意识和自治水平进一步提高。

（刘　迪）

【开展社区居民公约制定工作】 年内，区委社会工委、区社会办开展《社区居民公约》制定工作，通过《社区居民公约》规范社区居民行为，解决影响居民生活的小问题，保证居民切身利益，营造社区和谐的邻里关系、稳定的安全秩序、整洁的社区环境和舒适安静的居住环境，实现自我管理、自我教育、自我约束。4 个街道 6 个镇的 110 个社区已经开展《社区居民公约》制定工作，其中，52 个社区开展《社区居民公约》标杆社区建设，通过典型带动其他社区。

（刘　迪）

【探索建立社区环境综合整治“三有”模式】 年内，为进一步巩固提高城市环境建设水平，推动社区环境综合整治常态化，在门城地区三办两镇的 97 个社区，实施社区环境“治理有标准、过程有监督、结果有考核”综合整治模式，明确环境整治工作内容、考核细则。每月下旬组织街镇进行月环境自查，区社会办于月底组织街镇进行互查，对发现问题督促整改。综合整治后社区环境难点问题得到有效解决，环境建设水平显著提升。

（刘　迪）

【实行社区分类管理，创建特色精品社区】 年内，按照“涉拆社区保障基本服务”“不涉拆的老旧社区环境提升”“新建社区高标准建设管理”的分类推进要求，开展分类管理工作。涉拆社区：保障社区环境卫生、治安维护、社会保障等公共服务管理项目顺利运转，以建立拆迁居民联络卡、定期走访联络和建立社区短信平台等形式提供服务。对不涉拆的老旧社区注重提升整体环境，从居民的迫切需求出发，加大社区改造力度，进行绿化升级改造，安装路灯，硬化路面，安装休闲座椅，建设健康步道，改造上下水管道和供暖管道，实施楼体外保温。对新建社区予以高标准建设管理，加强社区文化建设，举办社区文艺节等活动，通过文化凝聚人心。加强社区志愿建设，建立志愿服务储蓄制度，扩大志愿参与人群和服务领域。

（刘　迪）

【推动社区垃圾分类工作】 年内，在巩固“户分类、社区收集、区运输”垃圾分类成果的基础上，进一步建立健全了沟通协调、工作会商、任务督办、资金投入、激励奖励等工作机制。开展“垃圾分类示范社区”创建活动，完成 5 个示范社区建设，发挥先进典型的示范引领作用。垃圾分类成效显著，社区的宣传和奖励活动进一步增强了居民的垃圾分类意识和参与垃圾分类的积极性。

（刘　迪）

【实施“一街一景”工程，改善社区环境】 年内，立足社区居民服务需求，在 4 个社区打造“一街一景”特色品牌街巷，优化居民生活环境，打造特色城市名片。一是重实效。选择主要大街护栏围墙种植攀缘植物，在护栏上设置花篮，绿化美化 1000 余平方米，种植花卉 5 千余株，形成“绿色长廊”。二是创特色。建设健康步道，在提升环境面貌同时引导居民建立健康的生活方式。三是促服务。打造“桑榆情”为老服务街，利用社区用房开展老年餐桌项目，为老年人提供就餐和送餐服务；开展心理咨询、陪聊等服务，关护老年人精神生活；组织居民开展系列文体活动，丰富老人文化生活。

（刘　迪）

【社区停车环境进一步改善】　年内，完成4个停车示范社区建设，鼓励社区自治组织在居住区开展停车自治管理。一是社区自我服务管理组织管停车。规范车辆停放秩序，完善小区车辆停放管理机制，研究制定社区停车规范，做好停车秩序维护工作。二是社会组织和志愿者队伍管停车。利用社区司机协会和车辆管理志愿者服务队管理停车，维护停车秩序，带动其他居民参与管理。三是小区资源共用共享管停车。利用地下人防工程为社区居民提供停车服务，最大限度发挥人防工程作用，有7万余平方米的人防工程用于停车，惠及绮霞苑、承泽苑、临镜苑、惠民家园、倚山嘉园、永兴嘉园等社区居民。四是通过开发新增停车位管停车。对老旧社区空间进行合理规划，在老旧小区新增停车位155个、重新规范停车位211个。

（刘　迪）

【创建“一居一品”和“一居多品”社区】年内，门头沟区各街镇结合实际情况，“量身定做”关爱型、文体型、生态型、科普型、共建型等特色品牌社区，积极培育社区亮点，树立社区特色品牌。文体型特色社区主要建设室外文体活动广场，配置硬件设施，组织丰富文娱活动。生态型特色社区主要是种植绿植，废旧物品交换，宣传低碳生活。关爱型特色社区提高服务队伍能力，拓展为老服务项目，提供理发、订餐、急救等服务。共建型特色社区与学校、幼儿园社区卫生服务站等部门联谊，为社区居民提供专业化服务。科普型特色社区与北京天文馆联系，开展科普互动教育活动。共建设“一居一品”社区12个，“一居多品”社区6个。

（刘　迪）

【开展楼门文化创建活动】　年内，按照自主自愿和自治自管的原则，门头沟区广大居民在楼门长的引导下自己确定楼门文化主题和方案，将自制手工艺品、书法绘画、摄影照片展示在楼道内，丰富了楼门文化内涵，居民之间认识更加深入。开展楼门文化建设工作，提高了居民的参与意识，强化了居民的邻里意识，增强了居民的归属感，真正体现出了楼道是客厅，建设靠大家。共在29个社区建设四星级楼门100个，五星级楼门218个。

（刘　迪）

【为民办实事项目完成】　年内，将大峪街道德露苑、永新社区精品示范项目列入《2016年为民办实事项目任务》。德露苑社区绿化15000平方米、铺设健康步道600米、修缮围栏500米、建设文化墙27米、主入口改造3个；永新社区更换路灯30个、种植花卉2000余株、建设垃圾站7处、社区入口改造3处、路面硬化650平方米。项目的实施改善了社区居住环境，提升了社区品质。

（刘　迪）

【2016年政府购买社会组织服务项目招投标工作启动】　年内，通过广泛征求各相关单位的服务需求，汇总并分类打包形成需求目录，经过财政局的严格审批，10月底，2016年政府购买社会组织服务项目正式进入招投标工作。

（张文莲）

【三大工程分层开展培训工作实施】　年内，先锋工程——社区两委换届选举后开展社区党组织书记、居委会主任培训，从高层次的角度，进一步完善基层服务型党组织建设，推进社区服务管理创新，加强街道、镇、社区干部队伍建设，提升党政一把手的先锋带领作用，为加强社会领域党建奠定了坚实基础；服务工程——社区专职副书记、副主任和社区后备干部培训，以问题需求为导向，切实提升了社区干部理论技能和服务水平，为创建服务型党组织、和谐社区和六型社区提供了软件支撑；引领工程——非公企业党建和社会组织培训，针对开展非公党建工作如何发挥非公党组织负责人和非公党建指导员的引领示范作用进行专题授课及经验交流，从根本上提升了非公党建工作水平。完成全区社会领域党务工作者三年集中培训工作方案。

（刘　增）

【街道系统“两学一做”专题教育活动开展】 年内，区委社会工委、区社会办研究制订了《街道系统“两学一做”专题教育活动方案》《关于在“两学一做”学习教育中开展“共产党员先锋行”主题实践活动的方案》《街道系统“两学一做”学习教育巡回督导组工作方案》，成立区委社会工委巡回督导组，制定区委社会工委“两学一做”重点工作任务清单，并对街道系统进行巡回督导工作。与区委组织部、区民政局协调推进两新组织“两学一做”学习教育工作。

（刘　增）

【社区党委二级支部委员补贴管理工作继续推进】 年内，门头沟区继续执行《门头沟区社区党委下设党支部委员工作补贴管理办法（试行）》和《社区党建规范化管理办法》。对全区社区党委下设二级支部所需经费预算情况进行测算，报财政拨付。

（刘　增）

【社区书记述职工作开展】 年内，区委社会工委、区社会办组织各街镇召开社区书记述职承诺大会，开展评议考核工作，完成汇总总结工作，并以复函的形式上报组织部。

（刘　增）

【社会领域党建工作要点印发】 年内，区委社会工委、区社会办制定下发《2016年社会领域党建工作要点》，共计13条，并在全区社会建设大会上进行部署全年党建工作重点。

（刘　增）

【“两新”组织党建工作进一步加强】 年内，区委社会工委、区社会办协助有关部门实施社会组织党建推进工程，完成摸底调查，健全领导体制和运行机制，与区委组织部、区民政局联合召开“两新”组织党建工作联席会，制定《关于加强和改进门头沟区社会组织党的建设实施方案》和《关于开展门头沟区非公企业和社会组织党建工作推进季活动的通知》，提升社会组织党组织和党的工作覆盖率。继续深化非公党建工作，提升非公企业党组织单独组建率，完成新聘2016年离退休党员干部担任非公党建指导员工作，党组织覆盖率达91.2%，党的工作覆盖率达100%。完善商务楼宇党建工作站工作机制。

（刘　增）

【全面推进服务型党组织建设】 年内，区委社会工委发挥协调指导职能，坚持服务型党组织建设流动现场会机制，持续开展“四评一创”“三级联创”等民主评议活动，制订《2016年“四评一创”工作实施方案》，加强基层党组织建设，提升党组织服务意识。

（刘　增）

【基层党建研究工作扎实推进】 年内，区委社会工委与国家行政学院合作开展区域化党建课题研究，形成《门头沟城市化社区区域化党建研究》专题调研。征集街道社区意见后，召开专家、基层座谈会，最终形成《门头沟区社区党建工作指南》（试行）教材并出版。

（刘　增）

【《门头沟区社会领域党建创新品牌汇编》完成】 年内，区委社会工委、区社会办编写形成了《领航——门头沟区社会领域党建创新品牌汇编》，搜集相应案例照片，并请国家行政学院专家针对党建品牌案例进行专业点评。

（刘　增）

【市区两级评选表彰推荐工作开展】　年内，区委社会工委、区社会办完成市、区两级评选表彰推荐工作，其中推荐北京市社会领域先进基层党组织2个，区级先进基层党组织4个；推荐北京市社会领域优秀共产党员4名，区级优秀共产党员4名；推荐市级优秀党务工作者1名，北京市社会领域优秀党务工作者1名，区级优秀党务工作者1名；推荐北京市社会领域优秀党建活动品牌4个。组织参与北京市社会领域纪念建党95周年暨党建工作推进大会。

（刘　增）

房山区

【综述】　2016年，在区委区政府的正确领导下，全区广大社会建设工作者奋勇拼搏，全区社会建设工作取得明显成效。一是全面加强社会领域党建工作。深入开展“两学一做”学习教育，创新开展“党员党德、社会公德、职业道德、家庭美德和个人品德”“五德”教育。大力加强社区基层服务型党组织建设，出台了《关于加强社区服务型党组织建设的意见》（房组通〔2016〕1号），编写《房山区基层党组织建设制度和案例选编》，共有8个社区党组织获评区级基层服务型党组织建设示范点。不断加强党建队伍建设，举办了2016年社区党务干部培训班。以西潞街道为试点，调整优化社区基层党组织设置。加强大学生社工党员队伍建设，成立大学生社工党员志愿者服务队，撰写的《大学生社工党员参与社会治理的实践与思考》调研报告，被列为区级重点调研课题。加强“两新”组织党建工作体制机制创新。出台了房山区《关于加强和改进“两新”组织党的建设工作的实施意见（试行）》，成立房山区加强“两新”组织党的建设办公室，加强“两新”组织党建工作体制机制创新。二是构建新型区域性社区服务中心。完成2015年13个项目社区办公和服务用房装修工程审计定案，新建20个“一刻钟社区服务圈”，新建6个社区规范化示范点，选取10个老旧小区作为自我服务管理新试点，新建11个农村社会服务试点。推进区域性社区综合服务中心建设，对西潞社区综合服务中心进行整体改造，配置办公设施设备，配备工作人员，为中心试运行提供必要保障。三是政府购买更加科学。共申报市级项目100个，总计申报资金1425.81万元，20个项目已获得市级批复，支持资金197.4万元，22个项目获得区级批复，支持资金300万元。在已有品牌项目的基础上，重点在社会组织培育、山区公益服务方面推出社会组织服务平台和北部山区公益行项目。四是健全社工管理体系。进一步修改完善《房山区社区工作者管理制度》，强化绩效考勤管理。建立全区社区工作者基本信息统计制度，全方位了解掌握我区社工基本情况。五是网格化社会服务管理体系。完成全区14个街（乡）平台标准化建设。召开“三网”融合推进会，对全区网格化工作进展进行阶段总结，安排部署各项重点工作。六是加强社会建设宣传教育工作。以社会建设宣教中心为平台，广泛宣传全区社会建设成就、先进典型事迹、调查研究成果，讲述社会建设故事，传播社会发展正能量，共完成51期（99条）电视节目、30条重大活动新闻报送、2部专题短片拍摄制作工作。其中《寻找最美社工》视频短片，在2016年第四届“首都最美社工”表彰活动中，获得“优秀宣传片奖”。

（杨　爽）

【2016年政府购买社会组织服务项目申报部署会召开】　1月14日上午，区委社会工委组织召开2016年政府购买社会组织服务项目申报部署会。部署会结合全区实际需求，对2016年政府购买社会组织服务项目申报工作提出了具体的工作要求。

（顾　宇）

【开展“金猴献福迎新春”系列联欢活动】1月25日，西潞社区综合服务中心开展“金猴献福迎新春”系列联欢活动，被房山电视台选入春节特别节目“文化传承中国年”在《今日关注》栏目播出。

（杨浩钧）

【走访慰问非公企业中老党员、企业劳模】 1月26日,区委社会工委书记、区社会办主任于瑞林、副书记黄凤才，区工会主席陶文学一行到北京韩建集团有限公司、北京房山商贸有限公司、北京龙建集团有限公司三家大型民营企业，走访慰问老党员、企业劳模。

（张 楠）

【积极申报2016年市级各试点名单】 1月26日，区委社会工委、市社会办按照全年工作要求，向市委社会工委申报20个市级“一刻钟社区服务圈”示范点、6个市级社区规范化建设示范点、10个市级老旧小区自我服务管理试点、11个市级村级社会服务试点。

（李 娅）

【走访慰问活动积极开展】 1月27日，区委社会工委领导班子到“连心共建”单位拱辰街道一街第二社区开展“践行‘三严三实’做群众贴心人”主题走访慰问活动。

（陈娅芬）

【组织推荐北京市第二批五星志愿者】 1月28日，区社工志愿服务队推荐刘影、张晓雯、张震丹、张思、于洋5位成员，参加北京市星级志愿者评选活动，5位成员全部荣获“第二批首都五星级志愿者”荣誉称号。

（白安琪）

【志愿服务对接活动积极开展】 2月19日，区委社会工委、区社会办组织开展房山区社会领域志愿服务项目对接工作，将社会组织与社区资源对接，共同开展志愿服务。

（于 洋）

【“学雷锋”系列活动开展】 3月3日至4日，房山区大学生社工党总支组织全区139名大学生社工党员开展“爱心传递，共享书香”图书捐赠活动，组织6个党支部部分党员到阎村镇国爱康复中心开展“关爱残障儿童，播洒爱心阳光”活动。

（陈娅芬）

【2名社工获评“首都最美社工”和“首都优秀社工”】 3月14日，市委社会工委举办2016年“国际社工日”暨第四届“首都最美社工”表彰活动，房山区大学生社会工作者白安琪被评为第四届“首都最美社工”，李雪东被评为第四届“首都优秀社工”。

（孙 帅）

【房山区网格化服务管理体系建设领导小组工作会召开】 4月5日，网格化服务管理体系建设领导小组工作会召开，区委副书记、区政法委书记李江，区委常委、统战部长吕守军，区政府副区长翟东出席会议。会上，区委社会工委书记、区社会办主任于瑞林做了全区网格化服务管理体系建设工作报告，与会各区直部门和乡镇（街道）就网格化工作进行了讨论。

（齐静静）

【获得市级试点奖励资金】 4月15日，房山区2015年10个市级“一刻钟社区服务圈”示范点、5个市级社区规范化建设示范点、4个市级老旧小区自我服务管理试点、8个市级村级社会服务试点获得市级奖励资金195万元。

（李 娅）

【开展“魅力社区”评选活动】 4月21日，根据市《关于开展第七届“北京魅力社区”评选表彰活动的通知》《“北京魅力社区”评选表彰办法》的文件要求，结合房山区实际，制订《关于房山区开展第七届“北京魅力社区”评选表彰活动的实施方案》，成立工作领导小组，确定推荐社区名单。

（李 娅）

【“三网”融合试点工作座谈会召开】 4月22日，“三网”融合试点工作座谈会召开。会上，区委社会工委汇报了《房山区“三网”融合工作实施方案》相关情况，重点就如何推进“三网”融合工作进行了讨论。与会单位结合本单位实际进行了发言。区委社会工委书记于瑞林同志按照“强整合、重提升、补短板”的工作要求，提出了“大整合、大数据、大格局、大手笔”的建设理念，进一步梳理了工作新思路，研究了工作新方法。

（张家榕）

【志愿服务项目对接工作完成】 4月27日，区委社会工委完成2016年社区志愿服务项目与社会资源对接工作，北京慈善义工协会初阳义工服务社等10个社会组织成功与10个街道、乡镇的社区建立合作关系。

（于　洋）

【2016年志愿服务示范项目申报完成】 4月29日，2016年房山区社会领域志愿服务项目申报工作完成。2016年志愿服务示范项目面向全区已完成志愿服务站建设的社区、商务楼宇、非公经济组织和专业社工机构中共征集到30个项目，以项目开展1年以上(2015年已启动)，参与志愿者10人以上，服务内容明确，特色鲜明，管理规范，服务经常，受群众欢迎，有一定知名度为标准，最终确定拱辰街道电力设备总厂社区“红十字志愿服务”等项目20个，其中，社区志愿服务示范项目13个、商务楼宇志愿服务示范项目2个、非公经济组织志愿服务示范项目3个、专业社工机构志愿服务示范项目2个。

（白安琪）

【“两学一做”学习教育工作会议】 4月29日，区委社会工委召开了“学党章党规、学系列讲话，做合格党员”学习教育动员会，对“两学一做”学习教育进行动员部署。全体机关党员干部、“两新”组织党组织书记、大学生社工党总支各党支部书记及委员参加会议。

（陈娅芬）

【房山区“枢纽型”社会组织走访】 5月至6月，区委社会工委对房山区“枢纽型”社会组织进行了日常走访，了解房山区“枢纽型”社会组织的发展现状和发展过程中遇到的问题，及时帮助枢纽型社会组织协调并解决了相关问题。

（王　策）

【组织志愿者参加国际长走大会志愿活动】 5月7日，区委社会工委组织32名社工党员志愿者参加2016春季北京国际长走大会暨第二十二届房山旅游文化节志愿活动，担任车辆志愿者。

（任　凯）

【2016年社区工作指导员选派工作完成】 5月10日，为进一步推进社区服务管理机制创新，提升社区规范化建设水平，房山区选派了2016年社区工作指导员。74名社区工作指导员在11个乡镇（街道）指导、帮助社区建设工作。

（陈娅芬）

【2015年区级政府购买社会组织服务项目中期评估开展或完成】 5月16日，房山区社会组织服务中心对全区2015年政府购买社会组织服务项目实施情况进行了中期评估。涉及扶贫救助、扶老助残、医疗卫生、环保服务、社区公益服务、社会组织培养、社工人才培养、支教助学等服务领域等35个项目。评估采取查阅档案、现场考察、多方座谈等方式了解各个社会组织项目开展进度、实施成效，并对存在的问题提出了整改措施。

（顾　宇）

【社会组织能力提升培训会召开】 5月17日，区委社会工委召开社会组织能力提升培训会。培训会邀请北京师范大学、朝阳区玖诚社工事务所专家为全区市级项目承接社会组织，专业社工机构开展专题性能力提升培训，针对项目设计、实施以及2015年购买项目的结项前准备工作进行充分讲解。

（顾　宇）

【清风社会工作事务所成立】　6月14日，房山区清风社会工作事务所正式挂牌成立。清风社会工作事务所主要以山区青少年服务为主，力争打造房山区山区服务品牌。

（王　策）

【房山区门球协会临时党总支成立大会召开】6月18日上午，房山区门球协会临时党总支成立大会在房山体育场门球场会议室隆重举行，区委社会工委向新成立的临时党总支、临时党支部赠送了“两学一做”学习教育图书500册。

（张　楠）

【市社会办调研社区建设】　6月21日，市社会办一行人到房山区调研年度社区建设四项重点任务进展情况。先后前往燕山星城街道星城第五社区、东风街道羊耳峪西区社区、东风北里社区、迎风街道迎风四里社区等地，听取了社区试点创建工作情况的汇报，查阅相关资料、进行现场查看、与街道及社区人员进行座谈，了解社区实际建设情况。

（安　洋）

【社会组织财务人员能力提升培训班举办】6月28日，为加强我区社会组织创新与管理，规范政府购买社会组织服务项目财务制度，区委社会工委组织召开社会组织财务人员能力提升培训班。培训班邀请到北京市注册会计师行业委员、北京科勤会计师事务所副主任会计师刘君授课，从社会组织的实际需求出发，开设项目预算编制、非营利社会组织的会计核算、社会组织票据管理、涉税政策等课程。培训兼具理论性和实践性，通过诸多生动具体的案例，为参训财务人员解决工作中的疑难问题提供了参照，有效提升了学员的财务管理知识和专项业务水平。

（顾　宇）

【参观中国人民抗日战争纪念馆】　6月29日，区委社会工委组织“两新”组织新发展党员、大学生社工党总支全体党员和全体机关干部，共计150余人，参观了中国人民抗日战争纪念馆。

（陈娅芬）

【志愿服务站交流会开展】　6月30日，区委社会工委组织社会动员科开展“迎七一·促和谐”服务交流座谈会，座谈会由长阳地区社区志愿服务站承办，嘉州水郡社区服务中心、嘉州北、南、东、碧桂园等社区志愿服务队负责人参与。座谈会就社区实际工作中，如何促进志愿服务规范化提升所面临的实际问题与需求进行了座谈交流并对如何在“志愿北京”网站上实名注册志愿者和志愿团体进行了讲座。

（任　凯）

【2016年区级项目专家评审会召开】　7月5日，为加快转变政府职能，推广政府购买服务，激发社会组织活力，区委社会工委召开2016年区级项目专家评审会，会议邀请市总工会、高校、主管部门等专家为2016年区级项目进行专业评审工作。共评审区级申报项目74项，涉及社会公益、公共服务、社会治理、便民服务4个类别。专家组通过现场评审、项目打分、集体讨论等方式确定区2016年区级购买项目。

（顾　宇）

【网格化服务管理体系建设乡镇工作会召开】7月7日，为进一步贯彻落实房山区网格化领导小组工作会议精神，按照李江副书记提出的“强融合、重提升、补短板”的工作要求，区委社会工委组织召开了网格化服务管理体系建设乡镇工作会。会上，就2016年网格化重点工作进行了部署，各街道（乡镇）围绕网格化领导体制、运行机制等问题进行了讨论。2016年网格化工作将在“三网”融合、系统建设、队伍建设、体系运转等方面下功夫，努力将网格化体系打造成为“领导决策的数据中心、服务群众的快捷平台、社会治理的有力抓手”。

（张　凯）

【市网格化督导组督导房山区网格化体系建设工作】 7月7日，市委社会工委委员、市社会办副主任陈建领，首都综治办基层处处长陈冲等带队市网格化工作联席会督导组到房山区进行检查指导。督导组调研了房山区网格化区级平台运行情况，听取了区委社会工委关于网格化工作情况的汇报，实地查看了西潞街道苏庄三里社区、月华社区综合服务中心、拱辰街道北关东路社区的“网格化+”行动计划开展情况、网格队伍建设情况。

（齐静静）

【时代家和社会工作事务所挂牌成立】 7月12日，房山区时代家和社会工作事务所正式挂牌成立，时代家和社会工作事务所以西潞社区综合服务中心为依托，为周边9个社区提供优质服务。

（王　策）

【“社工之路·你我同行”主题团队建设活动开展】 7月19日下午，房山区社工联合会在南宫拓展训练基地开展了一次以“社工之路·你我同行”为主题的团队建设活动，此次活动旨在增强社工凝聚力，密切社工间的联系和交流，让大家在愉快轻松的氛围中感受竞技与分享的快乐，传达一种合作、运动、健康、向上的社工风貌与精神。

（刘新菊）

【市绩效考评组到房山区开展2015年市级政府购买专项考评】 7月28日上午，市绩效考评组专家一行7人到房山区就2015年市级政府购买社会组织服务项目开展专项绩效考评工作。专家组一行实地走访了房山区妇女儿童活动中心、西潞社区综合服务中心，听取并深入了解市级项目的具体实施情况及效果。随后，区委社会工委就房山区2015年度市级政府购买项目实施情况做整体汇报，并协助考评组查看了房山区市级项目的业务、财务资料。考评组对房山区2015年项目开展情况给予积极评价，认为房山区项目推进过程良好、资金使用规范、项目预期效果充分达成，示范带动效果明显。

（顾　宇）

【市社会办调研房山区社区心理服务站建设】 8月15日上午，市社会办副巡视员张青之带队到房山区调研社区心理服务站建设工作。张青之一行先后到西潞社区综合服务中心、拱辰街道文化路社区实地调研社区心理服务站建设情况，并听取工作进展情况汇报。

（杨　攀）

【2016年政府购买服务专题培训会召开】 8月22日，房山区社会组织服务中心在党群活动中心二层多功能厅举办了房山区2016年政府购买服务专题培训会。此次专题培训会提出了关于制订2016年度使用区级专项资金购买社会组织服务项目《实施方案》的有关要求，明确了项目具体工作的实施细则。

（杨　攀）

【《关于进一步规范社会（区）工作者工资待遇的实施办法》审议通过】 8月24日，陈清代区长主持召开七届区政府第121次专题会议。会议研究并原则同意区社会办提出的《关于进一步规范社会（区）工作者工资待遇的实施办法》。由区社会办负责，积极稳妥开展各项工作，要把工作做细做实，把好事办好。

（孙　帅）

【区政府第121次专题会议审议通过《关于面向社会公开招录社会工作者的意见》】 8月24日，陈清代区长主持召开七届区政府第121次专题会议。会议研究并原则同意《关于面向社会公开招录社会工作者的意见》，由区人力社保局、区社会办具体组织实施。公开招录要符合相关文件规定，坚持标准，严格把关。

（孙　帅）

【2016年北京社会公益行品牌申报工作完成】 8月26日，区委社会工委综合考虑社会公益行项目的实施进展、服务效果、服务人群、社会效益等情况，共申报北京社会公益行品牌项目22项，涉及助老、助小、助残、外来人口社区融合等多个方面。

（杨　攀）

【大学生社工党总支召开党员大会选举党代表】 8月31日，房山区大学生社工党总支召开全体党员大会，选举出席中共房山区委社会工作委员会第二次党员代表大会代表。通过现场投票、计票，经差额选举，白安琪等八位同志当选为中共房山区委社会工作委员会第二次党员代表大会代表。

（陈娅芬）

【兴燕惠迎社会工作事务所挂牌成立】 9月21日，兴燕惠迎社会工作事务所挂牌成立，该事务所主要以燕山地区的党建工作为主。9月底，长阳分站开始运营，有专职工作人员3名。分站落地长阳镇，主要负责开展长阳地区政府购买服务项目及组织开展社区心理服务，分站划分为办公区与心理咨询活动区两个分区。

（王　策）

【2016年区级政府购买社会组织服务项目合同签订会召开】 9月23日，房山区委社会工委（区社会办）组织开展2016年区级政府购买社会组织服务项目合同签订会，房山区22家参与政府购买服务的社会组织参加。会议对2016年区级政府购买社会组织服务项目合同签订提出具体要求：项目实施严格按照合同内容开展；项目开展过程中注意材料的收集与整理；项目财务要求独立核算。

（杨　攀）

【组织志愿者参加2016"一带一路"国际葡萄酒大赛志愿活动】 10月7日至12日，区委社会工委、区社会办组织20名社工志愿者参加2016"一带一路"国际葡萄酒大赛志愿活动，担任取酒运输、分类贴签、排序封装等后场服务，以及开瓶侍酒、收集打分结果的现场服务及大赛论坛区的保障服务。

（任　凯）

【社区指导员"两学一做"工作座谈会】 10月10日，为确保社区党组织从严从实抓好"两学一做"学习教育，区委社会工委召开社区指导员代表工作座谈会，听取社区指导员指导社区开展学习教育情况。

（陈娅芬）

【社区"两学一做"工作座谈会】 10月12日，为确保社区党组织从严从实抓好"两学一做"学习教育，区委社会工委召开社区"两学一做"工作座谈会，听取社区党组织书记代表关于社区开展学习教育的基本情况。

（陈娅芬）

【新疆十四师领导参观西潞社区综合服务中心】 10月18日，新疆十四师一行28人到西潞社区综合服务中心参观，考察学习社区服务体系建设成果。考察团听取了区委社会工委书记于瑞林关于房山区社会建设工作相关情况的汇报，并对社会建设工作给予了充分肯定。

（杨浩钧）

【2016年市级政府购买社会组织服务项目合同签订会召开】 10月21日，区委社会工

委（区社会办）在党群活动中心召开了房山区2016年市级政府购买服务合同签订会。区20家参与政府购买服务的社会组织参加。

（杨　攀）

【参加“北京社会公益汇”】　10月21日，房山区委社会工委到北京农展馆参加由北京市委社会工委、市社会办主办的第二届“北京社会公益汇”，春燕事务所位于公益咨询服务区参展，活动历时三天。社工艺术团“与爱同行·魔法课堂”项目获得社会组织公益服务品牌银奖，房山建设培训学校“幸福维修进社区”项目获得铜奖。

（杨　攀）

【社工联合会雏鹰计划项目主题团建活动】　10月26日，社工联合会组织百余名社工于北宫森林公园开展主题为“心手相连·青春无限”的主题团建活动。

（赵雅琪）

【大学生社工党总支开展秋季主题活动】　10月26日，为进一步增强大学生社工党总支凝聚力，激发青年党员青春活力，丰富组织生活，房山区大学生社工党总支联手社工联合会、社工艺术团，组织开展秋季主题活动。活动内容包括团队热身、团队游戏等，提高了党员身体素质的同时，活跃和丰富了党员们的组织生活，进一步营造了凝心聚力、拼搏进取的浓厚氛围。

（陈娅芬）

【纪念红军长征胜利80周年知识运动会举办】　10月28日，区委社会工委组织开展“传承长征精神·重温红色记忆”纪念红军长征胜利80周年知识运动会暨2016年社工志愿服务队团队建设活动。本次活动由大学生社工党总支、区政府第二办公区服务中心、区迁移办、区老龄委等十支代表队报名参与，通过多项竞技比赛环节，增强团队人员之间的相互了解，提升了团队整体协作能力；通过长征历史知识和志愿服务知识问答环节，回顾了红军长征的具体过程，坚定了志愿服务的奉献精神。活动共120人参与。

（任　凯）

【2016年提高社区治理能力培训班举办】　睿诚社会工作事务所在凯悦莱会议中心开展“2016年房山区提高社区治理能力培训班”，接待湖北省巴东县的社区干部和贵州省修文县的社区干部，共45人。

（蒲亚菲）

【社会组织能力提升培训班举办】　11月1日至2日，房山区社会组织服务中心组织开展了社会组织服务项目能力提升培训。本次培训分别对社会组织的财务人员、项目负责人进行了财务和项目方面的培训。

（郭　彤）

【村庄社区化第一次领导小组会议召开】　11月1日，由房山区社会建设领导小组办公室牵头区发展改革委、民政局、规划局、财政局等11个成员单位召开村庄社区化第一次领导小组会议，会议听取了区社会办关于村庄社区化建设情况和下一步工作计划汇报。

（李　娅）

【芬兰社会学研究专家及博士到西潞社区综合服务中心参观交流】　11月3日，中国社会科学院研究生院一行陪同赫尔辛基大学社会工作系主任伊欧萨（Ilse Julkunen）和韦斯屈莱大学社会工作教授马蒂斯（Matthies）到区社工委区域性社区综合服务中心参观并进行社会工作经验交流。区委社会工委书记于瑞林、区社会办副主任张桂冬对其到访表示欢迎，实地查看西潞社区综合服务中心，最后双方就社会工作视角下地区和全球化的环境问题、社工工作成人教育、社区服务等问题进行了交流，决定在今后的工作中相互学习、加强沟通。

（杨浩钧）

【“播洒爱心阳光”系列帮扶志愿服务项目】 11月9日至12月14日，房山区社工志愿服务队中的骨干力量——社工党员志愿服务队与北京工商大学商学院的志愿者们，一起到国爱康复训练中心进行志愿服务活动，辅助中心教师对接受康复训练的特殊儿童进行教学工作。

（于　洋）

【“两新”组织党建工作者培训班举办】 11月9日至10日，房山区委组织部联合房山区委社会工委（区社会办）共同举办了“房山区2016年非公企业党建工作者培训班”。区委社会工委直管“两新”组织党组织书记、非公企业党建指导员、党务工作者及乡镇（街道）推荐的非公企业党组织书记代表共180人参加了此次培训。

（陈　希）

【2015年区级政府购买社会组织服务项目终期绩效评审会召开】 11月10日，房山区社会组织服务中心组织开展2015年区级政府购买社会组织服务项目专项绩效评审工作。社会组织服务中心主任时小勇就2015年度区级政府购买项目实施情况做整体汇报，并协助考评组查看了区级项目的业务、财务资料。

（杨　攀）

【学习十八届六中全会精神辅导报告会召开】 11月18日，根据“两学一做”学习教育工作安排，为深入学习贯彻党的十八届六中全会精神，进一步深化全面从严治党的认识，区委社会工委组织机关全体干部观看国家行政学院许耀桐教授对十八届六中全会公报的解读——《全面从严治党开启新征程》宣讲视频。

（陈娅芬）

【参加2016年全市社区建设工作培训交流会】 11月21日至22日，为深入贯彻党的十八届六中全会和市委十一届十次全会精神，总结交流各区社区建设典型经验做法，进一步推进全年重点任务落实，按照年度工作安排，区委社会工委相关科室、西潞社区综合服务中心、部分街道社区办负责人和部分2016年“一刻钟社区服务圈”示范点、老旧小区自我服务与管理试点负责人，参加了由市委社会工委、市社会办组织的全市社区建设工作培训交流会。

（李　娅）

【2016年社区党务干部培训班举办】 11月23日至24日，为进一步提高社区党务干部思想政治素质和工作业务能力，不断提升社区基层党建工作水平，区委社会工委开办全区社区党务干部培训班。全区133名社区党组织书记（或专职副书记）、99名社区工作指导员、120名大学生社工党员参加培训。

（陈娅芬）

【全年试点建设顺利通过市级验收检查】 11月25日，市社会办一行人检查验收房山区社区建设年度试点工作进展情况。先后前往南窖乡水峪村、燕山迎风街道宏塔社区、拱辰街道宜春里社区、瑞雪春堂社区等地，听取了社区试点创建工作情况的汇报，查阅相关资料、进行现场查看、与街道及社区人员进行座谈，了解社区实际建设情况。对房山区社区建设重点任务的完成情况及取得的成效给予了充分肯定，并强调要加强总结经验，进一步增强社区自治能力，为社区居民提供更加便利、更加优质的服务，提升社区服务水平。

（李　娅）

【“志愿家庭”行动计划启动仪式举行】 市志愿服务指导中心主任、市志愿服务联合会副会长兼秘书长郭新保、房山区委副书记、政法委书记李江、房山区委社会工委书记、区社会办主任于瑞林等领导同志出席，各相关部门负责同志，房山区“志愿家庭”、优秀志愿者、优秀志愿服务组织代表，共约

100 人参加活动，社工志愿服务队组织 6 名志愿者担任活动礼仪工作。活动主要介绍了房山区开展“志愿家庭”行动计划基本情况，在宣传引导、服务内容、树立品牌等方面的探索和实践。而后与会领导为房山区“志愿家庭示范站”授牌，并为“志愿家庭”代表颁发志愿者徽章和志愿日志。“志愿家庭”代表还向全社会发出倡议，号召更多的家庭行动起来，参与志愿服务，争做家庭志愿者，成为志愿服务的宣传者、践行者和传播者。

（任　凯）

【长阳镇嘉州水郡北区荣获第七届“北京魅力社区”单项奖】 12 月 18 日，由中共北京市委社会工委、市社会办、市人力社保局主办，北京城市广播承办的第七届“北京魅力社区”评选表彰颁奖活动在首都图书馆剧场隆重举行。长阳镇嘉州水郡北区社区荣获“北京魅力社区”单项奖称号。

（李　娅）

【“一刻钟社区服务圈”便民手册发放】 年内，按照 2016 年“一刻钟社区服务圈”建设工作内容及标准，继续完善配套设施，整合社会资源。为加强监督管理，使社区居民享受到更多样更便捷的服务，印制了“一刻钟社区服务圈”便民手册，手册内包含社会主义核心价值观、社区公共服务、便民服务网点的地址和联系电话等，使居民在办理事项、医疗保健、订餐、家政服务等方面更加便利。“一刻钟社区服务圈”便民手册，涉及拱辰街道、长阳镇、窦店镇、阎村镇以及燕山地区等 12 个乡镇（街道），26 个社区，覆盖全区 47117 户居民。

（李　娅）

【应急救援知识讲座召开】 12 月 23 日，党员社工志愿服务队邀请到北京市首批五星级志愿者、阳光综合应急救援促进中心负责人田建民老师为党员社工志愿者授课，增强社会工作者的防灾避险意识，提高应急救援的能力，推进社会公共安全体系建设。

（于　洋）

【大兴区社区骨干参观房山区社会组织服务中心】 12 月 23 日，大兴区民政局社团办周波主任率领 50 名社区骨干到房山区社会组织服务中心进行交流学习。

（郭　彤）

【全面落实新的社工工资薪酬标准】 12 月 2 日，房山区完成对大学生社工工资薪酬调整工作，社区工作者总体待遇水平按照不低于上一年度本市职工平均工资 70% 确定，全面落实新的工资薪酬标准，并于 12 月 23 日完成补发工作。

（孙　帅）

【修改完善《房山区社区工作者管理制度》】 12 月，社会工作队伍建设科完成对《房山区社会工作者管理制度》的完善修改工作，并出台相关红头文件。修改后的管理制度对事假、病假天数进行了严格要求，加强了对社会工作者的规范化管理，不断提高社会管理和服务水平。

（孙　帅）

【2016 年度社会工作者招录工作完成】 年底，区委社会工委、区社会办完成 2016 年第一批社会工作者招录工作。第一批共招录社会工作者 90 名，其中全日制本科学历 70 人，社会工作相关专业全日制专科学历 20 人，平均年龄 26 岁。

（孙　帅）

通州区

【概况】 2016 年，在市委社会工委的关心指导下，在区委区政府领导下，全区社会建设领域深入贯彻落实党的十八大、十八届四中、五中、六中全会和习近平总书记系列重要讲话精神，加快推进社会治理体制改革和各项基础工作建设，较好完成了社会建设各项工作。一是社会工作人才队伍建设协调推进。2016年全区社区工作者应发工资额同比2015年增幅达40.5%。人均月工资应发额约为5000元；新注册10家专业社工机构，为13家新建社工事务所申请市扶持资金。二是社会动员和志愿者队伍建设力度进一步加大。17名社区志愿者成功申报了北京市五星志愿者，12个社区、2个专业社工机构、3个非公企业、1个楼宇志愿服务项目经培育成为市级社会领域志愿服务示范项目；社区志愿服务站累计共招募志愿者1.6万余人，组成志愿服务队431支；提升了玉桥东里社区"五老带六小"等9个对接志愿服务项目的服务水平；开展"八个让"社会领域志愿服务活动。三是社会组织建设工作大幅提高。孵化基地各项基础设施和办公设备不断完善，制定了《社会组织孵化手册》；基本完成首批10家社会组织的入壳孵化。四是社区建设持续发力。市、区累计投入资金4312万元，用于全区社区管理服务用房规范化建设；围绕北京城市副中心建设高标准需求，研究未来新建社区建设标准，包括社区规模、公共服务与配套社会服务设施；完成市级社区规范化示范点、"一刻钟社区服务圈"、老旧小区自我服务管理等建设任务。五是网格化体系建设全面推进。实现了区、街道"乡镇"、社区（村）三级网格化体系全面覆盖，在区、街道（乡镇）、社区（村）、网格四个层面，实现了上报处置事件的闭环工作流程。六是社会领域党建工作加快推进。建立全区社会领域党建工作联席会，统筹协调指导全区社会领域党建工作；选派36名社区书记分三批赴朝阳和区内先进社区挂职锻炼；组织26名社会组织党组织书记代表赴深圳进行为期5天的异地培训；组织32名非公企业党组织书记代表赴苏州进行为期5天的培训；选聘35名非公企业党建指导员对全区非公企业党建工作进行指导；动员、督促非公企业和社会组织党的组织和工作覆盖，全区316家社会组织均建立了党建台账，15个街道、乡镇均建立了非公企业党建台账。

（张　键）

【2016年北京市政府购买社会组织服务项目专题部署会召开】 1月11日，区委社会工委召开2016年北京市政府购买社会组织服务项目专题部署会。区委社会工委副主任王章兴出席会议。各街道（乡镇）、各区级"枢纽型"社会组织、各区社会组织联合会成员单位参加会议。

（张　键）

【召开"通州区网格化体系建设"专题培训】 1月15日,在通州区成教中心运河讲堂举办第一期"通州区网格化体系建设"专题培训，15个街（乡镇）及19个委办局的科室负责人及工作人员共计百余人参加培训。

（张　键）

【社区用房规范化建设专题工作会召开】 2月17日，区委社会工委、区社会办组织召开社区用房规范化建设专题工作会，区财政局业务科室负责人、相关街道主管领导、科室负责人参加会议。会议由区社会办副主任周庭桂主持。

（张　键）

【领导班子述职述廉会召开】 2月19日，区委社会工委组织召开领导班子述职述廉会议并进行了民主测评。同时，对2016年机关干部队伍建设及党风廉政建设工作进行了部署。

（张　键）

【市委社会工委调研通州社会心理服务中心建设情况】 2月25日，市委社会工委副书记张坚、市社会办副巡视员张青之等一行到通州区调研社会心理服务中心建设情况，区委常委、统战部部长洪波、区社会办主任张玉震陪同调研，在调研过程中实地参观了通州区社会心理服务中心阵地建设情况并与社会心理专业机构代表进行了座谈。

（张　键）

【市委社会工委调研指导民办医院党建工作】 3月17日,市委社会工委党建处一行到京通医院调研指导民办医院党建工作，针对京通医院党支部以“红细胞在行动”党建服务品牌为抓手，深入践行中仓街道工委“四有四服务”党建工作模式，进行深入探讨。区社会办副主任王章兴、中仓街道工委副书记张连福等陪同。

（张　键）

【新建住宅小区公共服务配置设施座谈会召开】 3月25日，区委社会工委、区社会办组织召开了通州区新建住宅小区公共服务配置设施座谈会。各街道、乡镇主管领导、相关委办局业务负责人参加会议，会议由区社会办副主任周庭桂主持。会议就《北京市居住公共服务设施配置指标实施意见》进行了认真研讨。会上，各街道代表结合工作实际提问题，想办法，规划分局、国土分局和住建委的工作人员建言献策，通过座谈，参会单位达成共识，明确方向，开拓思路，为下一步工作的具体实施做好了准备。

（张　键）

【选派优秀社区工作者挂职学习】 4月8日，区委社会工委委员、区社会办副主任王章兴，送8名社区党组织书记和居民委员会主任，赴朝阳区先进社区挂职学习；除此之外，永顺镇、梨园镇、潞城镇、马驹桥镇、漷县镇还选派6名社区党组织书记赴通州各街道先进社区挂职学习。

（张　键）

【苏州市吴中区参观学习通州区网格化工作】 4月28日下午，苏州市吴中区领导到通州区参观学习网格化工作。一行人先后实地考察了梨园镇网格化分指挥中心和区指挥中心，并在区指挥中心大厅观看了网格工作宣传片，听取了有关网格平台系统相关内容介绍。区社会办副主任周庭桂及承建公司相关领导陪同视察。

（张　键）

【通州区第二十六次全国助残日系列活动启动仪式】 5月5日，通州区第二十六次全国助残日系列活动启动仪式在万达广场举行，发出全区扶残助残奉献爱心动员令。通州区委常委、统战部部长洪波，通州区委宣传部副部长、通州区文明办主任张卫东，通州区残疾人联合会理事长陈宏毅，通州区残疾人联合会党组书记张玉震，通州区社会建设工作办公室主任何海龙，通州区北苑街道办事处工委书记李彦明，通州区北苑街道办事处主任华飞，通州区社会组织联合会会长李雅岚参加了启动仪式。

（张　键）

【社会组织党组织书记培训示范班举办】 5月9日，由通州区委组织部、区委社会工委组织实施，深圳市经理进修学院承办的社会组织党组织书记培训示范班在深圳市举办，对26名社会组织党组织书记和社会组织党建有关单位主管领导进行为期5天的培训。通过增强横向交流联系，学习外地社会组织党建工作先进经验，努力推进全区社会组织党建工作开展。

（张　键）

【组织参观学习孝德文化建设】 5月24日，通州区委社会工委组织新华街道、北苑街道、玉桥街道、中仓街道、永顺镇、梨园镇主管领导及社区书记代表到于家务仇庄村参观学习孝德文化建设，进一步丰富楼门文化建设内容，提升社区建设水平。

（张　键）

【参观学习老旧小区自我服务管理工作】 6月16日，通州区委社会工委组织北苑街道各社区书记到朝阳潘家园街道参观学习老旧小区自我服务管理工作，就开展工作中遇到的问题和采取多途径开展自我服务管理进行交流座谈。

（张　键）

【通州区政协领导调研网格化工作】 6月20日，通州区政协一行十几人到社会管理服务中心调研，针对民革通州区支部孙大公委员提出的关于“加强通州区网格化服务管理体系建设”的提案办理情况召开扩面协商座谈会。会上，区社会办副主任周庭桂针对提案内容给予反馈，并介绍了翔实的研究方案；委员们针对通州区网格化体系建设过程中存在的问题提出了具有建设性的意见和建议。区社会办主任何海龙做总结并提出下一步推进思路。

（张　键）

【通州区残联领导调研网格化工作】 6月23日，区残联到区网格办参观通州区网格化平台整体建设情况，观看了网格化工作宣传片，细致了解了网格平台的相关建设内容，区社会办副主任周庭桂围绕网格化工作开展进行了介绍，承建公司进行了平台系统演示。

（张　键）

【市网格化督导组督导检查通州区网格化体系建设情况】 7月6日，市委社会工委委员、市社会办副巡视员赵济贵带队市网格化督导组就通州区落实市网格化体系建设工作情况进行督导检查。市检查组成员先后实地检查区社会管理服务中心、梨园镇网格分指挥中心、台湖镇网格分指挥中心。在区网格化指挥大厅观看了网格化工作宣传片，听取了区社会办副主任周庭桂关于贯彻落实市网格化体系建设工作总体汇报及区网格办关于“三网”融合平台建设情况汇报，并查阅网格工作档案材料。区社会办主任何海龙陪同检查。

（张　键）

【“心美通州”心理健康节启动】 7月15日，“心美通州”心理健康节启动仪式暨2016年通州区社会心理服务高峰论坛在通州万达广场举行，这是通州区首次举办以心理健康为主题的社会志愿服务公益活动。通州区委社会工委、区社会办组织春晓心理社工事务所、北京众合社工事务所、德仁心理社工事务所等19家驻通专业社会工作机构，用心理剧、音乐、绘画等多种形式，开展社会心理服务，进行社会柔性治理模式的尝试和探索。市委社会工委副书记张坚、副区长雷晓宁出席活动并致辞、讲话。

（张　键）

【通州区网格化社会服务管理专项应用项目建设启动会召开】 8月1日，在通州区网格化指挥中心大厅召开通州区网格化社会服务管理专项应用项目建设启动会。区委社会工委书记刘青松、区社会办主任何海龙、区社会办副主任周庭桂，监理单位、承建单位的项目相关负责人十余人参加会议。会议议程包括承建单位介绍项目组成员，并汇报“实施组织方案”；监理单位汇报“监理方案”；各方讨论，建设单位提要求。

（张　键）

【区领导调研网格化工作】 8月15日，副区长张德启到区社会管理服务中心调研网格化工作。在区网格化指挥中心大厅观看了网格化工作宣传片，听取了区网格办关于通州区城乡全覆盖网格化服务管理体系建设工作的专题汇报，提出了建设性的意见和建议。

（张　键）

【2016年金秋社区节大幕拉开】 9月22日，通州2016年金秋社区节暨“弘扬好家风　传递正能量　做文明诚信社区人”系列活动开幕式，在通州区教师研修中心举行。开幕式通过家风家训展示板、播放社区居民自编自演的家风家训公益宣传短片、宣读倡议书等

多种形式突出社区节的主题和中心思想。

（张　键）

【人大代表团考察通州区社会建设工作】
11月16日，市人大内司委副主任委员，市人大常委会内司办巡视员袁芳带领人大代表考察团到通州了解社会建设情况，通州区副区长张德启同志汇报通州区社会建设工作情况；市委社会工委委员、市社会办副主任王丽竹同志汇报北京市社会建设工作情况。

（张　键）

【优秀社区工作者专业能力提升培训班】
11月21日至12月23日，通州区优秀社区工作者专业能力提升培训班举办，选调优秀社区工作者36人进行一个月脱产学习，通过系统社会工作专业知识培训，进一步提高社工运用专业的知识、方法、理念为居民更好服务的能力。

（张　键）

【2016北京通州联合反家暴宣传公益活动开展】　11月25日，“携手反家暴，建设新通州”——2016北京通州联合反家暴宣传公益活动在通州区成人教育中心运河讲堂举办。本次活动由通州区委社会工委、区妇联、区民政局、区司法局、团区委、区文明办主办，中仓街道办事处、区成人教育中心、北京市众合社工事务所、北京红枫妇女心理咨询服务中心承办，区社会组织联合会、区社会工作者联合会、区社会创新发展园、北京市源众性别发展中心协办。

（张　键）

【通州区社会组织注册流程培训会召开】
12月26日下午，为推动通州区社会组织的健康发展，应通州区各社会组织的现实需求，区委社会工委在通州区社会管理服务中心四层会议室举办了社会组织注册流程培训会。邀请从事社会工作十多年，有着丰富的社会组织注册相关经验的专家结合自身的实际以及各家机构的现实状况，从申请流程、网报操作流程和需要材料及表格三方面进行讲解。在培训的最后，专家详细地解答了各家社会组织代表所提出的疑问，并就通州区社会组织的发展趋势与各组织代表进行探讨，对进一步明确通州区社会组织发展方向，探索适合通州发展的社会组织模式有重要意义。本次培训及时有效地解决了创新发展园中各家社会组织所面临的难题，有利于进一步扶持和培育社会组织，促进通州区社会组织健康有序发展，满足通州区城市副中心发展需要。

（张　键）

【市委社会工委调研社会组织服务（孵化）基地建设工作】　市委社会工委、市社会办社会组织处一行3人来到调研通州社会组织服务（孵化）基地建设工作。区委社会工委、区社会办副主任王章兴、玉桥街道组织部长张艳萍陪同调研。调研组充分肯定了通州区开展社会组织建设以来所取得的成绩，给予了理念新、站位高、活力强、接地气、社会组织作用发挥好等评价。同时对通州区社会组织规范化建设、提升和发展社会组织质量、高效精准引进领军型社会组织和孵化基地工作的方向提出了要求。

（张　键）

【网格化硬件基础环境不断夯实】　年内，全区网格系统已经初步构建起了由1个区级指挥中心平台、15个街（乡镇）指挥分中心平台、587个社区（村）电脑平台，以及为全区1809个网格配备的2050部网格手机终端组成的“三级平台、四级服务管理”的工作框架，完成了基于网格平台的“三网”融合应用系统升级改造项目，初步实现了网格划分、标准规范、网格员队伍、工作流程融合、信息系统、一体化统计分析、一体化考核评价的融合目标。

（张　键）

【网格化软件系统开发进一步拓展延伸】 年内，在市资金的大力支持下，通州区完成了基于网格平台的“三网”融合应用系统升级改造项目，初步实现了网格划分、标准规范、网格员队伍、工作流程融合、信息系统、一体化统计分析、一体化考核评价的融合目标。

（张 键）

【“网格化+”行动计划积极推进】 年内，通州区积极推进“网格化+”行动计划，区公安分局利用网格体系下沉工作力量，开展“一格一警”建设工作；区环保局制订了《通州区环境保护网格化管理实施方案》，充分利用网格平台开展环保工作，新招聘的300名专职环境监察员将统一下沉到网格，依托网格系统做好环境事件上报处置工作；“网格化+”社会服务，平台已采集录入“枢纽型”社会组织、“一刻钟社区服务圈”、楼门服务队伍、商务楼宇等基本信息，建立社会建设数据库。截止到10月，网格平台上报有效事件187855件，结案数177314件，结案率94.39%。

（张 键）

【“一刻钟社区服务圈”建设不断完善】 年内，继续巩固完善基本公共服务全覆盖，深化“六有一全”+“六支队伍”的特色模式。对全区111个社区，按照建设标准，梳理划分50个“一刻钟社区服务圈”，进行精品打造，充分整合辖区资源，按照10大类服务项目进行不断完善提升；试点深化服务圈建设，聘请专业机构对北苑街道辖区社区分类采集服务商资源，与网格平台对接，实现服务资源动态管理，建立志愿服务积分兑换平台；试点推进社区养老服务项目，通过信息化平台建设和开通呼叫热线，为辖区老人提供订餐、送餐、急救、家政等贴心服务。

（张 键）

【老旧小区自我服务管理模式不断拓展】 年内，在总结全区老旧小区自我服务管理成效的基础上，不断探索解决不同类型老旧小区存在的突出问题。北苑街道长桥园社区已经完成对小区进行局部改造，解决老旧小区停车难的问题。重点支持中仓街道“专业服务”+“志愿服务”的方式，试点打包解决老旧小区环境卫生问题，逐步实现“四有”标准。

（张 键）

【社区规范化建设】 一是通过购置、租赁、整合资源等多种手段，推进社区管理服务用房规范化，确保达到350平方米。2016年，市、区累计投入资金4312万元，用于全区社区管理服务用房规范化建设；二是区社会办牵头，区规划、国土、住建委及各街道乡镇积极配合，围绕北京城市副中心建设高标准需求，研究通州区未来新建社区建设标准，包括社区规模、公共服务与配套社会服务设施；三是严格按照市要求的7个方面22条创建标准，积极开展社区规范化试点建设，共完成5个市级社区规范化示范点建设任务。

（张 键）

【社区节系列活动开展】 年内，通州区以一年一度的城乡社区节为平台，以“社会组织公益行”“邻里和谐，守望相助”“文明社区，你我同行”为主题，在全区城乡社区深入开展社区节系列活动，开展文明示范小区创建活动，在全区形成文明、和谐、共享的良好社会风尚，让城乡居民共享社区建设成果。活动主题是“弘扬好家风，传递正能量，做文明诚信社区人”，在全区范围开展了优秀家风家训作品征集活动。

（张 键）

【开展丰富多样的社会组织公益行活动】 年内，开展4场公益主题活动，“玉桥益家”志愿服务中心梳理出10个志愿服务微项目，和北苑街道、春晓心理工作室合作举办“社会志愿服务公益行”暨“心美通州”心理健康节；全年开展社会组织公益活动292场次。

（张　键）

【政府购买公共服务项目工作扎实推进】 年内，通州区共申报74家社会组织的155个服务项目，涉及社会建设决策研究、信息咨询服务、社会管理服务、社区便民服务、社会公益服务、社会基本公共服务共5大类项目，总资金4890.7万元。全区共有27个项目获得市级资金支持243万余元。

（张　键）

【社会心理服务稳步推进】 北京市心理联合会通州委员会作为市心联首家区级分支机构正式运行，将《通州区社会心态分析报告》作为全年的重点调研课题并以建立社区心理服务站试点等形式拓转化调研成果；启动“心美通州”心理健康节暨社会心理高峰论坛，选派20名二级以上心理咨询师以“一村一岗”的形式参与潞城行政办公区二期10个村的拆迁工作，为群众和参与拆迁的工作人员提供专业心理疏导、减压、矛盾预警等服务，累计完成心理服务案例1484例，服务群众2137户，形成了有通州特色的心理服务助力拆迁工作新模式。

（张　键）

【社区工作者队伍不断壮大】 年内，不断夯实社区工作者队伍管理的基础数据，全区共有社区工作者1396人，其中街道社区工作者829人，乡镇社区工作者567人。其中获得社会工作师、助理社会工作师职业资格证书的分别为124人、350人，持证率为34%，92%的社区工作者都拥有大专以上学历。

（张　键）

【楼门文化建设积极推进】 一是通过建立楼门文化建设台账、规范楼门文化建设队伍，打造楼门文化建设品牌等措施，不断提升全区楼门文化建设水平；二是积极推进“孝德文化”进楼门，制作1000块“孝德文化”展板及宣传海报等宣传品进楼门，重点完成了全区30个精品楼门文化建设，按照月度实地走访的方式进行跟进；三是利用网格平台实现楼门文化建设的动态管理，将楼门基本情况、楼门长、楼门服务队伍等信息入网格，加强楼门信息动态管理；四是投入资金100万元，试点建设200块楼门电子屏，实现政务信息及时推送，同时为居民提供自我展示平台。

（张　键）

【社会领域党建工作积极推进】 一是建立全区社会领域党建工作联席会，统筹协调指导全区社会领域党建工作；二是选派36名社区书记分三批赴朝阳和区内先进社区挂职锻炼；三是组织26名社会组织党组织书记代表赴深圳进行为期5天的异地培训；四是组织32名非公企业党组织书记代表赴苏州进行为期5天的培训；五是选聘35名非公企业党建指导员对全区非公企业党建工作进行指导；动员、督促非公企业和社会组织党的组织和工作覆盖，全区316家社会组织均建立了党建台账，15个街道、乡镇均建立了非公企业党建台账。

（张　键）

顺义区

【概况】 2016年，顺义区委社会工委、区社会办认真履行“统筹、协调、督导、服务”的职责，自觉服从服务新时期首都城市战略定位和京津冀协同发展大局，深入落实“把握发展的阶段性特征、推动经济社会转型升级”工作总要求，统筹规划全区社会建设工作，不断提升社会治理水平。一是加强顶层设计。制发《顺义区加强城市服务管理网格化体系建设实施方案》《顺义区街道管理体制改革工作方案》和《顺义区“十三五”时期社会治理规划》等文件。二是深入推进社区示范点（试点）创建工作。以居民需求为导向，在6个街道的8个老旧小区实施综合治理，惠及居民约8.3万人；在6个镇新建7个“一刻钟社区服务圈”，服务5.78万人；完善12个社区服务站的规范化建设；重点推进16个新建和46个升星社区的智慧社区建设。三是出台社区工作者管理办法。明确职能定位，完善待遇保障机制，细化日常管理规范，实现“加强管理”与“完善保障”并行。四是推进指标体系试点。进一步验证指标体系运行流程，完成二批试点项目终验。五是培育发展社会组织。6个街道社区社会组织服务（孵化）中心全部挂牌运行，投入220万元购买“管理服务”及岗位，投入214.8万元购买24个市、区级项目。六是深化社会领域党的建设。实施“百日推进工程”，做好非公党建指导员选（续）聘工作，开展基层服务型党组织星级创建。

（赵亚楠）

【顺义区首个“社区党员e智能服务管理系统”正式上线】 1月12日，顺义区首个“社区党员e智能服务管理系统”在旺泉街道望泉家园社区正式上线。该系统利用网络软件、云端服务器、固定输入终端、手持PDA等，对社区党员等群体和服务项目进行智能化管理，实现党员身份量化、社区活动量化管理、日常信息无纸化发布。该系统是在旺泉街道支持下，望泉家园社区党支部运用“互联网+”信息技术平台及新媒体手段，方便居民参与社区活动的一大创新之举。系统上线后，将进一步提升社区党组织直接服务群众的能力水平，推进党建服务项目有序开展，并充分发挥党组织的引领作用，切实做好社区基础服务和文化、体育、卫生、教育、法治的宣传工作，提升居民参与社区自治管理的积极性，有力促进社区建设。

（赵亚楠）

【村规民约改革试点工作全面部署】 1月14日，顺义区召开以村规民约为抓手创新农村社会协同共治模式改革工作推进会，全面部署村规民约改革试点工作。区领导王刚、车克欣、肖承继、霍光峰、张晓峰、盛德利出席。区村规民约改革工作的各牵头单位、各镇、试点推进村党组织负责参加。会上，区委常委、区委办公室主任、改革办主任肖承继对村规民约改革试点工作的有关情况做了简要总结，从思想认识、修订原则、工作程序、工作导向等方面进行了部署。顺义区村规民约改革试点工作从2015年7月开始，到2016年年底结束，分别从社区平安建设型、村风民风引导型、村域环境优化型、浅山生态涵养型、流动人口调控型、民生服务保障型六种类型进行试点推进。

（王　伟）

【顺义区投入220万元购买“枢纽型”社会组织管理服务及岗位】 1月14日，顺义区召开“枢纽型”社会组织工作会，总结部署了“枢纽型”社会组织工作，并投入220万元购买“枢纽型”社会组织“管理服务”项目及服务岗位，解决部分“枢纽型”社会组织缺乏专职工作人员的问题，进一步探索规范“枢纽型”社会组织运行和发挥作用的途径，进一步加强对所属社会组织的服务和管理。

（王　娣）

【顺义区首个镇级“智慧社区”App正式上线运行】 1月中旬，顺义区牛栏山镇“智慧社区”App正式上线运行。此款掌上平台包括“社区介绍”“办事指南”等九个板块，集生活资讯、便民服务、社区互动等功能于一体。用户进入“办事指南”板块，可根据需求选择计生、民政、综合服务等子板块进行事项办理查询。同时，依托社区“一刻钟服务圈”，用户可通过该App购买水、电、气等。据悉，这是顺义区首个投用的镇级“智慧社区”App，解决了社区缺乏综合服务平台、社会治理不完善、便民利民应用领域狭窄的问题。

（赵亚楠）

【“公益行”系列活动深入推进】　3月，为进一步激发、调动社会组织活力，顺义区多角度、多维度广泛征集了2016年度社会组织公益活动计划。通过积极调动各“枢纽型”社会组织、各街道联合会的资源优势，充分发挥镇级社会组织联合会的导向作用，加大对农村社会组织积极参与公益活动的宣传力度等方式，全区共征集公益活动146项，其中全年性活动25项，特色活动121项。

（王　娣）

【街道管理体制改革推进会议召开】　3月5日，顺义区街道管理体制改革推进会议召开，总结了全区街道管理体制改革试点经验，部署了下一阶段改革工作任务。区领导王刚、高朋、车克欣、于庆丰、肖承继、张晓峰、盛德利出席。区委书记王刚就推进街道管理体制改革工作强调，全区各部门、各单位、各镇、街道要加强顶层设计，注重解决城市化进程当中“撤村建居”工作，坚持以人为本，着力提升群众的幸福感和获得感，全面提升城市管理和服务水平；要进一步强化统筹协调，明确责任分工，加强组织领导、舆论引导和工作保障，确保改革工作扎实推进、取得实效。

（王　伟）

【全区首家社区女子消防团队成立】　3月初，顺义区旺泉街道办事处西辛一社区“众援”女子消防队正式成立。这是全区首家社区女子消防团队，队员由西辛一社区消防工作人员、区消防支队队员和社区居家妇女40人组成。“众援”女子消防队采取不定期排查方式，清理社区消防隐患，如遇火灾情况发生，将第一时间控制火情并做好道路清障和人员疏散工作。

（赵亚楠）

【多家义工组织获第二批首都学雷锋志愿服务示范站（岗）等荣誉称号】　3月初，在“爱满京城”——2016年首都学雷锋志愿服务推动日活动中，首都文明委发布了第二批首都学雷锋志愿服务示范站（岗）的命名决定。其中，顺义区多家义工组织荣获了志愿服务站（岗）、示范站（岗）荣誉称号。石园街道义工分会等5家义工工作站被评为首都学雷锋志愿服务示范站，空港街道万科社区银发关爱志愿服务岗等5个志愿服务岗被评为首都学雷锋志愿服务示范岗，胜利街道建南二社区老兵志愿服务站等46家义工工作站被评为首都学雷锋志愿服务站，光明街道裕龙三区“老有所乐”书画志愿服务岗等47个志愿服务岗为首都学雷锋志愿服务岗。

（王　娣）

【养老助餐体系加快建设】　顺义区作为北京市第一批养老助餐服务体系建设试点单位，投入732万元推动养老助餐体系建设。项目先期在胜利、旺泉、光明、石园街道启动，逐步在全区条件成熟的社区推开。项目采取“中央厨房＋社区助餐点＋义工送餐”的运营模式，于3月底正式启动，主要以居住在顺义区60周岁及以上老年人和具有顺义区户籍的低保、优抚、重残人员为服务对象，提供兜底保障餐、经济实用餐、老年营养餐和居家营养餐四种餐食套餐。其中，对困难失能老人、重残老人、80岁及以上高龄老人等特殊群体给予就餐补贴，并提供免费送餐服务。

（赵亚楠）

【顺义区电子商务协会成立】　3月底，顺义区电子商务协会成立大会召开，审议并通过了《顺义区电子商务协会章程》，选举顺鑫控股党委书记、董事长王泽担任顺义区电子商务协会理事长。该协会将积极开展电子商务管理成功经验的普及指导，深入开展行业调查研究，提升传统产业对电子商务的认识；加大专业培训，建设顺义区电商人才“蓄水池”；同时整合电商网络资源，加强区域间合作交流，不断提升辖区电商规模效益。

（王秀海）

【第七届北京郁金香文化节开幕】 4月2日，第七届北京郁金香文化节正式开幕。与往届相比，本届文化节呈现四大亮点：全市最早绽放，通过品种选择和种植技术革新实现早期、中期、晚期、超晚期郁金香开放时间的次第衔接，盛花期持续到5月10日；全市规模最大，室外展区400万株郁金香营造出壮美花海，呈现“哈尼梯田的记忆”“变幻线骗骗你的眼睛”“爱拼图的童年”等九个组团主题；最有国际范，引进风靡全球的国际小火车，上演美妙绝伦的巡游表演。歌舞、杂技、魔术、器乐等多种文艺表演助阵；最有文化底蕴，静态的中国传统插花艺术展、生动的老北京手艺绝活、陈文令艺术展等令人目不暇接。

（赵亚楠）

【2016年“春风送暖”社会捐助活动启动】 4月8日,顺义区2016年“春风送暖”社会捐助活动正式启动。区委副书记、区长高朋，区人大常委会主任胡尚云，区政协主席周颖博等区委、人大、政府、政协四套班子成员以及天竺综保区管委会、区检察院、法院和总工会的干部职工踊跃捐款、奉献爱心，累计捐款81200元。活动所捐款项主要用于援助对口支援的内蒙古、江西、新疆、西藏、四川、青海等贫困地区、京津冀协同发展和本区救灾、救济、助老、助残、助学、助医等公益项目。

（王　菲）

【顺义区首家儿童福利院项目开工建设】 4月中旬，顺义区首家儿童福利院项目开工建设。项目位于顺义新城马坡地区，占地9500平方米，总建筑面积9568平方米，其中地上建筑面积7668平方米，地下建筑面积1900平方米，设计床位272张。项目建成后将成为北京郊区县中规模最大且服务保障能力最强的儿童福利机构，将为顺义区孤残儿童提供设施齐备、功能完善，集抚养、医疗、康复、教育、培训为一体的生活学习场所。

（赵亚楠）

【首家社区标准化心理服务站试点创建】 4月26日，市社会办副巡视员张青之一行到顺义空港街道天竺新新家园社区，就社区标准化心理服务站试点工作进行实地调研。调研会上，顺义区拟定天竺新新家园社区作为区内首家社区标准化心理服务站试点单位，进行有针对性的培养和建设，及时总结成功经验，并进行复制和推广。

（王　娣）

【旺泉街道小饭桌和私立幼儿园规范化管理项目启动】 4月27日，顺义区旺泉街道办事处正式启动“小饭桌、私立幼儿园规范化管理”项目。街道采用政府购买服务方式，聘请专业团体——顺义区食品药品安全企业协会负责该项目运营。街道辖区共有小饭桌和私立幼儿园24家，区食品药品安全企业协会将提供建档、体检、食品安全培训、营养配餐培训、入户指导等服务，规范小饭桌和私立幼儿园的服务与管理，提升其食品安全品质。

（赵亚楠）

【天竺镇互联网移动办公平台上线】 5月15日，顺义区天竺镇互联网移动办公平台上线。该平台根据“智慧天竺”发展规划，以物联网、移动互联网、云计算为核心技术打造，可通过手机App和电脑进行访问。平台初步利用大数据手段汇总分析各类数据，按场景分类呈现，为政务决策提供数据依据；实行全过程痕迹管理，使工作详情、处理结果、批示意见可通过手机终端随时查询，办事更规范。

（赵亚楠）

【区人大代表视察住宅小区物业管理情况】 5月19日，区人大常委会组织部分人大代表察看了宏城花园小区和牡丹苑小区物业管理情况，听取了相关部门关于全区住宅小区物业管理情况的汇报。区人大常委会副主任赵贵恒参加。视察中，代表们对全区社区物业管理工作表示肯定，认为去年出台的《顺义区社区物业管理办法》进一步规范了物业服务企业经营行为，并就缴费率低、物业企业服务不到位等问题提出了有针对性的意见和建议。

（赵亚楠）

【“展望‘十三五’开启新征程”系列宣讲活动启动】 5月23日，顺义区“展望‘十三五’开启新征程”系列宣讲活动在空港街道分会场拉开序幕。此次顺义区共组织10场“十三五”规划干部宣讲会，社会工委、教委、卫计委、环保局等部门副职领导结合本系统、本行业“十三五”发展等内容深入相关镇和街道开展宣传。

（樊廷卉）

【与北京城市学院签订合作协议】 6月3日，顺义区社会办与北京城市学院合作协议签约仪式在北京城市学院顺义校区举行。副区长盛德利、区长助理蔡派、北京城市学院院长刘林出席，区政府办、区民政局、各街道办事处、杨镇地区办事处主要领导及城市学院的相关领导参加。根据协议，北京城市学院将充分发挥自身学术优势，为顺义区提供社区工作者素质培养、公共服务项目规划设计等服务；区社会办将统筹街道社区为城市学院师生搭建社会锻炼和社会服务实践平台。

（仇凤荣）

【第二十五届北京国际燕京啤酒文化节开幕】 6月6日，第25届北京国际燕京啤酒文化节在顺义奥林匹克水上公园盛大开幕。此次啤酒节由展会经济向市民狂欢的节庆经济转型，旅游活动内容得到质的提升。活动场地由主会场扩展到全区旅游企业。重点参与旅游企业30家，包括北京唯一的专业花卉展览园——北京国际鲜花港、北京唯一的芦苇型湿地公园——汉石桥湿地、国内唯一的活体蝴蝶文化教育主题景点——七彩蝶园、北方唯一的室内滑雪馆——乔波冰雪世界、著名的焦庄户地道战遗址纪念馆、8家高端温泉度假酒店、多个高星级商务会议酒店等。主会场设立了旅游企业展台和旅游咨询站台，开幕日当天吸引游客近800人咨询，发放《享尚顺义》宣传册近2000册。

（赵亚楠）

【街镇系统“绿港清风　克己奉公”主题演讲比赛举办】 6月7日，由区社会办主办的顺义区街镇系统“绿港清风　克己奉公”主题演讲比赛在旺泉街道党群活动中心举行。全区25个街镇通过组织推荐、预赛选拔等方式推选出22位选手参加此次比赛。整场比赛选手们从身边事例、重大案件入手，旁征博引，深入剖析，诠释了在党风廉政建设及反腐败工作中的所思、所想、所悟。

（樊廷卉）

【老旧小区治理一期工程进入公开招投标阶段】 6月中旬，顺义区老旧小区治理一期工程进入公开招投标阶段。工程拟对光明、胜利、石园、旺泉、双丰、空港6个街道的14个社区、401栋居民楼，实施道路维修、社区内弱电和安防系统升级、环境改造等。工程7月下旬动工，年内完成，惠及百姓6.1万人。

（薛　沣）

【《顺义区“十三五”时期社会治理规划》发布实施】 6月15日，经顺义区政府批准，《顺义区“十三五”时期社会治理规划》正式发布实施。该文件根据《顺义区国民经济和社会发展第十三个五年规划纲要》精神和“十三五”时期顺义社会治理发展需要，区社会办牵头，会同相关单位编制完成《顺义区“十三五”时期社会治理规划》，提出了今后五年全区社会治理的发展思路、发展目标、重点任务和政策措施。

（董　昆）

【区党建电教示范站揭牌成立】 6月23日，顺义区党建电教示范站在博纳顺景影院揭牌成立。这标志着顺义区社会领域党建工作又有了新的大胆尝试和实践。来自机关、社区、非公企业和社会组织的150余名党员代表参加了授牌启动仪式，并观看了影片《南口1937》。博纳顺景影院作为电教示范站，设立专门的影厅作为活动场所，提供菜单式影片服务；在重要时机、节点，配合党的宣传教育；为基层党组织组织入党积极分子教育培训、集体入党宣誓仪式等活动提供场地和保障。此外，以非公企业和社会党组织及街道和社区党组织的党团员为重点，发放优惠卡，每月安排相对固定的时间为党员、入党积极分子、团员提供优惠服务。

（朱广娜）

【养老助餐服务工作启动配餐试运营】 6月下旬，顺义区养老助餐服务工作启动配餐试运营。首先在南彩镇彩俸小区和旺泉街道宏城花园社区开展，覆盖彩俸小区、河北村、宏城花园、牡丹苑和石门苑小区5个社区，满足2000余名60岁及以上老年人的用餐需求。服务采取“中央厨房+社区助餐点+义工送餐”的运营模式，按照成熟一个、启动一个的原则，三年内实现满足1万名老年人配送餐需求的目标，其中确保困难失能、低保、优抚、重残、高龄老年人覆盖率达85%。

（赵亚楠）

【石园街道志愿者“爱心积分银行”开业】 7月10日，顺义区石园街道办事处志愿服务“爱心积分银行”公众微信平台系统正式上线。该系统分为志愿者管理、服务项目管理、服务商家、物品管理、积分兑换、风采展示六大模块，先期在石园东区、西区进行试运营。志愿者通过关注“幸福石园爱心共筑”微信号，注册扫码认领岗位，开展志愿服务，进行相应的积分储蓄，积分可兑换由“爱心商家”提供的服务与礼品。此举激发了群众参与志愿服务的热情，有助于形成“服务—反哺—服务”的良性循环。

（赵亚楠）

【老旧小区改造一期工程顺利进行】 顺义老旧小区治理一期工程通过调查问卷等形式充分了解社区居民需求，签订意见书后正式实施，8月份陆续开工。工程对6个街道的8个老旧小区（14个社区）进行综合治理，内容包括建筑室内、外设施改造工程，建筑防水工程，社区内给、排水工程，社区内安防系统改造工程，社区内环境改造，消防设施改造，建筑物内供电系统改造以及隔音工程。

（王　伟）

【2016年度社区义工管理培训班举办】 8月9日，区民政局举办了为期4天半的社区义工服务管理培训活动，全区6个街道、19个镇的义工分会会长及义工工作站站长约410人参加此次培训。培训课程包括志愿服务规划与岗位开发、志愿服务基础保障与风险防范、志愿者动员与招募、志愿者入职辅导与支持、志愿者认可与激励、解读《关于规范志愿服务记录证明工作的指导意见》等内容。此次培训主要注重能力建设，通过发言、讨论、提问、相互配合协作等形式，既提高了社区义工骨干的管理能力，又加强了实际业务的操作能力，在培育专业化、规模化的义工管理队伍方面起到了积极的作用。

（赵亚楠）

【旺泉街道老旧小区改造一期工程正式开工】 8月25日，顺义区旺泉街道召开老旧小区改造一期工程开工启动会，这标志着将惠及铁十六局社区、西辛一社区、西辛社区、西辛北社区四个社区6640余户居民的民心工程正式开工。一期工程将对以上四个社区所涵盖的129栋楼进行整体改造，施工面积近10万平方米，主要包括室内外装饰改造、防水改造、给排水改造、安防系统改造、环境及采暖系统改造等内容。目前，各施工单位施工人员已进场，各项施工方案和应急预案已报审，预计工程将于2016年年底完工。改造工程竣工后，将一举解决这些老旧小区建设标准不高、外装破损严重、设施设备陈旧、功能配套不全等问题。

（赵亚楠）

【全区社区工作者专业化、职业化水平稳步提升】 年内，全区城市社区1212名社区工作者中，大学本科及以上学历571人，占社区工作者总量的47%，平均年龄41岁，持有国家社会工作者职业水平证书人员达到441人，持证比例36%。全区的社区工作者队伍从传统结构快速向专业化、职业化的方向转变，并在基层维稳、基本公共服务、便民服务等领域发挥越来越重要的作用。

（王　伟）

【友谊医院顺义院区项目正式取得市发展改革委立项核准】 9月初，市发展改革委正式批复首都医科大学附属北京友谊医院顺义院区项目立项。项目建设地点位于后沙峪镇机场北线南侧，规划建设用地面积112518.57平方米，总建筑面积241740平方米，包括门急诊、医技、科研、教学等功能用房及配套设施用房，同步实施道路、绿化等室外工程及热力、天然气、电力等红线外市政工程建设，设置床位1000张。项目的实施有利于非首都功能疏解，有利于东北部基本公共服务能力和水平提升，方便地区百姓享受优质医疗服务。

（赵亚楠）

【第八届北京菊花文化节在鲜花港开幕】 9月10日，第八届北京菊花文化节在北京国际鲜花港开幕。市园林绿化局副巡视员贲权民，区委副书记、区长高朋出席开幕式。本届菊花文化节以“菊韵鲜花港　最炫民族风”为主旨，从9月10日持续至10月23日。期间，将开展特色文化演出。本届菊花节种植各类花卉81种，种植面积达10万平方米，展示精品大菊及各种艺菊1200余种。其中，室外展区以“梦幻花园”为主题，室内展区以“菊世闻名”为主题。游客在展区中可漫步花海并了解菊花从中国到日本、再到欧洲、最后传播到全世界的过程。

（赵亚楠）

【胜利街道打造全区首家非公党建文化活动中心】 9月初，顺义区胜利街道办事处打造全区首家以非公企业为服务对象的非公党建文化活动中心试运行。中心占地面积225平方米，设有多功能会议室、e家工作室、党群沙龙活动室、书吧等，为企业提供党员学习教育、劳动用工服务、企业文化建设、企业品牌推广、党群文化休闲活动、志愿者队伍培育等综合服务，实现以企业党建为引领，促进企业发展的目的。中心的建立，有效吸引了辖区非公企业广泛参与辖区建设，弥补了非公企业开展党建工作缺少场地的短板。

（赵亚楠）

【村（居）规民约工作专题培训部署会召开】 10月10日，顺义区召开“以村（居）规民约为抓手创新基层社会协同共治”工作培训推进会，就深入推进村（居）规民约工作进行培训和部署。区委副书记车克欣，区委常委、组织部部长禹学垠出席。浙江省绍兴市委政法委副主任戴大新应邀为各镇街党（工）委书记、副书记，部分村（社区）党组织负责人等参会人员介绍了绍兴市运用村规民约推进基层社会治理的做法和经验。

（赵亚楠）

【顺义区社区义工联合会开展“敬老月”志愿服务活动】 10月是全国第七个“敬老月”，顺义区社区义工联合会本着贴近实际、贴近基层、贴近老年人需求的原则，开展形式多样的志愿服务活动，为全区老年人晚年生活添光加彩。石园西区、香蜜湾等社区工作站开展义诊服务和健康教育大课堂活动。医护人员详细询问了老人们的生活起居、饮食健康等情况，为老年人进行了血糖、血压、心电图等检查，发放高血压、糖尿病等健康知识宣传册，并提供了健康咨询服务。同时提示老年人要改变不良生活习惯，科学饮食，多运动锻炼，对疾病要早预防早控制，享受健康快乐的晚年生活。牡丹苑、西辛等社区工作站开展文艺义演活动，同时给广大老年人搭建了一个展示才艺的平台，增强了社区居民之间的凝聚力，不断丰富老年人的精神文化生活，促进老年人的身心健康。香悦西区社区工作站为银婚老人举办集体银婚庆典；牡丹区社区工作站为空巢老人送去寿字；裕祥花园社区工作站为老人送去寿糕。

（王秀海）

【全面提升社区工作者待遇保障水平】 11月4日，顺义区以区委组织部、社会工委、社会办、民政局、财政局、人力社保局6部门联合行文形式，出台《顺义区关于调整社区工作者待遇保障实施方案》。建立待遇水平按照上一年度全市职工平均工资90%的标准进行动态调整的机制；以市级标准为基础，将助理社会工作师、社会工作师、高级社会工作师的工资标准分别提高30%、50%和100%；探索设置社区工作者专项事业编和探索研究优秀社区工作者进入行政编制，拓宽发展渠道。

（王 伟）

【石园街道社区社会组织服务（孵化）中心正式挂牌运行】 11月24日，顺义区石园街道社区社会组织服务（孵化）中心正式挂牌运行。中心作为区域社区社会组织专业服务和日常管理的综合服务基地，具备组织创意、孵化、能力建设、培训交流、展览展示、信息发布、政策咨询、资源对接、考核评估、典型推广等系列配套功能，为社区社会组织长期发展提供强有力的专业技术支撑。以石园街道社区社会组织服务（孵化）中心正式挂牌运行为起点，相继还有五个街道的社区社会组织服务（孵化）中心将陆续挂牌运行，使全区社区社会组织建设发展达到一个新的水平。

（王 娣）

【顺义区首家社区标准化心理服务站在空港街道挂牌成立】 11月25日，顺义区首家社区标准化心理服务站——心语轩心理服务站在空港街道天竺新新家园社区居委会挂牌成立。张青之、袁冬梅等多位国家级心理咨询师将不定期到该社区为居民提供心理健康服务。服务站面向辖区居民，为在学习、生活、工作等方面有心理困扰的来访者提供鉴别、咨询、疏导等服务。咨询不收取任何费用，是社区开展的公益性服务，居民可以通过社区预约，享受具备资质的心理咨询师免费咨询服务。服务站还将根据社区居民咨询较多的问题，不定期举办心理讲座，为社区居民答疑解惑。待服务站运行成熟后，街道将在所辖17个社区逐步推广，力争在一到两年内使之全覆盖。

（赵亚楠）

【网格化体系建设实施方案正式印发】 11月30日，顺义区委办公室、顺义区政府办公室联合印发《顺义区加强城市服务管理网格化体系建设实施方案》，明确了全区网格化体系建设的总体要求、重点任务、进度安排、推进方式和保障措施，确定了符合区域特点的网格化体系建设“135N”重点任务。

（董 昆）

【“顺义区‘十三五’时期社会治理”专题宣讲走进旺泉街道】 12月23日，为帮助街道社区干部群众了解领会顺义区“十三五”时期社会治理规划，按照区委宣传部的部署和要求，社会建设专题宣讲于下午走进旺泉街道。区委社会工委委员、区社会办副主任郑建阳结合顺义区社会治理发展实际，运用深入浅出的理论阐述和旁征博引的案例分析，对全区“十三五”时期社会治理规划的起草背景、主要内容和如何贯彻落实三个方面进行了解读。旺泉街道及所辖社区干部、楼门院长、居民群众百余人参加。

（樊廷卉）

【顺义新城地区区域化党建“新城芯”项目启动】 12月27日，顺义区双丰街道工委召开加强区域化党建在职党员回社区支部对接成果展示暨顺义新城地区区域化党建“新城芯”项目启动现场会。区委常委、组织部部长禹学垠出席，区委社会工委、区民政局、新城管委会负责，双丰街道各社区支部对接的23家单位、4家区域化党建协作单位相关负责，双丰街道全体班子成员、15个社区支部书记参加活动。为进一步加强双丰街道区域化党建工作，街道工委与马坡镇政府、新城办、绿色生态集团、潮白河管理处4家单位共同发起，创立顺义新城地区区域化党建品牌项目“新城芯”，以“多点支撑、互为主场、服务居民、共同发展、成就新城”为顶层设计理念，构建以双丰街道为核心、各协作单位互为主场、共同服务群众为重点、驻区单位党组织和社区内全体党员共同参与的区域化大党建工作格局。

（赵亚楠）

【“微网格”微信公众号示范点建设积极推动】 6月，全区27个试点社区（村）开设微信公众号全部上线运行。微信公众号由顺义区委社会工委利用市级专项资金，采取统一标准、统一建设的模式，微信公众号开通了“一刻钟服务圈”“便民电话”“办事指南”等在线服务栏目，使便民服务更加高效。截止到年底，各试点社区（村）通过微信公众号向社区群众推送600余条信息。今后，区、街（镇）二级和社区（村）三级网格化平台建设完成后，群众反映问题的渠道将更加顺畅。届时群众可通过微信公众号中的随手拍功能，将发现的问题直接上报至网格平台。

（董　昆）

【做好社区工作者分级分类培训工作】 年内，区社会办四项措施做好社区工作者分级分类培训工作。一是开展社区工作者“轮训”，在任期内有计划、分批次地开展全员培训工作。二是开展专项技能培训，定期开展“助理社区工作师”“社会工作师”“社工心理技能”培训等专业培训。三是开展新入职社区工作者培训，帮助新入职人员尽快适应工作岗位，投入社区工作。四是开展社工人才培训，搭建优秀社工人才与专家学者学习和互动的平台。

（王　伟）

昌平区

【概况】 年内，区委社会工委、区社会办以“两学一做”学习教育为主线，加大工作力度，扎实推进社会建设各项重点工作，取得了一定成效。一是围绕“两学一做”学习教育，全面加强社会领域党的建设。明确工委书记和直属党组织书记作为第一责任人和直接责任人，成立区委社会工委副职领导任组长的3个督导组，分别联系直属的44家非公企业和社会组织党组织，打造了药材公司党总支和阳光商厦党支部2个党建规范化建设示范点，80%的直属党组织规范化建设达标。二是夯实工作基础，有效提升社会服务治理水平。全区网格化共划分一级网格22个、二级网格535个、三级网格1005个。创建了10个“一刻钟社区服务圈”示范点、5个社区规范化建设示范点、4个老旧小区自我服务管理试点、6个村级社会服务试点、30个北京市智慧社区，全区224个社区的办公和服务用房已全部达标。社区工作者总体待遇水平达到了上一年度本市职工平均工资的71%。以区政府名义印发《昌平区“十三五”时期社会治理规划》。三是加大工作扶持，助推社会组织稳步发展。政府购买社会组织服务项目获批5个，资金56.7万元。昌平区城北街道于2016年12月5日正式挂牌成立了昌平区首家街道级社会组织培育发展中心。

（李　祥）

【区委书记带队调研基层服务型党组织建设情况】 2月14日上午，区委书记侯君舒带队先后来到沙河镇地区、回龙观地区及霍营街道，调研基层服务型党组织建设情况。区委常委、组织部长王燕庆，副区长刘长永，区委社会工委书记刘向东等陪同调研。

（李 祥）

【“一小时纪律教育”专题学习活动开展】 2月23日，区委社会工委开展了“一小时纪律教育”专题学习活动，集体研读了《区委书记侯君舒在区纪委四届四次全会上的讲话》和《昌平区纪委四届四次全会工作报告》，并观看了《红色家书之清贫乐天》和《廉洁耿直的真汉子刘统勋》教育片。

（李 祥）

【调研霍营街道社会组织管理工作】 2月25日上午，区委社会工委委员、区社会办副主任徐湘涛带队到霍营街道办事处调研社会组织管理工作。调研期间，徐湘涛一行实地参观了霍营街道社区公益空间和社会组织办公场所，充分了解到霍营街道在促进知名社会组织本土化、帮助支持社会组织发展壮大等方面所做的努力和取得的成绩。徐湘涛一行与办事处有关负责人进行了充分沟通和交流，对贯彻落实市委社会工委工作要求和区领导指示精神，探索建立社会组织孵化中心和街道“枢纽型”社会组织进行了深入讨论。

（李 祥）

【社区建设工作部署召开】 3月3日，昌平区召开会议专门部署2016年社区建设工作，正式启动“一刻钟社区服务圈”、社区规范化建设示范点、老旧小区自我服务管理试点、村级社会服务创新试点四类社区建设项目。经前期申报，25个社区通过审核，涉及12镇（街）。所有创建项目于6月份实施检查验收。全区“一刻钟社区服务圈”将达到66个，惠及近60万居民。

（李 祥）

【国际社工日主题宣传活动举办】 3月19日，昌平区社会办在亢山广场举办以“发展社会工作，助力扶贫济困”为主题的国际社工日主题宣传活动，以提高公众对社会工作的知晓度、认同度和参与度，提升社会工作职业地位。此次活动是全区“社工宣传周”主题系列宣传活动之一。区社会办副主任张兆刚参加了活动。宣传活动通过悬挂横幅、摆放展板、发放资料、现场解释、动员宣传等形式宣传社工扶贫济困工作成果、宣传专业社会工作服务机构承接政府购买服务、宣传专业社会工作者和志愿者扎根基层、为民解困的崇高精神。工作人员向广大市民现场发放了社工知识宣传资料，并解释和宣传社会工作在解决社会问题、舒缓社会矛盾、完善社会服务、激发社会活力等方面的专业优势与重要作用。

（李 祥）

【区委书记带队调研全区非公企业党建工作】 4月5日下午，区委书记侯君舒带队先后来到二六三网络通信股份有限公司、中海阳能源集团股份有限公司、北京绿创环保集团有限公司和北京雪迪龙科技股份有限公司，实地调研中关村科技园区昌平园非公企业党建工作。区委常委、组织部部长王燕庆，副区长贺军，区委社会工委书记刘向东一同调研。

（李 祥）

【昌平区社会建设专项资金审计工作动员部署会召开】 4月14日上午，区委社会工委、区社会办在“财会之家”第一会议室召开了昌平区社会建设专项资金审计工作动员部署会。市审计局审计组，区委社会工委、区社会办、业务科室相关人员，以及城北街道等6个镇街的业务科室负责人和财务人员参加会议。区委社会工委书记刘向东主持会议。

（李 祥）

【京台交流社区大讲堂活动开展】 4月12日，台北市文山区政大里刘俊奇里长一行人，在市委社会工委、市台办相关人员的陪同下，到昌平开展社区大讲堂活动。2015年年底昌平区二街社区到台北市文山区政大里开展交流活动，并签订了社区合作协议，刘俊奇也是台湾第一位回访的里长。通过京台社区大讲堂活动，两岸社区共同探讨了社区管理模式，交流了社区治理和实践经验，将社区营造理念用于社区建设与发展实践，对今后昌平区提高社区建设和管理服务水平具有重要意义。

（李　祥）

【与北京公益发展促进会洽谈合作项目】 4月26日上午，北京公益发展促进会秘书长孙鹏飞等人到昌平就合作共建昌平区社会组织服务中心有关事宜进行协商，区委社会工委委员、区社会办副主任徐湘涛会同区民政局业务科室与其进行了商讨。其间，孙鹏飞对北京公益服务发展促进会的基本情况进行了介绍，并提交《合作共建昌平区社会组织服务中心方案》共三方讨论。徐湘涛和区民政局业务科室从项目背景、架构设置、运营管理维护等多方面对建设昌平区级社会组织服务中心提出了建议和要求。三方就合作共建事宜和步骤时序达成初步意向。

（李　祥）

【区领导调研网格化服务管理体系建设情况】 5月6日上午，副区长刘长永带队调研昌平区网格化服务管理体系建设情况，区委社会工委书记、区社会办主任刘向东、区经信委、综治办、综合行政服务中心、昌平公安分局等部门有关领导陪同调研。刘长永一行人先后到城北街道网格化分中心、市政市容委城市监督指挥中心和综合行政服务中心，实地查看网格化平台建设和运行情况。实地调研后，刘长永召开工作会议听取了有关情况汇报。

（李　祥）

【“两学一做”学习教育工作会议召开】 5月12日下午，按照区委统一部署，为了合理安排和扎实推进“两学一做”学习教育工作，区委社会工委专门召开会议，对系统内“两学一做”学习教育工作进行了动员和部署。会议由区委社会工委书记、区社会办主任刘向东主持，机关全体干部和直属党组织书记参加了会议。

（李　祥）

【天通苑北街道组建党建工作协调委员会】 5月14日，天通苑北街道在玺祥苑门前广场，举行党建工作协调委员会成立大会暨揭牌仪式。天通苑北街道班子，成员单位、辖区企事业单位、社会组织负责人，社区（村）两委干部，各党小组、楼门长、居民代表共200余人参加活动。区委组织部副部长秦建柱、区委社会工委书记、区社会办主任刘向东出席活动。揭牌仪式后还进行了文艺演出。

（李　祥）

【市委社会工委检查昌平区网格化工作】 5月31日，市委社会工委委员、市社会办副主任王丽竹带队到昌平区检查网格化资金使用情况。王丽竹一行人对有关资料进行了查看，并在区委213会议室召开会议。副区长刘长永，区委社会工委书记、区社会办主任刘向东参加会议。昌平区对2015年网格化资金使用情况、绩效情况和审计情况进行了汇报，王丽竹对昌平区加紧开展网格化体系建设表示肯定并提出有关工作要求。

（李　祥）

【网格化体系建设工作部署会召开】 6月8日，昌平区召开网格化体系建设工作部署会。会议由副区长刘长永主持，区委社会工委、区社会办、区综合行政服务中心、区市政市容委、区公安分局、区综治办、区经济信息化委和20个镇街及北企公司的相关负责人参加了会议。会上，区委社会工委书记、区社会办主任刘向东对全区网格化体系建设工作进行了部署，刘长永从严格加强资金监管、及时配置硬件设备、加快整合网格员队伍、工作时间节点等多方面提出了要求。此次会议的召开，对全面推进昌平区网格化体系建设工作，实现城市管理、社会服务、社会治安逐步实现“三网”融合，切实提升城市服务管理精细化水平具有重要意义。

（李　祥）

【区委社会工委领导班子学习贯彻区委四届十二次全会精神】　6月13日，区委召开了十二次全会，审议通过关于全面深化改革提升城市规划建设管理水平、促进大众创业万众创新和发展全域旅游三个实施意见，区委书记侯君舒在会上作了讲话。6月20日，区委社会工委召开工委领导班子会议，专题研究贯彻落实全会精神和三个实施意见的工作思路和具体措施。区委社会工委书记、区社会办主任刘向东强调：各科室要专门研究全会审议通过了三个实施意见，其中，全面深化改革提升城市规划建设管理水平实施意见涉及我委主责的几项具体工作任务。主要包括建立统一的网格化体系、推动社会多元共治、加强大型社区管理、提高社区服务品质等方面内容。此外，区委社会工委作为牵头负责社会治理和社会建设的主要部门，要认真落实区委书记的讲话精神，结合全会部署，扎实推进社会建设各项重点工作上台阶。

（李　祥）

【学习传达区委四届十二次全会精神会议召开】　6月14日上午，区委社会工委书记、区社会办主任刘向东主持召开会议，学习传达区委四届十二次全会精神。区委社会工委全体机关干部参加会议。会上，刘向东结合区委书记侯君舒在区委十二次全会上的重要讲话精神，对机关党支部近期深入开展“两学一做”学习教育活动提出了要求，并结合机关效能建设，对应急用车、考勤管理、请假休假有关制度和要求进行强调。会议最后阶段，根据区纪委“一小时纪律教育”要求，观看了纪律教育警示片。

（李　祥）

【区委书记带队调研“两学一做”学习教育活动开展情况】　6月23日上午，区委书记侯君舒，区委副书记、区委政法委书记鲁亚，区委常委、组织部部长王燕庆，到回龙观镇龙园派出所、昌平区中西医结合医院和天通苑南街道溪城珑原社区，调研“两学一做”学习教育活动开展情况，区委社会工委书记、区社会办主任刘向东陪同调研。

（李　祥）

【参加全市社会领域纪念建党95周年大会】　6月28日下午，区委副书记、政法委书记鲁亚带队参加全市社会领域纪念建党95周年大会。大会表彰了全市社会领域100个先进基层党组织、100名优秀共产党员、100名优秀党务工作者及100个优秀党建活动品牌项目。

（李　祥）

【市网格化督导组督导昌平区网格化体系建设】　7月6日，市委社会工委委员、市社会办副主任王丽竹带领市市政市容委协调办、市社会办信息中心和综合处有关人员，到昌平区督导网格化体系建设工作，副区长刘长永，区委社会工委书记、区社会办主任刘向东及区综合行政服务中心、区市政市容委城市监督指挥中心有关人员陪同检查。

（李　祥）

【第一期网格员培训开展】　7月7日，区委社会工委、区社会办与区综合行政服务中心联合区市政市容委、公安分局、区环保局举办为期一天的网格员初任培训，城北街道、回龙观镇、霍营街道的负责人和58名新招录上岗的网格员参加了培训。通过这次培训，使网格员对相关工作有了初步的了解，有利于提升新入职网格员的实务能力、专业素养和理论水平，尽快适应网格化工作岗位要求，进一步推动全区网格化队伍建设，完善了网格化平台运行机制。

（李　祥）

【网格化体系建设工作会议召开】 9月1日下午，副区长刘长永主持召开会议，研究网格化体系建设相关工作。区社会办、综合行政服务中心、综治办等有关职能部门人员出席会议。区社会办汇报了昌平区网格化体系建设工作领导小组办公室机构调整和工作人员安排等重要事宜，各职能部门围绕机构调整和工作人员安排事宜进行了充分讨论，最后刘长永做总结部署，并提出了相关工作要求。

（李　祥）

【直属党组织工作会议召开】 9月23日，区委社会工委召开直属党组织工作会议，部署区委社会工委党员代表大会代表选举工作。会议由区委社会工委副书记杨志福主持，各直属党组织书记（负责人）、党务工作者、党统管理员出席会议，区委社会工委书记、区社会办主任刘宝君在会上做了总结发言。会议还部署了党内信息统计工作，并进行有关业务培训。

（李　祥）

【网格化体系建设工作会召开】 9月23日，副区长刘长永主持召开网格化体系建设工作推进会，21个镇街、10个职能部门主管领导及平台开发公司参加会议。各镇街、各单位汇报了网格化体系建设的工作进展、存在问题和下一步工作安排。平台开发公司对系统使用做了现场培训，会上镇街主管领导全部实名认证为网格员。副区长刘长永强调，各镇街、各单位要高度重视网格化工作，做到主管领导、办公地点、专职人员和工作职责“四个明确”；要加强统筹协调，尽快做到社会服务管理、城市管理、社会治安、气象服务、统计服务、环保监督等多网融合，不断提高昌平区城市服务管理水平。昌平区成立了网格化体系建设办公室，从10个单位抽调10名专职从事网格化工作，并在区行政服务中心实行统一联合办公。同时，三级网格化体系已搭建完成，平台建设日趋完善，各单位现有平台正逐步对接融合到网格化平台。

（李　祥）

【网格化体系建设工作专题会召开】 10月9日，区长张燕友主持召开网格化工作推进会，副区长刘长永、政府办、社会办、公安分局、城管执法局等网格化领导小组成员单位及部分街道主要负责人参加了会议。会议听取了网格化工作进展、存在问题、下一步工作思路等方面汇报。各成员单位就平台建设、数据共享、人员融合等提出了意见和建议。副区长刘长永指出，要完善平台建设，加快各部门数据融合；要加快网格员实名认证，充实网格员队伍；要加强对镇街指导，确保案卷上报处理质量。区长张燕友提出了四点要求：一是进一步整合加强信息资源；二是进一步整合网格员；三是进一步规范流程；四是进一步研究机构设置。

（李　祥）

【区委社会工委召开党员代表大会】 10月13日，区委社会工委召开党员代表大会，来自直属党组织的101名党员代表通过直接差额选举的方式，选举产生了刘宝君、杨志福、孔日明、杨素春、吴洁5位为出席昌平区第五次党代会代表。区委社会工委书记、区社会办主任刘宝君参加会议并讲话。

（李　祥）

【区网格办召开工作调度会】 11月11日，为加快推进昌平区网格化体系建设，促进平台系统进一步完善，运行更加规范合理，区网格办召开了调度会。21个镇街负责人参加会议，区社会办副主任张兆刚主持会议。

（李　祥）

【2016年度政府购买社会组织服务项目部署会召开】 11月23日，为部署昌平区2016

年度利用市社会建设专项资金购买社会组织服务项目的实施，了解目前各项目进展情况，加强对项目的指导与监督，及时解决项目开展过程中存在的困难和问题，昌平区社会建设领导小组办公室召开昌平区2016年政府购买社会组织服务项目部署会。区社会办副主任徐湘涛出席会议，获得项目批复的4家社会组织负责人参加会议。

（李　祥）

【区委社会工委机关支部会传达市委十一届十一次全会精神】 12月2日下午，区委社会工委召开机关支部会议，专门学习传达市委十一届十一次全会精神，机关支部全体党员参会，会议由区委社会工委副书记杨志福主持，区委社会工委书记刘宝君做讲话。

（李　祥）

【首家街道级社会组织培育发展中心成立】 12月5日，昌平区城北街道社会组织培育发展中心揭牌仪式在城北街道办事处举行。仪式由城北街道党工委副书记齐鲲主持，城北街道党工委书记王建，办事处主任刘庆海，以及区委社会工委委员、区社会办副主任徐湘涛，区民政局党委委员、副局长徐金旺，区委组织部有关领导出席仪式并讲话。街道所辖各社区书记、主任以及部分社会组织代表共150人参加会议。

（李　祥）

【组织社区干部参加检察开放日活动】 12月9日，区委社会工委组织城南街道、城北街道部分社区干部近20人参加了以“加强侦查监督、维护司法公正”为主题的检察开放日活动。活动加强了社会工委系统与检察院系统工作上的联系和对接，提高了社区干部对检察工作的认识，增强了检察工作与社区的联系，进一步深化了社区干部的法治观念，为今后在社区中开展法律知识宣传、强化行政监督职能奠定了基础。

（李　祥）

大兴区

【概况】 2016年，在区委、区政府的正确领导下，区委社会工委、区社会办深入贯彻党的十八大精神，以“两学一做”教育为契机，认真落实市社会建设工作会议精神和区委区政府相关工作部署，有序推进新区社会建设工作。大兴区社工委着力强化目标导向，发扬“三敢一甘”精神，积极应对各种挑战，全面推进新区社会治理，圆满完成新区社会治理各项目标任务。坚持机制创新，社会体制改革稳步推进。坚持实践探索，社会治理能力显著增强。坚持选拔培养并重，社会工作人才队伍素质全面提升。坚持突出区域特色，“四有”工作积极推进。着力搭建宏观管理平台，研究制订区内社会建设的总体规划，统筹推动社会建设各项任务的分解落实和督促检查，圆满完成了各项工作任务。

（刘冬雷）

【开展老旧小区自我服务管理】 1月22日，大兴区成立了无物业小区自我管理联合会。通过大量工作，19个老旧小区全部完成自我服务管理，形成健全完备的体制机制，社区环境明显提升。积极协调4家国企物业公司（城建开发物业、兴宾健安物业、京南顺达物业、兴创投资有限公司）对老旧小区进行了结对帮扶，成立大兴区老旧小区自我服务管理联合会，力求长效发展。

（刘冬雷）

【2016年社会建设工作会召开】 3月1日，大兴区召开新区社会建设工作会，副区长杜志勇主持会议，区委社会工委书记、区社会办主任孙洪伟总结2015年新区社会治理工作并部署2016年工作任务。清源街道办事处、观音寺街道办事处、瀛海镇、庞各庄镇分别做典型发言。

（刘冬雷）

【大兴区社会组织党群活动中心揭牌】 3月15日，大兴区社会组织党群活动中心揭牌，成立了区级社会组织党组织，为社会组织党建工作提供了阵地保障。对全区社会组织进行摸底调查，掌握社会组织的整体情况，并以民办学校、民办医院等社团为重点，创新基层党组织设置，扩大社区组织党组织和党的工作覆盖。

（刘冬雷）

【社会服务管理综合信息系统不断完善】 4月，“大兴区社会服务管理综合信息系统”完成终验，系统上线整体运行状况良好；社区完成网格划分，构建了人、地、事、物、组织的社区台账基础数据库，实现街道、社区社会服务的有效管理，收集、解决社区居民诉求、发布社会服务信息。同时以微信平台为纽带，实现社会服务“零距离”、社会管理“全覆盖”、居民诉求“全响应”；通过制定和发布《大兴区社会服务管理综合信息系统工作考核办法》，有效调动了社区工作人员的积极性，保障了社区服务工作的有序开展。

（刘冬雷）

【社会工作者职业水平考前培训办举办】 6月12日，为鼓励和引导各类社区工作者参加国家社会工作者职业水平考试，取得社会工作师、助理社会工作师等职业水平证书，区委社会工委、区社会办与区民政局共同在石油化工学院举办考前培训，来自社区居委会、社区服务站、机关事业单位和社会组织的近300人参加了培训。6月18日至19日，共600余人报名参加社会工作者职业水平考试。

（刘冬雷）

【落实社区工作者工资待遇政策】 根据北京市社会建设工作领导小组办公室《关于进一步规范社区工作者工资待遇的实施办法（试行）的通知》（京社领办发〔2015〕11号）文件要求，昌平区多次研究，平衡调整系数，制订了大兴区社区工作者工资调整工作方案，征求区人力社保局、财政局、民政局等相关单位意见，经区政府批准后，于6月中旬召开了全区社工工资调整工作会，7月全区各单位开始按照新的工资标准执行。

（刘冬雷）

【区社会组织服务中心党支部建立远程教育终端站点】 6月，区委组织部为10家代表性单位下发了投影、幕布，建立了远程教育终端站点。区社会组织发展服务中心专设场所作为远程教育活动室，安装了投影、幕布、电脑等相关设备；按照关于在全市非公有制企业和社会组织党员中开展“学党章党规、学系列讲话，做合格党员”学习教育的指导方案的要求，坚持每月进行2次集中学习。

（刘冬雷）

【社区专职工作者队伍不断壮大】 7月5日，区委社会工委、区社会办联合区人力社保局、区民政局组成2016年社区工作者招录工作领导小组，完成社区专职工作者招录工作，招录社区服务站工作人员及社区居委会临时工作人员共217人，人员已分配到岗。大兴区社会工作专业人才总量达3058人，获得职业水平证书的专业人才为778人。其中，社区服务站的大学生社工人数达492人。

（刘冬雷）

【2015年市级项目结项评估完成】 7月28日，2015年市级项目结项评估圆满完成。大兴区共有20个项目进行了结项评估，获得批复资金共计160万元。大兴区社会建设工作领导小组办公室积极发挥项目实施主责单位作用，从培育社会组织发展，激发社会组织活力，着力服务基层群众出发，协调、督促各承接服务项目社会组织按照项目合同和市社会建设工作领导小组办公室的相关要求认真组织实施服务项目，各项工作进展顺利。

（刘冬雷）

【"十三五"时期社会治理规划印发】 年内，《北京市大兴区和北京经济技术开发区"十三五"时期社会治理发展规划》的编制工作完成，于8月24日北京市大兴区人民政府第61次常务会议审议通过，10月正式印发给33个委办局、8个街道、14个镇。

（刘冬雷）

【志愿之星宣讲团参与百姓宣讲活动】 8月30日上午，为弘扬社会主义核心价值观，提高公民意识、志愿精神和服务能力，践行志愿服务理念，让志愿者的微笑成为北京最好的名片，区委社会工委志愿之星宣讲团派出由七人组成的宣讲小分队参加此次百姓宣讲活动，志愿之星宣讲团曾参加过多次宣讲活动，将平凡生活中的感恩与关爱传播给更多的人，进一步加强了对志愿者队伍的服务和凝聚，动员了更多的市民加入到志愿服务的行列中来，弘扬了奉献、友爱、互助、进步的志愿精神，坚持与祖国同行、为人民奉献。

（刘冬雷）

【征地补偿安置信息服务网建设完成】 11月，大兴区征地补偿安置信息服务网完成系统终验，该网于2015年8月开始筹建，经过调研、立项、招投标、开发和试运行等流程，成功上线，实现了对全区征地补偿安置工作的动态管理和资源多方共享，为领导决策提供坚实数据保障。

（刘冬雷）

【非公企业和社会组织"两个覆盖"工作集中推进】 8月底，区委组织部、区委社会工委联合制定下发了《大兴区关于集中推进非公有制企业和社会组织党的组织和工作覆盖的通知》，进一步明确了任务目标，细化了工作措施，并将此项工作列入了基层党组织书记抓基层党建述职评议考核内容。区委社会工委把扩大"两个覆盖"作为专项工作来抓，研究实施方案，并出台了相关文件，集中一个多月时间进行排查摸底，确保底数清、情况明。为推动"两个覆盖"这项工作，先后召开2次工作会议，区委领导亲自进行专项部署，明确目标任务、明确主体责任，开展分类施策，并且建立督导制度。以园区为龙头，统筹抓好商务楼宇、商业街区等非公企业聚集区"两个覆盖"；社会组织方面，理顺关系，明确责任，加强指导，推进覆盖，确保任务落实。大兴区共有非公企业2714家，党组织覆盖率为82.2%。大兴区共有社会组织396家，党组织覆盖率为60.1%。

（刘冬雷）

【地下空间公益性开发利用完成】 年内，地下空间公益性改造全部完成，涉及4个小区，改造规模7386.45平方米，总投资1540万元，改造工程主要包括建筑工程、给排水工程、消防工程、暖通工程、电气工程等。分两个标段进行施工：一标段中标单位为北京拓翌建设工程有限公司，施工地点为旧宫镇旧宫新苑南区23号楼地下空间、亦庄镇晓康社区1号楼地下空间；二标段中标单位为北京万兴建筑集团有限公司，施工地点为采育镇育新花园中里A区地下空间、博兴街道博客雅苑小区9号楼地下空间。

（刘冬雷）

【2016年社区工作者骨干培训完成】 10月28日，大兴区组织的为期五天的社区工作者骨干实务能力提升培训结束。培训对象为各街道、地区办事处推选出的社区服务站工作骨干，共计81名。为进一步加快首都社区工作者队伍专业化、职业化建设，强化社区服务站大学生社工的实务能力培训，促进全区社区工作者队伍整体工作水平的提升，更好地满足居民群众需求，培训班特别注重实务层面，包含了儿童、青少年、妇女、老年人、社区治理、社区法律、项目管理等内容。此外，还组织学员们到社会工作事务所参加现场教学。同时，培训班还专门针对参训学员实务能力的提升，增加了小组实操、

模拟演练等环节。参训学员表示，培训课程“实用、接地气”，通过实操训练，收获很大。

（刘冬雷）

【2016年新入职社区工作者培训会完成】 11月18日，为积极适应“十三五”时期全市社会治理任务要求，按照市委社会工委、市社会办的总体工作安排，持续加强社区工作者队伍建设，结合新社区工作者入职情况，大兴区组织开展了为期三天的2016年新入职社区工作者培训圆满结束。本次培训由区委社会工委和北京青年政治学院共同负责组织实施。培训对象包括全区2016年新入职的社区工作者159人。通过本次培训，进一步提升了新入职社区工作者的实务能力、专业素养和理论水平，强化了社区服务站社区工作者的实务能力，拓宽了社区工作者的工作思路，为更好地满足居民群众需求、开创社区工作新局面，打下了坚实的基础。

（刘冬雷）

【村居对接工作稳步开展】 12月12日，按照“成熟一个，推进一个”的原则，分为移交筹备、完善基础台账、协商相关事宜、科室业务对接和签订移交协议等5个阶段，稳步开展村居对接工作。区四有办组织黄村镇与清源街道签订康庄路50号院、兴盛街187号院、兴盛街189号院社区管理权移交协议；黄村镇与高米店街道签订双高花园、郁花园三里社区管理权移交协议，完成5个回迁社区管理权移交工作。自12月1日起，移交社区的人、地、事、物、组织等相关工作将分别由清源街道、高米店街道负责管理。

（刘冬雷）

【关于进一步加强区域化党建工作的意见出台】 年内，为推进区域化党建工作的开展，大兴区出台了《关于进一步加强区域化党建工作的意见》（京兴组发〔2016〕1号）文件，健全完善了工作体系。全区各镇、街均建立了党建工作协调委员会，6个街道均建成了区域性的党群活动中心，有条件的社区、村建立了区域化党建工作平台，提升基层党组织的整体功能。

（刘冬雷）

【全区“两新”党组织开展“两学一做”学习教育】 年内，按照中央部署和市、区两级安排，结合大兴区社会领域实际，在全区“两新”党组织开展“学党章党规、学系列讲话，做合格党员”专题教育活动，各属地均开展3次以上的“两新”党组织的“两学一做”专题教育活动，黄村镇开展20余次的活动有会议记录和发言材料，进一步增强了党员政治意识、大局意识、核心意识、看齐意识。推动社会领域党组织和党员在履职尽责、服务群众中发挥引领和表率作用。

（刘冬雷）

【在职党员进社区工作进一步深化】 年内，大兴区严格落实在职党员服务社区“四个一”（每年一次到社区报到，签订一份承诺书，认领一个岗位，每年至少办一件实事）工作要求，完成在职党员进社区服务报到工作，全区各级机关、事业单位和国有企业在职党员总数16817人，报到总数16585人，报到率为99.54%，个人认定服务岗位15445个，以单位党组织形式报到共计695个，办实事总数为19793件。

（刘冬雷）

【商务楼宇“五站合一”工作标准进一步提升】 年内，区委社会工委出台《加强楼宇党建工作意见》，按照专兼职结合的原则，进一步充实楼宇党建工作力量，同时，集合五站功能，提升服务能力，开展了4个志愿服务项目，举办了大兴区楼宇党建论坛项目。

（刘冬雷）

【社会领域党建工作水平持续提升】 年内，大兴区完成了10名新增党建指导员的聘用和

35 名党建指导员的续聘工作，新招录 8 名党务工作者。全区共有专职党务工作者 26 名，党建指导员 45 名，实现了每个属地、每座楼宇均配备一名专职党务工作者和一名党建指导员的人员目标。进一步健全培训体系，完善培训内容，通过专业化的培训，促进人才队伍的职业化。完成 6 个层面的 1100 人的专业化培训，社区、非公、楼宇、社会组织、专职党建指导员、党务工作者的培训。

（刘冬雷）

【社会领域党建品牌的引领示范作用加强】 年内，区委社会工委结合建党 95 周年，开展社会领域党建典型系列宣传活动。通过建立社会领域党建典型库进行网站宣传，对社会领域党建领域中的社区、非公企业、商务楼宇、社会组织、在职党员进社区等先进集体和个人进行宣传。拍摄社会领域党建宣传片。

（刘冬雷）

【关于加强大兴区园区非公企业党建工作的实施方案出台】 年内，为贯彻落实市委《关于加强全市园区非公企业党建工作的若干意见》（京组通〔2016〕67 号）文件精神，进一步加强全区园区非公企业党建工作，提升非公企业党建工作整体水平，区委社会工委出台了关于加强大兴区园区非公企业党建工作的实施方案。

（刘冬雷）

【社区办公和服务用房面积全部达标】 年内，按照市委和区委组织部工作要求，完成了第三批 23 个社区办公和服务用房购买工作，已出具大兴区第三批社区用房规范化建设项目阶段性结算审计报告。全区 187 个社区办公和服务用房面积已全部达标 350 平方米，社区用房总面积为 119121.51 平方米，其中办公面积 43945.87 平方米，活动面积 75175.64 平方米。

（刘冬雷）

【"一刻钟社区服务圈"年度创建任务完成】 年内，市级1 个"一刻钟服务圈"荣华街道林肯公园社区创建完成，区内 20 个"一刻钟服务圈"提升工作也全部完成，召开工作总结会听取了各属地的工作汇报。

（刘冬雷）

【规范化示范点的创建任务完成】 年内，按照市社会办的工作要求，年初确立市级示范点 5 个，分别是黄村镇新兴家园社区、西红门镇福星花园社区、瀛海镇南海家园四里社区、亦庄镇三羊里社区。通过定期工作督导，5 个示范点全部创建完成。

（刘冬雷）

【村级社会服务管理创新积极推进】 年内，确定榆垡镇辛庄村、西马各庄村，魏善庄镇半壁店村、大狼垡村，北臧村镇北高各庄村、西王庄村，庞各庄镇东梨园村、张公垡村，青云店镇太平庄村、大谷店村，长子营镇牛坊村、李堡村，采育镇延寿营村、铜佛寺村 14 个市级农村社会服务管理创新试点，所有试点全部完成创建。

（刘冬雷）

【社区日间照料中心建设积极推进】 年内，按照社会建设大会要求，在 8 个街道、5 个地区办事处和 3 个镇（青云店、庞各庄、采育）分别建立 1 个社区养老服务试点。各属地社区内日间养老照料中心建设场所全部完成装修可投入使用。实地到东城，石景山相关社区学习，制定并下发社区日间养老建设标准，统一社区养老照料中心标识，规范社区养老中心服务设施和社区养老基本服务内容，鼓励社会组织和志愿者参与社区养老。

（刘冬雷）

【老旧小区电力改造工程积极推进】 年内，积极推进大兴区老旧小区电力改造工程，电网配电设施改造工程内线改造部分项目主要包括 5 个街道 14 个小区电网配电设施内线改造，（林校街道共改造7个小区，分别为车站南里小区24~26号楼，兴辰小区，义和庄北里1~11号楼，义和庄北里15、17、18号楼，义和庄东里1~3号、5~6号楼，义和庄东里7~10号楼，义和庄东里电机厂宿舍；兴丰街道共改造3个小区，分别为兴华中里12号、13号楼，永华北里小区，龙河路小区16号职工宿舍楼；高米店街道共改造1个小区，兴华路（二段）6号院；西红门镇共改造1个小区，为宏盛园小区；旧宫镇共改造2个小区，分别为德茂小区和红星楼小区）总面积达到70万平方米，共改造102栋居民楼，可改善6184户居民的居住用电条件。上报发展改革委总投资为5413万元，待市发展改革委项目评审开始后续设计、施工等工作。

（刘冬雷）

【社会建设系列专题培训会完成】　年内，按照区委社会建设专题培训年的整体安排，完成了针对各职能部门、镇、街道、社区主管理领导及一线社区工作者300人次的老旧小区自我服务管理培训、社会建设专题培训、城市管理与社区治理培训等三次大规模的培训。通过培训增强了与基层之间的互动，提升了一线社区工作者的工作能力。

（刘冬雷）

【社区多元治理“四联”机制建立】　年内，在全区开展社会服务管理综合信息平台建设工程，加快推进“三网”融合，实现社区内信息联通，资源共享，问题联处。建立以社区党组织为核心，社区居委会、辖区单位、社会组织等为主体的社区“多元主体”议事协商机制。深入实施“网格化管理，组团式服务”工作机制，将社区“两委”干部、社会组织人才、社会工作者和社区志愿者整合起来打包使用，实现人才联用。加强社区便民服务中心、文体活动中心、卫生服务中心、生活服务中心“四中心”建设。

（刘冬雷）

【网格化管理工作扎实推进】　全区共划分社区网格175个。每个网格设立责任专员，专门负责网格片区内的政务办理及服务受理。搭建“大兴区社会服务管理综合信息系统”平台，实现区、街、社区三级联网运行，基本实现网上指挥调度、分析决策、信息共享和事项办理四大功能。为每名网格员配备一部“社管通”手机，与信息平台联通对接，网格员及时将居民矛盾诉求和服务需求，第一时间上传到信息平台。建立《网格化管理考核评价体系》，具体指导、督促网格化日常工作；制定出台网格监督员管理办法，定期走访督查，掌握网格管理情况；定期召开网格工作例会，积极研究对策，多方抓好完善。

（刘冬雷）

【智慧社区建设加快推进】　年内，区委社会工委制定了《大兴区智慧社区管理办法》，从机制上对智慧社区工作进行完善。智慧社区作为社工委重点项目，与发展改革委、经信委等单位积极沟通，加快智慧社区网络民生工程的实施。将大兴区社会服务管理综合信息系统与智慧社区建设相结合，加快推进区智慧社区建设。

（刘冬雷）

【推进机构养老管理智能化】　年内，开发“大兴区社会养老便民地图”，将居家养老、机构养老、社区老年助餐服务站点等为老服务实体信息进行坐标匹配、综合，方便群众分类查询。在新区养老机构试点、应用基础上，以点带面在全区养老机构逐步实现老人定位求助、跌倒监测、老人监测、防走失报警、自助体检、视频智能联动、员工管理等服务，满足机构养老服务的多元需求。

（刘冬雷）

【养老业务办理网络化持续推进】　年内，大兴区建成区、街、居三级联网、标准统一、互联互通的养老信息服务管理系统，实现事项办理便捷、公共服务规范。推进居家养老服务信息化，依托“96156”便民服务中心、大兴区社会服务管理综合信息系统、“一键通”呼叫服务等智慧养老信息服务平台推行定制式菜单服务，更好地方便群众。

（刘冬雷）

【“新居民工作站”网络服务平台建设持续推进】 年内，大兴区为确保辖区治安稳定，加强对流动人口的管理及服务，高米店街道绿地社区积极建设“新居民工作站”网络服务平台，依托大兴区社会服务管理综合信息系统，对辖区内流动人口实现信息化管理，提升流动人口管理服务水平，维护辖区稳定。

（刘冬雷）

【社区初步实现“微服务”】 年内，大兴区将智慧社区建设与大兴区社会服务管理综合信息系统相结合，促进社区信息化多元化发展，为全区187个社区开通微信及手机App，推动便民服务移动互联。大兴社区建设微信，在网上开辟了社区党校、社区教育、居务公开、社区警务、综合治理、社区新闻、党政公开、预约服务、一键导航、随手拍等，居委会基本实现网络化办公，也是通过网络，向居民提供服务，解决社区问题。共发布微信公告、新闻、居民诉求、办事指南等服务信息八千多条。

（刘冬雷）

【打造“三平台”推进智慧社区建设】 年内，大兴区建设“大兴区社会服务管理综合信息系统”，推动民情民意倾听、民生难题解决、监督反馈跟踪的全程信息化、透明化。建设覆盖区、街、社区的三级社区网站群，实现政策类信息、“网上办事大厅”办事事项、公告等统一推送。设置户外社区智慧信息屏，推送公共服务、社区活动等信息；开发社区微信服务，密切社群联系，实现便民共赢。

（刘冬雷）

【探索精细化社区治理模式】 年内，全区推行网格化管理服务，共划分4131个网格，建立“网格长＋小组长＋志愿者”服务网络，细化每位网格员的工作范围和工作职责。积极构建基本服务与特色服务相结合的社区服务新格局。丰富“一刻钟服务圈”内容，为社区居民提供各类便民服务。探索“社工＋义工”“项目＋社区”“动态＋常态”的社区志愿服务模式，促进社区志愿服务的规范化、常态化。实行线下精准处理，将搜集的群众意见和问题，录入社区服务管理平台；线上精确管控，进行动态跟踪、及时跟进、解决问题。

（刘冬雷）

【2016年度专业社会工作创新项目扎实推进】 年内，大兴区积极开展“一街一社工”项目和“专业社工社区服务督导项目”（2016年度专业社会工作创新项目），为全区8个街道共购买8个专业社工岗位，为居民提供专业社工服务；从专业社工机构选派专业社工督导深入5个街道的5个试点社区，指导社区工作者用专业社会工作方法为社区居民开展服务。2015年度的“一街一社工”项目和“专业社工社区服务督导项目”顺利通过市级考评验收。

（刘冬雷）

【参与2016年“北京社会志愿服务行”活动】 年内，为深入推进社会领域志愿服务工作全覆盖，动员社会力量广泛参与首都社会治理，大兴区积极参与“北京社会志愿服务行”活动，围绕“保护蓝天、保护碧水、保护文物、服务社区、服务社会”主题，全区的6个志愿服务项目被纳入市级示范项目。分别是：防霾增绿、低碳文明生活引领项目，环保袋绘制项目，废旧物品再利用项目，亲子骑行项目，全民终身学习周公益活动，“学雷锋　进社区”志愿服务活动。

（刘冬雷）

【志愿服务对接项目服务管理工作积极推进】　按照市委社会工委、市社会办相关工作要求，组织街道（乡镇）、社区（村），结合实际需求，自下而上地做好项目征集，完成11个社区（村）重点志愿服务项目供需对接，在扶老助残、关爱儿童、治安巡逻、绿色环保、防灾减灾宣教等10个方面开展了志愿服务活动。

（刘冬雷）

【区、街两级“枢纽型”体系建设积极推进】　年内，新认定2家区级“枢纽型”社会组织分别是：区体育运动总会、区民营科技企业联合会。街道级“枢纽型”社会组织共认定6家，分别是：荣华街道认定博石社会工作事务所、煜城社会工作事务所为街道级“枢纽型”社会组织；天宫院街道认定泽众社会工作事务所、鸿德社会服务指导中心为街道级“枢纽型”社会组织；高米店街道认定心之露社会工作事务所、鸿德社会服务指导中心为街道级“枢纽型”社会组织。

（刘冬雷）

【社会组织“一中心、多基地”建设大力推进】　为推进“一中心、多基地”建设，发挥区级社会组织服务中心的带动作用，特组织开展社会组织能力建设方面培训、讲座75期，共有15家社会组织入壳接受孵化。对外接待参观访问13批次。街道级社会组织服务基地已建成投入使用，委托第三方社会组织运营，为辖区内社会组织开展服务。

（刘冬雷）

【贯彻落实《市级“枢纽型”社会组织业务工作规范》】　年内，区委社会工委学习贯彻落实北京市社会建设工作领导小组办公室下发的《市级“枢纽型”社会组织业务工作规范》，发给各街道办事处和“枢纽型”社会组织学习贯彻落实，推动工作进一步取得实效。

（刘冬雷）

【深度调研转非安置工作】　年内，按照区政府工作安排，抽调旧宫、西红门等重点镇和区民政局、经管站等相关单位工作人员，成立了专门的工作机构，对全区13个镇和部分重点村进行了深度调研、统计分析，对重点难点问题进行了专题研讨，学习借鉴通州区转非安置经验做法，全面掌握全区转非安置基本情况；指导13个镇制订了转非安置工作方案；探索解决了缓解转非安置资金压力的有效途径；研究制定了零星征地转非安置和整建制转非安置工作指导意见；制订了全区2017年至2019年转非安置工作方案。

（刘冬雷）

【整建制转非安置工作有序推进】　年内，完成军航项目涉及榆垡镇朱家务、南黑垡、崔庄屯3个村、1495人的整建制转非安置；完成机场建设地区礼贤镇贺南村、590人的整建制转非安置；完成庞各庄镇团河、河南、小庄子等3个村、1182人的整建制转非安置。

（刘冬雷）

【服务保障新机场建设】　年内，区委社会工委统筹协调相关成员单位，全面落实机场建设地区搬迁村民在临时周转期的居住、入学、就医、就业、养老等方面的服务保障工作。建立健全了“四有”工作机制，搬迁村民全部纳入社会保障体系；举办各类招聘会15场，提供岗位3500个，搬迁村民实现充分就业。

（刘冬雷）

【回迁社区规范化建设加强】　年内，大兴区研究出台了《关于回迁社区治理工作的指导意见》，印制了《大兴区“六心”家园建设工作典型手册》，在52个回迁社区推广社区治理的先进典型经验及做法，完成5个“六心”家园示范点创建，回迁社区“六心”家园建设达标率达到82.6%。加强社区组织建设，52个回迁社区现有社区党委1个，社区党总支5个，社区党支部58个，社区居委会41个，社区居委会筹备组3个。

（刘冬雷）

平谷区

【概况】 年内，全区社会建设围绕建设幸福平谷这条主线，坚持“统筹城乡、长远布局、稳中求进、巩固提高”的总体思路，各项工作取得明显成效。一是深化社会领域党建。抓好“两学一做”学习教育，组建5支党课巡回宣讲团，开展党建知识竞赛、网络学习推荐等活动。强化“两新”组织党组织组建力度，非公党组织覆盖率达到86%，社会组织覆盖率达到69%。严格落实“四示三推两票决”制度，发展新党员68名。搭建党建工作平台，成立建西社区联合党委，建立健全共驻共建等工作机制。将全区环境建设中心工作与发挥党员作用紧密结合，推动设立环境整治服务点340余个。二是加大规范社区建设。完成东四道岭村等10个村级社会服务管理创新试点建设。强化新建社区基础设施，为邑上原著社区配备电脑等办公设备。投入资金20万元，为7个社区安装门楣标识等社区标识。三是推动网格化管理服务体系。按照“3+X”模式对示范点街道原有网格化信息系统进行调整，升级城市社区电子地图，完成网格化指挥中心安装调试，与社区（村）网格平台实现了互联互通。为全区30个城市社区安装社区网格化综合服务系统，为兴谷街道38个社区基础网格配备手持移动终端设备，在园丁社区等5个社区（村）开展社区微网格试点工作，提升基础网格工作效率。四是扶持社会组织发展。新认定两个区级“枢纽型”社会组织，扩大工作体系覆盖。完成社会组织孵化基地基础设施建设，首批吸纳4家“草根”组织入驻。完成2015年16项政府购买社会组织服务项目，共举办活动7200余场次，参与及受益群众达12.9万余人次。开展“幸福平谷社会组织公益行”系列活动，全区50余家社会组织开展公益服务活动80余场，受益群众超过1万余人次。五是提升社工队伍素质。先后举办社区工作者、社会组织负责人等系列培训，累计培训1000余人次。鼓励社区工作者积极参加国家社会工作师职业水平考试。209名社区工作者取得职业资格证书，占总数的51.2%。

（方海宇）

【区级“枢纽型”社会组织体系继续扩大】 1月初，平谷区社会建设领导小组办公室认定平谷区人民调解协会、平谷区农民专业合作联合会为区级“枢纽型”社会组织，“枢纽型”社会组织工作体系继续扩大。区级“枢纽型”社会组织累计达15家，社会组织覆盖率达85%以上。

（方海宇）

【区委社会工委召开领导班子民主生活会】 1月15日，区委社会工委领导班子召开专题民主生活会。会上，领导班子成员做了对照检查发言，本着对党、对事业、对同志高度负责的态度，坦诚相见、敞开心扉，进行了相互批评。达到了“红红脸、出出汗、洗洗澡、加加油”的目的。触及了班子成员灵魂深处，增进了班子团结，实现了轻装上阵，提升了工作干劲。

（方海宇）

【政府购买社会组织服务项目申报工作培训会召开】 1月27日，平谷区组织召开2016年使用市级社会建设专项资金购买社会组织服务项目申报工作培训会，重点对项目申报流程、申报方向等做讲解说明，并邀请相关专家对项目申报方案的撰写方向、技巧等进行培训指导。全区60余家社会组织负责人参加培训。

（方海宇）

【党建指导员选聘完成】 1月28日，按照市委社会工委的统一工作部署，区委社会工委开展非公党建指导员选聘工作。共选聘党建指导员32名，其中续聘26名，新选聘6名。同时，制定了2016年非公党建指导员工作职责和工作任务。

（方海宇）

【“网格化”工作统筹推进】　3月2日，常务副区长姚忠阳、副区长李永生召开会议，专题研究平谷区“三网”融合及试点工作推进有关问题，区政府办、区社会办、区综治办、区经济信息化委、区民政局、区财政局、区市政市容委、区城管执法监察局、区信息化发展中心及兴谷街道主要负责人参加会议。区社会办就平谷区“三网”融合工作进展情况及兴谷街道开展“三网”融合示范点建设情况做了专题汇报。会议要求，各部门要高度重视“三网”融合工作，在确保试点成功的基础上，不断总结经验，加快智慧城市建设，提升城市管理的精细化水平。会议决定，区社会办、区城管执法监察局牵头，在区城管执法监察局分指挥中心成立“三网”融合区级指挥平台，并与区应急指挥中心对接信息共享工作。

（方海宇）

【乡镇街道网格化考评工作完成】　3月上旬，根据区委组织部统一部署，区委社会工委由3名班子成员带队，组成3个考评组，采取实地查看、查阅资料等方式，对全区18个乡镇、街道网格化建设情况逐一进行了考评打分，计入“五个好”乡镇（街道）考评结果，有效调动了乡镇（街道）工作积极性。

（方海宇）

【名医义诊活动开展】　3月14日，平谷区在金谷园社区开展名医义诊活动。活动现场，来自御芝堂中医诊所的10余位平谷区名老中医，为到场的社区居民提供健康咨询、测量血压、血脂等义诊服务，并向过往群众发放健康知识资料500余份，受到社区居民的好评。一个上午的时间，200余名社区居民享受到义诊服务。

（方海宇）

【“三网”融合试点调研开展】　3月23日，区委社会工委书记、区社会办主任王东日一行到兴谷街道办事处调研“三网”融合试点工作准备情况，就“三网”融合相关事项与兴谷街道办事处、区信息中心主要领导进行了研讨。兴谷街道制订了《三网融合工作试点实施方案》，成立兴谷街道“三网”融合试点工作领导小组，统一组织领导街道“三网”融合试点相关工作，由兴谷街道办事处主任担任组长，成员单位由街道相关科室组成。同时，成立由兴谷街道网格化管理办公室和各职能部门组成的兴谷街道网格指挥中心，对内负责辖区内各类网格事件的分发、督导、处置、反馈。对外负责对接区网格指挥中心，上报街道力量不能解决的网格事件。

（方海宇）

【北京绿都伟业物业管理有限公司党支部成立】　3月25日，北京绿都伟业物业管理有限公司党支部召开成立大会。区委统战部、区委社会工委、区工商联领导、北京绿都伟业管理有限公司党员和职工代表参加了成立大会。会上，宣读了《关于成立北京绿都伟业物业管理有限公司党支部》的批复和《关于北京绿都伟业物业管理有限公司党支部书记及委员的任命》。新当选的党支部书记和绿都伟业公司董事长分别做了表态发言。最后，区委社会工委副书记张海霞对绿都伟业党支部提出了四点希望：一是党员多做表率；二是创新多想办法；三是发展多抓机会；四是工作多形成合力。

（方海宇）

【京台社区交流项目报名工作完成】　4月，按照市委社会工委统一部署，区社会办组织京台社区交流项目报名工作。经研究，确定区社会办副主任李军、兴谷街道办事处副主任王月东、园丁社区居委会主任代金英、镇罗营镇党委组织委员凡若东、镇罗营镇玻璃台村党支部书记陶广银等5人报名参加2016年度京台社区交流项目。上述5人分别填报了个人项目事项的表格、证明及申请，兴谷街道园丁社区、镇罗营镇玻璃台村分别撰写了包括社区（村）简介、社区（村）特色、产业发展等内容的交流材料，并报市委社会工委进行审核。

（方海宇）

【“幸福平谷社会组织公益行”系列活动开展】 4月起，平谷区开展2016年“幸福平谷社会组织公益行”系列活动，已形成全区50余家社会组织共同参与的良好公益氛围。各组织结合自身职能，共开展公益服务活动80余场，活动范围覆盖扶贫助困、为老服务等多个民生领域，受益群众1万余人次。“幸福平谷社会组织公益行”简报发放全区有关部门8期900余份。

（方海宇）

【平谷区组织开展党建指导员培训】 4月14日，区委社会工委组织开展党建指导员培训。详细解读非公党组织成立条件、党员关系转接、党员发展等内容，帮助党建指导员了解和掌握基本知识和方法，提升自身工作能力，推动平谷区社会领域党建工作全面发展。

（方海宇）

【社会领域“两学一做”学习教育动员部署会召开】 5月13日，平谷区委社会工委召开社会领域“两学一做”学习教育动员部署会，全区170个非公企业和社会组织党组织的2230名党员、30个城市社区党组织的1386名党员参加。会上，区委社会工委副书记、区社会办副主任张海霞同志传达了区委有关精神，并对社会领域“两学一做”学习教育的总体要求、学习内容和工作安排等进行了部署。区委社会工委书记、区社会办主任王东日同志在动员会上发表讲话，他指出，各非公企业、社会组织和社区党组织要充分认识“两学一做”学习教育的重大意义，准确把握“两学一做”学习教育的总体部署，要落实领导责任，坚持从严要求，要以求真务实的精神，高度负责的态度，创新有为的举措，确保活动取得效果，确保社会建设各项工作得到改进和提高，为幸福平谷建设做出我们应有的贡献。

（方海宇）

【区委社会工委机关党支部“两学一做”学习教育启动】 5月20日，区委社会工委召开机关党支部“两学一做”学习教育启动会议暨集中学习党章活动。通过会议学习，一是深刻认识到“两学一做”学习教育对加强党的思想政治建设、强化基层党的建设、增强党员党性修养的重要意义。二是详细了解了全区和区委社会工委开展“两学一做”学习教育工作部署，明确了学习计划安排和学习内容。三是通过对党章的集中学习，增强了机关党员干部的党性修养，提升了党员干部对党的思想的认识，坚定了机关党员干部的理想信念。会后，党员干部纷纷表示，要认真学习和研读新党章，严格按照新党章要求自己，牢记党的宗旨，将党章的精髓内化于心、外化于行。

（方海宇）

【村级示范点社区服务站形象全面提升】 5月20日，区社会办投入资金6万元为东高村镇侯家庄村、刘家店镇行宫村等10个2016年村级社会服务管理创新试点村制作安装了包括社区服务站门楣标识、形象墙、职责展板等在内的农村社区服务站标识系统，提升了各试点村社区服务站整体形象。

（方海宇）

【平谷区首个“社区联合党委”正式成立】 5月25日，平谷区滨河街道建西社区召开建西社区联合党委成立暨揭牌仪式，标志着平谷区首个“社区联合党委”正式成立。平谷区委常委、组织部长刘震，区委常委、区委办主任、区委统战部部长底志欣出席仪式。“联合党委”是建西社区党总支和辖区单位党组织共同组成的非建制性党委，是平谷区打造区域化党建工作新格局的一项重要举措。“建西社区联合党委”将在滨河街道党工委的领导下，负责区域化党建工作，统筹协调社区事务，辖区内各单位党组织和党员除接受上级党组织的领导外，同时接受社区联合党委的指导。“建西社区联合党委”的成立，打破了社区党建“封闭单一”的传统模式，充分发挥辖区内机关、企事业单位、学校、非公有制经济组织、社会组织的作用，逐步构建起“条块结合、资源共享、优势互补、共驻共建”的社区党建工作新机制，让党员在原有工作岗位上，更好地为社区服务。

（方海宇）

【社会领域党员开展环境建设党员志愿服务行动】 5月30日，平谷区委社会工委在社会领域党组织中开展“两学一做”环境建设党员志愿服务行动，将此项活动作为开展“两学一做”学习教育的有效载体，让党员志愿服务真正见实效。此次志愿服务行动共1000多名党员参加。志愿服务行动以支部或党小组为基本组织单位，党员和入党积极分子全部参加。每个党支部根据自己的实际情况制定了不同的环境整治范围，重点对公共区域的卫生死角、果皮、纸屑、落叶杂草等各类垃圾集中进行了打扫、清运。对建筑物、路灯等公共设施上的小广告进行了集中清理。此项活动将建立长效机制，每两周组织一次，分别为月中周六和月底周六，每次至少一半人员参加，保证每名党员每月至少参加一次环境建设党员志愿服务行动。

（方海宇）

【2015年政府购买社会组织服务项目实施工作完成】 5月底，16个政府购买社会组织服务项目已全部顺利完成。共举办活动7200余场次，参与及受益群众达12.9万余人次，发放各种宣传品10万余份，参与志愿者达6000余人次，服务时间约31.8万余小时，服务范围覆盖全区。

（方海宇）

【平谷区首家区级社会组织孵化基地建设完成】 6月初，为搭建社会组织公共服务平台，促进平谷区社会组织有序健康发展，平谷区首家区级社会组织孵化基地建设完成。孵化基地通过政府购买服务的形式，依托专业运营团队，打造“三个中心”，即政府购买社会组织服务项目服务中心、能力建设培训中心和社会组织培育孵化中心，使其成为集培育孵化、资源整合、能力提升及风采展示等多位一体的社会组织公共服务平台。初步形成“政府扶持、专业服务、组织受益”的运行模式。现已吸纳3家社会组织入驻，年内计划完成4家社会组织培育、孵化工作。

（方海宇）

【社会组织开展社区志愿服务】 6月11日上午，平谷区社会组织志愿服务队的10余名党员志愿者来到滨河社区参加卫生大扫除志愿服务活动。经过近1小时的劳动，累计清除杂草面积超过500平方米，清理垃圾近两吨，美化了社区环境，受到社区居民的一致好评。平谷区社会组织志愿服务队是在区委社会工委、区社会办主导下成立的志愿者队伍，服务队由12家社会组织组成，有志愿者120余人，并于每月的第二个周六上午定期组织开展社区志愿服务活动，有效推进了志愿服务的常态化与制度化。

（方海宇）

【平谷区“微网格”正式运行】 6月20日，平谷区完成兴谷街道阳光社区、滨河街道林荫家园社区等5个社区（村）“微网格”平台建设，并正式上线运行。5个社区（村）微信“公众号”开通半个月以来，关注人数已达330余人，居民（村民）通过关注社区（村）微信公众号即可登录“微网格”系统，参与社区（村）网格化建设，了解社区各类动态信息：一是通过随手拍功能可随时反映社区内环境、治安等方面的问题，并直接上传到社区网格化平台系统，拓宽了社区网格化平台系统问题上报的渠道；二是社区“微网格”系统具备社区动态、信息发布等功能模块，目前，已发布各类便民服务信息70余条，方便居民了解社区动态及各类便民服务信息；三是居民（村民）可以通过查看办事指南、在线咨询方式了解各类社区办事流程，并实现预约服务，提升了居民（村民）的办事效率。

（方海宇）

【“庆七一”社会领域党建知识竞赛暨表彰大会举行】 6月29日，平谷区委社会工委举行了“庆七一”社会领域党建知识竞赛决赛。竞赛从5月开始报名，广大社会领域党组织和党员积极参与，共有33支代表队报名参赛。通过初赛、复赛的层层选拔，最终有8支队伍脱颖而出，参加了今天的决赛。经过必答题、抢答题和风险题三个环节的激烈角逐，最终北京鑫通顺陆路通客运服务有限公司党支部代表队获得一等奖，维达北方纸业（北京）有限公司党支部等3支代表队获得二等奖，平谷银河建材城党总支代表队等4支代表队获得三等奖。

（方海宇）

【平谷区12个政府购买社会组织服务项目获得市级财政支持】 6月底，平谷区12个政府购买社会组织服务项目通过审批，获得156万元市级社会建设专项资金支持。项目服务范围涉及社会志愿服务、人文关怀及特殊人群社会融合等民生领域，项目将持续至2017年5月底，预计开展各类活动将达4000余场次，受益群众超过10万人次。

（方海宇）

【市网格化督导组到平谷区检查网格化体系建设情况】 7月7日，市委社会工委委员、市社会办副主任王丽竹带领市网格化督导组一行对平谷区网格化体系建设情况进行检查，副区长周泽光陪同。市督导组首先听取了平谷区网格化体系建设情况汇报，查阅了相关资料，并就“三网”融合试点工作、网格化标准化建设、“网格化+”行动计划推进情况等内容与区经信委、区市政市容委等部门及部分街道（地区）分管领导进行了座谈。随后，督导组实地查看了平谷区兴谷街道网格化社会服务管理指挥中心和马坊镇网格化社会服务管理指挥中心。市督导组对平谷区网格化体系建设情况给予了充分肯定，认为平谷区对网格化建设给予了高度重视，工作目标明确，基础工作扎实，统筹协调有力度。对平谷区网格化体系建设提出了指导性意见：一是紧盯目标不放松，确保工作进度；二是紧盯重点不放松，落实年度工作任务；三是紧盯难点不放松，切实解决制约平谷区经济社会发展的瓶颈问题；四是紧盯作用不放松，以网格化为依托提升社会服务管理的精细化水平。

（方海宇）

【金海社区社会组织开展沙盘活动】 8月16日，金海社区沐心坊心理疏导工作室在渔阳大厦心理活动室开展了“心智沙盘 助梦快乐暑期”主题活动。活动通过让孩子参与沙盘游戏，表达其所思所想。同时让家长了解孩子的内心世界，从而有助于建立良好的亲子关系。活动中，心理老师就孩子们在游戏中所体现出性格方面的特点与家长进行了分享，有助于发现解决其心理问题，受到孩子和家长们的一致欢迎。20余人参加活动。

（方海宇）

【非公企业党员缴纳党费情况专项检查开展】 8月24日，按照中央、市委和区委的统一安排和部署，区委社会工委在非公企业党组织和党员中开展党费缴纳情况专项检查。根据自查情况，教育引导未足额交纳党费的党员主动补交党费。截至2016年年底，2100多名非公企业党员累计补交党费271887.58元。

（方海宇）

【区私营个体经济协会开展敬老助残活动】 8月28日，为弘扬敬老助残的传统美德，区私营个体经济协会联合北京潮白环保设备有限责任公司、北京郁金香鑫鑫商贸有限公司等法人会员企业开展敬老助残活动，向刘家店镇东山下村的老年人、残疾人及群众送去月饼150余盒、慰问金6000余元，受到当地群众的一致欢迎。

（方海宇）

【平谷区社区工作者培训班举办】 9月上旬，平谷区委社会工委、区社会办在区委党校举办了平谷区2016年社区工作者教育培训班，全区380多名社区工作者参加了培训。此次培训授课内容丰富，授课教师语言生动，形式活泼，授课过程中所列举的每个案例都与在场的全体社工的日常工作密切相关，这些经验之谈对于社工们将来开展工作起到了很好的借鉴和指导作用。此次培训特别注重将课堂讲解和研讨交流有机结合起来，做到了理论知识在讲授中理解、在讨论中吸收，在相互交流中深化，确保培训取得实际效果。

（方海宇）

【区城市服务管理网格化信息系统升级改造项目通过专家组验收】 9月13日，平谷区城市服务管理网格化信息系统升级改造项目通过专家组验收。随着此项目中滨河街道林荫家园社区、渔阳地区胜利社区等13个社区网格化硬件支撑平台的建成，平谷区已实现城市社区网格硬件支撑平台全覆盖。同时，每个社区均安装了智能化的社区呼叫平台系统，进一步提升了社区网格平台的工作效率。

（方海宇）

【环保公益行系列活动举办】 9月，区苦雨益行志愿服务中心成立志愿者服务队利用周末时间，四次到金海湖、梯子峪等地开展环保行动，志愿者们以快乐户外、善行公益为宗旨，一路走一路捡拾被人随手丢弃的白色垃圾，践行了志愿服务精神，美化了家园环境。100余名志愿者参加活动。

（方海宇）

【区第五次党代会代表选举完成】 10月21日，社会领域参加区第五次党代会代表选举工作圆满完成，共产生代表18名。其中领导干部代表4名，基层一线代表14名。

（方海宇）

【区日月为老服务中心承办文艺演出活动】 10月底，为纪念红军长征胜利80周年，由区日月为老服务中心承办的大型文艺演出活动在区文委礼堂举行。演出内容丰富、形式多样，包括配乐诗朗诵、舞蹈及大合唱等原创节目，百余名老党员、老同志参加演出，受到了观众的一致好评。150余名老年人观看演出。

（方海宇）

【市委社会工委检查社区建设工作】 11月4日，市委社会工委检查组到平谷区对社区规范化建设示范点、村级社会服务管理创新试点等年度社区重点创建任务进行检查验收。检查组一行对兴谷街道邑上原著社区、东高村镇侯家庄村等4个创建社区（村）逐一进行了检查验收，现场查看了各创建社区（村）规章制度、组织运行、活动开展和硬件设施情况。通过开展年度重点任务创建工作，各创建社区（村）的软硬件环境明显改善，文体活动丰富多彩，民主权利得到较好保障，社区（村）服务更加完善、方便、快捷、高效，代办代理、一站式办公等便民服务措施有效落实，得到了群众的一致好评，取得了良好的社会效益。

（方海宇）

【社会领域党组织负责人培训班举办】 11月7日起，区委社会工委举办了为期五天的社会领域党组织负责人全员培训班，全区100余家非公企业党组织负责人、30名非公企业党建指导员参加培训。为增强培训工作的针对性和实效性，平谷区委社会工委依据非公企业实际情况，采取课堂教学与案例教学相结合的方式，分别安排培训内容，确保通过培训使社会领域党组织负责人真正做到学有所获、学有提高、学以致用。

（方海宇）

【城市服务管理网格化体系建设专题培训班举办】 11月14日，为进一步提升平谷区城市服务管理网格化体系建设水平，推动城市社区“三网”融合工作开展，平谷区社会办举办平谷区城市服务管理网格化体系建设专题培训班。各街道（地区）分管领导、网格化责任科室工作人员、各社区工作人员、基础网格员110余人参加培训。培训班讲师主要讲解了网格化信息系统实操，社区网格平台操作，微网格系统操作及手持移动终端设备使用相关知识，同时对各街道社区提出的问题进行了详细解答，课堂气氛融洽。此次培训增进了相关人员对网格化信息系统的了解，加深了他们对网格事件上报、分发、处置、反馈等工作流程的理解，有力地推动了平谷区城市社区“三网”融合工作的开展。

（方海宇）

【区博阳社会工作事务所举办主题法律知识讲座】 11月22日，为提高社区居民的法律意识，普及法律常识，区博阳社会工作事务所联合金谷园社区居委会开展以婚姻家庭为主题的法律知识讲座。本次讲座邀请了北京联合大学师范学院王燕斌教授进行主讲，讲座中王教授引经据典，着重对婚前财产、婚后共同财产、离婚后财产分割、遗产继承等居民关心的热点问题进行了详细讲解，让在场的社区居民受益匪浅。课后，王教授还对居民提出的法律问题进行一一解答，现场气氛活跃。50余名社区居民参加讲座。

（方海宇）

【区御芝堂中医诊所举办义诊活动】 11月25日至26日，区御芝堂中医诊所组织区内知名老中医到光明社区开展义诊活动，包括健康咨询、测量血压、血脂、血糖等，社区居民纷纷前来排队参加。在义诊的同时，还进行了健康知识讲座，主要讲解用药常识、疾病预防以及养生保健知识，深受社区居民欢迎。500余人参加活动。

（方海宇）

【《关于进一步规范社区工作者待遇有关事项的补充通知》等文件印发】 12月8日，《关于进一步规范社区工作者待遇有关事项的补充通知》《关于进一步规范社区工作者待遇的实施细则（试行）》通过平谷区第33次区长办公会议审核。《通知》规定：“社区工作者总体待遇水平按照上一年度本市职工平均工资的75%确定”，“每年在上一年度全市职工平均工资公布后，区社会办会同区民政局、区财政局、区人力社保局等部门共同研究确定本年度社区工作者待遇水平调整额度和办法，由各街道（地区）具体执行，并根据新标准从当年1月份起补发，并在当年年底前发放完成。”这两个文件出台后，进一步规范、健全了平谷区社区工作者工资增长机制。

（方海宇）

【开展党员组织关系排查】 年内，对隶属于平谷区委社会工委管理的非公企业党组织和党员的组织关系进行集中排查。重点是排查因求学、工作调动、出国定居等原因，与党组织失去联系的党员，并做好失联复联党员的组织处置工作。共排查出失联复联党员100名。

（方海宇）

【“两新”组织党组织和党的工作覆盖积极推进】 年内，深入开展“两新”组织摸底调查，挤干“僵尸型”、注册型非公企业泡沫，“寻、建、管”同步落实，精准查找，补足缺口。在底数不降的前提下，建立了2805家非公企业和215家社会组织工作台账。全区非公企业党组织总数达到632个，覆盖率达到86%；社会组织党组织总数68个，覆盖率达到69%。

（方海宇）

【2名社区工作者荣获“首都最美社工”“首都优秀社工”称号】 年内，由中国社会工作联合会、中共北京市委社会工委主办，《公益时报》承办的以“最美社工、精彩人生”为主题的第四届“寻找首都最美社工”活动落下帷幕。活动自正式启动以来，经过全市各区、“枢纽型”社会组织推荐和个人自荐两种途径，共有104位候选人入围。经过网络投票和专家评审，最终评选出10名最美社工和40名优秀社工。平谷区兴谷街道园丁社区居委会主任代金英荣获第四届“首都最美社工”称号，滨河街道金海社区居委会主任王玉荣荣获第四届“首都优秀社工”称号。

（方海宇）

【社会组织公益服务品牌建设加强】 年内，平谷区委社会工委鼓励各社会组织参加全市社会组织公益服务品牌创建申报工作，经过推荐、专家评审、网上评选等程序，平谷区新青年培训学校的“心灵阳光灿烂”儿童关爱计划、小雨滴儿童行为矫正中心的“雨润星空”关爱孤独症儿童公益活动获得第三届北京市社会组织公益服务品牌铜奖。

（方海宇）

【积极参与北京志愿服务公益行活动】 年内，团区委、区自行车运动协会及区苦雨益行青年志愿服务中心分别开展“享受阳光　自由呼吸”环保正能量项目、“京津冀共享一片蓝天”环保公益宣传倡导项目、“呵护绿谷碧水蓝天”环保志愿者在行动项目。全年累计开展活动80余场，受益1.2万余人次。

（方海宇）

怀柔区

【概况】 年内，全区社会建设工作以习近平总书记重要讲话精神和党的十八大、十八届三中、四中、五中全会精神为指导，紧密围绕区委四届七次全会、区人大四届六次会议的精神和要求，深入推进以“三网”融合、“深化农村社会治理创新项目”两项政府折子工程和“开展社会组织公益活动项目”民生实事为重点的社会建设各项工作任务，具体为：一是加强了社会治理顶层制度设计。完成了《怀柔区“十三五”时期社会治理规划》的编印工作。围绕深化街道、社区管理体制改革，出台了“1+N”系列制度文件。“1”即《怀柔区关于深化街道、社区管理体制改革的实施意见》，“N”即《怀柔区深化街道、社区管理体制改革重点任务分工方案》《全面推进社区减负工作的实施方案》《怀柔区关于进一步规范社区工作者工资待遇的实施方案》《关于调整怀柔区部分地区行政区划方案》等系列文件。统筹推进了街道社区管理体制改革、社区减负、行政区划调整、规范社区工作者工资待遇等相关工作。二是创新了社会治理工作平台建设。印发了《关于加快推进“三网”融合，完善网格化运行体系建设的实施意见》。研究制订了《怀柔区深化农村社会治理创新试点工作方案》。三是提升了社会力量动员工作水平。开展了以“汇聚社会力量、创建文明怀柔”为主题的公益行系列活动。动员社会力量服务保障全国“两会”、北京国际电影节等重大活动。开展了社会志愿服务行活动。四是激发了社会组织发展活力。通过委托第三方，扎实推进使用社会建设专项资金购买社会组织服务项目工作。深化了社会组织培育孵化基地建设。五是提高了社区治理水平。推进了社区建设重点项目。推进京台社区合作交流，指导社区参与“魅力社区”评选，为社区搭建展示平台。六是推进了社会领域党建工作。印发了《中共北京市怀柔区委社会工作委员会关于在社区、非公有制企业、社会组织党员中开展“学党章党规、学系列讲话，做合格党员”学习教育的指导方案》。培育出了北京市社会领域先进基层党组织 2 个，社会领域优秀党建活动品牌 3 个，社会领域优秀党务工作者 3 名，社会领域优秀共产党员 2 名。不断深化社区党的建设“三级联创”工作。开展了深化推进“3 + 2”工程品牌活动。印发了怀柔区《关于加强和改进社会组织党的建设工作的实施意见》。

（年　巍　王　妍）

【“三严三实”专题民主生活会召开】　1 月 19 日，区委社会工委召开了领导班子“三严三实”专题民主生活会。会上，领导班子进行对照检查，班子成员逐一进行个人对照检查，并进行相互批评。此次会议为工作作风进一步改进，工作成效进一步凸显奠定了坚实基础。

（年　巍　王　妍）

【丰台区城市管理监督指挥中心到怀学习交流】　2 月 3 日，丰台区城市管理监督指挥中心来怀柔区学习交流，在区网格化指挥大厅听取了怀柔网格化管理的经验做法，并具体了解平台运行。

（年　巍　王　妍）

【深入贯彻落实全市社会建设工作会议精神】　2 月 19 日，区委社会工委召开专题会议，学习传达北京市社会建设工作报告，回顾了 2015 年八项工作成果，阐明了“十三五”时期社会治理规划事项，介绍了 2016 年六项社会建设重点任务。结合会议精神，进一步研究部署怀柔区 2016 年社会建设工作，重点是统筹推动“三网”融合建设，全面深化社会治理体制改革，提高服务管理社会组织水平，促进社区建设共建共享，深入推进社会领域党建工作，全力以赴抓落实，高标准、高质量完成全年工作目标。

（年　巍　王　妍）

【2016 年党风廉政建设工作部署会召开】　3 月 2 日，区委社会工委召开 2016 年党风廉政建设工作部署会，对 2015 年党风廉政建设工作进行简要回顾，就 2016 年党风廉政建设工作进行部署。机关全体人员分层级签订了《党风廉政建设责任制主体责任书》。区委社会工委将紧密围绕区委、区纪委的工作部署，严格执行年度重点工作，强化监督党风廉政建设责任书的层层落实，确保党风廉政建设工作取得新进展，进一步推动中心工作取得新成效。

（年　巍　王　妍）

【贵阳市到怀柔考察网格化工作】　3 月 16 日，贵州省贵阳市网格化服务管理指挥调度中心、贵阳市“12345”（12319）公共服务指挥中心 15 人来怀柔区考察网格化服务管理体系建设工作。贵阳市考察团充分肯定了怀柔区网格化体系建设取得的先进经验及成就，并就网格化体系的整体建设、体系作用发挥、一体化运行机制、网格化工作机制、工作流程、数据库采集更新及网格化与非紧急救助整合等方面的内容进行了详细的交流与探讨，与怀柔区达成了长期交流合作意向。

（年　巍　王　妍）

【区社会建设工作会召开】　3 月 24 日，怀柔区召开 2016 年社会建设工作会，区委常委、区委办主任周东金主持会议，区委常委、副区长刘久刚出席会议并讲话，各社会建设工作领导小组成员单位、镇乡、街道主管领导，社区党组织书记和农村社会治理试点村书记参加会议。会议总结了全区 2015 年社会建设工作，全面部署 2016 年重点任务。会上，刘久刚强调，一要坚持问题导向，完善顶层设计；二要坚持需求导向，加强综合协调；三要坚持目标导向，不断创新工作。以圆满完成政府折子工程和民生实事为重点，加强社会建设工作队伍建设，形成推动工作发展合力，不断开创全区社会建设新局面。

（年　巍　王　妍）

【"北京怀柔社会组织公益行"系列活动启动】 3月31日，以"汇聚社会力量、创建文明怀柔"为主题的2016年"北京怀柔社会组织公益行"系列活动正式启动。区委常委、副区长刘久刚出席启动仪式并宣布活动正式启动，市委社会工委、市社会办，区委宣传部、区委社会工委、团区委、区文明办、区民政局、区总工会、区妇联，街道、社区和社会组织代表100余人参加了启动仪式。区道路运输协会法人和龙山街道迎宾路社区居民分别代表社会组织和社区居民做了表态性和倡议性发言。预计推出"绿色出行，文明祭扫公益志愿服务活动""文明养犬，创建美好家园公益服务活动""培育践行社会主义核心价值观公益宣传活动""心理健康宣传疏导公益服务活动""安全文明行车公益服务活动""文明旅游进怀柔公益宣传活动"和"特殊人群关爱公益服务活动"7个方面重点活动内容，确保每月有一个公益活动主题，将直接服务城乡居民达18.8万人。

（年　巍　王　妍）

【市委社会工委考察社会组织工作】 3月31日，市委社会工委一行人参加了2016年"北京怀柔社会组织公益行"系列活动启动仪式，实地察看了社会组织培育孵化基地、怀柔幸福里养老中心，并进行了工作座谈交流。交流会围绕市委社会工委书记、市社会办主任宋贵伦《关于到怀柔区调研情况的报告》批示进行，深入了解怀柔区每月一个主题开展社会组织公益行活动的做法，进行宣传推广，并以怀柔区为"点"全面整理全市从事养老服务的社会组织基本情况。

（年　巍　王　妍）

【社区"三级联创"督导检查工作开展】 4月6日至14日，按照区委对社区党的建设"三级联创"活动有关工作要求，区委社会工委对全区街镇党（工）委2016年度社区党的建设"三级联创"活动进行了第一次督导检查。此次督导组围绕社区党的建设"三级联创"暨评星晋级活动中心工作，分别在街镇、社区两个层面开展。街镇层面通过查看会议记录、纪要，与二级班子成员座谈等方式，重点了解了领导干部包社区落实情况、评星晋级活动开展情况、社区党组织服务群众经费管理使用情况、区域化党建工作推进情况等。社区层面通过查看会议记录、工作档案，与班子成员座谈等方式，实地了解了社区活动场所建设、办公环境及创建争星活动情况、社区党组织服务群众经费管理使用情况、区域化党建工作推进情况、在职党员作用发挥情况等。从检查情况看，全区社区党组织抓"三级联创"活动意识明显增强，社区办公用房得到明显改善，社区党组织服务居民成效明显，同时，社区区域化党建工作和"在职党员进社区"活动等还有待进一步加强。据悉，此次督导检查结果将作为对街镇党（工）委年终考核的重要依据。

（年　巍　王　妍）

【2015年度党建指导员绩效考核奖励工作完成】 4月5日，区委社会工委会研究决定，2015年度全区31名党建工作指导员考核结果为："优秀"27人；"称职"4人；"基本称职"0人；"不称职"0人。考核结果为"优秀"的，给予5500元的绩效奖励；考核结果为"称职"的，给予5000元的绩效奖励；考核结果为"基本称职"的，给予4500元的绩效奖励；考核结果为"不称职"的，不给予绩效奖励。共需考核奖励经费164916元，从2015年度区级社会建设专项经费中列支。

（年　巍　王　妍）

【第六届北京国际电影节安保维稳情报信息会商例会召开】 4月15日，区委副书记、政法委书记彭丽霞在网格化社会服务管理指挥中心进行第六届北京国际电影节安保维稳情报实时会商视频会议。确保电影节期间社会和谐稳定。电影节期间，启动社会动员重大活动全响应机制，街道、镇乡积极动员所辖驻区单位、网格力量、社会组织、志愿服务组织以及各类志愿者、社会力量，重点围绕安全稳定、环境整治、安全生产、大气治理、水路气电城市运行等方面，参与服务保障，及时发现、协调、处置问题，确保电影节期间社会和谐稳定。

（年　巍　王　妍）

【网格化与非紧急救助系统正式上线】 4月26日，怀柔区网格化系统与非紧急救助（“12345”热线）系统在实现机构、人员、职能整合及两个系统融合的基础上，完成了与市非紧急救助系统的对接，实现了新系统的正式上线。“12345”市长热线有关怀柔区问题的派单，将直接进入区网格化系统平台，由区网格化指挥中心按照闭合处置流程统一受理派遣。新系统的启用，一是能加大诉求的闭合处置，实现全程监督；二是确保诉求专人负责，件件有回复；三是强化对重点及疑难案件的会商、协调及处置力度，从而有效提升案件的按期办结率、诉求反馈率和群众满意度，实现对各类诉求的分类统计和分析。上线首日，系统共受理市非紧急救助派单、市民来电、监督员自查上报、系统平台上报等事项共计61件，主要涉及违法建设、园林绿化、农村选举、集体资产、耕地保护、耕地流转、供水等问题，均已派往相关职能部门进行妥善处置。

（年　巍　王　妍）

【“两学一做”学习教育动员部署会召开】 5月17日，区委社会工委组织召开“两学一做”学习教育动员部署会。社会工委副书记郭宝新宣读《区委社会工委“两学一做”学习教育实施方案》。社会工委书记赵海军要求：一是必须清晰深刻地认识中央在全体党员中开展“两学一做”学习教育的重要意义；二是必须“学”好“做”好，通过党课、研讨等创新丰富的学习形式，使全体党员系统地掌握新时期新党章新规定，内化于心，外化于行，真正践行党员义务，承担起部门工作任务，用“做”得好来检验“学”得好；三是必须扎扎实实地抓好“两学一做”，必须有实效，要看得到，摸得着。区直机关“两学一做”学习教育第六指导组组长胡大枝强调：要抓住根本，夯实基础，要在学上下功夫；从严从实，贵在务实，要在“做”上下功夫；学做相长，共同提高，要在“改”上下功夫。

（年　巍　王　妍）

【社会领域党员“两学一做”学习教育活动启动】 5月，区委社会工委、区社会办制订《关于在社区、非公有制企业、社会组织党员中开展“学党章党规、学系列讲话，做合格党员”学习教育的指导方案》，明确了“突出正常教育，基础在学，关键在做”的总体要求，针对性地提出了全区社会领域党组织、党员以及非公有制企业和社会组织党支部书记、出资人等需要重点解决的问题，并结合重点工作提出了具体的工作举措，为社会领域基层党组织落实好相关工作制定了政策依据。

（年　巍　王　妍）

【怀柔区接待台湾高雄参访团参加活动】 5月25日，怀柔区为推进京台基层工作者的合作交流，接待台湾高雄参访团一行16人来怀参加泉河街道第十一届邻里节活动，并积极参与社区各类活动，通过座谈与社区基层工作者交流经验并商讨合作事宜。

（年　巍　王　妍）

【市委社会工委中期检查社区建设工作】 6月2日，市委社会工委、市社会办社区处到怀柔区对社区规范化示范点、“一刻钟社区服务圈”示范点、老旧小区自我服务管理试点和村级社会服务管理创新试点4项社区建设重点项目进行中期检查，先后到泉河街道新贤家园社区、杨家园社区，龙山街道车站路社区，雁栖镇陈各庄村进行实地走访。

（年　巍　王　妍）

【《怀柔区“十三五”时期社会治理规划》正式印发】 6月6日，由怀柔区社会办负责牵头编制的《北京市怀柔区“十三五”时期社会治理规划》，经过前期调研、论证、起草、反复修改和完善，广泛征求区社会建设工作领导小组成员单位、镇乡、街道意见，并联合区发展改革委报请区政府审核同意后，印发全区。整个规划在回顾过去五年工作基础上，分析了当前形势并指出了怀柔区社会治理面临的主要问题，提出了今后五年总体思路、主要任务和保障措施。整个规划包括序言、“十二五”成绩和“十三五”形势任务、总体思路、主要任务、保障措施6部分内容。规划充分体现了党组织、政府组织、基层组织、自治组织、社会组织、经济组织多元共治6大体系建设和系统治理、依法治理、源头治理、综合治理4大能力提高的新要求，以社会服务、社会管理、街道和社区改革、社会组织、社会动员、社会环境、社会关系为主要脉络，明确了“十三五”时期社会治理的8个方面、28项具体工作任务。

（年　巍　王　妍）

【社会领域党员“两学一做”学习教育活动联系点的工作启动】 6月，按照区委社会工委班子党员领导干部“两学一做”学习教育工作联系点的工作安排，建立了区委社会工委班子党员领导干部联系督导制度。每位区委社会工委领导班子党员领导干部联系3到5个党（工）委（党组）。明确了到基层实地调研、到基层党支部讲党课、听取基层“两学一做”学习教育工作情况汇报等督导内容。

（年　巍　王　妍）

【社会领域党员和党建工作获得表彰和奖励】 6月28日，全市召开了2016年度北京市社会领域纪念建党95周年暨党建工作推进大会，对全市社会领域先进基层党组织优秀共产党员、优秀党务工作者、优秀党建活动品牌进行了表彰。怀柔区龙山街道望怀社区党委、怀柔镇党委所属北京博龙阳光新能源高科技开发有限公司党支部被评为先进基层党组织；泉河街道湖光社区党委书记李桂荣、雁栖开发区党委所属北京御食园食品股份有限公司党支部书记被评为优秀党务工作者；杨宋镇凤翔社区社区书记、雁栖开发区商务楼宇工作站党支部书记田清清、北京怀柔社会领域党群工作综合服务中心党委书记钱卫东被评为优秀共产党员；龙山街道党工委“在职党员日”、泉河街道富乐社区党委“党群连心室”活动、雁栖开发区党委所属北京罗麦科技有限公司党支部“学习型党组织”活动被评为优秀党建活动品牌。

（年　巍　王　妍）

【市督导组检查怀柔区网格化工作】 7月14日，市网格化工作联席会议督导组到怀柔督导检查网格化体系建设工作，并实地检查区、镇、村三级网格化体系建设及运行情况。区委常委、副区长刘久刚陪同检查。督导组一行首先到网格化指挥中心，听取了区委社工委关于全区网格化体系建设工作的汇报，详细了解网格化体系整体建设情况、“三网”融合推进情况、“网格化＋”行动计划推进情况、网格化体系作用的发挥情况、建设工作中存在的问题及下一步工作计划等相关情况，观看了网格化社会服务管理平台功能演示，查阅了网格化体系建设相关资料。随后实地查看了桥梓镇网格化分指挥中心、镇综合服务行政大厅及北宅村网格化社会服务管理协调处置中心建设及运行使用情况，并听取了相关汇报。督导组对怀柔区的网格化体系建设工作给予充分肯定，认为网格化体系建设工作体现出领导重视、组织有力、工作扎实、成效明显的特点，能够在全市起到很好的示范带动作用，希望进一步加强领导、加大统筹、攻坚创新。

（年　巍　王　妍）

【城乡党的建设“三级联创”调研工作完成】 7月13日至15日，市“两学一做”学习教育督导暨城乡党的建设“三级联创”调研组对怀柔区社区、非公有制企业、社会组织“两学一做”学习教育及社区党的建设“三级联创”工作进行了深入调研，并到泉河街道工委、杨家园社区党委、滨湖社区党委就相关工作落实进行了实地走访，调研组对工作给予了肯定。

（年　巍　王　妍）

【3家非公有制企业党组织2015年度活动经费拨付完成】 7月底，按照区委组织部工作安排，由区委社会工委直接拨付北京福田戴姆勒汽车有限公司、北京怀建集团有限公司、北汽福田汽车股份有限公司怀柔重型机械工厂3家非公有制企业党组织的2015年度基层党组织工作和活动经费，共计29.42万元拨付完成。

（年　巍　王　妍）

【起草社区管理体制改革方案】 8月12日，通过一系列走访调研与研讨，起草完成《社区管理体制改革方案》及其《起草说明》。并根据内容以附件形式明确了各相关部门的职责分工（《怀柔区社区管理体制改革任务分解表》），方案提出了6方面20项改革任务，内容包括完善社区治理体系、增强社区自治功能、提升社区治理能力、强化社区服务功能、推进社区减负增效以及加强“城中村”管理，有效地推动了社区发挥社会动员、服务居民、协调利益关系和维护社区稳定等本位作用。

（年　巍　王　妍）

【区领导调研全区网格化社会服务管理工作】 9月5日，区委常委、常务副区长朱家亮到区社工委调研网格化社会服务管理工作情况。朱家亮在网格化指挥大厅观看了区、镇乡（街道）、村三级网格化平台功能演示，对各类数据、处置机制、视频系统、信息安全、人员管理等问题进行深入了解；针对网格化系统和“12345”非紧急救助热线受理的疑难案件处置协调会后的案件进展情况进行跟踪了解，并提出可以通过分期分批组织百姓实地参观网格化社会服务管理中心和“12345”非紧急救助怀柔分中心，提高百姓知晓率，增强政府与百姓的互动性。

（年　巍　王　妍）

【区领导调研全区社会建设工作】 9月12日，区委常委、副区长于海波到区委社会工委调研全区社会建设工作情况。于海波首先听取了社会领域党建、社会治理体制改革、社会服务管理、社会动员等社会建设工作领域具体职能和工作开展情况。随后，于海波实地查看了网格化服务管理系统平台功能和视频调度系统演示。于海波对网格化服务管理系统平台给予了高度肯定。就下一步工作做了要求：一是社会服务管理工作要真实体现问题，有效解决问题，不断提高群众满意度；二是进一步加强大数据分析平台建设，更好地为区委、区政府提供有效参考；三是加快推进“三网”融合工作，切实发挥好网格化服务管理系统平台的社会服务管理枢纽作用。

（年　巍　王　妍）

【非公代表人士综合评价工作完成】 9月初，按照区委组织部、区委统战部工作要求，区委社会工委、区社会办印发《非公有制经济代表人士思想状况和政治表现等级评价工作》的通知，明确了北京市非公有制经济代表人士综合评价体系中思想状况和政治表现指标评价标准，具体按照以下标准对本区域非公有制经济代表人士进行A级、B级、C级三级评价。11月底，完成了非公有制经济代表人士综合评价工作。

（年　巍　王　妍）

【区级换届“两代表一委员”人选资源（非公有制企业）审查工作完成】 10月，区委社会工委、区社会办印发了《关于审查2016年区级换届“两代表一委员”人选资源（非公有制企业）的通知》，明确了各党（工）委认真审查本区域非公有制企业“两代表一委员”人选资源相关资格的工作要求。11月，完成了全区“两代表一委员”人选资源（非公有制企业）审查工作。

（年　巍　王　妍）

【网格化工作汇报会召开】　10月14日，区委常委、副区长于海波组织召开网格化工作汇报会，14个镇乡及2个街道的副书记围绕年度重点工作的开展情况、工作中存在问题和下步工作计划分别进行了汇报。会上，于海波同志充分肯定了网格化工作取得的成绩，对下一步网格化工作提出了四点工作要求：一是进一步提高思想认识，增强工作责任感和紧迫感；二是狠抓责任落实，镇街、村居两级网格中心要按照职能，将网格化任务细化到岗、责任明确到人；三是要提高工作人员整体素质，进一步健全完善人员管理机制；四是健全监督考核机制，加大对各级工作人员的监督考核力度，提高工作效率。

（年　巍　王　妍）

【区委社会工委贯彻学习十八届六中全会精神】　10月31日，怀柔区委社会工委召开全体会专题学习了《中共第十八届六中全会公报》，并开展理论中心组（扩大）学习，对全会精神进行了深入研讨。

（年　巍　王　妍）

【网格化及非紧急救助工作培训班开班】　11月10日，怀柔区网格化及非紧急救助工作培训班正式开班，全区50个委办局、16个镇街的主管领导、主管科长、业务骨干及社区书记共计240余人参加培训。培训为期2天，以贯彻落实好市区网格化系列文件精神、准确理解和把握网格化体系建设面临的新任务、新要求为目标，以推进全区网格化和非紧急救助工作为主题，学习内容包括网格化及非紧急救助工作的前沿理论、网格化一线实践经验分享及心理辅导讲座，突出了课程的实用性。通过集中培训和专题学习，进一步统一全区上下做好网格化体系建设的工作思想，凝聚共识、形成合力，提升网格化队伍的业务素质和能力水平，为推进社会治理精细化、建设和谐宜居城市提供坚实保障。

（年　巍　王　妍）

【市委社会工委调研怀柔区社会建设工作】　11月16日，市委社会工委副书记陈建领带队到怀柔区实地调研社会领域党建工作和社会工作人才队伍建设工作。区委组织部、区委社会工委相关负责人一同调研。市委社会工委调研组首先实地查看了怀柔天馨社会工作事务所和龙山街道望怀社区党委，详细了解了专业社工机构工作开展情况和社区党建工作开展情况。在随后的调研座谈会上，区委社会工委、区社会办分别围绕着“百日集中推进工程”贯彻落实情况、在职党员到社区报到为群众服务情况以及社区工作者队伍建设情况、专业社会工作机构建设情况等方面汇报了怀柔区社会领域党建工作开展情况和社会工作人才队伍建设情况。陈建领对怀柔区委社会工委、区社会办在社会领域党建工作和社会工作人才队伍建设工作取得的成绩表示肯定。他希望：“怀柔区专业社工机构要积极参与社会治理创新，提高自我发展能力、服务社会能力和改革创新能力，为党和政府夯实群众基础、凝聚群众共识。”他强调：“要更好地发挥社区党组织的政治引领作用，将社区党建工作与社区服务、社区管理、社区环境、社区文明融合在一起，形成社区建设的合力，在社区层面探索出加强社会治理创新，推进社会治理现代化的经验，切实提升社区治理能力，构建共建共享的社区治理格局。”

（年　巍　王　妍）

【做好社区管理体制改革相关工作】　11月17日，《怀柔区社区管理体制改革实施方案》通过了区街道、社区管理体制改革领导小组专题会的审议。

（年　巍　王　妍）

【非公有制企业和社会组织“两个覆盖”工作推进会召开】 11月18日，怀柔区召开非公有制企业和社会组织“两个覆盖”工作推进会。区委常委迟行刚出席会议。全区社会领域党建联席会成员单位主要领导、各乡镇、街道党（工）委组织部长、56家社会组织业务管理单位主管领导参会。会上，区委社会工委书记、区社会办主任赵海军同志就全区年底前集中推进非公企业和社会组织“两个覆盖”任务及加强和改进社会组织党的建设工作进行了安排部署。区委常委迟行刚同志就加强非公企业和社会组织党建工作作了强调：一是统一思想，提高认识，深刻认识加强非公有制企业和社会组织党建工作的重要意义；二是攻坚克难、务实创新，确保实现非公有制企业和社会组织党建工作预期目标；三要加强领导，落实责任，确保重点任务取得实效。并明确要求各参会单位抓好落实，把思想和行动统一到中央、市委、区委部署上来，以严之又严、实之又实的作风，确保非公有制企业和社会组织“两个覆盖”工作取得实效，圆满实现预期目标。

（年　巍　王　妍）

【大兴区网格办调研怀柔网格化体系建设】 11月23日，大兴区网格办一行6人到怀柔区调研网格化体系建设工作情况，交流、学习社会服务管理网、城市管理网、社会治安网“三网”融合建设工作推进经验。会上，区社会办对全区网格化系统进行了逐一演示，并重点介绍了“三网”融合工作、数据库建设、城市与农村推进网格化工作的路径和方式等内容。之后，双方就系统、机构、队伍、网格工作运转、多网融合及数据建设等方面进行了深度交流、探讨，并且达成了常态化的沟通交流学习机制，共同促进两区网格化服务管理体系建设。

（年　巍　王　妍）

【区宣讲团走进社工委宣讲十八届六中全会精神】 11月28日，区委学习宣传贯彻党的十八届六中全会精神宣讲团走进社工委，机关全体人员参加学习。宣讲团从党的十八届六中全会的重大意义、坚定不移推进全面从严治党、全面加强和规范党内政治生活、全面落实党内监督责任、突出抓好领导干部特别是高级领导干部工作等五个方面，全面细致地讲解分析了全会精神。

（年　巍　王　妍）

【区委社会工委学习贯彻区五次党代会精神】 12月12日，区委社会工委召开全体会，专题传达学习贯彻区五次党代会精神。区委社会工委书记赵海军重点传达解读了报告。2017年全区社会建设工作将全面贯彻落实区五次党代会精神，从六方面构筑现代高效的社会治理格局。一是全面开展社会建设各领域重点课题研究，统筹深化社会治理改革研究。二是通过提升意识，建好台账，聚集合力，激发活力，抓出示范五方面工作，全面加强社会领域党的建设。三是推进分中心网格化标准化示范点建设，推进“三网”融合一体化运行，持续完善网格化体系建设，加快实现城乡精细化管理。四是规范购买社会组织服务项目工作，开展公益行系列活动，全面加强社会组织统筹发展，进一步激发社会创造活力。五是围绕重大活动启动相应社会动员响应机制，推进镇乡社会动员试点建设，进一步完善社会动员机制，建立共建共享的工作体系。六是抓好街道社区改革任务的落实，加强社区规范化建设，进一步完善社会服务体系。

（年　巍　王　妍）

【2016年度上半年党建指导员绩效考核奖励工作完成】 12月14日，区委社会工委会研究决定，2016年度上半年全区34名党建工作指导员考核结果为：“优秀”27人；“称职”7人。考核结果为“优秀”的，给予2850元的绩效奖励；考核结果为“称职”的，给予2650元的绩效奖励；考核结果为“不称职”的，不给予绩效奖励。按照奖励

标准，共发放考核奖励金 95500 元。

（年　巍　王　妍）

【社区工作者工资进一步规范】 12 月 30 日，经区政府常务会审定通过，以政府办名义下发文件。全区社区工作者总体待遇水平，按照上一年度本市职工平均工资的 70% 标准确定。同时，为充分调动社区工作者积极性，提出了按照不低于本年度社区工作者年均应发工资总额 15% 的比例标准，由区社会建设工作领导小组办公室结合实际提出方案，经区政府同意后发放年终绩效奖金的方案。下一步，将联合区民政局、龙山街道、泉河街道等社区工作者管理部门，对全区每名社区工作者工资待遇进行核准，完成应发及补发数据校核，实现规范工资发放工作。

（年　巍　王　妍）

密云区

【概况】 年内，区委社会工委、区社会办紧紧围绕全区中心工作，以保障和改善民生为重点，以深化社会治理改革为动力，全力推进社会领域党建工作，加强网格化标准建设、统筹推进城乡社区建设、广泛开展社会动员工作，全区社会建设和服务管理工作取得新成效。一是积极推进社会领域党建工作。多措并举抓好非公经济组织和社会组织党建“两个覆盖”，全区非公经济组织党组织覆盖率达到 95.1%，社会组织党组织覆盖率达到 82.5%，无党员的非公经济组织和社会组织全部派驻了党建工作指导员，实现了党的工作全覆盖。涌现了“金诚信”支部建在项目上、亨通斯博党员积分管理等先进党建工作典型；二是推动网格化工作深化融合。严格贯彻落实网格化标准，在 7 个镇，12 个村积极推进镇村两级网格化标准化示范点建设，将优质服务和精细管理送到群众身边。全年网格化信息系统共记录事件 742110 件，办结 740589 件，办结率达到 99.8%。三是统筹推进城乡社区建设。高标准创建了 6 个市级社区规范化建设示范点、5 个市级“一刻钟社区服务圈”示范点、3 个市级老旧小区自我服务管理试点和 20 个市级农村社会服务管理创新试点，城乡服务管理水平显著提升。加快推进社工队伍专业化和职业化进程，全区获得职业水平证书的社区工作者比例达到 34%。四是广泛开展社会动员。依托“社会组织公益行”、志愿服务行等系列活动，带动 21 家区级“枢纽型”社会组织和 200 余家社会组织积极参与社会化服务，累计开展各类活动 3000 余场，受益群众 9 万余人次。

（刘　杰）

【积极完善网格化标准体系建设】 1 月 29 日，在全区范围内选取 7 个镇（街）级网格化指挥中心、12 个村（社区）级网格化社会服务管理站作为网格化标准化示范点，统一标志标识和制度上墙，规范组织机构、工作流程、人员职责和监督考评机制，形成标准的运行管理体系，确保网格化工作步骤一致、运行有序。

（戴渊龙）

【研究起草《密云区深化网格化改革的意见》】 3 月 7 日，区委社会工委落实区委常委会会议精神，围绕“有效、管用”目标，研究起草《密云区深化网格化改革的意见》，重点从加强统筹协调和尽职履责、推进网格化标准化、加强网格员队伍建设、完善考核监督机制等方面抓好落实。在城市工作上下功夫，配合行业主管部门抓好“三起来”工程和“5 分钟便民菜店”建设；在城区建设 5 个“一刻钟社区服务圈”、6 个社区规范化建设示范点、2 个市级智慧社区试点。以民办非企业单位为突破口，采取单独建立、联合建立、挂靠建立等形式积极抓好社会组织新建党组织工作。

（郑　策）

【谋划 2016 年社会建设工作重点】 3 月 7

日，区委社会工委落实区委常委会会议精神，确定社会建设工作重点。一是围绕“有效、管用”目标，研究起草《密云区深化网格化改革的意见》，重点从加强统筹协调和尽职履责、推进网格化标准化、加强网格员队伍建设、完善考核监督机制等方面抓好落实。二是在城市工作上下功夫，配合行业主管部门抓好“三起来”工程和“5分钟便民菜店”建设；在城区建设5个“一刻钟社区服务圈”、6个社区规范化建设示范点、2个市级智慧社区试点。三是以民办非企业单位为突破口，采取单独建立、联合建立、挂靠建立等形式积极抓好社会组织新建党组织工作。

（李　悦）

【专题听取社会建设工作报告】 3月8日，会上，区委社会工委、区社会办主要负责同志向区委常委汇报了2015年密云区社会建设工作情况和2016年工作措施。区委主要领导对社会建设工作充分肯定，认为有重点、有特色、工作实。就2016年工作，提出三点要求，一是围绕“有效、管用”目标，抓好网格化工作落实。二是在城市工作上下功夫，配合行业主管部门抓好“居民小区亮起来，胡同巷道畅起来，市容环境美起来”工程和“5分钟便民菜店”建设。三是以社会组织党建为重点，推动社会领域党建迈上台阶。

（李　悦）

【2016年社会建设暨社会治安综合治理工作会召开】 3月22日，会议传达了全市社会建设工作会议精神，部署了2016年社会建设和社会治安综合治理工作。会议提出三点要求，一是充分认识，全面把握当前社会建设和综治工作的形势任务。结合密云撤县设区面临的新机遇和出现的新问题，要以更强的责任担当推动社会建设和综治工作。二是下大力气破解难题、补齐短板，提高社会建设和综治工作的能力和水平。三是切实推动社会建设和综合治理各项工作落实。要在体制机制上下功夫，加强统筹整合，协作配合，以改革创新精神促进工作更好落实。

（仇　鑫）

【区政协委员视察社区建设工作】 4月27日，区政协副主席孙奇带领部分委员视察了鼓楼、果园街道东菜园、向阳西等社区，了解了老旧小区改造、社区服务站运行、老年服务中心建设及社会组织活动开展等有关情况，听取了工作汇报，并进行了座谈。委员们对全区社区建设工作给予充分肯定，并从明确工作任务、规范体系运行、动员居民参与社区管理等方面提出了意见建议。

（仇　鑫）

【“京台社区大讲堂”走进密云】 5月5日，京台“社区大讲堂”在密云区鼓楼街道开讲，鼓楼、果园街道社区“两委”代表共150余人参加讲座。本次活动邀请了台北市中山区剑潭里里长毕无量以“小社区，大梦想”为主题，详细介绍了剑潭里社区的社区营造、人才培育、儿童养成教育、志工团队管理、生态环保建设等情况。探讨了社区管理模式，交流了社区治理理念和实践经验，对密云社区提升社区治理水平，推动社区建设发展具有重要借鉴意义。

（高　攀）

【社区工作者健步走活动开展】 5月17日，以“快乐健步行，健康我最行”为主旨的社区工作者健步走活动在巨各庄镇蔡家洼玫瑰情园举行。本次活动目的是丰富全区社区工作者的业余文化生活，树立健康生活的理念，传播公益正能量。全区各镇、街（地区）、区直相关单位400余名社区工作者参加。活动中参赛者精神饱满地完成了5公里的健步走。活动结束后，大家纷纷表示通过本次活动放松了心情、释放了压力、增进了友谊，充分展示了社工队伍的风采和昂扬向上的精神风貌。

（刘　洋）

【2016年公开招考社区工作者工作启动】　5月25日，密云区公开招考社区工作者52人。截至5月18日网上报名结束，共1554人参加报名，录取比例已达到30∶1，超过历次报名人数。今年在招考程序上进行了大胆改革：一是所有考生，均通过密云社会建设网进行网上报名，组织线上报名与初审，方便了人员报考，提高了工作效率；二是考试方式取消面试以笔试成绩为准，按照笔试成绩由高到低顺序进行录取，节省了时间，降低了行政成本，更突出了招考的公平、公正。经过报名、笔试、资格审查、考察、体检等各环节，新录用人员预计于7月初统一上岗。

（刘　洋）

【社区工作者职业资格水平考试考前辅导培训班举办】　5月27日至28日，密云区举办了为期2天的社区工作者职业资格水平考试考前辅导培训班，分别邀请中国青年政治学院专家教授进行授课，采取理论讲解与真题分析相结合的方法，对综合能力和实务模块的知识点进行系统梳理。至此，密云区已连续4年成功举办了社会工作职业水平考前培训，平均考试通过率达到30%以上，此次培训有效地提高了全区社会工作者的专业化水平，对于壮大全区社会工作人才队伍，提高社会工作者职业水平考试通过率有着积极的推动作用。全区各镇、街（地区）、区直相关单位200余名社区工作者参加此次考前辅导。

（刘　洋）

【城市管理综合执法中心正式挂牌成立】　6月8日，区委区政府落实城市管理体制改革，加强社会服务管理的重大举措。挂牌成立城市管理综合执法中心，综合执法中心由城管、公安、食药、安监、环保、工商、消防、公安交通8家常驻单位和市政、住建、文化、卫生计生、司法、质监、交通、规划、国土、国税、地税11家挂牌单位组成。常驻单位日常管理以街道为主，在街道集中办公，实行统一指挥、统一管理、统一考核。

（仇　鑫）

【市网格化督导组检查全区网格化工作】　7月11日，市社会办副主任王丽竹带队市网格化督导组到密云区对“三网”融合、网格化标准化、“网格化+”行动计划等工作情况进行全面督导检查。督导组一行首先听取了密云区网格化工作整体情况汇报，并进行座谈交流。随后，到区网格化指挥中心、鼓楼街道网格化指挥中心、穆家峪镇网格化指挥中心和辛安庄村社区服务管理站进行实地检查。督导组一致认为全区网格化工作领导重视、组织全面、体系完善、特点突出、效果明显，在全市中走在前列。副区长郭洪泉陪同检查。

（戴渊龙）

【2016年新入职社区工作者培训班举办】　7月13日，区社会办举办2016年新入职社区工作者培训班。此次课程培训对象为2015年入职未参加培训和2016年新入职的社区工作者。邀请到北京青年政治学院、家路礼仪学校的专家讲师以及社区党组织书记等进行授课，通过采取理论讲解与实际操作相结合的方法，帮助新入职社工树立服务意识、了解岗位特点、丰富基本理论知识及实际工作技巧，顺利进入岗位角色。此次培训提升了全区社区工作者队伍的职业化、专业化水平，增强了团队凝聚力，帮助社区工作者尽快走上新的岗位。全区各镇、街（地区）、区直相关单位等120余名社区工作者参加此次培训。

（刘　洋）

【科普之夏系列活动启动】　7月27日，密云区启动2016年“提高素质、科普益民”的主题科普之夏系列活动。活动期间，密云区科协联合白檀社区、绿地社区、檀城东社区等6家社区开展科普知识展板巡展、全民科学素质有奖知识问答、数字生活技能培训、培训社区志愿者科普咨询、社区中小学生

"小手拉大手"科普知识讲座、信息科普"E家学课"进社区进校园等系列活动。整个系列活动持续至9月结束。

（郑　策）

【社区工作者队伍建设进一步提升】 8月8日，密云区依托乐群社区工作者俱乐部举办"快乐健步行　健康我最行"健步走活动，丰富业余生活，减轻工作压力，组织400余名社工；按照市文件要求，启动社区工作者工资待遇调整工作，增强队伍稳定性；公开招录47名社区工作者，组织实施为期4天的入职岗前培训，累计培训32学时，提升了岗位能力和实操水平；积极组织开展社会工作职业水平考试考前冲刺班，累计培训184人，48学时；按照市文件要求，本着"缺什么、补什么"的原则，规范提升全区社工事务所软硬件设施，促使其规范化运行。

（刘　洋）

【四项措施推动社区工作者队伍建设】 8月8日，区委社会工委提出四项措施推动社区工作者队伍建设。一是加强人文关怀。依托密云区乐群社区工作者俱乐部，组织400余名社工，举办"快乐健步行　健康我最行"健步走活动，丰富业余生活，减轻工作压力；按照市文件要求，启动社区工作者工资待遇调整工作，增强队伍稳定性。二是强化队伍能力素质提升。公开招录47名社区工作者，组织实施为期4天的入职岗前培训，累计培训32学时，提升了岗位能力和实操水平；积极组织开展社会工作职业水平考试考前冲刺班，累计培训184人，48学时。三是规范专业社工机构建设。按照市文件要求，本着"缺什么、补什么"的原则，规范提升全区社工事务所软硬件设施，促使其规范化运行。四是提升社会认可度。上半年，依托密云区乐群社区工作者俱乐部微信公众平台发布各类信息29期，消息203条，社区工作者的社会知名度和认可度进一步提升。

（郑　策）

【非公经济组织和社会组织党建工作联席会第一次会议召开】 8月17日，密云区召开非公经济组织和社会组织党建工作联席会议。会议集中部署了非公经济组织和社会组织党建"两个覆盖"工作的主要任务、工作步骤和具体举措，要求各单位抓紧时间摸排，及时分析研判，集中梳理情况，抓好组建工作。会议要求各单位要从全面从严治党的高度认识非公企业和社会组织党建工作的重要性和紧迫性，抓住党建工作的"两个覆盖"这一核心，明确责任分工，明确隶属关系，明确工作人员，做好各项工作的落实。

（刘　杰）

【三项举措推进非公企业和社会组织党建工作"两个覆盖"】 8月18日，区委社会工委三项举措推进非公企业和社会组织党建工作"两个覆盖"。一是组织20个镇街、相关部门召开工作专题会，下发《关于集中推进非公有制企业和社会组织党的组织和工作覆盖的实施方案》，明确推进非公企业和社会组织党建工作的目标任务、责任分工和工作措施。二是建立由组织部门牵头、社会工委负责，各相关单位协同配合的非公企业和社会组织党建工作联席会议制度，形成各司其职、密切配合、齐抓共管的工作格局，进一步促进工作开展。三是集中开展摸底调查工作。组织各镇街和有关部门安排专门力量，开展对所属非公企业和社会组织数量规模、生产经营、党组织建设、党员管理等情况进行全面摸底排查，在此基础上同步建立党组织，实现非公企业和社会组织党的组织和工作覆盖率达到100%。

（高　攀）

【2016年社区工作者工资待遇调整工作开展】 9月6日，区社会办组织20个镇街和12家区直单位召开了全区社区工作者工资待遇调整推进会，会上，下发了《密云区关于进一步规范社区工作者工资待遇的实施方案》，并就《方案》进行了详细解读和说明。会议要求各单位高度重视此项工作，严格按照工作待遇调

整标准精准测算，尽早完成工资待遇调整落实。此次工资待遇调整，解决了社区工作者工资待遇无增长机制的问题，极大激发了社区工作者的工作热情，维护了社工队伍稳定。

（曹　赛）

【第三次社会领域党建工作联席会召开】 10月26日，会议通报了密云区社会组织党组织组建工作开展以来取得的成效和存在的问题，集中解决了区直、镇、街（地区）等48家单位在组建过程中所遇到的疑难问题，规定了社会组织党组织组建工作要在11月底前完成，部署了各业务主管单位清理“呆账”社会组织、采取不同形式建立社会组织党组织、党组织全部覆盖社会组织等下一阶段重点任务。会议提出了三点工作要求：第一，思考审视当前的工作形势；第二，找到解决所遇杂难问题的适合方法；第三，落实下一步工作的具体措施。

（郑　策）

【学习十八届六中全会精神】 11月2日，区委社会工委组织全体机关党员干部原文学习了相关文件，注重学有成效，与“两学一做”学习教育相结合、与当前工作相结合。一是加强网格化建设，切实做到“有效管用”；二是统筹推进城乡社区“一刻钟社区服务圈”建设，满足居民多方面需求；三是广泛开展社会动员，引导社会组织、社会力量参与公益活动和志愿服务；四是扎实推进社会领域党建工作，通过逐个排查对比、多种形式组建，力争年底前实现党的组织覆盖和工作覆盖100%。

（仇　鑫）

【2016年度专项资金购买社会组织服务项目】 11月8日，全区共有7家社会组织的8个项目获市级社会建设专项资金支持，获批资金104.4万元，项目实施周期为2015年6月1日至2016年5月31日。共联合带动20余家社会组织参与项目实施，开展各类社会化服务296场，参与服务的专业社工和志愿者人数达3500人，累计服务时间1.1万小时，发放宣传材料1.2万份，服务群众达2万人次。

（戴渊龙）

【非公有制经济组织和社会组织党建工作联席会2016年第四次会议召开】 11月10日，非公有制经济组织和社会组织党建工作联席会2016年第四次会议召开，会议传达了全市非公经济组织和社会组织党建工作联席会议精神，通报了全区非公有制经济企业和社会组织党组织党建工作进展情况，部署了非公有制企业党建重点工作，对下一步非公企业和社会组织党建“两个覆盖”工作再次提出要求。全区社会组织已建立党组织65个，覆盖社会组织112家，覆盖率为48.9%，其余社会组织正在加紧筹建中。

（郑　策）

【第五届“寻找首都最美社工”推荐评选工作完成】 11月11日，按照市社会建设工作领导小组办公室要求，采取评选与个人工作实绩相结合、与社会认可和服务群众能力相结合、与专业化能力相结合的标准，经过初选、审核等环节，选取了鼓楼、果园街道5名条件优秀、服务能力突出的社区工作者和公益性较强的3家专业社工机构进入全市“最美社工”申报评选阶段。

（曹　赛）

【共建趣味运动会开展】 11月17日，为加强共建单位之间的联系，增进干群之间的交流和团队凝聚力，密云区委社会工委与鼓楼街道花园西社区党委、居委会、市民劝导队及居民代表共75人分成5组进行比赛。项目有跳绳、乒乓球等5个项目，有序进行，精彩角逐。此项活动促进共建单位与社区之间的友谊，引导全民参与体育锻炼、科学健身。

（姜　娜）

【上海市崇明区考察团调研密云网格化工作】 11月22日，上海市崇明区城市网格化综合管理中心考察团调研密云区网格化工作，考察团实地参观了鼓楼街道网格化社会服务管理指挥中心的运行、综合服务大厅的区域划分、工作流程、便民服务站窗口和网格化管理工作职责制度等；听取了相关负责人关于网格化服务管理的情况介绍。座谈交流了在社区服务管理工作中的经验和做法，探讨了下一步开展工作的方法，开拓了网格化服务管理的思路。

（姜　娜）

【“微网格”公众号助力社区管理工作】 11月25日，按照《北京市城市服务管理网格化体系建设基本规范（试行）》提出的“完善合力共治体系”指标，密云区精心组织，周密安排，加强统筹协调，在果园街道瑞和园社区和不老屯镇史庄子村建立“微网格”微信公众号试点，按时完成了“微网格”初期功能建设和上线服务。自2016年6月底试运行以来，关注“微网格”公众号83人，发布图文消息22条，接收各类咨询消息200余条，居民通过手机拍摄并上报的“随手拍”事件数量90余件，并全部得到解决。“微网格”的建立，帮助社区解决了部分消息闭塞问题，拓宽居民了解社区工作的渠道，得到了居民的广泛认可。

（郝梓阳）

【非公经济组织和社会组织党组织实现应建尽建】 11月底，密云区通过召开四次联席会议，多措并举圆满完成了非公经济组织和社会组织党建工作既定目标。全区2208家非公经济组织建立党组织398个，覆盖2099家非公经济组织，组织覆盖率达95.1%；229家社会组织建立党组织99个，覆盖189家社会组织，组织覆盖率从年初的30%上升到82.5%。无党员的非公经济组织和社会组织全部派驻了党建工作指导员，实现了党的工作全覆盖。

（郑　策）

【物业管理工作不断深化】 年内，密云区物业管理工作形成区、镇街（地区）、社区三级监督管理，物业企业、业主委员会两个主体实施的“3＋2”工作模式，6个镇街（地区）设立了物业管理服务中心，组建业主委员会109家，其中今年新增64家，并在檀营地区试行社区居委会代业主委员会职能，城区实现业主委员会全覆盖，在5个无物业小区开展规范物业服务入驻试点工作，实现了物业管理全覆盖，全区63家物业企业、137个住宅物业项目积极推行标准化服务工作，实现精细化管理全覆盖。

（郑　策）

延庆区

【概况】 2016年，延庆区社会建设领导小组办公室以党的十八大和十八届四中、五中全会精神为指导，认真贯彻落实市委社会工委和区委区政府重要工作部署，以促进发展为主题，以探索创新为动力，以提升服务水平为根本，扎实推动各项工作取得明显成效，有效提升了社会服务水平和社会治理能力，为推进全区社会建设事业又好又快发展做出了贡献。一是扎实推进网格化体系建设，扎实推进“三网”融合工作，促进社会治理精准化、协同化。二是积极推进物业改革，完善小区绿化、公共设施和物业服务，积极探索解决居民关心的重点难点问题，促进全区物业服务水平整体提高，建设宜居社区。三是以落实政府折子工程为重点，扎实做好社区用房规范化建设，完成社区建设各项创建工作任务，夯实社区服务基础，提高基层服务能力。四是以培育扶持社会组织为提升，加强社会力量的服务和管理，推动“枢纽型”社会组织规范化建设，培育和扶持各类社会组织发展，激发社会组织活力。五是全面加强社区工作者队伍建设，强化业务培训，积极拓展专业社工服务社区的实践渠道，提高社会工作职业化、专业化水平。六是创新社会动员和志愿服务活动方式，加强制度建设，加强对志愿服务活动的引导培育，打造志愿服务品牌，促进社会领域志愿服务不断发展。七是加强区域化党建工作，发挥党组织在社会领域的引导作用，有效推进“两新”组织党建工作，全面强化社会领域党建工作，为社会建设提供政治保障。

（胡　琳）

【区委社会工委聘请36名社会监督员】 年内，延庆区委社会工委为充分监督物业服务企业日常工作有效开展，聘请36名社会监督员，利用网格民生服务平台对住宅小区物业服务状况进行实时监督，社会监督共上报事件521件，经筛选后，属于物业管理事件的296件，办结274件，办结率92.6%。同时制订了社会监督员日常检查工作方案，将社会监督员对规范类住宅小区物业服务情况的评价纳入年终考核成绩当中，实现了物业服务监督社会化。街道落实属地监督职责，认真制定小区内考核管理细则，定期对物业进行检查考核。区社工委做好相应监督工作。

（胡　琳）

【物业专项资金审计监管工作开展】 3月，由延庆区审计部门对延庆区委社会工委物业改革专项资金的使用范围、使用标准和效果情况进行了审计，并对50%先期资金使用情况进行专项延伸审计，对超范围使用情况已责令进行整改，确保了先期资金的专款专用。

（胡　琳）

【推广网格化移动终端App软件】 年内，延庆区委社会工委在区信息中心的大力帮助下，克服GIS地图系统数据流量大等困难，通过测试、修改，进一步完善手机App软件，为网格员上报事件、采集信息以及乡镇（街道）、村（社区）两级网格管理机构处理信息提供技术支撑，全面提高网格化社会服务管理的工作效率和可参与度。通过配备网格化移动终端，手机App软件已经在城区进行推广应用，同时采取了一系列培训、奖励等措施，网格化事件上报率明显提升。全年上报事件13000余件，比2015年增长300%。

（胡　琳）

【延庆区开展物业小型维修工作】 3月，延庆区委社会工委按照工作要求将物业改革资金的50%先期拨付到各街道，主要用于上、下水抢修、更换窗纱、路面破损修补、单元门禁更换以及晾衣竿的安装等40余项物业小型维修工作中，充分调动了物业企业工作积极性，同时使居民得到实惠，保证了改革专项资金的使用效益。

（胡　琳）

【“三网”融合工作研究推进】 年内，延庆区委社会工委依据市社工委《网格化体系建设“1+3”系列文件汇编》精神起草了《延庆区“三网”融合工作方案》，方案中对延庆区落实“1+3”文件的总体思路、重点任务、工作进度等都做了详细的安排。同时到海淀、朝阳、密云等区进行了调研考察，该方案已经多次专题会讨论，按照区领导指示制订了机构设置、办公地点设置、协管员队伍管理等环节的具体方案。

（胡　琳）

【物业服务费用测算评估工作完成】 6月，区委社会工委针对区内老旧小区比较多、物业费收费标准比较低的问题，会同区住建委聘请专业评估公司，对全区有物业企业提供服务的住宅小区的综合物业服务状况及费用情况进行评估，完成了12家物业企业和3个街道对费用测算评估的意见征求工作。同时协调市政市容委环卫处对全区无物业的老旧小区三清费用进行实际运行测算，并形成了初步测算费用结果，已经进入意见征求环节。

（胡　琳）

【延庆区物业改革宣传片录制】 年内，区委社会工委为做好物业改革专项工作，更多服务广大社会公众，区联合区广电中心录制延庆区物业改革宣传片《物业改革进行时》，截至年底，已完成12期脚本编写工作，节目录制完成5期，第一至第四期节目已经正式播出。该宣传片从物业相关法律法规、全区物业改革相关措施以及居民关注的热点等方面对物业改革工作进行宣传报道，引导居民树立正确的物业消费理念和物业法律意识，提高居民对物业改革的知晓率和支持度，该栏目收视反响良好。

（胡　琳）

【环境秩序专项整治工作开展】　年内，延庆区结合上半年考核情况制订了《延庆区住宅小区环境秩序专项整治行动工作方案》，清理废旧自行车和“僵尸车”，全面提升住宅小区环境整洁度。在3个街道6个试点小区施划机动车和非机动车停车标线，进一步规范了小区停车秩序。

（胡　琳）

【两街道小区物业改革市场化转型完成】

年内，延庆区委社会工委为推动物业服务市场化，以民主协商的形式，推进引导延庆区香水园街道会展公寓小区和百泉街道的公安自管楼交接工作，使两小区由保障类小区改划为规范类小区。并以先服务后收费的方式，实现向市场化物业服务的转变，摆脱了政府托底管理的局面。

（胡　琳）

【招录58名社区工作者】　年内，延庆区委社会工委按照相关工作要求，面向社会公开招聘社区工作者。经过报名、笔试、面试、体检、政审等招录流程严格筛选，共计补充招录58名社区工作者，其中女性社工40名。该批社区工作者于8月上岗工作。

（胡　琳）

【多种社工培训班举办】　年内，延庆区委社会工委为提升社区工作者职业化水平，组织多次社工培训，并委托北京市延庆区鹏鲲社工事务所聘请专业讲师为报考社工师资格考试的社工进行考前辅导，其中初级班4天32个学时，中级班6天48个学时，3个街道、部分乡镇的180余名社区工作者参加培训，同时组织全区40名近两年新入职社区工作者参加万名社工培训，从而提升社区工作者的实务能力、专业素养和理论水平，使他们尽快适应社区工作岗位要求，提高履职尽责能力。组织新入职的58名社工参加社工岗位培训，提高了社区工作者的专业技能与尽快适应工作岗位的能力。

（胡　琳）

【社工工资进一步规范落实】　8月，按照市委社会工委文件精神和延庆区委工作要求，延庆区社工委拟定《延庆区关于进一步规范社区工作者工资待遇的实施办法》。该办法规定，提高社区工作者总体待遇水平，原则上按照不低于上一年度本市职工平均工资的70%标准确定。每年在上一年度全市职工平均工资公布后，从当年1月1日起，按照新标准补发社区工作者工资。同时，该《办法》规定，按照不低于本年度社区工作者年均应发工资总额10%的比例，确定当年社区工作者绩效奖金总额。绩效奖金按年度发放，发放时根据社区工作者岗位和考核情况，本着多劳多得、优绩优酬的原则，合理拉开档次。

（胡　琳）

【社会建设工会成立】　9月，延庆区委社会工委召开社会建设工会成立暨第一次会员大会，此次大会由延庆区总工会主席杜志刚同志主持，延庆区委社会工委24名新入会职工出席会议，大会宣布延庆区委社会工委延庆区社会建设工会正式成立，并民主选举产生闫伟林同志为延庆区委社会工委延庆区社会建设工会主席。

（胡　琳）

【小区监控设施接入网格化平台】 年内，延庆区委社会工委新建和整合监控视频2000路，将各小区视频监控系统接入社区网格化工作站，提升网格化工作站发现问题的能力。结合全区物业改革，设立了监控设施维护专项费用，加强现有监控设施的维护力度，确保监控探头能够持续发挥作用。对群众反映清晰度不高、基层单位使用视频作用不明显等问题，区委社会工委请示区政府、区财政局整合了综治资金和社会建设资金，对监控设施严重老化的社区监控设备进行升级改造，对监控盲点补充相应监控点位，年内，已启动康庄镇小区以及城区31个住宅小区视频监控升级改造工程。

（胡　琳）

【积极探索住宅小区绿化管理新形式】 年内，延庆区委社会工委会同延庆区园林绿化局印制了《延庆区住宅小区绿化养护管理手册》，并将该手册发放给各物业企业，以此指导街道、物业企业有效开展住宅小区绿化养护工作。通过专业部门的检查与技术指导，督促全区物业企业落实绿化养护管理职责，充分发挥企业应有的绿化管理养护作用。与此同时，延庆区委社会工委探索开展由园林部门对住宅小区绿化养护工作的试点接管工作，以园林部门专业管理的方式推动住宅小区绿化养护工作由绿化到美化的质的转变，使绿化养护工作水平得到进一步提升。延庆区委社会工委还结合全区各小区的实际情况，将部分小区绿化养护工作委托给专业的绿化公司进行管理，实行此种绿化专业外包管理的模式，解决了部分小区绿化养护不到位问题，为居民提供了良好的小区绿化环境。

（胡　琳）

【环境秩序专项整治工作积极开展】 年内，区委社会工委制订了《延庆区住宅小区环境秩序专项整治活动工作方案》，该方案一是清理小区堆积的废旧自行车和僵尸车，为小区出行、停车、环境秩序整洁度等进行彻底整治；二是在区香水园、百泉、儒林三个街道的6个试点小区内，施划机动车和非机动车停车标线，并引导香水园街道的会展公寓小区和百泉街道的公安自管楼，由政府托底管理模式向市场化物业服务模式转变，由保障类小区改划为规范类小区。

（胡　琳）

【社区用房规范化建设工作扎实推进】 年内，区委社会工委配合区发展改革委完成市审计局对全区第二批社区办公和服务用房项目资金使用情况的审计工作。并完成第三批社区服务用房项目申报及评审工作。市发展改革委批复6个项目，批复总建设面积2105.60平方米，总投资27689.97万元。其中市政府安排固定资产投资1271.63万元，到位资金606.98万元。延庆镇国润家园社区、兴运嘉园社区等购置类项目已在年内入驻办公，胜芳园社区和大庄科社区正在办理开工手续。对于符合项目申报的4个项目，延庆区委社会工委积极协调规划、土地、环保等相关单位办理手续，并重新编制实施方案上报市发展改革委等待评审。对于不符合申报条件的项目，延庆区委社会工委积极协调各相关单位落实社区用房达标工作，其中6个乡镇项目已由乡镇自行解决，川北西、新兴东、恒安3个项目已经明确了具体建设方案。温泉馨苑小区则采取租赁的方式解决社区用房问题。据此，全区46个社区均实现不低于350平方米办公和服务用房目标。

（胡　琳）

【“枢纽型”社会组织规范化建设方案出台】 年内，延庆区委社会工委按照“有领导责任制、有职能部门、有工作制度、有服务和管理体系的广泛覆盖、有党组织和党的工作的广泛覆盖、有业务和服务品牌项目”的工作目标，研究出台并下发《关于推进延庆区“枢纽型”社会组织规范化建设的实施方案》。进一步完善延庆区社会组织数据库信息，做好“枢纽型”社会组织所辖社会组织备案引导，积极采集社会组织的相关数据，完善社会组织基础数据库，对社区社会组织进行备案管理。

（胡　琳）

【区域化党建建设工作积极推进】 年内，延庆区委社会工委与区委组织部、区委农村工作委员会联合印发《延庆区关于进一步加强区域化党建工作的意见》，确定了加强区域化党建工作的目标任务和基本原则，构建起党委统一领导、区域内各方共同参与的工作体系，健全了共商共议、协调联动的运行机制。同时，将区域化党建工作纳入城乡党的建设“三级联创”工作、党（工）委书记抓基层党建工作述职评议考核的重要内容，加强跟踪问效问责。全面做好市委城乡党的建设“三级联创”调研迎检工作，促进基层党建工作整体提升。

（胡　琳）

【全年社区建设重点工作任务完成】 年内，延庆区委社会工委推进社区规范化建设示范点创建工作，完成儒林苑社区、望都家园社区等社区规范化示范点创建任务；按照北京市“一刻钟社区服务圈”基本创建标准，按照项目化运作的方式，以“社会 + 社会组织 + 社工 + 社会志愿者”四级联动的形式，解决特殊人群上门服务不足问题。完成了延庆区大庄科乡社区等“一刻钟社区服务圈”创建；将老旧小区自我服务管理试点与物业改革工作相结合，通过规范业委会运作机制，发挥社区组织自治作用，完成了 10 个老旧小区自我服务管理试点创建工作；将村级社会服务管理创新示范点工作与网格化体系建设工作相结合，积极与区行政服务大厅、区民政局等相关部门沟通协调，采取“点站共建”的模式，完成了 21 个村级社会服务管理示范点创建工作。

（胡　琳）

【社区信息化建设工作积极推进】 年内，延庆区委社会工委会同延庆区经信委、延庆区民政局，按照北京市智慧社区创建的 6 方面 38 个细化指标，积极落实创建智慧社区工作，以社会建设网为依托，以 30 个社区网站为抓手，继续完善“1 + 30”社会建设站群网络体系，推进兴运嘉园社区等智慧社区的创建工作。

（胡　琳）

【延庆区社会组织培育扶持工作不断完善】 年内，延庆区委社会工委完成区级社会组织孵化中心建设，配置必要办公和活动设备，为区域内社会组织提供必要活动场地，并聘请市里第三方机构代运营孵化中心，提升了全区孵化中心的专业能力和水平，引入 6 家社区社会组织入驻。同时，为了加大对社会组织的扶持力度，延庆区委社会工委广泛动员社会组织开展市社会建设专项资金购买社会组织服务项目申报的工作，已获得批复 21 个，批复资金 325 万元。与此同时，聘请第三方会计师事务所对项目资金使用情况进行审计，对 16 个项目进行结项检查，圆满完成 2015 年政府购买社会组织服务项目结项工作。

（胡　琳）

【2016 年社会组织公益行系列活动成效明显】 年内，延庆区社会组织公益行系列活动取得明显成效，以“保护蓝天碧水，践行公益理念——社会组织在行动”为主题，积极响应全区绿色大事件的号召，打造“保护水源地、扮靓母亲河”“绿色大事志愿者培训”等品牌服务项目，组织有关社会组织开展社会公益品牌项目展示，为提升全区社会组织的公信力和影响力搭建了广阔平台。

（胡　琳）

【完善考核机制促进物业服务水平提升】 年内，延庆区委社会工委针对全区物业企业日常服务管理效率不高的问题，进一步完善考核监督机制，共开展专项检查工作 4 次。

采取以整改通知单的形式要求限时整改物业突出问题，以通报会的形式落实街道属地管理职责，以约谈物业企业法人的形式强化督促企业内部管理，切实改善了物业企业内部管理不到位，服务履约情况不妥善的问题。

（胡 琳）

【志愿服务组织工作全覆盖继续落实】 年内，延庆区委社会工委结合北京市社会工委相关工作要求，一是认真做好社区、商务楼宇、非公经济组织、专业社工机构四类支援服务示范项目申报工作，选拔社区志愿服务示范项目4个，商务楼宇志愿服务示范项目1个，非公经济组织支援服务示范项目1个，专业社工机构支援服务示范项目2个。二是利用网络、手机、微博、微信等新型传播媒介开展社会动员工作，极大地提高了社会动员信息化水平。三是积极结合社区党建工作，开辟“红色社区”；与社会主义核心价值观宣传相结合，开辟“二十四孝文化展”；与可普及生态文明建设相结合，开辟多彩生活科学馆，打造主题文化型社区。四是针对延庆区绿色发展大事和自然灾害应急工作，研究探索动员社区力量和社区资源的机制和方法，多次组织防汛、消防等演练活动。

（胡 琳）

【严格“一岗双责”强化党风廉政建设】 年内，延庆区委社会工委组织机关班子成员、机关干部深入学习党的十八届六中全会、市委全会及延庆区党代会精神。认真履行党建第一人职责，坚持贯彻执行民主集中制，进一步严肃党内政治生活。主持完成机关党支部及工会、妇联、共青团的改选工作。严格落实意识形态工作责任制。按照“一岗双责”要求，强化党风廉政建设，重点加强对社会建设资金和政府奖励扶持政策落实等廉政风险点的防控监督，确保反腐工作取得实效。

（胡 琳）

【开展党员“两学一做”学习教育】 年内，延庆区委社会工委会同组织部制订了《关于在全区非公有制企业和社会组织党员开展“学党章党规、学系列讲话，做合格党员”学习教育的实施方案》，并对部分党务工作者进行培训，向全区非公有制企业和社会组织的党员发出了以开展“两学一做”学习教育的工作倡议并发放学习资料，通过横幅、展板等方式开展学习教育宣传。举办延庆区第一届“两新”组织“党建杯”足球邀请赛、延庆区第一届“91 金融”杯诗歌朗诵大赛、延庆区首届“两新”组织党建知识竞赛，使来自非公企业和社会组织的党员进行交流学习，共同进步。

（胡 琳）

【服务型党组织建设工作积极推进】 年内，延庆区委社会工委建设服务型党组织，创新在职党员服务社区服务居民的方式。一是加强组织领导，构建在职党员自我管理、自我教育、自我服务的组织管理框架。在区级层面上成立在职党员服务社区工作指导小组，在街道层面成立在职党员服务社区工作临时党委，在社区层面成立在职党员服务社区临时党总支，每相邻2至3栋楼成立一个在职党员临时党支部。全区组建100支党员志愿服务队，为在职党员服务社区提供平台。二是提供资金支持，由区社工委为每个社区临时党总支提供10000元的工作经费。三是利用各种媒体和社区宣传阵地，加强对在职党员服务社区工作的宣传力度，树立工作典型。建立在职党员服务社区工作网站和工作微信群，相互交流学习，促进工作。四是深入探索在职党员服务社区工作表彰机制，以纪念建党95周年为契机，评选表彰100名优秀在职共产党员、10个优秀在职党员临时党支部和20支在职党员志愿服务队，以此激励党员学习榜样，为社区建设和发展做出贡献。

（胡 琳）

【网格化专业培训和宣传开展】 年内，延庆区委社会工委编制《延庆区网格化社会服务管理系统使用手册》和《延庆区网格化社会服务管理工作手册》，按照区级、街道（乡镇）级、社区（村）三级，建立网格化三级培训体系，加强对区级平台和乡镇指挥中心工作人员、村（社区）工作人员及网格长的培训。延庆区委社会工委还通过多种形式加大网格化工作的宣传力度，以提高居民及相关工作人员对网格化工作的认知度和参与度。年内共设计印发海报2000张、《致居民的一封信》30000份，制作宣传展板1000余套，安装社区网格化宣传栏30组。建立以各乡镇（街道）、村（社区）具体工作人员为群成员的网格化工作QQ群，及时沟通解决基层工作人员在工作中遇到的技术问题。同时以工作简报等方式提高相关单位对网格化工作的认识程度，大大促进网格化工作的开展。

（胡　琳）

【社工队伍管理进一步规范】 年内，延庆区委社会工委积极与延庆区财政局、区人力社保局等单位沟通，完成了规范社工工资待遇、规范社工档案管理、强化社工职业能力培训及58名社工补录等重要工作。2016年共有12名社区工作者补选进入社区两委班子。

（胡　琳）

【在职党员和无职党员服务社区管理进一步规范】 年内，延庆区委社会工委牵头在区级、街道、社区层面分别成立相应层次党组织，并为每个社区临时党总支提供10000元工作经费。主持研究落实在职党员“1+X”弱势群体服务项目，树立在职党员服务社区优秀典型，激发在职党员服务积极性。

（胡　琳）

【农村社会服务管理创新工作不断深入】 年内，延庆区委社会工委完成10个农村社会服务管理创新试点工作。将村级社会服务管理创新示范点工作与网格化体系建设工作相结合，采取“点站共建”的模式，积极与区行政服务大厅、区民政局等部门沟通协调，整合各项创建重点，形成创建合力，落实创建任务。

（胡　琳）

【老旧小区自我服务管理试点创建任务完成】 年内，延庆区委社会工委完成8个老旧小区的自我服务管理试点创建工作。将老旧小区自我服务管理试点与物业改革工作相结合，根据不同社区特点，采取“物业自主式服务、社区自治式服务、单位自助式服务”三种模式，以居民自治为核心，以解决突出问题为重点，规范业委会运作机制，动员社区居民共同参与，发挥社区社会组织作用，积极探索老旧小区环境卫生、停车管理、志愿服务等方面的服务新模式，扎实推动老旧小区服务管理向规范化、社会化、精细化发展。

（胡　琳）

【区社会办继续推动垃圾分类工作】 年内，延庆区社会办继续在推动物业改革工作中，积极配合延庆区市政市容委的“首都环境卫生检查工作”，进一步巩固住宅小区楼内、楼外环境卫生成果，并在现有基础上继续加大住宅小区开展垃圾分类工作力度，促进延庆区住宅小区卫生环境水平得到进一步提高。

（胡　琳）

【社工实践成长渠道不断拓展】 年内，延庆区委社会工委积极拓展专业社工服务社区的渠道，为社区工作者服务社区探索新途径：一是利用“一街一社工”资金支持，采取项目化运作方式扶持本地社工事务所2家，结合社区服务项目领域和范围，购买社区服务项目，提升社区专业化服务水平。二是出资支持有资质的社区专职工作者按居民需求组织主题公益活动。三是开展北京市2016年“首都最美社工”活动，认真选拔推荐6名优秀社工候选人，做好评选准备工作，通过活动，进一步弘扬社工精神、传播社工理念、树立社工典型。

（胡　琳）

【各街道社区开展志愿服务】　年内，延庆区各个街道社区充分发挥主体作用开展志愿服务。一是各街道建立长效志愿服务机制，制定“爱心服务日”“志愿服务周”，指导志愿服务队伍定期开展为老服务、关爱弱势群体、环境管护、治安巡逻等活动，同时围绕街道中心工作不定期开展低碳环保、法治宣传、纠纷调解活动。二是各社区结合本社区实际需求，成立具有社区特色的服务队伍，如香水园街道马上零距离学雷锋志愿服务队、百泉爱相随巾帼志愿服务队、儒林红苹果法律志愿服务队、永安社区“姐妹志愿服务队”，为社区高龄老人、空巢老人、独居老人、残疾人特殊群体提供代买代购、定期理发、心理疏导、花卉养植、法律援助等七大服务。截至年底，已开展节日送温暖、义务理发、环境整治等活动80多次，参与志愿服务900多人次，3000多人次受益。

（胡　琳）

【大力培育以妇女为主体的社会组织】　一是延庆区委社会工委及3个街道不断扩大妇女组织的知名度和社会影响力，如百泉街道的“爱相随”、儒林街道的“绿丝巾”等妇女志愿服务组织，都在社会领域享有良好声誉。二是完成2016年社区工作者招录工作，强化对社区工作者的业务素质教育，为女性社区工作者参与服务社区提供动力和支持，同时着力提高女性在社区工作者中的比例，截至年底，女性社区工作者已达到社区工作者总数的57%。三是结合社区党建工作，着力提高妇女在“两委”班子成员中的比例，促进妇女在社区建设和决策管理中发挥更多的主体作用，延庆区委社会工委及街道中，妇女占“两委”成员比例已达到50%以上，在社区事务中充分起到了服务、管理、推动社区发展的作用。

（胡　琳）

【“两个覆盖”工作集中推进】　年内，延庆区委社会工委集中推进非公有制企业和社会组织“两个覆盖”工作，联合延庆区委组织部，积极与延庆区工商局、民政局等单位进行沟通，组织全区责任单位对所属非公有制企业和社会组织的数量规模、生产经营、党组织建设、党员管理等情况进行全面排查摸底，建立了非公有企业和社会组织及其党建工作台账。并建立微信群，以微信群“手机报”宣传党的路线方针政策和党组织的工作动态，利用微信群组织文艺体育、社会公益、安全维稳等活动，充分发挥两新组织党员的社会作用。截至年底，共有非公有制企业302家，建立党组织89家，覆盖率31.46%；社会组织170家，党组织覆盖社会组织数33家，覆盖率19.41%。

（胡　琳）

【延庆区实现网格划分全覆盖工作】　年内，延庆区委社会工委对全区涉及水库、旅游景区、山区林场等公共区域以及搬迁地址与系统地图不一致的网格划分做了进一步修正和完善，实现了网格划分全覆盖，网格之间无缝对接，与现有行政村（社区）管理体制相衔接的目标。共划分了基础网格414个，微网格9743个，安排了网格化工作人员共计10452人，其中格长3189人，格员7263人。网格划分基础信息共录入采集人员信息189417人，组织信息1480个，楼房、井盖等18类物件信息100082个。

（胡　琳）

加强社会建设　　创新社会治理

北京市各区
社会建设工作巡礼

BEIJING SHI GE QU
SHEHUI JIANSHE GONGZUO XUNLI

东城区
DONG CHENG QU

加强社会建设 创新社会治理

★ 6月20—22日，东城区2016年社会领域党务工作者培训班举办

★ 1月19日，左安浦园社区举办“公益认领”活动

★ 4月15日，东四地区“三社联动”社区公益微创投项目大赛召开

★ 4月27日，东四地区举办“三社联动”项目管理培训

★ 5月21日，交东社区携手永乐汇开展公益足球活动

★ 5月27日，北里西区举办庆六一亲子趣味运动会

东城区
DONG CHENG QU

加强社会建设
创新社会治理

★ 6月13—15日，东城区2016年社区党组织书记培训班举办

★ 6月23日，建国门街道社区社会组织孵化基地揭牌

★ 7月24日，西花市南里南区社区跳蚤市场活动举办

★ 9月28日，都市馨园开展第五届千家宴活动

★ 10月13日，绿动赵家楼开放空间召开活动

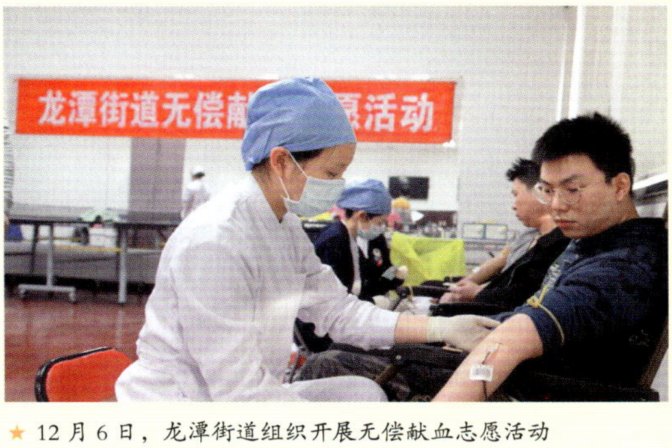

★ 12月6日，龙潭街道组织开展无偿献血志愿活动

西城区
XI CHENG QU

加强社会建设
创新社会治理

★ 3月18日，2016年西城区社会领域党建工作例会召开

★ 5月26日，西城区推进居民公约试点建设工作会召开

★ 6月24日，西城区广内街道核桃园社区“提升城市品质 共建美丽西城”大讨论活动座谈会举办

★ 6月25日，西城胡同文化建设项目组织志愿者交流活动举办

★ 7月4日，纪念建党95周年组织干部参观主题展览

★ 7月5日，北京网格化工作督导组到西城区督导网格化工作

★ 7月8日，奉献——共产党人永远的品格会议召开

★ 7月14—15日，西城区2016年非公经济组织党组织负责人经验交流会召开

★ 8月2日，西城区“两学一做”学习教育工作会召开

★ 8月21日，百岁老人口述史项目开展活动——老人给志愿者讲述老照片的故事

★ 11月8日，西城区委社会工委代表大会召开

★ 12月20日，西城区社会组织党的组织和工作覆盖推进会召开

朝阳区
CHAO YANG QU

加强社会建设
创新社会治理

★ 6月24日，朝阳区区长王灏出席“2015年度中国社区治理十大创新成果”发布会并做经验介绍

★ 5月6日，朝阳区委社会工委、区社会办全体领导干部学习《镜鉴》

★ 7月13日，朝阳区垡头街道双合社区在A区移动议事厅征集居民意见

★ 8月24日，老艺术家参与朝阳区活动

★ 8月29日，朝阳区委社会工委、区社会办普通党员讲党课

★ 9月22日，朝阳区委社会工委组织党支部廉政参观

朝阳区
CHAO YANG QU

加强社会建设
创新社会治理

★ 9 月 25 日，2016 年朝阳区社区工作者运动会举办

★ 10 月 19 日，朝阳区组织邻里老年人集体生日会

★ 10 月 28 日，2017 年朝阳区社会建设专项资金购买社会组织服务项目工作部署会召开

★ 11 月 9 日，朝阳区 2015—2016 年度社区创享计划优秀社区提案项目展会举办

★ 1 月 9 日，全国社区治理和服务创新实验区验收结项报告会召开

★ 11 月 16 日，朝阳区亚运村地瓜空间青少年创意实验室系列活动——“疯狂实验室”青少年科普活动

★ 海淀区八里庄街道双紫园社区民乐队在社区党建创新项目启动仪式上演出

★ 海淀区北下关街道戏剧社开展社会基层治理大型汇报演出

★ 海淀区甘家口街道潘庄社区新春主题联欢会举办

★ 海淀区清河街道机关及社区干部基层社会治理创新专题培训班举办

★ 海淀区花园路街道 43 号院社区民俗文化“非遗”传承进社区活动举办

★ 海淀区海淀街道书画艺术者现场挥毫并介绍书画作品

海淀区

HAI DIAN QU

加强社会建设
创新社会治理

★ 海淀区曙光街道诚品建筑社区开展“写春联品民俗，包饺子寻年味”活动

★ 台湾参访团一行到海淀区清河街道参观访问

★ 海淀区学院路街道矿大社区青少年寒假社会实践活动开展

★ 海淀区永定路街道开展“科学梦——航天科技小卫士”活动

★ 海淀区永定路街道六东社区开展老年互助社编织活动

★ 海淀区中关村街道举办儿童跳蚤市场活动

丰台区 FENG TAI QU

加强社会建设 创新社会治理

★ 2016 年丰台区商务楼宇党务专职工作者和非公党建指导员培训班举办

★ 1 月 29 日，丰台区九万里事务所开展儿童安全之心肺复苏训练

★ 4 月 6 日，丰台区小溪事务所开展小橘灯儿童增能课程

★ 6 月 18 日，丰台区瑞丰社工搭建普通家庭和困境儿童家庭共融的社区公益活动

★ 6 月 28 日，丰台区新村街道召开庆祝中国共产党成立 95 周年先进党员、党支部表彰大会

★ 8 月 18 日，“再聚丰台，合作发展”京台社区回访交流开展

★ 10月28日，丰台区新村街道举办“法律明白人”主题演讲比赛总决赛

★ 11月11日，北京市丰台区蓟翔社会工作事务所联合华苇景苑社区自管会开展换届选举工作

★ 11月22日，丰台区东高地街道组织开展社区工作者团队拓展培训

★ 11月22日，丰台区右安门街道寠珍志愿服务联合会举办纪念红军长征胜利80周年活动

★ 11月25日，丰台区社区社会组织发展研讨会召开

★ 恩瑞中心“新引擎”项目组织丰台区社会组织前往“创享空间”进行参访交流

★ 1月12日，石景山区2016年政府购买社会组织服务部署会召开

★ 4月，解放军302医院专家志愿者到石景山社区开展义诊

★ 5月24日，石景山区首批社会组织出壳暨第二批入壳仪式举办

★ 石景山区2016年社工委半年总结会召开

★ 7月14—15日，2016年石景山区新入职社区工作者初任培训班举办

★ 9月20日，石景山区社会领域“两学一做”学习教育推进会召开

★ 11月18日，2016石景山区首届公益创投大赛决赛举办

★ 12月5日，“志愿益咖秀”国际志愿者日主题活动举办

★ 12月7日，石景山区八角街道八角北路特钢社区被评为北京市魅力社区

★ 2016年石景山街道社区第十届和谐杯乒乓球决赛举办

★ 2016年石景山区社会工委全体人员参观怀柔第一党支部

★ 石景山区2016年度先进社区居委会和先进社区工作者表彰大会举办

★ 7月27日，门头沟区2016年社区工作者实务能力骨干培训班举办

★ 9月27—29日，2016年门头沟区社区工作者（社会人才）素质能力提升培训班举办

★ 门头沟区规范社区工作者工资待遇工作部署会召开

★ 市区两级政府购买社会组织服务工作会召开

★ 2016年门头沟区社区干部培训班举办

★ 门头沟区2016年社会组织公益行启动

门头沟区

MEN TOU GOU QU

加强社会建设 创新社会治理

★ 门头沟大峪街道绿岛家园开展活动

★ 门头沟东辛房街道石门营四区开展垃圾分类宣传活动

★ 门头沟区 2015—2016 年度政府购买服务项目中期评估完成

★ 门头沟城子街道城子西街社区组织居民议事协商

★ 门头沟区城子街道市场街社区开展社区居民公约制定

★ 门头沟区东辛房街道石门营七区“金拇指”智囊团议事厅合理搭建平台 提高社区治理成效

房山区
FANG SHAN QU

加强社会建设
创新社会治理

★ 2 月 18 日，区委组织部到区委社会工委调研“两新”组织党建工作

★ 6 月 7 日，社工艺术团赴房山城关北市村创唯学校开展手语歌曲课程

★ 7 月 12 日，房山区委社会工委组织全体机关干部学习习近平总书记“七一”重要讲话

★ 7 月 16 日，房山区社工艺术团携手湖北巴东共话秘境山水情

★ 8 月 31 日，房山区大学生社工党总支召开全体党员大会

★ 9 月 14 日，房山区委社会工委召开第二次党员代表大会

房山区

FANG SHAN QU

加强社会建设 创新社会治理

★ 9月27日，房山区社工艺术团受邀参加房山区窦店金鑫苑社区“庆十一”文艺演出活动

★ 10月12日，房山区委社会工委召开社区“两学一做”工作座谈会

★ 10月26日，房山区大学生社工党总支联手社工联合会、社工艺术团，组织开展秋季主题活动

★ 房山区委社会工委、区社会办机关干部全体大会召开

★ 房山区委社会工委“两学一做”教育专题会举办

★ 学习十八届六中全会精神辅导报告会召开

通州区
TONG ZHOU QU

加强社会建设 创新社会治理

★ 5月6日，通州区社会领域"两学一做"学习教育工作部署会召开

★ 1月26日，通州区城乡全覆盖网格化社会服务管理平台项目竣工验收专家评审会召开

★ 3月17日，北苑街道社区社会组织联合会第二届理事会换届选举大会召开

★ 3月29日，通州区社会组织联合会理事、监事座谈会召开

★ 6月28日，红细胞在行动启动仪式举办

★ 8月26日，集中推进非公有制企业和社会组织党的组织和工作覆盖工作会议召开

通州区
TONG ZHOU QU

加强社会建设
创新社会治理

★ 8月26日，通州区北苑街道党建"双向积分"成果推广会举办

★ 11月25日，2016北京通州联合反家暴宣传公益活动举办

★ 12月10日，京津冀三地社会工作协同发展试点项目开展活动

★ 12月16日，通州区非公企业和社会组织党建工作推进会召开

★ 2016年通州区专业社工机构交流研讨会召开

★ 通州区开展社区工作者专业能力提升活动——参观创享空间

顺义区
SHUN YI QU

加强社会建设 创新社会治理

★ 5月23日，顺义区委社会工委组织召开2016年度街道主任工作座谈会

★ 1月15日，顺义区宏城花园社区开展“与祖国同行 共筑家园梦”文艺演出活动

★ 4月10日，北京长久物流党支部开展义务植树活动

★ 5月15日，顺义区社会组织在顺义公园演出活动

★ 5月28日，顺义区“睿智社会工作事务所开展正青春”成长小组趣味课堂活动

★ 6月3日，顺义区区委社会工委与北京城市学院签署战略合作协议

★ 6月7日，顺义区开展街镇系统“绿港清风 克己奉公”主题演讲比赛

★ 6月20日，顺义区建南二社区与易来福组织庆祝八一建军节特别活动

★ 7月1日，顺义区裕龙花园社区健步走活动

★ 7月14日，区委社会工委机关党支部开展党日活动

★ 8月18日，顺义区建南二社区更换锁芯楼门长动员大会召开

★ 12月12日，顺义区胜利街道召开区域化党建工作协调委员会成立大会

昌平区

CHANG PING QU

加强社会建设 创新社会治理

★ 3月25日，昌平区委社会工委直属党组织书记述职评议工作会召开

★ 1月20日，昌平区霍营街道龙锦苑一区“社区小卫士”项目启动仪式举办

★ 3月3日，昌平区2016年社区建设工作会召开

★ 5月3日，昌平区社区工作者工资调整专题会召开

★ 5月31日，昌平区召开网格化专题会

★ 8月7日，昌平区龙锦苑一区开展暑期环保宣传活动

★ 8月13日，昌平区温心社工事务所带领青少年参加红色之旅拓展活动

★ 9月，昌平区龙锦苑东三社区举办金婚庆典

★ 9月28日，区委社会工委组织网格化工作培训班

★ 10月13日，昌平区委社会工委召开党员代表大会

★ 12月10日，昌平区龙锦苑东五区开展亲子工作坊活动

★ 12月15—16日，昌平区委社会工委举办全区非公经济组织和社会组织党建工作示范培训班

加强社会建设
创新社会治理

★ 3月1日，大兴区社会建设工作会召开

★ 3月29日，大兴区建设征地补偿安置服务信息管理系统培训会召开

★ 8月15日，大兴区赴通州区学习转非安置工作先进经验做法

★ 9月28日，大兴区榆垡、礼贤两镇转非安置工作联席会召开

★ 10月24日，大兴区2016年社区工作者骨干实务能力提升培训班召开

★ 11月3日，大兴区礼贤镇拆迁指挥部办理贺南村转非安置手续

大兴区
DA XING QU

加强社会建设 创新社会治理

★ 11 月 10 日，大兴区征地补偿安置服务网系统终验

★ 大兴区 2016 年新入职社区工作者培训会召开

★ 2016 年大兴区社会组织能力提升培训班举办

★ 大兴区城市管理及社会建设专题培训办班举办

★ 大兴区 2016 年社区党组织负责人培训班举办

★ 2016 年大兴区政府购买社会组织服务项目结项评估开展

★ 5月6日，平谷区社会领域“两学一做”学习教育动员部署会召开

★ 2月9日，平谷区承平园青少年知识讲座举办

★ 3月1日，平谷区金乡西居民代表大会召开

★ 4月6日，平谷区绿都伟业党支部成立

★ 4月17日，平谷区小雨滴儿童行为矫正中心举办公益融合活动

★ 6月25日，平谷区委社会工委开展环境卫生志愿活动

平谷区
PING GU QU

加强社会建设
创新社会治理

★ 6月，平谷区益民社区公益法律服务中心邀请区法院法官为刘家店小学讲法制课

★ 7月1日，平谷区基层支部重温入党誓词

★ 8月15日，平谷区银河建材城党总支民主生活会召开

★ 9月13日，平谷区城市服务管理网格化信息系统升级改造项目验收会召开

★ 11月2日，平谷区胜利社区开展老党员志愿活动

★ 平谷区举办2016年社区工作者教育培训大会

怀柔区
HUAI ROU QU

加强社会建设
创新社会治理

★ 3月24日，怀柔区2016年社会建设工作会召开

★ 2月3日，丰台区与怀柔区交流网格化管理经验做法

★ 3月3日，怀柔团区委开展“文明创城　青春同行”学雷锋志愿服务月活动

★ 4月，怀柔区社会组织牵头开展“绿色出行，文明祭扫”公益志愿服务活动

★ 5月25日，京台合作交流项目——台湾高雄参访团参加泉河街道第十一届邻里节开幕式

★ 6月3日，怀柔区2016年度非公有制经济组织党建工作指导员工作会召开

★ 7月1日，怀柔区怀柔镇开展非公企业庆祝建党95周年文艺演出

★ 7月14日，龙山街道举办“暑期志愿服务大集开集”暨志愿服务项目创意征集活动

★ 7月13日，2015—2016年度城乡党的建设“三级联创”调研组调研怀柔区城乡党的建设“三级联创”工作

★ 10月，怀柔幸福里养老中心、怀柔残疾人康复服务中心开展“特殊人群关爱公益服务活动””

★ 11月18日，怀柔区召开非公有制企业和社会组织“两个覆盖”工作推进会

★ 2016年，怀柔团区委圆满完成第16届中国电影华表奖颁奖志愿服务工作

★ 3月22日，密云区社会治安综合治理工作大会召开

★ 5月5日，“京台社区大讲堂”在密云区鼓楼街道开讲

★ 5月17日，密云区举办“快乐健步行，健康我最行”——社区工作者健步走活动

★ 5月30日，密云区文化志愿者为冯家峪镇中心小学留守儿童送上儿童节礼物

★ 6月16日，科普大篷车走进密云古北口中心小学

★ 7月1日，密云区亨通斯博非公企业党支部开展党日活动

密云区
MI YUN QU

加强社会建设 创新社会治理

★ 7月7日，密云区举办“玫瑰之约”青年交友联谊活动

★ 7月18日，密云区2016年新入职社区工作者培训班举办

★ 10月26日，密云区召开非公经济组织和社会组织党建工作联席会第三次会议

★ 密云区鼓楼街道鼓楼南社区组织健康知识讲座

★ 密云区乐群志愿服队到敬老院开展关爱老人活动

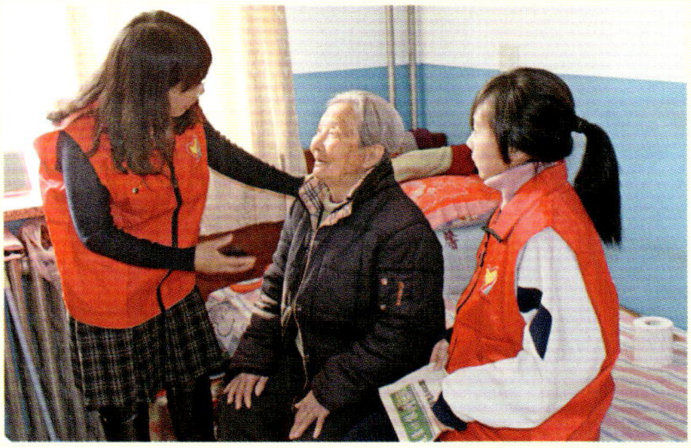

★ 密云区志愿者与社区老人谈心、读报

延庆区
YAN QING QU

加强社会建设 创新社会治理

★ 4月13日，延庆区社工委召开2016年社区建设工作会

★ 1月13日，延庆区2016年政府购买社会组织服务项目申报部署会暨培训会召开

★ 1月18日，延庆区委社会工委在职党员“小棉袄”家政志愿队开展志愿活动

★ 3月16日，延庆区香水园街道全友家私延庆店党支部成立

★ 4月20日，延庆区2016年度社会工作者职业资格考前培训班举办

★ 8月14日，延庆区组织开展保护水源地 扮靓母亲河活动

延庆区
YAN QING QU

加强社会建设 创新社会治理

★ 8月15日，延庆区委社会工委贯彻落实延庆区委一届三次全会精神工作会召开

★ 9月8日，延庆区物业改革社会监督员例会召开

★ 9月25日，延庆区组织开展"雏鹰计划"社工实践推广项目

★ 11月30日，打造宜居延庆——老旧小区自我服务项目开展

★ 12月1日，延庆区2016年社工培训班结业

★ 12月14日，延庆区委社会工委2016年工会述职会召开

·大事记·

2016年大事记

1月

1月4日 市委社会工委书记、市社会办主任宋贵伦主持召开委办班子“三严三实”专题教育民主生活会。委办领导张坚、陈建领、刘占山、王丽竹、王智玲、赵济贵、卢建参加。

同日 市委社会工委书记、市社会办主任宋贵伦主持召开2016年第1次主任办公扩大会议。会议通报了委办班子“三严三实”专题教育民主生活会情况，听取了各处室2015年12月份工作完成情况和2016年1月份工作计划的汇报，研究部署了近期重点工作任务。

1月5日 市长王安顺主持召开市政府常务会议。市委社会工委书记、市社会办主任宋贵伦参加。

同日 市委社会工委委员、市社会办副主任王智玲参加2016年第一季度全市公共安全形势分析会议。

1月6日 市委书记郭金龙主持召开全市领导干部会议，通报中央关于给予吕锡文开除党籍开除公职处分的决定。市委社会工委书记、市社会办主任宋贵伦参加。

同日 市委社会工委书记、市社会办主任宋贵伦主持召开委办班子汲取吕锡文严重违纪涉嫌犯罪问题教训专题组织生活会。委办领导张坚、陈建领、刘占山、王丽竹、王智玲、赵济贵、卢建参加。

同日 市委社会工委书记、市社会办主任宋贵伦主持召开2016年第1次工委会议。会议研究了委办处长轮岗交流、内设机构调整后干部岗位安排等事宜。

同日 市委社会工委委员、市社会办副主任王丽竹参加智慧城市论坛。

同日 市委社会工委委员、市社会办副巡视员卢建参加市贸促会和市农业龙头产业化企业协会工作协调会。

1月7日 市长王安顺主持召开市政府专题会议，研究落实《京津冀协同发展加大推进，首都公共安全隐患亟需统筹化解——习近平总书记北京考察二次回访调研报告》提出的风险隐患问题和相关建议工作。市委社会工委书记、市社会办主任宋贵伦参加。

同日 市委社会工委委员、市社会办副主任刘占山主持召开委办研究室（政策法规处）、综合处（宣传处、网格化工作协调处）领导交接会并讲话。

同日 市委社会工委委员、市社会办副巡视员卢建参加交通物流迎新春安全生产暨社会诚信会议。

同日 市委社会工委委员、市社会办副巡视员卢建到北京动漫游戏产业联盟调研。

1月8日 市委社会工委书记、市社会办主任宋贵伦与北京师范大学中国社会管理研究院领导座谈。商议合作举办第六届中国社会治理论坛事宜。

同日 市委社会工委书记、市社会办主任宋贵伦与北京师范大学、北京开放大学、首都慈善义工协会领导和专家座谈社会公益政产学研用一体化发展事宜。

同日 市委社会工委副书记、市社会办副主任张坚参加心理联合会第一届第三次工作年会。

同日 市委社会工委副书记、市社会办副主任张坚主持召开心理联合会第一届第九次理事会。

同日 市委社会工委委员、市社会办副主任王智玲参加北京市禁毒工作会议。

同日 市委社会工委委员、市社会办副巡视员卢建参加西城区社会组织联合会年会。

1月9日 市委社会工委书记、市社会办主任宋贵伦与瑞士圣加仑马利克管理中心董事会主席、世界著名管理学家弗雷德蒙德·马利克教授座谈交流社会治理与新经济组织发展事宜。

同日 市委社会工委书记、市社会办主任宋贵伦参加北京市徒步协会徒步大会。

同日 市委社会工委委员、市社会办副巡视员卢建参加中国狮子联会北京管委会年会。

1月10日 市委社会工委书记、市社会办主任宋贵伦参加北京新经济组织发展研究院第一届理事会。会议审议通过了研究院筹备工作报告、《北京新经济组织发展研究院章程（审议稿）》；表决通过了研究院第一届领导机构成员建议人选。大会选举叶氏企业集团董事长叶青为理事长，市委社会工委委员、市社会办副主任陈建领为监事长，聘请宋贵伦为院务委员会主任、首都经济贸易大学党委书记柯文进为学术委员会主任、校长助理戚聿东为院长。

同日 市委社会工委委员、市社会办副巡视员卢建出席“一带一路”建设茶话会暨北京市社会发展与环境健康研究会年会并致辞。

1月11日 市委社会工委书记、市社会办主任宋贵伦参加2015年全市区委书记抓基层党建工作述职评议考核会。

同日 市委社会工委书记、市社会办主任宋贵伦参加市政府党组“三严三实”专题民主生活会整改方案工作部署会议。

1月12日 市委社会工委书记、市社会办主任宋贵伦参加市委老干部工作领导小组会。

同日 市委社会工委委员、市社会办副主任刘占山参加市委组织部督查调研委办干部人事档案专项审核工作座谈会。

同日 市委社会工委委员、市社会办副巡视员卢建参加北京工业大学耿丹学院社会组织论坛。

1月14日 市委社会工委书记、市社会办主任宋贵伦参加市人大代表与海淀区人大代表座谈会。

同日 市委社会工委书记、市社会办主任宋贵伦到市房地集团欢送刘占山同志。经市委市政府研究决定刘占山同志调任北京房地集团任党委副书记。

同日 市委社会工委委员、市社会办副主任陈建领带领机关工会及社会组织工作处同志看望慰问了刘煜同志。

同日 市委社会工委委员、市社会办副主任王丽竹听取西安鼎蓝通信技术有限公司关于社会服务之窗数据采集项目实施情况的汇报。

同日 市委社会工委委员、市社会办副主任王丽竹主持召开北京社会服务之窗数据信息采集项目（第一包）月度工作会。

同日 市委社会工委委员、市社会办副主任王智玲参加北京市老龄工作委员会2016年第一次全体会议。

同日 市委社会工委委员、市社会办副巡视员卢建参加市交通运输业商会“社会公益服务车”捐赠仪式。

同日 第四届“寻找首都最美社工”评选结果正式发布。高兵、张怡、马浩、王玉华、康晓敏、王蓓蓓、张云莲、白安琪、代金英、韩秀花等10人被评为第四届“首都最美社工”，郝宏婷、刘元清、邹晓昕等40人被评为第四届“首都优秀社工”。

1月15日 市委社会工委书记、市社会办主任宋贵伦参加市委市政府理论学习中心组学习扩大会。委办领导张坚、陈建领、王丽竹、王智玲、赵济贵、卢建参加。

同日 市委社会工委委员、市社会办副巡视员卢建与门头沟区委社会工委、区社会办总结交流委办干部参加“人才京郊行”工作。

同日 市委社会工委委员、市社会办副巡视员卢建同中国人民大学温乐群教授座谈社会组织组建有关事宜。

1月16日 市委社会工委委员、市社会办副主任陈建领参加福建企业总商会公益晚会并颁奖。

1月18日 市委社会工委书记、市社会办主任宋贵伦主持召开2015年度委办处级及以下干部述职考核测评会。委办领导张坚、陈建领、王丽竹、王智玲、赵济贵、卢建及机关、事业单位全体干部参加。

同日 市委社会工委书记、市社会办主任宋贵伦主持召开2016年第2次工委会议。会议研究了2016年全市京台社区交流试点有关事宜。传达学习了习近平总书记在中央政治局“三严三实”专题民主生活会上的重要讲话精神。

同日 市委社会工委委员、市社会办副主任王丽竹参加妇联执委会。

同日 市委社会工委委员、市社会办副巡视员卢建参加第四届“爱在西城”公益文化节开幕式。

1月19日 市委社会工委书记、市社会办主任宋贵伦主持召开2016年第3次工委会议。会议研究了2015年度委办处级及以下干部评优及奖励人选等事宜。

1月20日 市委社会工委书记、市社会办主任宋贵伦主持召开2016年第4次工委会议。会议研究了委办所属事业单位处级正职领导干部选任有关事宜。

同日 市委社会工委委员、市社会办副主任王丽竹参加信息中心组织生活会。

同日 市委社会工委委员、市社会办副主任王智玲参加市防范和处置非法集资工作会。

同日 市委社会工委委员、市社会办副巡视员卢建参加中关村民营科技实业家协会年会。

1月20日至25日 市委社会工委副书记、市社会办副主任张坚参加市政协十二届四次会议。

1月21日 市委社会工委委员、市社会办副主任陈建领与委办所属事业单位拟调任机关工作的正处级领导干部谈话。

同日 市委社会工委委员、市社会办副主任王智玲参加2016年第一季度公共安全形势分析会。

同日 市委社会工委委员、市社会办副巡视员卢建到市贸促会座谈对接工作。

1月21日至28日 市委社会工委书记、市社会办主任宋贵伦参加市人大十二届四次会议。

1月22日 市委社会工委副书记、市社会办副主任张坚主持召开市政协提案准备工作座谈会。市委社会工委委员、市社会办副巡视员卢建参加。

同日 市委社会工委委员、市社会办副主任陈建领参加中央政法工作电视电话会议。

1月23日 市委社会工委委员、市社会办副主任陈建领参加东城区龙潭街道左安漪园社区“培育和践行社会主义核心价值观文艺汇演”。

1月24日 市委社会工委书记、市社会办主任宋贵伦参加市政协十二届四次会议联组讨论会。讨论完善城市治理体系提高城市治理能力提案。

同日 市委社会工委书记、市社会办主任宋贵伦参加市委常委会扩大会议。会议学习传达了习近平总书记在省部级领导干部研讨班上的重要讲话。

同日 市委社会工委委员、市社会办副主任王智玲参加中国人民政治协商会议北京市第十二届委员会第四次会议联组讨论会。讨论科学调整人口应对人口老龄化提案。

1月25日 市委社会工委委员、市社会办副主任陈建领参加朝阳区第二届爱岗敬业模范社工“金蜜蜂奖”颁奖暨社工才艺展示活动。

同日 市委社会工委委员、市社会办副主任陈建领参加党建处党支部组织召开的关于汲取吕锡文严重违纪涉嫌犯罪问题教训专题组织生活会。

1月26日 市委社会工委委员、市社会办副主任王智玲参加北京市进一步加强火灾防控工作紧急电视电话会议。

同日 市委社会工委委员、市社会办副巡视员赵济贵参加与市审计局对接工作座谈会。

1 月 27 日　市委社会工委书记、市社会办主任宋贵伦参加本市贯彻落实《国务院关于进一步做好防范和处置非法集资工作的意见》情况和下一步工作安排会议。

同日　市委社会工委委员、市社会办副主任陈建领参加叶青大厦嘉年华活动并致辞。

同日　市委社会工委委员、市社会办副巡视员卢建同北京民商事和社会服务调解中心座谈工作。

1 月 28 日　市委书记郭金龙主持召开市委常委班子“三严三实”专题教育民主生活会情况通报会。市委社会工委书记、市社会办主任宋贵伦参加。

同日　市委社会工委书记、市社会办主任宋贵伦参加北京市老干部工作会议。

同日　市委社会工委委员、市社会办副主任陈建领参加全市非公有制企业党建工作联席会并讲话。

同日　市委社会工委委员、市社会办副巡视员赵济贵参加与市财政局对接工作座谈会。

同日　市委社会工委委员、市社会办副巡视员卢建参加中关村社会组织联合会 2016 年工作会。

1 月 29 日　市长王安顺主持召开市政府第四次全体会。市委社会工委书记、市社会办主任宋贵伦参加。

同日　市长王安顺主持召开市政府党组民主生活会情况通报会。市委社会工委书记、市社会办主任宋贵伦参加。

同日　市长王安顺主持召开全市安全生产工作会议。市委社会工委书记、市社会办主任宋贵伦参加。

同日　市委社会工委书记、市社会办主任宋贵伦主持召开委办全体干部会议。会议学习传达了习近平总书记在省部级主要领导干部学习贯彻十八届五中全会精神专题研讨班开班式上的重要讲话精神、全市“两会”会议精神；民主推荐委办两个事业单位负责人人选。

同日　市委社会工委书记、市社会办主任宋贵伦参加 2015 年下半年机关党委主题党日活动暨 2015 年度机关工会评选活动颁奖仪式。会议表彰了 4 个“最佳支部”和 6 个“优秀支部”以及 2015 年机关工会的 3 名“优秀工会干部”、12 名“优秀工会积极分子”、4 个“先进工会小组”和 4 个“先进兴趣小组”。委办领导张坚、陈建领、王丽竹、王智玲、赵济贵、卢建参加。

同日　市委社会工委委员、市社会办副主任陈建领参加 2016 年专业社会工作创新项目工作部署会并讲话。

同日　市委社会工委委员、市社会办副主任陈建领主持召开书香机关“读书、荐书、评书”支部学习交流活动并讲话。

同日　市委社会工委委员、市社会办副主任王智玲参加市委政法工作会议。

1 月 30 日　市委社会工委书记、市社会办主任宋贵伦参加中共北京市第十一届纪律检查委员会第五次全体会议。

同日　市委社会工委委员、市社会办副主任王丽竹参加“和合家风”文化主题展开幕暨 2016 寻找“首都最美家庭”启动活动。

1 月 31 日　市委社会工委书记、市社会办主任宋贵伦参加中央电视台大型纪录片《孔子》创作研讨会。

同日　市委社会工委委员、市社会办副巡视员卢建参加第四届北京慈善义工风采展示会。

2 月

2 月 1 日　市委社会工委书记、市社会办主任宋贵伦主持召开 2016 年第 5 次工委会议。会议研究了委办所属事业单位处级正职领导职位选任工作，确定了拟任考察人选。

同日　市委社会工委副书记、市社会办副主任张坚主持召开社区居民自治指标体系课题研究征求意见座谈会。

同日　市委社会工委委员、市社会办副主任王丽竹参加综合经济部门电视电话会。

2 月 2 日　市长王安顺主持召开第 106 次

市政府常务会议。市委社会工委书记、市社会办主任宋贵伦参加。

同日 市委社会工委副书记、市社会办副主任张坚参加全市宣传部长会议。

2月3日 市委社会工委书记、市社会办主任宋贵伦参加首都综治委2016年第一次全体（扩大）会议。

同日 市委社会工委书记、市社会办主任宋贵伦主持召开2016年第2次主任办公扩大会议。会议传达了市纪委十一届五次全会会议精神和郭金龙书记重要讲话精神，通报了委办处级及以下干部2015年度考核奖励结果、委办所属事业单位主要负责人拟任考察人选等有关情况，听取了各处室2016年1月份工作完成情况和2016年2月份工作计划的汇报，研究部署了近期重点工作任务。

同日 市委社会工委书记、市社会办主任宋贵伦与培黎学院领导座谈。

同日 市委社会工委委员、市社会办副主任王智玲参加2016年北京市商务工作会议。

2月4日 市委社会工委书记、市社会办主任宋贵伦参加市委统战工作领导小组第一次全体会议暨全市统战部长会议。

同日 市委书记郭金龙主持召开区委书记会议，部署春节及全国“两会”期间首都维护稳定、城市运行保障、安全生产、环境布置等有关工作。市委社会工委书记、市社会办主任宋贵伦参加。

同日 市委社会工委副书记、市社会办副主任张坚主持召开标准化心理服务试点参与单位座谈会。

2月5日 市委社会工委书记、市社会办主任宋贵伦参加北京市春节团拜会。

同日 市委社会工委委员、市社会办副主任陈建领参加春节慰问职工电影专场活动。

同日 市委社会工委委员、市社会办副主任王丽竹与海淀区委社会工委座谈交流网格化“1+3”文件落实情况及下一步重点工作。

同日 市委社会工委委员、市社会办副主任王智玲参加2016年北京市体育工作会议。

2月14日 市委社会工委书记、市社会办主任宋贵伦主持召开人事工作酝酿会。委办领导张坚、陈建领一同参加。

2月15日 市委社会工委委员、市社会办副主任王智玲与台办围绕2016年京台社区发展合作交流重点工作任务进行座谈交流和沟通对接。

2月15日至16日 市委社会工委书记、市社会办主任宋贵伦参加2015年度市级行政机关和区政府述职述廉考评工作会议暨第107次市政府常务会议。

2月16日 市委社会工委委员、市社会办副主任陈建领参加全市组织部长会议。

2月17日 召开2016年北京市社会建设工作会议。副市长王宁出席，市委社会工委书记、市社会办主任宋贵伦做报告，总结了2015年工作，布置了2016年任务。

同日 市委社会工委书记、市社会办主任宋贵伦主持召开2016年第6次工委会议。会议研究了干部人事有关工作。

2月18日 市委社会工委委员、市社会办副主任陈建领出席并主持全市基金会党建工作座谈会。

同日 市委社会工委委员、市社会办副巡视员卢建参加市红十字会九届十次常务理事会和九届理事会八次会议。

2月19日 市委社会工委书记、市社会办主任宋贵伦主持召开2016年第7次工委会议。会议研究了委办所属事业单位处级正职领导职位选任工作，确定了拟任人选。

同日 市委社会工委书记、市社会办主任宋贵伦与中国社会工作联合会负责人进行座谈，研究第七届（2016）中国社工年会系列活动暨第四届“寻找首都最美社工”表彰仪式筹备工作。市委社会工委委员、市社会办副主任陈建领参加座谈。

同日 市委社会工委副书记、市社会办副主任张坚参加北京市科学技术奖励大会暨2016年北京市科技工作会议。

同日 市委社会工委委员、市社会办副主任王智玲主持召开“2016北京社会公益行”系列活动筹备工作协调会。

同日 市委社会工委委员、市社会办副巡视员卢建参加全市社会组织工作第一季度例会。

2月23日 市委社会工委书记、市社会办主任宋贵伦参加市维护稳定工作领导小组扩大会议。

同日 市委社会工委书记、市社会办主任宋贵伦参加市委防范和处理邪教问题领导小组扩大会议。

同日 市长王安顺主持召开第108次市政府常务会议。市委社会工委书记、市社会办主任宋贵伦参加。

同日 市委社会工委副书记、市社会办副主任张坚与《中国社区报》副总编辑周立座谈社会建设宣传报道合作事宜。

同日 市委社会工委委员、市社会办副主任陈建领参加北京市总工会第十三届委员会第五次全体（扩大）会议。

同日 市委社会工委委员、市社会办副主任王智玲参加2016年全市社区建设工作会。

同日 市委社会工委委员、市社会办副主任王智玲参加2016年全市社会动员与志愿者工作会。

同日 市委社会工委委员、市社会办副巡视员卢建参加市社会组织孵化中心工作会。

2月24日 市委社会工委副书记、市社会办副主任张坚参加北京市应急委第十二次全体会议暨全国“两会”安全保障部署会议。

同日 市委社会工委委员、市社会办副主任陈建领出席并主持全市社会团体党建工作座谈会。

同日 市委社会工委委员、市社会办副巡视员赵济贵参加北京市审计工作电视电话会议。

2月24日至27日 市委社会工委书记、市社会办主任宋贵伦带队赴上海、贵阳学习考察社会治理创新工作。委办领导王智玲、卢建及各区委社会工委、社会办负责同志随行考察。

2月25日 市委社会工委副书记、市社会办副主任张坚到通州区调研标准化心理服务试点进展情况。

同日 市委社会工委委员、市社会办副巡视员赵济贵参加市城管执法协调领导小组会议暨城管系统工作总结部署电视电话会议。

同日 市委社会工委委员、市社会办副巡视员赵济贵参加2016年北京市卫生计生工作会议。

2月26日 市委社会工委副书记、市社会办副主任张坚参加北京社会心理研究所所长任职宣布会。市委社会工委委员、市社会办副主任陈建领一同参加。

同日 市委社会工委委员、市社会办副主任陈建领参加北京市社会建设信息中心主任任职宣布会。市委社会工委委员、市社会办副主任王丽竹一同参加。

同日 市委社会工委委员、市社会办副主任陈建领与委办所属事业单位拟任负责人谈话。

同日 市委社会工委委员、市社会办副巡视员赵济贵参加北京市2016年第二次消防工作联席会暨全国“两会”消防安全保卫工作动员部署会。

2月29日 市委社会工委书记、市社会办主任宋贵伦参加《新京报》第九届“感动社区人物”颁奖活动。市委社会工委委员、市社会办副主任王智玲一同参加。

同日 市委社会工委书记、市社会办主任宋贵伦听取社会工作队伍处关于国际社工日活动筹备情况的汇报。市委社会工委委员、市社会办副主任陈建领一同参加。

同日 市委社会工委书记、市社会办主任宋贵伦听取社会动员处、社会工作队伍处、综合处关于北京社会公益行系列活动筹备情况的汇报。市委社会工委委员、市社会办副主任王智玲一同参加。

同日 市委社会工委委员、市社会办副主任陈建领参加社会组织处处长任职宣布会。

市委社会工委委员、市社会办副巡视员卢建一同参加。

同日 市委社会工委委员、市社会办副主任陈建领参加机关党委（工会）专职副书记（副主席）任职宣布会。

3月

3月1日 市长王安顺主持召开第109次市政府常务会议。市委社会工委书记、市社会办主任宋贵伦参加。

同日 市委社会工委书记、市社会办主任宋贵伦参加审计署审计王安顺市长任职期间经济责任履行情况服务保障工作会议。

3月2日 市委社会工委书记、市社会办主任宋贵伦主持召开2016年第8次工委会议。会议研究了2016年全市商务楼宇党员志愿服务示范培训班工作方案、北京市社会建设信息中心2015年面向社会招考干部试用期满转正任职等有关事宜。

同日 市委社会工委书记、市社会办主任宋贵伦主持召开2016年第3次办公会议。

同日 市委社会工委书记、市社会办主任宋贵伦主持召开专题会，研究2016年“网格化+”行动计划制订工作。市委社会工委委员、市社会办副主任王丽竹参加。

同日 市委社会工委委员、市社会办副主任陈建领参加全市民办非企业单位党建工作座谈会。

同日 市委社会工委委员、市社会办副巡视员赵济贵参加市人大2016年内务司法工作通报会。

3月3日 市委社会工委书记、市社会办主任宋贵伦与市政协社法委领导座谈交流2016年北京社会建设的基本思路和重点任务。市委社会工委副书记、市社会办副主任张坚参加。

同日 市委社会工委书记、市社会办主任宋贵伦到北京建筑装饰协会调研，市委社会工委委员、市社会办副巡视员卢建陪同。

同日 市委社会工委委员、市社会办副主任王丽竹到普天信息技术有限公司调研智慧社区为老服务工作。

3月4日 市委社会工委书记、市社会办主任宋贵伦参加审计署审计王安顺市长任职期间经济责任履行情况审计组进点会议。

同日 市委社会工委委员、市社会办副主任陈建领与京东集团党委书记龙宝正座谈交流党建工作。

同日 市委社会工委委员、市社会办副主任王丽竹参加2016年北京市网格化体系建设工作会。

3月6日 市委社会工委书记、市社会办主任宋贵伦出席中央电视台大型纪录片《长征》创作座谈会。

3月7日 北京社会公益行系列活动启动式在首都博物馆举行，市委社会工委书记、市社会办主任宋贵伦出席并讲话。委办领导陈建领、王智玲参加。

同日 市委社会工委书记、市社会办主任宋贵伦到朝阳区企业家协会调研指导工作。市委社会工委委员、市社会办副主任陈建领陪同。

3月8日 市委社会工委委员、市社会办副主任陈建领参加广西在京流动党员之家、广西在京务工创业人员服务中心成立活动并讲话。

同日 市委社会工委委员、市社会办副主任王丽竹与北京邮电大学座谈研究“互联网+社会治理”工作。

同日 市委社会工委委员、市社会办副主任王智玲参加2016年全市市政市容系统工作会议。

3月9日 市委常委、统战部副部长戴均良主持召开协商民主与社会体制改革专项小组第一次会议，副市长王宁出席。市委社会工委书记、市社会办主任宋贵伦做关于专项小组2016年工作要点及任务分工方案的说明。市委社会工委副书记、市社会办副主任张坚参会。

同日 市委社会工委副书记、市社会办副主任张坚到大兴区南海家园调研社区标准化心理服务站建设试点情况。

同日 市委社会工委委员、市社会办副主任陈建领参加社会中介组织党建工作座谈会。

同日 市委社会工委委员、市社会办副主任王丽竹主持召开2016年北京社会建设信息化工作会，研究部署工作。

同日 市委社会工委委员、市社会办副主任王智玲参加市防震抗震工作领导小组会议。

同日 市委社会工委委员、市社会办副主任王智玲与北京广播电台座谈研究“北京魅力社区”评选表彰活动。

3月10日 市委常委、组织部部长姜志刚到朝阳区调研奇虎360公司、洛娃集团和叶青大厦及驻厦企业北京地界投资有限公司党建工作，并主持召开部分非公党组织负责人代表座谈会。市委社会工委书记、市社会办主任宋贵伦，市委社会工委委员、市社会办副主任陈建领等陪同调研并参加座谈。

同日 市委社会工委副书记、市社会办副主任张坚围绕孤独症儿童家长及特教人员心理服务专题到北京市朝阳区五彩鹿儿童行为矫正中心调研。

同日 市委社会工委委员、市社会办副主任王丽竹参加市妇女代表联系制工作会。

3月12日 市委社会工委委员、市社会办副主任王智玲参加通州区玉桥益家志愿服务微信平台上线暨“公益1家1 文明手牵手”志愿家庭服务项目竞拍活动。

3月14日 市委社会工委书记、市社会办主任宋贵伦参加2016年“国际社工日”暨第四届“首都最美社工”表彰活动。市委社会工委委员、市社会办副主任陈建领参加。

同日 市委社会工委副书记、市社会办副主任张坚参加市委十一届十次全会文件起草组工作会。

同日 市委社会工委委员、市社会办副主任陈建领参加全市党建制度改革领导小组办公室工作会议。

同日 市委社会工委委员、市社会办副主任王丽竹听取北京长风信息技术产业联盟关于网格化社会服务管理信息系统系列技术规范修改情况的汇报。

同日 市委社会工委委员、市社会办副主任王丽竹参加第七届中国社工年会。

3月15日 市委社会工委委员、市社会办副主任陈建领参加全市一季度社会领域党建工作例会。

同日 市委社会工委委员、市社会办副主任陈建领参加大兴区社会组织党群活动中心揭牌仪式暨第十个国际社工日纪念活动。

同日 市委社会工委委员、市社会办副主任王丽竹与西安鼎蓝通信技术有限公司、同方知网数字出版技术股份有限公司和北京市丰台区中鼎社会工作事务所专题研究北京社会服务相关信息化应用基本信息采集项目工作。

同日 市委社会工委委员、市社会办副主任王智玲参加首都标准化委员会第四次全体会议。

3月16日 市委社会工委书记、市社会办主任宋贵伦参加中国志愿服务组织负责人培训班并做专题讲座。

同日 市委社会工委、市社会办召开局级领导班子和领导干部2015年度考核述职测评会。市委社会工委书记、市社会办主任宋贵伦做报告，委办领导张坚、陈建领、王丽竹、王智玲、赵济贵、卢建，市委组织部有关同志和机关、事业单位全体干部参加。

同日 市委社会工委书记、市社会办主任宋贵伦主持召开2016年第9次工委会议。会议研究了干部人事工作有关事宜。

3月17日 市委社会工委书记、市社会办主任宋贵伦参加市委十一届十次全会文件起草筹备会。

同日 市委社会工委委员、市社会办副主任王丽竹参加市气象局气象服务进网格工作会。

3月17日至18日 市委社会工委委员、市社会办副主任王智玲参加2016年京台社区交流工作研讨培训会。

3月18日 市委社会工委书记、市社会办主任宋贵伦参加2016年北京市人才工作领导小组会议。

同日 市委社会工委书记、市社会办主任宋贵伦参加市委政法委组织的第三方社会力量参与涉法涉诉信访工作调研，委办领导王智玲、卢建陪同调研。

同日 市委社会工委副书记、市社会办副主任张坚参加市委十一届十次全会文件起草组座谈会。

同日 市委社会工委委员、市社会办副主任王丽竹听取北京长风信息技术产业联盟关于网格化社会服务管理信息系统系列技术规范修改情况的汇报。

3月19日 市委社会工委书记、市社会办主任宋贵伦与市委党校座谈交流社会工作者培训以及社会心理服务进社区的工作。市委社会工委委员、市社会办副巡视员卢建参加。

3月20日 市委社会工委书记、市社会办主任宋贵伦与北京师范大学社会建设研究院负责人座谈研究基地工作。

同日 市委社会工委书记、市社会办主任宋贵伦与城市学院座谈举办第7—9期专业社工培训具体事宜。市委社会工委委员、市社会办副主任陈建领参加。

3月21日 市委社会工委书记、市社会办主任宋贵伦与北京师范大学北京社会建设研究院座谈研究“网格化+大数据”工作。市委社会工委委员、市社会办副主任王丽竹参加。

同日 市委社会工委委员、市社会办副主任王丽竹参加信息中心例会，听取了信息中心近期工作汇报。

同日 市委社会工委委员、市社会办副巡视员赵济贵参加办公室、机关党委联合党支部学习活动。

3月22日 市长王安顺主持召开市政府常务会议。市委社会工委书记、市社会办主任宋贵伦参加。

同日 市委社会工委书记、市社会办主任宋贵伦主持召开信息中心、网格处工作务虚会，研究2016年重点工作。市委社会工委委员、市社会办副主任王丽竹参加会议。

同日 市委社会工委委员、市社会办副主任王丽竹参加反家庭暴力法讲座。

3月23日 市委社会工委委员、市社会办副主任陈建领参加北京城市学院2016年社会工作专业硕士研究生复试会。

同日 市委社会工委委员、市社会办副主任王智玲参加市维稳办召开的2016年全市重大决策社会稳定风险评估工作会。

同日 市委社会工委委员、市社会办副主任王智玲参加2016年全国禁毒工作电视电话会议北京分会场会议。

同日 市委社会工委委员、市社会办副主任王智玲参加市妇联举办的“家庭、家教、家风”——家庭教育大家谈活动。

3月23日至24日 市委社会工委委员、市社会办副主任王丽竹参加第二届中国智慧城市（国际）创新大会并做主旨发言。

3月24日 市委社会工委书记、市社会办主任宋贵伦列席十一届市委常委会第206次会议。

同日 市委社会工委书记、市社会办主任宋贵伦与美国二十一世纪学会负责人座谈北京芝加哥社会治理比较研究课题工作。市委社会工委副书记、市社会办副主任张坚参加。

同日 市委社会工委副书记、市社会办副主任张坚赴房山区调研社区治理工作。

同日 市委社会工委副书记、市社会办副主任张坚参加北京社会心理研究所2015年度社情民意调查及发展对策研究课题结项评审会。

同日 市委社会工委委员、市社会办副主任陈建领参加石景山区非公党建指导培训班并专题讲座。

同日 市委社会工委委员、市社会办副主任陈建领到石景山区调研“区域化党建、多元性自治、开放式服务”社区试点工作情况。

同日 市委组织部市直干部处到委办反

馈处级干部人事档案专项审核调研督查情况。市委社会工委委员、市社会办副主任陈建领参加。

同日 市委社会工委委员、市社会办副主任王智玲参加北京市2016年第三次消防工作联席会。

3月25日 市委社会工委书记、市社会办主任宋贵伦参加全市领导干部会议。

同日 市委社会工委书记、市社会办主任宋贵伦主持召开2016年第10次工委会议。会议研究了推荐“北京青年五四奖章”人选、2016年社会动员和志愿服务工作培训班方案及经费等有关事宜。

同日 市委社会工委委员、市社会办副主任陈建领参加2016年机关党委（工会）工作会。

同日 市委社会工委委员、市社会办副主任王丽竹参加信息化与社会治理现代化、网格化服务与管理、大数据与社会治理等热点研讨会。

3月26日 副市长王宁主持召开社会建设与城市管理调研座谈会，市委社会工委书记、市社会办主任宋贵伦，市委社会工委副书记、市社会办副主任张坚参会并发言。

3月28日 市委社会工委书记、市社会办主任宋贵伦参加第七届“北京魅力社区”评选表彰活动启动式。市委社会工委委员、市社会办副主任王智玲参加。

同日 市委社会工委书记、市社会办主任宋贵伦参加国务院第四次廉政工作电视电话会议。

同日 市委社会工委书记、市社会办主任宋贵伦受邀到国科大雁栖湖校区参加硕士班专题授课。

3月29日 市委社会工委委员、市社会办副主任陈建领参加市商联第四届理事会第三次全体会。

3月30日 市委社会工委书记、市社会办主任宋贵伦受邀到国科大中关村校区硕士班专题授课。

同日 市委社会工委委员、市社会办副主任陈建领参加2015年北京注协党委所属党组织书记抓基层党建工作述职评议考核会。

同日 市委社会工委委员、市社会办副主任陈建领参加2016年全市共青团工作会议。

同日 市委社会工委委员、市社会办副巡视员赵济贵参加2016年北京市标准化工作会议。

同日 市委社会工委委员、市社会办副巡视员赵济贵参加北京市农民工工作联席会议第七次全体会议。

3月31日 副市长王宁主持召开社会建设与城市管理专题会议。市委社会工委书记、市社会办主任宋贵伦，市委社会工委副书记、市社会办副主任张坚参会。

同日 市委社会工委书记、市社会办主任宋贵伦受邀到国科大雁栖湖校区参加硕士班专题授课。

同日 市委社会工委委员、市社会办副主任陈建领参加2015年全市非公企业和社会组织试点基层党建述职评议考核会。

同日 市委社会工委委员、市社会办副主任陈建领参加全市组织系统一季度“组工论坛”。

同日 市委常委、统战部副部长戴均良到西城区调研医改工作。市委社会工委委员、市社会办副主任王丽竹陪同调研。

4月

4月1日 市委社会工委书记、市社会办主任宋贵伦参加市委市政府理论学习中心组学习（扩大）会议。委办领导张坚、陈建领、王丽竹、赵济贵参加。

同日 市委社会工委委员、市社会办副主任陈建领与市委组织部人才工作处座谈。

4月5日 市长王安顺主持召开第111次市政府常务会议。市委社会工委书记、市社会办主任宋贵伦参加。

同日 市委社会工委书记、市社会办主任宋贵伦参加市政府第四次廉政工作电视电话会议。

同日 市委社会工委委员、市社会办副主任王丽竹参加市妇联第21小组社会领域小组2016年工作会。

4月6日 市委社会工委书记、市社会办主任宋贵伦参加北京市党建研究会第七届二次常务理事会。

同日 市委社会工委书记、市社会办主任宋贵伦与国务院研究室原主任、北京师范大学中国社会管理研究院/社会学院院长魏礼群教授，全国人大常委、中国人民大学劳动人事学院教授郑功成等座谈交流社会治理创新。

同日 市委社会工委书记、市社会办主任宋贵伦主持召开第4次主任办公会议（扩大）。会议学习传达了《中共中央关于郭伯雄严重违纪违法案件及其教训的通报》，听取了各处室2016年3月份工作完成情况和2016年4月份工作计划的汇报，研究部署了近期重点工作任务。民主推荐机关调研员。委办领导张坚、陈建领、王丽竹、王智玲、赵济贵、卢建及机关、事业单位全体干部参加。

同日 市委社会工委书记、市社会办主任宋贵伦主持召开第12次工委会议。会议研究了委办机关调研员职位选任拟任考察人选和机关副处长职位选任方案。委办领导张坚、陈建领、王丽竹、王智玲、赵济贵、卢建参加。

同日 市委社会工委委员、市社会办副主任陈建领参加通州区社会建设大会。

4月6日至8日 市委社会工委委员、市社会办副主任陈建领参加全市商务楼宇党员志愿服务示范培训班。

4月7日 市委社会工委委员、市社会办副主任王丽竹赴北京歌华有线数字媒体有限公司调研智慧社区高清交互平台建设工作。

同日 市委社会工委委员、市社会办副主任王丽竹参加市政协社法委“推进市养老服务供给”通报会。

4月8日 市委书记郭金龙、市长王安顺调研城市精细化管理工作。市委社会工委书记、市社会办主任宋贵伦陪同调研。

同日 市委社会工委书记、市社会办主任宋贵伦应邀为中国社会报社、中国社区报社（《社区》杂志社）做“社会建设与社会治理创新”专题报告。

同日 市委社会工委委员、市社会办副主任王丽竹参加北京市网格化服务管理体系市级客户端开发项目进展情况专题督办会。

同日 市委社会工委委员、市社会办副巡视员卢建参加门头沟区“公益行”启动式。

4月9日 市委社会工委委员、市社会办副巡视员卢建参加市对外友协2016年“北京国际友好林”植树活动。

4月11日 市委社会工委书记、市社会办主任宋贵伦参加北京市第十三次信访工作总结表彰大会。市委社会工委委员、市社会办副巡视员赵济贵一同参加。

同日 市委社会工委委员、市社会办副主任陈建领参加市委党建工作领导小组办公室工作座谈会。

4月11日至12日 市委社会工委委员、市社会办副主任王智玲参加全市社会动员与志愿服务工作培训班并专题授课。

4月12日 市长王安顺主持召开第112次市政府常务会议。市委社会工委书记、市社会办主任宋贵伦参加。

同日 市委社会工委书记、市社会办主任宋贵伦参加首都生态文明和城乡环境建设动员大会。

同日 市委社会工委书记、市社会办主任宋贵伦主持召开第13次工委会议。会议研究了委办机关调研员职位选任工作拟任人选和领导干部兼职有关事宜。委办领导张坚、陈建领、王丽竹、王智玲、赵济贵、卢建参加。

同日 市委社会工委委员、市社会办副主任陈建领参加2016年社会工作队伍建设重点工作任务部署暨2016年北京市专业社工机构委员会第一次工作例会。

4月13日 市委社会工委书记、市社会办主任宋贵伦为首都社会治安综合治理与流动人口治理专题培训班做社会治理创新辅导报告。

同日 市委社会工委委员、市社会办副主任王智玲参加迎接2015年度省级政府消防工作考核部署会。

同日 市委社会工委委员、市社会办副主任王智玲参加2016年度全市养犬管理工作部署会。

同日 市委社会工委委员、市社会办副主任王智玲参加市台联两岸社区论坛工作协调会。

同日 市委社会工委委员、市社会办副巡视员赵济贵陪同《求是》杂志社领导到平谷区调研。

4月14日 市委社会工委书记、市社会办主任宋贵伦听取北京新经济组织发展研究院工作汇报并提出指导意见。市委社会工委委员、市社会办副主任陈建领一同参加。

同日 市委社会工委书记、市社会办主任宋贵伦为全市社区党组织书记示范培训班做专题报告。市委社会工委委员、市社会办副主任陈建领一同参加。

同日 市委社会工委委员、市社会办副主任陈建领参加全市社区党组织书记示范培训班结业式。

同日 市委社会工委委员、市社会办副主任王智玲参加全市2016年第二季度公共安全形势分析会。

4月15日 市委社会工委书记、市社会办主任宋贵伦主持召开委办全体干部会议，民主推荐机关副处长人选。委办领导陈建领、王丽竹、王智玲、赵济贵及机关、事业单位全体干部参加。

同日 市委社会工委书记、市社会办主任宋贵伦参加中央统战部组织的北京市新社会阶层人士统战工作座谈会并发言。

同日 市委社会工委委员、市社会办副主任陈建领参加社会中介组织党建工作座谈会。

同日 市委社会工委委员、市社会办副主任王丽竹赴朝阳区朝外街道调研智慧社区建设工作。

4月17日 市委社会工委委员、市社会办副主任王智玲参加北京文物安全保护志愿服务行活动启动式。

4月18日 市长王安顺主持召开市政府专题会议。市委社会工委书记、市社会办主任宋贵伦参加。

同日 市委社会工委书记、市社会办主任宋贵伦陪同全球会计网络——国富浩华国际联席主席强克·艾伦和首席执行官凯文·麦格拉斯等一行参观北京新经济组织发展研究理事会。

同日 市委社会工委委员、市社会办副主任陈建领参加全市党建制度改革领导小组办公室工作会议。

4月19日 市长王安顺主持召开第113次市政府常务会议。市委社会工委书记、市社会办主任宋贵伦参加。

同日 市委社会工委书记、市社会办主任宋贵伦主持召开第14次工委会议。会议研究了委办机关副处长职位选任拟任考察人选、机关副调研员职位选任方案和所属事业单位领导干部调任有关事宜。委办领导张坚、陈建领、王丽竹、王智玲、赵济贵、卢建参加。

4月20日 市委社会工委书记、市社会办主任宋贵伦参加市委对台工作领导小组（扩大）会议和专项工作部署会，并做大会发言。市委社会工委委员、市社会办副主任王智玲一同参加。

同日 市委社会工委委员、市社会办副主任王丽竹与北京邮电大学座谈研究“网格化”“信息化”培训工作。

同日 市委社会工委委员、市社会办副巡视员赵济贵陪同《求是》杂志社领导到昌平区调研。

同日 市委社会工委委员、市社会办副巡视员卢建参加慈善公益类市级“枢纽型”社会组织工作“片会”。

同日 市委社会工委委员、市社会办副巡视员卢建到北京农业产业化龙头企业协会参加2016年年会。

4月21日 市委社会工委书记、市社会办主任宋贵伦参加全市“两学一做”学习教育工作会议。

同日 市委社会工委书记、市社会办主任宋贵伦主持召开第15次工委会议。传达了全市“两学一做”学习教育工作会议精神，研究了委办贯彻落实工作；研究了委办机关副处长职位选任拟任人选和所属事业单位领导干部调任拟任人选有关事宜。委办领导张坚、陈建领、王丽竹、王智玲、赵济贵、卢建参加。

同日 市委社会工委书记、市社会办主任宋贵伦接受民政部《社区》杂志主编孟谦一行专访。

同日 市委社会工委书记、市社会办主任宋贵伦接受《人民日报》《北京日报》记者专访。

同日 市委社会工委副书记、市社会办副主任张坚参加2016年度社会心理基础理论研究项目发布会。

同日 市委社会工委委员、市社会办副主任王丽竹参加首都综治信息化建设工作推进会。

同日 市委社会工委委员、市社会办副巡视员卢建参加市民交协举办的“2016北京国际民间组织沙龙汇”启动仪式。

同日 市委社会工委委员、市社会办副巡视员卢建到北京知诚中小企业财税与金融服务促进会调研交流。

4月22日 市委社会工委书记、市社会办主任宋贵伦主持召开委办全体干部会议。民主推荐机关副调研员人选。委办领导张坚、陈建领、王丽竹、王智玲、赵济贵及机关、事业单位全体干部参加。

同日 市委社会工委书记、市社会办主任宋贵伦主持召开第16次工委会议。研究了《榜样的力量》人物编写推荐人选、在市级“枢纽型”社会组织推动建立社会矛盾调解委员会等事宜。委办领导张坚、陈建领、王丽竹、王智玲、赵济贵参加。

同日 市委社会工委书记、市社会办主任宋贵伦参加市人大代表培训班学习，听取杜德印主任报告。

同日 市委社会工委委员、市社会办副主任陈建领到联东集团调研非公及园区党建工作。

同日 市委社会工委委员、市社会办副巡视员卢建参加北京人民调解协会2016年第一次理事会。

4月25日 市委社会工委副书记、市社会办副主任张坚参加城市社区居民自治情况调查研讨会。

同日 市委社会工委委员、市社会办副主任陈建领参加市委“两学一做”学习教育协调小组第一次工作会议。

同日 市委社会工委委员、市社会办副巡视员卢建到市红十字会走访调研。

4月25日至29日 市委社会工委委员、市社会办副主任陈建领、王丽竹参加第五期全市局级领导干部学习贯彻五大发展理念专题研讨班。

4月26日 市长王安顺主持召开第114次市政府常务会议。市委社会工委书记、市社会办主任宋贵伦参加。

同日 市委社会工委书记、市社会办主任宋贵伦到市委组织部与李世新副部长研究工作。

同日 市委社会工委书记、市社会办主任宋贵伦至北京市文化投资集团公司调研。

同日 市委社会工委书记、市社会办主任宋贵伦与17创意机构座谈社会建设宣传片改编拍摄事宜。

同日 市委社会工委委员、市社会办副巡视员卢建参加市慈善义工协会养老专业委员会成立大会。

4月27日 市委社会工委书记、市社会办主任宋贵伦与中国政法大学社会学院负责人座谈共建法治社会建设研究基地事宜。

同日 市委社会工委委员、市社会办副主任王智玲参加北京市机关事业单位养老保险制度改革动员部署会。

同日 市委社会工委委员、市社会办副

巡视员赵济贵陪同《求是》杂志社领导到延庆区调研。

同日 市委社会工委委员、市社会办副巡视员卢建参加工商经济类市级“枢纽型”社会组织工作“片会”。

4月28日 市委社会工委书记、市社会办主任宋贵伦到公安部党校做社会治理工作报告。

同日 市委社会工委委员、市社会办副主任王智玲参加全市社区减负工作推进会视频会议。

同日 市委社会工委委员、市社会办副巡视员卢建参加2016年德胜街道社会治理推进会暨德邻文化地区营造启动式。

4月29日 市委社会工委委员、市社会办副巡视员卢建参加市孵化中心参加工作汇报会。

5月

5月3日 市长王安顺主持召开第115次市政府常务会议。市委社会工委书记、市社会办主任宋贵伦参加。

同日 市委社会工委书记、市社会办主任宋贵伦主持召开2016年第17次工委会议。会议研究了北京市社会领域纪念建党95周年评选表彰、干部人事工作等事宜。委办领导张坚、陈建领、王丽竹、王智玲、赵济贵、卢建一同参加。

同日 市委社会工委书记、市社会办主任宋贵伦出席“展青年风采，做合格党员”社会领域青年论坛并讲话。委办领导张坚、陈建领、王丽竹、王智玲、赵济贵、卢建一同参加。

5月4日 市委社会工委书记、市社会办主任宋贵伦主持召开2016年第5次主任办公会。会议学习传达了《北京市党委（党组）意识形态工作责任制实施细则》有关精神，听取了各处室2016年4月份工作完成情况和2016年5月份工作计划的汇报，研究部署了近期重点工作任务。委办领导张坚、陈建领、王丽竹、王智玲、赵济贵、卢建一同参加。

5月5日 市委社会工委书记、市社会办主任宋贵伦参加市法制宣传教育领导小组会。

同日 市委社会工委书记、市社会办主任宋贵伦到中央电视台参加大型纪录片《长征》创作征求意见座谈会。

同日 市委社会工委委员、市社会办副主任王丽竹与北京歌华有线数字媒体有限公司座谈研究推进智慧社区高清交互平台建设工作。

5月6日 市委社会工委书记、市社会办主任宋贵伦参加市委市政府理论中心组学习（扩大）会议。委办领导张坚、陈建领、王丽竹、赵济贵、卢建参加。

同日 市委社会工委副书记、市社会办副主任张坚参加2015年度购买决策咨询项目中期汇报会，听取了各决策咨询项目中期进展情况。

同日 市委社会工委委员、市社会办副主任陈建领参加全市社会组织工作党建工作座谈会。

同日 市委社会工委委员、市社会办副主任王丽竹与北京众智创业科技开发有限公司座谈研究信息化建设工作。

5月9日 市委社会工委书记、市社会办主任宋贵伦到市人大常委会向杜德印主任汇报《北京市“十三五”时期社会治理规划》编制等工作。

同日 市委社会工委副书记、市社会办副主任张坚参加研究基地意识形态工作座谈会。

同日 市委社会工委委员、市社会办副主任王丽竹参加全国推进简政放权放管结合优化服务改革电视电话会议北京市贯彻会。

同日 市委社会工委委员、市社会办副巡视员卢建参加全市“社会组织治理创新暨能力提升研修班”（第一期）开班式。

同日 市委社会工委委员、市社会办副巡视员卢建参加市贸促会社会组织经贸理论培训班座谈会。

5月9日至13日 市委社会工委委员、市社会办副主任王智玲参加全市局级领导干部学习贯彻五大发展理念培训班。

5月10日 市长王安顺主持召开第116次市政府常务会议。市委社会工委书记、市社会办主任宋贵伦参加。

同日 市委社会工委书记、市社会办主任宋贵伦参加学习习近平总书记党的建设思想研讨会并致辞，为北京先锋社区党建研究中心授牌。市委社会工委委员、市社会办副主任陈建领参加。

同日 市委社会工委委员、市社会办副主任陈建领赴市民政局就加强全市社会工作人才队伍建设进行座谈。

同日 市委社会工委委员、市社会办副主任王丽竹主持召开北京社会服务之窗数据信息采集项目月度工作会。

同日 市委社会工委委员、市社会办副巡视员卢建到北京市睿博社会组织服务中心调研工作。

5月11日 市委社会工委书记、市社会办主任宋贵伦主持召开2016年第18次工委会议。会议研究了党风廉政建设责任制落实情况、干部人事工作等事宜。委办领导张坚、陈建领、王丽竹、赵济贵、卢建一同参加。

同日 市委社会工委副书记、市社会办副主任张坚参加前期社会企业相关调研情况和我市社会企业发展情况现状座谈会。

同日 市委社会工委副书记、市社会办副主任张坚赴海淀区调研城市社区居民自治情况。

同日 市委社会工委委员、市社会办副巡视员卢建参加全市“社会组织治理创新暨能力提升研修班”（第一期）报告会。

5月12日 市委社会工委书记、市社会办主任宋贵伦为全市社会组织治理创新暨能力提升研修班做报告。市委社会工委委员、市社会办副巡视员卢建一同参加。

同日 市委社会工委委员、市社会办副巡视员卢建同北京市人才交流中心协商工作。

同日 市委社会工委书记、市社会办主任宋贵伦参加为期两个月的中央党校“民生与社会建设”专题培训班学习。

5月13日 市委社会工委副书记、市社会办副主任张坚参加首都精神文明建设委员会第三次全体会议。

同日 市委社会工委副书记、市社会办副主任张坚参加2016年首都精神文明建设工作大会。

同日 市委社会工委委员、市社会办副巡视员卢建参加全市“社会组织治理创新暨能力提升研修班”（第一期）结业式。

5月15日 市委社会工委书记、市社会办主任宋贵伦在北京新经济组织发展研究院（叶青大厦校区）会见日本社会建设参访团。

5月16日 市委副书记苟仲文听取社会建设工作情况汇报。市委副秘书长李必友，市委社会工委书记、市社会办主任宋贵伦，市委社会工委副书记、市社会办副主任张坚参加。

同日 市委社会工委委员、市社会办副主任王智玲参加市节水型社会建设协调小组第一次会议。

5月17日 市委社会工委副书记、市社会办副主任张坚参加北京市推进依法行政工作领导小组（扩大）会议。

同日 市长王安顺主持召开第117次市政府常务会议。市委社会工委副书记、市社会办副主任张坚参加。

同日 市委社会工委委员、市社会办副主任王丽竹与西安鼎蓝通信技术有限公司研究社会服务资源信息采集字段和下一步采集工作重点。

同日 市委社会工委委员、市社会办副主任王智玲参加市京台社区论坛协调会。

同日 市委社会工委委员、市社会办副巡视员卢建参加北京市玖玖缘文化养老中心项目展示交流研讨会。

5月18日 市委社会工委副书记、市社会办副主任张坚赴东城区调研城市社区居民自治情况。

同日 市委社会工委委员、市社会办副

主任陈建领参加全市机构编制工作电视电话会议。

同日 市委社会工委委员、市社会办副主任王智玲参加市海峡两岸社区发展研究中心座谈研究会。

同日 市委社会工委委员、市社会办副巡视员卢建到北京市人才交流中心研讨社会组织人才服务平台建设工作。

5月19日 市委社会工委委员、市社会办副主任王丽竹赴鼎蓝科技有限公司调研信息化工作。

同日 市委社会工委委员、市社会办副主任王丽竹到昌平区调研。

同日 市委社会工委委员、市社会办副主任王智玲参加市妇女儿童工作委员会全体委员（扩大）会暨"十三五"妇女儿童规划发布会。

同日 市委社会工委委员、市社会办副巡视员卢建到亦庄开发区调研协调社会组织工作。

5月20日 市委社会工委副书记、市社会办副主任张坚与市残联、市老龄办、市家政服务协会、市民办教育协会、市物业管理行业协会和市城市再生资源服务中心等单位负责人座谈，了解行业社会企业发展情况。

同日 市委社会工委委员、市社会办副主任陈建领与市委组织部领导赴市人力社保局就加强全市社会工作人才队伍建设进行座谈。

同日 市委社会工委委员、市社会办副主任陈建领参加进一步规范北京市领导干部配偶、子女及其配偶经商办企业行为工作部署会。

同日 市委社会工委委员、市社会办副主任王智玲参加全市维护稳定工作领导小组（扩大）会。

5月21日 市委社会工委委员、市社会办副主任王丽竹到顺义区调研。

5月22日 市委社会工委书记、市社会办主任宋贵伦主持召开2016年第19次工委会议。会议学习传达了市委市政府《关于进一步规范北京市领导干部配偶、子女及其配偶经商办企业行为的规定（试行）》精神，听取了委办"两学一做"专题教育进展情况，研究了干部人事工作等事宜。委办领导张坚、陈建领、王丽竹、王智玲、赵济贵、卢建一同参加。

5月23日 市委社会工委委员、市社会办副主任王丽竹参加信息中心党支部"两学一做"学习。

5月23日至27日 市委社会工委委员、市社会办副主任王智玲参加有序疏解非首都功能与特大型城市治理专题研讨班。

5月24日 中央党校厅局级"民生与社会建设"专题培训班50名学员来我市调研社会建设工作。市委社会工委书记、市社会办主任宋贵伦，市委社会工委委员、市社会办副巡视员赵济贵参加。

同日 市委社会工委委员、市社会办副主任陈建领参加2016年全市社会领域党建工作例会暨非公党建联席会。

同日 市委社会工委委员、市社会办副主任王丽竹参加"十三五"新常态发展智慧城市高层专家论坛。

同日 市委社会工委委员、市社会办副巡视员卢建参加"第三届京台社区论坛"行前会。

同日 市委社会工委委员、市社会办副巡视员卢建参加矛盾纠纷多元化解机制座谈会。

5月24日至25日 市委社会工委书记、市社会办主任宋贵伦参加北京市第十一届委员会第十次全体会议。

5月25日 市委社会工委书记、市社会办主任宋贵伦主持召开第20次工委（扩大）会议。传达学习市委第二轮巡视沟通会议精神，部署有关工作。委办领导张坚、陈建领、王丽竹、卢建参加。

同日 市委社会工委委员、市社会办副主任王智玲参加京台社区治理论坛。

同日 市委社会工委委员、市社会办副巡视员赵济贵参加北京市党史办主任会议。

5月26日 市委社会工委副书记、市社会办副主任张坚参加2016年北京市防汛抗旱工作电视电话会议暨防汛抗旱指挥部第一次会议。

同日 市委社会工委委员、市社会办副巡视员赵济贵参加2016年北京市政务公开工作培训会。

同日 市委社会工委委员、市社会办副巡视员卢建参加“枢纽型”社会组织人民团体“片会”。

5月26日至27日 市委社会工委委员、市社会办副主任陈建领参加全国园区非公企业党建工作座谈会。

5月27日 市委社会工委书记、市社会办主任宋贵伦主持召开第21次工委（扩大）会议。传达学习市委十一届十次全会精神，研究了委办与《社区》杂志社签订宣传协议等事宜。委办领导张坚、王丽竹、王智玲、赵济贵、卢建一同参加。

同日 市委社会工委委员、市社会办副巡视员卢建到市法学会参加“购买社会组织管理岗位聘用人员考评”工作。

5月28日 市委社会工委书记、市社会办主任宋贵伦主持召开2016年第22次工委（扩大）会议。会议研究了接待市委第七巡视组筹备工作事宜。委办领导张坚、陈建领、王丽竹、赵济贵、卢建一同参加。

5月29日 市委社会工委书记、市社会办主任宋贵伦主持召开2016年第23次工委（扩大）会议。会议修改研究了向市委第七巡视组提交汇报材料等事宜。委办领导张坚、陈建领、王丽竹、王智玲、赵济贵、卢建一同参加。

5月30日 市委社会工委委员、市社会办副主任陈建领参加2016年北京市高级社会管理服务人才培训班开班仪式并讲话。

5月31日 市委社会工委书记、市社会办主任宋贵伦主持召开2016年第24次工委（扩大）会议。会议研究了纪念建党95周年系列会议经费、2016年度购买社会组织服务立项项目等事宜。委办领导张坚、陈建领、王丽竹、王智玲、赵济贵、卢建一同参加。

同日 市委社会工委委员、市社会办副巡视员卢建到市法学会参加“法学服务基层公益行”活动。

6月

6月1日 市委书记郭金龙主持召开十一届市委常委会第217次会议。市委社会工委书记、市社会办主任宋贵伦列席。

同日 市委社会工委书记、市社会办主任宋贵伦参加市委巡视组进驻委办开展专项巡视工作见面会。市委巡视组组长周京生参加。

同日 市委社会工委书记、市社会办主任宋贵伦主持召开市委巡视组进驻委办开展专项巡视工作动员大会。市委巡视组组长周京生等成员，委办领导张坚、陈建领、王智玲、赵济贵、卢建参加。

同日 市委社会工委书记、市社会办主任宋贵伦主持召开市委巡视组进驻委办开展专项巡视工作工委扩大会。市委巡视组组长周京生等成员，委办领导张坚、陈建领、王智玲、赵济贵、卢建参加。

同日 市委社会工委委员、市社会办副主任陈建领参加组织人事工作专题汇报会，向市委巡视组汇报委办组织人事工作情况。

同日 市委社会工委委员、市社会办副巡视员卢建到西城区调研工作。

6月2日 市委社会工委委员、市社会办副主任王丽竹与北京汇诚金桥国际招标有限公司座谈研究信息化项目招投标文件起草工作。

同日 市委社会工委委员、市社会办副主任王丽竹与首信公司座谈研究“四网六库”系统运维工作。

同日 市委常委、市协商民主与社会体制改革专项小组组长戴均良赴西城区、海淀区调研医养结合工作开展情况。市委社会工委委员、市社会办副主任王智玲参加。

6月3日 市委社会工委书记、市社会办主任宋贵伦主持召开2016年第6次主任办公会。会议学习传达了市委常委会关于全市行业协会与行政事业单位脱钩工作精神，通报了市审计局对2015年度社会建设专项资金审计工作有关情况，听取了各处室2016年5月份工作完成情况和2016年6月份工作计划的汇报，研究部署了近期重点工作任务。委办领导张坚、陈建领、王智玲、赵济贵、卢建参加。

同日 市委社会工委委员、市社会办副主任陈建领参加2016年北京市高级社会管理服务人才培训班结业式并讲话。

同日 市委社会工委委员、市社会办副主任王丽竹参加2016年北京市网格化暨社会建设信息化工作培训班结业式并讲话。

同日 市委社会工委委员、市社会办副主任王智玲与市冬奥组委会就如何做好奥运宣传文化工作进行座谈。

6月4日 市委社会工委书记、市社会办主任宋贵伦参加市委全面深化改革领导小组第九次全体会议。

6月6日至8日 市委社会工委委员、市社会办副主任陈建领参加市老干部局组织的老干部工作培训班。

6月6日至13日 市委社会工委副书记、市社会办副主任张坚赴丹麦、芬兰交流学习社会建设工作。

6月6日至13日 市委社会工委委员、市社会办副巡视员卢建赴台湾参加“京台交流论坛”。

6月7日 市委社会工委委员、市社会办副主任陈建领参加2015年市级党政机关党组书记抓基层党建工作述职评议考核会。

同日 市委社会工委委员、市社会办副主任王智玲参加社区大讲堂筹划准备研究会。

同日 市长王安顺主持召开第118次市政府常务会议。市委社会工委委员、市社会办副主任王智玲参加。

6月8日 市委社会工委委员、市社会办副主任陈建领参加市工业经济联合会“两学一做”传达动员会。

6月12日 市委社会工委书记、市社会办主任宋贵伦出席朝阳区街道系统第二届社会治理创新优秀项目展示会并讲话。市委社会工委委员、市社会办副主任陈建领参加。

6月13日至17日 2016年北京市社会工作管理人才示范培训班举办。市委社会工委委员、市社会办副主任陈建领参加结业式并讲话。

同日 市委社会工委委员、市社会办副主任王丽竹参加城市规划建设管理体制改革专项小组全体会议。

6月14日 市长王安顺主持召开第119次市政府常务会议。审议《北京市“十三五”时期社会治理规划》。市委社会工委书记、市社会办主任宋贵伦，市委社会工委副书记、市社会办副主任张坚参加。

同日 市委社会工委委员、市社会办副主任陈建领参加市委党校“十三五”时期首都经济社会发展形势任务报告会。

6月15日 委办组织机关工作人员赴北京市第四中级人民法院旁听行政诉讼案件庭审，开展依法行政法治宣传教育活动。委办领导陈建领、王丽竹、赵济贵参加。

同日 市委社会工委委员、市社会办副主任王丽竹参加房山区“两新”组织党建工作座谈会并讲话。

6月16日 市委副书记苟仲文到朝阳区调研贯彻落实市委全会精神和基层“两学一做”活动开展情况。市委社会工委副书记、市社会办副主任张坚参加。

同日 市委社会工委委员、市社会办副主任陈建领与金诚信集团党委座谈非公企业党建工作。

同日 市委社会工委委员、市社会办副主任王丽竹与城管执法局座谈网格化“十三五”规划相关工作。

同日 市委社会工委委员、市社会办副巡视员赵济贵参加社会建设专项资金绩效实地调研。

6月17日 市委社会工委书记、市社会办主任宋贵伦出席朝阳区企业家协会“共叙忠诚——喜迎建党95周年座谈会”并讲话。市委社会工委委员、市社会办副主任陈建领一同参加。

同日 委办组织机关干部参观“北京市反腐倡廉法制基地”。委办领导王丽竹、王智玲、赵济贵参加。

同日 市委社会工委委员、市社会办副巡视员卢建参加社会组织协商民主恳谈会。

6月18日至19日 市委社会工委副书记、市社会办副主任张坚参加2016年度使用市级社会建设专项资金购买决策咨询服务项目专家评审会。

6月20日 市委副书记苟仲文到东城区调研贯彻落实市委全会精神和基层“两学一做”活动开展情况。市委社会工委副书记、市社会办副主任张坚参加。

同日 市委社会工委委员、市社会办副巡视员卢建参加市医药行业协会换届大会。

6月21日 市长王安顺主持召开第120次市政府常务会议。市委社会工委副书记、市社会办副主任张坚参加。

同日 市委副书记苟仲文到昌平区调研贯彻落实市委全会精神和基层“两学一做”活动开展情况。市委社会工委副书记、市社会办副主任张坚参加。

同日 市委社会工委委员、市社会办副主任王智玲参加社会动员试点调研情况总结交流汇报会。

6月22日 市委社会工委书记、市社会办主任宋贵伦主持召开2016年第25次工委会议。会议研究了纪念建党95周年有关活动、委办和社会领域开展“两学一做”学习教育、干部人事工作等事宜。委办领导张坚、陈建领、王丽竹、王智玲、赵济贵、卢建，市委巡视组有关同志参加。

同日 市委社会工委委员、市社会办副主任陈建领参加市注协党委“庆祝建党95周年暨纪念红军长征胜利80周年”表彰活动。

同日 市委社会工委委员、市社会办副主任王丽竹与市消防局座谈消防网格有关工作。

6月23日 市委社会工委委员、市社会办副主任陈建领参加西城区首届“爱社区暖人心”2016社会工作人才发展交流会并讲话。

同日 市委社会工委委员、市社会办副主任王丽竹接待秦皇岛市学习考察团。陪同考察团到朝阳区实地调研考察区级网格化体系建设及双井街道网格化服务管理工作。

同日 市委社会工委委员、市社会办副主任王丽竹赴房山参加“两新组织党建工作座谈会”。

同日 市委社会工委委员、市社会办副巡视员卢建参加东城区社区社会组织评比表彰大会暨街道社区社会组织孵化基地建成揭牌仪式。

6月24日 市委副书记苟仲文到大兴区调研贯彻落实市委全会精神和基层“两学一做”活动开展情况。市委社会工委副书记、市社会办副主任张坚参加。

同日 市委社会工委委员、市社会办副巡视员卢建参加北京市食品药品安全法制研究会成立大会。

6月27日 市委社会工委委员、市社会办副主任陈建领同志出席东城区左安漪园社区党委庆祝建党95周年暨“七一”表彰大会。

同日 市委社会工委委员、市社会办副主任王智玲参加“学党章看党史 争做合格党员”迎“七一”主题党日活动。

6月28日 市委副书记苟仲文出席“北京市社会领域纪念建党95周年表彰大会”并讲话。市委副秘书长李必友、市委社会工委书记、市社会办主任宋贵伦，市委办公厅副主任李彦来、市委组织部部务委员王风，委办领导陈建领、王丽竹、王智玲、赵济贵、卢建一同参加。

6月29日 市委社会工委副书记、市社会办副主任张坚参加北京市庆祝中国共产党成立大会。

同日 市委书记郭金龙主持召开十一届

市委常委会第219次会议，研究《关于加强和改进社会组织党的建设工作的实施意见》。市委社会工委副书记、市社会办副主任张坚列席。

同日 市委社会工委委员、市社会办副主任陈建领参加北京市社会主义学院、通州区社会主义学院、北京改革和发展研究会联合举办的“协商民主与社区治理创新研讨会暨《北京协商民主理论与实践》首发式”活动并讲话。

同日 市委社会工委委员、市社会办副主任陈建领参加朝阳非公经济组织纪念建党95周年暨非公企业党建·文化展示活动。

同日 市委社会工委委员、市社会办副主任王智玲给社区建设工作处和社会动员工作处讲党课。

同日 市委社会工委委员、市社会办副巡视员卢建同北京农业产业化龙头企业协会座谈“公益汇”事宜。

6月30日 市委社会工委委员、市社会办副主任陈建领参加市侨联社团“两学一做”暨庆祝建党95周年活动。

同日 市委社会工委委员、市社会办副主任陈建领参加北京福建企业总商会党委纪念中国共产党成立95周年活动并讲话。

同日 市委社会工委委员、市社会办副主任王智玲参加市委维护稳定工作专题会议。

同日 市委社会工委委员、市社会办副巡视员赵济贵参加市财政局社会建设专项资金绩效评价会。

同日 市委社会工委委员、市社会办副巡视员卢建同北京金融服务商会座谈工作。

7月

7月1日 市委社会工委委员、市社会办副主任陈建领参加北京工经联党建委庆祝建党95周年大会。

同日 市委社会工委委员、市社会办副主任王丽竹听取同方知网公司网格化E通车项目开发情况汇报。

同日 市委社会工委委员、市社会办副主任王智玲参加分管处室“两学一做”学习教育讲党课活动。

同日 市委社会工委委员、市社会办副巡视员卢建同北京尚德社会组织服务中心座谈。

7月2日 市委社会工委副书记、市社会办副主任张坚带队到东城区督导网格化体系建设工作。

同日 市委社会工委委员、市社会办副主任陈建领带队参加全市组织系统“快乐健康路 温馨组工情”健步走活动。

同日 市委社会工委委员、市社会办副主任陈建领参加2016年海外赤子北京行“2016年北京海聚论坛”。

同日 市委社会工委委员、市社会办副巡视员卢建带队到大兴区督导网格化体系建设工作。

7月4日 市委社会工委委员、市社会办副巡视员赵济贵带队到丰台区督导网格化体系建设工作。

7月5日 市长王安顺主持召开第122次市政府常务会议。市委社会工委副书记、市社会办副主任张坚参加。

同日 市委副书记苟仲文主持召开分管领域有关单位会议，传达中办重要通知。市委社会工委委员、市社会办副主任陈建领参加。

同日 市委社会工委委员、市社会办副主任陈建领参加中国社会工作联合会成立25周年纪念活动。

同日 市委社会工委委员、市社会办副主任王丽竹参加信息中心党支部讲党课活动。

同日 市委社会工委委员、市社会办副巡视员卢建带队到西城区督导网格化体系建设工作。

7月5日至8日 市委社会工委委员、市社会办副主任王智玲参加2016年北京市街道办事处主任集中培训班。

7月6日 市委书记郭金龙主持召开十

一届市委常委会第220次会议。审议通过《北京市“十三五”时期社会治理规划》。市委社会工委副书记、市社会办副主任张坚列席。

同日 市委社会工委书记、市社会办主任宋贵伦参加中央党校进修部学员“全面从严治党论坛”，并代表“民生与社会建设”支部演讲。

同日 市委社会工委副书记、市社会办副主任张坚带队到门头沟区督导网格化体系建设工作。

同日 市委社会工委会同中国中共党史学会、《北京支部生活》杂志社联合举办社会领域学习习近平总书记“七一”重要讲话座谈会。市委社会工委委员、市社会办副主任陈建领参加。

同日 市委社会工委委员、市社会办副主任王丽竹带队到昌平区督导网格化体系建设工作。

同日 市委社会工委委员、市社会办副巡视员赵济贵带队到朝阳区督导网格化体系建设工作。

同日 市委社会工委委员、市社会办副巡视员卢建参加2016年京台社区发展论坛总结会。

同日 市委社会工委委员、市社会办副巡视员卢建带队到延庆区督导网格化体系建设工作。

7月7日 市委社会工委副书记、市社会办副主任张坚参加纪念全民族抗战爆发79周年仪式。

同日 市委社会工委委员、市社会办副主任陈建领带队到房山区督导网格化体系建设工作。

同日 市委社会工委委员、市社会办副主任陈建领调研指导房山区社区综合服务中心建设和社区党建工作。

同日 市委社会工委委员、市社会办副主任王丽竹带队到平谷区督导网格化体系建设工作。

同日 市委社会工委委员、市社会办副巡视员赵济贵带队到通州区督导网格化体系建设工作。

同日 市委社会工委委员、市社会办副巡视员卢建带队到石景山区督导网格化体系建设工作。

7月8日 市委社会工委书记、市社会办主任宋贵伦主持召开2016年第7次主任办公会议。会议学习传达了第219次市委常委会议、第121次市政府常务会议精神，听取了各处室2016年6月份工作完成情况和2016年7月份工作计划的汇报，研究部署了近期重点工作任务。委办领导张坚、陈建领、赵济贵、卢建参加。

同日 市委社会工委委员、市社会办副主任陈建领参加2016年全市社会工作专业人才队伍建设联席会议。

同日 市委社会工委委员、市社会办副主任陈建领为党建工作处、社会工作队伍建设处（人事处）、机关党委（工会）全体党员讲党课。

7月9日 市委社会工委委员、市社会办副主任陈建领参加北京远程视界集团党建启动仪式并讲话。

同日 市委社会工委委员、市社会办副主任陈建领参加北京城市学院2016届研究生毕业典礼并讲话。

7月10日 市委社会工委委员、市社会办副主任王智玲参加市委政法委召开的部署专项维稳工作会议。

7月11日 市委社会工委委员、市社会办副主任王丽竹带队到密云区督导网格化体系建设工作。

7月11日至13日 市委书记郭金龙率北京市代表团赴上海市考察城市治理有关工作。市委社会工委书记、市社会办主任宋贵伦参加。

7月12日 市委社会工委委员、市社会办副主任陈建领为内蒙古自治区鄂尔多斯市在市委党校举办的街道社区党组织书记示范培训班授课。

7月13日 市委社会工委委员、市社会办副主任王丽竹与同方座谈网络舆情工作。

同日 市委社会工委委员、市社会办副主任王丽竹参加2016年第三季度全市公共安全形势分析会议。

同日 市委社会工委委员、市社会办副主任王丽竹到北医三院看望委办干部家属。

同日 市委社会工委委员、市社会办副主任王丽竹参加中国（北京）国际妇女儿童产业博览会成果展示暨北京妇女儿童社会服务资源信息平台发布会。

同日 市委社会工委委员、市社会办副主任王智玲带队到顺义区督导网格化体系建设工作。

同日 市委社会工委委员、市社会办副巡视员卢建参加市委党校鄂尔多斯基层干部培训班座谈报告会。

7月14日 市长王安顺主持召开第123次市政府常务会议。市委社会工委副书记、市社会办副主任张坚参加。

同日 市长王安顺主持召开市政府专题会议。市委社会工委副书记、市社会办副主任张坚参加。

同日 市委社会工委委员、市社会办副主任陈建领参加2016年全市军队转业干部安置工作会议。

同日 市委社会工委委员、市社会办副主任王智玲带队到怀柔区督导网格化体系建设工作。

同日 市委社会工委委员、市社会办副巡视员卢建参加市孵化中心三季度工作总结汇报会。

7月15日 市委社会工委副书记、市社会办副主任张坚参加通州区举办的“心美通州”心理健康节启动仪式并讲话。

同日 市委社会工委委员、市社会办副主任王丽竹与首信座谈志愿服务信息应用平台开发事宜。

同日 市委社会工委委员、市社会办副主任王智玲带队到海淀区督导网格化体系建设工作。

7月17日 北京师范大学中国社会管理研究院、中共北京市委社会工委、中国社会工作联合会、清华－布鲁金斯公共政策研究中心在北京师范大学联合举办第六届中国社会治理论坛。市委社会工委书记、市社会办主任宋贵伦出席论坛并做主题演讲。委办领导张坚、王丽竹、张青之参加论坛。

7月17日至18日 市委社会工委书记、市社会办主任宋贵伦参加北京市2016年上半年经济形势分析会。

7月17日至19日 市委社会工委副书记、市社会办副主任张坚赴兰州大学参加2016年中国社会学年会。

7月18日 市委书记郭金龙主持召开赴上海市学习考察交流座谈会。市委社会工委书记、市社会办主任宋贵伦参加。

同日 市委社会工委委员、市社会办副主任王丽竹参加信息中心支部会议。

同日 市委社会工委委员、市社会办副巡视员卢建参加社会组织处支部大会并讲党课。

7月19日 市长王安顺主持召开第124次市政府常务会议。市委社会工委书记、市社会办主任宋贵伦参加。

同日 市委组织部到委办进行工委副书记会议推荐工作。委办领导宋贵伦、陈建领、王丽竹、赵济贵、卢建和机关全体干部参加。

同日 市委组织部到委办进行工委副书记谈话推荐工作。委办领导宋贵伦、陈建领、王丽竹、赵济贵、卢建和处长以上干部参加。

同日 市委社会工委书记、市社会办主任宋贵伦主持召开2016年第26次工委会议。会议研究了市委社会工委副书记推荐人选事宜。委办领导张坚、陈建领、王丽竹、赵济贵、卢建参加。

同日 市委社会工委委员、市社会办副主任王智玲参加市迎接全国妇女儿童两纲中期评估督导组工作汇报会。

7月20日 市委社会工委书记、市社会办主任宋贵伦主持召开2016年第27次工委会议。会议研究了召开2016年全市社会建设半年工作会议、《“十三五”时期社会治理规划》宣传工作、选聘委办法律顾问、干部人事工作等事宜。委办领导张坚、陈建领、王丽竹、卢建参加。

同日 市委社会工委委员、市社会办副主任陈建领带队赴市司法局就推进司法领域社会工作专业人才队伍建设走访调研。

同日 市委社会工委委员、市社会办副主任陈建领参加农工党北京市委“加快推进社会工作专业化职业化发展”课题座谈会。

同日 市委社会工委委员、市社会办副主任王智玲参加全国妇女儿童两纲中期评估督导组检查情况反馈意见会。

7月21日 市委组织部到委办进行工委副书记拟任人选组织考察工作。委办领导宋贵伦、张坚、陈建领、王丽竹、王智玲、卢建参加谈话。

同日 市委社会工委委员、市社会办副主任陈建领参加全市社会组织党的建设工作座谈会。并就《关于加强和改进社会组织党的建设工作的实施意见》和《关于加强和改进社会组织党的建设工作的三年行动计划》做解读说明。

同日 市委社会工委委员、市社会办副主任王丽竹参加2016年社会信用体系建设联谊会。

同日 市委社会工委委员、市社会办副主任王丽竹为网格处和信息中心支部党员和入党积极分子做党课报告。

7月22日 市委社会工委书记、市社会办主任宋贵伦参加市委市政府理论学习中心组学习扩大会。委办领导张坚、陈建领、王丽竹、王智玲、卢建参加。

7月23日 市委社会工委书记、市社会办主任宋贵伦参加市委党建工作领导小组暨学习型组织领导小组会。市委社会工委委员、市社会办副主任陈建领参加。

7月24日 市委社会工委书记、市社会办主任宋贵伦参加北京市慈善义工联合会第二届第一次会员代表大会并致辞。

7月25日 市委社会工委委员、市社会办副主任陈建领参加2016年北京市社会工作专业督导人才培训班、2016年社区工作者实务能力骨干培训班开班式并讲话。

7月26日 市委社会工委书记、市社会办主任宋贵伦与市委统战部常务副部长周开让一行座谈，研究加强社会领域统战工作。市委社会工委委员、市社会办副主任陈建领，市委社会工委委员、市社会办副巡视员卢建参加。

同日 市委巡视组、市委组织部到委办进行干部选拔任用工作专项检查。委办领导宋贵伦、张坚、陈建领、王丽竹、王智玲、赵济贵、卢建参加谈话。

同日 市委社会工委副书记、市社会办副主任张坚参加全市“六五”普法总结暨“七五”普法启动大会。

同日 市委社会工委委员、市社会办副巡视员卢建到市市容环境卫生协会调研。

7月27日 市委书记郭金龙主持召开十一届市委常委会第224次会议。市委社会工委书记、市社会办主任宋贵伦列席。

同日 副市长张建东主持召开专题会议，研究建立本市城管综合执法网格化服务管理体系实施意见（草案）有关工作和本市公租车行业改革发展有关工作。市委社会工委委员、市社会办副主任王丽竹参加。

同日 市委社会工委委员、市社会办副巡视员卢建与深圳慈善公益网、福德督导师基金会负责人座谈。

7月28日 市委社会工委书记、市社会办主任宋贵伦参加2016年全市社会建设半年工作座谈会。委办领导张坚、陈建领、王丽竹、王智玲、赵济贵、卢建参加。

7月29日 市委社会工委书记、市社会办主任宋贵伦参加北京市第十届“和谐杯”乒乓球比赛启动仪式。市委社会工委委员、市社会办副主任王智玲参加。

同日 市委社会工委书记、市社会办主任宋贵伦同北京建藏援藏工作者协会负责人座谈。市委社会工委委员、市社会办副巡视员卢建参加。

7月30日 市委社会工委委员、市社会办副主任陈建领参加北京注册会计师、资产评估行业团委举行的第十二届“诚信杯”足球赛决赛暨颁奖仪式。

同日 市委社会工委委员、市社会办副巡视员卢建参加北京红丹丹视障文化服务中心同北京璞至医疗投资公司联合举办的公益签约仪式。

8月

8月1日 市委社会工委委员、市社会办副主任王智玲与北青传媒集团座谈研究“社区风采大赛”有关事宜。

同日 市委社会工委委员、市社会办副巡视员赵济贵与市财政局座谈部门预算工作。

8月2日 市委社会工委书记、市社会办主任宋贵伦与民政部乡镇论坛（《中国社区报》《社区杂志》）杂志社社长、总编辑宋珊萍，中国社区发展协会副会长兼秘书长米有录座谈交流合作事宜。市委社会工委委员、市社会办副巡视员卢建参加。

同日 市委社会工委副书记、市社会办副主任张坚与北京西站地区管委会党组成员、副主任张俊平一行座谈交流社会工作事宜。

同日 市委社会工委委员、市社会办副主任陈建领参加2016年社会工作队伍建设半年工作会并讲话。

同日 市委社会工委委员、市社会办副主任陈建领参加延庆区委组织部考察组来委办考察干部会。

同日 市委社会工委委员、市社会办副主任王智玲参加2016年北京市禁毒工作会议。

同日 市委社会工委委员、市社会办副巡视员卢建到北京市旅游协会调研。

8月3日 市委社会工委书记、市社会办主任宋贵伦主持召开2016年第8次主任办公会议。会议学习传达了市委党的建设工作领导小组会议、全市2016年第四次消防工作联席会议精神，听取了各处室2016年7月份工作完成情况和2016年8月份工作计划的汇报，研究部署了近期重点工作任务。委办领导张坚、陈建领、王智玲、赵济贵、卢建参加。

同日 市委社会工委书记、市社会办主任宋贵伦主持召开2016年第28次工委会议。会议研究了赴贵阳参加“筑城公益汇”活动、建立“北京市社会组织人才交流服务平台”、干部人事工作等有关事宜。委办领导张坚、陈建领、王智玲、赵济贵、卢建参加。

同日 市委社会工委副书记、市社会办副主任张坚同志参加2016年北京市新闻发言人工作会议。

同日 市委社会工委委员、市社会办副主任王智玲参加北京市2016年第四次消防工作联席会暨夏季消防检查工作推进电视电话会。

8月4日 市委第七巡视组组长周京生、副组长庄杰向市委社会工委书记、市社会办主任宋贵伦口头反馈巡视情况。

同日 市委社会工委委员、市社会办副主任陈建领参加全市“两学一做”学习教育督导暨城乡党的建设三级联创调研汇报会。

同日 市委社会工委委员、市社会办副主任王智玲参加全市社会动员和志愿服务工作交流座谈会。

8月5日 市委社会工委委员、市社会办副主任陈建领参加市人才工作领导小组工作推进会。

同日 市委社会工委委员、市社会办副主任王智玲参加市委政法委关于落实中央《首都安全调研报告》专题会议。

同日 市委社会工委委员、市社会办副主任王智玲参加“我居、我管、我快乐”——北京第七届“魅力社区”评选表彰走进朝阳区落地宣传活动。

8月5日至8日 市委社会工委书记、市社会办主任宋贵伦一行赴贵阳参加“筑城公益汇”。委办领导卢建及有关处室负责人、全市“枢纽型”社会组织负责人参加。

8月8日 市委社会工委书记、市社会办主任宋贵伦与市教委主任刘宇辉及团市委、北京城市学院负责人研究利用社会力量办幼儿园事宜。

8月10日 市委社会工委书记、市社会办主任宋贵伦到北京大学参加“2016年北京市社会组织治理创新暨能力提升研修班”（第二期）做专题报告。市委社会工委委员、市社会办副巡视员卢建参加。

同日 市委社会工委书记、市社会办主任宋贵伦接受《中国档案报》记者采访。

同日 市委社会工委委员、市社会办副主任王智玲参加2016年全市社区治理工作交流座谈会。

8月11日 市委社会工委书记、市社会办主任宋贵伦与中国社会工作联合会社区工作委员会座谈。市委社会工委委员、市社会办副主任王智玲参加。

同日 市委社会工委委员、市社会办副巡视员卢建到北京大学参加“2016年北京市社会组织治理创新暨能力提升研修班”（第二期）培训。

8月12日 中央统战部副部长戴均良到京调研新社会阶层统战工作。委办领导宋贵伦、卢建与市委统战部有关领导参加。

同日 市委社会工委书记、市社会办主任宋贵伦与中国下一代教育基金会副理事长沈建国座谈交流推动育幼养老公益事宜发展。

同日 市委社会工委委员、市社会办副主任陈建领参加2016年北京市商务楼宇工作站负责人示范培训班结业式并讲话。

8月16日 市长王安顺主持召开第125次市政府常务会议。市委社会工委书记、市社会办主任宋贵伦参加。

同日 市委社会工委委员、市社会办副巡视员卢建参加“蓝天救援队”工作汇报会。

8月17日 市委社会工委书记、市社会办主任宋贵伦参加北京新经济组织发展研究院第二季度工作例会。

同日 市委社会工委委员、市社会办副巡视员卢建到市市政市容协会调研。

8月18日 市委社会工委书记、市社会办主任宋贵伦接受北京记者关于网格化工作的采访。市委社会工委委员、市社会办副主任王丽竹参加。

同日 市委社会工委委员、市社会办副主任陈建领陪同广西“两新”工委组织的非公企业党务工作者协会调研考察叶青大厦和汉能集团。

同日 市委社会工委委员、市社会办副主任王丽竹参加石景山街道八角街道“八角生活圈”启动仪式并讲话。

同日 市委社会工委委员、市社会办副巡视员卢建参加北京交通运输商会“渣土消纳平台”揭牌仪式。

8月19日 市委社会工委书记、市社会办主任宋贵伦主持召开2016年第29次工委会议。会议传达了中央、市委“两学一做”学习教育座谈会议精神，研究了在社会组织中推荐市青年联合会委员人选、组织观看藏歌乐舞、干部人事等有关事宜。委办领导张坚、陈建领、王丽竹、王智玲、卢建参加。

同日 市委社会工委书记、市社会办主任宋贵伦与《光明日报》国内部主任薛冬、北京记者站站长张景华座谈，并接受记者采访。

同日 市委社会工委委员、市社会办副主任陈建领参加全市“两学一做”学习教育工作推进会。

同日 市委社会工委委员、市社会办副主任王丽竹应东城区之邀与参加区网格化培训班学员座谈交流全市网格化工作。

同日 市委社会工委委员、市社会办副主任王智玲参加市委G20峰会期间首都安保维稳工作研究部署会。

同日 市委社会工委委员、市社会办副主任王智玲参加“我居、我管、我快乐”——北京第七届“魅力社区”评选表彰走进东城区落地宣传活动。

同日 市委社会工委委员、市社会办副巡视员卢建听取市孵化中心“第二届北京社会公益汇”初步方案汇报。

8月20日 市委书记郭金龙围绕“贯彻落实习近平总书记‘七一’重要讲话精神，

扎实推进‘两学一做’学习教育，保持发展党的先进性和纯洁性”主题到顺义区调研。市委社会工委书记、市社会办主任宋贵伦参加。

同日 市委社会工委委员、市社会办副巡视员卢建参加“智天使”夏令营开营仪式。

8月22日 市委社会工委书记、市社会办主任宋贵伦与北京开放大学研究建设社会学院事宜。市委社会工委委员、市社会办副主任陈建领参加。

同日 市委社会工委书记、市社会办主任宋贵伦主持召开专题会，研究贯彻落实中办、国办印发的《关于改革社会组织管理制度 促进社会组织健康有序发展的意见》。委办领导陈建领、卢建参加。

同日 市委社会工委委员、市社会办副主任王丽竹参加第二期社区工作者社会建设信息化示范培训班，并做开班动员讲话。

8月23日 市长王安顺主持召开第126次市政府常务会议。市委社会工委书记、市社会办主任宋贵伦参加。

同日 市委社会工委委员、市社会办副巡视员卢建参加社区社会组织发展碰头会。

8月24日 市委书记郭金龙主持召开十一届市委常委会第227次会议，研究关于全市性行业协会商会与行政机关脱钩党建工作管理体制调整的办法（试行）。市委社会工委书记、市社会办主任宋贵伦参加。

同日 市长王安顺主持召开全市深入推进“放管服”改革电视电话会。市委社会工委书记、市社会办主任宋贵伦，委办领导陈建领、王丽竹、王智玲、赵济贵、卢建参加。

同日 市委社会工委委员、市社会办副主任王丽竹参加第三期社区工作者社会建设信息化示范培训班，并做开班动员讲话。

8月25日 市委社会工委委员、市社会办副主任王丽竹与全国基层党建研究中心、北京先锋社区党建研究中心座谈研究社会领域党建信息化工作。

同日 市委社会工委委员、市社会办副主任王丽竹参加全市关键信息基础设施网络安全检查工作部署会。

同日 市委社会工委委员、市社会办副主任王智玲参加“我居、我管、我快乐”——北京第七届“魅力社区”评选表彰走进石景山区落地宣传活动。

8月26日 市委书记郭金龙主持中央统战工作领导小组第二检查组来京调研检查专题汇报会。市委社会工委书记、市社会办主任宋贵伦参加。

同日 市长王安顺到海淀区志强北园社区调研老旧小区治理工作。副市长王宁，市委社会工委书记、市社会办主任宋贵伦参加。

同日 市委社会工委书记、市社会办主任宋贵伦到亦庄开发区调研社会组织服务工作。市委社会工委委员、市社会办副巡视员卢建陪同调研。

同日 市委社会工委委员、市社会办副主任王丽竹参加空港街道办事处街道管理体制改革评估暨智慧空港调研专家评审会。

同日 市委社会工委委员、市社会办副主任王智玲参加全市基层综治中心规范化建设试点工作部署会。

同日 市委社会工委委员、市社会办副巡视员卢建参加市委社会工委、市社会办主管的社会组织开展“两学一做”学习教育推进会。

同日 市委社会工委委员、市社会办副巡视员卢建听取市孵化中心“第二届北京社会公益汇”工作汇报。

8月27日 市委社会工委书记、市社会办主任宋贵伦调研北京福建企业总商会党建工作。市委社会工委委员、市社会办副主任陈建领陪同调研。

8月28日 市委社会工委委员、市社会办副巡视员卢建参加市慈善义工联合会开展的“守护瑰宝、筑梦长城”文物安全保护志愿服务活动。

8月29日 市委社会工委书记、市社会办主任宋贵伦赴通州区调研社会治理和社会建设工作。市委社会工委委员、市社会办副主任陈建领参加。

同日 市委社会工委书记、市社会办主任宋贵伦参加2016年全市网格化暨社会建设信息化培训班做专题报告。市委社会工委委员、市社会办副主任王丽竹参加。

同日 市委社会工委委员、市社会办副巡视员卢建到北京大学参加“2016年北京市社会组织治理创新暨能力提升研修班”（第三期）开班式。

8月30日 市长王安顺主持召开第127次市政府常务会议。市委社会工委书记、市社会办主任宋贵伦参加。

同日 市委社会工委书记、市社会办主任宋贵伦参加“中央马工程”重点教材《国际共运史》俄文版出版座谈会。

8月31日 全市社会领域“两学一做”学习交流工作推进会召开。市委社会工委书记、市社会办主任宋贵伦出席并讲话。委办领导张坚、陈建领、王丽竹、王智玲、赵济贵、卢建及委办处室负责人，16个区委社会工委、社会办负责人，市级“枢纽型”社会组织党建委办公室负责人，部分非公有制企业党组织负责人参加。

同日 市委社会工委书记、市社会办主任宋贵伦参加市文联培训班并做专题报告。

同日 市委社会工委委员、市社会办副主任王智玲参加G20杭州峰会期间维稳工作会商会。

同日 市委社会工委委员、市社会办副巡视员卢建参加市残疾人联合会“残疾人支持性就业试点”工作总结会。

9月

9月1日 市委社会工委书记、市社会办主任宋贵伦参加2016年全市社会组织治理创新研修班做专题报告。

同日 市委社会工委副书记陈建领参加市直机关“两学一做”学习教育工作推进会。

同日 市委社会工委委员、市社会办副主任王智玲与北京城市广播座谈研究第七届“北京魅力社区”评选表彰活动相关工作。

9月1日至2日 市委社会工委委员、市社会办副巡视员卢建到北京大学参加2016年社会组织治理创新暨能力提升研修班第三期培训学习。

9月2日 市委社会工委书记、市社会办主任宋贵伦参加著名专家、北京师范大学教授张静如遗体告别仪式。

同日 市委社会工委书记、市社会办主任宋贵伦到首都师范大学调研，与校领导研究共建研究院事宜。

同日 市委社会工委书记、市社会办主任宋贵伦到国家行政学院研究合作事宜。市委社会工委副书记陈建领参加。

同日 市委社会工委委员、市社会办副主任王丽竹参加全市网格化培训班第四期专题班结业式并讲话。

同日 市委社会工委委员、市社会办副主任王智玲参加“我居、我管、我快乐”——北京第七届“魅力社区”评选表彰走进海淀区落地宣传活动。

9月5日 市委社会工委书记、市社会办主任宋贵伦参加叶青大厦党委成立十周年庆祝大会并致辞。市委社会工委副书记陈建领参加。

同日 市委社会工委书记、市社会办主任宋贵伦参加委办接收军转干部面试。委办领导张坚、陈建领、王丽竹、王智玲、赵济贵、卢建参加。

同日 市长王安顺主持召开第128次市政府常务会议。市委社会工委书记、市社会办主任宋贵伦参加。

同日 市委社会工委副书记陈建领参加海淀区南部社区党务工作者、专职副书记“两学一做”学习教育活动并讲话。

9月6日 市委社会工委委员、市社会办副主任王丽竹参加2016年市密码工作领导小组暨市电子政务内网建设和管理协调小组会。

同日 市委社会工委委员、市社会办副

主任王智玲到北京市海峡两岸社区发展研究中心座谈研究京台社区发展交流相关工作。

同日 市委社会工委委员、市社会办副主任王智玲与市台办座谈研究京台社区发展交流相关工作。

9月7日 市委社会工委书记、市社会办主任宋贵伦主持召开2016年第9次主任办公会议。会议听取了各处室2016年8月份工作完成情况和2016年9月份工作计划的汇报，研究部署了近期重点工作任务。委办领导张坚、陈建领、王丽竹、王智玲、赵济贵、卢建参加。

同日 市委社会工委书记、市社会办主任宋贵伦主持召开2016年第31次工委会议。会议研究了2016年中共界别提案办理工作、推荐北京市青年联合会第十一届委员会委员、《北京市专业社会工作岗位开发设置研究》课题经费、干部人事工作等有关事宜。委办领导张坚、陈建领、王丽竹、王智玲、赵济贵、卢建参加。

9月8日 市委社会工委书记、市社会办主任宋贵伦主持召开2016年第32次工委会议。会议研究了《市级社会建设专项资金监管办法（试行）》、认定新一批市级“枢纽型”社会组织、第二届“北京社会公益汇”活动等有关事宜。委办领导张坚、陈建领、王丽竹、王智玲、赵济贵、卢建参加。

同日 市委社会工委副书记陈建领参加全市基层党建工作推进会。

同日 市委社会工委副书记陈建领围绕宣传推广全国“四个100”最佳志愿服务项目——“商务楼宇党员志愿服务聚合力‘V+’”，接受中央文明网、首都文明网等媒体采访。

9月9日 市委社会工委书记、市社会办主任宋贵伦与南京市社会建设考察团座谈。市委社会工委副书记陈建领，市委社会工委委员、市社会办副巡视员卢建参加。

同日 市委社会工委副书记陈建领参加北京民办教育协会2016年第十届北京民办教育园丁奖颁奖典礼并讲话。

同日 市委社会工委委员、市社会办副主任王智玲参加全市基层流管站和流管员队伍规范化建设工作电视电话会。

同日 市委社会工委委员、市社会办副主任王智玲参加北京城市广播“一刻钟社区服务圈”访谈节目录制。

9月10日 市委社会工委书记、市社会办主任宋贵伦参加北京建藏援藏工作者协会换届会员代表大会并讲话。市委社会工委委员、市社会办副巡视员卢建参加。

9月12日 市长王安顺主持召开第129次市政府常务会议。市委社会工委书记、市社会办主任宋贵伦参加。

同日 市委社会工委书记、市社会办主任宋贵伦主持召开2016年第33次工委会议。会议研究了委办机关接收安置军转干部确定拟接收人选事宜。

同日 市委社会工委副书记陈建领接待市社团现场评估小组对市社会领域党建研究会的现场评估。

同日 市委社会工委副书记陈建领参加全市非公企业党组织负责人示范培训班分组讨论。

同日 市委社会工委委员、市社会办副主任王丽竹参加市政府第十督导组丰台督导并汇报全市网格化工作进展情况。

同日 市委社会工委委员、市社会办副巡视员卢建参加“第二届北京社会公益汇”筹备协调会。

9月13日 市委社会工委书记、市社会办主任宋贵伦参加全市非公党组织负责人示范培训班并做报告。

同日 市委社会工委副书记陈建领参加2016年北京市专业社工机构第二次工作例会并讲话。

同日 市委社会工委委员、市社会办副巡视员卢建到朝阳“创享空间”调研。

9月14日 市委社会工委书记、市社会办主任宋贵伦为海淀区社区党组织副书记培训班做报告。

同日 市委社会工委书记、市社会办主任宋贵伦参加2016年北京市防汛工作总结电视电话会议。

9月18日 市委社会工委书记、市社会办主任宋贵伦参加市委第七巡视组向市委社会工委、市社会办主要负责人反馈巡视情况会议并做表态发言。市委第七巡视组组长周京生主持会议并讲话。市委第七巡视组副组长周秀惠、庄杰，市巡视办巡视专员崔淑芬参加会议。

同日 市委社会工委书记、市社会办主任宋贵伦参加市委第七巡视组专项巡视市委社会工委、市社会办情况反馈会并做表态发言。市委第七巡视组组长周京生反馈巡视情况。市委第七巡视组副组长周秀惠、庄杰及巡视组有关同志，市巡视办巡视专员崔淑芬，委办领导张坚、陈建领、王丽竹、王智玲、赵济贵、卢建，机关副处级以上干部及事业单位负责人参加会议。

同日 市委社会工委书记、市社会办主任宋贵伦主持召开2016年第34次工委（扩大）会议。会议研究了对市委专项巡视反馈意见进行整改等事宜。

同日 市委社会工委书记、市社会办主任宋贵伦参加北京抗癌乐园抗癌明星五整生日大会并讲话。

同日 市委社会工委副书记陈建领参加市委第七巡视组向市委社会工委、市社会办反馈选人用人专项检查情况会议并做表态发言。市委第七巡视组副组长庄杰主持会议并反馈选人用人专项检查情况。市委组织部、市委第七巡视组有关同志，委办有关处室负责人参加会议。

同日 市委社会工委副书记陈建领带队赴市人力社保局就探索优秀社区书记、居委会主任实行调任制和事业编问题进行座谈。市人力社保局巡视员杨晋京参加座谈。

9月19日 市委社会工委书记、市社会办主任宋贵伦参加贵阳大数据中心专题访谈会。市委社会工委委员、市社会办副巡视员卢建参加。

同日 市委社会工委副书记陈建领参加石景山区社会领域“两学一做”学习教育推进会并讲话。

同日 市委社会工委副书记陈建领参加海淀区2016年度非公党建骨干培训活动并讲话。

同日 市委社会工委委员、市社会办副主任王丽竹参加全市网格化培训班第五期专题班开班式并讲话。

同日 市委社会工委委员、市社会办副主任王智玲参加2016年北京社会科学普及周开幕式及首日活动。

9月20日 市委社会工委书记、市社会办主任宋贵伦与北京建藏援藏工作者协会领导座谈。市委社会工委副书记陈建领参加。

同日 市委副书记苟仲文主持召开会议，传达中央、市委关于加强党委中心组学习工作有关会议精神。市委社会工委书记、市社会办主任宋贵伦参加。

同日 市委社会工委副书记陈建领参加北京市全国统战工作实践创新经验推广工作部署会并讲话。

同日 市委社会工委委员、市社会办副巡视员卢建到农展馆多方协同勘察“第二届北京社会公益汇”场地。

9月21日 市委社会工委、市社会办参加市纪委派驻纪检组与委办领导班子见面会。委办领导张坚、陈建领、王丽竹、王智玲、赵济贵、卢建参加。

同日 市委社会工委副书记张坚参加全市社会企业发展专题调研专家座谈会。

同日 市委社会工委委员、市社会办副主任王丽竹参加《网格化社会服务管理信息系统技术规范》北京市地方标准审查会专家会。

同日 市委社会工委委员、市社会办副主任王智玲参加第七届“北京魅力社区”投票评选准备会。

同日 市委社会工委委员、市社会办副巡视员卢建参加全市社会组织工作第三季度例会。

9月22日 市委社会工委委员、市社会办副主任王智玲与北京冬奥组委新闻宣传部副部长赵卫座谈研究《2016—2022年冬奥会和冬残奥会社会文化活动计划》。

同日 市委社会工委委员、市社会办副巡视员卢建到市农民合作社联合会调研。

9月23日 市委社会工委书记、市社会办主任宋贵伦参加机关“两学一做”学习教育支部学习交流会。委办领导陈建领、王丽竹、赵济贵、卢建参加。

同日 市委社会工委委员、市社会办副主任王丽竹参加全市网格化培训班第五期专题班结业式并讲话。

同日 市委社会工委委员、市社会办副主任王智玲参加第七届“北京魅力社区”“100进30”投票评选会。

同日 市委社会工委委员、市社会办副巡视员卢建参加“第二届北京社会公益汇”预算核查碰头会。

9月25日 市委社会工委委员、市社会办副主任王智玲参加2016年朝阳区“做最美社工，建魅力社区”社区工作者运动会。

9月26日 市委书记郭金龙主持召开区委书记会议，部署国庆节期间首都维护稳定、城市运行保障、安全生产、环境布置等有关工作。市委社会工委书记、市社会办主任宋贵伦参加。

同日 市委社会工委委员、市社会办副主任王丽竹参加全市网格化培训班第六期专题班开班式并讲话。

9月26日至28日 市委社会工委书记、市社会办主任宋贵伦参加第七届全国部分省市社会建设（上海）年会，并做主题发言。市委社会工委副书记张坚，市委社会工委委员、市社会办副主任王智玲一同参加。

9月27日 市长王安顺主持召开第130次市政府常务会议。市委社会工委委员、市社会办副主任王丽竹参加。

同日 市委社会工委副书记陈建领参加落实全市基层党建七项重点任务工作座谈会。

同日 市委社会工委委员、市社会办副主任王丽竹参加第四季度全市公共安全形势分析会议。

同日 市委社会工委委员、市社会办副巡视员卢建参加市农民专业合作社联合会“农产品进社区”活动。

9月28日 市委社会工委委员、市社会办副巡视员卢建参加“第二届北京市社会公益汇”预算审核会。

9月29日 市委社会工委书记、市社会办主任宋贵伦主持召开2016年第35次工委会议。会议研究了委办巡视工作整改方案、与开放大学合作共建北京社会建设研究基地、“2016北京榜样”9月份推荐候选人等有关事宜。委办领导张坚、陈建领、王丽竹、王智玲、赵济贵、卢建参加。

同日 市委社会工委书记、市社会办主任宋贵伦参加市委市政府理论学习中心组学习（扩大）会议。委办领导张坚、陈建领、王丽竹、王智玲、赵济贵参加。

同日 市委社会工委委员、市社会办副主任王丽竹参加委办赴台团组行前部署会。

9月30日 市委社会工委委员、市社会办副主任王丽竹参加全市网格化培训班第六期专题班结业式并讲话。

10月

10月8日 市委社会工委书记、市社会办主任宋贵伦主持召开2016年第10次主任办公会议。会议学习传达了市委办公厅转发的《中共中央宣传部关于湖北省委严肃处理恩施州委、利川市委中心组学习突出问题的通报》、全市党委中心组学习经验交流会议精神，听取了各处室2016年9月份工作完成情况和2016年10月份工作计划的汇报，研究部署了近期重点工作任务。委办领导张坚、陈建领、王丽竹、王智玲、赵济贵、卢建，市纪检组副组长吴君楚及委办副处级以上干部参加。

同日 市委社会工委书记、市社会办主任宋贵伦主持召开与市委派驻纪检组见面会。市委决定，市委派驻市委组织部纪检组同时联系市委社会工委、市社会办等单位。纪检组长孟振全讲话，委办领导张坚、陈建领、王丽竹、王智玲、赵济贵、卢建及处以上干部和该纪检组成员参加会议。

同日 市委社会工委委员、市社会办副巡视员卢建主持召开第二届“北京社会公益汇”预算审查会。

10月9日 市长王安顺主持召开第131次市政府常务会议。市委社会工委书记、市社会办主任宋贵伦参加。

同日 市委社会工委书记、市社会办主任宋贵伦参加2016年北京市第四届老年节开幕式。

同日 市委社会工委副书记陈建领参加“2016京津冀社区养老服务模式专题研讨会”并致辞。

同日 市委社会工委委员、市社会办副巡视员卢建主持召开第二届“北京社会公益汇”推进布置会、参展机构审定会。

10月10日至24日 市委社会工委、市社会办，北京市对口支援和经济合作工作领导小组办公室，北京市经济管理职业学院联合举办2016年新疆兵团第十四师社区管理综合提高培训班。新疆兵团第十四师机关相关部门副处级以下干部、团场分管社区管理的副团级干部等28人参加培训。委办领导宋贵伦、陈建领、王丽竹、王智玲、卢建为培训班学员授课。

10月10日至11日 市委社会工委委员、市社会办副主任王智玲参加全国社会治安综合治理创新工作电视电话会议。

10月11日 市委社会工委副书记张坚到海淀区羊坊店街道铁西社区调研。

同日 市委社会工委委员、市社会办副主任王丽竹与中国社会工作联合会社区服务业工作委员会座谈研究社区移动终端物联项目。

同日 市委社会工委委员、市社会办副巡视员卢建主持召开第二届“北京社会公益汇”协调推进会。

10月12日 市委社会工委书记、市社会办主任宋贵伦主持召开第36次工委会议。会议研究了在全市社会领域组织开展纪念红军长征胜利80周年群众性主题教育活动、与国家行政学院联合培养社会工作硕士专业学位研究生、2016年新疆兵团第十四师社区管理综合提高培训班、干部人事工作等事宜。委办领导张坚、陈建领、王丽竹、王智玲、赵济贵、卢建及市纪委派驻纪检组有关人员参加。

同日 市委社会工委副书记陈建领参加北京市青年联合会第十一届委员会第一次全体会议和北京市学生联合会第十二次代表大会。

同日 市委社会工委委员、市社会办副主任王智玲参加市友协赴日考察交流团组行前会。

同日 市委社会工委委员、市社会办副主任王智玲为2016年新疆兵团第十四师社区管理综合提高培训班学员授课。

同日 市委社会工委委员、市社会办副巡视员卢建主持召开第二届“北京社会公益汇”协调推进会。

10月12日至13日 市委社会工委委员、市社会办副主任王丽竹与同方知网公司研究网格化E通车项目。

10月13日 市委社会工委书记、市社会办主任宋贵伦主持召开研究预算工作专题会。委办领导陈建领、王丽竹、王智玲、卢建参加。

同日 市委社会工委委员、市社会办副巡视员赵济贵参加审计整改布置会。

同日 市委社会工委委员、市社会办副巡视员卢建参加新疆培训班有关活动。

同日 市委社会工委委员、市社会办副巡视员卢建主持召开第二届“北京社会公益汇”参展机构说明见面会。

10月14日 市委社会工委书记、市社会办主任宋贵伦参加市委党的建设工作领导小组成员工作会议。

同日 市委社会工委副书记陈建领主持召开市委专项巡视整改报告起草组会议。

同日 市委社会工委委员、市社会办副

巡视员卢建参加第二届“北京社会公益汇”媒体见面会。

同日 市委社会工委委员、市社会办副巡视员卢建主持召开第二届“北京社会公益汇”协调推进会。

10月15日 市委社会工委委员、市社会办副巡视员卢建参加莆田商会换届会议。

10月17日 市委社会工委委员、市社会办副主任王丽竹为2016年新疆兵团第十四师社区管理综合提高培训班授课。

同日 市委社会工委委员、市社会办副巡视员卢建主持召开第二届“北京社会公益汇”协调会。

10月17日至21日 市委社会工委委员、市社会办副主任王智玲随市友协赴日本考察社区建设与社区养老工作。

10月17日至22日 委办组织北京社会建设研究基地专家为中国科学院大学生研究生讲授“社会建设”专题课。委办领导宋贵伦等授课。

10月18日 市长王安顺主持召开第132次市政府常务会议。市委社会工委书记、市社会办主任宋贵伦参加。

同日 市委社会工委书记、市社会办主任宋贵伦主持召开市委专项巡视整改工作专题会。听取研究室（政策法规处）、综合处（宣传处、网格化工作协调处）、北京社会心理研究所整改情况汇报，研究有关工作。委办领导张坚、王丽竹参加。

同日 市委社会工委副书记陈建领参加“京粤南北社会工作交流研讨会”并致辞。

同日 市委社会工委副书记陈建领参加石景山区统战基层示范点授牌暨“两新”组织纪念中国工农红军长征胜利80周年教学性汇报演出。

同日 市委社会工委委员、市社会办副巡视员卢建主持召开第二届“北京社会公益汇”协调会。

10月19日 市委社会工委书记、市社会办主任宋贵伦主持召开全市非公有制经济组织和社会组织党建工作联席会议。市委组织部副部长张革，市委社会工委副书记陈建领，27家成员单位主管领导及处室负责人参加。

同日 市委社会工委书记、市社会办主任宋贵伦参加市反腐倡廉建设领导小组办公室会议。

同日 市委社会工委副书记张坚参加北京市党委中心组学习经验交流会。

同日 市委社会工委委员、市社会办副巡视员赵济贵参加市纪委驻市委组织部纪检组2016年第三次联席会议，并汇报委办2016年上半年落实党风廉政建设“两个责任”情况。

同日 市委社会工委委员、市社会办副巡视员卢建主持召开第二届“北京社会公益汇”现场分工会、展前动员会。

10月20日 市委社会工委书记、市社会办主任宋贵伦主持召开市委专项巡视整改工作专题会。听取党建工作处、社会工作队伍建设处（人事处）、机关党委（工会）巡视整改进展情况汇报。市委社会工委副书记陈建领参加。

同日 市委社会工委书记、市社会办主任宋贵伦参加与市财政局工作对接会。市委社会工委委员、市社会办副巡视员赵济贵参加。

同日 市委社会工委书记、市社会办主任宋贵伦主持召开市委专项巡视整改工作专题会。听取办公室巡视整改进展情况汇报。市委社会工委委员、市社会办副巡视员赵济贵参加。

同日 市委社会工委委员、市社会办副主任王丽竹参加2016年“爱心成就未来”慈善助学款发放仪式。

同日 市委社会工委副书记张坚参加社会企业发展座谈会。

同日 市委社会工委书记、市社会办主任宋贵伦主持召开市委专项巡视整改工作专题会。听取办公室巡视整改进展情况汇报，研究有关工作。市委社会工委委员、市社会办副巡视员赵济贵参加。

同日 市委社会工委委员、市社会办副

主任王丽竹参加市维护稳定工作领导小组扩大会议。

同日 市委社会工委委员、市社会办副主任王丽竹参加国际合作高峰论坛社会治安和安全保卫组第一次会议。

同日 市委社会工委委员、市社会办副巡视员卢建到全国农业展览馆第二届“北京市社会公益汇”现场进行实地勘察。

10月21日 市委社会工委书记、市社会办主任宋贵伦出席北京市第二届社会公益汇。委办领导张坚、陈建领、卢建参加。

同日 市委社会工委书记、市社会办主任宋贵伦出席北京新经济组织发展研究院协调组织的中国瑞华会计师事务所与日本太阳经济会进行战略合作签字仪式并讲话。市委社会工委副书记陈建领参加。

同日 市委社会工委委员、市社会办副主任王丽竹参加朝阳社区学院老年教育国际论坛。

10月21日至23日 市委社会工委委员、市社会办副巡视员卢建到全国农业展览馆参加第二届“北京市社会公益汇”。

10月22日 市委社会工委书记、市社会办主任宋贵伦参加全市党校工作会议。委办领导陈建领一同参加。

同日 王宁副市长参观第二届北京社会公益汇。委办领导张坚、卢建陪同。

同日 市委社会工委委员、市社会办副主任王智玲参加北京市第十届“和谐杯”乒乓球总决赛暨总结表彰大会。

10月23日至29日 市委社会工委委员、市社会办副主任王丽竹赴台湾进行社区建设、社会心理工作考察交流活动。

10月24日 市委社会工委书记、市社会办主任宋贵伦与市编办有关领导座谈研究《北京市“十三五”时期社会治理规划》修改完善事宜。市委社会工委副书记张坚参加。

同日 市委社会工委书记、市社会办主任宋贵伦与深圳市委政法委（市社会工作委员会）考察团交流社会建设工作。市委社会工委副书记张坚参加。

同日 市委社会工委副书记陈建领观看国家大剧院原创歌剧《长征》。

同日 市委社会工委委员、市社会办副主任王智玲参加2016年北京市预防煤气中毒电视电话会议。

同日 市委社会工委委员、市社会办副巡视员卢建参加市建筑装饰协会“暖家进社区”公益活动。

10月25日 市委社会工委书记、市社会办主任宋贵伦参加南京市“2016社会建设与发展”研讨会并做主旨发言。

同日 市委社会工委副书记陈建领参加全市社会领域党建工作例会并讲话。

同日 市委社会工委委员、市社会办副主任王智玲参加全市生态文明体制改革专项小组全体会议。

10月26日 市委社会工委书记、市社会办主任宋贵伦赴无锡市学习考察社会组织和志愿服务工作。

同日 市委社会工委委员、市社会办副巡视员卢建参加市残联调研活动。

10月27日 市委社会工委书记、市社会办主任宋贵伦主持召开第37次工委会议。会议研究了2016年社会动员暨志愿服务工作交流会、2016年社会领域志愿服务工作专题培训、2016年全市入职社区工作者培训、干部人事工作等事宜。委办领导陈建领、王智玲、赵济贵、卢建及市纪委派驻纪检组有关人员参加。

同日 市委社会工委书记、市社会办主任宋贵伦参加公安部直属党校处级党员干部进修班并做社会管理专题报告。

同日 市委社会工委副书记张坚参加北京市第十二届全民终身学习活动周开幕式。

10月28日 市委社会工委委员、市社会办副主任王智玲参加京台社区交流座谈会。

同日 市委社会工委委员、市社会办副巡视员卢建参加京津冀社会组织发展论坛。

10月29日 市委社会工委副书记张坚参加“由心而治——社会心理与社会治理论坛”并讲话。

10月31日 市委社会工委书记、市社会办主任宋贵伦主持北京市社会领域学习贯彻党的十八届六中全会精神报告会。邀请中纪委驻中国科学院纪检组原组长王庭大做辅导报告。委办领导张坚、陈建领、王智玲、赵济贵、卢建参加。

10月31日至11月1日 市委社会工委书记、市社会办主任宋贵伦参加十一届市委常委会第238次会议（扩大），传达学习党的十八届六中全会精神。

10月31日至11月4日 北京市创新社会治理专题研讨班举办。委办领导宋贵伦、张坚、陈建领、王智玲、赵济贵、卢建参加开班式、结业式和小组讨论。

10月31日至11月4日 北京市社会工作队伍人才高级研修班举办。

10月31日至11月4日 北京市社会工作督导人才第二期培训班举办。

11月

11月1日 代市长蔡奇主持召开市政府第五次全体会议。市委社会工委书记、市社会办主任宋贵伦参加。

同日 市委社会工委委员、市社会办副巡视员卢建同北京知诚中小企业财税与金融服务促进会座谈“北京社会组织‘众扶’平台”建设事宜。

11月2日 市委书记郭金龙主持召开十一届市委常委会第239次会议。市委社会工委书记、市社会办主任宋贵伦参加。

同日 市委社会工委副书记陈建领参加“2016年北京市创新社会治理专题研讨班”并传达党的十八届六中全会文件精神。

同日 市委社会工委委员、市社会办副主任王智玲参加市政府组织召开的2016—2017年度供热保障和扫雪铲冰工作动员部署会。

同日 市委社会工委委员、市社会办副巡视员赵济贵参加“2016年北京市创新社会治理专题研讨班”并做报告。

同日 市委社会工委委员、市社会办副巡视员卢建主持召开第二届“北京社会公益汇”工作总结会。

11月3日 市委社会工委书记、市社会办主任宋贵伦主持召开2016年第38次工委会议。会议研究了2016年全市社区建设工作培训交流会、推荐基层宣传思想文化创新案例、干部人事工作等事宜。委办领导张坚、陈建领、王丽竹、王智玲、赵济贵、卢建参加。

同日 市委社会工委书记、市社会办主任宋贵伦主持召开2016年第11次主任办公会议。会议学习传达了市委常委会、市政府第五次全体会议精神，听取了各处室2016年10月份工作完成情况和2016年11月份工作计划的汇报，研究部署了近期重点工作任务。委办领导张坚、陈建领、王丽竹、王智玲、赵济贵、卢建参加。

同日 市委社会工委副书记张坚带队到市法学会调研指导2016年购买社会组织服务项目启动实施情况。

同日 市委社会工委副书记陈建领与2016年委办新任副处长（主任）、副调研员进行任职前谈话。

11月4日 市委社会工委书记、市社会办主任宋贵伦参加“2016年北京市创新社会治理专题研讨班”并做报告。委办领导张坚、陈建领、王智玲、赵济贵、卢建参加分组讨论。

同日 市委社会工委书记、市社会办主任宋贵伦参加市委党建研究会学习党的十八届六中全会精神座谈会。

同日 市委社会工委副书记陈建领参加中关村社会组织联合会举办的科技型社会组织党建培训班并讲话。

11月6日 市委社会工委书记、市社会办主任宋贵伦参加中央第十一巡视组对北京市巡视“回头看”工作动员会。

11月7日至9日 市委社会工委委员、市社会办副主任王智玲参加2016年社会动员暨志愿服务工作培训交流会。

11月8日 代市长蔡奇主持召开第133次市政府常务会议。市委社会工委书记、市社会办主任宋贵伦参加。

同日 市委社会工委委员、市社会办副巡视员卢建参加朝阳区企业公益联盟启动式暨企业家年会。

11月9日 市委社会工委副书记张坚参加“北京市学习宣传贯彻党的十八届六中全会精神宣讲活动启动会”。

同日 市委社会工委委员、市社会办副巡视员卢建参加朝阳区“社区创享计划成果展示会”。

11月10日 市委社会工委副书记陈建领参加房山区非公企业党组负责人培训班并授课。

同日 市委社会工委副书记陈建领调研密云区非公经济组织、社会组织党建工作“百日推进工程”推进和社会领域党建工作“点、线、面工程”完成情况。

同日 市委社会工委委员、市社会办副主任王丽竹与通州区委社会工委、区社会办领导就网格化工作进行座谈交流。

11月11日 市委社会工委书记、市社会办主任宋贵伦参加委办与首都经济贸易大学联合主办的“2016城市国际化论坛”并致辞。市委社会工委委员、市社会办副巡视员卢建参加并做主题发言。

同日 市委社会工委委员、市社会办副主任王丽竹与大兴区网格办负责人进行座谈。

同日 市委社会工委委员、市社会办副主任王丽竹应邀到怀柔区座谈交流网格化工作。

11月13日至14日 市委社会工委书记、市社会办主任宋贵伦出席中共北京市第十一届委员会第十一次全体会议。

11月14日 市委社会工委副书记陈建领赴新华网参加第五届（2016）“寻找首都最美社工”专题访谈。

同日 市委社会工委委员、市社会办副主任王丽竹参加北京市第二批选派村党组织第一书记动员部署会。

11月15日 代市长蔡奇主持召开第134次市政府常务会议。市委社会工委书记、市社会办主任宋贵伦参加。

同日 市委社会工委书记、市社会办主任宋贵伦参加北京市东城区人大代表选举。委办领导张坚、陈建领、王丽竹、王智玲、赵济贵、卢建以及委办机关干部职工参加。

同日 市委社会工委书记、市社会办主任宋贵伦主持召开2016年第39次工委会议。会议研究了巡视反馈意见整改情况报告、筹备成立北京市社会组织党的建设研究会、社会心理服务促进中心车改方案等事宜。委办领导张坚、陈建领、王丽竹、王智玲、赵济贵、卢建参加。

同日 市委社会工委副书记张坚到朝阳区垡头街道建工双合家园社区调研。

同日 市委社会工委副书记陈建领参加2016年北京市妇联系统专业社会工作研修班开班式并讲话。

同日 市委社会工委副书记陈建领赴平谷区、怀柔区就社区工作者工资待遇调整落实、加强社会领域党建工作进行调研。

同日 市委社会工委委员、市社会办副主任王丽竹参加工委会。

11月16日 市委社会工委书记、市社会办主任宋贵伦主持召开委办全体工作人员大会，学习党的十八届六中全会精神。会议传达了市委十一届十一次全会精神。邀请市委宣讲团成员，市纪委常委、市监察局副局长杨小兵为全体机关干部做学习贯彻党的十八届六中全会精神宣讲报告。委办领导张坚、陈建领、王丽竹、王智玲、赵济贵、卢建以及全体党员干部参加。

同日 市委社会工委委员、市社会办副主任王丽竹陪同市人大代表赴通州区视察社会建设工作。

11月17日 市委社会工委书记、市社会办主任宋贵伦出席北京市新经济组织党建研究会成立大会暨学习党的十八届六中全会精神座谈会并讲话。委办领导陈建领、王丽竹参加。

同日 市委社会工委书记、市社会办主任宋贵伦参加市委市政府理论中心组学习（扩大）会。委办领导张坚、陈建领、王丽竹、王智玲、赵济贵参加。

同日 市委社会工委副书记张坚主持召开社会心理服务促进中心双周工作会。

同日 市委社会工委委员、市社会办副巡视员卢建参加新认定的市级“枢纽型”社会组织工作座谈交流会。

11月18日 市委社会工委委员、市社会办副主任王智玲参加全市扫雪铲冰应急动员电视电话会议。

同日 市委社会工委委员、市社会办副巡视员卢建参加“北京社会组织‘众扶’平台”成果论证会。

11月19日 市委社会工委书记、市社会办主任宋贵伦参加市文联“习近平用典——践行社会主义核心价值观国风书画作品联展”。

11月19日至25日 市委社会工委副书记陈建领赴台考察调研社区社会组织工作。

11月20日 市委社会工委书记、市社会办主任宋贵伦参加市委换届考察谈话。

11月21日 市委社会工委委员、市社会办副主任王丽竹参加信息中心党支部党员大会。

同日 市委社会工委委员、市社会办副巡视员卢建参加“全市社会组织党组织负责人示范培训班”开班式并做动员讲话。

11月21日至25日 市委社会工委书记、市社会办主任宋贵伦参加全市局级领导干部“学习贯彻党的十八届六中全会精神”专题研讨班。

11月22日 市委社会工委书记、市社会办主任宋贵伦出席《北京市“十三五”时期社会治理规划》新闻发布会并答记者问。

11月23日 市委社会工委副书记张坚出席第四季度社情民意调查专家研讨会。

同日 市委社会工委委员、市社会办副巡视员卢建参加2016年度全市社会组织党组织负责人示范班并主持学习党的十八届六中全会精神报告会。

11月24日 市委社会工委书记、市社会办主任宋贵伦参加市人大常委会第31次会议，并回答了委员、代表关于老旧小区自我服务管理提案办理情况相关问题。

同日 市委社会工委副书记张坚主持召开北京市社会心理工作联合会第一届十次理事会。

同日 市委社会工委委员、市社会办副巡视员卢建参加顺义区“石园街道社区社会组织（孵化）服务中心”揭牌仪式。

11月25日 市委社会工委书记、市社会办主任宋贵伦与市委第七巡视组沟通巡视整改报告修改有关情况。

同日 市委社会工委副书记张坚带队到朝阳区调研指导2016年购买社会组织服务项目启动实施情况。

同日 市委社会工委委员、市社会办副巡视员卢建参加“全市社会组织党组织负责人示范培训班”结班式并做总结讲话。

11月26日 市委社会工委书记、市社会办主任宋贵伦出席北京青少年社会工作研究院成立暨共建北京社会建设研究基地揭牌仪式并致辞。市委社会工委副书记陈建领参加座谈。

同日 市委社会工委书记、市社会办主任出席《北京市“十三五”时期社会治理规划》贯彻实施座谈会。市委社会工委副书记张坚参加。

11月28日 市委社会工委书记、市社会办主任宋贵伦参加市委民族宗教工作会议。

同日 市委社会工委委员、市社会办副巡视员卢建参加北京蓝天救援队2016年培训动员会。

11月28日至12月2日 市委社会工委副书记张坚、陈建领参加全市局级领导干部“学习贯彻党的十八届六中全会精神”专题研讨班。

11月29日 代市长蔡奇主持召开第135次市政府常务会议。市委社会工委书记、市社会办主任宋贵伦参加。

11月30日 市委社会工委委员、市社会办副巡视员卢建参加北京市人力资源服务行业协会主办的“2016人力资源服务战略发展大会”。

同日 市委社会工委委员、市社会办副

巡视员卢建到北京中小企业促进会调研工作。

12月

12月1日 市委书记郭金龙主持召开十一届市委常委会第247次会议。听取关于市总工会、团市委、工会改革方案汇报。市委社会工委书记、市社会办主任宋贵伦参加。

同日 市委社会工委委员、市社会办副巡视员卢建参加“第29个世界艾滋病日大型公益会”。

12月2日 市委社会工委委员、市社会办副主任王智玲参加西城区举办的2016年京台社区传统文化大讲堂活动。

同日 市委社会工委委员、市社会办副巡视员卢建与中关村京企云梯科技创新联盟进行座谈交流。

12月5日 副市长王宁主持召开的《政府工作报告》征求意见会。市委社会工委书记、市社会办主任宋贵伦参加。

同日 市委社会工委书记、市社会办主任宋贵伦出席市委党校委托培养在职研究生签约仪式。市委社会工委副书记陈建领参加。

12月6日 市委社会工委书记、市社会办主任宋贵伦参加中央巡视组“回头看”调研座谈。委办领导张坚、陈建领、王丽竹、王智玲、赵济贵、卢建参加。

同日 市委社会工委委员、市社会办副主任王智玲参加首都综治办召开的首都社会治理创新专题调研工作部署会。

12月7日 代市长蔡奇主持召开第136次市政府常务会议。市委社会工委书记、市社会办主任宋贵伦参加。

同日 市委社会工委书记、市社会办主任宋贵伦参加市委全体（扩大）会议。

同日 市委社会工委书记、市社会办主任宋贵伦主持召开2016年第12次主任办公会议（扩大）。会议学习传达了全市宗教工作会议精神和市委办公厅《关于深刻汲取吕锡文严重违纪违法案件教训，进一步深入学习贯彻党的十八届六中全会精神的通知》精神，听取了各处室2016年11月份工作完成情况和2016年12月份工作计划的汇报，研究部署了近期重点工作任务。委办领导张坚、陈建领、王丽竹、王智玲、赵济贵、卢建及市委派驻纪检组有关人员参加会议。

同日 市委社会工委书记、市社会办主任宋贵伦主持召开2016年第40次工委会议。

同日 市委社会工委委员、市社会办副主任王智玲参加首都综治办召开的2016年度中央综治考评工作部署会。

同日 市委社会工委委员、市社会办副巡视员卢建参加市美容美发行业协会成立30周年大会。

12月8日 市委社会工委副书记陈建领调研中关村社会组织联合会党建工作。

同日 市委社会工委副书记陈建领参加全市专业社工机构第三次工作例会并讲话。

同日 市委社会工委委员、市社会办副巡视员卢建参加北京市境外非政府组织管理工作协调小组第一次全体会议。

12月9日 市委社会工委书记、市社会办主任宋贵伦参加十四届人大五次会前市人大代表与市政府负责同志专题座谈会。

同日 市委社会工委副书记张坚带队到丰台区调研指导2016年购买社会组织服务项目启动实施情况。

同日 市委社会工委副书记陈建领调研国华置业非公企业党建工作。

同日 市委社会工委副书记陈建领参加全市社工队伍建设经验观摩会并讲话。

同日 市委社会工委委员、市社会办副主任王智玲与北京城市广播研究第七届“北京魅力社区”颁奖典礼活动准备工作。

同日 市委社会工委委员、市社会办副主任王智玲参加市高院召开的北京法院诉调对接工作座谈会。

同日 市委社会工委委员、市社会办副巡视员卢建参加市财政局预算绩效前评审会。

12月10日 市委社会工委副书记张坚

参加北京交通大学社会建设研究院“诚信交通与法治社会建设”论坛并做主旨发言。

12月12日 市委社会工委书记、市社会办主任宋贵伦参加团市委社区青年汇总干事培训班并做讲话。

同日 市委社会工委副书记陈建领参加委办全体处级干部学习贯彻党的十八届六中全会精神专题培训班开班仪式并讲话。

同日 市委社会工委委员、市社会办副主任王丽竹与同方研究网格化E通车项目。

12月13日 市委社会工委书记、市社会办主任宋贵伦出席“2016年（第二届）社会治理创新·西城论坛暨街道蓝皮书发布会”并致辞。

同日 市委社会工委副书记张坚参加社会心态研究框架及核心指标研究项目专家座谈会。

同日 市委社会工委委员、市社会办副主任王智玲参加全市老旧小区自我服务管理试点和“一刻钟社区服务圈”建设工作专题会。

12月14日 市委社会工委书记、市社会办主任宋贵伦到市老干部党校做社会治理专题报告。

同日 市委社会工委副书记陈建领参加市委常委、组织部长姜志刚《深入学习贯彻党的十八届六中全会精神 以首善标准开创首都工作新局面》专题报告会。

12月14日至15日 市委社会工委书记、市社会办主任宋贵伦参加中纪委考察组到市委社会工委、市社会办考察委办推荐干部认座谈会。委办领导张坚、陈建领、王智玲、赵济贵参加考察谈话。

12月15日 市委社会工委书记、市社会办主任宋贵伦参加全市非公有制企业和社会组织党组织和党的工作覆盖“百日推进工程”督导座谈会并讲话。市委社会工委副书记陈建领参加。

同日 市委社会工委委员、市社会办副主任王智玲与北京城市广播研究第七届“北京魅力社区”颁奖典礼活动准备工作。

同日 市委社会工委委员、市社会办副主任王智玲参加北京市冰雪运动发展联席会议第一次全体会议。

同日 市委社会工委委员、市社会办副巡视员卢建参加朝阳区“京津冀一体化环保组织交流活动”启动式。

12月16日 市委社会工委书记、市社会办主任宋贵伦参加中关村标准化协会成立大会。

同日 市委社会工委书记、市社会办主任宋贵伦参加中央巡视组调研座谈会。

同日 市委社会工委、市社会办举行体处级干部学习贯彻党的十八届六中全会精神专题培训班结业式。委办领导张坚、陈建领、王丽竹、王智玲、赵济贵参加。

同日 市委社会工委副书记陈建领与中国社会工作联合会副秘书长、《公益时报》社总编辑赵冠军进行座谈，研究2017年国际社工日纪念活动有关工作。

同日 市委社会工委委员、市社会办副巡视员卢建参加“市区街三级社会组织孵化机构负责人”培训班。

12月17日 市委书记郭金龙主持召开十一届市委常委会第250次会议（扩大），传达学习了中央经济工作会议精神。市委社会工委书记、市社会办主任宋贵伦参加。

同日 市委社会工委书记、市社会办主任宋贵伦参加海淀区第十六届人民代表大会第一次会议市、区代表座谈会。

12月18日 市委社会工委书记、市社会办主任宋贵伦出席北京师范大学中国社会管理研究院咨询委员会第七次会议并发言。

同日 市委社会工委书记、市社会办主任宋贵伦出席北京师范大学首届城市文化发展高峰论坛并致辞。

同日 市委社会工委书记、市社会办主任宋贵伦参加第七届“北京魅力社区”评选表彰颁奖活动。市委社会工委委员、市社会办副主任王智玲参加。

同日 市委社会工委副书记陈建领参加北京广西企业商会成立十周年纪念活动。

12月19日 市委社会工委书记、市社会办主任宋贵伦主持召开工委会。

同日 市委社会工委委员、市社会办副巡视员卢建参加委办中央经济工作会议精神传达会。

12月20日 代市长蔡奇主持召开第137次市政府常务会议。市委社会工委书记、市社会办主任宋贵伦参加。

同日 市委社会工委书记、市社会办主任宋贵伦听取北京知诚中小企业财税与金融服务促进会汇报“北京社会组织‘众扶’平台”建设事宜。市委社会工委委员、市社会办副巡视员卢建参加。

同日 市委社会工委委员、市社会办副主任王丽竹参加首都互联网协会第四届会员大会暨第四届理事会第一次会议。

同日 市委社会工委委员、市社会办副巡视员卢建参加市孵化中心工作务虚会暨搬迁动员会。

12月21日 市委书记郭金龙主持召开十一届市委常委会第252次会议。会议研究了《北京市2016—2020年基层党建基础保障工作规划》事宜。市委社会工委书记、市社会办主任宋贵伦参加。

同日 市委社会工委书记、市社会办主任宋贵伦主持召开2016年第41次工委会议。会议研究了党风廉政建设主体责任制全程记录、党费收缴办法等事宜。委办领导张坚、陈建领、王丽竹、王智玲、赵济贵、卢建参加。

同日 市委社会工委委员、市社会办副主任王丽竹参加市妇联十三届四次执委扩大会议。

同日 市委社会工委委员、市社会办副巡视员卢建参加市委政法委“加强社会治理创新 促进首都社会安全”汇报会。

12月22日 市委社会工委书记、市社会办主任宋贵伦到市对外友协做社会治理专题报告。

同日 市委社会工委副书记张坚同志赴中国青年政治学院指导2016年购买决策咨询项目开题。

同日 市委社会工委副书记陈建领调研天竺综合保税区非公企业党建工作。

同日 市委社会工委副书记陈建领参加2016年第四季度组织系统“组工论坛”并发言。

同日 市委社会工委委员、市社会办副巡视员卢建参加市委政法委召开的社会治理创新座谈会。

12月23日 市委社会工委副书记张坚带队到慈善义工协会调研指导2016年购买社会组织服务项目启动实施情况。

同日 市委社会工委副主任王丽竹陪同首都经贸大学校长到新经济组织研究院调研。

同日 市委社会工委委员、市社会办副巡视员卢建参加部分市级“枢纽型”社会组织、区基层社会组织工作务虚会。

12月23日至24日 市委社会工委书记、市社会办主任宋贵伦参加中共北京市第十一届委员会第十二次全会。

12月26日 市委社会工委副书记陈建领参加市纪委驻市委组织部纪检组2016年第四次联席会议。

12月27日 代市长蔡奇主持召开第138次市政府常务会议。市委社会工委书记、市社会办主任宋贵伦参加。

同日 市委社会工委书记、市社会办主任宋贵伦参加北京市领导干部会议。

同日 市委社会工委副书记陈建领参加北京慈记网络科技有限公司党支部成立大会并讲话。

同日 市委社会工委副书记陈建领出席“2016中国公益年会”。

同日 市委社会工委委员、市社会办副主任王丽竹出席网格化E通车项目专家验收评审会。

12月28日 市纪委常委钱华杰带市纪委检查组到委办就2016年党风廉政建设责任制落实情况开展检查评估。市委社会工委书记、市社会办主任宋贵伦汇报领导班子和个人落实主体责任及创新性工作情况，并接受现场提问。委办领导张坚、陈建领、王丽竹、赵济贵、卢建参加汇报会。委办领导张坚、王丽竹参加个别访谈。

同日 市委社会工委书记、市社会办主任宋贵伦主持召开2016年第42次工委会议。会议学习传达了市委十一届十二次全会精神，研究了2015年购买服务奖励项目、出席党的十九大代表推荐工作等事宜。委办领导张坚、陈建领、王丽竹、赵济贵、卢建参加。

同日 市委社会工委委员、市社会办副巡视员卢建参加市领导研究部署首都安全工作会议。

12月29日 市委常委、市委秘书长张工主持召开研究部署北京市第十二次党代会报告起草工作。市委社会工委书记、市社会办主任宋贵伦参加。

同日 市委社会工委副书记陈建领参加北京市老龄工作委员会2016年第二次全体会议。

同日 市委社会工委委员、市社会办副主任王丽竹参加2017年元旦春节期间安全生产、烟花爆竹安全管理暨2017年第一季度全市公共安全形势分析会议。

同日 市委社会工委委员、市社会办副巡视员赵济贵参加市打非工作协调小组办公室召开的2016年全市防范和处置非法集资工作总结会。

12月30日 市委社会工委书记、市社会办主任宋贵伦参加市委市政府理论学习中心组学习扩大会。委办领导陈建领、王丽竹、赵济贵、卢建参加。

同日 市委社会工委委员、市社会办副巡视员卢建参加朝阳区社会创业“嘉年华”。

·理论文章与调研考察报告·

外出考察报告

台湾考察报告

为促进海峡两岸社会组织和志愿服务工作的深入交流，学习借鉴台湾地区的有益经验，10 月 23 日至 29 日，市社会心理工作联合会副会长王丽竹率团，一行 14 人赴台湾考察社会组织和志愿服务工作开展情况，在大家的共同努力下，考察团圆满完成了学习考察任务。现将有关情况总结报告如下：

一、考察学习的基本情况

此次考察团的主要任务是考察台湾社会组织和志愿服务工作成效，交流两岸经验和做法。按照带着计划考察、带着问题学习、带着成果归来的目标，7 天的学习考察有序、有效、成果丰硕，大家认真学习、了解了不同社会制度下社会组织和志愿服务工作的经验和规律，促进了自身工作开展。

按照计划，考察团先后拜访了“菩提长青村社区”“杰瑞小区福利基金会”“佛光山佛陀纪念馆基金会”“励馨社会福利事业基金会”“双连赡养中心”“创世基金会”。这几个考察对象，各有特点和代表性，为我们近距离观察台湾社会组织和志愿服务工作提供了很好的“样本”和渠道。

1. 南投县埔里镇菩提长青社区

长青村是一个为解决“9·21”大地震后灾区老年人安置问题，结合公私部门资源所形成的社区老人照顾机构。该机构突出的特点是坚持“老有所用”的理念，以家庭式运营方式免费照顾老人，鼓励入住老人自力开辟自足农场、制作感恩咖啡、老人陶玩手工饰品、怀念老人味餐点等社区产业，并采取“以工换住”的方式，鼓励老人间的互助以及吸纳社会各界志工、义工为社区提供服务。屏东市归来社区、高雄市文贤社区也都通过社区产业发展的盈收回馈机制和资源回收金来保证社区内组建的守望相助队、青年工作队、长寿俱乐部、太鼓团等团体的持续运作，承担起老人关爱送餐服务、学童课后辅导、社区绿化等责任，为社区发展注入更多的活力，增强了社区的凝聚力。

2. 杰瑞小区福利基金会

杰瑞小区福利基金会自 1979 年成立，一直秉持“老吾老以及人之老”的敬老精神，按照“照顾今天的老人，就是照顾明天的自己”的宗旨，来服务长者，1984 年成立了杰瑞安养中心，当时提供安养服务 476 床，经过 30 多年的发展，已经成为集安养服务、养护照顾、长期照顾、紧急安置、日间照顾、健康促进、福利咨询及申辩、教育训练及实习于一体的综合性养老服务机构，内设长期照顾 72 床，养护服务 266 床，安养服务 160 床，通过提升照顾品质，希望农场、艺术疗愈、音乐律动、独立倡导等多种方式营造有生命价值的照顾模式。

3. 佛光山佛陀纪念馆基金会

佛光山佛陀纪念馆秉持星云大师的“以文化弘扬佛法、以教育培养人才、以慈善福利社会、以共修净化人心”的理念，于 2011 年创建，有别于一般寺院，是以纪念馆形式来宣扬佛陀的精神。佛陀纪念馆基本会主旨是“三好”：做好事、说好话、存好心；“四给”：给人信心、给人欢喜、给人希望、给人方便；“五和”：自心和悦、人和我敬、家庭和顺、社会和谐、世界和平。佛陀纪念基金会坚持“服务社会、遵守戒规、扩大教育”的原则，提供“以人为本”的服务，推广契合服务社会的发展理念，特别是推动礼仪、融入生活、发展环保的实践，顺应了多元的现代社会，通过佛法艺文化、生活佛法化，吸引众多名家前来参访，成为从事国际交流、两岸互动、学术研讨、宗教艺术的弘扬的良好交流平台。

4. 励馨社会福利事业基金会

励馨社会福利事业基金会是主要关爱家庭暴力、未成年妈妈等相关女性权益的基金会，旨在帮助受助女性重新找回自己，让她们通过自己的劳动换来收获与赞赏，给予她们信心与能力，从而重建自己的价值。对于励馨所服务的女性来讲，励馨就是她们永远的娘家，“The garden of love”是励馨基金会的另一个代名词，以尊重和爱抚平受助者曾经受伤的心灵。励馨在各环节设计上都体现了关怀和爱，进门即映入眼帘的是清新的淡粉色墙壁，走过展厅一角，由受助女性精心做成的励馨娃娃、玩偶、童书布起了精品展架，手工饼干、二手捐赠物品陈列有致，这些都是励馨基金会的特色服务，让寻求帮助的女性能在家的氛围里放松自己，让受助女性能重新找回自己。

5. 双连赡养中心

双连赡养中心创建于1993年，是占地面积11000坪的综合性社会福利园区，将赡养理念定位在对长者身、心、灵全人的赡养护照顾，为住户提供生理层次的赡养护照顾、精神层次的丰富内涵、灵性层次的安宁与满足。双连赡养中心秉持对长者的关怀与照顾，是多功能、多元化、多层级、连续性的一所长期照顾服务机构，并且开设了全台第一所老人大学，同时将双连具有的资源及经验，延伸承办小区式及居家式的照顾服务。双连赡养中心被台湾40位社福专家、10个协会在千余家老人机构中评选为“推荐度最高的前十大老人照顾机构”之第一名，进住率达到99%～100%，机构的评鉴成绩一定要优等或甲等。

6. 创世基金会

创世基金会由曹庆先生在台湾创立，是台湾第五大慈善机构、每年运作资金高达12亿元新台币，秉持“救一位植物人，就是救一个家庭”的理念，“做别人不做的社会福利工作”，服务“失能、失智、失依”三种年长者（合称“三失老人”），现在服务扩展到“老到底、残到底、穷到底”、需要帮助的人群。基金会90%以上的服务经费来自社会大众的不定期小额捐款，在台北的商场、便利店，总能见到一些发票箱，上面写着：“随手捐发票，关爱老弱残”，票箱里塞满了收银机打出的发票，在我们参观的办公室里，志愿者按发票号码进行归类清理，再统一拿去兑奖。去年，创世基金会通过发票兑奖募得善款七千多万元，占整体运行经费的十分之一。

二、台湾的有关做法和经验

台湾，不仅是发达的经济体，同时还是一个成熟、有序、充满活力的公民社会。面对利益多样、文化多元、成分复杂的社会群落，总体上能够保持社会的有序和谐，有其固有的逻辑和独到之处。

（一）台湾社会组织发展历史悠久，制度比较成熟配套

台湾的社会组织由来已久，制度比较成熟，截至2012年4月21日，人民团体的数量达7000多个，其中社会团体就达4000多个，领域广、影响力大，是社会福利及公共服务的主要提供者。在台期间，我们先后拜会了“杰瑞小区福利基金会”“佛光山佛陀纪念馆基金会”“励馨社会福利事业基金会”“双连基金会”“创世基金会”等不同层级的基金会，与相关人士进行座谈交流，从多个角度深入了解和考察了台湾人民团体建设和发展的基本经验，留下了深刻的印象。台湾社会组织建设的主要特点：

1. 完备的法律法规体系

台湾的"人民团体法"是调整和指导人民团体的基本法律规范，同时，还出台了规范调整人民团体有关活动、行为的法令体系，如"人民团体选举罢免办法""督导各级人民团体实施办法""志愿服务法"等，使得人民团体开展工作、行使权力时有章可循、有法可依。

2. 简便宽松的准入机制

"人民团体法"规定"职业团体不得拒绝具有会员资格者入会"，"业必归会"是台湾"人民团体法"对于职业团体的一个基本原则，在这一原则的直接要求下，创建团体会员数量不足、未建立行业组织的邻近地区的同业者也加入了进来。并且，法令赋予了此类团体对于新入行者开业的核准权，职业团体权威性得到大大提升。"业必归会"是法有明文，"人必归业"是客观规律，两者叠加的效应直接显示了人民团体在台湾民众中的参与程度。

3. 丰富多样的组织类型

台湾的社会组织依据不同条例注册，台湾用"人民团体"来指称那些具有较为明显的非政府、非营利和志愿性等特征的机构和组织。按"人民团体法"规定，人民团体共分为职业团体、社会团体和政治团体三个大类，同时，台湾还存在着大量的社区发展协会、基金会、合作社和储蓄互助社等机构和组织，按照专门法令的规定和要求，这些组织和机构也属于人民团体。

4. 台湾当局大力支持

台湾当局给予人民团体诸多方面的扶持。台湾当局对人民团体管理的态度和思路集中体现在"低度规范、高度自治"的施政理念上，开放准入门槛，减少行政干预，同时还为人民团体提供了诸多方面的直接支持。如对于那些承担社会公共事务、基层民众迫切需要的哪怕是小微的人民团体，台湾当局也能够给予资金方面的扶持和资助。政府的参与与支持无疑为社会组织的发展奠定了坚实的基础。

5. 社会筹资渠道多元化

台湾有许多资金雄厚的公益财团法人，发达的公益财团法人体系极大地促进了非营利社会组织的发展。在非营利组织的自身体系内，公益财团法人（基金会）的一项重要功能是为其他类型特别是直接提供公共服务的非营利组织筹集、整合和提供社会资源。以财团法人台湾佛教慈济慈善事业基金会为例，该基金会成立于20世纪80年代，30余年来发展迅猛，现已拥有会员和志工团队人数达数百万人，成为台湾首屈一指的大型基金会；其组织机构已发展到47个国家（地区，包括2008年2月在大陆注册的慈济慈善事业基金会），迄今援助超过71个国家（地区），爱心洒遍全球，声誉遍及世界。

6. 受到宗教文化深刻影响

作为现代的非营利、非政府组织，其理论和实践运作体系主要是起源和借鉴西方，宗教也沉淀和积累了许多倡导公益慈善的正能量，也对台湾当下非营利组织的发展产生了积极和深远的影响，台湾地区的宗教寺院比较现代，比如中台禅寺所提倡"对上以敬，对下以慈，对人以和，对事以真"的宗教文化理念与时俱进，贴近社会，融入生活。佛光山佛陀纪念馆以完全开放的态度，甚至婚礼、马拉松等各项文体活动都可以走进佛馆举办，与现在社会的契合度非常高，在台湾社会有非常大的影响力。

（二）台湾志愿服务全民化、专业化、职业化趋势明显

1. 台湾各界参与志愿服务热情高

台湾社会对志愿服务普遍比较尊崇，是我们访台之后的一个重要印象，可以说，志愿者服务是台湾特色，也代表一种台湾的文化。在社工起源的西方国家，平均每1000人有一位社工，据台湾行政机构统计，去年，台湾地区的志工占台湾地区总人口的13%，远远超过发达国家水平。早在2010年台湾地区有15059个志工团队，总数达72.3414万人，志愿服务总量超过5900万小时、1.6亿人次，以台湾地区2300万总人口衡量，岛内

各界参与志愿服务的热情之高不言而喻。岛内，许多人退休之后都会选择来做志愿者。由于他们的空闲时间较多，所以就会多做一些。而一些有本职工作的人，也会在一年之中抽出部分时间来参与一些志愿者活动，即使他们做的时间相对较短。

2. 台湾当局大力支持志愿服务

台湾是继西班牙之后第二个颁布“志愿服务法”的地区，台湾在发展经济的同时，也进一步成为爱心输出地。台湾“志愿服务法”涉及对志工的需求、招募、面试、签约、训练、服务、考核及奖励等具体运用程序，涵盖了志愿服务各方面。同时另外也会有一些规定，比如高中的学生，必须在做够多少个小时的志愿者后才可以毕业，现在在台湾一些大学也有了明确的要求，必须在大学期间做够多少个小时的志愿者，才可以毕业。同时有志工服务年资满三年，服务时数达300小时以上者，可以申请合法志愿服务荣誉卡，志工进入收费之公立风景区等促进台湾民众积极参与志愿服务的规定，这些规定很大程度上促进了台湾百姓对志愿服务的认识度和参与度。

3. 志愿服务管理的精细化程度高

在这次考察中，台湾的志愿者服务的热情、志愿服务队伍管理的精细化给我们留下了深刻印象。发票因为兑奖概率低，中奖金额低，往往很多人拿到发票之后就随手丢弃了，而创世基金会的志愿者在便利店、街头设置发票募集箱，鼓励大家将不用的发票捐献出来，让随手捐发票成为大家的习惯，随后志愿者将募集到的发票进行归类清理，再统一拿去兑奖，所得善款占整体运行经费的十分之一。同时创世基金会还将自己募集得到的善款以及基金会的整体运行情况通过信件的形式定期邮寄给需要的捐助者，做到财、物、事的公开透明，增加大家对基金会运行的了解和信赖，使得自己能够独立稳定运行，实现了可持续发展的模式。在离开台北之前，我们要做的最后一件事就是将手中剩下的发票放进发票箱。

4. 台湾志愿服务涵盖各个领域

台湾志愿服务最早主要定位于对老、弱、障、残等弱势群体的扶助，近年来，台湾社会工作的服务已经延伸到多个领域，服务对象也由社会底层和弱势群体扩展到社会各阶层，服务内容扩展到生活安全感、人际关系调适，乃至由社会富裕以及社会老龄化带来的种种问题的帮助解决中。考察中我们感到台湾的志愿服务真正是弥补政府之能所难达、市民自己力所难为的效果。比如近年来台湾老龄化问题加剧，“台湾国家发展委员会”预计，到2018年，台湾65岁以上人口占总人口比例将超14%，目前台湾发展出多种各具针对性的老年志愿服务，如“长青村”侧重于老人互助，“创世基金会”侧重于“老到底、残到底”的老年救助，“双连安养中心”则是基于双连教会的老年安养，这些服务不仅分担机关、非营利组织等机构的工作量，也在一定程度上减少了经费开支，更扮演了促进社会整体和谐、幸福的光荣角色。

5. 台湾志愿服务项目种类繁多

台湾志愿服务可以分为以下几类：社会福利类，包括身心障碍福利服务、老人福利服务、妇女福利服务、儿童及青少年服务、家庭及社区福利服务等；文化教育类，包括文化活动志愿者、古迹导览志愿者、小区文史工作室志愿者、教育辅导志愿者、图书馆志愿者、大专院校志愿服务队等；警务类，包括义警、义消、义交等；环保类，包括生态保护志愿者以及道路认养、公园认养、资源回收等志愿者；以及依民间团体不同性质招募的各类志愿者和各行各业开展的义务服务等，项目繁多，几乎无所不包。

6. 注重志愿服务专业培训和实践技能

随着社会服务的日益多元，服务领域不断扩大，对社工服务技能的要求越来越高，做志愿者奉献爱心，仅有热情是不够的，对于一些非常专业的岗位，还需要努力学习，所以台湾社会工作行政管理部门对志愿服务的专业训练内容设计针对性很强，要求明确、严格，针对不同科别层级志愿服务人员的工作要求和存在问题，制定实务性、操作性强的学习训练时间和督导内容。如台北市服务满一年的志愿者接受专业训练每年达到70小时的有26.2%，而高雄市每年训练70小时的已达到49.3%的比例，因此，台湾志愿者的工作质量和效率都很高。比如我们在双连安养中心见到的志愿者，在做志愿者之前要经过一些训练，比如熟悉中心的服务性质，以及要服务的内容，他们受训完了以后再去做分配，譬如说适合在中心的服务台里面做一些咨询工作，或者是分配到各个楼层去做一些卫教的或是服务这些老人的工作。

三、体会和建议

这次考察内容丰富、安排紧凑，在带队领导和大家的共同努力下，圆满完成了参访任务，普遍认为不仅开阔了视野、学到了经验，还与台湾当地社会组织的有关专家建立了联系、成为了朋友，受益匪浅、收获很大。通过此次考察，我们既看到了差距，又增强了信心，大家认为，台湾的经验做法，可以因地制宜地在我们的工作中加以吸收和运用：

1. 进一步加快社会组织培育力度，发挥社会组织公共服务的效能

这次台湾之行，我们认识到台湾社会组织是提供社会福利及公共服务的主要提供者，领域广，数量多，影响力大，是政府在提供公共服务、满足公众需求方面的主要合作伙伴，政府通过它们来反映整合和协商处理社会各阶层的利益诉求，从而有效维护了社会的和谐稳定。相比较而言，我们面临的突出问题，就是社会组织发育缓慢，无论是数量和质量上都难以适应首都社会生活的新变化和广大群众改善生活质量的新需求。党的十八大明确要求“加快形成政社分开、权责明确、依法自治的现代社会组织体制”；“引导社会组织健康有序发展，充分发挥群众参与社会管理的基础作用”，借鉴台湾做法，结合北京特点，有三个方面的思考：一是加快完善市级“枢纽型”社会组织工作体系，在现有市级“枢纽型”社会组织的基础上，实现工作领域全覆盖，同时引导和推动市级“枢纽型”社会组织创新服务管理，拓展功能、发挥作用。二是加快推动区社会组织工作开展，一方面推进区、街“枢纽型”社会组织能力建设，另一方面加大社区社会组织建设力度，重点发展为老年人、妇女、儿童、残疾人、农民工、困难家庭等特定群体服务的社区社会组织，继续巩固和扩大基层社会组织的工作覆盖面。三是加大社会组织培育发展力度，不断完善市社会组织孵化中心服务功能，进一步加大支持和培训力度。

2. 进一步加大市场参与力度，探索社会组织可持续发展道路

台湾的社会组织社会化、市场化程度之高也给我们留下了深刻的印象，在非营利组织的自身体系内，公益财团法人（基金会）的一项重要功能是为其他类型特别是直接提供公共服务的非营利组织筹集、整合和提供社会资源，同时通过财务报表将组织筹集到的基金公开给社会公众，通过社会监督实现良性发展。我国也强调社会组织的非营利性，但事实上，大部分或主要靠政府经费支持、或者挂企业和社会组织两块牌子自我支持。如何探讨一条政府支持而不养、自我发展而以不营利为目的的社会组织可持续发展之路，台湾的理念值得借鉴。北京市正处于社会建设体制改革中，借鉴台湾经验，社会组织工作要调动全社会各界的积极性，广泛发动多方力量共同参与，在制度设计上要进一步向有利于启民智、聚民力、汇民财的方向转变，在政府购买服务的同时，可以将社会企业作为工作试点与合作对象，为培育、规范和引导社会组织积极有序地发展提供解决方案，注重宣传推广社会企业的概念和成功案例，增强社会企业的社会认识度和信任度，同时注意培养社会企业意识，进一步明晰企业的社会责任。

3. 进一步加大社会组织和公益汇的宣传力度，培养社会组织和公益服务文化

访台期间，台方座谈人士、陪同人员对人民团体的有关情况津津乐道、熟悉异常，

这其中既有本职工作的关系，也明显带有人民团体深入人心的印迹。而大陆社会各界对社会组织的认识虽然也在不断深化，但总体上社会组织缺乏社会认同的状况并没有得到根本改善。除了作为主管社会组织的少数部门以外，其他部门对此认识不清、了解不深的情况十分普遍。社会方面，大家除了对红十字协会、妇联等超大型社会组织有所了解外，其他能够了解和参与社会组织的机会、渠道和方式等远远不够。社会组织自身方面，有的还缺乏基本常识。想要改变当下的这种状况，非加强宣传、扩大参与难以实现。一是持续深入推动社会组织“公益行”系列活动开展，进一步宣传亮点、扩大影响、服务基层，搭建社会组织公益服务宣传、展示、合作、推介平台。二是在养老服务、生态环保、矛盾调解、心理疏导、交通治理、城市安全等领域汇集一批特色社会组织，并集中向社会发布。三是探索委托专业机构，开展社会组织优秀公益服务品牌评选工作，进一步打造品牌、扩大影响。

4. 进一步深化两岸社会组织和志愿服务交流，提升我市社会组织和志愿服务水平

台湾地区经济较为发达，区域之间发展均衡，社会环境文明有序，公民社会经历长期滋养，慈善文化、志愿精神、规则意识都很先进，加入社会组织参与志愿服务，在台湾已经成为提升地位、净化心灵和奉献社会的首选，在社会生活的各项活动中，处处活跃着社会组织和志愿者的身影。建设一个成熟和谐的社会，需要长期不懈的努力，不仅需要埋头苦干，也需要走出去学习吸收，我们也建议今后的赴台考察团可以增加社会组织的成员，让他们能走出去，学进去，带进来，用起来，通过社会组织工作人员和志愿者对台湾社会组织和志愿服务的学习、考察、感悟，在比较中有分析、在分析中有思考、在思考中有所悟、在所悟中有改进，取长补短，更好地推动我市社会组织和志愿服务工作的开展。

［**考察团成员：**王丽竹、甄仓所、张宝会、李彤燕、高春玲、单继礼、刘宝君、孟令勇、杜连旺、陶晓明、鲁振中、郭　克、陈　光、李慧燕］

赴上海、贵阳学习交流情况报告

为进一步学习贯彻习近平总书记视察北京时的重要讲话精神，深入学习借鉴各地在加强社会建设、创新社会治理方面的经验，开好局、起好步，把今年全市社会建设工作抓紧抓实抓好，在全市社会建设工作会议召开后不久，市委社会工委书记、市社会办主任宋贵伦即于2月24日至27日带领各区社工委负责人赴上海、贵阳学习交流，深入了解两地加强社会建设、改革、治理有关情况，达到了开阔眼界、拓展思路、学习交流、借鉴提高的目的。委办领导王智玲、卢建和办公室、研究室、综合处有关同志参加。

一、基本情况

在上海期间，重点了解了刚刚召开的上海市委创新社会治理加强基层建设推进大会情况，考察了徐汇区凌云街道梅陇三村居委会基层社会治理创新、虹梅街道党建服务中心区域化党建工作。上海市社会工作党委书记、市社建办主任孙甘霖等陪同交流考察。在贵阳期间，座谈交流了两地市、区县两级过去一年合作交流情况，签订了新一年度两市及区县合作协议，考察了贵阳市交管局“数据铁笼”融合平台、勤邦食品安全科学

技术有限公司、贵阳货车帮科技有限公司、北京·贵阳大数据应用展示中心、贵阳市公安局公共安全“块数据”指挥中心及贵阳市大数据引领创新发展“社会和云”建设平台，系统了解贵阳大数据建设情况。贵州省委常委、贵阳市委书记陈刚，市委副书记、群工委（社工委）书记张平等领导参加考察交流。

考察团一致认为，上海、贵阳两地在加强社会建设、创新社会治理方面有许多做法和经验值得学习借鉴，此次学习交流虽然时间紧、环节多、任务重，但非常及时、内容充实、收获很大，下一步将紧密结合实际，学习借鉴两地经验，做好今年全市社会建设各项工作。

二、两地主要做法及经验

（一）上海

近年来，上海按照“创新社会治理，核心是人、重心在基层、关键是体制机制”的工作思路，大力推进创新社会治理、加强基层建设工作，探索形成了许多好的经验和做法。

1. 强化顶层设计，创新体制机制

上海市委市政府高度重视社会建设和社会治理工作，2014 年，中央政治局委员、上海市委书记韩正牵头，开展创新基层社会治理的“1 号课题”调研，2015 年初调研成果转化为政策文件，印发《关于进一步创新社会治理加强基层建设的意见》等“1 +6”文件，完成创新基层社会治理的顶层设计。“1 +6”文件重点是以取消招商引资为切入点全面深化街道体制改革，明确街道主要承担加强党的建设、统筹社区发展、组织公共服务、实施综合管理、监督专业管理、动员社会参与、指导基层自治、维护社区平安 8 项职能，按照“6 +2”模式设置街道党政内设机构，进行大部制改革。目前，全市所有街道已取消招商引资职能，职能定位更加清晰聚焦，各街道内设机构已由原有的 11 ~15 个科室精简为 8 个，机构设置更加优化。

考察期间，考察组专门了解了《上海市社会治理“十三五”规划》制定情况。目前，规划正在最后征求意见。该规划以激发社会活力、维护社会秩序、保障改善民生为主线，以在政府行政体制改革和职能转移上取得新的进展、在形成多元治理的格局上有新的机制、在引导社会力量参与社会治理上有新的突破、在城市和社会发展中的瓶颈和短板治理上有新的突破，进一步提升政府的公信力、社会的活跃力、文化的感召力、城市的吸引力等为目标，按照有限目标、问题导向原则，提出了十大主要任务和十大重点项目。十大主要任务分别是：完善社区共治自治机制，夯实基层治理基础；构建现代社会组织体制，激发社会治理活力；创新城市管理服务模式，解决治理短板问题；健全矛盾预防化解体系，维护社会稳定发展；加强城市安全监督管理，确保城市平安有序；完善网络治理格局，推动网络社会健康发展；加强基础制度建设，营造诚信友好氛围；坚持法治思维和法治方式，维护社会公平正义；加强社会工作人才队伍建设，完善社会治理人才保障；推动政府职能转变，深化社会治理工作。十个重点项目是：构建区域化党建组织体系和协同机制、初步形成社会组织参与社会治理工作机制、构建住宅小区综合治理格局、推进《社会组织条例》立法工作、建立社会治理信息数据中心、成立上海民间组织国际交流促进会、制定城市网格化综合管理的工作标准、开展社会组织人才“百千万”工程、建立社会治理指标体系、建立社区治理综合考评体系。

大口党委工作体制是上海市委工作的重要特点，市委通过大口党委实现对全市工作的领导、组织和协调。上海大口党委作为市委派出机构的设置始于 20 世纪 80 年代，经过几轮机构设置和职责定位调整，目前形成 9 个大口党委的格局，分别是：科技工作党委、教卫工作党委、建设交通工作党委、金融工作党委、经信工作党委、合作交流工作党委、社会工作党委、市级机关工作党委和国资委党委。作为9个大口党委之一，社会工作党委根据市委授权，负责对本市新社会组织、新经济组织党的工作的指导、协调、研究和督查。同时，上海市社会建设委员会办公室设在市社会工作党委，承担对全市社会建设开展调查研究、进行统筹规划、提出政策建议、加强指导协调的职责。

2. 夯实基层基础，提升精细治理

上海将做实基层作为新形势下创新社会治理的重要着力点，推动重心下移、资源下沉、权力下放，把为群众服务的资源和力量尽量交给最贴近群众的基层组织，切实让基层有职有权有物，使基层做实做活做强。2015年，从市级机关精简的行政编制中为街道划拨行政编制143个，为新析出的5个街道核增行政编制220个，充实了基层人员力量。进一步强化财力保障，2015年加大对区县财政转移支付力度，增加社区管理一般性转移支付，由区县统筹用于加强对街镇、居村等基层组织和社区公共服务的财力保障。推进城管执法体制改革，将城管力量下沉街道，实行“区属、街管、街用”。

上海将信息化、网格化作为推进社会治理精细化的有效手段，加快推进信息化建设和网格化管理工作。适应“两新”组织特点和党建工作需要，上海市探索运用信息化开展党的建设，通过为青年白领、党员提供网上党课、组织生活等形式，加强党组织与流动党员的联系，提高党建工作精细化程度。为提升社会治理精细化水平，上海加快建设街镇网格化中心，2015年建成街道网格化管理平台191个，覆盖全市85%以上的街镇，逐步将工作领域向食品药品监管、安全生产和技术质量监督等领域拓展延伸，并将精细化理念贯穿到社会治理的全过程。比如，梅陇三村居委会在开展垃圾分类、回收、利用和公益服务过程中，引入社会组织和社会企业，实行“全过程精细化管理”，优化每一个环节，形成环环相扣的“行动—反馈”闭环，既提高了公众参与的积极性，又提升了社会治理的效益。

3. 加强队伍建设，狠抓工作落实

从2014年起，上海连续3年将创新社会治理、加强基层建设作为市委“1号工程”来抓。在2015年初印发“1+6”文件基础上，2015年中，召开创新社会治理加强基层建设工作交流会，总结交流经验，推动工作开展；2016年初，召开市委创新社会治理加强基层建设推进大会，明确年度重点和任务分工，深化推进工作。市委主要领导主持调研、形成决策、出席会议、发表讲话，各区县、各部门分工配合、狠抓落实，有力地推动了上海创新社会治理加强基层建设工作的开展。

加强基层队伍和社会工作队伍建设，是包括“1+6”文件在内，近年来上海市加强社会建设和社会治理工作的重要内容。2015年，上海进一步推进以居村党组织书记为对象的“班长工程”和专业化社区工作者队伍建设。居民区书记待遇政策全面落实，776名居民区书记使用事业编制，1879名就业年龄段聘用的居民区书记享受了事业待遇，退休返聘的居民区书记逐步实现了“同工同酬”。全市首批纳入社区工作者2.93万人，80%以上具有大专以上学历，按照2013年度上海职工平均工资水平的1~1.4倍确定平均收入水平。根据社区工作年限、受教育程度、相关专业水平等，上海建立起社区工作者“三岗十八级”薪酬体系，切实保证社区工作者收入有保障、发展有空间。同时，上海社会工作党委加强与统战、民政等部门的合作，借势推动“两新”组织人才队伍建设。比如，在上海市委统战部的指导下，市社会工作党委牵头成立“两新”组织中青年知识分子联谊会，它成为上海首个以体制外的党外代表人士为主体成员的知联会组织，积聚了一批体制外有影响力的优秀党外代表人士，积极参与社会建设。

（二）贵阳

近年来，贵阳在以大数据为主要抓手推动创新型中心城市建设的过程中，将“社会和云”作为提升社会治理现代化的新探索和建设和谐社会的新路径，着力解决发现不及时、管理不精细、数据不关联、服务不精准、信息不对称等问题，成效初显。

1. 运用大数据提高决策水平

大数据既是信息的采集汇总，又是数据的生成利用，强调将大量分散的信息变为可以分析利用的关联数据，为决策服务。贵阳“社会和云”以“好用、管用、易用”为原则，按照“总体规划、分步实施、先易后难、实用简洁”的思路，采取“众联、众包、众享”等方式，加快建设“一平台四应用”。“一平台”即“块数据”平台，主要通过市级数据交换中心、公共服务热线、互联网以及网格员采集作为数据来源渠道，以网格地图为承载点，构建多维数据“关系图”，形成大量相互关联的“块数据”。“四应用”即建设“社会动员、网格管理、社区服务、辅助决策”四个应用系统。“社会和云”通过建设决策支持系统，发挥实时化数据统计、模型化挖掘分析、精准化智能决策等功能的作用，运用各类数学算法和大数据分析技术为党委政府决策提供参考。目前，大数据已在抢险救援、信访维稳决策等方面发挥了突出作用。

2. 运用大数据提升治理能力

“社会和云”通过建设网格管理系统，整合已有的网格化管理、“12345”热线、微信、“百姓—书记市长交流台”等信息功能，建立市、区（市、县）、社区（乡镇）三级闭环处置流程，将网格内的设施、事件进行准确定责，搭建“条专块统”的城市综合管理平台，达到实现政府治理信息互联互通、提高治理效能的目的。考察中所参观的交管局“数据铁笼”平台，运用大数据实现了“人在干、云在算、天在看”，将权力关在了数据的笼子里，实现了权力的有效监督和政府效能的提升，维护了社会公平正义。“社会和云”通过建设社会动员系统，优化信息发布、项目承接、资金支持、积分激励、评价监督等流程，搭建党、政、社、企、群等多元主体参与平台，协同创新社会治理。例如，在2014年国庆黄金周期间，贵阳通过“智能交通云”平台，实现了公安、交警、消防、医疗等部门的联合执勤和社会志愿者的广泛参与，提高了统一指挥、快速反应、高效决策处置能力，处警效率提升1.5倍。

3. 运用大数据提供社会服务

“社会和云”通过建设社区服务系统，加载社区电商服务、众创服务、社会服务等内容，搭建满足群众多元化服务需求的社会产业发展孵化平台，提升社会服务的精准化水平。在考察中所参观的公共安全“块数据”指挥中心、“食品安全云”、“健康大数据”、“互联网医院”等，在公共安全、食品安全、医疗卫生等领域充分发挥了大数据的优势，提升了社会服务精准化程度和水平。

三、主要启示及建议

1. 抓深化改革，完善社会治理体制

改革是加强社会建设、创新社会治理的根本动力。要以制订并落实《北京市“十三五”时期社会治理规划》为契机，进一步贯彻市委市政府《关于深化北京市社会治理体制改革的意见》，重点围绕“加强区域党建、开展公共服务、统筹辖区治理、组织综合执法、指导社区建设”，深化街道体制改革，健全完善街道管理委员会制度，理顺街道与职能部门关系，加强协管员队伍建设管理，实现重心下移、职能下沉、资源下放，夯实社会服务与城市管理基础；进一步推进社区“区域化党建、多元性自治、开放式服务”试点工作，积极探索基层党建、自治、服务的有效途径，不断提升社区自我管理、自我服务的水平；进一步完善“枢纽型”社会组织工作体系，积极推进社会组织管理体制改革，完善培育发展机制。积极主动争取市委、市政府主要领导支持，适时召开全市深化社会治理体制改革加强社会建设推进大会，推进改革工作。

2. 抓重点创新，做足社会领域文章

以社区和“两新”组织为主的社会领域，是经济发展、社会治理的重要“战场”，是重要的着力点和发力点。创新社会治理更重要的是要在社会领域下功夫、做文章。要大力度地推进政府向社会力量购买服务等对社会组织的培育扶持措施，大力发展服务民生类、社会矛盾纠纷调解类、参与基层治理的城乡社区类社会组织以及高精尖产业联盟组织、促进产学研相结合的科技类社会组织等。要把推动社会企业的发展作为一项重要的工作提上日程，以市场化方式解决社会问题、满足社会需求，研究制定促进社会企业发展的指导文件，促进以民生服务类为重点的社会企业健康快速发展。要使社会企业成为社会建设的又一支重要生力军，在经济社会发展中发挥越来越重要的作用。要出台鼓励经济组织、社会组织履行社会责任的措施，探索建立“北京市企业社会责任联盟”，发挥行业组织联系凝聚、引导激励等作用。探索建立企业社会责任评价体系，出台“企业社会责任评价指导标准”，开展履行社会责任百优企业评选表彰等活动，培育打造一批履行社会责任的“北京企业榜样”。

3. 抓党的建设，引领推动社会建设

社会领域党建是党的建设的主要组成部分，是社会建设重要的切入点，也是社会建设、改革、治理的重要保障。要扎实开展“点、线、面系统推进工程”，全面加强社会领域党建工作。“点”上扩大非公企业党建工作覆盖面，“线”上扩大社会组织党建工作覆盖面，“面”上推进社区区域化党建工作全覆盖，以党建引领社会治理创新发展。要加快推进“街道大工委”“社区大党委”建设，强化在区域化党建工作中街道（乡镇）党（工）委的统筹协调作用、社区党组织的基础作用。要把“两新”组织党建作为区域化党建的重中之重。要把党建工作内容和方式方法的创新作为社会领域党建的重要任务，强化服务意识、强化体制外意识，适应不同群体的不同特点和需求，开展灵活多样的活动，在服务的过程中加强党建。

4. 抓工作落实，提高社会治理精细化水平

以市委市政府社会治理体制改革文件和“十三五”社会治理规划为标志，本市今后一段时期社会建设、改革、治理的框架和基本思路已经确定，接下来最重要的是抓好落实。落实各项任务，确保取得实效，最重要的是要提高精细化水平。要坚持发扬“钉钉子、担担子”和“摁着葫芦抠籽”的精神，一年接着一年干、一件连着一件干，坚持不懈抓推进、抓落实，将社会建设、改革、治理的各项目标变为现实。要注重“全过程精细化管理”，落实具体工作要制定具体部署、具体方案、具体要求，形成“任务书”“时间表”“路线图”，扎扎实实加以推进。在每一项工作落实中都要有系统思维、整体思维和精细化思维，把过程和效果统一起来，确保取得实实在在的成效。要以实施“网格化+”行动计划为突破口，充分运用“大数据”思维和方式，提高城市服务管理精细化水平。加快推进“三网”融合，实现互联互通、共建共享。同时要鼓励和吸引更多的部门、工作纳入网格化工作平台，真正把网格化打造成党委政府离不开的基层服务管理综合平台，将“互联网+城市服务管理”落到实处。

北京市有关部门理论研究与调研

北京市社会领域开展“六五”普法工作情况

市委社会工委、市社会办政策法规处

“六五”期间，市委社会工委、市社会办政策法规处围绕指导协调全市社会领域开展普法工作，认真落实党的十八届三中、四中、五中全会精神，认真贯彻我市“六五”普法规划，深入开展法治宣传教育，在全市社会领域营造了学法遵法守法用法的浓厚氛围和法治环境，有力推进了法治社会建设，为建设法治中国首善之区做出了积极贡献。

一、加强统筹协调，积极推动普法规划实施

政策法规处始终把推动“六五”规划的有效实施、推进社会领域法治宣传教育作为重要职责，研究制订《全市社会领域实施“六五”普法规划工作方案》和年度工作要点，每年有检查有总结，并结合全市年度依法行政考核，积极促进“六五”普法规划在社会领域的有效落实。强化统筹意识，发挥市社会建设工作领导小组办公室协调作用，实现普法宣传工作融合、资源整合，同时注重与创建法治机关、法治政府紧密结合，助推社会领域法治宣传工作深入开展。“六五”期间，协调推进涉及相关政策法规宣传、咨询等的10余项法律服务作为公共服务项目在社区的落实，基本实现城市社区法治宣传全面覆盖。以学习培训助力普法规划有效落地，注重加强社会建设“法治保障”研究，依托17家北京社会建设研究基地，推动法宣工作理论创新与实践探索，增强全市社会领域单位和个人开展法治宣传、依法推进法治社会建设的责任感与自觉性。我委办“六五”普法工作经验《加强社会领域普法宣传　加快推进法治社会建设》被收录进《北京市“六五”普法理论及实践成果汇编》。

二、实施“普法六进”，促进法宣工作深入开展

在开展社会领域法宣工作过程中，坚持把普法进机关、进社区、进商务楼宇、进非公经济组织、进社会组织、进培训课堂作为普法的工作重点，积极营造法治社会环境。协调开展法治机关建设，落实委办办公会会前学法制度，积极组织公务员开展法律知识的学习和依法行政培训；创新方式服务基层普法需求，协调开展“建设平安北京　法律进家庭”活动，为全市社区配发法宣资料；对接主题活动增强法宣成效，利用“周末社区大讲堂”和“做讲法制守秩序的好市民”主题法治宣传等活动，推动社区“法宣志愿力量全覆盖，法宣基础阵地全规范，法宣基层活动经常化”工作；注重城乡一体实现法宣服务共享，协调开展“法律服务村居行”活动，全市已有3743个社区（村）建立法律顾问制度；整合服务资源推进“两新”组织法治宣传，建立商务楼宇法宣机制，开展“法律服务进楼宇”活动，推动“两新”组织建立法律顾问制度，加强对“两新”组织管理人员法治教育，协调推进商务楼宇依法管理、非公经济组织和社会组织依法经营。

三、打造普法品牌，不断创新载体、丰富内容

结合“六五”普法重点任务，明晰思路，推动法宣品牌建设，提升法宣服务质量。积极动员组织法学法律类社会组织和广大法学、法律工作者，围绕社会需求和群众需要开展法治宣传、法律培训、法律咨询、法律援助等“法律服务基层”公益活动。推进法律服务项目落地，协调开展“法学专家进社区宣讲助推法治北京建设”“公益法律服务走进中小企业”等法律服务活动，不断增强“法律服务基层”品牌效益。结合社会热点问题、新颁布的法律法规，组织专家进行权威解读，策划普法微话题，引导社会公众用法治思维分析问题。组织协调推进普法志愿者队伍建设，培育普法志愿者服务组织和活动品牌，积极整合律师、公证、执法、司法等法律资源，鼓励引导专业法律工作者和法律院校教师、学生加入志愿者队伍，促进普法志愿活动常态化、长效化、专业化。

四、搭建普法平台，有效增强法宣工作实效

结合全市社会建设改革治理工作实际，利用“政策法规”专栏，加强对社会建设领域相关政策法规的宣传。重视社会领域网站服务体系建设，协调推进社区、商务楼宇工作站及非公经济组织、“枢纽型”社会组织网站链接，扩大网络法宣工作覆盖面。组织社会领域开展“做讲法治守秩序的好市民”活动，鼓励支持社会领域单位和组织建立法律图书馆、工作室，开设普法园地、楼门法律文化墙、楼宇普法工作站等特色宣传阵地，开展贴近群众的宣传活动。结合不同社会群体的法律需求，围绕就业与劳动保护、婚姻家庭继承、食品安全、环境治理等内容，组织开展“首都律师以案释法”活动，形成特色鲜明的普法工作新模式。

“网格化＋”服务：北京的城市治理创新实践

市委社会工委、市社会办综合处（网格化工作协调处）

一、北京网格化的发展

目前，北京网格化发展大致经历了四个阶段。2004 年，北京市原东城区率先实行城市管理网格化，主要是落实市政管理责任，将市政道路、设施等公共区域划分成若干个“万米单元网格”，以维护市政设施物件的安全。随之，东城网格化经验迅速在全市推广后被全国各地采用。这是北京网格化的第一个发展阶段。

第二个发展阶段：伴随着 2008 年北京奥运会筹办工作的全面开展，网格化理念又被运用到社会治安领域，作为“平安奥运”的一个重要举措加以实施。网格化从市政管理扩展到社会治安，从管“物”发展到管“人”管“物”。

第三个发展阶段：党的十七大和北京奥运会成功举办后，全市社会建设工作全面展开，又把网格化引入社会服务管理之中。2010 年，北京市召开社会服务管理创新推进大会，推出“社会服务管理创新行动方案”，提出在全市开展社会服务管理网格化试点；2012 年，北京市召开网格化体系建设推进大会，出台文件明确全面开展社会服务管理网格化体系建设，设定了三年基本实现全覆盖的发展目标。

第四个发展阶段：2015 年 8 月，在全面

深化改革的大背景下，北京市又出台网格化“1+3”文件，明确提出“三步走”目标：2015年底，基本实现区、街道（乡镇）、社区（村）网格化体系全覆盖；2016年底，基本实现城市管理网、社会治安网、社会服务管理网“三网”融合；2017年底，基本实现全市网格“一体化”科学运行，达到“全面覆盖、‘三网’融合、一体运行、管用有效”的目标。2016年6月，北京市委十一届十次全会明确提出，到2017年底建成覆盖城乡、功能齐全、三级联动的网格化工作体系，实现城市管理服务一体化运行；充分利用物联网技术，整合各部门图像采集系统，到2018年完成重点监控区域信息采集全覆盖；完善网格化调度指挥平台建设，实现网格常态化、精细化、制度化管理。

网格化由市政设施管理、社会治安，扩展到了城市管理、社会治理、公共服务、环境保护及其他可拓展领域，由简单管“物”管“人”，发展到所有“人、地、事、物、组织”和“格、居（村）、街（镇）、区、部门（市级）”等全员额、全系统、全方位、全时空、全过程的服务管理。与之相适应，“网格化+”应运而生。“网格化+”城市服务管理，就是“互联网+”在城市管理、社会治理、公共服务、环境保护及其可拓展领域的集成应用和创新发展，开启现代城市服务管理的又一次革命性、即时性、动态性、闭合性和信息化、数据化、网络化、在线化的改革创新，实现城市管理精细化、城市服务精准化、城市治理科学化、城市环境清新化、城市运行信息化、城市生活智能化、城市秩序规范化。

如同过去购物到商店，后来到购物中心，现在网购一样；过去是科室办公，后来是“一站式”服务，现在是网格化服务管理。如果说从科室办公到“一站式”服务，是城市管理和公共服务的一次“革命”，那么从“一站式”服务到网格化服务管理，就是又一次新的“革命”。与网购一样，网格化不仅仅是工作手段方式的变革，还将带来理念思维、体制机制、方式方法等一系列深刻变革，特别是城市基层服务管理的全面深刻变革。正如有专家所言，如果说以往各级政府及其派出机构实行“一站式”服务大厅是政府城市管理、社会治理、公共服务和环境保护发展历程中的第一次革命性的变革创新，那么“网格化+”城市服务管理则是政府城市管理、社会治理、公共服务和环境保护发展的第二次革命性的变革创新。

北京“网格化+”城市服务管理的实践探索和改革创新，正在也必将为首都城市管理、社会治理、公共服务和环境保护带来巨大深远且广泛深刻的历史性影响，并将为“互联网+”在城市管理、社会治理、公共服务和环境保护改革创新实践，开创前所未有的新局面、新境界、新发展、新模式。这也是把“互联网+”创造性地应用于城市管理、社会治理、公共服务和环境保护及其他可拓展领域，践行习近平总书记提出的“让互联网造福国家和人民”的实际行动和重大举措。

网格化随着信息时代的发展而不断升级。互联网、物联网、大数据、云计算、地理信息等技术为我国经济社会发展注入了强大动力和生机活力，网格化也在这一过程中不间断随之发展和加快升级，不断变得“高”“大”“全”“精”“细”“准”“快”“实”“新”。系统逐步升级变“高”了，由最初的简单信息呼叫、电子档案，发展到立体化的信息网络系统；范围逐步拓展变“大”了，由简单的管城市“物件”“事件”发展到管所有城市服务管理内容；功能逐步提升变“全”了，由最初的电脑信息登记、报表、传输、处理，发展到“互联网+城市服务管理”集成应用综合系统；手段逐步缜密变“精”了，由简单的物件、事件及其相关信息处理，发展到精准的大数据分析、应用与服务管理；方法逐步科学变“细”了，由简单的报情况、报信息，细化到从发现、报送、分类、处置、监督、反馈到评价的闭环式综合处理系统；方式逐步精确变“准”了，由简单的分类、划片人工服务管理，发展到与各种客户端进行点对点的精准服务和精细管理；效率逐步提高变“快”了，由过去的人工报送、人工处置、人工反馈，发展到现场人机发现、即时线上报送、及时分析处置、快速高效反馈；效果逐步增强变“实”了，由过去粗放式简单应对和管控，发展到当今集约式分类分级分工的精细处置和精准服务；模式逐步集成变“新”了，由过去简单粗的放运行模式，发展到目前综合系统、精确运行的大数据分析运转新模式。

由此可见，网格化体系建设是一个宏大的系统工程，不可能一蹴而就，亦非一日一时之功，仅数据采集一项就是一个庞大工程。没有大数据支撑及其线上线下相结合的高速分析运转的信息化系统，那就不是现代先进的网格化。一些地方只有电子表格、数据、地图，那顶多是电子档案。依托基础网格和互联网络，组“格”成“网”，线链接“网”，线下有“格”，线外有“云”，线上有“库”，库中有“数”，运行有“据”，且全面融为一体，这才是真正的网格化。

近年来，特别是2012年北京市网格化体系建设推进大会以来，经过全市上下的共同不懈努力，网格化工作持续保持良好的发展态势，体系建设完成全面覆盖，“三网”融合取得突破进展，政策规范日益完善，综合效能跨越式提升，基本达到城市服务管理体制更加完善、机制更加健全、方式更加科学、功能更加齐全、服务更加精准、管理更加精细、作用更加突出、成效更加显著，为城市服务管理更加有序、社会发展更具活力、百姓生活更为便利，提供了有效保障。

二、北京网格化建设存在的问题与应对

尽管目前北京市网格化体系建设取得了重要进展和明显成效，但也面临着一些亟待解决的问题，主要包括：一是网格化的组织推进体系还有待进一步健全；二是纵向横向的资源整合还有待进一步加快；三是网格化服务和管理的信息化程度还有待进一步提高；四是网格化服务和管理的队伍还有待进一步加强；五是部门联动还有待进一步形成强大合力；六是社会协同与公众参与还有待进一步扩大。

为此，今后“网格化+”必须更加注重运用互联网、物联网、云计算、大数据等新技术新理念，以满足城市的政府管理、社会治理、公共服务和企业的经营与发展，以及居民的生产与生活等诸多需求，加快促进政府政务、社会公共事务、人口、交通、医疗卫生、环境保护、资源能源等管理系统之间综合集成，使城市基础设施配置、城市日常管理、社会治理、公共服务和环境保护信息化、智能化、网络化、精细化、精准化、高效化、标准化，实现城市管理高效精细、公共服务高端精准、环境保护高质集约、社会运行高度有序。这需要城市管理、社会治理、公共服务和环境保护的主体——政府、企业、社团和公民个人的多元参与、协同行动、共建共享、共治共赢，才能最终实现城市管理、社会治理、企业经营、社团活动、个人生活方式方法的变革、创新、提升和跨越，使政府有形之手、市场无形之手、社会自治之手、公众参与之手形成合力和共同发力，让城市人居环境更优良和放心、城市居民生活更便捷和舒心。

（一）明晰思路目标

思路决定出路，目标影响作为。当前和今后一个时期，根据2015年中央城市工作会议、中共北京市委十一届十次全会精神和网格化“1+3”文件要求，按照统一管理、统一建设、统一规范、统一标准、统一运行的原则，健全和完善全市统一的网格划分和建设标准，统一规范网格内容、业务标准、运行机制、日常制度、队伍建设等，紧紧围绕实现“三网”融合、“一网”运行，实施“网格化+”行动，推动整个城市服务管理体制机制进一步创新，力争经过“十三五”时期的不懈努力，将城市管理、社会治理、

公共服务、环境保护等工作中的全员全时全程全部纳入其中，使网格化成为主体清晰、权责明确、分级分类、上下联动、覆盖城乡、功能一体、规范统一、即时响应、闭合处置、协同互动、运行高效、精细智能的城市服务管理信息化、智能化、网络化体系和精细化、精准化、标准化运行模式，为疏解非首都功能、推动京津冀协同发展、率先建成全面小康社会、建设国际一流和谐宜居之都提供强大保障。

（二）坚持问题导向

问题是时代的声音。针对当前城市管理、社会治理、公共服务和环境保护领域面临的诸多问题和严峻挑战，必须坚持问题和需求导向，围绕进一步完善和拓展“网格化＋”功能，不断健全体系、提升能力、提高效益。拓展城市管理功能，把治理“大城市病”纳入“网格化＋”体系，打造“大城市病”治理新手段和新模式。

拓展公共服务功能，通过网格 E 点通、微信群、App 移动客户端等智慧惠民体系，向居民、组织机构发出办事提醒须知、服务公告信息，使居民、组织机构能够通过网格平台向政府提出建议意见、向相关组织机构发出服务需求等，形成政府与市民、政府与组织机构、政府部门相互之间的零距离无障碍沟通以及个人需求与政府部门、组织机构服务供应之间的零距离无缝对接。

拓展市场服务功能，面向全市乃至全国引入社会资源，进一步将服务领域拓展到衣、食、住、行、娱乐、购物、旅游、家政等服务领域。

拓展环境保护功能，把大气污染治理监管、水污染治理净化、垃圾分类综合治理等纳入“网格化＋”体系，强化环境污染和环境净化的源头治理、系统治理、综合治理，实现环境保护标本兼治、多方联动、多管齐下和多措并举。

特别是结合深化“放管服”改革，政府充分运用“网格化＋”大数据，准确判断不同群体、不同市场主体、不同社会组织的各种需求和意见建议，更好提升政府施政效率和服务质量。

（三）创新体制机制

创新是不竭的动力。进一步完善网格化工作领导管理体制，明确市级联席会议、主管部门和各区政府负责制，市级联席会议和主管部门加强统筹协调、政策出台、规划制订、标准规范、检查督导；区级政府属地管理、组织协调、实施运行、综合处置、督促落实；街道（乡镇）日常运转、信息收集、分类办理、情况反馈、评价考核；社区（村）末端运行、动员参与、发现问题、及时报送、评价反馈。形成市级统筹协调、区级综合运转、街道（乡镇）分类处置、社区（村）源头收集反馈评价、社会公众参与监督使用的系统化、层级化、闭环化、规范化运行机制。

进一步健全工作机制，完善网格调度指挥平台建设，健全工作流程，优化网格运行，实现网格常态化、精细化、标准化、智能化服务管理，不断提升网格化运行效率和服务质量，充分发挥网格体系服务工作大局、服务领导决策、服务部门工作、服务城市管理、服务社会关注、服务市民需求、服务环境保护的作用。

（四）加快“三网”融合

融合才能贯通。打破各自“一亩三分地”局面，破除现有数据封闭、系统分割、资源分散、信息孤岛、部门壁垒，加快城市管理网、社会治安网、社会服务治理网的信息系统、热线系统、网格划分、指挥体系、办理事项、运行流程、基础数据、成员队伍、考评机制融合贯通，确保 2017 年底实现“三网”融合发展、数据和信息公开共享；2018 年“三网”融为“一网”，实现“一网”全面覆盖、科学运行，使热线、一站式服务大厅、网格等有机整合，做到“一格通”“一站通”“一网通”“一卡通”“一号通”“一点通”。

特别要充分利用物联网和图像采集技术，加快整合各部门图像采集系统，到 2018 年完成重点监控区域信息采集全覆盖，形成人工巡查与自动监控、格员发现与居民举报、线上监测与线下报送相结合的信息采集报送系统，及时发现并快速处置问题。充分运用大数据、云计算等技术，把城市管理、社会治理、公共服务和环境保护等海量数据信息及时采集、准确存储、实时更新，通过数据挖掘与分析，全面准确掌握城市服务管理动态信息及发展趋势，源源不断地为“网格化+”提供决策处置依据。

（五）实施行动计划

关键在于行动。围绕城市管理、社会治理、公共服务和环境保护，认真实施“网格化+”城市服务管理系列行动计划，即“网格化+政务服务”“网格化+公共安全”“网格化+环境保护”“网格化+大城市病治理”“网格化+应急救援服务”“网格化+防灾减灾服务”“网格化+志愿服务”“网格化+养老助残服务”“网格化+青少年服务”“网格化+特殊人员服务”“网格化+妇女儿童服务”“网格化+全民健身服务”“网格化+社会组织服务”“网格化+社区服务”“网格化+专业社工服务”“网格化+商业服务”“网格化+便利服务”等行动计划。

积极推进“网格化+”智慧城市建设升级，实施电子政务、智慧社区、智慧楼宇、智慧景区、智慧医疗、智慧教育、智慧旅游、智慧交通、智慧城管、智慧警务、智能物流、智能预警、智能监测、智能监管、智能决策等智慧服务和智能管理工程，开发网格化“E点通”“公众微信号”等，升级完善“北京网”市民生活服务综合平台，积极推广普及“北京通”市民卡，推进北京法人“一证通”，构建普惠化智能惠民服务体系，到2020年基本实现全覆盖，从而不断提升城市的信息化和智能化，提高市民的获得感和生活的便利度。

（六）完善标准规范

标准规范才能有序运转。开发运用，结合城市管理、社会治理、公共服务和环境保护发展需要，坚持把顶层设计与基层创新、系统运用与开发完善有机统一，持续开发和运用城市管理、社会治理、公共服务、环境保护等系列监测系统、预警系统、模拟系统、决策系统和应用系统及其技术标准，提高服务管理信息化、智能化、现代化水平。

完善标准，进一步修订《城市服务管理网格化体系建设基本规范》《城市服务管理网格化体系建设指导目录》《社会服务管理精细化测评指标体系》，制定印发《网格化体系信息系统技术标准》，为网格化建设和运转提供规范标准。

明确责任，进一步细化网格化工作责任制，层层落实责任，明确奖惩细则，严格奖惩兑现，确保各级各类人员履职尽责。

法治保障，加快网格化城市管理、社会治理、公共服务、环境保护等方面的政策文件出台，及时将成熟政策、成功经验提升到法规层面，有效推进网格化立法工作，不断提高网格化法治保障水平。

公开发布，完善年度报告发布机制，每年编辑并公开发布网格化发展报告，进一步拓展年度发展报告内容的覆盖范围，进一步提高发展报告质量，提升发展报告的指导作用。

（七）满足发展需求

需求是发展的导向。积极适应“网格化+”发展要求，加快行政体制改革和政府职能转变，构建与“网格化+”相适应的大部门行政体制与“扁平化”运行机制，使政府更好地履行城市管理、社会治理、公共服务、市场监管、环境保护等职能；积极动员社会各方协同、公众有序参与，在把“两新”组织、社会单位、个体经营等全部纳入网格的同时，通过改进政府施政方式、升级软件系统、扩大诉求渠道、对接需求途径、举报奖励回馈等，引导和动员各类组织单位依靠网格、使用网格、参与网格、创新网格，鼓励和支持居民随手拍、随时传、即时问、及时评，方便各类组织单位和居民群众举报问题、反映需求、咨询事项、办理事宜、提出建议、查询进展、评价服务。

在社会公众多方协同参与中，让网格用起来、转起来、活起来，实现全市城市管理与社会治理精细化明显提升，民生保障与公共服务精准化明显提升，经济社会发展与环境保护明显优化，群众幸福感、安全感、获得感和认知度、参与度、满意度明显增强，让城市更宜居、环境更清净、社会更和谐、群众更幸福、百姓更满意。

（八）注重借鉴探索

他山之石，可以攻玉。北京的网格化经过多年坚持不懈的努力，才有了今天的良好局面，但今后仍任重而道远。目前，贵阳等地借鉴北京经验，借力“互联网＋”特别是大数据，实现了弯道超车。在“网格化＋”大数据方面，后来居上、创新发展，很值得学习和借鉴。但无论如何，基于“互联网＋”的“网格化＋”，其实包括一实一虚两个方面。其中，实的方面包括物联网、大数据、云计算等在内的与互联网技术相关的内容，这些是实用的工具；虚的方面则是指互联网思维，“网格化＋”的精髓就是把互联网思维融入城市管理、社会治理、公共服务和环境保护之中，从而借助互联网技术和思维理念的优势，利用虚实结合提升服务精准度和管理精细度。

从一定意义上来说，不同城市治理之间的差异主要在于理念思路，今后不同地区城市管理、社会治理、公共服务和环境保护水平的差异主要在于“网格化＋”思路，在于“互联网＋”理念，在于大数据思维、云计算应用等。总的来说，现在各地越来越重视网格化服务管理的探索实践，哪个地方比较重视网格化，随之而来的就是那个地方城市服务管理的思路理念、体制机制、方式方法、质量效益的变革创新，由此也会越来越多地体验到网格化有用、管用、实用、好用等好处。

总之，正是由于近年来北京在网格化探索实践中付出的艰辛，体会才变得深刻，从而使得思路更加清晰和科学、目标更加明确和执着、行动更加坚定和自觉，开创了首都特大型城市治理的“网格化＋”的改革创新模式，开启了北京城市管理、社会治理、公共服务、环境保护等诸多领域的一体化、集成化、信息化、智能化、现代化的新局面和新阶段。

【此文作者为时任市委社会工委综合处（网格化工作协调处）处长、北京师范大学中国社会管理研究院和社会学院兼职教授、国家行政学院社会治理研究中心特约研究员岳金柱，刊载于《国家治理周刊》2016年第25期】

着力动员社会力量　积极参与社会矛盾调解

市委社会工委、市社会办宣传处（社会动员处）

近年来，市委社会工委、市社会办认真贯彻落实党中央会议精神和市委市政府的有关要求，有效整合社会领域资源，积极推动社会组织和专业社工机构等社会力量参与社会矛盾调解，着力维护社会安全稳定，促进社会和谐。

一、基本情况

（一）大力培育社会组织和专业社工机构，为参与社会矛盾调解提供有力支撑和保障

一是培育社会组织。加强“枢纽型”社

会组织体系建设，截至2016年10月，共认定市级“枢纽型”社会组织51家，区、街级“枢纽型”社会组织679家，联系各级各类社会组织3万多家。通过建设“一中心、多基地”社会组织服务（孵化）网络建设，共建成区社会组织服务机构15家、街道社会组织服务机构54家，对本区域社会组织服务覆盖率达到85%以上。以上两个体系的建立，为律师协会、法学会、人民调解协会等专业机构及其所联系的社会组织参与社会矛盾调解提供了有力的保障和支撑，目前，参与社会矛盾调解的社会组织近8000家，占比26.6%，社会组织的群众性、行业性、志业性等优势明显，已成为参与社会矛盾纠纷化解的重要力量。2016年，根据市委社会工委和首都综治办联合印发的《关于推动市级“枢纽型”社会组织建立社会矛盾调解专委会的工作方案》（京社发〔2016〕11号），在具备条件的市级“枢纽型”社会组织逐步建立了社会矛盾纠纷调解专委会，进一步推动了各领域、各行业内部矛盾纠纷的化解治理工作。

二是发展专业社工机构。自2010年起，市委社会工委、市社会办累计使用市级社会建设专项资金1400多万元，积极培育扶持专业社工机构（社会工作事务所）发展。截至2016年底，全市使用社会建设专项资金扶持培育的社会工作事务所达到108家，实现了16区的全覆盖，其中有10家社工事务所承接了有关社会矛盾调解的服务项目，与家庭关系调解服务有关的专业社会工作岗位，占事务所总数的9.3%。这些调解服务岗位吸纳专职社工约16人，带动志愿者160余人，受益群众5000余人，受到社会各界的广泛关注与好评。

（二）通过购买服务方式，支持社会力量参与社会矛盾调解

一是购买社会组织服务项目。今年共投入6千多万元购买社会组织服务项目，其中300多万元用于购买社会矛盾调解相关的项目。比如：购买了市法学会的“青少普法教育项目”、律师协会的“互联网矛盾调解项目”、人民调解协会的“以案释法”项目等，购买了综治办主导成立的公益法律服务与研究中心的16个管理岗位，朝阳区方舟社会工作发展中心、心生社会工作事务所的矫正和社会矛盾化解项目等。通过以上购买项目方式推动和支持社会组织，开展社会矛盾前端的基础教育、参与社会矛盾调解，减少不和谐因素，预防不利于社会安全的事故案件发生。

二是购买专业社工机构服务项目。2010年市委社会工委、市社会办在全市启动购买专业社工岗位工作，按照“一街一社工”（一个街道一个专业社工岗位）、“一所一督导”（一个社会工作事务所一个专业督导岗位）的标准，向社会工作事务所购买专业社工岗位，目前已累计为16个区的街道、社会工作事务所购买专业社工岗位1333个，累计投入资金4000万元。其中，投入30万元，购买10个家庭关系调解岗位，服务对象包括社区居民、“漂族”爸妈、服刑人员、外籍人士等多种人群。社工事务所在开展家庭关系调解服务过程中，使用个案、小组等专业社会工作方法，以举办家庭关系调解讲座、开展一对一咨询、介入陪伴等方式与服务对象搭建交流互助平台，形成情感支持网络，增强受助人对新环境的应对能力，帮助他们协调处理好与自己、家庭及邻里的关系，进而实现与社会的和谐相处（见表1）。

表1　社工事务所承接家庭关系调解岗位一览表

区县	序号	社工事务所名称	承接购买岗位
东城区	1	助人社工事务所	社区居民归属感服务
	2	引行社工事务所	社区工作者调解能力专业支持
西城区	3	睦邻社工事务所	社区居民互动参与
	4	睦友社工事务所	社区居民互动参与

续表

区县	序号	社工事务所名称	承接购买岗位
朝阳区	5	在行动社工事务所	中韩家庭社区融合
	6	曙康社工事务所	“漂族”爸妈社区融合
海淀区	7	睿搏社工事务所	社区矫正服刑人员危机介入、家庭关系修复等
丰台区	8	沁园心理社会工作事务所	家庭关系融合
门头沟区	9	康馨社会工作事务所	回迁社区社会矛盾调解
怀柔区	10	天馨社工事务所	婚姻关系调整

（三）以公益活动为平台，社会力量广泛参与社会矛盾调解见成效

一是开展“北京社会组织公益行”系列活动。自2010年以来，通过组织开展“北京社会组织公益行”系列活动，搭建社会组织参与社会矛盾调解的平台。6年多来，共有2万多家（次）社会组织开展了4500余项、3万多场次的活动，其中近300项活动以普法宣传、社区矫正、法律维权等为主要内容，服务城乡居民超过300万人次，在化解社会矛盾、促进社会和谐、维护社会稳定等方面发挥了积极作用。比如：市法学会开展的“法学法律专家基层公益行”活动、东城区仁合公益与法律研究中心组织开展的“仁和公益法律援助”活动、人民调解委员会开展的“第三调解室”电视节目等已成为具有广泛社会影响力和知名度的公益服务品牌，这些都为社会矛盾调解做了很好的基础性的工作；北京市致诚农民工法律援助与研究中心4年办结3798件法律援助案件，服务农民工5963人次，帮助讨薪3808万元，有效化解了矛盾，被服务农民工无人继续上访。此外，发挥行业协会、民商调解组织的沟通协调作用，引导相关利益群体以理性合法的形式表达诉求，化解行业内部、民商事利益方与其他单位之间的矛盾和利益纠纷。比如：北京市医疗纠纷人民调解委员会，为中央、市属三甲医院以及全市各级各类1万余家医疗机构的医疗纠纷提供调解服务。机构自成立以来，积极参与医患矛盾纠纷化解，累计受理各类医疗纠纷9070件，调解结案8517件，出紧急现场调解医疗纠纷359件，为维护首都医患和谐做出了积极贡献。北京民营科技实业家协会2008年同海淀法院合作，建立了“企业家调解机制”，至2015年底累计成功调解企业内部纠纷260多件。北京市安邦民商事和社会服务调解中心，累计协调解决了北京建工集团承建的公安部“1311”项目施工遇阻案、安路通物流公司勾结大红门服装商贸城管理层垄断服装物流线路案、海淀区巨山路“2·23”特大火灾善后赔偿案等各类民商事矛盾纠纷442起。

二是专业社工机构积极开展“社会关爱行动”。更多的社工事务所充分发挥专业优势，运用社会工作专业方法，积极开展社会关爱行动，提供促进社会矛盾调解、有助于社会稳定的特色服务。如超越青少年社工事务所主办、承办了未成年人刑事案件社会调查员、司法社工督导等培训班次，提高了专业社工队伍的法律素养。海淀睿搏社会工作事务所长期开展深宵外展社会工作，2014年夜间直接接触交流各类夜间活动青少年约300人次，间接接触约3.6万人次，对问题青少年给予了及时救助、引导、干预和帮助。大兴区博恒司法社工事务所开展了更生之桥——社区矫正高危重点人社会功能恢复、博恒拟适用非监禁刑人员社会调查、专业服务塑新生——社工助重点人回归等项目，为社区提供社区矫正、安置帮教、人民调解、法律援助等多方面的社会工作综合服务。丰台区中鼎社会工作事务所承接涉罪未成年人社会调查任务，所出具的未成年人社会调查报告为挽救未成年人、预防犯罪发挥了重要作用。石景山金顶阳光社会工作事务所积极开展法制教育，进行禁毒普法宣传，慰问涉

毒人员，社区居民在活动中受到感化、教育。

二、存在不足

社会力量参与社会矛盾调处，相对于政府，虽然具有相对独立、权威、低成本、高效率的优势，但在工作实践中，还存在以下不足：

（1）专业能力不足。在社会工作者队伍中，具备社会矛盾调解专业知识及能力的人员数量有限，专业人才缺口较大。部分参与社会矛盾调解的社会组织缺少专业人才，还不能有效承担和胜任一些复杂的社会矛盾调解任务。

（2）购买调解服务的供给不足。在当前社会竞争激烈、社会矛盾突出、个体心理压力增大的背景下，民众对社会矛盾调解的需求不断增加，特别是在家庭关系调解方面，购买调解服务岗位的数量与实际需求之间还有一定差距。同时，受物价水平提高，居民收入增加等因素影响，工作岗位运行成本增加，受资金限制，购买矛盾调解服务的资金标准、数量有待提高。

（3）协调沟通工作机制不完善。具体实践中，社会组织参与调解的部分重大矛盾纠纷案件，特别是涉及政府部门的，社会组织参与调解工作机制还不完善，沟通渠道有限。

三、有关建议

（1）加强社会工作能力建设。政府部门应通过政策扶持、孵化培育等形式，进一步强化社会组织和专业社工机构能力建设，强化对社会矛盾调解业务的指导和管理。坚持“专业化”“职业化”方向，开展系列社会工作实务培训，培育一批精通社会矛盾调解工作的骨干力量。对在调解社会矛盾中做出突出贡献的社会组织、专业社工机构及专业人才应进行大力宣传、表彰，完善工作激励机制。

（2）加大购买服务力度。通过开展调研，在购买调解服务项目和岗位上，进一步了解民需，加大支持和保障力度。加强与职能部门的合作，结合矛盾调解工作特点，进一步引导购买服务工作向社会矛盾调解等“百姓急需、社工能为”的领域倾斜，加强购买服务工作的针对性和实效性。对购买社会组织、专业社工机构服务项目的实施效果进行科学评估，确保实现预期服务效果。

（3）畅通参与机制。建立政府有关部门和社会矛盾调解组织之间的信息互通机制，让社会组织能够及时了解政府的工作意图和实施方案，破除社会组织参与的信息障碍。在涉及政府的重大矛盾纠纷案件中，搭建交流会商平台，完善政府部门与社会矛盾调解组织间的沟通协调机制。

北京市社会工作人才队伍建设发展研究

市委社会工委、市社会办社会工作队伍建设处（志愿者工作处）

摘　要：社会工作人才是我国人才队伍的重要组成部分。目前，北京市社会工作人才队伍不断壮大，人才素质不断提升，人才发展载体不断拓展，人才发展环境不断优化。本报告分析了北京市社会工作人才队伍建设发展现状，梳理了社会工作人才队伍建设的主要做法，同时，在认真分析社会工作人才队伍建设发展存在的问题及成因的基础上，提出了加强北京市社会工作人才队伍建设的主要对策建议。重点强调应进一步完善社会工作管理体制，健全社会工作政策措施和制度保障，加大社会工作者培养、使用、管理和保障力度，坚持专业化、职业化发展方向，为首都创新社会治理体制，提高社会治理水平提供更有力的人才资源支撑。

关键词：北京；社会工作人才；队伍建设；现状；对策

社会工作人才是首都社会建设的重要力量。加强社会工作人才队伍建设，构建一支规模宏大、结构合理、素质优良的社会工作人才队伍，对于协调社会关系、预防和解决社会问题、提高社会管理服务水平、维护社会和谐稳定，建设国际一流的和谐宜居之都具有重要的现实意义和深远的历史意义。

一、导言

（一）基本概念界定

社会工作人才是党的十六届六中全会最早提出的。2011 年 10 月，中央 18 部门和组织发布了《关于加强社会工作专业人才队伍建设的意见》，作为中央第一个关于社会工作专业人才的专门文件，第一次明确提出了“社会工作专业人才”的概念，指出，“社会工作专业人才是具有一定社会工作专业知识和技能，在社会福利、社会救助、慈善事业、社区建设、婚姻家庭、精神卫生、残障康复、教育辅导、就业援助、职工帮扶、犯罪预防、禁毒戒毒、矫治帮教、人口计生、纠纷调解、应急处置等领域直接提供社会服务的专门人员”。在本研究中，社会工作人才与社会工作专业人才并不做明显区别。在本研究数据统计分析中，将取得全国社会工作者职业水平证书的人员，取得社会工作及相关专业大专以上学历的和接受过系统的社会工作专业教育或培训的各类人员均纳入了统计范围。

（二）研究目的及意义

社会工作人才是构建社会主义和谐社会、加强和创新社会治理不可或缺的重要力量。大力加强社会工作人才队伍建设，对维护社会公平正义、维护首都社会稳定、构建和谐宜居之都；对转变政府职能、完善社会管理体制；对落实社会政策、创新公共服务方式、满足人民群众日益增长的社会服务需求；对有效预防和解决工业化、城镇化、市场化、信息化、国际化加速发展所产生的社会问题、降低社会管理成本、促进社会和谐稳定、推动文明进步；对彰显人文关怀、密切党和人民群众血肉联系，夯实执政党的群众基础、社会基础，加强党的执政能力建设，都具有十分重要的意义。

经过不断实践探索，北京市社会工作专业人才制度建设稳步推进，实践探索不断深入，发展了一支 5 万余人的社会工作专业人才队伍。他们在提供专业服务、解决群众困难、化解社会矛盾、推进公平正义、促进社会和谐方面作用逐步显现。同时，必须清醒认识到，当前我市社会工作专业人才工作还存在体制机制和政策制度不太完善，人才数量缺口很大、能力素质不高、结构不太合理等问题。我市社会工作专业人才队伍发展总体水平与现有经济实力不相匹配，与人民群众不断增长的社会服务需求不相适应，与构建和谐宜居之都的要求还有较大差距。

因此，开展社会工作人才队伍建设发展研究、剖析社会工作人才发展面临的问题，在此基础上提出社会工作人才发展对策建议，对于建设专业化、职业化的社会工作人才队伍，创新首都社会治理体制，进一步推动首都提高社会治理水平，构建国际一流的和谐宜居之都具有重要意义。

（三）研究内容及方法

本研究采取文献研究、实地调研等方法，从首都社会建设和社会治理体制改革的总体要求出发，对北京市社会工作人才队伍现状进行深入调查与分析，力图找出制约社会工作人才队伍发展的问题。本次研究以 2015 年《首都中长期社会工作专业人才发展规划纲要（2011—2020 年）》中期评估的相关数据为数据来源。

二、北京社会工作人才队伍现状

北京市社会工作人才队伍的建设发展既离不开社会政策的有效保障，又与社会工作发展有着十分密切的关系。近年来，全市社会工作专业人才队伍不断壮大、人才结构不断优化，专业素质、职业能力得到较大提升，服务领域不断拓展、逐渐得到社会认可，基本形成以初级为主体、中级为骨干、高级为引领的人才梯队，反过来又支撑着本市的社会工作蓬勃发展。

（一）队伍规模日益壮大

北京市始终坚持将社区工作者等一线社会工作从业人员，包括社会工作师、助理社会工作师在内的各类专业社工，以及党政机关、非公有制经济组织和社会组织从事社会建设工作的管理人才等都纳入到社会工作人才的大概念之中。截至 2015 年 6 月，全市社会工作人才总量已达到 5.2 万人，主要分布在社会工委系统、民政系统、教育系统、司法系统、信访系统、工会系统、共青团系统、妇联系统、残联系统、专业社工机构及城乡自治组织。由于各类社会工作机构承担的具体职能不同，不同类型机构中社会工作人员数量差异很大，民政、教育、司法、工会、妇联系统以及城乡自治组织社会工作人员数量相对较多，具体情况见表 1。

表 1　北京市社会工作人才分布领域

分布领域	数量（万）
社会工委系统	0.005
民政系统	0.45
教育系统	0.41
司法系统	0.11
信访系统	0.002
工会系统	0.14
共青团系统	0.086
妇联系统	0.71
残联系统	0.006
专业社工机构	0.14
城乡自治组织	3.2

由于全市各区县社会工作发展起步不同，发展现状不同，各区县社会工作人才分布也不平衡。以社区工作者为例，全市社区工作者中，城 6 区有 23689 人，占社区工作者总人数的 73.4%；10 个郊区县有 8564 人，占社区工作者总人数的 26.6%。

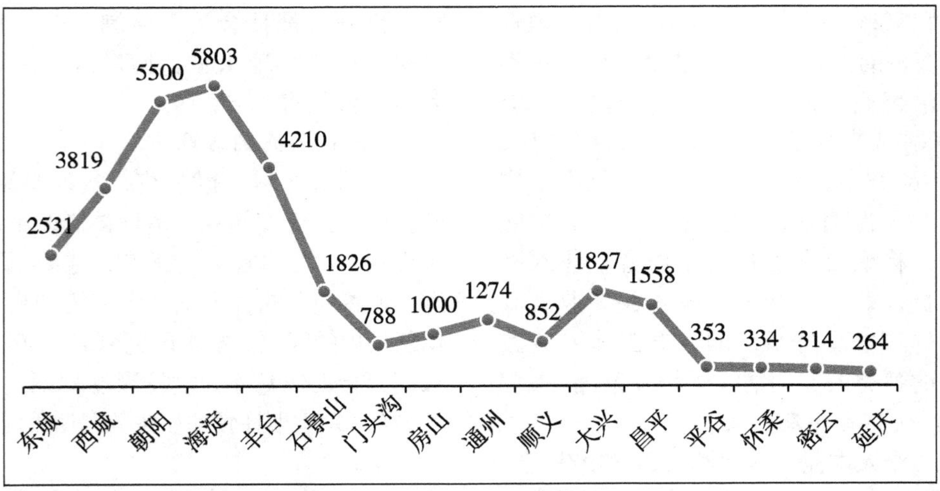

图 1　北京市各区社区工作者情况统计

（二）队伍结构显著改善

从年龄结构上看，40 岁及以下人员约为 2.50 万人，占 48%，平均年龄 39.8 岁。可以看出，首都地区社会工作人才年龄结构比较适当。

从政治面貌看，党团员成为主体，约为 3.38 万人，占 65%。为保证党和政府与群众密切联系，确保队伍的正确发展方向奠定了基础，提供了保障。

从学历上看，到2015年6月，全市社会工作人才大学以上学历人员约为3.70万人，比重达到71.2%。总体来说，目前社会工作人才整体学历层次较高，学历结构比较合理。

从工作年限上看，工作3年以下的人员约为2.55万人，占49%；3～6年的人员约为1.51万人，占29%；6年以上的人员约为1.14万人，占22%。说明社会工作人才队伍相对稳定，但又有一定的流动性，充满活力（见图2）。

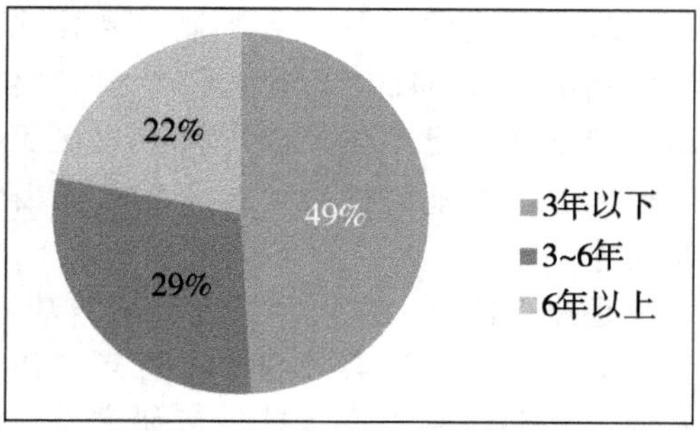

图2 社会工作人才工作年限统计

从性别比例上看，首都地区社会工作人才中女性占多数，数量优势明显，女性约为3.85万人，占74%；男性约为1.35万人，占26%。体现了社会工作领域存在的对女性吸引力更大的现实情况。

（三）能力素质明显提升

先后实施“大学生社工计划”“社会工作专业硕士研究生培养计划”“万名社区工作者培训计划”，通过开发岗位、公开招聘等途径，不断吸引高素质人才加入社工队伍。目前，全市社工人才队伍大学以上学历比重达到71.2%，平均年龄39.8岁，党团员占65%，在职在岗培训率高达97.5%。截至2015年，首都地区持证人员累计达到20722人，其中社会工作师5062人，助理社会工作师15660人，持证人员人数占全国总人数的近10%，居全国前列，为首都社会建设提供了有力的专业人才支撑。按照2014年末北京市常住人口2151.6万计算，北京市每万人拥有专业社工约10人。

（四）作用发挥更加突出

社会工作专业服务机构是吸纳社会工作人才的重要载体，是有效整合社会工作服务资源的重要渠道，是开展社会工作专业服务的重要阵地。2010年以来，全市加快推动社会工作服务机构建设，截至2015年6月，全市社会工作服务机构数量达到608家，其中专业社会工作机构106家，共吸纳专业社工1400多人，带动志愿者1.3万余人。几年来，全市各机构和专业社工发挥自身优势，在青少年、司法、助残、心理疏导等20多个领域开展工作，累计服务9.5万余次，服务对象达49.1万人次，为公共服务提供了有效补充，在加强首都社会建设、创新首都社会治理中发挥了重要作用。

经过不断鼓励社会工作专业人员加强国际合作与交流，首都社会工作专业教育研究的国际影响力也不断扩大。中国人民大学与墨尔本大学签署合作协议并将社会工作硕士纳入双方硕士联合培养项目，首都师范大学依托少年司法社会工作研究与服务中心，加强与瑞典、我国香港等境内外学术机构及社会工作服务机构的合作，并应邀参加了社会工作与社会政策国际研讨会、国际少年检察工作经验交流会等学术活动。

（五）社会评价不断提高

经过宣传社工队伍，树立社工形象，营造良好舆论氛围，社会对社工的认可度和知晓度不断提高。涌现出33名“首都最美社工”、117名“首都优秀社工”。在先进典型的带动鼓舞下，首都社工人才队伍涌现出一大批优秀人物。2012年以来，在市、区两级共有185名社会工作者当选人大代表、13人被选为政协委员、51人被评为“三八红旗手”、13人获得“五一劳动奖章”、206人被评为“优秀共产党员”、1人被评为“中国优秀社工”、9人被评为“中国最美社工”。11人被评为中国年度“百名社工人物”，9家专业社会工作机构被评为中国年度“百强社工机构”。

三、社会工作人才队伍建设的主要做法

市委、市政府高度重视社工人才队伍建

设，有关部门通力协作，从加强社会工作人才体制、培养、评价、使用、激励等多方面入手，取得了初步的成果。

（一）加强社会工作人才政策制度和体制机制建设

一是建立完善社会工作人才发展政策和制度体系。始终把体制机制作为推动首都社工人才队伍建设的根本保证。2008年以来，市级相关部门出台《北京市社会工作者继续教育实施办法》《北京市社区工作者管理办法（试行）》《关于“首善之区社会工作人才发展工程”的实施意见》《首都中长期社会工作专业人才发展规划纲要（2011—2020年）》等社会工作专业人才相关政策制度20余项，各区县共出台社会工作专业人才相关政策35个，逐步建立起集培养、评价、使用、激励于一体的社会工作人才发展政策和制度体系。

二是建立社工专业人才工作联席会议制度。以定期召开联席会议、制订任务分解方案等形式，明确成员单位职责分工，确保各项任务落实到位，形成了工作合力。

三是积极构建社会工作“枢纽型”社会组织管理体系。按照“政社分开”要求，加强市、区县两级社会工作者联合会建设，推动建立“枢纽型”社会工作者组织体系。市级层面，成立北京社会工作者协会，作为全市社会工作专业人才行业服务管理的专门机构，承担专业培训、行业自律、权利维护等职能。

（二）加强社会工作人才培养

一是加快推进社会工作学科建设发展。截至2014年，全市共有23所高等学校（机构）培养社会工作专业学生，各类在校生规模4191人。

二是建立完善的培训体系，开展不同层次的培训。基层社会工作者普训。每年从市级层面对新入职社区工作者进行全员培训，同时在全市民政系统开展社会工作专业知识的大规模轮训，为他们尽快适应岗位要求，更好地服务居民群众打好基础。社会工作领域专项人才培训。对社会领域党建工作人才、妇联系统社会工作骨干、信访系统社会工作骨干等专项人才开展培训，强化了社会工作专项领域人才的专业技能。高级社会管理服务人才培训。从2013年开始，连续3年与市外国专家局共同举办“高级社会管理服务培训班”，聘请来自韩国、新加坡、我国台湾等地的专家学者来京授课。通过“请进来”实现了“走出去”的效果，探索了高层次社会建设人才培养的新路径。MSW研究生培养。采取“理论＋实践”的双导师制，委托北京城市学院定向培养社会工作专业硕士研究生。2013—2015年，已招收3届共86名社区工作者入校学习，为基层社会建设培养和储备了高端人才。

三是建立社会工作人才研究和培养基地。市委社会工委、市社会办与中国青年政治学院共建了首都社会工作人才发展研究院，近年来开展了青少年社会服务、专业社工机构参与社会治理、首都社区工作者绩效考评体系构建等一系列课题研究，形成了一批具有首都特色的社会工作理论研究成果。北京大学、中国人民大学、北京师范大学、中国社会科学院研究生院、中国青年政治学院、中华女子学院等7所院校被民政部确定为首批国家级社会工作专业人才培训基地，带动了相关高校在教育、科研方面向着更高层次发展。

（三）加强社会工作人才评价

一是进一步完善职业水平评价体系。推动将社会工作者职业水平评价制度纳入全市专业技术人员职业资格制度统一管理，认真组织实施社会工作者职业水平考试。出台了社会工作者职业水平证书登记实施办法，建立“北京市社会工作人才登记教育管理服务信息网站”，探索创新登记服务方式。

二是开展社工综合考核及评价职级体系构建工作。根据《北京市社区工作者管理办法（试行）》关于考核评价的相关要求，制定印发《北京市社区工作者考核评议办法》。在工会系统社会工作者中积极开展职业资格准入试点工作，通过推行全员持证上岗制度、“资质与待遇挂钩”等方式，推进工会系统社会工作人才专业化、职业化进程。在青少年社会工作领域中试点，将青少年社会工作社工职位分为四级十一档，明确了专职社工薪酬指导标准，并以此为依据完成了对社区青年汇专职社工的职级核定。

（四）加强社会工作人才使用

一是加大社会工作专业岗位开发力度。2011年至2015年6月，全市累计购买社会工作岗位2167个，在全市民政系统以及市总工会、团市委、市妇联、市残联、市侨联、市法学会、市红十字会、市贸促会、北京社会工作者协会等“枢纽型”社会组织开发设置463个社会工作岗位。不断壮大“枢纽型”社会组织服务力量。从2012年开始，每年通过市社会建设专项资金为市级“枢纽型”社会组织购买社会工作管理岗位，目前已累计购买700个，为市级“枢纽型”社会组织开展本领域、本行业的社会工作奠定了组织和人才基础。

二是加大社会工作事务所培育扶持力度。2011—2014年底，全市各级、各部门用于扶持社会工作服务机构的项目经费投入金额累计达到近4亿元。全市建成1家市级社会组织孵化基地、14家区县级社会组织服务基地和54家街道（乡镇）服务基地，为民办社会工作服务机构提供从项目孵化到落地“一条龙”服务。

（五）加强社会工作人才激励

一是健全社区工作者保障体系。2012年，按照人均800元/月的标准对社区工作者核增绩效工资，实现了社区工作者工资不低于所在区县执行事业单位工资制度的全额拨款事业单位（不含教师）的待遇水平。推动社区工作者待遇、身份编制问题取得新突破，在《关于深化北京市社会治理体制改革的若干意见》中，明确提出要进一步提高和规范社区工作者待遇，按照人均收入不低于上年全市社会平均工资70%的标准，每年进行动态调整；同时，将在试点基础上，探索将优秀社区党组织书记纳入事业编管理机制，为社区工作者提供更加有力的待遇保障和更加畅通的发展渠道。

二是资金投入力度不断加大。2011年至2015年6月，全市各级、各部门用于建设社会工作服务机构、购买社会工作岗位、购买社会工作服务项目等方面经费投入金额已累计达到近5亿元。

三是表彰奖励制度日趋完善。积极组织开展社会工作者评选表彰活动，激发社会工作人才的积极性，同时大力宣传社会工作。2012年开始开展“最美社工”评选活动，三年来连续开展此项活动，现已评选出33名“首都最美社工”，充分发挥先进典型的示范引领作用。在全国也产生了积极的影响。

四、存在的问题及成因

近年来，北京市社会工作人才队伍建设取得了显著的成绩，但是，我们也必须清醒地认识到，我市的社会工作专业人才队伍建设还处于起步阶段，存在着一些不容忽视的问题。

一是社会工作人才队伍规模与首都社会治理创新要求还不相适应。按照《首都中长期社会工作专业人才发展规划纲要（2011—2020年）》提出的任务目标，到2020年，全市社会工作专业人才总量要达到8万人。目前，我市共有社会工作专业人才约5.2万人，未来5年，还有3万多人的缺口。即使按照2011年中央18部委出台的文件口径计算，全市有30万社会工作从业人员，其中专职社区工作者3.2万人，专业社工机构中的专职社会工作者1400人，这一数量与全市2151.6万常住人口基数比，仍然较低，对于满足市民日益增长的多样性需求而言，还有不小的差距。

二是社会工作人才队伍发展还不够均衡。社会工作专业人才主要聚集在社会福利、社区事务等传统领域，在教育辅导、医疗卫生、权益维护等新兴领域则分布较少。城乡分布差异大，城区多、郊区少。救济型的社会工作人员多，预防和发展型的社会工作专业人才少。从满足社会工作发展需求看，首都社会工作专业人才队伍的专业、学历、年龄、层次、功能等结构都有待进一步优化。

三是专业社会工作服务能力与群众服务需求还不相适应。现有社会工作从业人员中具有社会工作、社会学、心理学相关专业背景的人员比例仅达到47%，尚不足以有效应对当前多样性的社会需求。

四是社会工作服务机构培养吸纳人才的作用发挥还不充分。虽然随着培育力度的不断加大，社会工作服务机构数量逐步增多，但总体上看，目前专业社会工作机构还不够发达，自身“造血”功能不强，在吸纳和培养社会工作专业人才方面的作用发挥得不够，社会福利服务和社会事务管理社会化程度还不高，社会工作专业人才仍缺乏社会组织依托，缺乏事业发展的平台。

上述问题，究其原因，主要有以下几点：

一是管理体制还不够完善。尽管党委统一领导，组织部门牵头抓总，社会建设、民政、人力社保部门具体负责，有关部门各司其责，社会力量积极协同，公众力量广泛参与的社会工作专业人才管理体制已经建立，但各部门在加强领导、信息沟通、工作联动等方面还需进一步加大力度。市级行业组织的作用虽然已经初显，但管理能力还有待进一步加强，各区县、各系统行业协会组织体系还需要进一步建立健全。这些在一定程度上制约了社会工作专业人才队伍的快速发展，亟须加快改革创新，加强对社会工作专业人才队伍建设的统筹协调和综合督导。

二是社会认知度亟待提高。由于社会工作在我国刚刚起步，还是新生事物，社会上对社会工作的基本理念、基础知识、主要方法还不熟悉，一些部门对社会工作认识不到位、把握不准确、重视程度不够，将社会工作专业人才混同为原来的社区居委会人员或者志愿者的情况还在一定范围内存在，对社会工作专业人才的重要性和必要性认识还不足，使用上不专业。同时，首都社会工作专业人才的职业声望、社会地位以及收入水平尚处在一个较低的层次，社会领域人才晋升空间较小，容易使社会工作专业人才流向其他领域和岗位。社会认知度不高，成为社会工作专业人才发展的主要障碍之一。

三是政策法规体系还有待健全。目前，尚未建立完整系统的社会工作岗位开发与设置制度，社工的教育培训、从业规范和激励保障等关键环节的制度还不健全。实务督导、服务评估、项目设计等配套制度亟待建立健全。特别是社会工作专业人才领域立法还处于空白阶段，社会工作政策、法律体系尚未形成，与全面“依法治国”的要求存在一定差距，难以为社会工作专业人才发展提供强有力的法律保障。

五、加强社会工作人才队伍建设的对策建议

（一）加大社会工作专业人才管理和保障力度

一是完善社会工作管理体制。进一步发挥社会工作专业人才工作联席会议制度的议事协调作用，研究社会工作发展政策等大事要事，形成部门协作和联动，确保工作落实。强化社会工作行业“枢纽型”社会组织功能，充分发挥市、区县两级社会工作行业组织在社会工作者自我管理、自我服务、自我监督等方面的作用，为会员提供教育培训、权益维护等服务，提升社会工作行业管理水平。

二是加大政府支持力度。进一步降低民办社会工作服务机构登记门槛，通过多种方式加快支持建设一批社会急需的民办社会工作服务机构。加大公共财政投入力度，将与社会工作专业人才相关的服务机构建设、购买服务项目等纳入政府购买服务的重点支持范围，将新增社会需求项目明确列入政府购买服务的财政资金中，取消地税部分收缴专业社工机构税负，帮助他们将事业做大做强，

为居民群众提供更加专业化的服务。

三是优化政策环境。建立健全政策体系，修订《北京市社区工作者管理办法》，推动出台《关于开展北京市社会工作事务所规范化建设试点工作的意见》《社会工作岗位开发和薪酬待遇指导标准》《关于加快推进社区社会工作服务的实施意见》和《关于进一步加强社会工作宣传的意见》等文件，统揽全市社会工作专业人才发展政策，完善社会工作发展政策体系。

（二）加大社会工作专业人才培养力度

一是搞好教育培训顶层设计。加快建立涵盖社会建设各相关部门，不同层次教育协调配套、专业培训和知识普及有机结合的社会工作专业人才培养体系，培养造就一大批专家型社会治理干部队伍和专业化社会工作者队伍。实施“社会工作高层次人才培养计划”，举办各级各类社工人才示范培训班，选拔一批社工管理和服务人才到先进地区进行专业实务训练，提升督导老师、骨干人才的专业化水平和社工的职业水准。加快培养一批高层次社会工作专业督导人才，健全专业社会工作督导机制。

二是加强培养载体建设。整合首都地区各类高等院校、职业学院和社会培训机构等资源，加快构建市、区（县）两级人才培训网络。深化社会工作人才培训和实训“双基地”建设，加强扶持、评估和监督。推行“三个一批”工程，即根据首都社会工作实际需要建设一批社工示范培训基地，推出一批社工专业精品课程，培养一批懂理论、会实务的复合型社工专业人才。

三是创新人才培养方式。开发“社区工作者在线学习平台”，建设全市社会工作远程教育培训网络，实现“线上学习”与“线下学习”相结合，提高社会工作者继续教育的信息化水平。继续实施社会工作专业硕士培养计划、社区工作者岗位轮训、社区工作骨干实务能力培训计划，稳步扩大优秀管理人才到著名高校学习深造的范围和数量，与更多高校合作开展社会工作专业学历教育，实现“专业教育”与“学历教育”相结合。

（三）健全社会工作专业人才评价机制

一是完善社会工作职业水平制度。加大宣传力度，做好社会工作职业水平考试动员工作，采取各种形式提高社会工作职业水平考试社会关注度。通过研究出台鼓励措施，面向社会服务从业人员开展社会工作职业水平考试辅导培训，开展考试经验分享等交流活动，普及社会工作专业理论和实务知识，提高社会工作者职业水平考试的社会参与度和通过率。

二是健全社会工作职业体系。规范社会工作职业资格准入，探索建立社会工作职称职级体系，在本市率先试点建立初、中、高级相衔接的社会工作评价体系。推行对社区工作者队伍的“准编制化”管理，严格控制规模、提升人员素质、保持队伍稳定、促进结构优化、提高服务水平。

三是建立健全评估机制。加强对社区工作者和社会工作专业人才的考核，并建立相应的激励机制，试行将部分资深优秀社区党组织书记、社区居委会主任纳入事业编管理。组建独立的社会工作评估机构，对社会工作服务机构进行第三方评估，提高评估的专业化水平和可信度。

（四）加大社会工作专业人才使用力度

一是分领域推进岗位设置。进一步拓宽社区工作者选任渠道和发展空间，鼓励党政机关、事业单位干部到社区挂职、任职，鼓励党政机关、事业单位通过公开招聘、直接调任等方式吸纳优秀社区工作者。总结民政、共青团等单位社会工作岗位设置经验，推动在医院、学校、工会、妇联、残联等具有社会管理和公共服务职能的有关部门、群团组织、公益服务类事业单位，根据实际工作需求和业务特点探索开发设置一批专业社工岗位，通过引入专业社工，提升本领域、本部门社会管理和公共服务的专业化水平。

二是加大专业社工机构培育力度。成立专业社工机构联盟，扶持专业社工机构发展，加强专业社工机构规范化建设。鼓励支持符合条件的组织、企业和个人兴办或捐资公益慈善类社会组织。推动相关部门和群团组织重点在社会福利、社会救助、扶贫济困、婚姻家庭、精神卫生、残障康复、教育辅导、就业援助、职工帮扶、犯罪预防、矫治帮扶等领域，通过购买专业岗位和服务项目的扶持机制，积极培育一批社会工作服务机构。

三是营造良好社会环境。继续推动将社会工作专业人才纳入各级各类代表委员人选、先进典型评选范围，做好“最美社工”等评选活动，充分发挥示范引领作用。打造“国际社工日”品牌活动，举办一系列内容丰富、形式多样的庆祝活动，吸引全市广大社会工作者积极参与，激发他们投身社会建设事业的热情。通过建立北京社会工作专业人才信息库，完善社工网站、创办专业刊物等方式，及时向社会发布社会工作专业人才信息，宣传社会工作知识，反映工作动态，交流工作经验，介绍社工案例，让更多的人了解、关心、支持社会工作，形成良好的舆论氛围和社会环境。

主要参考文献

［1］中央组织部等 18 部门和组织：《关于加强社会工作专业人才队伍建设的意见》（中组发〔2011〕25 号），2011 年 12 月 20 日。

［2］北京市委、市政府：《关于加强社会工作人才队伍建设的意见》（京发〔2007〕27 号），2007 年。

［3］北京市委组织部、市委社会工委、市民政局、市人力社保局：《首都中长期社会工作专业人才发展规划纲要（2011—2020 年）》（京组发〔2012〕5 号），2012 年 3 月 14 日。

［4］中共中央：《中共中央关于构建社会主义和谐社会若干重大问题的决定》，人民出版社 2006 年版。

作者简介：陈建领，市委社会工委副书记，研究员；赵海英，时任市委社会工委社会工作队伍建设处（人事处）处长，助理研究员；王海涛，时任市委社会工委社会工作队伍建设处（人事处）调研员；刘霖，时任市委社会工委社会工作队伍建设处（人事处）副调研员，思想政治工作硕士研究生；刘玉，时任市委社会工委社会工作队伍建设处（人事处）主任科员，政工师。

Abstract: Social work talent is an important part of China's talent team. At present, the social work talent team in Beijing has been growing rapidly, the quality of talents has been continuously promoted, the talent development carrier has been continuously expanded, and the talent development environment has been continuously optimized. This report analyzes the status quo of Beijing development of the talent team building of social work, summarizes the main practices of the construction of social work personnel at the same time, based on careful analysis of problems and causes of the construction and development of talents of social work, put forward the main countermeasures and suggestions to strengthen the construction of Beijing city social work personnel. Emphasis should further improve the management system of social work, social work and improve the policy measures and institutional guarantee, strengthen social worker training, use, management and protection efforts, adhere to the development direction of specialization and occupation, as the capital of innovation and social management system, improve the social management level to provide more effective human resources support.

Key word: Beijing; social work talent; troop construction; present situation; countermeasure

全市园区非公企业党建工作摸底调研有关情况的报告

市委社会工委 市社会办“两新”党建工作处

贯彻落实全国园区非公企业党建工作座谈会和基层党建重点任务推进会精神，按照部领导指示要求，我们针对园区非公企业党建工作，印发了专项通知，开展了摸底调研，并组织召开了不同层级的座谈会，现将有关情况报告如下。

一、主要情况

（一）园区基本情况

园区是指政府集中统一规划指定区域，区域内专门设置某类特定行业、形态的企业、公司进行统一管理。园区非公企业集聚，就业人群集聚，各类人才集聚。从行业分布看，包括工业园区、农业园区、科技园区、物流园区、文化创新产业园区等；从形式上看，包括经济技术开发区、高新技术产业开发区、综合保税区、自贸区等各类园区；从层级上看，包括国家级、市级、区级园区；从空间上看，有独立园区（开发区）、园中园（大兴、通州等）等。

从各区填报的数据来看，全市共有各类园区42个。其中，国家级园区3个，包括中关村科技示范区、北京经济技术开发区、天竺综合保税区，其中中关村科技示范区“一区多园”，具体有26个实体园区（房山3个、通州7个、大兴3个，东城等其他13个区各1个）；市级开发区8个（朝阳2个、通州1个、顺义1个、平谷2个、延庆2个）；区级开发区6个（通州4个、顺义1个、延庆1个）。

共有21个园区成立了党（工）委，并设立了党建工作机构，配备各类工作人员204人。仍有21个园区未成立党（工）委，主要依托园区管委会、乡镇、经信委、开发公司等抓园区非公企业党建工作（比如，房山工业园区依托开发建设公司党支部抓园区党建工作），配备各类工作人员74人；其中有4个园区无具体从事非公企业党建工作的人员（永乐经济开发区、通州国际种业科技园区、北京采育经济开发区、马坊工业园区）。

（二）园区非公企业“两个覆盖”情况

据统计，园区非公企业共5.3万家，其中50~99人的2413家、100人以上的3156家，职工总数200.1万人。共建立党组织2572个（隶属于园区党工委的1768个，占到68.74%），其中党委67个，党总支81个，党支部1898个，联合党组织526个、覆盖21424家非公企业，党组织覆盖率44.36%。园区非公企业共有正式党员45240名，占职工总数的2.26%；流动党员6596名，占职工总数的0.43%。

各园区共选派党建工作指导员2172人，其中选派10人及以上的园区有8个，分别是东城园（1765人）、丰台园（157人）、石景山园（86人）、海淀园（40人）、延庆园（21人）、西城园（16人）、北京八达岭经济开发区（16人）、昌平园（10人）；没有选派党建工作指导员的园区有11个（朝阳2个、房山2个、通州3个、顺义3个、平谷1个）。

（三）园区非公企业党建经费情况

关于纳入园区管理费用的非公党建经费情况，共有22个园区将非公企业党建工作经费纳入园区管理费用，2015年度累计拨付599.6万元，投入靠前的是北京经济技术开发区120万元、北京临空经济核心区100万元、北京商务中心区80万元、丰台园60万元、海淀园50万元、昌平园40万元、大兴生物医药产业基地40万元。

关于新设立非公企业党组织补助经费情况，2015年，共有19个园区新设立非公企业党组织168个，共拨付党组织工作和活动启动经费143.2万元（各园区拨付标准不等，一般党委2万元、党总支1万元、党支部5000元）。

关于非公企业党组织书记津贴情况，共有8个园区探索给予934名非公企业党组织书记津贴，累计119.3万元。其中，西城园为35名非公企业党组织书记每人每年支付津贴2400元；朝阳区涉及的3个园区为其中84名非公企业党组织书记每人每年支付津贴2400元；海淀园为593名非公企业党组织书记每人每年支付津贴1200元；丰台园为80名非公企业党组织书记每人每年支付津贴300元；通州经济技术开发区北区为4名非公企业党组织书记每人每年支付津贴12000元。东城园涉及的部分街道为138名非公企业党组织书记发放补贴，标准也不尽相同，比如，和平里街道支付78人、每人每年300元，建国门街道支付32人、每人每年1200元，东直门街道支付28人、每人每年1200元。

关于党建工作指导员的工作报酬方面，各园区标准不尽相同，一般兼职人员没有工作报酬，专职人员按照每人每年1万元的标准拨付，有的园区提高了标准。比如，朝阳CBD选派的党建工作指导员年人均2.2万元，丰台园选派的党建工作指导员年人均3万元，北京经济技术开发区选派的党建工作指导员年人均5.8万元等。

（四）党群活动服务中心建设情况

据统计，有34个园区共建立党群活动服务中心124个，其中1000平方米以上的3个，分别建在朝阳园（电子城）、北京国家环保产业园区、北京经济技术开发区；500～1000平方米的10个；500平方米以下的111个。园区的党群活动服务中心主要通过区或街乡财政拨付、企业自筹、园区办公经费统筹等形式解决。

各党群活动服务中心共有专职工作人员27人，兼职工作人员83人。除个别园区外（通州经济开发区北区为兼职工作者平均每人每年支付2万元、密云园为兼职工作者平均每人每年支付3.6万元、兴谷经济技术开发区为兼职工作者平均每人每年支付4500元），普遍没有为兼职工作人员支付工作报酬。各区为党群活动服务中心的专职工作人员支付工作报酬标准不一。比如，西城园3名专职工作者平均每人每年7.8万元，门头沟园2名专职工作者平均每人每年3.6万元，怀柔园2名专职工作者平均每人每年5.3万元，北京经济技术开发区5名专职工作者平均每人每年6万元，其他园区专职工作人员平均每人每年1万元左右。

二、存在的主要问题

（一）统计分析发现的问题

一是园区党建工作领导体制和工作机制不健全。仍有21个园区未成立党（工）委，占到50%；成立园区党（工）委的，党建工作机构力量较为薄弱，难以有效整合区域资源。针对“一区多园”的情况，尚未建立较为健全完善的工作机制。

二是“两个覆盖”不全面。园区非公企业党组织覆盖率仅为44.36%，并且联合党组织覆盖企业数较大，平均1个联合党组织覆盖40.7家非公企业。党建工作指导员选派力度不均衡，有11个园区没有选派党建工作指导员。

三是基础保障不到位。在力量配备上，园区党建工作者力量薄弱，全市还有4个园区没有具体从事非公企业党建工作的人员，11个园区没有选配党建工作指导员。在经费保障上，园区非公企业党建经费、非公企业党组织书记津贴、党建工作者工作报酬等方面，没有形成制度化安排。在场所建设上，有8个园区没有建立党群活动服务中心，已建立的多数为500平方米以下，不能够有效满足园区非公企业党组织活动需求。

（二）调研座谈反映的问题

一是重视程度需要进一步加强。有的园区主体责任落实不到位，重招商轻党建，没有把园区非公企业党建摆上议事日程；一些企业忙于生产经营活动，尤其是中小企业出资人对党建工作不重视，难以开展党建工作。

二是管理体制机制需要进一步健全。大家反映，市级层面应结合北京园区特色，尤其是中关村“一区多园”的实际，加强顶层设计，明确领导机构和工作机制，配齐配强党建工作力量。

三是园区党建特色需要进一步凸显。部分园区党务工作者提出，北京园区高端企业集聚、创新创业活跃，高端人才荟萃、青年职工多，园区内利益多元、观念多样、思想多变，要积极探索具有时代特点、园区特色、首善标准的园区党建工作方式。

四是基础保障需要进一步细化。基层认为，园区非公企业党建工作力量、党建经费及来源、党建阵地的建设标准和管理使用、党组织书记津贴和党建工作者报酬等方面，应有明确具体的规定，真正把资源和手段交给基层。

三、需要重点研究解决的问题

贯彻落实中央要求，结合北京实际，系统谋划解决存在的各类问题，市级层面应突出重点，加强宏观指导。主要有三个方面：

一是健全完善领导体制和工作机制。应明确各类园区建立健全党建工作领导机构，落实园区党建工作责任，完善党建工作机制。

二是更加突出园区党建特色。应进一步明确园区非公企业党组织的功能定位，强化对非公企业的政治引领，注重服务凝聚，创新工作方式，探索园区非公企业党组织和党员发挥作用的有效途径。

三是加强园区党建基础保障。人的方面，应通过企业内部选、聘机关党员干部，面向社会公开聘等方式，选优配强党组织书记队伍，壮大党务工作者队伍，进一步强化管理和激励。经费方面，应建立财政投入为主的经费保障机制，引导非公企业将党组织活动经费纳入企业管理费用等，健全党建工作经费投入。场地方面，应通过规范建设区域性、开放性、综合性的党群活动服务中心等，建实党建工作阵地。

北京市老旧小区治理调研报告

市委社会工委、市社会办社区建设处

近年来，随着北京经济社会的发展和住宅建设服务标准的不断提高，居民对住宅的安全、经济、绿色、美观的要求不断提升。老旧小区作为建设年代早，建设标准、设施设备、功能配套明显低于现行标准的住宅小区，无论是在建筑设施等“硬件”方面，还是在服务管理等“软件”方面，都与新建小区存在较大差距。破解老旧小区发展和治理难题，完善老旧小区治理，提升老旧小区服务管理水平，已经成为当前首都城市管理和基层治理的重要课题，也是群众普遍关注的民生问题。2016 年下半年，市社会办对全市部分区、街、社区的老旧小区治理情况进行了专题调研，总结经验、分析问题，并提出对策建议。

一、全市老旧小区基本现状

“十二五”期间，北京市综合考虑全市工程建设标准和本市财力，将老旧小区确定为“1990年之前建成的、建设标准、设施设备、功能配套明显低于现行标准，且没有建立长效管理机制的小区”。按此标准，目前全市现有老旧小区约1800多个，体量巨大、情况复杂、问题突出。

从“硬件”方面看，老旧小区居住生活环境普遍较差。由于建设年代久远，绝大多数老旧小区存在着规划、设计和建设标准低，配套设施不完善等问题，比如楼体陈旧，无法达到现代建筑抗震、节能等新标准要求；水电气热管线等设施设备老化，故障频出；消防设备不足，存在一定安全隐患；低层建筑缺乏电梯设备，老年人行动不便；居民活动场所、公共绿地、停车位等配套设施不足，无法满足居民需求等，表现出了老旧小区的“先天不足”。

从“软件”方面看，由于没有建立长效管理机制，老旧小区服务管理水平普遍不高。由于缺乏物业或产权单位管理，目前老旧小区服务管理主要有三种状态：一种由政府托底、居委会管理，约1300多个；另一种由居民自我管理，约500多个；另外还有极少数小区处于完全失管状态。究其主要原因，一是由于住房制度改革，原来计划经济体制下的大量单位公房出售给个人并进行产权登记，城市居民住房逐步走向商品化和市场化，有些小区的产权单位与住房逐步脱离，产权不清、管理混乱；二是在市场经济条件下，有些原先有物业公司或单位机构进行服务的老旧小区，由于物业费收缴不足或经营不善，逐渐脱管失管。

二、全市完善老旧小区治理的实践探索

为改善老旧小区居住环境，加强老旧小区治理，破解老旧小区难题，近年来北京市从“硬件”改造和“软件”提升两方面加大对老旧小区的资金投入和推进力度，取得了初步成效。

（一）主要做法

1. 开展老旧小区综合整治，改善硬件设施

市政府出台了《北京市老旧小区综合整治工作实施意见》，全面推进老旧小区综合整治，包括抗震加固、节能保温、绿化美化、街景与楼面整修和简易楼改造、老旧电梯更新改造、老旧平房腾退及修缮改造等。“十二五”期间，北京市共完成改造面积6562万平方米市属老旧小区的综合整治工作，共涉及小区1678个，楼栋1.37万栋。随着这项工作的不断深入，全市老旧小区的基础设施获得大幅改善，为后续开展小区治理，建立长效管理机制打下了坚实基础。

2. 创新老旧小区服务管理，提升治理水平

2013年，市社会办会同市住建委等部门，在总结基层经验基础上，以市社会建设工作领导小组办公室名义出台了《关于开展老旧小区自我服务管理试点工作的意见》，对服务管理不完善的老旧小区，开展了以居民自治、共建共享、市场参与等为核心的老旧小区自我服务管理试点建设工作。即对物业服务企业未进驻的老旧小区采取“社区自治式”服务管理模式（或称“准物业管理”），由基层政府牵头，结合老旧小区综合整治工作，指导小区居民自我服务管理组织或社区居委会，以“有安全防范、有绿化保洁、有维修维护、有停车管理”为基本目标，通过服务外包、聘请专职人员、开展志愿互助服务等方式，解决小区居民对基本物业服务的需求；对物业服务企业已进驻的老旧小区采取“物业自主式”服务管理模式，按照有关规定实行物业服务管理，重点发挥业主大会和业委会在小区治理中的积极作用；对由产权单位（单位大院）自主管理的小区采取“单位自助式”服务管理，进一步明确产权单位责

任，单一产权的小区由该产权单位组织实施服务管理，多产权单位管理的小区，通过探索建立小区共商共议机制，整合小区资源，共同解决小区房屋修缮、停车管理、绿化保洁、安全防范等方面问题。截至目前，北京市共选取493个小区作为老旧小区自我服务管理试点。

（二）初步成效

通过开展老旧小区综合整治和推进老旧小区自我服务管理试点工作，在“硬件”环境方面，整治后的老旧小区环境面貌得到极大提升，住房资产间接得到升值，居民获得实惠。在服务管理等“软件”方面，居民对小区“管起来”的愿望强烈，居民、辖区单位、产权单位以及社会力量的积极性被逐渐激发出来，积极参与社区事务，小区居民通过共同协商、民主决策，较好地解决了部分老旧小区长期存在的停车难、环境脏、治安差、管理乱等问题，老旧小区居民的安全感、幸福感和满意度不断提升。

三、问题探析

（一）老旧小区设施改造无法满足居民全部需求

老旧小区由于历史欠账多，政府优先解决抗震加固、节能改造等急需改造的项目，其他项目采取菜单式管理，由居民自选。但在实际改造中，居民的期望值过高，不断提出新的需求，特别是居民活动场所、公共绿地、小区道路、自行车库、停车场等配设施补建，拆除违法建设、地锁，建立安防体系等，政府目前尚无法全部满足，矛盾突出。而且自选项目居民协调难度大，居民利益很难平衡，一旦遇到个别居民不同意，便造成改造项目推进迟缓甚至甩项。

（二）老旧小区服务管理方面，现有模式存在不足

一是有物业管理老旧小区，随着物业成本的逐年增长，在物业公司无法与居民达成物业费涨价协议的情况下，小区面临将物业公司撤管的可能。二是产权单位（单位大院）管理的老旧小区，居民一般不缴费，小区一般由后勤部门进行管理，服务水平不高。三是政府托底、居委会或自管组织开展服务管理的老旧小区，居民缴费困难、自管组织不稳定、服务水平不高。同时，在政府出钱聘用服务机构服务的情况下，政府将长期承担巨大的财政负担，而且会对有物业小区甚至是新建商品房小区起到负面示范效应，小区业主可能解聘现有物业公司，形成新的“老旧”失管小区。

四、对策建议

（一）管理模式上，探索无物业管理老旧小区服务管理要逐步向物业化服务改革过渡

目前，无物业老旧小区采取“自治式”服务管理模式，是针对小区实际情况采取的一种过渡性措施，利用市场化运行机制建立起老旧小区物业化管理机制，是未来老旧小区服务管理的发展趋势。实践中，一是要结合开展老旧小区“硬件”设施改造的有利机遇，同步提出改造后小区物业化服务管理方案，包括确立改造内容、物业公司选聘、服务内容、物业收费等，在征求居民意见达成一致后一并实施。二是对于政府托底的老旧小区，逐步增加服务项目、提升服务质量，条件成熟后引入物业公司进行专业化服务，对新增服务进行收费，逐步增强居民“花钱买服务”的意识，逐步减少政府补贴。

（二）政策支持上，要尽快出台老旧小区物业化服务收费指导标准

无论是以何种模式管理的老旧小区，收费问题都是首要解决的问题，是服务持续的根本保障。目前，上海、杭州等地已经出台相关政策文件，对改善老旧小区居住环境、物业服务收费标准提出了明确要求：上海市出台《关于调整公有住宅售后物业服务费收费标准的通知》，按不同户型上调售后公房管理费、保洁费和保安费的标准为24～27元/月/户左右，2013年底再次平均上涨11元；

杭州市出台《社区化准物业管理服务收费管理办法（试行）》，规定了基准收费标准0.15元/月/平方米，同时各小区可根据管理规模大小、服务成本、经营收入等情况，在上浮20%的幅度内，充分征求业主意见后确定具体收费标准。因此，建议北京市尽快制定符合老旧小区实际情况的全市物业收费指导标准，为居民引入物业企业、物业企业承接小区服务提供必要参考。

（三）工作方式上，要动员社会各方有序参与老旧小区治理

1. 引导居民参与

老旧小区改造和服务管理完善，居民是服务对象，也是受益者。如果居民参与不充分，很多决策将很难执行，甚至制造出新的矛盾。开展老旧小区自我服务管理试点，就是要引导居民参与到老旧小区治理当中，提高居民的组织化程度、协商议事的能力和共同生活的“家园意识”。社区党组织、居委会要发挥好引领和组织作用。

2. 引导市场参与

推进老旧小区的物业化改革，就是要大量市场主体进入公共服务领域。一是可充分利用政府购买服务方式，政府可以先期投入、逐步退出，以服务来示范和带动居民缴费，最后实现市场化运行。二是可探索借助PPP方式，即推动老旧小区服务项目中的政府与社会主体（企业）的合作共赢。要深挖老旧小区特有资源，以特许权的方式将其中的一项或几项收益给予合作者，实现双方的合作共赢。

3. 引导社会参与

一是建立“社区、社团、社工”三社联动机制，重点培育小区服务型、公益型、互助型社会组织，提高小区居民的组织化程度，满足居民个性化服务需求。二是建立小区资源共享机制，推动驻区单位将文化、教育、体育等活动设施，以及食堂、停车场等生活设施向小区居民开放，弥补老旧小区“先天不足”、提供资金支持等，实现老旧小区共建共享。

关于我市“枢纽型”社会组织在国际交往中发挥作用情况的调研报告

市委社会工委、市社会办社会组织工作处

近日，中央印发《关于加强我国社会组织参与国际非政府组织活动协调管理工作的指导意见》，对新形势下开展此项工作做出了全面部署。为贯彻中央精神，更好地推动我市社会组织参与国际交往，我们对36家市级“枢纽型”社会组织进行了专题调研，进一步了解情况、总结经验、分析问题并提出了有关对策建议。

一、基本情况

从调研情况看，36家市级“枢纽型”社会组织中，有31家单位不同程度地开展了国际交流活动，共引导带动近300家所属社会组织参与，活动涉及经济贸易、科技教育、文化体育、慈善公益、志愿服务等诸多领域。

（一）市对外友协、市民交协作为民间外交领域专业化“枢纽型”社会组织，综合、助推、引领作用发挥明显

市对外友协是从事对外民间友好工作的群团组织；市民交协是以社会组织为主发起成立的民间对外交流“行业组织”，现有会员70余家。这两家单位优势互补，在“走出去”“请进来”等方面发挥了重要作用。

一是组织一系列高层次互访。累计组团出访76个国家，参加了联合国经社理事会高级别会议、联合国气候变化大会、全球妇女峰会、全球能源峰会、世界社会论坛、亚欧人民论坛、中非民间论坛等一系列有国际影响力的高层次外事活动。同时，接待来访团组500多批次，涉及120多个国家、100多个国际非政府组织。过去5年，参与这些活动的我市社会组织达50多家、200多批次。

二是打造民间外交品牌项目。持续举办“北京国际民间友好论坛”“北京国际民间组织沙龙汇”“北京国际徒步大会”等品牌外事活动。比如，“北京国际民间友好论坛”创始于2011年，每两年举办一次，2015年论坛的主题是“促进民间友好交流、聚话城市和谐发展”，涉及“城市建设”“文明传承”“青少年交流”等多项议题，300多名国内外非政府组织代表参加。

三是联系众多在京国际非政府组织。通过举办活动、提供服务等形式，与近百家在京国际非政府组织建立了工作联系。实际工作中，选择合适主题、积极牵线搭桥，促成相关交流与合作。比如，2015年与世界自然基金会北京秘书处合作举办“‘地球一小时’北京主场熄灯活动”，倡导和宣传环保理念；组织12家在京国际组织代表参观考察密云区蔡家洼村生态园区，推介我市新农村建设成就。

四是提供培训、信息等专业服务。以“每月一课”的形式举办专题培训，指导和帮助会员熟悉国际规则、讲好中国故事，用国际社会听得懂、易接受的语言开展沟通交流。定期编发《北京NGO》期刊，包含“特色活动”“互访交流”“会员风采”“国际知识集锦”“在京国际组织简介”等多个专栏，是了解动态、展示成果、普及知识、对接资源的一个重要媒介。

（二）群团组织作为“枢纽型”社会组织体系的骨干，在民间国际交流中发挥了主力军作用

目前，我市大多数群团组织在内设机构中专门成立了“国际联络部”“国际交流中心”等，充分发挥专业及资源优势，开展了一系列层次高、效果好的国际交流活动。

一是与相关国际组织建立合作关系。市总工会与俄罗斯教育工会、韩国劳动总会首尔本部、加拿大哥伦比亚工会等签订《合作备忘录》，多次接待世界工会联合会、国际劳工组织代表来京考察交流。团市委（市青联）与美国、加拿大、韩国等10多个国家青年组织签订了友好交往协议，近三年累计派出青年团组90余个3000余人参与国际交流项目。市红十字会与红十字国际委员会东亚代表处、国际SOS亚洲分部、美国红十字会北京办事处等保持高层对话，同日本东京、韩国首尔等13个城市红十字会建立合作关系。市贸促会与67个国家和地区的169家商会及贸易促进机构签署友好合作协议。

二是举办或参加有关国际会议。团市委（市青联）连续举办五届“北京友好城市青年交流营”活动，30个国家、40个国际友好城市、47个国际青年组织累计1000余名中外青年参加活动。市红十字会连续举办四届“红十字北京国际研讨会”，就“立体化救援”“应急处置”“民防服务”等主题与国际同行进行研讨交流。市贸促会举办“北京国际友好商协会大会”，2个国际组织、25个国家和地区的26家商协会代表应邀参加。市法学会组织首都法律专家参加“联合国安理会与国际刑事法院国际研讨会”“中欧法律论坛”“中非经贸投资法律风险及对策研讨会”等国际学术会议。

三是引入国际资源服务首都发展。市科协与92个海外华人科技组织建立联系，引进近千名海智专家来京洽谈合作，促成300余个高新技术项目在京落地。市侨联举办“海外侨界高层次人才为国服务团”活动，来自10个国家的30名华侨代表携47个高科技项目来京洽谈合作。市贸促会举办2015“一带一路”商务沙龙，20多个“一带一路”沿线国家的官员与我市80多家企业代表进行了面对面交流。市妇联与英国大使馆文化教育处

举办“妇联系统社会企业家训练营”，提升妇女社会组织的创业及发展技能。市残联与意大利蒙塞拉特协会在残疾人培训、就业服务等方面开展项目合作，学习借鉴国际先进理念和管理经验。

四是引导和支持本领域社会组织“走出去”。市妇联支持北京巧娘手工艺发展促进会参加“莫斯科国际手工艺节”，支持市女企业家协会参加“第五届联合国非政府组织亚太地区研讨会”。市文联指导支持北京管乐协会、青年戏剧工作者协会、中韩书画家联谊会等举办国际文化交流活动。市工商联在25个国家和地区建立海外发展服务基地36家，帮助“走出去”的企业解决发展中面临的法律、信息、人才等难题。市社科联支持市国际税收研究会加入“世界纳税人协会”、北京恩玖非盈利发展中心加入“全球资助者协会”。市法学会所联系的北京青少年法律援助与研究中心、北京致诚农民工法律援助与研究中心获得联合国经社理事会咨商地位①。

（三）其他类别的“枢纽型”社会组织也以多种形式参与国际交流并积极发挥作用

从实际情况看，科技创新、慈善公益、志愿服务、群众体育、文化教育等是国际民间交流相对频繁的领域。在这些方面，一些“枢纽型”组织主动发挥优势，开展了许多特色亮点工作。

一是积极开展国际行业交流。市志愿服务联合会与“联合国志愿人员组织”共同举办国际志愿服务大会，同50个国家和地区的82家志愿者组织建立了合作关系。市体育总会所属100多个单项体育社团中，大多数已成为国际或区域性体育组织团体会员。北京民办教育协会建立海外暑期实践基地50余个，定期选派民办高校学生赴海外研修学习。市律师协会选派律师参加“环太平洋律师协会年会”“国际律师联盟大会”等国际行业交流。北京注册会计师协会与20多家国际同业组织建立合作关系，多次组团赴美国、德国、澳大利亚等开展交流培训。

二是参与制定国际行业标准。中关村社会组织联合会、中关村产业技术联盟促进会搭建平台、提供服务，支持所属高科技类社会组织制定了多项国际行业标准。如北京闪联信息产业协会创制的“闪联标准”于2005年被ISO/IEC认定为国际行业标准；中关村TD产业联盟推动我国主导的TD－SCDMA移动通信标准商业化，已作为4G标准在全球推广；中关村WAPI产业联盟制定的《低功率无线网状网络规范》被认定为国际标准；中关村现代医药生产力促进中心获得联合国批准的中国供应商身份，为医疗器械企业争取到国际大宗采购资格。

三是主动参与国际救援活动。近年来，一些慈善公益组织积极参与国际人道救援，彰显了民间力量在“援外”工作中的优势和作用。如市慈善义工协会在“‘4·25’尼泊尔地震”发生后，第一时间派出专业救援队，并向灾区运送帐篷、药品、衣物等一大批救灾物资；首都公益慈善联合会所联系的“北京蓝天救援队”“北京紧急救援基金会”等先后参与“菲律宾台风救援”“缅甸洪水救援”“尼泊尔地震救援”等国际人道救援活动，共派出救援队员300多人次，捐赠物资600多万元；市志愿服务联合会在尼泊尔发生地震后，也及时派出应急救援志愿服务队参与抗震救灾。

四是开展其他形式的行业及人文交流。如市体育总会联合篮球、自行车、武术等体育社团多次举办国际赛事交流活动；首都民间组织发展促进会组织10多名社会组织负责人赴美国北乔治亚大学进行研修培训；市建筑业联合会组团赴韩国进行建筑技术创新交流活动，与大韩建设协会签署《合作备忘

① 联合国经社理事会“咨商地位”分为“全面咨商地位”“特别咨商地位”“名册咨商地位”，其中“特别咨商地位”占大多数。获得该资质的社会组织可享有“向联合国大厦派设机构或常驻代表”“参加联合国及其附属机构会议”“做会议发言或提交陈述”等权利。据有关资料显示，目前全球约4000家非政府组织具有联合国咨商地位，其中美国最多，有近千家，我国为40家左右（主要是全国性社会组织），我市仅有文中提到的两家。

录》；市商联会支持市餐饮行业协会、烹饪协会举办“北京国际美食节”；北京工经联组织所属协会及相关企业参加国际贸易投资及经贸交流活动。

二、认识和思考

调研过程中，各单位普遍认为目前我市社会组织参与国际交往的总体态势是好的，但由于多种原因，仍然存在着“参与程度不深”“资源相对分散”“缺乏资金和专门人才”“缺少政策支持”等实际问题。对此，有的单位认为应建立更加有效的统筹协调机制，进一步整合民间对外交流资源、提高工作的整体效能；有的单位认为应进一步“突出民间特色”，有些外事活动可以由政府主导、社会力量承办；此外，一些单位从加强服务支持的角度提出了“加强人才培训”“加大资金支持”“完善出访审批制度”等工作建议。

综合来看，近年来“枢纽型”社会组织在配合政府推动民间外交方面做了大量工作、发挥了积极作用。新形势下，如何赋予其明确地位、挖掘其潜在优势，我们对此有以下几点思考和认识。

（一）“枢纽型”社会组织的服务引导作用不可或缺

“管而不死、活而不乱、用之有效”，是中央对推动社会组织参与国际交往工作提出的基本原则。落实这一要求，不能单纯靠行政力量来推动，而是要创新方式方法、探索新的工作机制。实践证明，“枢纽型”社会组织是一种行之有效的工作载体，能够起到了解情况、搭建平台、提供服务、规范引导等作用，应该充分加以运用。

（二）“枢纽型”社会组织开展国际交流的规模应予进一步扩大

从目前情况看，由于多种原因，一些“枢纽型”社会组织所掌握的国际资源还没有充分惠及该领域更多社会组织，这些单位还没有把带动社会组织参与国际交流纳入工作议程。此外，即便在“枢纽型”社会组织之间，也存在着参与程度不一的现象，少数单位在国际交流方面表现出意愿不强、视野不宽、能力不足等问题。对此，应该结合民间外交工作的总体规划和要求，逐步加以完善、提高。

（三）“枢纽型”社会组织在参与国际交往方面可以有更大作为

通常来看，与一般的社会组织相比，“枢纽型”社会组织在人才、资金、渠道等方面有着更强的实力和优势。在中央明确鼓励和支持有实力的社会组织“走出去”的形势下，这些单位有着更好的条件和机会登上国际舞台。从党和政府角度看，也应该优先把这些单位作为可靠力量进行重点培育和扶持，使其更好地发挥引领和带动作用。

三、工作建议

综合上述情况，为进一步推动工作深入开展，根据中央精神、结合北京实际，提出以下建议。

（一）建立健全党和政府主导下的社会化联动机制

建立由市外办牵头抓总，市委社会工委（市社会办）、民政局、公安局、国家安全局等部门参与，市对外友协、市民交协等市级“枢纽型”社会组织具体实施的工作协调联动机制。具体职责是：

党政部门负责出政策、把方向、抓监管。如：市外办负责制订工作规划及相关政策，统筹推进工作开展；市委社会工委、市社会办负责“枢纽型”社会组织体系建设并加强日常协调服务；市民政局、公安局、国家安全局等负责对违法违规开展国际交流的社会组织进行监督查处。

市对外友协、市民交协负责搭平台、建机制、抓服务。如：进一步扩大会员覆盖面，组织开展多种形式的国际交流活动，提供培训咨询等专业化服务，规范社会组织国际交流行为，反馈有关诉求及政策建议等。

（二）进一步发挥“枢纽型”社会组织工作体系作用

以“枢纽型”社会组织为纲，分条块、按系统，有效协调、规范和引导社会组织参与国际交流活动。在党和政府主导下，发挥“枢纽型”社会组织的以下功能：一是建立数据库，及时掌握并提供本领域社会组织的有关基础信息；二是上传下达，按照有关要求，在本领域社会组织中学习政策、通报情况、汇总信息、协调行动；三是提供支持，发挥自身已有的多种优势，为本领域社会组织“走出去”牵线搭桥、创造条件；四是规范引导，促进相关社会组织规范自身行为，配合相关部门加强监督管理；五是加强党的建设，通过日常党建工作加强对社会组织开展国际交流的政治引领。

（三）进一步完善外事管理的有关政策措施

调研过程中，一些单位明确提出，目前政府对社会组织出访审批较严，由于受出访指标、出访时限及有关限制，很多时候无法正常参与国际交流。对此，建议根据形势需要，探索建立适应民间外交特点的外事管理政策，特别是对社会组织主动配合国家总体外交开展的国际交往活动，应当简化报批程序、提供工作便利、增强实际效果。

（四）进一步加大支持服务力度

一是政府部门、“枢纽型”社会组织等积极采取措施，加大对社会组织参与国际交流的培训力度，帮助其拓宽国际视野、熟悉国际规则、提高交往能力；二是加大资金支持力度，探索通过政府购买服务等方式，把一些民间国际交流项目委托给社会组织承担；三是发挥社会组织孵化机构、专业研究机构等作用，为社会组织参与国际交流提供多种咨询、支持和服务；四是扩大资金来源渠道，鼓励基金会、企业等对社会组织“走出去”、特别是开展“国际救援”工作给予资金支持。

（五）培育发展对外交往品牌组织或项目

一是以相关“枢纽型”社会组织为重点，支持一些政治上可靠、有较大规模和影响的社会组织“走出去”，并作为工作典型予以宣传和支持；二是积极协调并争取中央有关单位支持，推荐我市相关社会组织申请联合国咨商地位，在更高层次上开展民间外交工作；三是在我市具有比较优势的行业或领域，鼓励和支持有实力的社会组织发起成立跨区域合作联盟或成立国际性社会组织。

2016年北京居民社会认知调查总报告

北京市社会心理服务促进中心

一、社会认知的研究综述与方法

目前我国社会发展正处于全面深化改革的关键时期，不断面临新的机遇和挑战，各种社会矛盾和社会问题日益凸显。如何将社会心理学的研究与现代人的社会实践和具体生活联系起来，让源于生活的心理学更好地服务于我们的生活，注重揭示社会心理活动的发展过程及其变动规律的社会认知心理学便成为心理学学科中一个强有力的策动场和逻辑归结点。

（一）社会认知定义及研究综述

社会认知是个体对社会性信息的感知和理解。社会性信息就是强调社会认知的对象是社会性客体，包括自我、他人、自我与他人关系、社会情境、社会事件等。

1947年，J. S. Bruner在《价值与需要是

知觉中有组织的事实》一文中首先提出了社会知觉概念，开启了当代社会认知研究的大门①。1990年开始社会认知研究进入了飞速发展阶段，一方面心理学家逐渐把研究的触角伸向社会认知的无意识层面，提出了“内隐社会认知”的概念，即在社会认知过程中，虽然个体不能回忆某一过去经验，但这一经验潜在地对个体的行为和判断产生影响。另一方面心理学家们的视野也开始由只关注“冷”认知，即社会认知概念的表征和由此得出的结论，渐渐转向关注“暖”认知，即将人的目标、动机和情感整合到一个新的理论体系中去探讨社会心理现象②。

20世纪90年代开始，中国学者在引介与验证国外社会认知理论的同时，也开始尝试建构中国特色的社会认知研究框架。比如社科院心态研究课题组王俊秀（2013，2014）认为社会认知指标体系包括三个维度，分别为个体社会认知、群体社会认知和社会思维，并且认为群体社会认知包括幸福感、安全感、压力感、满意度、社会公平度、社会信任感、社会成就感、效能感、社会归属感等指标③；上海师范大学（王沛，2015）将社会认知分为自我认知、人际认知、群际认知和社会实践认知④。北京社会心理研究所社会心态课题组的《2012—2013年度北京社会心态分析报告》是以社会认知为核心进行的社会心态研究，将社会心态分为生活感受（生活压力、安全感、幸福感、社会信任、社会支持）、经济心态（宏观经济心态、投资理财行为认知、消费行为认知）、文化心态、政治心态（政治信心、行政效率、司法公正）、社会感知（人际信任、社会发展信心、社会创新、社会和谐、社会包容度）⑤。

（二）研究方法

根据心理所拥有的社区调查资源优势，本研究编制问卷时主要利用量表法让被试进行自我报告。具体研究对象和研究框架如下：

1. 研究对象

本研究通过随机抽样方式，在全市16个区县进行问卷调查，并且还将就调查结果组织相关专家进行多次的咨询座谈，征求意见，最后形成调查报告，以蓝皮书方式呈现。

本调查样本从全市16个区县内（不包括军营、学生公寓等非传统住宅区）选取。采取分层随机抽样方法选取城六区52个社区和10个郊区县26个社区，共计78个社区，每个社区30个样本，两个楼宇白领居民120个样本，共计2460个样本。问卷发放2460份，回收样本2446份，回收率99.43%，其中有效数据2430个，有效率98.78%（见表1）。

表1 样本分布情况

单位：份，%

区县名称	样本数量	百分比	区县名称	样本数量	百分比
东城	169	7.0	通州	90	3.7
西城	242	10.0	大兴	121	5.0
朝阳	300	12.3	平谷	32	1.3
丰台	271	11.2	怀柔	29	1.2
石景山	89	3.7	密云	61	2.5
海淀	451	18.6	延庆	30	1.2
门头沟	90	3.7	楼宇1	60	2.5
房山	120	4.9	楼宇2	62	2.6
昌平	153	6.3	总计	2430	100
顺义	60	2.5			

2. 研究框架

在国内外学者研究成果基础上，以为政府决策服务为指导原则，力图结合北京特色，把北京居民的社会认知进行更加系统化、具体化的分类，本课题主要从以下四个层面来

① 王沛、贺雯：《社会认知心理学》，北京师范大学出版社2015年版。

② ［加］齐瓦·孔达著，周冶金，朱新称译：《社会认知——洞悉人心的科学》，人民邮电出版社2013年版。

③ 王俊秀：《社会心态：转型社会的社会心理研究》，《社会学研究》，2014年1月，第104—124页

④ 王沛、贺雯：《社会认知心理学》，北京师范大学出版社2015年版。

⑤ 北京社会心理研究所：《2012—2013年度北京社会心态分析报告》，北京出版社，第3页

研究（见图1）。

一是自我认知：即个体对自我的感知和理解。包括自我生理认知（自我身体健康认知）、自我心理认知（包括心理健康自评、核心自我评价、主观幸福感、生活意义感等）和自我社会交往认知。

二是家庭认知：即个体对家庭及家庭成员关系的感知和理解。包括婚姻质量认知、生育观、家庭教育观等。

三是群体认知：群体是人们以一定方式的共同活动为中介而组合成的人群集合体，群体认知是个体对结成群体的人们的心理现象、心理活动和群体间相互关系的感知和理解。包括阶层认知、社会凝聚力、社会包容与社会排斥、社会融入感等。

四是国家认知，即个体对国家治理等国家层面问题的感知和理解。国家认知以居民对国家治理的认知为切入点，包括国家治理方针认知度、国家治理能力认知、国家治理效果认知。

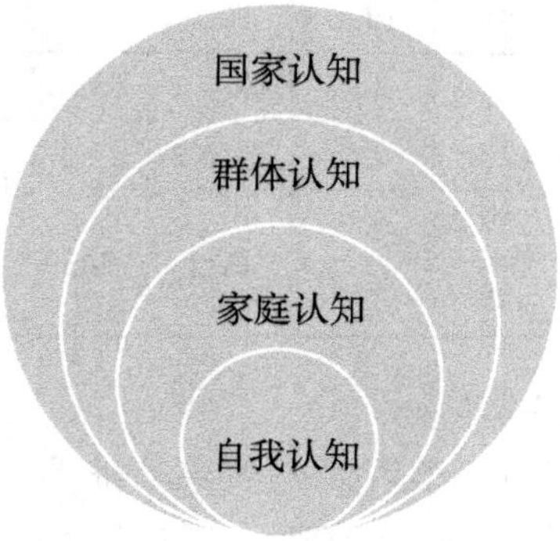

图1　本研究中四个层面认知的关系图

二、居民社会认知特点

本次研究四个层面的关系像洋葱圈一样（见图1），那么下面我们就由里及外，按照自我认知、家庭认知、群体认知、国家认知的顺序一层层来探析北京居民社会认知的特点。

（一）自我认知特点

美国心理学家威廉·詹姆斯把自我认知分为物质自我、心理自我和社会自我[①]。Gillihan 和 Farah 把自我区分为身体自我和心理自我（2005年）[②]。本研究将自我认知分为身体自我认知、心理自我认知、社会自我认知三部分。

1. 身体自我认知特点：四成多居民认为自己身体健康状态不佳

本次调查中，43.9%的居民认为自己处于亚健康和不健康状态，其中33.2%的居民认为自己身体健康状况一般，9%的居民认为自己身体不太健康，1.7%的居民认为自己身体很不健康。有56.2%的居民认为自己健康状况良好，其中有14.3%的居民认为自己非常健康，41.9%的居民认为自己比较健康。从数据来看，北京居民的身体健康状态不佳，全民健身需求十分强烈（见图2）。

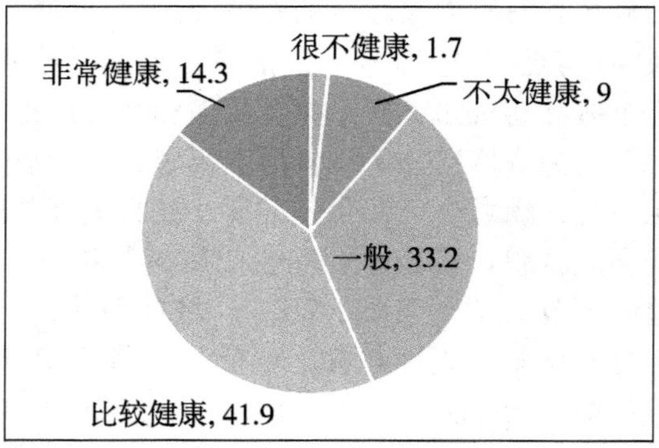

图2　居民对自我身体健康状况评价（%）

2. 心理自我认知特点：三成居民心理健康状况亟须关注，居民核心自我评价、主观幸福指数、生活意义感处于较高水平

本调查主要通过居民心理健康自评（心理健康水平如何?）、核心自我评价（自身能力和价值如何?）、主观幸福感（自己幸福吗?）、生活意义感（生活有意义吗?）的测量来反映居民的心理自我认知。

① 王沛、贺雯：《社会认知心理学》，北京师范大学出版社2015年版，第93页。

② 吴金峰、汪宇、陈红等：《从自我到社会认知：默认网络和镜像神经元系统》，《心理科学进展》，2015年第23卷第10期。

从居民心理健康自评结果来看，68.7%的居民认为自己心理健康状况良好，其中21.5%的居民认为自己心理非常健康；有31.3%的居民心理健康水平有待提高，其中有27.1%的居民认为自己心理健康状况一般，有4.2%的居民认为自己心理不健康，这一部分居民是心理服务重点的潜在服务对象（见图3）。

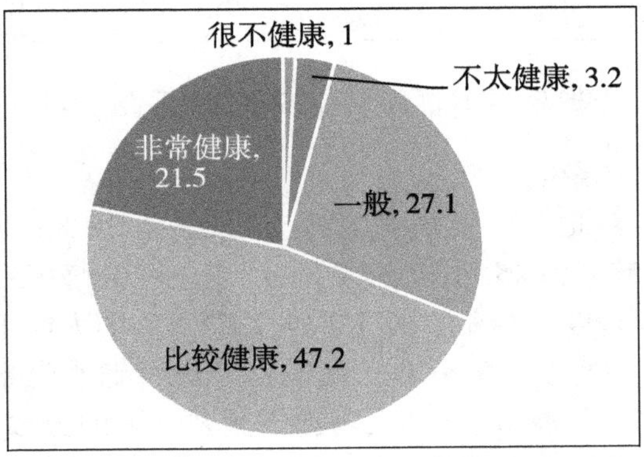

图3　居民对自我心理健康状况评价（%）

在主观幸福感方面，以5分制算，居民的主观幸福感指数为3.31，生活满意度平均分为2.92，积极情绪指数为2.95，消极情绪指数为1.93（消极情绪指数越低，说明消极情绪发生频率越低）。总体看，北京居民的主观幸福指数为中等偏上水平（见表2）。其中，居民的生活满意度和积极情绪也处在中等水平，消极情绪比较少。

表2　居民的主观幸福感指数、生活满意度指数、积极情绪指数和消极情绪指数

	主观幸福感指数	生活满意度指数	积极情绪指数	消极情绪指数
平均数	3.31	2.92	2.95	1.93
标准差	0.52	0.88	0.73	0.68
人数	2205	2421	2236	2252

北京居民生活意义感平均分为3.49分。4.1%的北京居民觉得生活意义感很低或较低，70.7%的北京居民觉得生活意义感较强或很强（见表3）。

表3　居民的一般生活意义的分布

单位:%，个

	选择率	人数
很没有意义	0.6	14
没太大意义	3.5	80
一般	25.2	583
较有意义	60.0	1386
很有意义	10.7	248
合计	100	2311

核心自我评价是指个体对自身能力和价值所持有的最基本评价，包括4种人格特质，即自尊、控制点、神经质和一般自我效能。[①] 本研究采用核心自我评价量表（core self－evaluations scale，CSES）对北京居民的核心自我评价状况进行测量。经过统计分析，北京居民的核心自我评价平均分较高，为35.41分（中值30分）。72.37%的居民核心自我评价处于高水平，只有13.88%的居民核心自我评价处于低水平，说明多数北京居民对自身能力和价值的评价比较高（见图4）。

3. 社会自我认知特点：近六成居民对自我人际交往状况满意；家庭成员之间的交往是最主要的人际交往类别

针对居民自我社会交往状况认知，本调查主要考察了居民对自我人际交往评价和人际交往频次，59%的居民对自己的人际交往状况表示满意，仍有41%的居民人际交往状况不尽如人意（见图5）。良好的社会交往有助于个人的身心健康，尤其作为几千年来强调“集体我”的中国人，正如香港著名社会心理学家彭迈克所说：“心理学不幸是西方人创建的，结果，西方的心理学研究了太多的变态心理和个性行为。如果心理学由中国人创建的，那么它一定是一门强调社会心理学的基础学科。”[②]

① 戴晓阳：《常用心理评估量表手册》，人民军医出版社2011年版，第249页。

② 彭凯平：《文化与心理：探索及意义》，2009年。

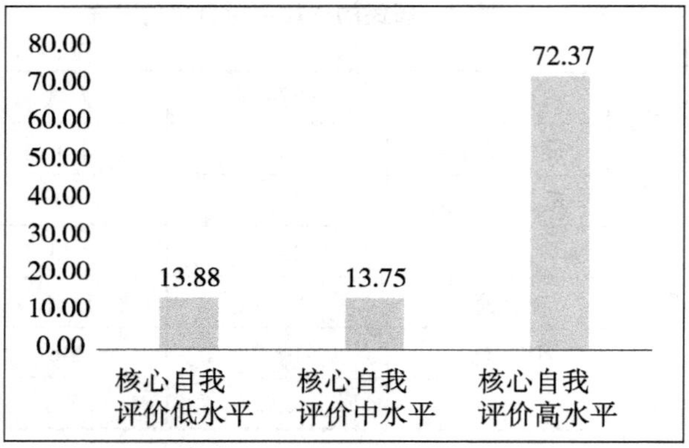

图4　核心自我评价三个水平的居民比例（%）

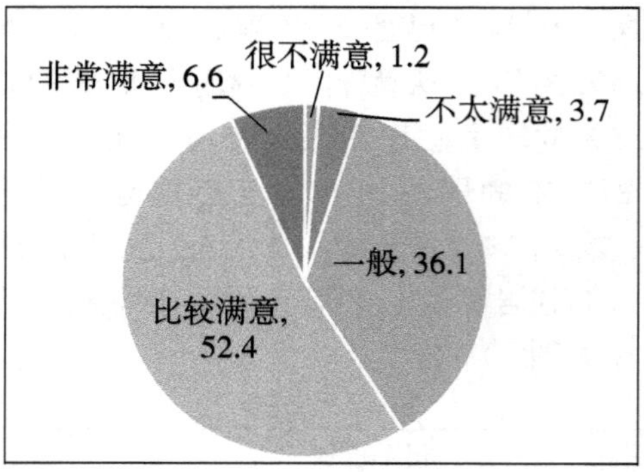

图5　居民对自我人际交往状况评价（%）

从人际交往频次来看，身为核心家庭成员的配偶和孩子是居民人际交往频次最高的对象，因为大多数居民都是“工作人”的身份，每天“朝九晚五”的生活让居民和同事人际交往的频次超过血缘上更亲近的父母，这与中国传统家族聚居时候的人际交往特点有了很大的不同（见图6）。

（二）家庭认知特点

本调查重点选取了家庭认知中的婚姻质量和生育观两个主题进行研究。具体特点如下：

1. 婚姻质量特点：多数居民的婚姻幸福体验较高；婚姻中平等协商的现代家庭观念占主导；夫妻收入差异过大，会对婚姻质量造成影响

北京居民的婚姻质量得分是36.88分（满分为45分）。当要求“综合评价婚姻幸福程度”（满分10分）时，72.6%的人给出8分及以上的分数，认为自己的婚姻非常幸福；仅有1.2%的人给出2分及以下的分数，认为自己的婚姻非常不幸福。总体来看，多数居民的婚姻幸福体验较高。其中男性的婚姻质量得分是37.36分，女性的婚姻质量得分是36.43分，男性的婚姻质量得分略高于女性（$t=2.441$，$p<0.05$）。具体到婚姻幸福程度的评价，男性的得分也略高于女性（$t=2.164$，$p<0.05$）。具体分析有四个特征：

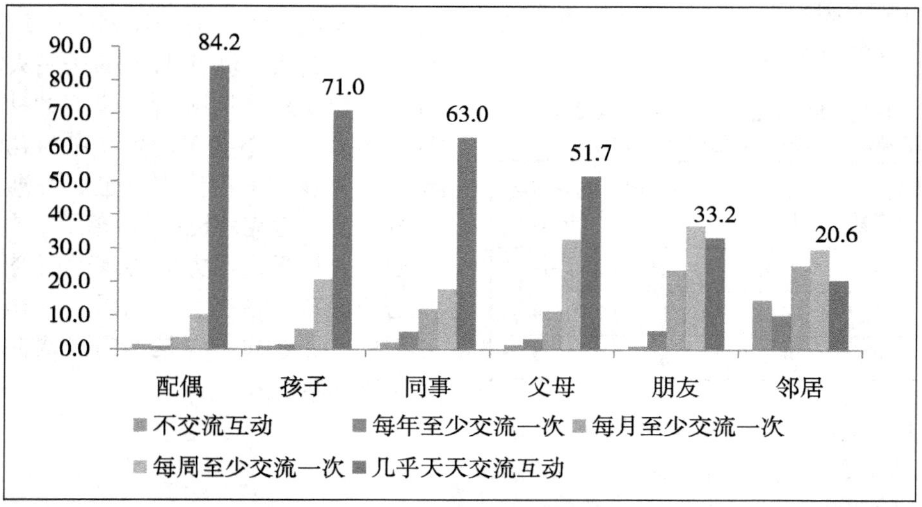

图6　居民人际交往情况比例（%）

一是平等协商的现代家庭观念占主导，“男主外、女主内”的传统家庭观念仍有影响。多数居民赞成平等协商的现代家庭观念：79.9%的人同意“夫妻之间应该民主协商，共同承担家务”，多数家庭经济由两个人共同负担，近半数居民对配偶的能力与收入持宽容的态度：45.4%的人表示“能接受自己的配偶在能力和薪水上不如自己”。同时，“男主外、女主内”的传统家庭观念在部分家庭中仍然占据一席之地。

二是超过半数居民整体上满意家务分工状态，男性比女性更满意目前的家务分工。家务分工模式是夫妻在婚内事务分配上的重要体现。总体来看，62.3%的人满意目前的家务分工，16.2%的人不满意或不太满意目前的家务分工。可见，多数居民对目前的家务分工状态整体上是比较满意的。但是，当谈及家务调配时，多数人还是认为家务分工仍有改进的空间，只有21.8%的人愿意维持现状，认为“不需要调整”。就整体满意度来看（满分为5分），男性的家务分工满意度是3.55分，女性的家务分工满意度是3.43分，男性的家务分工满意度显著高于女性（$t = 2.685$，$P < 0.01$）。就调整方向来看，39.9%的女性希望配偶能多承担一些家务，而男性中的相应比例是27.3%，说明男性的家务分工满意度略高于女性，也从侧面佐证了家务分工“女性为主、男性为辅”的特征。

三是多数北京居民与配偶冲突频率较低，首要冲突点为子女教育。家庭冲突的频率与婚姻质量之间成显著的负相关（$r = -0.380$ ＊＊）。虽然婚姻冲突不可避免，但北京居民的婚姻冲突频率较低：51.3%的人“偶尔”与配偶发生冲突，35.4%的人“有时”与配偶发生冲突。但仍需引起重视的是，9.6%的人报告自己“经常”或“总是”与配偶发生冲突。冲突内容的提及率由高到低依次是子女教育（43.6%）、家务分配（26.6%）、生活开销（19.0%）、亲属问题（14.3%）、父母干涉（8.9%）、加班出差等工作问题（8.5%）、职业发展规划（7.3%）、父母赡养（4.7%）、生育问题（4.1%）。虽然家庭冲突的内容具有多样性，但是，子女教育问题是北京居民家庭冲突的焦点。

四是夫妻收入差异过大，会对婚姻质量造成影响。夫妻双方收入相当，其婚姻质量较高；当夫妻收入差异过大的时候，无论是自己的收入较高或较低，都会带来不公平的负面体验，继而对婚姻质量产生影响。

2. 生育观特点：居民生育意愿逐年降低，对现代生育观念认同度高于传统生育观念

分析近15年数据发现，北京居民生育意愿逐步降低。希望生育两个孩子的北京居民比例逐步降低：2001年，70.4%的北京居民希望生育两个孩子；2011年，69.5%的北京居民希望生育两个孩子；到2016年，希望生育两个子女的北京居民比例降至58.6%。与此同时，希望生育一个孩子的北京居民比例逐步提高：2001年，19.7%的北京居民希望生育一个孩子；2011年，30.5%的北京居民希望生育一个孩子；到2016年，希望生育一个孩子的北京居民比例升至33.3%。

总体来看，北京居民生育动机的总体得分为2.98分。北京居民生育动机又包括传统生育观念和现代生育观念两部分：传统生育观念主要包括“生育是为了传宗接代”“不孝有三，无后为大”等包含传统文化的生育观念；现代生育观念主要包括“孩子是爱情的见证和结晶”“生养孩子可以让生活更有情趣”等与现代生活相适应的生育观念。北京居民在传统生育观念维度的得分为2.7分，在现代生育观念维度的得分为3.16分。由此可见，北京居民对现代生育观念认同度高于传统生育观念（见图7）。

（三）群体认知特点

本调查通过社会凝聚力和自我阶层认定两个议题来考察北京居民的群体认知特点。

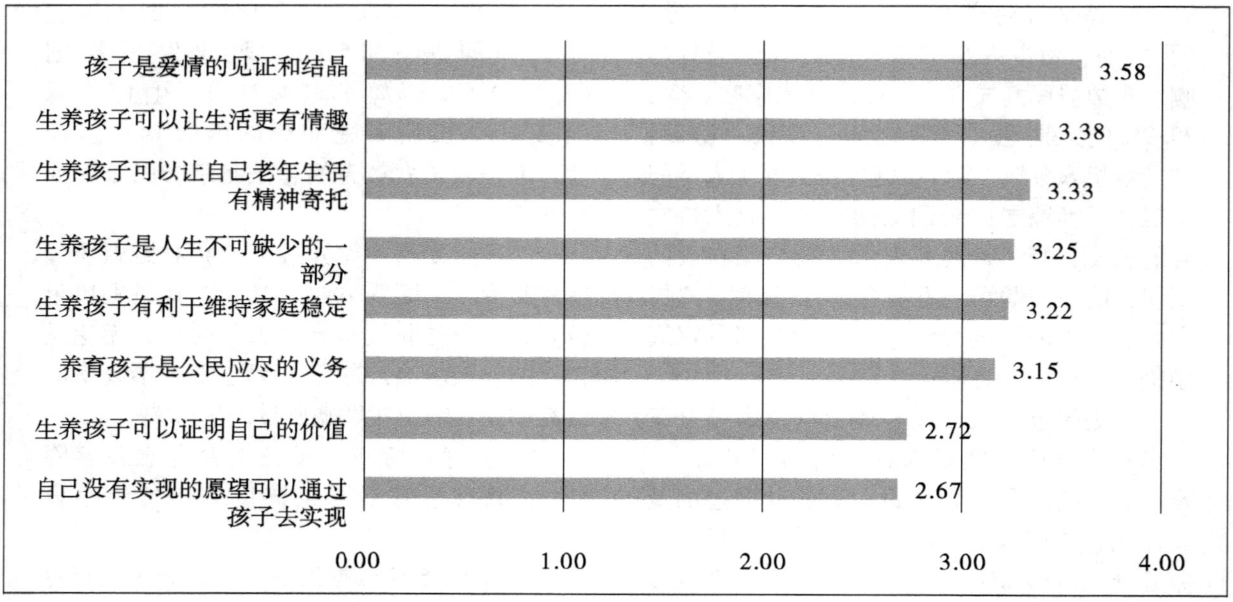

图7　北京居民对现代生育观念的认同度

1. 社会凝聚力认知特点：北京居民对北京的社会凝聚力给予了高度评价，八成以上居民认为北京的社会凝聚力水平较高

20世纪90年代，学界逐渐形成一种新的发展观，强调各国家和地区应该从纯粹的经济发展转向更为综合的社会发展，寻求社会质量（Social Quality）的全面提升。社会凝聚力作为社会质量（一般包括社会经济安全、社会凝聚力、社会融合、社会赋权四个方面）的四大要素之一，是衡量社会稳定和团结的重要指标①。社会凝聚力是指一系列关于社会成员间横向与纵向互动的事件集合，主要由态度和规范构成，包括信任、归属感、参与和互惠意愿及相关行为②。在综合前人研究的基础上，本研究建构了社会凝聚力的指标体系（见表4）。

表4　本研究社会凝聚力指标体系

一级指标	二级指标	得分
社会信任水平	一般信任	3.28
	特殊信任	3.25
核心价值观认可度	核心价值观的认可度	3.28

续表

一级指标	二级指标	得分
社会网络成熟度	人际交往活跃度	4.16
	社会参与活跃度	3.09
归属感	对所在城市与社区的满意度	3.23
	对所在城市与社区的归属感	3.92
总分数		3.48

经过数据分析，居民评定的社会凝聚力指数为3.48分，而且标准差为0.44，离散程度比较小，说明北京居民对社会凝聚力的所处水平的评价比较集中。本文将社会凝聚力指数在3以下（不包括3）界定为凝聚力较低，将指数在3～4（不包括4）界定为凝聚力较高，4～5界定为凝聚力高。最后所得结果如图8所示。75.9%的居民都认为社会凝聚力较高，居民认知相对比较集中。

① 武艳华、黄云凌、徐延辉：《城市社会凝聚的测量：深圳社会质量调查与分析》，《广东社会科学》，2013年第2期。

② Chan J., To H.-P., Chan E. Reconsidering Social-Cohesion: Developing A Definition and Analytical Frame-work for Empirical Research. Social Indicators Research, 2006, 75: 273-302.

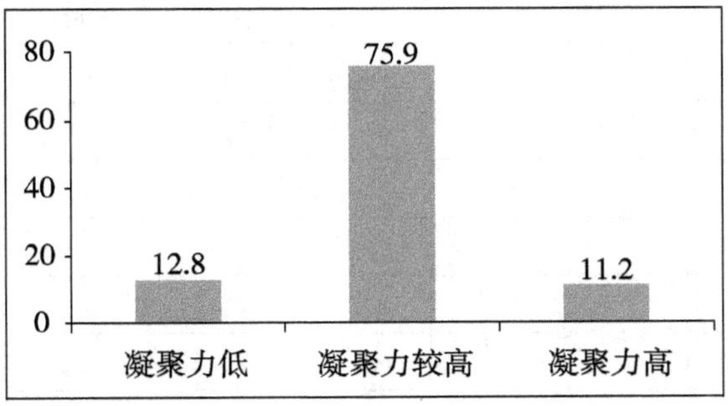

图8　北京居民对社会凝聚力水平评价情况（%）

社会凝聚力的四个二级指标包括社会信任水平、核心价值观认可度、社会网络成熟度、归属感。下面将对这四个二级指标数据进行分析：

社会学家齐美尔（Simmd）说："信任是社会中最重要的综合力量之一，离开了人们之间的一般性信任，社会自身将变成一盘散沙"①。社会信任是社会凝聚力最核心的指标。社会信任可以分为一般信任和特殊信任。北京居民的一般信任水平和特殊信任水平都较高（3.28分，3.25分）。

核心价值观在北京居民心中的认可度较高（3.28分），有37%的居民认为社会上对核心价值观的认可度高，有10.2%的居民认为社会上对核心价值观的认可度低。从数据看，对于核心价值观的宣传仍有很大的提升空间（见图9）。

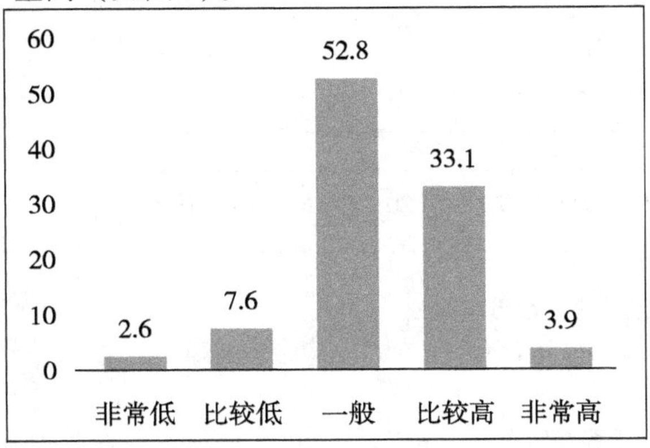

图9　北京居民认为社会上对核心价值观的认可度情况（%）

社会网络成熟度通过人际交往的活跃度和社会参与的活跃度两方面数据反映。北京居民的人际交往活跃度很高（4.16分），但是社会参与活跃度相比之下低一些（3.09分）。经常主动积极参加团体（如党组织、宗教组织、单位、居委会等）组织活动的居民比例仅占37.3%。由此来看社会参与还没有成为多数北京居民生活中的"常态化"事件，这也是北京居民社会网络成熟度的短板（见图10）。

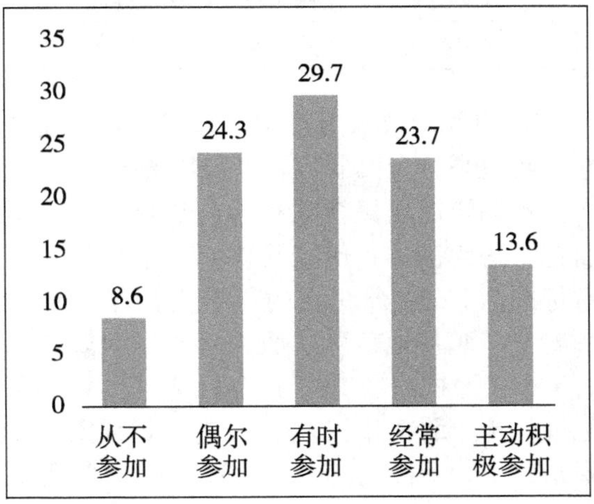

图10　北京居民参与团体（如党组织、宗教组织、单位、居委会等）组织活动情况（%）

社会凝聚力中的归属感一般考虑两个层面，一是居民对所居住社区和城市的生活满意度，二是居民对所居住社区和城市的归属感。北京居民对所居住社区满意度（3.28分）和北京总体生活满意度（3.18分）评价较高。利用归属感量表对居民对所住社区和城市的归属感进行了测量，该量表本次测量的Cronbach' Alpha系数为0.837，具有较好的测量信度。测量得出北京居民的归属感较高（3.92分），八成以上居民表示"我对北京很有感情""不管别人怎么看北京这座城市，我都非常乐于做一个北京人"，75%的居民表示"我愿意为社区的建设和发展贡献力量"（见表5）。

① ［英］安东尼·吉登斯著，赵旭等译：《现代性与自我认同》，生活·读书·新知三联书店1998年版，第23页。

表5 北京居民对归属感量表中各项表示赞同的比例（%）

		赞同	不好说	不赞同
城市归属感	我对北京很有感情	84.2	11.6	4.1
	不管别人怎么看北京这座城市，我都非常乐于做一个北京人	83.1	11.5	5.4
	我常常觉得跟北京这个城市格格不入	9.4	18.9	71.6
社区归属感	我愿意为社区的建设和发展贡献力量	75.0	21.5	3.6
	我会积极参与并配合社区举办的活动	69.1	26.5	4.4
	对社区发生的事情感兴趣，并认为这些事情和自己息息相关	64.3	29.5	6.3
	我愿意长久居住在我现在居住的社区	57.9	31.8	10.2
	如果搬出我所住的社区，我会依依不舍	57.6	30.5	11.9

2. 自我阶层认定特点：自我阶层认定水平逐年提高，全民弱势心态依然突出

本调查以居民自我社会阶层认同的主观研究方法为基础，借鉴马科斯·韦伯的“三重标准论”，结合北京的市情提出了“教育程度”“职业地位”“收入水平”“财产占有”“政治权力”和“社会声望”的六因素标准。历年北京市民社会阶层自我评定的阶层指数中，最高为3.81（2016年），最低为1.88（2008年），一改前些年总体下降且在低位徘徊的趋势转而向上（见图11）。尽管自2008年国际金融危机以后，北京居民中等阶层认同比例逐步提高、最底层自我归类的比例逐步减少。特别是今年，居民对中上社会阶层的认同也创新高，自我社会分层正朝着更加合理的方向发展，但北京居民自我认为处于中下及最底阶层的居民比例逐步下降，但也一直在60%左右徘徊，居高不下（今年为58.6%），底层比重仍然过大，中间层规模过小，全民弱势心理仍然突出（见表6）。北京居民总体社会分层还是呈现出传统的金字塔形，而非理想的橄榄形。

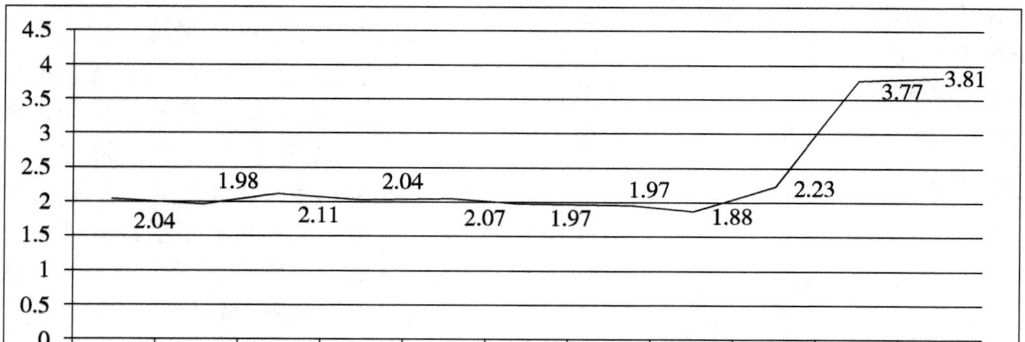

图11 北京居民社会阶层认同指数历年比较

注：5表示最高阶层、4表示中上阶层、3表示中等阶层、2表示中下阶层、1表示最低阶层

表6 北京居民自我认为处于弱势阶层历年比较 单位：%

	2000年	2001年	2012年	2004年	2005年	2006年	2007年	2008年	2012年	2013年	2016年
弱势	67.5	75.1	66. 0	61.5	63.8	62.9	67.1	73.9	58.6	60.5	63.8

（四）国家认知特点

本研究以国家治理为切入点来反映居民国家认知特点，将国家认知分为三个方面，即国家治理方针认知、国家治理能力认知、国家治理效果认知。

1. 国家治理方针认知特点：居民对国家治理方针认知度总体偏低，呈现“广度有余、深度不足”的特点，社会主义核心价值观最深入人心，供给侧结构性改革最不为居民所了解

国家治理体系是在党领导下管理国家的制度体系，包括经济、政治、文化、社会、生态文明和党的建设等各领域体制机制、法律法规安排，也就是一整套紧密相连、相互协调的国家制度。所以本文研究通过调查居民在国家经济、政治、文化、社会、生态文明和党的建设等各领域重要治理方针的知晓度，来反映北京居民对国家治理方针的认知。数据显示，北京居民对国家治理方针总体认知度得分2.86分，低于中值（3分）。在所有治理方针中，社会主义核心价值观（3.17分）、京津冀一体化（3.13分）、北京雾霾治理措施（3.12分）、“两学一做”（3.12分）认知度较高，均高于中值；对疏解非首都功能（2.93分）、四个全面战略布局（2.53分）、五大发展理念（2.52分）、供给侧结构性改革（2.36分）认知度较低，均低于中值。“‘四个全面’战略布局”作为我国当前治国理政的总方略，居民认知度分数只有2.53分（见图12）。

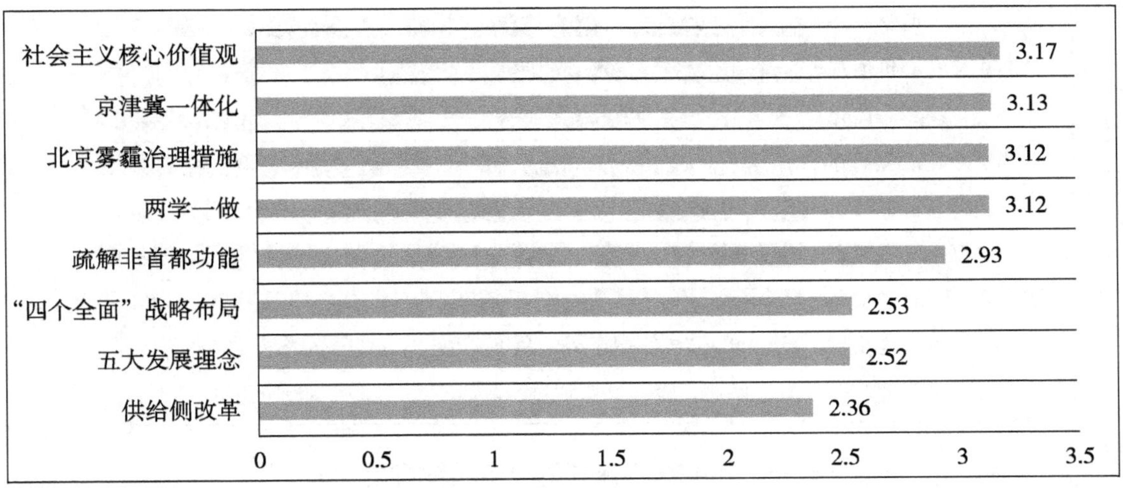

图12 居民国家治理方针认知度（分）

注：根据认知程度不同计分，了解很透彻5分；比较了解4分；了解度一般3分；听说过，具体不太了解2分；没听说过1分

从不同群体对国家治理方针的认知度来看，公务员对国家治理方针的认知度高于党员，党员高于非党员（见图13）。所以对国家治理方针认知度提升的重点对象是非党员，包括团员、民主党派和群众。

从居民对各项治理方针具体的认知情况来看，认知广度有，但是深度不够，大多数居民都对各项治理方针有一定的认知，但是表示“了解较多”的居民却并不多（见图14），也有为数不低的居民“两耳不闻国家事”，对于供给侧结构性改革、五大发展理念、四个全面战略布局、疏解非首都功能这些“国家事”分别有25.6%、16.6%、15.3%、10.1%的居民表示“没听说过”。

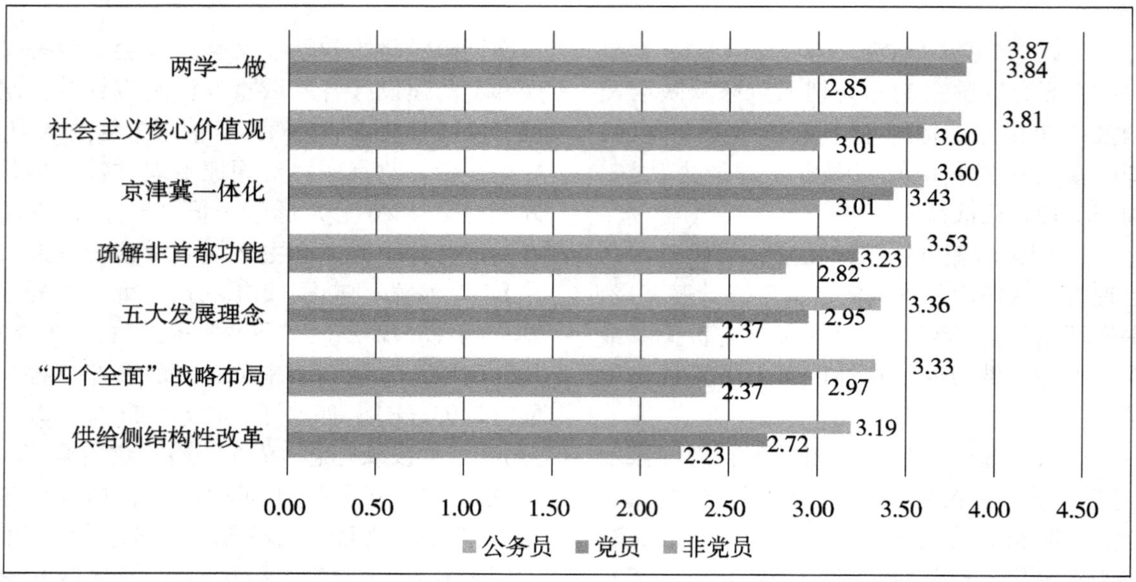

图13 公务员、党员和非党员对国家治理方针认知度比较（分）

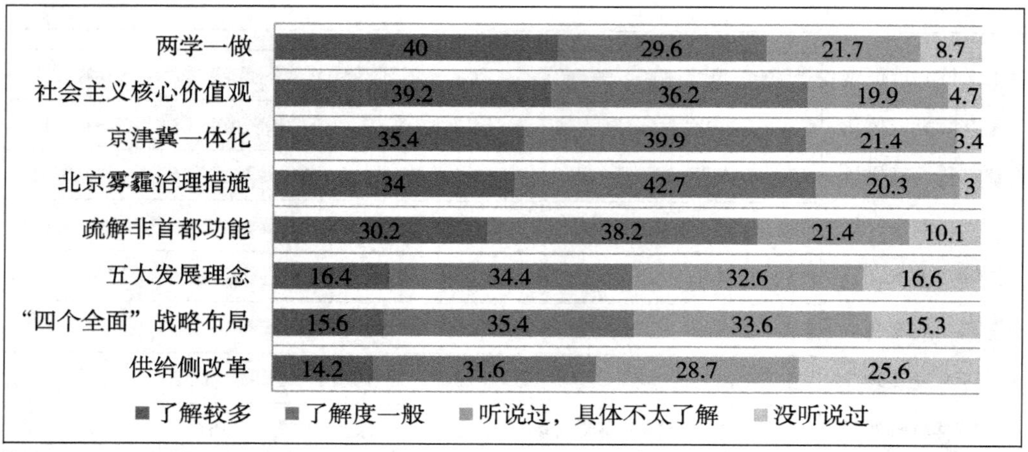

图14 居民对各项国家治理方针认知情况（%）

2. 国家治理能力认知特点：居民对当前国家治理能力比较满意，对未来的国家治理能力较有信心，但过半居民认为国家治理主体“亲民”能力有所不足

国家治理能力是运用国家制度管理社会各方面事务的能力[①]。本文将居民对国家治理能力认知分为两方面，即对当前治理能力（日常治理能力和应急治理能力）的评价和对未来治理能力（对政府关乎政治、经济、文化、社会和生态方面的治理承诺实现的信心）的评价。本调查中当前治理能力（3.27分）和未来治理能力评分（3.29分）都高于中值（3分），说明居民对当前和未来的国家治理能力评价都比较高（见表7）。

在当前治理能力评价方面，对应急治理能力满意度（3.46分）高于对日常治理能力满意度（3.07分）。对于国家处理以防汛抗灾、南海仲裁事件、雷洋事件、莆田事件为代表的突发事件的能力给予了比较高的评价

① 中共中央宣传部：《习近平总书记系列重要讲话读本（2016年版）》，人民出版社2016年版。

（见表8）。不过相比之下，对防汛抗灾这种提前有准备的突发事件的应急治理满意度高，对完全没有准备的突发事件的应急治理满意度稍低。

表7　国家日常治理能力评价
（政府公务人员工作满意度）

单位：个，分

	样本数	满意度	标准差
精神状态	2417	3.12	0.92
工作能力	2415	3.10	0.85
办事态度	2414	3.07	0.95
廉洁自律	2414	3.04	0.94
办事效率	2416	3.00	0.91
总平均分	2420	3.07	0.84

表8　国家应急治理能力评价
（对国家处理下列突发事件满意度）

单位：个，分

	样本数	满意度	标准差
防汛抗灾	2333	3.89	0.94
南海仲裁事件	2256	3.54	1.06
雷洋事件	2042	3.21	0.98
莆田事件	1956	3.21	0.96
总平均分	2360	3.51	0.85

在未来治理能力评价方面，对公共文化设施基本实现全覆盖（3.49分）、北京2020年建成具有全球影响力的科技创新中心（3.48分）、“一刻钟社区服务圈”基本实现全覆盖（3.45分）三方面实现的信心最高，对2020年贫困人口全部脱贫信心度最低（3.09分）（见表9）。

表9　对国家和首都发展信心度

单位：个，分

	样本数	信心度	标准差
公共文化设施基本实现全覆盖	2289	3.49	1.03
北京2020年建成具有全球影响力的科技创新中心	2263	3.48	1.02
“一刻钟社区服务圈”基本实现全覆盖	2252	3.45	1.04
到2020年北京PM2.5年均浓度比2015年下降15%左右	2297	3.24	1.03
城六区常住人口比2014年下降15%左右	2263	3.21	1.07
到2020年城乡居民人均收入比2010年翻一番	2306	3.19	1.12
到2030年单位国内生产总值二氧化碳排放比2005年下降60%～65%	2268	3.17	1.03
精准扶贫战略2020年贫困人口全部脱贫	2289	3.09	1.10
总平均分	2368	3.29	0.88

政府是最重要的国家治理主体，虽然居民对国家治理能力总体评价较高，但是数据却反映出57.5%的居民认为提到“政府”就给人“高高在上”和“陌生疏离”的感觉（见图15）。也就是说，在居民的认知里，政府缺乏“亲民”的能力，从中国古代政治理念中强调基层官员是“亲民之官”，到今天我党强调的群众路线，都无一不强调了“亲民”能力的重要性，所以政府的“亲民”能力有待大幅提高。

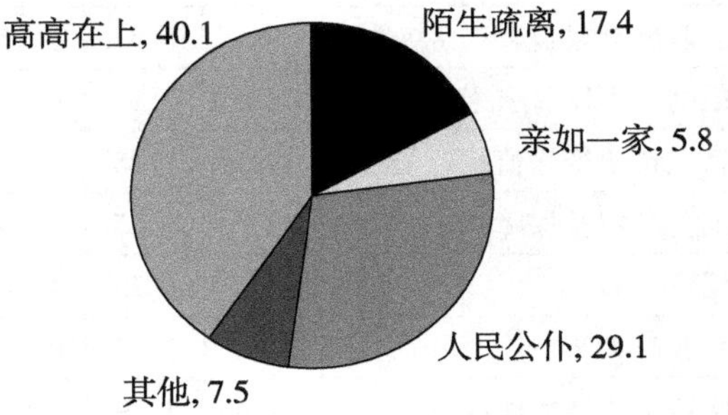

图15　北京居民提到政府时候的感受（%）

3. 国家治理效果认知特点：居民对当前政策和工作总体满意度处于中上水平，八成

以上居民获得感体验处于中上水平

从居民的立场出发，国家治理效果认知可以通过现有客观政策的评价和居民主观获得感两个角度来分析，一方面是居民对与百姓生活密切相关政策和工作的满意度，是对客观现有政策的评价；另一方面是居民的获得感①，是指人民群众共享改革成果的幸福感。在本调查的28项与百姓密切相关的政治治理、经济治理、文化治理、社会治理、生态治理政策和工作中，满意度达到中值（3分）以上的有23项，可见居民对绝大多数与其密切相关的政策和工作还是比较满意的。满意度低于中值（3分）的5项分别为教育改革、房地产调控、食品安全、交通拥堵治理、延迟退休，也的确是近年处于风口浪尖上，争议颇多的一些政策和工作（见表10）。

表10　对与百姓密切相关政策和工作的评价

单位：个，分

	样本数	满意度	标准差
社区服务	2340	3.61	0.87
人口疏解	2297	3.50	1.02
全面二孩	2346	3.48	0.98
大众创业　万众创新	1936	3.41	0.85
文化交流	2202	3.38	0.85
公立医院改革和医药分离	2106	3.37	0.96
文化传承	2210	3.34	0.92
文物保护	2188	3.34	0.90
居家养老	2018	3.33	0.89
互联网金融监管	1968	3.31	0.96
鼓励支持非公有制经济36条	1675	3.31	0.81
营业税改征增值税	1864	3.28	0.87
消费者权益保障	2236	3.25	1.04
反腐倡廉	2357	3.23	1.08
就业政策	2116	3.21	0.88
网络文化环境建设	2184	3.19	0.92
股市监管	1927	3.15	1.02
个人所得税改革	2035	3.14	0.94
户籍改革	2206	3.13	1.01

续表

	样本数	满意度	标准差
市容环境管理	2275	3.12	1.11
雾霾治理	2281	3.05	1.12
水污染治理	2256	3.04	1.11
社会治安	2385	3.04	1.02
教育改革	2288	2.90	0.98
房地产调控	2059	2.80	1.13
食品安全	2387	2.57	1.10
交通拥堵治理	2374	2.49	1.04
延迟退休	2319	2.26	1.13
当前政策满意度平均数	2415	3.13	0.67

注：黑体字为满意度低于3分中值的项目

北京居民的获得感数据呈现“中间多，两头少”的比例分布，认为获得感一般的居民占绝大多数，认为获得感高和获得感低的居民各占16.9%和18.9%（见图16）。由此来看，习总书记提出来的让人民群众有更多“获得感”这一改革目标仍然任重而道远。

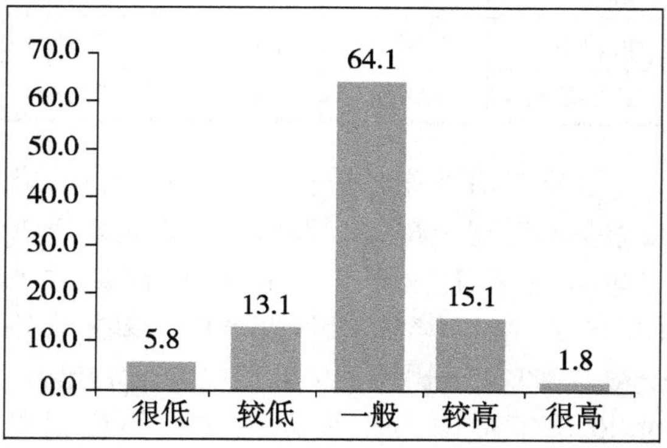

图16　北京居民感受到获得感的程度（%）

① 2015年2月27日，习近平总书记在中央全面深化改革领导小组第十次会议上指出，要科学统筹各项改革任务，推出一批能叫得响、立得住、群众认可的硬招实招，把改革方案的含金量充分展示出来，让人民群众有更多“获得感”。“获得感”一词由此迅速流行，且使用范围出现固化趋势，多指人民群众共享改革成果的幸福感。

三、居民社会认知影响因素分析

（一）人口学特征因素

总的来看，随着年龄的增长、学历的提高、职业稳定性的增强、收入水平的提升，居民越容易出现积极的社会认知。具体分析如下。

性别：在国家治理方针认知度，男性（2.90分）显著高于女性（2.82分），男性比女性对“国家大事”认知度更高。社会凝聚力评价上女性（3.50分）显著高于男性（3.45分）。

年龄：与社会认知多数方面存在显著正相关。具体数据看年龄与国家认知中的治理方针认知度、治理能力评价呈显著的正相关（相关系数为0.125、0.061），即年龄越大，对治理方针的认知度越高，对国家治理能力的评价越高；与群体认知中社会凝聚力认知呈显著正相关（相关系数0.078），即年龄越大越认为社会凝聚力水平高；与家庭认知中的婚姻质量水平呈显著正相关（相关系数0.055）；与自我认知中的核心自我评价呈显著负相关（相关系数 -0.195），表示年龄越小的居民核心自我评价水平越高。

学历：与国家认知中的治理方针认知度、获得感呈显著正相关（相关系数0.145、0.053）；与群体认知中的自我阶层认知呈显著正相关，即学历越高，自我阶层认定水平越高（0.127）；与自我认知中核心自我评价呈显著正相关（相关系数0.078，0.118）。

户籍：在国家治理方针认知度方面，北京城镇居民 > 北京农业居民 > 外地城镇居民 > 外地农业居民（2.89 > 2.78 > 2.64 > 2.59），北京居民对国家大事的认知度更高，但在对当前政策的满意度方面北京城镇居民 < 北京农业居民 < 外地城镇居民 < 外地农业居民（3.11 < 3.21 < 3.22 < 3.35）。在传统生育观上外地农业居民 > 北京农业居民 > 外地城镇居民 > 北京城镇居民（14.80 > 14.16 > 13.83 > 13.37），从数据来看，农业居民比城镇居民，外地城镇居民比北京城镇居民更重视“养儿防老”“传宗接代”等传统生育观。

政治面貌：党员社会认知比团员更积极向上，团员比群众更积极向上。在国家认知、群体认知、家庭认知中的婚姻质量、自我认知方面党员的认知度与评价水平均显著高于团员和群众。

职业：不同职业居民在国家治理方针认知度、国家治理能力、获得感、主观幸福感和核心自我评价方面存在显著差异。总的来看，工作稳定性高的居民比工作稳定性低的居民社会认知更积极乐观，尤其是国家公务员属于所有职业中社会认知最积极乐观的群体（见表11）。

表11　不同职业居民社会认知中存在显著差异的方面

单位：分

	国家治理方针认知度	国家治理能力	国家治理效果之获得感	社会凝聚力	主观幸福感	核心自我评价
国家公务员	3.53	3.60	3.36	3.56	3.50	38.05
事业单位工作人员	3.05	3.41	3.04	3.57	3.39	36.52
国企工作人员	2.91	3.33	3.03	3.52	3.34	35.89
私企工作人员	2.78	3.26	3.00	3.49	3.32	34.88
外企工作人员	2.77	3.30	3.14	3.51	3.43	37.72
外地来京务工者	2.36	3.26	2.94	3.39	3.21	34.66
自由职业者	2.65	3.21	2.94	3.43	3.26	34.27
个体商户	2.55	3.22	3.05	3.42	3.18	34.38
F值	18.47	3.96	3.05	2.69	3.06	5.63

注：上述各项均在职业上存在显著差异（$P < 0.01$）

收入水平：收入水平与国家治理方针认知度（相关系数0.105）、国家治理能力（相关系数0.064）、获得感（相关系数0.164）、社会凝聚力（相关系数0.064）、社会分层（相关系数0.211）、主观幸福感（相关系数0.152）、核心自我评价（相关系数0.127）方面均存在显著的正相关。

（二）心理特征因素

1. 价值观：社会价值取向越突出的居民社会认知越积极乐观

在对中国本土价值观的研究中，杨国枢以社会、关系、情境为中心的价值观认为人们有两种不同的价值取向，即社会价值取向和个人价值取向，社会价值取向强调个人如何融入自然和社会环境，个人价值取向以自主性为重，强调如何满足个人的需求、情绪和兴趣。结合上述研究，本文将价值取向分为三个维度开展调查研究：一是社会取向，包括服务社会和社会承认目标价值；二是家庭取向，包括子女成器和家庭和睦目标价值；三是个人取向，包括身体健康、精神富有和物质富裕目标价值。看重社会价值取向的居民对国家治理方针认知度、国家治理能力、治理效果的评价显著高于持有其他目标价值的居民，对社会凝聚力水平的评价也最高（见表12），可见注重社会价值取向的居民更重视自己“社会人”的角色，对其所处国家和群体的认知度更高，评价更积极乐观，而与之相对的重视家庭与个人价值取向的居民更愿意关注自己和家庭范围内的“一亩三分地”，对国家治理方针的认知度显著偏低，对现状的认知也显著偏消极。值得一提的是，重视精神富有的居民比重视物质富裕的居民更了解“国家大事”，对现状认知更积极乐观。

表12　看重不同目标价值的居民具有显著差异的社会认知

单位：%

		国家认知				群体认知
		国家治理方针认知度	治理能力评价	治理效果之政策满意度	治理效果之获得感	社会凝聚力
社会取向	服务社会	**3.31**	**3.67**	**3.31**	**3.33**	**3.59**
	社会承认	3.15	3.40	3.15	3.23	3.62
家庭取向	子女成器	2.99	3.32	3.06	3.02	3.45
	家庭和睦	2.94	3.32	3.14	2.96	3.52
个人取向	精神富有	3.14	3.48	3.30	3.04	3.57
	身体健康	2.89	3.30	3.15	2.92	3.49
	物质富裕	2.75	3.07	2.99	2.94	3.38
F值		3.865	4.685	2.23	2.171	2.827

注：上述各项方差分析均存在显著差异（$P<0.05$）；黑体字表明分数显著高于其他各项

2. 心理预期：对未来生活预期越积极的居民社会认知越积极

预期在很大程度上影响人们的认知。布鲁纳和波斯特曼认为：我们的知觉结构在很大程度上是由我们的预期所决定的，这些预期建立在过去和情境的基础上。调查数据显示，对未来生活预期越积极的居民社会认知越积极。本调查通过两方面的预期来考察预期对社会认知的影响：一是对获得感提升的预期；二是对生活境况改善的预期。本次调查中心理预期越乐观的居民越容易出现积极的社会认知。上述两项心理预期都与国家认知、群体认知、家庭认知中的婚姻质量水平、自我认知中的主观幸福感和核心自我评价存在显著的正相关（相关系数均在0.2~0.4区间）。

3. 自我知觉偏向：自我知觉偏向影响居民的社会认知

现实中人们的自我知觉存在着各种知觉偏向，概括起来主要有3类：适度积极的自我知觉偏向、消极的自我知觉偏向、过度积极的自我知觉偏向。[①] Taylor 和 Brown 提出“人们总是对自己持有一种不太实际的、更为肯定的态度”。[②] 本次调查数据显示，在对核心价值观认知度选“了解很透彻”的居民中，针对“核心价值观24字分几个层面?”，有近三成（29.1%）的居民实际上对这一问题并不了解，其中有23.50%的居民答错，还有5.6%的居民表示不知道；针对“核心价值观个人层面包括哪几个词?”有15.7%的居民答错（见图17、图18）。由数据来看，居民并没有自己认为的那样了解核心价值观，其实这里就有自我知觉偏向的影响。

4. 行为及行为倾向：居民行为越表现出“亲社会”倾向，其社会认知越积极；居民行为的风险偏好越高，居民的社会认知越消极

从社会优先行为倾向、社会规则行为倾向、利他行为倾向这三个凸显“亲社会”的行为倾向与社会认知四维度的相关性来看，随着居民行为社会优先倾向、社会规则倾向、利他倾向的增强，居民对国家治理方针的认知度越强，对治理能力的评价越高，对治理效果越满意，对社会凝聚力水平、主观幸福感和核心自我评价的分值越高（见表13）。

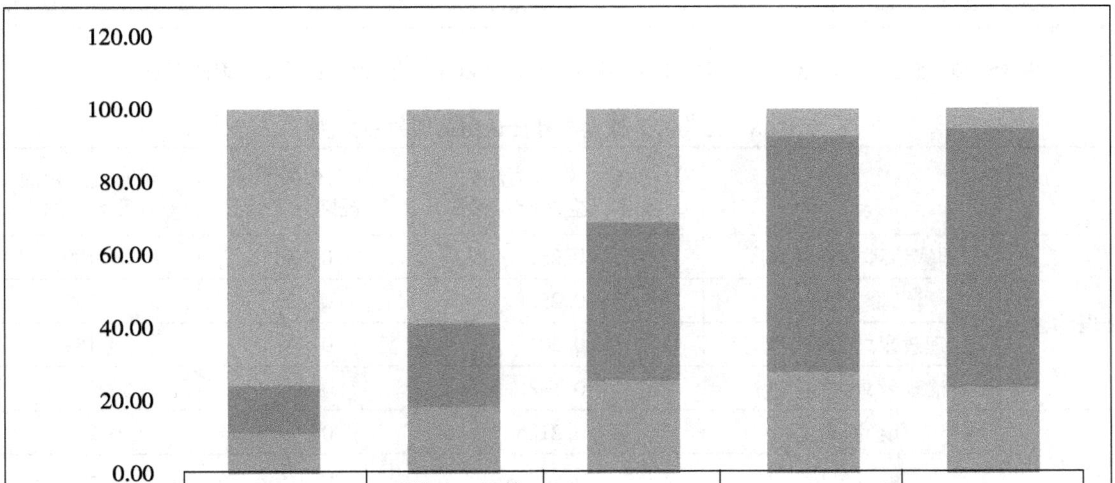

	没听说过	听说过，具体不太了解	了解度一般	比较了解	了解很透彻
不知道的	75.90	58.80	31.20	7.50	5.60
答对的	13.00	22.80	43.40	64.80	71.00
答错的	11.10	18.30	25.40	27.70	23.50

图17　对核心价值观认知度不同的居民回答核心价值观24个字分为几个层面的情况（%）

① 王沛、贺雯《社会认知心理学》，北京师范大学出版社2015年版，第118页。

② Taylor，V. J，&Walton，G. M.（2011）. Stereotype threat undermines academic learning. Personality and Social sychology Bulletin，37。

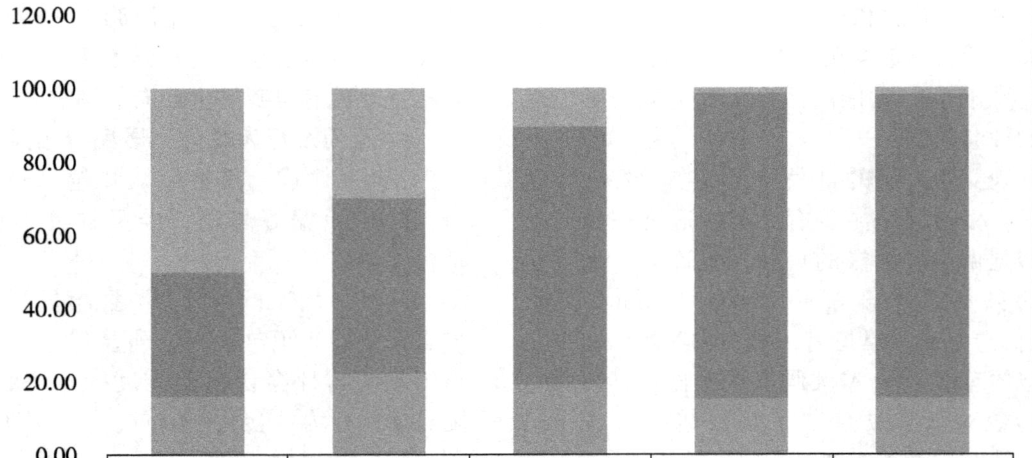

	没听说过	听说过，具体不太了解	了解度一般	比较了解	了解很透彻
■不知道的	50.00	29.70	10.40	1.40	1.80
■答对的	33.90	47.90	70.20	83.10	82.50
■答错的	16.10	22.40	19.40	15.50	15.70

图 18　对核心价值观认知度不同的居民回答核心价值观个人层面包括哪几个词的情况（%）

表 13　三个行为倾向与社会认知各项的相关性

		社会优先行为倾向（社会利益 > 个人利益）	规则行为倾向（规则 > 人情）	利他行为倾向（助人 > 不助人）
国家认知	国家治理方针认知度	0. 251	0. 180	0. 189
	治理能力评价	0. 252	0. 220	0. 222
	治理效果之政策满意度	0. 204	0. 161	0. 189
	治理效果之获得感	0. 133	0. 094	0. 071
群体认知	社会凝聚力	0. 218	0. 193	0. 265
	社会分层	0. 054	0. 074	—
家庭认知	传统生育观	0. 090	0. 117	—
	现代生育观	—	—	0. 077
自我认知	主观幸福感	0. 111	0. 127	0. 166
	核心自我评价	0. 145	0. 148	0. 178

注：以上有相关系数的均为显著相关（P < 0. 01）

针对“为改善生活境况，您曾经运用过下述哪些手段?”这一问题的选项，本调查将“买卖股票基金”“储蓄理财”“买彩票”“创办实业”“开淘宝店、微店”划分为风险相对偏高的行为，采用上述行为越多的居民我们认为其风险偏好越高，然后分析行为风险偏好程度对居民社会认知的影响。经过统计我们发现，居民行为的风险偏好越高，居民的社会认知越容易出现消极负面的评价。风险偏好越高的居民，对国家认知中国家治理能力、国家治理效果（当前政策满意度和获得感）的评价越低（呈显著的负相关）；对群体认知中社会凝聚力水平和社会阶层自我认定的评价越低（呈显著的负相关）；对自我认知中核心自我评价和主观幸福感评价越低（呈显著的负相关）。

四、研究启示

（一）民意研究长效化，及时监测居民社会认知发展动向

民意调查又称为舆论调查，是了解社会公众舆论倾向的一种调查方式。通过科学的调查与统计方法，民意调查收集到的信息可以如实地反映出一定范围内的民众对某个或某些社会问题的态度倾向。民意调查自20世纪初在美国产生以来，在全球获得了迅速的发展，在政治、经济以及社会管理等领域发挥着重要作用。民意研究可以为政府决策提供参考，也可以成为沟通领导与百姓之间的"连心桥"：在党政领导与社会民众之间构建双向、畅通的政治传输渠道，使"听民声、察民意、知民情、得民心"落到实处。所以将民意研究长效化，保持纵向研究，有助于决策部门或机构及时监测居民社会认知发展动向，甚至建立相应的预警机制，长期有效地为决策部门或机构预判社会认知发展动向提供有利的民意资源支持。

（二）宣传工作立体化，避免认知偏差形成居民消极社会认知

宣传工作最重要的是将所宣传内容深入人心，不止追求宣传的广度，也要追求宣传的深度，让宣传对象深入透彻地了解宣传内容，不只停留于对宣传内容概念上肤浅的了解，要把宣传内容的内涵也准确地传达给宣传对象。就本次调查中国家认知部分绝大多数居民对国家治理方针都是听说过的，但是"知其然"的居民比例就小多了，"知其所以然"的居民比例就更低了，这不利于居民对国家治理的客观全面的认知。所以宣传工作的立体化有助于引导居民形成有利于国家稳定、社会发展的积极向上的社会认知，而不是让很多居民只知皮毛，产生认知偏差，从而导致消极的社会认知。

（三）心理服务常态化，促进居民心理健康水平提高

2016年12月30日，国家卫生计生委与中宣部、中央综治办、国家发展改革委、教育部、科技部、公安部、民政部、司法部、财政部等共22个部委联合发文，出台《关于加强心理健康服务的指导意见》。这一文件的出台为心理服务工作常态化提供了肥沃的土壤。文件也提到要通过三级预防机制实现心理健康服务全覆盖，在文件的指导下，全市动员多方力量投入心理服务之中，尤其是在社区层面开展心理服务工作的常态化，必然能对促进居民心理健康水平提高做出更大的贡献。

（四）健全居民社会参与与支持机制，引导居民积极社会认知的形成

经过数据分析我们可以得出"社会性"越突出的居民，社会认知越积极。所以健全居民的社会参与与社会支持机制对于引导居民积极认知的形成十分重要，本次调查中只有37.3%的居民表现能够经常积极参加团体组织的活动，只有8.1%的人在遇到困难时得到过单位、党团工会等官方或半官方组织、宗教社会团体等非官方组织等熟人以外的社会力量的支持。所以从社区、街道、区、市和社会组织多个层面健全充分调动居民进行社会参与，在居民有困难时能够提供及时雨般的帮助，有助于引导居民形成积极的社会认知，促进社会和谐稳定发展。

北京市各区理论研究与调研

东城区平房区物业管理党建联建工作的探索与实践

严 岩

东城区平房区总占地面积12.82平方千米，涉及常住人口23万人，分别占辖区总面积和常住人口总数的30%和26%，涵盖了区内18.5片历史文化街区和12个街道。平房区内聚集了众多国家、北京市行政事业单位，集中了丰富的教育医疗文化等优质资源和历史文化遗存，是首都核心功能的重要承载区、古都历史风貌的重要展示区。多年来，随着城市的快速发展，我区的繁华商业区和楼房区总体呈现出美观、大气、整洁、有序的良好形象，但平房区居住拥挤、设施落后、业态低端、环境脏乱、交通无序等问题日益突出，成为制约环境品质和群众幸福感提高的瓶颈。

面对城市管理的痼疾顽症和群众日益提升的要求期盼，东城区委区政府提出建设“国际一流的和谐宜居之区”的工作部署，结合非首都功能疏解与人口调控、网格化社会服务管理等工作，积极探索“政府引导、市场运营、多元共治、公众参与”的平房区治理新模式，并提出推行平房区物业管理服务，要坚持党的领导，坚持以人为本、改革创新、权责一致、多元共治、因地制宜。如何在新形势下开展平房区物业管理党建联建工作，创新和完善平房区物业管理党建联建工作机制，充分发挥党组织的战斗堡垒作用和党员的先锋模范作用，实现平房区物业管理水平的不断提升，是当前社会领域党的建设面临的崭新课题。

一、平房区物业管理服务工作的基本情况

自2015年底起，东城区在10个街道选取了16个片区开展平房区物业管理服务试点工作，通过落实一系列措施提升平房区物业管理服务水平，使平房区域的环境秩序得到明显改善，居民群众的安全感、幸福感和参与度不断提高。

一是出台一系列配套文件。制定《关于推行平房区物业管理服务的意见》《东城区平房区物业管理服务专项资金管理暂行办法》《东城区平房区物业管理服务标准1.0（试行)》和《东城区平房区物业管理服务企业选取、考核及退出相关要求》，起草《关于加强在平房区物业管理服务中居民自治服务管理的方案》，从区级层面提出了推行平房区物业管理服务的指导思想和目标，规定了所要遵循的基本原则和管理服务的基本内容，明确了相关的配套政策措施、工作要求和经费保障，发挥居民自治作用，探索在平房区管理服务中难点难题的解决途径，确保物业管理服务的效果和质量。

二是搭建工作平台。一方面搭建东城区平房区物业管理资源平台，通过公开招标的方式，吸纳30家二级以上资质的物业管理企业入围，确定了东城区平房区物业服务企业政府集中采购目录。以街道为主体，采取竞争性磋商的形式，与物业服务企业进行洽商、对接，签订平房区物业管理服务合同。另一

方面搭建平房区治理议事协调平台，街道建立由辖区内科站队所、物业服务企业、社区居委会、辖区单位、自管会代表等参加的平房区治理联席会议制度，研讨物业管理内容，反馈服务情况，协调解决平房区治理过程中出现的问题。

三是强化居民自治。健全平房区自治管理组织体系，以胡同、院落为基本单元，以共治、共建、共享为理念，建立胡同自管会，征集并反映居民服务需求，动员居民支持并参与平房区管理服务，协调各方力量解决相关问题，监督物业企业提供服务的质量和效果，倡导居民自觉维护小区环境和秩序。大力培育公益服务类社区社会组织，加强治安巡防队、停车自管会、居民调解之家、居商自管会、养犬自律会等社区社会组织建设，承接平房区自我服务管理项目。搭建平房区自治管理参与平台，完善社区议事厅制度，健全网格（胡同）议事会和院落议事会，形成社区、网格（胡同）、院落三级议事协商平台。完善工作运行、工作评价、社区资源共享、社会力量支持参与、人才发现培养等平房区自治管理工作机制，形成街道、社区党委、社区居委会、胡同自管会“四位一体”的平房区自治管理格局，提高自我服务管理能力。

四是重点解决三大问题。通过开展“清理垃圾渣土、大件废弃物、废旧物品和堆物堆料”，“实行垃圾不落地和再生资源回收规范管理”，“引导车辆安全、规范、有序行驶和停放”，“拆除地桩、地锁等道路障碍物”，“开展违法建设、开墙打洞、无照经营、占道经营、非法运营等环境秩序问题的巡查检查”等工作，破解平房区环境秩序中的“脏、乱、违”三大问题，实现平房区环境秩序明显改善，总体呈现出干净、整洁、有序、安全的社区面貌。

二、平房区物业管理党建联建工作的必要性

在推进物业管理服务工作的过程中，我区提出要发挥党建引领作用，加强党建联建工作，将以“块”为主的社区党建与以“条”为主的行业党建有机结合，以街道、社区党组织为核心，物业服务企业、社区居民、驻区单位代表等利益相关方共同参与，协调解决物业管理服务中遇到的问题，推动社区内各类资源互利共享，提升居民的归属感和获得感。加强对平房区物业管理党建联建工作的思考，进一步强化和改进平房社区党建工作，实现物业管理服务与党建工作互融共进，促进社区和谐有序发展，是基层党组织建设的一项必要内容，具有十分重要的意义。

一是加强平房区综合管理需要寻找新的突破点。社区物业管理作为社区管理和社区服务的重要力量，从事社区建设的基础性工作，对推进建设管理有序、服务完善、环境优美、治安良好、生活便利、人际关系和谐的现代化社区具有十分重要的作用。同时，物业管理是承载各种群众利益、需求、矛盾的载体和平台，围绕物业管理引发的诸多矛盾，往往关系复杂、涉及面广，远远超出物业管理的范畴，加之居民群众对物业服务的要求不断提升，仅靠行业自身发展难以解决，而平房社区在这方面存在的矛盾和问题尤为突出。因此，必须在党建工作的引领下，有效整合社区各类资源，突破瓶颈障碍，解决矛盾问题，促进物业管理健康、持续发展，提高社区综合管理水平。

二是推进社区区域化党建需要寻找新的结合点。随着经济社会的发展，传统的社区党建工作模式已经难以适应新形势的发展要求，必须拓宽思路，从区域的角度将社区各方力量纳入到基层党建中进行通盘考虑，统筹谋划，变单位、行业党建为区域党建，变点线推进为整体推进，以巩固、发展和实现社区党组织的领导核心地位。这都需要一个较为综合的工作载体和抓手，而物业管理服务集综合性、社会性、公益性、服务性于一体，提供了较为成熟的对接平台，在物业管理逐步规范提升的社区中开展物业党建联建

工作，正是契合加强区域化党建工作所需的联动引擎。

三是构建和谐社会共同体需要寻找新的切入点。物业行业党建与平房社区党建的有效结合和不断创新，就是要把社会管理与公共服务紧密结合起来，在服务中实施管理，在管理中体现服务。通过发挥社区党组织的领导核心作用，理顺和协调社区党组织与物业服务企业、业主委员会之间的关系，把各方力量紧密团结在社区党组织周围，从居民群众普遍关心的问题入手，不断解决物业管理中存在的突出问题，共同化解因物业管理引发的各类纠纷和矛盾，为打造区域内各种社会群体和谐相处的社会生活共同体奠定坚实的基础。

通过开展社区物业管理党建联建工作，可以将党的组织和工作触角延伸到物业管理中，以服务群众为重点，整合社区党建、公共服务和社会资源，搭建多方协商议事平台，形成提高社区物业管理水平的合力，达到构建社区物业管理党建联建工作格局、推动社区物业管理党建联建工作全覆盖、有效化解社区物业管理难题的目的，共同推进和谐社区建设。

三、平房区物业管理试点党建联建工作的主要做法

东城区启动平房区物业管理试点工作以来，试点街道以“物业企业提供服务管理、业主委员会开展自治管理、社区党委进行协调管理”为理念，充分发挥党建在其推进中的引领、支撑、服务作用，卓有成效地开展了各项工作，促进了平房区物业管理党建联建工作全覆盖。

一是关注顶层设计，建立健全领导机制和多方协调机制。各街道依托街道党建工作协调委员会，吸纳社区建设、城市综合管理、公共安全管理、社会治安综合治理、社区党委、物业公司等相关部门工作人员，建立了平房区物业管理党建联建联席工作领导小组，具体负责辖区内的社区物业管理党建联建协调推进工作。各社区党组织建立了由社区党委、社区居委会、物业服务企业、业主委员会、社区民警等多方代表组成的社区物业管理党建联建工作联席会，由社区党组织副书记或专职党务工作者担任物业管理党建联建工作联络员，通过定期召开会议，畅通沟通渠道，协调解决问题，提高物业管理水平。按照“交叉进入、双向任职”的方式，推动社区党组织和物业党组织领导班子交叉任职，加强工作间的支持、配合、沟通和交流，形成紧密型的联建共建力量。通过在职党员“双重管理”、开展开放式党组织活动等方式，把业主委员会、物业服务企业以及驻区单位中的党员纳入社区党组织的有效管理。景山街道社区党组织积极吸纳辖区物业服务企业、业主委员会的党员负责人担任班子的专兼职委员，各社区居委会吸纳辖区物业服务企业、业主委员会的非党员负责人担任专兼职副主任，成立党组织的物业服务企业吸纳社区党委领导班子成员、业主委员会中的党员担任兼职委员，加强了党的领导，促进了党建工作和物业管理工作的有机融合。

二是找准工作载体，推进党组织和党的工作全覆盖。结合深化区域化党建工作、集中推进非公企业和社会组织“两个覆盖”等工作，各街道采取单独建、联合建、挂靠建等多种途径，在物业服务企业中实现党组织的覆盖。对没有党员的物业服务企业和业主委员会，通过选派党建工作指导员、联络员等方式，加强党的工作指导力度。理顺社区党组织与物业服务企业、业主委员会党组织之间的关系，加强对业主委员会的政治领导，支持和保证其充分履职，并通过开展党员示范岗、党员责任区、党员公开承诺等活动，引导居民党员共同参与社区管理、共同开展社区服务。体育馆路街道在物业服务企业中实现党的组织覆盖，新组建物业公司党支部，强化党对物业公司的领导，并将其纳入地区党建协调会成员单位。东四街道拟在街道、社区、物业公司、首创集团中建立联合党支

部，通过党的组织联合推动物业管理工作的多方联合。

三是整合资源优势，完善党组织社会动员机制。充分发挥社区党组织人头熟、基础好、群众工作能力强等工作优势，加强舆论引导，动员居民积极参与到社区管理服务中，保障了物业公司、自管会等组织的健康运转，助力平房区物业管理的顺利开展。北新桥街道门楼社区党委要求党员率先垂范，全力配合物业开展工作，影响和带动周围的居民，营造了良好的社会氛围。对实施过程中出现的问题，由老党员、居民代表、社区工作者和公益律师等成员组成的“和风化雨工作室”积极参与调解，配合物业服务公司在进驻之初打开工作局面。体育馆路街道组建由物业公司党员、社区党员、驻街单位党员、到社区报到党员组成的党员志愿服务队，通过公布热线电话、设立志愿服务窗口、主动走家入户等形式，面向社区开展知识普及、政策宣讲、业务咨询、便捷服务等专业服务，在调处矛盾、扶贫助困、攻克难题中发挥积极作用。东四街道充分依托街道党群活动服务中心培育了社区交通、环境、安全、养犬等居民自治组织，如二条“胡同停车自管会”，六条“党员志愿者星光苑”、七条社区“资源互助社”、八条社区“养犬协会”等，引导居民积极参与平房区物业管理工作。交道口街道进一步整合社区各类志愿服务资源，组建了社区物业管理志愿服务队，已开展消防演习、垃圾清理、机动车管理等志愿活动100余次，进一步帮助社区居民树立起主人翁意识和责任感，共同推动社区物业管理服务不断改进。建国门街道社区组建由社区党员、居民骨干等群众力量构成的义务巡逻队，与社区民警、社区物业、社区四小单位共同构建四级防控网，切实做好社区群防群治和治安巡查工作。东华门街道多福巷社区党委积极搭建物业公司与居民沟通平台，将居民需求及意见建议及时反馈给物业公司，提升了物业管理效果。

四是强化服务质量，建立党组织参与监督考评机制。相关街道将社区物业管理党建联建工作的开展情况作为年底考核各社区党建工作的重要内容，同时社区党组织参与对物业服务质量的日常监督与评测，以及对物业服务企业进行物业管理投诉率、业主满意率等内容的考评，层层强化监督，保证了平房区物业管理工作的落实。景山街道建立由社区党组织、社区居委会和业主委员会对物业服务企业进行联合考核评价的机制，成立监督、考评工作指导小组，定期对社区党组织、居委会、物业服务企业、业主委员会等组织工作态度、作用发挥、工作效率等情况进行考评。交道口街道结合社区实际，以网格党支部为单位成立了党员监督队，充分调动和发挥社区老党员的经验优势和先锋模范作用，对社区物业管理过程中出现的管理不到位、问题处理不及时等情况进行检查和监督。建立了考核评价机制，由街道工委、社区党委、居委会和居民自管会对物业公司进行联合考评，目前已进行了1次量化测评。朝阳门街道社区党委组织党员志愿者利用平时和值班巡逻检查物业管理和服务情况，由社区党委分析汇总并集中反馈。同时社区党委通过组织居民代表、引入第三方评价机构和定期开展居民满意度调查等方式对物业公司履职情况进行考核测评，促进了平房区物业管理模式的进一步完善。

（此文作者为东城区委社会工委书记、区社会办主任）

西城区街道“枢纽型”组织发展的分析与思考

西城区委社会工委、区社会办

近年来，社会组织爆发式增长，已成为公共服务的有力补充，但同时社会组织的发展也面临着诸多困境和阻碍，社会组织的管理已成为考验政府执政智慧的重要课题。西城区作为首都功能核心区之一，几年来，着力构建区、街两级“枢纽型”社会组织工作体系充分发挥“枢纽型”组织作用，由“枢纽型”社会组织对同类别、同性质、同领域的社会组织进行分类指导，提高了社会组织服务管理水平，促进了社会组织健康发展。

一、西城区街道“枢纽型”组织发展现状

西城区认真贯彻落实《北京市社会服务管理创新行动方案》，进一步发挥“枢纽型”社会组织作用，全区认定了65家街道“枢纽型”社会组织，主要包含街道级管理类社会组织、街道级人民团体和街道级行业协会三大类，其中街道级管理类组织10家，人民团体44家，行业协会11家。与此同时，西城区各街道也在积极推进社会组织服务基地建设，邀请第三方进入辖区开展社会组织孵化、公益微创投、政府购买服务管理工作。

（一）街道“枢纽型”社会组织功能发挥情况

西城区当前有14个街道（展览路街道未进行）通过街道定向向社会组织购买服务的方式，来支持本街道社会组织的发展。同时，也有9个街道开展了社区社会组织孵化的业务。另外，5个街道（新街口街道、广外街道、大栅栏街道、天桥街道、广内街道）开展过公益微创投，4个街道（新街口街道、广外街道、西长安街街道、陶然亭街道）通过组织本街道社会组织参加其他层级的政府购买服务，来支持本街道的社会组织。从每个街道运用方式的数量来看，新街口街道及广外街道运用了街道定向购买社会组织服务、公益微创投、组团参与其他层级政府购买服务、社区社会组织孵化4种方式，大栅栏街道、天桥街道、陶然亭街道、广安门内街道分别运用了3种方式，部分街道如什刹海、西长安街、月坛街道分别运用了2种方式，少数街道运用了1种方式。

从投入的资金来看，投入最高的街道达到500万元，投入最低的街道10万元左右。

（二）街道“枢纽型”组织培育孵化社区社会组织情况

西城区15个街道共有备案社区社会组织2262个，其中德胜街道、广外街道、展览路街道、金融街街道、什刹海街道备案社区社会组织较多，均超过200个，月坛街道、椿树街道、牛街街道数量较少，不到100个。

从组织类型上来看，分为自益型组织（歌舞、琴棋书画、运动健身等）、互益型组织（老人关护、孤寡帮助等）、公益类组织（环保倡导、治安维护等）三大类别。15个街道，自益型组织占辖区内社区社会组织比重最高达60%，最低为28%；互益型组织占辖区内社区社会组织比重最高达36%，最低为6.7%；公益类组织占辖区内社区社会组织比重最高达50%，最低为8.8%。

从活跃度来看，15个街道，活跃的组织占辖区内社区社会组织比重最高达44.4%，最低为12.9%。

（三）街道“枢纽型”社会组织运行模式

当前西城区有13个街道科室直接为社会组织提供支持服务，街道科室是这类街道社

会组织发展支持服务的主体。同时，也有5个街道（西长安街街道、大栅栏街道、天桥街道、德胜街道、广内街道）通过将社会组织发展支持服务托管于专业社会组织，依靠社会组织的专业力量来支持本街道的社会组织的发展（见图1）。

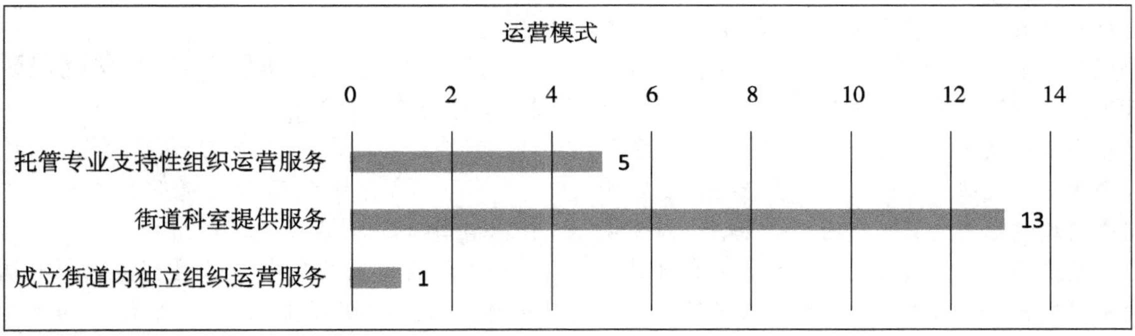

图1 街道运营模式

15个街道中，12个街道有专职工作人员负责社会组织支持服务，每个街道平均3个专职人员。在有专职工作人员的街道中，有7个街道还配置了兼职工作人员，配置的兼职人员数量平均为4人。4个街道仅有专职工作人员，平均每个街道3人。

同时有3个街道（展览路街道、白纸坊街道、陶然亭街道）仅有兼职工作人员，平均每个街道为3人（见表1）。

表1 西城区各个街道社会组织支持服务人员构成情况

街道名称	专职人员数量	兼职人员数量
新街口街道	2	0
广外街道	10	60
什刹海街道	3	0
展览路街道	0	1
西长安街街道	3	3
牛街街道	3	2
白纸坊街道	0	3
大栅栏街道	1	0
月坛街道	2	3
天桥街道	2	1
金融街街道	4	6
椿树街道	1	8
德胜街道	4	0
陶然亭街道	0	5
广内街道	2	0

除白纸坊街道（仅有社区工作者）社会组织支持服务的人员没有街道在编人员外，其余14个街道都有街道在编工作人员，其中9个街道还有社区工作者。

此外，2个街道（西长安街街道、牛街街道）提供社会组织支持服务的团队中有本街道退休的工作人员，2个街道（大栅栏街道、德胜街道）还包括街道外的专业社会组织管理人员。

（四）街道"枢纽型"组织发展典型案例

案例一：德胜街道

德胜街道有民间组织服务中心，同时也有社会建设促进中心及社会组织孵化中心。民间组织服务中心工作人员由街道统筹科工作人员兼任，主要负责社会组织扶持方向确定、政购需求梳理和把控。社会建设促进中心及社会组织孵化中心主要引进专业组织运营，负责组织对接、服务落地、空间管理、项目评估等工作，之前引进的是西城区公益文化传播中心，但由于理念的不一致，不打算继续签约，目前正在寻找合适的组织。每年投入400万～500万元定向购买社会组织或企业的服务。主要有统筹办和社区办两个部门主导社会组织工作，统筹办的重点在于登记注册、培育社会组织，社区办的主要工作是统筹社区，负责社区建设。2017年区社工委政购，报了两个方向：支持孵化培育社会组织类和奖励社区社会组织。

案例二：新街口街道

新街口街道有民间组织服务中心，主要是由社会办工作人员兼职，并由科室人员全权推进社会建设工作。全街道建立了 11 个社会组织服务基地，11 个基地都由不同的科室运营管理，工作压力较大。每年投入 300 多万元资助社会组织及社区社会组织开展服务，共 40 多个项目，大部分都由科室负责跟进。目前街道主要通过定向购买社会组织服务、公益微创投、组团参与其他层级政府购买服务和社区社会组织孵化工作为抓手开展社会组织工作。

对“枢纽型”组织没有太大期待，希望能给予“枢纽型”组织清楚的概念界定、职能划分，希望邀请第三方对项目进行管理和评估。

案例三：天桥街道

天桥街道主要采用定向购买社会组织服务、公益微创投、社区社会组织孵化的方式为社会组织发展提供支持，每年定向购买花费 100 万元左右。以三社联动为抓手推动社区社会组织的培育和发展，主要工作是抓基础、健全机制；也引入专业的社工组织带动天桥街道社区治理，街道认为专业的社会组织能够给社区带来更多的资源，社会组织承接社区活动，与社区的互动非常频繁，专业社会组织的引入、对接资源的工作是由社会办负责，同时专业的组织不可能长期运营，所以动员社区居民和社区社会组织向专业组织学习，逐渐由社区居民和社区社会组织运营社会组织承接的项目。

目前街道社区与社会组织的对接渠道不畅通，希望“枢纽型”组织能够架起社会组织与街道社区之间的链接桥梁。

案例四：月坛街道

月坛街道主要通过定向购买和社区社会组织孵化两项工作培育社会组织发展，定向购买每年投入 30 万元左右。街道的社区建设协会之前运营过一个社会组织发展空间，现在由一个街道工作人员兼任会长，空间还在装修，目前没有发挥作用，协会的会长、人员也在进一步寻找，没有意愿将“枢纽型”组织的运营外包给其他机构。街道认为，目前月坛街道“中心制”的管理模式，只有在领导意愿比较强的情况下，“枢纽型”组织才能发展起来。

二、街道“枢纽型”组织发展呈现特点及存在的问题

（一）实体机构运营空壳化，支持性工作基本由街道工作人员负责

当前西城区各个街道都已有包括公共服务协会和民间组织服务中心等类型的街道“枢纽型”组织，各个街道的公共服务协会/民间组织服务中心也都已有独立的法人地位和机构制度框架，组织建设工作基本已完成。但多数街道的管理类组织，即公共服务协会/民间组织服务中心缺乏全职工作人员，机构工作人员多由街道编制内人员兼任，所开展的业务和提供的服务都很有限，这类机构基本处于空壳化状态。15 个街道中，10 个街道主要通过街道科室来支持社会组织发展，街道科室直接负责社会组织发展支持服务。

（二）普遍开展了支持性工作，部分街道引入专业组织协助开展单项支持性工作

问卷调查结果显示，15 个街道在支持社会组织发展方面均采取了一些措施，新街口街道及广外街道运用了街道定向购买社会组织服务、公益微创投、组团参与其他层级政府购买服务、社区社会组织孵化 4 种方式，大栅栏街道、天桥街道、陶然亭街道、广安门内街道分别运用了 3 种方式，5 个街道街道如什刹海、西长安街、月坛街道分别运用了 2 种方式，4 个街道运用了 1 种方式。

15 个街道中，问卷调查结果虽然显示有 10 个街道是由街道科室人员直接负责支持性工作，但 10 个街道中至少有 4 个街道联合了专业社会组织力量承担了支持性工作中的一环或几环，如展览路街道联合了西城恩派开展公益微创投，这些专业社会组织虽然没有承担所有的支持性工作，但它们在支持性工作的某一层面发挥了作用。

（三）对街道“枢纽型”组织概念较为模糊，不清楚其功能

西城区的街道工作人员对于社会组织和“枢纽型”组织的定义、功能定位等基本概念缺乏了解，对于街道“枢纽型”组织能够发挥的作用还没有形成共识。多数街道对于街道“枢纽型”社会组织工作所能带来的助益缺乏直观认识，由此造成的状况是不少街道工作人员，在街道“枢纽型”组织的转型发展工作上缺乏积极性。

（四）缺少专业人才，对专业技术及项目管理方面有较为急迫的需求

在“枢纽型”组织没有实质性运营的前提下，不少街道仍然有为社会组织开展服务提供支持的资源平台，这一类平台通过提供场地、政购项目和资源对接等类型的支持，发挥了一定的“枢纽型”组织的作用。不过，一方面是作为兼任的街道工作人员精力有限，一方面是负责这类事务的工作人员多数缺乏经验和专业方法，较难提供较为专业的服务。同时通过问卷调查，不少街道表示对专业技术及项目管理方面有较为急迫的需求（见图2）。

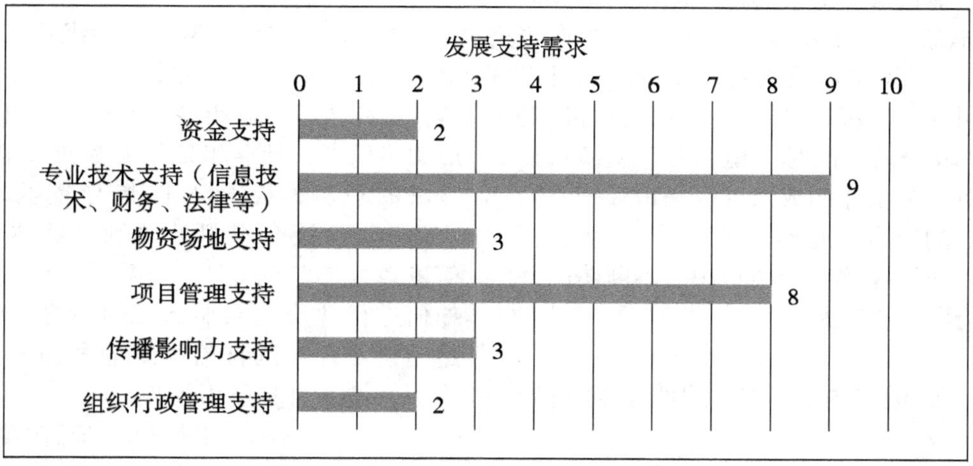

图2 “枢纽型”组织发展支持需求情况

三、街道“枢纽型”组织未来发展思路

（一）改“枢纽型”为支持型

支持型组织的核心功能仍然是为社区社会组织提供服务和管理，但与“枢纽型”组织相比，其弱化了“枢纽型”组织介于政府与社会之间的单一面向和控制意味。支持型组织可以由政府发起，但更倾向于社会化运作，它不仅是政府与社会之间的枢纽，也是社区社会组织与其他社会组织之间的枢纽。支持性组织以培育发展草根的基层社区社会组织为目的，是社会组织发展过程中在纵向“产业链”上的延伸，是社会内部相互支持以及促进与政府合作的组织生态系统构建中的重要一环（王名，《社会组织与社会治理》）。

（二）更新街道“枢纽型”组织工作理念

目前西城区的街道工作人员对于社会组织和“枢纽型”组织的定义、功能定位等基本概念缺乏了解，对于街道“枢纽型”组织能够发挥的作用还没有形成共识。需要让街道工作人员明晰，“枢纽型”组织不是西城社会建设中上级对下级布置的必须完成的工作任务，而是各街道社会建设工作开展的得力抓手，然而在市场供给不足的情况下，在街道“枢纽型”组织能够独立自主完成工作之前，必须依赖街道工作人员积极探索。

（三）梳理街道委托社会组织承接的职能

推动各街道进一步梳理开展社会建设、

社会组织培育工作中产生的职能，将最核心的管理职能留下，其余职能有选择性地转移给具备承接能力的组织。通过职能梳理，减轻街道工作人员工作量，将更多的精力集中于更关键及更聚焦的事务上来。

（四）因街道制宜，发展各具特色的街道“枢纽型”组织

长远来看，随着社会建设工作的不断发展，具备综合功能、专业技术的街道“枢纽型”组织必不可少，但现阶段，在社会组织体量还不足够大、各街道对社会组织工作理解不同的情况下，根据街道社会组织体量、活跃度、增长情况的不同，因地制宜地发展街道“枢纽型”组织较为合理，这些街道“枢纽型”组织可以是街道内生的，也可以是外部引入的，可以是综合型的，也可以是具备单一功能的，同时“枢纽型”组织可以不仅仅由一个主体构成，可以是由多个不同主体组成的综合型枢纽。在建设“枢纽型”组织时，需把握培育社会组织、不断明晰并转移政府职能的前提。

四、街道“枢纽型”组织培育发展的举措

（一）加强街道社会组织规范化建设

制定《西城区关于深入加强街道“枢纽型”社会组织建设指导意见》，促进街道“枢纽型”社会组织发展。以完善机制为重点，形成结构合理、功能完善、竞争有序、诚信自律、充满活力的街道“枢纽型”社会组织发展格局。

（二）建立街道社会组织服务基地

街道社会组织服务基地主要功能是协助街道和社区，为社会组织和社区社会组织提供政策信息、资源协调、项目监督、培训交流等综合性服务指导，实现在社会组织孵化培育、社会组织能力提升培训、社会工作人才队伍培养、社会组织承接项目研发策划和评估管理、优秀社会组织和示范项目的展示交流及公益文化传播、社会组织出壳后的情况跟踪、社会组织建设发展研究等方面的资源整合和工作联动。

（三）实施能力提升工程

加强街道“枢纽型”社会组织工作人员能力培训，重点在于两个方面：一是街道具体负责社会组织职能科室的培训，更新对政府购买服务，社会组织培育发展工作方式、方法的理念，提升工作指导能力；二是“枢纽型”社会组织的培训，具体包括如何发挥好“枢纽型”作用，如何主要包含如何进行政府购买服务项目管理；如何通过创投培育社区自治组织等方面开展集中培训，增强自身能力建设。

（四）注重人才引进和职业素质建设

采取委托机构、引入专业社工、聘请经理人等途径，选拔枢纽组织负责人，促进“枢纽型”组织的专业化提升。对现有“枢纽型”组织岗位的人员进行定岗培训，特别是财务、项目策划、项目管理等专业岗位，要提升专业管理水平。

深化党政群共商共治工程
促进民生实事和城市管理“双轮驱动”

朝阳区委社会工委、区社会办

我区不断深化党政群共商共治工程，在以往解决民生实事的基础上，逐步向社会治理、公共管理延伸，促进民生实事和城市管理“双轮驱动”，较好地解决了群众反映强烈的突出问题。

一、基本情况

从2012年开始，开展党政群共商共治工程，期间主要经历了三个阶段。

第一个阶段：2012年至2013年，试点先行、全面推广。在总结麦子店街道“三问”活动和街道系统“为民解忧”工程基础上，创新开展党政群共商共治工程，坚持问需、问计、问政于民，动员居民、社会单位、社会组织等共同参与、献计献策，合力解决社区治理难题。按照分级分类协商解决问题的原则，打通了社区、街道和区级三个层面的通道。

第二个阶段：2014年至2015年，逐步规范、延伸拓展。完善议事协商流程，丰富议事协商内容，2014年区委区政府出台《关于统筹推进党政群共商共治工作的指导意见（试行）》，全面规范政府部门、街乡、社区为级职责任务，建立了区级协调机制，多次召开区级议事协商会，帮助基层解决一批困扰多年的难题。2015年，提出“两个规范、四个延伸”，即议事协商流程、议事代表产生程序更加规范，议事协商的平台、内容、主体和资金不断延伸和拓展，促进了共商共治纵深发展。

第三个阶段：2016年以后，不断完善、深化提升。将围绕党建区域化、自治单元化、动员社会化、服务精准化、管理精细化“五化协同”的社区治理模式，定期组织党组织、政府部门、社会单位、社会组织和社会公众开展协商议事，实现“五方共治”，将共商共治的理念融入到社会治理的方方面面，推动党政群共商共治工作制度化、常态化和融合化。

二、主要做法和成效

在深化党政群共商共治过程中，不断加强协商民主规范化建设，不断向社会治理、城市管理等方面拓展，形成了“多元参与、民主协商、一致行动、破解难题”的基层协商民主闭环系统。

1. 由一般性建议向规范化参与发展

共搭建社区、小区、楼院居民议事平台1675个，为居民常态化议事协商创造有利条件。全面提升议事代表的提案能力和议事能力，目前共有议事代表19729人，在300个社区开展“居民提案”。规范“集、议、决、督”的议事流程，“集”是广泛征集需求，梳理确定议题；“议”是讨论研究、协商议事的过程，通过陈述、附议、辩论步骤组成；“决”代表投票表决，通过投票确定干不干、怎么干、以后怎么办等问题；“督”是对所决议事项的进度、质量和结果进行监督，确保决议事项得到落实。

2. 由解决民生实事向公共管理拓展

在解决居民身边的民生实事基础上，引导居民以共商共治的形式民主协商解决公务管理问题。如对社区居民楼首层开墙打洞、地下空间租散、小区私装停车地锁等问题的治理，由产权单位、物业、业主、社区居委会和政府部门等，共同协商解决“老大难”问题。在治理开墙打洞中，八里庄、呼家楼等街道把主动权交给社区居民，让大家共同协商该不该治理、如何治理、怎样保持整治成果等问题，既避免了激化新的矛盾，消除了居民区安全隐患，又较好地解决了“治理—反弹—再治理”的问题，去年以来共治理开墙打洞1200多处，拆除小区私装停车地锁7528个。

3. 由基层整合资源向全区统筹拓展

以往更多地注重基层整合资源，建立区级议事协商机制后，打通了小区、社区、街乡和区级解决难题的通道，全区先后解决区级和协调市有关部门解决难题102个。6月2日，区委区政府再次组织基层议事代表、党代表、人大代表、政协委员、专家学者、机关部门等，对左家庄街道厕所改造及移交、麦子店街道枣南社区垃圾楼升级改造、管庄乡瑞祥里社区居民健身场所改造等8个项目进行了民主协商，为解决新一批基层难题找到了突破口。

三、几点启示

1. 加强社会治理，必须强化党组织的领导核心作用

突出基层党组织的统筹作用，各级议事平台均在党组织领导下建设和运行。探索推行“一核多元、共商共治”工作新机制，在议事协商和项目推进过程中，充分发挥社区党组织和社区党员的引领和示范作用。把服务型党组织建设体现到整合资源、破解难题、服务群众的全过程，在组织发动群众、社会组织、社会单位中体现党组织的地位和作用。

2. 加强社会治理，必须有效转变政府执政理念

通过实施党政群共商共治工程，理顺政府职能定位，摒弃大包大揽的服务管理方式，解决政府缺位、错位和越位的问题，找到群众意愿和要求的最大公约数，政府办实事与群众的需求进一步匹配，工作的针对性和有效性进一步增强，这是各级的共同体会。运用共商共治和协商民主的理念和方式解决好群众生产、生活中遇到的各种难题，并将共商共治解决社区治理问题和为民解忧办实事的过程变成转变执政理念、服务于民的过程，带动执政能力和水平的提升。

3. 加强社会治理，必须注重发挥舆论宣传作用

在几年来的共商共治实践中，各街道始终坚持把理念、方法、成效等的宣传贯穿始终，借助宣传栏、报纸、网络等媒介进行广泛宣传，公示议事代表名单和共商共治项目，提高共商共治工作在社区中的知晓率、参与率和满意率。同时，通过开展社区治理创新项目征集、“我的社区我做主”金点子行动等活动，积极营造全社会广泛关注、积极参与党政群共商共治的良好氛围。

四、下一步打算

1. 加强统筹，做好对接，及时协调解决问题

加强对党政群共商共治工作的统筹协调，重点指导和推动街、社区今年 1430 个实事项目落地，筹备召开总结评议会，接受群众满意度的评议。配合做好区级民主协商会筹备及确定项目的跟进，确保区级协商项目落地。对没有纳入区级民主协商会的项目，由区委办、政府办、社会工委、社会办、农工委、农委，积极搭建区级协商平台，组织职能部门、产权单位、物业公司、群众代表等参加，积极予以推动。

2. 瞄准基层，加强指导，促进工作拓面延伸

加强对基层民主协商的指导，出台区级层面加强社区民主协商的意见，从协商内容、协商主体、协商形式、协商流程等进行规范，并进一步延伸工作的触角。按照有空间、有队伍、有主题、有规则、有机制的“五有”标准，狠抓社区居民议事厅建设，力争实现城乡社区议事厅全覆盖，有条件的小区楼院全部都建有居民议事厅，构建“议事常态、主体多元、议案具体、决策民主、治理长效”的社区议事模式。同时，将社区治理、议事协商、社区参与有机结合，逐步将公共服务、公益事业、公共管理等涉及居民直接利益的事项纳入民主议事协商范畴，促进政府行政管理与社区民主自治的有效衔接和良性互动。

3. 完善机制，拓展路径，提升共商共治效能

工作实践中，各个层级都在积极地多渠道寻求问题解决路径。特别是在区级层面，将年度协商项目与区级办实事、人大代表建议案等工作有效对接，稳步推进相关项目的落实。在此基础上，探索建立区级协商项目评估机制，对拟纳入区级层面的项目进行可行性、必要性和绩效评估，并提前与区级部门对接，争取纳入年度计划予以实施，切实提升工作效能。同时，建立协商项目库，对于暂不具备条件不能实施推动的项目实施动态跟踪，积极对接市级部门，待条件完善后组织实施。

海淀区社会工作人才队伍建设与发展研究

王玉方

2014年，习近平总书记对人才工作做出重要批示，强调择天下英才而用之，关键是要坚持党管人才原则，遵循社会主义市场经济规律和人才成长规律，着力破除束缚人才发展的思想观念，推进体制机制改革和政策创新，充分激发各类人才的创造活力，在全社会大兴识才、爱才、敬才、用才之风，开创人人皆可成才、人人尽展其才的生动局面。当前，社会工作人才队伍建设正处在快速发展的起步阶段，聚焦海淀社会工作者职业现状，目前社区工作者队伍总体结构较为合理，专业社工队伍不断壮大，专业社会工作机构发展迅速，发展环境不断优化，但发展过程中还存在职业化水平不足、专业化亟待加强、专业资源和服务仍需要拓展、社会认同还有待提升等方面的问题。

一、社会工作人才的内涵和发展现状

党的十六届六中全会通过的《中共中央关于构建和谐社会若干重大问题的决定》明确提出，要努力构建一支结构合理、素质优良的社会工作人才队伍。2004年7月，劳动和社会保障部颁布了第九批国家职业标准，其中就包括《社会工作者国家职业标准》。“社会工作者”作为一门职业开始正式出现在我国的社会生活中，也标志着社会工作职业评价水平的建立。社会工作者是指遵循助人自助的价值理念，运用个案、小组、社区、行政等专业方法，以帮助机构和他人发挥自身潜能，协调社会关系，解决和预防社会问题，促进社会公正为职业的专业助人者。《关于加强社会工作专业人才队伍建设的意见》中指出社会工作专业人才是具有一定社会工作专业知识和技能，在社会福利、社会救助、慈善事业、社区建设、婚姻家庭、精神卫生、残障康复、教育辅导、就业援助、职工帮扶、犯罪预防、禁毒戒毒、矫治帮教、人口计生、纠纷调解、应急处置等领域直接提供社会服务的专门人员。无论从何种角度对于社会工作人才队伍进行界定，其核心都是具备一定的社会工作专业知识和技能，在社会的不同领域从事专门社会服务的人员。其目的是为了在我国社会转型这一特殊历史条件下，为了加强社会管理、提升社会服务水平、保证社会良好运行而发挥作用。

做好社会工作人才队伍建设工作，必须同时做好专业社会工作机构及社会组织的培育和发展，“十二五”期间，海淀区紧紧围绕“权责明确、依法自治的现代社会组织体制”总目标，坚持“培育发展和监督管理并重”的工作方针，激发社会组织活力，创新社会治理，促进社会组织结构不断优化，社会工作机构质量稳步提高，运行能力均衡发展，2014年被民政部授予“全国社会组织建设创新示范区”称号。伴随着首都经济社会发展，海淀区社会组织近年来发展速度较快，门类涉及广泛，包括教育、科研、文化、高新科技、体育、社会服务、工商业服务等领域。目前全区共有社会组织860个，位居全市16区县之首，其中社会团体195个，民办非企业单位665个；在街道居委会备案的社区社会组织共有2600家，占全市总数的20%以上；国际组织驻京机构与全国性社会组织在京总部共有181家，初步形成了门类齐全、层次不同、覆盖广泛的社会组织体系。“十二五”期间海淀区不断加大对培育扶持社会组织的投入力度，共投入近6000万元。其中，购买公共服务项目230余项，涉及110多家社会组织，购买范围包含基本公共服务类、社会公益类、社区便民类、社会研究等领域，切实解决了一批服务民生的重点、难点问题。

二、海淀区社会工作人才发展面临的机遇与挑战

在加快构建国际一流的和谐宜居之都的关键时期，海淀区社会工作人才队伍建设迎来了“黄金机遇期”。总体来看，主要有以下三个方面的机遇：首先，经济社会的快速发展为社会工作人才队伍建设奠定了坚实的基础。随着经济社会持续快速健康发展，海淀各项社会事业全面进步，基础教育、医疗卫生、文化体育、公共安全等公共服务资源的人均拥有量和保障水平均处于全市先进行列，从而为加快社会工作人才队伍建设提供了基础条件；其次，社会建设步伐的不断加快为社会工作人才队伍建设提供了有力的保障。近年来，海淀区社会治理体制和工作机制不断创新，积极引导社会组织健康有序发展，加强社会组织培育扶持力度，完善社会组织治理结构，充分发挥党建政治引领、政府依法监管、“枢纽型”社会组织日常服务管理作用，全区各级各类社会组织、社会工作人才队伍蓬勃发展，为海淀社会建设和经济发展做出了积极贡献。第三，社会服务需求的深刻变化为社会工作人才队伍建设提供了强大的内在动力。在经济社会快速发展的同时，社会生活中出现了一些新情况、新问题，社会需求日益呈现出多元化、专业化、个性化的趋势，仅靠传统的行政手段和方式，已经难以满足日益复杂的社会服务需求，因此，迫切需要一批能够综合运用社会工作专业知识、方法和技能的社会工作人才，来为社会单位、组织和居民个人提供全方位的、更具专业性和针对性的服务。

同时，社会工作人才队伍建设同样面临严峻的挑战，必须引起高度重视。第一，缺乏成熟的理论和实践支撑。从专业社会工作理论发展看，由于我国社会工作理论研究起步较晚，到目前为止，还主要是学习、消化西方社会工作知识理论，具有中国特色的社会工作专业理论体系还没有形成。同时，专业的社会工作实践才刚刚起步，发展历程较短，实践经验不足。从社区建设理论发展看，虽然近年来国家和各省市、地区开展了内容丰富、形式多样的社区建设实践，理论研究也不断深入，但目前为止尚未形成理论体系，各地实践还缺乏有力的理论支撑。第二，社会工作人才的发展空间不够。虽然随着培育力度的不断加大，专业社会工作机构数量逐步增多，但总体上看，目前专业社会工作机构还不够发达，自身“造血”功能不强，在吸纳和培养专业社会工作人才方面的作用发挥得不够，社会福利服务和社会事务管理社会化程度还不高，社会工作人才仍缺乏社会组织依托，缺乏事业发展的平台。第三，政策法规体系不健全。目前，尚未建立完整系统的社会工作岗位开发与设置制度，教育培训、从业规范和激励保障等关键环节的制度还不健全，实务督导、服务评估、项目设计等配套制度亟待建立和完善。

三、海淀区社会工作人才队伍建设面临的问题

1. 社会工作人才队伍的结构有待进一步优化

学历层次整体不高，但现有社会工作相关从业人员中，高中及以下学历超过六成。领域分布不均，专业社会工作人才主要聚集在社会福利、社区事务等传统领域，在教育辅导、医疗卫生、权益维护等新兴领域则分布较少。大部分社会工作人员特别是一线工作人员年龄偏大。城乡分布差异大，城区多、郊区少。救济型的社会工作人员多，预防和发展型的社会工作人才少。从社会工作发展需求看，社会工作人才队伍的专业、学历、年龄、层次、功能等结构都有待进一步优化。

2. 社会工作专业化水平有待进一步提高

多数社会工作人员没有接受过系统的社会工作专业教育，虽然有长期工作实践，但经验型居多，缺乏社会工作的专业理念、知识和技能，工作手段和方法相对落后。难以有效针对当前复杂多样的社会问题，提供个性化、多样化、系统化的专业服务，很大程度上限制了社会工作效能作用的发挥。与此同时，社会工作教育和培训机制不健全，专业教育普遍重理论、轻实践，继续教育和岗位培训体系层次不高、功能不足，不能很好适应社会工作实用性强的需求特点。

3. 社会工作岗位有待进一步拓展

到目前为止，社会工作的岗位规范和职业标准尚未建立，党政机关、事业单位等还没有设立专门的社工岗位，其社会工作大多由兼职人员承担，设立专门社工岗位的民间组织也很少。这种岗位严重稀缺的现象一方面使为数不多的社工专业人才因没有对口的就业岗位而纷纷流向其他领域和岗位，造成专业人才的输出性浪费；另一方面也使大量实际从事社会工作的人员得不到正式的职业门类承认，降低了其职业威望和岗位吸引力。

四、海淀区社会工作人才队伍建设政策建议

1. 做好社会工作者培训工作的顶层设计

研究制订《社会工作者教育培训规划》，加快建立涵盖社会建设各相关部门，不同层次教育协调配套、专业培训和知识普及有机结合的社会工作专业人才培养体系。整合海淀区各类高等院校、职业学院和社会培训机构等资源，加快构建人才培训网络。深化社会工作人才培训和实训基地建设，加强扶持、评估和监督。鼓励支持符合条件的组织、企业和个人兴办公益慈善类社会组织。推动相关部门和群团组织，重点在社会福利、社会救助、扶贫济困、婚姻家庭、精神卫生、残障康复、教育辅导、就业援助、职工帮扶、犯罪预防、矫治帮扶等领域，通过购买专业岗位和服务项目的双扶持机制，积极培育一批专业社工机构。

2. 探索创新社会工作者执业制度

积极推动建立与国际接轨的社会工作者注册制度，取得职业水平证书的社会工作人才须在社会工作主管部门或其委托的机构进行注册登记后，方可以相应等级的专业人员身份从事社会工作职业活动。在民政、人力社保、卫生、教育、信访、工会、共青团、妇联、残联等具有社会管理和公共服务职能的有关部门、群团组织、公益服务类事业单位，根据实际工作需求和业务特点探索开发设置一批专业社工岗位，通过引入专业社工，提升本领域、本部门社会管理和公共服务的专业化水平。

3. 健全社会工作职业体系

强化“枢纽型”社会组织功能，加强社会工作者联合会建设，充分发挥市、区两级社会工作行业组织在社会工作者自我管理、自我服务、自我监督等方面的作用。规范社会工作职业资格准入，探索建立社会工作职称职级体系，建立初、中、高级相衔接的社会工作评价体系。加强对社区工作者和社工专业人才的考核，并建立相应的激励机制。组建独立的社会工作评估机构，对社工事务所等专业社工机构进行第三方评估，提高评估的专业化水平和可信度。

4. 完善社工薪酬待遇体系、拓宽社工发展空间

建立健全科学合理的社区工作者待遇增长机制，进一步提高和规范社区工作者待遇，目前已经落实按照人均收入不低于上年全市社会平均工资70%的标准进行动态调整，应继续以用人单位和社会力量为主体，努力提高社会工作专业人才地位和待遇。注重从基层培养和选拔干部，加大从社区干部和优秀大学生社区工作者中考录公务员力度。

习近平总书记关于人才工作的重要批示：站在党和国家事业全局的高度，着眼于实现“两个一百年”奋斗目标和中华民族伟大复兴的中国梦，进一步强调了人才事业的重要性，明确了择天下英才而用之的基本目标，

阐明了人才发展的重大问题和重点任务，内容丰富、思想深刻、要求明确，为进一步做好人才工作指明了方向、提供了遵循。具体到如何发展海淀区社会工作人才队伍建设的工作而言，应从促进人才发展策略上来讲，进一步完善社会工作管理体制，健全社会工作政策措施和制度保障，加大对社会工作者队伍的培养和保障力度，坚持专业化、职业化的发展方向，促进社会工作人才队伍建设的制度化建设。

（此文作者为海淀区委社会工委书记）

社区党务专职工作者队伍建设调研报告

王珮琦

社区党组织是我党在城市全部工作和战斗力的基础，也是新时期和谐社区建设的组织者、推动者和实践者。我党历来重视党的基层组织建设，党的十七届四中全会通过的《中共中央关于加强和改进新形势下党的建设若干重大问题的决定》指出“把服务群众、凝聚人心、优化管理、维护稳定贯穿街道社区党组织活动始终，发挥党组织在建设文明和谐社区中的领导核心作用”。党的十八大明确提出“要强化城市社区党组织建设，全面提高城市社区党的建设科学化水平”。社区党组织要适应新形势新发展的新要求，以创新为动力，与时俱进地推进城市社区党建工作不断向纵深发展，不断增强城市社区党的工作的影响力、渗透力和城市社区党组织的创造力、凝聚力、战斗力，夯实党在城市基层的执政基础。

社区党务专职工作者是党和政府在基层贯彻党的方针、路线和接触群众的直接纽带，是推进社区各项事业和基层党的建设的重要力量，建设一支高素质的党务专职工作者队伍，是社区党建和社区建设高效推动的关键因素。近年来，我区社区党务专职工作者编制不断增加，年龄、文化结构不断优化，能力素质水平不断提升，队伍建设取得了显著成效。但同时，社区党务专职工作者队伍建设中还存在着实有数与编制差距较大，人员补充难等难点问题，在一定程度上影响了社区党务工作者队伍作用的发挥，亟须分析研究并加以解决。

一、社区党务专职工作者队伍现状

目前，社区党组织班子成员由党务专职工作者（包括专职书记、副书记、委员）、兼职委员和义务委员组成，兼职委员主要承担着居委会工作，义务委员多为年龄较大的退休党员或在外工作党员，因此，这两类委员的工作精力无法完全投入到社区党建工作中，社区党建工作主要由党务专职工作者承担。

（一）基本情况

我区社区党务专职工作者编制配备标准为每个社区党支部和党总支配备 2 名党务专职工作者；党员人数在 300 名以下的社区党委配备 3 名党务专职工作者；党员人数 300 ~ 500 名的社区党委配备 4 名党务专职工作者；党员人数 500 名以上的社区党委配备 5 名党务专职工作者；每个社区党组织必须设 1 名专职副书记。

我区现有社区 323 个（其中街道工委所辖社区 304 个，乡镇所辖社区 19 个），建有社区党组织 318 个（其中党委 303 个，党总支 8 个，党支部 7 个），社区党员 64882 名。社区党组织成员 1771 余名，其中党务专职工作者 886 名（编制 1042 名），专职书记 155

名，专职副书记297名，专职委员434名，聘用的党务专职工作者102名；大专以上学历人员占到94.1%（834人）；年龄在30岁（含）以下的108人，占委员总数12.2%；31~40岁的312人，占委员总数35.2%；41~50岁的309人，占委员总数34.8%；50岁以上157人，占委员总数17.2%。

（二）履职情况

按照《中共北京市委关于进一步加强和改进社会领域党建工作的意见》《丰台区社区工作规范化指导意见》要求，社区党组织是社区各类组织和各项工作的领导核心，对社区工作负总责。同时，承担的主要任务有宣传和执行党的路线方针政策、上级党组织和本组织的决议，团结、组织干部群众努力完成社区各项任务；讨论决定本社区建设、管理和服务中的重要问题和重大事项，组织领导会议或决策程序；全面领导本社区三年建设规划的制订与实施；领导社区居民自治组织，支持和保证其依法充分行使职权，领导社区服务站和各类社区服务组织开展社区服务工作，领导社区群众组织，支持和保证其依照各自的章程开展工作；领导社区服务站更好地履行职能；联系群众、服务群众、宣传群众、教育群众，反映群众的意见和要求，化解社会矛盾，凝聚群众力量；加强社区党建协调工作，指导商务楼宇党组织、社区社会组织党组织、社区非公有制经济组织党组织开展党建工作，组织、协调驻区单位党组织开展区域性党建工作；社区党组织自身建设，做好社区党员的教育管理和发展党员工作，与有关部门搞好社区流动党员的教育、管理和服务工作及上级党组织交办的其他任务等九大项工作任务。在完成日常党务工作的同时还要严格执行社区工作入户包片制度，每周入户不少于4户，年内入户不低于本人包片范围户数的70%，届内确保包片范围内每户走访2遍；逢社区承担大型工作任务时，如各类普查、重要节日维稳、大型活动保障等，更要全力保障重点工作完成，日常工作任务繁重。

（三）取得成绩

近年来，全区社区党组织在街道工委领导下，深入开展群众路线实践教育、“两学一做”学习教育，不断深化基层服务型党组织建设，扎实推进社区党的建设“三级联创”活动，着力构建区域化党建工作新格局，以社区党建工作创新推动社会治理创新，不断探索基层党建工作方法路径。

一是深入开展社区党建“三级联创”活动。我区认真总结连续8年开展街道社区“双争创”活动经验，研究出台《关于开展社区党的建设“三级联创”活动的实施意见》，在全市范围内率先开展社区党建“三级联创”活动，各街道工委、社区党组织争创“五个好”街道工委、“五个好”社区党组织，社区党的建设“三级联创”活动高标准起步、高质量推进。各街道工委、社区党组织因地制宜，积极探索，以问题为导向，以需求为指引，培育了“市民劝导队”“四化入户民情图”“社区事务会商会”“日巡制”“社区事务自管会”“新闻直播间”“党性积分”等大量强化社区党组织服务功能，发挥社区党组织凝聚力的党建工作品牌项目。

二是大力推进区域化党建格局构建。我区所有社区实施“大党委制”工作，经过不断探索与实践，逐渐形成了“区委全面统筹，街道指导推进，社区具体落实，辖区单位积极参与”的区域化党建格局。各社区结合自身实际，采取增设社区“大党委”席位制委员的方式，共吸纳400余名机关企事业单位党组织负责人、200余名非公企业党组织负责人到社区“大党委”中来，近300名社区民警担任社区“大党委”副书记或主任助理，形成了社区党组织为核心、2~3个单位党组织参与的“一核多元”党建工作组织架构。各社区设立“大党委”以来，始终将解决居民关注的热点难点问题作为“大党委”会议的主要议题，实施了一系列便民利民的举措，积极为党员发挥作用搭建平台，鼓励引导辖区单位和广大党员在区域性事务中发挥先锋模范作用。

三是注重发挥优秀党员先锋模范作用。近年来，在基层党务工作者队伍中涌现了一批优秀代表，他们多年来在基层党建工作岗位上默默奉献、辛勤耕耘，为全区社区党建做出积极的贡献。西罗园街道角门东里二社区党委书记高淑芹先后获得北京市和全国“五一”劳动奖章、北京市优秀共产党员称号，还担任着北京市人大代表等职务；丰台永善里社区党委书记赵淑伶曾获得全国社会工作委员会“小巷总理之星”证章、全国志愿者先进个人、丰台区群众心目中的好党员等称号；东铁匠营街道蒲黄榆第二社区党委书记徐长秀，曾获得北京市群众心目中好党员、北京市先进工作者等称号，曾担任北京市第十二届党代表、丰台区第十五届人大代表等职务。

二、存在的问题

（一）社区党务专职工作者补充困难

截至 2016 年 11 月底，全区社区党务专职工作者编制为 1042 名，实有社区党务专职工作者 886 名，缺编 158 名，空岗 15.2%。目前，街道社区普遍反映社区党务专职工作者的选任较为困难，后备力量不足，各街道（地区）根据实际情况，不断补充招录社区党务专职工作者，据统计，自 2015 年 5 月社区党组织换届选举至今，共补充 71 名，仅与流失数持平，未能减轻空编情况，补充途径主要包括社区内转岗、社会招聘和社区党员中选拔。

（二）社区党务专职工作者流失情况较为严重

据统计，自 2015 年 5 月社区党组织换届选举至今，社区党务专职工作者逐步减少，流失情况较为严重，共流失 72 名党务专职工作者，流失原因主要包括自谋职业或进入企业（22 名）、退休或病退（21 名）、考取其他工作岗位如工会专职、安全员等（16 名）、考录公务员或事业编（11 名）、照顾家庭（2 名）。

（三）社区党务专职工作者发展空间缺乏

社区党务专职工作者职务晋升与机关事业单位没有接口，发展空间相对有限，社区党务专职工作者中只有极少数人通过社会招录进入公务员和事业单位队伍，社区内的晋升空间只有社区副职和正职岗位，更多的人过早看到了职业的“天花板”。

（四）社区党务专职工作者专业化水平低

近年来，社区党建工作内容不断丰富，从较为单一的党组织建设和自管党员教育管理扩充到构建区域化党建格局、配合辖区内非公企业、社会组织和商务楼宇党建工作等，工作要求不断提高，社区党务专职工作者对新形势下党建工作开展的方法、技巧等专业能力略显不足。

三、原因及分析

（一）社区党建工作任务日益繁重，工作强度不断加大

随着城市化快速发展、城市管理体制改革日益深化、社会治理创新不断推进，社区党组织联系服务群众、保障改善民生、加强社会管理、维护和谐稳定的任务更加繁重。按照中央、市区委工作要求，社区党组织要加强基层服务型党组织建设，继续深化社区“大党委制”“席位制委员”等社区党建模式，着力构建和完善社区区域化党建格局。社区党组织所承担的工作和任务越来越重，要求和标准也越来越高。社区党务工作者尤其是社区党务专职工作者的日常工作量迅速增加，且文字工作较多，部分社区工作者对选任为社区党务专职工作者有畏难情绪；且工作岗位对工作人员的能力素质要求较高，街道社区选任人员的标准不宜降低，人员选配难度大。

（二）职业发展路径狭窄，工作岗位吸引力不强

社区党务工作者职业发展路径仅限于社区正、副职晋升途径，社区工作对象多为社

区老年居民、弱势群体，工作内容“鸡毛蒜皮”，工作岗位社会认同感较低，缺乏作为职业本身的吸引力，对能力强、素质高的年轻人的吸引力小，即使是已经进入社区工作的年轻人也多数抱着“骑驴找马”的心态在社区工作，一旦遇到更好的发展机会就会选择离开，造成人员流失情况严重，这同时也是整体社区工作者队伍面临的共性问题。

（三）工作人员选任困难，后备力量明显不足

社区党务专职工作者选任途径主要有社区内转岗、社会招聘和社区党员内择优选任，但社区居委会和服务站工作者中党员数量相对较少，且培养时间较长；而面向社会进行招录，由于社会中的党员多数能力素质较强，社区工作岗位吸引力低，报名人数少，选择余地小，部分单位在招聘过程中出现了报名人员少于拟招录人员数量的情况；社区中的党员多数是退休老党员，很难从中选拔出合适的社区党务专职工作者。

四、对策和建议

（一）加大培育力度，强化队伍素质建设

一是指导街道社区在发展党员工作中发展指标向党员比例低的社区倾斜，增加社区居委会和服务站成员中的党员数量，提高社区自身产生、培养党务专职工作者的能力；二是加大培训力度，拓宽视野，开阔思路，突破课堂式培训模式，采取有效方法，注重实践能力的培养，落实好丰台区“社区领头人”培养计划，对社区党组织、居委会负责人和商务楼宇党务工作者中优秀人才重点培养，采用“体验式学习周期”理论安排课程，以社区参与式治理、服务项目化管理、社区协商会议的主持、社区和谐关系构建为重点课程，以理论传授与试点操作相结合的方式，提高培训质量和实效，着力培养一支具有过硬素质的社区治理工作骨干队伍。

（二）夯实战斗堡垒作用，强化岗位认同感

夯实社区党组织战斗堡垒作用，充分发挥党员先锋模范作用，提高社区党务工作在社区工作中的重视程度，进一步提升社区党务专职工作岗位含金量，将社区党务工作经验作为提拔任用的必要条件，探讨在社区“两委一站”正、副职任职条件中设置“一般需有2年以上社区党务专职工作经验”的限定，以提高社区党务工作者岗位在社区工作者中的吸引力，进而使社区工作者中具备党务工作经验的人数增加，建立社区党务工作后备人才队伍，进一步提高社区党建工作整体水平。

（三）畅通人才发展渠道，拓宽人才发展空间

按照市委相关部门工作规划，借鉴兄弟省市有效经验，结合本区实际，充分调研，拓宽社区党务专职工作者职业发展空间，打通优秀社区书记向机关和事业单位选拔晋升渠道，增加社区党务工作岗位吸引力，培养人才，留住人才。

（四）拓展人才引进渠道，深度优化队伍结构

借鉴非公党建指导员队伍较为稳定的经验，探索在社区工作者中扩大招聘具有党员身份或党务工作经验的退休返聘人员比例，借力社会中党员和党务工作资源，使社区党务专职工作者队伍形成老中青相结合的结构，加强队伍的稳定性，进一步扩大社区党务专职工作后备力量队伍。

（此文作者时任丰台区委社会工委书记、社会办主任）

关于打造高端的社会治理体系的深化研究

石景山区委社会工委、区社会办

当前，石景山区进入全面构建“八个高端体系”的突破阶段，也是紧抓京津冀协同发展机遇，各项改革事业攻坚克难的重要时期。在这全新的历史阶段，如何更好地打造高端的社会治理体系成为了当前和今后一段时期的研究重点。本课题立足于石景山区社会治理现状，梳理当前遇到的实际问题，提出了深化石景山区社会治理体系的对策建议。

一、石景山区社会治理工作取得的成绩

近年来，在区委区政府的正确领导下，我区社会治理工作取得了一系列积极成效，形成了一批制度成果、理论成果、实践成果，产生了一批特色亮点。

（一）推出了商务楼宇“五站合一”工作模式

整合服务资源，建立由党建工作站、社会工作站、工会工作站、团建工作站、妇联工作站共同组成的新型社会工作阵地，加强与楼宇企业、非公党员之间的沟通联系，将党组织的覆盖、政府的服务管理职能更好地拓展延伸到商务楼宇，引导新经济组织从业人员积极参与地区社会治理。截至目前，我区共有商务楼宇38座，“五站合一”工作站38个，组建了86个党组织，覆盖了1346名党员、3099个“两新”组织及37000余名从业人员。

（二）推出了社会领域统战工作“双融入双服务”模式

采取在社会建设中引入统战人士力量、调动社会建设资源为统战人士服务的方式，建立了结对共建、双方服务工作机制，统战工作网络向街道社区延伸、向“两新”组织拓展，推动了社会建设与统战工作的双促进、双提高，为创新社会治理注入了新的活力。

（三）推行了社区“参与型”民主协商模式

强化社区社情民意恳谈会、楼委会、名誉主任等特色自治平台，深化鲁谷重聚园社区的“楼委会”和古城街道十万平社区的“社区名誉主任”等模式，畅通民情民意反映渠道，建立“社区议事厅”工作制度，让职能部门在“议事厅”里听民声，群众在“议事厅”里表心意，使“议事厅”成为党和政府架在群众中的连心桥，较好地破解了社区服务与管理中的难题，鼓励居民积极参与到社会治理当中。

（四）建立了全区首家区级层面社会组织培育发展中心

建设了总面积1000余平方米的石景山区社会组织培育发展中心，致力于打造集管理咨询、孵化培育、专业培训、宣传推介、交流展示、项目开发等为一体的综合性社会组织发展平台。培育发展中心通过引入专业管理和技术指导，积极推进社会组织孵化培育“一站式”服务、社会组织人才培养“一条龙”服务和社会组织发展“一对一”帮扶，为全区社会组织建设与发展提供实质性专业支持。

（五）圆满完成城市管理和综合执法体制改革工作

我区城市管理和综合执法体制改革工作受到了社会各界广泛关注，在圆满完成了北京市城市管理体制改革试点任务的基础上，又顺利完成了全国综合行政执法体制改革试点任务，通过建立权责清单、规范执法队伍、

强化属地职能等多种措施，巩固和发展了城市管理体制改革成果，为改善群众生产生活环境、完善社会治理体系奠定了基础。“党建统领、综合下沉、协同共治”的改革理念也在全国各地产生了积极的影响。

（六）搭建了多元参与社会治理工作平台

组建了18支6万余人的志愿者队伍，推出了金色亲情服务队、新居民志愿者协会、红蜡烛、鲁谷义工协会等志愿品牌，形成了志愿服务“公益反哺家园”创新模式，调动了公众奉献社会、参与社区治理的积极性。以京原路7号·社区青年汇旗舰店建设为重点，建立了13家社区青年汇，服务范围包括9个街道及多类青年聚集区。通过组织开展各类服务项目，将社区青年汇打造成为满足青年成长发展所需要的地域性活动平台和协助政府做好青少年服务管理工作的重要抓手，有力地激发了广大青年参与社会建设、助力区域发展的青春热情。

（七）社会面法制安全建设取得新突破

一是以加强“法治石景山”为基础，服务高端绿色发展的法治保障能力显著提升。圆满完成“六五”普法工作，并启动“七五”普法工作，“依法治区”能力不断提升，党委依法执政、政府依法行政、政法机关公正司法、人民群众懂法守法的良好局面初步形成。二是以加强“平安石景山”为主线，群众安全感和满意度显著提升。扎实推进立体化社会治安防控体系。累计完成社会面图像信息系统点位1492个、“113工程”采集单元54套、整合图像信息资源2666路。顺利启动中央综治视联网与9个街道综治中心的联通工作。在大型超市等人流密集场所试点引用人脸识别、点面结合智能追踪等新技术。在全市率先完成公共安全视频监控系统高清数字化二、三级平台建设，社会面高清探头覆盖率达60%（高于全市平均值30个百分点）。

（八）信访代理制改革稳步推进

在坚持区领导定点接待群众来访的同时，改革区领导接访约访制度，推进区领导下街道接访、重点约访、带案下访工作，进一步加强街道信访代理工作。目前，7位区级领导在信访办接待上访群众64批256人次，阅批群众来信123件；6位区领导包案20件。14位区领导到街道约访下访，解决群众诉求9件，拉近了群众与党委政府的距离，受到群众欢迎。

二、当前存在的主要问题

在总结深化已有成绩的同时，我们必须看到，社会治理工作与全区发展形势要求存在一定差距，还有许多需要改进和不断完善的地方。

（一）商务楼宇党建工作管理体制需要进一步捋顺

虽然全区所有商务楼宇工作站实现了“五站合一”，为党务、政务、社务进入商务楼宇开展工作、提供服务搭建了平台。但是，通过实际运行来看，围绕商务楼宇党建工作，促进相关部门有效履职、主动担责的绩效管理体制，还有待进一步规范和明确。

（二）街道现有运行机制需要进一步调整

随着服务管理重心的逐步下沉，街道在维护地区安全稳定、服务辖区居民、回应居民诉求等方面的作用越来越重要。但是，在现有的街道运行机制下，主要存在三个方面问题：一方面，街道承担大量政府职能，行政却无法可依，导致街道难以依法行政；一方面街道与专业部门之间权责不对等，许多本属于部门的职责任务派给了街道，而且“下任务不下权”“下事情不下钱”“下工作不下人”，最后专业部门还要考核街道；另一方面，街道统筹协调能力弱，对职能部门的派驻机构、地区单位和社会资源的统筹协调缺乏有力抓手，产生了对于社会治理、城市管理问题“看得见的管不了、管得了的看不见”等现象。

（三）社区建设水平需要进一步加强

随着老旧小区综合整治工作不断推进，

基本公共服务覆盖范围需要进一步扩大，老旧小区管理水平需要提高。随着公众权利意识、参与意识不断增强，参与社会事务的渠道和途径有待进一步拓展，基层民主自治建设需要加强。

（四）社会组织服务管理力度需要进一步加大

我区目前注册社会组织281个，其中社团75个，民办非企业单位203个，在社区备案的社会组织559个，这些社会组织初步形成了门类齐全、层次不同、覆盖广泛的社会组织体系。但是随着政府职能不断转变，社会组织在承接各类公共服务中发挥的作用也相应增加。而我区社会组织处于发展初期阶段，存在规模小、种类较少、缺乏统一的服务管理平台、发展空间有限、政府投入较少等问题。

（五）发挥群团等组织共治作用需要进一步提升

社区群团的组织建设还比较薄弱，工作覆盖的对象也比较有限，其枢纽、支持、整合作用尚未得到充分发挥。群团组织自身能力建设不够，无法充分发挥政治上的桥梁纽带作用、业务上的引领聚合作用以及日常管理服务上的平台作用。

（六）法制政府建设还需要进一步深化

我区法治政府建设结合我区“治乱、疏解、建高端”的工作要求，紧抓落实，在改革中不断调整完善工作方案，发挥了法治引领的支撑作用。但在依法行政改革创新、街道法制机构建设等方面还存在不足。

（七）人才引进机制还需要进一步完善

随着我区进入“全面深度转型、高端绿色发展”阶段，各项改革事业蓬勃发展，人才缺乏问题也逐渐显现，社工队伍人员流动性大、高端法制人才引进困难、各部门开展专业工作缺乏相关专家人才智力支撑问题急待解决。

（八）信访建设在社会力量参与方面需要进一步扩展

信访工作涉及面广，涵盖社会各方面、各个层次，需要广泛动员社会各方面力量参与到矛盾纠纷的预防和化解上来。比如，党代表、人大代表、政协委员、社会组织参与矛盾纠纷的调解，促进社会和谐的作用发挥需要加强。

三、深化社会治理体系建设的对策建议

要以构建高端的社会治理体系为目标，坚持争创一流的标准，坚持以人为本理念，以增进民生福祉为根本任务，以各级党组织为领导核心，以为民服务为中心环节，以组织协调社会多元参与为基本路径，以综合运用思想、经济、行政、法制等手段为基本方法，积极推进社会治理创新。

（一）强化党组织在社会治理中的领导核心作用

1. 实现社会组织党建工作“双覆盖”

一是要细化党建工作职责、明确党建责任人，理顺党建工作体制，完善党建工作机制，加强对社会组织党组织建设的领导。二是对社会组织情况进行全面调查摸底，建立社会组织党建工作联席会，加强对社会组织党建工作的统筹指导、联系沟通和底数把握，实现分类、分级和条块管理的有机结合。三是加大党组织组建力度。凡有三名以上正式党员的社会组织，都要分别设立党委、总支、支部，并按期进行换届。暂时难以建立党组织的，通过选派党建工作指导员、联络员或建立工会、群团组织等途径开展党的工作。

2. 健全完善商务楼宇工作站党建工作体系

一是拓展党组织服务范围。积极统筹社会资源、力量，通过区域共建、政府购买等形式，协调和指导楼宇内社会组织发挥优势，开展面向员工的公共服务、市场服务和社会服务。二是进行融合发展。把商务楼宇工作站与各职能部门工作有机衔接，充分发挥商务楼宇工作站的桥梁、纽带、平台作用。三是强化场地建设。参照社区规范化建设模式，

协调相关部门，按照各自职能和权限，为商务楼宇党组织开展服务提供场地、资金等方面保障，集中力量加强中心站、示范站建设。

3. 进一步加大党建项目的培树力度

充分发挥党建统领作用，继续培育、挖掘、推广基层党建典型，继续实施“一社区一品牌”“一楼宇一品牌”等品牌创建工程。针对街道社区不同特点，加强分类指导，实施基层党建项目化管理。通过召开“打造精品项目研讨会”，推出一批新的有聚集效应、有导向性、有影响力的党建工作品牌。

（二）强化街道在社会治理中的主体作用

1. 明确街道的职责定位

一是要理顺街道与专业部门的关系，街道是区委、区政府的派出机构，专业部门是政府派出的专门机构，两者是综合协调与专门执行的关系。二是要进一步明确街道职责定位，街道是地区各种组织和各项工作的领导核心，对辖区内涉及跨部门的综合性工作行使组织领导、综合协调、监督检查的行政管理职能。

2. 把社会服务与城市管理职能下沉到街道

探索深化街道社区管理体制改革经验，按照“做强街道、做实社区”的要求，明确和细化街道办事处的职责任务，理顺其与政府职能部门及社区居委会的关系，进一步增强街道统筹管理、协调监督、组织服务、社会动员的能力，成为职责明确、协调有力、执法有度、服务高效、管理规范的基层管理服务平台。

3. 进一步深化街道改革

一是推进街道社会治理委员会建设，进一步增强街道统筹辖区单位和社会各界对辖区重大事务共商共治的能力。二是推进街道管理委员会建设，完善工作制度，深化长效机制，强化街道地区行政事务统筹、指挥、协调、监督机构的地位，在街道层面形成行政职能公共管理“统一领导、各司其职、规范管理、强化基层”的管理新格局。三是巩固完善街道专职协管员队伍改革成果，在把20大类1400余名协管员整合为社区综合岗、街道应急岗和街道服务岗的基础上，进一步提升基层队伍工作效能。

（三）发挥社区服务管理在社会治理中的基础作用

1. 做好三个完善

一是完善社区“减负增效”工作效果，在试点的基础上全面推开。全部取消规定外的评比考核，明确社区工作事项，推行社区工作准入制度，建立清晰明确、运行顺畅、高质高效的社区工作机制。二是完善社区治理体系。完成社区居委会、服务站岗位编制的核定，提高社区服务站专职工作人员比例，强化承接政府公共服务的能力。三是完善社区参与型协商自治模式，丰富居民参加社会治理的形式和内容，实现社区共治和居民自治有机结合。健全“社区议事厅”规则，规范各类协商形式的组织流程，完善协商环节、丰富协商内容、落实协商成果，整合“智慧社区”资源，充分利用新技术、新媒体，为社区居民搭建社区网络协商平台。

2. 抓好三个深入

一是深入开展“一刻钟社区服务圈”建设，以“互联网＋社会服务”为方向，紧密结合网格化体系建设，健全完善覆盖各街道、社区的社会服务网；以服务完善、内容全面、体系健全为标准，打造精品“一刻钟社区服务圈”。二是深入开展社区规范化、标准化建设，夯实基层基础。扩展社区用房功能定位，发挥其便民利民、救助保障、治安维稳、文娱教育等服务功能，为居民创造更多更好的活动空间，通过规范社区基础设施建设提升社区整体形象。三是深入开展老旧小区自我服务管理，着力提高居民生活品质，配合区住建委开展老旧小区“自管会”试点工作，建立老旧小区服务管理示范区。

3. 加强三个推进

一是推进社区工作者队伍建设，完善培养、使用、管理、激励机制，提升为民服务水平。二是推进社区服务站建设。进一步加强专业服务能力，协助开展政府公共服务，实现政府公共服务和居民自我服务有效衔接。三是推进社区志愿者队伍建设。进一步加强“社区工作者＋社会工作者＋志愿者”服务联动机制建设，促进社区志愿服务事业发展常态化、制度化、规范化。

（四）提升依法行政在社会治理中的司法保障作用

1. 健全我区重大行政决策制度体系

推动建立重大决策事项登记制度，强化合法性审查，建立健全重大决策社会稳定风险评估机制，严格实行决策前预评估、实施中跟踪评估和实施后绩效评估，扩大决策的公众参与，拓宽征求意见的渠道，扩大听证范围，健全意见反馈处理程序。

2. 强化法律服务体系建设

充分整合律师、公证、法律援助等优质法律资源优势，开展“一社区一法律顾问”工作，推行“48小时解答”机制，为社区居民提供看得见、感受得到，实实在在的专业法律服务。拓展法律援助基层服务网络向法院、看守所、部队军营等场所及困难群众集中场所延伸，通过建立微信公众号、拍摄法律援助案例短片等举措，法律援助的社会知晓率和社会满意度进一步提升。

3. 提升普法宣传力度

将普法宣传和“法治石景山”创建工作作为高端社会治理体系建设的重要内容，加强与街道、社区、相关部门协调配合，推动“法治石景山”创建活动向各个层面渗透。

（五）完善社会治安防控体系在社会治理中的预防作用

1. 加强基层综治中心建设

加强网格化管理、社会化服务、信息化支撑、人财物保障，强化综治中心实战功能，将综治中心的服务管理资源进一步向网格、家庭延伸，及时反映和协调人民群众的利益诉求，确保收到平安建设的实际效果。

2. 继续推进综治信息化建设

实现综治业务平台的全联通、全覆盖和规范化运行，与“三网”融合工作进行对接，实现石景山区综治信息化体系对领导决策、基层实战、应急处置、群众需求等服务管理职能的保障支撑能力大幅提升。

3. 积极推动公共安全视频监控系统建设

会同公安分局研究推动石景山区2016—2020年科技创安发展规划落实，推动建立全区科技创安图像信息系统管理体系。

（六）强化多元参与在社会治理中的共商共治作用

1. 深化社会领域统战工作

建立区、街道、社区三级统战领导体系，构建“纵向到底、横向到边、纵横交错、条块结合”的社会领域统战工作体系。积极建立与统战人士的沟通交流平台，加强党委与统战人士及统战人士之间的交流互通，积极为统战人士办实事、解难事。

2. 畅通群众诉求表达机制

充分发挥人大、政协、人民团体、基层群众自治组织、社会组织、行业协会以及新闻传媒等的社会利益表达功能，畅通和拓宽群众诉求表达渠道。完善矛盾调处机制，发挥人民调解、行政调解、司法调解联动工作体系的作用，形成调处化解矛盾综合机制。

3. 深入推进信访代理制

加强社会力量参与信访代理工作，建立完善信访干部定期培训制度，健全及时就地解决群众合理诉求机制，明确代理主体和处置程序，夯实基层维稳第一道防线。根据信访工作需要，每年定向发布研究课题，依托全市高等院校、科研院所等专家力量进行深入研究，构建理论研究高地。

（七）发挥社会组织在社会治理中的社会动员作用

1. 加大社会组织扶持培育力度

一是继续开展社会组织培育发展中心建设，完善功能，提升服务能力，高质量高效率完成社会组织孵化工作，保持存量提升，增量高端。二是完善社会组织登记审批，降低准入门槛，建立健全社会组织负责人管理、项目绩效考评、年度检查等制度，培养社会组织管理人才，促进社会组织专业化发展。

三是加强宣传，通过制作社会组织宣传手册，拍摄社会组织宣传片，开展社会组织系列交流会，举办社会组织推介会，创投大赛等方式，强化宣传力度，推进政府购买社会组织服务信息库建设。

2. 完善社会组织工作体系

一是深入推进“一中心，多枢纽、九基地、全面辐射”的社会组织网络建设。二是深入探索“以社管社”治理方式创新，继续发挥区级“枢纽型”社会组织的桥梁纽带、统筹引领和资源整合作用。推进街道“枢纽型”社会组织的建设，面上加大对各街道枢纽型的资金扶持和资源输入，点上培树典型，打造基层社会治理多元共治新品牌。三是建立功能健全、运行规范的街道“枢纽型”社会组织工作体系，加强与区社会组织培育发展中心、区级“枢纽型”社会组织的良性互动，成为牵引全区社会组织规模发展、融合发展、健康发展的三大引擎。

3. 深化政府购买社会组织服务工作

一是扩大政府购买服务范围。坚持以保障和改善民生为重点，优先购买扶老助残、帮扶就业、关注青少年健康成长等公益服务项目，不断拓展服务领域和范围，让居民群众尤其是弱势群体得到更多实惠。二是探索建立区级层面政府购买服务网站，定期向社会公布政府购买服务项目、内容以及对承接主体要求和绩效评价标准等信息，通过公开招投标竞争等方式引导社会组织公平公正承接服务项目。三是建立健全由购买主体、服务对象及第三方组成的综合性评审机制，对购买服务项目数量、质量和资金使用绩效等进行考核评价，并将评价结果向社会公布。建立社会组织退出机制，对考核评估不合格者取消其参与政府购买服务竞争资格，促使社会组织不断提升自身组织能力和服务供给能力。

（八）加强高端人才在社会治理中的智库支撑作用

1. 建立党外代表人士协商议政智库

充分发挥民主党派、无党派人士，特别是其中的党外知识分子的专业优势、资源优势和智力优势，扩大民主协商的广泛性和参与度，提升参政议政和建言献策质量。

2. 加强法律人才引进

调研我区律师事务所享受中关村石景山园入驻企业优惠政策的可行性，减轻律师事务所成本负担，增加律师事务所落户我区的吸引力。探索制定实施相关人才政策，自主培养一批具有国际眼光、精通法律业务的高素质律师人才，积极引进紧缺高层次人才。

3. 打造多层次社会工作人才队伍

通过实施社工培养计划、人才队伍激励机制、完善管理系统，努力打造一支数量充足、结构合理、素质优良、充满活力的专业化、职业化人才队伍，建成一套体系完善、保障有力、运作高效的体制机制，形成党委政府高度重视、社会大力支持、公众广泛参与的发展环境，将我区打造成为高端社会工作专业人才聚集区。

[课题主持领导：李文起　富大鹏
责任单位：区委社会工委（区社会办）
执笔人：高春玲　杨育忠　孙振宇　安若冉]

北京市门头沟区社会治理创新研究报告

门头沟区委社会工委、区社会办

一、门头沟创新社会治理的主要成绩与经验总结

门头沟区作为北京市所辖区县中的唯一纯山区，由于经济基础薄弱，又处于转型发展的特殊时期，地区经济社会发展还面临着很多困难，群众生活水平与北京市主城区存在较大差距，存在着支柱产业空缺、城乡基础设施落后、特殊困难人群多、历史遗留问题多等诸多难题。从特殊的区情出发，门头沟区近年来积极创新社会治理，取得了一系列宝贵的经验，为实现“既坚守住生态涵养发展区的功能定位，又实现经济社会的跨越式发展”的发展目标奠定了坚实的基础。

（一）条专块统：打破机构设置的碎片化状态

长期以来，复杂的条块关系以及由此衍生的问题，一直是困扰各级政府，尤其是基层政府工作的一大难题。针对这一问题，门头沟区积极进行机制创新，创设了独具特色的“条专块统”模式，有效地捋顺了基层社会治理体系，初步打破了机构，特别是街道机构设置的碎片化状态。

具体来看，在区和街道两级，“条专块统”又有着不同的机制安排。在区级，主要是通过区委建立的11个工作体系在块的基础上进行统筹。第一，对城市基础设施与城市秩序维护工作实行“条专到底”。区政府各职能部门依照政府职能划分，对城市基础设施与城市秩序维护工作负责，根据居民需求处置城市管理问题。其次，对城市管理则实行分层次的“块统到边”。城市管理执法工作由区城市管理综合行政执法监察局组织协调各相关职能部门“块统”，相关部门联合组建若干综合管理执法队伍，分别落实责任区域，如有必要责任区域的划定可以适当突破街道区划；城市秩序与城市空间优化工作由社区“块统”，充分发挥社会组织和社会力量参与区域性城市管理创新；城市文化心理建设由街道“块统”，在城市管理工作领导小组办公室的领导下展开工作。

在街道层面，“块统”主要是以街道为块，整合机构设置，通过创设地区管理委员会和7个服务中心与各条进行对接，改变了街道结构设置的碎片化状态。在具体操作上，首先制定了《街道地区管理委员会“7个中心”运行规则》，建立了以7个中心为平台的运行规则。明确7个中心为街道各项工作的落实主体和服务实体，以“街道事务综合管理中心”为中枢对其他6个中心进行协调统筹。保障措施方面，建立完善了联席会议、委托准入、派单、年度务虚会、月推进会议、周例会等制度，加强各中心间的协调联动，把“条”上的工作在“块”上充分整合。

第二，构建了以7个中心为平台的公共服务体系。各街道以7个中心为平台，加强与相关职能部门的协调联动，实现工作对接，建立起了相应的服务体系，按体系谋划和推进工作，特别是在文化、教育、卫生领域实现了公共服务在街道层面的统筹和向社区的拓展延伸。一方面，积极构建社会服务体系。坚持从居民服务需求出发，制订了《服务型街道行动计划》和重点任务分解，确定了由7个中心分别牵头的37项基础任务，进一步明确了7个中心职责任务和工作重点。加强与相关职能部门的协调联动，特别是在文化、教育、卫生领域实现了公共服务在街道层面

的统筹和向社区的拓展延伸。另一方面，分类推进和指导社区工作。街道7个中心深入社区按体系指导社区开展工作。推行了“离案”工作法，各服务中心的工作人员分时、分批地走进服务大厅、走进社区，每周离案不少于三天，以巡查、巡访或交流座谈为主要形式，到社区走访、做“民情日志”。

（二）三级联动：构建立体式的公共服务体系

高效的公共服务供给，离不开多元化的供给体系。在构建多元化的公共服务供给体系过程中，既需要继续提高原有公共服务供给机制的效率，又需要开拓新的供给渠道，二者不可偏废。在这方面，门头沟区通过打造更为综合、更为高效的，融政务服务和民生服务于一体的三级公共服务体系，同时各类公共服务大厅在功能定位、服务内容、建设体量上“有层次、有侧重、有区别、有联系”，从而形成了上下联动、层级清晰、运行顺畅、覆盖全区的公共服务网络，“纵向到底、横向到边”，有效地调动了各种资源，有效提升了公共服务的品质，方便了居民的生活。

具体措施方面，第一，在区级层面，坚持“两集中、两到位”原则，通过构建“1+1+6”（区政务服务大厅+民生服务大厅+专业服务大厅）的区级服务体系，统一平台服务体系，将与企业、社会和人民群众密切相关的行政许可事项，纳入区政务服务大厅、区民生服务大厅及其他专业服务大厅办理；在镇（街）层面，在整合原镇（街）社会保障事务所，镇行政服务中心，街道全程办事机构的职能、机构、人员编制的基础上，依托镇（街）公共服务大厅（社会保障事务所），设立镇（街）公共服务中心（公共服务大厅），将民生保障、便民利民等综合性政务服务和公共服务事项全面纳入办理范围；在村（社区）层面，以村委会、社区服务站相关平台场地为基础，以整合大学生村官、社区工作者、村（社区）两委成员、各类协管（专干）等相关人员力量的基础上，设立村（社区）便民服务站，构建起村（社区）便民服务站推行免费代办制和“一站式”服务，将便民服务向村（社区）延伸。在实际工作中，对改建、扩建和新建的服务场所紧密结合工作实际和群众需求，依据统一标准建设，坚持立足长远规划并留有余地，避免重复建设和资源浪费。

同时，深化公共服务内涵，编制行政审批和服务事项目录；建立“网上办事大厅”，提升信息化、智能化水平；建立和完善公共服务运行保障机制，将各项工作要求落实到位。将区、镇（街）政务服务网络进一步向下延伸至全区296个村（社区）便民服务站，侧重于承担镇（街）延伸的公共便民服务事项，提供一口受理、全程代办和无偿代理服务，作为区公共服务工作体系的有益延伸。

第二，统一平台服务规范。坚持以提高政务服务效能为重点，统一规范各级各类服务大厅的进驻部门、办理事项、窗口人员、运行模式、服务行为等，实施形象标识、服务标准、运行规则、网络平台、业务流程“五统一”，树立服务品牌。推行行政审批服务质量公开承诺制和亲切服务，实行“一个窗口受理、一站式审批、一条龙服务、一个窗口收费”。建立健全各项规章制度和行为规范，严格落实首问负责制、一次性告知制、限时办结制和效能评估制。

第三，在全市率先启动了以政府采购形式购买社会组织服务。2012年，制定了加快社会组织培育发展的实施意见和政府购买社会组织服务项目实施细则，设立专项资金，重点购买公益慈善、法律援助、劳动就业等10个方面50类社会组织的服务项目，分两批购买服务项目62个，创新了基本公共服务供给方式。此外，通过争取市级购买服务资金支持，加大了对社会组织的培育扶持力度，为每个街道购买了法律顾问专业社工岗位。同时，按照“规范一批，发展一批”的原则，加强街镇级“枢纽型”社会组织建设，分类引导社区社会组织健康发展。在具体实施上：①做好市级购买社会组织服务工作。先后购买了文化、体育、卫生、教育、旅游等方面的11个社会组织服务项目，基本覆盖了群众生活的方方面面，有效提升了广大市民群众的生活品质。②规范政府购买社会组织服务工作机制。出台了《门头沟区社会组织“星火工程”实施方案》，鼓励街道为社会组织搭建平台、提供支持。2014年，向各街道征集服务需求179项、汇总7家“枢纽型”社会组织服务项目97项，完成供需对接。同时，加强对社会组织服务的评审和监督，提高准入门槛，对政府购买的服务项目实施全流程管理和监督。③积极引进专业社会组织。2013年，为提升服务水平，与10家全市优秀社会组织进行了服务意向对接，并邀请两家第三方专业社会组织机构，对区政府购买服务工作提出了项目实施意见书。

（三）智慧门头沟：全面推进智慧社区建设

智慧门头沟是门头沟区为建设“智慧城市”而启动的一项改革方案。智慧门头沟建设本着服务于全面创建国家生态文明示范区的总目标，以满足人民群众的服务需求为出发点，以高新技术为支撑，以满足公众日益增长的现代化服务需求为目标，以“为民、便民、惠民、安民”为宗旨，着力打造社区基础设施高端化、政府服务协同化、社区管理智能化、公共服务网络化、居民生活现代化、社区服务集成化的智慧社区，为居民提供更加安全、便利、舒适、愉悦的生活环境。智慧门头沟为提高城市管理和服务的精细化水平既提供了技术支撑，又提供了优质的理念。

为推进智慧社区建设，门头沟区做了大量细致的工作。其中最为集中和典型的体现，就是于2013年制订的《门头沟区推进智慧社区建设工作实施方案》（以下简称《方案》）。《方案》提出依托区便民服务信息平台，利用物联网、云计算、移动互联网、信息智能终端等新一代信息技术，通过对各类与社区居民生活密切相关信息的自动感知、及时传送、及时发布和信息资源的整合共享，实现对社区居民“吃、住、行、游、购、娱、健”生活七大要素的数字化、网络化、智能化、互动化和协同化，让“五化”成为居民工作、生活的主要方式。具体来看，《方案》将智慧社区建设的重点任务归纳为三个方面：

一是推进智慧社区基础设施建设，逐步形成覆盖全区社区的基础设施网络。①推进智慧社区网络设施建设。整体部署全区社区的网络设施建设，逐年提高高清交互式数字电视入户率，逐步提高接入社区和家庭的互联网带宽，逐步扩大无线网络覆盖面。结合社区实际，积极探索和丰富互联网、云计算在本社区的应用。②加快推进智慧社区硬件设施建设。确保每个社区配有电子信息显示屏等终端显示设备，每名社区工作人员配备1台电脑，每个社区配有一定数量用于辖区居民上网和培训的电脑，为居民提供信息化知识、上网技能培训。

二是推进智慧社区服务体系建设，加快形成更加智能高效便民的服务体系。①加快推进社区服务资源信息的集成利用。采取强有力措施，加快对社区服务资源信息的全面采集、系统集成、广泛开发、充分利用。为社区居民的吃、住、行、游、购、娱、健等日常便民生活信息提供随时随地的“一站式”信息云模式服务。探索建立完善的社区生活服务智能配送体系，重点提供面向老年人、残障人的健康、餐饮、家政等日常生活服务项目。②加快推进便民服务终端网络的统筹建设。利用电视覆盖面广、服务人群多的特点，积极探索在高清交互数字电视终端和门头沟电视台开设智慧社区专区。为社区60岁以上老年人、残疾人、病患人群配备电子辅助终端，为老年人提供居家养老信息化服务支持。③加快推进公共服务系统建设。依托区为民服务信息平台建设，建立与居民生活密切相关的公共服务信息推送机制，并及时将相关公共服务信息推送到社区或居民。建立区、街道（镇）、社区3级政务服务网络，让居民在社区享受到相关公共政策的网上查询等服务。构建面向全民的学习网络和服务平台，发展远程教育和网上党员学习交流园地。为社区居民建立居民电子健康档案和电子病历，让社区居民享受网上预约挂号服务，逐步推进人力资源市场信息系统向社区扩散，为居民提供职业介绍等服务项目。

三是推进智慧社区管理体系建设，形成更加安全高效全面的社区管理服务体系。①加快推进网格化社会服务管理体系建设。要将推进智慧社区建设与推进网格化社会服务管理体系建设相结合，充分利用网格化社会服务管理系统，建立综合式、集成式、共享式的智慧社区数据功能模块，对社区辖区内各种服务资源信息进行全面采集、动态管理、及时发布，为社区居民提供实时服务。②加快推进智慧社区安全管理。在社区安装可视对讲、安保监控、门禁等安全技防设备。积极探索车辆智能化管理，包括智能车辆出入管理、车位信息动态感知、车位引导等。为社区居民实时提供极端天气预警、应急避难场所、民防设施地理位置等信息服务。③加快推进智慧社区安居管理。积极探索在居民楼、商务楼宇安装烟雾火灾报警设备和燃气报警设备。积极探索水、电、气的远程抄表，智能家电控制和有毒有害气体检测预警。

《方案》颁布以后，门头沟区在2013年5月31日正式启动了前期的试点工作，并在认真总结试点社区经验的基础上，对《方案》进行了有针对性的调整，随后启动了全面推广工作（2013年7月至2015年3月）。目前，智慧社区建设已经实现了全覆盖，真正做到了为社区居民提供随时随地“一站式”信息云模式服务，形成了更加安全高效全面的社区管理服务体系。

此外，值得注意的是，门头沟区通过将公共服务工作体系信息化建设纳入“智慧门头沟网络平台建设”总体规划，全力打造高度信息化的服务渠道、标准规范化的服务流程、智能便民化的服务格局、高效透明化的服务模式、低碳人性化的服务环境。

具体来看，首先是公共服务信息化、智能化建设要与部门实际办公业务需求相适应，与提高服务能力和效率相一致，与政府职能转变和行政管理体制改革相结合，注重实践性和前瞻性。依托区统一信息资源平台，运用物联网等网络通信与计算机技术，加快公共信息资源的整合和开发利用。按照政务服务数据畅通、信息共享的原则，建立和完善统一网络信息平台，积极推行网上政务服务，实现“网上政务大厅”与实体服务大厅的有机结合，方便窗口服务和公众办事。

二是建立统一电子政务服务平台。集成各部门电子政务资源，以“区网上政务服务大厅”平台为基础，搭建统一信息化平台，建立服务门户网站，完善网上受理、网上办理、网上服务和网上监管功能，畅通服务大厅内部网络渠道和技术支撑，推行三级联动公共服务事项网上一体化办理和电子监察，实施审批服务全过程监督，建立公众网络参与机制，切实为群众提供“一站式”在线服务。

三是形成多渠道服务格局。借助先进的信息技术，按照统一规划、整合资源、平台共享、分步实施的原则，突破行政管理的条块分割，保证应用系统互联互通，理顺政府信息收集、交换、共享、分析、处理的体制机制，在公共服务工作的各个领域和各个环节，广泛采用现代信息技术。逐步实现前台综合受理、平台业务整合、后台数据库共享的目标，以现实服务大厅、虚拟服务大厅和24小时自助服务终端为主渠道，以电话、网络、高清交互电视等载体为辅渠道，为公众提供跨越时间和空间的多渠道政务服务，实现政务服务易咨询、易办理。通过综合类信息自助查询终端，查询政务公开、办事告知等各类信息。有效整合全区公共服务资源，对接为民服务平台热线（61696156），增加服务项目，完善服务功能，实现对服务对象的统一解答标准、统一业务协同、统一联动响应的工作标准，实现了热线服务“一号通”目标。

（四）因地制宜：提升服务和管理的精细化水平

近年来，门头沟区通过对不同类型的社区进行分类并实施有针对性的管理和服务措施，以环境提升为重点开展的特色社区创建等一系列有力措施，大大提升了公共服务和社会管理的精细化水平。

第一，社区分类管理。在社区管理和服务的实践中，门头沟区充分结合自身特殊历史时期的社区特点，按照维持一批、改造一批、精品化一批的原则，对涉拆社区、不涉拆的老旧社区以及新建社区进行分类管理。通过精细化的分类管理，使社区生活环境明显改善，社区自治能力显著增强，社区服务管理水平全面提升，居民生活服务需求得到有效满足。

其一，对于涉拆社区，最大限度地保持社区的公共配套和基础设施，保障环境卫生、治安维护、社会保障等社区公共服务管理项目。加大流动菜车和流动超市的设置力度，满足社区居民基本生活服务需求。

其二，对于不涉拆的老旧社区：从居民需求的迫切性出发，加大社区改造力度，涉及改造难度大、问题突出的社区，及时提出改造建议。提升社区服务和管理水平，保证社区用房达标，加强社区服务和流动场地建设。推广准物业管理模式，整合社区内力量，最大限度地发挥社会动员作用。加强社区绿化美化、环境卫生、垃圾分类、规范停车、维稳防护工作。充分利用社区网格，推进社区规范化、优美化、便捷化建设。

其三，对于新建社区，则着力保持高标准建设管理。通过加强与相关职能部门的统筹协调，及时研究解决居民入住中出现的困难和问题，确保各新建居住区服务完善、管理规范、入住有序。以新建居住区，特别是棚改安置社区为重点和试点，建立起“管理有序、服务完善、环境优美、治安良好、生活便利、人际关系和谐”的现代化新型社区。

第二，特色社区创建活动。门头沟区通过实施“一街一景”“一居一品”“一居多品”等主题的特色社区创建活动，不仅打造出一批特色鲜明的社区，同时也全面提升了全区的整体社区环境。

其一，“一街一景”特色街巷创建活动。“一街一景”特色街巷创建活动结合各社区实际，坚持“因地制宜、凸显特色、打造品牌”的原则，根据自身特色及工作重点，重点打造了四季飞花景观街、“桑榆情”为老服务街、民俗特色文化街等特色品牌街巷。①四季飞花景观街强调对社区绿化景观的全面提升，目的是打造三季有花、四季常青的优美街巷。②“桑榆情”为老服务街结合了“一刻钟社区服务圈”建设工作，通过整合街区商业服务资源，将区级和街道级为老服务项目向创建区域聚集，引导该区域商家在医疗、保健、家政、维修、餐饮、学习、娱乐等商业服务中增加或强化为老服务项目，形成独具特色的为老服务街区。③民俗特色文化街则重点在建筑设计、经营项目、民俗活动等方面下功夫，通过统一建筑风格、设计民俗特色文化墙等方式打造门头沟特色民俗文化商业和景观街。

其二，“一居一品”创建活动。“一居一品”创建活动的主要目的是为了更充分地发挥社区教育、凝聚和导向作用，积极营造文明、向上的社区人文环境，提高广大社区干部为民服务的能力，提升广大群众民主参与的意识，形成社区自身的优势，树立社区特色品牌。在具体内容方面，主要是结合各社区实际情况，坚持“因地制宜、凸显特色、打造品牌、形式多样”的原则，按照“重实效、创特色、促服务”的要求，根据各自特色和工作重点，“量身定做”生态型、旅游型、学习型、关爱型、文体型、共建型、双拥型等特色品牌社区。

其三，“一居多品”创建活动。为推进社会服务管理创新，提升社区建设工作水平，门头沟区 2013 年开展了“一居一品”特色社区品牌创建活动，取得了良好效果，一大批特色品牌涌现出来。在巩固“一居一品”创建活动成果的基础上，2014 年开展了“一居多品”特色社区品牌创建活动。根据社区的各自特色和工作重点，“量身定做”生态型、旅游型、学习型、关爱型、文体型、共建型、双拥型、个性型等特色品牌社区。①生态型社区：以创建整洁优美的人居环境为核心，全力打造生态型社区。②旅游型社区：以拉动本区经济增长，促进居民旅游消费为目标，全力打造旅游型社区。③学习型社区：以引领学习新风尚，共享快乐生活为主题，全力打造学习型社区。④关爱型社区：以倡导邻里友爱，互相帮助，共建和谐社区为主旋律，全力打造关爱型社区。⑤文体型社区：以提高市民文明素质、凝聚社区价值观为方向，全力打造文化型社区。⑥共建型社区：以服务居民为宗旨，发挥驻辖区单位的资源优势，形成共驻共建的良好局面，全力打造共建型社区。⑦双拥型社区：以弘扬爱国拥军精神为主旋律，以军民共建和辖区单位共建为依托，全力打造双拥型社区。⑧其他型社区：为充分发挥社区创造性，在上述7个品牌外，鼓励开展体现本社区特色的品牌创建活动，不断丰富社区居民生活，提升社区整体凝聚力。

（五）多元共治：积极营造多元参与的社会治理新格局

在我国以往的社会治理机制中，一个普遍存在的问题就是政府本身的“单边主义”倾向严重，各类社会组织、企事业单位和居民的参与度较低。上述状况不仅使得政府的负担沉重，而且由于得不到社会力量的回应，往往使得治理效果大打折扣。

在新的形势下，为了推动社会治理结构的完善和创新，就需要逐步舍弃政府“单边主义”倾向严重的基层社会治理“旧格局”，积极构建政府、社会、市场多元共治的社会治理“新格局”。具体来看，在总结我国以往相关改革实践的基础上，欲实现多元共治，既要发挥党政机关的引领作用，也应加强对多元共治氛围的营造，且要建立相应的体制机制。为了实现这一目标，门头沟区的工作主要围绕三个方面进行：

其一，加大对“枢纽型”社会组织的培育力度。首先，通过新建、改造、提升等形式，认定了一批“枢纽型”社会组织，指导建立街镇级“枢纽型”社会组织，分类规范城乡社区社会组织。其次，统筹整合“枢纽型”社会组织力量。变围绕节日搞活动为围绕需求做服务，提升“枢纽型”社会组织服务的针对性和系统性，2014年，“枢纽型”社会组织服务项目为四大类97项，服务贯穿全年，服务人群7万余人次。最后，为“枢纽型”社会组织搭建平台。收集街道、社区的服务需求，汇总枢纽组织的服务项目，为“枢纽型”社会组织与需求方的有效对接提供媒介。

其二，创新自治组织。在条件成熟的地区普遍建立社区居委会、居民代表会议、协商议事和听证会议等制度，进一步拓展了社区自治的广度与深度。

其三，探索多元共治平台。要求各街道建立“街道大工委”和“社区大党委”，吸纳辖区内党政机关、企事业单位、各类社会组织参与辖区重大事项的研究、决策和实施。

二、创新社会治理的理论前提

（一）从社会管理、社会建设到社会治理

总体说来，在“社会管理”概念中，社会还带有明显的“被动”特征，“管理”的目标也正是实现某种社会功能，而并不在意其实现的途径。社会建设在相当程度上纠正了社会的“被动性”，社会组织不但作为主体之一出现，而且还拥有了主动性的地位。但这里仍然未能脱离宏观层面上的论证，有些类似于有关发展思路的梳理。到党的十八届三中全会提出社会治理时，才真正地落实到具体问题的解决层面，其中同时包含着对理念与技术的需求。

1. 社会管理

人们对社会管理含义的认识存在着不小的差异，尽管如此，其核心特征都是强调某种社会功能，即要实现社会领域中的某种功能。对某种功能目标的强调掩盖了主体问题的重要性，即由谁来实现这一目标的问题。这时，人们不仅不会排斥政府独揽全局的局面，反而会呼吁政府进行介入并解决问题，而社会则位居于“被管理者”的位置上。众

多有关社会管理的界定都强调了政府的作用。尽管社会组织或其他新型主体也会被提及，但却没有得到特殊的重视，甚至社会组织本身也成为社会管理的对象。其实，中国特色的社会管理概念，其体系与内涵形成于20世纪80年代初期，它引进于苏联及东欧社会主义国家，这个时期的社会管理带有浓厚的计划经济色彩和价值取向。于是，我们便不难理解为什么本应作为主体的社会，会被置于一个被动的地位。

2. 社会建设

社会建设的概念似乎是在社会管理概念基础上的一次进步，表现在它不再突出社会的被动性，也不再暗藏一个作为管理主体而存在的政府或者NPO。但在除此之外的另一些方面，社会建设与社会管理又具有很高的相似性。从以下关于社会建设的三大研究脉络中，能够看出这样的相似性。

其一，党的理论层面上的研究。从这一层面来理解，社会建设仍然是一种中国特色的概念，它发生于特定时期内的特定场域中。在中国特色背后，甚至带有明显的意识形态特征。其二，社会学视角的研究。他们在论述社会建设的内容和重要功能时，着重强调了解决或缓和社会矛盾，维护社会秩序与社会稳定，以实现和谐社会。其三，深入到治理层面的研究。这里不仅仅是完成某项功能、使用某种非政府主体，而且还涉及一种新的机制以及解决问题的新方式与新难点。依据这种观点，理解社会建设有两种思路，一种是把社会作为与经济、政治、文化相对应的一个领域（因而自然也就产生了实现某种功能的目标）；另一个则是把社会作为与国家、市场相对应的一个主体。

3. 社会治理

社会治理与社会建设、社会管理的区别，或者说是社会治理在此前两大概念上的新增成分是：不再仅仅是要进入到怎样的社会体制、完成怎样的社会功能，而是进入这一体制后、面对自己的任务时，如何完成公共事务。治理不再仅仅强调社会某一功能目标的实现，也不再只是将社会组织的概念简单地加入。某种主体的更替本身就成为目标之一，这一目标也成为一种民主社会、公民社会的标志，它的重要性甚至超过了提供社会公共服务本身。

4. 三个概念更迭中的实质变化

由社会管理到社会建设，再到社会治理，其间包含着中国社会经历由自上而下走向自下而上的转型，并逐渐自我觉醒的过程。可以在这个变化序列上找到关键的里程碑，由此可以看到正在发生的变化内容，以及时至今日留给我们的最前沿的难题是什么。

第一个层面，就是实现社会领域中的某个目标，例如改善民生、社会和谐等，其中某种特定的功能本身就是我们要实现的目标。这样一种目标放在特定的背景下考察更容易理解，这就是在完成了经济体制改革、实现了经济发展之后，如何实现社会发展这样一个目标，当然与之并列的还有文化、政治方面的建设工作。

第二，随着认识的加深，出现了关于实现上述功能目标所依赖的主体问题。与传统的单纯依赖政府不同，社会组织也开始出现，从而呈现出主要依赖政府、依赖政府和社会组织的某种合作方式和更多地依赖社会组织三种情形。对主体的考察也成了一项重要的研究内容。

第三，在考察主体的基础上，不仅将社会组织这一新生现象突出出来，而且将之放置在一种特定的机制下，由此构成了由社会组织来完成某项功能的一种特定机制。这种机制与原来由政府为主导来完成的模式不同，典型的表现在由自上而下转化为自下而上。

第四，进入到了一个更有深度的层面，即社会组织来实现某种功能时，所关注的真正重点是由社会组织来实现公共事务提供时遇到的技术难题。这里不再是一种单纯的理念，也不再是一种宏观的体制，而是这条道路上的一个具体的技术难题。而这一技术难题决定了我们最终是否能够将改革执行下去。

其中社会管理的概念更多地只涉及了上

面的第一个层面，社会建设很容易就进入到第二甚至第三个层面，从而将社会组织的重要性凸显出来。社会治理则直接进入到第四个层面，并因此而将上述四种成分一并包含。

（二）社会治理的参与主体及角色定位

当前中国的社会治理协同机制的主体主要应该包括党组织、政府、社会组织、人民团体、基层自治组织和企业（见图1）。

1. 党组织

中国共产党是中国社会治理协同的领导者。中国共产党在社会治理协同中的地位决定着党在社会治理协同机制中作用的发挥。因此，必须以科学的视角理解和构建党的领导在社会治理协同中的地位。这种地位应该具有以下四个方面的内涵：首先，要确保党的时代先锋性，要确保我们的党对先进生产力、先进文化的引领地位，要使中国共产党在社会治理各个领域发挥出中流砥柱的作用；其次，要进一步加强党组织和党的工作的社会覆盖面，做到覆盖到位，不留死角；再次，党应从提高社会治理的科学化水平着眼，不断加强社会治理体制机制的创新；最后，要树立党要管党、从严治党的理念，从先进性和纯洁性上不断提高党的建设水平，从而获得群众的真心拥护。应该明确的是，在社会治理协同过程中既要坚持党的领导，也要注意党参与社会治理协同的方式与途径，在社会治理协同活动中，党并不需要直接指挥与干预，而是要在日趋多元的社会发展中，扮演顶层设计者的角色，即在社会治理中，党的领导作用更多地体现在方针政策的制定和宏观领导层面。中国共产党的作用是领导但不是全面介入，在其正确担当社会治理协同领导者角色的同时，社会治理协同其他主体则应当承担起对具体社会事务的治理主体角色。

2. 政府

政府是社会治理协同的主导者，但不包办一切。在社会治理协同模式下，体现的是作为协同主体的政府和其他社会主体之间以平等协商作为原则的平等关系。政府不再是单纯发布命令的指挥者，而是由一群人构成的公共组织，这个公共组织必须使用它所拥有的权力来服务社会公众。

在社会治理协同的过程中，政府应该发挥好主导作用。政府有义务积极做好对其他协同主体的引导、管理、支持工作。政府是一个对所有社会成员具有普遍性约束力的组织，拥有着其他社会组织所不具备的强制力。所以，在社会治理协同的过程中，扶持、帮助各类协同主体提高治理社会公共事务的能力并加强对各类协同主体的监管是政府的责任。一方面，政府应加强职能转变，主动退出一些社会治理领域，让其他社会主体有机会充分发挥治理作用。另一方面，要充分发挥其他协同主体的社会治理职能。其他协同主体既是自下而上地反映公众诉求的渠道，又是政府自上而下联系公众的纽带。

3. 社会组织

在新的社会治理协同机制中，社会组织是非常重要的主体角色。一方面，社会组织通过努力提升其自身的创新能力与资源整合能力，不断提高其在社会治理和社会公共服务中的专业化服务水平和工作效率，提高了其在社会治理协同中的工作质量与效率；另一方面，社会组织通过与公众、政府和其他不同背景的社会主体之间的交流与合作，切实反映民意，倾听公众诉求，并及时传达给政府，弥补了政府在社会治理中的缺陷与不足，尽可能地满足公众多样化的需求，协调了社会各方利益，化解了社会矛盾，充分发挥了其在社会治理协同中的价值与作用。

4. 人民团体

人民团体在社会治理协同中发挥着一般社会组织难以替代的主体作用。在长期的发展过程中，人民团体形成了比较完善的组织网络和工作机制，具有广泛的群众基础。要把适宜于人民团体承担的职能委托或转移给人民团体，让他们承担更多的群众工作、服务性工作及公共事务，使社会多样化需求得到进一步满足。要赋予人民团体一定的社会资源和社会职责，把能够由人民团体去承担的工作交给他们去组织开展，建立人民团体与政府部门之间的委托承接和互动合作机制。这样既可以发挥人民团体的组织优势和独特作用，又能更好地推进政府职能的转变，有效提高党和政府对社会的协同治理能力和对社会治理的领导能力。

5. 基层自治组织

基层自治组织来源于群众，扎根于群众，体现了人民群众当家做主，具有“草根性”的特点，例如村民委员会、人民调解委员会、居民委员会、和谐促进会等自治组织。因其服务和管理的内容和方式更贴近群众，群众也更乐于接受。因此，基层自治组织要为群众直接参与管理公共事务和公益事业提供新渠道，最大限度地把广大群众追求平安和谐的强烈愿望，转化为各尽所能、身体力行的具体实践，最终在联系群众、化解矛盾、维护治安、促进稳定等方面为政府带来良好社会效应。

6. 企业

企业作为在经济社会活动中扮演着主要角色的经济组织，对社会治理起着非常重要的作用。企业在社会治理中的角色定位可以分为对内和对外两个方面。对内包括：为企业员工提供应有的薪酬和福利待遇；重视培训，定期组织员工岗位技能培训，不断提升员工业务素质；加强安全生产管理；加强对困难员工的帮扶救助；妥善处理企业内部可能出现的不稳定因素。对外包括：守法经营，提供安全合格的产品和服务；提供就业岗位，为百姓创造就业机会；重视保护环境；热情参与公益、慈善事业，反哺社会，回馈公众；加强与周边街道、社区的协调，积极配合政府的社会治理活动。企业应当切实地承担起应有的职能，自觉地发挥社会治理协同中的角色作用，为建设和谐社会做出应有的贡献。

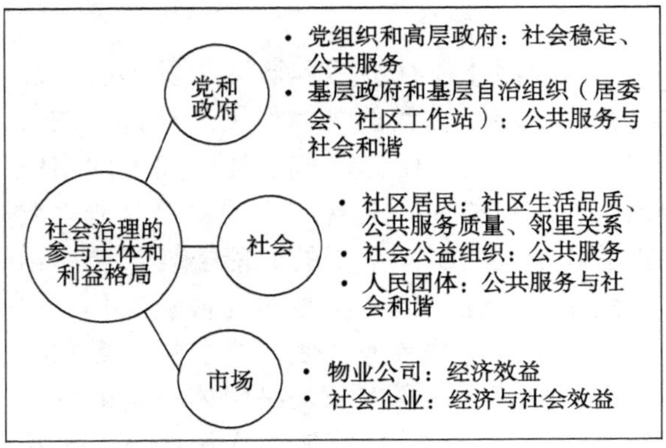

图 1　社会治理中的多元参与主体和利益相关者格局

（三）社会治理机制的内容架构

1. 政府主导机制

在多元化的社会中，政府只是社会治理多元主体中的一员。但是与其他社会治理主体相比较，政府拥有行使公共权力、分配社会资源的权力，对组织安排社会多元主体的协同共治负有主要责任。尤其是在社会治理协同机制下，往往需要将具有不同运作规则的管理方式协调在一起。这时，政府能够站在全局角度上进行战略统筹安排，发挥统揽全局、协调各方的作用。所以，应建立由政府主导实现的社会治理协同机制。

政府主导机制的实际运行一定要与社会治理协同行动中的具体执行行为区别开来。在社会治理协同过程中，社会治理的决策机构积极发挥主导作用，而其他的具体执行机构的职责是在其负责的社会治理特定领域内与相关的社会治理协同主体建立良好的协同伙伴关系，共同解决面临的社会公共问题，使社会治理协同关系中的平等与均衡状态得到维护。

2. 责任分担机制

社会治理协同强调社会治理的责任共担。政府在其中扮演的是监管者、规制者的角色，这就要求政府避免承担无限责任。因此，应建立各协同主体合理分担的有限责任机制，即各协同主体履行政府的部分职能并同时承担相应责任。各协同主体各司其职，进而实现跨部门的协同治理，实现责任的社会化，从而提高全社会的责任意识和社会的自治能力。政府要明确各个协同主体的主要职责范围，才能有效促成各主体之间的良性互动。社会治理协同责任分担机制的构建有助于促进各类社会组织的自身发展，特别是群众自治组织的发育和完善。建立健全各协同主体之间的常态化沟通、联系、协作机制，实现政府与其他社会治理协同主体和社会个体之间的良性互动，能够保障各项社会治理事务有序、高效推进。

3. 合作动力机制

合作动力机制应该包含两方面内容：一是激励，二是竞争。激励机制需要为包括政府在内的各个社会治理协同主体提供一些诱导性因素，激励他们的合作愿望，使其产生合作行为，通过诱导性因素对社会治理中的行为进行鼓励或者抑制。首先，对政府在治理协同过程中合作行为的激励，目的是促使政府主动采取措施促进多元协同主体的合作。其次，对企业合作行为的激励，旨在促使企业增强社会责任感，承担更多的社会责任。最后，对社会组织和个体公民行为的激励，旨在培育社会的开放性和包容性。

如果说激励机制为各个社会治理主体的协同提供了原动力，那么竞争机制的目的是保持各社会治理协同主体的活力。竞争机制需要具有两类竞争关系：一是几大社会治理协同主体在协同过程中，在协同方案的选择、权力与稀缺资源的分配等方面展开的竞争；二是各社会治理协同主体内部在协同过程中，各主体成员之间为争取参与的机会而展开的竞争。

4. 运行保障机制

为了保障社会治理协同主体的有序发展，政府应该建立合理的运行保障机制，使其能够获得维持自身发展的资金支持。从发达国家的情况来看，支持型组织的收入主要来自服务收费、基金会赞助、企业和个人的捐款等几方面，其中服务收费占相当大的比重。与之相比，我国支持型组织的服务收费比例较低，这直接导致其发展的缓慢。政府应该更多地将公益性项目委托给支持型社会组织，政府支付服务费用，支持型社会组织负责承办和管理工作；政府应该加大对公益性项目的投入资金，把它们与社区建设、社区服务有机结合在一起；政府应该鼓励和引导民间资金参与到城市混合物品的供给中。为了解决公益服务类社会组织人力资源匮乏的问题，政府应该允许公益服务类社会组织将一定比例的服务收费用于提高从业者的薪酬待遇、优化社工的激励机制，为社会治理培养、储备优秀人才，提高社会组织的社会治理能力。

5. 平等协商机制

平等协商机制主要用于社会治理协同关系的确立和各个协同主体治理社会公共事务的具体过程中。首先是各个协同主体协同关系的确立。针对特定社会领域的具体事务，政府和其他社会治理协同主体中与这一具体事务有关的各个主体在经过公开竞争选择确定参与协同的主体后，由政府主导各种社会力量广泛参与，各个经过竞争被选定的社会治理协同主体带着自身的诉求和资源通过会议等形式围绕这一社会公共事务相互交换意见。经过一系列讨论、协商、反馈，最终就协同行动方案形成一致意见，并根据自愿的原则达成合作。

各级政府的行政职能部门因拥有其他社会治理协同主体不具备的优势资源，所以有责任对其他社会治理协同主体进行指导和帮助。但是，政府必须避免在社会治理协同过程中对其他协同主体的行为进行强制性干预。

6. 集体行动机制

社会治理协同合作就是要求各个协同主体共同处理社会事务，在这个过程中，针对要解决的社会公共问题采取集体行动，这就需要在各个协同主体之间建立高效的集体行动机制。建立集体行动机制的目的是实现拥有各自不同目标和利益诉求的协同主体在行动上能够相互合作、协调，从而降低解决社会公共事务中的内部成本。作为协同关系最直接的体现，协同主体间的集体行动机制必须以主体间的平等协商和信息共享为前提。处理某一具体社会公共事务时，经过协同主体间平等协商后的集体行动是对最终决策的执行。

7. 利益平衡机制

增进社会共同利益是社会治理协同的最终目的，但是社会治理主体的多元性决定了社会治理主体利益的多样性，这就导致其与社会整体利益之间有相同的一面也有相悖的一面。社会资源的稀缺性导致不同社会治理主体在追求自身利益时不可避免地存在冲突。这就需要政府建立有效的利益平衡机制来防止一些群体独占社会利益，保证社会治理协同目标的顺利实现。

利益平衡机制要实现两个平衡：一是实现社会整体利益与协同主体自身利益的平衡，二是实现各个协同主体之间的利益平衡。利益平衡最理想的状态是各协同主体通过合作实现了社会整体利益，在此过程中自身利益也同时得到满足。而现实情况往往是这两者存在必然的差异甚至是冲突，协同主体对自身利益的追求往往比实现社会整体利益要渴望得多。实现这一平衡要依靠政府和公益性志愿组织的共同努力。

8．信息共享机制

信息共享机制的构建，一方面要提高政府信息公开的自觉性。政府要真正意识到社会对于信息共享的期待，要通过信息共享的方式与其他社会治理主体建立合作关系、达成合作共识。另一方面，政府要积极构建社会治理信息互动平台。政府通过社会治理综合信息平台、社会公众诉求信息管理平台、公共危机应急联动管理平台的建立，为社会公众的参与提供一个方式和渠道，社会公众及时地提供各种意见和反馈，在此基础上政府充分借鉴、广泛吸纳各种信息，做出有效的回应，对于社会问题的发展变化进行持续的关注，从而形成一种动态的信息互动更新机制。

建立信息共享机制的根本目的，在于最大程度上实现社会治理各主体间的信息共享，为实现它们在社会治理中的协同一致、快速联动提供有力的保障。公共事务的相关信息在信息平台上共享，方便各协同主体之间的沟通和交流，频繁的互动不仅有利于共同利益需求的达成，同时有利于各主体对信息进行系统的分析，快速提供决策依据，更好、更有效率地完成社会公共事务的管理。

9．监督评估机制

监督评估机制中，监督包括内部监督和外部监督。内部监督一方面依靠政府，运用法律法规、政策等手段，对整个协同网络行为进行总体性监督；另一方面协同规则赋予了社会治理协同网络各成员之间相互监督约束的权力，在具体的行动当中彼此监督，可以达到合作的预期效果，也可以避免各成员自身的合理利益不受侵害。外部监督可以成立专门的监督队伍，同时接受来自公众的监督，在一定程度上实现社会治理信息的公开透明，保障各社会治理协同主体合情、合理、合法地进行社会公共事务的共同治理。应该组织专业化的绩效评估队伍开展评估活动，在广泛调研与科学研究的基础上建立一系列社会指标体系。对于社会治理活动中存在的一些无法量化的内容，要采用明确的描述性语言反映绩效，可以在大型的社会治理项目运行中设立第三方的独立评估机制。

三、门头沟区创新社会治理的现实前提和问题意识

（一）门头沟区创新社会治理的现实前提

1．特殊的区情结构

作为北京市唯一的山区市辖区，门头沟特殊的区情结构主要反映在三个方面，即特殊的空间结构、复杂的人口结构、独特的社区结构。

（1）特殊的空间结构。

门头沟区位于北京城区正西偏南，新城距天安门仅25千米，莲石路、阜石路等多条快速路直通市区，长安街西延长线、轨道交通S1线即将开工，是离市中心最近的新城之一，具有发展所需的区位条件。辖区面积1450平方千米，东部与海淀区、石景山区为邻，南部与房山区、丰台区相连，西部与河北省涿鹿县、涞水县交界，北部与昌平区、河北省怀来县接壤。

门头沟全区山地面积占98.5%，其中海

拔高度大于800米的中山占山地面积的一半，低山（为海拔小于800米的山地）面积与中山相当，是全市唯一的纯山区。全区居住和建设用地主要集中在1.5%的平原地区，城镇化率虽在远郊区县排在第一，但是整体城镇化质量不高，平原与山区发展水平差异明显，城乡一体化水平有待提高。门头沟区现有4个街道、9个镇（其中6个镇有社区），除了部分城市化程度较高的街镇外，还有广大的农村地区。是北京西部兼具城市和乡村的土地利用性质的城市与乡村地区的过渡地带，属于比较典型的城乡接合部地区。

（2）复杂的人口结构。

门头沟区在改革开放前为京西矿区，承担着为北京市区提供能源，为首都工业提供矿产的重任。随着北京产业结构和城市功能定位的变化，门头沟区开始实行转型。2005年起，根据新的北京城市总体规划，门头沟区被确定为生态涵养发展区，该区新城被确定为首都西部综合服务中心的重要组成部分。随着区域功能定位的调整，门头沟区全面退出高耗能、高污染、高排放的资源型产业，关闭了全部270个乡镇煤矿和500多个非煤矿山。

人口结构方面，2014年门头沟区常住人口30.6万人，比2013年增加3000人，同比增长1%，低于全市平均水平，增速进一步放缓，比2013年下降0.7个百分点。其中，常住外来人口4.9万人，比2013年减少1000人，回归到2012年的外来人口水平。可见，该区的外来人口数量很小，且呈下降的趋势。但长期的采煤史和以重工业为主的产业发展史使该区的人口结构问题也很严重，造成了很多社会问题：拆迁户多、失业人口多、残疾人多、精神病人多、流动人口多。截至2015年7月底，全区有涉拆群众7万余人，登记失业人员8197人，城乡低保对象近1.2万人，60岁以上老年人4.97万人，持证残疾人2.5万人，尘肺职业病患者4155人，精神病患者2148人。复杂的人口结构对产业结构调整、城市功能转变和社会管理创新都提出了挑战。

（3）独特的社区结构。

因长期采掘，门头沟城区形成了7平方千米的采空棚户区。为解决这一地区基础设施落后、房屋破旧、群众生活困难等问题，市委、市政府决定在该区实施全市最大片区的采空棚户区改造工程，涉及约3.3万户、10万人。现有99个社区，其中：楼房社区30个、楼平房混合社区38个、纯平房社区31个。社区常住户86714户，常住人口23万，社区规模一般在1000户左右。由于这些常住人口主要是原来煤矿的职工、家属或者与能源产业相关的人员。居民的受教育水平较低，技术能力单一，就业雷同现象明显，这造成了在棚户区拆迁和集中安置过程中，容易形成高度同质化的社区人口结构问题。在社区成员整体背景相似的情况下，内部同质的群体组织性高、排斥性强，长远看，有可能成为新的治理难题。

2.“十二五”时期的发展形势

“十二五”时期，门头沟区立足首都生态涵养发展区和西部综合服务中心的功能定位，瞄准建设现代化生态新区的总体目标，聚焦转型发展，经济社会发展取得了显著成效，但仍面临着诸多制约和挑战，城市发展进入“多期并存”的新阶段：

一是经济发展进入动力转换期。经济发展主要依靠投资驱动特别是房地产投资驱动，传统产业退出后，新的主导产业尚未形成，缺乏有力的经济增长点。服务业占GDP比重仅为48.2%，远低于北京77.9%的平均水平，旅游收入也远低于其他生态涵养发展区。

二是生态涵养发展进入协同强化期。生态保护任务依然艰巨，生态资源优势尚未真正转化为经济发展优势，旅游业发展水平有待提升，山区居民增收致富缺乏可行路径，生态涵养功能与资源优势释放需要同步强化。

三是城乡建设进入统筹提升期。基础设施短板问题突出，道路通达性有待提高，水资源无法满足现有人口需要，各项市政基础设施面临改造升级和新建布局双重压力，新城和山区基础设施建设需要同步推进，整体提升。

四是社会治理进入创新深化期。快速城镇化中矛盾凸显，大量外来就业集聚压力加大并对公共服务形成较大需求，棚户区改造和农转居对城市治理带来新挑战。

3. “十三五”时期发展形势展望

“十三五”时期，国内外发展环境发生重大变化，在国家经济新常态、京津冀协同发展、首都城市战略定位和城市病治理的大背景下，门头沟经济社会发展既面临难得的机遇，又面临诸多挑战。

从机遇来看，一是国家以及北京创新驱动发展战略的实施，为门头沟新兴产业培育、经济转型发展带来新机遇；二是国家重视生态文明建设以及京津冀协同发展，为门头沟提升生态涵养功能带来新契机；三是北京城市战略定位以及中心城区功能疏解，为门头沟集聚高端要素、提升综合服务功能提供新动力。

从挑战来看，一是北京城市病治理对门头沟生态环境建设、人口调控等提出了更高要求；二是在国家经济新常态以及北京非首都功能疏解背景下，门头沟经济持续增长面临较大压力；三是区域竞争更加激烈，门头沟在集聚高端要素和产业资源方面还面临诸多问题与挑战；四是与全面建设小康社会仍有一定差距，尤其是推动山区小康社会建设仍需付出艰苦努力。

在功能定位方面，新形势下，门头沟功能定位的确定，一是首先要考虑生态涵养区的总体要求，要把生态涵养功能作为门头沟的首要功能；二是要按照首都城市战略定位的要求，在“四个中心”建设中积极发挥作用。基于这两个方面的考虑，结合门头沟的资源优势和现实基础，未来重点要强化生态涵养功能，提升文化旅游功能，培育科技创新功能，打造“现代化滨水宜居山城，生态化人文智慧新区”。

总体发展目标方面，通过五年努力奋斗，到2020年，全区生态涵养发展能力显著增强，经济发展与人口、资源、环境更加协调，国家可持续发展实验区成功创建，小康社会全面建成。生态文明再上新水平。积极争创国家生态文明示范区、国家环保模范城区，生态红线区域得到切实保护，国家公园建设取得初步成效，环境质量显著改善，生态涵养发展功能不断强化。

转型升级迈上新台阶。综合经济实力实现稳步提升，地区生产总值年均增长7%左右，主导产业支撑力显著增强，旅游、文化创意、高技术产业对区域经济增长的贡献度大幅提升，万元GDP能耗和水耗达到市目标要求。

城乡建设开创新局面。城市空间布局不断优化，土地开发有序、功能匹配合理。棚户区改造工作基本完成，重点小城镇建设取得明显成效，城市基础设施承载能力和运行效率大幅提升。

民生福祉实现新提升。人口调控成效明显，全区人口控制在34万人以内。公共服务优质化水平显著提高，城乡社会保障一体化体系进一步完善，城乡居民收入实现与GDP增长同步，人民幸福感和满意度持续提升。

改革开放取得新突破。法治政府建设加快推进，市场活力进一步激发，生态文明、旅游发展、社会治理等重点领域和关键环节改革取得积极成效。与津冀地区跨区域合作深入推进，区域对外开放水平显著提升。

（二）门头沟区创新社会治理的问题意识

1. 治理理念：平衡硬件建设与机制创新

目前，我国不少社区的信息化基础设施已经非常完善，政府在硬件建设上已经投入了大量资金。但政府重视硬件建设，轻视软件培育的现象依然较为严重。由于我国基层社区的考核、评比压力很大，诸如绿色社区、平安社区、文明社区等不同上级部门的考核评比让社区居民对社区未来发展的目标不明晰，智慧社区这一概念和建设过程，在社区居民中的知晓度就不高，存在政府投入多，市民感受少的现象。智慧社区所拥有的信息技术资源和服务不能和市民有效对接。建设智慧社区，基层硬件设施建设和新技术的应用是一方面，更为重要的是营造一种全社会认知、理解并能投入其中的良好治理氛围。

在过去20多年的改革和发展进程中，由于在发展观和发展理念上的偏差，片面追求经济的快速增长，以致各级政府把主要精力放在了履行经济管理职能以及相应的经济管理领域的改革上，以适应经济建设和经济体制改革的需要，而对社会发展和社会管理领域改革没有引起相应的重视，造成政府在社会管理职能方面的转变步伐明显滞后，社会管理体制创新不足，存在着许多体制性障碍，社会事业发展受阻。

因为经济基础薄弱和特殊的历史原因，门头沟区与北京其他市辖区相比，在硬件建设方面较为落后，这要求在推进社区建设中，补上硬件短板，为社会治理提供物质基础和空间载体是必须优先考虑的任务。这一工作的迫切性不可避免地会影响到营造治理氛围方面，对治理环境的清理和整顿不足，对实现社会治理创新所提供的制度空间、资金支持还有很多不到位的地方，对社会治理所需要的软性因素的建设也远远不够。因此，如何处理好二者之间的关系，既能突出重点，又不致出现严重倾斜是该区需要重点思考和解决的问题。

2. 治理主体：政府主导而社会多元参与依然不足

我国现有的社会治理仍未摆脱传统的管制行政模式的影响。传统管制型政府是一种注重管制而轻视服务，注重管理过程而忽视管理结果，以政府为本位而非以公民为本位的政府。在这种模式下，政府凭借着强制性的公共权力，对社会生活全面干预并垄断公共事务的管理，承担着“统治者”的角色。行政权绝对处于单向支配地位，政府官员的意志绝对凌驾于社会之上，不允许社会各方的质疑与反驳，协商与合作更谈不上。久而久之，社会治理的相对方容易对政府产生不满情绪，甚至是积聚成强烈的对抗心理，社会治理措施将因相对方有形或无形的拒绝和抵制而大大降低功效。另外，管制行政中，由于缺乏对行政权力的制约，理性的有限性使行政体制易滋生官僚主义，从而损害行政效率。

良好的社会治理机构，需要各治理主体既保持相对的自主性和独立性，又能够通力合作，形成一种和谐有序、自律自治的制度化治理机制。但从现状来看，这种良好的社会治理结构在我国尚未形成，主要表现在：第三部门还未真正成为政府职能转移的载体，社会团体等民间组织的作用尚未得到充分发挥，公民社会的发育仍显迟缓，社会资本的开发利用不足，社会的自主性及自我组织能力不够强，各级官员的新的治理观念还未树立，建设和谐社会的领导能力与行政能力不强，等等。

由于门头沟区的经济结构较为单一，民营经济不发达，所以并没有形成强大而独立的市场力量。受经济结构的影响，该区居民的结构也并不复杂，社会流动性不强，社会力量很难在这样的基础上发育出多元主体来。这使得在实现社会多元参与方面，该区所遇到困难种类独特，困难强度偏大。首先，有独立性、能力强的非政府主体并不多。其次，基于传统乡土熟人社会的社会力量较多，而建立在现代化理念，有着专业化组织架构的社会组织则很少。这就需要该区政府充分了解本区其他参与主体的参与能力、参与意愿和参与特点，积极构建社会多元参与的促进机制。

3. 治理机制：部门协同互动水平和主动性仍有待提升

无论是已经在全国推广的网格化管理模式还是智慧社区建设中搭建的社会综合管理平台，其目的都是希望打破部门与部门之间、政府与市场之间、政府与市民之间，抑或是市场与居民之间的信息屏障和沟通壁垒。但我们可以发现的是，跨部门的合作依旧是政府治理的难点，由于体制问题和信息技术的问题，政府各部门之间的“信息孤岛”现象依旧存在，虽然各政府部门和企业等已经共同被纳入智慧社区的治理平台，但相互之间还是缺少制度化的合作，信息资源整合和事务协同治理问题依旧难以改变。例如，在智慧社区建设过程中，街道运用信息化、数字化手段成立的社区网格化管理中心（如该区的社区网格化工作站），将社区各职能部门纳入管理平台，但因为我国的社区治理模式是“以块为主，条块结合”，职能部门的垂直管理和街道社区块的管理之间的难以协调是一直以来的制度性问题。职能部门之间的基础信息各成体系，难以打通互联，这也将造成部门与部门之间的责任推诿。传统社区管理模式下的体制约束严重影响了各参与主体之间的协商合作。

课题组在调研中发现，门头沟区就存在着分散化决策多、部门间协同少的问题。大多数情况下，各部门按照固有的思路进行分析和决策，即自行处理自行解决，部门之间缺乏针对特定工作事项的有效沟通和协调，导致工作中部门联动性弱，弹性差，难以应对综合性的复杂事务。特别是成立了七大职能中心以后，对中心综合处置问题能力有了更高的要求，实际上各个中心未能良好协调，中心内部、中心和中心之间、中心和居民之间、中心和上级部门之间的互动还没有达到良好的效果。

四、门头沟区创新社会治理的优化策略

（一）基本思路

“十三五”时期是门头沟区实现“既坚守住生态涵养发展区的功能定位，又实现经济社会的跨越式发展”的总体发展目标的关键时期。为了配合“生态立区，转型升级”的发展主题，门头沟区应继续坚持机制、机制并举的工作模式，本着“寓管理于服务、以服务促管理”的思路，积极创新社会治理，完善“多元共治”的新型基层社会治理体系，努力将门头沟建设成为山水宜居、功能完善、文明和谐的现代化生态新区。

1．寓管理于服务、以服务促管理

目前在社会治理中普遍存在的一个倾向就是将服务与管理相对立，实际上二者之间并不存在根本性的冲突。管理和服务都是政府的重要职能，建设服务型政府不等于政府将致力于公共服务建设而忽视政府管理，没有政府管理的支撑作用，公共服务也很难做好。在社会发展进程中，政府管理与服务会随着时间、空间、地点和范围的变化而有所变化，它们将以不同的配比方式出现，而不是相互取代。因此，在社区治理中，只有建立寓管理于服务、以服务促管理的模式才能更好地推进社会治理的优化。

近年来，随着服务型政府建设的持续推进，我国各级政府的公共服务职责无论是在范围还是深度方面，都有了大踏步的提升，人民群众的满意度不断提升。然而在实践中，一些地方却总是有意无意中将管理与服务对立起来，甚至希望以管理者的身份处理公共服务事务。这种工作方式往往会招致群众的反感，给工作的推进带来阻力。另一方面，无论在任何国家和地区，政府都绝不会为了服务而服务，各类公共服务的背后必然夹杂着特定的管理诉求。例如，在全世界范围内最早推动建立起现代社会保险的普鲁士“铁血宰相”俾斯麦就直接指出，他推动建立工人养老金、健康和医疗保险制度的目的，就是为了安抚劳工阶级，维护社会稳定。

当然，从目前各国的实践来看，“管理”往往被柔性化地隐藏在服务的背后，而不会像俾斯麦那样直接指出。例如，英国伦敦市政府在伦敦市区内建起的遍布各个角落的视频监控系统，在建立之初向公众宣扬的是为了更好地监控和预防违法犯罪，绝不会承认也是出于“维稳”的需要。但是当2012年的伦敦种族骚乱爆发后，遍布伦敦城的监控系统却成为政府“秋后算账”最有力的技术支撑。

在我国当前的社会治理中，也应本着

"寓管理于服务、以服务促管理"的思路，完善社会治理机制建设。况且，从"社会管理"向"社会治理"的理念转型，本身就在一定程度上体现这一思路。具体实践方面，各地将原来的社区网格化管理纷纷升级为智慧社区建设，应该说这既是服务层次的提升，也是服务理念的体现。因为网格化管理更容易被理解为"维稳"的需要，而智慧社区则更容易被群众理解为公共服务的升级扩展。但在实际上，智慧社区和网格化管理一样，在服务的背后同样都是政府社区管理的重要技术手段，只不过前者更容易被接受。

基于上述考虑，我们建议在公共服务的提供渠道上，逐步提升社会组织的角色，加大政府向社会组织购买服务的力度和范围：一方面通过建立、支持各类社会组织为社区民众提供公共服务，而不干涉具体的服务内容，给予这些组织以独立发展的空间；另一方面，又通过资金方面的扶持，使这些社会组织替政府加强对基层的管理，推动基层良好秩序的实现，从而将党和政府的管理职能隐藏在了公共服务之下。

2. 完善"多元共治"的新型基层社会治理体系

在目前的社会治理结构中，普遍存在的一个突出问题就是政府的单边主义倾向严重，政府、市场、社会的多元互动不足。因此，在创新门头沟社会治理体系的过程中，应本着"多元共治"的基本思路，以"建立现代社区治理体系"和"构建社区良性社会生态"为目标，努力构建以"多元主体、多元平台、多元服务"为基本架构的多元共治社区治理体系。

在推进"多元主体"方面：其一，厘清多元主体，优化治理结构。强化基层党组织作用。坚持社区党组织在基层社区各类组织和各项工作中的领导核心地位，发挥其引领、统筹、协调的功能，协调多元利益关系、化解重大矛盾纠纷、引领社区居民自治、统筹调配社区各类资源。其二，完善居委会内部治理结构，为具有不同特长和资源动员能力的居民充分参与社区事务提供参与渠道，促使社区事务的协商解决走向精细化、专业化。其三，充分发挥辖区单位参与社区治理的作用。积极推动驻区学校、企业、社区健康服务中心等单位将文化、教育、卫生、体育等活动设施向社区居民开放，为社区提供人力、物力、设施支持，推动共驻共建、资源共享。在住宅小区的物业管理处设立政务服务代办点，为居民提供办事不出小区的便利服务。其四，大力培育和发展社区社会组织。为社会组织提供组织培育、人才培养、项目发展、标准建设、保障服务、资源对接等"十位一体"的综合服务。鼓励社会组织申报具有社会性、非营利性、创新性、效益性和区域性的社会服务和社会创新项目。降低准入门槛，简化登记流程，建立激励机制，大力培育发展能有效承接政府转移职能的社会组织。

在打造多元平台方面：其一，设立社区民主议事平台。建立居民议事会制度，成员由社区党组织、居委会、工作站、业委会、物业企业、驻社区单位、社会组织、社区民警、社区居民等方面的代表组成，通过积极引导社区各方力量按照规范的程序对社区事务进行科学评判、民主决策，逐步形成民主提事、民主议事和民主决事的良好氛围。其二，设立社区服务执行平台。梳理当前各类社区服务工作，统合行政服务、基本公共服务及个性化服务，打造"大服务平台"的社区服务新模式，积极培育和引入社会组织，以项目化购买服务的方式承接社区服务事项，提升社区服务水平。其三，设立社区民主监督平台。成立社区工作评议会，成员在"两代表一委员"以及社区居民中选举产生，与"一站两委"人员不交叉。以居民满意度和社情民意知晓度为评议导向，对社区各治理主体的履职情况、重大事项的决策执行情况等进行评议监督。其四，设立社区矛盾调处平台。构建"调委会 + 专业律师 + 法律志愿者"矛盾调处新模式，通过向律师事务所购买法律服务、从专业人士中招募"法律志愿者"等方式，调动专业力量参与社区矛盾调处。建立定期分类梳理研判、突发事件联勤联动、民事纠纷对接等大调解工作机制，提升调处效果。其五，设立社区信息网络平台。依托“大数据中心”和街道工作平台，设立社区信息网络平台，链接社区家园网，利用社区电子屏、手机客户端、微信微博等，实现各类信息的循环碰撞、智能推送和共享应用，让社区居民享受更加方便快捷的智能服务，实现“数据多跑腿，百姓少走路”的目标。

在推进多元服务方面：其一，优化社区行政服务。将社区办事大厅原来的计生、租赁、劳保等各项行政服务窗口整合为综合服务窗口，逐步实现所有行政审批事项的“一窗办、一网办、一次办”。其二，优化社区基本公共服务。在全市率先实施学前教育普惠行动计划；社康中心、家庭医生服务计划；老人日间照料中心；打造“一公里文化圈”，即在便于居民到达的一公里范围内覆盖完备的公共文化设施，构建市属重大文化设施、区属主干文化设施、社区基层文化设施三级设施网络体系，基本实现区、街道、社区三级公共文化设施无盲点均衡覆盖，最终实现社区基本公共服务项目的多渠道供给、全辖区覆盖。其三，优化社区公益服务。充分利用义工资源，积极调动各类志愿服务队、义工、社工等为辖区居民提供全方位的支持、援助和补充服务。引入专业机构提供社会心理服务、特殊人群服务、应急救援综合服务等领域的专项服务。其四，优化社区便民服务。结合每个社区的不同特点，围绕社区服务中的薄弱环节和社区居民关心、迫切需要解决的问题，以居民需求为导向确定助老服务、青少年服务、家庭服务等社区便民服务项目，引入和培育社会组织等社会力量提供专业服务，提升居民生活便利性。创新办理“民生微实事”，由区财政划拨一笔专项经费专门为那些居民关心的“小事情”服务，居民自己决定干哪些项目，区政府在经过评估的基础上，用最快的速度解决老百姓身边的小事、急事、难事，项目由居民提、居民议、居民决，从而缓解现行政府投资项目体制机制与人民群众需求之间的矛盾。

（二）具体对策组合

1. 继续整合机构设置，优化服务平台

作为门头沟区近年来创新社会治理的重要制度创新，经过大力整合后的街道结构设置“七中心”模式取得了明显的成效，改变了街道机构的碎片化状态，极大地提升了办事效率，方便了群众。需要指出的是，现行的“七中心”模式仍旧稍显烦琐，存在继续改进的空间：一方面，在基层服务过程中便捷性受到一定的限制，很多公共事务难以准确归类，这使得七中心之间的职责交叉在所难免，群众往往也对各个中心的职责缺乏明确的认识；另一方面，七个中心之间的协调，信息沟通都需要很多的成本，另外，部分事项的处理和解决需要多个中心来完成，从而使办事效率打了折扣。

与门头沟区的“七中心”模式相类似，天津市宝坻区的“一站三中心”模式对进一步优化我区的街道结构设置具有一定的参考借鉴价值。一站，是在每个社区（行政村）设立便民服务站，这一点在门头沟已经实现。三中心，就是打破原来的镇街政府七站八所机构设置模式，根据工作性质和服务对象的要求，组成经济发展服务中心、社会事务服务中心和群众来访接待中心。便民服务站由驻村干部、村（居）干部及大学生村官坐班，为群众提供大事小情的代办服务。此外，“一站”与“三中心”之间还构建起了完善通畅的网络连通。

在门头沟区的改革中，一方面，可以考虑将现有的“七中心”继续进行整合。这里需要说明的是，宝坻区作为一个由郊县改制而来的市辖区，区级政权的功能定位更像是一个县，街道（乡镇）仍然具有较强的经济发展职能。门头沟区则不同，目前其街道的经济发展职能已经逐步被弱化，宝坻区的“经济发展服务中心”并不适合建立在门头沟的各个街道。因此，可考虑对宝坻区的“一站三中心”模式进行转型升级，即将门头沟各街道原来的“七中心”进一步整合为“两中心”：社会事务服务中心和群众来访接待中心。两个中心的具体名称还有待商榷，但其职能定位却是比较明确的，即社会事务服务中心的职能主要定位于各类行政审批和公共服务，类似于“公共服务中心”，而群众来访接待中心则定位于接受群众的诉求，重在调节社会矛盾。

另一方面，可以考虑将已经在社区（行政村）普遍建立的一站（社区服务站）纳入现有的规则和平台下运行。这样就形成了独具特色的“一站两中心”模式。但与宝坻区不同的是，门头沟区的核心平台是“两中心”，“一站”只发挥辅助性作用，群众可以到社区服务站咨询并让其代办各类事项，也可以直接到街道层级办理，以避免公共服务的过度下移而给基层造成过重的负担，乃至出现群众反映的“只接单、不办事”的局面。

2. 整合资源，夯实社区治理智慧化的平台基础

在社区治理中，最重要的资源是信息资源，整合信息资源要依托智慧化平台的建设和完善。

首先，要协调、统一信息共享平台，以优化网格化管理。利用先进的数字管理技术对整个社会的资源进行合理有效的整合，并加以合理利用和公平分配，从而保持城市社区秩序的稳定性。以网格化管理理念为基础，加上对信息、管理技术的运用，就形成了一个全新的管理理念，实现政府单位的信息共享和协同办公。通过划分网格，再造管理流程，重新调整组织结构，有利于打破各自为政的局面，实现社会动态管理的目的；有利于及时有效解决问题，实现统一部署，提高城市社区管理的效率。

其次，将各个职能部门开发的信息平台做进一步整合，最好能够整合为一个平台，从而提高信息使用效率，减少基层社区工作人员的重复劳动。这需要上级有关部门推动，真正破除政府行政管理和社会管理上的条块分割、各自为政的局面。例如在对流动人口的管理上，可考虑由公安部门牵头，联合流管、计生等部门，建立流动人口数据库，建立常态信息采集队伍，保证数据正常更新。

3. 加强应急联动，提高部门协同能力

加强应急联动要与政府管理方式创新结合起来。而部门协同则是政府管理创新的重要方面，通过应急联动实现政府部门之间工作的有效连接，既能够有效化解危机事件，又能够提高政府适应外在环境变化的能力。具体可以在以下三个方面采取措施。

在制度建设方面，其一，建立健全辖区各级各类安全生产应急救援队伍协调协作机制。经常性地组织开展联合培训和演练，充分发挥同一地区安全生产应急救援队伍的整体作用，形成有效应对处置各类事故的合力。有关企业要按照“应急联动、协同配合、取长补短、共同应对”的原则，建立同行业领域企业间协调协作机制，充分整合和优化配置同一地区、同一行业领域的应急资源，加大事故状态下互相支持力度，提高重特大事故应对处置能力。其二，完善辖区各级安全生产应急救援队伍和装备调用机制。摸清底数，确保能精确查询和准确调度所需的应急救援队伍和装备，保证与事故救援现场需要相匹配，实现快速调集、快速安装、快速运转，迅速形成救援能力。

在应急方式方面，建立健全“第一响应人”应急救援模式。所谓“第一响应人”是指应急事件发生后，在第一时间赶到现场，具有快速组织、指挥协调、专业处置能力，能够指挥现场居民徒手或利用简单工具开展抢险救灾的人员。“第一响应人”必须肩负现场组织管理、埋压人员救助、作业安全评估、灾情收集上报和向外界请求援助等职能。“第一响应人”是开展应急联动的关键触发因素。

在技术支持方面，要构建云应急服务平台。“应急云”即第三方应急资源网络，采用先进的情景感知技术、情景分析技术、资源保障管理技术、在线感知技术、语义网技

术，并与云计算、网络通信、资源虚拟化、服务化、智能决策支持等技术相融合，搭建并运营云应急服务平台，为应急需求者提供智慧型定制化的应急服务。

4. 畅通参与渠道，拓宽居民参与社区治理互动空间

在推进社会治理的实践中，门头沟区委、区政府高度重视社区协商，探索实践了“参与型”社区协商模式，推进“社区议事厅”建设，有效维护了群众的切身利益，社区居民自治能力进一步提高。为进一步推进社区“参与式协商”自治模式，激发社区活力，发挥社区成员的主体作用，实现政府治理与居民自治有机结合，结合门头沟区实际，门头沟区又开始在全区探索构建社区多元参与的工作机制。具体来看，这一工作机制主要包含以下几个方面的内容。

第一，社区多元参与的主体。建立社区多元参与工作机制，首先需要明确参与社区建设的各利益主体。①充分发挥社区党组织在社区治理中的领导核心作用，按照“总揽全局，协调各方”的原则，积极发挥社区大党委总揽社区工作格局的作用。②社区居民委员会作为社区服务和管理的组织主体，应协助政府部门做好与居民利益有关的各项工作，同时积极宣传、动员和组织社区成员有序参与社区治理。③社区居民是社区建设的参与主体，通过亲身参与社区事务的讨论、决策、执行和监督过程，了解政府政策信息，正确认识社区存在的问题，树立“我参与、我受益”的民主自治意识，继承和发扬主人翁精神和志愿服务精神，积极参与社区服务和管理，增强对社区的认同感和归属感。④业主委员会是业主的群众组织，应建立健全社区党组织、社区居委会、业主委员会和物业服务企业协调机制，及时协调解决物业服务纠纷。⑤社区物业服务企业应主动参与社区议事协商，涉及其服务内容的事项，接受社区居委会的指导和监督。⑥驻社区单位应履行社区建设责任，积极参与社区建设，应向社区居民开放文化、教育、体育等服务设施，为社区提供人力、物力、财力支持，形成共驻共建、资源共享、合作共赢的和谐氛围。⑦社区社会组织要发挥专业作用，丰富组织形式和服务内容，吸纳更多的居民有序参与社区公共事务和公益事业。特别是服务性、公益性、互助性的社区社会组织，可发挥提供服务、反映诉求、规范行为的作用，充分利用自身的资源优势，依托社区各种载体积极开展工作，在社区群众活动中发挥骨干作用。

第二，社区多元参与的主要内容。①民主参与。完善《社区居民自治章程》，规范社区选举办法，严格选举程序，扩大居民代表、居委会成员、社区党委委员的直选范围。②决策参与。以居民会议、议事协商、民主听证等形式，让居民参与涉及全体居民利益的重要事项的民主决策，如制定和修改《居民公约》、审议社区居委会工作计划和工作报告、社区公益金使用、社区服务设施建设、兴办社区公益事业等。社区社会组织、驻社区单位、业主委员会、物业服务企业等社区建设主体，通过召开联席会、社区代表会、社区议事会等，参与到与社区发展及自身利益相关的社区事务的管理和决策中去。③管理参与。依据法律法规，结合社区实际，由社区居民共同制定《社区居民自治章程》和《居民公约》，明确居民的权利和义务，使社区居民自觉参与对社区人居环境的美化整治，自我化解社区邻里矛盾，促进社区和谐，维护社区稳定。④活动参与。社区利用自身文化资源，以兴趣爱好型社区社会组织为载体，动员社区居民广泛开展丰富多彩的群众性文化体育活动，丰富居民群众的精神文化生活，发挥社区居民的自主精神。⑤服务参与。社区居民通过加入公益服务类社区社会组织和志愿者组织，广泛参与社区互助服务和志愿服务活动，为低收入人群、老年人、残疾人、优抚对象、留守儿童等弱势群体提供各种帮扶服务。⑥监督参与。实行居务公开制度，加强社区自我监督，社区居民定期对社区党组织、社区居委会、社区服务站人员的工作

进行民主评议，监督社区公益事业经费和机构运行经费使用情况。社区居民有序参与涉及切身利益的公共政策的听证活动，参与对政府及派出机构的工作和驻社区单位参与社区建设的情况进行民主评议，对供水、供电、供气、环卫等市政服务单位在社区的服务情况进行监督。

第三，社区多元参与的渠道和方式。①建立健全参与式议事协商机制。进一步完善社区居民会议及其常务会、社区代表会议、社区党建联席会等会议制度。建立社区居委会与驻区单位共同参加的议事协商会议制度，加强社区居委会与业主委员会、物业管理企业、驻社区单位的横向联系，定期研究社区共驻共建事项。②创新社区成员参与社区服务和管理的形式。推广运用“开放空间”讨论会、社区议事厅、社区论坛等参与式工作方法，使社区成员参与社区各项事务的讨论、决策、执行和监督。③发挥社区社会组织的组织参与作用。大力培育和发展社区社会组织，使具有共同利益需求和兴趣爱好的社区居民自发组织起来，参与社区各项活动和事务管理，协调社区各利益群体之间的关系，化解矛盾，维护社会稳定。培养社区骨干力量，使热心社区建设和公益事业、在居民中有影响力的社区居民参与到社区建设中。④引入专业社会组织参与社区服务和管理。通过政府购买服务、设立项目资金等途径，发挥专业技术优势，以项目化运作的方式，协助社区居委会等自治组织。⑤建立社区多元参与信息化平台。整合现有社区信息化建设资源，探索实践网上论坛、民情信箱、服务信息发布、社区博客、微博等信息化技术手段，提供内容丰富的政府行政服务、社会事务服务和社区便民服务，进一步创新社区多元参与形式，拓宽政府与公众的沟通反馈渠道。

5. 物质激励与培育社区认同并举，提升居民参与热情

在物质激励方面，可以试行公民“善行积分制”。可以考虑借鉴江苏宿迁市经验，区政府可以设立“善行积分制”，对行善的公民，不仅进行现金奖励，而且实行积分制，积分多了，还可享受住房、教育、医疗等方面的优惠待遇。

在培育社区认同方面，尝试建立健全兼容并蓄的文化机制。紧跟乡村文化与城市文化的碰撞、四方文化与本土文化的碰撞、个体文化与群体文化的碰撞动态，包容性看待不同语言、不同宗教、不同天性人们的相互沟通、相互理解直至相互信任的文明进程，从“5+1”基本公共服务做起（“5”即听广播、读书、看报、看电影、进行文化鉴赏，参与公共文化活动；“1”是公共图书馆、公共博物馆、爱国主义教育基地的免费开放），逐步构建现代公共文化服务体系，促进文化融合。并研究设定“邻里节”，为社区居民之间的交流、互动提供空间，从而增强社区的认同感和凝聚力。

6. 加大数据同源化建设力度

所谓数据同源化，即城市管理乃至社会管理工作全部依托同一个信息平台进行，政府相关部门在其职权范围内对于人口、房屋、单位等各类数据拥有不同的浏览、添加和更新权限，且所有数据操作设置留痕期和恢复期。同时，还可以进一步整合互联网络与手机终端的融合，使个人可以即时获知自己人口信息属性变化（被修改）和被查询情况，以进一步防止个人信息的误操作和非法操作。实现数据同源在技术上并非难事，其最大的阻力无疑来自各相关政府部门。原因在于，一旦人口信息同源管理，意味着这些部门的管理工作都完全置于数据平台的监督之下，将大大地限制其管理的权力。

即使门头沟目前尚未做好推进数据同源化的准备，也至少应该在城市管理领域推进技术平台的整合，将为民服务信息平台、网格化管理平台和智慧城市建设结合起来，建立城市管理问题发现、立案、派遣、执行、反馈、结案全过程“闭环”处置的信息管理系统，同时通过数据的积累、统计，为监督、评价城市管理各主体提供科学依据，从而促

进城市管理问题的高质量、高效率处置。

当然，不论是推进和完善数字城市建设，还是城市管理问题处置体系建设，都还需要做好一系列基础性工作，最为重要的是结合门头沟发展实际做好城市管理事项分类梳理、事项流程梳理，以及各流程中相关主体的责任界定。做好这些基础性工作，同步协调推进城市管理领域组织层面、制度层面、技术层面的改革，不仅可以全面深化门头沟区城市管理改革，提升城市管理水平，而且对于门头沟区重塑政府与社会关系，率先形成适应经济社会转型的治理结构也具有十分重要的意义。

7. 细化宜居社区环境的治理方略

（1）治理垃圾。

一是深化并完善“户分类、社区收集、区运输”的社区垃圾源头治理模式。一方面加大宣传力度，通过多种方式提升居民的垃圾分类意识；另一方面，通过召开居民大会、发放调查问卷等方式吸收群众意见，不断对治理方略进行调整。

二是试点创建市民“绿色账户”。所谓市民环保行为“绿色账户”是旨在促进居民自觉进行垃圾分类等环保行为的电子账户，具有信息记录、积分奖励等功能。

三是普设三个垃圾桶。每个家庭都免费安放生物垃圾、废纸、其他垃圾三种垃圾桶，人均每月免费发放10只垃圾袋，桶盖颜色不一，桶身张贴垃圾桶名称。垃圾桶原则上都是滑盖式设计，丢垃圾时须把盖子向上打开，松手后盖子会自动落下。如此设计的用意在于防雨水、蚊虫入侵以及防异味散出。长桶下面都有便于垃圾清洁员推拉的轮子。使得垃圾自觉分类成为居民的一种生活方式。

四是试点垃圾“身份证”制度。选取有条件的社区（村），对每只垃圾袋进行二级编码，一级代码表示户主所在卫生责任区域，二级代码表示户主代号。垃圾袋实行编码相当于给垃圾贴上“身份证”，做到“见袋知主”，社区（村委）干部和保洁员可以随时发现哪个家庭是否按要求进行源头分类，是否按要求定时定点投放。

（2）治理小广告（野广告）。

一是建立奖罚乱张贴小广告机制。鼓励市民拍下违法小广告，建立举报人奖金制度。建立张贴者自费清理广告垃圾和留电话张贴者的电话停机办法。

二是设立收费广告柱和免费广告墙。收费广告柱矗立在城市大街小巷、广场、公园等地方，由户外广告公司承包经营。免费广告墙，形态各具特色，墙面、墙柱等内容五彩缤纷，如“招工信息”“房屋中介”“健康向导”等。

三是推广使用特种油漆。对城区主要道路的路灯杆等基础设施粉刷“一涂净”防粘贴油漆，在设施表面涂刷不粘漆，实现野广告自行脱落。

四是招标治“癣”机制。通过招标方式，将全区主次干道“牛皮癣”的清洗任务承包给清洗公司，市容部门按照景观路、达标路等标准对其进行检查考核。

（3）治理乱停车。

该区已试行了“四管”停车模式。通过社区自我服务管理组织、社会组织自我管理，与驻区单位开展合作，利用现有资源开发停车位等措施治理乱停车现象。下阶段要主抓落实并形成常态化机制，尤其是进一步加强与各驻区单位的沟通协调，大力推动驻区单位将停车场向社区居民开放，通过共驻共建解决停车难问题。

从发达国家的经验来看，为了规范社区居民车辆的有序停放，提高资源的利用率，最普遍也最有效的办法之一就是将学校、政府等公共机构的闲置停车场充分利用起来，错时错峰停车。当然，普遍的做法是在工作日的工作时间，公共机构的停车场仍然由其工作和办事人员专用；在工作时间以外以及节假日，积极推动向社会开放。为了鼓励公共机构参与，通常的做法是允许适当的收费。从日本等国家的实践来看，实施效果普遍较好。因此，在治理乱停车的工作中，本着疏导结合的方式，建议加大对错时错峰停车的推广力度，充分调动各种资源。

8．推进社会矛盾化解机制创新

化解社会矛盾重在预防，因此加强社会矛盾的源头治理是根本之道。首先，要给民众以表达诉求的渠道，既要完善仲裁、司法行政复议等法定的表达渠道，还要创新网上信访、各类调解等新渠道；其次，要加强对民众的心理预期管理，使民众认识到政府的职权“边界”，既要加强服务型政府建设，又要大力推进管理的刚性化；最后，完善重大决策社会风险的评估，提前做好风险防控工作，明确考核、追责的确切标准和对象。在具体的社会矛盾化解机制方面，相关部门和各街道、乡镇根据实际，可供选择的创新型治理策略如下。

（1）“个人品牌调解室”创建机制。

鼓励和支持长年工作在调解第一线的，具有丰富的调解和群众工作经验，较高的法律知识和文化、政策水平，群众公认的公道正派、品行良好的专家型调解员，组建“个人品牌调解室”。调解人员利用自己人熟、地熟、群众威信高、善于化解复杂疑难矛盾纠纷等优势，坚持“巡回调解、普调并举”的方式，深入各个社区开展各类普法宣传活动，注重做好群众思想工作，化解群众不良情绪，通过走家串户，捕捉社情民意，及时将纠纷化解在萌芽状态。通过建立个人品牌调解室，使之成为协助当地党委、政府处理化解各种矛盾纠纷的“第一帮手”，为民解忧的“第一平台”。

（2）社区矫正“科技＋制度”机制。

探索手机定位监管。引入专业社工，开发社会功能评估工具，出台“社区矫正工作专职社工管理规定”。巩固完善“精神上扶心、生活上扶困、就业上扶技、发展上扶业、智力上扶学，促进思想和行为转化”的“五扶一促”工作模式。探索推行“难忘教育”模式，即创新“感悟型”教育手段，搭建“情感型”教育载体，设定“情境型”教育典型。

（3）充分挖掘社区居委会在维护社区稳定方面的积极作用。

作为社区服务和管理的组织主体，社区居委会的主要职责是依法组织居民开展自我管理、自我服务、自我教育、自我监督的自治活动，协助政府部门做好与居民利益有关的各项工作，依法依规组织社区居民开展评议监督活动，发挥好社区居委会与业主委员会、物业公司等在沟通交往中的中心作用，加强对二者的监督和指导，有效预防、化解各种社会矛盾。

在实际的工作中，要发挥好居委会在维护社区稳定方面的积极作用，重要的一点就是要让居委会工作人员与社会居民成为熟人，建立朋友乃至亲人般的相互信任关系。相反，如果居委会工作人员整日“躲”在办公场所，不去主动地与居民沟通、联系，通常也就很难获得居民的信任。与社区居民沟通联系的渠道有很多种，比如课题组在门头沟调研中发现的一位居委会主任的做法就值得肯定：作为一个还迁社区的居委会主任，主委会进入时大多数居民仍处于房屋装修阶段，还没有完成还迁。为了和社区居民成为朋友，这位居委会主任每天早上上班都会选择乘坐还迁居民大多也会乘坐的公交前往社区，在车上则通过聊天、帮忙拿东西、主动让座等形式，与社区居民熟悉起来。用她的话说，“很多居民虽然还没有搬过来，但都已经认识我了，也知道我是一个热心肠的人，大家很快就成了朋友”。这里所举的实例并不一定具有普遍的借鉴性，但其中的工作机理却是相同的，那就是社会居委会工作人员要发挥好预防、化解社会矛盾的作用，首先要做的就是成为居民的朋友，并在此基础上深入了解民情、社情。

9．推动异质化混合型社区建设

改革开放以来，如果说市场化因素导致了普通商品住宅社区内部的人口结构异质化，而政策因素则造成了各类还迁房（拆迁安置、棚户区改造、城中村改造）和保障性住房（经济适用房、公租房、廉租房）社区与普通商品住宅社区之间的社区类型异质化。在不同类型的社区，尤其是还迁房等政策性住房，居民的同质性异常突出。

从西方发达国家的教训来看，各社会群体之间在居住空间层面泾渭分明的局面，长远之下有可能加剧社会分层的标签化、造成纵向社会流动不畅等问题。特别是考虑到住房通常具有长久的使用寿命，不同社会群体在城市的居住空间格局一旦形成，往往很难在短期内改变。再加上各个社会群体在社会地位、经济收入、价值观念、生活方式、工作状况等方面具有很强的共性，这就使得他们在居住空间方面变得具有易识别性，易于固化为群体的空间身份标签，久之就容易形成特定的地缘文化。长期来看，将有可能导致某些社会群体偏离主流社会价值观，从被标签化走向整体的被边缘化。本着未雨绸缪的原则，为了避免社区居民结构同质化可能引发的问题和矛盾，应在这种结构趋于固化之前，加以适时的干预。

首先，抓住转型期机遇。我国当前正处于社会转型期，社会阶层化趋势日益加剧，但是不同经济阶层（富裕阶层、中产阶层）之间的社会认同性不高，还没有形成类似西方国家的明显的阶层象征，但是，同一阶层内部的生活方式又有相似的特征。从总体上说，阶层存在差别，却无明显的矛盾对立。另外，就门头沟区的社会结构而言，是在计划经济时期的社会经济均质基础上发生演化的，因此推行混合居住模式所遇到的社会阻力要小得多。在这个时期进行有效的社区规划、社会政策干预，综合调控社会各阶层在空间上的均质分布，是阻止城市空间异化、避免走西方城市化过程中“先发展，后治理”的老路的有效方法。

其次，构建与各阶层生活需求适配的物质环境。其中，包括在混合社区内建设适合不同阶层居住的住房和满足各阶层物质精神需求的社区配套设施。有学者提出通过增建低收入社区周边的生活设施来实现社区异质化。实际上，商业设施与消费群体在一定的空间范围内是相互依赖的，商业设施有消费半径和服务对象，如果没有消费群体而增建设施就会造成浪费，只有多阶层的居民结构才能维持多样化的消费结构和商业设施，而多样化的设施反过来又会丰富社区生活，从而提高各阶层居民的生活质量，维护混合社区的稳定。以理发店为例，在低收入住宅区，它仅仅满足理发功能，价位低，服务质量差，其中若有较高收入居民，他们的美容、美发要求就不能得到满足，可能导致较高收入者对居住状况的不满，他们就会考虑搬迁，这会加剧社区的同质化。总之，对于那些已经成型的棚户区回迁社区，显然已经难以短期内改变其社会结构高度同质化的现状。可行的策略，是通过不断的疏导以及政府必要的资金投入，使得社区能够保持一个良好的人居环境，并据此吸引其他社会群体通过购买房产或租赁的方式进入定居，逐步提升社区社会结构的异质化程度。

10. 推动新型“熟人社区”建设

总体来看，改革开放之前的中国城市基层治理结构主要呈现为以单位体制（利益控制）为主轴，熟人社会（社会网络）为依托的前现代社会治理结构。1978 年以来，特别是 1994 年“房改”以来，伴随着市场经济发展，城镇化进程持续加速，劳动力自由流动和住房商品化，城市原有的以“单位大院”为代表的“熟人社区”开始被打破，取而代之的则是主要以经济收入为主导的居住格局。这种分化呈现在社区中是社区异质性的增加，即原本毫不相干的个体，诸如不同单位、不同职业、不同文化、不同宗教和不同民族的人经由住房的市场机制开始居住和生活在同一个社区。

经过 30 多年的不断发展，现阶段的城市基层治理结构可以说已经完全突破了计划经济年代的“单位—熟人社会”模式。但与此同时，与社区人口结构变化相适应的现代社区治理体系却迟迟未能被构建起来，从而导致原有的治理结构在急剧变化的社区人口结构面前缺乏适应力，治理能效低下，成为引发大量问题的主要体制根源。因此，应本着构建新型利益共同体的目标，积极推动新型“熟人社区”建设，具体举措如下。

着力引导居民构建一批熟人社区。一是建立熟人共同体，将陌生人变为熟人。通过在楼栋、院落建立居民小组和各类兴趣组织，开展“社区邻里节”等活动，增加交往频率，拓展交往渠道，形成熟人社区的氛围。二是建立情感共同体，由熟人变为家人。社区各类组织之间、居民小组与居民群众之间，通过互助协作培育社区温情，通过参与公共议题找到利益共同点，增进社区信任，营造温馨社区大家庭。三是建立自治共同体，由家人变为主人。通过多种参与渠道引导居民关心和参与社区公共事务，建立具有约束力和激励功能的居民公约，逐步提升社区责任感，最终以主人翁的心态，形成牢固的社区认同和归属感。

推进老市民、新市民与动迁市民的社会融合。针对新市民游离感强烈、归属感和认同感双重缺失的特点以及动迁市民人口杂、心态差、治理难的特点，引导和培育新市民和动迁市民树立社会主义核心价值观和文明健康的生活方式，积极参与基层社会治理，进一步激发新市民融入第二故乡、热爱第二故乡、建设第二故乡的积极性，进一步激发动迁市民建设更加美好的新家园的积极性，建立如下运行机制：

建立健全新、老市民融合机制。一是志愿服务促进情感融合。重点是就业帮扶、权益维护、情感关怀、文化服务和素质提升五个方面，积极培育新女性市民“平安之家”“少儿驿站”“天使当家”等服务品牌，进一步挖掘“仁者爱人”“老吾老以及人之老，幼吾幼以及人之幼”“兼爱、非攻”等志愿服务文化的独特精神基因，培育新的社会公共精神，发挥志愿服务润滑剂、助推剂和黏合剂的功能，进一步提高新、老市民的融合程度。二是租屋服务促进邻里融合。积极发挥出租房屋房东的约束性服务管理职能，倡导“好租客”标准，即按时交租金、退租时不欠费、爱惜房子、讲究卫生、注意公德，推广“温馨快乐租住法”，积极营造房东、房客之间相互尊重、相互信任、相互帮助、邻里友善的融洽氛围，共推房东、房客邻里互助的和谐环境。

建立健全“四张服务网”。一是建立健全基础网络服务网，包括有线、无线通信网，宽带网络，即时通信信号接入等。二是建立健全物业管理与安全服务网，包括视频监控、防盗报警、电子巡更、智能门禁、周界报警、智能充电等。三是建立健全智能家居服务网，包括家庭安防、居家养老、通信娱乐等。四是建立健全便民生活服务网，包括电子政务、网上收费、医疗健康、邻里社交等。

建立完善“四居”硬件规划。安居工程，注重门窗安防、视频监控、周界报警、智能门禁等软硬设施。宜居工程，精益求精地完成完善绿化设计、户型设计、停车位设计及公共活动场所设计，做到周边和公共服务配套同步设计、同步施工、同步使用。乐居工程，依托图书室、活动室、文化站等公共平台，创造丰富多彩的精神文化生活空间。福居工程，把优质的区位空间留给廉租房社区、动迁社区，把最方便的空间留给居民办事，把最大的空间留给居民活动。

关于建设全区城市服务管理网格化平台的实践与思考

于瑞林

为深入贯彻党的十八大会议精神和习近平总书记系列重要讲话精神，区委社会工委牢牢抓住政策机遇，在推动政府职能转变、整合利用社会资源、增加公共服务供给、激发社会治理活力、策划包装项目、增强公众参与意识等方面进行了创新改革，并取得了初步成效，积累了实践经验。

随着社会管理理念的创新，利用网格化进行城市服务管理的理念逐步拓展到了社会管理和社会服务领域。城市服务管理网格化平台的核心是运用网格理念和现代信息技术，以责任制为依托，以实效化为目标，以社会管理网格为基本单元，以对人的服务和管理为重点，综合考虑“地、物、事、组织、情”等因素，进行精细化管理的工作模式。近年来，区委社会工委把建设城市服务管理“云平台”作为一项推进我区服务和社会治理的重要创新举措来抓，探索出一套与国际一流和谐宜居之都相匹配的城市服务管理方法、现代化模式。

一、我区城市服务管理网格化平台的主要做法

（一）建立工作机制，明确网格化新定位

建立了以区委社会工委（区社会办）为牵头单位的网格化领导小组，市政、市综治办等57家成员单位参与，以提升网格化体系的服务功能和管理水平。出台《房山区网格化领导小组议事规则》，明确统筹协调、事件运转、监督考核等工作机制，理顺基层工作流程，规范运行操作程序等。制定《房山区城市服务管理网格化体系建设工作手册》，在网格化各级平台的处理流程、工作职责和相关管理制度方面为网格化工作各部门提供简便、易行、好操作的工作指南。编制了包含三级平台职责、事件处理流程等工作机制的《房山区网格化服务管理体系建设制度汇编（征求意见稿）》。通过到上海、贵阳等地参观学习，认真分析研究我区网格化工作现状及未来发展方向，根据中央城市工作会议精神和市、区两级工作部署及要求，明确了新的工作思路和目标，将我区城市服务管理网格化平台打造成“领导决策的数据中心，服务群众的快捷平台，社会治理的有力抓手”。

（二）强化资源整合，推进“三网”融合

以“九大融合”为着眼点，充分发挥领导小组统筹协调作用，对成员单位的57个信息系统及22条服务热线进行摸底调研，制订出资源整合工作方案。通过开发统计分析、便民服务、公众参与、业务对接、考核评价、移动终端等子系统，增强系统运行的便捷性、科学性、决策性，使服务管理网格化平台成为动态、发展、可提升的综合信息服务管理平台。利用网格化“云平台”服务管理体系，将“数字房山”“智慧城市”“智慧社区”等多项信息化建设与区直各部门（除涉密项目）以外的信息化建设资源整合。将信息系统、网站串联起来，在分级加密的前提下实现数字的立体化、动态化管理。在现有网格化系统的基础上，扩展开发城市管理网和社会治安网，实现“三网”一口登录，资源共建共享。同时，在总结试点经验的基础上，将拱辰、西潞、长阳作为融合工作试点，从社会治理、社会服务、新型城市化管理三方面逐步推进。

（三）突出地域特色，推进标准化建设

结合区域实际，将燕山地区作为网格标准化示范点，统一规划设计管辖4个街道网格化城市服务管理工作，打造成为具有可复制性的标准化示范点。一是制订方案。充分发挥燕山地区领导体制、人员队伍、基础设施、资源整合等方面的优势，聘请专业技术公司，建立高标准、可复制的实施方案。二是建立对接机制。成立燕山地区网格化领导小组，明确任务目标，责成专人负责与区级平台进行对接，为标准化体系建设提供保障。三是发挥党组织核心作用。从规范基层工作内容入手，在社会服务、社会管理两大方面率先实现突破。东风街道羊一社区，提出的"654321"工作法，进一步提高了社区治理精细化水平。

（四）统筹协调，推动"网格化+"行动计划

按照市《2016年"网格化+"行动计划》要求，充分发挥我区网格化领导小组统筹协调作用，逐月对计划涉及单位工作进展进行督办，形成了资源整合、部门联动的常态化工作机制。同时，积极推进各类城市服务管理信息入网格工作，为构建我区网格化城市服务管理"云平台"奠定基础，在社会服务、社会管理、社会治理和城市管理方面都取得较大进展。

（五）夯实基础，推动网格化平台全运行

将各级平台用户手册以电子形式嵌入城市服务管理网格化平台系统，对日常问题及操作程序进行在线解答，全面引导和推动城市管理服务网格化平台体系建设的标准化、规范化、高效化。实施"月督办""季通报"，对全区28个街道（乡镇）每季度系统运行和事件报送情况向区领导小组及同级单位通报，使事件上报量达每月4000余条，较之前增长4倍多。借力"房山网格"微信平台，通过开展线上线下宣传推广活动，引导居民反映身边的"大事小情"，发挥网格化服务管理体系服务效能。在今年"7·20"大雨时，"房山网格"微信平台及时发布我区降雨、路况及应急信息，浏览转载量达到10万余人次。

二、存在问题

（一）统筹协调力度亟待加大

随着城市服务管理改革和社会治理改革的不断深入，在城市服务管理的过程中存在业务基础数据复杂多样、业务管理内容综合交叉、网格管理和传统职能部门之间业务流程交互频繁等问题，由于统筹力量不够，出现基础数据多头管理不一致、多部门合作业务协同性不一致、综合管理业务整合时效性差等问题。

（二）资金投入亟待加大

经过专业公司测算，我区服务管理网格化平台建设按照大数据平台建设的要求，比之前的投资预算有所增加。若实现全面立体化的设计要求，包含管理平台信息采集费、开办费等，资金投入较之前预算多出一倍。

三、建议

（一）建立网格化平台综合指挥服务中心

建立一个立体化的"大数据"平台符合社会治理现代化的要求。经过多年努力，我区街道（乡镇）、社区（村）信息化程度已有很大的提高。除少数山区因各种原因暂不能完全通过网络和手机终端传输信息，我区绝大多数地区已畅通无阻，基本具备建立房山区社会服务管理综合指挥服务中心的条件。综合性地运用网格平台，科学地分析"大数据"，努力提高城市服务管理水平和智能化水平。

（二）加大资金投入，提高建设速度

城市服务管理网格化平台作为社会治理的环节之一，具有高投入、见效缓的特点。实现我区城市服务管理"云平台"精细化管理是未来大数据的发展趋势。按照大数据平台的要求，信息化又是实现精细化管理的重

要支撑手段。工作涉及层面广、工作量大、资金需求多，因此需要从资金上给予更大的支持。

（三）扩大参与群体，实现资源共享

提倡“社会治理、人人参与，社会服务、人人共享”的理念，充分发挥基层组织、村（居）民小组长、楼门长、各类协管员及志愿者的作用，让社会不同层面的基层骨干力量参与到我区城市服务管理网格化平台的建设中来，同时分享建设的成果。

（此文作者为房山区委社会工委书记、区社会办主任）

立足北京城市副中心　探索“社区双协商”模式

——北京市通州区新华街道社区协商治理协商服务实践

（市委党校通州分校　通州区社会办）

通州区新华街道地处北京城市副中心和新城建设核心区，辖区面积 3.25 平方千米，下辖 7 个社区（包括拆迁的虚拟社区），常住人口 1.75 万人，流动人口 4640 人，党员 1285 人，辖区共有在建工地 48 个。“拆迁面积大、党员居民分散居住广、辖区重点工程多”是新华街道的现实，特殊的地理位置和复杂的经济社会环境变化、未来副中心的功能定位成为新华街道社区治理服务创新的动力。2014 年以来，新华街道立足实际，依托懂政策、接地气、具有实操经验的专家团队，在两个社区先行先试，初步形成了“以党建为引领、各类主体广泛参与、社区内外资源优化整合、社区事务依法自治的协商治理、协商服务模式”（以下简称“社区双协商”模式）。实施以来，成效显著，成为首都区县推动区域社区治理改革的先行者、参与型社区协商治理的实践者。

一、基本做法

（一）拓展协商民主功能，创新治理服务载体

一是创新设计平台。长期以来，社区服务无载体、开放服务少资源、资源对接不精准、多元参与不明显一直是现有社区治理服务创新的难点。为此，新华街道在社区协商自治的基础上，设计了常态化的“社区协商治理、协商服务议事会”（以下简称“社区双协会”）制度，使之成为集资源与需求对接，治理与协商共治于一体的综合性平台。

二是提供运行保障。在“社区双协会”的运行保障上，出台《新华街道社区协商治理、协商服务议事会制度》，严格规范协商的内容、协商的主体、协商的形式、协商的程序和协商的结果处理等重要环节。为实现社区治理服务模式的根本性转变，按照双协商要求，任何面向新华社区的服务资源、服务项目，都要和服务对象、利益相关人见面，且必须按照规范程序展开协商，根据需求配置资源，达成共识才能开展。

三是提供智力支持。双协商模式政策性强，融合度高，需要引进专家团队，有针对性地对街道领导和辖区社区干部进行集中学习和专业培训。2014 年 5 月份以来，新华街道干部居民共 300 人次参加了 10 多场专家辅导和 300 多学时的集中培训；专家亲临如意园、天桥湾现场指导和咨询服务 50 多次；组

织相关人员到典型街道学习观摩1次，奠定了双协商模式的实施基础。如今，“社区双协会”已被拓展为融协商民主自治、社区治理和社区服务、区域化党建和基层服务型党组织建设为一体的工作载体。

（二）立足双协商，整合内外资源，精准对接需求

双协商模式“立足协商找需求、立足需求配资源”，实现了服务资源与社区需求的精准对接。

目前，新华街道通过入户发放《新华街道“协商治理、协商服务”需求征求单》的方式，征集居民对环境整治类、社区治安类、文化活动类、基础设施类、便民服务类等各类需求和建议，通过汇总梳理，综合分析，确定“议题清单”，确定全年“双协商”项目清单，按时间排序，逐项落实“双协商”议事协商会。2015年，在如意和天桥湾社区内，共入户2434户，发放需求清单2434份，收回1714份，征求五类问题，共计1315条。根据居民反映集中的基础设施建设、治安防范、环境卫生治理等重点问题，确定了2015年社区“双协商”项目计划书中的9项协商任务，逐项开展“双协商”议事会，大大提升了社区治理服务效果。截至2016年7月底，已在两个试点社区发放调查问卷1974份，收集意见3644条，汇总需求建议87项，居民参与率达78.32%。目前，已确定2016年度“社区双协商”议题24项，通过协商，已解决社区绿植补种、增加便民座椅等11项居民普遍反映的需求。

“社区双协商”模式提高了社区公共服务、党建服务和社区项目实施的针对性，在实践中拓展了协商形式。在加强协商主持人培训的基础上，对短平快、涉及人群少、问题单一的事务的协商议题，试行户外空间的“社区协商庭”，开展丰富多彩的“微协商”，推动社区协商自主运行。目前，在如意社区13号楼楼前空地试点建立的“双协商进楼院示范点”已经投入使用。从试行结果看，从室内走向室外的协商空间，贴近群众，增加了参与度，营造了好的协商氛围，成为基层治理的第一个户外协商空间。

（三）党建引领、智库参与，开放性借助资源

1. 突出强化党建引领作用

“社区双协商”模式政策性强，融合度高，基层党组织的全面引领至关重要。组织架构上，一是成立双协商领导小组，全面统筹推进，由街道工委书记任组长，副书记、办事处主任任副组长；二是由社区党组织直接领导“社区双协会”，形成辖区单位党组织参与区域共建的抓手；三是区社工委实施全程指导，挑选懂政策、接地气、党性强并具有实操经验的专家参加，保障该项工作的正确方向。

2. 开放借助资源，构筑多元服务主体

新华街道通过引进智库资源，扩大街道储备资源，通过开放性地借助资源，封闭性地解决问题，提供精准化服务。一方面，通过智库资源为社区项目的创意设计、申报咨询和双协商培训提供智力支持；另一方面通过资源整合，开放性地储备区域外资源，降低治理成本，实质性地推动社区多元主体参与。在储备的资源库中，除了新华街道社区的党员服务队、社区社会组织这些内部资源外，还通过两家常驻智库型社会组织储备了大学志愿者队伍、职教资源、专业社会机构以及部分公益型慈善类社会资源，形成对现有社区资源的有效补充。

二、取得效果

（一）创新街道社区工作模式

“社区双协商”模式直接面向社区治理难题，以问题导向和需求导向为出发点，促进职能科室工作重心下移，推动街道社区工作创新。以征集汇总的“需求清单”为依据，调整其党员承诺服务、服务型党组织建设和社区项目的指向，提升服务精确性，实现民心在基层聚集、资源在基层整合、问题在基层解决的服务创新。今年通州区依托社

区建设项目尝试把该模式和经验在其他部分街道社区推广。

（二）畅通利益诉求，提高社区参与度

在“社区双协商”过程中，居民和利益相关人对社区建设、社区项目和社区服务的细节有发言权，对实施结果有评价权。天桥湾社区在服务项目实施前，通过面对面协商，对服务方式、质量价格、监督执行等细节问题逐一谈判，达成共识，在此基础上，服务商细化方案，社区跟进追踪，确保了服务质量。居民表示：愿意参加这样的协商会，这是真协商！去年该社区对社区环境整治项目开展协商，居民在消防通道畅通保障上达成一致，今年7月份，该小区居民烹饪不当引起火灾，一路畅通的消防通道保障了消防车及时救火，没有造成更大的事故；今年新华街道针对社区居民需求前十位的缺乏老年餐桌、物业管理不到位、停车混乱等问题，件件有回应、有举措、有落实，目前已解决绿植补种、增加便民座椅等11项需求。居民们感到协商会的成果都看得见、摸得着，参与的积极性增加。激发了社区居民和利益主体的参与热情，获得了协商各方的好评。

（三）创新了区域化党建载体

一是“社区双协会”成为街道联系辖区其他党组织的重要节点。通过协商，在共同的治理服务目标下，将隶属不同系统、掌握不同资源、比较松散的辖区党组织联系成为紧密型的党建共同体变成可能。

二是“社区双协会”为基层党组织政治引领和发挥政治功能提供实体支撑。在“双协商”运行机制下，社区党总支书记担任召集人，保障协商议事和基层自治的方向；开放的外部资源介入，激发社区建设社区服务的活力；社区党员主动参与社区协商，并依据协商会结果对群众进行宣传教育、答疑解惑，凝聚了社区舆论的正能量。

（四）提供社会组织参与基层治理新样本

“社区双协商”模式的政策建议与运行设计来自智库型社会组织——区博士联谊会、区社会组织发展指导中心。这是目前北京市各区中第一次通过本土智库组织，推进基层治理创新的成功尝试，也成为社会组织直接参与基层改革的样本和先行者。目前，“社区双协商”模式的实践材料和研究成果已在《中国改革报告》《执政党建设研究》上发表；在民政部《社区》杂志重要栏目得到介绍；在中国共产党新闻网（人民网）党建频道、光明网等10多家主流媒体做过报道；曾被市党建研究会评为二等奖；受到有关专家和领导的好评。

三、基本经验

“社区双协商”模式的开展是区社工委和民政局购买项目，区博士联谊会、区社会组织发展指导中心承接项目，新华街道积极推动项目实施的结果。其实施经验是：

（一）跳出党建抓党建，跳进需求抓服务

实践证明，在新形势下，只有立足社区需求，跳出党建抓党建，跳进需求抓服务，才能发挥好基层党组织的全面引领作用。无论前期的政策学习、工作培训，还是后期“社区双协商”模式的运行，都在认真学习领会中央、北京市有关政策的基础上，依法依规、有序开展，使得“双协会”成为街道公共服务、社区治理服务和区域化党建工作的共同抓手，当然也就成为区域化党建和基层工作全面引领的载体。

（二）契合全面深化改革大势

在全面深化改革的背景下，新华街道领导具有主动创新基层工作的强烈愿望，主动引进智库资源，对中央级、市级出台的多项相关文件进行梳理解读，及时形成了具有可操作性的规范性实施方案，并出台了相关制度。另外，智库团队成员有常年研究基层、调研基层、服务基层的经验，使得项目能主动融入相关部门和基层工作实际，容易获得相关部门的支持。

（三）立足创新，多元参与与开放服务同步进行

双协商不是单纯的社区协商自治，它通

过双协会制度，形成了立足协商找需求、依托需求配资源、优化资源促创新的良性循环。在扩大参与性的同时还扩展了社区服务资源；为长久推进该项工作，新华街道开放性地引进智库专家和社会组织，整合更多的区域外资源，形成对该项工作的常态化支撑，真正形成了社区“多元性自治和开放式服务”格局。

作为一项理论性、政策性和实践性很强的工作，新华街道会不断改进工作方法，在巩固现有成果的基础上，围绕区域化党建创新和街道社区体制改革，继续打造北京城市副中心社会治理品牌。

加强和创新顺义区社会治理的对策与思考

王学武

党的十八届五中全会提出了“加强和创新社会治理，推进社会治理精细化，构建全民共建共享的社会治理格局”的要求。适应社会治理新形势，顺义区委、区政府提出加快推动社会建设向共建共享转型升级，推动社会建设进入创新治理、深化服务的新阶段的要求。在全面建成小康社会决胜阶段，我们必须进一步加强和创新社会治理，全面增强顺义居民的获得感和幸福感。

一、对社会治理的认识与思考

社会治理与社会管理有许多相同之处，但两者也有很大的区别。一是社会治理的针对性更强，强调问题导向，针对一定的问题进行治理；二是社会治理主体多元，不是政府一家主体去治理，而是充分发挥社会自治组织、社会组织、社会单位和广大群众的作用，共同推进社会治理，形成“党委领导、政府负责、社会协同、公众参与、法治保障”的社会治理新格局；三是社会治理强调分合衔接，社会现代化是一个社会不断分化的过程，要逐步实现政企分开、政社分开、政事分开，建立和完善现代企业制度、现代社会组织体制和服务型政府，在推进“职责分开”的同时，坚持党组织的政治领导核心地位，坚持党和政府对各项工作的主导、协调职责，使社会分化与社会整合相互结合、相互衔接；四是协商共治，在社会治理过程中要充分发挥协商民主的作用。

社会治理可分依法治理、以德治理、依学治理三个层面，相对应的是底线标准、中线标准、上线标准。依法治理包括政府部门的依法行政，也包括居民、企事业单位遵守法律，培育社会治理主体与群众用法治思维和法治方式处理社会问题、协调社会关系、化解社会矛盾的意识和习惯，依法治理是社会治理的底线标准。以德治理既包括在推进社会治理过程中要加强道德建设，弘扬社会主义核心价值观；也包括积极改善民生，寓治理于服务之中；还包括了充分发挥各社会治理主体的作用，实现人民当家做主。以德治理是社会治理的中线标准。依学治理既包括政府各社会治理部门推动学习，依靠学习转变思想观念，依靠学习推动治理思路创新，创新性地解决社会问题，也包括全体居民通过学习，转变心智模式，提高素质，包容协作，从源头上减少社会治理问题的发生。依学治理是社会治理能力的上线标准。在社会治理中通过依法治理、以德治理、依学治理有机结合，形成社会治理的合力。

二、当前顺义区社会治理的现状

顺义区近几年来在市委市政府的领导下，

不断加大社会建设领域的投入，深入推进网格化、精细化管理，做了大量的工作，取得了显著的成绩。在治理体制机制方面，顺义区成为北京市社会服务管理创新综合试点区之后，在全市首创社会服务管理创新指标体系，此外，全区426个村、110个社区完成村（居）规民约修订工作，村（居）规民约成为创新社会治理机制、推进协同共治的重要抓手。在社区建设方面，推动社区分类治理，基层协商不断推进，持续开展社区规范化建设示范点创建工作，实施社区“一区一品”项目，社区治理水平稳步提高。在社会组织方面，不断完善“枢纽型”社会组织工作体系，全区6个街道、19个镇全部成立社会组织联合会，实现城乡所有社区社会组织全部纳入“枢纽型”社会组织工作体系。为促进社区社会组织的发展，区社工委研究出台《关于进一步规范社区社会组织联合会及社区社会组织建设的指导意见》，按每个社区10万元的标准支持社区社会组织建设和活动开展。2014年2月，顺义区被民政部确认为“全国社会组织建设创新示范区”。在民生保障方面，2012年实现城乡低保标准统筹，城乡居民一体化的社会保障体系逐步建立，2012年顺义区成为北京市首个充分就业区，并被人力社保部评为全国百家职业能力建设示范城市，2015年实现全市充分就业区“四连冠”。

与实现“建设绿色国际港、打造航空中心核心区、共筑和谐宜居新家园”奋斗目标及决胜全面小康社会对社会治理的要求相比，顺义的社会治理还存在一些突出矛盾和问题，如治理方式有待进一步改进，街道管理体制改革有待推进，城市服务和管理水平有待提升；村（居）规民约的约束力与执行力有待加强，“公约化协同共治”有待进一步完善；居民自治引导和支持机制有待进一步建立健全，驻区单位、社区居民参与有待进一步提高，物业管理存在的问题较多；社会组织承接政府购买服务能力有待进一步加强，现代社会组织体制有待建立等。

三、进一步推进顺义区社会治理的对策建议

一是推进依法治理、以德治理、依学治理有机结合。推动依法治理，加强法治政府建设，全力构建法治社会，加快推进法治之区建设，弘扬社会主义法治精神，增强全社会特别是公职人员遵法学法守法用法观念，在全社会形成良好法治氛围和法治习惯。以社会主义核心价值观为统领，加强社会公德、职业道德、家庭美德、个人品德教育，弘扬中华传统美德，推动形成具有顺义特色的以德治理道德规范，引导人们自觉履行法律义务、社会责任、家庭责任，努力营造诚信、友爱的社会环境。通过强化道德约束，规范社会行为，调节利益关系，协调社会关系，解决社会问题，防范居民的行为突破“道德底线”。推动学习型城区建设，在全社会增强学习意识，提高各治理主体素质，深入促进依学治理。把转变政府职能、完善社会治理方式与创建学习型机关统一起来，坚持把抓好干部素质教育作为提升队伍战斗力的关键环节常抓不懈，以政治理论学习为核心，以业务知识学习为重点，以解决社会治理中存在的问题为导向，有针对性地制订学习计划，全面提高机关干部政策理论水平和处理工作、解决问题的能力。

二是发挥村（居）规民约在创新基层治理中的作用。根据各村（居）实际情况，不断丰富完善村（居）规民约的内容，使其成为基层治理的重要抓手。采取生动活泼的形式，加强村（居）规民约内容的宣传。探索道德谴责、通过协商的方式设定违约责任，增强基层自治组织对村（居）规民约的执行力。探索将遵守村（居）规民约的情况纳入居民诚信建设体系。推动党员干部率先垂范、以身作则，自觉遵守村（居）规民约，运用村（居）规民约进行基层治理。在执行过程中，探索推行村（居）民自我监督、自我执行。积极动员群众参与、广泛凝聚群众意志，保证村（居）规民约真正维护群众利益、满

足群众需求，真正被群众接受，内化于心、外化于行、固化于制，确保落实效果。在村（居）规民约的基础上，探索细化楼门院公约、社区社会组织自律公约。

三是健全居民自治的引导和支持机制。健全社区议事协商制度，完善社区协商模式，制定基层事务民主协商指引，对协商内容、协商主体、协商形式、协商程序、协商成果运用等做出引导性规定。通过制定政策指引、给予小额补助、提供场地支持等方式，引导鼓励居民根据兴趣爱好组建成立不同类型的社区社会组织，以社区社会组织为平台引导公众参与。坚持问题导向和需求导向，促进老旧小区治理试点项目与居民需求有效对接，在促进居民参与中提升居民自治能力。深化社区物业管理体制改革，开展社区物业管理工作试点，落实《顺义区社区物业管理办法》，规范物业服务市场，推进社区物业服务管理体系建设，重点破解老旧小区、回迁小区物业管理难题。

四是加快社会组织培育发展。建立健全区委社会工委、区社会办与“枢纽型”社会组织所在单位的沟通机制，共同支持“枢纽型”社会组织发展。完善区、街（镇）两级“枢纽型”社会组织工作体系，加强社区社会组织的备案和服务引导。在街道建立社区社会组织服务（孵化）中心，提升社会组织能力，打造一批可学、可看、可示范的顺义区社会组织品牌。适应政府购买社会组织服务的需要，进一步加强社会组织能力建设力度，引导、扶持、培育社会组织，提升社会组织自主发展、自我管理、筹资和社会服务等能力。采取孵化培育、人员培训、项目指导、公益创投等多种途径和方式，提升社会组织承接政府购买服务的能力。通过组织培训学习等方式搭建平台，为社会组织更好地参与政府购买服务提供必要的技术、信息及政策支持，帮助社会组织提高申请服务项目的承办能力和水平。推动政府购买项目的总结交流，组织政府购买服务的经验交流活动。对同类项目，在项目中及项目结束后组织相关的交流活动，促进社会组织之间执行项目的经验交流，相互提升能力。

（此文作者为顺义区委社会工委书记、区社会办主任）

昌平区推进“三网”融合，加强网格化体系建设调研报告

刘宝君

为深入贯彻中央关于加强和创新社会管理的精神，落实市委市政府关于加快推进“三网”融合、全面加强网格化体系建设的意见，结合昌平区实际，开展网格化体系建设工作调研。

一、总体思路

（一）指导思想

认真贯彻党的十八大，十八届三中、四中全会精神，全面落实习近平总书记视察北京重要讲话精神，紧紧围绕加快推进首都治理体系和治理能力现代化目标，坚持以问题和需求为导向，加快形成全面覆盖、多网融合、一体运行、精准服务、精细管理、精密防控的网格化工作体系，不断提高昌平区社会服务与城市管理的科学化水平，按照高端引领、创新驱动、绿色发展、开放包容的要求，紧紧抓住经济转型、改善民生等重要环节，坚持城乡统筹发展，全面推进网格化社会服务管理工作，不断满足广大人民群众对幸福生活的新期待。

（二）工作目标

以社会服务管理水平完全适应“京北创

新中心、国际科教新城”要求为目标，以解决当前昌平区社会服务管理的薄弱环节和突出问题为突破口，把社会网格作为载体、信息技术作为支撑，把落实责任、整合力量、优化流程作为切入点，努力实现社会服务更精准、城市管理更精细、治安防控更精密、人民生活更美好。

在已有工作和前期试点基础上，按照边覆盖、边融合、边运行、边完善的原则，力争再经过三年的共同努力，基本实现全区网格化体系建设“三步走”的目标：第一步，到2015年底，基本实现全区、街道（镇）、社区（村）三级网格化体系建设全面覆盖；第二步，到2016年底，基本实现社会服务管理网、城市管理网、社会治安网“三网”融合；第三步，到2017年底，基本实现全市网格化体系一体化运行。

二、组织体系

（一）成立领导小组及办公室

为进一步加强领导，统筹协调，成立昌平区网格化体系建设工作领导小组（以下简称“领导小组”，具体名单见附件1），主要职责是落实市委、市政府关于社会服务管理创新工作的指示和部署，领导、指挥全区网格化社会服务管理工作，研究、决策推进过程中的重大问题。

领导小组下设办公室，设在区社会办，办公室主任由主管副区长担任，从区社会办、区经信委、区综合行政服务中心、市公安局昌平分局、区综治办、区市政市容委、区查违办、昌平消防支队、区人社局、区民政局、区城管综合执法监察局等部门抽调人员组成，负责日常工作。

办公室主要职责为：

（1）研究提出本区网格化社会服务管理的总体规划、实施方案和重要政策。

（2）贯彻执行区委区政府关于加强网格化社会服务管理的决议、决定，研究提出工作意见并组织实施。

（3）搭建、整合三级网格平台，即区网格化社会服务管理平台、街道（镇）网格化社会服务管理平台、以社区（村）为主体的基础网格。

（4）指导、统筹协调和督促检查本区网格化社会服务管理任务的落实。

各职能部门、各街道（镇）要明确主管领导和工作人员，具体负责本部门、本辖区网格化社会服务管理工作的组织实施，将工作重心下沉到网格。

区属各党政机关、社会团体、企事业单位要大力支持、积极参与所在网格的社会服务管理工作。

（二）搭建区网格化社会服务管理平台

区网格化社会服务管理平台设在区综合服务中心（以下简称“区级平台”），作为全区社会服务管理的信息集散中心和呼叫中心，受领导小组的直接领导，主要承担统筹协调、督促整改等职责，对全区内产生的社会问题进行任务分派和协调处置。

区级平台负责编制工作手册，对网格化工作内容进行细化，明确职责。各职能部门要建立社会事件处置体系，结合实际，制订工作方案和行动计划，安排专人对接区级平台的指挥与调度，根据工作流程和时间完成区级平台分派的任务。

（三）搭建街道（镇）网格化社会服务管理平台

在整合公共服务管理机构和职能的基础上，建立街道（镇）网格化社会服务管理平台（以下简称“镇街平台”），完成区级平台交办的任务，协助责任部门办理网格报送的各类事件，指导社区（村）做好网格化社会服务管理工作。对区域内的社会问题进行任务分派和协调处置。

（四）搭建基础网格平台

以社区居（村）委会为主体，整合各类组织和社会资源，建立基础网格平台，负责协调解决遇到的一般问题，充分发挥群众自治组织的作用，着力通过群众自主解决问题，最大限度地引导群众自我管理、自我教育、自我服务。

三、工作框架

推进网格化社会服务管理工作是一项系统工程，也是一项长期任务，必须整体设计、分步推进、统筹实施。其基本结构如下。

（一）网格的划分

网格是指为落实社会服务管理工作要求，基于自然地理、行政区划和社会生产生活实际划分的社会服务管理单元。按照完整覆盖、便于服务的要求，可以以一个社区（村）为单元，也可以按照人口规模或土地性质划分网格，确保每个网格不中断、不隔离，实现网格之间无缝对接。

（二）网格人员构成

根据网格划分，指导各责任部门和街道（镇）部署网格力量，完善网格人员管理体系，主要由网格长和网格管理员组成，所有人员均需在网格内公示，进行实名制管理，以便于群众监督，畅通诉求渠道。

1. 网格长

原则上由居（村）委会主任兼任，是网格社会服务管理工作的指挥者、组织者，统筹协调各项社会服务管理工作，指导、协助各类专业人员、协管人员履行法定职责，领导群防群治力量承担宣传、预防、发现、报告和协助处置的责任。

2. 网格管理员

由各街镇平台进行统筹，每个网格设置3至6名专（兼）职网格管理员，是网格工作的主体，接受街镇分中心的指挥调度和监督检查，进行日常网格巡视，采集基础信息、掌握不和谐因素、排查公共服务设施变化、收集居民和各类组织政务办理要求，并及时上报。

（三）工作内容

网格化工作的核心是信息化，利用信息技术加强对社会的管理，提高城市精细化服务管理水平，在合理划分网格的基础上，要把社区（村）的违法建设、人口管理、消防隐患、环境秩序、便民服务等与人民群众生活密切相关的工作落实到网格中。

1. 掌握基础数据

通过整合全区相关信息平台、相关职能部门现有的人、地、事、物、情、房、组织等信息资源，同时网格员进行实地采集信息，了解掌握并及时更新网格内的基本情况，做好基础数据的采集、录入工作，进行全面整理、分析，形成分类明晰、便于共享的数据库，定期进行维护。

2. 治理违法建设

通过视频检测、巡查、群众举报等方式，及时发现违法建设情况，通过三级网格平台实现部门、镇街之间相互配合、相互协调、信息互通，对全区查违控违工作进行全面指挥调度，从而有效监督、及时处理。

3. 加强人口管理

与实有人口平台对接，全面准确登记网格内实有人口、房屋情况，特别是出租房屋和流动人口的动态情况；了解困难群众和特殊人群的服务需求；掌握重点人群的表现，落实工作措施。

4. 排查消防隐患

围绕网格内不同行业、场所、居民村民住宅，适时开展网格化排查和巡防，及时发现常见性火灾隐患和习惯性消防违法行为，通过建立发现隐患和查处隐患的工作机制，调动广大群众和网格管理员，以每个网格的安全来保证全区的消防安全，确保消防动态监管到位。

5. 协调环境秩序

巡查发现市政设施、市容环境、环保绿化节能等方面的问题，协调解决或上报情况，配合开展治理工作。检查城市公共服务设施、生活垃圾清扫及处理工作、城市道路、公共场所的清扫保洁等工作；发现绿地、林地、公园内的垃圾及白色污染，树木补栽补种和修剪的问题。

6. 开展便民服务

开展劳动就业、社会保障、社会救助、医疗卫生、计划生育、文化教育、体育健身、养老助残等公共服务工作，把政务服务下沉到网格；建设“一刻钟社区服务圈”，推进便利服务，组织协调公益服务和志愿服务。

（四）工作流程及考评

网格化社会服务管理要建立闭环工作流程，健全信息采集上报、指挥派遣、处置反馈、任务核查、系统评价、结单归档的闭环工作流程，确保各项工作职能履行到位，建立分级处置、协调联动的运行机制，设置科学的考评办法。

1. 分级处置机制

网格内负责协调社区（村）、网格人员“微循环”解决社会产生的一般问题，要充分发挥群众自治组织的作用，着力通过居民群众自治解决问题，不能通过自治解决的问题，协调网格内的执法力量、协管人员、社会单位及其他相关人员配合处置。网格内无法解决的问题，及时上报街镇分中心。

街镇平台负责对网格上报的问题进行任务分配和协调处置，实现街道（镇）“小循环”解决问题。及时将问题分派到所属科室或站所，并规定时限对问题做出处理，将任务分派情况及时反馈到网格。对于街镇平台无法协调解决的问题，及时上报区级平台。

区级平台负责对街镇平台上报的问题进行任务分配和协调处置，实现区级“大循环”解决问题。及时将问题分派到责任单位，并规定时限对问题做出处理，之后将任务分派情况反馈到街镇分中心。对规定时限内不能解决的问题，责任部门须说明情况，并采用挂账方式建立问题库，每月汇总一次，重大问题根据工作需要及时报区委、区政府，确需上报市相关部门协调解决的，由主责部门及时报请并协调市属相关部门解决。

2. 监督考评机制

建立严格有效的网格化社会服务管理监督、考核、评价体系，将各责任部门和街道（镇）开展网格化社会服务管理工作的情况，纳入区政府年度工作综合考核体系，定期公开考评结果。开发建立公众监督平台，精细做好制度设计，采取奖励手机流量或话费的方式，引导和支持公众通过手机拍照传送等形式，向监督平台举报身边的各类问题，充分调动社会积极性，扩大群众参与度。

四、经费保障

网格化社会服务管理工作的任务包含搭建区级平台、街镇平台、基础网格平台、建立网格信息系统、组织工作人员、完善软件支持等各个方面，涉及运行后各类数据的采集与更新、各个中心系统的维护与升级、各级网格人员的管理，为保障该项工作顺利开展，区财政应加大资金投入，相关街道（镇）要根据区级资金进行配套。工作启动以后，应按照相关的资金管理制度，进一步出台详细的经费预算，进行立项、招投标等程序。

（此文作者为昌平区委社会工委书记、区社会办主任）

关于推进新区区域化党建工作的调研及思考

——以新区六个街道为例

徐曙光　孙洪伟

为了总结经验，深入推进区域化党建工作，在区委社会工委的大力支持下，区委党校课题组以兴丰、清源、天宫院、高米店、林校、博兴6个街道为样本，采取问卷调查、座谈访谈、专家咨询等形式开展调查研究。其间，共开展座谈访谈 73 人次，发放问卷 700 份。在科学严谨的调研基础上，课题组阐述了区域化党建的必要性，主要探索实践，指出了当前存在的问题，总结了相关经验启示，并对下一步开展区域化党建工作提出了一系列对策建议。

一、必要性分析

区域化党建是指以党建工作为统领，充分发挥街道（镇）和社区（村）党组织的领导核心作用，将区域内各类单位和组织的党组织进行再整合，以发挥党组织的政治优势和组织优势为着力点，充分调动驻区单位、各类组织和广大党员群众的积极性和主动性，共同参与地区发展建设和管理。从新区来看，经济社会发展对深化基层党组织建设，推进区域化党建提出了更新、更高的要求。

（一）新区区域化发展格局要求强化基层党组织整合区域资源功能

在顶层设计上，主要领导议事会、梯次决策、AB 角、“九个一体”等制度机制不断完善，新区一体发展深入推进。在区位上，京津冀协同发展战略使新区首都中部核心区的地位日益凸显。在空间格局上，西部大兴新城功能进一步完善，东部开发区聚集效应显著；南部顺利完成 13 个村 7005 户拆迁任务，确保大兴国际机场建设全面启动。北部城乡接合部改造和综配区建设加快推进。可以说，新区“一东一西”“一南一北”区域化发展格局已经成型，这对统筹整合资源、强化基层党组织整体功能提出了新的要求。

（二）新区向现代城镇化发展转型要求基层党组织转变传统结构

以区域发展、多元共存、互利共赢为主要特征的城市化进程，对传统纵向型、单一型基层党组织结构的适应性带来了一定的冲击。比如，在一些老旧社区、回迁社区，出现部分社区党支部、居委会、村委会、物业公司党支部之间职责不清、工作对接不畅，造成管理缺位、效率低下等问题，这影响了基层党组织职能作用的发挥。同时，这也要求基层党组织结合实际主动向复合型、多元型结构转变，以适应经济社会的发展。

（三）适应人的社会化发展要求基层党组织不断拓宽覆盖面和影响力

在城市化进程中，人的问题是最难解决的，尤其是在处理社区治理、流动人口管控、环境整治、拆违打非等复杂问题的时候。课题组通过与社区支部书记、老干部等座谈，了解到当前部分党员干部从事管理、沟通等工作时，不同程度地感到本领恐慌。根据问卷数据，在被问及本单位党支部与辖区内其他单位党支部联系情况如何时，有 23% 的受访者表示有必要才联系或者从不联系。可见，突破传统单位党建和社区党建相对分离状态，增强社区聚合效应和承载功能，进一步拓宽党组织的覆盖面和影响力，已经成为基层党建的一项迫切任务。

二、主要做法与探索实践

今年年初，区委组织部、区委社会工委等牵头，出台了《关于进一步加强区域化党建工作的意见》（以下简称《意见》），随着《意见》的出台，新区区域化党建工作正进入全面开展的快车道。

（一）建体制，突出党建引领，使区域化党建落地生根

面对社会多元化发展，“两新”组织（新经济组织和新社会组织）不断涌现的新形势，新区克服单位制党建的缺陷，通过打破区域条块分割、改变运作逻辑，来一步强化基层党组织的领导地位。一是统筹协调建机构。各镇街党（工）委牵头抓总，成立党建工作协调委员会，吸收辖区内代表性强影响大的机关企事业单位、非公有制经济组织、社会组织党组织和部分社区（村）党组织、党员群众代表等加入进来。二是联席会议立

制度。建立党建联席会议制度，定期召开工作例会或专题会，保障重点工作顺利推进。三是全面谋划定目标。依据规划探索“三级平台、四个机制、四项保障”的区域化党建模式，即构建区、街道（镇）、社区（村）三级党建工作协调议事平台，建立需求征集、议事协调、双向服务和评价监督机制，确保队伍、经费、场地和信息网络等基础保障。

（二）搭平台，梳理组织结构，创新区域化党建活动载体

新区各街道根据区位、资源、行政等优势，大胆创新，优化组织结构，搭建党建平台，逐步探索出一些可供借鉴的成果。

1. 纵横联合式

这种模式既有利于发挥街道工委纵向指导、统一调度的作用，又有利于横向联合驻区单位，集中力量开展工作。如天宫院成立党建协调委员会，由街道工委书记任会长，各社区设立分会，由社区党支部书记负责，打破条块分割，灵活划分社区、园区、行业等区域，通过联合组建、拉手联建等方式开展党建活动（见图1）。

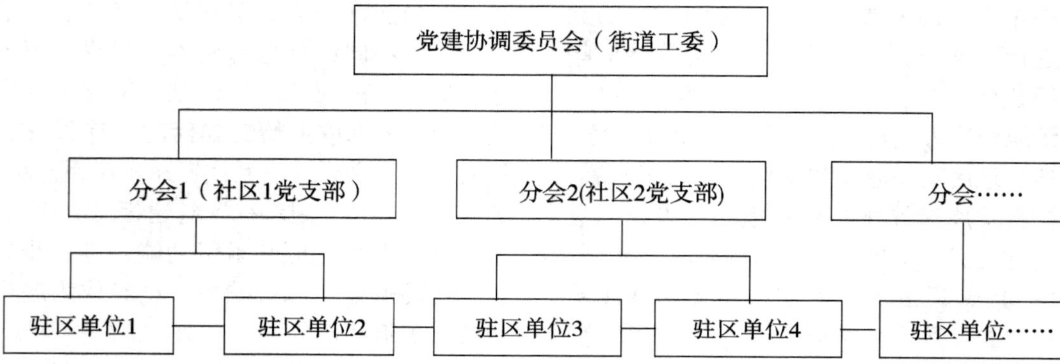

图1　纵横联合式

2. 多功能站点式

这是一种复合型站点模式，适用于公共资源丰富、高档社区集中、商业企业聚集、居民构成多元、“隐形”党员多的区域。比如，高米店在绿地中央广场和兴创大厦同步建设商务楼宇综合工作站，融合党建创新、行政事务、社会管理、服务保障等多项职能，打造“六站合一”区域化党建工作平台（“六站合一”是对“五站合一”的拓展和延伸。原来“五站合一”的“五站”是指党建工作站、社会服务站、工会工作站、共青团工作站、妇联工作站。“六站合一”在“五站合一”基础上增加了流动党员联络站），实现党建对“两新”组织全覆盖（见图2）。

3. 网格管理式

这种模式将区域分成若干条块，有利于细化分工，明确职责，强化管理。比如，天宫院建立了“街道工委→社区基本网格党支部→社区单元网格党小组”三级组织体系，对辖区内3586名党员进行统一管理，在具体的工作实践过程中，管理效果良好、成果显著（见图3）。还比如，博兴街道建立了“2+7+N”包片联点工作制度。由两名正职领导分别负责河西区和路东区两大空间。在这两大空间的基础上，形成7个网格区域片区，同时，对号入座，分别由7名副职领导包片，再由机关全部成员组成协作工作组，分别对应这两个空间、七个片区，形成多个联结站点，打造包片联点区域化党建工作网络（见图4）。

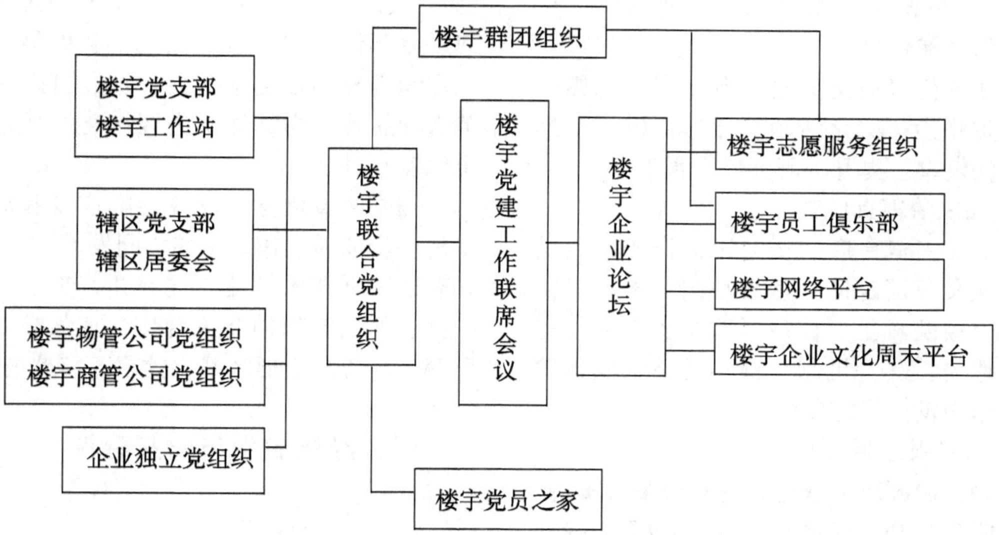

图2 楼宇工作站

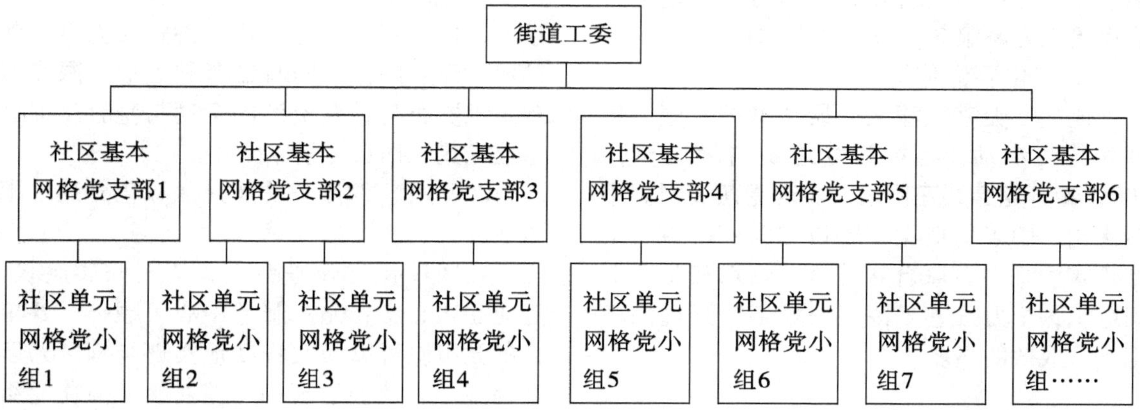

图3 网格管理式1

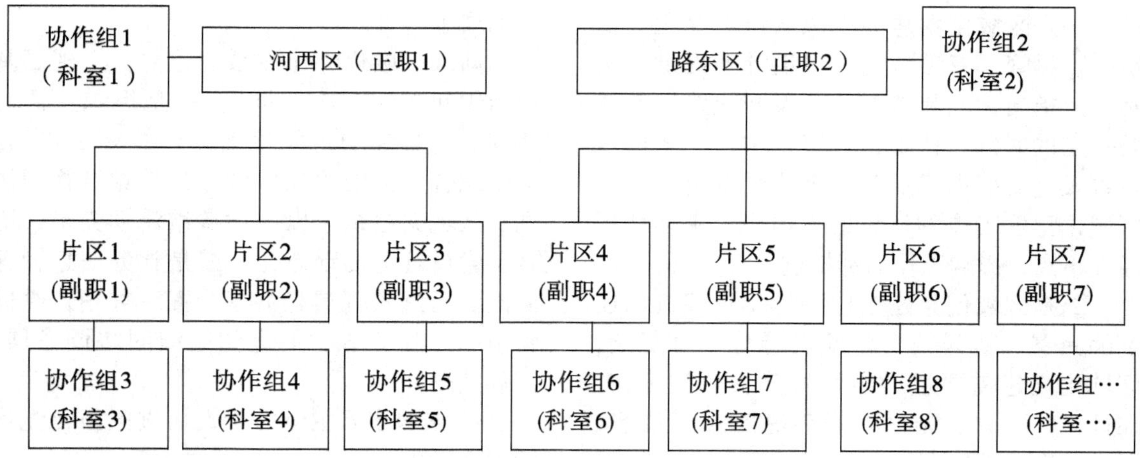

图4 网格管理式2

（三）促活动，深化联合联建，使区域化党组织发挥作用

新区依托区域化党建平台，借助志愿服务、联防联治、文化活动等载体，进一步提高了工作效率，提升了服务群众水平。

1. 社区治理有成效

比如，兴丰街道依托党建工作协调委员会，成立义务巡逻队、帮教小组、志愿者队伍，健全楼院看护、住户联防等责任制，加强综合整治。这一机制在推动地下空间拆除清理工作中发挥了重要作用。

2. 志愿服务暖人心

比如，清源街道依托党建平台整合资源，组织在职党员进社区服务群众，1987 名在职党员为群众办好事实事 2000 余件。将 1387 名志愿者、47 支志愿队伍进行分类，定期为居民提供志愿服务，得到群众称赞。

3. 文化活动促和谐

比如，天宫院深入开展“共驻共建、先锋共行”活动，各社区党组织与辖区单位100%签订党建共建协议，实现党建资源利用最优化。博兴街道党工委以“2 +7 + N”工作模式为平台，联合各片区、站点和街道群团组织，全力打造“博兴一家亲”惠民品牌工程，成效明显。

三、当前区域化党建面临新问题

一是区域化党建的思想认识需要进一步统一。尽管《意见》从顶层设计上提供了宏观政策指向，但是体系的建设和成熟完善需要一定的时间。比如，在座谈中，一些街道负责人、支部书记反映，有些驻区单位对于区域化党建工作的认识还不清晰，主动性积极性不高，影响工作顺利推进。

二是区域化党建工作差异化管理机制还不够完善。新区城市化发展趋势十分复杂，区域化党建需要进一步做好分级分类工作，在社区、农村、园区、楼宇等区域分层次、循序渐进地推进下去。

三是区域化党建的方式方法有待进一步创新。新区各个镇街、村（社区）区域化党建进度不同。在方式方法上，各区域、各单位之间需要加强互学互看，重点打造一批示范点和品牌，为整体推进区域化党建创新奠定坚实基础。

四是区域化党建开放性的广度和深度有待进一步加强。在京津冀协同发展大背景下，只有继续延伸区域化党建触角，加强与兄弟区县、外地省市的交流合作，加强学习宣传引导，才能真正把区域化党建工作推进下去。

四、经验启示与对策建议

（一）经验启示方面

1. 优化组织建构是区域化党建的重要基础

通过优化党组织结构不但能将归属不同系统、拥有不同资源、较为松散的党组织联结成党建共同体，同时也有利于最大限度实现组织资源与社会资源的互动与整合，促进基层党建工作水平整体提升。

2. 强化组织服务功能是区域化党建的根本目的

在区域化党建平台上，依托联席会议、党建联盟、工作站、服务中心等载体，各单独的党组织可以最大程度地实现与辖区乃至社会服务、社会治理的无缝对接，强化党组织功能辐射的广度和深度，实现服务最大化。

3. 促进组织间协同发展是区域化党建的必然要求

新区区域化党建体系的建立，实现了基层组织间的“三个协同”。一是组织生活的协同。党员参加组织生活的形式更加灵活，党组织合作范围更加广阔。二是党员管理协同。区域党组织可以主动接纳流动党员，增强了党员管理的动态化。三是党务信息管理协同。通过实现信息共享、资源共用，改进党组织工作方式，促进党组织间协调发展、互利共赢。

4. 聚合多元主体力量是推进区域化党建的内在动力

区域化党建以实现区域内党建工作目标、

机制和运作模式的一致性为基础，加强镇街党（工）委的引领，将各类治理结构要素和基本力量纳入基层党建机制，增强辖区党组织的凝聚力，为强化区域化党建注入强大动力。

（二）对策建议方面

1. 集中优势强化组织领导，构建区域“大总支”体制

要构建区级统筹、镇街助推、基层落实的区域“大总支”体制。首先在区级层面，加强统筹，健全党建联席会议等相关制度，巩固区级单位之间的联合共建关系。其次在镇街、村（社区）层面，加快完成党建协调委员会等机构的筹建工作，将其作为支点推动党建工作部署。最后在社会层面，鼓励社区、片区、社会组织等大量建立联系点和工作站，确保区域化党建在基层生根落地，全面开花。

2. 多渠道依托基层组织载体，创新党建方式方法

要充分利用“单位制党建”优秀成果，不断创新，取得实效。一是加强调研。借助两委干部“四二二一”家访制、记民情日记等形式，建立并固化调研机制，为推动工作开展打下坚实基础。二是拓展渠道。借助群众事项党员代理制、在职党员进社区等工作平台，开展形式多样的联建共建活动，创造良好环境。三是创新载体。借助党建联盟、“党员—民情员—支部”三级代理、小区闭路电视党建节目、微型图书馆等载体，丰富管理手段，深化服务效果。四是项目运作。适时探索区域化党建项目运作机制，与驻区单位签订合作共建协议，通过“契约化共建、项目化推进”构建“双向服务”机制，激发区域单位参与的内在动力。

3. 全方位推进分级分类，构建区域化党建差异化管理机制

针对区域特点，实现区域化党建分级分类推进。比如，在社区、商圈楼道、专业市场、产业园区比较集中的复杂区域，推行“1＋N”的组织模式，即1个区域性党组织统筹协调，N个联合党组织联合联建。在“1＋N”模式基础上，也有更多因地制宜的选择。比如，在工业园区区域，要依托行业协会、专业合作社、产业基地推进行业统筹、产业统筹党建模式。在外来流动人口集中区域，要依托外来务工人员集中居住点建立综合服务站模式。在城区，以街道工委带头，优先整合社区支部与“两新”组织党支部，再渗透至各企事业单位党组织，形成递进辐射模式。在农村，要逐步推进以中心村为龙头，以村村联建、村企联建党组织为枢纽，其他党组织为节点的网络型模式。

4. 立体式延伸区域化党建触角，增强辐射力和影响力

通过加强区域内、外的交流合作，进一步促进区域化党建效果的显现。一是推进城乡共建。完善以城带乡、城乡互促、双向受益的城乡党组织互帮互助机制。加强村企联建，构建村企联动、优势互补、资源共享、科学发展的新格局。深化村企党组织“双培养双发展党员”机制，整合城乡党建资源，健全党员动态管理机制。二是加强对外宣传合作。加强对外宣传力度，树立典型，推广经验，增强影响力。从区级层面加强与其他区县、外省市的交流合作，通过集中调研、考察访问、互学互看等形式学习先进经验，引进优质资源，助力区域化党建工作深入开展。

（此文作者分别为大兴区委党校常务副校长，区委社会工委书记、区社会办主任）

平谷区经济类社会组织促进区域经济发展的对策研究

张春平

区社会办通过抽样问卷调查、实地走访座谈等方式，了解经济类社会组织的类别、特征等情况，分析发展存在的主要问题，研究提出促进其有序发展的建议。

一、基本概况

我区共有经济类社会组织122家，此次针对运行正常的60家组织进行抽样问卷调查，共收回问卷40份，问卷有效率为100%。下面通过划分类别、主要特征分析对其发展现状进行说明。

（一）类别划分情况

1. 按照服务领域划分

工商业类行业协会商会28家，占总数的22.95%；涉农类社会组织87家，占总数的71.31%；旅游行业类协会7家，占总数的5.74%（见图1）。

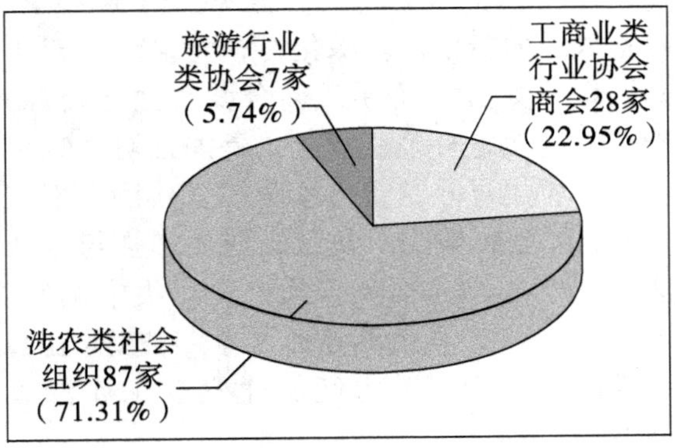

图1　按服务领域划分的经济组织分类

2. 按照运行状况划分

经济类社会组织122家，正常运行的60家，占总数的49.2%；名存实亡的“空壳”组织10家（即明确表示不再运行准备注销），占总数的8.2%；无法联系的52家，占总数的42.6%（见图2）。

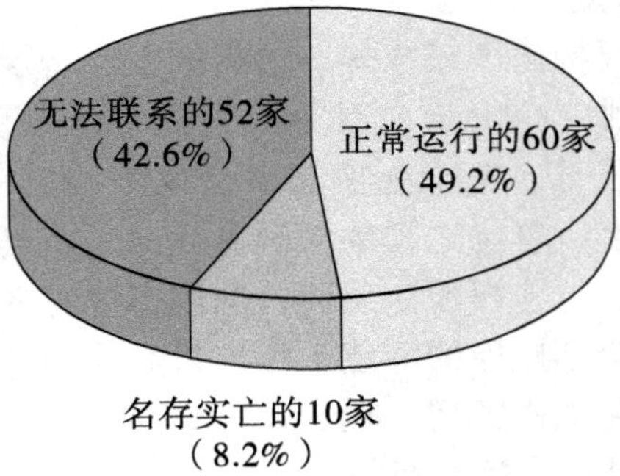

图2　按运行状况划分的经济组织分类

3. 按照成立方式划分

民政注册97家，占总数的79.5%；部门备案24家，占总数的19.7%；作为人民团体认定的“枢纽型”社会组织1家（区工商联），占总数的0.8%。

（二）主要特征分析

1. 行业协会商会以数量优势占据主体地位

122家经济类社会组织，有9家农业民营科研机构为民非组织，其余113家社团组织中，各类行业协会商会110家，占90.2%。正常运行的60家组织中，行业协会商会53家，占总量的88.3%。协会商会以绝对数量优势，在服务会员、促进区域经济发展中发挥主体作用。

2. 带有官办色彩的社会组织发展状态较好

参与调查的40家组织中，共有23家社团带有官办性质，占总量的57.5%。包括私个协会、民俗旅游协会等，政府拨款比例高达100%，运营状况较好。纯民间社团17家，占总量的42.5%，主要依靠会费、企业赞助生存，发展比较困难。反映出我区经济类组织还处于政府依附发展的初级阶段。

3. 国家政策文件出台影响社会组织登记数量

2003年国家民政部出台了《关于加强农村专业经济协会培育发展和登记管理工作的指导意见》（民发〔2003〕148号），对我区此类组织的登记注册数量产生较明显影响。在2001年至2015年的15年中，2003年登记注册组织迅速达到34家，2004年数量虽减半仍达到16家，而其余年份均为0～9个，可见国家扶持政策的出台对此类组织影响较大（见图3）。

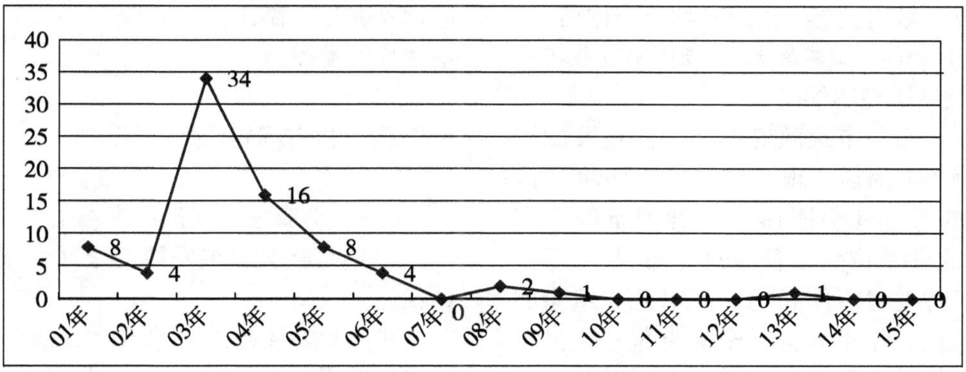

图3 经济类社会组织2001—2015年度登记注册数量（个）

资料来源：区民政局截至2015年12月《社团登记表》

4. 社会组织服务领域凸显区域经济发展特色。

我区作为北京市主要农副产品生产基地之一，同时又是生态涵养发展区，旅游资源丰富。在以上社会大环境影响和带动下，目前服务领域为涉农类和旅游类的组织有94家，占总量的77%。

二、存在主要问题

（一）管理体制机制不健全，缺乏有力发展支撑

1. 社会组织发展缺乏整体规划和合理布局

目前，国家及市级相关部门均有与经济类社会组织培育发展相关的政策文件出台，如国务院办公厅《关于加快推进行业协会商会改革和发展的若干意见》（国办发〔2007〕36号），民政部《关于加强农村专业经济协会培育发展和登记管理工作的指导意见》（民发〔2003〕148号），中共北京市委办公厅、北京市人民政府办公厅《关于促进本市行业协会发展和改革的意见（试行）》（京办发〔2006〕22号）等。但在北京市各区县层面还未制定经济类社会组织规范性发展的具体政策文件，我区也不例外。目前区内经济类社会组织发展处于各部门、各行业各司其职状态，缺乏组织发展整体规划和统一协调机制，没有形成管理合力，组织发展具有随意性、盲目性。

2. 管理部门履行监管职责不够到位

一是登记管理机关力量薄弱。我区共有民政注册和“草根”社会组织593家，而从事登记管理工作的民政局社团办仅有行政编制人员3名，登记和执法由3人全权负责。对日常登记等工作都在忙于应付，很难有时间和精力加强对组织的指导服务。二是业务主管单位缺乏管理制度。法律、法规对业务主管职责规定较笼统，又缺乏区级文件的具体要求，业务主管单位对管什么、管多少、管到什么程度认识不清。

（二）政府职能转移不到位，缺乏宽广发展舞台

参加调查的40个组织，有50%认为目前社会组织能力有限，难以优质高效地承担过于复杂的公共服务职能。因此，政府部门对组织采取不信任、不放手态度，不愿创造条件促其发展。政府与社会组织平等合作模式尚未形成，影响经济类组织发挥应有作用。

（三）扶持政策不落实，缺乏良好发展环境

1. 政策法规不够健全

国家层面和市级政府的相关法规及配套政策不完善或滞后。现行法规只有1998年国务院颁布的《社会团体登记管理条例》和《民办非企业单位登记管理暂行条例》，还没有关于经济类组织的专门法规对此类组织的性质、地位、作用等进行全面定位，经济类组织的工作得不到相关法律法规的支持。

2. 购买服务制度尚未建立

2010年以来，北京市建立了政府购买社会组织公共服务项目，投入专项资金加大社会组织发展扶持力度。我区连续6年共争取到资金1000余万元，但用于经济类社会组织的资金只有53万元。目前全市已有13个区建立了购买社会组织服务制度或专项扶持发展资金，我区目前尚未建立。虽然一些组织得到政府资金支持，但人为因素和偶然性很大。

（四）组织自身力量不强，缺乏内在发展动力

1. 人员素质有待提升

一是负责人年龄偏老化。负责人平均年龄为52.5岁，涉农和旅游行业组织负责人平均年龄甚至达到58.5岁，中老龄化较严重。二是党政兼职人员较多。从业人员队伍共有275人，专职60人，兼职215人，负责人13人专职，27人兼职，兼职人员多存有“脚踏两只船”思想，组织工作难有作为。

2. 经费筹措渠道不畅

2015年，40家经济类组织共筹措经费约828万元。其中政府拨款329万元，占总数的40%；核准服务性收入402万元，占总数的49%；企业赞助和会费收入97万元，占总额的11%。有80%的组织既无政府资助也无服务收入，只能依靠会费和企业赞助，形成“无资金—无作为—无吸引力”的恶性循环。

3. 内部治理结构不健全

目前56%的组织还没有健全以章程为核心的内部管理制度，缺乏符合现代法人治理结构要求的管理机制、自律机制和监管机制。有的在召开理事会等重要会议或对重大问题进行表决时，存在“一言堂”情况，组织民主性难以发挥。

三、发展对策及建议

（一）加强整体规划，明确发展方向

1. 制订社会组织发展的全区性规划和指导意见

建议党委和政府将培育和发展经济类组织作为重要议题，列入区域经济和社会发展的总体规划，并予以正确引导和协调。要抓紧制订具有平谷特色、有利于经济类组织健康快速发展的规划和指导意见，高起点、全局性地对此类组织进行定位，明确其性质、地位和职能。

2. 建立社会组织联席会议制度及服务协调机制

由区社会建设工作领导小组建立社会组织联席会议制度，共同研究制定促进经济类组织发展的政策文件。进一步健全各部门之间分工负责、密切配合的服务协调机制。

（二）加强培育扶持，优化发展环境

1. 加大政府职能转移力度，拓宽发展空间

在社会管理体制向“小政府、大社会”格局转变的时代要求下，有限政府、服务型政府成为加强社会服务管理创新的努力方向。业务主管等部门要对自身职能进行认真研究，将部分服务职能适当向社会组织转移或剥离，把政府无暇做、不便做的工作或者行业管理的事务性工作，如行业统计调查、资质资格考核等交给社会组织承担。建立与市场经济相适应的新型政社合作关系，赋予社会组织更广阔的发展空间。

2. 建立购买服务机制，探索市场化运作

通过市场化、社会化运作方式，坚持项目化导向，逐步建立政府购买服务工作机制。一是建立规范购买机制。购买服务流程必须规范化，制订可操作性强的整体规划，确定购买服务的项目、标准、数量及购买方式等。二是建立资金保障机制。建立区级政府购买服务专项资金，并纳入地方财政预算，使购买项目得到持续稳定的资金来源。三是建立综合绩效评估机制。评估主体包括政府主管部门、社会组织、第三方评估机构。创建开放性的评估系统，制定评估办法，评估结果对社会公开，并作为下一年度购买项目的重要依据。

3. 搭建服务平台，促进共同成长

如构建区、街道、社区三级社会组织服务平台，开展全区社会组织公益行活动，建立社会组织微信群等。为各组织创造共同学习交流机会，促进合作共赢。

（三）加强规范管理，形成监管合力

1. 发挥各方监管作用

一是登记管理机关需加大综合管理力度。要通过充实力量、加大投入、配备专职执法队等，不断充实登记管理机构力量。尤其要加大“空壳”组织的退出登记力度，采取撤销和注销两种手段，每年制订退出登记计划，2015年已注销6家，撤销50家。二是业务主管单位需制定具体管理办法。有关职能部门需制定加强监管的具体措施，尤其是社会组织日常监督和指导，要制定具体办法。三是充分发挥“枢纽型”社会组织作用。工商联、私个协和果品产业协会等区级枢纽，要发挥政治上的“桥梁纽带”、业务上的龙头引领和日常管理的平台作用，对本领域组织进行归口管理与服务。

2. 突出党建政治引领

参与调查的40家社会组织中，有3家已经建立党组织，有22家未成立党组织，但有建立党组织的意愿。要加大党建力度，努力构建“三方共抓”社会组织党建工作格局。各部门从不同层面和角度，引导社会组织坚持党的领导，发挥党组织的政治引领核心作用。

3. 强化组织自我管理

一是加强制度建设。健全以章程为核心的自律机制，健全会员大会或代表大会制度、理事会或常务理事会制度，健全协会内部财务管理和民主决策程序，以民主、协商方式处理组织内部事务。二是加大培训力度。大力开展财务人员、管理人员等业务培训，积极搭建理论研讨、考察学习、经验交流、典型宣传等平台。三是拓展筹资渠道。积极探索市场化、企业化道路，变“输血”为“造血”，通过接受捐助、开展服务等多种方式筹措经费。四是实施品牌战略。各组织要坚持提升品质创品牌，注册商标立品牌，开展活动树品牌，不断提高群众参与率和市场占有率，使会员收入稳定增长。

（此文作者为平谷区社会办副主任）

怀柔区探索“网格化+”模式持续推动社区服务治理创新

钱卫东　潘玲岩

近年来，怀柔区依托社区网格，持续推进“网格化+”模式，以党建工作引领社区管理、社区服务、社区环境，持续推动社区服务和治理创新。

一、探索“网格化+党建”，推动社区党组织和党员活动创新

一是开展“百名干部包村居”特色活

动。组织全区处级干部深入基层社区（村）和网格，至少有1名处级领导干部包片联系本区域的社区党组织，对社区党组织日常工作中的班子建设、党组织建设、服务居民等进行具体指导，利用社区党建联席会议机制，每月召开1次街镇层面的集中汇报研讨专题会议，集体会商解决社区班子不团结、发展思路不清晰、落实制度不规范、党员群众不满意等实际问题。2016年以来，为社区办好事实事2000余件。

二是开展“建设美丽家园”主题党日活动。截至目前，依托社区网格已有3000余个楼门院的4000余名自管党员、7000余名在职党员，在社区和网格内进行党员户明示，亮明身份、接受监督。组织社区自管党员开展“十做到”（做到规范遵守小区《居民规约》、做到服从社区日常管理、做到按时交纳物业费等）承诺活动。各社区54个在职党员功能型党支部和117支志愿服务队累计开展活动200余次，参与党员达10000余人次。

三是开展党员引领老旧小区整治工程。依托社区网格，组建“老党员志愿监理队”，老旧小区改造前，由社区党组织牵头，“老党员志愿监理队”具体负责，广泛征求居民意见，将居民需求反映到改造工程有关负责部门；改造中，由“老党员志愿监理队”对改造工程中的相关问题提供24小时志愿服务。两年来，共为9个社区、1940余户居民解决多年脏乱差、排水不畅等问题。

二、探索“网格化+服务管理”，推动社区服务管理创新

一是构建社区网格治理。组建社区网格化协调处置中心，建立岗位职责、应急处置报告、舆情分析决策、社情民意征集、公示公告、多元融入、绩效考核等七项制度，理顺社区网格工作流程；重点围绕公共安全、公共服务、公共秩序、设施运行、环境卫生、小区物业、流动人口、出租房屋、市政设施以及居民生活服务等方面，编制《网格化社区服务管理工作手册》，将区委、区政府、区直部门、专业机构、镇乡街道、村庄社区等各层各级人员全部连接在一起，形成“党政善治、社会共治、厉行法治”的社会治理新模式。

二是整合社区网格力量。按照“一人一格、一人多格、一格多人”的网格配置模式，将专业力量和协管力量全部纳入网格，共配置社区网格员2854名；制定《关于规范居民小组长补贴经费管理的办法》，赋予城市社区885名居民小组长信息采集和日常巡查发现上报问题的职能；组建9896人的网格化志愿服务队伍，确保社区网格内日常有人巡、经常有人管，让群众做党委、政府的“千里眼”和“顺风耳”。今年上半年，全区网格化信息系统共接到各类诉求29160件，解决29098件，解决率99.8%，社区环境卫生脏乱差、违法建设等“群众看得见管不了、政府管得了看不见”的问题得到有效解决。

三是做实社区网格服务。探索并完善“群众点单”服务经费使用方式，由各社区党员、居民代表以社区网格为单位，在征求群众意见的基础上，召开党员大会、居民代表会集中讨论本年度经费使用方向，并报街镇党工委审核。在经费使用过程中，规范使用程序和相关手续，加强监管。两年来，全区共投入社区党组织服务群众经费1300余万元，先后用于开展老旧小区单元门改造、小区绿化、安装休闲座椅、小区照明、改造公共自行车棚等160余个服务群众项目，让居民群众有更多的获得感。

三、探索“网格化+环境建设”，努力争创全国文明城区

一是实现环境建设专项整治常态化。巩固APEC环境治理成果，各街镇党（工）委以网格化为手段，以社区网格为单位，把专项整治工作从主要街路延伸至背街小巷、城乡接合部，从城区延伸至镇乡村庄，深化落实“日巡查、周检查、月拉练”环境治理工

作机制。通过社区网格共纠正处罚各种交通违法行为39.5万起；查处各类环境秩序违法违规行为6万余起，促进环境秩序由“治标”向“标本兼治”转变。

二是实现环境建设日常维护常态化。两年来，投资3000余万元加强环境治理硬件设施建设。专门建立500万元市政设施应急抢修资金，用于城市部件的修复与更换。区政府每年为龙山、泉河两个街道分别设立日常管理资金400万元、应急抢修资金200万元、老旧小区基础设施维护资金200万元和居民小组长每人每月200元补助经费，为城市环境建设提供资金支持。

三是推动市民文明素质建设常态化。结合文明城市创建活动，通过社区、街路网格员文明劝导和《致市民的一封信》等形式，引导城乡居民自觉参与到清除妨碍市容环境、消除安全隐患、维护交通秩序等专项整治活动中，参与到学习型组织创建中。以社区网格为单位，先后培育区级先进学习型组织达97个；“书香满怀柔”和“文化大观园”市级学习品牌2个和“周末市民大讲堂”“夏日文化广场”等区级学习品牌14个，形成了人人参与、共建文明的良好局面，提升了市民文明素养。

（此文作者分别为怀柔区委社会工委委员、怀柔区社会办副主任和怀柔区社会工委党建工作科科长）

密云区深化网格化改革的思考

张志华

摘　要：密云区开展网格化工作六年来，建立健全了体制机制，建设了一支相对稳定的网格员队伍，编制了《北京市密云区网格化社会管理服务标准》，形成了一套规范闭环的运行体系。网格化在生态建设、社会管理、社会服务等方面发挥了较好的平台和抓手作用，得到了市、区有关领导和部门的充分肯定，得到了群众的高度评价。与此同时，也存在着监督考评不规范、地区发展不平衡、作用发挥不明显等问题。为深化网格化改革，实现区委提出的“有效、管用”目标，区委社会工委、区社会办通过实地考察、数据分析、满意度测评、专家咨询等形式，摸清现状，查找不足，以问题为导向，提出了初步对策建议。

关键词：网格化；改革；大数据；监督考评

2010年以来，密云区将网格化作为社会治理的总抓手，构建了覆盖全域的立体分类式网格化社会服务管理体系，在生态建设、社会管理、社会服务等领域初步形成了权责明晰、流程规范、事件发现处理及时的社会治理格局。同时，也存在着监督考评不规范、地区发展不平衡、作用发挥不明显等问题。为推动网格化更加有效、管用，发挥网格化大数据基础性作用，促进社会治理水平不断提升，必须进一步深化网格化体制机制改革。

一、密云区网格化工作在改革中稳步推进

2010年，密云区提出构建立体分类式网格化社会服务管理新体系，在4个镇进行试点。2011年6月，召开“农村社会管理创新暨网格化管理工作推进现场会”，全面推开此项工作；11月，出台了《关于加快推进网格化社会服务管理工作的实施方案》，进一步推

动20个镇街和开发区网格化体系建设工作。2012年6月，覆盖全域的网格化体系建成运行，密云区成为全市最早将网格化覆盖到农村的区。2013年，编制了《北京市密云区网格化社会服务管理标准》，被国家标准委确定为国家级服务业标准化试点项目，于2014年1月正式发布实施。2015年7月，试点以95分的综合评分通过了国家标准委的考核评估，成为全国首家通过最终评估验收的国家级试点。

密云的网格化工作立足于“有效、管用”的目标，将城市管理、社会服务、社会治安等职能统筹纳入其中，通过科学划分立体分类式网格、建立覆盖全区的网格化信息系统、建立区、镇（街）两级网格化指挥平台和区、镇（街）、村（社区）、网格四级工作体系、全面整合“6+N”类力量、建设专职网格员队伍、编制《网格化标准》等措施，实现了网格化信息系统“一网建设”、工作运行“一套标准”、事件处置“一体指挥”。目前，20个镇、街、地区和开发区共划分网格5204个，整合配备社会管理员1.8万余人，实现了网格化社会服务管理全域覆盖。自2012年6月网格化系统上线运行至2015年底，各级网格管理机构共发生事件293.6万件，办结292.5万件，办结率99.63%。

密云的网格化工作受到了上级领导和各方面的高度关注，认为密云把握了网格化工作的精髓，是全市网格化做得最好的区之一。全市各区县和贵州贵阳、江苏南京、广西崇左、河南郑州、福建厦门、宁夏银川等地相关领导多次来密云考察网格化工作，密云网格化工作的知名度不断提升，影响力已开始向全国辐射。

二、深化网格化改革的必要性和现实基础

（一）深化网格化改革的必要性

一是新形势新任务要求深化网格化改革。随着经济社会发展，人民群众对市容市貌、交通出行、社区环境等有了新的期盼，区委区政府顺应群众愿望，大力推进城市“三起来”工程（胡同巷道畅起来、居民小区亮起来、市容市貌美起来），并将今年确定为“城市精细化管理年”。经济社会发展的新形势新任务，对网格化服务管理工作提出了新的更高的要求。

二是提高社会治理实效要求深化网格化改革。在全域覆盖、“三网”融合的基础上，有必要选取工作基础好、部门认识深、群众需求强的重点领域、重点区域，加以深化和突破，推动综治维稳、便民服务等重点工作与网格化相对接，实现以点带面，引领、带动全区网格化更加有效、管用。

三是推动智慧密云建设要求深化网格化改革。智慧密云建设需要基础数据支撑，依托网格开展基础数据普查登记，建成并用好网格化大数据系统，使之成为政府工作的基础数据采集和应用平台、事件发现和处理平台、政府绩效考核评价平台、智慧密云建设综合信息“云平台”。

（二）有利条件

在政策指导方面，推进网格化工作的措施更加具体。2015年8月，北京市出台了网格化体系建设“1+3”系列文件，包括市委办公厅、市政府办公厅印发的《关于加强北京市城市服务管理网格化体系建设的意见》，市社领办印发的《北京市城市服务管理网格化体系建设基本规范（试行）》《北京市城市服务管理网格化体系建设指导目录（试行）》和《北京市社会服务管理精细化测评指标体系（试行）》。

在体制机制方面，初步形成了分工合作、协同配合、全面覆盖、操作规范的管理格局。建立了由社工委负责顶层设计、总体规划和业务指导，综治办负责推动各项工作具体落实，网格办负责系统建设、维护和运行的区级层面组织架构。编制实施了一整套网格化标准体系，包含了网格划分、人员配置、运行管理和监督考评等8项运行方面的标准，生态建设、社会管理、社会服务和区域化党建4部分36项业务方面的标准。

在队伍建设方面，建立了一支相对稳定的网格员队伍。整合配备了包括基层党员、村（居）民代表、协管员、公益性就业岗位人员、志愿者、镇街机关干部和职能部门工作人员在内的“6 + N”类网格工作人员 1.8 万余名，在网格内开展环境保护、治安巡防、矛盾调解等工作。

（三）不利因素

一是体制机制有待进一步理顺。区级网格化领导、指挥、执行机构责任分工不够明确，统筹力度不够大。镇街级网格化指挥机构协调各职能科室及基层力量能力较弱，对网格员监督考评力度较小，重点工作融入网格化不充分。对部门及镇街工作落实情况考核不够严格，欠缺社会监督机制和考评结果公示制度。

二是对网格化工作认识有待提升。有的单位推动工作积极性不强，创新意识、执行能力还有所欠缺。有的单位存在处理派单不及时、责任不落实的现象。有的区直部门仍停留在接受区级网格中心派单阶段，主动融入意识不强，人员下沉较少。

三是网格员整体素质有待提高。现有网格员多为兼职，能力素质和责任意识有待提高，个别破坏生态环境、影响社会稳定的事件发现不及时、处理不到位。

四是网格化信息系统有待完善。重点领域和行业依托网格化的智能应用仍是空白，与智慧密云建设及“互联网 +”的需要存在一定差距。

三、深化网格化改革的对策建议

（一）加强领导，健全机制，大力推进网格化改革

健全领导体系和分工机制。成立由区委区政府主管领导牵头的区网格化工作领导小组。由区委社会工委承担领导小组办公室日常工作，负责全区网格化工作的政策研究、制定，资金调配和项目审核，推动网格化标准化建设，协调城市基础数据登记工作。区综治办负责推进职能部门入网格，在镇街推动网格化工作落实。强化、细化区网格办职能，由其负责网格化信息系统运行和维护，安排 24 小时专人值守，及时分派、处置上报至区级层面的网格化事件；对各级各类网格化事件上报真实性、及时性、有效性开展抽查，对办理结果督查督办，对基础数据采集、更新进行检查；加强数据分析，提出对策建议，供区委区政府决策。

建立健全联席会议制度。每年与各单位签订责任制并检查督促落实，每季度召开领导小组联席会议，研究、指导、协调网格化改革中的重大问题，依托数据分析及抽查、督导结果对各镇街、各部门工作开展情况进行排名、点评。在报纸、电视、互联网等媒体开设专栏，宣传成功经验，曝光存在问题，公示考评结果。

加强网格化标准化建设。修订完善《北京市密云区网格化社会管理服务标准》，依照标准建设区、镇（街）、村（社区）三级网格化标准化示范点，向国家标准委申报国家级标准化示范项目。

建立网格化专项资金项目化管理机制。各镇街、各部门每年申报网格化项目，经评审后拨付所需项目资金。组织多元化评议团队，对各镇街、各部门申报的网格化项目进行评审，对绩效进行考评。

（二）突出重点，注重实效，依托网格化助推智慧密云建设

依托密云政务云平台的硬件资源，对现有网格化信息系统升级改造，推动各部门现有数据整合融入，建设网格化大数据系统。对新城范围内地上设施设备、地下管网管线及实有人口的基础数据进行整合、汇总、登记，建设完整真实、直观可视的城市大数据库，为城市管理、社会服务、应急处置提供基础数据支撑。

开展“三网三工程”建设。在加强“三网”融合的基础上，各领域重点工作与网格化相对接，依托网格化平台、数据、队伍，推动工作落实。城市管理部门发挥网格化城

市部件管理的功能，推动城市“三起来”工作，重点提升精细化“城市管理网”。社会管理部门发挥网格化人口、治安管理的功能，重点提升全天候“社会稳定网”。社会服务部门依托网格员开展需求调查，扩大5分钟便民菜店等便民网点覆盖面，重点提升精准型“社会服务网”。依托网格化“大数据”系统，开发跨平台、广覆盖的信息化应用系统，打造“智慧城管”“智慧环保”“智慧交通”等重点领域三大工程。待重点领域试点成功后，逐步探索将此类网格化“大数据+社会治理”重点应用的成功模式，拓展到综治维稳、公共服务、便民服务、志愿服务、区域化党建等领域，并将成熟应用整合进入统一的网格化信息化应用系统，最终建成“网格化+智慧密云”新体系。

（三）加大培训考核力度，强化社会监督，建设一支专兼结合的人员队伍

强化社会监督。向社会公开区网格化服务热线电话、微信公众号，开放手机公众客户端，鼓励和引导公众报送社会服务管理事件及合理合法诉求，监督网格事件处理情况。从党代表、人大代表、政协委员中选聘社会监督员，对职能部门入网格和属地网格员履职情况进行监督。结合各镇街实际，本着居住地就近的原则，从退休干部中，为每个镇街选聘1～3名网格化督导员，定期对所在镇街网格化工作进行随机抽查，每月向镇街反馈抽查结果，每季度向领导小组办公室汇报督导情况。借鉴“朝阳群众”“西城大妈”等经验，塑造“密云网格员”品牌，推动网格员重点在城市管理、社会治安、重大项目等方面发挥作用。

建立健全考核指标体系。将工作落实情况纳入部门考核和镇街责任制考核，计入有关领导和工作人员个人年度考核。建立惩戒机制，对推进工作不力、报送和处理事件不及时不到位、网格内出现影响社会和谐稳定事件、网格员作用发挥不明显的镇街和部门，通过媒体曝光、点名批评、内部通报等形式监督整改。

加强人员培训。在区级层面，将网格化工作培训列入处级干部年度培训日程，提高各镇街、各部门主要领导、主管领导对网格化的认识。在镇街（部门）层面，要求各镇街、各单位至少确定2名“网格明白人”，区里统一组织培训和考试，将考试结果反馈至原单位，将培训情况计入个人年终考评。经过培训合格的“网格明白人”，对各村（社区）网格员、区直部门网格工作人员进行培训。

（此文作者为密云区委社会工委书记、区社会办主任）

关于延庆区公益社会组织发展的思考

鲁振中

一、延庆区公益社会组织发展现状

（一）公益社会组织发展概况

随着政府部门扶持引导的加强和社会公众参与意识的增强，延庆区社会组织呈现蓬勃发展态势，目前我区已登记备案的社会组织共计617个，包括社会团体、民办非企业单位以及社区社会组织，在经济、政治、文化和社会建设方面发挥着积极作用。尤其是公益慈善类的志愿组织和社区社会组织，服务范围覆盖了扶老助残、救助赈灾、社区建设、治安维稳、环境保护、科普宣传、技能培训、文化娱乐等多方面，积极活跃在公共

服务第一线，成为推进公益事业、弘扬慈善精神的引领者。

（二）品牌公益社会组织

随着社会组织的蓬勃发展，涌现了一批知名度较高的品牌社会组织，例如“墨墨的祝福”公益慈善协会、康大姐志愿服务队等志愿服务组织和香水园街道马上零距离学雷锋志愿服务队、百泉街道爱相随巾帼志愿服务队、儒林街道红苹果法律志愿服务队等社区社会组织，成为了延庆区公益社会组织发展的标杆。以“墨墨的祝福”公益慈善协会为例，该协会以“举手之劳做公益”为宗旨，利用业余时间组织网友为孤老病残、失学儿童和灾区奉献爱心，几年来积极举办公益活动，长期资助贫困山区的孤儿和贫困学生，并发动社会公众筹集善款、衣物，受惠人群达数万人。该协会成员也从最初的几十人发展到1400余人，2015年被评选为北京社会好人群体单位，2016年被评为第四届北京最美慈善义工十大榜样团体，其事迹多次被多家媒体宣传报道，在传播正能量、营造公益氛围上起到了良好的社会效果。

二、公益社会组织发展存在的问题及原因

（一）公益社会组织发展存在的问题

虽然近年来我区社会组织发展态势良好，但由于起步晚、时间短，公益性社会组织尚处于发展的初级阶段，在数量、质量以及内部管理、持续发展等方面仍存在诸多问题。

1. 公益社会组织总体实力较弱

延庆区公益社会组织在整体实力上有三个明显特点：一是在延庆区社会组织中的比例偏低；二是大多数公益社会组织规模较小；三是大多数由政府主导建立，政治性强，难以自由发挥作用。

2. 公益社会组织的服务专业性不够

公益社会组织的服务内容覆盖范围虽然广泛，但仍以清洁卫生、文艺演出、宣传讲座等比较日常化的服务居多，而满足居民更深层次需求的服务例如养老、儿童托管、心理陪护等需要专业化技能的服务较少。

3. 筹资渠道狭窄，影响了社会组织维续

社会组织开展正常活动需要一定的经费支撑，筹资渠道不畅、筹资能力低下成为公益性社会组织健康发展的瓶颈制约。目前我区有相当一部分公益社会组织由于资金严重不足，无法保持正常水平运转，不少组织处于名存实亡的状态。

4. 社会组织缺乏可持续发展的动力

很多公益社会组织成立的初衷很好，在刚开始时也生龙活虎地搞活动、做宣传，但是由于管理水平不高，活动的形式内容单调重复，动员组织能力不足，组织成员没有在其中得到价值感和归属感，往往持续一段时间之后就会沉寂下来，甚至进入“休眠期”。

（二）困扰公益社会组织发展的原因

我区公益性社会组织存在的问题，究其原因，主要有以下几方面。

1. 认识参差不齐

在政府层面上，存在理论认知高、具体实践低的特点，党委政府虽然意识到了社会力量是参与社会治理的重要组成部分，但是在具体实践中还是由于社会组织的社会属性以及管理服务能力较弱等原因，没有把社会组织视为真正意义上的“第三部门”。在社会公众层面上，由于延庆区城市化发展较为缓慢，大多数城乡居民的社会活动以家庭为圆心，对社会公益事业热情不足，参与意识欠缺。尤其是在农村，村民以宗族关系为纽带，形成独特的社会群体，与之相比，社会组织的作用更为薄弱。

2. 资金问题

作为非营利的机构团体，公益社会组织没有收入来源，单纯依靠社会捐赠或政府资助，然而延庆区政府资助和购买服务机制尚未有效确立，对公益社会组织扶持力度有限。同时由于缺乏成熟的项目，又无品牌号召力，社会层面也缺乏公益捐赠，社会资源利用不理想。在缺乏维持正常运转经费的情况下，公益社会组织无法开展正常活动以致难以为

继的现象普遍存在。

3. 人力资源不足

一是公益社会组织开展活动社会效果欠佳，社会影响力不足，一方面难以吸引和吸收更多有服务能力和服务愿望的人加入社会组织，不能为社会组织补充新鲜血液；另一方面也导致现有的社会组织成员丧失了参与公益活动的渴望，社会公众也懒于对社会组织进行关注和支持。二是缺乏专职工作人员。无论是政府主导建立还是民间自发组建的公益社会组织，其负责人及从业人员均为兼职，真正能将时间精力全部投入到公益事业的成员几乎没有，多数组织的人员队伍不稳定，年龄结构老化。三是缺乏专业化人才。由于延庆区情特点，对公益社会组织成员在工作晋升、经济补偿、优先权利等方面还没有相配套的优惠政策，很难吸收拥有专业技能的工作人员长期持续地参加公益活动、开展公益服务。

4. 运营能力较低

一是部分组织内部治理、自律机制、财务管理、民主监督等制度不健全，组织效率不高，运行效果不理想。二是社会组织行政色彩严重，很多社会组织是在政府相关部门授意下建立的，实际上是政府手臂的延伸，政社不分导致群众在社会组织中的话语权变弱，运行机制僵化，工作行政化倾向明显，“第三方”角色扮演不够到位，适应市场、服务社会能力较弱。

5. 监管服务不到位

一是缺乏完善的监管体系标准。虽然目前有多项社会组织管理可遵循的条例办法，但由于政府部门之间的业务分工，政府对社会组织的管理和服务出现了断层，造成了对社会组织的监管和服务标准不一，衔接不畅。而且本区社会组织发展尚不成熟，管理部门也容易睁一只眼闭一只眼，难以对社会组织形成全方位监管，一定程度上影响了社会组织的健康成长。二是缺乏有效的社会组织退出机制。社会组织登记管理易进难出，只进不出，造成社会组织良莠不齐，整体平均水平不高。

三、针对公益社会组织发展的几点建议

解决公益性社会组织存在的困难和问题，需要各级政府及社会各界进一步解放思想，大胆创新，采取积极有效的措施，大力扶持公益服务性社会组织壮大发展。具体建议如下。

（一）强化思想认知引导，营造良好社会氛围

政府层面，要进一步统一对发展公益性社会组织的思想认识，把加强公益性社会组织建设作为创新社会治理的重要抓手，切实增强工作的自觉性和责任感，打造品牌社会组织，树立优秀典型。社会层面，要借助电视、报纸等传统媒体和网络、微信等新型媒体，大力宣传社会效果突出的公益性社会组织和个人的先进事迹，传播普及公益理念，弘扬培育公众平等、互助、博爱、共享的社会公益精神。社会组织层面，要强化品牌意识，整合宣传资源，树立良好形象，进一步增强公益社会组织的社会认知程度，提高自身吸收社会资源、开展社会动员的能力。

（二）加大政府扶持力度，创造宽松发展环境

探索建立适合延庆公益性组织发展的制度体系，为公益性社会组织发展明确方向，创造优良环境。一是拓展资金来源渠道。加快建立社会组织建设专项资金和区级政府购买社会组织服务专项资金，引导政府购买社会组织服务项目向公益性社会组织倾斜。大力宣传《中华人民共和国慈善法》，并探索相应的鼓励激励机制，引导企业、个人对公益社会组织捐赠，引导慈善资金、社会捐赠资金有效流入公益社会组织。二是发挥“枢纽型”社会组织作用。加强现有 15 家区级、4 家街道级“枢纽型”社会组织规范化建设，引导“枢纽型”社会组织主动联系本领域公益社会组织，开展具有一定规模、渗透力较强的社会公益活动，不断提高公益社会组织的社会影响力和公益事业的凝聚号召力。三

是充分发挥延庆区社会组织孵化中心的作用，通过社会组织培育、信息政策咨询、优秀成果展示、公益资源整合等工作，给予公益性社会组织场地、资金、技术、项目等方面的服务和支持。

（三）完善监管体系，优化整体素质

一是“宽进”，降低登记准入门槛，进一步放宽对公益社会组织规模、资金、场地等限制条件，简化登记手续。二是“严管”，强化监督管理。根据《社会组织评估管理办法》的规定，建立符合延庆特点的评估制度体系，积极引进第三方评估机构，开展公益性社会组织规范化建设评估工作，形成公正、客观的评估等级结论和合理的等级差，作为衡量公益社会组织发展成熟度的重要标准和依据，并对外公开。三是完善社会组织退出机制。根据延庆区情，探索完善社会组织退出机制，对于评估等级较低、年检不合格以及“僵尸”公益社会组织酌情淘汰，进一步优化公益社会组织构成结构。四是健全激励机制。建立健全表彰奖励制度，通过评选、表彰、典型宣传等，让优秀组织和个人享有较高的荣誉和社会地位，褒扬激励更多民众参与社会公益事业，壮大公益服务队伍。五是加快推进“社政分开”。加快研究制定实施政社分开的工作措施，推进社会组织与行政机关脱钩，对现有政府指导下成立的社会组织去行政化。

（四）强化内部建设，激发生存活力

一是“引进来”，提升人才队伍素质。完善公益社会组织专业人才引进和用人制度，探索薪酬指导标准、经济补贴制度和相关优惠政策，促进队伍的职业化、专业化和年轻化。二是“走出去”，强化现有人才队伍培养。强化现有人才岗位技能培训，积极开展实地交流合作，促进公益性社会组织放大组织职能，拓宽业务范围，逐步承接政府公益事业职能转移，扩大服务项目和范围，实现多元化发展。三是完善社会组织内部治理结构。建立健全以章程为核心的法人治理结构，完善理事会和监事会的制衡监督作用，提高管理层和办事机构的运作水平。四是提高财务管理水平和透明度。建立相应的财务监管制度和信息公开制度，规范财务管理，提高资金效益，确保公益社会组织的资产运作规范、资金使用透明、账务合理，保障资金使用的效果惠及民众。五是加强诚信建设，充分发挥社会组织自律机制和道德规范的作用，实现公益社会组织运行规范化、决策民主化、制度常态化、项目运作透明化。

（此文作者时任延庆区委社会工委书记、区社会办主任）

·附　　录·

中共北京市委社会工作委员会
北京社会建设工作办公室
领　导　介　绍

宋贵伦

职　　务： 中共北京市委社会工作委员会书记、北京市社会建设工作办公室主任，北京市社会建设工作领导小组办公室主任

个人基本信息： 1960年2月出生，男，汉族，河北新河人，中共党员，第十一届全国人大代表，北京市第十三、十四届人大代表，中共北京市十一届市委委员，第十届市纪委委员，北京师范大学本科毕业，北京市委党校在职研究生毕业，研究员。

工 作 履 历： 曾任中共中央文献研究室秘书处秘书、理论研究组助理研究员，中共中央宣传部办公厅副处级秘书，西城区委宣传部副部长（挂职锻炼）、常务副部长（正处级）、部长，市委宣传部助理巡视员、副部长，市委宣传部副部长、市社会科学界联合会党组书记、常务副主席。

工 作 分 工： 负责全面工作。

张　坚

职　　务： 中共北京市委社会工作委员会副书记

个人基本信息： 1957年2月出生，男，汉族，江苏淮阴人，中共党员，中国人民大学本科毕业，副研究员。

工 作 履 历： 曾任市政府研究室社会处副处长、处长，北京经济技术投资开发总公司副经理，市政府研究室助理巡视员，北京奥组委总体策划部副部长、部长，市委社会工委委员、市社会办副主任。

工 作 分 工： 分管研究室（政策法规处）、北京市社会心理服务促进中心、代管综合处（宣传处）。

陈建领

职　　　务： 中共北京市委社会工作委员会副书记兼机关党委书记、工会主席

个人基本信息： 1964 年 2 月出生，男，汉族，河南夏邑人，中共党员，中央党校硕士研究生毕业，研究员。

工 作 履 历： 曾任海淀区人事局副局长，市委组织部研究室副主任、主任，市委组织部副局级组织员兼区县干部处处长和北京市人力资源研究中心主任。

工 作 分 工： 分管党建工作处、机关党委（工会）。代管社会工作队伍建设处（人事处）。

王丽竹

职　　　务： 中共北京市委社会工作委员会委员、北京市社会建设工作办公室副主任

个人基本信息： 1956 年 12 月出生，女，汉族，河北南宫人，中共党员，东南大学本科毕业。

工 作 履 历： 曾任市政府文教办秘书处副处长，市政府办公厅卫生体育处副处长、区政处（军事处）副处长、综合处（军事处）处长，市政府办公厅副巡视员，市委社会工委委员、市社会办副巡视员。

工 作 分 工： 分管北京市社会建设信息中心和网格化社会服务管理体系建设工作。

王智玲

职　　　务： 中共北京市委社会工作委员会委员、北京市社会建设工作办公室副主任

个人基本信息： 1957 年 3 月出生，女，汉族，河北易县人，中共党员，中央党校在职研究生毕业，高级政工师。

工 作 履 历： 曾任朝阳区团结湖街道办事处副主任，朝阳区小关街道办事处主任，朝阳区亚运村街道办事处主任、工委书记，朝阳区街道办主任、街工委书记，朝阳区委社会工委书记，朝阳区区长助理、朝阳区委社会工委书记，市委社会工委委员、市社会办副巡视员。

工 作 分 工： 分管社区建设处、社会动员工作处（志愿者工作处）。

赵济贵

职　　　　务：中共北京市委社会工作委员会委员、北京市社会建设工作办公室副巡视员

个人基本信息：1963 年 3 月出生，男，汉族，河北清苑人，中共党员，中共中央党校硕士生班毕业。

工 作 履 历：曾任密云县精神文明建设办公室副主任，市政府办公厅区政处（军事处）助理调研员、综合处（军事处）助理调研员，拉萨市政府副秘书长（援藏），市政府办公厅综合处（军事处）调研员、副处长，调研处调研员、副处长，调研处处长，市委社会工委、市社会办机关党委专职副书记、党建工作处处长。

工 作 分 工：分管办公室。

卢　建

职　　　　务：中共北京市委社会工作委员会委员、北京市社会建设工作办公室副巡视员

个人基本信息：1969 年 6 月出生，男，汉族，吉林通化人，中共党员，兰州大学行政管理学专业大学毕业，经济学硕士，经济师。

工 作 履 历：曾任北京市丰台区劳动保障局党组成员、副局长，丰台区经贸委党组成员、副主任，丰台区商务局党组成员、副局长，市委社会工委、市社会办社会组织工作处处长、社区建设处处长。

工 作 分 工：分管社会组织工作处。

张青之

职　　　　务：北京市社会建设工作办公室副巡视员

个人基本信息：1963 年 11 月出生，男，汉族，江苏赣榆人，中共党员，国防大学硕士研究生毕业。

工 作 履 历：曾任 54691 部队副政委，总后勤部政治部宣传部副团职干事、正团职干事、副师职干事，总后勤部干部轮训大队副大队长。

工 作 分 工：协助分管北京市社会心理服务促进中心。

北京市各区社会工作机构及负责人

单位名称： 中共北京市东城区委社会工作委员会　北京市东城区社会建设工作办公室
书记主任： 赵小平（2016.1—2016.5）
严　岩（2016.5—2016.12）
单位地址： 北京市东城区什锦花园胡同23号
联系电话： 010－64031118－8740
办公传真： 010－64031118－8740
邮政编码： 100007

单位名称： 中共北京市西城区委社会工作委员会　北京市西城区社会建设工作办公室
书记主任： 艾　丽（2016.1—2016.10）
马红萍（2016.10—2016.12）
单位地址： 北京市西城区西直门内大街275号
联系电话：（86）010－82141123
办公传真：（86）010－82141124
邮政编码： 100035

单位名称： 中共北京市朝阳区委社会工作委员会　北京市朝阳区社会建设工作办公室
书　　记： 张永新（2016.1—2016.3）
赵年生（2016.3—2016.12）
主　　任： 赵年生（2016.1—2016.3）
宝月凤（2016.3—2016.12）
单位地址： 北京市朝阳区日坛北街33号
联系电话： 010－65099333
办公传真： 010－65099334
邮政编码： 100020

单位名称： 中共北京市海淀区委社会工作委员会　北京市海淀区社会建设工作办公室
书　　记： 王玉方（2016.6—2016.12）
主　　任： 曹宇明（2016.1—2016.7）
单位地址： 北京市海淀区长春桥路17号
联系电话： 010－82510637
办公传真： 010－82579250
邮政编码： 100089

单位名称： 中共北京市丰台区委社会工作委员会　北京市丰台区社会建设工作办公室
书记主任： 王珮琦（2016.1—2016.12）
单位地址： 北京市丰台区丰台镇北大街9号院
联系电话： 010－83656681
办公传真： 010－63852710
邮政编码： 100071

单位名称： 中共北京市石景山区委社会工作委员会　北京市石景山区社会建设工作办公室
书记主任： 沈代平（2016.1—2016.4）
高春玲（2016.5—2016.12）
单位地址： 北京市石景山区石景山路18号
联系电话： 010－88699851
办公传真： 010－88699855
邮政编码： 100043

单位名称： 中共北京市门头沟区委社会工作委员会　北京市门头沟区社会建设工作办公室
书记主任： 王培兰（2016.1—2016.12）
单位地址： 北京市门头沟区新桥大街36号
联系电话： 010－69861008
办公传真： 010－69844023
邮政编码： 102300

单位名称： 中共北京市房山区委社会工作委员会　北京市房山区社会建设工作办

公室

书记主任： 于瑞林（2016. 1—2016. 12）

单位地址： 北京市房山区良乡工业开发区金光路1号

联系电话： 010－69370379

办公传真： 010－69370378

邮政编码： 102488

单位名称： 中共北京市通州区委社会工作委员会　北京市通州区社会建设工作办公室

书　　记： 宁秋君（2016. 1—2016. 6）

刘青松（2016. 6—2016. 12）

主　　任： 张玉震（2016. 1—2016. 3）

何海龙（2016. 4—2016. 12）

单位地址： 北京市通州区新华东街192号

联系电话： 010－80880715

办公传真： 010－80880715

邮　　编： 101100

单位名称： 中共北京市顺义区委社会工作委员会　北京市顺义区社会建设工作办公室

书记主任： 张守旺（2016. 1—2016. 3）

王学武（2016. 3—2016. 12）

单位地址： 北京市顺义区府前东街2号顺建大厦7层

联系电话： 010－89442437

办公传真： 010－89442437

邮政编码： 101300

单位名称： 中共北京市昌平区委社会工作委员会　北京市昌平区社会建设工作办公室

书记主任： 刘向东（2016. 1—2016. 9）

刘宝君（2016. 9—2016. 12）

单位地址： 北京市昌平区政府街23号昌平区民政局10层

联系电话： 010－69717193

办公传真： 010－69717193

邮政编码： 102200

单位名称： 中共北京市大兴区委社会工作委员会　北京市大兴区社会建设工作办公室

书记主任： 孙洪伟（2016. 1—2016. 12）

单位地址： 北京市大兴区兴政街17号

联系电话： 010－69265780

办公传真： 010－69265295

邮政编码： 102600

单位名称： 中共北京市平谷区委社会工作委员会　北京市平谷区社会建设工作办公室

书记主任： 王东日（2016. 1—2016. 12）

单位地址： 北京市平谷区府前西街17号

联系电话： 010－69983239

办公传真： 010－89959983

邮政编码： 101200

单位名称： 中共北京市怀柔区委社会工作委员会　北京市怀柔区社会建设工作办公室

书记主任： 赵海军（2016. 1—2016. 12）

单位地址： 北京市怀柔区青春路26号（怀柔区总工会院内西楼3层）

联系电话： 010－69685027

办公传真： 010－69685027

邮政编码： 101400

单位名称： 中共北京市密云区委社会工作委员会　北京市密云区社会建设工作办公室

书记主任： 张志华（2016. 1—2016. 12）

单位地址： 北京市密云区鼓楼西大街3号

联系电话： 010－69059001

办公传真： 010－69053804

邮政编码： 101500

单位名称： 中共北京市延庆区委社会工作委员会　北京市延庆区社会建设工作办公室

书记主任： 鲁振中（2016. 1—2016. 12）

单位地址： 北京市延庆区妫水北街70号

联系电话： 010－69176928

办公传真： 010－69177830

邮政编码： 102100

北京市社会建设研究基地名单

研究基地名称	重点研究方向
清华大学“北京城市发展与社会建设研究院”	宜居北京
中国人民大学“北京社会建设研究院”	人文北京
首都师范大学“首都新农村社会与文化建设研究中心”	农村社会建设
北京市社会科学院“北京社会治理研究中心”	社会治理
中国青年政治学院“北京社会工作人才发展研究院”	社工人才
北京工业大学“北京社会建设研究院”	社会建设理论与实践
北京师范大学“北京社会建设研究院”	社会政策
北京城市学院“北京社会建设研究院”	社会舆情
国家行政学院社会和文化教研部合作共建单位	社会建设与社会治理创新
北京交通大学“北京社会建设研究院”	社会诚信
北京联合大学“北京社会建设研究院”	社区自治
中央财经大学“北京社会建设研究中心”	社会心理
北京国际城市发展研究院“北京社会发展研究中心”	社会改革与城市管理创新
北京国际城市发展研究院“海峡两岸社区发展研究中心”	海峡两岸社区基层治理现代化
北京市委党校“北京社会建设研究会”	社会建设与社会治理
美国二十一世纪学会“北京芝加哥社会发展比较研究中心”	社会发展比较
首都经济贸易大学“北京新经济组织发展研究院”	新经济组织发展与党的建设
首都师范大学“北京青少年社会工作研究院”	青少年社会工作

北京市各区出台的社会建设工作相关文件目录

各区名称	文件名称	文号
东城区	关于规范社区工作者工资待遇的实施细则（试行）	东社领办发〔2016〕1号
	东城区2016年规范社区工作者工资待遇方案	东社领办发〔2016〕2号
	关于迎接全市网格化体系建设督导工作的请示	东社委文〔2016〕3号
	东城区“十三五”时期社区治理规划	东社会办发〔2016〕1号
	关于发放社区工作者超时工作补助的通知	东社会办发〔2016〕3号
	关于进一步细化社会建设综合工作经费明细调整的请示	东社委函〔2016〕2号
西城区	印发《北京市西城区关于规范社区工作者工资待遇的实施细则》的通知	西社领办发〔2016〕1号
	关于印发《西城区2016年社区建设工作要点》的通知	西社委发〔2016〕1号
	关于印发《进一步发挥网格基础性作用　建立社会服务管理精细化长效机制》的通知	西社委发〔2016〕2号
	关于印发《西城区进一步完善与推进社区居民公约建设工作的实施方案》的通知	西社委发〔2016〕3号
朝阳区	《关于进一步规范社区工作者工资待遇的实施细则（试行）》的通知	朝社委发〔2016〕1号
	朝阳区委社会工委朝阳区社会办中小工程项目监督管理指导意见（试行）	朝社委发〔2016〕2号
	朝阳区街道系统2016年党风廉政建设和反腐败工作要点	朝社委发〔2016〕3号
	朝阳区委社会工委关于印发《区委社会工委关于在街道系统全体党员中开展“学党章党规、学系列讲话，做合格党员”学习教育的实施方案》的通知	朝社委发〔2016〕4号
	关于开展推选“朝阳巾帼之星”活动的通知	朝社委发〔2016〕5号
	关于2015年朝阳区街道系统社会治理创新项目评选结果的通报	朝社委发〔2016〕6号
	关于对基层服务型党组织优秀服务品牌项目进行资金支持的决定	朝社委发〔2016〕7号
	关于2016年调整社区工作者工资待遇的通知	朝社委发〔2016〕8号
	关于认定2015—2016年度社区创享计划优秀社区提案项目的决定	朝社委发〔2016〕9号
	朝阳区关于进一步开展社区减负工作的实施意见	朝社委发〔2016〕10号
	关于印发《朝阳区街道系统社会治理创新优秀项目评选展示工作方案》的通知	朝社委发〔2016〕11号
	2016年朝阳区社会建设资金购买社会组织服务工作方案	朝社办发〔2016〕1号
	关于正式启用社区公共服务综合信息平台网上办理业务的通知	朝社办发〔2016〕10号

续表

各区名称	文件名称	文号
海淀区	“三严三实”专题民主生活会方案	海社委发〔2016〕1号
	2016年海淀区委社会工委组织工作要点	海社委发〔2016〕2号
	关于在海淀区街道系统全体党员中开展“学党章党规、学系列讲话，做合格党员”学习教育的实施方案	海社委发〔2016〕3号
	2015年度区委社会工委、区社会办考核奖励工作方案	海社委发〔2016〕4号
	海淀区关于进一步规范社区工作者工资待遇的实施细则（试行）	海社办发〔2016〕1号
	海淀区关于进一步落实社区工作者待遇有关事项的通知	海社办发〔2016〕2号
丰台区	关于落实乡镇机构改革方案完善居民公共服务体系加快推进城乡一体化的报告	丰社办文〔2016〕2号
	关于丰台区2015年市级社会建设专项资金管理和使用情况的报告	丰社委文〔2016〕24号
	关于征求《北京市丰台区2016年公开招录社区工作者方案》意见的函	丰社办函〔2016〕35号
	关于拨付2015年社区规划师项目中期资金的通知	丰社委发〔2016〕43号
	关于拨付2015年市级政府购买社会组织服务项目中期经费的通知	丰社委发〔2016〕45号
	关于拨付2015年市级政府购买社会组织服务项目中期考评费用的通知	丰社委发〔2016〕46号
	关于拨付社会领域志愿服务组织工作示范项目支持经费的通知	丰社委发〔2016〕47号
	关于拨付丰台区社区志愿服务项目扶持经费的通知	丰社委发〔2016〕48号
	关于拨付专业社工机构2015年社工事务所一次性扶持补助经费的通知	丰社委发〔2016〕52号
	关于拨付专业社工机构2015年专业社工社区服务督导项目经费的通知	丰社委发〔2016〕53号
	关于拨付专业社工机构2015年街道专业社会工作岗位项目经费的通知	丰社委发〔2016〕54号
	关于拨付社区志愿服务项目扶持经费的函	丰社委函〔2016〕55号
	关于印发《丰台区2016年社会领域党建工作要点》的通知	丰社委发〔2016〕59号
	区委社会工委干部人事档案专项审核工作总结报告	丰社委文〔2016〕70号
	关于拨付2015年区级政府购买社会组织服务项目中期经费的通知	丰社委发〔2016〕72号
	关于拨付区社会组织服务（孵化）基地建设项目资金的通知	丰社委发〔2016〕73号
	丰台区社会建设工作领导小组办公室印发《丰台区关于进一步规范社区工作者工资待遇实施细则》的通知	丰社领办发〔2016〕1号
	关于解决部门社区办公和服务用房冬季取暖问题的报告	丰社办文〔2016〕96号
	关于拨付2015年市级政府购买社会组织服务项目终期经费的通知	丰社委发〔2016〕97号
	关于拨付2015年区级政府购买社会组织服务项目终期经费的通知	丰社委发〔2016〕98号
	关于拨付2016年区级政府购买社会组织服务项目首批经费的通知	丰社委发〔2016〕99号

续表

各区名称	文件名称	文号
丰台区	关于拨付2016年市级政府购买社会组织服务项目首批经费的通知	丰社委发〔2016〕100号
	关于拨付2015年社区规划师项目终期资金的通知	丰社委发〔2016〕102号
	关于拨付专业社工机构2016年专业社会工作创新项目经费的通知	丰社办发〔2016〕103号
	关于拨付社会工作事务所规范化建设试点工作经费的通知	丰社办发〔2016〕104号
	关于拨付使用市级2015年购买社会组织服务项目管理费复制推广项目的通知	丰社委发〔2016〕113号
	关于拨付社会心理服务志愿者队伍建设项目经费的通知	丰社委发〔2016〕114号
石景山区	关于印发《石景山区2016年社会建设工作要点》的通知	石社字〔2016〕1号
	印发《关于在社会领域党员中开展“学习党章党规、学系列讲话，做合格党员”学习教育工作安排》的通知	石社字〔2016〕7号
	关于转发《石景山区关于进一步规范社区工作者工资待遇的实施细则（试行）》的通知	石社字〔2016〕8号
	石景山区社区工作者考核评议办法	石社字〔2016〕12号
	表彰先进居委会集体和个人	石社领办〔2016〕1号
	表彰十佳大学生社工	石社领办〔2016〕2号
	石景山区2016年公开招聘社区工作者工作方案	石社领办〔2016〕4号
	石景山区政府购买社会组织服务项目实施办法（试行）	石社领办〔2016〕5号
	关于印发《石景山区社区工作者考勤管理及休假制度》的通知	石社领办〔2016〕6号
门头沟区	关于社工获得社会工作师、助理社会工作师职业水平证书后落实待遇的通知	门社办发〔2016〕3号
	门头沟区社区环境“治理有标准、过程有监督、结果有考核”模式实施方案	门社办发〔2016〕7号
	门头沟区关于开展“参与式协商”社区治理论坛指导意见	门社办发〔2016〕14号
	街道系统关于落实意识形态工作责任制实施意见	门社委发〔2016〕36号
	街道系统“两学一做”学习教育巡回督导组工作方案	门社委发〔2016〕24号
	关于在“两学一做”学习教育中开展“共产党员先锋行”主题实践活动的方案	门社委发〔2016〕23号
	关于在社会领域全体党员中开展“学党章党规、学系列讲话，做合格党员”学习教育的指导方案	门社委发〔2016〕20号
	关于进一步规范社区工作者工资待遇的实施细则（试行）	门社委发〔2016〕19号
	关于开展第七届“北京魅力社区”评选表彰活动的实施方案	门社委发〔2016〕11号
	门头沟区2016年社会领域党建工作要点	门社委发〔2016〕9号
	2016年门头沟区社会建设工作要点	门社领办发〔2016〕17号
房山区	关于印发2016年工作要点的通知	房社委〔2016〕3号
	关于开展党员组织关系集中排查的工作方案	房社委〔2016〕2号

续表

各区名称	文件名称	文号
房山区	关于确定“三网融合”试点单位的通知	房社委〔2016〕6号
	关于确定“三网融合”试点单位的通知	房社委〔2016〕7号
	关于确定“三网融合”试点单位的通知	房社委〔2016〕8号
	关于在直管“两新”组织全体党员中开展“两学一做”学习教育实施方案的通知	房社委〔2016〕9号
	关于在大学生社区工作者党总支中开展“学党章党规、学系列讲话，做合格党员”学习教育的实施方案	房社委〔2016〕11号
	关于在机关党员干部中开展“学党章党规、学系列讲话，做合格党员”学习教育的实施方案	房社委〔2016〕12号
	关于在社区开展“学党章党规、学系列讲话，做合格党员”学习教育的指导意见	房社委〔2016〕13号
	关于开展“五德”学习教育的工作方案	房社委〔2016〕14号
	关于在“两学一做”学习教育中开展党费收缴工作专项检查的工作方案	房社委〔2016〕22号
	关于印发《房山区社区工作者管理制度（试行）》的通知	房社委〔2016〕33号
通州区	2016年机关干部队伍及党风廉政建设工作意见	通社委发〔2016〕1号
	2016年社会领域党建工作要点	通社委发〔2016〕2号
	2016年党风廉政建设和反腐败任务分工方案	通社委发〔2016〕3号
	关于开展“学党章党规、学系列讲话，做合格党员”学习教育的实施方案	通社委发〔2016〕5号
	通州区社会领域“两学一做”学习教育督导方案	通社委发〔2016〕9号
	关于在通州区社会领域开展“八个让”主题志愿服务活动的实施方案	通社委发〔2016〕12号
	区委社会工委领导班子2016年“三严三实”专题民主生活会报告	通社委文〔2016〕1号
	通州区关于进一步规范社区工作者工资待遇的实施方案	通社领办发〔2016〕1号
	通州区2016年社会建设工作意见	通社领办发〔2016〕2号
	关于推进通州区新型社区治理模式的意见	通社领办发〔2016〕3号
	通州区2016年社会建设工作要点	通社领办发〔2016〕4号
顺义区	顺义区街道管理体制改革工作方案	京顺办发〔2016〕3号
	顺义区社区工作者管理办法	京顺办发〔2016〕23号
	顺义区加强城市服务管理网格化体系建设实施方案	京顺办发〔2016〕24号
	顺义区社区社会组织专项资金使用实施方案	顺社建领办〔2016〕2号
	关于2016年度使用北京市社会建设专项资金购买社会组织服务项目的实施方案	顺社建领办〔2016〕3号
	关于2016年度使用区级社会建设专项资金购买社会组织服务项目的实施方案	顺社建领办〔2016〕4号

续表

各区名称	文件名称	文号
顺义区	顺义区“十三五”时期社会治理规划	顺社办文〔2016〕28号
	顺义区关于调整社区工作者待遇保障实施方案（试行）	顺社委文〔2016〕8号
昌平区	关于报审《昌平区关于进一步规范社区工作者工资待遇的实施方案》的请示	昌社办报〔2016〕5号
	关于网格员工资待遇经费预算的请示	昌社办报〔2016〕7号
	关于印发《关于进一步规范使用社会建设专项资金的意见》的通知	昌社委发〔2016〕1号
	昌平区关于进一步规范社区工作者工资待遇的实施方案	昌社委发〔2016〕2号
	中共北京市昌平区委社会工委北京市昌平区社会建设工作办公室2016年工作总结	昌社委文〔2016〕1号
	关于印发《关于开展街道“枢纽型”社会组织工作体系建设的指导意见》的通知	京昌社领办发〔2016〕2号
大兴区	2016年对镇、街道社会治理工作考核办法	京兴社委发〔2016〕1号
	关于推进社会组织“一中心、多基地”建设工作方案	京兴社委发〔2016〕2号
	大兴区关于进一步加强商务楼宇工作站建设的意见	京兴社委文〔2016〕4号
	关于印发《北京市大兴区和北京经济技术开发区“十三五”时期社会治理规划》的通知	京兴社办发〔2016〕3号
	关于社区养老服务日间照料中心建设的指导意见	京兴社办文〔2016〕13号
	关于印发《2016年新区社会建设工作要点》的通知	京兴社领办发〔2016〕1号
	关于进一步发挥“枢纽型”社会组织作用的指导意见	京兴社领办发〔2016〕2号
	关于进一步加强社会组织培育发展的意见	京兴社领办发〔2016〕3号
	关于回迁社区治理工作的指导意见	京兴社领办发〔2016〕4号
	大兴区关于进一步规范社区工作者工资待遇的实施细则（试行）	京兴社领办发〔2016〕6号
平谷区	关于进一步调整社工工作者待遇的补充通知	京平社发〔2016〕5号
	关于进一步调整社工工作者待遇的实施细则	京平社发〔2016〕6号
	关于北京市出席党代会推荐提名工作方案	京平社发〔2016〕17号
	关于开展2016年“幸福平谷社会组织公益行”系列活动的通知	京平社领办发〔2016〕1号
	关于认定北京市平谷区人民调解协会作为区级“枢纽型”社会组织的通知	京平社领发〔2016〕1号
	及时行动深入谋划务求实效——区委社会工委贯彻落实区委四届十二次全会精神工作报告	京平社文〔2016〕9号
	2016年区委社会工委（区社会办）履行党风廉政建设主体责任情况自查报告	京平社文〔2016〕13号
怀柔区	印发《关于加快推进“三网”融合完善网格化运行体系建设的实施意见》的通知	京怀办发〔2016〕6号

续表

各区名称	文件名称	文号
怀柔区	关于印发《北京市怀柔区“十三五”时期社会治理规划》的通知	怀社办发〔2016〕8号
	关于印发《怀柔区关于深化街道、社区管理体制改革的实施意见》的通知	京怀发〔2016〕13号
	关于加强和改进社会组织党的建设工作的实施意见	京怀办发〔2016〕30号
	关于集中推进全区非公有制企业和社会组织“两个覆盖”的工作任务书	京怀组字〔2016〕125号
	关于印发《怀柔区深化街道、社区管理体制改革重点任务分工方案》的通知	怀街体改组〔2016〕1号
	北京市怀柔区全面推进社区减负工作的实施方案	怀街体改组办〔2016〕2号
	关于印发《2016年怀柔区社会建设工作要点》和《2016年区委社会工委（区社会办）重点工作项目书》的通知	怀社委发〔2016〕3号
	2016年度党风廉政建设工作要点	怀社委发〔2016〕4号
	关于创建学习型机关暨开展“合作分享，品读精彩”主题学习活动的实施方案的通知	怀社委字〔2016〕7号
	关于在社区、非公有制企业、社会组织党员中开展“学党章党规、学系列讲话，做合格党员”学习教育的指导方案	怀社委发〔2016〕10号
	关于在全体党员中开展“学党章党规、学系列讲话，做合格党员”学习教育的实施方案	怀社委字〔2016〕11号
	关于印发赵海军同志在“两学一做”学习教育动员部署会上的讲话的通知	怀社委字〔2016〕12号
	2016年理论中心组学习安排意见	怀社委字〔2016〕13号
	区委社会工委书记、区社会办主任赵海军在2016年上半年工作总结会上的讲话	怀社委字〔2016〕17号
	2016年社会领域基层党建工作述职评议考核实施方案	怀社委发〔2016〕25号
	关于审定怀柔区进一步规范社区工作者工资待遇实施方案的请示	怀社办字〔2016〕13号
密云区	中共北京市密云区委社会工作委员会关于开展干部人事档案专项审核工作的实施方案	密社委字〔2016〕6号
	中共北京市密云区委社会工作委员会关于2016年上半年工作总结和下半年工作安排的报告	密社委字〔2016〕20号
	中共北京市密云区委社会工作委员会关于2016年工作总结和今后五年工作部署的报告	密社委字〔2016〕24号
	北京市密云区社会建设工作领导小组办公室关于印发《密云区2016年社会建设工作要点》的通知	密社领办发〔2016〕2号
	北京市密云区社会建设工作领导小组办公室印发《密云区关于进一步规范社区工作者工资待遇的实施方案》的通知	密社领办发〔2016〕3号
延庆区	延庆区2016年社会建设工作意见	延社委文〔2016〕4号
	关于在全区非公有制企业和社会组织党员中开展“学党章党规、学系列讲话，做合格党员”学习教育的实施方案	延社委文〔2016〕5号

续表

各区名称	文件名称	文号
延庆区	2016 年关于开展“关爱留守儿童、空巢老人、残疾人和困难职工志愿服务行动”工作方案	延社委文〔2016〕7 号
	关于印发《延庆区“十三五”时期社会治理规划》的通知	延社委文〔2016〕12 号
	关于集中推进非公有制企业和社会组织党的组织和工作覆盖的通知	延社委文〔2016〕13 号
	关于进一步规范社区工作者工资待遇的实施办法	延社领办〔2016〕25 号

北京市、区社会建设工作统计表

2016年"首都最美社工"名单

序号	姓名	工作单位及职务
1	冯永刚	东城区崇文门外街道西花市南里东区社区党委书记、居委会主任
2	陈桂平	朝阳区麦子店街道枣营北里社区居委会主任、服务站站长
3	康彦杰	海淀区睿搏社会工作事务所理事
4	赵　红	石景山区老山街道东里北社区党委书记、居委会主任
5	班春燕	房山区春燕社会工作事务所主任
6	王学静	怀柔区天馨社会工作事务所主任
7	李璐龄	西城区社会工作者联合会会长
8	李　玥	朝阳区望京李楠社会工作事务所副主任
9	邹晓昕	北京芳华社会工作服务发展中心总干事
10	曲　卓	海淀区融爱融乐心智障碍者家庭支持中心支持性就业项目负责人

2016年"首都优秀社工"名单

序号	姓名	工作单位及职务
1	宋莉筠	东城区天坛街道金鱼池中区社区党委书记、居委会主任
2	杨春茹	东城区交道口街道交东社区党委书记、居委会主任
3	杨　倩	东城区建国门街道社区社会组织联合会副会长、秘书长
4	范丽丽	西城区什刹海街道柳荫街社区党委书记
5	王长友	西城区牛街街道西里二区社区党委书记
6	张学燕	西城区陶然亭街道龙泉社区党委书记、居委会主任
7	侯喜君	朝阳区左家庄街道三源里社区党委书记
8	王　佼	朝阳区大屯街道亚运新新家园社区党支部书记、居委会主任
9	范红霞	海淀区紫竹院街道厂洼第一社区党委书记、居委会主任
10	李　军	丰台区马家堡街道嘉园三里社区党委书记
11	周　健	丰台区长辛店街道朱家坟南区社区党委书记
12	葛巍巍	丰台区卢沟桥乡丰北物业商务楼宇工作站站长

续表

序号	姓名	工作单位及职务
13	陈雅文	石景山区苹果园街道下庄社区党委书记、居委会主任
14	刘 欣	石景山区鲁谷社区重兴园党委书记、居委会主任、服务站站长
15	佟广华	门头沟区城子街道龙门新区三区社区党委书记、居委会主任
16	张翟红	门头沟区大峪街道滨河西区社区党支部书记、居委会主任
17	张 鑫	房山区城关街道南沿里社区党支部书记、居委会主任
18	李 静	通州区北苑街道玉带路社区党委书记
19	熊德杰	通州德仁社区心理服务中心主任
20	武燕燕	通州区台湖镇次渠北里社区青年汇专职社工
21	李 敬	顺义区石园街道五里仓第一社区党支部书记、居委会主任
22	高亚东	顺义区胜利街道建新南区第二社区党总支书记、居委会主任
23	钟抒樵	昌平区回龙观镇云趣园社区居委会副主任
24	王淑秀	大兴区观音寺街道新居里社区党支部书记、居委会主任
25	张艳红	大兴区博兴街道赢海庄园社区党支部书记
26	张 杰	平谷区滨河街道北小区社区居委会委员
27	李 明	密云区鼓楼街道花园西社区居委会主任
28	周玉平	密云区果园街道瑞和园社区党支部书记、居委会主任、服务站站长
29	曹玉环	延庆区香水园街道新兴西社区党委副书记
30	刘跃新	西城区人民调解员协会会长
31	郑平林	北京市医疗纠纷人民调解委员会主管医师、人民调解员
32	林 雪	门头沟区风格与爱社会工作事务所项目主管
33	杨 典	北京春苗儿童救助基金会医务社工
34	史 英	通州区春晓心理社会工作事务所所长
35	刘 淞	昌平区司法局延寿司法所矫正社工
36	关 欣	首都医科大学附属北京佑安医院医务社会工作师
37	任高旗	房山区羿行残疾人服务协会会长
38	高志新	北京市京师社会工作事务所副主任
39	张连花	东城区龙潭街道向日葵工作站社工

2016 年“首都优秀社工团队”名单

序号	团队名称
1	西城区睦邻社会工作事务所团队
2	丰台区瑞丰社会服务中心团队
3	门头沟区智天使青少年成长促进中心团队
4	大兴区清源街道枣园社区团队
5	北京市众合社会工作事务所团队
6	顺义区空港街道裕祥花园社区团队
7	密云区家业如心社会工作事务所团队
8	第三调解室人民调解委员会团队
9	北京十方缘老人心灵呵护中心团队
10	石景山区八角街道向日葵社区团队

2016 年度“十大感动社区人物”

姓　名	简要事迹
林　岳	在社区创建生活馆
塔　拉	甘做大自然的守护者
米尔扎提·木莎	志愿服务逾千小时
赵　星	办网站帮助农民
崔澜馨	为患儿建起温馨的“家”
刘英雅	为 200 位盲人带来色彩
伍　华	弃公司做失独和抑郁公益
窦立国	快递哥建乡村图书馆
浦天龙	发起消防志愿者行动
李　涛	温暖他人的“协作者”

2016年"一刻钟社区服务圈"示范点名单（共106个）

各区名称	示范点
海淀区（43个）	万寿路街道采石路7号社区服务圈
	万寿路街道翠微路21号社区服务圈
	甘家口街道白堆子社区服务圈
	甘家口街道进口社区服务圈
	甘家口街道甘东社区服务圈
	八里庄街道304医院社区服务圈
	八里庄街道五路社区服务圈
	八里庄街道北洼三居社区服务圈
	八里庄街道裕泽园社区服务圈
	田村路街道建西苑社区服务圈
	北太平庄街道太月园社区服务圈
	海淀街道飞达社区服务圈
	海淀街道光大锋尚园社区服务圈
	海淀街道紫金庄园社区服务圈
	中关村街道科春社区服务圈
	学院路街道逸成社区服务圈
	学院路街道建清园社区服务圈
	学院路街道静淑苑社区服务圈
	花园路街道小关社区服务圈
	花园路街道牡丹园东里社区服务圈
	花园路街道塔院四园社区服务圈
	花园路街道知春路17号院社区服务圈
	清河街道领秀新硅谷社区服务圈
	清河街道32号院社区服务圈
	清河街道朱房社区服务圈
	清河街道清河嘉园社区服务圈
	清河街道北毛社区服务圈
	西三旗街道建材西路社区服务圈
	西三旗街道永泰社区服务圈
	西三旗街道永泰东里社区服务圈
	马连洼街道百草园社区服务圈
海淀区（43个）	马连洼街道百旺茉莉园社区服务圈
	青龙桥街道福缘门社区服务圈
	永定路街道一街坊社区服务圈
	永定路街道四街坊东社区服务圈
	燕园街道燕东园社区服务圈
	清华园街道西南社区服务圈
	曙光街道空指社区服务圈
	曙光街道远大园社区服务圈
	西北旺镇屯佃社区服务圈
	苏家坨镇前沙涧社区服务圈
	四季青镇常青园社区服务圈
	东升镇龙岗社区服务圈
丰台区（4个）	卢沟桥街道小瓦窑西里社区服务圈
	卢沟桥街道春园社区服务圈
	长辛店街道玉皇庄东南街陈庄社区服务圈
	新村街道韩庄子社区服务圈
石景山区（4个）	鲁谷社区衙门口社区服务圈
	古城街道水泥厂社区服务圈
	苹果园街道西黄新村社区服务圈
	苹果园街道西井社区服务圈
门头沟区（2个）	大峪街道惠民家园社区服务圈
	王平镇色树坟社区服务圈
房山区（20个）	西潞街道金鸽园社区服务圈
	长阳镇长阳社区服务圈
	长阳镇天泰新景社区服务圈
	长阳镇馨然嘉园社区服务圈
	长沟镇西厢苑社区服务圈
	阎村镇绿城社区服务圈
	窦店镇田家园社区服务圈
	城关街道北里社区服务圈

续表

各区名称	示范点
房山区（20个）	城关街道兴房东里社区服务圈
	拱辰街道拱辰大街社区服务圈
	拱辰街道瑞雪春堂社区服务圈
	拱辰街道绿地花都苑社区服务圈
	燕山东风街道羊耳峪里第二社区服务圈
	燕山东风街道羊耳峪西区社区服务圈
	燕山向阳街道向阳里社区服务圈
	燕山向阳街道迎风一里社区服务圈
	燕山迎风街道迎风六里社区服务圈
	燕山迎风街道宏塔社区服务圈
	燕山星城街道星城第五社区服务圈
	燕山星城街道星城第七社区服务圈
顺义区（7个）	北小营镇永利、水色时光花园社区服务圈
	李桥镇樱花园社区服务圈
	李桥镇馨港庄园社区服务圈
	杨镇双阳社区服务圈
	张镇永强花园社区服务圈
	南法信镇华英园社区服务圈
	高丽营镇丽喜花园社区服务圈
昌平区（10个）	城南街道龙凤山砂石厂社区服务圈
	回龙观镇龙禧苑社区服务圈
	东小口镇都市芳园社区服务圈
	沙河镇北街家园第一社区服务圈
	南邵镇北郡嘉源社区服务圈

各区名称	示范点
昌平区（10个）	南邵镇风景丽苑社区服务圈
	天通苑南街道天通东苑第四社区服务圈
	小汤山镇大汤山社区服务圈
	南口镇南农社区服务圈
	天通苑北街道天通西苑第三社区服务圈
大兴区（1个）	荣华街道林肯公园社区服务圈
怀柔区（8个）	泉河街道新贤家园社区服务圈
	龙山街道南华园一区社区服务圈
	龙山街道西园社区服务圈
	龙山街道龙祥社区服务圈
	怀柔镇红螺家园社区服务圈
	庙城镇金山社区服务圈
	北房镇裕华园社区服务圈
	汤河口镇汤河口社区服务圈
密云区（5个）	鼓楼街道宾阳西里社区服务圈
	鼓楼街道宾阳北里社区服务圈
	果园街道绿地社区服务圈
	果园街道福荣社区服务圈
	檀营地区檀营社区服务圈
延庆区（2个）	八达岭镇八达岭镇社区
	大庄科乡大庄科乡社区

2016年社区规范化建设示范点名单（共119个）

各区名称	示范点
东城区（9个）	和平里街道交通社区
	东华门街道正义路社区
	建国门街道苏州社区
	朝阳门街道朝内头条社区
	北新桥街道九道湾社区
	东直门街道胡家园社区
	崇外街道新世界家园社区
	龙潭街道左安漪园社区
	永外街道安乐林社区
西城区（9个）	西长安街街道钟声社区
	金融街街道二龙路社区
	椿树街道宣武门外东大街社区
	广内街道三庙社区
	广外街道手帕口南街社区
	德胜街道六铺炕煤炭社区
	白纸坊街道右北大街社区
	展览路街道文兴街社区
	什刹海街道爱民街社区
朝阳区（18个）	小关街道惠新北里社区
	机场街道西平街社区
	大屯街道亚运新新家园社区
	三里屯街道白家庄西里社区
	六里屯街道炫特社区
	八里庄街道城市华庭社区
	酒仙桥街道高家园社区
	香河园街道柳芳南里社区
	左家庄街道左南里社区
	潘家园街道潘家园社区
	奥运村街道科学园社区
	太阳宫地区夏家园社区
	太阳宫地区尚家楼社区

各区名称	示范点
朝阳区（18个）	来广营地区红军营社区
	孙河地区康营家园第二社区
	豆各庄地区富力又一城第一社区
	高碑店地区花北东社区
	东坝地区景和园社区
海淀区（17个）	万寿路街道翠微北里社区
	羊坊店街道颐源居社区
	甘家口街道工运社区
	八里庄街道双紫园社区
	田村路街道阜石路第四社区
	紫竹院街道车道沟社区
	北下关街道中国农业科学院社区
	海淀街道苏州街路社区
	中关村街道希格玛社区
	学院路街道学知园社区
	西三旗街道枫丹丽舍社区
	花园路街道北影社区
	上地街道八一社区
	青龙桥街道309医院
	温泉镇杨庄社区
	西北旺镇大牛坊社区
	清河街道安宁庄社区
丰台区（11个）	右安门街道永乐社区
	太平桥街道东管头社区
	东高地街道东营房社区
	方庄地区芳星园二区社区
	马家堡街道嘉园三里社区
	云岗街道田城社区
	和义街道久敬庄社区
	东铁匠营街道蒲安里第一社区
	丰台街道北大街北里社区

续表

各区名称	示范点
丰台区（11个）	大红门街道南顶村社区
	卢沟桥地区金鹏天润社区
石景山区（7个）	八宝山街道沁山水南社区
	八角街道体育场南路社区
	古城街道西路北社区
	苹果园街道下庄社区
	金顶街街道金四区社区
	广宁街道麻峪社区
	五里坨街道隆恩颐园社区
门头沟区（5个）	大峪街道中门花园社区
	大峪街道月季园二区社区
	城子街道龙门新区一区社区
	东辛房街道石门营新区六区社区
	大台街道双红社区
房山区（6个）	城关街道城北社区
	西潞街道海逸半岛社区
	燕山迎风四里社区
	燕山星城第二社区
	长阳镇加州水郡南区社区
	大安山乡大安山煤矿社区
通州区（5个）	北苑街道西关社区
	中仓街道滨河社区
	玉桥街道乔庄北街社区
	永顺镇艺苑东里社区
	梨园镇新城乐居社区
顺义区（6个）	光明街道金汉绿港社区
	胜利街道红杉一品社区
	石园街道港馨家园第一社区
	旺泉街道西辛一社区
	空港街道香蜜湾社区
	双丰街道新马家园社区

各区名称	示范点
昌平区（5个）	天通苑南街道清水园社区
	霍营街道天鑫家园社区
	城南街道拓然家苑社区
	回龙观镇龙腾苑四区社区
	南口镇新兴路社区
大兴区（5个）	黄村地区新兴家园社区
	西红门地区福星花园社区
	瀛海地区南海家园四里社区
	亦庄地区三羊里社区
	旧宫地区幻星家园社区
平谷区（4个）	兴谷街道邑上原著社区
	兴谷街道金乡东社区
	滨河街道建南社区
	渔阳地区迎宾花园社区
怀柔区（4个）	龙山街道车站路社区
	泉河街道富乐社区
	泉河街道金台园社区
	泉河街道开放路社区
密云区（4个）	鼓楼街道白檀社区
	鼓楼街道长安西区社区
	果园街道兴云社区
	果园街道季庄社区
延庆区（4个）	儒林街道儒林苑社区
	百泉街道振兴北社区
	百泉街道国润家园社区
	康庄镇望都佳园社区

2016年全市老旧小区自我服务管理试点名单（161个）

各区名称	示范点
东城区（15个）	和平里街道和平里社区
	安定门街道五道营社区
	交道口街道福祥社区
	景山街道魏家社区
	东华门街道灯市口社区
	建国门街道西总布社区
	朝阳门街道内务社区
	朝阳门街道朝西社区
	东四街道七条社区
	东四街道八条社区
	北新桥街道门楼社区
	东直门街道十字坡社区
	龙潭街道板厂南里社区
	体育馆路街道东玉北街社区
	永外街道杨家园社区
西城区（10个）	西长安街街道西交民巷社区
	月坛街道三区一社区
	月坛街道木樨地社区
	广外街道三义东里社区
	展览路街道新华南社区
	展览路街道北营房西里社区
	展览路街道洪茂社区
	新街口街道富国里社区
	陶然亭街道新兴里第一社区
	陶然亭街道福州馆社区
朝阳区（20个）	双井街道双花园社区
	垡头街道一区社区
	小关街道小关东街社区
	左家庄街道新源里社区
	呼家楼街道呼家楼南社区
	和平街街道和平西街社区

各区名称	示范点
朝阳区（20个）	六里屯街道甜水园社区
	八里庄街道东里社区
	三里屯街道北三里社区
	酒仙桥街道大山子社区
	香河园街道光熙门北里南社区
	团结湖街道南北里社区
	建外街道建国里社区
	劲松街道农光里社区
	奥运村街道南沙滩社区
	机场街道南路西里社区
	安贞街道安华西里社区
	朝外街道吉庆里社区
	望京街道花家地西里三区社区
	大屯街道育慧里社区
海淀区（18个）	羊坊店街道普惠寺社区
	八里庄街道定慧东里社区
	田村路街道阜石路第一社区
	北下关街道南里社区
	北太平庄街道蓟门里社区
	海淀街道万泉庄南社区
	中关村街道科育社区
	花园路街道北太平庄路社区
	花园路街道牤牛桥社区
	西三旗街道永泰园第一社区
	上地街道东里第一社区
	上地街道马连洼北路1号院社区
	香山街道南植社区
	永定路街道三街坊中社区
	燕园街道燕北园社区
	清华园街道西楼社区
	曙光街道金雅园社区
	苏家坨镇北分瑞利社区

续表

各区名称	示范点
丰台区（8个）	右安门街道玉林东里三区社区
	西罗园街道洋桥西里社区
	南苑街道西新华社区
	东高地街道万源南里社区
	云岗街道南二社区
	宛平城地区城南二社区
	和义街道和义东里第二社区
	长辛店街道玉皇庄社区
石景山区（9个）	八宝山街道三山园社区
	鲁谷社区七星园北社区
	老山街道老山西里社区
	八角街道八角中里社区
	古城街道西路南社区
	苹果园街道苹一社区
	金顶街街道赵山社区
	广宁街道东山社区
	五里坨街道南宫社区
门头沟区（9个）	大峪街道增产路东区社区
	大峪街道葡东社区
	大峪街道剧场东街社区
	大峪街道南路一社区
	大峪街道双峪社区
	城子街道西宁路社区
	城子街道城子大街社区
	大台街道玉皇庙社区
	大台街道灰地社区
房山区（10个）	拱辰街道宜春里社区
	城关街道万宁桥社区
	城关街道永兴达社区
	西潞街道苏庄一里社区
	燕山东风街道东风北里社区
	琉璃河镇二街社区
	新镇街道原新街社区
	窦店镇金鑫苑社区
	青龙湖镇京强水泥厂社区
	石楼镇石楼铁路社区

各区名称	示范点
通州区（3个）	玉桥街道梨花园社区
	中仓街道西营社区
	北苑街道长桥园社区
顺义区（8个）	光明街道东兴一社区
	光明街道东兴二社区
	胜利街道幸福西街社区
	胜利街道双兴南社区
	石园街道石园北区第二社区
	石园街道石园南区社区
	旺泉街道宏城花园社区
	空港街道吉祥花园社区
昌平区（4个）	城北街道玉虚观社区
	沙河镇北二社区
	回龙观镇龙乡社区
	回龙观镇龙华园社区
大兴区（19个）	天宫院街道海子角社区
	天宫院街道海子角南里社区
	兴丰街道富强南里社区
	兴丰街道黄村东里社区
	兴丰街道黄村中里社区
	兴丰街道富强东里社区
	兴丰街道瑞康家园社区
	兴丰街道富强西里社区
	兴丰街道兴华东里社区
	观音寺街道泰中花园社区
	观音寺街道金华里社区
	观音寺街道盛春坊社区
	林校路街道车站南里社区
	林校路街道义和庄东里社区
	林校路街道兴政西里社区
	林校路街道车站北里社区
	林校路街道兴华南里社区
	林校路街道铁路社区
	林校路街道建兴家园社区

续表

各区名称	示范点
平谷区（5个）	兴谷街道阳光社区
	兴谷街道乐园东社区
	滨河街道建西社区
	滨河街道承平园社区
	渔阳地区海关西园社区
怀柔区（10个）	龙山街道迎宾路社区
	龙山街道南华园三区社区
	泉河街道杨家园社区
	泉河街道装备学院社区
	庙城镇庙城社区
	雁栖镇新村社区
	北房镇幸福东园社区
	杨宋镇凤翔社区
	怀北镇铁路社区
	桥梓镇茶坞铁路社区

各区名称	示范点
密云区（3个）	鼓楼街道鼓楼南区社区
	鼓楼街道行宫南区社区
	果园街道果园新里社区
延庆区（10个）	百泉街道舜泽园社区
	百泉街道燕水家园社区
	百泉街道上都首府社区
	儒林街道温泉馨苑社区
	儒林街道格兰山水二期社区
	儒林街道悦安居社区
	香水园街道东外社区
	香水园街道兴运嘉园社区
	香水园街道新兴西社区
	康庄镇康庄镇社区

注：2016年全市老旧小区自我服务管理试点最终以全市核查验收达标社区为准。

2016年全市村级社会服务试点名单（共118个）

各区名称	示范点
海淀区（6个）	四季青镇西冉村
	海淀镇青龙桥村
	苏家坨镇台头村
	上庄镇常乐村
	上庄镇西马坊村
	西北旺镇唐家岭村
门头沟区（2个）	永定镇侯庄子村
	王平镇东马各庄村
房山区（11个）	琉璃河镇立教村
	青龙湖镇上万村
	阎村镇大十三里村
	良乡镇江村
	张坊镇片上村
	十渡镇新村
	大安山乡寺尚村

各区名称	示范点
房山区（11个）	霞云岭乡庄户台村
	南窖乡水峪村
	史家营乡莲花庵村
	蒲洼乡蒲洼村
通州区（4个）	于家务镇仇庄村
	马驹桥镇西马各庄村
	张家湾镇马营村
	张家湾镇南姚园村
顺义区（15个）	牛栏山镇孙各庄村
	牛栏山镇龙王头村
	牛栏山镇相各庄村
	牛栏山镇官志卷村
	牛栏山镇姚各庄村
	牛栏山镇安乐村

续表

各区名称	示范点
顺义区（15个）	龙湾屯镇龙湾屯村
	龙湾屯镇大北坞村
	龙湾屯镇小北坞村
	李遂镇赵庄村
	木林镇前王各庄村
	张镇虫王庙村
	北务镇庄子村
	杨镇安乐庄村
	大孙各庄镇吴雄寺村
昌平区（6个）	十三陵镇康陵村
	十三陵镇长陵村
	十三陵镇王庄村
	南口镇王庄村
	南口镇曹庄村
	城北街道西关村
大兴区（14个）	榆垡镇西麻各庄村
	榆垡镇履磕村
	庞各庄镇东梨园村
	庞各庄镇张公垡村
	魏善庄镇半壁店村
	魏善庄镇大狼垡村
	青云店镇太平庄村
	青云店镇大谷店村
	采育镇延寿营村
	采育镇通佛寺村
	长子营镇牛坊村
	长子营镇李堡村
	北臧村镇西王庄村
	北臧村镇北高各庄村
平谷区（10个）	刘家店镇行宫村
	金海湖镇中心村
	峪口镇东樊各庄村
	东高村镇侯家庄村
	马昌营镇西海子村
	马昌营镇王各庄村

各区名称	示范点
平谷区（10个）	镇罗营镇桃园村
	镇罗营镇东四道岭村
	平谷镇胜利街村
	山东庄镇北屯村
怀柔区（14个）	怀柔镇钓鱼台村
	庙城镇孙史山村
	杨宋镇杨宋庄村
	北房镇小罗山村
	桥梓镇后桥梓村
	渤海镇渤海所村
	九渡河镇花木村
	雁栖镇陈各庄村
	怀北镇大水峪村
	琉璃庙镇杨树下村
	汤河口镇新地村
	宝山镇转年村
	长哨营乡古洞沟村
	喇叭沟门乡下河北村
密云区（18个）	河南寨镇河南寨村
	十里堡镇清水潭村
	十里堡镇水泉村
	西田各庄镇河北庄村
	溪翁庄镇石马峪村
	穆家峪镇沙峪沟村
	穆家峪镇上峪村
	巨各庄镇久远庄村
	东邵渠镇石峨村
	大城子镇杨各庄村
	太师屯镇小漕村
	北庄镇杨家堡村
	高岭镇辛庄村
	石城镇河北村
	冯家峪镇三岔口村
	不老屯镇半城子村
	古北口镇潮关村
	新城子镇遥桥峪村

续表

各区名称	示范点
延庆区（18 个）	康庄镇榆林堡村
	康庄镇二街村
	康庄镇小北堡村
	千家店镇石槽村
	千家店镇大楝树村
	永宁镇马蹄湾村
	永宁镇二铺村
	旧县镇小柏老村
	旧县镇三里庄村

各区名称	示范点
延庆区（18 个）	沈家营镇临河村
	沈家营镇河东村
	珍珠泉乡称沟湾村
	井庄镇南老君堂村
	四海镇菜食河村
	四海镇王顺沟村
	香营乡新庄堡村
	香营乡后所屯村
	大庄科乡慈母川村

2016 年度北京市社会组织公益服务获奖品牌名单

奖项	品牌名称	实施主体
十大品牌（金奖）	逐梦未来——伴随乡村儿童成长计划	北京乡村儿童文化艺术发展促进会
	3510 在行动	北京青少年社团发展促进中心
	新芽计划——大学生人才发展工程	北京人力资源服务行业协会
	社区创享计划	北京市恩派非营利组织发展中心
	“快乐融合”盲健同行	北京市红丹丹视障文化服务中心
	第三调解室	北京人民调解协会
	法治建设公益讲堂	北京市法学会
	北京市文物安全保护志愿服务行动	北京市慈善义工联合会、北京市文物局
	“青春暖心”行动	顺义区志愿者联合会
	“玖久缘”社区文化养老	西城区玖久缘文化养老中心
银奖（30 个）	环卫工人爱心驿站	朝阳区智耘弘善社会工作事务所
	红枫妇女热线	红枫妇女热线咨询团队
	“帮帮盲”行动	北京市丰台区一加一残疾人文化服务中心
	侨界空巢老人关爱行动	北京市侨联
	“六·一”彩虹计划	北京市造血干细胞捐献志愿者协会
	公益话剧《愿望树》	西城区公益文化传播中心
	雨人烘焙	康纳洲孤独症家庭支援中心
	关爱老人、一元理发	北京市美发美容行业协会
	法律服务村居行	北京市律师协会
	社区安全用药服务	北京医药行业协会

续表

奖项	品牌名称	实施主体
银奖（30个）	耆智乐颐年——老年痴呆症多维服务	西城区睦友社会工作事务所
	森林大篷车	北京林学会
	“伴随成长”公益行动	北京市教育学会
	“夕阳港湾”居家养老服务	大兴区颐乐养老院
	圆梦新主张——残疾人参与式社会融合公益行动	石景山区小飞象训练发展中心
	启邻阳光志愿服务	通州区启星孤独症康复中心
	“保护母亲河”节水行动	延庆区自行车协会
	“京剧启蒙·国粹传承”工程	北京少儿京昆艺术教育学会
	冰球进校园	北京市冰球运动协会
	“暖心工程”公益服务活动	密云区文化志愿者协会
	金色夕阳社区法律服务	北京市法学会
	“爱心树”为老服务	东城区耆乐融长者关爱中心
	红箭社区安全行	丰台区红箭救援队
	偏远山区居家互助养老	立德社会工作事务所
	护航天使	北京市电梯商会
	与爱同行·魔法课堂	房山区大学生社工艺术团
	“北京国际友好林”植树活动	北京市人民对外友好协会
	创建美好家园公益服务活动	怀柔区龙山社区建设协会、怀柔区泉河街道老年协会
	知诚创业服务平台	北京知诚中小企业财税与金融服务促进会
	真水工程	北京包装饮用水行业协会
铜奖（60个）	“守护青春，超越迷途”司法社工公益行	北京超越青少年社工事务所
	楼宇服务计划	共青团北京市委员会
	心理健康文化走进监狱大墙	北京心理卫生协会
	惠农公益法律服务	北京市法律援助基金会
	“情暖霜心”失独老人关爱计划	朝阳区七彩昀社工事务所
	北京市医疗纠纷调解	北京市医疗纠纷人民调解委员会
	寻找快乐——为残疾人艺术服务	西城区生命阳光心理健康指导中心
	“蕴育爱·为明天”母婴公益大讲堂	北京母婴服务协会
	文明出行——我能行	北京市慈善义工联合会
	幸福维修进社区	房山建设培训学校
	“三好学堂”助力流动儿童课后公益服务	朝阳区亚运村立德社会工作事务所
	志愿集结号	海淀区志愿服务联合会及地区分会
	“家之味”养老助餐行动	石景山区益民爱心服务中心
	红细胞在行动	北京京通医院红细胞（党员）志愿服务队

续表

奖项	品牌名称	实施主体
铜奖（60个）	“雨润星空”关爱孤独症儿童公益活动	平谷区小雨滴儿童行为矫正中心
	“实事惠民”应急培训	密云区红十字会应急工作部
	“阳光爱乐”舞台筑梦计划	海淀区阳光友谊儿童康复训练中心
	太阳村	北京市慈善义工联合会太阳村分会
	幸福留言遗嘱库	北京阳光老年健康基金会
	“窦珍”志愿服务	丰台区右安门窦珍志愿服务联合会
	“乐助力”老年组织阶梯发展行动	石景山区乐龄老年社会工作服务中心
	“走进崇高”公益行动	北京走进崇高研究院
	绿色骑行——快乐健身公益推广活动	北京市自行车电动车行业协会
	“益和爱”公益编织	东城区建国门街道外交部街社区“益和爱”编织组
	“我要上学”公益行动	海淀区雨露嘉禾儿童康复训练中心
	急救（健康）知识进社区、进农村	通州区红十字会
	“一键通”社会服务平台	大兴区金锐社区服务中心
	安全文明行车公益服务行动	怀柔区道路运输协会、怀柔区龙山社区建设协会、怀柔区泉河街道老年协会
	公益交友联谊活动	北京市友联婚姻家庭咨询服务中心
	聋儿“梦想体验馆”	朝阳区澳美听力语言康复中心
	消费纠纷快速调解“绿色通道”	北京市消费者权益保护法学会
	“让动漫文化带给残障儿童欢乐”活动	北京动漫游戏产业联盟
	“心医‘城市病’”公益活动	沁园心理社会工作事务所
	一维一梦公益计划	北京心力量公益文化传播中心
	“四点半课堂”职工子女艺术课堂	北京市城市再生资源服务中心
	“友善用脑”科学学习普及行动	北京市学习科学学会
	疑难纠纷评理团	平谷区人民调解协会
	智天使	北京智天使青少年成长促进中心
	“救在身边”应急救助公益培训	怀柔区应急救援协会
	女大学生就业创业服务	北京市女企业家协会
	流动人口社会融合服务	北京市协作者社会工作发展中心
	“一刻公益”志愿反哺综合服务	北京市一刻公益社区发展服务中心
	爱科技·i创新	顺义区京北科技创新推进中心
	涉法涉诉信访“三百”服务	北京市公益法律服务与研究中心
	24集市	北京市农民专业合作社联合会
	“社区乐易行”心智障碍儿童社区融合模式	昌平区昌雨春童康复中心
	“心灵阳光灿烂”儿童关爱计划	平谷区新青年培训学校
	“燕京八绝”承恩文化传习大讲堂	北京燕京八绝协会

续表

奖项	品牌名称	实施主体
铜奖（60个）	“新引擎”助力行动	丰台区恩瑞社会组织发展咨询研究中心、丰台区社工协会
	特殊群体关爱行动	门头沟区风格与爱社会工作事务所
	免费书包微公益	北京中金浩资产评估有限责任公司
	“华医在线”移动医疗服务	中关村华医移动医疗技术创新研究院
	亲情速递　最美夕阳	顺义区80后义工社
	送艺下乡	北京玩具协会
	“康龄轩”中老年健康课堂	北京康龄轩文化交流服务中心
	企业党建诊断交流推广活动	北京企业评价协会
	家庭成长乐园	北京芳华社会工作服务发展中心
	运河风采公益大讲堂	通州区文联
	手工技能公益培训	东城区巧娘工作室发展协会
	多元调解人才服务行动	北京多元调解发展促进会

2016年度北京非公有制企业履行社会责任百家上榜单位

（共100个，排名不分先后）

九一金融信息服务（北京）有限公司
万都（北京）汽车底盘系统有限公司
中延联科技（北京）有限责任公司
中腾时代集团有限公司
北京八达岭金宸建筑有限公司
北京九州电梯安装工程有限公司
北京三和药业有限公司
北京马应龙长青肛肠医院
北京天恒建设工程有限公司
北京中公教育科技股份有限公司
北京中加实业集团有限公司
北京中建华宇机电工程有限公司
北京古宝斋文物有限公司
北京叶氏企业集团有限公司
北京四海种植专业合作社
北京市千叶珠宝股份有限公司
北京市宝城客运有限责任公司
北京市建雄建筑集团有限公司
北京市泰华房地产开发集团有限公司
北京市群英印刷有限公司
北京兰格电子商务有限公司
北京亚东生物制药有限公司
北京西红轩食品有限责任公司
北京百迈客生物科技有限公司
北京百味绿春食品有限责任公司
北京华江文化发展有限公司
北京华威家具制造有限公司
北京华源亿泊停车管理有限公司
北京合众铭科技有限公司
北京兴科迪科技有限公司
北京好景象科技发展有限公司
北京红星美凯龙世博家具广场有限公司
北京远航兄弟文化传媒有限公司
北京每刻家美家政有限责任公司
北京宏源南门涮肉城有限责任公司
北京纵横大通网络技术有限公司
北京环球新意百货有限公司
北京昌达物流集团有限公司

北京明邦环保科技有限公司
北京佳讯飞鸿电气股份有限公司
北京佳诚物业管理有限公司
北京金港建设股份有限公司
北京金路易速冻食品有限公司
北京金寰亚管理咨询有限公司
北京京园诚得信工程管理有限公司
北京宝丰钢结构工程有限公司
北京信得威特科技有限公司
北京洪福环宇餐饮有限公司
北京泰宁科创雨水利用技术股份有限公司
北京航云机械制造有限公司
北京航科威视光电信息技术有限公司
北京爱义行汽车服务有限责任公司
北京益农缘生态农业专业合作社
北京悦康凯悦制药有限公司
北京通成网联科技发展有限公司
北京盛仁堂医药有限公司
北京银达物业管理有限责任公司
北京银桥动力科技（集团）有限公司
北京康比特体育科技股份有限公司
北京康贝尔食品有限责任公司
北京章光101科技股份有限公司
北京清心居农庄有限公司
北京隆盛保洁服务有限公司
北京绿伞化学股份有限公司
北京绿莱园蔬菜专业合作社
北京超同步伺服股份有限公司
北京博龙阳光新能源高科技开发有限公司
北京搜狗科技发展有限公司
北京联合智业控股集团
北京韩建集团有限公司
北京朝音信德集团
北京集佳知识产权代理有限公司
北京蓝色光标品牌管理顾问股份有限公司
北京路浩知识产权代理有限公司
北京新福润达绝缘材料有限责任公司
北京福润汽车修理有限公司
北京嘉和一品企业管理有限公司
北京嘉寓门窗幕墙股份有限公司
北京趣拿软件科技有限公司（去哪儿网）
北京德士比形象策划有限责任公司
北京德尔康尼骨科医院有限公司
北京德驿通程汽车销售服务有限公司
北京澳特舒尔保健品开发有限公司
北京澄通光电股份有限公司
北京鹰冠精工家具有限责任公司
包商银行股份有限公司北京分行
汇龙森国际企业孵化（北京）有限公司
光合（北京）文化创意股份有限公司
网易传媒科技（北京）有限公司
先智创科（北京）科技有限公司
合一信息技术（北京）有限公司
泛华建设集团有限公司
松下电器（中国）有限公司
尚巴新升（北京）文化有限公司
金果园老农（北京）食品股份有限公司
金诚信矿业管理股份有限公司
洛娃科技实业集团有限公司
恺王科技（北京）有限公司
锐仕方达（北京）人力资源顾问有限公司
暴风集团股份有限公司

入围单位

（共50个，排名不分先后）

万仕道（北京）管理咨询有限公司
中金国华（北京）投资基金管理有限公司
中恒建设集团有限公司北京分公司
东方安卓（北京）征信有限公司
北京二商中鹤农业发展有限公司
北京大众在线网络技术有限公司
北京万丰志欣大连海鲜农家菜餐饮有限公司
北京戈程知识产权代理有限公司
北京中建华通建设集团有限公司
北京中科汇融文化传播有限公司
北京中瑞诚会计师事务所有限公司
北京方佳物业管理有限公司
北京双圆工程咨询监理有限公司
北京双海国际旅游有限公司
北京世纪好未来教育科技有限公司
北京东方汇佳人力资源咨询有限责任公司
北京东方华智石油工程有限公司
北京东方慧博人力资源顾问股份有限公司
北京东豪建设集团有限公司
北京北方人瑞教育咨询有限公司
北京北方阳光国际货运代理有限公司
北京北奥会展有限责任公司
北京央务恒远保安服务有限公司
北京市双翌建筑装饰工程有限公司
北京永创通达机械设备有限公司
北京华宇保洁有限公司
北京华厦恒建设集团有限公司
北京华嘉教育发展有限公司
北京幸福泉教育科技发展有限责任公司
北京国经兆维管理咨询中心
北京凯瑞御仙都餐饮管理有限公司
北京佰仁医疗科技有限公司
北京法政实业集团有限公司
北京胜利穆斯林文化园有限公司
北京美视亮验光配镜中心
北京泰利新能源科技发展有限公司
北京爱百年文化艺术中心
北京高文律师事务所
北京康诚世纪投资有限公司
北京博源包装制品有限公司
北京联东投资（集团）有限公司
北京联洋人才科技股份有限公司
北京键兴泰家具有限公司
北京嘉林药业股份有限公司
北京豪艺博雅企业经营策划有限公司
北京精锐培优教育咨询有限公司
北京慧远电线电缆有限公司
北京震宇成套电气设备集团
北京禧韵健康管理有限公司
泽羚投资咨询（北京）有限公司

评价活动组织奖

（共10个，排名不分先后）

西城区委社会工委
朝阳区委社会工委
通州区委社会工委
密云区委社会工委
昌平区委社会工委
延庆区委社会工委
北京市工商业联合会
北京市私营个体经济协会
北京企业联合会
中关村社会组织联合会

北京市社会工作事务所规范化建设试点名单（32个）

序号	区	试点社会工作事务所名称
1	东　城	助人社会工作事务所
2	西　城	睦友社会工作事务所
3		睦邻社会工作事务所
4		悦群社会工作事务所
5	朝　阳	立德社会工作事务所
6		民和社会工作事务所
7		七彩昀社会工作事务所
8	海　淀	北城心悦社会工作事务所
9	丰　台	中鼎社会工作事务所
10		瑞丰社会服务中心
11	石景山	星缘社会工作事务所
12		乐龄老年社会工作服务中心
13	门头沟	康馨社会工作事务所
14	房　山	睿诚社会工作事务所
15		春燕社会工作事务所
16	通　州	众合社会工作事务所
17		北京市众合社会工作事务所
18	顺　义	绿港社会工作事务所
19	昌　平	温心社会工作事务所
20	大　兴	朗润社会工作事务所
21		星光社会工作事务所
22		博恒司法社会工作事务所
23	平　谷	博阳社会工作事务所
24	怀　柔	京北社会工作事务所
25	密　云	家业如心社会工作事务所
26		馨欣社会工作事务所
27	延　庆	鹏鲲社会工作事务所
28	团市委	北京超越社工事务所
29		北京厚德社会工作事务所
30		北京市京师社会工作事务所
31		北京和风社工事务所
32	市妇联	北京芳华社会工作服务发展中心

北京市专业社工机构名单（145个）

（社会工委系统作为业务主管单位的专业社工机构）

业务主管部门（各区社会工委、相关市级“枢纽型”社会组织）	专业社工机构名称
东城（4）	助人社会工作事务所
	金朝社会工作服务中心
	新乐道社会工作事务所
	引行社工事务所
西城（4）	睦友社会工作事务所
	睦邻社会工作事务所
	仁助社会工作事务所
	悦群社会工作事务所
朝阳（28）	民和社会工作事务所
	爱众社会工作服务中心
	惠和社会工作服务中心
	康乐颐年社会工作事务所
	玖诚社会工作服务中心
	弘益社会工作事务所
	绿芽公益社会工作服务中心

续表

业务主管部门（各区社会工委、相关市级“枢纽型”社会组织）	专业社工机构名称
朝阳（28）	亲邻社会工作服务中心
	润泽社会工作事务所
	新航社会工作服务中心
	艺途社会工作事务所
	在行动社会工作事务所
	常青藤社会服务发展中心
	望京李楠社会工作事务所
	曙康社会工作事务所
	心声社会工作事务所
	合福社会工作事务所
	亚运村立德社会工作事务所
	四海归巢社会工作事务所
	方舟社会工作发展中心
	近邻社会服务中心
	颐天悦社会工作事务所
	政和社会发展促进中心
	惠心社会工作事务所
	七彩昀社会工作事务所
	安贞惠友社工事务所
	智耘弘善社会工作事务所
	睦邻社会工作服务中心
海淀（3）	北城心悦社会工作事务所
	惠泽社会工作事务所
	睿搏社会工作事务所
丰台（11）	中鼎社会工作事务所
	彤心社会工作事务所
	小溪社会工作事务所
	沁园心理社会工作事务所
	九万里社会工作事务所
	德容社会工作师事务所
	乐助社会工作事务所
	恩瑞社会组织发展咨询研究中心
	利智社会工作事务所
	瑞丰社会服务中心
	蓟翔社会工作事务所

业务主管部门（各区社会工委、相关市级“枢纽型”社会组织）	专业社工机构名称
石景山（15）	金顶阳光社会工作事务所
	乐龄老年社会工作服务中心
	泉源儿童之家
	星缘社会工作事务所
	智达社会工作事务所
	长庚社会工作事务所
	木铎社会工作事务所
	励德社会工作事务所
	清源社会工作事务所
	中正社会工作事务所
	致远社会工作事务所
	绿叶社会工作事务所
	文博社会工作事务所
	常青草社会工作事务所
	春燕社会工作事务所
门头沟（4）	协力社会组织服务发展中心
	阳光心理服务中心
	康馨社会工作事务所
	风格与爱社会工作事务所
房山（9）	春燕社会工作事务所
	睿诚社会工作事务所
	社工艺术团
	时代家和社工事务所
	社会工作者联合会
	蒲公英社工事务所
	尚德社会工作事务所
	尚民社工事务所
	清风社工事务所
通州（17）	凤欣心理社会工作事务所
	汇德社会工作事务所
	北京市众合社会工作事务所
	春晓心理社会工作事务所
	盛德社会工作事务所

续表

业务主管部门（各区社会工委、相关市级“枢纽型”社会组织）	专业社工机构名称
通州（17）	众合社会工作事务所
	盈信社会工作事务所
	利智澳美社会工作事务所
	永通社会工作发展服务中心
	德仁社区心理服务中心
	明心社会工作事务所
	曙通社会工作事务所
	仕语社工事务所
	博阳社工事务所
	筑梦社会工作事务所
	阳光心理服务中心
	启明星社工事务所
顺义（11）	绿港社会工作事务所
	义祥社会工作事务所
	睿治社会工作事务所
	佳顺社会工作事务所
	创实社会工作事务所
	爱亿融社会工作事务所
	小康社会工作事务所
	胜利同行社会工作事务所
	汇爱社会工作事务所
	益立方社会工作事务所
	集嘉社会工作事务所
昌平（1）	温心社会工作师事务所
大兴（8）	博石社会工作事务所
	博恒司法社工事务所
	朗润社会工作事务所
	铭盛佳诚社会工作事务所
	星光社会工作事务所
	阳光之家社会工作事务所
	厚源社会工作事务所
	助兴社会工作事务所

业务主管部门（各区社会工委、相关市级“枢纽型”社会组织）	专业社工机构名称
平谷（4）	博阳社会工作事务所
	绿谷社会工作事务所
	瑞嘉社会工作事务所
	腾达社会工作事务所
怀柔（10）	京北社会工作事务所
	天馨社会工作事务所
	昊星社会工作事务所
	艳阳天社会工作事务所
	怀柔嘉惠社会工作事务所
	华彩社会工作事务所
	怀青社会工作事务所
	东方社会工作事务所
	福音社会工作事务所
	心扉社工事务所
密云（10）	云播社会工作事务所
	新民社会工作事务所
	青春榜样残疾人社工所
	社会组织服务中心
	惠泽华龄社会工作事务所
	烛光爱心社工事务所
	馨欣社会工作事务所
	家业如心社会工作事务所
	祥和社会工作事务所
	众智社会工作事务所
延庆（4）	妫川青年社会工作事务所
	精诚社会工作事务所
	鹏鲲社会工作事务所
	春晖社会工作事务所
团市委	北京超越青少年社工事务所
市妇联	北京芳华社会工作服务发展中心

东城区商务楼宇志愿服务站名单（41个）

序号	街道名称	商务楼宇志愿服务站名称
1	和平里街道	环贸商务楼宇志愿服务站
2	和平里街道	蓝宝商务楼宇志愿服务站
3	和平里街道	京宝商务楼宇志愿服务站
4	和平里街道	紫萱园商务楼宇志愿服务站
5	和平里街道	隆和商务楼宇志愿服务站
6	和平里街道	和平新城商务楼宇志愿服务站
7	安定门街道	方家46号志愿服务站
8	景山街道	金隆基大厦志愿服务站
9	东华门街道	王府井楼宇志愿服务站
10	东华门街道	灯市口楼宇志愿服务站
11	东华门街道	东长安街南区楼宇志愿服务站
12	东华门街道	东方广场楼宇志愿服务站
13	北新桥街道	歌华大厦商务楼宇志愿服务站
14	东四街道	东四北大街片区商务楼宇志愿服务站
15	东四街道	平安大街片区商务楼宇志愿服务站
16	东四街道	南新仓大厦商务楼宇志愿服务站
17	朝阳门街道	银河SOHO商务楼宇志愿服务站
18	交道口街道	南锣鼓巷志愿服务站
19	建国门街道	贡院片区商务楼宇志愿服务站
20	建国门街道	金宝街片区商务楼宇志愿服务站
21	建国门街道	东单片区商务楼宇志愿服务站
22	建国门街道	站东片区商务楼宇志愿服务站
23	建国门街道	恒基中心商务楼宇志愿服务站
24	前门街道	前门大街商务楼宇志愿服务站
25	东花市街道	鼎新大厦阳光随行党员义工站
26	东花市街道	尼奥大厦商务楼宇工作站
27	东花市街道	名敦道商务楼宇工作站
28	龙潭街道	亿兴大厦商务楼宇志愿服务站
29	龙潭街道	伟图大厦商务楼宇志愿服务站
30	龙潭街道	领行国际商务楼宇志愿服务站
31	龙潭街道	星海宏昌大厦商务楼宇志愿服务站
32	龙潭街道	通正国际大厦商务楼宇志愿服务站
33	崇外街道	北京商界楼宇志愿服务站
34	崇外街道	北京汇楼宇工作站
35	永外街道	永外街道商务楼宇工作站中心站
36	永外街道	永外街道西片商务楼宇工作站
37	永外街道	永外街道惠达商务会馆楼宇工作站
38	体育馆路街道	鑫企旺商务楼宇志愿服务站
39	体育馆路街道	鹰岛大厦商务楼宇志愿服务站
40	体育馆路街道	万福大厦商务楼宇志愿服务站
41	体育馆路街道	东普商务楼宇志愿服务站

西城区商务楼宇志愿服务站名单（34 个）

序号	街道名称	商务楼宇志愿服务站名称
1	什刹海街道	自动化技术研究院楼宇工作站
2		航鑫园宾馆楼宇工作站
3	天桥街道	太丰惠中大厦楼宇工作站
4		富力摩根大厦楼宇工作站
5	新街口街道	成铭大厦楼宇工作站
6		国英一号楼宇工作站
7		国英公寓楼宇工作站
8		祺祥园楼宇工作站
9		金泰华云楼宇工作站
10		计华商务楼宇工作站
11	金融街街道	金融街商务楼宇党群活动中心站
12		金融街商务楼宇党群工作中心站
13		金融街商务楼宇党建阳光服务站
14	陶然亭街道	京都瑞成大厦商务楼宇工作站
15	月坛街道	月坛大厦楼宇工作站
16		中商大厦楼宇工作站
17		康侯商务会馆楼宇工作站
18	月坛街道	月坛理想大厦楼宇工作站
19		万丰怡和商务会馆楼宇工作站
20		白云时代大厦楼宇工作站
21		建威大厦楼宇工作站
22		恒华国际商务中心楼宇工作站
23		月新大厦楼宇工作站
24		国宏大厦楼宇工作站
25	广安门内街道	核桃园楼组社会服务中心站
26	白纸坊街道	商务楼宇社会服务管理中心
27	牛街街道	枫桦豪景楼宇工作站
28	椿树街道	庄胜楼宇楼宇工作站
29		富卓楼宇楼宇工作站
30	展览路街道	物华大厦楼宇工作站
31		五栋大楼楼宇工作站
32		国侨宾馆楼宇工作站
33	西长安街街道	高登大厦楼宇工作站
34		大悦城楼宇工作站

朝阳区商务楼宇志愿服务站名单（229 个）

序号	街道名称	商务楼宇志愿服务站名称
1	安贞街道	长新大厦商务楼宇志愿服务站
2		深房大厦商务楼宇志愿服务站
3		安华发展大厦商务楼宇志愿服务站
4		化信大厦商务楼宇志愿服务站
5		金瓯大厦商务楼宇志愿服务站
6		浙江大厦商务楼宇志愿服务站
7		仟村大厦商务楼宇志愿服务站
8		华展公寓商务楼宇志愿服务站
9	安贞街道	会展中心商务楼宇志愿服务站
10		元辰鑫大厦商务楼宇志愿服务站
11		信义大厦商务楼宇志愿服务站
12		泰利明苑商务楼宇志愿服务站
13	八里庄街道	华贸写字楼 1 号楼商务楼宇志愿服务站
14		航空大厦商务楼宇志愿服务站

续表

序号	街道名称	商务楼宇志愿服务站名称
15	八里庄街道	远洋国际中心商务楼宇志愿服务站
16		金泰国益大厦商务楼宇志愿服务站
17	朝外街道	悠唐大厦商务楼宇志愿服务站
18		华普大厦商务楼宇志愿服务站
19		万邦大厦商务楼宇志愿服务站
20		朝外门贸易中心商务楼宇志愿服务站
21		天辰大厦商务楼宇志愿服务站
22		人寿大厦商务楼宇志愿服务站
23	大屯街道	华仑大厦商务楼宇志愿服务站
24		安慧东里首佳商务楼宇服务站
25		凯旋城商务楼宇服务站
26		天创世缘商务楼宇服务站
27		金泉时代商务楼宇服务站
28		龙都公寓商务楼宇志愿服务站
29		名人公寓商务楼宇志愿服务站
30		紫玉山庄商务楼宇服务站
31		洛克时代商务楼宇服务站
32		阳光广场商务楼宇志愿服务站
33		亚非大厦商务楼宇志愿服务站
34		四方大厦商务楼宇志愿服务站
35		裕发大厦商务楼宇志愿服务站
36	东湖街道	众运大厦商务楼宇志愿服务站
37		叶青大厦商务楼宇志愿服务站
38		科技创业园商务楼宇志愿服务站
39		博泰国际大厦商务楼宇志愿服务站
40		博泰大厦商务楼宇志愿服务站
41		中晨大厦商务楼宇志愿服务站
42		华彩大厦商务楼宇志愿服务站
43		津港储运商务楼宇志愿服务站

序号	街道名称	商务楼宇志愿服务站名称
44	和平街街道	煤炭大厦商务楼宇志愿服务站
45		怡和阳光大厦商务楼宇志愿服务站
46		金孔雀大厦商务楼宇志愿服务站
47		林达大厦商务楼宇志愿服务站
48		建达大厦商务楼宇志愿服务站
49		华表大厦商务楼宇志愿服务站
50		金基业大厦商务楼宇志愿服务站
51		企发大厦商务楼宇志愿服务站
52		首钢国旅大厦商务楼宇志愿服务站
53		易亨大厦商务楼宇志愿服务站
54		三川大厦商务楼宇志愿服务站
55		安源大厦商务楼宇志愿服务站
56		外贸安贞大厦商务楼宇志愿服务站
57	呼家楼街道	北控大厦商务楼宇志愿服务站
58		泰康金融大厦商务楼宇志愿服务站
59		禧瑞都商务楼宇志愿服务站
60		复星国际中心商务楼宇志愿服务站
61		百富大厦商务楼宇志愿服务站
62		第一商城商务楼宇志愿服务站
63		泰达时代中心商务楼宇志愿服务站
64		雨霖大厦商务楼宇志愿服务站
65		国安宾馆商务楼宇志愿服务站
66		宏利招待所商务楼宇志愿服务站
67		圣天使酒店商务楼宇志愿服务站
68		圣世一品商务楼宇志愿服务站
69		孚兴写字楼商务楼宇志愿服务站
70		SOHO 尚都商务楼宇志愿服务站
71		万通中心商务楼宇志愿服务站
72		北京财富中心商务楼宇志愿服务站
73		北京香江财富酒店商务楼宇志愿服务站
74		富尔大厦商务楼宇志愿服务站
75		嘉里中心商务楼宇志愿服务站
76		嘉里中心酒店商务楼宇志愿服务站

续表

序号	街道名称	商务楼宇志愿服务站名称
77	建外街道	SOHO 现代城商务楼宇志愿服务站
78		秀水街商务楼宇志愿服务站
79		盛世嘉园商务楼宇志愿服务站
80		招商局大厦商务楼宇志愿服务站
81		瑞赛大厦商务楼宇志愿服务站
82		郎园商务楼宇志愿服务站
83		东郎商务楼宇志愿服务站
84		东方瑞景 A \ B \ C 座商务楼宇志愿服务站
85		京泰大厦商务楼宇志愿服务站
86		东海中心商务楼宇志愿服务站
87		长富宫中心商务楼宇志愿服务站
88		广播大厦商务楼宇志愿服务站
89		赛特大厦商务楼宇志愿服务站
90		嘉华世纪商务楼宇志愿服务站
91		华侨村商务楼宇志愿服务站
92		柏联大厦商务楼宇志愿服务站
93		东方梅地亚中心商务楼宇志愿服务站
94		中服大厦商务楼宇志愿服务站
95		和乔大厦商务楼宇志愿服务站
96		光华大厦商务楼宇志愿服务站
97		温莎公寓商务楼宇志愿服务站
98		光华路 SOHO 商务楼宇志愿服务站
99		东大桥（14 号院）商务楼宇志愿服务站
100		中期大厦商务楼宇志愿服务站
101		外贸大楼商务楼宇志愿服务站
102		宝钢大厦商务楼宇志愿服务站
103		卓明大厦商务楼宇志愿服务站
104		新华保险大厦商务楼宇志愿服务站
105	建外街道	双子座大厦商务楼宇志愿服务站
106		长安驿商务楼宇志愿服务站
107		蓝堡国际中心商务楼宇志愿服务站
108		温特莱中心商务楼宇志愿服务站
109		金地中心商务楼宇志愿服务站
110		阳光 100 商务楼宇志愿服务站
111		万达广场商务楼宇志愿服务站
112		新族大厦商务楼宇志愿服务站
113		建外 SOHO 4 号楼商务楼宇志愿服务站
114		建外 SOHO 7 号楼商务楼宇志愿服务站
115		建外 SOHO 10 号楼商务楼宇志愿服务站
116		建外 SOHO 13 号楼商务楼宇志愿服务站
117		建外 SOHO 14 号楼商务楼宇志愿服务站
118		建外 SOHO 15 号楼商务楼宇志愿服务站（1）
119		建外 SOHO 15 号楼商务楼宇志愿服务站（2）
120		建外 SOHO 17 号楼商务楼宇志愿服务站
121		建外 SOHO B 座商务楼宇志愿服务站
122		通用中心商务楼宇志愿服务站
123		CBD 大厦商务楼宇志愿服务站
124		SK 大厦商务楼宇志愿服务站
125		中环世贸大厦商务楼宇志愿服务站
126		华彬大厦商务楼宇志愿服务站
127		IFC 大厦商务楼宇志愿服务站

续表

序号	街道名称	商务楼宇志愿服务站名称
128	劲松街道	红星美凯龙商务楼宇志愿服务站
129		华腾大厦商务楼宇志愿服务站
130		华腾北搪大厦商务楼宇志愿服务站
131		劲松大厦商务楼宇志愿服务站
132		富顿中心商务楼宇志愿服务站
133		顺迈中心商务楼宇志愿服务站
134		北人泽洋大厦商务楼宇志愿服务站
135		天客隆商厦商务楼宇志愿服务站
136		友金大厦商务楼宇志愿服务站
137		阳光财富大厦商务楼宇志愿服务站
138		旭捷大厦商务楼宇志愿服务站
139	酒仙桥街道	电子城科技大厦商务楼宇志愿服务站
140		兆维华灯大厦商务楼宇志愿服务站
141		兆维大厦商务楼宇志愿服务站
142		星科大厦商务楼宇志愿服务站
143		瑞达中心商务楼宇志愿服务站
144		格兰维森大厦商务楼宇志愿服务站
145		878 东区商务楼宇志愿服务站
146		星城国际大厦商务楼宇志愿服务站
147		宏源大厦商务楼宇志愿服务站
148		燕东商务大厦商务楼宇志愿服务站
149	六里屯街道	恒泰大厦商务楼宇志愿服务站
150		万科商务楼宇志愿服务站
151		万科（甜水园）商务楼宇志愿服务站

序号	街道名称	商务楼宇志愿服务站名称
152	潘家园街道	北京汽车大厦商务楼宇志愿服务站
153		北京古玩城商务楼宇志愿服务站
154		潘家园大厦商务楼宇志愿服务站
155		华腾劲松商务楼宇志愿服务站
156		海文大厦商务楼宇志愿服务站
157	双井街道	京粮大厦商务楼宇志愿服务站
158		金港国际商务楼宇志愿服务站
159		后现代城商务楼宇志愿服务站
160		乐成中心商务楼宇志愿服务站
161		东环国际大厦商务楼宇志愿服务站
162		优士阁大厦商务楼宇志愿服务站
163		富力双子座 B 座商务楼宇志愿服务站
164	三里屯街道	首开铂郡商务楼宇志愿服务站
165		SOHO 商务楼宇志愿服务站
166		中宇大厦商务楼宇志愿服务站
167		凯富大厦商务楼宇志愿服务站
168		盈科大厦商务楼宇志愿服务站
169		中青大厦商务楼宇志愿服务站
170		嘉盛大厦商务楼宇志愿服务站
171		嘉铭大厦商务楼宇志愿服务站
172		白家庄写字楼商务楼宇志愿服务站
173		兴华公寓商务楼宇志愿服务站
174		红街大厦商务楼宇志愿服务站
175		“3·3”服饰大厦商务楼宇志愿服务站
176		永利国际商务楼宇志愿服务站
177		世茂大厦商务楼宇志愿服务站

续表

序号	街道名称	商务楼宇志愿服务站名称
178	望京街道	佳境天城商务楼宇志愿服务站
179		望京街道425楼党员活动中心
180		宝能中心商务楼宇志愿服务站
181		望京SOHO商务楼宇服务站
182		宝星园非公党员活动中心商务楼宇志愿服务站
183	香河园街道	静安中心商务楼宇志愿服务站
184		金泰大厦商务楼宇志愿服务站
185		英特公寓商务楼宇志愿服务站
186	小关街道	泰德商务花园楼宇志愿服务站
187		千鹤家园商务楼宇志愿服务站
188		中林商住商务楼宇志愿服务站
189		紫光发展大厦商务楼宇志愿服务站
190		世纪嘉园商务楼宇志愿服务站
191	亚运村街道	五矿大厦商务楼宇志愿服务站
192		峻峰华亭商务楼宇志愿服务站
193		化工大厦商务楼宇志愿服务站
194		奥体商圈商务楼宇志愿服务站
195		汇园公寓商务楼宇志愿服务站
196		汇欣大厦商务楼宇志愿服务站
197		汇宾大厦商务楼宇志愿服务站
198		时代大厦商务楼宇志愿服务站
199		华辰公寓商务楼宇志愿服务站
200		远大中心商务楼宇志愿服务站
201		唐人街商务楼宇志愿服务站
202		国恒基业商务楼宇志愿服务站
203		健翔大厦商务楼宇志愿服务站
204		华亭嘉园商务楼宇志愿服务站
205		创业大厦商务楼宇志愿服务站
206		盘古大观商务楼宇志愿服务站

序号	街道名称	商务楼宇志愿服务站名称
207	左家庄街道	平安大厦商务楼宇志愿服务站
208		琨莎大厦商务楼宇志愿服务站
209		广宸商务楼商务楼宇志愿服务站
210		百灵大厦商务楼宇志愿服务站
211		国门大厦商务楼宇志愿服务站
212		通成达大厦商务楼宇志愿服务站
213		三元大厦商务楼宇志愿服务站
214		时间国际商务楼宇志愿服务站
215		第三置业商务楼宇志愿服务站
216	奥运村街道	新奥购物中心商务楼宇志愿服务站
217		景龙国际商务楼宇志愿服务站
218		领地OFFICE商务楼宇志愿服务站
219		丰收物业集中办公区商务楼宇志愿服务站
220	团结湖街道	博瑞大厦商务楼宇志愿服务站
221		京龙大厦商务楼宇志愿服务站
222		恒祥大厦商务楼宇志愿服务站
223		摩码大厦商务楼宇志愿服务站
224	麦子店街道	远洋新干线商务楼宇志愿服务站
225		御东商务楼宇志愿服务站
226		海昌大厦商务楼宇志愿服务站
227		光明饭店商务楼宇志愿服务站
228		京朝大厦商务楼宇志愿服务站
229		瑞辰国际中心商务楼宇志愿服务站

海淀区商务楼宇志愿服务站名单（142个）

序号	街道名称	商务楼宇志愿服务站名称
1	万寿路街道	九州大厦志愿服务站
2		复兴路83号志愿服务站
3		百朗园商务楼宇志愿服务站
4		嘉德公寓志愿服务站
5		实业大厦志愿服务站
6		天行建大厦志愿服务站
7		长银大厦志愿服务站
8	羊坊店街道	京门大厦志愿服务站
9		恩菲科技大厦志愿服务站
10		海育大厦志愿服务站
11		京西大厦志愿服务站
12		华宝大厦志愿服务站
13		金鑫大厦志愿服务站
14		华天大厦志愿服务站
15		天洋大厦志愿服务站
16		中盛大厦志愿服务站
17		中雅大厦志愿服务站
18		百乐写字楼志愿服务站
19		城乡写字楼志愿服务站
20		翠微大厦志愿服务站
21		专家公寓志愿服务站
22		华鹰H座志愿服务站
23		荣华大厦志愿服务站
24		万发大厦志愿服务站
25		华鹰大厦A－E座志愿服务站
26	甘家口街道	甘家口大厦楼宇志愿服务站
27		云建大厦楼宇志愿服务站
28		光耀东方楼宇志愿服务站
29		紫玉饭店楼宇志愿服务站
30		世纪经贸大厦楼宇志愿服务站
31	甘家口街道	华通大厦楼宇志愿服务站
32		主语城楼宇志愿服务站
33		国兴大厦楼宇志愿服务站
34		腾达大厦楼宇志愿服务站
35		新世纪日航饭店楼宇志愿服务站
36		西苑饭店楼宇志愿服务站
37	八里庄街道	恩济大厦志愿服务站
38		丰裕写字楼志愿服务站
39		慧科大厦志愿服务站
40		嘉城商务志愿服务站
41		新洲大厦楼宇志愿服务站
42		银都大厦志愿服务站
43		北京印象社区志愿服务站
44		裕惠大厦志愿服务站
45		国际财经A座志愿服务站
46		国际财经B座志愿服务站
47		国际财经C座志愿服务站
48		国际财经D座志愿服务站
49		科源A座志愿服务站
50		科源B座志愿服务站
51		金威志愿服务站
52	紫竹院街道	豪柏大厦志愿服务站
53	北下关街道	数码大厦志愿服务站
54		艺海集团志愿服务站
55	北太平庄街道	锦秋国际大厦志愿服务站
56		枫蓝国际大厦志愿服务站
57		金运大厦志愿服务站
58		庆亚大厦志愿服务站

续表

序号	街道名称	商务楼宇志愿服务站名称
59	海淀街道	中关村大厦志愿服务站
60		新中关大厦志愿服务站
61		创富大厦志愿服务站
62		万柳亿城中心志愿服务站
63		长远天地大厦志愿服务站
64		海兴大厦志愿服务站
65		文化大厦志愿服务站
66		时代网络大厦志愿服务站
67		大行基业大厦志愿服务站
68		神州数码大厦志愿服务站
69		中关村 e 世界志愿服务站
70		中国华腾大厦志愿服务站
71		中关村瀚海国际大厦（1＋1大厦）志愿服务站
72		盈智大厦志愿服务站
73		中国电子大厦志愿服务站
74		理想国际大厦志愿服务站
75		中关村创业大街志愿服务站
76		银科大厦志愿服务站
77		泰鹏大厦志愿服务站
78		天创科技大厦志愿服务站
79		鼎好电子大厦志愿服务站
80		左岸工社志愿服务站
81		辉煌时代大厦志愿服务站
82		大恒科技大厦志愿服务站
83		新东方大厦志愿服务站
84		鸿城拓展大厦志愿服务站
85		北京市海淀区邮电局中关村支局志愿服务站
86		北京四通大厦志愿服务站
87		海龙大厦志愿服务站
88		海淀新技术大厦志愿服务站
89		中成大厦志愿服务站
90	中关村街道	都市网景商务楼宇志愿服务站
91		怡升园商务楼宇志愿服务站
92		慎昌大厦商务楼宇志愿服务站
93		世纪科贸大厦志愿服务站
94		盈都大厦商务楼宇志愿服务站
95		紫金数码园志愿服务站
96		希格玛大厦志愿服务站
97		财智大厦志愿服务站
98		银谷大厦志愿服务站
99		泛亚大厦志愿服务站
100		知春大厦志愿服务站
101		融科资讯志愿服务站
102		恒兴大厦志愿服务站
103		青云当代大厦志愿服务站
104		康拓大厦志愿服务站
105		卫星大厦志愿服务站
106		银网中心志愿服务站
107		豪景大厦志愿服务站
108		海淀文化艺术大厦志愿服务站
109		中发电子大厦志愿服务站
110		和盛大厦志愿服务站
111		中关村科贸中心志愿服务站
112		中科大厦志愿服务站
113		开源商务写字楼志愿服务站
114		誉德写字楼志愿服务站
115		汉荣家园商务楼宇志愿服务站
116	学院路街道	清华同方科技广场志愿服务站
117		科大天工大厦志愿服务站

续表

序号	街道名称	商务楼宇志愿服务站名称
118	清河街道	清河大厦志愿服务站
119		金领时代志愿服务站
120		无忧港志愿服务站
121		银燕大厦志愿服务站
122		富地大厦志愿服务站
123	西三旗街道	公元九九志愿服务站
124		水木天成志愿服务站
125		程远商务志愿服务站
126	马连洼街道	东居物业商务楼宇志愿服务站
127	花园路街道	城建大厦志愿服务站
128	田村路街道	玉海大厦志愿服务站
129		中昊家园志愿服务站
130	上地街道	嘉华大厦志愿服务站
131		硅谷亮城志愿服务站
132		数字传媒大厦志愿服务站
133		辉煌国际志愿服务站
134	曙光街道	牛顿办公区商务楼宇志愿服务站
135		金源商务楼宇志愿服务站
136	东升镇	泰兴大厦志愿服务站
137		中关村东升科技园志愿服务站
138		坤讯大厦志愿服务站
139	四季青镇	玉泉慧谷商务楼宇志愿服务站
140		静芯园商务楼宇志愿服务站
141		馨雅大厦商务楼宇志愿服务站
142	海淀园工委	海淀留学人员创业园志愿服务站

丰台区商务楼宇志愿服务站名单（35 个）

序号	街道名称	商务楼宇志愿服务站名称
1	大红门街道	集美市场商务楼宇工作站
2		银泰百货商务楼宇志愿服务站
3	丰台街道	金泰银丰大厦商务楼安全维稳志愿服务站
4		宏科物业商务楼爱心健康志愿服务站
5	南苑街道	中福丽宫楼宇工作站
6	卢沟桥街道	国润商务大厦工作站
7		金隅大成时代楼宇工作站
8		鼎恒中心写字楼工作站
9		冠京大厦商务楼宇志愿服务站
10		农资大厦商务楼宇志愿服务站
11	太平桥街道	财富西环商务楼宇工作站
12		尚西泊图商务楼宇志愿服务站
13	东铁匠营街道	嘉业大厦楼宇志愿服务站
14		兴东南大厦楼宇工作站
15		安富大厦楼宇工作站
16	方庄地区	日月天地楼宇工作站
17		芳群公寓商务楼宇志愿服务站
18		太阳天地商务会馆商务楼宇志愿服务站
19		天创公馆商务楼宇志愿服务站
20		中北投资大厦、金城中心商务楼宇志愿服务站
21	右安门街道	迦南大厦楼宇工作站
22	马家堡街道	时代风帆大厦工作站
23		搜宝商务中心楼宇工作站
24		东亚三环写字楼工作站
25		凯德 MALL 大峡谷商务楼宇志愿服务站
26	花乡	春岚大厦工作站

续表

序号	街道名称	商务楼宇志愿服务站名称
27	卢沟桥乡	丰北物业管理中心楼宇工作站
28	卢沟桥乡	京辰瑞达商务楼宇志愿服务站
29	东高地街道	航天万源商务楼宇志愿服务站
30	南苑乡	大红门服装城商务楼宇志愿服务站
31	丰台科技园区	金伟凯楼宇工作站
32	丰台科技园区	赛欧楼宇工作站
33	丰台科技园区	国际企业孵化中心楼宇工作站
34	丰台科技园区	科创中心楼宇工作站
35	丰台科技园区	写字公园商务楼宇志愿服务站

石景山区商务楼宇志愿服务站名单（16个）

序号	街道名称	商务楼宇志愿服务站名称
1	老山街道	中础大厦工作站
2	老山街道	玉泉大厦楼宇志愿服务站
3	金顶街街道	金隅科技工作站
4	古城街道	领秀大厦工作站
5	古城街道	华信大厦楼宇志愿服务站
6	八角街道	茂华大厦工作站
7	八角街道	盛景国际大厦工作站
8	八角街道	泽洋大厦楼宇志愿服务站
9	鲁谷社区	万达广场楼宇志愿服务站
10	鲁谷社区	万商大厦楼宇志愿服务站
11	鲁谷社区	CRD 银座楼宇志愿服务站
12	鲁谷社区	北方国际楼宇志愿服务站
13	园区	西山汇工作站
14	园区	宏昌商务园楼宇志愿服务站
15	园区	崇新大厦楼宇志愿服务站
16	园区	瑞达工作站

门头沟区商务楼宇志愿服务站名单（1个）

序号	街道名称	商务楼宇志愿服务站名称
1	石龙管委	石龙开发区党群工作站

房山区商务楼宇志愿服务站名单（6个）

序号	街道名称	商务楼宇志愿服务站名称
1	拱辰街道	北京盛通家居广场志愿服务站
2	拱辰街道	凯利门商务楼宇志愿服务站
3	拱辰街道	拱辰楼宇招商基地志愿服务站
4	西潞街道	中大瑞祥商务楼宇志愿服务站
5	燕山迎风街道	燕山百合商务楼宇志愿服务站
6	燕山迎风街道	燕山石化新材料产业基地商务楼宇志愿服务站

通州区商务楼宇志愿服务站名单（2个）

序号	街道名称	商务楼宇志愿服务站名称
1	梨园镇	隆孚大厦志愿服务站
2	台湖镇	联东商务中心志愿服务站

顺义区商务楼宇志愿服务站名单（4个）

序号	街道名称	商务楼宇志愿服务站名称
1	石园街道	鸿城大厦楼宇志愿服务站
2	天竺镇	天竺宏远物流志愿服务站
3	后沙峪镇	白露广场志愿服务站
4	南法信镇	天博中心志愿服务站

大兴区商务楼宇志愿服务站名单（3个）

序号	街道名称	商务楼宇志愿服务站名称
1	清源街道	水晶之星商务楼宇（星光技术联盟服务小组）志愿服务站
2	林校路街道	林校路街道楼宇志愿服务站
3	高米店街道	绿地商务楼宇志愿服务站

平谷区商务楼宇志愿服务站名单（1个）

序号	街道名称	商务楼宇志愿服务站名称
1	渔阳地区	平谷银河建材城志愿服务站

东城区社区志愿服务站名单（182个）

序号	街道名称	社区志愿服务站名称
1	和平里街道	交通社区志愿服务站
2		民旺社区志愿服务站
3		和平里社区志愿服务站
4		七区社区志愿服务站
5		化工社区志愿服务站
6	和平里街道	兴化社区志愿服务站
7		安贞苑社区志愿服务站
8		青年湖社区志愿服务站
9		安德路社区志愿服务站
10		安德里社区志愿服务站

续表

序号	街道名称	社区志愿服务站名称
11	和平里街道	西河沿社区志愿服务站
12		人定湖社区志愿服务站
13		黄寺社区志愿服务站
14		新建路社区志愿服务站
15		林调社区志愿服务站
16		东河沿社区志愿服务站
17		地坛社区志愿服务站
18		二区社区志愿服务站
19		小黄庄社区志愿服务站
20		总政社区志愿服务站
21	安定门街道	交北头条社区志愿服务站
22		国子监社区志愿服务站
23		花园社区志愿服务站
24		分司厅社区志愿服务站
25		钟楼湾社区志愿服务站
26		国旺社区志愿服务站
27		宝钞南社区志愿服务站
28		北锣鼓巷社区志愿服务站
29		五道营社区志愿服务站
30	交道口街道	交东社区志愿服务站
31		菊儿社区志愿服务站
32		福祥社区志愿服务站
33		鼓楼苑社区志愿服务站
34		南锣鼓巷社区志愿服务站
35		大兴社区志愿服务站
36		府学社区志愿服务站
37	景山街道	隆福寺社区志愿服务站
38		魏家社区志愿服务站
39		汪芝麻社区志愿服务站
40		皇城根北街社区志愿服务站
41		钟鼓社区志愿服务站
42		黄化门社区志愿服务站
43		景山东街社区志愿服务站
44		吉祥社区志愿服务站

序号	街道名称	社区志愿服务站名称
45	东华门街道	甘雨社区志愿服务站
46		韶九社区志愿服务站
47		南池子社区志愿服务站
48		正义路社区志愿服务站
49		台基厂社区志愿服务站
50		东厂社区志愿服务站
51		王府井社区志愿服务站
52		多福巷社区志愿服务站
53		灯市口社区志愿服务站
54		银闸社区志愿服务站
55		智德社区志愿服务站
56		黄图岗社区志愿服务站
57	东直门街道	东环社区志愿服务站
58		胡家园社区志愿服务站
59		工人体育馆社区志愿服务站
60		东外大街社区志愿服务站
61		清水苑社区志愿服务站
62		香河园北里社区志愿服务站
63		十字坡社区志愿服务站
64		新中西里社区志愿服务站
65		东外大街北社区志愿服务站
66		新中街社区志愿服务站
67	北新桥街道	北官厅社区志愿服务站
68		民安社区志愿服务站
69		北新仓社区志愿服务站
70		海运仓社区志愿服务站
71		门楼社区志愿服务站
72		十三条社区志愿服务站
73		小菊社区志愿服务站
74		九道湾社区志愿服务站
75		草园社区志愿服务站
76		前永康社区志愿服务站
77		青龙社区志愿服务站
78		藏经馆社区志愿服务站

续表

序号	街道名称	社区志愿服务站名称
79	东四街道	总院社区志愿服务站
80		豆瓣社区志愿服务站
81		南门仓社区志愿服务站
82		八条社区志愿服务站
83		二条社区志愿服务站
84		六条社区志愿服务站
85		七条社区志愿服务站
86	朝阳门街道	史家社区志愿服务站
87		内务社区志愿服务站
88		演乐社区志愿服务站
89		礼士社区志愿服务站
90		朝西社区志愿服务站
91		朝内头条社区志愿服务站
92		竹杆社区志愿服务站
93		新鲜社区志愿服务站
94		大方家社区志愿服务站
95	建国门街道	金宝街北社区志愿服务站
96		外交部街社区志愿服务站
97		西总布社区志愿服务站
98		大雅宝社区志愿服务站
99		赵家楼社区志愿服务站
100		苏州社区志愿服务站
101		站东社区志愿服务站
102	前门街道	前门东大街社区志愿服务站
103		草厂西社区志愿服务站
104		草厂东社区志愿服务站
105		大江社区志愿服务站
106	崇文门外街道	新怡家园社区志愿服务站
107		西花市南里南区社区志愿服务站
108		西花市南里东区社区志愿服务站
109		西花市南里西区社区志愿服务站
110		国瑞城东区社区志愿服务站
111		新世界家园社区志愿服务站
112		崇文门东大街社区志愿服务站
113		崇文门西大街社区志愿服务站
114	崇文门外街道	国瑞城中区社区志愿服务站
115		国瑞城西区社区志愿服务站
116		兴隆都市馨园社区志愿服务站
117		大桥社区志愿服务站
118	东花市街道	东花市北里东区志愿服务站
119		东花市北里西区志愿服务站
120		花市枣苑志愿服务站
121		东花市南里志愿服务站
122		南里东区志愿服务站
123		广渠门北里志愿服务站
124		忠实里志愿服务站
125		广渠门外南里志愿服务站
126	龙潭街道	左安浦园社区志愿服务站
127		左安漪园社区志愿服务站
128		光明社区志愿服务站
129		龙潭北里社区志愿服务站
130		板厂南里社区志愿服务站
131		华城社区志愿服务站
132		安化楼社区志愿服务站
133		夕照寺社区志愿服务站
134		绿景苑社区志愿服务站
135		新家园社区志愿服务站
136		幸福社区志愿服务站
137	体育馆路街道	东玉北街社区志愿服务站
138		双玉南街社区志愿服务站
139		法华南里社区志愿服务站
140		长青园社区志愿服务站
141		国家体育总局社区志愿服务站
142		葱店社区志愿服务站
143		东厅社区志愿服务站
144		西唐社区志愿服务站
145		西利社区志愿服务站
146		南岗子社区志愿服务站

续表

序号	街道名称	社区志愿服务站名称
147	天坛街道	东晓市社区志愿服务站
148		东半壁街社区志愿服务站
149		金鱼池中区社区志愿服务站
150		金鱼池西区社区志愿服务站
151		西草市社区志愿服务站
152		红庙街社区志愿服务站
153		西里北区社区志愿服务站
154		永内东街东里社区志愿服务站
155		东里北区社区志愿服务站
156		东里南区社区志愿服务站
157		西园子社区志愿服务站
158		金鱼池东区社区志愿服务站
159		东市场社区志愿服务站
160		永内大街社区志愿服务站
161		永内东街西里社区志愿服务站
162		永内东街中里社区志愿服务站
163	永定门外街道	永建里社区志愿服务站
164		松林里社区志愿服务站
165		永铁苑社区志愿服务站

序号	街道名称	社区志愿服务站名称
166	永定门外街道	西革新里社区志愿服务站
167		革新西里社区志愿服务站
168		管村社区志愿服务站
169		天天家园社区志愿服务站
170		富莱茵社区志愿服务站
171		安乐林社区志愿服务站
172		景泰社区志愿服务站
173		彭庄社区志愿服务站
174		革新里社区志愿服务站
175		桃园社区志愿服务站
176		桃杨路社区志愿服务站
177		杨家园社区志愿服务站
178		民主北街社区志愿服务站
179		李村社区志愿服务站
180		琉璃井社区志愿服务站
181		宝华里社区志愿服务站
182		定安里社区志愿服务站

西城区社区志愿服务站名单（261 个）

序号	街道名称	社区志愿服务站名称
1	西长安街街道	义达里社区志愿服务站
2		西单北社区志愿服务站
3		光明社区志愿服务站
4		黄南社区志愿服务站
5		府南社区志愿服务站
6		钟声社区志愿服务站
7		太仆寺街社区志愿服务站
8		南北长街社区志愿服务站
9		北新华街社区志愿服务站
10		西交民巷社区志愿服务站
11		和平门社区志愿服务站
12		六部口社区志愿服务站
13		未英社区志愿服务站

序号	街道名称	社区志愿服务站名称
14	大栅栏街道	前门西河沿社区志愿服务站
15		大安澜营社区志愿服务站
16		大栅栏西街社区志愿服务站
17		铁树斜街社区志愿服务站
18		煤市街东社区志愿服务站
19		延寿街社区志愿服务站
20		三井社区志愿服务站
21		百顺社区志愿服务站
22		石头社区志愿服务站
23	牛街街道	枫桦社区志愿服务站
24		法源寺社区志愿服务站
25		东里社区志愿服务站

续表

序号	街道名称	社区志愿服务站名称
26	牛街街道	春风社区志愿服务站
27		西里一社区志愿服务站
28		西里二社区志愿服务站
29		钢院社区志愿服务站
30		白广路社区志愿服务站
31		南线阁社区志愿服务站
32		菜园北里社区志愿服务站
33	月坛街道	三里河第一社区社区志愿服务站
34		三里河第二社区社区志愿服务站
35		一区社区志愿服务站
36		月坛社区志愿服务站
37		社会路社区志愿服务站
38		铁三社区志愿服务站
39		二区社区志愿服务站
40		三区一社区志愿服务站
41		三区三社区志愿服务站
42		铁二一社区志愿服务站
43		铁二二社区志愿服务站
44		南礼士路社区志愿服务站
45		二炮社区志愿服务站
46		复北社区志愿服务站
47		广一社区志愿服务站
48		广二社区志愿服务站
49		复外社区志愿服务站
50		真武庙社区志愿服务站
51		西便门社区志愿服务站
52		铁四社区志愿服务站
53		汽南社区志愿服务站
54		汽北社区志愿服务站
55		白云观社区志愿服务站
56		木樨地社区志愿服务站
57		公安社区志愿服务站
58		南沙沟社区志愿服务站
59		全总社区志愿服务站

序号	街道名称	社区志愿服务站名称
60	广外街道	鸭子桥社区志愿服务站
61		青年湖社区志愿服务站
62		椿树馆社区志愿服务站
63		白菜湾社区志愿服务站
64		车站东街社区志愿服务站
65		手帕口南街社区志愿服务站
66		朗琴园社区志愿服务站
67		红居街社区志愿服务站
68		红居南街社区志愿服务站
69		车站西街15号院社区志愿服务站
70		车站西街社区志愿服务站
71		乐城社区志愿服务站
72		红莲北里社区志愿服务站
73		红莲中里社区志愿服务站
74		红莲南里社区志愿服务站
75		三义东里社区志愿服务站
76		三义里社区志愿服务站
77		马中里社区志愿服务站
78		马连道社区志愿服务站
79		湾子街社区志愿服务站
80		依莲轩社区志愿服务站
81		小马厂社区志愿服务站
82		手帕口北街社区志愿服务站
83		天宁寺北里社区志愿服务站
84		二热社区志愿服务站
85		天宁寺南里社区志愿服务站
86		莲花河社区志愿服务站
87		荣丰社区志愿服务站
88		蝶翠华庭社区志愿服务站
89		中新佳园社区志愿服务站

续表

序号	街道名称	社区志愿服务站名称
90	展览路街道	德宝社区志愿服务站
91		朝阳庵社区志愿服务站
92		文兴街社区志愿服务站
93		团结社区志愿服务站
94		榆树馆社区志愿服务站
95		新华东社区志愿服务站
96		新华里社区志愿服务站
97		车公庄社区志愿服务站
98		百万庄西社区志愿服务站
99		百万庄东社区志愿服务站
100		三塔社区志愿服务站
101		新华南社区志愿服务站
102		黄瓜园社区志愿服务站
103		露园社区志愿服务站
104		北营房西里社区志愿服务站
105		北营房东里社区志愿服务站
106		阜外西社区志愿服务站
107		洪茂沟社区志愿服务站
108		阜外东社区志愿服务站
109		南营房社区志愿服务站
110		万明园社区志愿服务站
111		滨河社区志愿服务站
112	白纸坊街道	平原里社区志愿服务站
113		双槐里社区志愿服务站
114		右北大街社区志愿服务站
115		樱桃园社区志愿服务站
116		菜园街社区志愿服务站
117		崇效寺社区志愿服务站
118		建功北里社区志愿服务站
119		建功南里社区志愿服务站
120		新安中里社区志愿服务站
121		新安南里社区志愿服务站
122		右内后身社区志愿服务站
123		右内西街社区志愿服务站
124		自新路社区志愿服务站

序号	街道名称	社区志愿服务站名称
125	白纸坊街道	光源里社区志愿服务站
126		半步桥社区志愿服务站
127		万博苑社区志愿服务站
128		里仁街社区志愿服务站
129		清芷园社区志愿服务站
130	广内街道	西便门内社区志愿服务站
131		长西社区志愿服务站
132		槐北社区志愿服务站
133		西便门东里社区志愿服务站
134		西便门西里社区志愿服务站
135		报国寺社区志愿服务站
136		核桃园社区志愿服务站
137		槐南社区志愿服务站
138		长椿里社区志愿服务站
139		上斜街社区志愿服务站
140		校场社区志愿服务站
141		宣西社区志愿服务站
142		三庙社区志愿服务站
143		老墙根社区志愿服务站
144		长椿街社区志愿服务站
145		广安东里社区志愿服务站
146		大街东社区志愿服务站
147		康乐里社区志愿服务站
148	天桥街道	留学路社区志愿服务站
149		香厂路社区志愿服务站
150		永安路社区志愿服务站
151		虎坊路社区志愿服务站
152		天桥小区社区志愿服务站
153		禄长街社区志愿服务站
154		先农坛社区志愿服务站
155		太平街社区志愿服务站
156	德胜街道	石油社区志愿服务站
157		六铺炕水电社区志愿服务站
158		六铺炕煤炭社区志愿服务站
159		安德路南社区志愿服务站

续表

序号	街道名称	社区志愿服务站名称
160	德胜街道	安德路北社区志愿服务站
161		德外大街东第一社区志愿服务站
162		德外大街东第二社区志愿服务站
163		德外大街西社区志愿服务站
164		人定湖西里社区志愿服务站
165		新外大街南社区志愿服务站
166		新外大街北社区志愿服务站
167		德胜里社区志愿服务站
168		新明家园社区志愿服务站
169		新康社区志愿服务站
170		新风中直社区志愿服务站
171		北广社区志愿服务站
172		马甸社区志愿服务站
173		双旗杆社区志愿服务站
174		裕中西里社区志愿服务站
175		裕中东里社区志愿服务站
176		黄寺大街西社区志愿服务站
177		黄寺大街 24 号社区志愿服务站
178		阳光丽景社区志愿服务站
179		新风街 1 号社区志愿服务站
180	什刹海街道	西四北社区志愿服务站
181		西安门社区志愿服务站
182		西什库社区志愿服务站
183		爱民街社区志愿服务站
184		大红罗社区志愿服务站
185		西巷社区志愿服务站
186		护国寺社区志愿服务站
187		簸箩仓社区志愿服务站
188		前铁社区志愿服务站
189		柳荫街社区志愿服务站
190		兴华社区志愿服务站
191		松树街社区志愿服务站
192		前海北沿社区志愿服务站
193		前海东沿社区志愿服务站
194		白米社区志愿服务站

序号	街道名称	社区志愿服务站名称
195	什刹海街道	景山社区志愿服务站
196		米粮库社区志愿服务站
197		旧鼓楼社区志愿服务站
198		双寺社区志愿服务站
199		鼓西社区志愿服务站
200		后海社区志愿服务站
201		后海西沿社区志愿服务站
202		西海社区志愿服务站
203		苇坑社区志愿服务站
204		四环社区志愿服务站
205	新街口街道	西四北头条社区志愿服务站
206		西四北三条社区志愿服务站
207		西四北六条社区志愿服务站
208		育德社区志愿服务站
209		前公用社区志愿服务站
210		宫门口社区志愿服务站
211		北顺社区志愿服务站
212		富国里社区志愿服务站
213		安平巷社区志愿服务站
214		官园社区志愿服务站
215		冠英园社区志愿服务站
216		南小街社区志愿服务站
217		半壁街社区志愿服务站
218		中直社区志愿服务站
219		大觉社区志愿服务站
220		西里三区社区志愿服务站
221		北草厂社区志愿服务站
222		玉桃园社区志愿服务站
223		西里四区社区志愿服务站
224		西里一区社区志愿服务站
225		西里二区社区志愿服务站
226	陶然亭街道	米市社区志愿服务站
227		果子巷社区志愿服务站
228		粉房琉璃街社区志愿服务站
229		福州馆社区志愿服务站

续表

序号	街道名称	社区志愿服务站名称
230	陶然亭街道	新兴里第一社区志愿服务站
231		新兴里第二社区志愿服务站
232		新兴里第三社区志愿服务站
233		黑窑厂社区志愿服务站
234		龙泉社区志愿服务站
235		红土店社区志愿服务站
236	金融街街道	砖塔社区志愿服务站
237		大院社区志愿服务站
238		宏汇园社区志愿服务站
239		教育部社区志愿服务站
240		京畿道社区志愿服务站
241		手帕社区志愿服务站
242		新文化街社区志愿服务站
243		受水河社区志愿服务站
244		新华社社区志愿服务站
245		丰盛社区志愿服务站
246		丰融园社区志愿服务站
247	金融街街道	丰汇园社区志愿服务站
248		二龙路社区志愿服务站
249		文昌社区志愿服务站
250		东太平街社区志愿服务站
251		温家街社区志愿服务站
252		民康社区志愿服务站
253		西太平街社区志愿服务站
254		中央音乐学院社区志愿服务站
255	椿树街道	梁家园社区志愿服务站
256		红线社区志愿服务站
257		香炉营社区志愿服务站
258		椿树园社区志愿服务站
259		宣武门外东大街社区志愿服务站
260		四川营社区志愿服务站
261		琉璃厂西街社区志愿服务站

朝阳区社区志愿服务站名单（235个）

序号	街道名称	社区志愿服务站名称
1	朝外街道	雅宝里社区志愿服务站
2		体东社区志愿服务站
3		芳草地社区志愿服务站
4		吉庆里社区志愿服务站
5		天福园社区志愿服务站
6		三丰里社区志愿服务站
7		吉祥里社区志愿服务站
8	建外街道	建国里社区志愿服务站
9		南郎家园社区志愿服务站
10		北郎东社区志愿服务站
11		北郎家园社区志愿服务站
12		永安里社区志愿服务站
13		永安里东社区志愿服务站
14	建外街道	光华里社区志愿服务站
15		秀水社区志愿服务站
16	和平街街道	小黄庄社区志愿服务站
17		和平家园社区志愿服务站
18		樱花园社区志愿服务站
19		和平东街社区志愿服务站
20		十四区社区志愿服务站
21		砖角楼社区志愿服务站
22		胜古庄社区志愿服务站
23		煤炭科技院社区志愿服务站
24		胜古北社区志愿服务站

续表

序号	街道名称	社区志愿服务站名称
25	双井街道	广和里社区志愿服务站
26		垂东社区志愿服务站
27		双花园社区志愿服务站
28		垂西社区志愿服务站
29		广外南社区志愿服务站
30		九龙社区志愿服务站
31		大望社区志愿服务站
32		广泉社区志愿服务站
33		富力社区志愿服务站
34		光环社区志愿服务站
35		九龙南社区志愿服务站
36		百子园社区志愿服务站
37	三里屯街道	幸福一村社区志愿服务站
38		幸福二村社区志愿服务站
39		北三里社区志愿服务站
40		东三里社区志愿服务站
41		中三里社区志愿服务站
42		中纺里社区志愿服务站
43		白家庄西里社区志愿服务站
44	香河园街道	西坝河中里社区志愿服务站
45		西坝河西里社区志愿服务站
46		西坝河南里社区志愿服务站
47		柳芳北里社区志愿服务站
48		柳芳南里社区志愿服务站
49		光熙门北里北社区志愿服务站
50		光熙门北里南社区志愿服务站
51		西坝河东里社区志愿服务站
52		光熙家园社区志愿服务站
53	望京街道	望京西园四区社区志愿服务站
54		南湖东园社区志愿服务站
55		南湖中园社区志愿服务站
56		南湖西里社区志愿服务站
57		望花路西里社区志愿服务站
58		望花路东里社区志愿服务站
59		花家地社区志愿服务站

序号	街道名称	社区志愿服务站名称
60	望京街道	花家地北里社区志愿服务站
61		花家地南里社区志愿服务站
62		花家地西里社区志愿服务站
63		方舟苑社区志愿服务站
64		望京西园三区社区志愿服务站
65		南湖西园社区志愿服务站
66		花家地西里三区社区志愿服务站
67		大西洋社区志愿服务站
68		圣星社区志愿服务站
69		爽秋路社区志愿服务站
70		望京园社区志愿服务站
71		望京东园五区社区志愿服务站
72		南湖西园二区社区志愿服务站
73		阜荣街社区志愿服务站
74		望京西路社区志愿服务站
75	小关街道	惠新苑社区志愿服务站
76		惠新北里社区志愿服务站
77		高原街社区志愿服务站
78		小关社区志愿服务站
79		惠新里社区志愿服务站
80		小关东街社区志愿服务站
81		惠新东街社区志愿服务站
82	安贞街道	安贞里社区志愿服务站
83		安贞西里社区志愿服务站
84		安华里社区志愿服务站
85		安华西里社区志愿服务站
86		黄寺社区志愿服务站
87		裕民路社区志愿服务站
88	机场街道	南路西里社区志愿服务站
89		南路东里社区志愿服务站
90		南平里社区志愿服务站
91		西平街社区志愿服务站
92	酒仙桥街道	电子球场路社区志愿服务站
93		中北路社区志愿服务站
94		南路社区志愿服务站

续表

序号	街道名称	社区志愿服务站名称
95	酒仙桥街道	怡思苑社区志愿服务站
96		红霞路社区志愿服务站
97		东路社区志愿服务站
98		大山子社区志愿服务站
99		高家园社区志愿服务站
100		驼房营西里社区志愿服务站
101	劲松街道	劲松北社区志愿服务站
102		劲松东社区志愿服务站
103		劲松中社区志愿服务站
104		劲松西社区志愿服务站
105		农光里社区志愿服务站
106		农光里中社区志愿服务站
107		农光东里社区志愿服务站
108		磨房北里社区志愿服务站
109		八棵杨社区志愿服务站
110		大郊亭社区志愿服务站
111		百环社区志愿服务站
112		和谐雅园社区志愿服务站
113		西大望路社区志愿服务站
114	潘家园街道	潘家园社区志愿服务站
115		潘家园南里社区志愿服务站
116		潘家园东里社区志愿服务站
117		华威西里社区志愿服务站
118		华威北里社区志愿服务站
119		华威里社区志愿服务站
120		松榆西里社区志愿服务站
121		松榆里社区志愿服务站
122		松榆东里社区志愿服务站
123		武圣农光社区志愿服务站
124		武圣东里社区志愿服务站
125		磨房南里社区志愿服务站
126	八里庄街道	红庙北里社区志愿服务站
127		红庙社区志愿服务站
128		延静里社区志愿服务站
129		八里庄西里社区志愿服务站

序号	街道名称	社区志愿服务站名称
130	八里庄街道	八里庄东里社区志愿服务站
131		十里堡社区志愿服务站
132		甘露园社区志愿服务站
133		远洋天地社区志愿服务站
134		城市华庭社区志愿服务站
135		朝阳无限社区志愿服务站
136		罗马嘉园社区志愿服务站
137		华贸中心社区志愿服务站
138		十里堡南里社区志愿服务站
139		甘露园中里社区志愿服务站
140	呼家楼街道	呼家楼北社区志愿服务站
141		呼家楼南社区志愿服务站
142		新街社区志愿服务站
143		关北街社区志愿服务站
144		东大桥社区志愿服务站
145		金台里社区志愿服务站
146		核桃园社区志愿服务站
147		小庄社区志愿服务站
148		关东店社区志愿服务站
149		人民日报社社区志愿服务站
150	六里屯街道	秀水园社区志愿服务站
151		碧水园社区志愿服务站
152		甜水园社区志愿服务站
153		道家园社区志愿服务站
154		八里庄南里社区志愿服务站
155		十里堡北里社区志愿服务站
156		八里庄北里社区志愿服务站
157		晨光家园社区志愿服务站
158		炫特家园社区志愿服务站
159		六里屯北里社区志愿服务站
160		甜水西园社区志愿服务站
161	亚运村街道	安慧里社区志愿服务站
162		安慧里南社区志愿服务站
163		北辰东路社区志愿服务站
164		丝竹园社区志愿服务站

续表

序号	街道名称	社区志愿服务站名称
165	亚运村街道	安翔里社区志愿服务站
166		华严北里西社区志愿服务站
167		华严北里社区志愿服务站
168		京民社区志愿服务站
169		祁家豁子社区志愿服务站
170		安苑里社区志愿服务站
171	垡头街道	垡头一区社区志愿服务站
172		垡头二区社区志愿服务站
173		垡头三区社区志愿服务站
174		垡头东里社区志愿服务站
175		垡头西里社区志愿服务站
176		垡头北里社区志愿服务站
177		翠城雅园社区志愿服务站
178		翠城趣园社区志愿服务站
179		翠城盛园社区志愿服务站
180		翠城馨园社区志愿服务站
181		翠城熙园社区志愿服务站
182		双合家园社区志愿服务站
183	麦子店街道	枣营北里社区志愿服务站
184		枣营南里社区志愿服务站
185		朝阳公园社区志愿服务站
186		农南社区志愿服务站
187		霞光里社区志愿服务站
188	大屯街道	慧忠里一社区志愿服务站
189		慧忠里二社区志愿服务站
190		慧忠北一社区志愿服务站
191		慧忠北二社区志愿服务站
192		秀雅社区志愿服务站
193		安逸社区志愿服务站
194		育慧西里社区志愿服务站
195		育慧里社区志愿服务站
196		世纪村社区志愿服务站
197		安慧东里社区志愿服务站

序号	街道名称	社区志愿服务站名称
198	大屯街道	欧陆经典社区志愿服务站
199		嘉铭园社区志愿服务站
200		大屯里社区志愿服务站
201		新新联合社区志愿服务站
202	左家庄街道	新源里社区志愿服务站
203		新源西里社区志愿服务站
204		三源里社区志愿服务站
205		顺源里社区志愿服务站
206		左东里社区志愿服务站
207		左南里社区志愿服务站
208		左北里社区志愿服务站
209		静安里社区志愿服务站
210		曙光里社区志愿服务站
211	团结湖街道	一二条社区志愿服务站
212		三四条社区志愿服务站
213		中路北社区志愿服务站
214		中路南社区志愿服务站
215		南北里社区志愿服务站
216		水碓子社区志愿服务站
217	东湖街道	利泽西园一区社区志愿服务站
218		望湖社区志愿服务站
219		望京花园社区志愿服务站
220		南湖东园北社区志愿服务站
221		南湖中园北社区志愿服务站
222		果岭里社区志愿服务站
223		望京西园社区志愿服务站
224	奥运村街道	总装社区志愿服务站
225		科学园社区志愿服务站
226		南沙滩社区志愿服务站
227		风林绿洲社区志愿服务站
228		北沙滩社区志愿服务站
229		林萃社区志愿服务站

续表

序号	街道名称	社区志愿服务站名称
230	奥运村街道	双泉社区志愿服务站
231		龙祥社区志愿服务站
232		绿色家园社区志愿服务站
233	奥运村街道	大羊坊社区志愿服务站
234		万科星园社区志愿服务站
235		国奥村社区志愿服务站

海淀区社区志愿服务站名单（569个）

序号	街道名称	社区志愿服务站名称
1	西北旺镇	屯佃社区志愿服务站
2		亮甲店社区志愿服务站
3		唐土社区志愿服务站
4		东玉河社区志愿服务站
5		六里屯社区志愿服务站
6		小牛坊社区志愿服务站
7		大牛坊社区志愿服务站
8		冷韩社区志愿服务站
9		西六社区志愿服务站
10		航天城社区志愿服务站
11		西山林语社区志愿服务站
12	苏家坨镇	聂各庄社区志愿服务站
13		稻香湖社区志愿服务站
14		北安河社区志愿服务站
15		前沙涧社区志愿服务站
16		同泽园东里社区志愿服务站
17		同泽园西里社区志愿服务站
18		北分瑞利社区志愿服务站
19	上庄镇	上庄家园社区志愿服务站
20		馨瑞家园社区志愿服务站
21		三嘉信苑社区志愿服务站
22	四季青镇	宝山社区志愿服务站
23		西山社区志愿服务站
24		西冉社区志愿服务站
25	四季青镇	玉泉社区志愿服务站
26		郦城社区志愿服务站
27		常青园社区志愿服务站
28		门头村社区志愿服务站
29		闵航南里社区志愿服务站
30		西郊机场社区志愿服务站
31		天香颐北里社区志愿服务站
32		巨山家园社区志愿服务站
33		振兴社区志愿服务站
34	温泉镇	白家疃社区志愿服务站
35		颐阳二区社区志愿服务站
36		航材院社区志愿服务站
37		凯盛家园社区志愿服务站
38		尚峰园社区志愿服务站
39		温泉社区志愿服务站
40		西颐社区志愿服务站
41		杨庄社区志愿服务站
42		颐阳一区社区志愿服务站
43		三〇四所社区志愿服务站
44	海淀镇	功德寺社区志愿服务站
45		六郎庄社区志愿服务站
46	东升镇	前屯社区志愿服务站
47		马坊社区志愿服务站
48		奥北社区志愿服务站
49		八家社区志愿服务站
50		龙岗社区志愿服务站
51		文龙社区志愿服务站

续表

序号	街道名称	社区志愿服务站名称
52	海淀街道	人大南社区志愿服务站
53		苏州桥西社区志愿服务站
54		万泉庄南志愿服务站
55		万泉庄北志愿服务站
56		新区社区志愿服务站
57		稻香园西里社区志愿服务站
58		海淀南路北社区志愿服务站
59		海淀南路南社区志愿服务站
60		飞达社区志愿服务站
61		汇新家园社区志愿服务站
62		万泉新新家园社区志愿服务站
63		稻香园南社区志愿服务站
64		稻香园北社区志愿服务站
65		苏州街路社区志愿服务站
66		海淀路社区志愿服务站
67		阳春新纪元社区志愿服务站
68		芙蓉里社区志愿服务站
69		人大附中社区志愿服务站
70		康桥蜂鸟园社区志愿服务站
71		人民大学社区志愿服务站
72		碧水云天社区志愿服务站
73		新起点怡秀园社区志愿服务站
74		光大锋尚园社区志愿服务站
75		合建楼社区志愿服务站
76		倒座庙社区志愿服务站
77		三义庙社区志愿服务站
78		三环社区志愿服务站
79		友谊社区志愿服务站
80		小南庄社区志愿服务站
81		航空港社区志愿服务站
82		立新社区志愿服务站
83		紫金庄园社区志愿服务站

序号	街道名称	社区志愿服务站名称
84	北太平庄街道	新外大街23号院社区志愿服务站
85		金晖嘉园社区志愿服务站
86		天兆家园社区志愿服务站
87		志强北园社区志愿服务站
88		笑祖塔院社区志愿服务站
89		锦秋知春社区志愿服务站
90		志强南园社区志愿服务站
91		太平湖社区志愿服务站
92		冶建院社区志愿服务站
93		太月园社区志愿服务站
94		政法大院社区志愿服务站
95		文慧园社区志愿服务站
96		北三环中路40号社区志愿服务站
97		罗庄社区志愿服务站
98		师范大学社区志愿服务站
99		西土城路8号院社区志愿服务站
100		新外大街3号社区志愿服务站
101		学院南路社区志愿服务站
102		明光北里社区志愿服务站
103		红联村社区志愿服务站
104		罗庄东里社区志愿服务站
105		索家坟第二社区志愿服务站
106		明光村小区社区志愿服务站
107		时代之光社区志愿服务站
108		首都体院社区志愿服务站
109		红联东村社区志愿服务站
110		索家坟社区志愿服务站
111		红联北村社区志愿服务站
112		文慧园路社区志愿服务站
113		今典花园社区志愿服务站
114		邮电大学社区志愿服务站
115		蓟门里社区志愿服务站
116		北太平庄社区志愿服务站
117		明光村社区志愿服务站
118		师大北路21号社区志愿服务站
119		远洋风景社区志愿服务站
120		学院南路32号社区志愿服务站

续表

序号	街道名称	社区志愿服务站名称
121	万寿路街道	翠微路社区志愿服务站
122		翠微中里社区志愿服务站
123		翠微北里社区志愿服务站
124		翠微南里社区志愿服务站
125		万寿路社区志愿服务站
126		朱各庄社区志愿服务站
127		西街16号社区志愿服务站
128		五棵松社区志愿服务站
129		铁家坟社区志愿服务站
130		永定路西里社区志愿服务站
131		采石路7号社区志愿服务站
132		永定路社区志愿服务站
133		沙窝社区志愿服务站
134		今日家园社区志愿服务站
135		复兴路61号社区志愿服务站
136		通信部社区志愿服务站
137		复兴路22号社区志愿服务站
138		复兴路24号社区志愿服务站
139		复兴路26号社区志愿服务站
140		复兴路28号社区志愿服务站
141		复兴路32号社区志愿服务站
142		复兴路40号社区志愿服务站
143		复兴路83号社区志愿服务站
144		太平路22号社区志愿服务站
145		太平路24号社区志愿服务站
146		太平路27号社区志愿服务站
147		太平路44号社区志愿服务站
148		太平路46号社区志愿服务站
149		万寿路1号社区志愿服务站
150		万寿路8号社区志愿服务站
151		朱各庄10号社区志愿服务站
152		甲15号社区志愿服务站
153	万寿路街道	翠微21号社区志愿服务站
154		翠微西里社区志愿服务站
155		后勤学院社区志愿服务站
156	青龙桥街道	遗光寺社区志愿服务站
157		水磨成府社区志愿服务站
158		韩家川大院社区志愿服务站
159		圆明园东里社区志愿服务站
160		厢红旗安河桥社区志愿服务站
161		西苑挂甲屯社区志愿服务站
162		颐东苑社区志愿服务站
163		国际关系学院社区志愿服务站
164		颐和园社区志愿服务站
165		030社区志愿服务站
166		福缘门社区志愿服务站
167		骚子营社区志愿服务站
168		一亩元社区志愿服务站
169		林科院社区志愿服务站
170		中央党校社区志愿服务站
171		国防大学社区志愿服务站
172		中医院社区志愿服务站
173		309医院社区志愿服务站
174		军事科学院社区志愿服务站
175		中信所社区志愿服务站
176		大有庄社区志愿服务站
177	马连洼街道	梅园社区志愿服务站
178		古月园社区志愿服务站
179		水利社区志愿服务站
180		63919社区志愿服务站
181		茉莉园社区志愿服务站
182		菊园社区志愿服务站

续表

序号	街道名称	社区志愿服务站名称
183	马连洼街道	农大社区志愿服务站
184		百旺社区志愿服务站
185		西北旺社区志愿服务站
186		兰园社区志愿服务站
187		百草园社区志愿服务站
188		农科社区志愿服务站
189		农大南路社区志愿服务站
190		肖家河社区志愿服务站
191		竹园社区志愿服务站
192		天秀社区志愿服务站
193		倚山庭苑社区志愿服务站
194	永定路街道	一街坊社区志愿服务站
195		二街坊东社区志愿服务站
196		二街坊西社区志愿服务站
197		三街坊东社区志愿服务站
198		三街坊中社区志愿服务站
199		三街坊西社区志愿服务站
200		三街坊北社区志愿服务站
201		四街坊东社区志愿服务站
202		四街坊西社区志愿服务站
203		五街坊社区志愿服务站
204		六街坊东社区志愿服务站
205		六街坊西社区志愿服务站
206		七街坊社区志愿服务站
207		八街坊东社区志愿服务站
208		八街坊西社区志愿服务站
209		九街坊社区志愿服务站
210	曙光街道	世纪城西区社区志愿服务站
211		远大园社区志愿服务站
212		农科院社区志愿服务站

序号	街道名称	社区志愿服务站名称
213	曙光街道	烟树园社区志愿服务站
214		晨月园社区志愿服务站
215		空指社区志愿服务站
216		诚品建筑社区志愿服务站
217		怡丽北园社区志愿服务站
218		时雨园社区志愿服务站
219		武警总部蓝靛厂小区社区志愿服务站
220		上河村社区志愿服务站
221		晴雪园社区志愿服务站
222		火器营第三社区志愿服务站
223		望塔园社区志愿服务站
224		曙光花园社区志愿服务站
225		世纪城东区社区志愿服务站
226	上地街道	上地南路社区志愿服务站
227		上地西里社区志愿服务站
228		上地东里第一社区志愿服务站
229		上地八一社区志愿服务站
230		万树园社区志愿服务站
231		体育大学颐清园社区志愿服务站
232		紫成嘉园社区志愿服务站
233		马连洼北路1号院社区志愿服务站
234		树村社区志愿服务站
235		上地科技园社区志愿服务站
236		上地东里第二社区志愿服务站
237		上地东馨园社区志愿服务站
238		柳浪家园社区志愿服务站

续表

序号	街道名称	社区志愿服务站名称
239	香山街道	香山第一社区志愿服务站
240		香山第二社区志愿服务站
241		香山四王府社区志愿服务站
242		香山北炮社区志愿服务站
243		香山南植社区志愿服务站
244		香山六号院社区志愿服务站
245	中关村街道	西里社区志愿服务站
246		东里南社区志愿服务站
247		东里北社区志愿服务站
248		知西社区志愿服务站
249		知春里社区志愿服务站
250		知东社区志愿服务站
251		豪景社区志愿服务站
252		华清园社区志愿服务站
253		希格玛社区志愿服务站
254		北里社区志愿服务站
255		白塔庵社区志愿服务站
256		科汇社区志愿服务站
257		软件社区志愿服务站
258		空间社区志愿服务站
259		航天社区志愿服务站
260		东南社区志愿服务站
261		科星社区志愿服务站
262		新科社区志愿服务站
263		科源社区志愿服务站
264		科春社区志愿服务站
265		黄庄社区志愿服务站
266		科育社区志愿服务站
267		科馨社区志愿服务站
268		科煦社区志愿服务站

序号	街道名称	社区志愿服务站名称
269	中关村街道	红民村社区志愿服务站
270		青云北社区志愿服务站
271		太阳园社区志愿服务站
272		航天五院社区志愿服务站
273		航勘社区志愿服务站
274		熙典华庭社区志愿服务站
275	西三旗街道	富力桃园社区志愿服务站
276		建材东里社区志愿服务站
277		建材城联合社区志愿服务站
278		枫丹丽舍社区志愿服务站
279		知本时代社区志愿服务站
280		建材西里社区志愿服务站
281		北新集团社区志愿服务站
282		育新花园社区志愿服务站
283		9511 工厂联合社区志愿服务站
284		沁春家园社区志愿服务站
285		悦秀园社区志愿服务站
286		小营联合社区志愿服务站
287		机械学院联合社区志愿服务站
288		电科院社区志愿服务站
289		冶金研究院社区志愿服务站
290		清润家园社区志愿服务站
291		永泰西里社区志愿服务站
292		清缘里社区志愿服务站
293		清缘东里社区志愿服务站
294		永泰东里社区志愿服务站
295		永泰园第二社区志愿服务站
296		永泰庄社区志愿服务站
297		怡清园社区志愿服务站
298		宝盛里社区志愿服务站
299		清缘西里社区志愿服务站
300		清景园社区志愿服务站

续表

序号	街道名称	社区志愿服务站名称
301	学院路街道	二里庄干休所社区志愿服务站
302		中国矿业大学社区志愿服务站
303		城建四社区志愿服务站
304		石科院社区志愿服务站
305		展春园社区志愿服务站
306		学知园社区志愿服务站
307		城华清枫社区志愿服务站
308		二里庄社区志愿服务站
309		志新社区志愿服务站
310		静淑苑社区志愿服务站
311		六道口社区志愿服务站
312		石油社区志愿服务站
313		逸成社区志愿服务站
314		北科大社区志愿服务站
315		768 厂社区志愿服务站
316		东王庄社区志愿服务站
317		健翔园社区志愿服务站
318		语言大学社区志愿服务站
319		农大东校区社区志愿服务站
320		富润社区志愿服务站
321		西王庄社区志愿服务站
322		林大社区志愿服务站
323		地质大院第二社区志愿服务站
324		建清园社区志愿服务站
325		地大一社区志愿服务站
326		中科院社区志愿服务站
327		十五所社区志愿服务站
328	花园路街道	北航社区志愿服务站
329		金尚嘉园社区志愿服务站
330		玉兰园社区志愿服务站
331		龙翔路社区志愿服务站
332		塔院干休所社区志愿服务站
333	花园路街道	邮科社区志愿服务站
334		小关社区志愿服务站
335		月季园第二社区志愿服务站
336		北太平庄路社区志愿服务站
337		花园路社区志愿服务站
338		总参四部社区志愿服务站
339		北影社区志愿服务站
340		黄亭子社区志愿服务站
341		防化社区志愿服务站
342		花园北路乙 28 号院社区志愿服务站
343		43 号院社区志愿服务站
344		总参测绘局社区志愿服务站
345		牤牛桥社区志愿服务站
346		塔院社区志愿服务站
347		牡丹园东里社区志愿服务站
348		北极寺社区志愿服务站
349		冠城园社区志愿服务站
350		北医社区志愿服务站
351		1201 社区志愿服务站
352		知春路 17 号院社区志愿服务站
353		华盛家园社区志愿服务站
354		西单商场社区志愿服务站
355		中央新影社区志愿服务站
356		牡丹园西里社区志愿服务站
357		四园社区志愿服务站
358	紫竹院街道	中央民族大学社区志愿服务站
359		北京外语大学社区志愿服务站
360		军乐团社区志愿服务站
361		航天部五院社区志愿服务站
362		兵器工业机关社区志愿服务站
363		万寿山庄社区志愿服务站
364		魏公村北区社区志愿服务站
365		魏公村南区社区志愿服务站
366		三虎桥社区志愿服务站
367		法华寺社区志愿服务站

续表

序号	街道名称	社区志愿服务站名称
368	紫竹院街道	车道沟社区志愿服务站
369		万寿寺社区志愿服务站
370		车南里社区志愿服务站
371		北洼路社区志愿服务站
372		厂洼一社区志愿服务站
373		厂洼二社区志愿服务站
374		西苑饭店西区社区志愿服务站
375		中国青年政治学院社区志愿服务站
376		厂洼社区志愿服务站
377		韦伯豪社区志愿服务站
378		紫竹社区志愿服务站
379		北京理工大学社区志愿服务站
380	北下关街道	北京交通大学社区志愿服务站
381		交大嘉园社区志愿服务站
382		净土寺社区志愿服务站
383		南里社区志愿服务站
384		上园社区志愿服务站
385		卫生部社区志愿服务站
386		南二社区志愿服务站
387		农影社区志愿服务站
388		农科院社区志愿服务站
389		铁研社区志愿服务站
390		皂东社区志愿服务站
391		皂君庙社区志愿服务站
392		皂西社区志愿服务站
393		大柳树社区志愿服务站
394		皂南社区志愿服务站
395		气象局社区志愿服务站
396		40 号院社区志愿服务站
397		动物园社区志愿服务站
398		头堆社区志愿服务站
399		钢研社区志愿服务站
400		大慧寺社区志愿服务站
401		广通苑社区志愿服务站
402		青云社区志愿服务站

序号	街道名称	社区志愿服务站名称
403	北下关街道	娘娘庙社区志愿服务站
404		财大社区志愿服务站
405		五塔寺社区志愿服务站
406		海洋局社区志愿服务站
407		军艺社区志愿服务站
408		大钟寺社区志愿服务站
409		柳北社区志愿服务站
410		中监所社区志愿服务站
411	甘家口街道	白堆子社区志愿服务站
412		白中社区志愿服务站
413		阜北社区志愿服务站
414		阜南社区志愿服务站
415		甘东社区志愿服务站
416		工商大学社区志愿服务站
417		工运社区志愿服务站
418		海军总医院社区志愿服务站
419		航天社区志愿服务站
420		花园村社区志愿服务站
421		机械院社区志愿服务站
422		建设部社区志愿服务站
423		空军总医院社区志愿服务站
424		潘庄社区志愿服务站
425		四道口社区志愿服务站
426		西钓社区志愿服务站
427		西三环社区志愿服务站
428		新街社区志愿服务站
429		中纺社区志愿服务站
430		西钓嘉园社区志愿服务站
431		公安部一所社区志愿服务站
432		增光社区社区志愿服务站
433		进口社区社区志愿服务站
434		水科院社区志愿服务站

续表

序号	街道名称	社区志愿服务站名称
435	田村路街道	半壁店第一社区志愿服务站
436		半壁店第二社区志愿服务站
437		幸福社区志愿服务站
438		总政社区志愿服务站
439		国大社区志愿服务站
440		阜石路第一社区志愿服务站
441		阜石路第二社区志愿服务站
442		西木社区志愿服务站
443		东营房社区志愿服务站
444		乐府家园社区志愿服务站
445		永达社区志愿服务站
446		永金里社区志愿服务站
447		金沟河社区志愿服务站
448		阜三社区志愿服务站
449		阜四社区志愿服务站
450		泽丰苑社区志愿服务站
451		玉海园一里社区志愿服务站
452		玉海园二里社区志愿服务站
453		玉海园三里社区志愿服务站
454		玉海园五里社区志愿服务站
455		玉阜嘉园社区志愿服务站
456		兰德华庭社区志愿服务站
457		田村社区志愿服务站
458		山南社区志愿服务站
459		建西苑社区志愿服务站
460		景宜里社区志愿服务站
461		永景园社区志愿服务站
462		王致和社区志愿服务站
463		瑞和园社区志愿服务站
464	清华园街道	东楼社区志愿服务站
465		南楼社区志愿服务站
466		西楼社区志愿服务站
467		北区志愿服务站
468		中楼社区志愿服务站
469		西南社区志愿服务站
470	清华园街道	西北社区志愿服务站
471		蓝旗营社区志愿服务站
472		荷清苑社区志愿服务站
473	八里庄街道	颐慧佳园社区志愿服务站
474		世纪新景社区志愿服务站
475		鼎力社区志愿服务站
476		定慧东里社区志愿服务站
477		美丽园社区志愿服务站
478		北京印象社区志愿服务站
479		恩济里社区志愿服务站
480		核情报所社区志愿服务站
481		核二院社区志愿服务站
482		中海雅园社区志愿服务站
483		首都师范大学社区志愿服务站
484		五路社区志愿服务站
485		永安东里社区志愿服务站
486		八宝庄社区志愿服务站
487		八里庄北里社区志愿服务站
488		定慧西里社区志愿服务站
489		东八里社区志愿服务站
490		定慧北里第二社区志愿服务站
491		徐庄社区志愿服务站
492		恩济庄社区志愿服务站
493		定慧北里第一社区志愿服务站
494		裕泽园社区志愿服务站
495		双紫园社区志愿服务站
496		三〇四医院社区志愿服务站
497		水文社区志愿服务站
498		首师大北校园社区志愿服务站
499		北玲珑巷社区志愿服务站
500		肿瘤医院社区志愿服务站
501		中化社区志愿服务站
502		西八里社区志愿服务站
503		北洼路第三社区志愿服务站

续表

序号	街道名称	社区志愿服务站名称
504	燕园街道	中关园社区志愿服务站
505		燕东园社区志愿服务站
506		燕北园社区志愿服务站
507		蔚秀园社区志愿服务站
508		畅春园社区志愿服务站
509		承泽园社区志愿服务站
510		校内社区志愿服务站
511	清河街道	长城润滑油社区志愿服务站
512		花园楼社区志愿服务站
513		美和园社区志愿服务站
514		毛纺南小区社区志愿服务站
515		毛纺北小区社区志愿服务站
516		海清园社区志愿服务站
517		力度家园社区志愿服务站
518		阳光社区志愿服务站
519		清上园社区志愿服务站
520		安宁里社区志愿服务站
521		安宁东路社区志愿服务站
522		安宁北路社区志愿服务站
523		当代城市家园社区志愿服务站
524		怡美家园社区志愿服务站
525		领秀硅谷社区志愿服务站
526		32 号院社区志愿服务站
527		总装小营社区志愿服务站
528		二炮清河大院社区志愿服务站
529		空军装备研究院社区志愿服务站
530		学府树家园第一社区志愿服务站
531		北毛社区志愿服务站
532		西二旗一里社区志愿服务站
533		智学苑社区志愿服务站
534		清河老街社区志愿服务站
535		四街社区志愿服务站
536		朱房社区志愿服务站
537		安宁庄社区志愿服务站
538		领秀新硅谷社区志愿服务站

序号	街道名称	社区志愿服务站名称
539	羊坊店街道	复兴路 23 号社区志愿服务站
540		电信局社区志愿服务站
541		东风社区志愿服务站
542		翠微路第二社区志愿服务站
543		海军机关大院社区志愿服务站
544		会城门社区志愿服务站
545		京西宾馆社区志愿服务站
546		军博社区志愿服务站
547		科技部社区志愿服务站
548		空军机关大院社区志愿服务站
549		莲花小区社区志愿服务站
550		茂林居社区志愿服务站
551		普惠南里社区志愿服务站
552		铁东社区志愿服务站
553		吴家场铁路 5 号院社区志愿服务站
554		吴家村路十号院社区志愿服务站
555		西木楼社区志愿服务站
556		小马厂社区志愿服务站
557		新华社皇亭子社区志愿服务站
558		颐源居社区志愿服务站
559		永红社区志愿服务站
560		玉南路 9 号社区志愿服务站
561		沄沄国际社区志愿服务站
562		羊坊店社区志愿服务站
563		乔建社区志愿服务站
564		普惠寺社区志愿服务站
565		中联部社区志愿服务站
566		三住宅社区志愿服务站
567		铁西社区志愿服务站
568		有色院社区志愿服务站
569		水科院南院社区志愿服务站

丰台区社区志愿服务站名单（299个）

序号	街道名称	社区志愿服务站名称
1	西罗园街道	西罗园第一社区志愿服务站
2		西罗园第二社区志愿服务站
3		西罗园第三社区志愿服务站
4		西罗园第四社区志愿服务站
5		角门东里一社区志愿服务站
6		角门东里二社区志愿服务站
7		花椒树社区志愿服务站
8		四路通社区志愿服务站
9		海户西里北社区志愿服务站
10		洋桥东里社区志愿服务站
11		洋桥西里社区志愿服务站
12		洋桥北里社区志愿服务站
13		洋桥村社区志愿服务站
14		海户西里南社区志愿服务站
15		马家堡东里社区志愿服务站
16	东高地街道	东高地社区志愿服务站
17		三角地第一社区志愿服务站
18		三角地第二社区志愿服务站
19		西洼地社区志愿服务站
20		六营门社区志愿服务站
21		万源东里社区志愿服务站
22		万源西里社区志愿服务站
23		万源南里社区志愿服务站
24		梅源社区志愿服务站
25		东营房社区志愿服务站
26	马家堡街道	嘉园一里社区志愿服务站
27		嘉园二里社区志愿服务站
28		嘉园三里社区志愿服务站
29		西里第三社区志愿服务站
30		双晨社区志愿服务站
31		角门东里西社区志愿服务站

序号	街道名称	社区志愿服务站名称
32	马家堡街道	玉安园社区志愿服务站
33		枫竹苑社区志愿服务站
34		城南嘉园社区志愿服务站
35		星河苑社区志愿服务站
36		镇国寺社区志愿服务站
37		西里第一社区志愿服务站
38		西里第二社区志愿服务站
39		晨宇社区志愿服务站
40		欣汇社区志愿服务站
41		富卓苑社区志愿服务站
42	大红门街道	西罗园南里社区志愿服务站
43		西罗园南里果园社区志愿服务站
44		西罗园南里华远社区志愿服务站
45		海户屯社区志愿服务站
46		康泽园社区志愿服务站
47		时村社区志愿服务站
48		石北二社区志愿服务站
49		石南一社区志愿服务站
50		石南二社区志愿服务站
51		西马场南里社区志愿服务站
52		苗圃西里社区志愿服务站
53		建欣苑社区志愿服务站
54		西马场北里社区志愿服务站
55		西马小区社区志愿服务站
56		彩虹城社区志愿服务站
57		怡然家园社区志愿服务站
58		顶秀欣园社区志愿服务站
59		远洋自然社区志愿服务站
60		世华水岸社区志愿服务站
61		木樨园南里社区志愿服务站
62		东罗园社区志愿服务站

续表

序号	街道名称	社区志愿服务站名称
63	大红门街道	南顶村社区志愿服务站
64		南顶路社区志愿服务站
65		石北一社区志愿服务站
66		石榴庄东街社区志愿服务站
67		光彩路社区志愿服务站
68		大红门东街社区志愿服务站
69		苗圃东里社区志愿服务站
70		彩虹城第二社区志愿服务站
71		建欣苑东区社区志愿服务站
72		金润家园社区志愿服务站
73	丰台街道	北大地西区社区志愿服务站
74		东安街头条 19 号院社区志愿服务站
75		丰管路社区志愿服务站
76		东幸福街社区志愿服务站
77		东安街社区志愿服务站
78		东安街头条社区志愿服务站
79		东大街西里社区志愿服务站
80		南开西里社区志愿服务站
81		北大街社区志愿服务站
82		北大街北里社区志愿服务站
83		前泥洼社区志愿服务站
84		丰益花园社区志愿服务站
85		永善社区志愿服务站
86		新兴家园社区志愿服务站
87		63 号院社区志愿服务站
88		北大地 16 号院社区志愿服务站
89		正阳北里社区志愿服务站
90		东大街东里社区志愿服务站
91		东大街社区志愿服务站
92		向阳社区志愿服务站
93		建国街社区志愿服务站
94		新华街北社区志愿服务站
95		新华街南社区志愿服务站
96		程庄路 16 号院社区志愿服务站
97		彩虹南社区志愿服务站
98	太平桥街道	三路居社区志愿服务站
99		莲花池社区志愿服务站
100		东管头社区志愿服务站
101		太东里社区志愿服务站
102		蓝调社区志愿服务站
103		丽湾社区志愿服务站
104		首威社区志愿服务站
105		莱户营社区志愿服务站
106		太中里社区志愿服务站
107		太西里社区志愿服务站
108		太南里社区志愿服务站
109		天伦北里社区志愿服务站
110		万泉寺社区志愿服务站
111		精图社区志愿服务站
112		万润社区志愿服务站
113		万泉寺东社区志愿服务站
114	南苑街道	东新华社区志愿服务站
115		红房子社区志愿服务站
116		西宏苑社区志愿服务站
117		诚苑社区志愿服务站
118		机场社区志愿服务站
119		翠海明苑社区志愿服务站
120		南庭新苑南区志愿服务站
121		南庭新苑北区志愿服务站
122		三营门社区志愿服务站
123		西新华社区志愿服务站
124		槐房社区志愿服务站
125	东铁匠营街道	蒲黄榆第一社区志愿服务站
126		蒲黄榆第二社区志愿服务站
127		蒲黄榆第三社区志愿服务站
128		蒲安里第一社区志愿服务站
129		蒲安里第二社区志愿服务站
130		刘家窑第一社区志愿服务站
131		刘家窑第二社区志愿服务站
132		刘家窑第三社区志愿服务站

续表

序号	街道名称	社区志愿服务站名称
133	东铁匠营街道	木樨园第一社区志愿服务站
134		木樨园第二社区志愿服务站
135		同仁园社区志愿服务站
136		横七条第二社区志愿服务站
137		横七条第三社区志愿服务站
138		宋庄路第一社区志愿服务站
139		宋庄路第二社区志愿服务站
140		南方庄社区志愿服务站
141		成寿寺社区志愿服务站
142		成仪路社区志愿服务站
143		四方景园社区志愿服务站
144		政馨家园社区志愿服务站
145		宋家庄社区志愿服务站
146		鑫兆雅园社区志愿服务站
147		红狮家园社区志愿服务站
148		华苇景苑社区志愿服务站
149	新村街道	万柳园社区志愿服务站
150		造甲村社区志愿服务站
151		桥梁厂第二社区志愿服务站
152		丰西社区志愿服务站
153		电力机社区志愿服务站
154		明春苑社区志愿服务站
155		银地社区志愿服务站
156		看丹社区志愿服务站
157		育仁里社区志愿服务站
158		怡海花园社区志愿服务站
159		科学城第二社区志愿服务站
160		富锦嘉园社区志愿服务站
161		万年花城第一社区志愿服务站
162		三环新城第一社区志愿服务站
163		三环新城第二社区志愿服务站
164		三环新城第三社区志愿服务站
165		首经贸中街社区志愿服务站
166		风格与林社区志愿服务站
167		鸿业兴园社区志愿服务站
168	新村街道	万柳西园社区志愿服务站
169		育芳园社区志愿服务站
170		造甲南里社区志愿服务站
171		桥梁厂第一社区志愿服务站
172		韩庄子第一社区志愿服务站
173		韩庄子第二社区志愿服务站
174		富丰园社区志愿服务站
175		草桥社区志愿服务站
176		科学城第一社区志愿服务站
177		芳菲路社区志愿服务站
178		优筑社区志愿服务站
179		万年花城第二社区志愿服务站
180		青秀城社区志愿服务站
181	卢沟桥街道	丰台路口社区志愿服务站
182		望园社区志愿服务站
183		小瓦窑社区志愿服务站
184		大井社区志愿服务站
185		长安新城社区志愿服务站
186		民岳家园社区志愿服务站
187		青塔东里社区志愿服务站
188		大瓦窑社区志愿服务站
189		八一厂社区志愿服务站
190		六里桥社区志愿服务站
191		春园社区志愿服务站
192		京铁家园社区志愿服务站
193		丰体时代社区志愿服务站
194		莲怡园社区志愿服务站
195		蔚园社区志愿服务站
196		珠江紫台社区志愿服务站
197		假日万恒社区志愿服务站
198		五里店第二社区志愿服务站
199		保利益丰社区志愿服务站
200		六南社区志愿服务站
201		六北社区志愿服务站
202		莲香园社区志愿服务站

续表

序号	街道名称	社区志愿服务站名称
203	卢沟桥街道	岳各庄社区志愿服务站
204		金一社区志愿服务站
205		金二社区志愿服务站
206		青西社区志愿服务站
207		秀园社区志愿服务站
208		芳园社区志愿服务站
209		小屯社区志愿服务站
210		五一社区志愿服务站
211		丰西路社区志愿服务站
212		油泵厂社区志愿服务站
213		科兴佳园社区志愿服务站
214		长安新城第二社区志愿服务站
215		美域家园社区志愿服务站
216		建邦枫景社区志愿服务站
217		和风四季社区志愿服务站
218	宛平城地区	晓月苑第二社区志愿服务站
219		宛平城社区志愿服务站
220		沸城社区志愿服务站
221		晓月苑社区志愿服务站
222		城南社区志愿服务站
223		城南二社区志愿服务站
224		城北社区志愿服务站
225		老庄子社区志愿服务站
226	长辛店街道	朱南社区志愿服务站
227		朱西社区志愿服务站
228		东南街社区志愿服务站
229		玉皇庄社区志愿服务站
230		光明里社区志愿服务站
231		北关社区志愿服务站
232		崔村二里社区志愿服务站
233		东山坡社区志愿服务站
234		合成公社区志愿服务站
235		建设里社区志愿服务站
236		南墙缝社区志愿服务站
237		西峰寺社区志愿服务站
238	长辛店街道	北岗洼社区志愿服务站
239		车辆厂社区志愿服务站
240		张郭庄社区志愿服务站
241		陈庄社区志愿服务站
242		槐树岭社区志愿服务站
243		赵辛店社区志愿服务站
244		朱北社区志愿服务站
245		装工院社区志愿服务站
246		杜家坎社区志愿服务站
247		装技所社区志愿服务站
248		珠光嘉园社区志愿者服务站
249		芦井社区志愿服务站
250	云岗街道	大灰厂社区志愿服务站
251		南一社区志愿服务站
252		北区社区志愿服务站
253		翠园社区志愿服务站
254		北里社区志愿服务站
255		云西路社区志愿服务站
256		南二社区志愿服务站
257		镇岗南里社区志愿服务站
258		田城社区志愿服务站
259	右安门街道	翠林一里社区志愿服务站
260		翠林二里社区志愿服务站
261		翠林三里社区志愿服务站
262		开阳里第一社区志愿服务站
263		开阳里第二社区志愿服务站
264		开阳里第三社区志愿服务站
265		开阳里第四社区志愿服务站
266		玉林东里一区社区志愿服务站
267		玉林东里二区社区志愿服务站
268		玉林东里三区社区志愿服务站
269		东庄社区志愿服务站
270		永乐社区志愿服务站
271		东滨河路社区志愿服务站
272		西铁营社区志愿服务站
273		玉林里社区志愿服务站
274		玉林西里社区志愿服务站

续表

序号	街道名称	社区志愿服务站名称
275	和义街道	南苑北里第一社区志愿服务站
276	和义街道	南苑北里第二社区志愿服务站
277	和义街道	和义东里第二社区志愿服务站
278	和义街道	和义东里第三社区志愿服务站
279	和义街道	和义西里第一社区志愿服务站
280	和义街道	和义西里第二社区志愿服务站
281	和义街道	和义西里第三社区志愿服务站
282	和义街道	和义东里第一社区志愿服务站
283	和义街道	久敬庄社区志愿服务站
284	方庄地区	芳古园一区第一社区志愿服务站
285	方庄地区	芳古园一区第二社区志愿服务站
286	方庄地区	芳古园二区社区志愿服务站
287	方庄地区	芳城园一区社区志愿服务站
288	方庄地区	芳城园二区社区志愿服务站
289	方庄地区	芳城园三区社区志愿服务站
290	方庄地区	芳群园一区社区志愿服务站
291	方庄地区	芳群园二区社区志愿服务站
292	方庄地区	芳群园三区社区志愿服务站
293	方庄地区	芳群园四区社区志愿服务站
294	方庄地区	芳星园一区社区志愿服务站
295	方庄地区	芳星园二区社区志愿服务站
296	方庄地区	芳星园三区社区志愿服务站
297	方庄地区	芳城东里社区志愿服务站
298	方庄地区	紫芳园社区志愿服务站
299	方庄地区	紫芳园南里社区志愿服务站

石景山区社区志愿服务站名单（149个）

序号	街道名称	社区志愿服务站名称
1	八宝山街道	三山园社区志愿服务站
2	八宝山街道	四季园社区志愿服务站
3	八宝山街道	永乐东小区南社区志愿服务站
4	八宝山街道	永乐东小区北社区志愿服务站
5	八宝山街道	玉泉西里西社区志愿服务站
6	八宝山街道	玉泉西里中社区志愿服务站
7	八宝山街道	玉泉西里北社区志愿服务站
8	八宝山街道	玉泉西里南社区志愿服务站
9	八宝山街道	玉泉路西社区志愿服务站
10	八宝山街道	鲁谷住宅社区志愿服务站
11	八宝山街道	中铁建设有限公司社区志愿服务站
12	八宝山街道	青年楼社区志愿服务站
13	八宝山街道	瑞达社区志愿服务站
14	八宝山街道	情报所社区志愿服务站
15	八宝山街道	电科院社区志愿服务站
16	八宝山街道	沁山水南社区志愿服务站
17	八宝山街道	沁山水北社区志愿服务站
18	苹果园街道	苹二社区志愿服务站
19	苹果园街道	苹三社区志愿服务站
20	苹果园街道	苹四社区志愿服务站
21	苹果园街道	海特花园第三社区志愿服务站
22	苹果园街道	西井社区志愿服务站
23	苹果园街道	军区装备部大院社区志愿服务站
24	苹果园街道	八大处社区志愿服务站
25	苹果园街道	西山枫林第一社区志愿服务站
26	苹果园街道	军区大院第一社区志愿服务站
27	苹果园街道	西黄新村西里社区志愿服务站
28	苹果园街道	下庄社区志愿服务站
29	苹果园街道	苹一社区志愿服务站
30	苹果园街道	海特花园第一社区志愿服务站
31	苹果园街道	海特花园第二社区志愿服务站
32	苹果园街道	西黄村社区志愿服务站
33	苹果园街道	西黄新村社区志愿服务站
34	苹果园街道	边府社区（北院、南院）志愿服务站

续表

序号	街道名称	社区志愿服务站名称
35	苹果园街道	琅山村社区志愿服务站
36		西山枫林第二社区志愿服务站
37		西黄新村东里社区志愿服务站
38	古城街道	八千平社区志愿服务站
39		古城路社区志愿服务站
40		南路东社区志愿服务站
41		南路西社区志愿服务站
42		十万平社区志愿服务站
43		特钢社区志愿服务站
44		西路南社区志愿服务站
45		西路北社区志愿服务站
46		老古城东社区志愿服务站
47		老古城西社区志愿服务站
48		北小区社区志愿服务站
49		环铁社区志愿服务站
50		天翔社区志愿服务站
51		北辛安大街社区志愿服务站
52		北辛安南北岔社区志愿服务站
53		北辛安铁新社区志愿服务站
54		水泥厂社区志愿服务站
55		南大荒社区志愿服务站
56		白庙庞村社区志愿服务站
57		滨和园燕堤西街社区志愿服务站
58		滨和园燕堤南路社区志愿服务站
59		滨和园燕堤中街社区志愿服务站
60	五里坨街道	联勤部社区志愿服务站
61		西山机械厂社区志愿服务站
62		高井社区志愿服务站
63		隆恩寺社区志愿服务站
64		南宫社区志愿服务站
65		红卫路社区志愿服务站
66		隆恩寺新区社区志愿服务站
67		黑石头社区志愿服务站
68		东街社区志愿服务站
69		隆恩颐园社区志愿服务站

序号	街道名称	社区志愿服务站名称
70	五里坨街道	天翠阳光第一社区志愿服务站
71		天翠阳光第二社区志愿服务站
72		天翠阳光第三社区志愿服务站
73	老山街道	老山东里社区志愿服务站
74		老山西里社区志愿服务站
75		老山东里北社区志愿服务站
76		老山东里南社区志愿服务站
77		何家坟社区志愿服务站
78		京源路社区志愿服务站
79		高能所社区志愿服务站
80		玉泉西路社区志愿服务站
81		中国科学院大学社区志愿服务站
82		十一号院社区志愿服务站
83		翠谷玉景苑社区志愿服务站
84		玉泉北里二区社区志愿服务站
85	鲁谷社区	衙门口东社区志愿服务站
86		新岚大厦社区志愿服务站
87		依翠园南社区志愿服务站
88		依翠园北社区志愿服务站
89		七星园南社区志愿服务站
90		七星园北社区志愿服务站
91		永乐西区志愿服务站
92		重兴园社区志愿服务站
93		聚兴园社区志愿服务站
94		五芳园社区志愿服务站
95		久筑社区志愿服务站
96		双锦园社区志愿服务站
97		六合园南社区志愿服务站
98		六合园北社区志愿服务站
99		衙门口西社区志愿服务站
100		衙门口南社区志愿服务站
101		新华社社区志愿服务站
102		石景山医院社区志愿服务站
103		西厂社区志愿服务站
104		重聚园社区志愿服务站
105		碣石坪社区志愿服务站
106		永乐西南社区志愿服务站

续表

序号	街道名称	社区志愿服务站名称
107	八角街道	八角北里社区志愿服务站
108		八角中里社区志愿服务站
109		八角南里社区志愿服务站
110		八角北路社区志愿服务站
111		八角路社区志愿服务站
112		八角南路社区志愿服务站
113		古城南路社区志愿服务站
114		古城南里社区志愿服务站
115		杨庄北区社区志愿服务站
116		杨庄中区社区志愿服务站
117		杨庄南区社区志愿服务站
118		地铁古城家园社区志愿服务站
119		八角北路特钢社区志愿服务站
120		建钢南里社区志愿服务站
121		公园北社区志愿服务站
122		黄南苑社区志愿服务站
123		时代花园社区志愿服务站
124		八角景阳东街第一社区志愿服务站
125		八角景阳东街第二社区志愿服务站
126		八角景阳东街第三社区志愿服务站
127		体育场南路社区志愿服务站
128		杨庄北区第二社区志愿服务站

序号	街道名称	社区志愿服务站名称
129	广宁街道	东山社区志愿服务站
130		新立街社区志愿服务站
131		高井路社区志愿服务站
132		麻峪社区志愿服务站
133		麻峪北社区志愿服务站
134	金顶街街道	金顶街一区社区志愿服务站
135		金顶街二区社区志愿服务站
136		金顶街三区社区志愿服务站
137		金顶街四区社区志愿服务站
138		金顶街五区社区志愿服务站
139		模式口西里北区社区志愿服务站
140		模式口西里中区社区志愿服务站
141		模式口西里南区社区志愿服务站
142		模式口东里社区志愿服务站
143		模式口南里社区志愿服务站
144		模式口中里社区志愿服务站
145		模式口北里社区志愿服务站
146		模式口村社区志愿服务站
147		西福村社区志愿服务站
148		赵山社区志愿服务站
149		铸造村社区志愿服务站

门头沟区社区志愿服务站名单（94 个）

序号	街道名称	社区志愿服务站名称
1	大峪街道	德露苑社区志愿服务站
2		月季园东里社区志愿服务站
3		月季园一区社区志愿服务站
4		月季园二区社区志愿服务站
5		双峪社区志愿服务站
6		向阳社区志愿服务站
7		向阳东里社区志愿服务站

序号	街道名称	社区志愿服务站名称
8	大峪街道	龙泉花园社区志愿服务站
9		剧场东街社区志愿服务站
10		南路二社区志愿服务站
11		峪园社区志愿服务站
12		新桥社区志愿服务站
13		新桥西区社区志愿服务站
14		中门花园社区志愿服务站

续表

序号	街道名称	社区志愿服务站名称
15	大峪街道	承泽苑社区志愿服务站
16		葡东社区志愿服务站
17		滨河西区社区志愿服务站
18		新桥南大街社区志愿服务站
19		增产路社区志愿服务站
20		龙门河滩社区志愿服务站
21		惠民家园社区志愿服务站
22		新自建社区便民服务站
23		连民心志愿服务站
24		南路一社区志愿服务站
25		永新便民服务站
26		桃园社区志愿服务站
27		爱的风帆增东社区志愿服务站
28		绮霞苑便民服务站
29		绿岛“绿叶情”志愿服务站
30		临镜苑社区志愿服务站
31	城子街道	城子大街社区志愿服务站
32		七棵树西街社区志愿服务站
33		市场街社区志愿服务站
34		桥东社区志愿服务站
35		蓝龙家园社区志愿服务站
36		城子西街社区志愿服务站
37		西宁路社区志愿服务站
38		华新建社区志愿服务站
39		新老宿舍社区志愿服务站
40		向阳社区志愿服务站
41		广场社区志愿服务站
42		龙门一区社区志愿服务站
43		龙门三区社区志愿服务站
44		龙门四区社区志愿服务站
45		民生社区志愿服务站
46		七棵树东街社区志愿服务站
47		矿桥东街社区志愿服务站
48		兴民大街社区志愿服务站
49		龙门五区社区志愿服务站
50		龙门六区社区志愿服务站
51	东辛房街道	圈门社区志愿服务站
52		平洞社区志愿服务站
53		北涧沟社区志愿服务站
54		滑石道社区志愿服务站
55		西辛房社区志愿服务站
56		东辛房社区志愿服务站
57		河南街社区志愿服务站
58		矿后街社区志愿服务站
59		矿建街社区志愿服务站
60		矿建街西社区志愿服务站
61		西山社区志愿服务站
62		葡萄园社区志愿服务站
63		石门营新区四区社区志愿服务站
64		石门营新区五区社区志愿服务站
65		石门营新区六区社区志愿服务站
66		石门营新区七区社区志愿服务站
67	大台街道	千军台社区志愿服务站
68		木城涧社区志愿服务站
69		玉皇庙社区志愿服务站
70		灰地社区志愿服务站
71		黄土台社区志愿服务站
72		双红社区志愿服务站
73		桃园社区志愿服务站
74		落坡岭社区志愿服务站
75		大台社区志愿服务站
76	龙泉镇	龙泉务社区志愿服务站
77		水闸西路社区志愿服务站
78		峪新社区志愿服务站
79		倚山嘉园社区志愿服务站
80		梨园社区志愿服务站
81		琉璃渠社区志愿服务站
82	永定镇	永安社区志愿服务站
83		北区社区志愿服务站
84		南区社区志愿服务站
85		永兴社区志愿服务站

续表

序号	街道名称	社区志愿服务站名称
86	永定镇	嘉园社区志愿服务站
87		信园社区志愿服务站
88		永兴嘉园社区志愿服务站
89		小园一区社区志愿服务站
90	王平镇	河北社区志愿服务站
91		南涧社区志愿服务站
92		西苑社区志愿服务站
93		色树坟社区志愿服务站
94	军庄镇	杨坨社区志愿服务站

房山区社区志愿服务站名单（133个）

序号	街道名称	社区志愿服务站名称
1	城关街道	万宁桥社区志愿服务站
2		北街社区志愿服务站
3		城北社区志愿服务站
4		北里社区志愿服务站
5		南里社区志愿服务站
6		农林路社区志愿服务站
7		南沿里社区志愿服务站
8		新东关社区志愿服务站
9		城东社区志愿服务站
10		永安西里社区志愿服务站
11		府东里社区志愿服务站
12		福星家园社区志愿服务站
13		永兴达社区志愿服务站
14		永乐园社区志愿服务站
15		兴房东里社区志愿服务站
16		南城社区志愿服务站
17		化四社区志愿服务站
18		矿机社区志愿服务站
19		管道局社区志愿服务站
20		大石河社区志愿服务站
21		永安家园社区志愿服务站
22	拱辰街道	送变电社区志愿服务站
23		飞机场社区志愿服务站
24		罗府街社区志愿服务站
25		昊天社区志愿服务站
26	拱辰街道	一街第二社区志愿服务站
27		文化路社区志愿服务站
28		一街社区志愿服务站
29		电力设备总厂社区志愿服务站
30		电力建设公司社区志愿服务站
31		北关东路社区志愿服务站
32		宜春里社区志愿服务站
33		拱辰大街社区志愿服务站
34		行宫园社区志愿服务站
35		三街社区志愿服务站
36		长虹北里社区志愿服务站
37		鸿顺园社区志愿服务站
38		三街第二社区志愿服务站
39		伟业嘉园社区志愿服务站
40		西北关社区志愿服务站
41		梅花庄社区志愿服务站
42		拱辰北大街社区志愿服务站
43		玉竹园社区志愿服务站
44		瑞雪春堂社区志愿服务站
45		绿地花都苑社区志愿服务站
46		邑上佳苑社区志愿服务站
47		翠林湾嘉园社区志愿服务站
48	西潞街道	西潞园社区志愿服务站
49		海逸半岛社区志愿服务站
50		苏庄一里社区志愿服务站

续表

序号	街道名称	社区志愿服务站名称
51	西潞街道	夏庄社区志愿服务站
52		西潞东里社区志愿服务站
53		苏庄二里社区志愿服务站
54		西路大街社区志愿服务站
55		月华社区志愿服务站
56		苏庄三里社区志愿服务站
57		北潞春社区志愿服务站
58		北潞园社区志愿服务站
59		太平庄西里社区志愿服务站
60		太平庄东里社区志愿服务站
61		金鸽园社区志愿服务站
62	燕山迎风街道	高家坡社区志愿服务站
63		迎风西里社区志愿服务站
64		迎风四里社区志愿服务站
65		迎风五里社区志愿服务站
66		迎风六里社区志愿服务站
67		杏花西里社区志愿服务站
68		杏花东里社区志愿服务站
69		杰辉苑社区志愿服务站
70		宏塔社区志愿服务站
71		燕房路社区志愿服务站
72		燕东路社区志愿服务站
73	琉璃河镇	水泥厂社区志愿服务站
74		二街社区志愿服务站
75		建材学校社区志愿服务站
76		窗纱厂社区志愿服务站
77		金果林社区志愿服务站
78	周口店镇	周口店社区志愿服务站
79		长矿社区志愿服务站
80		鑫山矿社区志愿服务站
81		金巢社区志愿服务站
82		红光社区志愿服务站
83	石楼镇	石楼铁路社区志愿服务站
84	窦店镇	金鑫苑社区志愿服务站
85		亚新社区志愿服务站
86		沁园春景社区志愿服务站
87		田家园社区志愿服务站
88		窦店社区志愿服务站
89	韩村河镇	大自然新城社区志愿服务站
90	阎村镇	梨园东里社区志愿服务站
91		桥梁厂社区志愿服务站
92		消防厂社区志愿服务站
93		绿城百合社区志愿服务站
94	青龙湖镇	京煤化工厂社区志愿服务站
95		京强水泥厂社区志愿服务站
96	长阳镇	长龙苑社区志愿服务站
97		加州水郡东区社区志愿服务站
98		碧波园社区志愿服务站
99		长阳社区志愿服务站
100		碧桂园社区志愿服务站
101		大宁山庄社区志愿服务站
102		加州水郡北区社区志愿服务站
103		加州水郡南区社区志愿服务站
104		天泰新景社区志愿服务站
105		欣然嘉园社区志愿服务站
106		徜徉集社区志愿服务站
107	长沟镇	西厢苑社区志愿服务站
108	河北镇	房山矿社区志愿服务站
109		黄土坡军工路社区志愿服务站
110	大安山镇	大安山煤矿社区志愿服务站
111	新镇街道	原新街社区志愿服务站
112		东平街社区志愿服务站
113	燕山星城街道	星城第一社区志愿服务站
114		星城第二社区志愿服务站
115		星城第三社区志愿服务站
116		星城第四社区志愿服务站
117		星城第五社区志愿服务站
118		星城第六社区志愿服务站
119		星城第七社区志愿服务站

续表

序号	街道名称	社区志愿服务站名称
120	燕山东风街道	东风东里社区志愿服务站
121		东风南里社区志愿服务站
122		东风北里社区志愿服务站
123		羊耳峪里第一社区志愿服务站
124		羊耳峪里第二社区志愿服务站
125		羊耳峪西区社区志愿服务站
126		羊耳峪北里社区志愿服务站
127		木头岭社区志愿服务站
128		东流水社区志愿服务站
129	燕山向阳街道	凤凰亭社区志愿服务站
130		岗山社区志愿服务站
131		向阳里社区志愿服务站
132		迎风一里社区志愿服务站
133	新建社区，尚未确定所属街道	万紫嘉园社区志愿服务站

通州区社区志愿服务站名单（107个）

序号	街道名称	社区志愿服务站名称
1	新华街道	如意社区志愿服务站
2		天桥湾社区志愿服务站
3	中仓街道	四员厅社区志愿服务站
4		小园社区志愿服务站
5		运河园社区志愿服务站
6		星河社区志愿服务站
7		西营社区志愿服务站
8		西上园社区志愿服务站
9		东里社区志愿服务站
10		上营社区志愿服务站
11		白将军社区志愿服务站
12		运河湾社区志愿服务站
13		中仓社区志愿服务站
14		滨河社区志愿服务站
15		中上园社区志愿服务站
16		悟仙观社区志愿服务站
17		东关社区志愿服务站
18		新华园社区志愿服务站
19		莲花寺社区志愿服务站
20	潞县镇	金三角社区志愿服务站
21		绿茵小区社区志愿服务站
22		绿茵西区社区志愿服务站
23	梨园镇	大方居社区志愿服务站
24		翠屏南里社区志愿服务站
25		靓景明居社区志愿服务站
26		新华联南区社区志愿服务站
27		格瑞雅居社区志愿服务站
28		龙鼎园社区志愿服务站
29		金侨时代社区志愿服务站
30		梨园东里社区志愿服务站
31		万盛北里社区志愿服务站
32		京洲园社区志愿服务站
33		翠景北里社区志愿服务站
34		葛布店东里社区志愿服务站
35		云景东里社区志愿服务站
36		云景里社区志愿服务站
37		颐瑞西里社区志愿服务站
38		颐瑞东里社区志愿服务站
39		群芳园社区志愿服务站
40		曼城家园社区志愿服务站
41		云景北里社区志愿服务站
42		翠屏北里社区志愿服务站
43		欣达园社区志愿服务站
44		新城乐居社区志愿服务站

续表

序号	街道名称	社区志愿服务站名称
45	潞城镇	水仙园社区志愿服务站
46	潞城镇	紫荆雅园社区志愿服务站
47	潞城镇	荔景园社区志愿服务站
48	马驹桥镇	新海北里社区志愿服务站
49	马驹桥镇	新海南里社区志愿服务站
50	马驹桥镇	新海祥和社区志愿服务站
51	北苑街道	西关社区志愿服务站
52	北苑街道	帅府社区志愿服务站
53	北苑街道	后南仓社区志愿服务站
54	北苑街道	天时名苑社区志愿服务站
55	北苑街道	果园西社区志愿服务站
56	北苑街道	长桥园社区志愿服务站
57	北苑街道	北苑桥社区志愿服务站
58	北苑街道	滨惠南三街社区志愿服务站
59	北苑街道	复兴南里社区志愿服务站
60	北苑街道	新华联家园北区志愿服务站
61	北苑街道	锦园社区志愿服务站
62	北苑街道	京贸国际社区志愿服务站
63	北苑街道	新北苑社区志愿服务站
64	北苑街道	新城南街社区志愿服务站
65	北苑街道	新华西街社区志愿服务站
66	北苑街道	玉带路社区志愿服务站
67	北苑街道	中山街社区志愿服务站
68	北苑街道	五里店社区志愿服务站
69	玉桥街道	玉桥东里社区志愿服务站
70	玉桥街道	玉桥东里南社区志愿服务站
71	玉桥街道	玉桥南里南社区志愿服务站
72	玉桥街道	新通国际社区志愿服务站
73	玉桥街道	梨花园社区志愿服务站
74	玉桥街道	柳岸方园社区志愿服务站
75	玉桥街道	葛布店南里社区志愿服务站
76	玉桥街道	玉桥北里社区志愿服务站
77	玉桥街道	艺苑西里社区志愿服务站
78	玉桥街道	玉桥南里社区志愿服务站
79	玉桥街道	乔庄北街社区志愿服务站
80	玉桥街道	葛布店北里社区志愿服务站
81	玉桥街道	柳馨园社区社区志愿服务站
82	玉桥街道	运河东大街社区志愿服务站
83	玉桥街道	潞阳桥社区志愿服务站
84	玉桥街道	土桥社区志愿服务站
85	玉桥街道	净水园社区志愿服务站
86	永顺镇	运通园社区志愿服务站
87	永顺镇	永顺南里社区志愿服务站
88	永顺镇	富河园社区志愿服务站
89	永顺镇	天赐良园志愿者服务站
90	永顺镇	东潞苑西区社区志愿服务站
91	永顺镇	龙旺庄社区志愿者服务站
92	永顺镇	潞苑嘉园社区志愿服务站
93	永顺镇	苏荷雅居社区志愿服务站
94	永顺镇	永顺西里社区志愿服务站
95	永顺镇	艺苑东里社区志愿服务站
96	永顺镇	盛业家园社区志愿服务站
97	永顺镇	世纪星城兴业园社区志愿服务站
98	永顺镇	西马庄社区志愿服务站
99	永顺镇	杨庄南里西区社区志愿服务站
100	永顺镇	杨庄南里南区社区志愿服务站
101	永顺镇	运乔嘉园社区志愿服务站
102	永顺镇	潞邑社区志愿服务站
103	永顺镇	潞苑南里社区志愿服务站
104	永顺镇	通广嘉园社区志愿服务站
105	永顺镇	岳庄社区志愿服务站
106	永顺镇	竹木厂社区志愿服务站
107	永顺镇	杨富店社区志愿服务站

顺义区社区志愿服务站名单（90 个）

序号	街道名称	社区志愿服务站名称
1	胜利街道	建新北区第一社区志愿服务站
2		建新北区第二社区志愿服务站
3		建新北区第三社区志愿服务站
4		建新南区第一社区志愿服务站
5		建新南区第二社区志愿服务站
6		义宾北区社区志愿服务站
7		义宾南区社区志愿服务站
8		义宾街社区志愿服务站
9		前进社区志愿服务站
10		太平社区志愿服务站
11		幸福西街社区志愿服务站
12		胜利小区社区志愿服务站
13		双兴南区社区志愿服务站
14		怡馨家园第一社区志愿服务站
15		怡馨家园第二社区志愿服务站
16		龙府花园社区志愿服务站
17		红杉一品社区志愿服务站
18		永欣嘉园社区志愿服务站
19		华玺瀚樽社区志愿服务站
20	光明街道	东兴第一社区志愿服务站
21		东兴第二社区志愿服务站
22		东兴第三社区志愿服务站
23		裕龙花园社区志愿服务站
24		裕龙三区社区志愿服务站
25		裕龙四区社区志愿服务站
26		裕龙五区社区志愿服务站
27		裕龙六区社区志愿服务站
28		双拥社区志愿服务站
29		滨河小区第一社区志愿服务站
30		滨河小区第二社区志愿服务站
31		双兴东区社区志愿服务站
32	光明街道	幸福东区社区志愿服务站
33		金汉绿港社区志愿服务站
34		绿港家园社区志愿服务站
35	旺泉街道	西辛第一社区志愿服务站
36		西辛社区志愿服务站
37		西辛北区社区志愿服务站
38		铁十六局社区志愿服务站
39		宏城花园社区志愿服务站
40		前进花园社区志愿服务站
41		望泉家园社区志愿服务站
42		牡丹苑社区志愿服务站
43		梅兰家园社区志愿服务站
44		澜西园二区社区志愿服务站
45		澜西园三区社区志愿服务站
46		澜西园四区社区志愿服务站
47	空港街道	蓝星花园社区志愿服务站
48		翠竹新村第一社区志愿服务站
49		翠竹新村第二社区志愿服务站
50		吉祥花园社区志愿服务站
51		万科城市花园社区志愿服务站
52		裕祥花园社区志愿服务站
53		莫奈花园社区志愿服务站
54		三山新新家园社区志愿服务站
55		莲竹花园社区志愿服务站
56		天房第一社区志愿服务站
57		天房第二社区志愿服务站
58		双龙源社区志愿服务站
59		天竺新新家园社区志愿服务站
60		中粮祥云社区志愿服务站
61		香蜜湾社区志愿服务站
62		誉天下社区志愿服务站
63		天竺花园社区志愿服务站

续表

序号	街道名称	社区志愿服务站名称
64	石园街道	石园东苑社区志愿服务站
65		石园西区社区志愿服务站
66		石园北区第一社区志愿服务站
67		石园北区第二社区志愿服务站
68		石园北区第三社区志愿服务站
69		五里仓第一社区志愿服务站
70		五里仓第二社区志愿服务站
71		港馨家园第一社区志愿服务站
72		港馨家园第二社区志愿服务站
73		石园南区社区志愿服务站
74		轻汽集团社区志愿服务站
75		燕京社区志愿服务站
76		石园东区社区志愿服务站
77		仁和花园第一社区志愿服务站
78		仁和花园第二社区志愿服务站

序号	街道名称	社区志愿服务站名称
79	双丰街道	顺悦家园社区志愿服务站
80		金宝花园社区志愿服务站
81		顺兴社区志愿服务站
82		香悦西区社区志愿服务站
83		鲁能润园社区志愿服务站
84		香悦东区社区志愿服务站
85		中晟馨苑社区志愿服务站
86		马坡花园第一社区志愿服务站
87		马坡花园第二社区志愿服务站
88		富力湾社区志愿服务站
89		泰和宜园第一社区志愿服务站
90		新马家园社区志愿服务站

昌平区社区志愿服务站名单（146 个）

序号	街道名称	社区志愿服务站名称
1	城南街道	新汇园社区志愿服务站
2		昌盛园社区志愿服务站
3		水屯家园社区志愿服务站
4		畅春阁社区志愿服务站
5		秋实家园社区志愿服务站
6		龙凤山砂石厂社区志愿服务站
7		化庄社区志愿服务站
8		山峡社区志愿服务站
9		凉水河社区志愿服务站
10		拓然家苑社区志愿服务站
11		郝庄家园北区社区志愿服务站
12		世涛天朗社区志愿服务站
13		富泉花园社区志愿服务站
14		郝庄家园西区社区志愿服务站
15		介山社区志愿服务站
16		龙山锦园社区志愿服务站

序号	街道名称	社区志愿服务站名称
17	回龙观镇	北店嘉园社区志愿服务站
18		北郊农场社区志愿服务站
19		金榜园社区志愿服务站
20		龙城花园社区志愿服务站
21		龙华园二区社区志愿服务站
22		新康园社区志愿服务站
23		龙腾苑六区社区志愿服务站
24		龙泽苑社区志愿服务站
25		龙泽苑东区社区志愿服务站
26		万润家园社区志愿服务站
27		龙锦苑六区社区志愿服务站
28		龙锦苑四区社区志愿服务站
29		龙锦苑五区社区志愿服务站
30		新龙城社区志愿服务站
31		瑞旗家园社区志愿服务站

续表

序号	街道名称	社区志愿服务站名称
32	百善镇	善缘家园社区志愿服务站
33		林溪园社区志愿服务站
34	东小口镇	森林大第社区志愿服务站
35	马池口镇	念头社区志愿服务站
36	南口镇	南口村社区志愿服务站
37		南农社区志愿服务站
38		南厂东社区志愿服务站
39		十一条社区志愿服务站
40	沙河镇	南一社区志愿服务站
41		沙阳路社区志愿服务站
42		于善街南社区志愿服务站
43		冠芳园社区志愿服务站
44		五福家园社区志愿服务站
45		艳澜新宸社区志愿服务站
46		巩华新村社区志愿服务站
47	南邵镇	北郡嘉源社区志愿服务站
48		路劲家园社区志愿服务站
49		国惠村社区志愿服务站
50		风景丽苑社区志愿服务站
51		长滩庭苑社区志愿服务站
52	十三陵镇	胡庄社区志愿服务站
53	阳坊镇	阳坊社区志愿服务站
54	天通苑北街道	天通北苑第二社区志愿服务站
55		天通北苑第三社区志愿服务站
56		天通中苑第一社区志愿服务站
57		天通东苑第三社区志愿服务站
58		天通西苑第二社区志愿服务站
59		天通西苑第三社区志愿服务站
60		天通西苑第四社区志愿服务站
61		天通北苑第一社区志愿服务站
62		太平家园社区志愿服务站
63	天通苑南街道	天通东苑第一社区志愿服务站
64		天通西苑第一社区志愿服务站
65		顶秀青溪家园社区志愿服务站
66		东辰社区志愿服务站
67	天通苑南街道	天通苑第一社区志愿服务站
68		天通苑第二社区志愿服务站
69		天通东苑第二社区志愿服务站
70		天通东苑第四社区志愿服务站
71		北方明珠社区志愿服务站
72		嘉诚花园社区志愿服务站
73		清水园社区志愿服务站
74		佳运园社区志愿服务站
75		奥北中心社区志愿服务站
76		溪城珑原社区志愿服务站
77	小汤山镇	行政区社区志愿服务站
78		太阳城社区志愿服务站
79	城北街道	水关社区志愿服务站
80		嘉和园社区志愿服务站
81		亢山社区志愿服务站
82		裕祥社区志愿服务站
83		五街社区志愿服务站
84		建明里社区志愿服务站
85		玉虚观社区志愿服务站
86		西环里社区志愿服务站
87		京科苑东区社区志愿服务站
88		城角路社区志愿服务站
89		永安社区志愿服务站
90		国通家园社区志愿服务站
91		创新园社区志愿服务站
92		朝凤社区志愿服务站
93		一街社区志愿服务站
94		二街社区志愿服务站
95		燕平路社区志愿服务站
96		三街社区志愿服务站
97		北城根社区志愿服务站
98		东关北里社区志愿服务站
99		安福苑社区志愿服务站
100		六街社区志愿服务站
101		八街社区志愿服务站

续表

序号	街道名称	社区志愿服务站名称
102	城北街道	史家坑社区志愿服务站
103		东关社区志愿服务站
104		东关南里社区志愿服务站
105		京科苑社区志愿服务站
106		西关社区志愿服务站
107		松园社区志愿服务站
108		宁馨苑社区志愿服务站
109		南环里社区志愿服务站
110		政法社区志愿服务站
111		富松社区志愿服务站
112		南关社区志愿服务站
113		五城社区志愿服务站
114		灰厂路社区志愿服务站
115		北环社区志愿服务站
116		昌园社区志愿服务站
117		亢山前路社区志愿服务站
118		宅新苑社区志愿服务站
119		新悦家园社区志愿服务站
120	城北街道	观山悦社区志愿服务站
121		创新园南区社区志愿服务站
122	北七家镇	燕城苑社区志愿服务站
123		宏福苑东区志愿服务站
124		宏福苑社区志愿服务站
125	北七家镇	桃园公寓社区志愿服务站
126		望都新地社区志愿服务站
127		温泉花园 A 区志愿服务站
128		名佳花园社区志愿服务站
129	霍营街道	上坡佳园社区志愿服务站
130		龙回苑社区志愿服务站
131		蓝天园社区志愿服务站
132		霍营小区社区志愿服务站
133		天鑫家园社区志愿服务站
134		和谐家园社区志愿服务站
135		田园风光雅苑社区志愿服务站
136		龙锦苑东二区居委会志愿服务站
137		龙锦苑东三区社区志愿服务站
138		龙锦苑东四区社区志愿服务站
139		紫金新干线社区志愿服务站
140		华龙苑南里社区志愿服务站
141		华龙苑中里社区志愿服务站
142		华龙苑北里社区志愿服务站
143		流星花园社区志愿服务站
144		龙锦苑东五区社区志愿服务站
145		龙锦苑东一区社区志愿服务站
146		龙锦苑一区社区志愿服务站

大兴区社区志愿服务站名单（83 个）

序号	街道名称	社区志愿服务站名称
1	天宫院街道	海子角南里社区志愿服务站
2		海子角东里社区志愿服务站
3		海子角西里社区志愿服务站
4		海子角社区志愿服务站
5		天堂河社区志愿者服务站
6		矿林庄社区志愿者服务站
7		天宫院社区志愿者服务站
8		兴宇社区志愿者服务站
9		融汇社区志愿者服务站
10	兴丰街道	富强西里社区志愿服务站
11		兴华东里社区志愿服务站
12		富强南里社区志愿服务站
13		黄村西里社区志愿服务站
14		兴华中里社区志愿服务站
15		三合南里社区志愿服务站
16		康居社区志愿服务站
17		清城南区社区志愿服务站

续表

序号	街道名称	社区志愿服务站名称
18	兴丰街道	富强东里社区志愿服务站
19		黄村中里社区志愿服务站
20		瑞康家园社区志愿服务站
21		黄村东里社区志愿服务站
22		清城北区社区志愿服务站
23	清源街道	兴华园社区志愿服务站
24		枣园东里北区社区志愿服务站
25		兴康家园社区志愿服务站
26		彩虹新城社区志愿服务站
27		学院社区志愿服务站
28		清源西里社区志愿服务站
29		丽园南区社区志愿服务站
30		丽园社区志愿服务站
31		枣园东里社区志愿服务站
32		枣园社区志愿服务站
33		滨河东里社区志愿服务站
34		滨河北里社区志愿服务站
35		滨河西里北区志愿服务站
36		康秀园社区志愿服务站
37		康馨园社区志愿服务站
38	观音寺街道	新安里社区志愿服务站
39		新居里社区志愿服务站
40		观音寺社区志愿服务站
41		观音寺北里社区志愿服务站
42		观音寺南里社区志愿服务站
43		金华里社区志愿服务站
44		盛春坊社区志愿服务站
45		开发区社区志愿服务站
46		团河社区志愿服务站
47		盛嘉华苑社区志愿服务站
48		泰中花园社区志愿服务站
49		首座御园一里社区志愿服务站
50		南湖园社区志愿服务站
51		双河北里社区志愿服务站
52		双河南里社区志愿服务站

序号	街道名称	社区志愿服务站名称
53	高米店街道	康和园社区志愿服务站
54		康隆园社区志愿服务站
55		康盛园社区志愿服务站
56		康邑园社区志愿服务站
57		香海园社区志愿服务站
58		香留园社区志愿服务站
59		香旺园社区志愿服务站
60		金惠园二区社区志愿服务站
61		金惠园三区社区志愿服务站
62		郁花园社区志愿服务站
63		郁花园二里社区志愿服务站
64		兴盛园社区志愿服务站
65		茉莉社区志愿服务站
66	林校路街道	兴政东里社区志愿服务站
67		林校北里社区志愿服务站
68		兴政西里社区志愿服务站
69		车站北里社区志愿服务站
70		建兴社区志愿服务站
71		永华北里社区志愿服务站
72		义和庄东里社区志愿服务站
73		车站中里社区志愿服务站
74		车站南里社区志愿服务站
75		义和庄南里社区志愿服务站
76		饮马井社区志愿服务站
77		铁路社区志愿服务站
78		兴华南里社区志愿服务站
79		兴水社区志愿服务站
80		永华南里社区志愿服务站
81		兴政中里社区志愿服务站
82		火神庙社区志愿服务站
83		罗奇营一区志愿服务站

平谷区社区志愿服务站名单（28个）

序号	街道名称	社区志愿服务站名称
1	滨河街道	金海社区志愿者服务站
2		滨河社区志愿者服务站
3		金谷园社区志愿者服务站
4		金谷东园社区志愿者服务站
5		府前社区志愿者服务站
6		北小区社区志愿者服务站
7		承平园社区志愿者服务站
8		平粮社区志愿者服务站
9		向阳社区志愿者服务站
10		建南社区志愿者服务站
11		建西社区志愿者服务站
12		林荫家园社区志愿者服务站
13		南小区社区志愿者服务站
14	渔阳地区	迎宾花园社区志愿服务站
15		太和园社区志愿服务站

序号	街道名称	社区志愿服务站名称
16	渔阳地区	海关西园社区志愿服务站
17		胜利社区志愿服务站
18		建兰社区志愿服务站
19	兴谷街道	金乡西社区志愿服务站
20		乐园东社区志愿服务站
21		乐园西社区志愿服务站
22		新星社区志愿服务站
23		兴谷园社区志愿服务站
24		兴谷家园社区志愿服务站
25		阳光社区志愿服务站
26		光明社区志愿服务站
27		园丁社区志愿服务站
28		金乡东社区志愿服务站

怀柔区社区志愿服务站名单（24个）

序号	街道名称	社区志愿服务站名称
1	泉河街道	滨湖社区志愿服务站
2		湖光社区志愿服务站
3		于家园二区社区志愿服务站
4		富乐社区志愿服务站
5		富乐北里社区志愿服务站
6		北园社区志愿服务站
7		金台园社区志愿服务站
8		杨家园社区志愿服务站
9		馥郁苑社区志愿服务站
10		新贤家园社区志愿服务站
11		开放路社区志愿服务站
12		装备学院社区志愿服务站

序号	街道名称	社区志愿服务站名称
13	龙山街道	龙湖社区志愿服务站
14		南华园一区社区志愿服务站
15		南华园三区社区志愿服务站
16		南华园四区社区志愿服务站
17		望怀社区志愿服务站
18		龙祥社区志愿服务站
19		迎宾路社区志愿服务站
20		商业街社区志愿服务站
21		车站路社区志愿服务站
22		南城社区志愿服务站
23		西园社区志愿服务站
24		丽湖社区志愿服务站

密云区社区志愿服务站名单（47个）

序号	街道名称	社区志愿服务站名称
1	鼓楼街道	花园东区社区志愿服务站
2		花园西区社区志愿服务站
3		宾阳里社区志愿服务站
4		长安东区社区志愿服务站
5		长安西社区志愿服务站
6		鼓楼南社区志愿服务站
7		石桥社区志愿服务站
8		檀州家园社区志愿服务站
9		北源里社区志愿服务站
10		白檀社区志愿服务站
11		檀城东区社区志愿服务站
12		檀城西区社区志愿服务站
13		宾阳西里社区志愿服务站
14		宾阳社区志愿服务站
15		鼓楼社区志愿服务站
16		宾阳北里社区志愿服务站
17		沿湖社区志愿服务站
18		车站路南社区志愿服务站
19		行宫南区社区志愿服务站
20		东菜园社区志愿服务站
21		云秀花园社区志愿服务站
22		行宫社区志愿服务站
23		向阳西区社区志愿服务站
24	鼓楼街道	车站路社区志愿服务站
25		太扬家园社区志愿服务站
26		阳光家园社区志愿服务站
27		云北社区志愿服务站
28		御东园社区志愿服务站
29	果园街道	康居社区志愿者服务站
30		果园新里社区志愿者服务站
31		果园新里北区社区志愿者服务站
32		兴云社区志愿者服务站
33		密西花园社区志愿者服务站
34		果园西里社区志愿者服务站
35		季庄社区志愿者服务站
36		康馨雅苑社区志愿者服务站
37		新北路社区志愿者服务站
38		瑞和园社区志愿者服务站
39		学府花园社区志愿者服务站
40		绿地社区志愿者服务站
41		嘉益社区志愿者服务站
42		福荣社区志愿者服务站
43		上河湾社区志愿服务站
44		澜悦社区志愿服务站
45	檀营地区	檀营第一社区志愿服务站
46		檀营社区志愿服务站
47		檀营第二社区志愿服务站

延庆区社区志愿服务站名单（30个）

序号	街道名称	社区志愿服务站名称
1	百泉街道	振兴南社区志愿服务站
2		舜泽园社区志愿服务站
3		上都首府家园社区志愿服务站
4		颍泽洲社区志愿服务站
5		燕水佳园社区志愿服务站
6		莲花苑社区志愿服务站
7		国润家园社区志愿服务站
8		振兴北社区志愿服务站
9		湖南社区志愿服务站
10	儒林街道	康安社区志愿服务站
11		永安社区志愿服务站
12		悦安居社区志愿服务站
13		儒林苑社区志愿服务站
14		温泉南区东里社区志愿服务站
15		温泉南区西里社区志愿服务站

序号	街道名称	社区志愿服务站名称
16	儒林街道	胜芳园社区志愿服务站
17		温泉馨苑社区志愿服务站
18		格兰山水二期社区志愿服务站
19	香水园街道	新兴西社区志愿服务站
20		新兴东社区志愿服务站
21		川北西社区志愿服务站
22		川北东社区志愿服务站
23		石河营西社区志愿服务站
24		石河营东社区志愿服务站
25		东外社区志愿服务站
26		恒安社区志愿服务站
27		高塔社区志愿服务站
28		双路社区志愿服务站
29		泰安社区志愿服务站
30		兴运嘉园社区志愿服务站

北京市社会建设工作获奖情况

单位或个人	表彰奖励名称
市委社会工委、市社会办	2010—2014中国智慧城市发展5周年贡献单位
市委社会工委研究室（政策法规处）	北京市“六五”普法先进集体
市委社会工委、市社会办社区建设处	2016年度住房保障工作先进单位
王丽竹	2010—2014中国智慧城市发展5周年贡献人物
张坚、岳金柱、李筱婧（市委社会工委、市社会办）	北京市《优秀调查研究成果》二等奖
刘占山、刘　霖（市委社会工委、市社会办）	北京市《优秀调查研究成果》优秀奖
宗　君（市委社会工委、市社会办）	第七批“首都市民学习之星”
王　涛（市委社会工委、市社会办）	第七批“首都市民学习之星”
东城区东直门街道香河园北里社区	北京魅力社区

续表

单位或个人	表彰奖励名称
东城区东四街道豆瓣社区	北京魅力社区单项奖
西城区委社会工委（区社会办）	2016年度综治信息工作先进单位
西城区委社会工委（区社会办）	2016年养犬管理工作先进集体
海淀区中关村街道黄庄社区	北京市第七届魅力社区“综合奖”
朝阳区社会办	民政部颁发中国社区治理十大创新成果
丰台区委社会工委	全国“两新”党组织“实质作用发挥”征文一等奖
丰台区马家堡街道家园三里社区	第七届“北京魅力社区单项奖”
丰台区方庄地区芳群园三区社区居委会	“北京社会好人榜”上榜群体
北京市丰台区瑞丰社会服务中心	2016年度“北京社会好人榜”
石景山区八角街道八角北路特钢社区	北京魅力社区
石景山区鲁谷社区重兴园社区	北京魅力社区单项奖
房山区社会工委	北京市志愿服务项目大赛金奖
顺义区教委	全国义务教育发展基本均衡区
顺义区教委	全国中小学校责任督学挂牌督导创新区
顺义区民政局	2016年度社会组织新闻宣传工作先进单位
顺义区民政局	《中国社会报》民政宣传工作先进单位
顺义区民政局	第二届中华慈善突出贡献（组织）奖
顺义区民政局	北京市2016年度交通安全先进单位
顺义区人力社保局	北京市2016年度充分就业区
大兴区星光社工事务所——“废旧物品再利用行动”	2016年“北京社会志愿服务行”优秀志愿服务活动
密云区鼓楼街道办事处	北京市科协系统先进集体、北京市残疾人之家
密云区民政局	京津冀慈善事业协同发展风向标参展机构证书
密云区巨各庄镇	2016年社会领域志愿服务优秀示范项目
密云区太师屯镇人民政府	首都城市环境建设样板单位
密云区教育委员会	2016年度市级交通安全先进单位
密云区住房和城乡建设委员会	北京市房地产开发企业资质审批工作标兵单位
密云区十里堡镇政府	北京市控烟示范单位
密云区河南寨镇绿化委员会办公室	2016年北京市科学技术普及工作先进单位
密云区果园街道办事处	市级交通安全先进单位
密云区信访办	北京市信访工作先进集体荣誉称号
王文泉（丰台区委社会工委委员、区社会办副主任）	2016年度“北京社会好人榜”
时毅（丰台区南苑街道办事处东新华社区）	2016年度“北京社会好人榜”
高震（北京奥邦焊业有限公司）	2016年度“北京社会好人榜”
高旭名（北京博龙阳光新能源高科技开发有限公司党支部书记）	2016年度“北京社会好人榜”

续表

单位或个人	表彰奖励名称
王学静（怀柔天馨社会工作事务所）	2016 年度“北京社会好人榜”
陶小蕊（怀柔远航艺术团）	2016 年度“北京社会好人榜”
邻里情俱乐部（怀柔区龙山街道）	2016 年度“北京社会好人榜”
王杨（北京市丰台区乐助社会工作事务所）	北京市市民学习之星
刘　英（中关村企业信用促进会）	第七批“首都市民学习之星”
马小申（北京城市学院）	第七批“首都市民学习之星”
杨剑涛（瑞华会计师事务所）	第七批“首都市民学习之星”
张跃豪（朝阳区亚运村立德社会工作事务所）	第七批“首都市民学习之星”
韩　青（北京市丰台区时代风帆楼宇党委副书记）	团市委第 30 届北京青年“五四”奖章
范燕宁（北京市海淀睿搏社会工作事务所所长、首都师范大学政法学院社会学与社会工作系主任）	中国社会工作联合会 2016 年度中国十大社工人物
廖晓义（北京地球村环境教育中心创始人、北京乐和社会工作服务中心主任）	中国社会工作联合会 2016 年度中国十大社工人物
宗呈裕（北京大兴区天宫院泽众社会工作事务所主任）	中国社会工作联合会 2016 年度中国百名社工人物
时小勇（北京房山区睿诚社会工作事务所所长）	中国社会工作联合会 2016 年度中国百名社工人物
李　玥（北京市朝阳区望京李楠社会工作事务所副主任）	中国社会工作联合会 2016 年度中国百名社工人物
冯永刚（北京市东城区崇文门外街道西花市南里东区社区书记、主任）	中国社会工作联合会 2016 年度中国百名社工人物
班春燕（北京市房山区春燕社会工作事务所所长）	中国社会工作联合会 2016 年度中国百名社工人物
施颖秀（北京丰台区蓟翔社会工作事务所总干事）	中国社会工作联合会 2016 年度中国百名社工人物
李璐龄［北京市西城区社会工作者联合会/北京市西城区睦友社会工作事务所总干事、会长（兼）］	中国社会工作联合会 2016 年度中国百名社工人物
李兴华（北京市朝阳区民和社会工作事务所总干事）	中国社会工作联合会 2016 年度中国百名社工人物
北京市丰台区蓟翔社会工作事务所	首都学雷锋志愿服务站
右安门窦珍志愿服务联合会	北京市社会领域先进基层党组织、社会领域优秀党建活动品牌、北京市志愿服务项目大赛金奖
北京市丰台区瑞丰社会服务中心	第五届首都优秀社工团队
北京市丰台区瑞丰社会服务中心	北京市优秀社会工作服务项目
丰台区东高地街道西洼地社区	最美志愿服务社区
怀柔区龙山街道望怀社区党委	2016 年度北京市社会领域先进基层党组织
北京博龙阳光新能源高科技开发有限公司党支部	2016 年度北京市社会领域先进基层党组织
怀柔区龙山街道党工委“在职党员日”活动	2016 年度北京市社会领域优秀党建活动品牌
怀柔区泉河街道富乐社区“党群连心室”	2016 年度北京市社会领域优秀党建活动品牌
北京罗麦科技有限公司党支部“学习型党组织”活动	2016 年度北京市社会领域优秀党建活动品牌

社会建设调研报告和理论文章目录（选编）

报告或文章题目	作　者	作者单位、职务
创新社会治理需要激发社会活力	李　强	清华大学社会科学学院院长，中国社会学会会长
关于“一带一路、公益同行”战略的建议	王　名	第十、十一、十二届全国政协委员，清华大学公益慈善研究院院长、教授
利益均衡与企业诚信——基于千家企业社会责任数据分析	鲍宗豪 王　晗	华东理工大学人文科学研究院教授，华东理工大学人文科学研究院博士生
英国“大社会”下公共服务改革的探索	宋雄伟	国家行政学院政治学教研部博士、副教授，《剑桥中国研究》编委
2015年行业协会商会与行政机关脱钩改革进展评述与政策建议	赵小平	国家卫生计生委流动人口服务中心信息服务处负责人、助理研究员
以精细化管理推动新型城市化建设	丁元竹	国家行政学院决策咨询部副主任、教授
大力推进中国社会治理现代化	杨宜勇	国家发展改革委社会发展所所长、研究员、博导
党建引领下的基层自治	刘建军	复旦大学马克思主义学院副院长、教授、博导
大数据在社会治理现代化应用中的现实问题及解决途径思考	黄　烨	上海市人民政府办公信息处理中心主任
知识驱动的网络社会治理	王　芳	南开大学网络社会治理研究中心主任
发挥“枢纽”作用　服务法治社会建设		北京市法学会
“居民提案”激活社区自治细胞		中共北京市朝阳区委社会工委、朝阳区社会办
坚持以人为本　推进基层治理创新		中共北京市丰台区委社会工委、丰台区社会办
北京市门头沟区社会领域全域党建模式的实践探索		中共北京市门头沟区委社会工委、门头沟区社会办
加强和创新顺义区社会治理的对策与思考	王学武	中共北京市顺义区委社会工委书记、顺义区社会办主任
立足北京城市副中心　探索“社区双协商”模式		中共北京市通州区委社会工委、通州区社会办
怀柔区综合便民服务平台建设的探索与思考		中共北京市怀柔区委社会工委、怀柔区社会办
关于深化网格化工作　加强智慧密云建设的思考	张志华 纪海明 李　悦	中共北京市密云区委社会工委、密云区社会办

全国社会建设工作重要事件

【首届中国社会信用建设高峰论坛在京召开】 1月22日，以“信用决胜未来”为主题的首届中国社会信用建设高峰论坛召开，本次论坛致力于全面推动社会信用体系标准化、规范化、专业化建设，深入贯彻落实国务院发布的《社会信用体系建设规划纲要(2014—2020年)》等文件的战略部署，在全社会范围内努力营造“人人讲诚信，人人守信用”的良好氛围，以“诚信”夯实企业的软实力，提升外部竞争力，助推中国制造2025。

【《中国智慧城市建设发展年度报告》发布】 1月26日，《中国智慧城市建设发展年度报告》发布。《报告》分析了2015年智慧城市的建设特点和2016年智慧城市的发展趋势。目前智慧城市建设正快速向二、三线城市和区县蔓延，且除了试点城市，许多非试点城市也开始规划建设智慧城市，目前，超过60%的地级市以上城市提出建设智慧城市。智慧城市在我国呈现全面开花之势。

【2016年中国青年志愿者“暖冬行动”在西安启动】 1月26日，2016年中国青年志愿者“暖冬行动”在西安启动。启动仪式上，志愿者代表在“青春志愿行、温暖回家路”的宣誓声中走上春运岗位。一支由铁路职工书法家组成的“文艺志愿者”队伍，为旅客现场书写春联、送福字，让旅客带“福”回家。春运期间，将有超过13万青年志愿者服务在全国铁路、公路、民航等春运一线。

【2015年社会治理经验交流会在京召开】 1月27日，会议以“共建幸福新家园”为主题，由民主与法制社、中国新闻社事业发展中心、中国互联网新闻中心共同组织开展，与会领导、专家以及地方分管部门近200人出席。围绕探索“十二五”以来提升城市发展质量、创建生态文明以及社会治理创新等方面的内容交换意见，分享经验。

【2016年智慧城市发展五大趋势】 2月1日，《中国经济导报》报道，2015年，中国智慧城市建设在国家政策的强力推动下有了长足发展，涵盖智慧医疗、智慧交通、大数据、云计算等。在2016年，随着各类智慧城市参与者涌入和政府数据的不断开放，我国的智慧城市将取得进一步发展。我国智慧城市发展将呈现出以下五大趋势：一是互联网企业参与到智慧城市建设的数量扩容。二是政企协同为主渐渐替代政府投资为主。三是智慧社区将成为智慧城市入口的争夺点。四是大数据发掘将提升智慧城市体验。五是信息安全将成为智慧城市建设的战略重点。

【中央综治办3部门联合发布《社会治安综合治理基础数据规范》国家标准】 2月2日，中央综治办3部门联合发布《社会治安综合治理基础数据规范》国家标准。该国家标准将于今年3月1日正式实施，是迄今为止参与起草部委最多的一个国家标准，由26个部委共同起草，采用“9+X”模式，设置9大基础应用模块，98个表格，包括实有人口、特殊人群、矛盾纠纷排查化解、校园及周边安全等信息采集规范。同时，推动人、地、事、物、组织等信息的动态管理，实现部门间的业务数据的快速交换，关联比对、资源共享，为我国建设综治信息系统提供技术规范和技术支持。

【《2015中国法治蓝皮书》发布】 2月，《法治影响生活·2015中国法治蓝皮书》发布会在北京举行，2005年以来，中国法治蓝皮书已连续发布11次。蓝皮书力图用一个个细节展现中国法治的进程，描绘法治时代的脉络与走向，为整个社会乃至世界提供反思与借鉴。2015年中国法治蓝皮书的发布，在全面推进依法治国的伟大时代背景下，对全社会树立法治思维，传递法治能量，参与法治实践，推动法治进程具有特殊的意义。

【第四届“慈善义工风采展示会”在京举行】 2月5日，第四届“慈善义工风采展示会”在京举行。该活动由北京市慈善义工协会主办，对“2015年度最具影响力公益项目”“十大慈善先进团体”“十大慈善先进个人”等进行了表彰，其中千龙网的“互联网+首都公益”传播项目获评最具影响力公益项目。

【全国首个“政府购买社会组织服务项目绩效评估操作指引”发布】 2月，由四川省群团组织社会服务中心、成都高新区志愿服务协会等举办的大型公益论坛在蓉举行。论坛旨在积极支持社会组织成为城市治理重要力量，从寻求城市治理体系有效运转和社会组织健康有序发展的战略高度，激发社会组织活力，探索具有成都特色的多元主体参与共治的城市治理机制。会上发布了全国首个“政府购买社会组织服务项目绩效评估操作指引”，政府购买服务第三方评估开启标准化。

【我国智慧城市“惠民发展”呈现四大特征】 2月，《中国智慧城市惠民发展评价指数报告（2015版）》发布，报告显示“惠民发展”主要呈现出以下特征和趋势：一是智慧城市惠民发展将有助于加快推进社会民生问题解决；二是互联网与移动互联网将成为智慧城市惠民发展的重要形式；三是中小城市的智慧城市惠民建设有望快速发展；四是智慧城市惠民建设的发展模式和演进趋势存在差异化。

【中共中央、国务院印发《意见》进一步加强城市规划建设管理】 2月6日，中共中央、国务院印发《关于进一步加强城市规划建设管理工作的若干意见》。《意见》明确了城市规划建设管理工作的指导思想、总体目标和基本原则，并从七个方面提出了加强城市规划建设管理工作的重点任务。要求创新城市治理方式，推进依法治理城市，改革城市管理体制，完善城市治理机制，落实市、区、街道、社区的管理服务责任，健全城市基层治理机制，推进城市智慧管理。到2020年，建成一批特色鲜明的智慧城市。

【中办、国办印发《意见》全面推进政务公开工作】 2月17日，中共中央办公厅、国务院办公厅印发《关于全面推进政务公开工作的意见》。《意见》指出，公开透明是法治政府的基本特征。全面推进政务公开，要坚持以公开为常态、不公开为例外，推进行政决策公开、执行公开、管理公开、服务公开和结果公开，推动简政放权、放管结合、优化服务改革，激发市场活力和社会创造力，打造法治政府、创新政府、廉洁政府和服务型政府。

【行业协会商会与行政机关脱钩取得阶段性进展】 3月底，根据《行业协会商会与行政机关脱钩总体方案》要求，民政部对145家全国性行业协会商会脱钩实施方案全部履行了核准手续。8月24日，第二批共144家全国性行业协会商会脱钩试点工作正式启动。同时，各地均建立了由省组织、编制、发改、民政、财政等多个部门组成的脱钩联合工作组，组长均由副省级以上领导担任，共确定了1508家省级行业协会商会作为第一批省级脱钩试点。12月19日，经国务院同意，国家发展改革委、民政部等10部委联合印发了《行业协会商会综合监管办法（试行）》。该《办法》是第一次在国家层面建立健全新型综合监管的制度，标志着社会组织由原来行政化准入为主的管理方式，转变为政府部门强化事中事后监管和行业协会商会内部自治自律相结合的新型综合监管模式。《办法》不仅适用于脱钩和直接登记的行业协会商会，也可适用于脱钩和直接登记的公益慈善类、科技类、城乡社区服务类社会组织。

【境外非政府组织在境内活动纳入法治化轨道】 4月28日，十二届全国人大常委会第二十次会议通过《境外非政府组织境内活动管理法》，自2017年1月1日起施行。该法规定了境外非政府组织设立代表机构和开展临时活动的登记备案程序，明确境外非政府组织在境内依法开展活动受法律保护，要求各级人民政府有关部门为境外非政府组织在境内依法开展活动提供必要的便利和服务。该部法律的出台填补了境外非政府组织在境内活动管理的立法空白，标志着境外非政府组织在境内活动全面纳入法治化轨道。该法的实施有利于保护境外非政府组织在境内的合法权益，有利于促进中外交流与合作，进一步提升我国对外开放水平。

【《社会体制蓝皮书》发布】 5月，北京师范大学举行《社会体制蓝皮书》发布会暨“创新社会治理　决胜全面小康”研讨会新闻发布会。《社会体制蓝皮书》是中国社会治理智库丛书的重要组成部分，已连续出版四本，《社会体制改革报告No.4（2016）》主要是对2015年社会体制改革情况进行回顾和总结，对2016年的改革走向进行分析，提出相关政策建议。

【社会治理创新与社会协调发展论坛在安徽举行】 5月10日，来自北京大学、国家行政学院等60余所高校、科研院所和《中国社会科学》等权威期刊的近120名专家学者参加了本次论坛。与会代表围绕全面建成小康社会背景下的社会治理创新、社会协调发展、基层社会建设、生态环境优化等主题，进行了大会主题发言和专题研讨。

【学习习近平总书记党的建设思想研讨会举办】 5月10日，研讨会由中国浦东干部学院中国特色社会主义研究院、党建先锋网编委会、全国基层党建研究中心主办，北京市委社会工委、北京先锋社区党建研究中心承办。中央党史研究室副主任冯俊、中央党校原副校长李君如等领导、专家学者做主旨发言。市委社会工委书记、市社会办主任宋贵伦致辞并为北京先锋社区党建研究中心授牌。来自中央、地方和基层相关单位的领导、专家学者共100余人参加会议。

【第二届中国社区治理论坛聚焦体制机制创新】 5月，由民政部指导、中国社会治理研究会主办的第二届中国社区治理论坛日前在深圳坪山新区开幕。延续论坛注重将理论研究与地方实践相结合的作风，与会代表就社区治理的相关经验进行了探讨交流。来自全国各地的社区治理领域的专家学者、创新单位代表认为，社区是城市管理体系中的基本单元，要通过体制机制的创新来精心呵护这一社会细胞。

【《志愿服务条例》公开征求意见】 5月6日，国务院法制办就《志愿服务条例（征求意见稿）》公开征求意见。根据意见稿，国家鼓励有关组织、单位为促进志愿服务事业提供便利条件，学生参与志愿服务可纳入高校实践学分管理。有关人士可在2016年6月5日前，通过登录中国政府法制信息网的法规规章草案意见征集系统，对征求意见稿提出意见。

【上海举办第十一届“九三论坛”】 5月，本次论坛主题是新型城镇化背景下社区治理与服务，百余位社内外专家学者、九三学社省级组织代表、企业和基层代表围绕论坛主题，从社区治理模式创新、智慧社区建设、社区养老服务、社区“医养结合”试点、社区自治等不同角度，进行了交流研讨。

【中山大学发布《中国城市政府公共服务能力评估报告（2016）》】 《中国城市政府公共服务能力评估报告（2016）》将城市公共服务能力区分为政府需求识别能力、服务供给能力和学习成长能力三个维度，作为一级评价指标。采用了文献资料收集、问卷调查、半结构访谈和神秘顾客扮演方法，以市民需求作为出发点和依归，对全国19个副省级以上城市的公共服务能力进行全面测评，综合评价结果显示，杭州、南京、北京、广州、深圳居测评前五位，长春、成都、重庆居后三位。

【中国城市大数据产业发展联盟揭牌　推动政府数据公开】　5月，在2016年中国（贵阳）大数据交易高峰论坛上，由全国50个省市共同发起成立的中国城市大数据产业发展联盟正式揭牌。今后，该联盟将致力于推动城市间的数据共享，激活政府大数据价值。同时，该联盟还将积极推动政府数据公开，打通部门壁垒、提高行政效率，提升政府治理能力，引领政府职能转型。

【首部《中国诚信建设状况研究报告》在京发布】　5月31日，首部《中国诚信建设状况研究报告》在京发布。《报告》由中国政法大学中国诚信建设研究中心，联合政府部门、社会团体、新闻机构、教育界人士共同发布。《报告》解析了中国诚信文化基因，经过深入调研，真实呈现中国诚信建设现状及问题，总结中国诚信建设制度环境，分析各行业、各地区诚信建设发展状况，汇总各地诚信建设组织情况，与国外诚信建设体系模式进行比较，解读中国诚信管理系统建设与运行，并对中国诚信建设发展前景进行展望。

【第二届中国社区服务创新峰会在南京召开】　6月3日，第二届中国社区服务创新峰会在南京召开。会上审议通过了全联社区服务研究会三年发展规划（2016—2018），研究会最主要的功能，一是研究如何解决社区服务的方向和目标问题；二是研究如何解决社区服务企业的生存发展问题。同时，会上还明确了2016年全联社区服务研究会两类奖项的评定工作：一是“养老服务示范基地”的评定，二是“社区服务创新精锐奖”的设置。

【2016中国社会工作行业发展高峰论坛在京召开】　6月，由中国社会工作联合会主办的“2016中国社会工作行业发展高峰论坛”在北京召开。论坛以“社会工作行业组织在推动专业发展中的使命与策略”为主题，邀请了来自北京、天津、广东等14个省市的20多家省级、市级社会工作行业组织的代表进行了专题研讨。论坛现场，与会代表还就部分行业协会提交的材料进行了热烈的讨论，通过讨论总结了近年社会工作发展的成果与问题，探索了社会工作行业组织的发展道路。

【2015年度中国社区治理十大创新成果揭晓】　6月，为推广各地社区治理创新的实践经验，民政部组织了“2015年度中国社区治理十大创新成果”遴选推介活动。全国共有29个省（区、市）和新疆兵团推荐了90项创新经验。在自主申报、省级推荐的基础上，经材料初审、匿名评审、联席评审、社会公示等环节，确定了“2015年度中国社区治理十大创新成果”及提名成果。

【国家“十三五”规划纲要列专节部署发挥社会组织作用】　十二届全国人大四次会议通过的《中华人民共和国国民经济和社会发展第十三个五年规划纲要》，在“加强和创新社会治理”篇中，设“发挥社会组织作用”专节，提出健全社会组织管理制度，形成政社分开、权责明确、依法自治的现代社会组织体制等目标规划。2016年6月，民政部、国家发展改革委印发《民政事业发展第十三个五年规划》，进一步明确“十三五”期间我国社会组织改革发展的具体目标。新目标的确立，标志着我国社会组织将进入一个新的发展阶段。

【全国政务服务与政府治理现代化研讨会在广州举行】　7月，本次会议由全国信息公开与政务服务研究会和广州大学举办，来自全国各地政务服务部门代表和科研院校专家学者200余人出席了会议，并围绕“互联网+”和大数据时代的政务服务议题积极开展讨论。多位政务服务部门负责人在会议上强调，要贯彻国务院文件精神，通过两年左右时间在试点地区实现“一号一窗一网”目标，从而达到服务流程显著优化、服务模式更加多元、服务渠道更为畅通、群众办事满意度显著提升的要求。

【《2015年社会服务发展统计公报》发布】　7月11日，民政部发布《2015年社会服务发展统计公报》，公报显示，截至2015年底，全国共有各类社区服务机构和设施36.1万个，覆盖率52.9%，其中，社区服务指导中心863个；社区服务中心2.4万个，比上年增长4.3%；社区服务站12.8万个，比上年增长6.7%；社区养老服务机构和设施2.6万个，比上年增长36.8%；互助型的养老设施6.2万个，比上年增长55%，其他社区服务设施12.0万个，比上年增长12.1%。城镇便民、利民服务网点24.9万个。社区志愿服务组织9.6万个。

【二十国集团民间社会会议在青岛召开】 7月5日，二十国集团民间社会（C20）会议在山东省青岛市开幕。中共中央总书记、国家主席习近平向会议发来贺信。习近平在贺信中肯定民间社会组织是各国民众参与公共事务、推动经济社会发展的重要力量。中国政府支持本国社会组织参与国内经济社会建设，也欢迎境外非政府组织来华开展友好交流合作，并努力创造良好法治环境，为其在华活动提供便利，保障其合法权益。近年来，二十国集团民间社会会议听取社会声音、凝聚社会共识，在推动政府和民间良性互动、助力全球经济治理方面发挥了重要作用。

【《关于支持和发展志愿服务组织的意见》印发】 新华社北京2016年7月11日电，中共中央宣传部、中央文明办、民政部、教育部、财政部、全国总工会、共青团中央、全国妇联近日印发《关于支持和发展志愿服务组织的意见》。

【中共中央印发《中国共产党问责条例》】 7月19日，《条例》以党章为根本遵循，全面贯彻党的十八大和十八届三中、四中、五中全会精神，深入贯彻习近平总书记系列重要讲话精神，聚焦全面从严治党，突出管党治党政治责任，着力解决一些党组织和党的领导干部的领导弱化、党的建设缺失、全面从严治党不力，党的观念淡漠、组织涣散、纪律松弛、不担当、不负责等突出问题，体现了党的十八大以来管党治党理论和实践创新成果，是全面从严治党重要的制度遵循，对于统筹推进“五位一体”总体布局和协调推进“四个全面”战略布局，实现党的历史使命，具有十分重要的意义。

【中国智慧城市大数据创新联盟落户四川成都】 7月，中国智慧城市大数据创新联盟在成都高新区揭牌。该联盟是在国家发展改革委、中国标准化研究院等国家有关部门指导下，由智慧城市大数据企业、研究机构及社会团体等组成的协同创新、技术推广的联盟组织。该联盟将搭建智慧城市相关企业和机构协同创新、市场合作、人才培养平台，促进大数据在智慧城市建设中的创新应用，规范和引领国内智慧城市大数据标准化和技术发展，推动大数据技术的产业化应用。

【社会治理舆情报告首次发布】 7月25日，北京师范大学社会治理与公共传播研究中心和人民网新媒体智库首次联合发布《2016上半年社会治理舆情报告》。报告全文近3万字，揭示当前我国社会治理舆情的总体特征与发展态势，并发布2016上半年社会治理舆情人文地图，2016年上半年社会治理舆情传播热度排行榜、2016年上半年社会治理舆情处置效度排行榜，筛选公布社会治理舆情应对处置十佳案例，备受各界关注的问题疫苗事件，被评为2016年上半年社会治理舆情处置最佳案例。

【全国社会工作参与基层社会治理高级研修班举办】 7月25日至30日，由国家人力资源和社会保障部主办的国家专业技术人才知识更新工程“2016年全国社会工作参与基层社会治理高级研修班”在华侨大学厦门校区举办。来自全国各地的高校社会工作学者、政府机关人员、社会工作机构负责人等70余人参加了研修班。在为期五天半的课程培训过程中，研修班的专家、学员就社会工作参与基层社会治理的理论要求、实践方法、地区特色等进行了深入的探讨和交流。

【中国社会工作大学生论坛在沈阳召开】 8月17日至19日，第八届“中国社会工作大学生论坛”暨首届MSW研究生论坛在沈阳师范大学召开。论坛会期两天，来自全国104所高校的300余名师生参加此次论坛，并围绕“社会治理创新与专业社会工作发展”主题展开讨论。“中国社会工作大学生论坛”始于2009年，是面向全国“社会工作”专业大学生的学术研讨会，参会资格以全国选拔、论文入选的形式，每所高校只能推选一名学生参加，是当前国内“社会工作”学科最高水平的学生学术论坛。

【中办国办印发《关于改革社会组织管理制度促进社会组织健康有序发展的意见》】 8月，中共中央办公厅、国务院办公厅印发了《关于改革社会组织管理制度促进社会组织健康有序发展的意见》，并发出通知，要求各地区各部门结合实际认真贯彻执行。《意见》的总体目标是：到2020年，统一登记、各司其职、协调配合、分级负责、依法监管的中国特色社会组织管理体制建立健全，社会组织法规政策更加完善，综合监管更加有效，党组织作用发挥更加明显，发展环境更加优化；政社分开、权责明确、依法自治的社会组织制度基本建立，结构合理、功能完善、竞争有序、诚信自律、充满活力的社会组织发展格局基本形成。

【国家民间组织管理局更名为国家社会组织管理局】 8月30日，民政部召开全国民政系统视频会议，学习贯彻中共中央办公厅、国务院办公厅《关于改革社会组织管理制度促进社会组织健康有序发展的意见》，民政部党组成员、社会组织管理局局长詹成付宣读了中央编办关于民政部社会组织管理有关机构编制调整的批复。根据批复，民政部民间组织管理局（民间组织执法监察局）正式更名为社会组织管理局（社会组织执法监察局），对外可称国家社会组织管理局。随后，民政部对社会组织管理局对内设处室进行了调整，将社会组织管理局民办非企业单位管理处更名为社会服务机构管理处，将涉外民间组织管理办公室更名为涉外社会组织管理办公室，增强执法力量，撤销原执法监察办公室，新设置执法监察一处、二处、三处。

【《中华人民共和国慈善法》9月1日施行】 《中华人民共和国慈善法》于2016年3月16日第十二届全国人大四次会议审议通过，共12章112条。国家主席习近平签署第43号主席令予以公布，自2016年9月1日起施行。《中华人民共和国慈善法》是中国首部慈善法，该法对慈善活动进行明确界定，同时在规范慈善组织设立运营、慈善财产来源和使用、开展慈善服务、促进慈善事业发展等方面做出规定，明确每年9月5日为“中华慈善日”。该法的制定标志着中国依法扶危济困，开启全新“善时代”。

【中国人民大学法治与社会治理研究中心在京成立】 9月，中国人民大学法学院与北京市朝阳区人民政府签署协议，共建中国人民大学法治与社会治理研究中心。研究中心的建立旨在为政府社会治理体系与治理能力的现代化与法治化提供更好的服务。同时，立足首都法治建设现实基础，充分发挥高等院校一流法学院与政府法制工作部门各自的优势，协同创新，为实现法治中国的目标迈出坚实的一步。目前，研究中心聘请了多位来自北京大学、清华大学等高校的教授，律师，以及资深媒体人为首批研究员。

【社会组织党建工作全面加强】 2016年，习近平总书记对社会组织党建工作做出重要指示。各有关部门、广大社会组织站在政治的、战略的高度深入学习贯彻习近平总书记重要指示精神和中共中央办公厅《关于加强社会组织党的建设工作的意见（试行）》要求，切实履行主体责任，全力推进社会组织党的组织和党的工作“两个全覆盖”。中央国家机关工委、中直机关工委、国资委党委以及许多地方有关党政部门分别成立社会组织党建工作机构。2016年9月，民政部下发《关于社会组织成立登记时同步开展党建工作有关问题的通知》，要求申请新成立社会组织应提交党建工作承诺书和党员情况调查表。

各级民政部门充分利用登记、年检、评估、执法、政府购买服务、培训等工作手段，使社会组织“两个全覆盖”率得到大幅提升。

【中央12部门联合出台加强社会工作专业岗位开发与人才激励保障政策】 10月18日，民政部、中央综治办、教育部、公安部、司法部、财政部、人力资源和社会保障部、国家卫生计生委、全国总工会、共青团中央、全国妇联、中国残联联合印发了《关于加强社会工作专业岗位开发与人才激励保障的意见》（以下简称《意见》）。《意见》坚持按需设岗、以岗定薪，分类指导、有序推进，保障基层、稳定一线的原则，提出了一系列加强社会工作专业岗位开发与人才激励保障的政策措施，是继中央18部门联合印发《关于加强社会工作专业人才队伍建设的意见》之后又一关键性政策文件，对协同破解社会工作专业人才服务岗位不明确不规范、职业发展空间不畅通、薪酬待遇水平较低、职业地位不高等瓶颈问题，广泛吸纳社会工作专业人才扎根基层、安心一线服务困难群众、参与社会治理，将具有重要促进和引导激励作用。

【首部《社会工作服务机构发展报告》出版】 国内首部反映社工机构现状和发展状况的《社会工作服务机构发展报告（2015）——以百强社会工作服务机构为例》一书于2016年11月正式出版。该书以“2015年度百强社会工作服务机构”评选活动为契机，对“百强社会工作服务机构”的各项数据进行汇总和分析，分别从机构成立时间、地区分布、人员情况、服务领域、经费情况、受益人次、政策倡导成果和社会影响等维度呈现目前国内社工机构最真实的发展状况。

【中宣部治国理政论坛“坚持共享发展”理论研讨会举行】 11月，中宣部在苏州市召开治国理政论坛“新发展理念系列理论研讨会”第五场研讨会，这次会议的主题是“坚持共享发展”。中央有关部门、社科研究单位、高校、思想理论工作“四大平台”、江苏省社科理论界部分专家学者以及部分地方负责同志百余人参加研讨会。与会专家学者围绕树立和践行新发展理念、坚持共享发展进行热烈深入的研讨。与会专家学者一致认为，共享是发展的目标，是中国特色社会主义的本质要求，也是中国共产党的庄严使命。只有坚持发展为了人民、发展依靠人民、发展成果由人民共享，经济社会发展动力才能更加强劲，广大人民群众才能朝着共同富裕的方向稳步前进。

【中办国办印发《关于进一步把社会主义核心价值观融入法治建设的指导意见》】 12月，中共中央办公厅、国务院办公厅印发了《关于进一步把社会主义核心价值观融入法治建设的指导意见》。《意见》提出，要坚持依法治国和以德治国相结合，把社会主义核心价值观融入法治国家、法治政府、法治社会建设全过程，为实现“两个一百年”奋斗目标、实现中华民族伟大复兴的中国梦提供强大价值引导力、文化凝聚力和精神推动力。《意见》还从推动社会主义核心价值观入法入规，强化社会治理的价值导向，用司法公正引领社会公正，弘扬社会主义法治精神，加强组织领导等方面提出了要求。

【“离岸社团”“山寨社团”大曝光】 为有效治理“离岸社团”“山寨社团”肆意活动的乱象，2016年3月以来，民政部通过设立“曝光台”、发布“离岸社团”“山寨社团”识别指南等多种措施，连续公布了13批1287家“离岸社团”“山寨社团”名单，百度百科对其加注标识予以警示，新浪网清理查封了2169个相关微博账号，有效挤压了“离岸社团”“山寨社团”的活动空间，净化了社会组织发展的生态环境，保护了社会组织和社会公众的合法权益。

【社会组织财税支持政策取得重要突破】 2016年以来，有关部门从明确和保障社会组织的非营利性出发，密集出台了多项社会组织财税支持政策。2016年2月，财政部、民政部下发《关于进一步明确公益性社会组织申领公益事业捐赠票据有关问题的通知》，接通了社会组织接受捐赠的“最后一公里”。2016年3月，新颁布的《中华人民共和国慈善法》规定：“企业慈善捐赠支出超过法律规定的准予在计算企业所得税应纳税所得额时当年扣除的部分，允许结转以后三年内在计算应纳税所得额时扣除”，取得了社会组织税收优惠的巨大进步。2016年4月，民政部、国家海关总署下发《关于社会团体和基金会办理进口慈善捐赠物资减免税手续有关问题的通知》，使慈善捐赠物资免征进口税的制度得到落实。财政部、国家税务总局下发《关于公益股权捐赠企业所得税政策问题的通知》，使论证多年的企业向公益性社会团体捐赠股权并获得相应税收优惠的制度得以确立。2016年12月，经国务院同意，财政部、民政部出台《关于通过政府购买服务支持社会组织培育发展的指导意见》，提出了一系列社会组织财税支持政策措施。